U1000523

程千帆全集

第四辑

2

程千帆——著

闲堂日记（上）

凤凰出版社

闲堂日记（上）

程丽则
许　勇
整理

目　　次

整理说明

一、本日记据南京大学图书馆藏《程千帆日记》12册(1979年3月15日至1999年12月31日)、程丽则藏《程千帆陶芸日记》1册(2000年1月1日至2000年5月16日)整理。

二、程先生日记主要由程先生书写,亦有陶芸先生代笔,本日记整理时非必要不区分两者字迹。

三、凡为明显误字,一律径改。偶有因涂抹或字迹不清,导致无法识读之字,用■标识。

四、凡同一日记录重复之处,选取文繁者整理。

五、所记人名,往往有同音替代者,非误字部分,整理本一律遵从底本。如徐有富,偶有作"徐有福",为误字,则径改。又如祁延霖、唐翼明,有多处作"郝延林""郝延龄"、"唐异明",则遵从底本。人名不详者,原留空格待补或作△、×,整理本则作□或△、×,不作补充。

六、所记书名,往往有用简称或相近称法,凡确定指具体某书者,整理本一律加上书名号。如《沈祖棻诗词集》,多称"笺本",则整理本作《笺本》。

七、日记中所贴剪报,整理本一律不录原文,仅用【　】形式标注剪报出处、日期及作者、标题。日记中偶有所夹纸页,其文字于日记正文有补充者,整理本酌情录入至相应日期下。

1979年

3月

3月15日(4)晴

上午郭维森、陈白尘来。十一时许，单送上车。下午5时12分正点到，蒉荪来迎，饭于其家。十时许睡。

3月16日(5)阴

上午偕蒉荪访绍虞先生。同至政协午饭。旋赴诚意里。访蛰存及小淮均不晤。返师院，蒋哲伦来谈。师院约下星期三作报告。

3月17日(6)阴，晴

上午与蒉荪赴出版社，交稿，晤陈落等多人。旋至清真馆午餐。又赴古籍书店，购书六元。访蛰存。又至江苏路交修表等。夜中玉来，九时去。

3月18日(日)阴

与蒉荪访富寿荪不遇。至诚意里盘桓尽日，夜宿漕河泾。

3月19日(1)阴

赴师大，饭于中玉家，许杰、蒉荪共。下午作报告约二时许。五时返，访曹融南及李清悚。

3月20日(2)阴

与茞荪赴复旦，晤东润、之珍、运熙，饭于之珍家。三时返，清悚、柳泉来。夜沈明来。

3月21日(3)阴

上午富寿荪来。下午做报告。沈燕、章子仲来。曹融南等来。

3月22日(4)晴

上午出发，茞荪、融南、明芳、文兰送。8时起飞，12时到。晤新旧雨多人。住温泉宾馆。

3月23日(5)晴

上午会议正式开始。先照相。高（省委常委、革委会副主任）、刘（云大校长、第一书记）讲话，放郭老会议开幕词录音、张文勋报告筹备经过及进行计划。王文生主持会场。

会议目的：1. 对此学科进行深入研究。2. 讨论教本篇目。3. 今后这门课占什么地位，如何将这门课教好。4. 师资缺乏，如何培养，已委托武大办30人的进修班。

要解放思想，打破禁区，肃清流毒。要研究、提出新问题，并设法解决，或初步交换意见。

总结、探索、突破、前进。（八字）

安排：除参观3天，工作8—9天。以四天讨论共同性大家关心的问题，然后大会发言一天半。第二阶段，专题论文报告。论文篇目一天。教学师培一天。

说明：1. 代表产生，不采取以高校派代表产生。以邀请及各校派代表相结合。照顾地区。以致许多学校不能参加。或专业人太集中某地，也不能多请。本省来参加较多。2. 住处，因同时会多，故改郊外。

下午小组讨论。

3 月 24 日(6)晴

晨成七绝四首。

昆明杂诗

莱菔盈室海成田，妖乱何堪十一年。欲起河东续天对，石林依旧矗南天。

圆通山上海棠娇，重读花潮旧梦遥。始信昆明好天气，英魂毅魄已难招。（广田《花潮》一文极赞昆明海棠之盛，有尝语余云昆明天气好。）

香融粉艳溢东风，昔哭今歌少长同。此日勤渠追马队，他年踢蹐住牛棚。

赋陆评钟聚一堂，新知旧学共论量。鲰生亦有挥鞭意，未觉萧萧白发长。

上午大会发言，余及松林、敏泽。下午振甫、仲联。晚大百科会。樊康同志主持。《云南日报》记者来，索诗去。明照托抄南图《文心》板本（民国以前，黄叔琳本以外）。为茂元、舒芜、松林写卷子。

3 月 25 日(日)晴

上午吴文治发言。提议组织学会，推绍老为会长。想编文学批评史、文学批评史参考资料，又论文集。余及松林、敏泽、达津、文生。仲联惠诗集。定购木耳、茶叶。下午继续发言，奠中、文勋。

文勋问题：1. 这个学科的重要性，如何估计。胡乔木：① 对文学不能局限于对前人之研究，即研究之研究，这不是根本的，是支节的。② 研究古代文论，可以理解古代文学。不能同意胡的意见。因为：① 可以帮助建立民族化的文艺理论。② 可以将具有独创性理论作今天创作的借鉴，古为今用。③ 帮助古代文学。

2. 正名。三部分：史、理论、批评。理论和批评要分开。如《文赋》是理论，诗话是批评。《诗品》则既有理论，又有批评，可以写文学理论史。

3. 文学理论的民族特点。马列主义文艺理论的民族化问题。理论的对象范畴自有其民族特点。如理论存在经子中，与西欧不同。汉语言也带来艺术上的特色，如四声、音乐美、格律、音调，提供了特定的民族特色。再如风格、流派。如《文心》体性，司空《诗品》及派、体等。再如对理论的表述形式，如风骨、神韵等，是自己总结的术语，应保留，而加以科学的解释。

4. 道与文的关系，一直统治几千年。原道、征圣、宗经均出自荀，由《文心》而韩愈。形成道统与文统的合一，统治了几千年，如何评价，要一分为二。其中有部分强调文学与现实的关系，同时认为艺术有自己的特点，如兴观群怨、事父事君、诗教，今天可以抽象继承。道统、文统中有现实主义传统，但其中也是束缚思想的逆流。特别强调道一方面。毁灭文艺，对现实有借鉴作用。

5. 对所谓唯美主义的艺术理论要有足够的重视与评价。如对陆机《文赋》的评价，《文镜秘府论》等。

厦门大学蔡厚示、上海师院张海珊发言。

敏泽：局限性方面谈得少、偏，如评屠隆之说，过分。诗必宽与文不同。前人仅见其消极面，今理当一分为二。以文为诗的积极面。历代论其不好者多。如严羽等说，均应两点论。

1. 文责自负，反党必究。

2. 文责自负，毒草必锄。

3. 文责自负，批评自由。

要吃粮，找紫阳。要吃米，找万里。要思想解放，找耀邦。

3 月 26 日(1)晴

上午小组会。下午游西山龙门、太华寺、华亭寺。得 n① 书，夜复之。作三诗。

---

① n 及后文 N、Nancy、南锡、南，皆指陶芸。Nancy 为陶芸在金陵大学读书时的英文名。

西山呈达津、厚示

西山何岧峣，松竹静娟娟。滇池来袖底，龙门矗其颠。老衲示深慈，凿此一线穿。非余德敢登，聊逐健者便。余年诚可羡，即事已忘年。

太华与华亭，窈窕两朱阁。士女熙攘间，繁香自开落。谈谐方冶融，语论挟棱角。凌夷二十载，稍复得此乐。春云有卷舒，吾意不可夺。

蔡生多慷慨，王老温且文。归来贾余勇，纵谈至夜分。颇续儒林传，亦诵蟹行文。心危世教衰，感激前未闻。余悸与余毒，于我如浮云。（厚示论诗，因诵马雅可夫斯基之作。）

文生发言，对双百方针又加 6 条原则、厚古薄今、文艺为政治服务三方面均有所驳诘。

3 月 27 日(2)晴

游大观楼、金殿、黑龙潭，参观云南师院。下午始归，甚疲。夜讨论成立学会。

3 月 28 日(3)晴

上午赴云大讲。电白尘。下午听蒋孔阳传达。夜开学会筹备会。

3 月 29 日(4)晴

上午移家至前楼。听组细及明照报告。下午解放军作反击战报告。

3 月 30 日(5)阴

上午达津、学颉。下午奠中、舒芜、于乃义(云南图书馆)。夜开理事会。致文翰、葛杰信。

选举结果：

名誉会长：周扬。会长：郭绍虞。

理事：△郭绍虞、△程千帆、钱仲联、蔡厚示、牟世金、徐中玉、马茂元、

△杨明照、△张文勋、杨公骥、康倪、傅庚生、霍松林、王起、黄海章、△王文生、△吴组缃、△吴文治、舒芜、△敏泽、周振甫、姚奠中、王达津。①

周咏先在云南省图书馆。

舒芜：

1. 将前代认为不是诗歌的领域加以占领。

A. 直接将散文剪裁入诗。欧："耳目所及尚如此，万里安能制夷狄。"如《战争与和平》的最后一句，读者不认为这种议论不必要。

B. 从具体形象中抽出哲理概念。苏《题西林壁》，前形象后抽象。

C. 将眼前之物（形象）与过去、将来之抽象结合。苏："三过门间老病死。"

D. 将形象分解重新组合（通过抽象）。如"大瓢贮月归春瓮"一联，虚实大小重新组合。

将逻辑思维引进形象，开拓了诗的领域。乔木：单讲行逻思维是否能构成文学？

2. 神韵，含蓄不尽，固然重要。但痛快、沉着、说尽，也是一种境界。苏："余生欲老"（含蓄）。柳："海上尖峰"（惊心动魄）。此外，亦有质朴（《行行重行行》），既不含蓄亦不痛快。宋陈简斋："稳送祝融归……一凉恩到骨。"黄："马龁枯萁喧午枕，梦成风雨浪翻江。"四人都作满，本无内容，而将话说尽，故不能引起共鸣。

3. 明人说书，张翼德大喝一声，艺人表演时不出声，使听者自会意。古诗写美人，只写环境，如太白"美人如花隔云端"，杜"春风吹鬓影"，梅村"寻到白堤无所见，月明残雪映梅花"，秦观"东风里，朱门映柳"——宋诗引进逻辑思想，扩大诗歌领域。

3月31日(6)晴

上午小组会。下午大会，宣布成立学会，通过人选及章程。孔阳、夏写时作报告。

---

① 姓名前有"△"符号者为常务理事。

中西文艺理论比较：

1. 中，科学性、逻辑性不强，随感式的，灵感的，来源于封建社会悠闲生活。西方体系严密。每一小东西服从于全体体系。建立今天文艺理论，不能随感式，要向西方学习。

2. 中，孔、孟、老、周精神，对立统一。侯《思想通史》认为老庄非异端。孔孟：达则兼济天下。老庄：穷则独善其身。文人不得意时多，故老庄为盛。老庄一面反抗，一面顺应、逃避。古代文艺理论因此亦无反抗文艺理论。各流派之间的斗争亦不存在。而西方则始终存在着两种精神，希伯来精神和希腊精神，即崇拜精神与崇拜肉体，彼此不相容。希腊精神为异端。

3. 文艺的本质：文艺是什么？中：诗言志。西：文艺是模仿（文艺是镜子）。中：美即善。西：美即真。中：神思、意境、主观。西：观照（有更多的灵活性）。

谁言造化属天公，今日天公似我穷。雷雨风云都卖却，更无一物有晴空。——曾缄诗

《香炉峰》，《江西师院学报》78 年 4 月，一般认为是北香炉，其实是南香炉。在鄱阳湖口可见。在庐山南的秀峰寺右后方。

《安徽师大学报》78 年 2 期《王安石诗飞来山在绍兴证》，俞炎。

4 月

4 月 1 日(日)晴

上午小组会，谈文论选篇目。下午同。晚上诸中年教师约谈。

4 月 2 日(1)晴

晨离温泉入城，行李置春城旅社。即驱车赴路南石林，一时许到。午饭后游大石林，照相多幅。下午五时返。

4 月 3 日(2)晴

上午游小、大石林，成诗一首。午饭后返昆明，宿春城饭店。夜文翰来。

题石林

不负当年缱绻心，苔衣犹染泪痕深。钟情万古阿诗玛，永葆青春住石林。

4月4日(3)晴

在春城饭店休息。文翰约夜饭，同席者文生、敏泽。食白族乳扇，甚奇而美。

4月5日(4)晴，至沪阴

九时去机场，十二时半起飞，四时十分到沪。葛杰同志来迎，宿申江饭店八楼822号。

4月6日(5)阴雨

晨改《七绝》序毕，又改《以文为诗说》，均竣事。九时葛杰来，即交与，约明日去作报告。下午与黄苏通电话，约其明日下午来。召照照来晚饭，并同去诚意里。八时半归，得马家楠条，茂元约明日晚餐。

4月7日(6)雨

上午葛杰来接至出版社作报告。中午至黄苏家午饭。晚饭于茂元家，同席黄苏、舒芜、学颉夫妇。九时归。寅宪来访不晤。

初台夏夜即事(散原佚诗)

火云烧梦昼炎炎，干死流萤隔燕帘。为问临流待双桨，何如挥汗写华严。吟堂醉瞰山生眼，潮郭飞凉雨照髯。最喜初台能佚我，夜渔波底网新蟾。(茂元诵)

弢庵赠散原

平生相许后凋松，投老匡山第几峰。见早至今思曲突，梦醒特地省闻钟。真源忠孝吾犹敬，余事诗文世所宗。五十年来彭蠡月，可能重照两龙钟。(舒芜诵)

4 月 8 日(日)晴

上午寅宪夫妇来访。午饭后葛杰驱车送至北站。一时四十六分开，七时到。单从南大以车来接。Nancy 在室中候，九时半去。

4 月 9 日(1)晴

上午江苏人民出版社张惠荣、孙猛两编辑来。夔宁来。芸早即来，为洗衣。出饭于四川酒家，复同返。张天望汇还 30 元。师院送讲费 8 元。收信多封。夜浴。以《王书集圣教序》贻芸。

4 月 10 日(2)晴

发出下列各信：1. 复北京语言学院(附小传二份小样)；2. 寄囡夫妇，迁移事；3. 寄武汉九三，转关系；4. 寄夕佳，告收到山楂糕；5. 致江苏省政协，改正词误字；6. 复张道葵(武大学生，宜昌师专)；7. 复向志学(沈阳和平大街五段 13—2)；8. 复周本淳(钞诗四首，清江市南京师院淮阴分院)；9. 复莫绍裘(高邮县运输公司)；10. 复林路(湖北艺术学院)；11. 复刘涤源；12. 复张天望(湖南零陵第一中学)；13. 复纪国盛(问王、苏诗句)；14. 复吴志达；15. 复吴代芳(郴州师专)；16. 复郝延霖(新疆大学)。写上列 16 信。夜两学生来谈甚久。又备课。

4 月 11 日(3)晴

上午上课，始讲诗。下课后赴财务科报账。下午填研究生课表。旋赴自强家饭，饭后与原平兄弟及小高同返宿舍拓印。

4 月 12 日(4)晴热，傍晚风雨

上午校稿。王气中先生来。芸来，出饭于后湖清真馆，赏牡丹。旋返秣陵路，浴。又赴中医院视月超病。夜饭后归。得作协寄文件，周勃信。函梅镇，复周勃。以芸抄宫词寄舒芜。

4 月 13 日(5)晴

上午芸来，做饭。下午开会(升等事)。吴新雷来。得绍裘信。芸做晚饭后去。校稿。

4 月 14 日(6)阴

上午运动会,停课。得囡信,附照片。又易云秋信。中午赴永芬饭,又以照片寄永芬。下午武大 65 年毕业二生来。1. 许祖良(高云岭,出版社《江苏画刊》,Tel33368,家住后宰门西村 40 号后楼 316 室);2. 樊培绪(镇江第二中学)。许赠《文艺报》四本、《文学评论丛刊》一本。复莫绍裘、易云秋。夜郑州大学教师尚达翔来坐。季复昆代购《古汉语》送来。七来。

4 月 15 日(日)晴

中午赴七家饭,二时返。

4 月 16 日(1)晴

芸来,夜去。下午教务处召开研究生招生会。月超来示梅镇、涤源、崇淮书。得周本淳、卞孝萱、夕佳、丽则及刘峻(严霜)信。刘地址:广州东山新河浦四横路 33 号东山区缝纫机配件一厂。

4 月 17 日(2)晴

上午出题。写请调囡信,又复囡。下午访白尘。夜单来谈印书事。

4 月 18 日(3)晴

上午以试题交咏祁,约星期四下午传达昆明会。下午开会讨论升等。晤仲荦,与行素共谈于绕溪家。

4 月 19 日(4)阴

上午函北桦,寄去题签。赴芸家,午饭后归。二时去系传达云南会议情况。李家政携林路函来谈。至自强家晚饭,以叶櫓事托自强。夜学生来约下星期二作报告。

4 月 20 日(5)晴

上午无锡轻工业学院工艺美术系刘观庆、陆家桂(女)两先生来。与芸出饭于四川饭店,游灵谷,晚饭于其家而回。

4 月 21 日(6)晴

校上卷初稿迄。下午与月超出浴。下午《南京报》记者来。杨四保来。取回裱画 5 幅,48 元。夜写下列信:丘良任、万放(莫事)、绍裘、刘峻、徐懋庸治丧委员会。

4 月 22 日(日)晴

上午写下列信:孟伦、季思、徐菊如(师大学生)。访国璋、拱贵、白桦(不遇)。下午为周勃写词卷,即寄出。又写周信。夜古籍一编汪贤度、竺少华来。庞晓阳、庞小宁姐弟来。

4 月 23 日(1)晴

上午芸来,收衣箱,晚去。送校样。谢伯阳来。得校办沈道初信,告九三关系转好。得湖北宜城县璞河公社石孙大队二队石天宝信,附诗甚劣。又得天津市和平区新建村六建楼 307 号蒋汉起,附词一首,尚可。为钟陵、美林、国武各写字一张。

4 月 24 日(2)晴

得淡芳、瑞云信。下午为本系学生作报告。旋赴孙家,晚饭后同赴南师访孝萱。夜新雷来,与谈宋元文学史事。

4 月 25 日(3)晴

上午上课。函富寿荪买书,《南京文艺》更正词错字,蛰存(装订《词稿》)。得松林函,即复。又振甫函,询元史事。下午开陈恭禄先生追悼会,以振甫问题交韩儒林先生。永芬、自强来略坐。夜孝萱来,以四石请刻。为舒芜书一卷子,寄出。

4月26日(4)晴

午宴孝萱于四川饭店,同坐者止畺、北桦、国璋、郁贤皓、李灵年。下午赴芸家,五时返。写周勃信毕。

4月27日(5)晴

谢伯阳、丁灏来。校考题。得江苏出版社征诗信,即抄十余首付之。又得绍裘信。作书与杨明照。又作书介吴翠芬与明照。收《云南日报》稿费五元。

4月28日(6)晴

上午上课。得云大讲费8元,又照片。下午赴芸家,夜归。

4月29日(日)晴

与丁灏访吴先生,午饭后归。

4月30日(1)雨

上午芸来,下午五时去。遇吴于廑,与夜饭于小店,月超父子同坐。

5月

5月1日(2)晴

芸来。晚饭后至其家小坐,夜七时许返。

5月2日(3)晴

上午凌萍萍携女来,馈笋一瓶。朱一桂及张某来。得下列信:1. 易云秋;2. 余行达;3. 施蛰存;4. 文学理论会员入会单;5. 武大开弘老追悼会通知;6. 翊强。即复翊强,函志达请代送花圈。赴七家。

5月3日(4)阴

N家竟日。

5月4日(5)阴

得宋谋玚、石天宝、郝延霖信，又威克寄户口。校题。蒋荫楠来。复宋，又函威。

5月5日(6)晴

上午上课。下午听报告。会后，与月超视气中疾。旋赴自强家，夜归。得富寿荪寄书及诗、信，又《百科知识》。季复昆送《李白集》《楚辞新编》，未遇。

5月6日(日)雨

复富寿荪信，寄还书款4元8角。夜晚王家。

5月7日(1)晴

收马騄程信，又考生魏崇聚、龚启夏诗文，三中老师马瑄诗。

5月8日(2)晴

吴锦来告南师上课事，不遇。夜裴显生来，谈论写作。季复昆来，以《李白集》款付之。又刘汝醴代办《美术》二册。得介眉信。

5月9日(3)晴

上午上课。得考生山西大学李安纲信，又诗一。赴芸家。得梅镇信。取相片并寄威克等。

5月10日(4)晴

得丽则信，王文生寄要审文二篇，杨明照信。下午赴南师讲课，旋至芸家，晚饭后同访其姊。丁灏来，以诗见示，又示林散之弟子单人耘诗。

5月11日(5)阴

以《引言》寄寇立光。寄稿与文生并复。夜与月超赴新街口吃水饺。

5月12日(6)风雨甚大

上午上课。写给囡信。又复山西长治四中师范班李固阳信,谈刊诗事。下午开会。贾平年为购《李白集》。

【剪报:《人民日报》1979年5月11日第4版《中国古代文学理论学会成立》。】

5月13日(日)阴,微雨

下午赴七家,取得上海修表、打火机、鞋垫等物。又与汝安夫妇看香港片《巴士奇遇结良缘》。

5月14日(1)阴

上午芸来,看花北湖。寄淮侄信问暗盒未到事。又将《行卷》稿寄还古籍出版社。

5月15日(2)晴

取回上卷校稿。谢伯阳来。得董每戡、周勃、孟伦、淡芳、孝萱信。下午赴南师参加座谈。访汉生。至自强家晚饭。以烟十托国璋转致。夜写周勃(并诗集)、北桦(图章)、孟伦及中华书局信。

5月16日(3)晴

函孝萱、淡芳、定生。得韩德培、欧阳均(武大学生,市二中)信。复韩、姚、刘信。复欧阳均信。吴白翁来。

5月17日(4)晴

芸家浴。

5月18日(5)晴

得翊强、君惠、谋场三信,《南京文艺》稿费五元。下午赴南师讲课。旋至孙家小坐而返。芸来为具晚饭,夜八时半去。得济宁师专古典组来信，约往讲学。

5月19日(6)晴

上午上课。得柳定生复信，又《思想战线》一册及编辑信(殷光熹)。

5月20日(日)晴

上午芸送衣来。下午开校庆77周年及十届科学讨论会开幕式。与芸返，饭于其家，食扁食。

5月21日(1)晴

收廖序东论《离骚》文，黄纪华信，舒芜信，夒宪信，湖南师院高扬索会章信，浙江丽水王翼奇寄诗(考研究生)，莫绍裘信(转孙望)。下午科学讨论会作报告。

5月22日(2)晴

得中华书局复信，吴志达函，《长江文艺》。芸来，下午五时去。宴殷焕先于老广东，同坐者汉生、启华、拱贵、止疆、超伯。夜季复昆来，代买书二册。

5月23日(3)晴

上午复中华书局信。夜致舒芜信。授课时失手表，幸复得之。上午授课。下午参加科学讨论会，陈行素"诗品"，包忠文"文艺偏至论"。

5月24日(4)晴

下午参加科学会(马莹伯"形象论")。得孙昌前信。

5月25日(5)晴

下午晤加拿大教授叶嘉莹。得柳北野信。

5月26日(6)晴

上午上课,又听叶嘉莹讲诗。下午去芸家,夜偕归。国璋来,金托看《诗经》译序,赵托看郭沫若资料。得吴代芳信。

5月27日(日)晴

上午访叶嘉莹于胜利饭店,吟诗。晚国璋子来取郭资料去。

5月28日(1)晴

上午与叶嘉莹座谈。下午 n 来,夜七时许去。收王达津《南开学报》,舒芜寄绀弩诗集,晴佳信索百元,吴白匋、周振甫信,又徐师汇 40 元。

5月29日(2)晴

汇泉百与晴佳,又函王达津寄以《锦瑟》。徐铭延夏夫人夜过访,现在南通医学院教务处工作。

5月30日(3)晴

是日端午节,芸家竟日。夜周本淳来。

5月31日(4)晴

得囡信,又二孩相片,即复之。又得淡芳信。

6月

6月1日(5)晴

《南京报》记者来。同事许君来。下午《群众论丛》徐慧征等四人来。得王利器信。芸来共饭。小海生日送以袜。

6月2日(6)晴

上午上课。下午听章德报告。得《南京文艺》稿费五元。上海百科全书出版社姚芳藻来二次，均未见。

6 月 3 日(日)晴

中午去七家。晚写信。

6 月 4 日(1)晴

忍泪看天斜日在，伤心告祭暮云寒。——汪辟畺先生句

发出下列各信：1. 历史系陈得芝；2. 南京市二中欧阳均；3. 乌鲁木齐新大郝延霖；4. 长春保温材料厂黄纪华；5. 广州中山大学董每戡；6. 北京周振甫；7. 北京宋谋玚；8. 武昌孙昌前；9. 武昌吴志达；10. 黄陂程晴佳；11. 长沙高扬；12. 成都王淡芳；13. 成都刘君惠；14. 成都杨明照；15. 上海王文生；16. 上海施蛰存；17. 高邮莫绍裘；18. 兰州马录程；19. 哈尔滨游介眉；20. 昆明殷光熹；21. 徐州廖序东；22. 山东济宁师专中文科古典组；23. 王永芬《古代作品选》一册。芸来竟日，出购裤料，又携来一澡盆，夜雨去。四川社会科学院李有明(蒙文通之婿)来访，又携四川人民出版社张纪生函。二人均金大学生，已不复记忆。嘱寄《涉江集》，恐未能也。晓雪寄诗集《采花节》来。夜大雨。

6 月 5 日(2)阴，小雨

蒋荫南来。以《诗经》稿寄还启华。陈行素来。得陈得芝复信，即加函转振甫。

6 月 6 日(3)阴

上午上课。得淡芳信，又政协约开会信。下午去芸家。

6 月 7 日(4)阴

以稿寄《群众》。上午听南京说书。下午听於梨华谈台湾文学情况。四时后访赵、徐，均不晤，饭于自强家。得王达津寄《南开学报》。

6月8日(5)阴，夜雨

早《南京报》记者来。上午伯阳来。芸来。夜月超来坐。为原平题三画。

6月9日(6)阴

上午上课。下午教研组会。得吴代芳信及文，李家欣信，周振甫信。

6月10日(日)阴

欧阳均上午来。复吴代芳信。致葛杰要稿纸。与月超共饭于马祥兴，又访白尘。夜草致湖北统战部信，又致涤源信。

6月11日(1)阴

芸来，晚饭后去。夜自强原平父子、启华、汉生、行素来。得白匋女信，考生李安纲信。

6月12日(2)晴

得晴佳信，款收到。又得绀弩信。杨谈文学研究室事。以文交《学报》。

6月13日(3)晴

得小佳、孟伦、谋场及考生栗云岫诗(附诗极劣)。函敏泽托购书。又函衡如先生、小佳。遇徐慧征，欲与《学报》易文，听之。夜芸来共饭，观《舞台生涯》。

6月14日(4)晴

上午去芸家。下午系开会四定。夜观相声。

演员哈哈大笑，观众莫名其妙。演员哭得伤心，观众无动于衷。——《大众电影》论某些演技

6 月 15 日(5)晴

得山东大学寄来文论资料，又刘君惠、周采泉、葛杰及研究考生陈树春信。

6 月 16 日(6)晴

上课。改考卷。复吴泽晶信。与常国武信。

6 月 17 日(日)晴

阅卷。得蛰存、罗中立、中华书局及研究生刘家林、龚启夏信。

6 月 18 日(1)晴，夜雨

芸来。柳北野来，赠笔墨，却之。

6 月 19 日(2)微雨

得罗中立稿，寇立光寄《徐师学报》，云大寄吴林伯等文章三篇，振甫寄《诗词例话》又《汉英大辞典》，中华寄回《史通》。以书介寄还振甫。得騄程、涤源信。小强来告德济到。国璋来，送词样。

6 月 20 日(3)晴转雨

上午上课。旋开会决定研究生人选。下午听解放思想报告。旋至七家晚饭，夜雨，七时半始返。得上海寄稿纸五百张。

6 月 21 日(4)阴

上午去芸家。下午南师授课。夜万放来。得敏泽信。

6 月 22 日(5)晴

王藏用早来（及[redacted]姓助手），与早点于永和园，午饭于四川饭店。下午同访白尘、南扬。交李东川诗题文与之。芸来，陪王午饭，夜七时半去。得囡信，又相片。得南师稿费、讲课费 48 元。

6月23日(6)雨

发囡信。收霍松林信。上课。下午学习。办手续。

6月24日(日)阴转晴

上午与芸看《阿诗玛》。午饭后至七家。夜9时返。

6月25日(1)大雨竟日

芸来。得朱彤信索考题,即复。

6月26日(2)晴

下午开会讨论咏祁美学。

6月27日(3)阴

得董每戡信。致葛杰信。寄《学报》与达津、淡芳、志达、每戡。

6月28日(4)晴

在芸家校稿。

6月29日(5)晴

腹泻。得志达、显生、申甫函。

6月30日(6)晴

上午上课。后与吴翠芬谈室事。下午听章德报告。

7月

7月1日(日)晴

上午王永芬来,与同与王伯武家,遇章诚忘。下午伯阳来,月超来。夜朱一桂来,借去印油一瓶。

7 月 2 日(1)晴,暴雨

芸来。得孟伦、利器信。

7 月 3 日(2)雨

芸来。沈[redacted]来要印刷费。

7 月 4 日(3)雨

上课。得敏泽寄《文学评论丛刊》,即复。又函文生。下午白匋来,借去《文学评论》增刊二册。

7 月 5 日(4)阴

芸来。午饭于菜根香。以校稿交印刷厂。得戴自中、富寿荪信。

7 月 6 日(5)阴

得郝延林《新大学报》,葛杰、钟兴正信。即复。

7 月 7 日(6)晴

上午上课(毕)。下午开会文学研究室。得舒芜信。

【剪报:《光明日报》1979 年 4 月 29 日秦牧《古讽刺诗今读》。】

7 月 8 日(日)雨

申甫等自长沙来,在马祥兴便饭(何申甫、周秉钧、宋祚胤、周寅宾)。寄囡包裹。

7 月 9 日(1)阴

与芸登记。下午出购一桌。夜申甫来坐。孟伦来,十二时始去。

7 月 10 日(2)晴

上午单兆欣来,告印书事。下午谢伯阳、尹志腾来。晚饭自明[①]宴孟伦,芸及余陪。夜与殷、徐谈,又与何等谈。

7 月 11 日(3)晴

上午与殷至书店,旋饭于四川饭店,同席者徐、孙、金。下午开工会。晚北桦及夏君来。何等三人及殷来。

7 月 12 日(4)晴

取研究生三名:莫砺锋、张三夕、徐有富。函复富寿荪、葛杰。夜送孟伦返济。

7 月 13 日(5)晴

上午万放来,携女菡。得淡芳、代芳信。

7 月 14 日(6)晴

上午市文联开会。下午得振甫信。

7 月 15 日(日)晴

上午自明夫妇来。夜观京剧。函振甫。

7 月 16 日(1)晴

小病,腹泻。芸来侍。

7 月 18 日(3)阴

与芸观《简・爱》。季复昆来。夜校《学报》稿。《诗选》上卷最后校讫,送厂。

---

① 自明指孙望(原名自强)、霍焕明夫妇。

7 月 19 日(4)晴

上午党委统战部开座谈会。得刘涤源、杨翊强信。夜观《红娘》。十一时归。

7 月 20 日(5)晴

得罗中立信,即复。

7 月 21 日(6)阴

上午裴显生来。下午安徽劳大学生朱文根、曾业松来。朱家维来。夜月超来。得孟伦及会暾信。

7 月 22 日(日)雨

致大璞为孟伦索书,函汉生为孟伦索稿,又复孟伦。小宁来。得夕佳信。函囡及夕佳。

7 月 23 日(1)晴

白皓来,杨四保来。得《长江文艺》,江苏出版社信。

7 月 24 日(2)晴

得印翁信,余行达二文。

7 月 25 日(3)晴

上午、下午均开会。中午赴芸家取票。得陈淑珍信。

7 月 26 日(4)晴

复陈淑珍信。自强夫妇来。《涉江词》印成。

7 月 27 日(5)晴

得罗中立信。

7月28日(6)晴

下午李赞钧来，约饭。夜与月超访朱家维。看房子。

7月29日(日)晴

7月30日(1)晴

屈兴国来。樊凡来约饭。吴枝培、谢伯阳来。宣书记、蔡主任来谈迁居事。得《思想战线》五册，李安纲信。夜观《大风歌》。芸始来宿。

7月31日(2)晴

与芸看《尼罗河上的惨案》。清物。

8月

8月1日(3)晴

到新居扫房子。

8月2日(4)晴

迁居，吴新雷、吴枝培、屈兴国及黄朱青等五位同学相助。

8月3日(5)晴

朱祖延来。

8月4日(6)晴

月超来夜饭。小海姊妹来。

8月5日(日)晴

运大橱。

8月6日(1)晴

得中华、古籍、曾家琇、杨四保信,《学术月刊》。

8月9日(4)晴

装煤气灶。得周秉钧信。

8月11日(6)晴,暴雨

得丽则、小宁及毛谷风信。为杨四保及小鲲等作字。吴罡来谈。

8月12日(日)晴

夜七姑娘来,送电视机票。谢翎装插头。杨四保取字去。

8月13日(1)晴

得月超、朱彤、九三信,吴志达文。去买梨,访朱家维,交月超信。小皓买电视未得。

8月14日(2)晴

上午永芬来。中午去天眉家午饭,旋观墨西哥片。八时归。

8月15日(3)晴

写丽则、月超、曾加琇、朱彤信。收《长江文艺》《学术月刊》稿费21元。以《诗选》稿交咏祁(并卡片样式)。

78年9月18日开始增补《古诗今选》,79年8月15日完成。计费时十一个月。

市一中语文教授王志卿(武大62年毕业)来访,其弟王志华在省新华书店,Tel33234,云可代买书。

8月16日(4)阴,微雨

芸出办户口,寄小宁款。写振甫(还书款一元)、葛杰、庞硕、郝延霖、吴志达、吴代芳、冯中一(山东师院)、徐朔方、王淡芳、余行达、萧印唐、刘君惠、施蛰存。

8月17日(5)阴

访白桦、国璋、自强(以扇交画)。以稿退罗中立。《诗选》油印校迄。单来谈印《诗选》事(早上)。

8月18日(6)晴

九九从济南到上海,住了20天,返济过宁,与七姑娘及诸子均来,宴于同庆楼。又将电视机送来。将油印教材交出版科。武大李君来访。

8月19日(日)晴

上午访瑞蕻。下午维森来。夜与芸饭于七家,赠七、九笋干各一器。

8月20日(1)阴

得樊凡信。

8月21日(2)阴

天眉母子来,永芬来,共午饭。吴罡来谈。夜饭于天眉家。读卞著《刘禹锡》迄,写意见八页。

8月22日(3)晴

得囡及人民文学出版社信。寄出丁灏及卞孝萱稿子。

8月23日(4)晴

上午曾卓来,留午饭。下午吴林伯来。得周振甫、曾加琇信。

8月24日(5)晴

永芬、新雷来。

8 月 25 日(6)阴

白匋、国璋来,国璋送来印书账单。下午去医院视子强病。

8 月 26 日(日)晴

复元史研究生吴坚信。昨得蛰存信。

8 月 27 日(1)阴

发敏泽信。得卞孝萱信。

8 月 28 日(2)晴

函志达,审李贺诗文。访万放。北桦子送书来,未遇。

8 月 29 日(3)晴

函学颉、樊凡。得印唐信,李安纲、余行达信及稿。以余行达文三篇寄中玉。

8 月 30 日(4)晴

访肖友。

8 月 31 日(5)阴

上午开系会。收黄苏、张超美、杨明照信。

9 月

9 月 1 日(6)阴雨

上午上课。下午开会。后与勋初访枝培。

9 月 2 日(日)晴

上午送《词》45 册与焕明。访子铭。复超美、明照、振甫信。致囡信。

下午访自明、维森、绕溪、月超、永璋。

9月3日(1)晴

下午开干部会议。收学颉、志达信。永芬来。

9月4日(2)晴

上午在政协开九三会。下午取款、寄书。新华书店魏鸿宾、谢叔良二同志送书来。郁贤皓、常国武、陈行素来，皆未遇。校李颀诗稿。吴新雷告借书事。

9月5日(3)雨

上课。发蒉荪信。下午与月超访圭璋。

9月6日(4)阴

寄发大批邮件。包忠文来，谈写少年读物事。收中玉、淡芳、范老信。下午程一中来谈。

9月7日(5)晴

上午开批评史小会。下午至校，得朱文根信，夏瞿老寄书，又振甫寄书(均《论词绝句》)。下午子铭、咏祁来谈研究生事。

9月8日(6)晴

上午上课。下午学习。谢伯阳来，未遇。

9月9日(日)晴

草校雠学提纲。季复昆来。韩亦琦来。下午访朱一桂不遇。

9月10日(1)晴

上午还月超《两汉书》。得蛰存、敏泽、邓珞华、蒋礼鸿、施蛰存信。辛宪及炎宪夜来坐。

9 月 11 日(2)晴

得蛰存、朔方、圣陶、芳洲信,皆收到《词》。发小婉信。

9 月 12 日(3)晴

上课。发作协、山西图信。

9 月 13 日(4)晴

收朱光潜、钱锺书、闻在宥、周退密、卞孝萱、周振甫、周勃、张超美、小佳、人民文学出版社、沈玉成、朱彤信。复退密、周勃。

9 月 14 日(5)晴

上午文学批评史开会,子铭参加。张三夕来。郭维森来借去《宋人轶事汇编》四册。收到李修睦、杨翊强、颜雄(附寄《文论要诠》)、詹伯慧(附寄祝南二文)、周采泉(附寄一文)、蛰存寄丁宁词、《南师学报》、许杰、孟伦、周伟民、马騄程(附汪先生诗)、王文生(附校稿)信,又九三开会通知。寄文生校稿,复伯慧、翊强。

9 月 15 日(6)阴

上午上课。得耀先信。下午扫除,未去。复蛰存信,又颜雄、夏瞿禅、朱孟实、周伟民、周采泉(附稿)、王文生、敏泽、王运熙信。

9 月 16 日(日)晴

上午与七及炎宪等去永和园吃点心,将尼龙伞遗失。下午《文艺报》闻山来。钰哲夫妇来。

9 月 17 日(1)晴

上午看病。下午武大罗邦柱、华师黄建中(住 13 舍 409 及 408,训诂班)来,带来大璞、治中信。收维崧、孟伦、张国光、王达津、高文信。又收内蒙古师院温广义寄所著《唐宋词常用语释例》并索书,吴志达信及胡师文稿,蕙荪寄《诗学通论》,仲年寄还《微波词》,上海古籍葛杰寄书二种,周伟民寄《华师学报》。

《南大学报》主编　杜闻贞

蒋荫楠、蒋广学(16 舍 2 楼一号)

徐有富　　13 舍 221

张三夕　　　　234

莫砺锋　　　　234

9 月 18 日(2)晴

上午研究生来。朱家维来告 20 接待外宾。收何翔如、朱寄尧信。复张国光、徐仲年信。

9 月 19 日(3)晴

上午与研究生开会。得山西省图、庐山图、陈迩冬、舒芜、唐圭璋、魏炯若、王运熙、莫愁公园八信。

9 月 20 日(4)晴

收林庚、章子仲、姚梅镇、杨翊强、何正思(汉口宝丰路凌云中学)、章蕙荪六信。得九三送戏票。月超、永芬来晚饭。启华、美林、钟陵来夜谈。

9 月 21 日(5)上午阴,下午中雨

上午至工人医院看病。收李运辉、广西师院中文系、曹融南、江苏作协、周本淳信,山西图资料三种,林庚《北大学报》文,张文勋《思想战线》文,吴文治寄人大《文学论集》。复翊强、梅镇、蕙荪信。

9 月 22 日(6)晴

上午授课。下午学习。得蛰存、芝湘、赵景深、安徽师专考研究生、河北大学中文系信。夜看昆曲。

9月23日(日)

写信给匡亚明，抗议噪音。复蛰存信，转去圭璋信。郗政民、罗邦柱、赵仕伟、凌萍萍、吴白匋来。

读史使人明智，读诗使人灵秀。——F. 培根

博喻："取以为喻，不一而足。"——陈骙《文则》

情节是"人们之间的联系、矛盾、同情、厌恶以及一般的相互关系，也就是某一性格、某一典型的成长的历史"。——M. Gorky

9月24日(1)雨

收到：1.《文艺研究》79年1、2两期；2.《现代文学作品选》三册；3. 李清悚信、画；4. 郫县梁文骏信；5. 太原胡蘋秋；6. 郴州师专吴代芳；7. 成都王淡芳；8. 南师吴调公；9.《社会科学战线》；10. 新疆雷茂奎；11. 河北大学资料室；12. 李姓研究生；13. 山西宋谋玚；14. 常任侠。下午开系会，讨论本季工作计划。

9月25日(2)阴

复清悚、代芳、淡芳、谋玚、调公。刘隽甫携仲联介函来。下午陶强、高治国(民间文学神话)来。

1. 南大考古组许莘农
2. 中华门张家衙14号许隽甫
3. 南京工学院建筑系黄竹坪

9月26日(3)阴

上午上课。下午陪芸看病。蒋哲伦、唐文英来。夜研究生来。得宛书城、王文生、胡蘋秋、姚奠中、樊凡、游寿信，又任木生告小佳病信。复游信。夜永芬携戚某同访月超。

9月27日(4)晴

新雷晨与唐文英、蒋哲伦晤于余家。得温广义、施蛰存、北图、张文勋、袁行霈、何光年信。致明照信。寄徐中舒文。收陶道恕信。晚请钰哲、天梅、兰友等。邓大嫂女婿来探视。复袁行霈。

9月28日(5)晴

早邓婿来辞行。晚尹志腾夫人来检查心脏病。蒋哲伦。下午开诗歌朗诵会。得福建图书馆、李进信,周勃寄《报告文学选》。

9月29日(6)晴

上午上课。收刘君惠、傅璇琮、陈邦炎、高兰夫人刘景秀、王文才、欧阳均信。下午在家作字。写信给囡,晨发出。

9月30日(日)晴

上午万放来。复傅璇琮。

10月

10月1日(1)晴

上午孙祖荫来。中午赴钰哲家午饭。下午辛宪夫妇及小峰来,馈蟹四。得夕佳、小婉、姚雪垠、夏瞿禅、刘隽甫、刘子健、胡山源、唐圭璋、周本淳、钟树梁、施蛰存、上海图信。复刘隽甫信。

10月2日(2)晴

得安大阚毓田索书函,即复。发回囡信。下午研究生来谈。贾平年来。夜黄朱青来。

10月3日(3)晴

得河北图书馆赠书七册,蔡厚示寄文,王文生寄书,周本淳寄耘耘,

《百科知识》寄计划，刘子健寄三元买书。改蔡文，转寄文生。

10 月 4 日(4)晴

复上海大百科、唐本淳。下午上课。得胡念贻、武大学生黄静怡(华师黄石分院)信。

10 月 5 日(5)晴

上午去自强、白桦家。取回波多赠《王氏宫词注》。下午完成改卷工作，即送系。得周煦良、郝延林信。何芳洲携女惜三来。月超来夜饭。

10 月 6 日(6)晴

上午出雨花台，赊石 12 枚。下午学习。得吴于廑、殷孟伦信。

10 月 7 日(日)晴

上午芳洲来，与同至七处午饭。吴白匋、单人耘来，未晤。下午萧兵、单人耘来。得克木、孟伦、奔星信。卞孝萱送来四石章。

10 月 8 日(1)晴

得投考研究生李翔君信，又孟伦信。下午上课，作总结。复谢卞孝萱，复孟伦。得傅璇琮信。

10 月 9 日(2)晴

收工资及补发 1200.4 元。得小囡、杨明照、李一氓信。汇款 50 元与夕佳，百元与小囡。与芸晚餐于胜利饭店。

10 月 10 日(3)晴

写信与匡亚明。收康伣信。下午开学术委员会。晚万放夫妇来，季复昆来。

10月11日(4)晴

上午赴鼓楼医院作心电图。下午授课。得周笃文、欧阳均信。收《诗选》70本。

10月12日(5)晴

写波多、周策纵、叶嘉莹、傅璇琮、姚雪垠、吴志达、程一中、敏泽等信。寄出《诗选》。收志达、杨文翰、陆维钊信,施寄发票。给志达、小囡、欧阳均信。

10月13日(6)晴

下午学习。上午安师大祖保泉来访,携来章子仲、张涤华信。又得牟世金、吴静安信。得夕佳夫妇信,即复。夜赴江苏酒家宴。主人如下:1.孙望、2.焕明、3.诚忘、4.徐复、5.国璋、6.北桦、7.润生、8.贤皓、9.拱贵、10.小云、11.启华、12.国武。

10月14日(日)晴

上午看白尘(不遇)。访永芬。匡校长丁莹如夫妇来,不遇。下午孙望、小妹来。月超来饭。复吴静安,函笃冲。

10月15日(1)晴

得萸荪、木生、杨廷福、辰宪、王治平、梅镇、詹伯慧信。即复萸荪信。

10月16日(2)晴

发孟伦、王治平、辰宪信,皆附文稿或词集。得徐中舒寄文,黄稚荃信。下午吴白翁作报告。

10月17日(3)晴

上午赴鼓楼医院看病。下午文学研究室开会(讨论提升)。得廖辅叔、蒋兆鹄信。复蒋信。

10 月 18 日(4)晴

得匡亚明、赵熙文、唐荣昆、葛杰信。复唐荣昆、葛杰信。发给莫绍裘挂号信(南师工作事)。

10 月 19 日(5)晴

得杭生、芳洲信,中山大学图谢信。卢鸿基、夏晨中、姚北桦来,不遇。夜屈兴国及尹夫妇来。

10 月 20 日(6)晴

收唐文英《唐宋词一百首》及信(又嘱转新雷信)、皮公亮、孟伦、黄君坦、阚毓田、《长江丛刊》、杭生、宋谋玚。下午学习。

10 月 21 日(日)晴

下午授课。发寄夕佳信,蒋哲伦信。收胡笃冲、吴代芳、王淡芳、王利器信。孙望、吴奔星来,与同至北京东路 4 号夏晨中家访卢鸿基。

竹汀《潜研堂文集·与袁简斋书》,论唐宋官制守、判、试、知、检校诸称,所当参核。

10 月 22 日(1)晴

下午研究生来。赴自强家晚饭。卢为画像,夜归。得彦邦、冠英、张珍怀信。

10 月 24 日(3)晴

上午赴自强家,由卢鸿基将像画完,携归。得欧阳均、王文生、李国瑜、王文才信,方之讣文。夜访匡。归作挽方之联语。

10 月 25 日(4)晴

下午上课。上午以校雠讲义交叶子铭。得奂午、定生、茅于美、袁行霈、林立、吴志达信。复茅于美并寄书。又以定生函转孟伦。夜北桦、晨中、鸿基及《人民日报》一女记者来，夜十一时始去。

10月26日(5)晴

上午不适，力疾草就讽刺文学报告。得李国瑜、张实、程一中、孙祖荫信。

10月27日(6)晴

不适，上午会由枝培开。写张实、囡、夕信，又作诗三首寄卢鸿基，又写赵熙文、王文生、李国瑜信。收徐鸿、唐荣昆、杨冠珊、董每戡信。夜卢鸿基、杨成寅(卢弟子)来。张月超来。倪(图书馆)来约为书目文献出版社作编审。

10月28日(日)晴

下午单人耘来。夜季复昆来。

10月29日(1)晴

下午上课。得王治平、卢鸿基、金克木、《社会科学战线》校稿及杭生、彦邦信。

10月30日(2)晴

上午朱家维来。晚辛宪及小峰来。小皓托买日语唱本。刘诗秀来约作报告。发致囡信。

10月31日(3)晴

下午为学生讲讽刺艺术。收莫绍裘、饶小平信。

11月

11月1日(4)晴

下午上课。得茅于美、宋谋玚信。修订《史通》毕。晚观《沉默的人》。

11 月 2 日(5)晴

以《校雠学》交印刷所。以《史通》寄中华。莫绍裘来。鼓楼医院看病。得季镇淮、陈贻焮、葛杰信。又寄书,许永璋诗,毛治中信。钟陵来。

11 月 3 日(6)晴

上午卢鸿基来,留午饭,又照相多帧。下午开学习会。晚木生姐自西安兴平来,留晚饭。胡三姐来谈写小翁碑文之事。得蒋兆鹄、陈北海、易云秋之信。陆耀东来。

11 月 4 日(日)晴

上午与任大姐游玄武湖,饭于胜利饭店。下午程一中来,带来李清照资料五册。

11 月 5 日(1)晴

复吴调公、吴代芳、茅于美、陈贻焮、刘彦邦、杨冠珊、何芳洲。得杨敏如、曹逸峰信。上课。

11 月 6 日(2)晴

芸生。观画展,午饭于江苏饭店。下午在鼓楼医院看病。陆汝常来。

11 月 7 日(3)晴

上午在家开文评史会。夜请杨明照,王立兴夫妇作陪。

11 月 8 日(4)晴

下午上课。得周策纵寄书。

11 月 9 日(5)晴

收自强、杭生及九三信。复杭生、自强信。

11 月 10 日(6)阴,晚小雨、风

上午听黄裳谈巴金回忆录。下午政治学习。得廖立信。写闻山、敏泽信,又周幼琴美国信。

11 月 11 日(日)阴,风

为包忠文文提意见。中午宴杨明照、黄裳、陆耀东于江苏酒家。夜访黄裳于杨苡家。

11 月 12 日(1)晴

得波多、傅璇琮、杨翊强、莫绍裘、小婉、小佳、夕佳信。下午上课。复詹伯慧信。

11 月 13 日(2)晴

上午鼓楼医院看病。得罗玉君、敏泽信。即复敏信。

11 月 14 日(3)晴

改吴文,送还。杨明照报告,未去。夜黄裳来辞行。

11 月 15 日(4)晴

孟伦来,午饭后去上海。下午上课。得王淡芳、罗元■信。下午永芬来。

11 月 16 日(5)晴

下午看刘海粟画展。上午杨明照来辞行。晚饭于胜利。得薛青萍信索词。

11 月 17 日(6)阴雨

上午新疆训诂班二人来。下午在文协作报告。致葛杰、霍松林信托买书。寄薛青萍、黄微书。

11 月 18 日(日)晴

伯阳夫妇来午餐。下午耿全福、刘作霖来治山石。夜钱林森来。

11 月 19 日(1)晴

下午上课。得淡芳、胡蘋秋、胡杭生、余行达信。

11 月 20 日(2)晴

写韩德培、杨翊强、王淡芳、威克信。得吴代芳、黄裳信，九三开会通知。赴永和园午饭。

11 月 21 日(3)晴

上午访止强。得徐仲年、张实信。对校雠讲义。

11 月 22 日(4)阴

下午上课。得丁浩夫、李清悚信。夜孟伦来。

11 月 23 日(5)阴

下午王气中谈古典研究现代化。后访孟伦，又同来坐。得丁浩夫信。

11 月 24 日(6)晴

下午听反特权报告。中午与孟伦在胜利西餐。写李清悚、葛杰、周振甫信。莫绍裘来，未遇。

11 月 25 日(日)晴

上午莫绍裘来。与月超访宛书城。与月超、孟伦午饭。饭后访范老。

11 月 26 日(1)晴

得圭璋信，囡信，陈邦彦寄书，周振甫寄书，王运熙寄文及信，聂绀弩诗，姚雪垠寄书。

11 月 27 日(2)晴

得傅璇琮、蒋兆鹄及盐城小学教师王君信。

11 月 28 日(3)晴

听传达报告,邓大姐及关于苏联。徐中玉、吴奔星来,不晤。寄傅璇琮 20 元买书。

11 月 29 日(4)晴

上课。何芳洲夫妇来。周勋初来。得杨翊强、薛青萍信。

11 月 30 日(5)晴

上午听刘宾雁报告。得圭璋信。夜访中玉、奔星。

12 月

12 月 1 日(6)晴

得葛杰寄稿纸千张,王淡芳寄《涉江词稿》,郝延林寄《学报》,王达津信,葛杰信。原平、原安来,邱质朴来,杨苡、孙望夫妇来,万放来。

12 月 2 日(日)晴

学生来。伯阳、瑞蕻来。下午去辛宪家,晤芳洲夫妇。笃冲来,谈颇久。

12 月 3 日(1)阴

上午裴显生、屈兴国来。下午上课。宴中玉、奔星、孟伦、瑞蕻夫妇、北桦、焕明。夜返家,饮咖啡。得璇琮寄《三国志》《魏书》。函葛杰、夕佳、达津。得介眉信,鸿基信。

12 月 4 日(2)阴

下午学生来。晚仲干通、罗邦柱、周一展来。得安治、克木、淡芳信,舒芜信。

12 月 5 日(3)晴

下午开会讨论升等。得冠英寄《诗经选》,杨廷福寄文并信。萧兵来,未晤。夜卢鸿基研究生二人来,未见。

12 月 6 日(4)阴

寄璇琮 20 元买书。又发各信:施蛰存、周振甫、傅璇琮、张安治、朱孟实、王淡芳、舒芜、夕佳。

12 月 7 日(5)阴

以航挂信寄叶嘉莹。整理勘误表。夜邢亚辉来。得《云南日报》信。

12 月 8 日(6)阴

上午与芸出去买呢大衣一件,86.47 元。领工资。打烤火煤气押金 50 元。下午开会谈升等事。抽得 520 元电视机一个。收萧印唐、刘诗白、任莉莉信,敏泽文。寄词与诗白。寄文与敏泽。函翊强。

歌德认为:批评家要弄清:1. 作者说些什么(生活、题材);2. 怎样说的(美学、技巧);3. 值不值得说(思想、道德情操)。

诗,要经过特殊组织的意象,使有限的经验世界提升为无限的精神世界,从而使之具有一种永恒的因素。

12 月 9 日(日)阴

上午去买电视机,未得。下午宋家淇、王永芬来。与三生去孙家。小峰送鱼来,报以人参两支。函松林询购杜诗事。罗邦柱、周勋初夜来。

12 月 10 日(1)阴,晨雾

下午上课。浙江美术学院卢鸿基研究生潘耀昌、范景中二人来,孟伦留晚饭。写信给吴志达、葛杰。

12 月 11 日(2)阴

下午开升等会。看洪老。收小囡、何光年信。夜自强父女来。

12 月 12 日(3)晴

上午出购电扇不得,下午芸得之。浴。得舒芜、顾诗灵、詹伯慧信。夜新华社人来问东林事。

12 月 13 日(4)晴

收蒋兆鹄、莫绍裘信。下午上课。

12 月 14 日(5)晴

上午视尹志腾疾。下午开学术委员会。得叶嘉莹信件(12 月 4 日发,14 日到,才十天)。夜观京戏《探母》。

12 月 15 日(6)晴

寄书三册、文二篇与叶嘉莹。下午与超伯、石臞访定生。

12 月 16 日(日)晴

石臞来作字并饭。写伯慧、公亮夫妇、兆鹄信,蛰存信又汪旭翁稿,又振甫信。新疆铁路师范学院教师王德文赠其太夫人郑珩瑑书一幅。

12 月 17 日(1)晴

得松林、淡芳、绍裘信。下午上课。上午抄寄叶嘉莹 14 诗。

12 月 18 日(2)晴

上午绍裘来,与同访自强。收朱海观信。写何芳洲(请校《词》)、周勃(要词稿)、黄裳(请介绍《词》)及海观信。下午研究生来。

12 月 19 日(3)晴

上午去运煤气。下午寄书与海观及荻帆。又写海观、黄裳、翊强(要

《武大学报》)、嘉莹信。

12 月 20 日(4)阴,小雨

得卞孝萱信(买诗集事),敏泽定《动态》收条,葛杰信又书二册。写丽则信,敏泽信,王达津(要《小说月报》)、卞孝萱、扬州古籍书店信。叶嘉莹信今天发。下午上课。汇款至扬州古旧书店(13 元)。

12 月 21 日(5)阴,小雨

汇葛杰 15 元(16 日汇 10 元),又函葛杰、朱海观(寄《词稿》)。收《诗刊》电,吴志达、周伟民寄文,又周振甫信,即复。石臞来作字,午饭,今夜返济。谢伯阳来,送吊兰一盆。夜郑红(三十三中教师,58 北大毕业)由吴新雷介绍来谈。

12 月 22 日(6)阴雨

下午听公安问题报告。得湖北文联来信要写字。

恩格斯关于现实主义那段名言:

旧译:"除了细节的真实之外,还要正确地表现出典型环境中的典型性格。"

新译:"除细节的真实外,还要真实地再现典型环境中的典型人物。"

12 月 23 日(日)阴

上午吴玉兰来。莫绍裘来,借去材料。下午去孙家谈书目范围及分工。夜辛宪夫妇来,告肖友之丧。

12 月 24 日(1)阴

得詹伯慧、周勃、蛰存、《诗刊》杨金亭信,又敏泽信。一时去清凉山开追悼会。下午上课。吴翠芬发津贴 11 元。

饶宗颐字固庵,号选堂,有《选堂乐府》,在香港九龙中文大学中文系。

12 月 25 日(2)晴冷

下午研究生来。校叶嘉莹文稿。得黄裳、小囡信。写寅宪、小囡信，要照片。

12 月 26 日(3)晴

郭维森来，送与《中国史稿》一册。写郭绍虞、周勃、詹伯慧、周本淳、敏泽信。下午师生联欢会。夜影帆携子庞小宁来。

12 月 27 日(4)晴

下午上课。收《战线》稿费，扬州退款，海观信。

12 月 28 日(5)晴

得《长江》稿费，杨翊强、邹荻帆信。发海观、黄裳、王文生信，又恽宗瀛、闻山信(索还《文艺论丛》，要《文艺研究》)。

12 月 29 日(6)晴

下午系茶会。得晴佳信。

12 月 30 日(日)晴

下午校茶会。得叶嘉莹寄《说诗》。上午去永和园买点心。拍沈尹老照片。

12 月 31 日(1)阴雨

下午上课。得萧兵信。

1980年

1月

1月1日(2)阴雨

上午访钰哲、永芬。午饭于胜利。下午月超来晚饭。

1月2日(3)阴雨

高国藩、王立兴夫妇来。开始校稿。

1月3日(4)阴雨

下午上课(结束)。得葛杰寄书及信,沈寅宪信,王达津信,闻山信,吕永寄文。叶嘉莹印刷被退回,写挂号信到海关询问。又得武大进修生赵某问研究生事。夜观昆剧《关汉卿》。

1月4日(5)阴冷

得蒋兆鹄信。北大郭锡良来,始知为武大54年毕业生,与祝敏彻同班。发海关信。

1月5日(6)晴

得翊强电(买《宋诗抄》事),囡信。即复杨信,汇翊强60元。

1月6日(日)晴

访吴枝培,谈大纲事。自强夫妇来还底片。写信给顾诗灵。校稿毕,交单兆欣。

1月7日(1)晴

收小佳寄信及日历,曾卓信附唐异明信及文章,王运熙信及文章(《郑大学报》),张白山约为《文学遗产》写稿信,刘隽甫约赴江南诗社会信,杨翊强信。

1月8日(2)晴

以年历送七。得文生信,寄会刊。下午去访郭锡良不晤。至吴翠芬处,赠以会刊一册。上午作字,以字二幅寄湖北美协。刘舒来,谢伯阳来未晤。函张白山,寄文章样品。得张安治信。夜观《墙头马上》。

1月9日(3)晴

上午章德约谈房子、调小园等事。召开文评史小组会。以《以文为诗》寄下列各人:1. 王淡芳、2. 徐朔方、3. 王季思、4. 周大璞、5. 吴志达、6. 陈贻焮、7. 吴调公、8. 金启华、9. 孙望。夜古籍陈邦炎来访,交《宋词赏析》稿子。

1月10日(4)阴

得周伟民信及《华师学报》。下午去看病。

1月11日(5)阴,小雪

得芳洲信,附校记。下午开文研室及古典室联席会,讨论三年计划。夜,文研所《文学遗产》编辑部高光起、卢兴基来,以周勋初《陆机〈文赋〉年代考》及莫砺锋译文付之。

1月12日(6)阴雨

整日在家校稿。得涤华文;又湖南宜章县第二中学王邦建信,想考研究生。季复昆夜来。

1 月 13 日(日)晴

《诗选》稿校毕,单兆欣来取去。与芸访陈瀛夫妇。《遗产》人来取去英文学报。

1 月 14 日(1)晴

莫砺锋送车票,以词校稿交与转陈邦炎。得辞书出版社,李玉汝(退休老人,提《诗选》意见),傅璇琮寄《心解》并告《史通》发稿。又胡杭生信,仍要去南农。发王文生、傅璇琮、何芳洲、孙原平、小囡信。

1 月 15 日(2)晴

得杨翊强寄来《宋诗抄》,即复之。中午莫生送上车。下午五时许抵徐州,寓市委第三招待所。

1 月 16 日(3)晴

小样齐。上午序东、奔星来访。夜市文化局长、文联主席佟苏丹,文联副主席王寄舟及计委主任隋君来访。

1 月 17 日(4)晴

晚,单君请客,有隋夫妇,电业局肖君夫妇,印刷厂余书记、周厂长、蔡主任等人。晚,教育局张朝骏等四人来访,约下周一对中学语文教师作报告。吴奔星夫妇及一青年教师、一研究生来访,约下周二到徐师作报告。

1 月 18 日(5)晴

上午校完小样、二样,120 页左右。上街购得芦笋与豆腐棍。下午准备作报告材料。下午南大毕业生陈雨时来访。夜赴徐师访廖、王、吴三老。

1 月 19 日(6)晴

上午校清样,p315—346。下午校二样八张。去淮海路购烧鸡一只。晚赴徐师吴、廖筵。

1 月 20 日(日)晴

上午准备讲稿。下午徐师吴、廖约往游淮海纪念馆和云龙山。晚廖夫妇来访。

1 月 21 日(1)晴

上下午共校“勘误表”小样一张、二样十六张(p467—528)、清样九张(p347—382)。

1 月 22 日(2)晴

二样 529—576(十二张),清样 383—402(五张)。下午到徐师讲学。晚赴徐师宴。文化局二局长来访(辛原、佟苏丹)。

1 月 23 日(3)晴

目录小样三大张,二样六张 577—600,清样四张 403—418。下午到文化局开座谈会,约到 100 人。

1 月 24 日(4)晴

上午校完清样 p419—442,二样 p601—668。下午校完二样 669—700,又清样 443—466。夜校完目录。

郑云波(徐师古典教研室主任),吴汝煜(副)。

1 月 25 日(5)晴

下午佟苏丹陪看汉画。晚看话剧《报春花》。上午芸去印刷厂编写目录页码。发洪嗐电。

1 月 26 日(6)晴

上午校目录讫,付印。又校 467—490 页,付印。下午 491—508(中有宋诗插页)。

1 月 27 日(日)

上午 509—528、529—560。下午 561—600。

孙毓修,字星如,见《新文学史料》5,p274 左。

1 月 28 日(1)阴,小雨雪

上午 601—632。去隋和印刷厂。下午在教育局作报告。夜访吴、廖。

1 月 29 日(2)晴

上午校 633—680,下午全部完。《北方文学》79/10,满锐的四首诗,好。吴、廖、吴汝煜来。王寄舟、王坤等来。

1 月 30 日(3)晴

上午八时赴车站,吴、廖、汝煜、寄舟、朝骏送行。徐站车头碰撞,迟到 11:40 改 119 次(本 125 次),下午四时半到。南大车返,又出事故。乘三轮返已七时。刘蔚云、莫砺锋来。到中玉、白山、唐异明、何芳洲及九三信。

1 月 31 日(4)晴

下午朱家维来,告得奖、小囡及升等诸事。单告单价 1.25 元。函奔星,又函中玉并寄稿。

莫砺锋——李端;徐有富——司空曙;张三夕——韩翃。

2月

2月1日(5)晴

上午写王、吴著作鉴定。得叶嘉莹、周勃、孙祖荫信。发吴奔星、徐中玉信。寄晴佳20,小佳10。下午写复孙祖荫信。收到下列信件:1. 朱祖延寄所著《古汉语修辞例话》;2. 孟伦寄《李清照集》;3.《社会科学战线》抽印本;4. 王淡芳(《诗选》意见);5. 刘彦邦(《诗选》意见);6. 马茂元(马铃娜文《刘辰翁生平考》);7. 刘茂舒(《诵帚词笺》);8. 柳北野;9. 傅璇琮;10. 周退密;11. 孟伦;12. 戴自中;13. 向志学;14. 顾诗灵;15. 武大唐宋文学三研究生;16. 杨翊强。

2月2日(6)晴

得振甫寄《管锥编》3—4,北京语言学院《文学家辞典》第二册。下午开会领奖。

2月3日(日)晴

上午观影《水晶鞋与玫瑰花》。下午去七家。夜屈兴国来谈,并送《文论要诠》影印本、杜松柏书。发小佳、小婉二信。

2月4日(1)阴

上午取奖金50。又寄香肠与夕佳。收君惠、绍裘、荑荪、序东信。写语言学院信,又重写二人小传寄去。下午开汇报工作会。收傅璇琮寄《杜诗详注》及信,又夕佳信。夜写信与翊强及序东,并各寄《训诂学》一册。

2月5日(2)晴

上午谢伯阳来。开外事会议。得振甫寄萧涤非杜诗四册、陶集一册。发下列信:1. 黄养辉、2. 李玉汝、3. 周退密、4. 刘茂舒、5. 刘彦邦、6. 詹伯慧、7. 卞孝萱、8. 马女文寄施(附吴、杨)。

2 月 6 日(3)阴

早谢伯阳来陪芸去鼓楼医院看病。发下列信：1. 游寿、2. 周勃、3. 周振甫、4. 刘君惠、5. 章荑荪、6. 殷孟伦、7. 萧印唐、8. 傅璇琮。寄 30 元给周振甫买书。寄马女文给施蛰存(挂号)。

2 月 7 日(4)阴

上午刘隽甫来。蒋荫南来交范老审阅稿。王永芬来，送花生米一包，粮票 20 斤给王。寄理论史大纲给下列：1. 吴文治、2. 王运熙、3. 张文勋、4. 牟世金、5. 王文生、6. 敏泽、7. 徐中玉、8. 霍松林、9. 姚奠中。得郝延林、杭生信。又郝寄葡萄干一公斤。

2 月 8 日(5)晴

寄出叶嘉莹书，又复郝延霖信，刘法绥信。得中玉收稿复信。谢伯阳陪拔牙，甚顺遂。点《史通订讹》稿毕，付芸抄之。写刘隽甫诗，涤源、德培信，小囡信，皆附南大校刊。

2 月 9 日(6)晴

得郑秀梓、吴丈蜀信。往资料室借书。吴白翁来。下午访孙望。夜订室规划。

2 月 10 日(日)晴

去枝培处谈计划。复秀梓、丈蜀、绍裘。夜餐于胜利。上午上鼓楼买物。

2 月 11 日(1)晴

得古籍稿费 126 元，王寄舟、胡杭生、翊强、陈贻焮、罗邦柱信，作协通知订《动态》，省委茶话柬。又得振甫、罗中立、湖南宜章二中王邦建信，吴志达寄讲义，小婉电报。王永芬父女来，带来小囡文件、鸡蛋 30 个，即访朱家维交与之。浴。写王寄舟、小囡信。

2 月 12 日(2)晴

上午至夫子庙、杨公井。吴翠芬来未遇。皮公亮托周子兆带回祖棻词稿亦未遇。下午至西康路开会。以迁移证寄还小囡。

2 月 13 日(3)晴

得宋谋玚寄《红》文,卞孝萱、吴代芳信。改诸生作业。尹志腾、裴显生来。万放夫妇来。

2 月 14 日(4)晴

上午为徐州诸人作字。得振甫寄仇注二部,古籍寄《丛刊》三本,《文学遗产》卢兴基寄还英文本《中国文学》,晴佳来信。

2 月 15 日(5)晴,除夕

收伯慧、刘隽甫、夕佳、大连师院薛安勤信。自强来。

2 月 16 日(6)晴,元旦

上午团拜。白汝安夫妇来。中午赴天眉饭。下午王珏母女来。谢伯阳夫妇、姚白桦、赵国璋来。钱(女研究生)来。夜钱林森来,以诗词交其转送法人。得蛰存、志达、会暾、小佳、周策纵信。俞润生寄莫文、稿费廿二。又《芳草》载棻词七首。

2 月 17 日(日)阴

吴枝培来。写葛杰、陈邦炎信,推荐吴志达书。写吴志达、詹伯慧、宋谋玚、施蛰存、会暾、辽宁师院薛安勤信共七封。下午万放夫妇来,钱玮(南扬之子)送波多野信来。

2 月 18 日(1)阴

得朱祖延信。至永和园吃早点。晨南扬翁来。成赠波多野诗。

2月19日(2)阴

与枝培去系找子铭商计划。去万家午餐,并作字。得《芳草》稿费35元,朱海观信。永芬来,以张三夕文交其审订。

2月20日(3)阴

致黄裳、李荒芜、朱海观函。王立兴夫妇来。欧阳均来。

2月21日(4)晴

得刘法绥、小囡、吴玉兰函。金启华、陈美林、谢伯阳来。为朱海观写卷子,寄出。

2月22日(5)晴,人日

去谢伯阳家,并参观植物园。得悉董每戡逝世。夜不适。

2月23日(6)阴

打唁电吊唁董老。不适,发热。至鼓楼诊。得松林信。

2月24日(日)阴

发热。小婉夫妇到宁。

2月25日(1)阴,小雨

大不适,38.6℃。宣书记来。下夜去诊。小婉迁五舍。夜印医生来注射。寄出《百科知识》稿件。

2月26日(2)阴,小雨

得黄裳、牟世金、王邦建、志达信,志达寄李健章文。

2月27日(3)晴

收晴佳信,寄烟;吴丈蜀信,寄诗;又九三开会通知。复王邦建信。钱玮来谈招待波多野事。

2月28日(4)晴

得章荑荪、牟世金信。病少好。去系小坐。致振甫信嘱买书,又函九三请假。

2月29日(5)晴

夜与南扬父子赴丁山饭店访波多野太郎,赠以诗幅。

3月

3月1日(6)晴

上午参加以波多野为首的日本大学旅游团座谈。午宴波多,同坐者圭璋、南扬父子、孙望、曹济平、胡忌、翻译徐女子,又日本史学家小岛、语言家早川。得下列信:1. 周勋初交来陈邦炎信;2. 上海辞书社索稿信;3.《文遗》索稿信;4. 王文才信;5. 敏泽信;6. 徐中玉信;7. 刘彦邦信;8. 莫绍裘信(附稿)。

【剪报:《徐州报》1980年1月31日第3版《程千帆教授在徐州》。】

3月2日(日)阴

季复昆、张三夕来。

3月3日(1)阴

备课。得下列信:1. 四川人民张纪生(周稿不成);2. 古籍(吴稿成);3. 王淑耘(约稿);4.《中国社会科学》(约稿);5. 伯慧要书;6. 徐州大庆路47号黄新铭寄诗稿;7. 吴志达寄小说稿;8. 张朝骏书二册、纸一卷;9. 卞孝萱托学生带来苏诗6册。

3月4日(2)阴

致函庞硕托买车。函谢卞孝萱。与吴枝培访杨咏祁。

3月5日(3)阴

浴。得调公信。致吴志达挂号信,转去出版社信。周勋初来谈《文评史》出版事。

3月6日(4)雨

下午开会,讨论研究生出国考试事。上午在永和园请陶小健夫妇。得李荒芜、蕲春文化馆宋光锐、蚌埠跃进路麻纺厂宣教科丁学龙信。

3月7日(5)阴

得中玉信及宋诗小笺稿,又皮公亮信及附件。以宋诗稿寄淑耘,又函孟伦,以书寄志达,复仲干通。

3月8日(6)阴雨

上午上课,尚不累。得中玉信及课表(5.12—6.7)。函敏泽索乔木讲话。汇山西图书馆4.7元买版本书。

3月9日(日)阴

上午全家至永和早点,游白鹭洲。下午孙祖荫、王永芬、张三夕、谢伯阳来。出访枝培、勋初、咏祁,谈派人出席重庆文论会事。夜姚白桦来。改张三夕记录稿。

3月10日(1)阴

得王运熙信,陈邦炎寄《行卷》稿。下午屈兴国来,送香港印《杜集丛校》及影印《宋诗注》。黑龙江人民出版社编辑取《文论要诠》稿去。

3月11日(2)阴

上午授课。夜赵国璋来取去200元。小燕子来浴。

3月12日(3)阴

蒋荫楠取去稿。得张文勋、吴志达、陈邦炎信。吴新雷来商宋元文学稿事。

3月13日(4)雨

下午开学术委员会。得吴文治、杨翊强信。郭维森来,未遇。

发出《诗选》下册。

3月14日(5)阴转昙

上午去系分卡片。得王冀民、殷孟伦信。

3月15日(6)晴转阴

上课。永芬下午来,约明日晚饭。得孟伦寄还校勘文章。

3月16日(日)晴

早原安来,以南师卡片600张付之。游后湖,晚饭于王家。

3月17日(1)阴

得吴志达、郝延林信。下午小峰与南京中医学院吴肇鸿来,交来一论谚语文嘱阅。四川大学中文系程述章来,谈9月间开东坡讨论会之事。

3月18日(2)阴

上课。得黑龙江雷雯、吴丈蜀信,许永璋先生诗。函吴丈蜀、德培、志达、翊强、伯慧。访子强。

3月19日(3)阴

下午开研究生问题会。

3月20日(4)阴

得克木寄《印度文艺理论选》。又王淡芳、舒芜信。取书60部。小婉夫妇来午饭。

3 月 21 日(5)雨

收周振甫、柳定生、吴志达、李元授(岳阳化工部四化建子弟学校)信，卞孝萱寄文。

3 月 22 日(6)阴

上午上课。下午开会。得《芳草》编辑(汉口友益街 16 号)祁向东信，索稿。寄出赠书。孟伦来。

3 月 23 日(日)阴

上午赴孙家，与囡等均在其家午饭。发周振甫信。看郭维森文。孟伦来。宋家淇来赠书。

3 月 24 日(1)阴

还郭维森文。送雩审报告。收古籍寄大样，诗词词典目录。陈美林来致黄进德书并函。夜万放来，示诗。

3 月 25 日(2)阴转晴

上课。得安治画小幅并信，又翊强、瑞云、丈蜀信，富寿荪寄杜诗，《诗刊》稿费 47 元。写翊强、葛杰、张安治信。孟伦、王系来夜饭。伯阳、枝培、黄建新来。郭维森来。

3 月 26 日(3)晴

得敏泽信(附乔木文)，葛杰信(附书目)，又吴代芳信(附写字)。下午看日本电影。得学颉寄《醒世恒言》，唐玲玲寄《学报》并信，奂午、翊强信，廖序东信。

3 月 27 日(4)晴

上午游梅花山。

3月28日(5)阴雨

得周振甫、宋谋玚、廖序东、皮公亮信。复皮信。下午开会讨论工调。得芳洲信,校正下册若干条。

3月29日(6)晴

上午授课。下午开会。得重禹信,古籍寄《刘禹锡》,又《社会科学战线》一册。

3月30日(日)雨

上午开书目会。永芬来留午饭。开研究生课目,拟论文题。写三妹信。

3月31日(1)雨

得廖立信,徐朔方、孝萱寄文。复朔方。

【剪报:《人民日报》1980年3月31日朱威烈《一次博士论文答辩会》。】

4月

4月1日(2)晴

得刘彦邦、吴丈蜀、吕剑、刘涤源信。下午开文研室及古典室小会,讨论课程问题。上午授课。

4月2日(3)晴

得雷雯、古籍信(已交与吴新雷)。下午教务处召开研究生会。

4月3日(4)

上午系中召开研究生会。

4 月 4 日(5)

4 月 5 日(6)阴

上课。

4 月 6 日(日)晴

上午赴七家。黄石师院秦惠民君来,携来黄静怡信(或即黄瑞云)。

4 月 7 日(1)晴

得莫绍裘、中玉信。又振甫寄来《文选》及出书目录。复中玉,致璇琮、振甫,以稿寄梁骏(太原市并州路山西人民出版社)。

4 月 8 日(2)阴

得黑龙江人民出版社王滋源信,魏炯若寄《离骚》新注。复王信。

4 月 9 日(3)晴

得舒芜文,吕剑《诗集》,顾学颉、徐朔方信。

4 月 10 日(4)晴

得丘良任信及文。夏晨中携景振球来。

4 月 11 日(5)晴

得海观信(附克木等信),又文生寄书,夕佳信。

4 月 12 日(6)阴

得武汉卅二中罗函。寄书海观和黑龙江王滋源。上课。下午开文代会。

4 月 13 日(日)雨

上午开文代会。下午在家,芸不适。

4 月 14 日(1)晴

上午开会。得德培汇 200 元，又葛杰寄书及信，傅璇琮信，吴志达、印唐、荒芜、李申廖丽珠信。

4 月 15 日(2)晴

上午上课。得辽宁师院来信约开会，即函谢之。复葛杰，又寄与 5.35 元。函作协问文艺情况。以《诗选》寄印唐。以《燕子楼》稿寄《诗词鉴赏词典》。

4 月 16 日(3)晴

上午开会。以校勘稿寄《社会科学战线》(文学 317 号)文学组。

4 月 17 日(4)晴

上午观《樱》。下午开会选举。得波多野及雷雯信，又雷寄严辰诗集。购书数种。

4 月 18 日(5)晴

上午、下午均开文代会。寄傅璇琮 22 元余。又发卞孝萱、傅信。程一中来。屈兴国来交《白雨斋词话校注》卷一。

4 月 19 日(6)晴

上课。下午作协开会。得唐异明信并寄文。

4 月 20 日(日)晴

游栖霞。

4 月 21 日(1)昙

得姚奠中寄书又信，徐中玉信，又高瞻(南师 109 信箱)。寄傅璇琮信(嘱不买白集)。

4 月 22 日(2)晴

上课。姜亮夫介绍杭大四人来访。得游介眉、王滋源及辞书出版社信。复王滋源。夜杭大楚辞班五人来:吉林师大中文系丁冰、陕西师大中文系吕培成、青海师范学院中文系栗凰、辽宁大学中文系三延海、兰州大学中文系张崇琛。

4 月 23 日(3)昙

后湖看牡丹。下午《长江文艺》索峰光等二人来访。

4 月 24 日(4)晴

观《蝴蝶梦》。下午开会(工资)。

4 月 25 日(5)晴

得傅璇琮信。校《学报》稿。陈美林、胡忌来。

4 月 26 日(6)阴

停课,开运动会。得南师进修教师秦惠民(黄石师院)信。谢伯阳来午饭,交《清人散曲》序。

4 月 27 日(日)晴

写姚奠中、王季明、敏泽、吕永、舒芜、卞孝萱、唐玲玲、宋谋玚信。

4 月 28 日(1)晴

鼓楼医院看病。得夕佳、孟伦、曹逸峰信。致章德信,波多野信(附《鉴真颂》、相片)。夜小强来。

4 月 29 日(2)阴

上午上课,结束。得孟伦、周伟民信。以英文、国文材料寄夕佳。以《禅学》寄璇琮。下午看安旗。又函孟伦、朔方。

4 月 30 日(3)晴

上午检查身体。下午开房屋分配报告会。得九三开会信。夜屈兴国先生来谈校注事。以稿寄徐中玉。

5 月

5 月 1 日(4)晴

上午邓绍基(文研所)来,安旗来,钰哲夫妇来。

5 月 2 日(5)晴

《社会科学战线》毕万忱来,约七月份赴长春座谈。得北桦寄《随想录》4 册,张国光驳邓广铭文及信,又翊强、周勃、志达、敏泽、彦邦、樊凡、罗中立信。寄书与樊凡并复信,又函周勃、志达、彦邦。

5 月 3 日(6)晴

得蒉荪信,傅璇琮寄书。

5 月 4 日(日)晴

下午访永芬、钰哲。

5 月 5 日(1)晴

为张安治作一横幅,寄出。囡携雏来晚饭。夜伯阳夫妇来。

5 月 6 日(2)晴

得梁骏信告稿收到。

5 月 7 日(3)晴

下午开会通过小结。夜孙望、杨咏祁、曹济平来谈宋文学史事,允任顾问。

5 月 8 日(4)晴

上午开工调会。

5 月 9 日(5)晴

下午开工调会。得吕永信;九三寄高校十条;荒芜寄《山花》二册,载《早早诗》;君惠寄《诗选》。

5 月 11 日(日)阴,小雨

乘 207 次车来沪。吴枝培、莫砺锋送。四时抵站,中玉来接,并请晚餐。访蛰存。周伟民、罗立乾等来谈。

5 月 12 日(1)阴

访陶雄,午饭于其家,夜又邀饮于老半斋。

5 月 13 日(2)晴

上午授课,说诗。下午与文生访郭老。又赴出版社晤狝邦炎、周宁霞等人。唐文英、蒋哲伦来,转蒉荪信,知其病。

5 月 14 日(3)晴

上午陪郭老与诸生见面,照相。访许杰。函因。河南师大王宗堂、王芸(女)、邹同庆三君持石斋信来访。武大文论研究生程亚林持彭靖(字岩石)信来访。

5 月 15 日(4)阴

血压 178—96,不讲。蒉荪研究生翁敏华女士来,托购物。下午三时量血压 152—92。函石斋并寄旧诗。

5 月 16 日(5)晴

复彭岩石附诗三首。访垠宝、黄裳均不遇。下午得黄裳信。晚西彦约饭。夜寅宪、燕燕来访。

5月17日(6)晴

致黄裳信。上课。古籍编辑邓韶玉同志谈《古诗考索》事。得孟伦信。血压164—94。访晤黄裳及文生夫妇。夜九时半始归。

5月18日(日)晴

上午访荑荪、茂元,午饭于荑荪家。函燕燕。晚饭于郭家,中玉及文生夫妇同座。夜周伟民来送《华师学报》。

5月19日(1)阴,小雨

函周勃、小囡。上课。血压152—92。收小囡信,附朱海观信。下午古代文学研究室副主任马兴荣来访,谈编词学论文集事。

5月20日(2)阴

赴福州路购书及物。晚中玉约饭,同坐者师大历史系郭君、客座教授美籍华人樊君及其美妇。函小囡。

5月21日(3)晴

上午去西郊动物园。函王运熙,告以不能去复旦。寄书回宁。买车票已得(车票软卧56.8元)。师大送七十元,抵去费用,致四十。大百科樊康来访:1. 认条目,2. 荐写稿人。

5月22日(4)晴

晨出访蛰存。芸购物遗失车票,幸补购得,仍系下午六时三十二分乘132次行。陈怀良及文生夫妇送行。以致周策纵函交文生发出。

5月23日(5)晴

早8时40分正点到济南,孟伦来接,饭于其家。下午迁招待所。上午在焕先、仲荦家小坐。

5 月 24 日(6)晴

上午仲荦来访,偕出购物未遇。下午孟伦陪游趵突泉及大明湖,辽大师生同。夜张可礼、牟世金二君过访。函小囡。

5 月 25 日(日)阴转雨

游长清县大灵岩寺,同行者南大哲学系四外籍生及一教师,又山大历史系一老师。芸未去,幸不受寒。函枝培。遇金大老同学李家文君,君任教于泰安山东农学院。

5 月 26 日(1)晴

孟伦研究生吴庆峰来陪看病(148—92)。下午与山大文学理论研究室张可礼、周来祥、牟世金、于维璋、凌南申五同志座谈二小时。吕慧鹃来。研究生朱光启送书来。夜山大图书馆王绍曾先生来谈校雠学文选事。

张海鹏跋《东坡志林》云:"《志林》五卷,皆东坡先生记元丰至元符二十余年中身历之事。明汤云孙手录刻未竟而卒,赵清常踵成之。分类编辑,与毛氏所刻及《百川学海》《稗海》诸本稍异。"(此《学津讨原》本也。)

5 月 27 日(2)晴

达微、九九来,约星期日午饭。下午为中文系师生等作报告。访萧涤非。

《学津讨原》本《东坡志林》卷二"桃花悟道"条:"世人有见古德见桃花悟道者,争颂桃花,便将桃花作饭,五十年转没交涉。"

5 月 28 日(3)晴热

上午寄英译文稿与莫砺锋。赴经三纬四路古旧书店购书。函囡询购洗衣机事。曹繁仁副主任陪同邓崇灏副校长及科研处金里来访,少坐。

5月29日(4)晴热

晨看病(痔疾),量血压96—140。得周勃寄《文摘》。中午吴富恒校长设宴招待。同席王力、二殷、峻斋、可礼、吴夫人等。

5月30日(5)晴

得小囡信,附波多野信,即复,并将波信转叶子铭、杨咏祁。

李廌《师友谈记》(不分卷):张文潜曰:先皇尚经术,本欲求圣贤旨趣,而一时师说,竞以新奇相高,妄为臆说,即附意穿凿。如说《诗》曰:"溱与洧,方涣涣兮。士与女,方秉蕳兮。女曰观乎,士曰既且。且往观乎,洧之外,洵吁且乐。惟士与女,伊其相谑(《学津》本误简),赠之以芍药。"以谓淫泆之会。芍药善堕胎行血,故为之赠。然《诗》言士与女相谑,然则士赠女乎,女赠士乎?借谓女赠士,安用堕胎行血也。此殆是以芳香为好之义,何至是陋也?刘贡父尝曰:赠之芍药,士女不分,若夫"视尔如荍,赠我握椒",则女赠士必矣。《本草》云:椒性温,明目,暖水藏,则女无用也。莫不以为笑。呜呼,有是种种陋说而触类长之,此为罢经义之祸,其本亦以此。

何薳《春渚纪闻》卷七"熙陵奖拔郭贽"载宋太宗询贽行卷,知其事宋初犹然也。

又《老学庵笔记》卷五言,糊名自真宗。武亿《授堂文抄》卷二《书老学庵笔记》后则据《东坡集·题伯父谢启后》言,天圣中犹未糊名云。

5月31日(6)晴转阴

无事。

6月

6月1日(日)阴转雨

上午十时赴九九家,下午一时半返。函璇琮。

6月2日(1)晴

孟伦来小坐，九时许去。函樊康、焕明。

6月3日(2)晴

上午开始给研究生上课。收到单兆欣、陈怀良信；徐中玉寄来稿子；天纵寄来茶叶；杨翊强来信索书，即寄去。李晨钟老师来信给芸，即转给潘达微。

6月4日(3)晴

上午上课。复单兆欣信。整理在上海讲稿《读诗举例》。

6月5日(4)晴

得荣昆寄《文摘》，即复。函伯阳。

6月6日(5)阴

上午上课。收到三研究生、小婉和天眉信。看病，血压160/110，吃降压片。函万放、小婉、强姐、雄哥。

6月7日(6)晴

上午进城游趵突泉，并询药购物。下午至东郊饭店访月超。得月超携来词书三册，璇琮寄《史通》校样及信，小囡信附陈邦炎信。150—100。

6月8日(日)晴

复小囡、傅、陈信，嘱囡将《史通》副本寄北京。晚月超来吃饭。

6月9日(1)阴

上午上课。下午看病取药，140—90。

6月10日(2)晴

《合注》V2《荆州十首》中有单咏鱼及雁各一首。

牟世金、杨慧文(女)、杨燕(女)三位老师来访。

6月11日(3)多云

上午上课。得钱南秀、吴枝培来信。下午何祚榕(社会科学院《中国社会科学》杂志社)来。

6月13日(5)晴

上午上课。得伯阳、永芬、静园信,即复永芬与静园,并写介绍信给顾绶昌先生介绍永芬亲戚梁文琦。改好《读诗举例》。

风格学上复合形容词:相通:文温以丽,意悲而远;相反:(正)雄豪而妙苦而腴,(负)雅而不艳;相承:诗缘情而绮靡。

一人之作,风格多样。(谭莹论苏绝句、张耒等。)

一篇之中,混合各种风格。

【剪报:《人民日报》1980年6月9日陈封雄《对对子》。】

6月14日(6)晴

寄出给中玉信和稿。收到小婉转来下列各信(√已复):√吴丈蜀、刘瑞莲(人大)、√陆家桂、√张瑞洁、詹伯慧、晴佳、√夕佳、唐异明、√毕万忱(吉林《社科战线》)、√倪晓建(武大图书馆系)、林之满(吉林《社科战线》)、杨翊强、吴玉兰、谢文学(河南)。

6月15日(日)晴热,傍晚雨

上午王绍曾先生来。夜黄汉充(云眉师幼子)来。天眉来宿。函蔚云。夜大雨。

6月16日(1)阴

上课。得璇琮寄书,《学报》4,单兆欣、周勃信。头昏,150—100。复周勃、兆欣、璇琮。致文生。以稿还陆家桂。

6 月 17 日(2)阴

孟伦约午饭,饭后访峻斋,托其为词稿题署。以《学报》赠峻斋、焕先、绍曾。以《赏析》赠孟伦、仲荦。

6 月 18 日(3)晴

上午上课。写信给沈燕。下午达微与杨德济来,德济明日回沪,托她买靠椅。

6 月 19 日(4)晴

上午参观博物馆。晚孟伦、焕先、仲荦、维崧、高兰等约吃饭。收到万放信。

6 月 20 日(5)晴

上课,结束校雠学,照相。函耿,告归期。下午王延榜君来。曾繁仁来,带来黄云眉先生著作两本《韩愈柳宗元文学评价》《明史考证》。夜三古典研究生来谈。

6 月 21 日(6)晴

下午游大明湖,购煎饼二。

6 月 22 日(日)晴

上午达微夫妇来,贻高粱饴二盒、鱼皮花生二袋。下午王绍曾来,贻麦乳精一瓶、酥饼一盒。夜石臞来,贻煎饼二盒、果汁二瓶。杭大楚辞班五位老师及曲阜师院三位老师来谈。殷光熹贻茶一饼、白药数瓶。

杭大楚辞进修班:姚益心(女),上海师大;林维纯,暨南大学;赵浩初、殷光熹,云南大学;黎安怀,贵阳师院。

6 月 23 日(1)晴

上午讲治学方法。全部结束。邓校长过访。下午六时许到车站,21

次车准时开。石瞿、峻斋、世硕、绍曾、研究生三人(研究生朱广祁、吴庆锋)送别。

6月24日(2)阴转晴

晨四时抵南京,三生来迓。寄下列各件:1. 徐中玉 9,附信;2. 孟伦 8,附信;3. 廖序东、吴奔星 2,附信;4. 黄裳《诗词》2、《赏析》1;5. 傅璇琮、周振甫《赏》2、《文教》2;6. 邓绍基《文教》2;7. 李荒芜、朱孟实 2;8. 王文才、刘君惠 2;9. 顾学颉 1,附信。

6月25日(3)晴

下午赴政协开九三会,写下列信:1. 雪垠、2. 亮夫、3. 杜维沫、4. 顾学颉、5. 舒芜、6. 瞿禅。书全部邮发。收吴志达、樊康、章子仲信。离校期间,续收下列各信:1. 杨翊强、2. 詹伯慧、3. 周伟民、4. 徐中玉、5. 吴丈蜀、6. 傅璇琮、7. 夕佳、8. 小佳、9. 王文生。

6月26日(4)晴(上午雨)

伯阳、志腾等来。夜研究生来。小婉全家来。

6月27日(5)晴(阵雨)

访万放。下午吴翠芬来谈计划。收周勃文及信、相片。小婉夫妇来午饭。白匋先生来谈研究生事。以威大词目及复堂词序函致马兴荣、陈怀良。

6月28日(6)晴

上午看病,后赴研究生计划会。下午开选举系主任讨论会。

6月29日(日)晴

上午携家人早餐于奇芳阁。后赴永芬家。下午作字。

6 月 30 日(1)晴昙

发詹伯慧、叶嘉莹、毕万忱信。收陈迅、唐荣昆、王文生、张少康信。复张少康。

山抹晴云无墨画,竹敲秋雨有声诗。

7 月

7 月 1 日(2)阴

复文生,复陈迅、唐荣昆,并寄与《词》《赏析》各一册。

广西大学中文系主任秦似,南宁师院中文系主任王弋丁,南宁师院中文系书记王祖鉴,南宁师院中文系讲师余瑾(8—227)、陈星鹤。

7 月 2 日(3)阴

收振甫、一中、清水茂、镇江二中教师樊培绪及周本淳信。下午以《赏析》及煎饼致辛宪。又访钰哲夫妇。调公来告渠已于 6 月 7 日得长春会议正式通知。复一中、本淳(寄《词》)。

7 月 3 日(4)阴昙

得瞿禅、陈继明、文献学研究会信,刘衡如师讣。

7 月 4 日(5)阴雨

得万云骏还 3.20,徐中玉寄讲稿。下午写信给陈继明并寄《赏析》《词》各一,又复徐鸿、子仲。收长春电报,施蛰存、张实、中玉、刘健芬、李易信。

7 月 5 日(6)阴

上午办出差事。得山大寄文化史资料,又周勃、石斋、仲干通信。函伯慧,转去凌萍萍寻兮子件又夏老函。得夏老寄《词论集》。伯阳为买得机票。

7月6日(日)晴

囡全家来午饭。函毕万忱、夕佳。

马克思：辩证法不崇拜任何东西。(《马恩选集》2卷218页)

歌德：理论是灰色的，而生活之树常青。(《列宁选集》3卷398页)

列宁：我们决不把马克思理论看作某种一成不变的神圣不可侵犯的东西。(《选集》1卷203页)

7月7日(1)晴

上午赴工人医院体检。收中玉、邢亚辉、王淡芳、曾家琇、沈佩信，又俞平老寄《词选》。五时由航空公司出发，六时起飞，七时十八分到北京。九时起飞，十时到沈阳。买次日票，宿招待所。

7月8日(2)晴

上午在沈阳，晨写万放信(附邢亚辉信)、邢信，又囡信前半。十二时半起飞，一时一刻到。至南湖宾馆，始悉迁地。田敬宝及主编王慎荣来迎，住省委第一招待所(又文学组王林来)。写家信。

7月9日(3)阴，微雨

上午杭生夫妇携小元来，午饭后去其家，晚七时返。晤佟院长。以20元嘱夕寄晴。

7月10日(4)晴

上午预备会。下午出参观伪皇宫及银行地下室。

7月11日(5)晴

上午研究会开幕式。张松如谈筹备经过、日程。毕万忱谈读稿中发现的问题。稿1074份，发表作家作品29篇、文学史2篇、文论4篇、考证10篇，46篇50万。粗暴否定，逐步肃清。问题：

作家作品研究占80%，不太注意与其他如哲学、经济联系，孤立看文学现象。注意横的研究，对文学史问题探讨少，流派、方法、规律、风格、传统极少。

作家作品，又注意思想内容，少涉艺术、规律和流派。为了推动，曾赴陕西组织了一批陕西现代作家谈作品风格、流派的文章。

将古典文学的思想性公式化，或只谈思想不谈艺术。原因：

1. 机械地理解政治标准第一，艺术标准第二。

2. 强调为政治服务，现代写中心，古代论思想，极“左”思潮、“四人帮”影响未肃清。

现象：

1. 适应政治需要，随意拔高或贬低，如据毛对《水浒》的意见，认为孙悟空是叛徒；“羲和敲日玻璃声”是要打倒唐朝皇帝。

2. 八股——生平、背景、思想、艺术。

3. 人民性成为固定不变内涵，同情民生疾苦，如反对腐朽，藐视权贵，等等，模糊了不同时代的面貌。艺术性，则讲赋比兴、想象丰富语言生动等，习惯于就事论事，不大注意从各个角度来总结一般和特殊规律，没有将总结规律当作重点。

杨公骥发言：三十年来古典文学研究和教学中的几个问题。

成绩：

1. 资料整理——校勘——注释、训诂、考证——有专门机构办理。

2. 出版繁荣。

3. 大专院校课程，被加以罪名：厚古薄今。

4. 培养了大量队伍。

5. 学习马列，提高了，能以马列评价作家作品，世界观有了变化（“四人帮”把世界观理解为宗教信仰），有知识形成概念，形成世界观。

一切错误，来自封建主义传统，各种学科中都有，极“左”思潮处于统治地位。

马列主义与中国实践相结合，改变了中国，但另一方面，中国封建传统也改变了马列主义。

古典文学研究中的问题：

文以载道，即表现观念，而非来自生活。江青：文艺即是政治。即将文艺并入神学宗教中，文艺中之概念化，乃文以载道的必然结果。

文以载道必然导致以论代史，不从实证、既定事实出发。“四人帮”则从观念出发，也是实用主义。

利用了下列口号：文学为政治服务。政治的概念并不清楚。马克思从未讲过，经济产生政治，政治产生文学。文学会产生政治后果，但不能说从属于政治。

列宁讲螺钉，是指作家，不是指文学。

文学与政治用服务、从属来说明其关系，不妥。

作家只能通过文学的规律来为政治服务。

古为今用，首先是以今人水平评价古人。为了今人，有功利目的。言必称尧舜，从来如此，很难认为这个口号有什么创造性。问题在如何用，如阶级不同。“四人帮”变为实用主义借口，“古”无独立，如何用如何存在。历史更无客观性，无真实性，不断变形。詹姆士：对生活有用的就是真实的。各取所需，歪曲历史来古为今用，无实事求是之意，最后变为阴谋文学。

全盘继承不可能，批判继承，又易以今天标准批判（或改造）古，仍是以文载道，我们在前代生产的基础进行生产。

继承实践是首先的，不须捧、骂，而要认识，找出规律。

因此必须全面第一手出发，要从各有关历史生活学科出发，全面了解。要从发展中看问题，上下古今，不能断代。要懂外国文学，要比较，要通马列，据以指导，启发方法，看几条语录不行。

学者，应当是思想家，不是贩卖知识的商人。

要注意艺术，首先注意语言，作家用独特语言构成形象。

从作品中认识生活、形象，给人以美感、情操。

反对皇帝个人，不等于反对皇权制度。反对某皇帝往往只是要当皇帝。

经学的桎梏与思想解放：

1. 大统一，上古之时，道德一而风俗同……《红楼》是政治小说，宋江是投降派，不反皇帝。课程教本管得死死的。一言堂，一家独鸣。

2. 尊王攘夷，内其国而外诸夏，内诸夏而外夷狄（妄自尊大）。

3. 尧以是传之舜……

4. 春秋决狱，三百篇当谏书。

5. 疏不破注，注不破经。五圣互证。

6. 王言如丝，其出为纶……句句是真理，一句顶一万句，论诗的信。

7. 非圣无法（相片）。

8. 臣谏当诛兮，天王圣明。

9. 以意逆志。

10. 君子喻于义，小人喻于利。"四人帮"教农民唱样板戏、背语录、算工分。

11. 刑不上大夫，礼不下庶人。内大恶讳，小恶书。为尊者讳，为亲者讳。郭《李白与杜甫》。

12. 万物皆备于我，少合作、集体，从资料到著作（记注与撰述）出一手一足之劳。

下午发言：

1. 程。

2. 张白山：解放后三次批判：《红楼梦》、58 年教育革命、十八九世纪欧洲文学，以群众运动方式代替学术讨论，陈伯达"厚今薄古"的口号大大妨碍了古典的研究、出版等。一家独鸣，导致思想僵化。

3. 徐中玉：许多作品，既非民主性精华又非封建性糟粕，公式套不上，但又起过好作用，是大量存在的。继续解放思想是重要的。

7 月 12 日(6)晴

上午发言：

1. 王季思：在历次运动中，逐步放弃了独立思考，以为个人不可能如中央、如毛主席之高瞻远瞩，形成以马列为信条，以领袖为偶像，而这是不应该放弃的。反映在自己的著作中，就形成形式主义、教条主义，公式化、概念化。——"十年浩劫"中，宁左勿右的思想，使自己有自卑感，不适用现代化。——是否由反极左而变右，如上演或肯定《探母》《恶虎村》《连环套》。——研究范围太窄，追求时髦成风。

2. 吴调公。

3. 郭预衡：从 54 年评《红》起，学术政治开始混淆，58 年拔白旗而转烈（古今用产生片面性），其后步步升级，宁左勿右。关于陶渊明、李清照的评价，显示理论水平比 30 年代还低。现在的问题是使青年头脑清醒，以免受骗。——流派、文体变化及规律性探讨固然不够，作家作品也不够。——个别的没研究透，就难以进一步研究一斑。只能断代、专体——如班固《苏武李陵传》与司马迁一致，并非正统儒家。如《毛颖传》与《孔戣墓志》联系，可看出韩愈认为人应尽其才，而毛颖以老见疏，可惜，则思想艺术有其一致性。

4. 张松如：思想艺术是二而一的。

5. 张志岳。

6. 黄天骥。

7. 喻朝刚：为政治服务要与尊重历史结合起来，不能因政治需要歪曲历史。

夜观京剧《血溅美人图》演李闯事。

1. 风俗、生活习惯

妾身未分明、胡麻为种、长跪问故夫

2. 制度

东市买……

3. 避讳

寂寞白兽闼

4. 生平

客舍并州、但使龙城

5. 训诂、词汇

莫厌伤多酒入唇、柳讶眉伤浅、曾闪朱旗北斗殷

6. 但更重要的是诗本身，它的艺术表现手法。

7月13日(日)晴

上午座谈。1. 郭石山;2. 傅庆生;3. 徐中玉:许多问题不能用阶级斗争说明;4. 程千帆;5. 章正续。

教师开专门课,各居其长。

教师聘任,定期交换,留助教注意避免近亲婚配。

加强古汉语与外语训练(联系中学)。

专业化,古典、现代、语言、理论。

分析思想性不准不深,艺术性不会,规律性很少,何故?

1. 学习苏联,丢掉传统,片面,不一分为二。

2. 课程改革:

现代文学加入,古代文学合并(文与作品)。

去掉选修(边缘科学、辅助科学、姊妹科学、外文、历史)。

削减作品(作品与文学史合并)。

不读原著,只有条条,许多东西被开除出文学史,文学史规律没有研究与此有关。

可否试改专业,专门化。

3. 制度方法:

课堂解决问题,取消参考书。

简化字、繁体字印讲义。

课堂讨论取消,只阅读文言文,写作文言文,反对只写论文不搞创作,即只抽象思维不搞形象思维。

4. 由搜集材料到整理材料。

5. 中学语文教育的衔接。

6. 继承性和独立性。

7. 文学作品本身始终是研究文学的基本的与第一的材料,作家是次要的、辅助的。

社会发展规律对文学来说,是外部规律,文学本身有其规律,外因要经过内因起作用。

艺术规律?

是证明作品合于已经发现的某种规律?

已发现的规律是否都正确?

还是通过研究作品发现某种规律?

为什么经济高潮一定会出现文化高潮?鲁迅、白居易、日本人。

为什么只有现实、浪漫、自然等主义?

为什么形式主义一定是坏的?只有形式怎么办,一定是错误?汉赋、骈文、四六,有什么权力开除出文学史?

为什么思想性有一个固定的框框?

为什么非要进行阶级分析不行?

为什么没有阶级观点,却有精辟见解?

为什么一定要以形象思维挤掉抽象思维?

为什么有些人的片面论点可以当作规律?

为什么只有那么一个标准,而不能提出新的思想艺术标准?是阶级局限、时代局限,还是异同,异同无价值判断的意思,马克思评希腊人。

总之,为什么不能从实践出发,突破旧规律,发现新规律,也就标新立异。要丰富发展马列主义文艺科学。

7 月 14 日(1)晴

上午小会。

1. 张松如:几天谈了下列问题:A. 30 年的估计。B. 如何理解党对古典文学提出的方针政策,如何批判继承等,如何认识。C. 运用马列研究古典文学的经验教训,如文学发现的动力、人性论、新经学问题。D. 政治运动对古研的影响——冲击或推动。E. 突破现状,发现规律,培养人才,等等,如何贡献现代化,今后怎么办?总的是:解放思想,肃清流毒,发展古研。

2. 程千帆。

函授学院教师赵紫宸(?)。

张如松:历史必须通过今天的折光,才有意义。

7 月 15 日(2)晴

张松如:文学史要探讨、发现文学史的规律,不能将其用作家作品来充塞,才能古为今用。文学史不能变成资料汇编,没有系统。规律无止境,可永远探讨。规律不是假设,是客观存在,只能发现,不能创造。它体现本质或本质与本质之间的关系。探讨文学历史的发展,不能离开外部规律去谈内部规律。外部规律是重要的,但内外很难划分,亦如思想性、艺术性,仅在思绪中存在,事实上不可分。

《社会科学战线》编辑部宋欣、马兰(妻),吉林省社会科学院哲学所张秉楠(夫)。

7 月 16 日(3)阴

徐中玉、张白山发言。重写发言稿。黄纪华来访。

7 月 17 日(4)阴

上午作治学方法报告。作字。下午听纪要,闭会。夜佟院长设宴。

天不变,道亦不变(唯心)——变化发展,无始无终(唯物),决定了对批评的态度。

顶峰论(即集大成),拒绝批评。

风派典型:尔唯风,下民唯草。君子之德风,小人之德草,草上之风必偃。

由此"战战栗栗,汗不敢出",人云亦云。一人出言,众口附和,并为一谈,牢不可破。

道德一而风俗同,师无异旨,学无异术。

7 月 18 日(5)晴

中午乘机至北京。夕佳全家来送。

7 月 19 日(6)阴雨

中午由北京返南京。芸来迓,饭于胜利饭店。下午囡来。

7月20日(日)雨

函陈邦炎、傅璇琮、人文出版社。出观《野生世界》电影，购毛笔3、钢笔1。赵国璋来，借去《红楼梦叙录》、周策纵信。庞小宁来，馈其父母人参二支。

7月21日(1)阴

去医院续查身体。取稿费，存款。得伯慧、荒芜、海观信。作《题祝南遗集》七绝四首。下午玄武湖公园刘如生君来访，Tel32286。

7月22日(2)晴，阴

发伯慧信，寄诗。得萸荪函。下午文联马鸣玉(笔名路桦)送票来。伯阳来，致圭璋赠《全金元词》，并交客运站禹书记介绍信。

7月23日(3)晴

晨10:30，乘东方红15号离开南京前往庐山。

7月24日(4)晴

下午四时抵九江，由港务局客运站书记禹明书同志接。旋即乘车至庐山大厦，由余宝山经理接待。无单房，分居大舱。

7月25日(5)晴

至庐山图书馆晤徐效刚同志，请其设法找房，又函禹书记。游牯岭街。由余宝山介绍庐山广播站招待所汪德森同志。中午迁住广播站招待所。函璇琮、季思(附诗)，再函禹书记。

7月26日(6)晴

开始工作，校改目录及前言，增补选目。至图书馆访徐效刚。发信与小囡、天眉。

7 月 27 日(日)晴

下午,马福清图书馆长来访,借与《辞海》二册。为早早买一项链。

7 月 28 日(1)雨

补古诗 19 首。函黑龙江王滋源。

7 月 29 日(2)阴

蔡文姬,100 页。买伞。理发。

7 月 30 日(3)多云

游花径、仙人洞,购杖一(1.70)。改诗至 108 页。

7 月 31 日(4)雨转晴

改诗至 138(陶)。芸函渝。

8 月

8 月 1 日(5)阴

刘舒来交园送粮、款。下午贺新创、敏泽来(二所 414)。改诗至 147。函园告收到款,并要其寄校稿。刘舒、索峰光、斯群来,约座谈。刘岱、周勃来。

北京日坛路《文学评论》编辑部陈祖美收。

华师孙子威。

8 月 2 日(6)阴

上午去看刘舒、曾卓。中午在庐山宾馆饭,晤何洛、程代熙、王元化、荒煤、程云、俞林、李蕤、西彦等多人。改诗至 169(鲍照),共 22 页,添一首。下午《长江日报》记者、武大毕业生洪源来谈。

8 月 3 日(日)阴雨

上午赴文联,与青年作家见面,到会有丁玲、白桦、公刘、梁信等人,丁玲讲了话,并照相。改诗至 200 页,添一首。购酒、凤尾鱼各一,香肠九角。归饮酒。闻文艺会代表游山发生车祸,有断足者。今日大雾故也。

8 月 4 日(1)阴

改诗至 231 页张九龄。遇朱祖延。武大图书馆×君来谈。下午听白桦讲话。王文生来,未遇。收到丽则信,附《史通》稿及《文学评论》稿。《诗刊》来函,傅璇琮函。写信给丽则、璇琮、《诗刊》、管雄。市文联同志送来《三国》《红楼梦》《水浒》及《西游记》。

8 月 5 日(2)雨竟日

朱祖延来,示诗十首。改诗至 260 王维。发《文学评论》校样。对房丁明顺(武汉市总工会艺术室)来谈,爱人曾立慧(武汉市硚口区文化馆),皆以前武汉中南文联老同志。

8 月 6 日(3)阴转晴

下午王文生、徐月娟来访。徐 59 年武大毕业生,与刘汉文(湖北省委文艺处副处长)、缪俊杰同班,现在陕西艺术学院任文学讲师。收到王季思信。改诗到 289 页(李白)。购 port 一瓶。

8 月 7 日(4)晴

游三宝树、黄龙潭、乌龙潭。与芸在乌龙潭合摄一影。在三宝树见到十发公题的"晋僧昙诜手植桉罗宝树"石碑,系乙未七月既望与凌盛熺同游时题。中午在一小食部食面一碗。刘舒来,未遇,留下一份材料,系青年作者所提之问题。夜包忠文及淮南师院□君来。《武大学报》汪洋、《人民日报》文艺部副主任缪俊杰及周勃来,均武大同学。

8 月 8 日(5)晴

写李白《梁甫吟》289—295。

8 月 9 日(6)晴转阴

上午去庐山饭店，遇文生、敏泽。旋与白桦夫妇、公刘父女、荒煤夫妇、江西文联副主席史明等游含鄱口、植物园。饭于饭店。后至西彦夫妇处小坐，艾煊亦在。刘舒来约明日座谈。晚去人民医院探视徐中玉。

庐阜携归一段云，化为藤杖称诗人。明窗正待山排闼，穿屋云来岭又昏。

8 月 10 日(日)晴

上午去牯岭饭店给青年作者讲《关于古典小说的艺术技巧问题》，讲 2.5 小时，深感疲乏。归途购油端子四枚，食三枚。下午卧床休息。收丽则信。发丽则、天眉信。

8 月 11 日(1)阴有小雨

和《星火》《青春》《长江文艺》诸同志作竟日游。晨八时出发，先去东林寺，为晋僧慧远创建。然后去秀峰，原有秀峰寺，即开光寺，已废。秀峰极秀，有青玉峡、漱玉亭等。中午在星子县午餐，饭后冒雨去白鹿洞，石碑很多，整个建筑还在修建中。回家已四时半。中华将《史通笺记》清样寄来，立即进行校对。

策杖登山步步云，绕山云海净无尘。凭高正赏山排闼，穿屋云归岭又昏。

8 月 12 日(2)阴雨竟日

得王滋源信，即复，并寄与《史通》校稿一份。校到 150 页。

庐山广播站招待沂邹凤枝、庐山区委秘书王宪章(照相)。

8 月 13 日(3)晴

校完《史通笺记》，芸已校 p100。晚饭后访刘舒。夜周勃来访。

8 月 14 日(4)阴雨间晴

注李白诗两首。芸校至 p158。

8月15日(5)上午小雨,下午转晴

下午去友谊俱乐部。又闻曾卓病,看之。兰州《甘肃日报》文艺部梁胜明、甘肃师大牟豪戎过访。

《长江日报》洪源、武汉市总工会艺术室丁明顺、广西民族学院中文系覃伊平、山西师院中文系伍夫楹。

8月16日(6)竟日雨

刘舒来电话明日下山。下午芸去庐山图书馆还书。

8月17日(日)阴雨

晨,广播站陈、汪二君送我们至汽车站,八时余和三杂志诸公同乘汽车下山,庐山之行遂告结束。十时至九江南湖宾馆休息,并用膳,价廉物美。晚饭后乘车至九江港,七时半开船。书及衣箱一路均蒙诸公提上提下,深感与市文联同行之利。打电报与丽则,嘱威克来接。

8月18日(1)阴雨

船行甚速。□时抵宁港。(舟中与王元化谈百科事。)威克来迎。晚饭于马祥兴。

8月19日(2)上午中雨,下午阴

寄书与俞林、庐山图(诗)、敏泽、樊凡(词)。函陈邦炎。鲁国尧先生来,赠《赏析》一本。

8月20日(3)阴

上午赴鼓楼医院看病。去拜陶强70生日寿,午饭于其家。下午访枝培、兴国,商课及开会等事。

8月21日(4)阴有小雨

上午理疗,至小婉处。发信:沙元伟(本市中学教师,寄诗来)、王文才、马茂元、徐中玉、陶雄(订购《圣经》)、樊培绪(镇江中学教师)、傅剑平(昆明师范学院学生)、王津达、张白山、刘彦邦、萧印唐、章荑荪、殷孟伦、何申甫、陈邦炎、李国渝、刘茂舒、黄裳。寄书(油印词):王运熙、邓小军、钱世明。寄《史通》稿。上午社会科学院杨柄来。下午谢伯阳来。

8 月 22 日(5)

得顾学颉函。

8 月 23 日(6)

访永芬,视行素疾。季复昆来,致《人民文学》6,《美术》6、7。

8 月 24 日(日)晴热

看电影。新雷来。

8 月 25 日(1)雨

伯阳陪拔牙。得屈义林信,傅璇琮寄《提要辩证》,均即复。

8 月 26 日(2)晴

得丈蜀信,调公信及文,即复。又复李易。

8 月 27 日(3)晴

吴翠芬偕人文编辑林东海同志来访。梁文琦来,以《诗选》二部请分致顾、戴。

8 月 28 日(4)阴

得德培函,张少康文。

8 月 29 日(5)阴雨

得德培汇款 225,杨军信。屈兴国送稿来。以稿寄杜维沫。函德培、杨军、伯慧。

8月30日(6)阴雨

看完研究生卷子。葛杰来访,不晤。

8月31日(日)阴

看枝培文。函葛杰。

9月

9月1日(1)晴

收到《进士行卷》稿费578.20元。得下列信:梁骏、杨天堂(杭大研究生)、陈强(河南化工厂)、省作协开会通知、傅剑平、陈邦炎、《晋阳学刊》编辑部、杨冠珊、王祖鉴(南宁师院总支书记)。上午至医院看病,到图书馆查资料。下午77级学习委员严冰来,住11舍303号。王永芬来,送冯苓植小说二册。函申甫、黄裳。

9月2日(2)晴

上课。函复邦炎。得运熙信。

9月3日(3)晴

收李易、璇琮、俞林、中玉信,又代芳稿二篇。《青春》编辑杨光中(许惟贤同班)送录音带来。

9月4日(4)晴,闷热

观《大篷车》电影。得骆文、杨柄、胡凝珠信。复骆文、小珠(附给十二弟信)。得小佳信,芸复之。下午开研究室主任会议。吴新雷来,代赵还泉二百。

9 月 5 日(5)上午雨,下午阴

舒芜介林希翎来谈,久坐甚妄。

9 月 6 日(6)

下午开会,选人民代表候选人。

9 月 7 日(日)阴

林希翎来,带来作品几份,已转给栾景芳。九中季老师送来《人民文学》两本、《美术》一本。

9 月 8 日(1)多云

上午治病。得吴丈蜀、佘瑾、杨天堂、邓小军、霍松林信,《文艺动态》一份。万放来访,未遇,送来彩色笔一包。黄汉充来,赠云眉师遗著二册。谢伯阳侍凌师母来。

9 月 9 日(2)阴

上午上课。下午去无锡。得信:陈增杰、黄裳、夕佳、施蛰存、吴代芳。收到古籍寄书。下午三时抵无锡,裴显生来接,住梁溪饭店。会见江苏作协秘书长杨旭、作协专业作家海啸和马鸣玉。

9 月 10 日(3)晴

上午由无锡市文联张周(《太湖》主编)陪同游览了鼋头渚和蠡园。下午上街购得书几本。晚九三无锡分社主委许彦生、副主委王赓唐来访。许彦生在无锡人大常务会工作,王在词典编纂组工作。

9 月 11 日(4)晴

上午讲古典小说的写作技巧,听讲者约 200 人,除读书班的作者外,还有教育学院师生及各中学语文教师。下午理发。

9月12日(5)晴

上午讲诗歌。下午返,六时四十分安抵,杨旭送。

9月13日(6)晴

收到叶嘉莹寄来书两本,黑龙江寄回《文论要诠》,信:周仲书(不识,住武昌体育街34号,要平反。信看后即退回)、古籍收到凌先生遗著的回信、周勃、杨天堂、张白山。收十二弟信,詹伯慧信,王治平信。

9月14日(日)

寄出《行卷》,中有马力及雪曼。又寄李易以说唐温如诗文。函王滋源询《文论》整理事。以文学史稿寄周勃。

9月15日(1)

谢严来。寄5元给小珠。

【剪报:《陈毅谈〈红楼梦〉》。】

9月16日(2)阴

上课。收燕燕送月饼。以16元汇还德济。陶强来。

9月17日(3)阴

函南宁师院王祖鉴、杭大杨天堂、佘雪曼、温州词典组陈增杰(提《诗选》意见,谢之)、周勃、黄裳(寄祖棻词及照片)、杨冠珊(寄字)。收李汴妥校《诗选》下信,又徐师学生张宏生信。

9月18日(4)晴

上午赴文联开会。得周本淳信,徐有富稿退回;人文寄来《浮生六记》和《韩愈文选》。收到《全国高等学校社会科学研究机构简介》。寄信黄裳。

9 月 19 日(5)晴

寄书及信与叶嘉莹。得王滋源代黑龙江出版社所写信。收叶嘉莹信及论文一篇。

9 月 20 日(6)晴

赵国璋来,借去叶信。函文生询为《十笺》作引言事。夜观昆剧《西施》,胡忌所送票也。收到曲阜师院杨庆存同志寄来《治学方法》讲稿五份,即复。

9 月 21 日(日)雨

是日余 68 岁初度,芸治馔,囡夫妇携雏来午饭。下午高国藩携山大董治安来,携来王淡芳抄《涉江词》、峻斋题笺。华师周学根先生来,请为诸研究生讲课。

9 月 22 日(1)阴,小雨

收到信:金克木、杨翊强、黄裳、马兰(《社会科学战线》寄发言样稿)、《南师学报》退吴代芳稿。《江苏戏曲》编辑部汪澄来约稿,未允。复杨(并寄书),又复马兰(寄校样)。

9 月 23 日(2)阴,中秋节

得信:夕佳、卞孝萱、何泽翰。下午去北京东路晚饭。周学根来,未遇。周明来。

9 月 24 日(3)阴

华师历史系进修老师李雪松(女)来,洽为华师研究生讲课事。叶子铭来谈系事。屈兴国来问《白雨斋词话》,又借去赵国璋工具书及注本《随园诗话》。以小说论稿交斯群。

9 月 25 日(4)晴

函蒋峻斋、王绍曾、卞孝萱。下午看电影《凡尔杜先生》。夜研究生来。

9月26日(5)晴

收到下列信:樊凡、陆家桂、张瑞洁、王滋源、杨天堂、胡凝珠、乔忠飞(不识)。函复夕佳、金克木、瑞洁、王滋源。

9月27日(6)晴

9月28日(日)晴

白匋研究生李晓来谈,南园13舍414室。下午去看白尘。借胡士莹《话本概论》及《宋代说书史》与新雷。陶爽来,未晤。芸夜去北东访之。

9月29日(1)晴

爽来。得周勃、王文生、人民文学出版社林东海、上海师院翁敏华信,又林庚、张白山、李易信附稿。夜吴枝培同南开大学王双启来谈。

9月30日(2)

寄书与文生。寄文与李易。函张白山、吴丈蜀。下午开教研组及支部联席会。

10月

10月1日(3)晴

中午赴钰哲夫妇约饭于曲园。下午去小囡家饭。

10月2日(4)晴

得陈贻焮诗,马茂元《楚辞选》。午宴陶氏兄弟于小吃部。中山大学古汉语研究生周锡䪖来访。

10月3日(5)阴

芸陪雄游中山陵。囡来午饭。得志达信,《社会科学战线》寄《古典文学论丛》。

10 月 4 日(6)晴

上午与雄姐妹永和园早饭。下午选副主任。得王文才信嘱查杨慎材料。

10 月 5 日(日)阴,小雨

上午访止强。下午得王长艾表妹信,并送水果、麦乳精,妹夫罗中裘,二人皆在广东阳山县北江钢铁厂,不久将调韶关钢铁厂。

10 月 6 日(1)阴,小雨

杨冠珊、朱祖延来信。函复王长艾,并将其函转洪妹。函王淡芳乞贝母。

10 月 7 日(2)晴

上午上课很累,回来即卧床休息,未工作。

10 月 8 日(3)晴

得王文生、王绍曾函。下午请假未参加学习。吴白匋先生来访。

10 月 9 日(4)阴

上午谢伯阳陪往看牙,12 时始归。下午去鼓楼医院看病,心肺正常,明日验肝功能。购北芪精三盒,以补气。得信:章荑荪、杜仲陵、傅璇琮(《学林漫录》)、刘君惠、雷雯。

10 月 10 日(5)雨,阴

上午赴医院抽血。得刘茂舒信。陕西师大中文系张登第先生率研究生三人携霍松林函来谈。以诗寄黄裳托转白桦。发信给王文生、傅璇琮。

10 月 11 日(6)阴

得吴丈蜀、邓小军信(邓,西南师院中文系 78 级 1 班)。看病。夜陕西师大张登第先生率研究生杨恩成、康正果、杨军三人来谈。

10 月 12 日(日)晴

上午去玄武湖,在刘长兴吃早点。访万放夫妇。欣秋来谈政策落实事。吴枝培来。许志英来。张三夕来。

10 月 13 日(1)阴

得李易、杜维沫函,赠《韩愈文选》一部。又得金克木函附默存山谷诗补注二纸。写材料寄给骆文,挂号发出。四川师院李维宸先生来,以学生询刘禹锡事之信托其交与卞孝萱。

10 月 14 日(2)晴

上课。得黄裳、金克木信(附钱氏山谷补注)。夜洪妹携小宁来,馈米粉二包、枣泥饼一匣。子铭来谈大文学史事,劝其知几。宁夏大学黄君馈枸杞,枝培携来。

10 月 15 日(3)晴

函陈邦炎。晚设餐招待洪妹和小宁。钟颖借去《西方文论选》两册。

10 月 16 日(4)阴

晚湘潭师院研究生来座谈。自强夫妇晚间来,约 24 日晨八时去南师与饶宗颐座谈。钱南秀来索介绍信。

10 月 17 日(5)晴

上午开研究室会。吴翠芬借《拉奥孔》、《中国文学》(英)1979 年 1 期。(还。)张三夕借《东京梦华录》。(还。)得杨翊强、傅璇琮、周振甫信。

10 月 18 日(6)晴

致彭岩石信。收季思寄《曲论》。

10 月 19 日(日)晴

囡等移家。尹志腾来。季复昆来。白桦、国璋来。

10 月 20 日(1)晴

《桃花源》清稿。收到王利器寄《颜氏家训集解》,《文学遗产》二期,毛治中、武大中文系、王淡芳信,又灌南财政局掌锐对《诗选》李白《玉阶怨》意见(可不复),李仲融讣告。下午与吴枝培向系汇报。

10 月 21 日(2)晴

上课。痔便血。得蛰存信,武大寄《唐诗选》。下午开系干部会。

10 月 22 日(3)阴

函蛰存、文才、中玉(购《曲谱》)。得古籍编辑邓韶玉信,又稿千张。夜马雍、舒振邦来。

10 月 23 日(4)阴

伯阳陪治牙。得作协开理论会通知及武汉文论会通知。张三夕借《带经堂诗话》,徐有富借《古典诗歌论丛》。李涵来谈,渠来此开元史学年会也。

10 月 24 日(5)阴,小雨

得中玉信。致毛治中信。

10 月 25 日(6)晴

函周勃。寄词与杜仲陵。函叶嘉莹询寄出论文事。写莫生评语交许。得程一中信,即复,并寄字。又以《桃源》稿寄白山。

10月26日(日)晴

无事。周勋初先生晚上来访。

10月27日(1)晴

得王淡芳信及贝母100克,陶敏(湘潭师专)信,古籍寄回《古诗考索》稿,吴志达寄来武大《唐诗》一本。上午北京图书馆陈翔华先生来访,赠以《涉江词》一本。下午参加校召集《学位条例》座谈会。寄六元给王淡芳。收九三稿费七元。得白山信,邢亚辉寄《启东文艺》。

10月28日(2)晴

上课。得茂舒寄《诵帚词集》。下午与芸游莫愁湖公园。武大50年代毕业生刘富恒、李育安,现在郑州大学马列室及学报组,夜来谈。

10月29日(3)晴

函刘茂舒(写弘老传)、刘岱(要《长江》)、邓韶玉(买书)、平伯、瞿禅(印词集)。收到上海古籍葛杰信和校稿(《唐七绝》)。晚省人大常委郭元群(九三)和十一中侯文传来谈,拟写访问记。

10月30日(4)晴

观《基督山恩仇记》。函葛杰。得文生书。

10月31日(5)晴

复文生。下午九三听报告。

11月

11月1日(6)晴

改伯阳《陈烺考》。配牙。下午学习。无锡轻工学院陆家桂来谈。得洪妹信,可代购一自行车,即复之。

11 月 2 日(日)晴

徐睿本(徐绍周之女)送何申甫藏顾印老书屏四幅。其弟徐芾本,在南京药学院药理室工作,住童家巷 38 号之 16。夜杨德济、沈明、辛宪来。

11 月 3 日(1)晴

得周大璞寄《训诂学》,文生、小珠信。

11 月 4 日(2)晴

上午上课。下午游清凉山。

11 月 5 日(3)晴

早写信给文生。得叶嘉莹寄来书一盒,计:书二本,《中国文学的趋向——从孔子到梁启超》《中国文学流派的研究》;《哈佛亚细亚学报》26 本。下午杨天堂来。晚武大历史系教师卢开方、研究生李文澜(雷雯之弟)来访。

11 月 6 日(4)晴

收到王淡芳和唐圭璋信。复叶嘉莹信。

11 月 7 日(5)晴

得藏用信。为叶嘉莹买《寒柳堂集》《管锥编》。得钟敬文寄《文丛》,平伯寄词,张舜徽函,又卞孝萱寄书。寄 Mair《行卷》。

11 月 8 日(6)晴

下午听中央文件。得卞孝萱《元谱》。

11 月 9 日(日)晴

上午赴永和园,请二嫂、桂哥、七姐夫妇。

11月10日(1)晴

发下孝萱、俞平伯、钟敬文、王淡芳、章荑荪信。又寄杨冠珊及小珠书。取荑荪研究生沈广仁款及《社会科学战线》稿费37元。收张舜徽寄《文献集刊》,毕万忱寄《战线》,又杜仲陵函。函毕万忱、张舜徽,附寄《行卷》。收到古籍寄书:1.《行卷》10,2.60;2.《词典论稿》,0.48;3.《职官表》,4.40。共7.48。木生姊夫从汉口来,携来小佳送点心四匣。访自强,赠以一匣。德济、小桂来,未晤。夜上师赵文兰率荑荪研究生翁敏华等三人来。

11月11日(2)晴

上课。为翁敏华、赵文兰介绍于包忠文。

11月12日(3)阴,风

得彦邦函及所寄药品、食物。又发哈佛迈尔函(航)。下午散步去黄泥岗、民众食堂、鼓楼饭店诸往迹,均不甚可辨。夜小桂来谈。

11月13日(4)晴

不适。万放来,以序林翁画册文嘱点定之。

11月14日(5)晴

得柳北野、小珠、邓韶玉及北京图书馆陈翔华信,又陈寄《文献》三册。

11月15日(6)晴

复陈翔华(并汇还款)、刘彦邦。为万放改稿。下午听报告。得马兰寄《红楼论丛》及信。致刘岱信索稿。周勋初携周来祥来,带回吴志达寄食物及点心。

11月16日(日)晴

访德济、小桂、钰哲。陆家桂来,饷点心二盒。吴思聪来。柳北野来。

11 月 17 日(1)晴

得安徽寿县瓦埠中学陶志固函，索涉江诗词。杭大研究生陈植锷来谈。以寿对交原平裱之。

11 月 18 日(2)晴

上课。转账。

11 月 19 日(3)晴

函王文生。得港大马力信，九三两通知。诊目疾。购鞋及囡生日衣料。饭于四川酒家。

11 月 20 日(4)雨

得古籍寄书。看牙。

11 月 21 日(5)雨

看《金陵春暖》电影。东北师大李金泉先生来访，未晤。下午九三会。得吴丈蜀信。

11 月 22 日(6)晴

下午听徐福基报告。得圭璋转来瞿禅信，郭洽周转来张志岳新著《诗词论析续编》。孙望父女来。芸去强家。

11 月 23 日(日)阴

得沈守谊带来瑞洁信。万放来。

11 月 24 日(1)阴

石斋孙高巍来，借去《斯文》合订本二册。收黑龙江张志岳《诗词论析》，吴丈蜀诗稿，萁荪、毕万忱、王淡芳及苏州地区师范学校唐代文学老师张浩逊信。得周勃寄来文学史稿。

11月25日(2)晴

上午上课。下午访永芬,赠橘。函复周勃。

11月26日(3)阴

收陈贻焮寄《学报》。

11月27日(4)阴雨

得陈邦炎信,即复;又《晋阳学刊》一册。改林画册序。万放来。函蛰存。得王运熙寄书,潘慈光函。

11月28日(5)晴

上午市文联开会。请伯阳抄陈寅恪文及复制潘嘱二剧。得文生函,即复。夜彭靖岩石过谈。

11月29日(6)晴

得一中、翊强信。

11月30日(日)晴

文代会终日。

12月

12月1日(1)晴

得王淡芳、吴林伯函,又《社会科学战线》寄书二册。上午出席文代,选为文联副主席、文协主席。

12月2日(2)晴转寒

文联开会。周本淳来,未晤。

古籍寄刘丈《文心参考》。

12 月 3 日(3)晴

改郭文。得骆文电告,文已发。波多野寄文。周本淳来。

12 月 4 日(4)晴

得江西师范学院刘世南老师信。复吴林伯、王淡芳(收到贝母)及《新华日报》(寄 1.00)。寄出武师稿。

12 月 5 日(5)晴

得马昌松、刘茂舒信及所寄弘老遗著,赵洛生信及寄文,陈贻焮、作协、九三信。洛阳师范学院中文系研究生(唐宋)梁达胜、张家鹏、朱炯远、孙民及老师徐祖勋来座谈。复刘茂舒、作协。致葛杰。

12 月 6 日(6)晴

上午屈兴国、郭维森、邢亚辉来。郭维森借去《读书偶得》一本。购得《日本的中国学家》一本。

12 月 7 日(日)晴

天渝先来,后美林来。

12 月 8 日(1)晴转阴

二嫂来。分得稿纸。得王利器寄《文心校证》,《社科战线》寄月历。函庞硕、刘世南、陈贻焮。收到陈贻焮寄《唐诗论丛》。

12 月 9 日(2)晴

上课。得胡若定交来章子仲信,又茶叶一盒。77 级女生曹虹以所译傅汉斯《论怀古诗》一文呈正,似可。王永芬来。

12 月 10 日(3)晴

函周勃、傅璇琮。下午九三开会于鼓楼。得马力寄来《抖擞》双月刊一本，扬州师院78级三班学生蒋寅来信和稿，又王文生信。

12月11日(4)晴

燕燕来信，萸荪逝世。

12月12日(5)晴

电唁章夫人，并寄挽联一付。寄还扬师蒋寅文。

12月13日(6)晴

去省里参加科教会。收到庞硕、陈贻焮信，古籍寄来《山海经校注》及《中华文史论丛》80年4。

12月14日(日)晴

自强来。复陈植锷，寄文与陈贻焮。

12月15日(1)阴

开会。得沈雄、陈植锷、李国瑜信。

12月16日(2)晴

开会。上午《青春》来人，约20日开评选会。姚白桦来。得信：翁敏华、张震泽(沈阳)寄照片。徐有富送来论文稿。发信：沈雄、庞硕。

12月17日(3)晴

开会。得信：陶志固(寿县瓦埠中学)、廖立。胡忌、新雷夜来谈。

12月18日(4)阴

得周勃信，即复。函张震泽并汇3.30元，请代订《索引》。夜陈美林、黄进德来谈。

12 月 19 日(5)晴

下午开会。收到稿费(《青春》)100 元。

12 月 20 日(6)晴

上午《青春》、下午高教开会。得傅璇琮信。

12 月 21 日(日)晴

下午访季廉方。夜北桦、许永璋等来。函仲陵托购《苏轼文集》。

12 月 22 日(1)晴

得石臞信,嘱为正林谋。

12 月 23 日(2)晴

得季廉方信、诗,葛杰信及《唐七绝诗》稿。《社会科学战线》林之满寄《校勘略说》稿。

下午系会:

1. 教学检查——学生学习情绪稳定,开学生座谈会约 20 次,谈了问题:(1) 教而不联系实际。(2) 不了解学习情况,教研组也不够了解教与学的情况。A. 照本宣科。B. 天马行空。C. 若即若离——教学与教材的三种情况。C 为好。课堂讨论与辅导少,组室研究教学少,课外作业少。教学大纲及日历,学生心中无数。

2. 毕业论文、学年论文、课外活动。一年级学习方法,二年级科研小组,三年级学年论文,四年级毕业论文。题目:学生自出,交各室担任,讲师以上指导。

3. 教学大纲、教学日历。本学期各室抓一门,下期课每一任课教师自己搞一个。主任看一看,实行日历,有变化要批准。

4. 业余学校、秘书班、古代语文班。暑后办业余大学中文系本科。

5. 选修课,现 47 门,82 年 82 门。如何保证质量,有特色,配套,扬长补短。开选修课条件:(1) 有一组公开发表的论文(二篇以上)。(2) 有个关于此学科之研究评说及资料。(3) 有一详尽教学提纲。有六个即可开课。时间可以多可以少,每周几小时,每期几周,可自由决定。

6. 校外兼课:(1) 办手续。(2) 系校批准。(3) 钱寄校。

7. 人员的统筹安排。

8. 结束工作:

A. 考试(杜绝作弊,作弊 0 分,不补考),出题从严,不要出复习题。成绩要严,教研组主任批准。全部用考试(不用考查)。

B. 教材建设规划——各教研室课程教材情况,自编、合作编、部定。85 年前准备编的名目。

C. 选课,12 月 31 日公布,1 月 2 日选课。教研室由一人指导说明课程。

D. 进修教师开联欢会(20 人),下星期一下午。

E. 教学质量奖。

F. 青年教师座谈会。

G. 年级总结,一月十二日以前各教研室开会。

资料室,流通,教师 40 本,3 个月;研 30 本。三年以前的书,应该彻底清理。

荣誉考试。

12 月 24 日(3)晴

将稿寄《社会科学战线》。得迈尔、叶嘉莹、钱歌川信。函毕万忱,请其寄《战线》与叶。下午白匋、高巍、李晓来。

12 月 25 日(4)晴

高教局开一天会。刘舒来,未遇。

12 月 26 日(5)晴

得《文学评论》信,即函敏泽。得杨柄信,马力贺年片。

12 月 27 日(6)晴

上午看病。得陈邦炎寄刘先生稿。

12 月 28 日(日)晴

得石斋信。孙望来。

12 月 29 日(1)晴

收到亚洲研究及书目,又廖序东寄作家小传。得陈植锷信。寄二书与周策纵。下午开进修教师座谈会。

12 月 30 日(2)晴

上午上课。下午开会讨论接待周策纵。小鹿叔携其四女来,携来九江九弟信。又得张震泽信,蒋松源信(华师教师)。

12 月 31 日(3)晴

下午党委座谈会。夜宴小鹿叔父女。气管炎发。

1981 年

1 月

1 月 1 日(4)晴

上午以联送钰哲。下午祖荫及季复昆来。

1 月 2 日(5)晴

沈阳张震泽教授寄来《古典文学索引》两套(一购一送)。大百科何国芳来谈。上午到鼓楼医院看病。

1 月 3 日(6)晴

下午系里开结束会。收到陈翔华信及《文献》一本,周勃信及文学史稿,马力信及香港《英美学人论中国古典文学》一本,唐异明信。发信给寇立光,又徐中玉。

1 月 4 日(日)晴

上午芸去取药膏,下午开始服。校武师稿并寄出。下午德济来。上午研究生开会。

1 月 5 日(1)阴,小雪

收到林保华寄来夏志清《小说史》,王长艾信,程一中寄来月历。

1 月 6 日(2)小雪

上课,结束。

1 月 7 日(3)晴

得茂舒、济南博物馆信。谢伯阳来,交来潘慈光印件。下午得《诗刊》杨金亭函,索祖棻诗稿。

1 月 8 日(4)晴

发潘慈光复印材料。

1 月 9 日(5)晴

得姚梅镇及敏泽信,又陈邦炎寄《论词丛稿》(叶嘉莹)。

1 月 10 日(6)晴

下午听报告。收叶嘉莹寄韩愈材料。上午单人耘来。

1 月 11 日(日)晴

今日完成《古诗今选》修订稿,共 864 页,约 60 万字。此书自 1955 年初稿,至今 26 年,始成,亦不知有当否也。得周策纵信。

原田淑人《唐代女子化妆考》(日本《史学杂志》第 9 编)。

1 月 12 日(1)晴

做腊八豆。头昏。170/92,原 138/81。

1 月 13 日(2)晴

校向达手札毕。得印唐信。白匋先生来,借去东坡集三册。李祚焲来,现任职省高教局。

1 月 14 日(3)晴

钞诗与《诗刊》杨金亭,即挂号寄出。又函孟伦、文生、慈光及济南博物馆。

1月15日(4)晴

函清水茂(寄书)、钱歌川、傅璇琮、程巨荪、王文才、高文、何申甫、林保华。得谭学习、徐中玉信。

1月16日(5)晴

发张震泽、蒋松源、唐异明、吴志达、谭学习、萧印唐、陈瑞白、朱海观、刘君惠、张涤华、刘世南、廖立、陈植锷信。

1月17日(6)晴

函马力、石禅、梅镇。得黄汉充、王文生寄书及文稿,即复。

1月18日(7)晴

函傅璇琮(购书)、李国瑜、卞孝萱(谢图章)、詹伯慧、季廉方、叶嘉莹、范存忠(转钱信)。

1月19日(1)阴

函周策纵。得萧印唐、桐城徐国英函,许国璋小诗。

1月20日(2)阴,小雪

下午开系座谈会。得济南博物馆信。函邦炎、人文(买书)。《古诗今选》改订稿全部毕功。

1月21日(3)阴,昨夜小雪

函文生、徐国英(桐城轻工业局,不识)、陶雄。得缪彦威寄《杜牧年谱》,马力信。即复彦威书。

1月22日(4)

得济南博物馆信。

1月23日(5)阴雨

晚至丁山宾馆聚餐，同席有朱启銮、臧云远、金启华、陆地、刘如醴、黄养辉、章诚忘、徐复、孙望等。

1月24日(6)阴，小雪

得陈邦炎、《诗刊》信，傅璇琮信和《南村辍耕录》，牟世金《文学艺术民族特色试探》，杜仲陵苏诗材料一本。即复牟，汇二元还杜，又函毕万忱。上午小组学习。下午系会，工作报告。

1月25日(1)阴，夜雪

小珠来。

1月26日(1)阴

收王滋源、陈瑞白、夕佳、何申甫、云南个旧市委办公室曹云(云大毕业，想考研究生)信。孟伦托山大字典组王君(芸旧人)携来函件、《杜诗引得》、花生米五斤。复王滋源、孟伦。下午五时，市人委朱启銮及市委宣传部长等数人由万放陪同来访。

【剪报:《哪些剥削阶级道德可以批判继承》。】

1月27日(2)阴

下午去永和园。汇款与晴佳、小佳。

1月28日(3)晴

小婉赴沪。得瑞洁信。

1月29日(4)阴

1月30日(5)阴

得杨柄函附丁鲁为赵洛生文提意见，即转赵。

1月31日(6)小雪

致吴丈蜀函。得王文才、詹伯慧、毛治中函,又彭岩石函。

2月

2月1日(日)晴

得杭生、毕万忱、古籍、缪彦威信,杨柄寄文。(80)古作稿字00016号。

2月2日(1)阴

以《行卷》《赏析》寄彦威,又以稿、书寄瑞洁。函毕万忱询寄杂志与叶事。

2月3日(1)晴

婉儿携雏返。得小佳函;又武师寄挂历,以赠超伯;又吴志达函。

2月4日(3)晴

除夕。

2月5日(4)阴,春节

访陶强、白匋、永芬,饭于九中。得翟伯龙、晴佳信。

2月6日(5)晴

得文生信。

2月7日(6)晴

上午永和园请伟华。得雪垠、芸湘寄书,刘茂舒寄材料,《长江丛刊》寄稿费。赵国璋来。

2 月 8 日(日)阴

得钱歌川、施蛰存信,《长江丛刊》2。王气老来。

2 月 9 日(1)晴

下午看望刘舒。接屈义林函及画。启华、士复来。

2 月 10 日(2)晴

访子铭、气中、维森。寄出《十笺》。

2 月 11 日(3)晴

得志达信。寄王元化及翟伯龙信。

2 月 12 日(4)阴

得王滋源信。

2 月 13 日(5)阴,昨夜中雨

得武师寄先唐第三章稿,小珠信,又毕万忱信。

孙月沐(中文系 77 级)作《〈定情诗〉中的盱字应为旴字考》,旴即旭字,谓日旴(旭)、日中、日夕、日暮乃依一天之顺序,颇可采。

2 月 14 日(6)晴

收到王文生寄来叶嘉莹稿;葛杰寄书来,共 16.05 元。晚赴陶强宴。

2 月 15 日(日)多云

去百花摄影社拍印照片,共 20 元。购陶瓷酒壶一、雨花石若干,3.10。中午偕芸共餐于老正兴。

2 月 16 日(1)雨雪,大风,冷

得陈继明信。芸上午去办相片事。

2月17日(2)阴到多云

得吴丈蜀信及《书法美学简论》一册，郝延龄信及书和《学报》各一册，《社会科学战线》寄来《战线》《古典文学论丛》各一册。寄出吴志达关于“大百科”的材料，梁文琦转马力书。

2月18日(3)阴

下午听报告。得陈邦炎信，又王滋源寄还稿件。

2月19日(4)阴，小雨

得谭学习信。得王达津寄文(郑谷)。复谭学习、郝延林。函陈邦炎。

2月20日(5)阴

访汉生，未晤。

2月21日(6)晴

致傅璇琮、梁文琦信。《战线》致泉109。

2月22日(日)阴

2月23日(1)阴

得牟世金、王滋源、王淡芳信，即复王滋源。校武师文学史稿毕，寄出。

2月24日(2)多云

得牟世金信。

2月25日(3)晴，偶有小雪

得波多野太郎寄来书刊四本，徐中玉、傅璇琮、葛杰信。下午开会，要开出研究生论文审查人员名单。

2 月 26 日(4)晴

古籍编辑江建中来。

2 月 27 日(5)晴

得周策纵、高文、张涤华信。王永芬来,取去《别传》,又《赏析》一册。

2 月 28 日(6)晴

以顾随《辛词说》寄蛰存,相片寄雪垠。复毕万忱、徐中玉。得葛杰寄书《别传》2 部,Mair(梅维恒)寄论文,又湖北社会科学院水浒学会顾问聘书。得张瑞洁信。以《柳如是传》寄叶嘉莹。

3 月

3 月 1 日(日)阴雨

得梁文琦、彦威信。寄孟伦信及《詹詹录》。

3 月 2 日(1)阴雨

得文生信。函文生、茂舒、湖北社会科学院。

3 月 3 日(2)阴

得夕佳信,维崧写字一幅(董治安送来)。

3 月 4 日(3)晴

得马力寄来港大和中文大学概论各一册,辽宁大学朱明伦信和《索引》,陈翔华信及《文献》。

3 月 5 日(4)晴

复周策纵信。得唐荣昆等信,施蛰存信,马兰信。

3月6日(5)晴

得杨天堂信，肖定梁信及诗。

3月7日(6)晴

下午文学所开学。上午复杨天堂、陈翔华、蒋维崧、王滋源，又致《新文学史料》。得伯慧信，索《姜词集评》，即函周本淳、萧兵索取。

3月8日(日)晴

广西师院副院长陈伟芳与姚白桦相熟，北桦今日下午来谈及之。上午游梅花山，饭于伯阳家。

3月9日(1)

寄马兰、陈翔华文稿。得唐异明信，云去美矣。又文生短笺，茂舒函，四川苏轼会函。

3月10日(2)多云

得《抖擞》月刊，杨天堂信并即复。

3月11日(3)多云

得澳门谭任杰函，萧兵信、文及詹安泰遗稿，詹伯慧寄来书三本，潘慈光信及《草堂》。发信催稿费。

3月12日(4)

得江西师院刘世南信，唐异明论文。发寄詹伯慧书、文、信，叶嘉莹信，葛杰信。下午开会。

3月13日(5)

夜侯文佳、单兆欣来，早武大研究生李仲华转匪石介绍信来谈，借去《西昆发微》一册。得李国瑜书，请赴成都开杜甫会。

3 月 14 日(6)阴

得一中信。分得毕业论文二篇:袁华《谢翱诗研究》、柏鹏《古典诗词表现方法》。

3 月 15 日(日)晴

上午访孙祖荫。

3 月 16 日(1)晴

下午开文科建设会。收傅寄《史通》样书。夜观《悭吝人》。

3 月 17 日(2)晴

上午观影。函璇琮、庞硕、一中、淡芳、蛰存、文生。南宁师院古典组主任毛水清(南大毕业,与惟贤等同班)及钟颖来访,取去致弋丁信。

3 月 18 日(3)雨

夜胃痛,卧一日,下午微热。得程一中寄包裹,四川杜甫草堂来通知约开会。函杭生、夕佳。

3 月 19 日(4)阴

上午学术委员会,因病请假。以祝南《宋词散论》托伯阳交圭璋。吴调公介绍江苏社会科学院文学所王白坚来访,赠《文博通讯》七册。得王滋源信。

3 月 20 日(5)晴

与伯阳探望季思,晤朔方。得韦弦信(谢《涉江词》);又洁弟信,即复。

3 月 21 日(6)晴

上午开学术会。得彭岩石信。

3 月 22 日(日)晴

上午携孩游玄武湖。下午访气老、管老。

3 月 23 日(1)多云

得刘君惠、周勃、王文生信。滋源来。夜访止强,告取书架。

3 月 24 日(2)阴雨

将材料寄王弋丁,以介绍信交王滋源。发周勃、朱祖延、张瑞洁、刘君惠、殷孟伦、陈邦炎信。借给小强《搜神记》。

3 月 25 日(3)晴

函彭岩石、俞润泉。得雪垠、志达及武师研究生欧阳代发(常德市一中王滋润转)信。

3 月 26 日(4)晴

上午与王滋源及芸游后湖,餐于四川酒家。下午夏晨中及南师中文系关肇昕(金中教过的学生)来。

3 月 27 日(5)阴

得孙祖荫、美国谷虚、湖南谭学习、南充师院刘玉平、杨天堂信,周勃研究生的论文两篇,吴志达论文一篇。裱画店周师傅来商裱册页事,并取去雪垠条幅。寄《文论》到常德,又叶稿到四川。

3 月 28 日(6)阴雨

下午开会。收吴志达、马力、陈绍棠信,寄来中文大学一览又潘石禅的敦煌书。寄人文稿到北京。

3 月 29 日(日)阴雨

孙望、高纪言来谈。下午上秘书班课。复马力,函傅璇琮、郑朝宗、江西师院、陈绍棠、吴志达。秘书班李新翔(工艺雕刻厂)送对子一付。

3 月 30 日(1)阴

得湖南人民出版社、杭生、陈美兰、王筱婧信(王索《词》)。复谷虚,函湖南黄起衰、上海百科、福州王筱婧(《词》一册)。

3 月 31 日(2)阴

得南宁汇旅费 350 元,洁弟信,又杭州历史文献研究会信。上午徐福基来谈文科改进事。

大百科条目:1. 游仙窟(中)、2. 昆仑奴传、3. 无双传、4. 红线传、5. 牛僧孺(中)、6. 刘言史、7. 杨巨源、8. 裴度、9. 李德裕、10. 权德舆、11. 富嘉谟、12. 吴少微、13. 刘蜕、14. 苏颋。

4 月

4 月 1 日(3)阴

下午开工会研究文艺宣传会。

4 月 2 日(4)多云

上午武师研究生欧阳代发及华师荆州函授教师李光前来谈。收周勃、朱祖延信及礼物,由三夕代回。得马兰信,即回。复文献会函,不去。

4 月 3 日(5)阴雨

得施老、张舜徽、李易函,又陈植锷函及文。改好对文科意见纪录。

4 月 4 日(6)阴

山西师院余子谷教授率研究生柴建国、张仁立、苏宝荣、冯俊杰来访。得夕佳、陶道恕信。

4月5日(日)阴

寄出刘先生传。又函夕佳、舜徽、弋丁、陈植锷。

4月6日(1)阴

得吴志达、黄起衰信。

4月7日(2)阴

得唐异明、王淡芳、杜甫草堂信。寄黄起衰稿,黄裳信。

4月8日(3)阴

寄道恕、淡芳、中玉、志达、殷正林信。

4月9日(4)阴

得王元化信。

4月10日(5)晴

得郭老寄《诗话》,又澳门谭任杰、平江湖南教育学院中文系俞润泉信。下午天纵送至新街口航空公司,2:30乘汽车至机场,3:40起飞,飞行极稳,但芸仍呕吐。5:30抵穗。买不到去南宁的飞机票,又无住宿处,甚为狼狈。只得乘taxi到中山大学,求援于王季思教授。未到教授楼中途,车不能行,幸遇一女同志,是学报编辑部陈寿英,帮同提箱子直送到王家。王老夫妇款待甚殷,饷以面各一碗,味甚美。王夫人姜海燕女士送我们到招待所住宿。旅途甚为疲劳,酣睡一夜。

4月11日(6)晴

一大早王老来领我们去吃早餐。然后访商师承祚与戴镏龄先生。12时45分起飞,下午三时到,王弋丁、余瑾来迎。

4月12日(日)阴

入城购裤不得。发丽则、王季思、天眉、强信。得黄裳信。夜观日本电影《野麦岭》，未毕而停电。适雨，冒雨归。

4月13日(1)阴

上午游伊岭岩，陈、黄、韦、何、林、陈同往，摄影二张。岩洞极为深广，钟乳像各种人、兽，堪称奇景。下午休息。下午党委办公室崔韵琛来。晚中文系甘祺庭、余瑾先生来谈，大雨，九时许始去。

注意事项：① 抄药方与王夫人。② 寄刘传与戴、王。③ 赠书与陈寿英及肖德明。④ 陈星鹤要张月超西方文评史讲义，又劝瘦竹试服灵芝片。

杜《将赴成都寄严五首》前四谐，其五拗。

《文心·定势》："刚柔虽殊，必随时而适用。"不说同时。《文心》体性，司空《诗品》标举风格，皆统一而非矛盾之统一。参朱《诗言志辩》"正变"。(嗟余寡兄弟，四海一子由。令严钟鼓三更月，野宿貔貅万灶烟。煌煌帝王都，赫赫走群彦。嗟汝独何为，闭门观物变。喧啾百鸟群，忽见孤凤皇。)

(李白"越王勾践"等，1∶3。"一声如裂帛"，"百鸟群"，"孤凤皇"，杜"凉风起天末"一句属己，七句属李。)

院长袁似瑶，副院长关烈夫、高信，总支书记张扬，副书记蒙怀信，副主任陈光坚、胡仲实，教师余瑾、奉江、李永斌(古汉语)、陈星鹤、甘祺庭、陈列、黄坤、韦其麟(15栋五楼一号南宁师院)、林焕标(14栋一楼二号南宁师院)、何文白(15栋一楼三号南宁师院)，南宁师院办公室崔韵琛(18栋五楼一号)。

4月14日(2)晴，阴

今天备课。余瑾先生送来电视机。发信给殷孟伦，托其买冯沅君先生论文集。又发信给杨翊强，告以见到韦其麟、何老等人。

4月15日(3)晴

上午首次上课，约二百余人，院长等均来听课，各地来听课者甚多，有来自山西、湖北、湖南、贵州、云南、广东等。下午休息。收到王滋源来信。

4 月 16 日(4)晴

看徐有富论文。头昏。

4 月 17 日(5)晴转阴雨

上午上课。

4 月 18 日(6)阴

整理《唐温如》稿。看完徐有富文,莫文一半。

4 月 19 日(日)晴转雨

得强姐信。上午由王主任、张书记陪同游人民公园。中午在国际旅行社吃饭,有广西名菜穿山甲、水鱼、纸包鸡等。在古旧书店又购得书数本。下午在何文白家晚饭,韦、林等在座。

4 月 20 日(1)阴

上午上课。发强姐和蒋荫楠函。

4 月 21 日(2)阴雨

发给徐有富徐莫二人稿。得强、爽二信。

4 月 22 日(3)阴雨

上午上课。血压 94/160,服药。发唐异明信。

4 月 23 日(4)阴

发邦炎、俞润泉、瑞洁、谭任杰信。下午赴博物院参观文物、画展。铜鼓多且奇。图 17 日航寄裤,今日收到。又得翊强信,可哀。

4 月 24 日(5)晴

上午开座谈会。

4 月 25 日(6)阴雨

看屈兴国文。晚在韦其麟家饭,何、林在座。

4 月 26 日(日)阴

发屈兴国稿。下午备课。

4 月 27 日(1)多云

得天眉来信。中山大学中文系寄来住宿、车费收据。寄中山大学中文系办公室车费 8.40 元。(5.1 寄出。)上午上课。

4 月 28 日(2)阴

136/88,医嘱改每日服药二次。破杯,照偿之。草对联文。

4 月 29 日(3)阴

讲小说。摄影(集体)。

4 月 30 日(4)阴转晴

上午陆地同志来师院开座谈会,前去参加,会后又和陆谈半小时。武汉大学 56 年四毕业生来访:李超鸿(广西宣传部文艺处副处长)、霍大年(广西电影制片厂)、甘棠惠、李宝靖(二人文联,编《广西文学》)。还有一个 67 年毕业生,也在宣传部。下午何、韦、林、卢斯飞、陈星鹤约游南湖公园,并在鱼餐厅晚餐。收到刘茂舒信、自传稿和词集三册。

5 月

5 月 1 日(5)

发复刘茂舒信。收小囡、黄起衰、瑞洁信。写完对联文。

1. 为国争光。2. 苦练基本功。3. 百花齐放,全国一盘棋。4. 胜后找缺点。5. 坚持传帮带。

5 月 2 日(6)大热,夜大雨

收天渝信。

5 月 3 日(日)阴

上午上课。中午邓生才及甘、李、李、霍在旧人民公园邀午饭。

5 月 4 日(1)阴

上午录音带不清楚,只得又讲一次。下午座谈会。晚院长请客,在座有关许二副院长、汪总务处长、李科长(?)、王弋丁、张书记及陈列。晚上多人来访,甚累。

5 月 5 日(2)晴

血压又升高,150/110。全日休息。

5 月 6 日(3)晴

晨 7:36 乘火车赴桂林,王弋丁老师同行。张、余、韦、何、陈等送至车站。车行九小时,四点半左右抵桂林。广西师院中文系主任林焕平、副主任张葆全及李有明、韦向学等老师来接。住文艺接待站,很不便,伙食亦不好。准备住五天,11 日去长沙。车上遇见尹羲同志,又同住一招待所。

《西北大学学报》81 年 2 期袁謇正《陈廷焯的"沉郁"词说》。

5 月 7 日(4)晴

下午在广西师院作报告。晚上街游玩,购得一三彩马,2.78 元。赵盛德来访。

5 月 8 日(5)晴

上午李有明陪同游芦笛岩、叠彩山、伏波山。下午仍由李有明陪同游桂林公园(普陀山、七星岩)。购得三彩双耳壶一个(1.78),七星岩照片一套(1.00)。

5 月 9 日(6)阴

上午座谈,副主任张葆全、欧阳若修先生陪同。

5 月 10 日(日)阴

全日游阳朔。乘小汽轮去,7:25 开航,1:25 抵阳朔,然后乘汽车回,并游览了大榕树等,5:05 抵桂林。晚林焕平来访。

广西师院中文系主任林焕平,副主任蓝少成(文艺理论)教授、贺祥麟(外国文学)教授、欧阳若修(古典组)副教授、张葆全(古典组)副教授,名誉主任冯振。

可供建议:1. 复旦已把文学史和作品分开,文学史一年半,作品两年。2. 中山大学为老教授家里装电话。3. 余瑾老师对错别字扣分数。4. 广西师院谈改革考试制度。① 开卷闭卷结合,② 题目由教研室过目,以免有的过难有的过易,③ 应结合平时,不要仅凭一纸试卷。5. 不要单考平日讲的,也要考指定看的。6. 方式多样化。

5 月 11 日(1)阴

全日休息。上午赵、韦、李来,韦送来火车票。晚 7 时乘车去火车站,林、韦、李相送,后张亦来火车站。火车误点三小时,即在候车室与张、李、韦闲谈。

5 月 12 日(2)阴

上午八时余抵长沙,瑞洁率超美来接。住湘江宾馆。上午休息。下午去湖南人民出版社,会见黄起衰、陈仿彝二人,洽谈出版词集事。后去访彭岩石先生。晚和瑞洁一家在李合胜饭馆吃牛肉和鸭子。晚岩石先生来访,约明日同照一相。

5 月 13 日(3)雨

上午雨中游岳麓山和橘子洲。瑞洁、超美同行。下午彭岩石先生来访,送周邦式《澶洄集》一册,并同往照相。后冒雨游市,无所得,购腊肉、五味姜各一斤。吃豆皮当晚饭而归。

5月14日(4)小雨转阴

中午在大宫殿小吃，买湘粉二斤、菌油二缶。又与瑞洁全家照一相。

5月15日(5)

乘伊18返宁，囡等接未遇。得朱光潜寄书，谭任杰寄纸，又伯慧、梁文琦、金启华、魏安国(加人)信。

5月16日(6)晴

午与石臞饭于老正兴。下午谢伯阳来。收到：1. 沈雄信附小说；2. 谭仕杰二函，又李鹏翥一函；3. 彭祖年函；4. 徐中玉；5. 陈增杰(对《诗选》提意见)(留)；6. 贾忠鹏(南大76级)；7. 王筱婧(福建师大中文系资料室谢送《词》)；8. Arthur An；9. 周本淳词一首；10. 毕万忱；11. 周策纵；12. 叶嘉莹。

5月17日(日)晴

汇南宁师院90.70元。发信：詹伯慧、程征、贾忠鹏、殷正林、汤高才、周本淳、刘茂舒、《文史哲》编辑部、《北京师院学报》(附邮票0.55元)、周策纵、陈增杰、谭仕杰、林焕平、王弋丁(内发票28纸)、葛杰、朱孟实。晚叶子铭、周祖譔、谢伯阳、凌萍萍、汤擎民来访。

5月18日(1)晴

寄收据与弋丁。洗衣，存款。得广西师院及谭任杰寄书报，得仲荦赠《西昆集》。

5月19日(2)晴

收林焕平、屈义林、梁文琦信。

5 月 20 日(3)晴

收吴志达信。上午晏孝元来访。下午开学术报告会。

5 月 21 日(4)晴

得文生《丛刊》3 及信,《名作欣赏》稿费 20,《求索》20,又王湜华、夕佳、王滋源信。

5 月 22 日(5)晴

发王滋源信。寄王湜华词。

5 月 23 日(6)晴

改百科稿。得小军信,又张荣泉寄行卷材料。

5 月 24 日(日)晴

上午访止畺夫妇,贻以桂元肉。晚石朧研究生冯春田来,以论文《〈文心雕龙〉术语通释》。

5 月 25 日(1)晴

得贾忠鹏(南大学生索稿者)、刘定寰(芦隐丈子)函,《长江丛刊》2 册,周本淳信及诗词。

5 月 26 日(2)晴,夜雨

得彭岩石信及照片。

5 月 27 日(3)晴

上午张实来。下午系会分经费。得瑞洁、吴代芳、中山大学信及印唐诗。

5 月 28 日(4)晴

复代芳。又函陈仿彝、瑞洁(超美带去)。发中山大学中文系信。

5月29日(5)阴

上午送超美到航空公司。得杭生、皮公亮、《长江丛刊》信。购点心送早早等过儿童节。

5月30日(6)晴

得萧兵函及文,又《活页》1—15合订本,又《文史哲》35元,《长江》50元。

5月31日(日)晴

发瞿禅、岩石及《长江》信。午宴诸陶。下午孙望、曹济平偕古籍编审陈振鹏、一编室李国章来。看完屈文,寄文生。以另一屈文交北桦(自强转)。

6月

6月1日(1)晴

所借刘先生原稿已寄还茂舒和古籍。收到傅璇琮信及《史通》25本。早颜学孔来访。晚强姐宴。

6月2日(2)晴

孙望研究生王锡九送论文来。何申甫、徐睿本来访。写扇子。午饭于天渝处。

6月3日(3)晴

上午谢伯阳来访。下午系里开会,然后访王绳祖先生,收到绳祖先生书一本。得吴志达、陈翔华信。收《史通》稿费。

6月4日(4)晴

上午卢鸿基来访,赠水印信柬及茶叶。得《晋阳学刊》高增德函,已复。黑龙江寄来《怀念萧红》一本。

6 月 6 日(6)

去杭州，强、钰哲同行。在杭寓大华饭店。张延惠、成来接。艾、华、爽、位同车抵杭。

6 月 7 日(日)

游六和塔、虎跑、灵隐等地。雄哥嫂、小健、天眉来。

6 月 8 日(1)

游湖。中午成宴。

6 月 9 日(2)

游石愿洞、烟露洞、花圃、西泠等地。下午艾等去沪。

6 月 10 日(3)

回宁。收到花城、河南师大(索旧诗)、《文史哲》、《长江日报》、施蛰存、刘茂舒、詹伯慧、美国谷虚等函。寄施 15 元及《左翼文艺运动史料》，曹济平王锡九论文评语表。

6 月 11 日(4)阴

得葛杰、陈贻焮、范存忠、洪焕椿函，又王季思夫人姜海燕函，周一良函。

6 月 12 日(5)晴

郁贤皓来送孙望看过百科稿，即转王元化。为小平、高忘青作字。发《史通》。

6 月 13 日(6)晴

寄还吕永、吴代芳文附《南大学报》。得邦炎、瑞洁及钟隆林信(武大毕业生)。函瑞洁、蛰存(托制版)。

6月14日(日)晴

下午去七姐家。函《晋阳》高增德(改刘传误文)、傅璇琮(寄传略)。

6月15日(1)晴

复刘定寰。以《学报》寄葛杰,并托其买书。得仲联、小珠信。

6月16日(2)晴

得蛰存信附瞿翁题签。又寄祖延书。得武师泉二百。

6月17日(3)晴

得于北山、马兰信。石臞来。

6月18日(4)晴

以书签寄黄起衰,文二篇寄蛰存。夜杨苡陪曾卓女蒙蒙来。

6月19日(5)晴,热极

得吕永及《晋阳》高增德信。

6月20日(6)晴,36℃

自强来,告陈书禄进修事。以莫论后山稿寄敏泽。以徐论"绿"字寄淑耘。七送鲥鱼。朱东润研究生陈尚君、王运熙研究生黄宝华或朱建国来。张道贵携王元化函来。

6月21日(日)晴,37.9℃

皮公亮来函,转来陈书良(永湘先生外孙,武大吴林伯研究生)函及论文,嘱作序,即复。

6 月 22 日(1)晴,昨傍晚及夜雨

周本淳来,王永芬来。姚白桦及永璋子许总来。得傅璇琮、王淡芳信。得卞孝萱函。

6 月 24 日(3)阴

得陈仿彝函。又张瑞洁、黄耀先、何力函。下午开会宣布工作量计算办法。

6 月 25 日(4)

不适,看病。

6 月 26 日(5)雨

王长发答辩。

6 月 27 日(6)雨阴

龚斌答辩。得顾学颉、赵吕甫寄文。夜系宴客。

6 月 28 日(日)阴

函宗白华、程一中。夜王运熙来。

6 月 29 日(1)阴

患腹泻。得赵幼文、张舜徽、吴志达、敏泽函。

6 月 30 日(2)阴

病未愈。南师答辩缺席。王达津来。得夕佳、高文、周锡䪖函。朱金城(古籍)来。

7月

7月1日(3)阴，大雨

以三夕苏诗文寄《遗产》，以词寄幼文，研究生专刊寄石斋。得谭任杰信。

7月2日(4)晴

下午开系干部会。得匡扶诗。

7月3日(5)晴

下午开会审题。得徐师学生张宏生信。

7月4日(6)晴

下午开会(去京事)。函耀先。

7月5日(日)晴

函匡扶、王文生。以游泳证寄永芬。何力来。77级欲考研究生之学生潘晓楠(女)、张伯伟来。得教育部询课程改革意见函，又郭预衡函。

7月6日(1)晴

倪豪士来。月超来。克木寄《梵语文学史》附信。又王淡芬、徐朔方信。

7月7日(2)阴转晴

上午看病、拿药。秦似来访。得梁文琦信，周锡韨书。

7月8日(3)晴

函复周锡韨、梁文琦。又函马力。

7月9日(4)阴,大雨

下午开会选教研究室主任。得人文柳集信,又杜仲陵文。

7月10日(5)南京雨不绝

十一时半赴机场,2时半起飞,3时50分到,教育来迎。住京西宾馆715号。徐家福(计算机)、曲钦岳(天文)同机来。

7月11日(6)晴

上午访雪垠,记错路名,未得见。发家信。

7月12日(日)晴

上午开大会,黄辛白、蒋南翔讲话。下午小组开会。夜与中玉访雪垠、荒煤。

7月13日(1)晴

上午访敏泽、克家、学颉,与中玉午饭学颉家。下午会。

7月14日(2)阴

夜敏泽来。囡到打电话来。

7月15日(3)阴

夜囡夫妇来,携来书十册。致葛杰函托多购书30册。又写家信。为钟老写诗册。

消痔灵(内痔注射药),北京广安门中医研究院。

7月16日(4)阴

下午博士导师投票。

7月17日(5)

阅硕士导师材料。夜文治、白山、敏泽来。

7月18日(6)阴

中午请王系母女及囡夫妇吃鸭，51.90元。晚克家请饭，在座有广西旅游局负责人江景河、花城主编苏晨、中玉、涤非。

7月19日(日)晴

与季思赴北大，访克木、白华、贻焮、组缃、静希，焮约饭。归，车费7.00元。电话与伟华，告以不能去看她们。

7月20日(1)晴

下午硕士导师投票。夜与中玉、吴泽饭于雪垠家，囡等来。得芸信。

7月21日(2)晴

下午闭幕，蒋部长致词。复芸。

7月22日(3)晴

上午文研所《文评》编辑部许觉民、敏泽召开座谈会。下午访冠英、瞿禅。

7月23日(4)晴

上午晤钰哲夫妇、伟华、黄勇。下午一时与中玉乘车去青岛。

7月24日(5)晴

上午6时50分抵青岛，山大冯建国来接，暂寓北京路87号第六招待所。

7月25日(6)晴

函家。(古代文学家评传座谈会，青岛荣成路2号甲交际处五所，28日开。)夜9时，移居汇泉宾馆419号。

7 月 26 日(日)阴

晨雨甚大。头昏。

7 月 27 日(1)晴

在汇泉,仍头昏。夜文生夫妇自大连来会。服卢丁片,头昏转好。

7 月 28 日(2)晴

自汇泉迁居韶关路 28 号。

7 月 29 日(3)晴

廖仲安自京来。

7 月 30 日(4)晴

季镇淮、周振甫、吴文治、陈贻焮自京来。

7 月 31 日(5)晴

开会。

8 月

8 月 1 日(6)晴

开会。得芸信。

8 月 2 日(日)晴

复家信,又函陈仿彝。傍晚振甫、文治、文生、中玉及会开文学理论学会碰头会于海滨。中玉要月超批评史译文,万字以内为宜。

中国历代著名文学家评传座谈会:

青岛韶关路 28 号

山东人民出版社李海昆副总编,王昌业、任笃行、朱晓晨(女)文教室;

山大文史哲研究所吕慧鹃副所长，朱洪亭办公室主任，冯建国教师、刘波、小张；

季镇淮、徐中玉、周振甫、吴文治、王文生、罗岭、陈贻焮、廖仲安、曹道衡（张白山）。

8月3日（1）晴

集体海滨照相。得票。发电。得芸电。

8月4日（2）阴转晴，昨夜雨

9时40分乘车离青，中玉同行。

8月5日（3）

7.10—8.5收信：姜书阁、钟隆林、葛杰、湖南人民出版社、徐有富、张三夕、陈列、马力（2）、饶德和（小平父）、王运熙、赵幼文、兰州诗词学会、陈吉平。复马力、王运熙、钟隆林、卢鸿基。寄书与姚雪垠、萧涤非、吴世昌、陈仿彝、马力。

8月6日（4）晴

函傅璇琮、王滋源、葛杰、小佳、陈列、陈白尘（转陶雄稿）。

8月7日（5）晴，夜酷热

华师黄建中、朱寄尧来访，要张三夕到华师工作。得瑞洁信，商词事。

8月8日（6）晴，酷热

详复洁信。至鼓楼医院看病，马医生嘱买心脏诸药。

8月9日（日）晴，酷热

致石臞信，告难去济南。

8 月 10 日(1)下午风雨转凉

得吴志达寄言公文及信，清水茂信，又文生信。

8 月 11 日(2)阴，小雨

下午去钰哲家。得葛杰、王运熙、孙天赦（部队）、彭万斯（系考研究生）信。

8 月 12 日(3)多云

上午访辛宪、白尘，均未遇。得马力、周锡韨、蒋寅函。

8 月 13 日(4)阴

江苏出版社王士君来约稿。得彭岩石书。沈雄、小强夜来。

8 月 14 日(5)晴

约平田、鲁国尧晚饭。得王滋源、夕佳信。

8 月 15 日(6)晴

收古籍寄书，中玉信，孟伦信，又叔湘寄书。夜访自强。

8 月 16 日(日)晴

发《七绝》赠书。

8 月 17 日(1)晴

函北桦谈有富事。小珠同早早由长春来。

8 月 18 日(2)晴

得傅璇琮寄《历代诗话》，彭靖《历代论诗绝句选》，孟伦寄《杜诗选》《沅君论文集》。又得陈仿彝信，曹逸峰信，樊凡信，张隽寄稿。又晴雯索词信（不复）。退张隽寄稿。复陈仿彝、彭靖。

8月19日(3)晴

得王滋源、王文生信。复滋源信并寄《七绝》一本。致王运熙信。夜孙望夫妇来，谈正林事。

汪辟疆 1887—1966.3.12，胡小石 1888—1962。

8月20日(4)晴

函孟伦正林事，函淡芳。夜莫砺锋来。

8月21日(5)晴

以《七绝》寄樊凡。姚白桦、傅兆龙来，取去稿件(Tel34058)。得陶雄信，又瑞洁、吴世昌、敏泽、沈雄信，古籍账单。万放来。夜雨。

8月23日(日)阴，微雨

函葛杰寄还收据。函吴世昌。

8月24日(1)阴，闷热

收波多野、韦其麟、孟伦信，吴志达《传奇》，又傅璇琮《学林漫录》。

8月25日(2)阴雨

天眉来。芸病。得文生、仿彝信。

《七绝》书评:《解放日报》4版81.8.9，《人民日报》8版81.8.6。

8月26日(3)阴

伯阳代购《七绝》20本。函仿彝。

8月27日(4)晴

发寄文生稿件。得杨廷福、石斋、吴代芳信，韦其麟寄灵芝片。郭维森先生来。赵国璋来，还夏氏《小说史》。

8 月 28 日(5)昙

复石斋、沈雄、代芳。函葛杰。得振甫、陈列、达微九九信。

8 月 29 日(6)昙

得蛰存、一中,江津师专贺远明询祖棻著作出版处,小珠及《社科战线》稿费通知单,又马力寄《诗学》三本,《抖擞》寄文及抽印本。

8 月 30 日(日)昙

以杂志寄一中,书寄嘉莹。致蛰存、马力、贺远明、郭葆璟。又汇 30 元给嘉莹。函葛杰买书(《美学论集》)。周勋初来,赠以《论诗绝句选》。郁贤皓来,转朱金城信。

8 月 31 日

得序东寄《语法》,山东人民出版社任笃行信及照片,清水信,《战线》稿费 120 元。

9 月

9 月 1 日(2)阴

得荒芜信。

9 月 2 日(3)阴

上午开学术委员会。得樊凡、淡芳信。三夕交来张舜徽信、吴志达蜂乳。

9 月 3 日(4)阴

复张舜徽、吴志达函。得介眉、王滋源信,殷正林论文。邹乃文、刘定祥(南京 60 中)来惠港饼。

9月4日(5)晴

下午上课。得正林、小珠信,武师稿费。

9月5日(6)晴

得小佳、芳洲信。又正林信。

9月6日(日)晴

复芳洲、介眉,并寄书刊。又函一中(要耀先书)、正林。访自强夫妇,送去所题原平画。

9月7日(1)晴

得雷雯、十二弟信,即复并寄雷七绝。复谢邦炎、朱金城。

9月8日(2)晴

得沈鹭、茂舒信,又朱东润寄诗幅。复茂舒、东润。

9月9日(3)阴

做脑电图。至南师西山二栋302号鞠继武先生(骆文妹夫)家访淑耘,斯群在座,约星期日下午五时胜利晚餐。刘彦邦托赵普寄来酥糖、茶叶。

9月10日(4)阴

得王绍曾信。

9月11日(5)阴,小雨

得嘉莹信,徐中玉、灌云席凤宇(索书)信。寄《七绝》一本给席。复中玉函。

9月12日(6)中秋

中午看病。下午九三会。夜在张钰哲家饭。

9 月 13 日(日)晴

晚请淑耘、斯群、万放饭于胜利。

9 月 14 日(1)晴

得万万、志达、文才信,北京语言学院闫纯德信,要祖棻传记材料及词。复刘国英、王文才、闫纯德函。得皮公亮、刘茂舒、邓小军、小珠、湖北水浒学会信,《北疆》稿费 84。

9 月 15 日(2)晴

函复水浒学会、刘茂舒。得波多野、王滋源、程一中信。

9 月 16 日(3)晴

上午看骆文。下午统战部传达 30 号文件。

9 月 17 日(4)晴

上午开研究生会。复一中。函淡芳询孝章逝世年份。

9 月 18 日(5)晴

下午上课。夜孙望来。

9 月 19 日(6)晴

发复王绍曾、任笃行、邓小军、王文生、蒋树敏及致北师、武师信。得耀先、张国光信。

9 月 20 日(日)晴

游镇江。

9 月 21 日(1)晴

满 68 岁生日。Nancy 作面又买肉馅饼。得陈贻焮、倪豪士(附论文一篇)信。山大寄来研究生论文两篇,黄耀老寄来《诗说》一本。得山大研究生冯春田信。

9月22日(2)阴

得杨金亭、皮公亮、石臞信,又公亮寄校书酬金50元。

9月23日(3)雨转阴

姚北桦及傅杰来录音谈研究生问题。寄杨金亭诗稿。得朱东润、马力、邹乃文(黄石市一中)函。

9月24日(4)阴有小雨

得高纪言信,送纸十刀。

9月25日(5)晴

得雷雯、游寿信。寄邹乃文书一册,并复信。下午得孟伦、一中、淡芳函。

9月26日(6)晴

得朱令仪信。

9月27日(日)晴

全天阅研究生试卷。寄周先生稿给《求索》。去信人文出版社。

9月28日(1)阴

上午会见伊藤正文。得文生信。

9月29日(2)阴

得邓小军信。

9 月 30 日(3)阴

横山弘转来清水函。又高教局函。27—30 改研究生卷毕。

10 月

10 月 1 日(4)阴

致傅璇琮、清水、波多野,山东大学研究生处(研究生论文鉴定二纸)。姚奠中介绍李安纲来,不见。

10 月 2 日(5)阴

李安纲来,未与掠谈,即函复姚奠中。函石臞。又函复令仪。致廖仲安购《北师学报》81/4,及询 81/3。孙祖荫来。

10 月 3 日(6)阴雨

夜唐富龄来访,谈武大事。开始写《一与多》,成 1500 字。收到程一中所印耀先诗笺。

10 月 4 日(日)阴雨

孙望派人取去复印稿。得顾学颉寄文,刘彦邦、叶嘉莹、潘佛章(《诗词集刊》负责人)、申正(祁阳一中教师)、《河南师大学报》编辑部函。

10 月 5 日(1)阴,小雨

得朱金城信,又广西龙州师专吴健舟老师信(曾在南宁听课)。无事。

10 月 6 日(2)阴

复叶嘉莹。芸腹痛泄。得上海辞书出版社汤高才信,又萧涤非寄晦闻先生诗札记及《杜甫研究》,又信。

10 月 7 日(3)阴雨

江苏人民出版社王士君、陆国斌(杨海若爱人)来谈计划。三夕返得陈贻焮书。寄款与陶爽、刘彦邦。复萧涤非、汤高才。以弘老词集标点本寄茂舒。

10 月 8 日(4)阴雨

得林维纯(暨南大学教师,住西区教工宿舍 20 座 301 号)、薛连璧(辽宁一教师)函。下午开研究生录取工作会。得邹乃文信。

10 月 9 日(5)晴

得陈仿彝信,即复;吴志达、王淡芳函。

10 月 10 日(6)

下午开会,决定研究生名单。得孟伦北京信,即复。

10 月 11 日(日)

去孙中山办公室——煦园参观。

10 月 12 日(1)

得张实函。

孔寿山(圭璋介仿),① 上海纺专美术组(上海长宁路 1187 号),② 家:上海杨树浦路 403 弄 28 号。

10 月 13 日(2)

得舜徽信。

10 月 14 日(3)阴

得吴在庆(厦门大学学生)、夕佳、朱令仪、刘彦邦函。上午去玄武湖散步。谢伯阳来,代购书数种。

10 月 15 日(4)阴,有雨

得周勃函,又吴永坤、廖仲安、中玉信。

10 月 16 日(5)阴

得波多野、马兴荣信,武师寄校样来。下午吴白匋先生以诗集索序。晚公宴黄裳夫妇。饭后曹、张等来谈并观书画。

10 月 17 日(6)阴

得倪豪士信。发王淡芳、徐中玉、马兴荣信。

10 月 18 日(日)阴

中午率丽则全家去刘长兴吃螃蟹包。下午王立兴和中华黄克(《文史知识》编辑)来访。

10 月 19 日(1)阴

得皮公亮信。至孙望家。单兆欣来访。上午南艺臧老来,请给研究生答辩。

10 月 20 日(2)多云

得中华寄来《归田录·渑水燕谈录》,王文才寄天麻。

10 月 21 日(3)多云

复王文才、傅璇琮、皮公亮。下午照相(为校庆)。

10 月 22 日(4)阴

得志达书。下午开教组会。夜霍松林夫妇来。

10 月 23 日(5)晴

安师大携书城、保泉书来,请出席答辩会。得人民文学社李易及姚奠中信。《一与多》成,10 月 3 日至 23 日,共 20 天。

10 月 24 日(6)晴

得蛰存信(言词刊事)。夜宴波多野。

10月25日(日)晴

得葛杰信,即复。又函王文生。

10月26日(1)晴

函谢刘君惠寄食物,谭优学寄书。得赵盛德寄文。

10月27日(2)晴

得杨金亭信。

10月28日(3)阴

致赵国璋,借新书目。寄闫纯德——棻词及相片,马兰——莫砺锋简斋诗稿,北桦——徐有富陶杜风格稿。下午敏泽来。

10月29日(4)晴

上午取字画。得王文杰及北大学生邹士方信。下午王昭琛座谈。

10月30日(5)晴

上午开博士生会议。夜宴昭琛。

10月31日(6)晴

得君惠、蒋树敏、安师大研究生周啸天及包头陈汉杰揭发抄袭信。得唐异明信,清水茂寄书两本。

11月

11月1日(日)阴,小雨

致朱东润、殷孟伦(研究生事)。夜请王昭琛、邹恬、钱林森吃包子。

11月2日(1)阴

得钱仲联复函,又哈佛同学会及日本亚洲及北非人文科学会议信。

11 月 3 日(2)阴

得陈仿彝、彭燕郊信。午饭天纵家。金启华来。波多野寄《提要》后六册,自苏州。

11 月 4 日(3)阴,小雨

函伯慧告波多野寄书事。得叶嘉莹信,即以梦窗词校记寄之。函复彭燕郊,并寄去棻诗稿。以书单抄寄 Y. W. ma。得马茂元寄《论文集》,即复谢之。

11 月 5 日(4)阴雨

发函与人民文学出版社邮购部李海燕,催款。得《诗刊》杨金亭函,又辞书出版社汤高才函及稿,即复。

11 月 6 日(5)阴

下午开校学位委员会议。晚家宴,芸生日。得马赫信、扬师学生周彪信,王弋丁、兰少成来(兰,广西师院)。

11 月 7 日(6)

上午教部召开古典组座谈会。臧云远送论文来。赵守俨、傅璇琮来访。校《一与多》讫,送印。得张国光寄书,即复。夜家宴祝芸生日。

11 月 8 日(日)

晚在胜利请王弋丁、兰少成、赵守俨、傅璇琮。

11 月 9 日(1)晴

致章德函。收郝延林书及信,程一中信,厦门大学 53 号信箱中文系林继中信,又钱仲联寄还诗稿并信,朱东润、陈贻焮信,汤高才稿及信。

11 月 10 日(2)晴

得朱九思信,九三开会通知。

11 月 11 日(3)晴

得周勃函。发东润先生、孟伦先生函。江苏出版社送郭维森《司马迁》文来。下午参加南艺臧云远研究生答辩。

11 月 12 日(4)阴

发马赫、林继中、李荒芜、仲联函。

11 月 13 日(5)晴

得文生、丈蜀函。发文生、丈蜀、张士魁函。

11 月 14 日(6)晴

上午高教一司司长黄天祥及徐经泽、刘凤泰三同志来谈。致宗白华及中华《文史知识》黄克。

11 月 15 日(日)

九三开会。

11 月 16 日(1)

听新雷课。得敏泽信、彦邦信,扬师 803 信箱学生蒋寅信,《文遗》编辑部信。

11 月 17 日(2)晴

得蛰存、谢日新信,即复。

11 月 18 日(3)晴

得彭燕郊信。杜甫草堂濮禾章、南师赵普、许永璋来访。

11 月 19 日(4)晴

以山谷传又莫文寄萧涤非,以新春试笔寄九三。山西人民出版社《名作欣赏》编辑部张仁健、王海燕来访。

钱南秀住址：北门桥东珠江路 124 号之一，爱人朱建国，南京模具厂助理工程师。

11 月 20 日(5)晴

11 月 21 日(6)多云

得叶嘉莹寄还吴词批本。

11 月 22 日(日)阴，微雨

访白匋先生交序文，又永芬。以小传寄闫纯德。

11 月 23 日(1)阴，微雨

以祖棻寄汤高才。白匋先生来访。

11 月 24 日(2)阴

11 月 25 日(3)阴雨

赴芜湖安师大参加研究生答辩。

11 月 26 日(4)阴雨

得黄克、林继中、《长江文艺》函，夏威夷大学马幼垣教授《小说史集稿》一本。地理系学生送来韩隆福文稿。

11 月 27 日(5)晴

从芜湖归。得齐鲁书社和张少康函。赵国璋先生来，取去黄先生手稿及港台书五本。

11 月 28 日(6)晴

看牙及心脏。谢先生来商出版清曲事。得闫纯德函，词、传均收到。

下午江苏出版社海若婿陆国斌来。

11 月 29 日(日)晴

牙痛甚剧。

11 月 30 日(1)晴

上午开系学术委员会,拍电影。得朱东润、江苏社会科学院钟来因、李清悚、何华辉、韩隆福、陈翔华信。复何华辉、陈翔华、钟来因。以李清悚信托陆国斌转高纪言。

12 月

12 月 1 日(2)晴

上午拍照,开学术委员会。

12 月 2 日(3)阴

得现代古体诗词选编组信。复齐鲁书社。尹志腾同志来谈。得金启华、臧云远寄回论文评语。孟实研究生凌继尧来南大哲学系任教,过访,以杨咏祁美学讲义借与之。

12 月 3 日(4)晴

陈美林来访。许志英来谈研究生事。

12 月 4 日(5)晴

上午开博士研究生招生会议,极累。下午上课。得萧涤非、马力信和王运熙寄来书。和郭维森订硕士研究生计划。景德镇教育学院王远谋(武大毕业生)来访。

12 月 5 日(6)阴

复马力,附书单。

12 月 6 日(日)晴

访国璋、熙仲(赤壁路 12 号),送论文,又访孙望。得宗白华赠《美学散步》,即复。以《史通》赠熙仲,又《一与多》赠运熙。

12 月 7 日(1)

函宗白华、王运熙。下午《江海学刊》许总、曹明二君来,出示华师中文系 77 级喻志丹君《秦少游二词考辨》,驳祖棻说,甚佳。得雷雯寄还棻照,又傅璇琮寄书四种五册。

12 月 8 日(2)晴

得马幼垣信并文章。上午开学位委员会,通过推荐博士生名单。

12 月 9 日(3)晴

函复璇琮、清悚,又致张可礼、汤高才、佘雪曼。得黄瑞云寄《寓言》并函。

12 月 10 日(4)晴

得南图宛雨生、吕慧鹃、《武师学报》编辑部函。上午高教局开会对提升职称规定提意见。下午徐福基、张新培来访。复瑞云谢其赠《寓言》。李启汉来访,据云寓其女家。

12 月 11 日(5)晴

朱明镜送材料来。草博士生计划。张少康来信。

12 月 12 日(6)晴

志腾来详谈研究生事。下午学习。

12 月 13 日(日)阴

发寄马幼垣书三册,邮费 9.50 元,又寄许总对联校稿。携儿孙鸡鸣酒家吃汤包。下午二时许，段熙仲先生来，因去访启华、圭璋，故未值。

12月14日(1)晴

得黄葆树、李清悚、张宏生、王文才、陈翔华、晴佳函。复黄葆树(上海学院路120弄3号，黄仲则后人)。

12月15日(2)阴

夜周一展、吴企明来。

12月16日(3)阴

得张可礼信。下午79级研究生照相。

12月17日(4)阴

上午开校学术委员会，下午开系会。得《艺谭》完艺舟函，徐仲年治丧委员会通知(十二月九日逝世，年77岁)。

古籍出版社编辑竺少华(王立兴同志同学)。

12月18日(5)

上午看牙。下午开校学位委员会。

12月19日(6)

上午研究生毕业联会。下午孙望夫妇来。鲍明炜谈升等事。

12月20日(日)晴

发陈仿彝、周本淳、王滋源、高增德、尹可勋信，又陈邦炎、竺少华信。

12月21日(1)晴

得汤高才、管雄、马赫、王白坚信，又王弋丁信。复王白坚、管雄。

12 月 22 日(2)晴

得杭生信，即复。致马幼垣。石朧自山东来。中午宴齐鲁书社李玉山、石朧，伯阳、兴国在座。菜不佳。以《校雠学》寄吴企明。

12 月 23 日(3)晴

上午莫砺锋答辩，参与者金启华、周勋初代朱东润、吴白匋、吴新雷。石朧来午饭。寄《武师学报》三、四给倪豪士。

12 月 24 日(4)晴

上午徐有富答辩，参与者孙望、臧云远、王气中、郭维森。得平田昌司函及照片，屈义林函。下午看牙。

12 月 25 日(5)晴

得国务院通知。严迪昌交来论辛词稿。晤刘北汜。

12 月 26 日(6)晴

得胡杭生、陈邦炎信。三夕答辩。

12 月 27 日(日)晴

下午横山弘、坂田新、孙望、勋初、迪昌、砺锋来小聚。

12 月 28 日(1)晴

函倪豪士、清水、平田。得王滋源、徐中玉信。夜历史系教师张树栋来(住 15 舍 305—306)。

莫砺锋妹玉采、妹婿林余庆。

12 月 29 日(2)阴

函吕慧鹃。得彭燕郊函。孟伦来饭，下午与共出购物，今晚返济南。万万来。

12 月 30 日(3)阴,大雨

华师进修老师□□□来。作字数纸。得杨翊强、《抖擞》编辑岑懋基信,又黄石市财贸学校陈略信。

12 月 31 日(4)晴

上午莫、徐二生请张生及余夫妇早点于永和园。得伊藤正文贺年片,西南师范 79 级三班向以鲜函问读诗。夜古典组聚餐。

1982 年

1月

元旦(5)晴

作字。郭维森送论《易传》文来。周明来,未坐。得伊藤正文贺年片,施蛰存信,彭燕郊寄《白色花》诗集,《抖擞》寄《简斋集》。

1 月 2 日(6)晴

改郭维森《易传文学思想》文。函《抖擞》岑懋基、王士君、霍松林(索诗稿)。得吴奔星、陈仿彝信,即复陈仿彝。得万万侄信。买照相机280.00 元。白匋、汉生、启华来谈,四川人民出版社戴安常应王文才之请,寄来《陈子昂诗注》一册。

1 月 3 日(日)阴

夜至天渝家饭。复谢戴安常。

1 月 4 日(1)阴

张三夕来告别。南锡去配药膏。得瑞信,王文才条,皆因寄书;钟振振、邓红旗信,因考研究生;又《晋阳》高增德信,告刘丈传将在《晋阳》今年2 期(3 月 25 日出刊)印出。

1月5日(2)阴转晴

得西北大学函,请南大任唐代文学发起单位,交许、郭办。致函高增德、石耀(索校雠稿)。夜宴请诸研究生答辩人。寄50元与晴佳(小转)。

1月6日(3)阴昙

得吴代芳信。改祖棻论少游词稿毕功。

1月7日(4)晴

上午开博士生指导小组会,通过初步计划。柏鹏来商改分数,忠文未许。下午去七家。

1月8日(5)昙

发信:1. 傅璇琮(《经学史》);2. 殷孟伦(校雠学稿);3. 唐圭璋(转喻志丹文);4. 锦坤(寄书,成都345信箱1分箱罗成山转);5. 唐异明;6. 香港新晚报社罗孚(《涉江词》)。下午开会听关于硕士研究生规格、培养等的传达。收波多野信。

1月9日(6)晴

得王淡芳信。下午教研室总结。孙望来,未遇。博士生指导计划印成,即分致。

1月10日(日)晴

为坂田新作介函与王季思、周祖譔、王文才、吴志达。又函吴志达、王文才。寄十元与文才买书。以博士生培养规划交徐、张,并作函说明。

1月11日(1)

至中医院治痔疾。得:1. 小佳;2. 杭生;3. 屈义林(附悼亡诗);4. 傅璇琮(《学林漫录》3、4集);5. 吕永(《文心》文一篇);6. 霍松林;7. 南师答旦君(为转交吴奔星赠书事)。又《长江文艺》汇徐有富款15元。

1月12日(2)晴

复吕永,以吕永文转瑞洁。函国璋告以《简报》之误。以白匋书词寄张璋。得喻志丹信。访尹志腾。

1月13日(3)阴

得何正思、陈一新信。复何正思、波多野太郎。

1月14日(4)晴

得齐鲁李玉山、孟伦、晴佳、张宏生信。小湛自沪来。《文教资料简报》洪乔来。清水茂赠影印《翰墨大全》一册。

1月15日(5)阴

李国才来,携来暨南大学林维纯函,又《诗选》二册。

1月16日(6)晴

上午开会讨论黄自强、林立事。下午系总结会。夜刘舒来谈。收周策纵惠书二册,甚难得。

1月17日(日)晴

山大王期辰先生交来孟伦托带花生米及校雠学录音稿。下午去孙望家借得丁氏全诗二册。寄出黄克索稿,又致北桦殷稿。夜出席文学所毕业典礼。

1月18日(1)晴,大冷

得大璞、吕永、志达信。写黄先生逸事。陈仿彝寄还诗稿,印唐寄字二幅,蒋礼鸿赠《变文字义通释》。省委茶话会未去。

1月19日(2)晴冷

复孟伦,谢蒋礼鸿,以诗寄陈仿彝,以照片寄印唐。吴白匋、金启华、孙望来。王永芬未君父女来。得陈仿彝信；周大璞寄《简园日记》，即复。

1月20日(3)晴

王家杰陪苏姗娜来。马赫子一平来（在汤山炮校）。

1月21日(4)晴

收雪垠《李自成》3卷下。勋初来，带来《朱自清古典专集》。

1月22日(5)晴

发电给陈仿彝，又函告之。得夕佳及马騄程信。

1月23日(6)阴雨

得《涉江词》校样，傅璇琮寄经学史三册、清人笔记二册，又汤高才信。万放、刘舒来。赵国璋携陕西师大女生王红来。

1月24日(日)阴雨

除夕饭于婉家。终日看校样。

1月25日(1)阴，小雨

春节元旦，气中夫妇、勋初夫妇、兴国夫妇、伯阳夫阳、显生夫妇、立兴、维森、国光、美林、桂奇、新雷、宣亚静、家维、子铭、谢翎来。滕志贤来。钱南秀来。

1月26日(2)多云

得陈仿彝、小佳、皮公亮、张璋、宋谋玚、樊凡、高增德、霍松林、竺少华函，北氾函。鲍明炜、贾平年、白汝安夫妇及白浩、丁老与宛老、吴枝培、老曹来。

1月27日(3)晴

复陈仿彝、樊凡、祝少华、皮公亮、宋谋玚函。访王气中、管雄、陈行素、吴白匋、王绳祖、赵瑞蕻。得张三夕信，又张国光寄《江汉论坛》所刊《水浒》文。

1 月 28 日(4)晴

发厦大吴在庆、吴代芳、杨翊强、施蛰存信。收张璋寄纪念章。黄懋颐、王家杰来。

1 月 29 日(5)晴

发王弋丁、周勃、卢鸿基、吴志达、王淡芳、屈义林、马录程信，又张璋信。得何正思信，未存。得教部 82 教高一字 002 号文件(关于编选 82 年文科教材)。南师体育组答旦来。苏姗娜、王家杰来。钟振振来。看《王令传》。

1 月 30 日(6)晴

以《王令传》寄吕慧鹃、代做匡、章、徐校长诗送叶。

1 月 31 日(日)雪

中午在老万家吃饭。完成《戏为九绝句》。

2 月

2 月 1 日(1)阴

上午请桂哥、七姐等在永和园早点。得周大璞、清水茂、倪豪士、叶辉函暨《中国文学》一本。

2 月 2 日(2)阴

访圭璋，途遇国璋、润生，共访北桦，旋去自强家。寄出完艺舟稿，又以寄璇琮稿寄孟伦，嘱其审读后转去。

2月3日(3)雨

题原平原安兄弟画。看郭老论文一篇。函祖保泉,谢其惠合肥点心。

2月4日(4)晴

上午看《华丽家族》。单人耘来。得安师大孙慧芬信(祖保泉送食物事),又杨廷福贺年片。夜季复昆来。

2月5日(5)晴(夜雪)

得陈仿彝信。收《诗刊》稿费30元。

2月6日(6)

收到清水寄吉田杜注四册。郭维森来告,博士生培养计划系通过。

2月7日(日)阴

复清水茂、周策纵。写《早早诗》未完。得志达托人带来豆丝、酥糖及信。

2月8日(1)阴

得陈仿彝信及《书苑》,李易信及《唐诗鉴赏集》,包忠文送《鲁迅论》。

2月9日(2)阴

吕永托南工研究生赵宏业带来酒及木耳。李安纲来。得蒋云从《义府续貂》,以《史通》及论文四篇答之。函陈绍棠、竺少华、傅璇琮、郭预衡、陈仿彝。又得陈封面校样,即复。得蛰存信。得《文学评论》致莫砺锋信及稿,又中玉新著及信。

2月10日(3)阴

下午高教一司副司长季啸风等来谈教材事。函陶艾。写毕《早早诗》卷。

2 月 11 日(4)阴,雪

得吴在庆(厦大)、王淡芳信。

2 月 12 日(5)阴

研究生来接,布置本学期工作。

2 月 13 日(6)晴

得周勃信并寄还先唐文学史稿;又璇琮信,知回忆录已收到。

2 月 14 日(日)晴

晚在双门楼聚餐,与者孙望、徐复、金启华、黄养辉、刘安醴、章诚忘、朱启銮、臧云远、陈白尘、陆地,连余共十一人。西餐 6 元。

2 月 15 日(1)晴

得宋谋玚、王文生、王滋源、周啸天、冯俊杰(山西师院)函,完艺舟函及《艺谭》合订本,古籍整理小组《整理规划》,马赫函及《稼轩词》稿。

2 月 16 日(2)晴

得杭生信及简历,马赫信。

2 月 17 日(3)晴

陆国斌来,定 23 日在双门楼开会。得蒋礼鸿二校勘文及信。

2 月 18 日(4)阴,小雨

得傅璇琮信附《史通》发票,即寄去 12 元。

2 月 19 日(5)阴,小雨

与横山弘座谈,出席者枝培、新雷、绕溪、勋初及余。得毕万忱及夕佳信,又得彦邦信及食物,周振甫信,成都杜甫研究学会邀请信。

2月20日(6)阴

收《史通》十册，唐诗鉴赏会稿费44元。谢伯阳陪齐鲁书社李玉山来。下午政治学习。

2月21日(日)晴

函孟伦(索《百三家题辞》)、廖仲安(买《学报》)、刘彦邦(谢惠食物)、马赫(收到文稿)、吴志达(谢惠食物)、王文生、霍松林。以博士生计划寄耀先、仲联、季思、冠英、舜徽。

2月22日(1)阴

得傅庚生信，约赴唐代文学学会。得刘汝绥信(黄石市交通里1397号)。晚参加文学所开学典礼。

2月23日(2)雨

晨赴双门楼宾馆参加江苏出版社会。得卢鸿基、郭预衡、平田函。晚在文学所讲课。

2月24日(3)晴

全日在双门楼。得谭优学函。晚莫、徐及月超研究生来，拿走托横山带之物，带来三夕函及所赠豆丝。得孟伦寄来之《汉魏六朝百三家集题辞注》和《抖擞》，图书馆送一精装《古籍善本图书目录》。寄书与叶嘉莹及史树青。

2月25日(日)晴

全日在双门楼。得文联送来讲课费10元。

2月26日(5)晴

得马录程函，傅璇琮代购《夷坚志》四本，吉林船营区文化馆臧立稿。晚宴施、王、徐诸公，主人孙、唐、金、我。

2月27日(6)晴

得杭生及海盐县博物馆函。

2月28日(日)晴

与蛰存、运熙、孙望等游梅花山，访得叶遐庵墓。晚结束会返家。

3月

3月1日(1)晴

函马录程、三夕、海盐文化馆。得耀先信，瑞洁信，又邹士方问宗白华事。

3月2日(2)晴

得印唐信并字二帽，又松林信。得竺少华信，又《行卷》十册、陈寅老事辑二册。

3月3日(3)晴

得《晋阳学刊》寄《刘传》校稿。中医院看痔疮。

3月4日(4)阴，小雨

寄发黄耀先信，《考索》稿，又《刘传》。

3月5日(5)阴，小雨

得叶嘉莹寄诗幅及信，王利器信，又王文才寄《人间词话》。

3月6日(6)阴

得王文才函，即复。晚，勋初便宴横山，维森及余作陪。横山转交村上哲见教授惠其新著《科举之话》。得倪豪士寄资料及信，又公骧文及信。

3月7日(日)阴

萍萍来。得香港《抖擞》岑懋基寄刘若愚《中国诗学》及信，陕西师大邀请信，叶嘉莹信。

3月8日(1)晴

上午至省中医院诊治痔疾，门诊手术，初甚感不适，下午渐愈。江苏出版社来。万放、七姐来。得史树青(中国历史博物馆)函，又淮侄信，梁世传要棻遗书。

7—319 姚淦铭，研究生支书；7—326 张宏生、李安纲；7—211 莫砺锋；13—301 徐有富。

3月9日(2)晴

3月10日(3)晴

上午开博士导师和研究生会议。赵国璋先生来。

3月11日(4)晴

江苏出版社缪咏禾、徐宗文来录音(电话 33549)。发傅璇琮及古籍整理小组会请假函。得黄丽丽信。得平田昌司《苏诗注》，郭预衡《论文集》，史树青《历史研究动态》。

3月12日(5)晴

得志达信。得曾卓诗集。江西师院刘世南先生夜来。

3月13日(6)晴

得杭生信，即复。得张伯驹讣告，又印唐信，古籍《考索》稿收条。录古籍规划发言音。

3月14日(日)阴

赵国璋及南师图书馆倪延年君来，录朗诵。

3 月 15 日(1)阴

函岑懋基、陈仿彝、王滋源、曾卓、平田昌司。中医院看痔。得傅璇琮、佘雪曼、张三夕函及佘所赠字,三夕借书寄还。以雪曼联送章书记。

3 月 16 日(2)晴

函雪曼、毕万忱、吴志达、张璋、王利器。又莫砺锋稿及《〈春江〉集评》寄中玉。

3 月 17 日(3)

得徐朔方论汤义仍文,又王运熙《文评史》中册。发夕佳、庞硕信。

3 月 18 日(4)雨

以录音带寄中华。

3 月 19 日(5)雨

得中华书局《史通》校稿,即改正寄还。

3 月 20 日(6)雨

陆国斌来,商出版事。

3 月 21 日(日)阴

访孙望,结算书架款。

3 月 22 日(1)晴

访宛雨生。得君惠、文才信,又中玉、庞硕信。君惠来,晚饭,后访止强。

3 月 23 日(2)阴

得夕佳、湖南社科院信。发庞硕、夕佳信。答四川师院研究生问,历二时许。君惠在座。

3月24日(3)阴雨

得朔方信。下午陪君惠访伯武、白匋。与自强、汉生、白匋等宴君惠于胜利。函蛰存。

3月25日(4)阴

上午系学位会。下午省委科教部会。周本淳来,未晤。得王利器信。

3月26日(5)阴

《社会科学战线》马兰及陈美林来。得张天望零陵师专寄文及信。周本淳来。

4月

3月27日—4月8日

旅游西安。此期间收到如下各信:波多野、施蛰存、傅璇琮、清水茂、张三夕、《江海学刊》、马幼垣、夕佳、李辛凯(李玉莹)、廖仲安、张璋、邓韶玉、王滋源、马兴荣、吕永、杨公骥。发周勃、程之函。

4月9日(5)晴

发张璋函(附支那学文),又邓韶玉函(附杨公骥来信),马兴荣函。

4月10日(6)晴

在家休息。周勋初来。周明来送论文。

4月11日(日)晴

许志英来,谈研究生事。Nancy患目。

4 月 12 日(1)晴

去医院。得庞硕、敏泽、齐治平信。谢伯阳来,得托印《水浒注略》,又《巨宋广韵》。

4 月 13 日(2)晴

发庞硕、夕佳信。

4 月 14 日(3)晴

开《青春》授奖会。得程之信。得夕佳信,即复。发王滋源、孟伦信。

4 月 15 日(4)晴

发佘雪曼信。开学位会。

4 月 16 日(5)晴

章品镇、孙望来。得茂舒信,即复。以程氏《水浒注》及南大书目寄马幼垣,以《宋词赏析》寄诸人共六本。得村上哲见著作三册。

4 月 17 日(6)阴,微雨

得陶道恕、佘雪曼、邓韶玉、西安黄耀焜信。得《晋阳》稿费,即复。

4 月 18 日(日)晴

函章德、陶道恕、砀公骥、《晋阳学刊》、黄耀焜。又函庞硕,请迪昌带去。

4 月 19 日(1)晴

上午去虎踞关看中玉夫妇。得邓小军、姜海峰、晴佳信,曹虹、张伯伟文。得舒芜、马录程信,又傅璇琮寄书 5 册。

4 月 20 日(2)阴,小雨

以对联寄熙仲、舒芜。函舒芜、文生、璇琮、安大姜海峰。收到 Clear

1:2、2:1 两册。

4 月 21 日(3)晴

收 Clear 3:1 一册,松林信,即复。

4 月 22 日(4)晴

上午校学位会议。下午校庆筹委会。夜与孙、徐、张拱贵、金启华等宴中玉夫妇、高章采。得马赫、夕佳、陈仿彝、王淡芳、王文生函。

4 月 23 日(5)晴

得聂文郁函及照片,又周勃函。

4 月 24 日(6)晴

学校来拍照。得志达、刘国武、张三夕、郑州《教学通讯》编辑部林从龙信。

4 月 25 日(日)阴,小雨

以对联寄胡文俊、周本淳、林从龙及刘国武等四人。又复谢聂文郁,以陈仿彝介绍《涉江词》文寄《读书》。函胡主佑索照片,函吴志达。

4 月 26 日(1)阴

上午参加江苏《红楼梦》讨论会。得彭靖、李兴凯函。夜沈明、李惠君、瑶瑶自沪来访。

4 月 27 日(2)晴

以书二册寄格留。得敏泽、杭生、小佳信。即复敏泽。

4 月 28 日(3)阴

夜请沈明及老白等。得汤高才信。

4 月 29 日(4)阴

得卢鸿基信。复汤高才、卢鸿基(寄联),又寄李荒芜联,又以《涉江词》《赏析》寄日本村上哲见,以《赏析》《浅释》寄美倪豪士。函王仲荦。

4 月 30 日(5)阴,微雨

函倪豪士。

5 月

5 月 1 日(6)阴

5 月 2 日(日)阴

5 月 3 日(1)昙

得杜仲陵信及汇款,陈仿彝信及稿费单,李玉山信,《人文杂志》信,《一与多》校稿,马兰信,王文生信及书二册,又佘雪曼信,《长江日报》徐怀坤信。

5 月 4 日(2)晴

复王文生并寄校稿。复西安《人文杂志》。得梁世传、陶道恕信。

5 月 5 日(3)阴

上午教育部来人,开会研究培养硕士研究生问题。下午系里开会,叶子铭传达赴美访问情况。得吴代芳、叶嘉莹函。发夕佳、杭生函。

5 月 6 日(4)阴

上午与周、屈草拟硕士方案。白匋、邦炎来,共饭于胜利。下午研究生录取会。得周本淳、胡主佑信。致陈仿彝信,谭优学信。

5月7日(5)晴

上午继续和周、屈研究硕士方案。得聂绀弩、王仲荦函。

5月8日(6)晴

在鼓楼医院看心一整天。得刘国武信。九三开会谈落实政策，未去。得梁文琦、黄炳辉（厦门大学）、魏同贤（古籍）、林从龙（郑州《教学通讯》）函。复梁文琦、黄炳辉。函马力。

5月9日(日)晴热

卧病在家，一日未出。

5月10日(1)晴热

仍卧病，下午系里开会，未参加。得屈守元、王文生、杭生函，贵州程甦寄来讲义一本，大百科《文学理论》条目。

5月11日(2)晴，闷热

鼓楼医院看病。得游介眉、林英、张国光信。

5月12日(3)阴

上午俞为民来。病仍未愈。得刘健芬（重庆西南师院中文系）函。

5月13日(4)阴雨

得岱岱（鹿叔次女）函。

5月14日(5)晴

去雨花台游散。得荒芜信。

5月15日(6)

去扎耳针。得杭生信，君惠信。

5月16日(日)晴

吴翠芬夫妇来，交周祖譔诗。得古籍《赏析》印数酬，胡主佑信及照片，郑承教信，张天望信，寄出赠淡芳等及赠古籍诸君《涉江词》各一包。吴枝培来。

5月17日(1)晴

赴鼓楼医院治眼。寄《涉江词》16册。得陈邦炎函，又孟伦、杭生、张璋函。戴安邦、马騄程访，不遇。得小鹿叔信。致刘茂舒(附邦炎论《微睇》出版信)。

5月18日(2)晴

汪越、马騄程来。得蔡厚示、王运熙、贵阳师院程甦信。

5月19日(3)晴

上午殷孟伦及霍旭东(甘肃师院)来。下午系里开座谈会。得王淡芳、胡士明函。

5月20日(4)晴

宁波广播台校友方凡人君来。历史系洪家义先生来。渠将赴四川开古文字学会，代向幼文致意。

5月21日(5)晴

周本淳来，示二文，即转舒芜供《艺文志》用，看《李清照》毕，交王士君。得潘世秀、陈仿彝、舒芜信，沈玉成信及《左传译文》。复仿彝、舒芜。陈翔华托文研所姚克夫携来夏瞿禅《诗集》。

5月22日(6)晴

上午开教材会议，出席者：季啸风、甘雪娟、徐缦华、王继志、钱谷融、吴碧莲、李国材、程千帆。得倪豪士信。芜芜同事符家钦来访。

5月23日(日)晴

上午汪超伯、马騄程、殷孟伦来,照相数张。戴先生来。晚和殷孟伦、霍旭东同访孙望,十时始回,头昏。

5月24日(1)晴

晨陈星鹤来,赠以《春江花月夜》《一与多》各一。上午开分房会。得西北师院胡大浚、《晋阳学刊》高增德信,又《传略》一册。又林英、华钟彦信。以对联寄仿彝。杭生来。

5月25日(2)晴

得村上哲见,闫纯德,黄石文联李声高(要诗入选),江油李白纪念馆来函要一对联。以棻手迹等寄林英。

5月26日(3)晴

得竺少华及印第安纳 Christopher I. Beckwith 信。

5月27日(4)阴

偕 N 去新街口。得吴志达、彭岩石信,复岩石。以李白对联寄君惠。

5月28日(5)雨

上午开研究生会议预备会。得《诗刊》杨金亭、葛杰、邓韶玉、孙子威、彭燕郊函,《高教战线》82 年 4 期一本。即复葛杰、邓韶玉。戴鸿森持杜维沫函来。夜请超伯、马騄程吃饭。

5月29日(6)雨

得安旗、王淡芳、何金松、刘茂舒函。得克家寄《诗与生活》。发王淡芳、何金松、王滋源函。

5月30日(日)昙

致程甦、屈守元、陈邦炎、丘良任、姚奠中。寄《赏析》及《词》与周啸天、薛连璧，以周啸天诗转《青春》。

5 月 31 日(日)阴

晨与外办主任张启钧和张铭等接佘雪曼及其孙佘剑鸣。得何均地(郑州大学)函，上海教育出版社甘雪娟寄来书。下午去中山陵参加教育部召开的研究生培养方案会议。

6 月

6 月 1 日(2)阴

在中山陵开会，晚参加章书记宴佘雪曼。得方管、黄鹂(黄念田之女)、马昌松函，《明清诗文研究丛刊(一)》。

6 月 2 日(3)晴

得彦邦、杨金亭信。夜雪曼招待会，偕芸出席。

6 月 3 日(4)晴

复黄鹂、孙子威、甘雪娟。曹道衡、沈玉成来，赠以书。

6 月 4 日(5)晴

雪曼书画展开幕式，偕芸往。得王滋源书，又叶嘉莹信。夜文化局宴雪曼，陪。

6 月 5 日(6)晴

赴钟山饭店开会。得葛杰、日人松冈荣志函，霍松林函及书，横山弘寄来书两本，又《艺谭》函，刘茂舒函。

6 月 6 日(日)晴

上午与勋初去看了季思。函松冈荣志、村上哲见。

6月7日(1)昙

得屈原学术讨论会通知，王文生、赵景深、岑婉薇、舒芜函，朱金城函及书，人文赠《红楼梦》，黑龙江寄《文论》校样。

6月8日(2)晴

校《文论》。

6月9日(3)昙

得马兰函，高增德寄来《文言读本》。

6月10日(4)

结束教部会。

6月11日(5)

得甘雪娟寄材料。陈星鹤来。许志英来。下午开升等会。

6月12日(6)阴

雪曼下午来。得松林信。

6月13日(日)晴

上午与芸、丽、早看《少林寺》。中午在胜利饭，游新街口购物。

6月14日(1)晴

上午去覆舟山饮茶。得六叔信。又瑞侄商函借200元，借以百，又付琳琳贺礼20。得陈贻焮寄诗。

6月15日(2)晴

《十笺》校毕，即寄出。得马赫信。

6 月 16 日(3)阴

得郑承教信。要砺锋以寄日本物交山本。

6 月 17 日(4)阴

得姚奠中、廖仲安、袁晓国(灌云县五图河农场中学)信,周本淳寄文。

6 月 18 日(5)

宴山本迪昌。

6 月 19 日(6)

下午九三会。王士君来,以徐有富《妇女形象》文付之。与周明谈话。

6 月 20 日(日)晴

函曹道衡托买《比较文学论集》,又函倪豪士。孙望夫妇来。

6 月 21 日(1)阴,小雨

得辽宁普兰店新金县教师进修学校薛连璧信,谢赠《词》及《赏析》。得王淡芳、马騄程、何季能(成都时学生)、聂石樵函,松冈荣志函及论文。刘君惠寄来对联加跋。

6 月 22 日(2)阴

寄出江油对联,函君惠、石樵、淡芳。又作日译本《行卷》序文。

6 月 23 日(3)昙

得西德乔伟信,告《涉江词》已寄到。

6 月 24 日(4)晴

上午去省中看痔疾及眼疾,眼底略有出血,痔疾秋后再做一次手术。得张舜徽、钱歌川、佘雪曼、夕佳、周祖譔函,又徐芾本函,夕佳函。

6 月 25 日(5)晴

丁山宾馆访歌川。以《晋阳学刊》寄徐睿本，又函周祖譔、张舜徽。下午开校学术委员会讨论升等问题。

6 月 26 日(6)昙

以《晋阳》寄徐睿本，《李清照年表》寄王士君。得陈仿彝寄《南岳诗选》及信。

6 月 27 日(日)昙

上午带小婉、小燕去九华山。下午严迪昌来。

6 月 28 日(1)昙

得赵景深、黄裳、林英函，葛杰寄来校样。下午开研究生招生会。晚双门楼共宴章诚忘。

6 月 29 日(2)阴

葛杰寄稿下，得景深寄论文。

《古诗今选》：目录上 14，下 18，序 19，正文 621，共 672 页。上 14＋19＋288＝321，下 18＋333＝351，共 672 页。

6 月 30 日(3)阴

作书与马幼垣，托夏威夷留学生带去。与同人开《汉诗选》会。函王仲荦、佘雪曼。

7 月

7 月 1 日(4)阴

复袁晓国。

7月2日(5)晴

得杨柄寄诗,《文史哲》主编刘光裕信。

7月3日(6)

系中开会一天。

7月4日(日)

孙望来。

7月5日(1)

系中开会。得杭州美术学院朱垣、吴志达、刘君惠、丘良任、周绍良信,又杜仲陵寄文一篇。

7月6—9日

校稿。得邓韶玉寄回《走马川》及信,以《天问楼》诗寄舒芜。

7月10日(6)阴,小雨

得王滋源信。以改《走马川》寄邓韶玉。

7月11日(日)阴雨

上午率婉、早、燕吃早点,游白鹭洲。

7月12日(1)昙

得袁晓国、卢鸿基函。

7月13日(2)阴雨

去孙望家未遇,以拟李白馆联留交。得三夕信,《文史哲》寄还砺锋稿,又广西人民出版社文艺室郑妙昌及广西歌舞团覃汉森信,嘱校对联文。发陈邦炎,寄葛杰稿。

7月14日(3)阴

函卢鸿基(朱垣)、周绍良、敏泽、吴志达、王滋源、张三夕、郑妙昌。

7月15日(4)阴,郁蒸

寄三夕稿费。得雪曼、章正续信,三夕寄学生论文,杭州师院中文系傅杰。函复傅杰、三夕、陈仿彝、王文生。

7月16日(5)阴

函季啸风。以《词》寄任笃行、杨天堂。以字寄梁修。得三夕、马赫信。

7月17日(6)阴

函傅璇琮、蔡厚示。

7月18日(日)阴

去七姐家。

7月19日(1)中雨不绝

得邓韶玉、陈邦炎信,即复。得《艺谭》27元。

7月20日(2)雨

视中凡先生疾。

7月21日(3)阴

得暾弟、镇江市西柴院五号徐砚农先生信,附2元,欲购《涉江诗》《古诗今选》等。

7月22日(4)阴

陈中凡先生逝世。得仿彝、敏泽信。

7月23日(5)阴

7月24日(6)阴

得教育部季啸风、李庚、任笃行函。上午写对子。下午取药，去孙望家(送李白联)。

7月25日(日)晴

函周祖譔(副主编事)、汤擎民、李庚(寄书)。寄君惠诗幅。

7月26日(1)晴

得任笃行寄《李清照集》，蔡厚示信，宛敏灏信(附张振佩信)，《草堂》编辑部信。复林英元、《草堂》、蔡厚示、宛书城。函傅璇琮(复宛及张振佩信)。

7月27日(2)晴昙

得西北大学函。

7月28日(3)阴

上午7:55乘火车去连云港，晚八时到，寓连云饭店207室。

7月29日(4)阴

上午开会。下午游海滨浴场。

7月30日(5)阴

上午开幕式，作语文教学报告。

7月31日(6)阴

游文明路，买饼二。

8月

8月1日(日)阴

上午参观风泰轮。下午游花果山、水帘洞。途中谈笑甚欢,谈"文革"时数事:

一人批邓小平"今不如昔"曰:"金子岂能不如锡乎?"

一人批吴法宪的名字和毛"有所发现"唱反调。

一人将"永远健康"说成"永远吃糠",被批斗。

在评法批儒时,有人问曹操是哪省的书记?

一人曰:"我不过不知道刘邦就是汉高祖,我就不能在大学中文系教书了?"

8月2日(1)昙

吴先生讲某人自挽联:"百年一刹那,把等闲富贵功名,付之云散;再来成隔世,似这般妻儿老小,切莫雷同。"横批:"这回不算。"

又一联,一人姓熊,一人姓卞:"能者多劳,跑断四条狗腿;卞流无耻,伸出一点龟头。"

又,杨士骧曾任北洋总督,谥文敬,喜唱京戏,惧内:"何谓文,曲文戏文,掷之成金石;何谓敬,冰敬炭敬,用之如泥沙。"(别人作)"生平爱读游侠传,到死不闻绮罗香。"(自作)

又,一人将犇读作辈,宂读作究,有人作联曰:"犇辈同车,夫夫竞作非非想;宂究共宀,九九归来八八亡。"

下午写字,共写11幅,尚未写完。

8月3日(2)晴

晨作好序,即寄伯阳。得小海信。下午写字。作五言绝句,赠白匋先生:

浩荡东海流,冥蒙云台雨。琼岛迓词仙,邂逅成宾主。

8 月 4 日(3)昙

上下午写字。得小婉转来周祖譔和徐中玉函,鼓浪屿疗养院不能长期保留,因此电周暂时不去。

8 月 5 日(4)晴,间雨

早晨写字三幅。下午游孔望山。

8 月 6 日(5)阴雨

高教局长李仲英来看大家。下午开座谈会,又写字。

高教局处长夏振明、胡凤英、程光熙,连云港市教育局局长姜泽澄、副局长吉伟林、朱德清、张绍群、书记陈学源,连云港教师进修学院陈凤桐,书法学会李党生、陈凤桐,南师助教李泽平。

8 月 7 日(6)雨,晴,雨

游宿城公社水库、东海温泉。上午七时发,下午六时归。函丽则告改乘南师车。

8 月 8 日(日)昙

上午乘炮舰游大海一个半小时。下午休息。晚请臧老等饮酒。

8 月 9 日(1)阴

今日是在连云港休养之最后一日。上午二人各理一发。下午去新浦举行结业式。晚市教育局宴。

8 月 10 日(2)晴

由连云港返宁,夜十时到。

8 月 11 日(3)晴

去连云港期间,收到信如下:1. 叶嘉谋、2. 张三夕、3. 晴佳、4. 文献会(聘为顾问)、5. 周祖譔、6. 王淡芳、7. 邓韶玉、8. 吕永、9. 章正续、10. 杭州诗词编写组、11. 扬州夏友兰、12. 倪豪士。全天休息。得吴代芳、程会瞰、中华书局、周勃函。江苏人民出版社邱泉，住13幢108室，历史系邱树森之子。

8月12日(4)阴

得汤擎民、李白纪念馆信，张国光、李中流文及信(李，青海民族学院教师)。

8月13日(5)晴

函徐通翰(杭州诗词小组)、湘大史大浩(吕永稿事)、夏友兰(扬州对联)。得古籍小组信，约去北京。

8月14日(6)晴热

办去京手续。得王陆才交来周勃信，退回王陆才交来材料。会瞰来，宴之于四川酒家，家人偕。

8月15日(日)晴热

陪瞰弟游北湖。

8月16日(1)晴

威克陪瞰弟游中山陵。得钱歌川、杨天堂、周祖譔、王邦建(申甫介绍)、日本鹤本书店信。购机票。复周祖譔。得茅于美信。

8月19日(4)

乘机去北京。沈锡麟来接。

8 月 20 日(5)雨

［吴志达来。］[1]

李一氓约谈并宴。

8 月 21 日(6)雨

［谢翎来装插座。］

下午季啸风来。

8 月 23 日(1)

［得王文生、谢伯阳、舒芜、湖南古籍整理小组、马必胜(温州)函。吴志达来辞行。］

上午赴李一氓家。中午《光明日报》宴。下午访北山、荒芜。晚璇琮、振甫等宴。

8 月 24 日(2)阴昙

上午九时半返宁。俞润生来。得马騄程、邓韶玉、屈义林函。

8 月 25 日(3)阴

得王继范寄草目。函王继范、汤擎民。以《词》寄舒芜,《目录学丛考》寄廖仲安,文稿寄谢伯阳,以照片分寄诸人。函邓韶玉、佘雪曼(附照片)。得马騄程寄十元。

8 月 26 日(4)晴

上午开研究《全清词》计划会。得伯阳、祖謨信。函李一氓。

8 月 27 日(5)

以词校本及茅于美信寄陈仿彝。夜止畺来,示海观信,又送连云港所

---

① 8 月 20 日至 23 日,方括号内文字为陶芸记南京家事。

书盖章。祖譔寄来论文三篇。

8月28日(6)晴

盖书件章。郁贤皓来,即请其将书件带交曹济平。得马兰信。

8月29日(日)晴

书架运来,理书。

8月30日(1)晴

得佘雪曼函,迩冬函,马幼垣寄 Clear 2:1,闻在宥寄文。

8月31日(2)晴

李国材来谈厦门会事。马幼垣要费锡章《琉球纪事诗一百咏》。

9月

9月1日(3)阴

复迩冬、文生,函陈翔华、牟世金、张舜徽。寄还陈昌渠论文。得马幼垣寄来材料及函,荒芜函。复马幼垣。函杜仲陵(通讯录事)。

9月2日(4)晴

函陶道恕索《〈九辩〉〈九歌〉考》。得周勃、夕佳、汤擎民、王滋源、淡芳、曹慕樊函。得安旗信。复周勃并寄《词》。函中玉,告行期。王立兴夫妇、郭维森来。

9月3日(5)晴

得袁似瑶、志达、马幼垣信。布置硕士生工作。复吴志达。题词寄马兰。

9 月 4 日(6)阴

上午开会。下午屈兴国来,嘱其查善本书。李国才来,交来 300 元。

9 月 5 日(日)阴

上午乘 311 次车去沪,威克送上车。下午二时半抵沪,吴碧莲同志来接,寓华师大专家楼。晚徐中玉、钱谷融来访。

9 月 6 日(1)昙

交 200 元给吴碧莲同志请代购去厦门车票。上午去雄家,哥嫂约在 Red House 午餐。饭后去十二弟家,弟不在,见到弟妹、万万和万万的女友夏惠芬。后又去古籍,会见陈邦炎、葛杰及三副总,四时归休息。函刘茂舒询弘老稿件(陈邦炎托)。

9 月 7 日(2)晴

上午吴碧莲陪往复旦访吴杰先生,了解《肇域志》整理情况。中午陈邦炎请吃午饭,饭后与芸逛淮海路后归。晚赴中玉家晚餐。

9 月 8 日(3)晨雨,阴

上午朱金城来,叶百丰来。芸去雄家。下午访杨廷福。晚吴送票来。杨廷福、徐中玉、钱谷融、朱川来访。

9 月 9 日(4)阴,小雨

晨八时三刻离师大,乘赴厦车,吴碧莲送。

9 月 10 日(5)晴

下午五时到厦门,周祖譔、胡秋滨来接,住厦大招待所 307 号。

9 月 11 日(6)晴

上午参观厦大校园,访胡咏絮,周祖譔陪。

9月12日(日)晴

上午参观南普陀。下午由林老师陪游鼓浪屿。晚饭于祖譔家,同席黄寿祺(字六庵),何为(散文家)、汤擎民。

9月13日(1)阴

上午与周、汤初步交换意见。下午作讽刺艺术报告会65分钟。

杜审言送苏书记诗,审之时尚无节度使掌书记,只有行军司马。查《唐志》,节度使之前为总管。

9月14日(2)阴

上午与周、汤讨论工作。下午与教师、研究生座谈,讲一小时半。

《西藏研究》编辑部驻蓉发行站(成都青羊宫四川省社会科学院内)有《仓央嘉措及其情歌研究资料汇编》出售,大32开,2.04元,82年7月出版。

9月15日(3)阴转晴

会议开始,上下午均开会。

9月16日(4)晴

上午开会,中途回房休息。下午开会。

复旦招收博士研究生广告。数学:苏步青、胡和生、夏道行、严绍宗;遗传学:谈家桢、盛祖嘉。见《文汇报》1982.9.13。

9月17日(5)晴

整天开会,定出篇目。

9月18—20日(6—1)

结束教材会议。

9 月 21 日(2)晴

林继中答辩。

9 月 22 日(3)晴

贾晋华答辩。

9 月 23 日(4)阴

吴在庆答辩。晚赴鲍胡宴。

9 月 24 日(5)晴

9 月 25 日(6)晴

由厦门返。

9 月 26 日(日)晴

抵上海。华师大叶百丰要《涉江词》,周祖譔要《史通》(已寄),蔡厚示《文论十笺》,陶道恕《今选》。

9 月 27 日(1)晴

到宁,威克接。

9 月 28 日(2)阴,微雨

复信,寄书稿等:1. 章正续;2. 廖序东(要《学报》);3. 邹士方(告无法提供宗白华材料);4. 邓小军;5. 刘茂舒;6. 李更先;7. 张忱石(《学林漫录》主编,请印忆黄先生文);8. 龚斌(告《文献》用其文);9. 沈锡麟(寄谢伯阳介绍清曲文);10. 汪溶(北大出版社,同意收治学方法文入论文集);11. 陈仿彝;12. 茅于美;13. 欣秋;14. 汤高才(寄《燕子楼》改稿);15. 周祖譔《史通》;16. 叶百丰《词》;17. 佘雪曼。

9月29日(3)阴

以十发翁印谱寄万万。

9月30日(4)阴

得沈锡林信。

10月

10月1日(5)昙

杭生同事之子冯磊来(物理系,4舍420)。燮宪来。访止畺。函傅璇琮。

10月2日(6)阴

函胡国瑞,拒赴苏轼会。得陶道恕寄《〈九辩〉〈九歌〉考》,教育部外事局来华处纪晓林同志所寄文言读本下册目录,冯钟芸信。吴志达来电托买淮安票。《求索》编辑吴慧颖持瑞洁函来。

10月3日(日)阴,微雨

访永芬。以票据寄周祖譔,以书联寄陶道恕。

10月4日(1)阴

上午赴《江海学刊》座谈会。《社会科学战线》马兰来,假泉百。得广东杨冠珊信,舒芜寄文。得邓小军信及诗。俞润生送资料中的书目来。志达来苏。

10月5日(2)阴

得刘茂舒信。胡忌及上海音乐学院刘明澜讲师(女)来。徐朔方自杭州来。鲁国尧来。许志英来。周勋初来。

10 月 6 日(3)晴

会日本仙台东北大学女生佐竹保子。得陶志坚信索《词》,即寄与,并退款。徐有富送来《李清照》校稿。吴代芳寄来文稿。

10 月 7 日(4)昙

得张忱石信。发陶志坚书及松冈君译本序文。得顾学颉寄书及文,又十二弟及万万信。王淡芳、郑承教来。

10 月 8 日(5)晴

得茅于美词及信,龚斌信,杨廷福信,夕佳信,邓韶玉信。夜宴王、郑于小吃部。

10 月 9 日(6)晴

上午上校雠学。得松冈荣志信附袁行霈信,并附所译陈原《社会语言学》;又章正续信。

10 月 10 日(日)晴

致杨廷福、茅于美,万万、顾学颉、陈迩冬,又傅璇琮、陈邦炎(询外审待遇)。

10 月 11 日(1)晴

得庞小宁、王文生信。复王文生。许总来,交还三夕学生李象虎文。白匋先生研究生邹世毅(湘潭大学毕业)、郑尚宪(厦门大学毕业)来。邹交来湘大刘建国文。得陈仿彝信,马兰还百元。

10 月 12 日(2)晴

上午上课。下午开会传达研究生培养方案。得雪曼二函,杨冠珊函,又唐学会函。得多伦多 Chris Beckwith 信。

⑦《说“斜阳冉冉春无极”的旧评——清人词论小记之二》

㉒《黄季刚老师逸事》

10月13日(3)晴

得邓小军信,李国材转来李赓扬信及教材试稿。

10月14日(4)阴

得汤高才信,乞作序。许志英来。齐鲁编辑来。寄《光明》文稿,齐鲁书稿。

10月15日(5)阴

得陈邦炎、马录程及陕西师大《唐代文学年鉴》,阎庆生信,又傅璇琮信。《南京日报》记者来。以吴代芳论文挂号寄还。函周祖譔、李赓扬、汤高才。得湖南师院科研处赠《周易新论》。

10月16日(6)晴

上课。函马录程、湖南师院科研所及汪越。得古籍规划小组沈锡麟信。

10月17日(日)晴

携家人早餐于刘长兴,游莫愁湖归。凌萍萍来。函复杨冠珊并寄以联。以联赠周晶托屈转。赵国璋来。

10月18日(1)晴

复陕西师大阎庆生,寄《春江花月夜》摘要。函庞小宁、张国光(告不去武汉)。得周祖譔、何正思、曹僩(工厂读者)信。夜赴莫砺锋、陶友红喜筵。

10月19日(2)晴

上课。得刘明澜信,刘北汜信。陈植锷来。郝延林来,夜饭之老正兴。

10 月 20 日(3)晴

上午出外购衣物。得蒋树敏、汤高才信。

10 月 21 日(4)晴

许志英来告部不同意参加唐学会。函复蒋树敏。

10 月 22 日(5)晴

得葛杰寄《今选》二校稿。

10 月 23 日(6)阴

得张璋信,教育部研究生培养方案。

10 月 24 日(日)昙

湘潭大学刘建国先生来。

10 月 25 日(1)阴

得松林、印唐、史美圣、道恕信,四川审论文费 30 元。夜复松林及史(附校稿)。

10 月 26 日(2)阴

得杨廷福信,汤高才寄材料。

10 月 27 日(3)阴,小雨

得李玉山信,收到《文薮》。下午听社会科学规划报告。

10 月 28 日(4)阴

以照片寄会瞰。得万万信,淡芳信。杨潜斋过访。

10 月 29 日(5)阴

得迩冬信。下午在孙望家开会,讨论《日本诗选》事。夜裴显生偕王序平（湖北人民出版社编辑）来。

10月30日(6)多云

中午合宴周祖谟先生。得张三夕、阎庆生、佘雪曼函。夜贺新创来，赠以棻书三册，又以《词》一册托其赠闻山。

10月31日(日)多云

11月

11月1日(1)晴

写完《唐诗鉴赏辞典》序。得坂田信。闻山来（嘱向瘦竹、白尘约写田汉、洪深稿）。

11月2日(2)晴

以译文（林顺夫书）及推荐书寄三夕。得松林信，卢鸿基寄贝壳、咖啡。

11月3日(3)阴，微雨

观电影《阳光下的罪恶》。得志达、南师学生孙立信（考研究生）。天津百花出版社陈玉刚同万放夫妇来访。

11月4日(4)阴雨

《古诗今选》校讫。邮寄下列各件：古籍：《古诗今选》校稿，《文艺报》：汇2.20元订《文艺情况》一年，胡忌、张璋、杨廷福、傅璇琮、北京图书馆参考组、程万、松冈荣志、徐中玉及其子徐隆（托吴翠芬带）、佘雪曼、卢鸿基、霍松林、吴志达函。《晋阳学刊》高增德来。得郑承教信。

11月5日(5)阴

高章采先生来，谈汪先生文集事。

11月6日(6)晴

得舒芜信,谈砺锋文。

11月7日(日)晴

函施蛰存、舒芜。东润孙女邦蔚来。吴翠芬来。李鸿明来,赠一唐马。

"云浓暗湿游山屐,雨细斜侵听水人。"姚元之《竹叶亭杂记》卷五p123载清九江僧慧朗诗句。

《英华》编写人名单

周祖譔	厦大	△
汤擎民	暨南	△
吴秋滨	厦大	到
林维纯	中山	
王国安、江巨荣、叶盼云	复旦	到
曲世川	山大	到
李赓扬	南开	
董　明	北师大	到
张燕瑾、白汝莲	北师院	到
王继范	辽大	到
王立兴	南大	到
李国才	南大	到

11月8日(1)晴

发寄汤高才《辞典》序文,寄照片给淡芳、承教。得小佳、吕永信。以吕永稿寄史美圣。

11月9日(2)晴转寒

得萧兵函及文稿,又吴文治信。

11 月 10 日(3)晴冷

得运熙信,杜兰亭诗。孟伦来,同游夫子庙,吃三丁包子。夜湖南岳麓书社熊治祁等二人来,约稿赠书,携彭靖、余冠英信。

11 月 11 日(4)晴

下午开学位委员会。得吴代芳、顾学颉信。

11 月 12 日(5)晴

得邓小军信,徐中玉稿费七十。

11 月 13 日(6)晴

得会暾、夕佳、邦炎、陈华轩信,杜兰亭诗。夜宴蒋孔阳濮之珍夫妇。

11 月 14 日(日)阴

函朱光潜,以诗稿寄舒芜。杨伯峻来。

11 月 15 日(1)阴

上午澳大利亚研究生陈万成来,托转赠柳存仁先生书两本。午宴伯峻。饭后,启华、汉生来饮乌龙茶。得四川汶川吴雪剑信。

11 月 16 日(2)阴

得舒芜信及还莫稿,又松冈荣志信。汪越交来方湖师稿。

11 月 17 日(3)晴

山西《名作欣赏》张仁健来。得延霖信,又雪曼信。

11 月 18 日(4)晴

函本淳问杭生求职事,又复雪曼。得湖北人民出版社王序平信。

11 月 19 日(5)晴

得邓小军函。汪越来。齐鲁书社白萍生偕屈兴国来,谈影印汪、沈二先生词集事。吴白匋先生来,送翔师遗稿。白汝安夫妇来,致苹果及橘。

11 月 20 日(6)晴

得雪曼、张实、蛰存信。陆国斌来。

11 月 21 日(日)阴

以《小石文集》寄雪曼。函清水茂、陶雄。李倩文来。福洪来。令婉购腊鸭及肫赠壬宪、福洪。

11 月 22 日(1)阴,小雨

得叶百丰、中玉信,《长江文艺》稿费 64 元,又马兰信。

11 月 23 日(2)晴

以张宏生《静夜思》转《名作欣赏》张仁健,以其《意重与主实》转《遗产》史美圣。谢伯阳返自广州,来谈。得浙江省温州第六中学黄世中函并寄论《锦瑟》文,又衡阳市黄茶岭衡阳教师进修学院申正信及论《涉江词》文,周本淳函二通,卢鸿基、王滋源信,又北大学生程章灿函询考研究生事,又胡咏絮信。

11 月 24 日(3)

函李易托购《柳宗元传论》。复王滋源、周本淳、申正、胡咏絮、卢鸿基、黄世中、夕佳。得刘明澜及重庆某君信。得张道贵(大百科)函,即复。

11 月 25 日(4)阴,小雨

函季啸风寄照片,函倪豪士。得《文史哲》函,询《詹詹录》重印事;又周祖譔函,芸旅费事,皆即复。

11月26日(5)阴雨

以莫砺锋稿寄舒芜。得辽大学生马延军函询考研究生事。

11月27日(6)阴雨

复湖北出版社王序平,拒任公安竟陵选集事。得村上哲见寄《东洋史研究》(《行卷》书评),汤擎民、阎庆生、马录程、西大唐代文学研究会信(要成绩)。

11月28日(日)雨

复阎庆生、西大。函松冈荣志、王文才(托购仓央嘉措情歌资料)、彭燕郊(询为棻出诗集事)。

11月29日(1)阴转多云

上午去鼓楼医院看病。得卞孝萱寄《刘长卿诗初探》,中华书局忱石寄校样,古籍小组书,马录程寄文,夕佳、村上哲见、阎庆生、梁巨辉函(谢赠《涉江词》)。得广州荔湾区澳口紫澜大街3号蔡泰然信,要购《涉江词》。

11月30日(2)

函蛰存、村上哲见、蔡泰然。寄还张忱石校稿。

12月

12月1日(3)晴

得重禹函。下午古典组开会。夜教院丰家华、罗振球来商作报告事。

12月2日(4)晴

得杭生、耀先信。胡忌来。郭维森来。严、屈来谈清词事。复耀先。得营口教育学院文自成(武大79年毕业生)信及所著讲义。

12 月 3 日(5)晴

以杭生材料寄本淳。得志达、李易、陈华轩、孟伦、岳麓书社熊治祁信。

12 月 4 日(6)晴

复孟伦并寄去《续提要》第八册，又复陈华轩。李安纲来告已分配。得本淳、重禹及兰州大学学生熊开发(考研究生)函。复本淳、重禹。

12 月 5 日(日)晴

于北山、许永璋来。函复岳麓书社熊治祁拒选宋诗。复李易寄对联。复文自成寄横幅。

12 月 6 日(1)晴

函季啸风(《英华》稿纸事)。下午开学位委员会。

12 月 7 日(2)阴

得佘雪曼函，即复。得李易寄《柳宗元传论》。丁灏介绍金陵刻经处万复泰来访，想考研究生。

12 月 8 日(3)阴，小雨

以诗三首寄马录程。《南京日报》记者来索照片，《南京日报》刘小元来照相(报社 Tel43697)。

12 月 9 日(4)阴，微雨

函周雯索西彦《文学回忆录》。

12 月 10 日(5)阴，微雨

以张伯伟《论义山以古人自比》寄《文学遗产》。得东西湖蒋方淮信托购《词》，即复。与婉夫妇小吃于山西路，今日婉生。得山东大学张晓松函，问考研究生。得齐鲁书社白萍生函附《东夷杂考》，又询戴自中所见尹老书《涉江词》事。又得陶道恕寄《古典文学论丛》。

12 月 11 日(6)晴

取画。得刘小元寄照片，本淳函，夕佳函，张振佩函，高文君条。

12 月 12 日(日)晴

函本淳、安旗（寄《东洋史研究》及《行卷》稿）、夕佳（附本淳函）。

12 月 13 日(1)阴

函坂田。改莫《孟子》作业。得教育部季司长秘书田敬诚函，又方管、王利器、王绍曾函，松冈荣志寄町田介绍《行卷》文及信，周退密寄陈兼与词集，齐鲁寄牟世金《文心译注》下册，朱金城寄《白居易年谱》，张振佩寄《史通注》前言，傅璇琮寄还磁带。石禅婿杨克平自港来，招待于双门楼饭店，芸、婉与。

12 月 14 日(2)晴

得燕郊信。以《词》《诗》寄陈兼与，以日刊《凯风》寄金城、邦炎。函王利器、廖序东、张振佩，又函宁夏人民出版社买《敦煌诗集》。

12 月 15 日(3)阴

得陈仿彝寄《诗词日历》，燕郊寄还诗集，皆即复。

12 月 16 日(4)阴

徐缦华来谈图书馆徐竹生事。函汉生催印太炎讲稿。函杨伯峻询某氏事。

12 月 17 日(5)晴

得淡芳信，中山大学通知古代文学三届年会 5 月中旬在广州开，又刘明澜信,周晶信。函张忱石索黄先生回忆稿。复周晶。

12 月 18 日(6)晴

吴调公介绍其外甥天津教育学院学报编辑戴予强来见。

江少虞《宋朝事实类苑》卷十七"唐质肃"条:"门吏搜之,乃金巨弁一枚,上缀巨蚌,灿然不知其数。"此条出《湘山野录》,乃北宋人语,以蚌代珠,和唐人以珠代蚌(珠贝)正相反,可见二者可互相通用。

12 月 19 日(日)晴

携早去天渝家午饭,游瞻园。永芬馈鸠五。以照片寄王淡芳。

12 月 20 日(1)晴

函沈锡麟。得周祖譔、杨伯峻(夫人徐提)、周本淳、杭生信,又王利器信。

12 月 21 日(2)晴

得大连民警某君问学诗信,不可教也。

12 月 22 日(3)晴,阴

得张忱石寄《学林漫录》(6),古籍组寄《齐燕铭印谱》。得安旗、波多野、马茂元信,即复马信。

12 月 23 日(4)

上午党委召开民主党派会。下午系学位会。以伯阳《陈烺考》寄张忱石,带去。

12 月 24 日(5)阴

去工人医院看病。得序东信,允转学现代汉语研究生请求授与学位。人才学会朱钧侃来,约 29 日上午去讲话。

12 月 25 日(6)晴

得三夕、文才、仲安信，齐鲁书社寄《白雨斋词话》审稿费 200 元。复仲安，以庞文华信转白匋。以于北山著作及评语送系。

12 月 26 日(日)晴

以忆黄师文寄周晶。赵国璋来谈江苏成立古籍中心事。

12 月 27 日(1)晴

得阎庆生信，程万信(印)，沈锡麟信，又古籍寄《词学论文集》，又王文才寄书，王利器信，屈兴国信。

12 月 28 日(2)晴

收绀弩《散宜生诗》，舒芜、文自成信。以《齐燕铭印谱》寄万万。又得姚雪垠信。

12 月 29 日(3)晴

上午在人才学会作报告。得唐异明、松冈贺年片，雪曼函及《诗话百种》。

12 月 30 日(4)晴

复雪曼谢之。到文协开会。李国才来谈教材事。

12 月 31 日(5)晴

戴君自厦门携来鲍胡送水仙，即复谢。尹、严来，交清词计划。访止畺谈《白雨》事。国璋来嘱签署成立古籍中心建议。又改连云港讲稿。

1983 年

1 月

1 月 1 日元旦(6)阴,微雨

函屈附致万万信。晚在囡处吃春卷。

1 月 2 日(日)晴

上午飞北京,寓北新桥 3 条 5 号华侨饭店 218 号。下午舒芜、荒芜来。函芸、沈锡麟。

1 月 3 日(1)晴

小海来。上午读文件。下午开会。

1 月 4 日(2)晴

上午开会。下午看电影。与李侃约请晤李一氓。晤吕德润,武汉解放前见,已别三十余年。以谢伯阳《陈烺》稿托李侃转张忱石。

1 月 5 日(3)阴

会后与小海等游市场吃饭。

1月6日(4)

会毕。中午与静闻看绀弩。下午荒芜约饭,舒芜陪。

1月7日(5)

上午访李一氓。下午张璋来。

一氓同志谈话要点:1. 南大,程负责。合作方式由南大决定。2. 事业费另立户头,实报实销,复印卡片、交通,立户头。3. 不承担设备费,可出外汇。4. 同意正编、补编、拾遗三段法。5. 先搞一笔83年预算。

1月2日至7日收到邮件:1. 吴志达;2. 彭燕郊;3. 安徽作协;4. 吕永贺年片;5. 章正续函及张宏生、张伯伟校样;6. 何季能四川大学法律系学生(地址:重庆16号邮政信箱);7. 卞孝萱函及稿;8. 刘明澜函;9. 平田昌司贺年片;10. 詹伯慧函;11. 马赫函;12. 邓韶玉函;13. 王长艾函;14. 汤擎民函;15. 陈仿彝函;16.《文史哲》函。

1月8日(6)晴冷

晨乘飞机返宁,中午到家。得周本淳、胡杭生、朱金城函。

1月9日(日)晴,零下6度,冰

发下列信:1. 王长艾表妹;2. 章正续稿;3. 姚北桦转卞孝萱稿;4. 詹伯慧;5. 卞孝萱;6. 小佳;7. 陈仿彝;8. 汤擎民;9.《周末》编辑部;10. 周本淳;11. 何季能;12. 邓韶玉;13. 夕佳;14. 陶雄;15. 安徽作协现代诗词组。汇70元与晴佳、小佳。

1月10日(1)晴

得于北山寄诗幅。伯阳、李来来。

1月11日(2)阴,雪

得葛杰函并缪钺文论。得《周末》稿费15元。下午教材经验会。

1 月 12 日(3)阴

复葛杰、文才(寄李东川集资料)、于北山。函王滋源、白萍生。下午《学报》座谈会。函杨克平、周晶。

1 月 13 日(4)晴

上午看电影《39 级台阶》。得序东信。以复周晶信交袁李来。

1 月 14 日(5)晴

研究生处王君来谈课目事。以咏慈禧寄北山、重禹。以莲子寄孟伦。

1 月 15 日(6)阴

上午包忠文、许惟贤、朱家维来听汇报。后严迪昌、尹志腾来。得《词学》寄论文集,以转赠新雷。

1 月 16 日(日)阴

月超归。下午与之同视范老病。夜李来来,谈谢与唐老谈事。为教研室撰一联贺王老八十,其文如下:

学海文宗永享华寿;

光风霁月常乐玄真。

又为北汜作咏慈禧诗。

1 月 17 日(1)阴雨不绝

得夕佳信。涤非寄《访古学诗万里行》。复涤非。朱金城寄还《凯风》。

1 月 18 日(2)阴

上海《学术月刊》黄迎署同志过访。下午出席文讲所毕业典礼。

1 月 19 日(3)晴

得重禹函,即复。

中华82年新书:《陈与义集》2.45,《管锥编增订》0.47,《诗林广记》1.40,《史部要籍解题》(王树民)0.93,《清史艺文志稿及补编》6.45。

1月20日(4)晴

上午上课。访勋初未遇,留条在信箱。下午访止畺,交五联单。晚研究生上专家诗课。

1月21日(5)晴

上午小魏送章先生讲演稿复印三份,内缺二张,已函俞润生查。得晴佳、闻一多研究会、王国安、聂庆义(安徽师大学生)函。

1月22日(6)晴

得齐鲁审稿费200元。得万放、淡芳信。

1月23日(日)阴

以《七录序注》寄本淳。

1月24日(1)晴

以《诗集传索引》寄还孟伦。得松冈寄《五山文学集》,山东大学曲世川寄稿,白萍生函,波多野寄《中国语学》。南京市人民广播电台汪平来,Tel42549。

1月25日(2)晴

上午访孙望不遇,中午孙来。下午许总来。得李玉山寄《佛教》《周易》二书。徐州市科技委员会副主任陈树德函谈对联事。

1月26日(3)晴

东北师大冯克正副教授受杨公骥之托,来谈如何带研究生事。得金克木、马騄程、杨克平函,古籍汇款二笔。

1 月 27 日(4)晴

复克木、陈树德(徐州科委谈对联)、白萍生、曲世川、松闪。以莫砺锋稿寄曹道衡。谢伯阳、吴白匋来访。

1 月 28 日(5)晴

得林焕平、王滋源、马兰、王长艾、万万函。函傅璇琮托购书。

1 月 29 日(6)晴

上午李晓答辩会、研究生评定职称会。下午九三会。得仲联、陈植锷、河南安阳市博物馆李建武信。

1 月 30 日(日)晴

上午携家人在鸡鸣酒家吃点心。以莫砺锋文寄中玉,以《涉江集》寄冒效鲁。函吴文治,复钱仲联、陈植锷。

1 月 31 日(1)阴雨

上午在白尘家开会。得林英信、书,葛杰信、稿,滋源寄月历,文才寄还 6 元。复林英。得李易、小佳、三夕、吴秋滨、蔡厚示、刘杓丽函。

2 月

2 月 1 日(2)阴,微雨

复林焕平、蔡厚示、章品镇。杨廷福寄赠《唐律初探》并信。得王继范、佘雪曼函,张国光书。

2 月 2 日(3)阴,微雨

得吴秋滨、董明寄稿,董有信。

2 月 3 日(4)阴

朱、郭部长及万放、俞律等六位见过,云预贺新年。得王继范、白萍生、周本淳信。

2 月 4 日(5)晴

晚饭于天渝处,庆钰哲夫妇金婚。得曹道衡信,莫文已转劳洪。

2 月 5 日(6)晴

得陈贻焮寄《杜甫评传》上,古籍小组寄《瑶华集》,王继范寄稿及挂历。函董明、王继范、吴秋滨。函周本淳、杨廷福、黄裳、张国光、陈贻焮、张白山。

2 月 6 日(日)晴

复白萍生,并寄出手写跋文。函刘北汜,索题诗稿。去七姐家。

2 月 7 日(1)晴

得张舜徽、吴文治、董明函。吴函已转交包忠文。

2 月 8 日(2)晴

为二孙作生日。得夕佳信,王延梯《李清照评传》。以联贺振甫。

2 月 9 日(3)晴

函郝延林买贯酸斋书。上午在校长室开清词会。得冒效鲁复信。夜止畺夫妇、横山来。

2 月 10 日(4)晴

函复王延梯、张舜徽。得舒芜、君惠信。章德宴横山,陪。

2 月 11 日(5)晴

得吴志达、樊凡函。购手表 2.57 元。谢伯阳送收录机 170 元,又音带 8 盒 2.50 元(收录机未买)。

2 月 12 日(6)晴

得马赫、郑承教、王湜华、刘柏丽函,《全清词钞》。复吴志达、王湜华、文研所、刘柏丽,以对联寄万万。夜在小婉家吃团年饭。

2 月 13 日(日)晴

癸亥年元旦。复樊凡。夜饭于天眉家。

2 月 14 日(1)晴

至王、管、伯武师家(上午)。得杨冠珊信。出版社邱泉来送《李清照》样书。夜饭于天渝家。

2 月 15 日(2)晴

得黄畬信。访北桦、汉生、启华(均未遇)及唐老。得王滋源寄《北方论丛》,张宏生信,孙树宣信,重庆望江机器厂保卫科何季能信并赠挂历(学生)。

2 月 16 日(3)阴转晴

函王滋源,得傅璇琮寄书二种,竺少华四种七册。王永芬、夏振明来。

2 月 17 日(4)晴

2 月 18 日(5)晴

谢伯阳上午来。徐复、启华下午来。南京广播台某君来。上午赴太平路买磁器送横山,22.38 元。

2 月 19 日(6)晴

得黄君坦、毕钟彦信。

2 月 20 日(日)晴冷,结冰

上午去气老家拜寿。得方管函。函周祖譔、汤擎民。

2月21日(1)晴

得振甫函谢赠联。夜广西师院曾德珪经林焕平介绍来谈广西明清词事。气中夫妇来。

【附王气中手书一纸】

癸亥正月初八值余诞生八十周年千帆先生暨同游诸君子以长联相勖勉感荷高谊为赋五言二章以资策励

八十今朝过，人生一短程。如登万里道，发轫自新正。

余生春晓日，愧乏骏骐才。黾勉思君子，天涯芳草来。

千帆先生教正

气中呈草

一九八三年二月二十日

2月22日(2)

开清词会。

2月23日(3)阴冷

得中玉函。下午乘车赴北京。

2月24日(4)晴

上午8:45到北京，寓西直门内大街172号总政招待所一楼314号。夜小海来。夜开预备会，周林、彭佩云等同志出席。

2月25日(5)晴

开会，上午何东昌、下午周林讲话。

2月26日(6)晴

上午参观中南海，未去。去访迩冬。下午小组会。

2月27日(日)晴

上午访重禹。继访肇仓，饭于其家。下午与小海、兆君游北海，饭于东来顺，吃烤鸭，购物。仍至李元家小坐，求星图。

2 月 28 日(1)

上下午小组会。吴文治来谈。夜程毅中来。

3 月

3 月 1 日(2)晴

上下午小组会。晚领导小组会。为王湜华书册。

3 月 2 日(3)晴

与陕西师大黄永年教授谈，嘱写诗。曲阜师院骆承烈副教授嘱写诗。上午讨论上陈、胡二公书。下午讨论大学文科问题，未与。赴北大看克木。

3 月 3 日(4)晴

上午小组会。下午专题发言。晚横山弘、姚振仁来。

3 月 4 日(5)晴

全日大会发言。下午作培养研究生报告，彭佩云总结，闭幕。陈翔华、刘宣(北图文献编辑部)来访。

3 月 5 日(6)晴

与舒芜同访绀弩及任侠。沈锡麟来谈清词事。下午七时一刻乘车南下。徐福基副校长同行。

【剪报:《光明日报》1983 年 3 月 5 日《教育部召开高校古籍整理研究规划会议》。】

补南京十天日记

2月23日(3)

晚莫砺锋来,还书两本。

2月24日(4)

晚季复昆来,代送刘汝醴赠书两本。

2月25日(5)

得张白山、周绍良、舒芜、陈福康(上海文艺出版社)、华钟彦、殷孟伦、王滋源函。上海古籍出版社寄来稿费170元。

2月26日(6)

万放夫妇来,赠糖一盒。三夕托人带来函、译稿及豆丝等。侯镜昶赠书一本。

2月27日(日)

王永芬送来代购《陈寅恪文集》四、五、六。

2月28日(1)

张宏生来。得萧印唐、郝延龄、刘维钧(新疆大学)函及刘赠《西域史话》。

3月1日(2)

徐有富来,拿去汪先生稿整理。得刘北汜函及灌南某君寄来杂志。

3月2日(3)

得汤擎民函,古籍出版社寄来书一包。

3 月 3、4 日

无事。

3 月 5 日(6)

得周祖譔、吴翠芬、周一良函。

3 月 6 日(日)晴

下午二时抵家。晚吴荣坤来,送来整理章太炎讲学稿经学部分。

3 月 7 日(1)晴

复上海文艺出版社陈福康、周一良、华钟彦,以改过咏慈禧诗寄刘北汜。函任半塘、萧印唐、刘维钧、周绍良。李国才、屈兴国、孙望夫妇、周勋初、许志英来。

3 月 8 日(2)阴

函常任侠内附致章含之函。得三夕信,博士生已录取。以莫生《楚辞》文寄《求索》。

3 月 9 日(3)阴

发三夕函,寄稿给瑞洁。下午《全清词》编纂室会。上午看病。晚齐鲁任笃行、周晶来。

3 月 10 日(4)晴

得何泽翰、村上哲见、曾德珪、马录程函。上午开校学术委员会。

3 月 11 日(5)晴

上午开校学术委员会,至十二时余。下午王永芬、吴枝培、谢伯阳来。下午白匋、田芜应南京广播电台之邀,前来录像。得《学术月刊》黄迎署信。又得中玉及灌南中学黄震云函。夜兴国宴齐鲁任笃行、周晶，陪。

3月12日(6)晴

上午汇报去京开会(校长办公会议)。下午参春联评奖会。

3月13日(日)晴

以谢伯阳小册寄程毅中，并附函。函中玉、录程、申甫、敏泽(要复印《词则》)。

3月14日(1)晴

以晦闻佚诗寄仲联。函邓韶玉。以许总申请入会函转中玉。上南师课。

3月15日(2)晴

得任二北信。购灯具。看病，作心电图。

3月16日(3)晴

孙望、徐复来谈国学系事。得柳存仁复信。

3月17日(4)晴

上南师课。与新雷商印文化史材料事。郭维森来。得波多野寄杂志，王西彦寄新著。

3月18日(5)晴

函《光明日报》章正续催发伯伟稿。

3月19日(6)晴

上午观影(《城南旧事》)。下午九三学社会。得澳大利亚陈万成、上海文艺出版社陈福康及钱仲联信。

3 月 20 日(日)晴

洗新宅地、窗。得徐师泉 15 元。

3 月 21 日(1)阴

函王士君索稿费。得夕佳信。得《人民教育》编辑吴自任、陈翔华、邓韶玉、青海物探队常江函。高章采来。

3 月 22 日(2)阴雨

函张璋、中玉、陈翔华、任二北、王西彦、阎纯德、陈福康。

3 月 23 日(3)阴,小雨

上午开清词会。得瑞洁函,已收到莫砺锋《楚辞》文;又得万万信,告以 26 日结婚;中玉信,附许总入会表;又吴志达信。致许总,转中玉寄来入理论会表格。致韶玉补一条材料。以录音稿寄吴自任(挂号)。

3 月 24 日(4)晴

得王士君、刘庆云信。以礼物寄万万。

3 月 25 日(5)晴

清物。得淮阴师专审稿费 30 元。

3 月 26 日(6)阴

清物。得《文学评论》信(关于《唐宋诗举要》时间),林英信,《当代词综》编辑组(北京日坛路 6 号《文学评论》编辑部内)施议对函。

3 月 27 日(日)晴

移家汉口路。得舒芜寄《艺文志》,刘庆云寄《湘大学报》,倪豪士信,兴化县油厂西巷 24 号潘静信,温广义寄书一本。

3月28日(1)阴

上午开会取研究生。

3月29日(2)阴

得邓小军信。《水浒争鸣》聘为顾问。

3月30日(3)昙

得邓韶玉函。

3月31日(4)多云

上午参加《青春》授奖会并午餐。下午至孙老处上课。得教育部田敬诚、陈翔华、九三、阎纯德函,及村上寄《东传诗选》,波多野寄书。

4月

4月1日(5)晴

章品镇及商业厅×同志来。得敏泽、吕永、程毅中、《求索》编辑吴慧颖信。

4月2日(6)晴

得汤擎民信,不能审稿。得十二弟信。得江苏人民40元。又得福建师大陈祥耀信、《五大诗人评述》及诗集。

4月3日(日)晴

发《湘潭大学学报》、陈翔华、林英、吴慧颖(《求索》)、施议对(《当代词综》)、汤擎民、詹伯慧、村上哲见、陈祥耀(福建师大)。寄朱祖延《语文辑刊》一本。得史美圣信,又伯伟文四份。发史美圣函。以咖啡款11.20元寄还沈明。以《涉江词》寄兴化县油厂西巷24号潘静(自印无象本)。三时至白苑,晚饭,题画,应商业厅之邀也。

奔放的热情，飞腾的想象。——雪樵先生评祖棻创作小说

4 月 5 日(2)晴

得杨克平黄师遗著发票及信；吴自任寄还发言稿，校改后，挂号寄还。上午周祖譔、王、李来，开教材会。周留午饭。

4 月 6 日(3)阴

开清词会。芸病。寄出《红专》《高教战线》二稿。

4 月 7 日(4)晴

函萧兵（要《文史丛刊》6 辑）、许总（要《江海》）、沈锡麟（要《广记》）、蛰存（问病）。芸转好。得沈锡麟寄书；《唐代文学论丛》函，云书评发表于六期。得研究生张辉函、论文。函邓韶玉询《考索》可否分上下册。

4 月 8 日(5)阴

上午访周祖譔。下午邓小军、许志英（录取研究生事）、孙望、郁贤皓、王立兴来。

4 月 9 日(6)阴

得陈福康、张璋、陈翔华函。上午看稿。谢伯阳夫妇来。

4 月 10 日(日)阴

上午祖譔来，同去看谷融、碧莲，得携来中玉函，告蛰存得肠癌，可忧。钞词寄施议对。

4 月 11 日(1)阴

文学所王卫民来，迪昌、伯阳来。黄裳来。《青春》送奖品来。张璋寄《金元明清词选》二部，一致白匋先生。

4月12日(2)

复张璋，函中玉。得湖南师院函，约开《周易》会；又瑞洁函；又林英寄《武夷山诗选》。陈美林夫妇来。

4月13日(3)阴

上午访圭老。下午听莫砺锋试讲。晚徐有富夫妇来。原安送来天鹅绒毯。

4月14日(4)阴

得冯建国函。将《茂陵的雨夜》寄陈福康。得《草堂》编辑部函。复冯建国函。得雪曼信，报考研究生程安庸信。

4月15日(5)雨，寒

得林辰信。吴文治来(未遇)。取《七绝》款169.43元(扣去书款22元余)。晚钱谷融、吴碧莲来。谢正光来，介绍香港九龙农圃道六号新亚研究所总干事赵潜拟和南大中文系交换《学报》，另外介绍《珠海学报》黄华表手中有清词，其子黄汉立。寄包裹给陶爽及小鹿叔。汇款20元给杰杰作为婚礼。

4月16日(6)昙

函王滋源、张瑞洁、程安庸。得施议对信，又严迪昌、朱祖延信。九三学社范金台同志来告任省政协事。

4月17日(日)晴

上午约周祖譔、钱谷融、樊俊、吴碧莲游清凉山，并进早点。下午赴杜国珍追悼会，极为悲痛。晚季啸风司长、徐处长、苏秘书及周、钱、吴来谈约一小时。

4月18日(1)阴，小雨

得李洪明函及《艺术概论》，谢凡(江西某中学)、萧兵函，江苏省政协通知任委员并开会(4.20 开始)。中午系里宴请。下午听张宏生试讲。得陈文华信,知蛰存开刀安好。

4 月 19 日(2)多云

上午阅稿。下午去政协报到。晚季司长来谈二小时。

4 月 20 日(3)多云

上下午均在政协开会。晚周、郭、吴老师来出研究生口试题。下午夏振明、胡凤英来。得中玉、任二北函。寄人参给施老。

4 月 21 日(4)阴

得江西师院王孝友、上海文艺陈福康文及崇阳下津中学程宗隽寄文。晚孙望、徐复来。下午参加研究生试讲。徐有富来。

4 月 22(5)晴

晨甘雪娟、徐欢欢、周祖譔来谈。得黄永年、盐城师专李奇林函。复李奇林。晚辞书出版社副总编辑严庆龙(男)、文艺编辑室主任盛天民(女)来访,谈二小时。

4 月 23 日(6)晴

夜文研所《文学遗产》卢兴基、王学泰来。

4 月 24 日(日)昙

谈凤梁来。得村上哲见信,要求九月访问本校;厦大教务处电,要出具周祖譔提职证明。将此二事转徐福基副校长办。

4 月 25 日(1)阴,夜大雨

晨甘雪娟、徐欢欢来。得孙子威、沈寅宪、人文古典文学编辑室责编刘文忠函,又黄畬函,小鹿叔函。

4月26日(2)阴,夜大雨

致马兴荣询张宗子父事。复村上哲见。函敏泽。

4月27日(3)阴雨

得蛰存、迪昌信。

4月28日(4)晴

得王文生法国信。教育部来催发言稿,即复告已寄出。复文生由罗岭转。晚宴请教材组同人。

4月29日(5)阴

得蔡厚示信。吴文治、周本淳来。

4月30日(6)阴

收到杨克平寄来黄先生遗书,即交老耿办。收到张舜徽寄《文献学》。晚《英华》教材小组开会。

5月

5月1日(日)阴

上午以蛋糕与二孙,未遇。

5月2日(1)阴

5月3日(2)阴雨

复试研究生。得白萍生、张涤华、詹伯慧、陆家桂、吕叔湘、陈福康函。复詹伯慧,以《学语文》稿寄张涤华。函季啸风、俞润生。收到程毅中寄《玄怪录》。

5 月 4 日(3)阴雨

致《社科战线》马兰信。得吴代芳信。上午许杰等来访。下午张月超、俞润生来访,送复印来,请月超译《教材说明》。得马兴荣函及所校张宗子二种。

5 月 5 日(4)雨

5 月 6 日(5)雨转晴

寄季司长信。

5 月 7 日(6)晴

上午参加密特朗欢迎会。毕达(现任教中南民院)来。得敏泽、罗岭信。

5 月 8 日(日)晴

下午访孙望。上午郭维森陪某君(前中文系总支书记)来。

5 月 9 日(1)晴

上午白萍生来。《全清词》组开会。得王淡芳、陈仿彛、王卫民函,《古代文论》开会通知。湖南人民出版社(岳麓)熊治祁、潘运告来。徐复、金启华来。得陈福康寄棻小说,小珠信。夜詹伯慧来,住于瘦竹家。

5 月 10 日(2)晴

以章公讲录寄耀先。寄小珠 40 元。得湖南师院请开易学讨论会函。陈福康寄祖棻小说复印稿及函。函陈福康、中山大学、湖南师院。

5 月 11 日(3)晴

得程一中函。为齐鲁影印词集作跋,即寄白萍生,并介绍陈翔华书。

5月12日(4)

叶百丰研究生洪本健、周奇文过访。得于北山信并寄材料,周绍良信。

5月13日(5)

函复程一中,以瞿安师诗寄王卫民。得杨廷福函,《文教资料简报》稿费18元。发心脏病。

5月14日(6)

得南师审稿费45元。小游北湖看花。

5月15日(日)雨

函陈贻焮,请转张隆溪要Owen文。晚去南园送周先生等行。谢伯阳来谈在沪工作情况。

5月16日(1)晴

上午杨敏如率子来访。下午伯阳送书来。东北师大孙晓野来访。得清水寄来《日本诗纪》一册,平田寄来画册,周绍良寄来《遍行堂词》,教育部小田函,山东大学函约参加《文心雕龙》学会。晚周勋初来访。

5月17日(2)晴

得马兴荣函,十八、九日来宁。

5月18日(3)晴

得耀先信及款五元,即复。

5月19日(4)晴

《古代文学英华》审定毕功(从4月上旬迄今四十余天)。

5月20日(5)晴

发王淡芳、吴代芳、李洪明函。陈美林来，带来林辰送《明清小说》五册又一信。马兴荣、金启华来。得百花文艺出版社信，又史美圣信，中玉信。

5月21日(6)晴热

上午开清词会。得陈贻焮及百花文艺出版社函，陈列函。下午赴金陵饭店访文怀沙，见丁玲夫妇、楼适夷。

5月22日(日)阴

函杨廷福、黄永年、周绍良。函陈列(附致黄天祥、季啸风信)、陈伯海、陈翔华、张舜徽、印書、牟世金、百花出版社、傅璇琮。

5月23日(1)阴

四川人民出版社王吉亭携王淡芳、张叙生信来访。沈阳师院赵喜范老师携研究生鲁洪生、赵敏俐来访，与论学一小时。得古籍小组批准预算函，叶嘉莹、周伟民函。

5月24日(2)阴

函复叶嘉莹、周伟民、任二北。得沈锡麟信，耀先寄27元，周锡馥寄文章(中山大学)，李元寄星图。徐鸿夫妇来，未遇。

5月25日(3)阴

访徐鸿(殷铁铭已行)。归途遇舒芜，又同访气中。

5月26日(4)晴

得林辰、任笃行及韩儒林研究生王春南信，马录程信。夜宴舒芜父女，在座气中夫妇、白匋，丽则侍。

5 月 27 日(5)阴,小雨转晴

早赴气老邀至永和园早点,在座有白匋、舒芜,后至白鹭洲游。下午姚北桦、许总来访。屈兴国来谈。李小缘之子来。晚赴白匋邀请,在座仍为气老、舒芜。得《老人》创刊号并邀稿,成都《内外文谈》二册。《老人》由法律系钱大详送来(上海路 148 号庚楼 101 号)。又得钱林森函。

5 月 28 日(6)晴,转热

下午廖开飞来,孙望夫妇来。

5 月 29 日(日)阴雨

函复杨克平。与舒芜饭于胜利。

5 月 30 日(1)阴

复马录程。函慰王滋源(哈尔滨大火也)。中午李进来访。得傅璇琮函及《香祖笔记》;杨明照寄赠《文心雕龙校注拾遗》;施蛰存函;及马兴荣寄赠《词学论文集》,当即寄赠陈仿彝。又得陈伯海、贵州科学院王中学函,程亚林(王文生研究生)寄来论文,武师寄来审稿费 30 元。晚严、屈来。

5 月 31 日(2)晴

上午开学位授与权会议。得王卫民、周祖譔函,周本淳诗稿,马兰函及《社会科学战线》。下午在止矗家开《日本汉诗选》会。赵国璋和小魏来访。

6 月

6 月 1 日(3)晴

上午应中宣部邀座谈晋升问题。得甘雪娟、邓韶玉、黄华刚(广西河池师专教师)函,《自学》汇来 16 元。

6月2日(4)阴雨

以张伯伟《李白游仙诗》稿寄《文学遗产》王守泰、卢兴基，以莫砺锋《左传》稿交《学报》。与美纽约州立大学 Charles Hartman 蔡涵墨会见。得宋谋玚信。得杭生函。

6月3日(5)阴雨

下午报告劫机事，未去。

6月4日(6)晴

函吴志达附《高教战线》。去启华家请复印台刊(《现存清词别集汇目录》，王国昭，载台湾《书目季刊》13卷3期，p29—76；《重修清史艺文志〈清词别集之属〉校正》，王国昭，载台湾《"中央图书馆"馆刊》12卷1期，p87—90)。函复陈伯海、马兰、于北山、周本淳。

6月5日(日)阴

复孟伦、宋谋玚、敏泽、李进(附嘱看之文)。又以宏生、伯伟稿寄《江海学刊》。与儿辈游清凉山。

6月6日(1)晴

得陈翔华信，已为三洪集拍片。得《文学遗产》汪先生稿费13.50元。江西省文学艺术研究所夏汉宁、陈圣来，约参加十一月举行之曾巩学术讨论会。

6月7日(2)阴

得舒芜信及汇款百元，志达信。

6月8日(3)晴

上午尹志腾、季振淮等四人，朱家维、谢伯阳来。下午去南师参加大文学史座谈会。函陈邦炎询《词则》影印事。得印唐信。

6月9日(4)

上午与章德谈。于北山、许永璋来,未遇。得蔡厚示函,《文学评论》寄稿费8.00元。函教部辞不赴会。

6月10日(5)晴

得王滋源信,即复。去孙家,交祖棻稿。

6月11日(6)

写宋代文学。得《高教战线》41元。

6月12日(日)雨

携孙去鼓楼看乌龟。

6月13日(1)晴

复志达信。宋代文学文草毕。得郭预衡信。得《文献》《明清小说》,苏州大学约开清代文学会议信。

6月14日(2)阴

上午伯阳、吴翠芬、郭维森、许志英来。下午万放夫妇来,文联送一小收音机,未遇。下午系里开会。《文史知识》索研究宋代文学之文,完成。

6月15日(3)阴

发宋代文学文给璇琮。得蔡厚示寄影印《竹庄诗话》《颜鲍谢诗评》,周本淳、陈邦炎信。发霍焕明信(讲课费事)。

6月16日(4)阴

发陈翔华、蔡厚示、林辰信。得陈翔华、程一中、敏泽信。武大职工刘耀先来谈在宁筹设武大校友会事。函中玉、敏泽。

6月17日(5)晴

得九三稿费16,南师讲课80,又白萍生信。晤唐文。复白萍生。得王守泰(《文遗》)寄《随笔》83/1号,又函。为研究生作报告。

6月18日(6)昙

得杨廷福函。北京出版社刘宁勋来。晚谢正光杨绛云(明)夫妇来。吴奔星来。

6月19日(日)阴

下午万放、刘舒来为武大校友会事。

6月20日(1)阴

得徐中玉、刘君惠、黄瑞云函,《红专》稿费16元,北图寄来胶卷。开武大校友会。

6月21日(2)昙

得吴玉兰信。以棻《诗》《词》寄文怀沙。晚吴玉兰、王镇夫妇来。

6月22日(3)阴

上午清词会。函郭绍虞问江西派。以胶卷交莫报账。函陈翔华问拍江西派胶卷事。

6月23日(4)阴雨

上午看完太炎先生讲学稿。下午访新雷,将稿子交新雷。将朱光潜、荒芜为《早早诗》所题诗寄国璋。晚徐有富送书来。

6月24日(5)阴雨

得敏泽函。中午携芸与小婉在胜利午餐,慰劳小婉考试之疲乏。下午在斗鸡闸研究接待日友事。上午谢伯阳来。

6月25日(6)阴雨

以张宏生《夔州诗》稿寄敏泽。函松冈荣志、陈翔华、黄瑞云。得白萍生信,李洪明寄《美学概论》及信。上午南大中国思想家研究室方延明来。下午九三开会。

6月26日(日)阴雨

函程一中、匡亚明。

6月27(1)阴,小雨

函蔡厚示要复印《竹庄诗话》等二种的发票。得蔡寄发票。

6月28日(2)昙

《中国烹饪》杂志社来约游扬州。鲍振元(厦大745信箱)托南大哲学系朱梧槚先生带来米粉六包。金启华送来港复印。谢伯阳、尹志腾来。

6月29日(3)阴

晨践约赴扬。得华钟彦、吴企明函及江苏省红学会开会通知。

6月30日(4)阴

得何振球、陈翔华函,横山弘寄书三本。自扬州返。

7月

7月1日(5)阴

函陈邦炎、徐福基(山图借书事)。得秦子卿、陈列、章正续信。函正续、华钟彦、殷孟伦。下午文研究所科研处汤学智来。表姨妈(慎舅)及其子傅启于来(傅任职重庆李子坝186号造纸研究所,Tel52408),其侄女曾孟西同来(曾任教八中,其夫张现,住太平北路43号)。发陈邦炎函,介绍三分事略。

7 月 2 日(6)阴

得陈列信。

7 月 3 日(日)晴

发中玉(寄张伯伟《王若虚》稿)、马兴荣、盛天民信。

7 月 4 日(1)阴雨

得骆承烈信,朱彤讣(6 月 30 日逝世,终年 68)。去自强家。

7 月 5 日(2)昙

沈锡麟来。宛雨彡来送《清代印本书籍选目》四册。得村上寄《陆游》,横山寄《汉籍目录》及其他书影二种。吴孟复寄《训诂通论》。

7 月 6 日(3)阴

函横山弘、村上、陈翔华(附南大函)、吴孟复。得甘雪娟信,即复。

7 月 7 日(4)晴

得殷孟伦、施蛰存、陈翔华函。函左阳(《红专》)、周绍良。上午尹志腾来。下午吴荣坤、屈兴国来。

7 月 8 日(5)阴

得松冈迪昌信,齐鲁开顾问会信,岳麓诗社征稿信。以宏生《黄诗小札二则》寄正续。复齐鲁,又以宏生论东坡和陶文寄廖序东,请刊《徐师学报》。

7 月 9 日(6)阴

得《当代诗词》一䒑。访孙望,交去《日本诗选》稿。

7 月 10 日(日)阴

得林辰信。

7月11日(1)阴

得敏泽、钟彦、孟复、怀沙信,又中玉、邦炎、君惠信,《词学》约开会函。

7月12日(2)阴

函蛰存、邦炎、君惠、钟彦。扬州文联魏之祯先生介绍青年篆刻家张汉怡来访,并送来宣纸五张。访永芬。

7月13日(3)阴

上午看病透视,心肺正常。整理汪先生遗稿,今日起功。

7月14日(4)阴雨

得佘雪曼、严迪昌、夕佳函。下午屈兴国、徐有富来。

7月15日(5)晴

史梅报到。得王弋丁信。

7月16日(6)雨

湖南大学岳麓书院研究室谭修先生来。金陵饭店聚餐。

7月17日(日)阴雨

得卞孝萱信。

7月18日(1)阴雨

得白匋先生转苏洗斋先生信。

7月19日(2)昙

得村上书及寄《千载佳句》,又璇琮、志达、翔华书。办好聘书,签发。

7月20日(3)昙

函傅璇琮、陈翔华、卞孝萱、苏洗斋。把《红专》、南大教学刊物寄志达。谢伯阳来。邢亚辉来。

7 月 21 日(4)昙

得一中信。致邦炎信。得杨克平 20 日广州来电。

7 月 22 日(5)昙

吴圣昔(复旦毕业,任职江苏省社会科学院文学所)送来霍松林信及所赠松林词、《文艺学简论》。

7 月 23 日(6)昙

得小佳、淡芳信,小婉录取通知,《词学》讨论会名额通知。

7 月 24 日(日)晴转阴

杨克平自港来,惠荔支。得苏昌辽信。

7 月 25 日(1)晴热

得陈伯海、晴佳信。

7 月 26 日(2)晴热

得梁璆寄沈剑知遗集。

7 月 27 日(3)晴热

得序东信。

7 月 28 日(4)晴热

以莫砺锋驳王达津文寄敏泽。

7 月 29 日(5)晴热

饶小平来。

7月30日(6)晴热

上海辞书出版社寄校样来。得周绍良函，坂田新文。

7月31日(日)晴热

校好《唐诗鉴赏辞典》稿，明日寄出。

8月

8月1日(1)晴热

得黄永年信，又花城20，陕西16元。酷热停工。

8月2日(2)晴热

得饶宗颐信。坂田来。

8月3日(3)晴热

得吴孟复信，吴文治来。吴永坤来云，耀先上月十七日过此，一宿而去。吴志达叔父来。

8月4日(4)晴热

勋初来。

8月5日(5)晴热

吴新雷来。

8月6日(6)晴热

得《学语文》稿费48元，孝萱、邦炎、席鍊文(武昌中学教师)信。

《随园诗话》卷十二第一条：戴喻让有句云："夜气压山低一尺。"周蓉衣有句云："山影压船春梦重。"皆妙在可解不可解之间。

《随园诗话补遗》卷十第十四条：唐人最重五律，所以刘长卿有"长城"

之号。此以五言长城属律诗。

8月7日(日)晴热,下午微雨

8月8日(1)晴热

上午在孙望家与坂田等会谈。得晴佳信,辞书出版社校样,波多野寄来书一包。

父卒年1965年11月。

8月9日(2)热少减,下午四时雨

以校稿寄辞书出版社。以莫砺锋论柳宗元《渔翁》诗小文寄史美圣。以《古典诗歌论丛》寄还席鍊文。

8月10日(3)

得横山弘寄来《周宪王乐府》等二书,吴文治信。

8月11日(4)晴,转凉

致梁璆、王文才、松林、孟复、璇琮、横山、波多野。

8月12日(5)同上

以坂田新文寄陈彷彝。得《文学评论》施议对信等,张璋寄来书与《全明词》总目,舒芜函与《读书》,敏泽夫人王芳函。

8月13日(6)昙

请饶小平吃饭。得沈锡麟信。

8月14日(日)晴

苏昌辽、许莘农来。

8 月 15 日(1)晴

得岳麓书社信,张忱石信。

8 月 16 日(2)晴

宴坂田。

8 月 17 日(3)昙

得王进珊、彭靖、施议对、朱志瑜(李达三,香港中文大学)、君惠寄《川师学报》、西宁青海地质局物探队常江信及《楹联通讯》。

8 月 18 日(4)晴

上午伯阳、兴国来。得叶嘉莹函及校长室通知参加列席国务院学位审查会议。湘潭师专陶敏来。

8 月 19 日(5)晴

复岳麓书社,彭岩石诗社事。得张舜徽函。寄徐余习诗词。大百科编委聘书。吴锦陪坂田来辞行。

8 月 20 日(6)

复张舜徽。得李玉山函并寄《日本文心论文集》。

8 月 21 日(日)晴

【剪报:《南京大学招收一九八三年攻读博士学位研究生》。】

8 月 22 日(1)阴,夜大雨

得清水茂函,张三夕函。由莫砺锋复张。

8 月 23 日(2)雨,阴

得村上复旦函,即复。

8 月 24 日(3)晴

得东北师大古籍所信。

8 月 25 日(4)阴

得马兰信;江西文艺研究所夏汉宁信,约开曾巩会。致钱仲联。《点将录》毕功。瑞洁托经济系进修教师缪雄伯送来月饼 8。

8 月 26 日(5)晴

雪曼侄孙佘峰(南农农经系学生)从成都来,带来念田女黄鸿送临江寺豆瓣二缶。黄鸿是雪曼媳,剑鸣母。得周来祥、陆汝琳、吴开斌信。

8 月 27 日(6)晴

得晴佳信。复常汇、夏汉宁、舒芜、周来祥、陆汝琳、江苏出版社、张璋、王淡芳、吴开斌、施议对。致中玉、万放、九三。

8 月 28 日(日)晴

8 月 29 日(1)晴

得吕永信,文自成讲义并信,全椒县委统战部陈葆经、阜宁凤谷中学赵中秀信。陆国斌来,送来研究生集刊。勋初来。

8 月 30 日(2)昙,35℃

函魏之祯嘱取书件。28—30 日,写字三天。白匋先生、伯阳来访。得仲联、璇琮函,国务院学位评议组开会通知。复陈葆经。

8 月 31 日(3)

函村上哲见,请其提前 2 日来宁。得中玉、君惠、朔方信。彭靖请夏先培(徐家婷研究生)带来湘粉二包,并函。

9月

9月1日(4)阴雨

得志腾信。严迪昌来谈词室事。

9月2日(5)阴

得张国光寄文,张忱石、陈美林、村上哲见信。新雷与溧水印刷厂施秉忠来。与谢伯阳谈话。夜开研究生导师会。

9月3日(6)晴

得江苏出版社寄来书,《文学遗产》退张伯伟稿。下午去止畺家探病。

9月4日(日)晴

下午屈兴国、杨知文、宛雨生来访。陈列到。

9月5日(1)晴

西北师院赵晶晶携万云骏函来见。得唐代文学会函。

9月6日(2)晴

致郭令智、吴克彬函。

9月7日(3)晴

得吴开斌、晴佳、王淡芳、林从龙信。

9月8日(4)晴

谢伯阳来谈。国画院卢星堂先生带去扬州书件(魏心饮函介)。村上来信。

9 月 9 日(5)阴

函陈翔华,得马兴荣寄回《斯文》,顾羡季稿及信。

9 月 10 日(6)阴

上午开《全清词》组会。下午九三开会。和新研究生会面。得詹伯慧、黄瑞云函,又吴孟复寄《古书校读法》及函,唐富龄函,扬州市外办黄伟经函。

9 月 11 日(日)阴

复唐富龄、伯慧、黄伟经。去孙家开《日本诗选》会。齐鲁周晶来。

9 月 12 日(1)晴

得施议对函。复文自成。晚五研究生来谈。

9 月 13 日(2)昙

得王滋源、周来祥、吴文治(交叶子铭)、陆汝琳(交丽则)函。上午万业馨、严涤昌来访。复文自成、黄鹂。

9 月 14 日(3)晴

得《文论》30 册,《无庵词》2 册,志达信。

9 月 15 日(4)昙

得陈翔华信,以《无庵词》托兴国交唐老。村上晚来。

9 月 16 日(5)阴雨

得陈翔华函,王利器推荐寄来《龙门阵》两本。上午参加作协会议。晚宴请村上。函邓韶玉。

9 月 17 日(6)阴雨

晨 9:45 乘机去北京开会。得郑承教函,上海华师大寄来《大学语文》

审稿费 20 元。

9 月 18 日(日)阴

中午芸赴杨克平约,潘赠书一本,杨赠酒一瓶。

9 月 19 日(1)晴

得郑承教寄包裹,秦子卿、詹伯慧函。付杨克平 800 元(内利息 20 元),尚余 1520 元。

9 月 20 日(2)晴

得《文学评论》函。

9 月 21 日(3)晴,中秋节

得郑静明函(汕头业余大学),中文系中秋费 15 元。

9 月 22 日(4)晴

得山东李清照研究会、陈仿彝、李贵银(湖南新宁一中)函。

9 月 23 日(5)晴

得晴佳函。

9 月 24 日(6)阴

得夕佳、刘楚斌(湖北兴山县中)函,及历史文献研究会年会通知,政协开会通知。

9 月 25 日(日)晴

125 次东南下。

9 月 26 日(1)晴

安抵,宏生来接。得韶玉、舜徽信,又翊强信,石禅寄黄先生日记,杨廷福寄清词目，齐鲁书稿。在京晤敏泽、陈翔华、璇琮、振甫、毅中、任继愈、于北山、周绍良、舒芜、仲荦、于廑、德培、张璋。历史系邓瑞先生来谈出席文献会事。周本淳来。

9 月 27 日(2)晴

寄 1. 郑静明、2. 济南社会科学所、3. 河南师大历史系、4. 南京《周末报》、5. 秦子卿、6. 邓承教、7. 詹伯慧、8. 省政协、9. 张舜徽、10. 彭岩石。

9 月 28 日(3)晴

下午赴工人医院视月超、国才疾，馈以麦乳精。

9 月 29 日(4)晴

以《宗派图辨》寄璇琮。胡国华、丁举贵(华中农学院)、汪荫元来访。

9 月 30 日(5)晴

得吴功正寄二书及信，武大学生黄树红刊物一本及信。始授课。以书签寄仲荦(曲石精庐)。以伯阳稿寄史美圣。

10 月

10 月 1 日(6)晴

扬师李廷先先生来。

10 月 2 日(日)晴

陆家桂先生来。晚在天渝处吃饭。访王永芬。

10 月 3 日(1)晴

得郭预衡寄文，邓韶玉信，程一中信。以谢伯阳文寄《文遗》。

10月4日(2)晴

得陈仿彝、韩维钧(徐州教育学院讲师)信。吴白匋先生研究生郑尚宪来。

10月5日(3)雨

得广东顺德教育局马以君信。江苏人民出版社来商印名人手迹事。

10月6日(4)阴

得邓韶玉信,汤高才序校样。寄出《文薮》校样。《点将录》付印。寄汤高才序校样。寄曹伯祥《赏析》一册,徇邓意也。

10月7日(5)雨

发程一中、晁真、吴功正、黄树红、韩维钧、刘茂舒、马以君、任笃行函。晨上课。得周晶信,即复。

10月8日(6)晴

得王滋源函,即复。函璇琮托买书。

10月9日(日)晴

上午王立兴、吴翠芬来谈。下午与芸去裁衣。晚武大学生欧阳均来。

10月10日(1)晴

上午上课。李进来访。得傅璇琮、彭靖、谭芝萍(重庆北碚一中)函,及杨克平寄来黄先生书。

10月11日(2)阴

得仲荦信,武大校庆请帖。得唐富龄信,即复,并附致长孺信,借《丞郎表》。函璇琮问印否《丞郎表》。

10月12日(3)

下午访孙望。

10月13日(4)阴

得周勃、吴文治函。岩崎纪江子、赤松纪彦来,带来清水茂赠《五山文学全集》。

10月14日(5)微雨

夜共宋词看昆剧《玉簪记》。

10月15日(6)雨

统战部白大姐来。开省政协落实座谈会。

10月16日(日)

草汪先生词跋。复四川谭某、彭岩石。填落实表。

10月17日(1)阴

心脏不好。Nancy授诸生英文,余未升堂。得王滋源、舒芜信。

10月18日(2)小雨

得傅璇琮、任笃行信。

10月19日(3)雨

还方延明稿。晚周勋初来。心脏恢复。

10月20日(4)阴

省统战部梁尚仁副部长、姜文特(女)省统战部干部处副处长、文史馆负责人高林中来访。下午七姐、白皓来,以收音机交乞白峰修理。裴显生陪教部一司周处长来。发任笃行、方杭生(方系要买菜书者)、周祖譔、王以铸信。得晁真寄《马恩民族论著》及信。

10 月 21 日(5)阴,小雨

上午上课。得施蛰存、吴常焘、陈祖美及辞书出版社函,刘茂舒寄《蓼原词选》。复蛰存、陈祖美。夜郭、周、二吴为余作生日。

10 月 22 日(6)阴

以祖棻稿寄人文陈早春。

10 月 23 日(日)晴

携家人游白鹭洲。

10 月 24 日(1)阴

得周晶寄稿,王以铸、古籍小组信,王滋源寄书(《文论》百部)。梁文琦来告顾绶昌及戴镏龄要《古诗今选》。文史馆干部李耀云、高林中来。

10 月 25 日(2)晴

上午王震座谈。淮海战役纪念馆来索字。

10 月 26 日(3)昙

上午商务印书馆(王府井大街 36 号)汉语工具书编辑室阮敬英、王维新、柳凤运来。辰宪汪文英女小鹭婚,寄 20 元贺之。收到《文论十笺》,哈尔滨 1 支,855,13 本;898,16 本;900,9 本。共 38 本。10 月 17 日寄出。

10 月 27 日(4)晴

得詹伯慧、吴文治、杨扬(书目文献出版社)、陶文台函,书两本。发齐鲁书社《文薮》稿、《草堂》稿。寄书(《十笺》)北大 5、山大 4。函复王滋源,告《十笺》百册收到。复吴文治,拒之。

10 月 28 日(5)晴

致陶文台、杨扬。

10 月 29 日(6)晴

孟伦、君惠由扬州来。得 1. 西北大学韩理洲函及校样;2. 湖南双牌县茶林罗皇庙邓琼光函,求考研究生;3. 葛杰函,告《古诗今选》已出;4. 刘茂舒函;5. 石峻寄汤先生遗著。复刘茂舒、邓琼光、韩理洲、石峻。

10 月 30 日(日)晴

与殷、刘登清凉山,吃午饭。

10 月 31 日(1)晴

宴殷、刘公于胜利。得曾伯藩、《高教战线》、秦礼良信。复秦礼良(并寄书)、《高教战线》。致甘雪娟。得璇琮代研究生买《四库提要辨证》。

11 月

11 月 1 日(2)晴

得傅璇琮、徐同林(东台)、余德泉(湖南)函。《文学评论》寄还张宏生稿,要求修改。上午参加文史馆建馆三十周年纪念会。上海古籍寄《古诗今选》样书来。

11 月 2 日(3)晴

撰《高教战线》文迄,即寄出。函葛杰。周祖譔来。今日起开始校《英华》。得王以铸信。党委副书记韩星臣、办公室张雨森来访。

11 月 3 日(4)阴

以小传寄王以铸。午宴周祖譔,周勋初陪。江西赣州赣南师专熊春先同张正国来访。党委罗一民来访,问带研究生事。函埶存、孟伦(附跋汪词集）。

11月4日(5)

汇还施垫裱词集款35元正。

11月5日(6)晴

订杂志26.96元。复曾伯藩。

11月6日(日)晴

复一中。

11月7日(1)晴

富龄来，带到《仆尚丞郎表》，即交史梅复印。得王利器、张可礼、祖保泉谢赠书函，孟伦、黄纪华、周晶函，吴志达函，小鹭谢送婚仪函。以《文薮》稿还周晶。函邓韶玉。夜贾文昭及安大二教师来。

11月8日(2)阴

上午与芸同游玄武湖，赏菊。得瑞洁、沈玉成、小佳函，陈贻焮寄来《孟浩然诗选》。函徐中玉。

11月9日(3)阴

得吴常焘(孟复诗一幅)、李国瑜函。

11月10日(4)晴

研究生开题报告。黑龙江汇款到。

11月11日(5)晴

得李易函，关于唐诗今译；舒芜函。《南京史志》夏万介来久谈，极倦。

11月12日(6)晴

得谭优学、徐中玉函,安旗函。

11月13日(日)晴

致高纪言。七姐、二嫂来。刘庆云来。

11月14日(1)晴

晨芸送《丞郎表》四本还唐富龄。上午永芬来。福建师大黄寿祺来。得齐鲁寄照片,周晶函,陶敏、曾伯藩函。汪岳尊寄书一本,秦礼良寄祖棻遗作。

11月15日(2)晴

复周晶,并寄与《十笺》。

11月16日(3)晴,转寒

看蔷姐伤。

11月17日(4)晴

函王滋源询稿费事。寄还翊强《唐书刑法志》稿,并赠与《诗选》。

11月18日(5)晴

取得汪先生遗稿二种。得舒芜函,报考生杨利民函。

11月19日(6)晴

得曾加秀寄蛤蚧,陈贻焮函。

11月20日(日)晴

杨嘉勇夫妇来访。朱□□送书来。下午买火车票并游湖。

11月21日(1)阴

上午祁蔚书记来谈一小时。杨咏祁来。汪越来。徐有富拿去复旦校雠学书。得吴碧莲、王滋源、陈祖美、佘雪曼、高扬函。即复陈祖美(索还莫稿)。

11月22日(2)晴

上午7时,宏生送至车站。12时抵沪,碧莲来迎,即饭于其家,寓专家楼101室。夜谢海阳(华师大中文系毕业、《文学报》记者)来访。谢寓上海湖南路273号4室。马兴荣、齐森华来访。

11月23日(3)晴

函黄寿祺。邓韶玉来。夜中玉约饭,坐有士仁、谷融。

11月24日(4)晴

上午访黄裳,续去雄家午饭,食至饱。下午三时许归。

11月25日(5)晴

上午看郭绍虞老先生、胡国华。在程之家午饭,老夫妇和万万不在家,看到芊芊、夏蕙芳及小燕。下午和严迪昌、屈兴国谈《全清词》编纂工作。晚开预备会。

11月26日(6)晴

上午大会开幕。陈邦炎带来邓韶玉代借购书余款。下午大会,谈清词约一小时。晚杨廷福等来访。严、屈来谈工作至八时。

11月27日(日)晴

上午开大会。中午周笃文来访(送周一部《诗坛点将录》)。下午开小组会,早退。与芸往访瑞、桂哥,未遇,留一条。晚参加古典音乐晚会。蒋哲伦偕陈伯海来,并赠书一本。

11 月 28 日(1)晴转暖

上午开大会。下午小会。晚茶话会,吟词一首,写字数条。

11 月 29 日(2)晴暖

上午给图书馆系研究生讲课。下午集体游植物园。晚师大宴全体与会者。购得负离子发生器一个,80 元。

11 月 30 日(3)晴冷

上午开闭幕会。中午赴钱谷融宴。下午去复旦大学讲课两小时,看朱东润先生。晚赴杨廷福宴。师大图系赠讲课费 10 元,复旦赠讲课费 30 元。

12 月

12 月 1 日(4)晴冷

上午写字数幅。下午乘 14 次车回宁。人民文学出版社青年编辑李国星,该社将出版古典文学集刊,要研究生稿子。

12 月 2 日(5)晴

上午许志英、郭维森来。得王滋源函。吴白匋先生派研究生送信来,谈词集出版事。晚屈兴国送桔子来。

12 月 3 日(6)晴

得振甫信,《文学评论》稿费 65 元,齐鲁寄来校样。函陈邦炎。访孙望。

12 月 4 日(日)

函钱仲联,山西图书馆(索《四国历史年代对照表》)。以砺锋江西派稿寄傅璇琮。寄还杨翊强稿。复陕西师大阎庆生,寄年鉴用照片。复高邮跃进路72—4崔叔仙(名锡麟,文史馆员)。

12月5日(1)晴

得杨翊强、张三夕、程一中、黄瑞云函。以张三夕函交莫砺锋作复。

12月6日(2)晴

得陈早春函,又牡丹江师院中文系陈曼平函,古籍稿费通知单。二陈函均即复。

12月7日(3)

芸病,余亦不适。

12月8日(4)

同上,转好! 清词开会。

12月9日(5)

下午清词汇报。上午许永璋、于北山先生来。得张国光、黄纪华、陈邦炎、周祖譔、萧印唐信。

12月10日(6)

上午开学位会议。得任笃行、王运熙信。小婉生日,中午吃面。复张国光。下午赴新街口取款,购羽绒服。耿全福取去书件。

12月11日(日)晴

晚在江苏酒家聚餐,祝臧云远寿。以《文薮》稿寄任笃行,《诗选》寄黄纪华、王滋源(附信)。

12月12日(1)晴

函邓韶玉索《书讯报》。得钱仲联、《徐师学报》、吴志达、黄耀老、章子仲、吴孟复函，水浒学会资料盒一枚。史梅寄发汪先生遗著。得郝延霖信。

12 月 13 日(2)晴

发林英、史美圣、吴碧莲、杨克平函。退稿：谢日新、熊夫、吕永、周少雄、臧立。寄书信：章子仲《今选》、陈仿彝白匋词稿。交史梅办海关放行证明信。

12 月 14 日(3)阴

得邓韶玉信，告未扣除买《今选》之款，嘱寄还。史梅将《光宣》皆寄出(仅余海外)。得重禹信，《唐代年鉴纪要》，马力贺年片，张闻玉转张汝舟稿嘱介绍。

12 月 15 日(4)

函邓韶玉，还古籍书款 158.94 元。以小传寄《高教战线》。

12 月 16 日(5)晴

得范雪樵、横山弘赠书，周祖譔稿，安旗、邓韶玉、程毅中、傅璇琮信。下午乘车赴苏，晚六时半抵苏，寓姑苏饭店。

苏州大学中文系主任范伯群。

12 月 17 日(6)晴

上午大会开幕。下午小组会。中午探望何芳洲夫妇。

12 月 18 日(日)晴

上午开小组会。下午偕芸游观前及古旧书店。晚碰头会。

12 月 19 日(1)昙

上午大会，主持会议。陆汝琳来访，留午饭。下午大会，作发言。

江苏人民出版社吴明墀(即拿书画者)。

《光明日报·文学遗产》程亦军(史美圣之助手)。

12月20日(2)晴

上午朱栋霖陪游拙政园。大会发言下午毕。晚唐文约饭,同席者杨军、王立兴、严迪昌。陆汝琳来送年历等。

12月21日(3)雨

游洞庭东山、天平山和宝带桥。

12月22日(4)阴

上午闭幕式。下午游定山寺、虎丘、西园、留园。晚在芳洲家吃饭。

12月23日(5)晴

上午休息,校稿。下午二时半乘火车回宁。王白坚借120元。

12月24日(6)晴

十二月十七至廿三日共得信:程一中(附胡忌、严迪昌、吴新雷邀请信,已转)、陈兼与、周退密、周伟民、杨天堂、杜甫学会、文正义(湖南人民出版社,自己来的)、黄纪华、周笃文、林英、社科院通知将开"七五"规划会议。去中山陵冷香阁午餐,古典组同人聚会也。寄还山西省图书价一元。函刘茂舒索弘老词集。复武大61级学生龙霖。寄《诗刊》杨金亭诗十首。宛雨生来,取去120元。

12月25日(日)晴

赵国璋来。金启华夫妇来,借其录音带二盒。勋初来谈所事。

12月26日(1)晴

至天渝家午饭,取中国青年出版社书。得唐玲玲寄回书件嘱盖印,社联开年会通知，澳大利亚国立大学陈万成、纽约唐异明贺年片，林家英函及论文，周本淳函，金克木函，吴在庆贺年片。

12 月 27 日(2)晴

收齐鲁寄汉画象册，徐鸿、黄君坦信，白匋先生信及李晓论文。

12 月 28 日(3)晴

发金克木函并寄《文论》，将李晓论文寄江苏人民出版社。

12 月 29 日(4)雪

江苏人民出版社送《涉江填词图》摄影来。上午总支召集老人宣布郭出任主任事，并照相。得章子仲、张实及华师大研究生周慧珍信。下午党委开贺年会。许总送来《江海学刊》一镇纸。

12 月 30 日(5)晴

得朱金城、杨翊强、常江函，小六叔、王滋源函。发青海人民出版社常江函及稿，致周晶函及稿(关于对联)。

12 月 31 日(6)晴

复小鹿叔，以《点将录》寄朱金城。得李易、刘国武函，杨翊强文。夜丽儿全家来玩。

1984年

1月

元旦大吉

下午过孙望。

1月2日(1)晴

函史美圣、李易。

1月3日(2)晴

得张三夕、吴志达、陈仿彝、马兰函，张学渊函及周重能诗等。

1月4日(3)阴

万放夫妇来，留午饭。得周祖譔《英华》稿，刘茂舒信及《诵帚词》，陶道恕信及《唐宋文学论丛》，吴文治信。

1月5日(4)晴

得张国光信，吴文治日历，福建出版社诗集样。

1月6日(5)晴

得崔叔仙、周晶信。以教部文件交郭维森。

1 月 7 日(6)晴

函郑孟彤、张实(宏生事)。

1 月 8(日)晴

以写字寄华师大王治彬、复旦顾易生。以诗校样寄林英。收到崔老画二幅。屈兴国代校刘弘老词寄出。

1 月 9 日(1)晴

得张实信,周祖譔寄末批稿,史美圣信,省委开会通知,阎庆生来信索稿。复崔叔仙、傅璇琮、吴文治。

1 月 10 日(2)晴

出席双门楼省委座谈会。

1 月 11 日(3)晴转阴

上午座谈会。中午返。得黄寿祺、陈祥耀信,朱金城信及《花随人圣庵摭忆》。函刘涤源荐訚杭生。

1 月 12 日(4)晴

得绀弩、夕佳、騄程信,苏昌辽信。下午出购物至山西路。

1 月 13 日(5)晴

得杨扬、邓韶玉函。上午《全清词》室开总结会。课结束。扬州饮食公司来补盖书件图章。吴锦取去《五山文学全集》。以《唐代文学年鉴》笔谈稿寄阎庆生。

1 月 14 日(6)晴

得程一中、小佳、张实信。张三夕来,赠以《清史艺文志》等四种。寄小佳 100 元,内晴 70。复程一中。

1月15日(日)小雪,阴

作字。应杨克平约,在金陵饭店午饭(港商李汝汉付款),丽儿同往,子铭亦偕。

1月16日(1)晴

上午写清诗文。得晴佳信,郑孟彤信。出席省作协新春茶会。

1月17日(2)阴

函吴明墀要汪师照片,陶道恕要《史通》材料。寄出论清诗文与史美圣。收黄之六寄照片,吴志达函。

1月18日(3)大雪

复张国光。夜三夕来,留饭。

1月19日(4)雪转晴,寒

以《词》寄绀弩,来书云,原油印本为人骗去。复苏昌辽。

1月20日(5)阴转多云

得李晓、魏之祯、波多野、顾易生、夕佳函及寄人参。杨克平余款千元叶扬诺取去。

1月21日(6)晴

1月22日(日)晴

1月23日(1)晴

得杨文翰寄《晓雪诗选》,钱林森寄所译法国小说《沙漠》,黄永年函,坂田新寄贺年片,村上哲见寄年历,唐富龄信。复黄永年。

1 月 24 日(2)晴

上午参加市文联座谈会。得白皓、波多野、张国光函,省统战部邀请座谈会通知。致甘雪娟。

1 月 25 日(3)晴

中午宴请张、莫、徐、张诸生。得社联、文联诗柬,陈子定(言)函。

1 月 26 日(4)晴

得常江、苏洪、马兰信,吴文治寄《韩愈资料》。下午出席统战部茶会。得刘涤源信,小佳信。

1 月 27 日(5)晴

小佳来。

1 月 28 日(6)微雪,夜雪

得淡芳信,社联赠书数册。发涤源、夕佳、张实、吴文治、鲍正元信。小佳等游孙陵。

1 月 29 日(日)雪

复雪曼、陈子定(寄词集)、常江信。

1 月 30 日(1)雪

得刘涤源、阎庆生、甘雪娟、吉林马鹏举信。函夕佳、马鹏举、杨翊强。得林冈荣志、聂绀弩信。

1 月 31 日(2)阴

得白匋先生词,《南京史志》二册(夏万年寄来)。得曾伯藩、樊凡、李鸿明、金田数正信。

2月

2月1日(3)阴

许永璋来。以钟树梁(纫秋)索书寄淡芳。得吴开斌、吴碧莲函,施子愉寄稿。除夕,家宴。

2月2日(4)阴

夜在天渝家。系领导、立兴夫妇等来贺年。

2月3日(5)晴

得顾学颉、卢鸿基信。尹志腾夫人叶凌霞来,送来曾德珪谈工作信。天眉家午饭。曾孟西表妹、妹夫张现来(住太平北路43号)。

2月4日(6)阴,小雪

得张舜徽寄书,王治彬信及寄书,杭生信,夕佳寄毡袜,吴碧莲寄50元。

2月5日(日)阴

复舜徽、吴碧莲。

2月6日(1)

陪小佳出游。得林英校样。

2月7日(2)晴

浴。

2月8日(3)

社科院开会通知收到。

2 月 9 日(4)雪

得松冈寄日文字典。重寄刘涤源信(地址不明退回)。

2 月 10 日(5)阴,雪

以校样寄林英。得马赫信。翔如来。

2 月 11 日(6)阴

宛雨生来。收《高教战线》10 元。得上海社会科学院出版社陈植锷、费成康信,附历史小说选目录;程一中、胡杭生信。

2 月 12 日(日)阴

以《文遗》退回张宏生《黄诗小札》转《名作欣赏》。校《文遗》清诗稿并寄还。复费成康。

2 月 13 日(1)阴

昨夜腹痛甚剧,赴工人医院诊。得卢鸿基、金克木、《高教战线》信。

2 月 14 日(2)阴转多云

上午又去工人医院,诊断为尿道结石。得陈子定函。

2 月 15 日(3)

2 月 16 日(4)阴

上午赴工人医院看病,李芳院长陪去。下午研究生梯队开会。

2 月 17 日(5)阴,小雨

发马兰函(问题解答)。曹林芳夫妇来。得雪曼照片及刀片,又人民文学出版社《古典文学论丛》编辑张国星约稿函。

2月18日(6)晴

得《高教战线》10元,林庚、张文勋赠书。致舒芜、程一中、邓韶玉、程亦军(照片)、马赫。

2月19日(日)阴

复谢林庚、张文勋赠书。

2月20日(1)阴

治牙。得涤源、淡芳、道恕,长沙高桥茶叶研究所谢金溪《读涉江词》,又浙江桐乡教师进修学校张森生函。

2月21日(2)阴

复张森生。致王滋源、周晶。得李易、钟兴正、芜湖外贸局魏友龙函。夜观话剧《结婚进行曲》。

2月22日(3)阴

复钟兴正。以钟兴正函转高林中。复魏友龙。

2月23日(4)阴

得黄永年赠《梅村集》,刘道玉信,陶道恕寄印件。访徐复。与张新培谈研究生事。

2月24日(5)阴

复刘道玉、黄永年、陶道恕、杨扬。上午社联△△△和秘书长范恭俭与姚北桦来访。武大二女生送程一中信来。得傅璇琮、张三夕函,周振甫寄书。

2月25日(6)昙

得文研所65小组函,3月21日开会;又赵盛德函。开清词室工作会议。函小佳、张实。

2 月 26 日(日)晴

致傅璇琮、周振甫、赵盛德、文学所科研处。访孙望。

2 月 27 日(1)

以讲学材料寄张匡光。参加社联理事会。得张实、邓韶玉、方管、陈翔华、史美圣函,夏承焘赠书,江苏出版社赠纪念册、《唐诗鉴赏辞典》两册。上午出席省社联常务理事会,到会者社联主席前省委宣传部长郑康、副主席王怀冰、秘书长原省委宣传部理论处长范恭俭,金大同学现南工马列室萧焜焘,金大同学现南师马列室许复宁(女)。

2 月 28 日(2)昙

得一中、松冈、周晶信。

2 月 29 日(3)晴

武大人来谈落实事。祁、朱来。夏振明、胡凤英来。

3 月

3 月 1 日(4)晴

上午武大柯亨利、赵振华又来。下午周勋初来。晚徐有富借去校雠学书多种。致函陈邦炎,要其来取汪先生稿。

3 月 2 日(5)晴

寄陈邦炎信。

3 月 3 日(6)晴

得富寿荪寄《清诗话》,省政协信(钟兴正事),又张实、杭生信。

3月4日(日)晴

整理汪先生遗稿,今日毕功,历时八个月。晨研究生夏先培来访。复张实、富寿荪。

3月5日(1)晴

汪超伯来看汪先生定稿。得张少康由埃及来函。

3月6日(2)晴

以字寄常州赵争,题瓯北故居。函六叔索录音带。以译诗寄李易。函周勃、程一中、徐中玉、沈锡麟(莫砺锋论文材料)。得小佳信,告可修墓。

莫砺锋要:1. 刘辰翁《须溪先生四景诗》四卷,《宋人集丁编》本,北图、山东大学、华师大;2. 赵汝谈《介轩诗集》一卷,《两宋名贤小集》,北图。

谢伯阳要:《自怡轩乐府》四卷,许宝善,乾隆本,湖北图书馆。

3月7日(3)

草致校领导信,交去。得张文勋信;陈仿彝寄《词》样书五册,又信。古籍出版社邓长风来取汪先生稿。

3月8日(4)晴

致江西人民出版社、陈翔华。得舒芜、杭生、沈锡麟、周勃、程亦军、吴承仕百周年纪念会函,武师路费百元。

3月9—11日

由南京乘东方红269号赴汉。周勃、朱祖延接。下午程一中、吴志达来。

3月12日(1)阴

上午去汉口看小佳、曾卓。下午给武师中文系大学生讲课(学习古典文学中的几个问题)。晚章子仲、吴于廑、杜朝光、《长江日报》女记者来。

3 月 13 日(2)阴,小雨

出席古代小说理论讨论会开幕式。下午大会发言。写墓碑。晚蒋蒲、章子仲夫妇来。

3 月 14 日(3)阴

上午去珞珈山访黄耀老、毕奂午、樊凡。中午赴骆文、叔耘宴。饭后游磨山、东湖公园。晚武大中文系李健章、周大璞、李格非等来。三夕妻小邵来。

3 月 15 日(4)昙

上午为元明清讲论班做报告。公亮茂舒夫妇来。赵熙文、张金煌、欧阳渐来,夜张叙之、李成文来。制碑做字。

3 月 16 日(5)晴

上午去武大给研究生做报告。中午武大领导宴请。上午拜访唐长孺、吴于廑、张远达。下午拜访韩德培、刘涤源、石泉李涵夫妇、徐红夫妇。晚赴朱祖延、章子仲宴。毕奂午回访。郭预衡及龚××来访。

3 月 17 日(6)阴

去黄州赤壁。晚晴佳夫妇暨小佳来住一夜。晚曾蕾(章子仲女)、鲁萌(曾卓前妻女)来。

3 月 18 日(日)阴雨

上午扫墓,武大、武大中文系、武师老同学赠花圈,同学多人暨徐红、李涵等同去扫墓。中午在小佳家午餐。晚至周勃家赴宴。

3 月 19 日(1)阴

上午给武师研究生讲话二小时,芸与章子仲先生去汉口琴台、归元寺、中山公园等处游玩，在老通城吃豆皮。鄂图徐孝宓副馆长(徐行可丈之子)送来复印件，并要求在给鄂图题字跋中题到他藏书归鄂图之事，《自怡轩乐府》即他家藏书。晚刘道玉等来谈学校事。

3月20日(2)晴转阴

上午和武师校、系领导座谈。中午武师校领导请宴。下午和武师中文系研究生导师座谈。孙续恩来访并馈麻糖。

3月21日(3)晴

上午访李修睦、张舜徽、石声淮。中午武大老同学宴请。下午杨克平来访。晚七时乘火车离武汉去北京开会。李格非、张广明、吴志达及武师诸人送。

3月22日(4)晴

抵北京。上午孙尚清、冯至在大会讲话，未参加。下午小组会。

3月23日(5)晴

全天会，讨论项目、课题。

3月24日(6)晴

上午小组会，"七五"设想。下午大会，各组汇报。《全明散曲》谢伯阳、《全清词》，古籍通讯要稿。傅璇琮、沈锡麟、许逸民同志来。杨扬、陈翔华来。舒芜、陈早春来。

3月25日(日)晴

航空返宁。3月9日至22日得徐朔方、王滋源、叶嘉莹、Nienhauser、杨克平、刘君惠、陶道恕、白萍生、富寿荪、傅璇琮、黄永年、朱令仪、陈仿彝、张闻玉、刘涤源、胡杭生、曲德来函，Nienhauser 寄 *Tang Studies*，叶嘉莹寄文稿，中华寄书三包，耿全福送印一方、索字二幅，古籍收到汪先生文集收据，开会通知二（齐鲁、唐代文学会）。

3月26日(1)阴

得中华、徐中玉、士名叔函，《文教资料简报》。

3月27日(2)阴

发下列函：章子仲、钦鸿（近代文学）、程士名、高扬、曲德来、朱令仪、富寿荪、陈仿彝、程夕佳、小佳、徐鸿、周勃、陈增杰文稿（13封）。

3月28日(3)晴

发下列函：1. 朱祖延、2. 劳洪、3. 金克木、4. 唐文、5. 张国星、6. 安旗。

3月29日(4)晴

市文联党组负责人陈键、秘书长音乐家祝廷伟来。发下列函：1. 黄永年、2. 叶嘉莹、3. 平田昌司、4. 杨克平、5. 王迪纲、6. 朱祖延（问季刚师诗稿事）、7. 陈邦炎。

3月30日(5)晴

上午欧磊、王德滋及勋初来会商研究所事。下午出席市文联主席会议。

3月31日(6)阴

上午出席文讲所会。

4月

4月1日(日)阴转晴

无事。

4月2日(1)阴

得毛华轩(北图)、林辰、唐文、王健钧、富寿荪函,毛寄《中国当代社会科学家》三、四辑,郭预衡寄《励耘书屋问学记》一册。上午祁、郭和屈、谢来谈工作。

4月3日(2)阴

函毛华轩、郭预衡、林辰、王健钧。

4月4日(3)阴

许志英来。下午去看发奖会。得周勃、邓长风、李易、益阳师专刘泽民信。

4月5日(4)阴

上午去市文联参加会议。发《草堂》校稿、夕佳、周勃(寄船票)、小海、刘泽民函。得方管、张国星、刘涤源函,中华寄书一包。

4月6日(5)晴

得马录程、章子仲信。列席党委扩大会议,听化学系改革报告。古籍出版社李祚唐同志来。

4月7日(6)晴

复马录程,不去兰州。函系、校领导(黄师纪念会事)。得彭鹤濂诗函。复草堂,不去成都开会。

4月8日(日)阴

以写字寄崔叔仙。函上海人民出版社(问《史通评》)、辞书出版社(稿费)。黄纪华寄稿。

《以文为诗说》引魏泰《临汉隐居诗话》文,亦见《东轩笔录》V12。魏泰道辅诗:"博山烧沉水,烟烬气不灭。日暮白门前,杨花散成雪。"

4 月 9 日(1)阴

得杨扬、钟树梁、霍松林、杭生、晴佳信,湖南寄刘弘老词。

4 月 10 日(2)阴

得唐文、张实、山东大学信,又辞书稿费 360 元。

4 月 11 日(3)阴

得周伟民信。与士复游北湖,商纪念黄师事。夜《求索》编辑陈远宁来。

4 月 12 日(4)阴

得劳洪信。函高林中、张实、王天白(黑龙江索论文者)、周伟民。山东大学科研处处长孙坚奋等二人来访。

4 月 13 日(5)晴

函顾易生请抄黄先生墓志。得魏之祯函。以写字寄一中、子仲、周勃、孙坚奋。复魏之祯。

4 月 14 日(6)晴

得林英、唐文、张三夕函,中华寄《汉魏六朝诗》。

4 月 15 日(日)晴

复林英、三夕(附致徐孝宓函)。

4 月 16 日(1)晴

夏晨中陪《文汇月刊》副主任谢蔚明来索稿。北图寄材料来。看完积存论文。

4 月 17 日(2)阴雨

游扬州。归小腹不适。

4 月 18 日(3)阴

终日倦卧。装电话。迩冬寄《韩诗选》来。函袁世硕。

4 月 19 日(4)阴

访孙望。

4 月 20 日(5)阴雨

函陈文华、杨克平、沈锡麟。得叶嘉莹信。

4 月 21 日(6)

得卞孝萱信。以曹虹《庄子审美观》、张伯伟《杜甫〈江村〉诗心说》寄《求索》(22 日发出)。

4 月 22 日(日)阴

访曹林芳、严迪昌、尹志腾。下午访王永芬。

4 月 23 日(1)昙

函谢周笃文、陈迩冬赠书。函复杜甫集校注组(山大)。开博士生培养会。【夹纸:上午九时,图 119 开博士生座谈会。】得周振甫、殷孟伦、佘雪曼、李庆英(佘明久,两人武大毕业生)、梁为民函。

4 月 24 日(2)

得石臞信。

4 月 25 日(3)晴

得蛰存信,郭君恕弟子杨刚信,茂舒寄弘老词集三册。晚林珂来谈。

4 月 26 日(4)晴

山东大学汉语大词典组刘聿鑫来函。天津赤峰道 124 号天津人民出版社王沛霖(古籍)、殷瑞渊(历史)两位编辑来。

4 月 27 日(5)阴

发万放、李耀云函。

4 月 28 日(6)阴转晴

上午赴省委召开的会。得刘聿鑫寄来《赵执信诗选》。

4 月 29 日(日)昙

得上海文艺出版社陈福康信。严迪昌来谈清词事。函曹道衡询莫《诗经》稿。以宏生论杜《夔州》诗稿寄《文学评论》陈祖美。

4 月 30 日(1)昙

华钟彦夫妇及研究生姚小鸥来。函美国徐朔方、刘涤源、郭君恕(谢赠文)。

5 月

5 月 1 日(2)晴

晚在天渝家吃饭。

5 月 2 日(3)昙

得程一中、邓韶玉、沈锡麟、彭鹤濂函,山东《文史哲》寄 30 元。又得王淡芳、章子仲、《高教战线》龚映杉、李石纯函。为中文系学生作报告。

5 月 3 日(4)雨

函邓韶玉并寄去 5 元买书。寄《唐诗鉴赏辞典》与淡芳。和勋初同致函章书记。

5月4日(5)雨

下午与许惟贤、唐文商纪念黄先生事，并共饭于胜利。得吴丈蜀寄《词学》小册子。

5月5日(6)雨

函杨克平。

5月6日(日)晴

徐汉生来谈量守庐纪念事。

5月7日(1)晴

得夕佳、袁世硕信，古籍拨款信，瑞洁信。下午系会讨论改革。

5月8日(2)晴

白鸿及高某(《文学遗产》)来，取去莫砺锋《江西诗派政治态度》及关道雄《四库提要论宋诗》文。今日编就《量守庐学记》，即寄三联。得中山大学周锡䪖信及《诗刊》。夜郁贤皓偕东北师大历史系高振铎来访(同研究生四人)。复瑞洁。《古代英华》出版，寄来五本。

5月9日(3)晴

复袁世硕、叶嘉莹，寄出《量守庐学记》。得臧云远函，约五月下旬去南艺讲学。唐文寄来论文两篇，黑龙江王天白寄来字一条。

5月10日(4)晴

上午科研处周所长来谈(原任职历史系)。得顾易生、王滋源函。《古代文学英华》收到。

5月11日(5)

下午为进修教师作报告。以祖棻稿寄陈早春。

5 月 12 日(6)阴雨

高教一司黄天祥来。

5 月 13 日(日)阴

万放来。杨敏如研究生来。

5 月 14 日(1)晴

得杨柄诗,曹道衡信。复曹。

5 月 15 日(2)晴

收中华汇标点费二千元。

5 月 16 日(3)晴

松林寄《论文集》。文协开理事会。

5 月 17 日(4)晴

函陈谦豫询为祖棻诗抄本制书匣事。

5 月 18 日(5)晴

江苏画院卢星堂(住杨将军巷 23—8 号楼下)送来魏之祯先生托带石章二方。得邓韶玉、敏泽、王芳、孙祖荫信。

5 月 19 日(6)晴

复淡芳、韶玉、敏泽、祖荫、丈蜀、松林、魏之祯。以黄纪华、张宏生稿寄人文张国星。得郭君恕、陶道恕信。

5 月 20 日(日)晴

丽则携儿来午饭。

5 月 22 日(2)阴

函克木。夜秦嘉禾来。得文才信。

5 月 23 日(3)阴

仲荦弟子盛奇秀(山大)来。卞孝萱来。王载源来,赠一小收音机。得唐文信,王文才寄要校勘资料。

5 月 24 日(4)

函仲联、俞律。得张璋、屈兴国、周勃信。张璋转交迪昌。复旦约开《文心雕龙》会。

5 月 25 日(5)阴

勋初、孝萱来。

5 月 26 日(6)

唐文来。得陈文华信,得淡芳寄还八元。威克返,夜全家饭。

5 月 27 日(日)晴

以《考索》二校稿寄邓韶玉。

5 月 28 日(1)阴

晨本校樊道恒(人事处)、龚放(高教研究室)、周同科(校报编辑部)来谈关于写《现代中国》有关事。得舒芜、陈早春、王淡芳信。

5 月 29 日(2)昙

得仿彝信,不用曾伯藩对联稿。

5 月 30 日(3)昙

臧云远来谈为南艺学生作报告事。得仲联信。

5月31日(4)阴

从28—30日,学生要求改革,接连三晚贴小字报、大字报。30日晚上街游行,派代表去省政府。

6月

6月1日(5)阴雨

得陈谦豫、唐玲玲、敏泽函,黑龙江出版社汇款。上午新雷、南秀陪张闻玉先生来访。

6月2日(6)昙

函滋源告稿费收到。得夕佳信,调令尚未收到。函张实问讯。晚宴请卞孝萱、曹林芳夫妇及周勋初夫妇。

6月3日(日)晴

读《湘绮楼日记》。光绪八年壬午八月五日日记:"与易郎谈华才非成道之器,然其先不可少。东坡六十而犹弄聪明,故终无一成。佛家以敏悟为狂慧,圣人所以约礼。"同上十月十六日:"曾郎送诗,共看赏之,以为今神童也。"曾谓重伯。

6月4日(1)

6月5日(2)

得汪京信(御道街58江苏冶金地质研究所)。

6月6日(3)晴

得彭靖信。看病。

6月7日(4)阴雨

得倪豪士、邓韶玉、蔡友生函。汪越来。函汪京约星期日上午来。罗仲鼎来饷橘、竹篮一只。

6 月 8 日(5)阴

文史馆李耀云及另二女职员张秀琴、邱月华来。下午赴南艺讲。得武大电报,耀老六月五日去世。得林英函。

6 月 9 日(6)阴

上午与教育部高教局同志谈学校改革。将补充材料寄三联书店。章品镇介绍《文艺报》女工作人员赵小鸣来约稿。

6 月 10 日(日)晴

6 月 11 日(1)晴

得《草堂》稿费 95 元,杭生、张实、齐鲁、东北师大高振铎、甘雪娟信,白尘寄《云梦断忆》。复杭生、张实。

6 月 12 日(2)晴转阴

得张国星函(内附收莫文回执),林英函,王远谋(55 年武大毕业)函及稿,傅光函。《饮中八仙》毕。

6 月 13 日(3)雨

许志英、谢伯阳来。

6 月 14 日(4)阴

得吴孟复函。迪昌来。下午日本人小川来问唐集事。夜吴玉兰、邢亚辉来。电贺《长江文艺》创刊 35 周年。

6 月 15 日(5)阴雨

以校改谈话记录寄高振铎。请戴老师写推荐信。

6 月 16 日(6)晴

以文寄舒芜。寄还六合胡济沧稿。得敏泽寄复印《词辨》,夕佳信。

6 月 17 日(日)晴

函文华。

6 月 18 日(1)阴,闷热

江苏省五届政协二次会开幕,整日参加。得上海教育出版社寄来编辑费 315.00,吴志达寄来稿并函。

6 月 19 日(2)晴热

开会。得杭生函,《抖擞》,《高教战线》。

6 月 20 日(3)昙

上午兴国来。下午伯阳来,谈清词事。得华东师大周子美函。领《学报》稿费 48 元。

6 月 21 日(4)昙

夜迪昌来交南图印词计划。

6 月 22 日(5)

上午开明清文学方向会。以莫《江西诗宗派图》改稿寄漩琮。以诗画稿寄中玉。分配《太炎讲演录》。

6 月 23 日(6)阴

复周子美。函蒋维崧、戴镏龄,求复印词集。

6 月 24 日(日)阴

6 月 25 日(1)晴

得《中国妇女》编辑林金荣、方管、任国绪、杭生函，乔伟书及函，古籍小组寄书两本。作协贺景文同志取去书一包。

6 月 26 日(2)晴

函张实。复舒芜、周勃(稿)、林金荣、任国绪、乔力。

6 月 27 日(3)阴

无信。

6 月 28 日(4)大雨

得杨克平、夕佳、王白坚(照片)、严迪昌信。复克平。以祖棻相片寄傅光。

6 月 29 日(5)雨

夜在胜利请张闻玉。

6 月 30 日(6)雨

以石禅记黄师笔名寄三联书店。得甘雪娟信。

7 月

7 月 1 日(日)晴

孙望来。

7 月 2 日(1)晴热

得戴镏龄、嘉兴教师进修学院徐志平(手中有清词稿)、季啸风函，《唐代文学》五辑两本。总工会干部学校魏廉来访。发徐志平、尹慧珉、季啸风函，寄莫砺锋稿(九僧与四灵)给章正续。

7 月 3 日(2)阴

得 CLEAR《中国文学通讯》及征求订户函。齐鲁书社张继溱、赵捷来访,赠书《诗切》一套及压纸一盒。

7 月 4 日(3)阴

得《南京史志》夏万年函,陈鸿祥(卖书)函,彭鹤濂函,邹昆山函。即复陈、邹。

7 月 5 日(4)阴

得舒芜及人民文学出版社宋虹约稿信,即复。

7 月 6 日(5)阴雨

得翊强、山东大学学生盛奇秀信,南京军区政治部寄《神州吟》二册。

7 月 7 日(6)晴

以南秀《正与反》稿寄人文张国星。《神州吟》寄杨克平。得周啸天(四川温江师专)及西北师院唐代文学年会筹备组信。

7 月 8 日(日)晴

看电影。

7 月 9 日(1)晴

得嘉兴教师进修学院徐志平函附寄清人词孤本(杨煃《蕉露词》),唐文寄所著《国故论衡疏证》卷上各序,社联约开会信。

7 月 10 日(2)晴

复徐志平(交尹志腾发)。得陈晓山(福州 22 中)寄文,即退。得璇琮、寿荪信,魏之祯信,南秀条:天体仪价 25 元。省总工会干校校长王文中来访。

7月11日(3)晴

雪曼孙佘锋毕业于南农农经系，分配在北京市畜牧局，来告别。

7月12日(4)晴

上午开学术委员会。得道恕、徐孝宓信。

7月13日(5)晴

以《宋词举》寄陶道恕。

7月14日(6)晴

万放来，送茶具一套。瑞洁退曹虹稿(伯伟稿已径退)。杨冠珊信，岳麓书社文正义信，湘潭大学诗词学会信。晨填写研究生答辩委员聘书等。

7月15日(日)晴

以曹虹《庄子美学》文寄张国星。复文正义、韵文学会、杨冠珊。得任笃行信，即复。研究生处大汪汪以初(理科)、小汪汪其岑(文科)。包裹莫论文。

7月16日(1)晴

以伯阳校《升庵词》寄王文才。整理《杜诗批钞(二)》。得马騄程、裘祖源(医生)、陈文华、杭生信。文华告华师大图书馆临时女工周德林同志为制书帙二个(《涉江词》)。复陈文华、杭生、騄程(附写字二纸)。函吴世昌、朱东润、霍松林。威克、史梅寄出论文20包。

7月17日(2)晴

吊唁吴教授(父为文史馆员)。寄出莫生论文20包。

7月18日(3)晴

河南师大寄诗词稿嘱整理。孙祖荫来。

7 月 19 日(4)阴

得徐中玉信，嘉兴教师学院徐志平信。浙江东阳县委宣传部陈光明寄稿，即挂号寄还。晚赴统战部宴。

7 月 20 日(5)阴

以诗词稿寄《河南师学报》。收到：1. 村上哲见寄《陆游诗索引》，2. 齐鲁沈老手书词校样及白萍生信，3.《考索》校样及邓韶玉信，4. 张国星信，5. 张三夕信，6. 钟朋(西安冶金学院建工系)。

7 月 21 日(6)

勋初来，孝萱事成。寄还沈老手书词集校样。寄河南师大诗词。

7 月 22 日(日)阴

裴显生偕金陵职大曹君来。屈兴国来。夜与天眉去胜利吃饭，贺其小生日。

7 月 23 日(1)晴

以杜诗稿寄《草堂》濮禾章。中山大学讲师某君询考博士生事，交丁柏铨办。得璇琮寄文附短札。魏之祯托陈士骅先生寄来张汉怡刻印二方。周晶寄《白雨斋》样书附函。

7 月 24 日(2)阴

函傅璇琮、王绍曾、徐孝宓、魏之祯。程一中来。

7 月 25 日(3)阴

以丛文俊文交三夕转张舜徽。三夕夫妇来。函萧兵。复三联、小佳。

7 月 26 日(4)晴热

得澳大利亚大学信，马赫信，马力结婚柬。

7月27日(5)晴,大热,夜大雨

得华师顾志华寄书及信(原南大图书馆研究生),周笃文信。

7月28日(6)阴

复周笃文、马赫、顾志华。凌萍萍、汪超伯、杨文翰来。

7月29日(日)阴昙

吴永坤送柯淑龄论文来。

7月30日(1)阴

函杨扬、邓长风,为增《点将录》材料等。得尹慧珉、杭生、朱东润信。复尹。函霍(要《年鉴》)、周晶(买书)。

8月

8月1日(3)阴

得徐放寄《唐诗今译》。

8月2日(4)晴

复徐放。函季啸风。贺马力婚。得苏者聪寄书,周笃文、邓韶玉信。

8月3日(5)昙

得倪豪士寄 CLEAR 4:1 及 4:2,夕佳信,萧兵信。

8月4日(6)晴

得王绍曾函及所寄《清史稿艺文志拾遗》,甘雪娟函,上海出版社祖菜小说校样,傅璇琮函及书。去丁山饭店开社联会。发澳洲国立大学 White 函及莫稿与《文史》。

8月5日(日)晴

无事。帆在丁山开会。

8月6日(1)晴

得陈翔华函(关于北图毛华轩抄清词目录事)。发上海校样。帆返。

8月7日(2)昙

复甘雪娟、王绍曾。

8月8日(3)昙

得淡芳信。

8月9日(4)昙

得沈锡麟、徐治平(嘉兴)、白萍生、《牡丹》编辑部、张闻玉信。

8月10日(5)晴

收淡芳寄石章,邦炎信,傅光寄《欣赏举隅》。

8月11日(6)

以词集、对联与葛墨安,交王淡芳转。得邓韶玉、邓长风、一中信,《宋词赏析》十册。复一中。

8月12日(日)晴,酷热

8月13日(1)晴

函复陈邦炎。得李白纪念馆、《中国社会科学》、苏者聪、杨扬信,教部开会通知。俞湛英来。【夹纸:南京大光路28号江苏冶金研究所俞湛英,电话42988、42221转32,大阳沟44号17幢603室。】

8月14日(2)

复孙祖荫、苏者聪,以稿寄还邓长风、杨扬。以《戏谑》稿寄《文汇》谢蔚明。

8月15日(3)阴

得舒芜寄祖棻集序。

8月16日(4)晴

复舒芜。

8月17日(5)阴

得杨克平信,濮禾章信及《草堂》。

8月18日(6)晴

得于北山、吴世昌、周晶、陈祖美及韵文学会信。周晶信告齐鲁阎昭典约22日到宁。

8月19日(日)晴

8月20日(1)阴,小雨

整装,明日赴京。

8月21日(2)晴

晨乘机赴京开会。得曾伯藩函,文学所送票一张,《中国社会科学》杂志社函,杨克平寄来复印稿一束,齐鲁寄来稿费1820.76元。凌萍萍来。

8月22日(3)晴

8月23日(4)晴

得齐鲁书社、江苏作协函,陕西寄来《唐诗讨论会论文集》二册,《江苏社联通讯》。俞为民来。

8 月 24 日(5)晴

得邓韶玉及其婿之函。

8 月 25 日(6)阴

得尹慧珉函及资料两包,黄丽丽函寄论文一篇,《文学遗产》函,高教一司函。严杰来。

8 月 26 日(日)晴

天眉、天渝等来。

8 月 27 日(1)晴

得晴佳函,叶嘉莹函及资料。

8 月 28 日(2)晴

得山东寄来《文学家评传》一、二,山东大学一学生函(考研究生),止亹夫妇、坂田新送一名古屋工艺品。

8 月 29 日(3)晴

下午乘飞机由京返宁,6:30 到。

8 月 30 日(4)晴转雨

许志英、郭维森、严迪昌、屈兴国等来谈工作。得陕西出版社寄来稿费。

8 月 31 日(5)阴

周本淳、许总、俞为民等来。发王华、邓韶玉、尹慧珉、曾伯藩、杨广志、李清照学术讨论会函。寄还黄丽丽稿。得刘明澜信。

9月

9月1日(6)雨

得新雷转来宋谋玚信,詹伯慧信及祝南《词学论稿》。

9月2日(日)雨

夜为威克作生日。

9月3日(1)晴

得刘明澜寄文,西北师院中文系卢燕平寄《李公垂诗文笺注》,张璋寄《全明词》样本及信。

9月4日(2)晴

研究生来。得黄纪华信。

9月5日(3)晴

9月6日(4)雨

上午校长召集开会,何东昌参加。得舒芜、程一中信。

9月7日(5)雨

得叶嘉莹寄来书两本,夕佳函,《青春》文学所寄30元。复夕佳。函张实。

9月8日(6)

上午曲钦岳等来。得彭靖、邓韶玉、杭生函。

9月9日(日)雨

上午梯队开会。下午《江苏戏剧》查全纲来,取去吴先生避寇绝句复印本。

9 月 10 日(1)

收到唐代文学学会文件。

9 月 11 日(2)

得张瑞洁信,武大学生王济时信,福建人民出版社稿费通知。

9 月 12 日(3)阴

雪克、陈美林来。孙月沐来。得景生泽信。

9 月 13 日(4)晴

得朱东润、佘雪曼、陈翔华函,赵幼文寄《曹植集校注》,夏承焘寄《饮水词》,广东《花城》寄稿费 12 元。

9 月 14 日(5)晴

得黄瑞云信。函张瑞洁、唐文、陶道恕、金克木、景生泽、刘明澜、黄纪华、陈翔华、彭岩石、朱东润。寄书给赵幼文。

9 月 15 日(6)晴

苏昌辽来。周勃女及婿(周晓萍、杨洪波)来。得赵晶晶信。

9 月 16 日(日)晴

晚宴请沈寅宪、白氏夫妇等。

9 月 17 日(1)晴

得孙慎之李庆立(山东聊城师院)、李清照纪念馆、杭生、夕佳、陈邦炎、任笃行函,邢公畹、陈邦炎各寄一书。下午高教局开会讨论大学生作文评奖。

9月18日(2)晴

下午文史馆开会。得陈福康、倪豪士、唐文信。

9月19日(3)晴

得东北师大、程一中、黄瑞云函。

9月20日(4)晴

上午上课。下午和莫生同拍照。得唐圭璋、彭靖函。

9月21日(5)晴

上午开九三省代会。得周祖譔、王运熙、姚雪垠、沈锡麟、张实函，高教局大学生作文比赛稿，王利器寄《文镜秘府论校注》。得周绍良寄书，苏者聪信。夜陈仿粦来。

9月22日(6)昙

得周笃文、黄永年信。

9月23日(日)晴

邱树森、孙应祥(历史系副主任)、孟昭庚三人来谈。【夹纸：孟昭庚，北阴阳营12幢206；孙应祥，进香河路33号1幢108；童光华，大庆路236号；孟素卿，南园南楼二楼；伍贻业，南园陶园8号；邱树森，北京西路二号新村13幢108室。】致舒芜、赵晶晶、夕佳、任笃行、孙慎之。以陈伯弢材料寄雪克。

9月24日(1)晴

得施蛰存、金克木、陶道恕函。邓瑞来。

9月25日(2)阴

全日参加九三省代会。邓瑞送来黄先生文、本人文、索引三样。夜南宁师院毛水清来。

9 月 26 日(3)阴

得傅璇琮、聂石樵函。全日参加九三省代会。

9 月 27 日(4)晴

得叶嘉莹、刘君惠、张实信，又周伟民、刘乃昌、岳洪治（人民文学《祖棻选集》责编），又王先霈论文。

9 月 28 日(5)阴

上午看电影。下午参观电脑。得中玉、瑞洁、夕佳函。晚突患心疾，去工人医院住院。

9 月 29 日(6)阴

得马騄程、方管、任笃行、王绍曾、臧云浦函。又得莫绍裘函，夏先生寄《饮水词》，胡大浚寄书三本。得《社会科学汇款》216 元。

9 月 30 日(日)昙

寄 300 元给夕佳。张志岳的两个研究生来。江苏古籍出版社和广东出版社两人来。

10 月

10 月 1 日(1)昙

在医院过国庆日。芸上午来陪，同进午餐。下午小婉携早早来，晚饭后始去。徐有富来医院探视。

10 月 2 日(2)阴雨

芸全日在医院陪。下午孙望夫妇来探视，并送来莫君论文意见。草拟致杨克平函。赵国璋还来书五本。

10月3日(3)

函杨克平、邓长风、岳洪治(《沈祖棻选集》责编)。东北师大杨公骥研究生拟来就学事函交系里函复。下午周勋初、吴永坤、严迪昌、叶医生来院探视。晚屈兴国取去《续四库全书》第十二本复印,送来《词则》两本及稿。得杨明照、吴志达、夕佳、顾学颉、甘雪娟、周振甫函,福建出版社稿费18元。

10月4日(4)晴

得陈早春函,陈文华函及书,黄裳书,君惠函,《英华》精装本两本,齐鲁补齐《文薮》。凌雨轩、余绍裔来医院探视,并谈工作。张月超来探视。

10月5日(5)阴

发致施蛰存、黄永年、周祖譔、夕佳函。寄书与刘君惠等。唐文来医院探视。

10月6日(6)晴

发致马騄程、周伟民、莫绍奎、曲阜师院、陶道恕、张瑞洁、锦州任笃行、吴梅先生纪念会函。寄《文献》与徐鹏,《文薮》与周绍良。得钱仲联、澳大、兴化潘静函。凌萍萍、俞润生来医院探视。政协送还字幅并赠一大文件包。

10月7日(日)晴

芸学生20人来祝寿。

10月8日(1)昙

得夕佳、淡芳、雪克函,吴志达寄《元明清小说选》,张少康寄《文赋集释》。

10 月 9 日(2)阴雨

得克平电报，告以武汉将另开纪念黄先生会；平田寄《光宣诗坛点将录斠注》；张文勋、张三夕函；陆敬寄来 500 元。

10 月 10 日(3)晴

发致杨克平、吴志达函。得徐中玉、莫绍裘、刘茂舒函，湖北大学寄稿费 30 元。曾德珪、尹志腾在院谈工作。

10 月 11 日(4)晴

社联办公室主任刘同志来访。得萧印唐、周祖譔函。发钱仲联、刘茂舒函。

10 月 12 日(5)昙

得蒋维崧、陈仿彝函。

10 月 13 日(6)阴

函张瑞洁并寄 7 元，请购书。得山东聊城李庆立孙慎之、施蛰存、上海古籍、江苏社联函。孙望夫妇、陈瀛夫妇来院探视。江苏社联王老、李仲安秘书长来探视。

10 月 14 日(日)昙

发致萧印唐、李庆立、古籍出版社函。得澳大寄论文。六叔来午饭，小婉陪。郭、许、周来家谈工作。

10 月 15 日(1)昙

得郭预衡、尹慧珉函，小郑函及所寄书《古诗今选》十套、《文赋集释》《平寇志》《高适集校注》各一本，蒋维崧字及复印词。

10 月 16 日(2)昙

得钱仲联、张三夕、马騄程、刘乃昌函。屈兴国、吴锦来院谈工作。

10月17日(3)昙

得徐鹏、张国光函。陈美林来。

10月18日(4)晴

得梁璆、夕佳、黄瑞云函,林家英函及书。郭维森来院探视,谈工作。曲校长等来院探视。周明来。

10月19日(5)晴

得周祖譔函。发致澳大函,王永芬书。徐复来院探视。

10月20日(6)晴

得卞孝萱、杭生、杨公骥函,周来祥函及书两本。上午莫生拍电视。

10月21日(日)晴

终日在医院休息。下午小婉夫妻来探视。

10月22日(1)晴

上午请假回校参加答辩会,甚快。得张舜徽书与函,瑞洁、陈邦炎、萧印唐、上海古籍函。

10月23日(2)晴

得王淡芳、严学窘函。

10月24日(3)晴

得莫绍裘、吴志达函。吴白匋、舒芜、霍松林来家探视。黄纪华来。

10月25日(4)晴

得严迪昌、上海古籍函。

10 月 26 日(5)晴

发致陈邦炎函。尹志腾、龚放到医院谈工作。

10 月 27 日(6)晴

得辰宪、汪稚青(芜湖邮电学校)函,湖南寄《诗词抉微》,苏作协寄《外国文学论文集》。函陈邦炎。

10 月 28 日(日)晴

今日回家一天。丽则一家、天眉、天渝等共进午餐。

10 月 29 日(1)晴

姚松来发张宏生的论文给各委员。莫砺锋发寄萧、王等的书。寄书给周来祥,寄莫论文意见书给任笃行,寄钱 3 元订《文艺情况研究》。得闻一多研究讨论会开会通知,陶道恕、胡杭生、程小佳、陈鸣仲(陈作霖曾孙)函。

10 月 30 日(2)晴

函莫绍裘、程夕佳。得夕佳、李庆立等函,复旦开会通知,长春东北师大古籍所稿费 10 元。

10 月 31 日(3)晴

莫砺锋来还书。钱先生四硕士生论文看完。

11 月

11 月 1 日(4)昙

得叶嘉莹、彭靖、晴佳函。王永芬来借两本书去。发致钱仲联、杨公骥函。

11 月 2 日(5)昙

得吴孟复函。武大柯、赵来。

11 月 3 日(6)晴

得湖北大学王迪纲函。发致徐中玉、小海函。

11 月 4 日(日)晴

整日在院休息,芸陪。丽则、小燕来院探视。

11 月 5 日(1)晴

得陈邦炎、郝延林、武师严承钧、舒焚、莫绍裘、卢水石等函,《贯云石评传》,《湖湘诗萃》。

11 月 6 日(2)晴

湖北大学王、谢老师来院探视。

11 月 7 日(3)晴

得夕佳、陈邦炎、邓南(巴蜀书社)、陈致(北大)函。发致郝延霖函。天纵打好书橱二架送来。

11 月 8 日(4)晴

11 月 9 日(5)阴

白匋夫人、周勋初来医院探视。

11 月 10 日(6)雨

得陈早春函及《选集》目录复印件,巴蜀书社寄《四川文史资料》。芸与袁李来谈。

11 月 11 日(日)阴

许惟贤、王庆元、吴永坤来医院。得黄纪华函。

11 月 12 日(1)阴

得陈雨芬(江西师大)、张毅(南开大学研究生)、陈翔华、刘茂舒函,季啸风、韩德培、吴玉堇、张安治夫妇来院探视。

11 月 13 日(2)阴

发致陈邦炎、岳洪治函。得赵瑞蕻、马静波(浙江镇海人民银行)函。

11 月 14 日(3)阴

得陈列、周采泉函,郑孟彤寄书二本,青海民族学院寄还诗稿。

11 月 15 日(4)阴

得任笃行函。发致黄纪华函。

11 月 16 日(5)昙

卞孝萱来医院。张瑞洁来。

11 月 17 日(6)昙

参加张伯伟答辩会。回家休息。得宛如信。严来谈工作。寄寿联(给夏老)陈翔华转,寄论文评语给澳大。

11 月 18 日(日)晴

回家休息。邓瑞、屈兴国来家谈工作。

11 月 19 日(1)阴冷

得凝珠、杨冠珊、王淡芳函,叶嘉莹寄《迦陵论诗丛稿》,《文艺理论研究》四本,上海师大稿费 47 元(已扣书费 3 元)。

11 月 20 日(2)阴

屈兴国来医院谈工作。发致陈列、钱仲联函。寄《闲堂文薮》一本给杨冠珊,一本给郑孟彤。

11 月 21 日(3)阴

瑞洁至医院,同赴清凉山游。晚瑞洁走。寄款订阅《文艺情况》。莫来借书两本。

11 月 22 日(4)昙

寄《文艺理论研究》二本、照片一张并函给士民叔。得黑龙江出版社寄来《中国文学史论集》一本(张志岳)。

11 月 23 日(5)昙

得黄纪华、郑国栋(湖南宁远一中)、韩维钧(徐州师专)、刘崇德(报考博士生)函。

11 月 24 日(6)阴

发黄纪华、郑国栋、韩维钧、叶嘉莹函。得古籍小组寄书四本。

11 月 25 日(日)晴

回家休息。小婉全家来共晚餐,甚欢。写字四条,寄张国光三条。致函瑞洁。

11 月 26 日(1)晴

得王迪纲函,中华寄年历、《新出金文分域简目》各一,古籍小组寄书三本。

11 月 27 日(2)阴

得人文岳洪治函。张宏生答辩,回家。上海教育出版社刘奇惕来,和鲁国尧洽谈。

11 月 28 日(3)晴

得《湖南学习导报》三本及任理德函，十中成立校友会通知。

11 月 29 日(4)晴

得倪豪士函，通知 5 元已收到。

11 月 30 日(5)晴

发白萍生、何申甫函。严迪昌来医院谈工作。徐有富送校雠学讲义来。

12 月

12 月 1 日(6)晴

得鲍振元、黄瑞云函。发致岳洪治函。

12 月 2 日(日)晴

回家休息。

12 月 3 日(1)晴

发复鲍振元函。得陈邦炎、胡杭生、祖晓春(报考研究生)、雷学军(报考研究生)函，古籍寄来《诗词日历》。

12 月 4 日(2)阴

吴永坤、周勋初来医院谈工作。

12 月 5 日(3)阴

得敏泽函。发致邓韶玉函。

12 月 6 日(4)晴

得毕奂午、郭诚永、瑞洁、白萍生函，齐鲁赠《梦苕庵清代文学论集》。下午出院。

12 月 7 日(5)晴

复郭诚永。

12 月 8 日(6)晴

复毕奂午。得邓韶玉、张国光、邢亚辉函，教部教材目。

12 月 9 日(日)阴

关道雄夫妇来，送论文一本。

12 月 10 日(1)阴

得姚雪垠、邓韶玉、澳大函，吉林通知明年开古代文论会。夕佳夫妇来，夜全家共饭。

12 月 11 日(2)阴

去工人医院验血。孟伦由武汉来，留午饭。教部寄稿费 43 元。

12 月 12 日(3)阴

中午和臧老等聚餐。晚发早搏。

12 月 13 日(4)阴

得王文生函。

12 月 14 日(5)阴

上午尹志腾来谈工作。下午中玉、顾易生来访。

12 月 15 日(6)阴

发给王文生、佘雪曼函。寄书王文生，人参给佘雪曼(静园带)。寄王滋源、陈福康稿给黄瑞云。

12 月 16 日(日)

要小鲲买电炉。

12 月 17 日(1)晴

函北京三联书店，又坂田新请代影印有关黄先生文。

12 月 18 日(2)晴

尹杰腾及王老师傅来商安电炉事。许志英来。

12 月 19 日(3)晴

月超来。得申甫书。

12 月 20 日(4)晴

复申甫。得张国光信，所写招牌遗失。

12 月 21 日(5)晴

12 月 22 日(6)晴

开系学位评定委员会。得孙东临函(长崎县立国际经济大学)。章品镇、艾煊、顾尔镡、高晓声来。

12 月 23 日(日)晴

上午赴社联评奖座谈会并会餐。下午郭维森来。晚上许惟贤来。

12 月 24 日(1)晴

上午周勋初、屈兴国来。得金田数正、蒋树敏、杭生、陈定玉函。

12月25日(2)晴

得丛文俊信，东北师大出版社及古籍所赠挂历。为谭、曹作评，改散文。

12月26日(3)晴

12月27日(4)晴

上午开会通过莫砺锋的博士学位。下午改考博士研究生卷。得陈仿彝寄《历代诗话论作家》上册并函。寄3.50元还陈。

12月28日(5)晴

得刘彦邦函，寄来父诗手迹；平田昌司、村上哲见、徐州师专韩维钧贺年片。许志英来。复日本孙东临、刘彦邦。

12月29日(6)晴

上午博士研究生考生口试，往主持。得阎庆生函(即复)，澳大寄审查费澳币95元，折人民币224.17。

12月30日(日)晴

得夏先培信。

12月31日(1)晴

1985年

1月

元月1日(2)阴

严迪昌、周勋初、吴新雷、许惟贤、张伯伟、曹虹、谢伯阳等人来。

元月2日(3)阴

周勋初、郭维森、许志英上午来开会,研究决定博士生录取名单。得小佳函,杨克平寄来潘重规著作复印稿,《高教战线》,青春文学院寄来年历,古籍小组寄来书一包。

元月3日(4)阴

得张三夕、陈贻焮、邓韶玉、高振铎函。

元月4日(5)

元月5日(6)阴

看病。得叶嘉莹函。

元月6日(日)晴

函贾晋华、金克木。参加金大同学会。

元月 7 日(1)晴

参加作协代表团宴会。

元月 8 日(3)阴

得周策纵、坂田新函，山西古典文学会送台历。

元月 9 日(4)晴

得陶道恕、杨慎之(湖南社科院副院长)函，山西人民出版社送小月历一个。晚张叙之来。

元月 10 日(5)晴

得顾学颉函及《元曲释词》上一本，《作品》寄挂历。下午去丁山宾馆开社会科学评奖会。贾、印晚来。

元月 11 日(5)晴

得黄德宽(安徽大学中文系)、沈锡麟、王达津，西南师院寄审文费 100 元，陆耀东寄书一本。

元月 12 日(6)昙

得廖纯德、孙东临函，作协开会通知。函黄德宽。得瑞洁寄黄季刚老师文，苏州大学请审文。

元月 13 日(日)晴

函邓韶玉请代购书。

元月 14 日(1)晴

得李辛凯寄挂历，夕佳寄还 300 元。

元月 15 日(2)晴

得卞孝萱函，湖北图八十周年专刊。今日社科评奖会结束。张伯伟、曹虹来。

元月 16 日(3)晴

得刘彦邦、周伟民唐玲玲函及刘寄祖棻手迹。江苏广播电台理论社教部主任陶皆良、欧阳来访(T43583),谈对联评奖事。唐文、吴锦来。坂田赠伞。函金克木、三联书店、沈锡麟。晚武大宗福邦、杨健来。

元月 17 日(4)阴

得夕佳、瑞洁函,江苏古籍出版社赠挂历。

元月 18 日(5)晴

得黄裳复函。黄先生纪念会预备会结束。宗福邦来辞行。

元月 19 日(6)晴

得饶钦农、张毅、苏州大学函,湖南出版社书一包。函黄裳。

元月 20 日(日)晴

寄出徐永端评语。函严学窘。芸赴大厂。小婉全家来午饭(馄饨)。许嘉璐、赵国璋、姚白桦来。宛雨生来送材料。

元月 21 日(1)晴

得张国光、陈翔华、上海古籍、周啸天函,又得瑞洁函。函苏州大学不去参加定稿会。上午出席校学术常委会。下午主持文科学术会议。

元月 22 日(2)阴

上午研究生院请写字。勋初、明炜等来。得晴佳函。

元月 23 日(3)阴

得饶钦农寄来书稿等。张伯伟来辞行。函瑞洁。

元月 24 日(4)昨夜雪,阴

王淮冰来谈社联评奖事。史梅送鱼来。将饶钦农书稿交研究生带还。

元月 25 日(5)晴

高国藩来。得王文生、邓韶玉函,社联、文联开会通知,历史文献研究会寄书两册。

元月 26 日(6)阴

得夕佳函。下午访止畺。

元月 27 日(日)阴

小婉全家来。

元月 28 日(1)晴

得佘雪曼、士名叔、三联函。

元月 29 日(2)昙

文史馆李耀云、张××、史××来。写字(许慎、段玉裁纪念馆,研究生院,书签三个——傅璇琮、勋初、夕佳转)。

元月 30 日(3)晴

函任笃行商议莫生稿事。夕佳寄书签。得空军气象学院郑祥理寄对联(南京岔路口空军气象学院 24 楼 8 号,电话 24007 转 242)。看完周伟德稿,还屈兴国。

元月 31 日(4)晴

上午九三来拍照。去社联开会。吴玉兰还书。

2月

2月1日(5)晴

得黄德宽函。整日去社联开会。

2月2日(6)晴

与芸出买酒。姚松送卡片3800。

2月3日(日)晴

复黄德宽、王文生。函程一中。

2月4日(1)雨

得舒芜、淡芳、马騄程函,陈翔华函并寄夏老书一册。系党政工代表来探视。全天在社联开会。

2月5日(2)阴

上午在社联开会。得黄裳、林英函,砺锋送来《百科知识》一本,傅璇琮寄《陈与义年谱》一册。患目疾已近一周,下午去工人医院诊治。

2月6日(3)阴

函丛文俊,嘱代觅张辉所需《史通》论文。九三王献民来访。收林英信及《倾盖集》。

2月7日(4)阴

函林英,寄与《文教资料简报》。函中华书局,1. 请定责编;2. 请汇5000元预支稿费;3. 请将中华所藏清词目录速寄来;4. 上下限问题,最好开一小会。得易扬信,约参加屈原学会;张国光信,约参加竟陵派学会,故告以病未能。

2月8日(5)阴

访新雷、威克等,不在家。得张国星信及《古典论丛(1)》,又历史系姜平赠《民国史论丛》。

2月9日(6)昙

得武大统战部及彭鹤濂函。

2月10日(日)晴

复武大统战部。

2月11日(1)阴

致小佳。得黄德宽、卞孝萱信。

2月12日(2)晴

江苏古籍出版社陆国斌、薛正兴、王步高来谈编唐宋词鉴赏书事。函杨克平(航挂)。

2月13日(3)晴

函《文遗》史美圣附稿。访志腾。得小佳、曾加秀、萧焜焘(附文)信。空军气象学院×君取其联语稿去。

2月14日(4)晴

与芸出购上衣。得马赫、任笃行信。电台来致礼。汪越来。下午出席省统战部联欢会。

2月15日(5)阴

社科院范恭俭来。文联陈健、俞律来。得王文生寄《观海集》。

2月16日(6)晴

得晴佳、程一中、徐中玉、傅光函。下午去《青春》评奖会。

2 月 17 日(日)雪

陕西师大研究生王红带来黄永年函及书。

2 月 18 日(1)雪

为傅光作书签。陈健代表文联来拜年。

2 月 19 日(2)阴,除夕

得伯伟、樊凡信。

2 月 20 日(3)晴,元旦

中午在天渝家饭。晚在白匋家饭。

2 月 21 日(4)晴

得倪豪士、杨扬函。收到黑龙江安达市人民银行王天白乞幅,此人曾以文见寄,失之,颇滋扰。

2 月 22 日(5)晴

函杨明照。得章子仲、张三夕、彭伯通信。

2 月 26 日(2)阴

发黄裳、史美圣信。得张文勋寄书,三联曹月堂寄《三松堂自序》。

2 月 27 日(3)雨

得坂田新寄来潘重规等著作复印本,澳大函。去市文联开会。

2 月 28 日(4)阴

函王淡芳、章子仲、彭鹤濂、曹月堂。得龚心汉函,为彭伯通询问地址,即复,不见。夜孙望介绍《周末报》编辑吴卫平(吴晋远)来。

3月

3月1日(5)阴

复瑞洁(余购书款4.80元存彼处)、周伟民、马騄程、坂田新、杨扬、张国星、马赫、樊凡、中玉。得克木、吴碧莲信。

3月2日(6)阴,小雨

函三夕。

3月3日(日)阴

以文寄邦炎,并问词事。收林家英磁带、食物,卞孝萱食物。

3月4日(1)阴

函王步高(附致叶嘉莹、缪彦威函)。得于辅仁、杨志尧(二人均系考硕士生者)函,中华寄书两本,吴世昌寄书两本。下午参加校学术委员会全体会议。上午社联王老等二人来。

3月5日(2)晴

得林家英、黄裳、雪曼、傅光信。

3月6日(3)阴

得杨扬信,即复。以谈培养研究生稿寄《当代中国》教育部编辑苏渭昌、赖立(教育部)。得《中国文学家列传》稿费。

3月7日(4)阴

函金启华。下午研究生(博)来谈。得中华函。

3月8日(5)阴雨

得邓长风函。白皓来,托以书带给郝延霖。

3月9日(6)

3月10日(日)雪

复黄裳。得蒋兆鹄函(荆州师专)。

3月11日(1)晴

学生上课。得史美圣(《文遗》稿校样)、王文生、陈邦炎、丛文俊、彭岩石函,苏大30元。

3月12日(2)阴

上午清词室开会。下午杨克平来。致史美圣。

3月13日(3)阴

复兆鹄。致张辉、陈翔华。得苏昌辽、黄纪华函。下午评审会。

3月14日(4)阴

函吴碧莲。得吴志达信。

3月15日(5)晴

下午去梅花山。杨克平赴港。陈美林来,未遇。

3月16日(6)阴

得丛文俊、黄裳函。上午去市文协开会。下午系里开会。

3月17日(日)阴

复张文勋、王文生、吴子臧、林佳美、舒芜。

3月18日(1)阴

得叶嘉莹、万业馨、古籍、山东莱阳一中郭强清函。

3 月 19 日(2)阴

得夕佳、马赫函，陈福康寄《历史小说选》。寄中华《学林漫录》校样，《文献》封面样给任笃行。

3 月 20 日(3)阴

得霍松林、陈美林(陈翔华告无闻夫人允抄夏老词目)、吴孟复函。

3 月 21 日(4)晴

夜张、蒋来(博士生来①)。

3 月 22 日(5)晴

函叶嘉莹。

3 月 23 日(6)晴

访孙望。出外购物。函沈锡麟。又函梁尚人部长(附尹黄材料)。

3 月 24 日(日)阴

章子仲来饭。

3 月 25 日(1)阴，小雨

得沈宁生(考研究生)、戴登明(武大学生)、舒芜函。

3 月 26 日(2)阴

晚开会研究录取硕士生。

3 月 27 日(3)阴

得古籍寄《古诗考索》样书 13 本，陈翔华函(已交清词室)。函舒芜，告知陈致已录取硕士生。

3 月 28 日(4)阴

得缪钺函,小鹿叔寄来印章,叶嘉莹、林辰函。函宋家淇,寄序(自己拿去)。

3 月 29 日(5)晴

得黄裳信(已转严)。寄书给舒芜、黄裳。

3 月 30 日(6)阴转晴

函六叔谢石章。函邓长风告补正汪先生文稿,请邓韶玉买书。得武汉作协邀请函,张璋函(已转严),上海社科院出版社寄《历史小说》印数费 50 元。

4 月

4 月 1 日(1)阴

得黄裳、蒋兆鹄信。

4 月 2 日(2)晴

得西北大学傅剑平函。

4 月 3 日(3)晴

下午在校开评审会。晚杨知文来。

4 月 4 日(4)晴

得马兰、钱仲联、黄荣志(投考研究生者)、水浒研究会函。全天开评审会。赵国璋还徐有富讲义。

4 月 5 日(5)小雨

得武大统战部及吴志达函。全天开会。

4月6日(6)

芸病。陈美兰、吴肇荣来,未遇。开会。

4月7日(日)阴昙

芸病。定评会4—7毕。夜浙江古籍出版社王翼奇、赵一生、杨剑虹来。

4月8日(1)晴

得周振甫、程毅中、舒芜、吴文治、蒋德钊函(程、蒋函已转清词室),《量守庐学记》稿。下午郭、许二主任来谈博士点事。《文学报》记者谢海阳代《文汇报》专刊采访《全清词》事。

4月9日(2)阴

陶敏来。函吴志达、章子仲、邓韶玉、上海古籍。以《庐记》寄唐文。得顾学颉、陶道恕、尤振中、任笃行、何芳洲信。

4月10日(3)雨

王立兴来谈开会事。函何芳洲。

4月11日(4)晴

得白萍生、徐中玉、吴调公、河南大学书法学会函。寄款给杨克平(1000元)。上午与陈嘉同工作。

4月12日(5)晴

丁处长来谈新增文科专业事。得钱默存、何申甫、朱金城信。

4月13日(6)晴

得黄裳信,徐师30元,又蛰存、于北山、王运熙信。

4 月 14 日(日)晴

和芸游玄武湖。

4 月 15 日(1)晴

得杨克平、黄裳、朱东润、富寿荪、周振甫、江苏人民出版社、江苏古籍出版社函。下午开新专业论证会。

4 月 16 日(2)晴

以史传稿寄中玉。得四平师院张玉新信,又陈贻焮、青岛教育学院吕长仲、方长啸信。

4 月 17 日(3)晴

函陶道恕,谈吴翠芬稿事。得刘若愚诗函。

4 月 18 日(4)晴

4 月 19 日(5)晴

冯其庸来。莫砺锋取去杜诗讲稿。晚研究生梯队开会。

4 月 20 日(6)多云

得章子仲、刘明澜、傅璇琮、王以铸、聂石樵、云南大理师专、牟世金、上海古籍函。下午去工人医院看病并探视圭璋。

4 月 21 日(日)晴

复傅璇琮、上海古籍、大理师专、王以铸、淮阴师专《活页文史丛刊》。得三夕函。

4 月 22 日(1)晴

得陈大沛(孝章之子)函。止畺上午来谈。

4月23日(2)晴

研究生复试。得林庚、岳洪治、吴碧莲信,又邢亚辉信,缪钺信。复岳洪治告定《选集》100册。

4月24日(3)晴

得山大研究生佘正松、盐城政协周梦庄、叶嘉莹信。

4月25日(4)阴雨

得陈祖美函,盐城市政协周梦庄寄《海红词》,霍松林寄《社会科学评论》,省社联开会通知。

4月26日(5)阴

得张安治诗信,投考研究生于辅仁信。中午和芸同赴月超宴。

4月27日(6)晴

得周勃函。上午去社联开会。晚请桂哥在家小酌。得唐文、中玉、刘文忠信。

4月28日(日)

去苏州,至5月5日。

【日记本封底:一九八五年五月苏州作《过六宅头子苾故居》:窈窕词仙去不还,尚留遗宅在人间。年时执手巡檐处,一抹微阳度屋山。】

5月

5月6日(1)阴

教育部及中华书局三人来视察文献所及清词室。4月29日至5月5日得张国光、周士琦(余嘉锡外孙)、王淡芳、陈继明、张仲(青岛教育学院)、王勇(新疆)、张瑞洁、刘君惠、江苏古籍、张三夕、贾晋华、曹月堂(三联）、吴志达函，Harvard Journal of Asiatic Studies 寄学报，人文出版社寄《中国古典文学论丛》第一辑，林庚寄《问路集》。

5 月 7 日(2)晴

得茂舒、赤峰师专叶沐耕、叶嘉莹信。

5 月 8 日(3)昙

得湖北天门杨茂林函。

5 月 9 日(4)阴

上午去市文联开会。得山东艺术学院科研处函。和许惟贤同去金启华家。

5 月 10 日(5)晴

迎叶嘉莹。

5 月 11 日(6)晴

叶作报告。

5 月 12 日(日)晴

5 月 13 日(1)阴，昨夜雨

叶上午参观《全清词》，下午座谈。得周祖譔信。夜安旗、郁贤皓来。

5 月 14 日(2)阴

古籍王镇远、冯海荣二同志持邦炎函来见。得盐城周梦庄函，郭豫适寄书一本。夜，许、唐、吴、徐来商黄先生会事。

5 月 15 日(3)阴雨

中华《文史知识》陈仲奇、余哲持傅璇琮函来访。上午赴江苏古籍会议。以录音带及字一幅交宏生赠叶嘉莹。

5月16日(4)晴

函复周梦庄、君惠。

5月17日(5)阴

函王勇(新疆)、华敏、山东艺术学院、汤擎民、陈继明、周士琦、郭豫适、小佳。得马騄程信。

5月18日(6)阴

陈海燕(武大老学生,现在湖北大学历史系)来。

5月19日(日)昙

复茂舒、淡芳、周勃(三夕、子仲)、林从龙。李涵来,询祖棻事,赠以二论文集。

5月20日(1)

复陈大沛、瑞洁、刘三富、张安治、倪豪士。函郑云林购书。得曹月堂信。

5月21日(2)晴

下午赴鸡鸣寺游观。

5月22日(3)昙

得子仲寄稿,即转振甫(并附照片10)。得邓小军信。

5月23日(4)昙

上午开南京作协成立大会。下午访叶嘉莹。得刘开扬信。

5 月 24 日(5)晴

中午云远邀饭,同席吴强、白尘、许幸之夫妇(来南京开画展,中央美院任教)等。得曾君儒信(广东兴宁县教育局县志教育分志办公室)。

5 月 25 日(6)晴

史梅来,饷茶一斤。武大教务处张杰来谈黄先生纪念会事,又落实事。得方管信,又雪垠信,邓小军寄论文。

5 月 26 日(日)

写《对话录》,次日由李立朴寄《文学遗产》。夜请客。

5 月 27 日(1)阴雨

得张文勋、南通教育学院金志仁信(附文稿)。

5 月 28 日(2)阴

下午赴省政协开古籍会。宋家淇携李一蕾来。以稿寄《文史知识》(《学诗答问》)。

5 月 29 日(3)晴

与北桦、孙望、夏晨钟夫妇同游琅玡竟日。晚宴请沈锡麟。函宋家淇。

5 月 30 日(4)多云

得刘茂舒函,村上哲见寄《陶枕词稿》,张文勋寄《刘勰的文学史论》。早晨写字(楹联协会、张文勋、地质学校屠海若)。

5 月 31 日(5)昙

得淡芳、振甫信。

6月

6月1日(6)晴

得君惠、许逸民、陈贻焮、毕庶春(丹东师专进修教师)、吴曙明(池州师范)函。

6月2日(日)晴

小海道深结婚。

6月3日(1)晴

得叶嘉莹函。

6月4日(2)阴

致林英。复舒芜。以文稿还金志仁。武大五四年毕业生雷应行(与贺新创、郭锡良、祝敏彻同班),现任苏州教育学院中文系主任,约赴苏州讲学。陆国斌来。

6月5日(3)阴

得格留、杨冠珊信,《文学遗产》收条(A·28问答录)。

6月6日(4)

6月7日(5)

以书寄吴熊和。以词人名氏录寄黄裳、叶嘉莹。

6月8日(6)晴

得毕万忱、陶道恕信,即复。函陈仿彝。

6 月 9 日(日)晴

晚饭在小婉家吃。白萍生来送沈书词稿。

6 月 10 日(1)晴热

函梁世传、陶道恕、陈仿彝、章子仲(寄材料附致刘道玉)、毕万忱(附字幅),以书寄清水、村上。寄出哈佛支票。

6 月 11 日(2)阴

上午看病。得三夕函,陈贻焮寄《自传》,陈中奇、余哲(《文史知识》)函。

6 月 12 日(3)阴

上午郑尚宪答辩。下午苏昌辽来,送裱字画。周晶来。齐鲁书社总编赵丙南、副总编孙言诚。得王淡芳信。

6 月 13 日(4)晴

得《浙江画报》信,并退照片 4 张。得杨克平寄杂志。

6 月 14 日(5)晴

得川大函,关于开宋代文学讨论会事;云南师大江忠欣函。下午与大学生会谈。得刘蘅惠愔寄词并函,三夕寄《〈文心〉征引文录》。

6 月 15 日(6)

复曾枣庄、刘蘅、浙江画报社谢狱。上午赴楹联学会成立会。寄论文 100 本川大。得吴志达函。

6 月 16 日(日)晴

复志达告棻佚事。

6月17日(1)晴

杜甫草堂寄来校样，已校好寄去。得方管函，张国光转来竟陵郭义淦代刻图章一方。

6月18日(2)晴

得周本淳、舒芜函；《江海学刊》寄来十本；张白山书一本，即还寄《古诗考索》一本。寄《江海》给杨扬，寄《苏轼的风格论》给陈贻焮、荒芜、周本淳并附函。给康煜意画题字赠匡老。杨克平夜自常州来电话。

6月19日(3)晴

得黄裳《银鱼集》，即复，并答前书。得匡《孔子评传》。

6月21日(5)晴

得万业馨信。安徽黄山书社(古籍出版社)编辑项纯文同志持吴孟复、黄德宽函来见，赠以《章氏国学讲演录》。

6月22日(6)

得湖南省图书馆信，即转严。

6月23日(日)

携诸儿孙游鸡鸣寺。

6月24日(1)雨

得梁世传信，谈祖棻事。

6月25日(2)阴

以论文寄还扬师。五十年代九三工作人员赵春霖来。万放来代购纸一刀，44元。汪越来，付以稿费200元。

6 月 26 日(3)阴雨

尹志腾报告各事解决情况。王绍曾寄《张元济传》。以书寄坂田新，论文(《苏风格》)寄吉林大学。得黄裳信并书，南通教育学院金志仁信，人民文学出版社张国星赠《金瓶梅》书卡四张。

6 月 27 日(4)昙

函《文汇》索稿。得章子仲函。

6 月 28 日(5)阴

挂号寄出《草堂》稿及答文学所科研处问。许志英来。

6 月 29 日(6)

以照片寄叶嘉莹。得谢狱复信。湖北天门交通局郭义淦托张国光赠一名章，顷又来一信，无事。

【剪报:《文汇读书周报》1985 年 6 月 29 日谢海阳《〈全清词〉在紧张编纂中——程千帆教授吁请各方大力支持》。】

6 月 30 日(日)阴

函黄裳、张实，复赵盛德。清华大学刘桂生教授(寅老学生)来。武大老同事王焕南来。金启华来，赠《诗经全译》，又华钟彦函及照片。

7 月

7 月 1 日(1)阴

得陶道恕、周本淳、杜仲陵、夕佳函，又曾枣庄信。复道恕、仲陵，辞巴蜀聘。得郭义淦寄《钟惺论》。

7 月 2 日(2)阴

7月3日(3)阴

7月4日(4)阴

写匾给陆夫人。晚七时乘飞机去北京开会。

7月5日(5)阴

昆剧院骆君送来画请题。得《草堂》函,收到校稿。在北京开博士点基金会,王瑶、冯其庸、严家炎、程四人。

7月6日(6)昙

上午9:15从北京起飞,下午1:30到南京。

7月7日(日)昙

到天眉家饭,小鲲生日也。

7月8日(1)昙

得子仲信,告以得祖棻自传;江苏高教局信,告拨款三千元;舒芜信;新四军纪念馆信,要写字;吉林大学文论会信;南师大审稿费60元;齐鲁周晶信,要校汪先生稿;雷应行(苏州教育学院)函。

7月9日(2)

复舒芜、雷应行。得陈仿彝函。

7月10日(3)

得邓子勉函,四川大学开会通知,刘三富函。周晶来,携去汪先生稿。蒋寅偕戴伟华(扬师教师)、吴小平(江苏古籍出版社)来。

7月11日(4)

夜陈辽来。

7 月 12 日(5)

写字。

7 月 13 日(6)雨

取中华清词稿,明日寄还收条。改蒋寅稿。题马得画。

7 月 14 日(日)

7 月 15 日(1)晴

川大宋代文学讨论会,9 月 16 日报到,22 日结束。武汉会十月十五日到十八日。得傅璇琮、舒芜信。

7 月 16 日(2)晴热

7 月 17 日(3)阴雨

得王文才寄来《元曲纪事》,《草堂》函收到稿件,《高等教育》约稿。陈美林来,带来夏老《词集》、徐朔方《史汉论稿》。

7 月 18 日(4)昙

得傅璇琮寄《李文饶年谱》。

7 月 19 日(5)晴

复傅璇琮、君惠文才。上饶师专二人来。

7 月 20 日(6)晴

得张国星函。

7 月 21 日(日)昙

日人青山宏来(日本大学助教授)。

7月22日(1)晴

赴连云港。

7月31日(3)晴转雨

傍晚自连云港回。收到下列各信：1. 倪豪士、2. 叶嘉莹、3. 程士名(附画像)、4. 苏昌辽、5. 郝延霖、6. 王淡芳、7. 刘蘅(附书法)、8. 章培恒、9. 村上哲见(附论文)、10. 吴志达、11. 李易(附稿)、12. 尹默夫人。

8月

8月1日(4)晴

函陈美延，索柳如是词。函杨克平、舒芜(寄书评)。

8月2日(5)晴

函复冯裕(问祖棻著作)、六叔，又为解放军杨桂松作字。得《文学报》谢海阳信，寄来《读书周报》载《全清词》消息。

8月3日(6)晴

得林辰、文学所、周晶、舒芜函，又白萍生函，楹联学会。

8月4日(日)晴

天渝、小宁来。病。

8月5日(1)晴热

得堵述初函，寄黄先生轶事稿(本市广州路77—9号)。

8月6日(2)晴

函黄裳，询柳如是词集。复堵述初。得清华大学思想文化研究所刘桂生教授信，又荒芜信。

8 月 7 日(3)晴热

8 月 8 日(4)晴,阵雨

8 月 9 日(5)晴

得重庆李季能(过去老学生)函。

8 月 10 日(6)昙

上午去看周大璞。海盐县志杨光涛、梅园中学朱元曙(朱偰之子)来问祖棻事。为九三题册,新四军题字(已寄)。函荒芜附诗一帧,陶雄(请代取负离子)。得吴永坤及严信,《文汇》寄来 48 元。

8 月 11 日(日)晴

函万放。周大璞、钟、王、唐等来。晚去强姐家饭。

8 月 12 日(1)晴

全日开黄先生纪念会筹备会。得黄裳、堵述初、郑重(清水茂的学生)、清水茂、周楞伽函。

8 月 13 日(2)阴

上午开会。晚宴。得舒芜、吴海发(附稿)、教育部文科教材办公室函;李庆甲讣告;吴永坤寄来黄先生纪念文,已转出。函复田敬诚。

8 月 14 日(3)阴

函吴海发、舒芜、俞敏、孟伦、曹月堂、赵国璋、杨克平。

8 月 15 日(4)晴

唐伯康来,借去俞平伯《唐宋词选》一本。

8月16日(5)晴

去看孙望。

8月17日(6)晴

8月18日(日)晴

赵国璋来访。

8月19日(1)阴

晨去工人医院看皮肤痣,约九月中旬切除。严迪昌来访。科研处周处长来。得北京西城区北海后门前井胡同15号郑重寄来《太清春词》照相。

8月20日(2)晴

函复清水、村上、刘桂生、林辰、郑重。周之德来(武大中文系60年离校生,湖南娄底地区文联《人间》杂志社)。

8月21日(3)昙

8月22日(4)昙

得君惠信,朱兰客信附黄先生《文选平点》。

8月23日(5)晴

龚任之(外甥)来。

8月24日(6)晴

得永坤信。

8月25日(日)晴

8 月 26 日(1)晴

得蒋寅、陈美延信。横山弘来。鲁国尧来告严学窘要增代表 4 人。

8 月 27 日(2)晴

得俞敏、蛰存信。即复蛰存。晚宴横山弘。

8 月 28 日(3)晴

方壮猷之子方克立(南开大学教授)来访。曾德珪来。得波多野寄来论文。

8 月 29 日(4)晴

得淡芳信,又长沙大学杨资滨(武大学生)信,中玉稿费 62 元。函魏同贤。

8 月 30 日(5)昙

马昌松来。得岳洪治函,知《选集》出版。

8 月 31 日(6)

函杨克平。得曹月堂、吴志达信。

9 月

9 月 1 日(日)雨

函王淡芳(附还文章)、杨克平、周勃、章子仲、施蛰存(要祖棻遗札复印本)、岳洪治、吴志达、曹月堂。

9 月 2 日(1)阴雨

上午开学术委员会。得游寿函,不来参加黄先生纪念会。

9 月 3 日(2)

姚白桦来。得雷应行函。

9月4日(3)

开中层干部会(上午)。吴锦来。

9月5日(4)

以《天游阁》抄本复印寄李一氓。得村上哲见复印文三篇及函。开中层干部会(上午)。

9月9日(1)晴

得郝延霖信(访清词事)。以黄鹤词寄马昌松,以治学方法论集交齐鲁李玉山。王淮冰来电话,转请省委统战部宗教事务局陈秉坤科长介绍明山法师讲佛学。得魏同贤函。

9月10日(2)

教师节开会。清词室开会。得孙文光、相城县委函。

9月11日(3)昙

复孙文光、相城县委。得徐章煌信,告可住湖大。得《社会科学》英文版编辑冯世则函。赵春霖派苏州日语函授中心学生汪凡送来茶叶一包。

9月12日(4)昙

以译稿寄还冯世则,以词说三篇寄王步高,以《湘春夜月》寄蛰存。得四川师院信,周勃信,杨克平致曲校长信。以1500元交许惟贤。高津孝来见。得君惠信。得《草堂》稿费。

9月13日(5)昙

《中国社会科学》杂志社朱成甲来。

9月14日(6)

以杜甫文寄舒芜,以《史通》稿寄赵守俨。函胡忌、蒋天枢(词事)。

9 月 15 日(日)阴转雨

晨六时半赴东站,砺锋同行,7 时 04 分开。寄曹月堂航信。

9 月 16 日(1)雨转晴

夜 10 时 09 分抵成都,川大中文系金同志来迎,住棉麻招待所 206 号。

9 月 17 日(2)阴

上午在川大宋代文学讨论会开幕讲了话。刘彦邦、王文才、王仲镛来。下午大会。

9 月 18 日(3)昙

上午和彦邦夫妇、淡芳游人民公园并小吃。晚赴苏轼学会宴。刘君惠夫妇、杜仲陵父子晚来。上午李国瑜、刘国武来,未遇。

9 月 19 日(4)晴

上午开大会。中午赴巴蜀书社宴。下午参观武侯祠、杜甫草堂。晚彦邦夫妇、文才、濮禾章来访。上午蓝泽荪、杨淑媛来访。

9 月 20 日(5)阴

上午参加川大讨论《全宋文》的会议。芸和泽荪、淑媛进城吃小吃。下午在川大讲学。晚赴成善楷宴。晚武大学生李昌鹭(现在川大副教授)、陈达云(现在成都 22 中)和刘君惠五研究生来,未遇。

9 月 21 日(6)昙

上午大会闭幕。下午赴乐山,中途游三苏祠,夜七时许到,宿凌云寺拥翠楼。得刘道玉电,吴志达信。三苏祠索对联。

9 月 22 日(日)晴

上午游凌云、乌龙,砺锋、严华陪。下午七时返。川大赠讲课费

30元。

9月23日(1)晴

移居川大东风楼八幢。宴于芙蓉酒家,会者君惠、君恕、国瑜、仲镛、仲玙、异材、国武、文才、幼文、黄福联(步青)福陞兄弟、朱寄尧杨淑媛夫妇、陶道恕、蓝泽荪、李奇梁、川大中文系主任唐正序。

9月24日(2)晴

访孝章夫人。下午在川师大讲。复刘道玉、吴志达。

9月25日(3)雨转阴

中午川大同人宴,杜仲陵、王淡芳、道恕、泽荪、杨淑媛、彦邦、奇梁、钟树梁、梁文俊(郫县)、谭明理。晚寄尧夫妇宴,君惠夫妇及善楷陪。善楷颇谈自己经历。得《社会科学》冯世则函,即复。

9月26日(4)雨

上午八时去青城山及都江堰,同游者淡芳夫妇、彦邦夫妇、道恕夫妇及梁文俊。文俊惠豆瓣。

9月27日(5)晴

上午去草堂参加巴蜀为庆祝张秀老90大寿的会议,遇见刘开扬、屈守元等。会后去看赵幼文及社科院副院长廖天祥。得吴永坤函,即复。函小佳。刘国武来,赠一卷。杨明照来,赠绣被面。《成都晚报》记者来访并拍照。

9月28日(6)昙

赴川师大为研究生讲,即在该校午饭,遇屈守元、饶理中。川师赠绣被二、茶叶一。得舒芜信,告稿收到。

9 月 29 日(日)晴

复舒芜。赴天回镇,道恕夫妇、彦邦夫妇同行。下午五时返。得袁相碗电,刘道玉电,王文生信。夜文才来送月饼。

9 月 30 日(1)晴

去桂湖及宝光寺,同行王文才、君惠夫妇、仲镛。印唐昨晚自渝来,亦同行。新都文物保管所主任冯修齐等接待,并索匾额。

10 月

10 月 1 日(2)晴

上午去明照、彦威、成善楷诸家辞行。下午去君惠家晚饭,印唐、文才、仲玙同饭。君惠大女崇兰(即小惠,电力学校教师)、子崇仪(即小临,省社科院经济研究所副所长)、小女丽白及媳婿均在座。克克在重庆。

10 月 2 日(3)晴

上午成善楷、印唐及其二女来访。中午在彦邦家午饭,印唐、刘明、淡芳、道恕等在座。得舒芜、志达函。晚在道恕家饭。去朱寄尧家辞行。送别者明照、善楷、奇梁、道恕夫妇。彦邦送上车。

10 月 3 日(4)晴

离蓉去渝,晚 7:20 抵达,成善棠、周世国来接,住山城饭店。印唐同车来渝。

10 月 4 日(5)晴

和印唐同游重庆市区,购砚一方赠印唐,购得书十余种。

10 月 5 日(6)晴

和印唐一起去小龙坎、沙坪坝看望尚笏和王沛然,尚 80 岁,王 87 岁,均健康。晚登江渝 10 号轮，住一晚，成善棠和周世国送上船。

10 月 6 日(日)晴

晨 7:15 船离渝，江上有雾。船上伙食饭硬菜差，只得辅以方便面。晚泊万县。

10 月 7 日(1)晴

晨 5 时船离万县。9 时泊奉节上下客，之后即入三峡。先至瞿塘峡，江面极狭而两岸峭壁耸立。后入巫峡，似不如瞿塘之险，但峡长峰多。最后进入西陵峡，险更不如前两峡。将至宜昌前，过葛洲坝，叹为观止。今日游极乐。

10 月 8 日(2)晴

昨日下午过宜昌，夜过沙市，今晨暂泊城陵矶，过洪湖。江面极宽，波平如镜，两岸一片平整的土地，气势磅礴，与川江迥然不同了。四点整抵武汉，周勃、三夕以及湖北大学校长办公室主任来接，仍寓专家楼。随后中文系主任李悔吾和章子仲来访，约定 9—12 日的日程。晚武大周大璞、王文生夫妇、吴志达、宗福邦等来访，约定 14—17 日的日程。

10 月 9 日(3)晴

上午子仲来，商谈写祖棻小传事。三夕、周勃来。下午去华中师大看张舜徽先生，被留住和研究生讲治学，饭后始归。晚著弟妻王丽君，侄女陶丽、陶红、陶晨来访。夜祝敏彻来(新调到湖北大学)。王陆才等来。

10 月 10 日(4)阴有雨

朱祖延来。午中文系宴请。下午给研究生讲课 100 分钟。晚观看《九歌》。

10 月 11 日(5)阴有雨，下午转晴

上午和研究生导师座谈二小时余。下午休息。张国光来，赠书。晚学校宴请。小佳来谈小珠事甚详。

10 月 12 日(6)晴

上午游黄鹤楼，为写字一幅。中午在老通城吃豆皮，甚佳。在老通城遇见曾卓与刘茂舒。下午五时武汉大学张广明、王庆元来接，移住武大外招。晚武大中文系宴请，在座有何总支书记、张广明、周大璞、王文生夫妇、吴志达、办公室小万、王庆元。

10 月 13 日(日)阴

上午访赵澍宜、刘涤源、韩德培、吴于廑、唐长孺、姚梅镇、毕奂午等。下午访陆宗达、严学窘，严不在家。晚杨翊强来谈。

10 月 14 日(1)阴

上午武汉民族学院中文系陈继明来。《武汉大学学报》编辑主任来访，赠《学报》若干册，付祖棻词稿费 180 元。下午给武大中文系讲课二小时余。晚武大刘道玉校长、副校长、黄副书记来会。杨克平、黄念宁夫妇来会。武大统战部长来谈。张天望来。

10 月 15 日(2)阴

上午开纪念会。中午王文生夫妇约饭。下午参观黄先生遗著、遗墨展览，并与陆、殷等老一起和黄先生家属会面，并写字。下午毕焕午、章子仲、吴志达等来。莼妇长女陈瑾(民族学院中文系讲师)来访。晚应吴于廑、唐长孺、韩德培邀，共饭于外招餐厅。

10 月 16 日(3)阴

晨与芸同访渔村(武大九区)旧居，并摄影一幅。中午饭于志达家，李格非陪。下午去统战部找遗失的书画，找到约二十幅。晚武大中文系请参加会议的老先生，有陆老、开封余老等。

10 月 17 日(4)阴冷

上午给研究生讲课。姚梅镇老师来探望。陶著、陶红来，赠茶具。中午去湖北大学午饭，有陆老、张老等。下午元明清研究生来谈。刘涤源夫妇来，赠茶叶、加应子。晚应武大校长宴。晚周勃、三夕来送。湖大中文系赠以人参和茶叶。

10 月 18 日(5)阴雨

上午 11 时乘江汉 17 号轮离武汉，李成文登船送，还有新党委书记。

10 月 19 日(6)阴

和严学宭交谈，约定南大中文系和华中工学院语言研究所合作：(1) 交换资料；(2) 外国专家来讲学，互通消息；(3) 华工已有电脑，并已储存若干信息，可供南大使用(《现代汉语字典》包括在内)。

船 4:30 抵宁，张辉、史梅、李立朴上船接。芸回家，帆和代表一起去中山陵，晚归。

9/16—10/19 得章培恒、屈守元、周本淳、马昌松、吴孟复、蒋树敏、邓南、周振甫、朱金城、沈锡麟、廖立、成善棠、平田昌司、哈佛燕京社、波多野太郎、福建海峡出版社、黄鹂、杨伯峻、聂石樵、夏承焘家、任笃行、李从军(山大)、汪尧昌、王步高(江苏古籍)及不认识者等函，龚任之(外甥)函。

10 月 20 日(日)阴

去中山陵开会。卞孝萱、郁贤皓来送文献会请帖及书一本。萧涤非博士生李从军来。武大组织部韩某来。

10 月 21 日(1)阴雨

上午和周勋初晤谈。下午郝延龄、刘君惠、杜仲陵来。下午四川大学钟树梁来访。下午开黄侃奖金授奖会。得成都西南电力设计院庞珏(石帚先生之女)寄来其父遗著。

10 月 22 日(2)阴

上午开会。下午陪代表游中华门楼等地。晚至小吃部聚餐。

10 月 23 日(3)阴

上午开会。下午游栖霞。得周策纵函、文,坂田新文章,青山弘文章,富寿荪赠书及信。

10 月 24 日(4)阴

上午开会。

10 月 25 日(5)阴

纪念黄会闭幕。得唐伯康(兰州禄家巷 62 号)、胡忌、刘彦邦、晴佳信,蛰存信并退稿。晚款待君惠、仲陵家宴。下午吴翠芬来谈。

10 月 26 日(6)阴

上午参加文献学会。下午与杜、刘去看止畺,未遇。祁蔚来。

10 月 27 日(日)阴,中午小雨

以江苏报纸复印寄克平。以《湘春夜月》改稿寄王步高。以《量守庐学记》寄黄鹂(念田女.雪曼媳)。

10 月 28 日(1)雨

得马昌松、舒芜、唐文、苏大(请任博士生答辩人、主持人),又齐治平赠书。黄懋颐来。

10 月 29 日(2)阴

以稿费及《涉江诗》寄周退密、朱光潜,以书及遗札寄子仲。函岳洪治。函林英。

10月30日(3)阴

吉大古籍所王同策(武大历史系56年毕业)来,嘱其谋印清词。复信数十封。

10月31日(4)阴

得陈植锷书,要《考索》。夜河北师院常林炎(顾肇仓弟子)来。

11月

11月1日(5)晴

上午参加文献会闭幕式并聚餐。得河南文学所、山东卢达、张远函,马茂元寄书一本,又得张叙之信。

11月2日(6)晴

孙望夫妇来。山东电视台来录像。

11月3日(日)晴

复张叙之、马茂元(赠书)。与囡观电影。

11月4日(1)晴昙

天眉来饭,小毕同来。下午同去吃蟹包。

11月5日(2)阴

写好字二张,寄谢晓苏、马昌松。夜唐文、王庆元来,商黄先生论文集事。

11月6日(3)

函中玉(要史岩文)、敏泽、璇琮(要许浑材料)。上午开编黄先生论文集小会。中午请诸公在鸡鸣寺饭。得凯凯、仲陵、代芳、山大信,印唐诗。

永芬来。

11月7日(4)阴

陆国斌来,送书数种。

11月8日(5)阴,微雨

得山东大学函,即复。以字寄李国瑜、谢宇衡。以书寄成善楷。下午与研究生谈话。得蛰存信。

11月9日(6)晴

上午袁相碗来。得周退密函。

11月10日(日)晴

为芸作生日,全家及钰哲夫妇来。

11月11日(1)晴

得敏泽、朱季海、上饶师专寄书,周采泉寄诗,苏大寄博士论文。张广明等来。

11月12日(2)晴

张广明来。得马昌松、中玉信,又马录程、赵逵夫(西北师院教师)函及《介庵词》。

11月13日(3)晴

得章子仲函。致文生,寄还罗邦柱论文。苏昌辽来。得念田次女黄曾曙自四川璧山来凤中学来信。

11月14日(4)晴

得复旦博士生陈建华文,敏泽文,陈辽书。

11 月 15 日(5)晴

复黄曾曙、陈辽、蛰存、吴代芳。以书寄田仲一成、王锦厚、周勃、代芳。以文寄敏泽、陈建华。

11 月 16 日(6)晴

得杨扬信，傅璇琮信及《许浑考辩》，岳麓书社信。夜赴伯伟、曹虹宴。

11 月 17 日(日)晴

以《古诗今选》改稿寄陈邦炎。张拱贵、王学奇来。

11 月 18 日(1)晴

得陆家桂文及信，又茂舒、北师大李壮鹰信。

11 月 19—23 日

在济南山大答辩。

11 月 24 日(日)晴

乘机返宁。勋初。

11 月 25 日(1)晴

维森、迪昌来谈。得王文生、王庆元、施蛰存、敏泽、陈迩冬、叶嘉莹、崔叔仙、朱寄尧、周之德、黄建中、北京政协函，又王同策、屠仲方、何申甫、岳洪治、陈辽。

11 月 26 日(2)晴

下午文艺座谈会。得朱光潜夫人奚今吾函，又《祖棻选集》20 册。

11 月 27 日(3)晴

祝圭老寿。得彦邦信。

11 月 28 日(4)晴

王季思夫归来。致岳洪治、屠仲方、何申甫、崔叔仙、敏泽函。蔡厚示寄《诗词拾翠》。程毅中来。

11 月 29 日(5)晴

以人参送季思。清词室宴毅中。

11 月 30 日(6)晴

函张舜徽要丛文俊稿。函平田昌司要江湖派论文。得陈邦炎、陶剑琴、曹月堂、赵则诚(吉林教育学院)函。

12 月

12 月 1 日(日)晴

永坤约胡厚宣午饭,陪。得苏大、张广明信。

12 月 2 日(1)晴

函邦炎、唐文、唐伯康。得吴代芳、周勃、白敦仁、彭鹤濂、卞孝萱、钟来因函。

12 月 3 日(2)晴

晚家宴请唐长孺,卞孝萱陪。得高文寄书,即复,并寄《学记》《文薮》各一册。

12 月 5 日(4)晴转阴

上午去孙望家和章品镇会晤。周勋初、吴新雷等来。

12 月 6 日(5)阴

得唐文、刘道玉、温州蔡世新函,河南大学唐诗研究室寄《全唐诗重篇索引》，浙江温州中原书画社寄来茶叶2斤。吴锦、顾复生来。

12月7日(6)阴

收胡华、吴志达函，胡华茶叶。

12月8日(日)阴，夜微雪

12月9日(1)

以苏大博士生评语寄范伯群。复胡华(温州百里西路101号中原书画社)、林英、蔡厚示(催《涉江诗》)、小佳(要豆丝)。得夕佳、刘彦邦、何泽翰、杨公骥、陈邦炎、山大中文系、宋琳(华师大)、谢宇衡、曾伯藩函。文史馆员洪任吾先生(住青石街同庆里五号)交来四川文史馆约为《文史杂志》撰稿信。

12月10日(2)阴冷

以对联寄冯修齐。复董治安(李从军评审书)。函《文史知识》询稿件。得淡芳、吕永、河南省社科院函(廖立审查事)。

12月11日(3)晴

得杨公骥博士生论文，廖立著作，高晓声、聂石樵各寄书一本，余绍裔电话。

12月12日(4)晴

以书寄刘业超。以《正声》材料寄子仲。函吕永、杨公骥、李壮鹰、曾伯藩、聂石樵。外办前张主任来谈国际文化交流中心之事。

12月13日(5)晴

得中华寄书一包(《文史通义》《玉台新咏》《类编》)。下午开文科学术会议。

12 月 14 日(6)晴

得迪昌信，为分房事。

12 月 15 日(日)晴

陆家桂来。修灶台。

12 月 16 日(1)

以蒋寅论《屈骚指掌》稿寄张国星。以敦煌词稿寄王步高。将论杜诗稿交印。山东潍坊市寒亭区第一盐场卫生宣彭兴林来访，自学成才，辑宋女子词有出圭老外者。得上饶师专、三夕、山大中文系函，杨明照寄《杂著》一本。

12 月 17 日(2)晴

赴江苏省对外文化交流会理事会议。得李易、张国星、曾伯藩、郝延龄、姚梅镇函。

12 月 18 日(3)阴

以许浑诗注还敏泽。函夕佳。得成善楷、蔡厚示、胡华函，曾伯藩寄奶粉等，湘潭大学寄吕永稿审查。看望曲钦岳。

12 月 19 日(4)晴

得辰宪寄退老书扇，即复。退还湘大寄吕永稿。函刘小峥、夕佳。收曾伯藩寄奶粉、点心。

12 月 20 日(5)

12 月 21 日(6)阴，微雪

得小佳、晴佳、君惠信，雪曼贺年片，三联潘重规稿费 62 元。

12 月 28 日(日)阴

复刘小峥,告不写推荐信。

12 月 23—26 日(1—4)

在苏州参加答辩会,26 日夜九时返。得刘三富赠磁盘许浑集及复印文章若干篇。得黄典诚寄论文并信,黄瑞云寄书并信,林英、刘彦邦、刘业超信,杜仲陵诗,成善楷文(《庄子内篇》)。

12 月 27 日(5)

复刘三富、黄典诚、杜仲陵、成善楷、林从龙。以刘彦邦寄《正声》转寄章子仲。以黄典诚寄文转唐文。

12 月 28 日(6)

吴锦送《汉诗选》来。张宏生将伯伟《诗品》稿寄舒芜。收到《涉江诗》32 册。

12 月 29 日(日)阴

胡忌及美国车淑珊、高辛勇来,赠以书,并托高将赠充和书及为策纵复印件带去。夜胡忌在金陵宴二君,作陪。

12 月 30 日(1)

以《涉江诗》及汪旭老书迹照片寄迩冬。函陈迩冬介绍张宏生。得甘肃定西教育学院赵越寄《松花庵诗余注释》,萧印唐函,《河北师范学院学报》编辑部刘宪章寄《学报》和贺年片。《涉江诗》全部寄到。

1986 年

1 月

1 月 1 日

1 月 2 日(4)晴

得平田、村上贺年片及信,罗邦柱信,王元化寄《文学沉思录》,杨冠珊信,岳洪治信。

1 月 3 日(5)晴

函岳洪治、杨冠珊、罗邦柱。以 220 元寄张银仙买《选集》。

1 月 4 日(6)晴

得子仲、林从龙、曹月堂信。上午及下午均开学位评估会。

1 月 5 日(日)晴寒

以书托刘康带美送周策纵、叶嘉莹。复廖立,辞作序。函任笃行,商校雠学稿事。下午开校友会。

1 月 6 日(1)

1月7日(2)

社联开会一天。

1月8日(3)晴

得牟世金、君惠、三夕信。迪昌来。

1月9日(4)晴

复世金、君惠。以君惠改稿寄唐文。

1月10日(5)晴

上午清词室开会。得林英、陕西人民出版社王平凡信。即复林，又将王信转告村上哲见。收到《浙江画报》十五册。

1月11日(6)晴

上午清词继续开会。得舒芜、周晶(附《寄庵词》)、巴蜀书社、孔寿山信。《江苏高教》王宗支来。寄杨公骥博士论文审查书，寄西北师院胡大浚审查书(附原件)，河南社科院廖立审查书(附原件)。以孔寿山文转寄西安唐代文学会。复王宗支，退稿，告以不可发表。复孔寿山、巴蜀。函苏昌辽(审宋家淇稿事)。

1月13日(1)晴

得何满子、董健赠书，黄德宽信及《安大学报》，日本田仲一成函，张三夕函。

1月14日(2)阴

因感冒致心脏不适，未能与学生讲课。人文出版社寄来《祖棻选集》一百本。得李易、唐代文学会、《文史知识》、邓韶玉、王厚雄函，文研所为俞老庆祝会发请柬，温州胡华寄首日封。函复《文史知识》。

1 月 15 日(3)晴

心脏仍感不适,终日静卧。得屈守元函。晚郭、祁来探视。

1 月 16 日(4)晴

上午小婉请医生来诊治。下午尹志腾、姚松、陆平来探视。得陈邦炎函。

1 月 17 日(5)阴,小雨

得高石斋函,平田寄画册一本,李培坤寄《唐都学刊》一本。

1 月 18 日(6)晴

得齐鲁稿费 20 元,又西北师院古籍所路志霄信(清词事)。

1 月 19 日(日)晴

得小佳信。函邓长风询汪先生文集出版事。

1 月 20 日(1)阴

得姚雪垠函,陈迩冬寄书一本。

1 月 21 日(2)阴

复黄裳、吴庚舜、湖北文史馆。得晴佳、天眉函。

1 月 22 日(3)阴

得邓韶玉寄《行卷》10 册,即复。得任笃行函又《李贺索引》,即复。下午党委开会。

1 月 23 日(4)晴

科技档案室包世同、汤道鉴二同志来。吴锦、顾复生来。程毅中来函。

1月24日(5)晴

武大中文系副主任曾庆元来送金瓶及书幅三件(张广明有信)。中午饭于胜利,买雨花二瓶。

1月25日(6)晴

得王滋源信,舒芜、缪钺寄书。

1月26日(日)晴

诸儿来吃烧饼。省委统战部王部长来。宋家淇来。

1月27日(1)晴

得丽一等信,芳洲逝世。得杭生、张舜徽、武大学生王嗣军信,唐伯康信。

1月28日(2)昙

全天在作协开会。晴佳寄豆丝来。

1月29日(3)阴

下午在社联开会。得臧克家、聂石樵等函。

1月30日(4)阴

下午在作协开会。得申午函。

1月31日(5)阴

下午在作协开会。

2月

2月1日(6)晴

得武大研究生朱少清信。为超伯取稿费108元。得哈佛胡嘉阳信。

2 月 2 日(日)晴

函岳洪治询《选集》。函傅璇琮索《漫录》10 辑,寄还汪师稿费收条。得成善棠、三航三处职工王永年(《全清词》事,有七家诗选手抄本)、刘彦邦、湖南省津市第二小学宋绪益(李群玉事)、徐鸿、湖南娄底文联周之德。

2 月 3 日(1)晴转阴

得邓韶玉寄《古书通例》。得仲荦寄还《小言》稿并序。得《浙江画报》函。

2 月 4 日(2)晴

上午省统战部开会。中午赴小鲲结婚宴席。得丛文俊、陈仿彝、戴镏龄、陈迩冬、武大朱迪卓函,张涤华寄书一本,河南社科院寄审稿费 300 元。

2 月 5 日(3)阴

得《草堂》三本,王淡芳、邓韶玉、叶嘉莹函。

2 月 6 日(4)晴

南京炼油厂职工医院赵炳茂医生来问研究词律事。发木生、晴佳、雄哥信。得三夕、杨军、杨柄、李易函,马赫寄书一本及函,《中国社会科学》稿费 264 元(和宏生)。《中国社会科学》寄稿费 264 元,以其半与宏生。

陈宗泽,金大生物系毕业,九三工作,现已离休,住政协宿舍,在金大曾选诗课。

2 月 7 日(5)晴

得龚任之广州来信。复戴登明、宋绪益、王淡芳刘彦邦、陈迩冬、张三夕、杨柄、马赫、黄裳、仲荦。得王仲镛、张叙之、陈继明信,湖南师大汉语教研室寄《古汉语论集》《尚书易解》。

省委统战部部长沙人麟、副部长(主管文史馆)王仲岐。

2月8日(6)晴

得新疆大学审稿费60元,《浙江画报》30元。得曾卓复信,任笃行信。

2月9日—12日(3)晴

春节。(初一至初四。)得唐文信,即复。以刘桂生序寄杨军(附还讲稿)。复胡嘉阳、戴镏龄、王永年。得巴蜀书社邓楠信,知该社影印编辑室负责人名周伯谦。

2月13日(4)阴,微雨

以三夕论文评语寄舜徽。

2月14日—16日(5—日)

写中玉文。

2月17日(1)阴,微雨

写牟世金文,即寄出。以《涉江诗》寄陈仿彝。得沈毓、吴庚舜、蔡栋(《湖南日报》文化生活部)函,绿源寄诗集《另一只歌》,寄吕剑书退回。

2月18日(2)晴

得杨军、陶道恕信。

2月19日(3)昙

上午补牙。得李一氓寄《存在集》,齐鲁寄审稿费80元。

2月20日(4)阴

得淡芳信,杜闻贞申诉职称书。

2月21日(5)晴

得璇琮、三夕信。以黄、汪二师稿交姚松整理。

2 月 22 日(6)晴

以《基本功》稿分寄周晶、中玉、国斌。

2 月 23 日(日)晴

威克、丽则、维森来共午餐。晚去尹志腾家。

2 月 24 日(1)晴

得谭任杰、吴孝感、贾晋华函,周一良寄书,安徽寄贾文昭文审查,章子仲寄《故事新编》,卞孝萱函。

2 月 25 日(2)晴

上午文献所开会。得东北师大博士论文审稿费 80 元。收到刘三富寄计步器及袜子二双。

2 月 26 日(3)晴

裴显生来送书一本。

2 月 27 日(4)晴

得徐中玉、牟世金函,南开大学审稿费 30 元。发安徽大学贾文昭审查意见。

2 月 28 日(5)晴

发贾晋华、章子仲、舒芜、冯海荣、马兴荣、黄典诚、佟功锡(辽宁)函。寄马兴荣 35 元购词书。得徐欢欢函,中玉寄书。

3 月

3 月 1 日(6)晴

得王绍曾函,《文史知识》寄来校样。上午参加系会议。

3月2日(日)晴

3月3日(1)晴

得杨天堂两函,人文寄《选集》20册,曾德珪函。

3月4日(2)晴

博士生来,布置学习。下午开学术委员会。

3月5日(3)晴

上午补牙。下午永芬来。得舒芜信,缪钺文及信。

3月6日(4)晴

3月7日(5)晴

去梅花山游览。得余顺尧函,黄河游览区开会通知。

3月8日(6)晴

3月9日(日)晴

全天在学校开会。

3月10日(1)晴

得罗继祖寄文,邓迪群(北京石油部)函文,茅盾故居索字,东北师大电报,社会科学出版社寄《清词选》聘书及书两本。全日在学校开会。给沈广仁写推荐函。

3月11日(2)阴

下午在学校开"七五"规划会。发电报给东北师大。裴显生和文艺处同志来。许惟贤借去黄先生日记。

3 月 12 日(3)阴

上午在学校开会。得马兴荣复函。发徐欢欢函。

3 月 13 日(4)

得胡华信。汉生来赠《太炎文录》。

3 月 14 日(5)阴

发王绍曾、余顺尧、胡华复信。得李安纲、贾晋华，吉林大学寄书一本。

3 月 15 日(6)阴

得陈美林、尚笏、君惠、曾耿波(广东)函，谢晓苏寄照片及报纸、函。

3 月 16 日(日)晴

寄书给李安纲、孙玄常。

3 月 17 日(1)雨

寄字给朱祖延。得邓长风、张三夕、华钟彦、章子仲函；大百科寄稿来；上海教育出版社汇款 150 元，转王立兴。复邓长风、华钟彦。寄大百科稿给吴志达。得红妹函及腊八豆。

3 月 18 日(2)阴

作协开会。

3 月 19 日(3)晴

得王以铸信。

3 月 20 日(4)阴

江苏诗词学会开会。得周晶、徐欢欢函。寄书给王以铸、吴锦。函庞硕。

3月21日(5)晴

复周晶函,《文史知识》索样稿。得张充和复信。

3月22日(6)晴

得华钟彦函,即复。又陈祖美函,霍松林寄诗,句容县设计室李宗富寄诗及信。舒芜介绍黄人(摩西)曾孙黄曾达来见,为其先德遗著出版事,为介绍于薛正兴。

3月23日(日)晴

下午钱林森、孙望夫妇来访。

3月24日(1)晴

下午吴白老来访。晚林珂来。

3月25日(2)阴

得吴代芳、吕剑、余顺尧、金志仁函,金有文附内。

3月26日(3)

邓长风来谈汪先生文稿(昨)。得王绍曾、吴志达、云南程德灿函,王达津寄《论文集》。

3月27日(4)阴

得《文史知识》杨牧之函,稿已径寄周晶。参加教委召开的座谈会。

3月28日(6)阴雨

得杨天堂函。

3 月 29 日(日)阴

得杨文翰、胡华函。寄出一批字，均挂号。美国汉学家名单寄欢欢。以《集大成说》寄陈祖美。

3 月 30 日(日)阴

去天眉家。

3 月 31 日(1)晴

得唐学会多伦多函。得严学窘函，即复。

4 月

4 月 3 日—19 日

在洛阳及郑州。

4 月 20 日(日)晴

收到下列各信(离家期间)：湖南望城县委文史办、尚笏、樊凡、吴常焘、山西古典文学会、本校孟素卿、《湖南日报》、巴蜀书社(书)、瑞洁、文史馆、《唐代文学研究年鉴》、四川古籍整理出版规划小组、程奇立、马亚中、山大评传组卢达、朱祖延、李安纲、胡华、徐元上(徐哲东之女)、周秦、王达津、任笃行、上海古籍李剑雄函。在政协开会。

4 月 21 日(1)晴

访尹，谈清词事。发黄白丁信(寄字)、刘增智信(寄火车票)。寄还王永宽欠款 200 元。尚笏寄还 11 元。得华中师院审稿费 50 元。史梅寄 10 元及《闲堂文薮》与朱金城。

4 月 22 日(2)晴

政协开会。得高邮县政府函通知开秦观纪念会。姚松、伯阳、凯旋、汪越来。齐鲁赵、周来。曹虹来。

4月23日(3)晴

得梁超然函及照片，岳麓书社寄《幼学琼林》。伯阳、张辉、吴锦来。上午开会。下午会见齐鲁赵、周(赵炳南、周晶)。晚伯阳请宴。以胡晓晖评语寄武大。以诗稿寄杨金亭。函王仁民。

4月24日(4)晴热

寄照片给田翠竹。

4月25日(5)多云

得龚任之函。写《黄河浏览区杂咏》诗寄郑州王仁民。

4月26日(6)阴雨

得《中国社会科学》英语版。上午往访杨明照。下午去南京饭店。

4月27日(日)雨

在政协开会。吉林文史出版社左振坤、王桂兰来访。

4月28日(1)阴

收到成都大学稿费，黄德宽寄《艺术哲学》。寄购书费8元给……

4月29日(2)阴

发林从龙信，聊城师院请代培研究生信。收湖北社科院文学所牟怀川信，请看温庭筠文。寄省政协提案二件，退还文史馆文件。得湖南老年书画会聘函。

4月30日(3)阴

得谭任杰、雪曼函，苏州大学寄吴企明稿审查，上海寄《中国社会史料丛钞》二本。

5 月

5 月 1 日(4)阴雨

天眉全家带菜来聚。下午天眉陪上新街口购衣料。

5 月 2 日(5)阴雨

5 月 3 日(6)晴

得曾枣庄、木生、张叙之函。

5 月 4 日(日)晴

去天渝家午饭。写纪念五四青年诗。

5 月 5 日(1)晴

得朱金城、马騄程、杨恩成、蔡栋(《湖南日报》故乡情编辑)函。

5 月 6 日(2)晴

吉林文史出版社左振坤、王桂兰来。吴企明来。

5 月 7 日(3)晴

参加高教局江苏古籍整理会议。得福建海峡出版社寄《闽版图书评论选》。王载源来。

5 月 8 日(4)晴

得中华要函,云大段耀庆函。

5 月 9 日(5)晴

5月10日(6)晴

得王得一、缪钺信。

5月11日(日)晴

去看强姐。

5月12日(1)晴

得高文、上海古籍二编室、中南民院曾庆全、安徽岳西县古坊中学刘梦芙函,曾寄《壮族文人诗选》。

5月13日(2)阴转晴

和孙望一家暨徐福等同游渤尼国王墓、牛首山、郑和墓、南唐二主坟及祖堂山等地。得徐放寄杜诗译本,汪京函。

5月14日(3)晴

得《文史知识》稿费40元,重庆《格律诗选》稿费8元,白敦仁信。以论《涉江词》文寄子仲。

5月15日(4)晴

得周勃函,又茶叶一斤。

5月16日(5)晴

5月17日(6)晴

晚宴请卞氏夫妇、周氏夫妇,郭老陪。得晴佳、史德林、张振佩、黄经纬函。

5月18日(日)晴

早早、小宁考外语学校。下午诸儿来饭。

5 月 19 日(1)阴

收中华 40 元,《古典文学知识》93 元。得朱金城寄《兼于阁诗话》及信,张拱贵外甥余熙文章及信。收古籍小组《清词》经费三万元。收韩理洲函及照片。

5 月 20 日(2)晴

5 月 21 日(3)晴

以杜诗论文、联语寄林从龙。以杜诗论文、钱林森文寄毕万忱。得李安纲书,命宏生复。

5 月 22 日(4)

以蒋寅戴碑跋寄傅璇琮。以蒋寅论《文心》文寄《文学遗产》。

5 月 23 日(5)晴

骆文叔耘夫妇来。

5 月 24 日(6)晴

9:30 和芸乘汽车去飞机场。近十一时飞机起飞,天气晴朗,飞机极平稳。12:20 抵京,小海在航空公司接。芸五十二年始还旧国。起飞前得蛰存函,告以黄怀员工装好沈尹老手书词稿,工资 30 元。已嘱史梅寄还。江苏教育出版社寄《大学生作文选》阅卷费并后记稿费 20 元。

酒面匀时真燕婉,荷花开处即江湖。

5 月 25 日(日)阴

上午去舒芜家共进午饭,会见许觉民、冒舒諲及其夫人朱玉(原名吴玉润)。得叶子铭函。复施老函。

5 月 26 日(1)晴

和小海同游颐和园半日,甚快。

5月27日(2)晴

游动物园，见到白熊、犀牛、鸵鸟等稀见的动物。小海不甚识路，走了一些冤枉路，很累。

5月28日(3)晴

游天安门及中山公园，重游旧地，甚快。中午在全聚德吃烤鸭，味美而价亦不甚昂。乘地铁去看姚雪垠，已去武汉，不遇。得舒芜函，邀30日与《倾盖》诸公共饭。

5月29日(4)晴

上午在北大看望金克木，谈一小时。下午休息。

5月30日(5)晴热

舒芜、舒諲、陈次园、肇仓、绍良、邵燕祥、王以铸宴余夫妇于松鹤楼，菜极丰腆，每人费36元。

5月31日(6)昙

游长城、定陵、水库等，芸登长城之巅。小海、小荣同去。

6月

6月1日(日)晴

整日在家休息。

6月2日(1)晴热

上午去中华书局谈工作。

6月3日(2)晴

二人同游北海，并在仿膳午饭，下午始归。得曹月堂函。

6 月 4 日(3)晴

携小海同访莼姐、虞添夫妇。在莼姐家午饭,后往友谊商店购物。得叶子铭函。舒芜送来书一本。

6 月 5 日(4)晴

去人文、三联,和叶子铭谈。后游王府井、东风市场,饭于五芳斋。得天眉函。

6 月 6 日(5)晴

去看刘衡如师母,送枸杞一包。得迪昌函。

6 月 7 日(6)晴

上午去琉璃厂,购得毛笔 20 枝,拟赠石禅,又购书数本。下午休息。得陈祖美函。

6 月 8 日(日)晴

去舒芜家晤谈,午饭后始归。

6 月 9 日(1)昙

上午游景山、故宫,在西单午饭。饭后去教委看望季啸风,并开来介绍信三纸。

6 月 10 日(2)晴

上午游紫竹院公园。下午休息。

6 月 11 日(3)晴

上午严、史、张、蒋来。中午宴于海淀全聚德。

6 月 12 日(4)晴

和许逸民通电话,明日开会。下午曹月堂来访。

6月13日(5)昙

上午芸和小海等游颐和园。下午在中华开会并晚餐。

6月14日(6)昙

上午和芸再游动物园,看到黑猩猩、海牛、鳄鱼等。下午和严迪昌、傅璇琮、许逸民同去北大开会并晚餐。

6月15日(日)阴转晴

上午游天坛。下午休息。

6月16日(1)阴

上午去北大看望王瑶,并在王家午餐。下午四时蒋寅带车来接去机场。6:25飞机起飞,8:00抵宁。李立朴、程章灿来接,天眉在家等候。

6月17日(2)晴

6月18日(3)晴

以复旦硕士评语寄培恒。以章子仲、李悔吾评语寄湖大。以唐宋诗歌流派汇报寄陈志尚。函董治安唁仲荦。以《冯梦龙初探》书签寄林英。

6月19日(4)晴

上午开会通过提转提退及讲师名单。

6月20日(5)

下午王庆元、黄建中来。

6月21日(6)雨阴

以古文字论文寄商先生。函王得一,问印章。上午开学位委员会。

6 月 22 日(日)雨

克平约在金陵饭店午饭。以耀先《经典释文》、王伯沆《红楼梦评》及毛笔 23 支赠石禅。

6 月 24 日—29 日

在上海复旦。24 日请维森以曹虹《文选》文交史梅寄舒芜。

6 月 30 日(1)昙

得李悔吾、何肇中函,《文学遗产》开会通知,张三夕函。

7 月

7 月 1 日(2)昙

丙宪夫妇、白汝安夫妇来。

7 月 2 日(3)

得中华函告小传 18 元,邱毅函,曾德珪函。下午赴陈嘉先生追悼会。

7 月 3 日(4)阴

以字寄孔繁初(华师大)。得子仲函。

7 月 4 日(5)雨

上午学校开职称评定会。下午在河海大学开省诗词会筹备会。得中玉函。寄书给邵燕祥、冒舒諲、宋亦英。寄材料给三夕和张振佩。函田翠竹。晚宴丙宪夫妇。

7 月 5 日(6)

上午开学位委员会。函复王仲镛、吴孟复、施蛰存(索印词集)、邱毅。得游寿寄《李德裕年谱》,朱栋霖《曹禺论》,松冈荣志寄《宋之问诗索引》及信，四川奉节人大常委会胡焕章诗文及函，李悔吾寄材料，华中工学院新闻系韩栋寄在二王城照片。复松冈、胡焕章、子仲，函王永芬。复黄寿祺、陈祥耀、杨文翰、黄裳、李文初、夏松淳、曾庆全、王达津。

7 月 8 日(2)晴

得敏泽寄文，湖大询李悔吾评审表。

7 月 9 日(3)晴

得王得一函。

7 月 10 日(4)晴

得唐文函，绍兴寄来茶叶两包。

7 月 11 日(5)晴

上午开评审会。以书字寄林从龙、邓楠。

7 月 12 日(6)昙

审钱南秀稿。晚去小婉家游。

7 月 13 日(日)昙

晨齐鲁于志强送《治学小言》校样来，并赠书两本。中午 1 时许离宁去吉林开会。王得一寄来私章。

7 月 14 日(1)昙

得施蛰存书。发致中华书局函。

7 月 15 日(2)阴

得汤擎民、张振佩、陈祥耀函。徐有富来，送来稿一封。齐鲁取去校样。

7 月 16 日(3)雨

得章子仲及《江海》函。江苏诗词学会杨女士来索诗词或题字。

7 月 17 日(4)雨

7 月 18 日(5)雨

得方管函。领来录放机一部。

7 月 19 日(6)昙

芸在强姐家一整天。

7 月 20 日(日)阵雨

天渝全家来。

7 月 21 日(1)昙

得湖北大学徐校长及朱祖延函,陈植锷、潘菽函,沈元林(不识者)寄稿来。

7 月 22 日(2)雨

去北京东路唁强姊。

7 月 23 日(3)雨,昙

7 月 24 日(4)

许惟贤宴横山弘、竹内诚,余及勋初陪。以《校雠广义》赠横山。得魏心饮诗。

7 月 25 日(5)晴

张国光赠《金批西厢记》。徐鹏赠《文献学讲义》。陈植锷赠宋史论文。

7月26日(6)

威克来晚饭。

7月27日(日)晴热

照身份证相。得十中校长王凡信。看完《古典诗论集要》约780页。

7月28—29日(1—2)晴，酷热

开始整理黄师日记。

7月30日(3)晴酷热

向钰哲遗体告别。得马昌松信，黄鹤诗碑刻成。得汪砚习、邓南、李海潮(送箭头)、杨文翰、杨怀武(要做桂林诗)、张晶(辽宁师大)、周勃、韵文学会、陈祖美函。复周勃、李海潮、陈祖美。

7月31日(4)晴，下午转凉

钰哲追悼会，以病未去。

8月

8月1日(5)晴昙

勋初来谈。补照登记相。

8月2日(6)晴

得程毅中、宋谋玚、朱桦函，《新文学大系》第4集一本(有误，即时托徐有富退还)。函傅璇琮询《史通》，濮禾章询《草堂》稿费。

8月3日(日)阴

8 月 4 日(1)昙

收田翠竹、张国光、高家骅信,《草堂》稿费 126 元。史梅为买瑜伽功录音带。

8 月 5 日(2)昙

收到中华书局函,又托询考研究生事二函。

8 月 6 日(3)昙

复蛰存,收到《湘瑟词》钞本。

8 月 7 日(4)

函任笃行(内附致陈志尚函)。莫书稿寄还。宏生来交二文。得金志仁、聂文郁、周晶信。

8 月 12 日(2)晴

复聂、金信。

8 月 13 日(3)晴

得蛰存、陈祖美、范伯群、宋亦英、陈一新(诗)、唐文、黄鹂、王春南信。发范伯群、唐文、黄鹂、王春南、孙兰廷(内蒙大学)函。

8 月 17 日(日)晴

天眉、天渝一家来午饭。发致施蛰存函(论瞿翁词)。

8 月 19 日(2)晴

得胡焕章函。寄曹月堂五元,托买书。

8 月 20 日(3)雨

校完黄师日记许惟贤钞点部分。陶友红来电话,告砺锋已安到。砺锋、林从龙来信，永州柳宗元纪念馆乞作字题，《名作欣赏》寄稿费 40 元。

8 月 21 日(4)晴

得邵燕祥寄《晨昏集》，《草堂》濮禾章信。以杜诗《慈恩寺》文寄《名作欣赏》，托徐有富代寄。

8 月 22 日(5)晴

得张辉信。致任笃行、邓韶玉信。赴新街口办存款事。

8 月 23 日(6)晴

寄款 20 元与邓韶玉，托买书。

8 月 24 日(日)晴

赴婉新居饭。

8 月 25 日(1)晴

得史美圣约稿信。写字五幅。又得范伯群、贾晋华、李立朴、河南广播台信(附照片 1)。

8 月 28 日(4)晴

下午去尹禄光家，晚饭后归。

8 月 29 日(5)晴

得朱东润、胡嘉阳函，贾晋华寄来钙片与印泥。

8 月 30 日(6)晴

范来。以字寄华钟彦及崇庆陆游祠堂。得文联出版学习信，即复。

8 月 31 日(日)晴

携家人早食于夫子庙。得贾晋华寄印泥、钙片，即复。

9 月

9 月 1 日(1)晴

上午清词室人会谈。得陈昌渠书，马瑞芳（山大中文系）寄《蒲松龄传》。写字寄贾晋华，函黄淑贤商房屋事。

9 月 2 日(2)晴

得彦邦信，云十月中东来。

9 月 3 日(3)晴

得南秀美国信，邓韶玉、张文勋、杨扬信。

9 月 4 日(4)

以“春暮思乡曲”寄《光明・文遗》。

9 月 5 日(5)晴

开研究生会，布置学习。

9 月 6 日(6)阴

得曹月堂、王文才、聂文郁信。收邓韶玉寄书，20.43 元，欠 0.43 元。

9 月 7 日(日)阴

函许嘉璐。复杨扬、邓韶玉、王文才。在小婉家晚餐。

9 月 8 日(1)阴

得松冈荣志、张辉、傅光、小佳函。宏生、章灿来擦窗户。《名作欣赏》寄稿费 20 元。

9月9日(2)阴

得中玉、彦邦函，东润先生寄书。张忱石赠《永乐大典述》。

9月10日(3)

购严辑《全文》。文献所开会。

9月11日(4)

9月12日(5)

得傅光书，陈植锷文，华钟彦、张辉信。为王淡芳书作序，即寄出。复陈植锷、张辉。

9月13日(6)阴

以序挂号寄淡芳。

9月14日(日)阴

访严。夜翠芬夫妇来谈录像事。

9月15日(1)阴

函尹慧珉印材料。

9月16日(2)晴

录像。得吉大寄照片，江西吉水县志办公室曾采堂寄《文天祥籍贯考证》，程毅中、张忱石、白敦仁来书。

9月17日(3)晴

彦邦夫妇夜到。唐文带到君惠赠联。

9月18日(4)晴

陪彦等游夫子庙，食于刘长兴。

9 月 19 日(5)晴

作研究生问题报告。彦邦游中山陵等地。得高校古籍会约在成都开会函。函舒芜寄照片。

9 月 20 日(6)晴

函谢君惠。以稿寄陈祖美、白敦仁二人。宏生来,诲之。匡老来访。彦邦夫妇来午饭。夜,诸儿寿余于留学生食堂,南为主人,彦邦夫妇与。

9 月 21 日(日)

访孙望。

9 月 22 日(1)阴

匡老来久谈。得杨扬信,刘真伦信,陈植锷文。

9 月 23 日(2)晴

上午开系学位会,移交。晚古典梯队开会。得周绍良信。吴新雷送来《文学史》稿一章。

9 月 24 日(3)晴

得淡芳、张辉、马瑞芳函。

9 月 25 日(4)晴

上午参加《孔子评传》讨论会。苏州大学来人要求写严鉴定。

9 月 26 日(5)晴

上午仍参加昨日之会。得陈贻焮函。下午湖南图书馆刘志盛、湘大中文系殷绍基来。殷赠《曾国藩家书》二册,转达彭岩石信。

9 月 27 日(6)阴

徐铭延夫人夏△来。王滋源来。得武汉教育学院魏利华函。

9月30日(2)晴

得金志仁、柳曾符信。收中州稿费367元。

10月

10月1日(3)晴

全家来饭。访志腾谈总结。

10月2日(4)晴

游廖墓、植物园。曲校长来谈何屋事。

10月3日(5)晴昙

得曹辛之、舒芜寄书,陈贻焮、刘彦邦信。

10月5日(日)雨

天眉来,晚饭后去。

10月6日(1)晴

头昏,不适。

10月7日(2)晴

去医院看病,血压不高,早搏。鲁国尧、吴文治、尹禄光等来。

10月8日(3)晴

住南大医院治疗。

10月9日(4)晴

10月10日(5)晴

10月11日(6)晴

得松冈荣志寄来《行卷》日译本。

10月12日(日)晴

录音。复松冈。陈美延来。

10月13日(1)晴

得陈祖美函,欧阳寿荪(江西大学)函。录音磁带交姚松。晚赴祝吴白老寿公宴。

10月14日(2)晴

得董治安函。

10月15日(3)晴

得刘茂舒信。

10月16日(4)晴

复刘茂舒、马昌松、柳曾符、张文勋。函陈祖美。得杨扬、尹慧珉、十中信,廖仲安寄《反刍集》。匡老约谈。梁璆来,未遇。

10月17日(5)雨

出医院。

10月18日(6)

得舒芜寄《周作人概观》。

10月19日(日)晴

复舒芜、廖仲安。函许逸民等。

10 月 20 日(1)晴

张辉、白敦仁来信。社科院文学所近代组(原南大同学)姚柯夫来访。

10 月 21 日(2)晴转阴

电唁徐震堮逝世。松冈复书又寄《行卷》二册。

10 月 22 日(3)

10 月 23 日(4)

10 月 24 日(5)

得郭预衡寄《散文》来,黑龙江人民出版社寄 40 元。得晴佳信,任笃行信。

10 月 25 日(6)阴

得王步高、何申甫函。复谢郭预衡赠书。

10 月 26 日(日)晴

去止畺家。

10 月 27 日(1)晴

得汤高才函及复印祖棻《宋词赏析》中五篇的稿件。

10 月 28 日(2)阴

上午乘机去北京开会。省九三来人探视。得砺锋函,南师大《文史资料简报》寄五元。函汤高才并将稿寄回。王老打电话来。

10 月 29 日(3)晴

鲁国尧来。

10 月 30 日(4)晴

得陈迩冬寄书一本。孙原靖来,曹济平索莫砺锋所写宋文学史稿。

10 月 31 日(5)晴

11 月

11 月 1 日(6)晴

得田仲一成函。省文史馆来电话。

11 月 2 日(日)晴

张充和来,不在家,未见到。

11 月 3 日(1)阴转昙

得陈祖美、巴蜀书社函,武昌华师历史系崔曙庭寄来《古籍论丛》一本。巴蜀书社段总编来看顾先生册页。回访张充和。

11 月 4 日(2)晴

金属家具厂周双成来,送刘汝醴书一本。曾德珪来借床被。

11 月 5 日(3)晴

得张伟光(齐齐哈尔教师进修学院)函,村上哲见寄书一本,齐鲁寄《曲石精藏唐墓志》两本。帆返宁。

11 月 6 日(4)晴

寄刘再复、霍、钱书及黑龙江祖棻材料。

11 月 7 日(5)阴

函陈邦炎、莫砺锋。为莫请张月超推荐书。

11月8日(6)晴

陈祖美来。刘湄村丈之子刘完中来(现在巴塘教英文,通讯处:巴塘文教局转)。

11月9日(日)

11月10日(1)

史梅交汪越260元(《点将录》款),后又还来。

11月11日(2)

蒋寅开题报告。

11月12日(3)

得振甫寄《李商隐集》,汪尧昌书。

11月13日(4)晴

得杨扬信,汪稿费解决。以南唐二主稿寄蔡厚示。曲钦岳来嘱作应酬文字。

11月14日(5)雨

胡守仁子敦伦来(礼)。得西德 Christoph Palm 函。成应酬诗二首,交章荣春。函许嘉璐、周振甫、汪尧昌、苏大、董治安、杨扬,共六封。

11月15日(6)雨

办王安基金博士后事。

11月16日(日)阴

写黄先生日记序。

11 月 17 日(1)晴

发王安基金函。发刘再复荐蒋寅函。得刘文忠函,告《古典文学论丛》发《苏轼风格论》。得陈荣伟(《江汉早报》)函。得史鹏寄《涉江词》九册,即复。

11 月 18 日(2)阴

上午开学位扩大会。复史鹏并寄书价 8 元。函周勃、李剑雄。

11 月 19 日(3)阴

得重庆人民政府文史研究馆江友樵函及字帖。订港台文献 6.86 元。

11 月 20 日(4)

西德克利斯多夫询马嵬驿事。

11 月 21 日(5)

11 月 22 日(6)

得蔡厚示函。开吴白匋先生等 80 寿辰庆祝会。开修订专业介绍会。

11 月 23 日(日)

小婉全家来饭。曾德珪来。

11 月 24 日(1)

开清词室会。今日完成黄公日记校点工作(7.28—11.24)。得董治安、陈邦炎函,荒芜寄来《海内外》一本。发陈祖美、江友樵、陈帆(陈荣伟)、马兴荣函。

11 月 25 日(2)晴

得《文艺理论研究》稿费 115 元(和莫砺锋合写)。社联拿去北京“七五"规划会议文件。函杨克平(潘石禅)、西德人、潘季陶。以《涉江词》寄田翠竹。得周勃函。

11月26日(3)阴

周本淳来。寄布鞋给王瑶。

11月27日(4)阴

下午开校学术委员会。

11月28日(5)阴

和小鲲同购照相机并午餐(小鲲请客)。得唐文函和张辉函。

11月29日(6)晴

函周晶、王滋源、张辉。寄书给宋谋玚。上海古籍李剑雄来。《学报》二蒋来。得苏州大学寄《明清诗文论文集》,《学生语言文学论文集》。

11月30日(日)晴

晚屈兴国来。

12月

12月1日(1)晴

购到赴武汉船票,明日离宁。《当代妇女》编辑部吴建文、邢亚晖来(马鞍山路1号,Tel34141—2735或31607)。严迪昌来。朱家维来。

12月2日(2)晴

十一时三十分乘江汉128号赴武汉。宏生、蒋寅、章灿、史梅送登轮,很顺利,高津孝亦到家中送行。

12月4日(4)晴

九时抵汉口，周勃等来接，仍寓专家楼2楼，中文系办公室秘书熊春凤负责接待我们。

12月5日(5)晴

一切均安排妥帖，暖气修好，温暖如春。工作一直未停，从船上到今日已看好屈和宏生文。函陈帆、庆元、陶著。寄出屈兴国和张宏生文。晚校长为我们接风。三夕来。

12月6日(6)晴，大风

赵熙文、王老(简庵先生侄)来访。购书五本。函天眉、丽则。

12月7日(日)昙

看完曹虹文。上午周勃来谈甚久。下午访朱祖延、章子仲。函小佳。

12月8日(1)昙

寄论文给曹虹。开始写《火与雪》。下午上街购青春宝等。李成文来访。

12月9日(2)阴

庆元来访。三夕和小邵来。函中山大学告以不去韵文学会。子仲来谈《涉江诗》中人名(寄游寿悼诗给子仲)。

12月10日(3)晴

陈帆来，要《涉江诗》和《选集》及千帆著作。下午子仲来。晚李悔吾来谈上课事。

12月11日(4)晴

上午上街买水果。下午子仲来。晚周勃来。

12月12日(5)昙

函小婉、勋初。

12月13日(6)阴

函严杰嘱查材料。中文系送来代购桔子。陶著携女、婿来。兴国打长途电话来。

12月14日(日)阴

上午晴佳偕菁菁来,午饭后去,给琼琼五十元。函程一中。

12月15日(1)阴

周伟民、唐玲玲来。得王庆元、吴永坤、尹志腾函,陈帆函。复庆元函。下午程一中、朱祖延、赵熙文、周勃来。校刊二青年来请题字。张国光来。拿药。

12月16日(2)阴雨,冷

复尹志腾函。《火与雪》毕功,计费时八日。郁沅、冯天瑜来访,各赠书一本。得天眉(附小海)函,史梅贺年片。

12月17日(3)

得迪昌函。李悔吾、夏雄彪(教学秘书)来。

12月18日(4)晴

第一次上课,讲两小时,身体尚佳。

12月19日(5)晴

中午三夕来。上午芸去中南商场购物。

12月20日(6)阴

上午授课(诗)。得天眉寄布鞋,又严迪昌第二挂号信。发小婉信,内附致宏生信。

12 月 21 日(日)晴

致尹志腾(内附严要求参加修订顺康信)。致严迪昌。徐校长、李书记来访。致天眉函。

12 月 22 日(1)晴,冬至

致周晶、吴志达函。张叙之来。

12 月 23 日(2)晴

函勋初并寄书。钟祥县长来。得小婉、严杰、周晶函。前副主任周某来。

12 月 24 日(3)阴

函周晶、张宏生(并稿《火与雪》)。寄贺年片给史梅。小佳、木生、吴志达来。

12 月 25 日(4)昙

上午上校雠学课。

12 月 26 日(5)阴

朱祖延、宛志文来,带来殷正林、余行达(四川汶川县阿坝师专)函。

12 月 27 日(6)阴

上午上诗论课。得勋初、宏生、天眉函。送礼给小王等。致宏生、小婉函。

12 月 28 日(日)昙

去陶著家,午饭后回,三女二婿在家。二婿:大(小严,油画)、小(小田),均在钢院。

12 月 29 日(1)昙

得宏生、伯伟、兴国、彦邦函。购书五本。函屈兴国、吴永坤(严参加,不主持)。晚赴朱祖延家筵,有章子仲、周勃、李悔吾在座。

12 月 30 日(2)阴

得曹虹函附伯伟文;丽则转来湖北大学购讲义费收据,胡裕章、社科院文献情报中心、胡钧达、刘彦邦、马兴荣、徐中玉、骆仁静、彭靖、张璋、田翠竹、江友樵、华钟彦、《唐代文学年鉴》编辑部、士名叔、古代文论学会年会筹备组、社科院办公室函,余顺尧贺年片。下午和朱祖延先生同去探望严学宭。函天眉和陈瑾。得蒋寅、吴永坤函。唐玲玲、周伟民来。张国光来,送书三本(内《诗归》二本)、茶叶一听。

12 月 31 日(3)阴

发致蒋寅、吴永坤、张宏生、张伯伟、曹月堂、周勋初、刘彦邦函。得砺锋函;清词室电报,即复。

1987年

1月

元旦大吉

1月1日(4)雨

看完宋元第二章(17日至1日,共53000,费15日)。

1月2日(5)阴冷

得黄淑贤函,徐有富函,严、尹函。开始收到所订报。(第三章开始。)

1月3日(6)

复徐有富。陆耀东、程一中来访,陆赠书一本(《徐志摩评传》)。上午上课。

1月4日(日)阴

函新雷(内附小婉)、孙望、淑贤。改完第三章。

1月5日(1)晴,有雾

开始改第四章。得李剑雄函。王庆元来。

1月6日(2)晴

得勋初函,齐鲁寄书,宋谋玚函。发致舒芜函(内稿与书)。

1月7日(3)晴

赴小佳家午饭。唐富龄来。

1月8日(4)晴暖

寄书张叙之、陈帆。上午上课。

1月9日(5)晴暖

上午去资料室借书。得彦邦、庆元函。程一中和孙惠珠(唐翼明妻)等来。得吴永坤函。

1月10日(6)阴

上午上课。函张辉。得丽则、宏生及沈某函。复丽则。函三夕托其姑船票事。三夕一家来。

1月11日(日)阴

看完第四章,共用7日。函小婉。

1月12日(1)晴

得伯伟、宏生函,即复宏生(外国汉学家论古诗事)。看第五章。

1月13日(2)晴

得勋初、宏生(内有稿)、志腾(内有中华函)挂号信,王淡芳函。黄瑞云来访。

1月14日(3)阴

得舒芜、张辉、屈兴国函。函天眉、张辉、兴国、志腾、勋初(挂号)。

1 月 15 日(4)阴

上午上课。

1 月 16 日(5)晴

郭维森寄来贺年片。下午上街,购香烟、饼干等。

1 月 17 日(6)晴转阴

上午上课。得天眉、丽则、迪昌、刘再复、新雷、孙崇恩(济南社科研究所)函。

1 月 18 日(日)阴,小雨

函孙崇恩、殷正林。在何华源家午餐(夫人姓赵),在座有张守正、马克昌。看望了韩德培、刘涤源二公。

1 月 19 日(1)晴

上午陈继明来访。得晓佳函,蒋寅函。三夕偕一友来。朱祖延先生来。

1 月 20 日(2)晴

发致蒋寅(内刘来函)、屈兴国(内致朱家维函)挂号信。得淑贤、张辉、章灿函,王益云寄来挂历(王益云认识友红、砺锋)。陈瑾率女来(夫姓贺)。

1 月 21 日(3)阴

梁光照来。吴志达来。丽则带小燕来,带来万业馨、张宏生、范存忠、黄白丁、《诗刊》社函。改好第五章。

1 月 22 日(4)阴

发余绍裔、范存忠、叶扬诸函。得尹志腾函。写字。

1月23日(5)阴转晴

武大中文系张广明等来看,吴志达陪来。发致天眉、天渝、周晶函。写字。

1月24日(6)晴

得张辉函。陈继明购得青春宝送来。写字。

1月25日(日)晴

湖大校长、书记请晚宴。函吴志达,辞初四宴请。

1月26日(1)晴

写字毕,五日共写33张。子仲送来咸鱼、咸肉。

1月27日(2)

寄字与丛文俊、《诗刊》、陈继明、张叙之、刘彦邦、汪先义、梁光照。得周伟民夫妇、孙望、勋初信。周勃约晚饭。函周勋初。改好伯伟文(《论语》),拟交丽则带给匡老。

1月28日(3)晴

今天除夕,和小婉、小燕共四人同进晚餐。上午四人游黄鹤楼。

1月29日(4)晴

春节。上午校系领导均来拜年。郁沅来。下午陈帆、陈继明来。晚子仲、熙文和童思翼请吃饭。

1月30日(5)晴

著弟全家来。张叙之来。

1月31日(6)阴转多云

得曹月堂、严迪昌函。复曹月堂。函蒋荫楠。看宏生《史记》文。

2 月

2 月 1 日(日)阴

函迪昌。赴志达约午饭,奂午在坐,三夕寻亦至。晴佳、菁菁、凯凯来。芸感冒卧床。

2 月 2 日(1)晴

函马昌松、刘茂舒。改完宏生《史记》文。得钱林森、梁光照函。程一中、张国光来。

2 月 3 日(2)晴

梁光照送船票来。得天眉函。

2 月 4 日(3)晴

陈继明来。

2 月 5 日(4)晴

小婉携小燕晚乘轮回宁。祖延来送。凯凯来。

2 月 6 日(5)晴

晚赴周勃约,朱祖延及其他系主任等在座。刘茂舒夫妇、马昌松来。朱士嘉来。函天眉。

2 月 7 日(6)晴

午赴悔吾约饭。得屈兴国函,舒芜函及书一本。

2 月 8 日(日)晴

赴一中午宴,在座有曾卓、志达。函舒芜(寄对联及与赵洛诗幅)。

2月9日(1)晴

文史馆朱士嘉约午饭,在座有统战部副部长许光度,省政府副秘书长徐允祜,副馆长陈英武、汪功敉,办公室主任汪履中。得周晶函;收到稿费1029.40,扣去购书费98.80,尚余930.60。

2月10日(2)晴,下午阴转雨

陈继明来问学。

2月11日(3)阴

得陶友红、尹、吴函,皆系前所寄迟见者。张叙之偕高教处长来访。

2月12日(4)昙

屈兴国由宁来。开始上课。发致湖北文史馆及秘书长、统战部长函,寄字。屈带来函如下:华钟彦、杭生、王宁(陆先生序)、胡敦伦、马兰、Palm、刘庭驹(福建)、高等教育学会、胡松林(南通)、李易、丽则、朱家维、赵昌平(寄文)、张伟光(齐齐哈尔)。

2月13日(5)阴

发李剑雄(寄陆宗达序文)、王宁、高教学会、陈帆(约游东湖)、勋初、常州市文联潘涵英(询克平地址)。寄还刘庭驹稿。打电报给苏大校领导。

2月14日(6)阴

上午上课。寄字与华钟彦。得彦邦函,《诗刊》复函已收到书联。寄字与胡松林。

2月15日(日)阴

和兴国游黄鹤楼、琴台、晴川阁,在老通城午餐。下午唐富龄来。

2 月 16 日(1)阴雨

陈帆以车接游东湖，兴国同往。兴国回宁。得志腾、迪昌、孙望、宏生、齐鲁函，又曾德珪函。

2 月 17 日(2)阴雨

孙续恩、朱祖延、周勃来。

2 月 18 日(3)阴雨

改完第六章。

2 月 19 日(4)阴雨，冷

上午上课。函孙望。得《社会科学》杂志寄来《回忆和反省》吴译稿，朱士嘉寄药方。周伟民、唐玲玲来。

2 月 20 日(5)阴，雪

中文系请午宴，在座有柳倩夫妇。开始看第七章。

2 月 21 日(6)阴雪

上午上课。函吴于廑，寄药方。得张辉函；天眉、天渝函，内附高正、邓瑞、茅于榕、金志仁留条。

2 月 22 日(日)昙

函张辉，内附致吴组缃函；周勋初，附去高正函；张群华；天眉。

2 月 23 日(1)多云

改完第七章。理发。得舒芜，金志仁、王滋源、杨冠珊、李定一、淮阴文联(丽则转来)，春晓函。

2 月 24 日(2)

看完《回忆和反省》译文，并寄回《社会科学》杂志英文编译室谢振清。

得白雉山函。

2月25日(3)阴

连生率凯、琼来。小佳来。齐鲁寄来《治学小言》30本。

2月26日(4)阴

上午上课。得勋初函；天眉函，邓瑞书已拿走，茅于榕曾来访，内附雄哥及小海函。照片洗好。

2月27日(5)晴

寄照片给小佳，底片寄陈帆，题词给杨村，书和照片给黄瑞云，三本书给张辉，三本书给刘再复。得宏生寄文。

2月28日(6)晴

上午上课。寄书给陈瑾、宋谋玚、刘彦邦(内4本)。函张宏生(内附尹函)、李定一、周晶。马同勋来。

3月

3月1日(日)晴

得吴于廑函。

3月2日(1)晴

得张辉、勋初、白雉山函。函勋初、尹禄光。

3月3日(2)晴

得蒋寅函。去陶著家。函舒芜、春晓。

3月4日(3)晴

拜访张舜徽、李修睦先生。李先生要《祖棻选集》。在三夕家午餐，一中、志达也在。一中转来张实函，仍邀去长沙。

3 月 5 日(4)晴

寄字给威克四哥。寄书给毕奂午、姚雪垠。函天眉、光义。

3 月 6 日(5)阴

往访朱祖延。函屈兴国。

3 月 7 日(6)昙

寄刘先生诗稿给反公亮。

3 月 8 日(日)阴，小雨

在周勃家晚饭。

3 月 9 日(1)阴

得舒芜、姚雪垠函。函丽则、舒芜。

3 月 10 日(2)阴

下午去武大讲课。寄字给武汉音乐学院吴青。得黄淑贤、砺锋函。

3 月 11 日(3)阴

得张实函。去探望姚雪垠。陈帆、张叙之、冯天瑜来。发电报给长沙，告以不去。

3 月 12 日(4)阴

上午上课。函丽则、张实、小佳、陶著。得尹志腾、丽则（小燕）函，并附来邓韶玉、夕佳、梁璆、张启钧、唐代文学会函。

3 月 13 日(5)阴雨

得易扬函及所附公函。函邓韶玉。

3 月 14 日(6)阴

得兴国函，张、易电，伯伟、宋谋玚函。上午上课，讲课任务完毕。李晨文送花瓶。下午游电视塔并晚餐，中文系请客。购书。吴于廑、韩德培、唐长孺，未晤。和杨克平通电话。函易杨。

3 月 15 日(日)晴

程一中、马昌松(送拓片)、张三夕、朱祖延来。三夕要周勋初讲王国维、陈寅恪的讲义。函吴于廑。陶虹来电话约去，辞谢。晚著弟、小虹来送糖。周勃夫妇来送茶、酒、糖。张国光、曾昭岷、周勃夫妇夜来访，并送礼物。

3 月 16 日(1)昙

上午湖大校领导来谈。张叙之来。校刊送茶叶三包。长沙又来电报、电话，谢绝。校领导请晚宴，姚雪垠在座。公安、水浒等三学会送青春宝。中文系送苹果、酒。中文系杨书记送酒。马昌松要《史通笺记》。

3 月 17 日(2)晴

12 时乘江申轮返宁，周勃等送，马昌松、梁光照、李晨文上船送。

3 月 18 日(3)晴转阴

下午 5:30 抵宁，史梅、伯伟、宏生、蒋寅来接。晚饭后朱家维来谈。

3 月 19 日(4)

发信数封，皆不重要。

3 月 20 日(5)

得从文俊、王绍曾信。屈、吴、尹来谈。朱夜来回话告范函，斥之。

3 月 21 日(6)

以书寄吴于廑、马昌松、李修睦。以明清诗文资料(内有黄晦闻佚诗)

寄钟敬文。夜婉来。周来。

3 月 22 日(日)阴

天渝、丽则全家来玩。打电话与欧部长。

3 月 23 日(1)阴

得张实、陈继明信。

3 月 24 日(2)阴

寄华师大、丛文俊、陆永品、张实等《小言》及信。又复张璋、王绍曾、沈玉成(挂号)、章子仲、梁璆信。得廖仲安信,即复,并寄书。

3 月 25 日(3)阴

寄出大批《小言》。得砺锋、张辉信。函陈迩冬、马小驹、徐放、海笑、王以铸、雷雯。

3 月 26 日(4)阴

得邓韶玉信。下午研究生汇报。

3 月 27 日(5)阴

李国材来。

3 月 28 日(6)阴

钱林森来。《文化要览》约饭。

3 月 29 日(日)阴

函杨克平、陈邦炎、邓韶玉。

3 月 30 日(1)阴

得李正宇、韩理洲、阎昭典信。新雷来。

3月31日(2)

复阎昭典、韩理洲、李正宇。得李安纲寄《姜白石诗注》,又唐玲玲信附王步高信。

4月

4月1日(3)雪

得黄裳、徐中玉函;曹月堂寄《诸神的起源》;贵州民族学院寄来请审稿函,退回。

4月2日(4)晴

得杜仲陵子懋陆、懋圻寄来函、书,周勃、王绍曾函。王文才夫妇及赵念君(赵尧生幼子)来。

4月3日(5)晴

得王运熙、吴青、陈荣伟函,周勃寄来书及照片,姜书阁寄来《骈文史》。晚宴请王文才等,卞孝萱夫妇陪。

4月4日(6)晴

得张振佩、赵昌平、雷雯信。复张振佩、姜书阁、周勃。晚陪文才等赴卞宴。

4月5日(日)雨

下午文才等来看赵尧老的手迹。

4月6日(1)阴

开全校文科会议。得陈邦炎、陈贻焮、朱栋霖、杨海明、罗宗强、重庆师范学院元代文学研究室函。

4 月 7 日(2)昙

得司金銮信,蚌埠安徽财贸学院研究部。

4 月 8 日(3)

文史馆副馆长倪明来。

4 月 9 日(4)晴

收到《唐代文学论丛》8。

4 月 10 日(5)阴,小雨

上海社科院学报林路来。得吴于廑复函。函陈邦炎。

4 月 11 日(6)阴

得马兴荣(附收据)、张华函,科研处函索《古诗考索》。孙望夫妇来未遇,送来文章。中午携天眉在曲园吃饭。

4 月 12 日(日)阴

去小婉家。

4 月 13 日(1)阴

以宏生《史记》文挂号寄毕万忱、马兰。寄还孙老文(《太白楼记》)。函倪明、陈邦炎、唐正序(宏生邀请信事)。以《祖棻选集》寄成都卫生厅张华。得贾晋华函。

4 月 14 日(2)昙

写《湖南日报》蔡栋约文并挂号寄出。

4 月 15 日(3)晴

得中玉函,嘱作文。吴锦来,赠以《史通》,受其排骨。白汝安、辛宪携大宝来。

4月16日(4)晴

函章培恒、徐中玉、刘彦邦。陈继明来。

4月17日(5)晴

永芬来。

4月18日(6)晴

赴南大东方艺术研究中心开幕式。

4月19日(日)晴

朱家维来谈。

4月20日(1)阴

上午赴政协开会。月超来,未晤。得迩冬、上海诗词学会萧挺、李广、章培恒函。蒋寅送来简历。晚赴匡老宴。

4月21日(2)晴

全日在政协开会。函培恒、陆永品(附蒋寅材料)、傅璇琮。得中玉、砺锋、黄天骥函,宋亦英寄来《清明》一本。夜得《社科》编辑部电话。

4月22日(3)晴

得林从龙寄黄河诗拓片二张。王开文嘱题签,即复。以《火与雪》改稿寄《社会科学》。得蔡栋、林从龙函。

4月23日(4)晴

赴政协会议。复蔡栋函。得许觉民、吴在庆、小佳函。

4月24日(5)

复许觉民并寄《闲堂文薮》一册。得赵吕甫、章培恒函。开会。

4月25日(6)阴

得湖南师大谌兆麟寄书，又安徽师大刘学锴寄书。得日本人小筑祐司信，即复。复刘学锴、谌兆麟谢赠书。

4月26日(日)阴雨

下午、晚上参加政协会议及九三政协委员联谊会。上午写字。

4月27日(1)晴

得林东海、张国光、章子仲函。将字寄赵彦均、张国光、殷洪山。复章子仲并寄致潘季陶信、宋亦英《读〈涉江词〉》诗。

4月28日(2)晴

得华师大中文系赵山林约写散文稿信及稿纸。得青海人民出版社李生才信，告寄《联语选萃》及稿费150元。得川大曹顺庆寄张宏生邀请信。得徐观之信，交立兴办理。得郑州大学83级二班洪琪论《春江花月夜》文。下午高津孝、小筑祐司二生来，赠以菉书。

4月29日(3)

叶嘉莹上课。夜校宴之。

4月30日(4)雨

得刘彦邦信，黄白丁寄诗集。以字寄湖北文史馆王文才。

5月

5月1日(5)阴雨

上午去小朱家，告知南秀事，未遇，嘱亮亮转告。后去天渝家午餐，王静夫妇在座。宏生送来清水茂代印的清词。

5月2日(6)阴

和勋初同赴上海,因车误,下午五时余始达。周折一日,极为疲劳。

5月3日(日)晴

上午大会开幕。中午会餐。下午去五角场闲游。晚看昆剧《潘金莲》。看好曹虹稿,函中玉并附此稿。

5月4日(1)阴

上午开讨论会。下午去书市,购得书三本。晚上宗福邦来谈。《宋文学史》稿第一、二章,李国章先生带至上海古籍。

5月5日(2)阴

上午去上海古籍出版社,见到陈邦炎、何满子、赵昌平、王镇远、黄屏、李剑雄等,《宋文学史》前两章交王镇远,黄先生日记抄本交李剑雄。后去雄哥家午饭,下午三时回,贾英(复旦古籍研究所办公室,贾植芳女)陪。下午傅、周两先生来谈唐代文学会事。

5月6日(3)阴

上午会议讨论并闭幕。中午会餐。下午去南京西路和淮海路购物,复旦古籍所王文均女士陪。

5月7日(4)阴

上午吴碧莲来接,去看施蛰存、许杰、吴桂卿、钱谷融等先生,在钱家午饭。钱送书一本。下午4:35乘车回宁,史梅来接。

5月8日(5)晴

在上海期间,家中得信:许觉民、张华、小筑祐司、刘学锴、余恕诚(安徽师大）、周孟瑜、林宪章函，杨明照研究生论文，莫砺锋寄来明信片一张。复周孟瑜函。齐鲁书社周晶等来。王永芬来，午饭后去。

5 月 9 日(6)晴

上午参加文史馆长寿老人会。汪越来，赠酒、茶二事，带来王得一赠《爱晚诗集》一，另有关《姓典》稿一。张宏生来，带来孙玄常先生赠画一幅。吴汝煜赠书一本。曾伯藩函。

5 月 10 日(日)阴

函南秀。复汪尧昌、曾伯藩、孙玄常、吴在庆、吴汝煜。以书寄林从周师并附函。（以上皆明日交邮。）

5 月 11 日(1)阴

得周绍良、刘再复函，黄裳寄书三本，汇款三笔（《高校古籍通报》、《唐代科举与文学》题签、《中学语文》）。

5 月 12 日(2)雨

得小珠函，曹道衡寄书一本。中央文史馆副馆长吴空来访。函复曹道衡。

5 月 13 日(3)阴

《宋文学史》定稿。整理字画今日启功。得人民文学出版社寄来校样（《苏轼的风格论》），廖仲安、《唐代文学年鉴》函。校样寄还。函霍松林。

5 月 14 日(4)晴

得万万东京信。汤高才、王筱云、钟振振等来。关道雄来。

5 月 15 日(5)晴

5月16日(6)晴

开评黄先生奖金会。得陆永品等书。

5月17日(日)晴

小婉全家、天眉来午饭。夜小鲲来。徐家福来问字义，并谈合并事。

5月18日(1)晴

得王文才函，徐放诗集，《社会科学战线》寄稿费150元(与莫合写)。

5月21日(4)阴，小雨

得张舜徽《清人笔记条辨》，雪曼寄画展通知，中国社会科学院科研局催领款通知。夜宴叶嘉莹，翠芬、白匋、史梅陪。

5月22日(5)晴

复佘雪曼、徐放。以《小言》寄张舜徽。以程章灿稿寄吴孟复。下午去南艺看林路。得周勃信。

5月23日(6)晴

以祖棻照片、手稿照片寄北京东四五条华夏出版社《华夏妇女名人辞典》编写组。看望白寅宪。

5月24日(日)晴热

天渝一家来，玩终日。

5月25日(1)晴热

得田翠竹、刘彦邦、徐中玉、陆永品(文研所)函。中华寄《陈寅恪晚年诗文及其他》。

5月26日(2)阴雨

上午和夜大学毕业生同摄影。蒋寅来。

5月27日(5)阴雨

得胡嘉阳、张实(并附论文)、刘泰焰(四川盐亭县党史工委办公室)函。刘附寄清词若干(陈书《鹃声集》词七首),书一本。周勃寄来茶叶,张国光寄《公安三袁研究》。复张实、周勃、刘泰焰。

5月28日(4)晴

整理字画毕功。

5月29日(5)晴

《全清词》开会。

5月30日(6)晴

下午金大同学会。以《史通》寄钱小云,十发翁扇寄邦炎。函璇琮、万万。得尹信,夜访之。

5月31日(日)晴

端午节。眉、纵、早、燕来午饭。下午去山西路购物。圭璋兄婿来送《词话丛编》及《宋词简编》。宋伯胤,南京博物院研究员、省政协委员,有清词稿本数种允抄示,未办。

6月

6月1日(1)雨

函复哈佛胡嘉阳。得傅璇琮函。

6月2日(2)阴转晴

七姐、二嫂来。得蛰存信,教委通知,朱寄尧寄旧诗稿,燕山书社寄《宋词鉴赏辞典》,林庚寄《唐诗综论》。函吴锦、朱寄尧、姜书阁、陈庄(四川大学)、吴功正(严杰文)、张实(有文)、林庚。

6月3日(3)晴

齐鲁严茜子送目录学小样来。得《高教研究与探索》稿费 32 元。

6月4日(4)晴

得敏泽赠书,即复。函张国光,告以不见李悔吾送件。函淮北师院古籍室,告改地址。以《读庄七首》寄璇琮。

6月5日(5)晴热

得张实函,即复。

6月6日(6)阴

寄李悔吾鉴定。看望圭璋。去天渝家。

6月7日(日)阴

下午游山西路。唐文来。

6月8日(1)晴

得吴功正、小佳、唐代文学会函,蔡斌芳寄《欧阳修诗词文选》一本。克平约于金陵午饭,以《曲石墓志》托其赠石禅。

6月9日(2)

6月10日(3)

得江汉石油局段良骥信。

6月11日(4)

夜世平来。

6月12日(5)阴

得砺锋信;又得佘雪曼画册,即交曲校长一份。

6 月 13 日(6)阴

函曹月堂谈黄先生论丛事。复佘雪曼。得章子仲函。四川省立成都中学(今二中)老学生谢懿来谈,今年五十八矣,在省设计院,曾任教重庆大学,甚亲热。

6 月 14 日(日)阴

上午左健答辩。得敏泽书,陈贻焮寄诗,又祖棻稿费 995.20。

6 月 15 日(1)晴

函赵炳南、杨牧之。以《社会科学报》稿寄还林路(淮海中路 622 弄 7 号)。

6 月 16 日(2)晴

上午参加陈作霖纪念会。下午和勋初看博士生入学试卷。有富来,《校雠广义·目录编》已校好,拟送济南。

6 月 17 日(3)晴

乘火车赴杭。得张实、《开封日报》李允久、《湖南日报》蒋栋函。

6 月 18 日(4)昙

得小海和周韶九函。芸和丽去看月超。

6 月 19 日(5)阴

得吴孟复函,1985 年《唐代文学年鉴》2 册。

6 月 20 日(6)阴雨

得中玉、一中、陈吼(附报纸)函。社联三同志来。钟敬文诗稿(送来)。

6 月 21 日(日)阴雨

芸和天眉去医院接晓琴回家,并在晓琴家午饭。娃娃极可爱。

6月22日(1)阴

得董源远(不相识者)、曾伯藩函。人民画报社郑光华、刘毅军来谈金陵胜迹画册事。

6月23日(2)阴

自杭返。

6月24日(3)阴

复张实,函周秉钧。以敬文诗转圭璋。得王白坚函,王周策函,《文学遗产》编辑部张奇慧代陈邦炎寄《苍虬阁诗》,王淡芳函,《湖南日报》稿费30元,吉大古籍所寄审批文献学硕士点材料,上饶师专张玉奇寄《文山诗选注》。

6月25日(4)晴

下午去工人医院探视月超。

6月26日(5)晴

上午开江苏省社联常务理事会。以吉大历史文献学专业评估材料寄长春。

6月27日(6)晴

社联会继续开。嘱关道雄代办唁段老花圈事。得陈邦炎、张实函。下午参加研究生院会。得上海古籍寄《古诗今选》两部及葛杰函,《竟陵派……》两本,南师大文献所函请评审赵,系发款233.60元。函吉材大学评审罗继祖事。

6月28日(日)晴

晚访孙望,取回《日本汉诗集》两本。汽车队余炳生派二女送来鲜果。发葛杰、王文才、王白坚、陈邦炎、周韶九、董源远函。寄回南师大文献所评审赵函。

6 月 29 日(1)晴

周衍发来谈。蒋广学、荫楠来。

6 月 30 日(2)晴

以《散文集成》寄中玉。得屈守元函，长沙水利师院寄评张实函，安徽金寨笔架山诗社函，章子仲寄复印件，中华寄书两包。中文系付博士生出批考卷费二人 60 元。寄还张实鉴定。得屈守元复信。

7 月

7 月 1 日(3)晴

开总体规划会。

7 月 2 日(4)雨

同昨。

7 月 3 日(5)雨

得常德二中唐远猷来函，得王文才寄李白集及黄先生诗集，中玉寄《文学方法论集》。

7 月 4 日(6)阴雨

得钟来因、夕佳函，安陆李白纪念馆张昕寄《李白在安陆》一本。

7 月 5 日(日)阴

四家孩子来玩，共 14 人。

7 月 6 日(1)雨

莫砺锋来。长沙明德中学黄政海信，江西陶渊明研究会信，成都陕西街51号李祥林信。夜头昏不适。

7月7日(2)晴

林先生书退回。得汤高才信,吴孝感信。复汤高才、吴孝感、星子陶渊明会、徐新杰、李祥林、黄政海。致林宪章、人民教育出版社。

7月8日(3)雨

下午开评审提流人会。晚宴诸生。得河南中州古籍函;又长沙便河边92号刘家传寄诗,即复。

7月9日(4)昙

得王文才信。芸携小宁出游。

7月10日(5)

兴国来交顺康目,以陈伯弢子人珊函付之。

7月11日(6)

史梅、吴永坤送稿赴京。

7月12日(日)昙

文学史1—9章清讫,343000字。程章灿、成林来。

7月13日(1)阴,小雨

王启美来。得林宪章孙林自强、林庚、张瑞洁、傅正谷(天津文学所)函。

7月14日(2)

复天津傅正谷索稿。以书寄林老师。得曹月堂信并稿,又林庚寄《北云集》(宰平先生诗集)。

7月16日(4)

取上海古籍寄款。

7月17日(5)阴

得潘耀琼讣告,陈帆寄稿费10元,陈迩冬寄论词小册。

7月18日(6)阴雨

唁潘耀琼。

7月19日(日)阴雨

赴复心桥午饭,早、婉同去。夜永坤来报告赴京事。

7月20日(1)阴,暴雨

得金志仁(南通教育学院)、周秉钧函。

7月21日(2)阴,闷热

得齐鲁赵丙南函。寄二元与曹月堂买《浦江清日记》。

7月22日(3)阴

致程飞骥、林庚、陈迩冬、傅璇琮、骆文。

7月23日(4)阴

得平田赠书,横山馈果冻。

7月27日(1)晴

得《火与雪》稿费200元,舒芜函及论文集,蒙吉甫寄《鹃声集》,张实、三夕、林从周。

7月28日(2)阴

得庞硕函。

8月

8月1日(6)晴

得张国光、陈人珊信。

8月7日(5)

得李立朴函。

8月8日(6)晴

复程一中、李立朴。函小荣。得中州古籍信,汪书75折。

8月9日(日)晴

天渝来。

8月10日(1)晴

函蛰存询得书套事,又函燕山书社询稿费,函辽阳询治鼻炎。作协薛兵来电话(638274)约游小镇。

8月11日(2)晴

《解放日报》文艺部查志华约来采访,已而不果。

8月13日(4)

达微九九夫妇携子及孙来。王庆元、吴永坤来,带来武大中文系何书记礼物。函苏仲翔索书。得寅宪书,寄款45元。作照照、小莺贺礼,并索书九种。得曹月堂信。刘涤源姨妹黄兴宁携小女唐正进(南工图书情报专业85级)来。大连辽宁师范大学中文系汉语研究室陈榴偕日本加藤国安来谈。

8 月 14 日(5)昙

得施老复函。晚教委夏之翔司长及马樟根来。

8 月 15 日(6)雨

在老白家回访潘达微夫妇,赠飞飞衣服。

8 月 16 日(日)雨转晴

8 月 17 日(1)晴

钟敬文博士生陶思炎来访。得珠海李鹏翥寄书和函。周勃、陈斌(扬中学生)函。

8 月 18 日(2)

复李鹏翥、周勃。威克携孙来饭。夜新疆李院长同高志青来访。

8 月 19 日(3)晴

得蔡厚示信。

8 月 20 日(4)阴

写字寄扬州中学陈斌。函邓韶玉、舒芜。得袁行霈寄论文集,中华寄《元诗选》及《仆尚丞郎表》。

8 月 21 日(5)阴雨

以伯伟写书评寄舒芜(明日)。复白匋、袁行霈(寄文)。

8 月 22 日(6)雨

答日本信州大学教授西冈晴彦问《莺莺传》疑义。

8 月 23 日(日)雨

天渝全家来盘桓一日。

8月24日(1)雨

得四川古代文会请帖。

8月25日(2)上午雨,下午晴

吴永坤来。复钱南秀,附致张充和函。得加藤国安、寅宪函,又郑州文化路50号河南省文学会唐玉宏寄《人生与伴侣》杂志一册。夜房颤甚剧。

8月26日—28日

生病休息。得万业馨、张守义、舒芜、湖南望城县、苏仲翔、西北大学、安徽大学邀开会信。

8月29日(6)雨

复望城政协、寅宪。得马騄程信。

8月30日(日)晴

写字寄安徽臧维熙、西安张岂之,谢绝与会。

8月31日(1)晴

得瑞洁函;又华师王常新托荐至苏州大学,拒之。函王文才,寄蜀中书法目录五纸。

9月

9月1日(2)晴

得臧维熙信。

9月2日(3)

9 月 3 日(4)

9 月 4 日(5)

得燕山稿费 960 元,又邓韶玉信。

9 月 5 日(6)

以《古诗今选》寄陈辽,以《默识录》卷一稿本寄陈邦炎。

9 月 6 日(日)晴

天渝、美林来。

9 月 7 日(1)

研究生集会。赴中国文化书院南京分院典礼。得臧维熙(山水会议延期)、张晓琦(黑龙江社科院张碧波研究生)、蔡栋(《湖南日报》)函。

9 月 8 日(2)晴

得上海古籍寄来《古诗今选》20 套,先后共 50 套,30 套未付款。天眉、丽则来午饭。周勋初来,研究生费已发下,存周处。和周联名给许副校长写信。给曲校长拟校风、学风题字。

9 月 9 日(3)阴雨

上午乘火车去苏州,参加省作协参观小城镇活动。十二时半抵苏州,寓苏苑饭店,同车有陈瘦竹夫妇、赵瑞蕻夫妇、吴调公、吴奔星暨文联艾煊、叶志诚等人。范伯群等来访。晚苏州市、吴县等领导请宴。

9 月 10 日(4)雨

早餐后登小轮去昆山周庄,是北宋时代开始建镇的,现仍保留了旧建筑。参观了沈厅,乃沈万三之弟所建庄园;迷楼,系南社诗人柳亚子等吟诗聚会处;双桥,又名钥匙桥;桥楼,一座桥四角有四楼;张厅(桥从前门进,船从家中过),即房舍中有小溪流过。在周庄午饭后复行登船,在陈墓镇参观大东砖瓦厂砖瓦博物馆。然后再坐船到吴江县治所在地松陵镇,寓吴江第一招待所。今天听到一民谚:“中央忙组阁,地方忙出国,市县忙吃喝,百姓忙赌博。”又听到“文革”时一对联:“反反正正,正正反反,反正一样;是是非非,非非是是,是非不分。”横批:“一笔糊涂账。”

9 月 11 日(5)雨

晴翻千尺浪,风送万机声。

上午去盛泽镇参观东方丝绸交易市场,两人各购得羊毛衫、背心一件,共 57 元(毛衣 32 元,背心 25 元)。中午在黎里镇午餐,后参观柳亚子纪念堂,写字一幅。后又在同里镇参观退思园,照几张相。晚饭后为吴江县写字数张。

9 月 12 日(6)阴

上午乘汽车去桃源乡,该乡位于吴江最南端,与浙江邻近。该乡乡村企业极发达。在桃源午饭后去桐乡县乌镇茅盾故居参观,然后又回吴江县。晚吴江几位领导宴请,有张县长等。在桃源购毛笔三支,价 6.70 元。

9 月 13 日(日)晴

上午九时离开吴江县(松陵镇),乘汽车赴苏州,改乘 11:46 火车回宁。下午四时抵达,到家约五时。结束了小型参观活动,两人都很疲劳。勋初打电话来。

9 月 14 日(1)晴

9 月 9 日至 9 月 14 日来函如下:臧维熙、萧印唐、田敬诚、钟来因、舒芜、马鞍山市府;游寿寄书 6 本,分致各人;成都电报。下午往访永芬,赠以茯苓饼一盒。晚伯伟夫妇来。晨章灿、巩生来。顾复生来。

9 月 15 日(2)阴

田敬诚寄来审定材料已复函挂号寄回。厦门大学评审材料已写好评语送还人事处。王步高来。章念驰来电话。丽则、天渝来午饭。下午吴新雷先生送来第 13 卷《文学史》稿及书籍、手稿等。孙原靖打电话来约周六去南师。王文才子夜来。

9 月 16 日(3)晴

去夫子庙看萧印唐夫人,购食物数种归。蒋凡同勋初来,赠以《诗选》。

9 月 17 日(4)晴

为张明(86 研究生)写字一张。复游寿、印唐。钟来因来。

9 月 18 日(5)晴

上午和勋初约巩本栋来谈话。

9 月 19 日(6)晴

下午去南师参加文献所评审会并晚餐,送去游寿赠南师图和孙望的书。晚万业馨来。

9 月 20 日(日)晴

小婉一家来午餐。下午休息。

9 月 21 日(1)晴

得程一中函。今日满 74 岁,75 初度。身体不适,只好食粥并休息。

9 月 22 日(2)晴

上午莫砺锋送来文章一篇。上海《文学报》谢海阳来采访"唐宋诗歌流派研究"项目。卞孝萱转来聂石樵赠《玉溪生诗醇》。

9 月 23 日(3)晴

日环食。得江苏文艺二信,殊无礼,可恼。得陈邦炎信,寄来弘老《说词》印本及稿本，即复。得《江海学刊》吴功正函。

9月24日—26日

填重点学科表。圭璋新收博士生王兆鹏（湖北大学）来访。

9月27日(日)晴

徐睿本、芾本姐弟持杨伯峻函来。复蔡栋、马录程。复杨伯峻。

9月28日—29日(1—2)

发病，温医来诊，劝住院。社联会不赴。

9月30日(3)晴

得周祖譔信询评职称事（陈茂同）。

10月

10月1日(4)晴

赴天纵、小红筵。得哈佛函。

10月2日(5)晴

在婉儿家盘桓竟日。老尹来。张辉及教委处长来。

10月3日(6)晴

赴天渝家。以四川诸老书件托二张生带赴成都，与文才、彦邦函各一。又致曾枣庄函。

10月4日(日)晴

得复旦博士生李祥年论文审阅及朱东润函，杜朝光函及论文，臧维熙函及开会通知，长沙诗社黄政海函，印唐函。常任侠来访。得马兰信，要题字。

10 月 5 日(1)晴

得丁芒复信,得胡嘉阳自哈佛寄来清人词集(3 日)。

10 月 6 日(2)阴

写字寄马兰。复 Maureen 及胡嘉阳。教委谭骏云来。得马录程、慧慧信。

10 月 7 日(3)晴

中秋,天眉来过节。

10 月 8 日(4)晴

赴中医院看病。早上倪明同志来。得丁芒寄书四种。

10 月 9 日(5)晴

得朱东润、王镇远、金杰仁信。盐城师专学报编辑林坚夜来,赠《咏鸟诗》一册。

10 月 10 日(6)晴

得苏州大学邀任博士答辩评委书,吴志达函。

10 月 11 日(日)晴

10 月 12 日(1)阴

得章子仲函。

10 月 13 日(2)雨

上午赴省中看病。

10月14日(3)雨

上午和系领导一起跟严开会。得社科院通知开“七五”规划会,函复不去。得不具名寄来油印件,已转党委。

10月15日(4)阴

得韩理洲寄《陈子昂评传》,吴志达信及著作二种乞荐。

10月16日(5)阴,小雨

得韩理洲信。下午《南京日报》文艺处长叶庆瑞及陈永昌(记者)来。得曾枣庄信。致刘道玉、曲钦岳信。

10月17日(6)阴

赴军区医院看门诊,准备住院。复韩理洲。得曹月堂寄《浦江清日记》。复社科院科研局函,不出席文学组会议。

10月18日(日)阴,微雨

出取眼镜,购《赋史》等书三册。

10月19日(1)晴

王永芬来。得李立朴、杨金亭信,刘彦邦寄牛肉,王文才信及酒。得湖北大学李悔吾评审费30元。胡守仁来函云,其子欲考博士研究生。

10月20日(2)阴

进军区总医院14区34床治疗。尹志腾来谈。将徐桢老书画嘱章灿送给徐芾本。

10月21日(3)雨

得陕西师大陈中伟函。九三王献民来,取去报刊三纸。

10 月 22 日(4)阴

得高家骅寄来诗稿,田军(安徽全椒)函。

10 月 23 日(5)晴

蒋寅来医院探视,谈甚久。倪明、老朱来院探视。函周晶。

10 月 24 日(6)晴

砺锋、宏生来院探视。徐芾本来探视,赠双宝素二盒。

10 月 25 日(日)阴

文史馆老朱来,仍拟为我转病房。

10 月 26 日(1)晴

得哈佛燕京社复函,《湖南日报》蔡栋函,北京师大陈绂寄《学报》及函,科研处函。

10 月 27 日(2)晴

吴翠芬、王淮冰、孙原靖打电话来。

10 月 28 日(3)晴

得教委聘函,望城访正文函。转 23 病区 22 床。

10 月 29 日(4)昙

子仲稿寄还,砺锋、章灿文寄《文学遗产》。复函蔡栋、陈绂及望城访正文。函刘彦邦,附《人名注释》。

10 月 30 日(5)阴雨

得袁行霈函。

10 月 31 日(6)阴

复孙映逵函。得 Frankle 寄来论文目录，北京汤学智电报。

11 月

11 月 1 日(日)雨

饶宗颐先生由沪来宁，专门访晤。下午在医院接见。晚由勋初出面请饭，有郭维森、屈兴国在座。宁乡来人为编志书事。

11 月 2 日(1)阴

得刘彦邦函。马鞍山派人来接。复河南焦留春函。吴翠芬来医院谈升等事。

11 月 3 日(2)晴

复函高家骅。函章培恒。南工来电话询问能否参加教委会议。吴锦、袁李来到医院探视。

11 月 4 日(3)晴

得四川刘□□函(已交屈回函)，三联寄书来，国家教委材料两包，齐鲁周晶函及寄回《文论十笺》，武大党委复函。泸州老四等来院探视。

11 月 5 日(4)阴

芸与砺锋来院，带来教委所发材料。

11 月 6 日(5)晴

芸生日，眉、丽、渝来共饭。得《解放日报》查志华函。朱东润博士生评语寄出。

11 月 7 日(6)晴

复查志华函。孙原靖来，将祖棻传《人名注》交她带给止畺核实。郁贤皓来。章灿去医院探视。黄寿祺介绍研究生郭建勋来，未晤。丁敬涵（马一浮的姨侄孙女，安徽合肥省妇联）函及《马一浮先生学赞》。

11 月 8 日(日)晴

今日回家。丽则一家来，欢聚半日。晚又去医院。

11 月 9 日(1)晴

茅家琦来医院。得臧维熙、曾伯藩函。

11 月 10 日(2)晴

蒋寅送稿至医院。《两宋文学史》第十章看完。

11 月 11 日(3)晴

复曾伯藩、臧维熙函。得钱谷融函，杨金亭函。

11 月 12 日(4)阴

教委和参加出版职称评议会的几位教授来医院探视。后芸和他们去总统府参观，文史馆史建华同志为作讲解员。

11 月 13 日(5)晴

将帆与祖棻部分诗词寄杨金亭。作好《为稆园丈遗墨为无闻先生题》诗二首。《后记》送一份给新雷。得教委关于评重点学科的补充通知。有富、砺锋来医院探视。

11 月 14 日(6)晴

教委教材办部分同志来院探视。吴永坤、俞润生来。函钱谷融。

11 月 15 日(日)阴

回家。叶、周二人来谈一上午，身体尚好。得马昌松寄来照片和函。

11月16日(1)晴

函复马昌松。得朱东润、唐文函。唐函即复。

11月17日(2)雨

得施老暨黄天骥函,CLEAR一本(Indiana大学东方语言文化系寄)。

11月18日(3)阴

得金志仁函。刘君惠子刘崇仪来,带来君惠函及茶叶一盒。

11月19日(4)晴

得白匋函。

11月20日(5)晴

得周勃函,邓长风函及汪先生文集校样。下午参加教委有关评重点学科座谈会。在家晚饭后回。砺锋作好杜诗跋,已改完交还。汪先生文集校样交有富校对。

11月21日(6)晴

得刘道玉函,苏州大学王英志函及书《清人诗论研究》。

11月22日(日)晴

回家。小婉一家、天纵共午饭。教委重点学科评议表填好。

11月23日(1)晴

重点学科评议表寄教委,重点学科评议材料退还研究生院。函复周勃、苏大王英志。得詹伯慧函及《詹安泰纪念文集》,钱谷融函。

11月24日(2)晴

王立兴来医院。武大刘涤源来电话。

11 月 25 日(3)晴

得曾伯藩、雷雯、启义林(附祖棻照片)函,张少康寄书一本。芸往访刘涤源,赠以茶、咖啡二事。

11 月 26 日(4)阴雨

电话告周勋初,十一日去沪。李立朴来访。晚望城县政协张超来。明日拟去医院。

11 月 27 日(5)风雨

天纵来装好煤炉。曾伯藩寄来奶粉两包、麦乳精一罐。函复曾伯藩。屈义林函交丽则复。

11 月 28 日(6)雪

得章子仲函,张文勋寄书一本。

11 月 29 日(日)晴冷

回家休息一天,无人来。写字(题徐无闻所存易实甫对联、文史馆及周道南)。上午和勋初通话。

11 月 30 日(1)晴冷

函复周道南。得吴志达函,谭优学书一本,复旦聘书。徐无闻托题对联送还巩本栋。

12 月

12 月 1 日(2)晴冷

芸和小婉去新街口转存款。

12 月 2 日(3)晴

得湖北大学胡忆肖寄书一本及聘书。

12 月 3 日(4)昙

张宏生来，取去《古诗今选》赠钟陵。得李易函。砺锋送来《被开拓的诗世界》全部稿子。

12 月 4 日(5)昙

得白坚函，即复江苏诗词会；余行达寄《文史杂志》；上海辞书出版社寄《唐诗鉴赏辞典》一本，即赠史梅。

12 月 5 日(6)晴

上午出院回家，龚老及护士长殷勤相送。

12 月 6 日(日)晴

天眉、天纵来共饭。下午去山西路买鞋。

12 月 7 日(1)晴

上午赴接待餐厅为丽则四十生日定宴。去医院汇报住院情况。寄文给《文学遗产》和邓广铭。写《望城文史》笺寄张超。

12 月 8 日(2)晴

得李定一和广州诗社函。“七五”规划项目 1987 年 1 万元通知办理，已交姚松办。小婉夫妇来。系三人来探亲，送蜂乳精两盒。得复旦大学王运熙博士生论文，审。李定一寄来花生十包，退还十元。

12 月 9 日(3)晴

上午老尹夫妇和钟陵来。下午郁贤皓送来李白纪念馆礼品。寄给屈义林《武大学报》一本。函复李定一。

12 月 10 日(4)晴

得汤学智、福建人民出版社林玉山函。

12月11日(5)晴转阴

全日在校开职称评审会。

12月12日(6)晴

上午仍开职称评审会。得李易函,书目文献出版社寄《北图珍本丛刊》。即复李易。函王淮冰。吴企明介绍其硕士生邓红梅来谒。

12月13日(日)昙

上午访孙望。

12月14日(1)阴

得徐中玉函。

12月15日(2)晴

上午去新街口购除尘器一台。得唐文函,《学位与研究生教育》稿费28元,刘彦邦函。砺锋要《后山居士文集》。

12月16日(3)晴

昨得聂石樵《论〈史记〉》,姚雪垠驳刘再复文书一本。今得上海古籍寄古诗台历一本。

12月17日(4)晴

上午8:28去沪参加李祥年答辩,芸、周同行。12:25抵沪,复旦陈尚君来接。下午往访朱东润先生。晚章培恒、陈允吉来访。

12月18日(5)晴

上午九时参加答辩会。中午午宴,徐鹏参加。下午上海古籍魏同贤、陈邦炎、王震远、赵昌平等来访,赠书两本,交《被开拓的诗世界》稿。晚徐鹏来访。章培恒来访并赠酒一瓶。

12 月 19 日(6)晴暖

去施蛰存先生家送书并取回手抄词本两册,又去寅宪家,午饭后乘公共汽车归。寅宪要去会程之,回去寄介绍信给他。

12 月 20 日(日)晴暖

乘车回宁,晚六时余抵家。复旦赠答辩费 45 元。

12 月 21 日(1)晴暖

四日来共得函:朱清於、广西师大出版社、张文勋、胡敦伦,余顺尧寄贺年片,巴蜀寄挂历。

12 月 22 日(2)晴暖

得吉大古籍所管成学函及书,陈辽书。汪尧昌函及《寄庵随笔》,陈荣伟函及《老年文汇报》,郑承教寄银耳。

12 月 23 日(3)晴暖

大百科寄稿费(周、吴二人)312.50 元,吴稿费 100 元寄武大。下午往工人医院探视王气中与张月超。晚万业馨夫妇来谈甚久。

12 月 24 日(4)晴暖

得李易、陈祖美函,平田、王超贺年片。函齐鲁总编赵丙南(谢事)。得邓广铭函,村上哲见贺年片,齐鲁、中华及蔡钟翔寄书及函。

12 月 25 日(5)晴暖

函复佘雪曼、姚雪垠、蔡钟翔、陈辽、汪尧昌、郑承教、陈帆。

12 月 26 日(6)晴暖

下午往看视杨知文。晚孩子们来共餐。

12 月 27 日(日)晴暖

与芸同去 307 参加社联四届代表大会。得小筑祐司贺年片。

12 月 28 日(1)晴暖

继续开会。得小海函。

12 月 29 日—30 日(2—3)晴冷

继续开会。

12 月 31 日(4)晴

回家。几日来共收下列函件:函:郑承教、陈辽、董源远、徐培均、刘泰焰、周啸天(并书)。贺年片:汤擎民、胡敦伦、蒋寅、齐森华、饶宗颐、金克木。

日本内阁文库藏徐履忱《耕读草堂诗抄》附词十数阕。徐是顾炎武外甥,徐健庵堂兄。

1988年

新春大利！

1月

元月1日(5)阴

维森、新雷、汪越来访。函复周啸天、刘泰焰。

元月2日(6)晴

函蒋赞初、徐培均、周勃。屈兴国来谈室中事。

元月3日(日)阴

函齐森华、徐中玉。得刘茂舒、吴志达、刘彦邦、曹月堂、孙玄常、汤高才函，张三夕、司金銮、潘世秀、吴志达、曹月堂、樊凡贺年片。

咏公务员

何事不可作，偏为公务员。家贫儿作仆，柴贵饼当餐。两脚奔寒暑，六亲断往还。只因棺木贵，不敢上西天。

此诗抗战中流传于成都，祖棻偶为诸公诵之，遂传为棻作，其实非也。陈帆以入纪念文，恐滋后世之惑，故记之。

元月4日(1)阴

许惟贤来，谈《论丛》事。函沈玉成、罗宗强、刘彦邦、刘茂舒、唐文、吴志达、王瑶、曹月堂、叶嘉莹。

元月5日(2)阴

得唐文、唐异明函,唐异明有照片、贺年片。

元月6日(3)晴

下午参加范老追悼会。得省统送挂历一。张宏生、张伯伟来。

元月7日(4)阴

函董主任谈严事(按董改稿)。得政协第六届通知书。得赵丙南书,告抽去谢书序。童傅谈科学研究:1. 继承性,2. 探索性,3. 创造性,4. 结果不确定性。去鼓楼医院看卞先生。

元月8日(5)晴

尹来谈清词室事,婉言谢之。去医院看尿感。

元月9日(6)晴

得霍松林函。

元月10日(日)晴

伯伟、曹虹来谈论文事。孙望夫妇来。

元月11日(1)阴

得张企罗寄浦江清《清华园日记》,吴志达、邓韶玉函,社联寄照片。

元月12日(2)阴

函复张企罗、吴志达。得陈祖美寄《淮海词》一本。

元月13日(3)阴

得罗宗强函,同意来参加答辩。

元月 14 日(4)阴

王立兴领日本留学生上野隆三来,带来清水茂的论文。得邓韶玉寄来《古诗考索》十本,王瑶函。复霍松林。函吴志达介绍上野隆三。汇 16.5 元给邓韶玉付书款。

元月 15 日(5)阴

南京教育学院范君(以前和吴永坤来过)来访,送来张汝舟遗著一本。去社联开会。得李易、徐培均函,霍松林寄诗稿,马騄程寄《江西诗词》,徐培均寄《唐宋词小令精华》,杨克平寄挂历,厦门大学审职称费 30 元。

元月 16 日(6)小雪

复李易、徐培均。函政协开会请假。得霍松林函及其儿之文。

元月 17 日(日)晴

去小婉家玩了半天,甚欢。

元月 18 日(1)晴

上午参加校统战部召开的会。得子仲及徐培均函。电沈玉成及发陆老唁电。

元月 19 日(2)晴

上午看病,尹禄光夫妇来。莫砺锋来协助办蒋寅答辩事,寄出论文。得魏炯若寄书一本。

元月 20 日(3)晴

以宏生《江湖诗祸考》寄陈邦炎、赵昌平,请转《中华文史论丛》或《学术月刊》。将磁带寄还淮阴市文联。得沈玉成信,刘泰焰信。复刘泰焰、魏炯若。参加玄武区侨联宴,并发息。

元月 21 日(4)阴

七姐夫妇来。学校发 110 元。蒋寅论文寄沈玉成。章灿来。

元月 22 日(5)阴

研究生院通知评审重点学科会议二月五日在北京举行。砺锋、伯伟来。

元月 23 日(6)晴

以章灿《刘勰赋论》寄中玉,请其刊于《文学理论研究》。得王滋源新书《论语译评》,即复王滋源。

元月 24 日(日)阴

各家小孩均来,自己蒸包子吃。邓瑞来。新雷送《文学史》稿来。

元月 25 日(1)昙

得王淡芳、李旦初(山西大学)函,白敦仁寄《学报》,王运熙及其岳父杜兰亭各赠书一本(勋初带来)。以《考索》《今选》寄李旦初。函曹济平询唐老学生答辩日期。函教委研究生司。

元月 26 日(2)昙

将章灿文送思想家研究中心。送礼给尹黄。得钱南秀、施老函,匡亚明文,国家社科(基金会)规划领导小组通知,BBC 节目单。

元月 27 日(3)晴

白雉山信嘱题书签。小佳信寄豆丝。

元月 28 日(4)晴

得厚示信约游武夷,即复。函杨金亭纠印词之误。得志达、陈继明函;小佳寄来豆丝;吴孟复寄书一本;匿名信一封,转郑康;吴奔星附《新诗辞典》通知,即复。

元月 29 日(5)晴

函王瑶、周绍良、纪克。得武大学生谭武函,中文系 84 级。何华辉研究生刘浥阳来。小燕生日,去吃面。复谭武(询祖棻材料)。

元月 30 日(6)穷阴

函木生夫妇。得朱祖延信,又长沙明德中学黄政海信。

元月 31 日(日)晴

徐州师专邵迎武来。

2 月

2 月 1 日(1)晴

得周勃函。

2 月 2 日(2)晴

得刘立介信及稿,即复,将稿寄还。

2 月 3 日(3)晴

函淡芳。得孙党伯寄《郭沫若评传》,武大古籍所寄周大璞《训诂学》,白雉山寄《名人趣事录》。

2 月 4 日(4)晴

得汤高才函,约稿,即复,拒之;周勃寄《考索》;王瑶托寄《大百科》。

2 月 5 日(5)阴

蒋荫南来,伯伟文交蒋。20:25 飞机去北京开会。周勃寄来《考索》

交给姚松，并嘱其汇款并函复。

2 月 6 日(6)晴

得浙江椒江市横河陈街陈梦赉寄《中国历代名医诗选》一本。

2 月 7 日(日)阴，小雪转晴

得政协通知。季廉方来访。

2 月 8 日(1)晴

得梁光照、刘茂舒、杜兰亭、华钟彦、近代史所函，齐鲁寄书两册。

2 月 9 日(2)阴

文史馆电话通知开会。

2 月 10 日(3)阴

得曹月堂、白雉山函，黄山书社约稿，《文学研究参考》87 年 4—12 期。

2 月 11 日(4)阴

从北京归。吴锦来访。

2 月 12 日(5)晴

函梁光照、近代史所王默、华钟彦、陈时风、吕美生、王瑶、陆国斌、高马德。陆彤送马德画来。《学语文》寄稿来。得宁乡县志函。

2 月 13 日(6)阴

得叶嘉莹、章子仲、王淡芳、徐中玉函。王老等及吴文治来，吴送《年表》一本。

2 月 14 日(日)阴

函复《学语文》,稿寄还。尹志腾来。晚发病,吃异搏定二粒,好。戒兴奋。

2 月 15 日(1)晴

得夕佳、小佳、王滋源函。

2 月 16 日(2)雪

除夕。丽则母女来度岁,包饺子。

2 月 17 日(3)晴

元辰。赴强姐家共庆春节,一共 19 人。下午系领导、王长发、许惟贤、邓瑞、尹黄、周勋初等来。

2 月 18 日(4)晴

上午裴显生全家、七姐夫妇来,白浩带来郝延龄赠葡萄干,七姐送人参蜂王浆、茶叶等数事。中午在天渝家午饭。下午莫氏夫妇来。

2 月 19 日(5)阴

上午孙原靖、徐有富、曲钦岳来。下午祁蔚、宋家淇女来。中午在天纵家饭。得晴佳函。

2 月 20 日(6)阴

王西三来访。

2 月 21 日(日)阴

李书有来。得常任侠信,附汪铭竹相片。

2 月 22 日(1)阴

得吴功正寄书;人文寄《苏风格论》稿费;又君惠信,言顾先生书件事。

夜复任侠、功正、君惠。函刘文忠等，请购《古典论丛》第四册(附 2 元)。

2 月 23 日(2)阴，小雨

社联二同志送来皮包一只、厨具四个。高国藩来访。

2 月 24 日(3)阴

蒋寅来，送糖二包。晚老白、威克等来喝酒。黎明霞来看芸。

2 月 25 日(4)雪

上午去工人医院看病，系前列腺增大。得王瑶函。

2 月 26 日(5)阴

得雄哥寄《红氍毹上》。

2 月 27 日(6)阴

得陈邦炎、邓韶玉、周啸天函。程章灿来。

2 月 28 日(日)雪

函复邓韶玉、周啸天。

2 月 29 日(1)阴

李国瑜托其研究生王君送影印谢无量诗册来。

3 月

3 月 1 日(2)阴

发聂文郁唁电。复邓韶玉、李国瑜。文自成(武大 59 级)来，赠以书三种。得陈美延、胡敦伦、罗宗强、吴功正函。

3月2日(3)晴

函复陈美延。发蒋寅答辩委员会各委员的聘书。得吴志达函。屈兴国来。

3月3日(4)晴

得汪孝文函通知取《曲石诗录》。蒋寅送文来。曹济平送王筱云论文及聘书来。

3月4日(5)昙

《青春》斯群、曹立侃(主编)、陈玉田(副主编)来。《江海》三人来。

3月5日(6)昙

为《江海》题词,即寄出。徐有富来还汪先生稿,即函超伯来取回。周本淳惠所著《唐才子传校正》。关道雄为取得李希泌所赠《曲石诗录》。阅王晓云论文。复周本淳。复李希泌惠《曲石诗录》。得张啸篁之子志浩(湖南日报社)来函约写稿,即复信拒之。

3月6日(日)晴

写好王筱云博士论文评语,即寄曹济平。

3月7日(1)晴

下午去工人医院拿药,兼探视万放、月超。得杨金亭函,王气老、杨军各赠书一本。

3月8日(2)晴

下午往访王永芬。函复杨金亭。

3月9日(3)晴

甘某(重庆《工人报》)购"千帆藏书"石印一方。为金中百年校庆书颂词一纸。得湖南大学校史组函，即复，答无材料。下午去鼓楼医院探视强姐和宋家淇。

3 月 10 日(4)晴

上午蒋寅来。下午在校开职称会。得吴功正函，竟陵文学派寄稿费 50 元。

3 月 11 日(5)阴

蒋寅来谈。

3 月 12 日(6)晴

得君惠函，即复。许总等二人送请柬来。吴新雷来谈，十二、十三章稿交吴。吴锦来，赠烧饼一包。

3 月 13 日(日)昙

唐文来。下午往访砺锋、有富。

3 月 14 日(1)阴雨

下午开会，讨论博士生答辩事。得《诗刊》稿费 30 元，臧云远寄《诗选》一本，顾学颉寄《论文集》，石天宝(湖北宜城)、彭子辉(衡阳)函。徐有富送书来。黄尹来谈房屋事。

3 月 15 日(2)阴，小雪雨

复谢顾学颉、臧云远、杨军、施蛰存赠书。得湖北安陆李白纪念馆张昕函，索题字。

3 月 16 日(3)雪

得王运熙函，社科评奖单，南开大学电告罗宗强不能来参加答辩会。

3月17日(4)昙

上午参加社联发奖会。

3月18日(5)晴

得沈玉成、刘聿鑫、唐富龄函。

3月19日(6)阴

得国家社会科学基金会通知。周勋初、莫砺锋来。

3月20日(日)雨

参加《江海学刊》创刊30年纪念会。

3月21日(1)雨

得国家科学基金会通知,廖仲安、毋庚才(北师院历史系)函,王常新函。即复王、廖。沈玉成、霍松林晚上来访。

3月22日(2)阴

上午蒋寅答辩。

3月23日(3)阴转晴

得何文清、李白纪念馆函。以蒋寅论文评语寄王镇远。倪明来。

3月24日(4)阴

得舒芜、周来祥(及书)、萧印唐函。上午赴南师参加王筱云答辩。下午陈贻焮夫妇来。

3月25日(5)阴

上午在美术馆为文史馆书画展开幕讲话。下午文史馆35周年纪念会。

3 月 26 日(6)晴

得罗继祖函及书一本,即复。复曹辛之、舒芜、周来祥、萧印唐、叶幼明。寄《沈选》与安庆张伟。

3 月 27 日(日)昙

晨携虾兵蟹将在小吃部吃包子。下午由袁李来陪赴吴锦家,吴夫人勇真医生带往鼓楼医院看眼疾。

3 月 28 日(1)雨

得中州古籍出版社寄来 15 元,唐富龄函。上午地质系石油中心黄老师送材料来。

3 月 29 日(2)阴

得吴代芳函,吴功正寄照片,文史馆馆员金尘生函及诗文等,又蔡厚示信。复吴代芳。

3 月 30 日(3)晴

上午开《学报》会议。得江苏人民出版社稿费 20 元。

3 月 31 日(4)晴

上午看病。董健打电话谈《全清词》承包事。曹明(《江海学刊》)来,送以《古诗今选》一套。

"党委有权,政府有钱,人大举手,政协发言。"七大政协委员在一次大会上介绍的民谚。

4 月

4 月 1 日(5)阴

得程之函,杨天堂托江苏古籍出版社马君送来礼物。夜南京政治学院哲学系王荫廷、徐长安来。Tel636123—496(王荫廷家)。王系武大哲学系毕业,徐长安系南大哲学系研究生,均与李华钰相识,由她引来。

4月2日(6)昙

复十二弟。以砺锋论朱熹文道观文寄中玉。

4月3日(日)昙

上午访孙望,送交胡先生诗跋与目录。中午在丽则家饭。

4月4日(1)晴

倪明来谈文史馆事。研究生院汪以初来谈重点学科事,下午开会研究此事。得刘文忠、曾宪德(子仲长子)、程尚明函。

4月5日(2)晴

寄所书题笺给倪明。函复章子仲、刘文忠、程尚明。

4月6日(3)阴

徐有富来,共同研究《版本编》。得蒋寅函;北大寄《全宋诗样稿》;金志仁函寄诗词,即复。

4月7日(4)昙

上海古籍李国章来访。得研究生院送来蒋寅学位证明,即以挂号函寄蒋。

4月8日(5)晴

下午与芸同望姐姐。晚郁贤皓、陶敏来。

4月9日(6)晴

上午往访宋家淇,还其词集(已批过)。得蔡厚示、陈仿彛函。

4 月 10 日(日)晴

去仪征大化纤厂开会。

4 月 11 日(1)阴

得周祖譔、李金松(湖北武穴)函。关道雄送考卷来。南大九三夏树芳(家 Tel2757)、吕慧海(生化系,科研楼电话 2291)来访。

4 月 12 日(2)昙

复周祖譔、李金松。函蒋寅(附周先生函)。上午在研究生院开重点学科会议。得湖南出版社寄来白匋先生词稿,连同陈仿彝函转给吴老。天眉赠电磨。

4 月 13 日(3)晴

得王镇远函。砺锋来。

4 月 14 日(4)晴

上午去南师大看敦煌卷子。得武夷山请帖(即复),周退密寄诗集,田筱筠函,《甘肃崆峒诗词》。函蔡厚示。

4 月 15 日(5)晴

得胡敦伦、王士让(西北政法学院)函。张秋月来谈,欲相师,拒之。北大王春茂函邀参加《文选》讨论会。

4 月 16 日(6)阴

4 月 17 日(日)阴

天眉、天渝、丽则暨孩子们来午饭。

4 月 18 日(1)晴

下午去鼓楼医院看眼疾。得陈子昂学术讨论会请柬。

4月19日(2)晴

中午请望兄夫妇吃饭。得《文艺理论研究》稿费240元，一半给宏生。崆峒诗社碧玉箫函请题笺。《宋词赏析》4版，赠书五册。

4月20日(3)晴

国际文化交流中心通知新任副秘书长王志渊。得复旦大学评审费15元。尹禄光来谈翻译事。得《杜甫晚年》英译抽印本7份，英语《中国社会科学》一本(两人合一本)。至中美文化中心听曲钦岳报告。

4月21日(4)阴

上午去工人医院看病。得四川博物馆函及奖励证书，王文才函及书，新都函邀参加杨升庵讨论会。函复匡老。

4月22日(5)阴

函复四川博物馆及王文才、张瑞洁、崆峒诗社(附字一幅)。得刘君惠函。作书三幅(小婉代索及崆峒)。

4月23日(6)晴

得杨军、中玉、巩本栋函。

4月24日(日)晴

函中玉，辞审稿。函周勃、君惠。姚北桦、赵国璋来谈红学会事。往访屈兴国。

4月25日(1)晴

得马少波(李慧中)、蒋寅函，黄山书社寄稿费70元。

4月26日(2)阴，小雨

上午和孙望夫妇由姚北桦邀往古林公园观牡丹。得《韵文学刊》稿费

70 元，马少波、李慧中寄《乐耕园诗词》，刘知渐、邓韶玉函，韩理洲赠《王无功文集》。

4 月 27 日(3)阴转晴

复蒋寅、周退密、韩理洲、马少波夫妇。得周振甫、安军（福建）、李金荣（四川）函，张松如寄书一本，上海古籍稿费 130 元（和张宏生合写）。探望月超。徐有富来（《校雠广义·版本编》看完交徐）。

4 月 28 日(4)晴

得月超赠外国批评史，上海古籍代寄缪钺、叶嘉莹《灵谿词说》。函复周振甫、张松如、安军、李金荣、张宏生。吴永坤来。

4 月 29 日(5)晴

周勋初来共同阅卷。茅家琦赠书一本。张伟寄茶一包。张宏生来，赠笑梅人参蜂王二盒。

4 月 30 日(6)晴

上午看病、理发。莫文交小婉送《学报》。晚钱林森来。

5 月

5 月 1 日(日)晴

复刘知渐、王士让（题书签）、省九三。尹禄光、黄淑贤来。

5 月 2 日(1)晴

中午在美林家合家共餐，美林 40 大庆。晚黄纪华来。翟春高送票来。

5 月 3 日(2)晴

吴新雷代索字二幅，交吴。履历表付朱家维。陆彤字画送俞为民信箱。胡、王字社联取去。安徽寄来茶叶四斤，给小婉一斤，王老半斤。邓瑞来赠蜂王浆一盒。下午启程去武夷。

5月4日(3)阴

下午二时许抵邵武，厚示、武夷山管理局邱峰来接，寓招待所。车行21小时，甚为疲倦，因客车设备甚差，伙食尤坏。晚市委办公室主任陈梓堂、接待科长余□兴等洗尘。

5月5日(4)阴雨

上午游沧浪阁、李忠定公祠和民俗馆。下午写字。

5月6日(5)雨转晴

晨六时离邵武，乘汽车去崇安，寓百花岩宾馆。上午诗会开幕。下午游天车架、鹰嘴岩、水帘洞，在水帘洞品茗咏诗，乌龙茶极香。晚宴。

5月7日(6)阴

上午老局长介绍武夷山。下午坐竹筏游九曲，两岸峭壁如削。此行甚乐，亦不疲倦。游毕，无雨，可谓作美矣。

5月8日(日)阴

今日游一线天及虎啸岩。一线天我俩仅至洞中观看，未登山。虎啸岩则既高且陡，幸有石阶并有石栏杆可扶，故二人均得登顶。山中花木繁盛，阵阵轻香，映山红成片。下午在蒋局长家写字，并抽暇往访邱峰同志。晚和福建诗词会理事同开吟诵会。（周笃文、陈祖美、赵玉林索字。）

5月9日(1)雨

天虽雨，仍按计划游天游峰。车停于九曲宾馆。进门后即穿过一洞，过云路、云桥至云富。然后除我二人外，均攀登天游峰。我俩因昨日已很累，今日又下雨，遂留在下面品茗、午饭，然后沿九曲溪，步入小桃源。一路景色幽美，将入桃源时，过一石桥石门，豁然开朗，一块平原种满桃花，真不愧为小桃源也。据说另一途径乃缘溪而上，更似《桃花源记》中之景，惜路窄小不敢走，但今日游仍甚乐。

【夹纸：丁芒《游九曲溪》：三十六峰争泼绿，溶成九曲碧琉璃。冲滩碎影飞空细，送筏轻歌掠水低。神话弥天开妙悟，遐思得象启玄机。收来十里罗纹纸，写尽胸中半日奇。】

5 月 10 日(2)阴雨

上午在招待所休息。10 时崇安县政府接往崇安县，先参观船棺，后赴宴。下午略休息，即去武夷宫，开座谈会，写字两幅。晚在幔亭山庄参加诗宴，边吃边吟诗，晚十时余始结束，大家依依惜别，抵招待所已十一时。周笃文索美人论中国诗译稿一篇及《涉江集外词》。林从龙索小传。

5 月 11 日(3)阴

晨八时半离白云岭宾馆，乘车赴南平。匆匆午饭后即上车，乘 46 次车回宁。车上遇福建师大教师，让下铺给我们，得以顺利成行。

5 月 12 日(4)晴

下午二时许抵达南京，史梅等来接，平安到家。3—12 日收到下列各件：小海、村上哲见、徐中玉、宁乡图书馆、施蛰存、马騄程、周振甫(二)、张瑞洁、张文勋、马昌松(照片)、蒋寅、周绍良、吴永坤。

5 月 13 日(5)阴

复瑞洁、张文勋、马騄程、马昌松。寄六元书费与蒋寅。得文自成函。太平天国纪念馆二人来。

5 月 14 日(6)阴

5 月 15 日(日)晴

得王瑶函，张国光寄书。天纵、天渝一家来午饭。晚张辉和教委赵某来访，赵为其母薛玉兰索对一付。现代组研究生张红托叶子铭研究生刘德康带来银耳一袋。

5月16日(1)晴

四川博物馆汇款2000元收到。

5月17日(2)晴

上午赴中医院看眼疾，医云已基本痊愈。写字寄周笃文、陈祖美、王全铭、赵玉林。得陆家桂函及书，文自成寄书，陈诗寄诗。

5月18日(3)昙

上下午博士考生口试。沈辰宪来，赠草莓二盒。

5月19日(4)雨

函复陆家桂、张国光。写字寄单景龙、杨光中、郭迅。写字及文章寄村上哲见(14.40元)。村上函转许惟贤。

5月20日(5)雨

吴白匋、金湟子来。屈兴国来谈送《全清词》事。

5月21日(6)阴

王立兴夫妇来。得上海古籍寄书一本(已给小婉)。章灿译文寄周笃文。

5月22日(日)晴

写好《学位与研究生教育》所需之文。中午在小婉家，晚上在天眉家吃饭。

5月23日(1)晴

《学位》又送给汪以初。巩文给《学报》。得中国戏剧家学会通知，有马少波附言。上午赴思想家中心开会。下午开校职称会。吴永坤来。

5 月 24 日(2)晴

徐有富、尹志腾来。得周勃寄茶叶,上海辞书寄《唐宋词鉴赏辞典》。

5 月 25 日(3)晴

函张瑞洁索材料(莫需要)。赴《南京日报》评审楹联会。得林从龙函。

5 月 26 日(4)阴

得北师院毋庚才函及寄件,林从龙函及照片,陈子昂学术讨论会函及照片。即复毋庚才。上午参加图书馆会议。

5 月 27 日(5)昙

写字一幅,寄陈子昂学术讨论会。张明转来上野隆三函要求接见。上午参加金陵大学百周年校庆。刘彦邦托四川校友周孟璞带来酒、花生等礼。

5 月 28 日(6)阴

得王庆生寄书,马少波寄字。上午看病。下午参加在南师大召开的金大文科校友座谈会并晚餐。

5 月 29 日(日)晴

上午天纵、天渝两家均来,午饭后去。

5 月 30 日(1)晴

上午钱林森来。湖南岳麓书院文化研究所副所长陈海波来谈叔祖事。得周勃函,刘茂舒函寄复印件。下午参加中文系纪念三老筹备会。

5月31日(2)雨

上午给郭维森研究生讲话。函复周勃、刘茂舒、刘彦邦。函蒋寅,寄字与诗稿。寄文、诗稿给舒芜。得蒋寅函附照片,黄山书社寄稿费50元。

6月

6月1日(3)晴

上午去军医总院访朱清於,未能看眼。下午吴永坤来。得林从龙寄来《人生与伴侣》四本,陈贻焮寄诗来。瑞洁友佘君来访,将外公遗墨三件请其代给瑞洁,并各赠《古诗今选》一部。函徐中玉。

6月2日(4)晴

上午去军区总院看眼疾。得周笃文函。寄诗《武夷记游》给杨金亭、陈贻焮。

6月3日(5)晴

上午给硕士生讲课。

6月4日(6)晴

得《开封日报》李允久寄来之诗,要求写,不理。为万放购胸腺素药。下午日本留学生上野隆三来访,带来清水茂托赤松纪彦带来之信与书。

九三南大支社主委地质系夏树芳、副(女)生化系吕慧梅。

6月5日(日)晴

小婉全家来午餐。《南京日报》同志取走楹联评选结果。

6月6日(1)晴

屈兴国来。得赵昌平、佘雪曼(告悼亡)函。

6月7日(2)晴热

得叶嘉莹函,即复。王步高来,约主编词鉴赏辞典,拒之。九三来照相。复雪曼。

6月8日(3)晴热

装电扇。整理湖南乡贤书画。刘舒晚问,药取去。十发翁生于同治三年甲子(1864),死于1932年壬申,享年68岁。

6月9日(4)晴热

得赵炳南函,即转有富。袁李来来送《高教研究与探索》两本,稿费30元。函太平天国纪念馆、李允久。

6月10日(5)昙热

整理好祖棻《涉江集外词》,函施蛰存提出几点要求。蒋寅来谈。

6月11日(6)雨

上午开《全清词》承包研究会。得赵昌平寄书两本,圭老寄书一本,朱栋霖寄书一本。

6月12日(日)昙

去迈皋桥庆祝真真周岁。南京电视台汪平送马少波磁带来。得王镇远函。函王镇远、赵昌平。

6月13日(1)昙

汇款15.62元与古籍财务科(《宋词赏析》印数费抵《古诗今选》30部书价,补还此数)。

6月14日(2)昙

江苏作协凤章来访。得徐中玉、陕西师大(《古代爱情诗……辞典》

事)、射洪县政府、姜平、宏生等函。

6月15日(3)阴

得张瑞洁、吴孟复、姚继舜函，三信即复。上午继续和凤章交谈。打唁电悼蒋天枢。

6月16日(4)阴

上午开清词室会议。砺锋带来施老赠两本书。得舒芜函。徐福基要求给予鉴定。

6月17日(5)阴

照片印好，分别寄与朱金城、蔡厚示、丁芒、周笃文。太平天国纪念馆贺采、夏京生送纸来，要求自写。伯伟带周维培来，要求推荐。

6月18日(6)阴

为周维培作荐书。得陈贻焮片，傅璇琮寄《唐才子传校笺》，曾广开寄论文。天纵送新打书橱来。

6月19日(日)阴

小婉全家来午饭，并协助整理房间。吴文治夫妇来并送礼。

6月20日(1)阴

得小佳、淡芳、志达、单景龙(化纤厂)、周笃文函。下午开三老纪念会筹备会。《青春》送评选文来。

6月21日(2)昙

函周笃文，再寄诗稿。校统战部孙、冯(副部长)二人来访。周维培推荐信译好，由砺锋送国际交流科。写好徐福基鉴定。

6 月 22 日(3)阴

武大老学生吉林大学古籍所王同策来访。收到日本寄来的一信，已交党委。函复田军，归还文与奖状，并赠以四本书。周维培论文等归还。社科院取去徐鉴定，赠 60 元。

6 月 23 日(4)阴

上午开职称评定会。得毋庚才、李玲玲(上海广播电视局，不复)函。职称评议会，出版社长时惠荣赠书数册。一小青年出言无状，斥之。函复小佳妹。

6 月 24 日(5)晴

以周本淳校文献集刊稿交勋初。退还临海市王晚霞托审稿。寄还湖南大学张白影托写格言。蒋庆学、时惠荣来填写出版单位评审表。去强家午饭。上午为吉大研究生讲课。

6 月 25 日(6)晴

函李旦初、毋庚才、吴志达、傅璇琮、王淡芳。评审纪实散文毕。

6 月 26 日(日)昙

下午参加硕士研究生照相和毕业典礼。

6 月 27 日(1)昙

《瞻园记》文写完。得瑞洁、李鼎文函。

6 月 28 日(2)雨

得瑞洁及衡阳王夫之纪念会函。

6 月 29 日(3)雨

去南博参加江南文化书院新闻发布会。复瑞洁函。

6 月 30 日(4)晴

衡阳县志办公室陈少卿(?)来访刘继宣师事，无可奉告(云曾营救高觉敷之子)。长沙华济时(武大 61 届)持刘庆云介绍信来要方志艺文志材料，复印《文学批评的任务》，并将为代寄长沙八一路湖南省文联陈吾南。贺采来取所书《瞻园记》去。美林夫妇、天眉及诸孙来午饭。

7 月

7 月 1 日(5)

硕士毕业生请饭。

7 月 2 日(6)

填工作量表。

7 月 3 日(日)

赴江南文化书院成立会。

7 月 4 日(1)晴热

得李鼎文寄书，即复。托史梅以《江海学刊》寄苏渊雷，以《文学批评的任务》寄陈吾南。国家社会科学基金会(北京 100732 建内大街五号中国社科院内)寄流派款五千元(连前共 25000)，交姚松办理。

7 月 5 日(2)晴热

7 月 6 日(3)晴热

得蔡厚示、朱金城、《诗刊》函。

7 月 7 日(4)晴热

看完章灿文。新雷送来《宋文学史》第十章。晚赴南化参加纪实散文竞赛。

7 月 8 日(5)酷热

在南化开会。

7 月 9 日(6)酷热,38.0℃

得舒芜函,附文一纸;黄仲翔送书一本。

7 月 10 日(日)酷热,37.7℃

从南化回,得酬金 100 元、餐具一盒。中午与芸迁居中美文化中心,极为凉爽。

7 月 11 日(1)晴热,36.9℃

得瑞洁、施议对、胡敦伦函。

7 月 12 日(2)晴热,36.2℃

倪明来访。三孩一起来谈,九时方去。

7 月 13 日(3)晴热,36.0℃

函瑞洁、施议对。以宏生《陈起交游考》寄陈翔华。得武夷诗词社函及照片,吴汝煜寄《刘禹锡传论》,刘茂舒寄复印件。三时在中心开会,民意测验。复吴汝煜、刘茂舒,以诗词改定稿寄武夷诗社。

7 月 14 日(4)晴热,35.9℃

开始看《两宋文学史》第十章。

7 月 15 日(5)晴热,36.5℃

晚饭时,天眉和丽则一家来共餐。万业馨来访,并送稿子和西瓜两个。巩本栋来,送汇报。原平送来所裱字画,60 元。

7月16日(6)晴热,36.9℃

得施蛰存、周秦(附诗)函,上海教育出版社寄修证稿费150元(转付王立兴)。

7月17日(日)酷热,38.0℃

抄完《涉江集外词》。

7月18日(1)酷热,38.5℃

天渝、美林来谈甚久。开始抄《文学史》第十章。

7月19日(2)38.5℃

西安陆伟民来函附一稿。

7月20日(3)晴热,37.2℃

得王淡芳、周勃、杨冠珊函,张安治寄书一本,周勃寄茶叶。

7月21日(4)昙,33.8℃

看完《两宋文学史》第十章(第一遍)。

7月22日(5)阴雨,32.2℃

收到湖南艺文志材料费30元,周勃寄文稿。回家吃晚饭。

7月23日(6)晴,34.5℃

复杨冠珊、张安治、周秦、西安陆伟民(退文稿)。章子仲介研究生刘德馨来,为转介于作协。函倪明。得横山弘赠礼物一包(果子冻)。

7月24日(日)阴,34.6℃

发致华钟彦唁电。天纵、小红在此午饭,三女娃在此晚饭。天眉、丽则晚间来谈。

7 月 25 日(1)阴雨,26.9℃

抄完《文学史》第十章第一节,开始抄第二节,千帆开始看第二遍。以《中国文化名城词典》一册赠横山弘,乞许惟贤转交。

7 月 26 日(2)晴,29.5℃

晨出外购药、存款、取信。得王同策函及照片,当代诗词研讨会筹备会开会通知,宫宝安(辽宁楹联学会)、蒋寅、陈吾南、陆国斌、王季思函,程章灿函及文,吴孝感寄《人物》。复陆国斌、李汝伦、张瑞洁。

7 月 27 日(3)阴,27.1℃

将《涉江集外词》稿寄与施老。得叶嘉莹成都函。

7 月 28 日(4)昙,28.3℃

千帆发病,不太重。得通知明日迁回。

7 月 29 日(5)晴,30.4℃

今日迁回寓所,甚感舒适。下午携小燕上街买鞋。函复舒芜、孝感。

7 月 30 日(6)雨,29.1℃

得村上函,辽宁大学宋绪连函,蒋寅寄《文论要诠》,贾晋华寄《初唐诗》,邓韶玉寄购书余款 18.80。

7 月 31 日(日)昙,30.4℃

抄完《宋文学史》第十章第二节。函徐欢欢。

8 月

8 月 1 日(1)晴,30.9℃

得 CLEAR 函,三夕函。

8 月 2 日(2)晴

修好电冰箱。九中陈老师来谈教气功事。

8 月 3 日(3)晴

武大孙党伯来。

8 月 4 日(4)晴

莫砺锋来谈。

8 月 5 日(5)晴

陈老师来教气功。

8 月 6 日(6)昙

得周勃函。徐有富来谈。得吴无闻、谢瑜(福建)、于景祥(辽宁)函。日本学生浅见洋二来谈。

8 月 7 日(日)晴

上午去吴锦家。然后去天眉家吃午饭,天眉生日。早晨小海打长途电话来。

8 月 8 日(1)阴

得辞书出版社、马少波、彭靖函,《社会科学报》稿,《学报》稿费 10 元。复吴无闻、三夕、蒋寅、于景祥。南师大史邦元等来谈祖棻诗选事。晚邢亚辉夫妇来。苏昌辽送书来。

8 月 9 日(2)晴

抄完《文学史》10 章(末页 958)。新雷来谈。

8 月 10 日(3)晴

邢亚辉夫许成平来,赠小鸡二。得李鼎文、施蛰存函。

8 月 11 日(4)晴

得蒋寅信,发 Cleεr 明信片。

8 月 12 日(5)晴

复蒋寅,并寄与闲堂杂文。天渝送衣来。

8 月 13 日(6)晴

威克送田鸡来。天眉来。晚间程一中来谈甚久。

8 月 14 日(日)晴

上午往访孙望。

8 月 15 日(1)晴

得陈祖美、社会科学基金(开会通知)、市委对台办、香港大学(开会通知)、湖南高雪(转李书友)函,《武夷山下》稿费 10 元,舒芜寄书给丽则并函,《文艺理论研究》《文献》各一,陈邦炎寄《唐人绝句鉴赏集》并函。函陈邦炎、社会科学基金办、香港大学。

8 月 16 日(2)晴

访屈兴国,草拟《全清词》承包议定书。得周勃函。

8 月 17 日(3)昙

吴新雷送来《两宋文学史》第 11 章。周勃稿寄回。屈、吴来访。得中华书局函。

8 月 18 日(4)晴

函中华书局(附致李一氓乞作序函)。下午发病。

8 月 19 日(5)闷热

去工人医院看病,文史馆邱月华陪。

8 月 20 日(6)雨

得陈继明函,《词学研究论文集》2 册,胡大浚《唐代边塞诗……》,李鼎文书三本,辞书出版社寄稿费 284 元。

8 月 21 日(日)晴

许惟贤、张叙之来访。南师大唐先生研究生王兆鹏为周勃送三事来(酒、豆豉、咸蛋)。函周绍良(托其请李老写序)、上海辞书出版社。

8 月 22 日(1)昙

得孙叔容、曾伯藩、刘茂舒函。函周绍良乞李一氓序。复李鼎文、胡大浚。

8 月 23 日(2)晴

8 月 24 日(3)晴

古籍高章采来宁,谈汪辟疆先生著作事。晚和董健、周勋初等与高共餐。

8 月 25 日(4)晴转雨

和芸去鼓楼医院看强姐,遇尉淑玲。

8 月 26 日(5)雨

得叶嘉莹函,社科开会通知。即复叶嘉莹、社科院科研局朱渊寿。

8 月 27 日(6)晴

8 月 28 日(日)晴

和芸同去强姐家看《乱世佳人》,上下午各看一集。晚诸孩来谈,至十时,两人均累极。章灿来,带来黄寿祺赠《易经》书一本,并嘱其将李开《释名》和砺锋书评带送《学报》编辑部。

8 月 29 日(1)晴

得唐代文学会开会通知。

8 月 30 日(2)昙

得周勃函。以稿寄还于景祥。

8 月 31 日(3)阴

得瑞洁函,周策纵赠论文两本。

9 月

9 月 1 日(4)阴

《两宋文学史》毕功:13 章 1284 页＋风格论 27 页＝1311 页,52 万 4 千。瑞洁夫妇来。

9 月 2 日(5)阴雨

把湖南先贤书画 40 件点交瑞洁,宋人诗集抄本(湖馆所藏)交砺锋,《文学史》卷十一、十二、十三交吴新雷。徐有富陪瑞洁去大馆交涉复印方志,顺利。

9 月 3 日(6)阴雨

得白雉山函,王仁民寄旅游书本,陈致寄《文艺学习》一本。函陈邦炎。

9 月 4 日(日)昙

中午请瑞洁夫妇在留学生食堂饭,小婉一家四人作陪。

9月5日(1)昙

得施议对函,尹老夫妇来。

9月6日(2)晴

9月7日(3)晴

9月8日(4)阴

瑞洁夫妇晚饭后离宁。卞孝萱来谈。

9月9日(5)阴雨

韩培信等领导同志来贺教师节。得周绍良、霍松林函。

9月10日(6)阴

得中华书局函,Nienhauser 寄 CLEAR Ⅶ。函施蛰存、钱仲联、饶宗颐、蒋寅。函中华书局,未寄。刘舒来托推荐事。

9月11日(日)晴

上午去丽则家和天眉等一起午餐。下午去金陵饭店,和杨克平共餐。杨存款付讫(111元)。

9月12日(1)晴

上午和勋初与本届研究生首次会面。留学生部小柴(3042)打电话来,约和日本留学生和田英信会面,因即将去北京,回宁后再联系。得周一良、陈邦炎、陈翔华函。文协来人取走刘舒推荐书。

9月13日(2)阴

屈兴国来谈。丽则来午饭。

9 月 14 日(3)小雨

乘机去北京开“七五”规划会。江苏古籍送通知来。

9 月 15 日(4)雨

在京开会。

9 月 16 日(5)晴

得萧印唐函,陈荣伟函及报,杨慎庵学术讨论会通知,梁圣嵩(武大毕业生)函。

【剪报:《文汇报》1988 年 4 月 16 日许君伟《两个程十发之谜》。】

9 月 17 日(6)晴

白氏夫妇来访。在京夜发病,去医院治疗。

9 月 18 日(日)晴

由京乘飞机回宁。中午睡一觉后已愈。晚和诸儿在接待餐厅共餐,天眉请客。

9 月 19 日(1)晴

发长电向唐代文学学会年会致贺(由唐宋诗歌流派报)。函李一氓,再次请其作序。出差费请史梅报。吴新雷送《宋文学史》稿来。得施老函,不作序。

9 月 20 日(2)晴

日本留学生和田英信由留学生部柴蘋领来谈。徐有富来,送来版本学稿。曾、姚二生来,赠之以书。张宏生来,即嘱其寄钱(100 元)与函给印唐。又函陈帆。得文自成、张三夕、武夷蒋局长函;高文寄来《唐文选》两本,一本送周勋初。

9月21日(3)晴

函复蒋步荣、文自成,辞作序题笺。晚众儿暨强姐全来会餐,为天眉饯行,照相一卷。是日又为帆76初度。

9月22日(4)阴,小雨

宏生、章灿来作清洁。召姚生来,训斥之,以其写日文履历(要求写自传)用日本正朔也。函高石斋,谢赠《唐文选》。

9月23日(5)阴雨

芸去天纵家参加给天眉饯行宴,一人在家召小婉来共饭。得吴志达函。

9月24日(6)昙

得杨翊强函及杂志,蔡钟翔(人民大学)寄批评史,陶文台寄《烹饪研究》,林庚寄博士论文。天眉今晨赴沪转美国。

9月25日(日)晴

中秋。午赴婉儿家过节。晨天纵送鱼来。复翊强、陶文台及周某(索《涉江诗》,告以无)。

9月26日(1)晴

得周一良、章子仲、张瑞洁函。徐有富送来全部《版本》稿。晚程章灿带教育学院一女士(南大毕业)来借书。

9月27日(2)晴

晨许惟贤来。下午天渝来,取回款另存。

9月28日(3)晴

得李一氓函,不作序,将此函及中华函复印。天眉来电话,已平安抵美。天渝来，送来雄哥函，及致吴白老函。

9 月 29 日(4)阴

七姐夫妇来，访吴白老，交雄信。

“大象屁股推不动，老虎屁股摸不得，猴子屁股坐不定。”——三屁

9 月 30 日(5)晴

得张辉、《文学遗产》函。七姐夫妇携欢欢、孙望夫妇来。下午发病，房颤，服药后历二时始渐愈。

10 月

10 月 1 日国庆节(6)阴

函钱仲联、饶宗颐、傅璇琮、《文学遗产》。天渝约午饭，因病不能去。

10 月 2 日(日)昙

函王镇远。

10 月 3 日(1)阴

得周绍良、沈锡麟、钱仲联、夕佳、《江西诗词》、萧印唐、张九龄学术讨论会函，开封邮件(寄来《五四以来诗词选》共 20 本)。

10 月 4 日(2)阴

去医院看病，照心电图，比前较差，医嘱住院治疗。白匋为雄作推荐书，已寄上海。吴翠芬来。

10 月 5 日(3)阴雨

林庚研究生评议书已寄林庚收。函钱仲联。曾广开带中州出版社贾某来，要求主编文献词典，拒之。

10月6日(4)晴

下午、晚间两次发病。吴新雷送《两宋文学史》第13章来,看完。《文学史》全部完成,大悦。新雷所借书亦均还来。钱仲联寄《全清词》序来,即复。

10月7日(5)昙

今日入工人医院治疗。

10月8日(6)晴

得王步高函,即复,辞作前言。莫砺锋至医院探望。杨光中来探望。钱仲联序复印后寄中华。

10月9日(日)晴

芸来院竟日。函饶宗颐。晚郁贤皓来。

10月10日(1)

干部履历表填好。得臧克家、杨翊强函,邓绍基寄《杜诗别解》。嘱章灿送衣物至医院。付宏生旅费100元。

10月11日(2)昙

巩本栋陪芸拔牙。得河南大学刘增杰寄《中国解放区文学史》。尹禄光寄成绩单来。

10月12日(3)昙

屈氏夫妇来医院探视,谈清词室事。宏生赴沪送《文学史》稿。

10月13日(4)昙

得天眉函,甚详。复邓绍基、刘增杰。丽则去医院探视。芸去天渝家。

10 月 14 日(5)昙

得徐放赠《陆游诗今译》,上海辞书出版社《唐宋词赏析辞典》两本,《安徽师大学报》编辑部寄稿请审。

10 月 15 日(6)阴

复安师大,寄还论文。陈书禄手续办好,要求复试,嘱其等周先生回。收到文史馆简报、政协老人节登高请帖等。

10 月 16 日(日)阴雨

陈书录去医院,口试,巩本栋记录,安排好课程。《日本汉诗》印好。吴锦、顾复生来院未找到。小妹夫妇夜访,携去印章一方、印泥一盒。

10 月 17 日(1)阴雨

函复臧克家、春秋出版社。函天眉。陈书录口试表交关道雄。得傅璇琮函,田宗侠函(转《学报》),文自成寄来龟苓膏两瓶。宏生送《文学史》稿回。

10 月 18 日(2)晴

得饶宗颐寄来《全清词》序,张振佩讣告。尹禄光夫妇来访。砺锋函复傅璇琮。

10 月 19 日(3)晴

发致贵州大学唁电。《南京日报》寄来楹联审查费 100 元。

10 月 20 日(4)晴

芸去天渝家竟日。

10 月 21 日(5)昙

得瑞洁、《文学遗产》、四川师大蔡锦芳、广东中华诗词学会暨李汝伦函。钱玄赠《校勘学》一本。

10月22日(6)昙

函张瑞洁、饶宗颐、李汝伦、陶文鹏、钱小云。

10月23日(日)雨

函邓韶玉,请改杜诗评注并加武夷诗。复蔡锦芳。

10月24日(1)阴

函李定一,并汇去20元。得钟来因、蒋寅、中华书局、日人相川政行函,山西寄《元好问研究文集》15本(程10、沈5),哲学系杨俊光呼吁书。和刘舒电话谈话。

10月25日(2)晴

钱、饶序文抄件已送二蒋。将饶序原件及抄件寄中华,内补钱序一张。饶、钱序复印件交屈兴国。宋词来电话问候。

10月26日(3)晴

刘君惠之子崇仪来访,并赠酒、茶二色。

10月27日(4)晴

芸上街购赠君惠和地质学校女教师礼,并在天渝家吃饭。

10月28日(5)晴

得《扬子晚报》支德裕函,吴企明赠《癸辛杂识》。

10月29日(6)晴

得吴志达寄文二篇,王友三函,唐代文学会寄会长证书。江苏出版社薛平来求字,印《中国名人学者字书诗格言》。

10 月 30 日(日)晴

今日回家过星期日。周勋初来谈。吴、王夫妇带安徽大学臧维熙来。为郭先生写书笺,为《扬子晚报》支德裕及江苏出版社书。

10 月 31 日(1)晴

得邓长风、张瑞洁函。寄字给支德裕。函林从龙请再寄郑州拓片。得山西稿费(《元好问》)137 元,《词学》稿费 16 元。

11 月

11 月 1 日(2)晴

得饶宗颐函,又寄来序复印件一份;曾伯藩、刘文思函;小海函及生日卡。芸至天纵家午饭,带回《版本》稿第三章。宁健赠鱼、虾。

11 月 2 日(3)晴

蒋荫南来函,《全清词》序明年第 1 期登。刘文思函交伯伟等阅后还。马积高致章灿函,今日章灿送来,拟交周勋初阅后转《学报》。

11 月 3 日(4)晴

函复曾伯藩,告以病未阅此函。

11 月 4 日(5)晴

砺锋来通知明日有日本友人去医院访。汪越来访。《老年》杂志来电话通知要用丽则文《我的父亲》。

11 月 5 日(6)晴

得雄函。函屈兴国。得眉函。

11 月 6 日(日)晴

芸生日,全家团聚,在小吃部午餐。凌晨,天眉、小海打长途来祝寿。

帆回家。

11 月 7 日(1)晴

复徐放,收到《陆游诗今译》。得张辉、文自成、支德裕函。七姐夫妇来。复文自成、雄哥。

11 月 8 日(2)晴

函天眉、小海。请史梅将礼物用包裹寄刘君惠。得山西《元好问集》祖棻稿费 72.00 元,印唐函,湖北纺织品进出口公司(武汉江汉北路)萧维曼寄词集,齐鲁寄《清人选评词集三种》二本。

11 月 9 日(3)晴

万业馨来谈。文史馆来电话问候。倪明、老史去医院。

11 月 10 日(4)晴

王永芬来访。函邓韶玉。

11 月 11 日(5)晴

得北大邓广铭函,陈伯海寄《唐诗学引论》,王达津寄《古典文学研究丛稿》。

11 月 12 日(6)晴

得李定一函。复王达律。

11 月 13 日(日)晴

函邓广铭。回家过星期日。有富、伯伟夫妇、邓瑞、小婉夫妇来。天纵、小鲲装好火炉。

11 月 14 日(1)晴

函复陈伯海、萧维曼。得上海古籍词学研究论文集稿费 48 元(收执寄回),蒋寅、曾伯藩函,臧克家寄旧体诗稿,包裹两个(花生)。廿一中老学生李正银来访。

11 月 15 日(2)晴

张舜徽路过南京,拟去医院探访,后由芸去徐复家会面。

11 月 16 日(3)晴

函尹禄光。得朱祖延、杨翊强函,林从龙寄碑拓片一,巴蜀寄《李贺诗歌赏析集》,CLEAR July 1986。王启美来访。杨天堂至医院。

11 月 17 日(4)阴转晴

芸去天渝家。天纵晚间来送笋干一包。九三送来省代会文件。曹虹取去其论及帆致舒芜函。

11 月 18 日(5)晴

上海古籍寄来对联台历。老尹送巩本栋文来。臧老、刘舒打电话问候。刘舒去医院。函复李定一、杨翊强、朱祖延、蒋寅。函陈邦炎,问《诗世界》事。

11 月 19 日(6)昙

得丛文俊、邓韶玉函,海峡出版社题笺费 50 元通知。

11 月 20 日(日)晴

小鲲夫妇带真真来玩。天纵送图来。《版本》卷完成。汪先义带子汪利民来。王启美来。

11 月 21 日(1)晴

芸去鼓楼医院看望黄淑贤,赠以苹果,回报高级杏仁一包。

11 月 22 日(2)晴

得福建海峡出版社题字费 50.00 元,山东李鸿明寄书法函,吉大研究生裔红卉函,傅璇琮函。中央文史馆□馆长去医院致候。

11 月 23 日(3)晴

得舒芜代曹辛之寄《曲公印存》一本,高增德函。

11 月 24 日(4)晴

复曹辛之。芸去天渝家。砺锋、章灿去医院。郑康、徐复、屈兴国去医院。

11 月 25 日(5)晴

许惟贤去医院,托其办去港事。

11 月 26 日(6)晴

函丛文俊、傅璇琮、高增德。改《关于编辑系列职称意见》稿,交姚松复印。

11 月 27 日(日)晴

回家休息。王启美、郭维森、张伯伟来访。近诗交小张转倪明。

11 月 28 日(1)晴

得瑞洁函及寄周作人著作三本。函屈兴国,关于江西先贤墨宝事。

11 月 29 日(2)晴

芸在天纵家午饭。函杨克平、张瑞洁。砺锋来取《文史知识》。

11 月 30 日(3)晴

姚松、许结、伯伟、章灿等来医院探视。许惟贤送来去港开会需填之表格。

12月

12月1日(4)晴

函高仲华、裔红卉。

12月2日(5)晴

汪越来。得岳麓书院函及捐赠文物证书,《苏州大学学报》编辑部茅宗祥函及小样。寄订《人民政协报》收据给政协行政处会计室报销。

12月3日(6)昙

得周勃函。

12月4日(日)晴

今晨出院。宋家淇、王启美来访。晚饭后丽则、威克来,九时方走。

12月5日(1)晴

函邓韶玉。函复周勃。得蒋寅、《唐代文学研究》编委会函,《江苏社科优秀成果评奖》资料汇编。

12月6日(2)晴

得陈贻焮寄《杜甫评传》中、下册,四川德阳古歆函,张清华《王维年谱》。作协刘平等二人来,约任评奖委员。赵国璋来,带来夏溶所赠徐铭延著作一本。

12月7日(3)昙

复古歆、陈贻焮、张清华。王立兴来。

12月8日(4)阴

上午去医院填写体格检查表。函赵丙南。得钱仲联、黄鹤楼杨晓东函。将出国开会申请表等件送科研处交流科。

12 月 9 日(5)晴

复钱仲联、杨晓东。得《文学遗产》稿费 207 元,与张宏生合写;陈葆经(全椒)、蔡栋(《湖南日报》)函。

12 月 10 日(6)晴

寄字一幅给《湖南日报》。砺锋来。章灿、伯伟送论文稿来。

12 月 11 日(日)晴

小婉全家来,包饺子聚会。宋词来访。

12 月 12 日(1)晴

得杨翊强函,李一氓电报,苏州某馆员家属函即转倪明,傅璇琮函。得电话,小海 11 日生一子。

12 月 13 日(2)晴

复电李一氓、中华书局。复函傅璇琮。得周勃函,钱谷融寄《丛刊》三本。

12 月 14 日(3)晴

得于一平、侯占虎函。寄出《日本汉诗选》五本(一本挂号 47,二本 56)。购磁盘四。函赵丙南,请代购《金瓶梅》。

12 月 15 日(4)昙

下午去孙望家。为丽则所撰文添加一段。

12 月 16 日(5)晴

得辽宁蒋重跃函请题辞,张志春寄书,张舜徽寄《张居正集》,瑞洁寄

《查太莱夫人的情人》。函复蒋重跃为题字。得山大电报殷公逝世，不胜悲痛，嘱丽则前往吊唁。寄书十九本。复瑞洁。

12 月 17 日(6)晴

得徐中玉寄《现代意识与文化传统》一本，《陕西地方志》编纂委员会(诗词组刘迈)函请写诗一幅。朱家维、勋初来谈。晚许志英来谈。

12 月 18 日(日)阴

书西安杂题诗一首，寄西安刘迈。寄字给李倩文、李洪明、卢兴国。函蒋寅，寄书签。天渝全家来玩竟日。

12 月 19 日(1)晴

得张新民(振佩子)、高达、杨晓东函，赵丙南函。

12 月 20 日(2)阴

得中玉函寄文。为中文系撰吊殷老挽联：

儒林家法，文苑风流，擅一代高名，绩学自堪传后世；

蜀道艰难，岱云缭绕，有三千弟子，讲帷同恸失宗师。

丽则去济南，吊唁殷老。

12 月 21 日(3)昙

下午两人去山西路购烧饼而归。屈兴国来。

12 月 22 日(4)阴

得武汉成才自修大学函，拟转载我所撰《忆黄季刚老师》；群华贺年片。王永芬来。

12 月 23 日(5)阴

复武汉自修大学，同意转载。得陈迩冬函附明清词；舒芜函；邓韶玉寄宋词及函，谈《宋文学史》事；张安治贺年片。吴新雷来谈《宋文学史》事。

12月24日(6)阴，小雨

得教委古籍杂志两本；周勋初转来邓韶玉函，已阅。复陈迩冬、于一平、高达。舒芜函转曾虹阅。

12月25日(日)阴

得天眉函及照片，即复。晚天纵来，看信及照片。

12月26日(1)阴

应中玉命，作小文一篇。得傅璇琮、王淡芳函。丽则从济南归。发贺年片6张。

12月27日(2)阴

小文寄中玉。复淡芳，并寄书六本。得君惠、子仲、三夕函。

12月28日(3)阴

得周笃文、萧维曼函。周笃文赠联：

德老锡大年，正则文章开学派；

名流绍门业，玉田父子本词仙。

万业馨与老王来。

12月29日(4)阴

得贾晋华、陈致贺年片。原平送裱字来。

12月30日(5)阴

得白匋函，章灿贺年片，黄淑贤函。小鲲来借千元，给他妈妈买冰箱。

12月31日(6)阴,小雨

得夕佳、陈贻焮、李鸿明(济南)、张玉奇函,佘雪曼、杨翊强、于景祥、王士让贺年片。王淮冰、范恭俭、赵杰来,以挂历相赠。

1989 年

1 月

1 月 1 日(日)阴

元旦日。孩子们全来聚餐,极为热闹,强姐亦来。郭维森、吴新雷来。

1 月 2 日(1)阴

函雄、夕佳。复曹月堂。

1 月 3 日(2)阴

得王文才、李倩文、刘三富函。齐鲁寄《元曲四大家名剧选》,上海教育寄港版《古代文学英华》。齐鲁寄挂历。

1 月 4 日(3)阴

得小佳、李凤山(赣州中学)函,李希贤书两本。上午去访白匋先生。姚北桦下午来,未遇。

1 月 5 日(4)昙转晴

致李希贤。复小佳。得张舜徽赠《通史》,朱金城赠《白居易研究》。张有书,即复。

1 月 6 日(5)阴,小雨

得唐异明函。嘱砺锋代去吴文治家问候,并赠以一挂历。

1 月 7 日(6)阴

复唐异明明片。

1 月 8 日(日)阴

往访七姐夫妇,送挂历。

1 月 9 日(1)阴

得中玉函,周笃文函并附林林、林岫名片及书法。函赵丙南、吴锦。

1 月 10 日(2)阴雨

下午参加南大出版社召开的座谈会。

1 月 11 日(3)阴

得蒋孔阳寄书一本,孙钦善寄写《全宋诗》序的材料,周笃文寄 15 元购书。

1 月 12 日(4)阴

参加江苏诗词会评奖会。得黄裳寄《当代杂文选粹·黄裳之卷》。周笃文寄来之款寄回,并寄去《汉诗选》二本。函复蒋孔阳。

1 月 13 日(5)晴

得钱南秀函。周先生与四博士生下午来开会。匡老来谈思想家评传事。倪明来介绍办公室副主任韩文忠。

1 月 14 日(6)晴

1月15日(日)晴

丽则率小燕来玩一日。

1月16日(1)阴

天渝、小大纲来晚饭。大纲复习功课。伯伟夫妻来谈工作事。

1月17日(2)阴

得萧焜焘、霍松林、孙党伯函。

1月18日(3)雨

得赵丙南函,《中华诗词年鉴》编辑部通知。萧焜焘函转吴白匋。

1月19日(4)雨

得香港大学寄来邀请芸之函及登记表。下午参加南大、南艺联合的签字仪式。

1月20日(5)阴

香港大学邀请函复印后给科研处,登记表寄香大。得天眉函及林晖照片,他们生活很好,林晖胖而可爱;小佳寄来豆丝一大包。《南京报》记者来访。

1月21日(6)阴

函复孙党伯、小佳、黄裳。打电话给许总,请其办理孙党伯事。得张叙之、杨翊强、《中国社会科学》杂志社函。社科院文研所张锡厚推荐提升函及材料还高国藩,周勋初文亦还。

1月22日(日)雨

整日细雨,无人来访。

1 月 23 日(1)晴

得刘彦邦函。周勋初来谈清词室奖金事。下午蒋寅来谈良久。

1 月 24 日(2)昙

屈兴国来谈。得王淡芳函。寄二妹各 100 元。函天眉、小海。得社科院寄稿费 43 元,贾文昭寄书 2 本。校统战部长来拜年,赠蜂王浆 4 盒。

1 月 25 日(3)阴

函孙党伯,嘱寄印闻材料费。得吴白匋函。《全清词》分配方案寄送系行政。《南京日报》记者取去稿件。九三省委来人拜年,赠蜂乳二盒。

1 月 26 日(4)晴

上午参加江苏诗词学会授奖会,得荣誉奖。文史馆来送礼(二盒蜂王浆、水果)。臧云远赠书一本,杨海明赠《词史》一本。分学年奖金。

1 月 27 日(5)晴

得贾文昭函,又沛县李居坦寄词 30 首。

1 月 28 日(6)晴

宏生等三人来作卫生。市文联来人送水果。得林林函。

1 月 29 日(日)

1 月 30 日(1)

王立兴生妇来。为改姚柯夫撰《陈中凡文集前言》。

1 月 31 日(2)

函陆国斌及上海教育出版社索稿酬(陆函内附黄裳及林林论《汉诗选评》函)。得马瑞芳《学海见闻录》,吴孟复 80 自寿诗。得齐鲁 20 元,尹书题签酬也。芸赴公安局询赴港事。

2月

2月1日(3)晴

宏生假千元购彩电。

2月2日(4)晴

得陈贻焮诗,陈建勇(福建)诗,姚继舜函。函《学报》二蒋。天渝来,带鸡、酒等数事。

2月3日(5)晴

苏昌辽来叙谈。匡老送点心。得傅璇琮、唐富龄及谨谨蕙蕙函。江苏古籍送南极仙翁屏一条。

2月4日(6)晴

得松林、黄裳信。又刘泰焰询《全清词》出版事,不拟复之。

2月5日(日)阴

寄霍松林、倪明、杨翊强、贾文昭信各一封。

2月6日(1)阴

函杨海明、王文才、王淡芳、马瑞芳、钱南秀。谈凤梁来介绍常州中医杜揆生。中午在天纵家会餐。屈袁夫妇来。

2月7日(2)阴,小雨

中午在天渝家会餐。七姐来,未遇。

2月8日(3)阴

函傅璇琮,并寄《学报》。得陈继明、瑞洁、晴佳函,孙党伯函,刘持生夫人(西安西北大学外语系汪湛白)寄刘持生诗集。

2 月 9 日(4)晴

函复陈继明、汪涘白、程晴佳。得周伟民、陈翔华、林林函。小鲲夫妇带真真来。

2 月 10 日(5)晴

凌萍萍、汪越、莫砺锋来,凌带礼。天渝一家来。

2 月 11 日(6)晴

丽则率二女来。吴文治夫妻来。

2 月 12 日(日)晴

上午二人去看徐复。

2 月 13 日(1)

得中玉函。孙望介绍缪镇藩之子缪含来,适遇于途中。藩群赠《郑和下西洋》。

2 月 14 日(2)晴转阴

函王元化、邓韶王。尹老夫妇来访,赠阿胶酒一瓶、粉丝一包,还报封缸二瓶。

2 月 15 日(3)阴,小雨

上午看病,丽则来午饭。

2 月 16 日(4)小雨

复瑞洁。寄 10 元交文献研究会会费。得国家社科基金会公函(关于唐宋诗歌流派),林岫函。

2月17日(5)小雨

得王文才函(王并寄书两本),陈辽寄复印件,《文献》。晚尉淑玲来访,赠素秋书一本。

2月18日(6)

函王文才、刘君惠(昨写今寄)。

2月19日(日)阴

曾广开来,带来何法周赠书一本。七姐夫妇来,带来一包冬菇,还赠白云边一瓶。晚伯伟夫妇来谈。

2月20日(1)阴

得王元化、波多野太郎、晴佳函。上午参加思想家中心活动。

2月21日(2)雪

得傅璇琮函。函复何法周。《全宋诗序》完成并寄傅璇琮。姚松来,共同商写"唐宋诗流派"给社科之报告及账目。巩本栋来电报请假。

2月22日(3)雪

得国家教委文件,同意赴港开会。函上海教育出版社。丽则来午餐,带来馓子一盒。史梅送粽子四枚。

2月23日(4)阴,小雪

得汪湛白函,即复。章灿送论文来。

2月24日(5)阴,雪

文史馆常州馆员曹大铁和倪明来访,并赠礼数事。得浙江临海市函,拟在临海开唐代文学会。

2 月 25 日(6)阴转多云

蒋寅来，托其将《版本编》送齐鲁。函天眉。

2 月 26 日(日)晴

老白送麻油及油票来。函国际文化交流中心及省作协。

2 月 27 日(1)晴昙

得上海教育出版社稿费 693.12(三份)，瑞洁、曾伯藩、贾传棠(中州出版社)、陆国斌、邓韶玉、村上哲见、上野隆三函，齐鲁寄来给凌萍萍的书。

3 月

3 月 1 日(2)小雨

史梅往省外办办理赴港护照。寄字一幅给贾传棠。

3 月 2 日(3)阴

得瑞洁寄来腊肉包裹，即复；又巴蜀寄《清真词释》。陈茂同(厦大)寄《历史职官沿革史》。

3 月 3 日(4)阴雨

和史梅同往省外办办取护照，并交由江苏人民交流中心办签证。国家教委出版职称办×先生来访，赠一公文箱。

3 月 4 日(5)阴转昙

把《宋诗选》寄还河南中州梁平甫。吴新雷送来邓韶玉函，阅。下午市文联开会。

3 月 5 日(日)晴

得陈茂同(361005)、傅璇琮函，即复。得蒋寅函。

3月6日(1)晴

得淡芳、香港大学诉包函。寄文献学会会费得收据。文献所姚松等将赠送之杂志取去。

3月7日(2)晴

王永芬来访。得傅璇琮函，齐鲁寄来书30本。复淡芳。

3月8日(3)晴

和丽则、史梅同去吃烤鸭。得天眉函及林晖照片，国家教委社科基金会课题计划。

3月9日(4)晴

下午4研究生来开会(新)。

3月10日(5)晴

得赵丙南函，即复。研究生(毕业)开会。以书件交史梅转万业馨。

3月11日(6)晴

得吴孟复书；天津大学研究生乔以钢函，并附舒芜函。宋伯胤乞作字。

3月12日(日)晴

小婉全家来午餐。回访王启美。

3月13日(1)阴，小雨

得周祖譔函，即寄去《英华》港版。复乔以钢。

3月14日(2)阴

得璇琮函，陈翔华函。写字一幅送宋伯胤，由史梅带去。得《校雠学·目录编》样书十本。

3 月 15 日(3)晴

上午开三老纪念会筹备会。写祝《文献》创刊十周年文,并连同《目录编》一本寄陈翔华。

3 月 16 日(4)晴

研究生院拨重点学科一万元(史梅、许志英通知)。得赵丙南函,转姚松办理。访孙望,赠以《目录编》一本。晚桂林广西师大某先生来,带来赵盛德所赠《〈文心雕龙〉美学思想论稿》一本。

3 月 17 日(5)阴

永芬来,赠《红楼梦》书(胡适)一本。

3 月 18 日(6)阴

得《诗刊》稿费 56 元。得君惠函,谈印顾翁书迹事;屈守元寄所著《文选讲稿》,又向宗鲁遗著《说苑》。以《广义叙录》改稿寄赵丙南。张三夕请其表兄赵先明(江汉 17 号轮船员)送来豆丝一大包。

3 月 19 日(日)阴,小雨

得天眉函暨林晖照片,市文联为刘舒评审费 50 元。复屈守元。晚腹痛。

3 月 20 日(1)阴转晴

下午找周先生、姚松及四博士生讨论经费问题。凌萍萍来取书,赠花一盆。

3 月 21 日(2)晴

去南大医院看中医,服药后有效。

3月22日(3)阴

发房颤,请徐医生来看,主张住院。朱家维、许志英来探望,朱往工人医院联系。金湟子率女、外孙来访。函港大告以不赴会。

3月23日(4)雨

又住进工人医院。高达来访。

3月24日(5)阴

上午做B超。下午芸和砺锋去医院。芸去徐复家告以不去香港。

3月25日(6)阴转晴

霍焕明去医院探望。芸往访高达,请她带三本沈尹默先生书法影印本去港送高、藩、赵。

3月26日(日)晴

病略愈。芸竟日在医院陪伴。

3月27日(1)晴

天渝来取油,并嘱其代购饼干来。周先生取去书三本,准备赠法学者。

3月28日(2)晴

得赵丙南函。又送《目录编》一本给法学者。

3月29日(3)晴

得波多野太郎函,宁波大学赵潇函。

3月30日(4)阴,小雨

史梅去医院探望。复宁波大学赵潇。

3 月 31 日(5)晴

得平田昌司函，盾衍发等赠林则徐书一本，四川大学曹顺庆通知 11 月份为杨明照祝寿(610061)。

4 月

4 月 1 日(6)阴，小雨

老白去医院探望。肠胃病已愈，可以进普食。

4 月 2 日(日)雨

张叙之从武汉来，去医院探望。芸去天渝家午饭，饭后去医院。天纵、天渝去上海。

4 月 3 日(1)阴

得湖北大学涂怀珵函。得悉张月超自杀消息。

4 月 4 日(2)昙

函复涂怀珵。吴新雷去医院探望。张叙之夜访，赠以《目录编》一本。

4 月 5 日(3)昙

得郝延龄、蔡钟翔、文自成、骆承烈、河南大学函暨书等，高文函。芸去静园处慰问。

4 月 6 日(4)晴

函复郝延霖、文自成、骆承烈。得陈翔华、苏州大学中文系(请答辩)函。

4 月 7 日(5)昙

得天眉电话。函复高石斋、苏大中文系。

4月8日(6)晴

宋家淇追悼会，不能参加，送花圈悼唁。霍焕明来探望。

4月9日(日)晴

芸竟日在医院陪。小婉夫妇上午来。李崇槐和静园兄弟姐妹来医院。

4月10日(1)晴

作钡餐，章灿陪。作家凤章来访，送还杂志数本。余绍裔、蒋广学为《学报》事去医院探望。

4月11日(2)阴

得王文才函及《杨慎学谱》；历史文献研究会开会通知；省政协开会通知，已打电话统战部请假。

4月12日(3)阴

请史梅报销王文才代印清词资料并将款寄还。将送高文书四本请周勋初带往开封。

4月13日(4)雨

宏生送毕业论文至医院。

4月14日(5)阴，微雨

得古代文论开会通知，天眉来函和胖林晖照片。

4月15日(6)昙

胡杭生妹胡绿漪来访。周祖譔去医院访。得杨翊强函；湖北高校语文研究会聘书；王文才寄《半箧秋词》钞本复印件，已交史梅登记。

4 月 16 日(日)晴

丽则一家去医院。全家游清凉山吃素菜。湖北大学倪进来医院,带来郁沅、周勃函,邀往武汉参加博士点设置论证会。赵、姚晚来访,赵送《江苏艺文志》样稿。

4 月 17 日(1)晴

得印唐、陈翔华、骆承烈函。函天眉。

4 月 18 日(2)晴

由医院回家,甚悦。

大倒做报告,中倒睡大觉,小倒戴手铐。

4 月 19 日(3)晴

得张国光、李悔吾电报。函复周勃、王文才、张舜徽。印唐之子来访,带来茶叶两小包,报以饼干一包、鲮鱼一听。七姐、老白及乌皓均来,请白皓带书、茶叶给郝。

4 月 20 日(4)阴

得黄瑞云电报,请往武汉参加硕士点评审会,已复电因病不能去。郑尚宪来访,带来吴白匋赠翔冬先生诗集。徐有富来谈《校雠广义》事。得张舜徽先生赠书三本,已函复。

4 月 21 日(5)阴

浙江师院陈耀东来访。得余冠英寄《古代文学杂论》,张国光寄《水浒争鸣》。

4 月 22 日(6)阴

函余冠英、饶宗颐。

4月23日(日)雨

天纵率二女来午饭。

4月24日(1)晴

得郝延霖函(转叶),上海社科院《中国当代文化精英录》编纂处函。高达来,带来高明函及与潘重规所送书。

4月25日(2)晴

上午发病,仍为房颤。卞孝萱来,送扬州一友人刻石章一枚。

4月26日(3)晴

得张辉函。晚威克送茶叶来。叶子铭电话告以评审研究生点事。

4月27日(4)晴

函郝延霖。屈兴国和江西博物馆(刘)人来。

4月28日(5)雨

上午周勋初、许志英、朱家维来谈《全清词》事。下午九三省委小王来访。得马騄程函。

4月29日(6)小雨

上午去工人医院看病。得蒋寅、王淡芳函。巩本栋来谈。

4月30日(日)小雨

5月

5月1日(1)雨

天渝一家带菜来午饭,强姐亦来。天纵由安徽归,赠茶叶等物。郭维森来谈公事。周勋初来谈公事。

5 月 2 日(2)阴

得山大马瑞芳函，四川张秀熟寄诗集，中山大学寄《长生殿》论文集，王绍曾函及杂志。

5 月 3 日(3)阴

函复马瑞芳、王绍曾。

5 月 4 日(4)昙

去工人医院看病。得小佳函。函复王淡芳、马騄程。

5 月 5 日(5)阴

填上海社科院及教委所发名人录表。史梅请其表姐夫李惠义医生来看病。

5 月 6 日(6)晴

齐鲁汇来稿费 2672 元，与徐有富分，应得 1240 元。得雄哥来函。

5 月 7 日(日)晴

函中华诗词年鉴编辑部。章灿来。

5 月 8 日(1)阴

得赵吕甫函。服李医生药后病有好转，已能出外散步。唁夏晨中花圈。

5 月 9 日(2)昙

复赵吕甫。蒋荫楠来谈《学报》事，并赠蜂皇浆。收《目录编》1240 元。

得巩本栋函，张辉函，全国哲学社会科学重点项目成果简介，邓长风函。天纵往文物商店估古瓷器价，700 元。得天眉、小海函。

5 月 10 日(3)雨

函复张辉、邓长风。函王元化谈答辩时间事。得蒋寅函。周勋初、吴新雷来。

5 月 11 日(4)阴

佘雪曼学生王孝华来访问佘事。

5 月 12 日(5)晴

复蒋寅，并附致王镇远函，告以《大历诗风》列入文献所专刊。

5 月 13 日(6)晴

永芬来谈。

5 月 14 日(日)晴

周道纯(徐有富同班，在省工会工作)与徐同来，属题陈从周画竹长卷。得巴蜀书社寄来 30 元。

5 月 15 日(1)晴

函雄哥、蒋寅。得瑞洁及陆耀东寄论文集。周勋初来谈《全清词》事。

5 月 16 日(2)昙

函天眉、小佳、瑞洁、陆耀东。

5 月 17 日(3)昙

许永璋赠书，复函致谢。屈兴国来，为其写一鉴定。

5月18日(4)晴

新华社记者来访。政协文史办孙士正(不识)来访,赠《春天的摇篮》一册。函孙士正,回答其问题。

5月19日(5)昙

王庆元介绍其生马朝军来,赠以《小言》一本。王启美、杨嘉永来。下午去鼓楼广场,回来发房颤约四小时。

5月20日(6)昙

得赵逵夫(西北师院)函。

5月21日(日)晴

得浙江师范大学陈耀东函,即复。去学校大门口听有关形势广播。丽则家中修房子,来玩半天。

5月22日(1)小雨

晚万放、刘舒夫妇来谈甚久。

5月23日(2)昙

得邓长风信谈汪先生书事,即转周勋初。得张辉、王滧芳信。

5月24日(3)昙转雨

晨房颤。得王元化函,转周勋初;赵逵夫函。

5月25日(4)晴

得《学报》稿费55元,饶宗颐稿费50元代保存。天纵送糯米与继电器来。

5月26日(5)昙

得赵逵夫寄转严书,不拟代转。复赵书。尹禄光带来张宏生稿。得周勃寄来茶叶。

5 月 27 日(6)昙

王兆鹏、王筱云来请写申请科研经费鉴定书,各赠以《治学小言》一本。张瑞洁来函,仍嘱暑后赴湘。寄书联给张辉、王凡、周瑶玺、冯苓植等。

5 月 28 日(日)昙

刘泰焰来,赠以《古诗今选》及照片。为王筱云申请科研项目写鉴定书。复周勃。

5 月 29 日(1)晴

晨发房颤。得蔡钟翔、齐鲁(寄来提货单)函。王兆鹏、王晓云来拿走推荐书,请王兆鹏带两盒茶叶分送唐、孙二老。苏昌辽来,将邹老给苏之信转勋初、新雷。

5 月 30 日(2)晴

提货单交徐有富。老白、七姐来。得黄永年评语,转勋初。

5 月 31 日(3)晴

得赵吕甫函,已转许惟贤。王晓云打电话来介绍省中医研究所张婉文。得上海古籍寄汪先生文集稿费 436 元。

6 月

6 月 1 日(4)晴

小佳出差过南京,来盘桓一日。下午发房颤。

6 月 2 日(5)晴

得张辉及国家教委给上海古籍公函的抄件,《两宋文学史》作为教材已解决；韩理洲寄《陈子昂研究》一本，即复。

6月3日(6)昙

得王绍曾、李安纲函。复韩理洲。函王镇远（《文学史》《诗世界》事）。得龚任之、和田英信函。

6月4日(日)雨

威克、天纵来帮助装电扇。伯伟来谈时事。本栋打电话来。小鲲电话来通知天眉抵纽约后已有信来。

6月5日(1)

小鲲来，为其所书折扇携走。小海打长途来。

6月6日(2)阴

天渝来。小虹代购灵宝护心丹送来。

6月7日(3)晴热，夜雨

小鲲送书来，帮修电插座。孙原靖来谈，送孙望评语来。莫砺锋来谈。伯伟打长途来，夫妇已返抵南通。章灿夫妇来，拟请假回南通。继舜、广开打电话请假回家。老白、七姐晚来谈。美林来。

6月8日(4)阴

本栋来请假回家。周勋初来谈答辩等事。得山东大学龚克昌寄来评语。

6月9日(5)昙

得蒋寅函。汪越率子送《文集》来，6本。下午发房颤。伯伟打长途来。

6月10日(6)雨

函蒋寅。

6月11日(日)昙

早早、小燕来午饭。晚蒋寅来。

6月12日(1)昙

得裔红卉寄论文及函。章培恒今晚到。明日张宏生进行答辩，砺锋已将诸事办妥。南通电话已打通，伯伟等三生即将归来。

6月13日(2)阴，闷热

晨往招待所看望章培恒，并去校医院照心电图，尚可。下午宏生答辩，参加。《目录编》已运到。得邓韶玉、曾广开、巩本栋函，清水茂论文集，统战部履历表填写。

6月14日(3)阴

上午曹虹答辩，下午章灿答辩，均参加。晚宴请各位答辩委员。得杨公骥讣告，甚感悲痛。

6月15日(4)大雨竟日

上午伯伟答辩，往参加。函李炳海，吊唁公骥逝世。《骈字类编》索引第九册毕。

6月16日(5)小雨

填好统战部履历表。得许总送有关杜诗之书。

6月17日(6)雨转阴

访高尔泰。

6 月 18 日(日)阴

复王淡芳、龚任之。昨夜迄今芸头痛,卧。朱广华妻汤镇华在省中医院特约门诊部(门诊部主任),朱广华医教科科长。天纵、天渝来。

6 月 19 日(1)昙

陪芸去神经医院看病。汪越送《文集》20 本来。

6 月 20 日(2)晴

得邓韶玉、郝延霖函,蒋寅寄书三本。函淑贤、老尹。

6 月 21 日(3)昙

得王镇远函,即告新雷。

6 月 22 日(4)晴

得牟世金讣,即电唁(天纵发)。天纵送虾及蛋来。章灿把书寄出,邮费约 12 元。系发奖金 305 元。芸患眩晕,丽则来做饭。

6 月 23 日(5)晴

芸眩晕,王医生来看。南大毕业生沈文冲(省电视台)来问传记文学,邢亚辉同来。沈赠景泰蓝筷子,邢赠西瓜。勋初来,致陈书录代培费 200 元。陈书录来,以赠赵国璋、徐复书交与代致。天渝夫妇、小红来视芸疾。

6 月 24 日(6)晴

芸去医院压耳针。晚高尔泰夫妇由赵宪章陪同来访。天纵来视疾。

6 月 25 日(日)晴

全日无事。

6 月 26 日(1)昙

姚松衔周勋初命送来陈书录文及书一本。砺锋来借书。小宁来视疾。

6 月 27 日(2)竟日雨

改好周先生送来陈书录文一篇，即还周。函复杨翊强。林雪梅来借书。四女孩来。

6 月 28 日(3)昙

得金志仁、长沙明德中学黄政海(410008，长沙诗社)函，日本高级进修生成田静香(女)材料。函天眉。复黄政海。

6 月 29 日(4)晴

赵国璋来。蒋寅来，即日回京，带去书若干本。

6 月 30 日(5)晴

得日本访问学者相川政行函，拟来访，即转许惟贤；和田英信函，知其已返日本，函转许。

7 月

7 月 1 日(6)昙，室内最高温度 28.5℃(里屋、外屋约高一度)

购一小汽车送袁玲之儿刘飞。得黄裳函，彭鹤濂诗，李廉寄照片(和早早合影)。

7 月 2 日(日)晴，28.0℃

天渝夫妇来午餐。得周勃函。

7 月 3 日(1)昙，28.0℃

上午去徐复家，为南师大购汪先生文集事。得周勃寄《古代应用文》一书，已为章灿借去；晴佳函；辽宁社科院寄《社会科学辑刊》两本，一本赠章灿。复晴佳，嘱其不必来宁。小发病，主要是早搏。邢亚辉偕一女记者杜利人来照相，各赠以《古诗今选》一套。小鲲来修电插座。

7 月 4 日(2)昙,27.0℃

得王运熙、张辉函,收到所寄书;王淡芳函。章灿论文最后数十页已看完交还。周勋初来谈《全清词》事。得苏昌辽函及诗。

7 月 5 日(3)雨,25.5℃

竟日大雨,无事可记。早早送来下列各件:姚继舜、吴白老(谈胡老师诗集事)、周本淳、戴镏龄函,巴蜀寄蔡厚示编《二主词》,政协寄书两本。早早考试得 598 分,金中录取指日可望矣。

7 月 6 日(4)小雨,25.0℃

得罗宗强函。函复吴白老、戴镏龄。

7 月 7 日(5)小雨,25.0℃

砺锋来,取去日留学生指导费 81.0 元。伯伟来,借书数册,明日回南通。取药。

7 月 8 日(6)大雨,26.0℃

得社会科学基金会公函。许惟贤来,谈日本留学生事。早早送西瓜来。

7 月 9 日(日)阴,27.0℃

中午丽则来午餐。今日乃我们结婚十周年纪念,菜肴颇丰。下午天纵来谈。凌晨小发房颤。

7 月 10 日(1)阴,29.0℃

写《读庄》数首,寄赠罗宗强。得巴蜀书社寄稿费 97.5 元(和宏生二人),杨翊强函及包裹(五味姜),王淡芳、施蛰存、贾晋华、蒋寅函,社科院文学所通知开会函。复文研所科研处,告不能赴北京八月之会。并函刘再复推荐莫砺锋(已告勋初)。天渝来,送来代购各物。

7月11日(2)昙,30.5℃

得三夕、贾文昭函。王永芬、郑尚宪来访。

7月12日(3)阴,29.0℃

为贾文昭写书签并直幅一条寄出。王永芬来报告早早录取无问题。晚宁健、小红送鱼来。

7月13日(4)阴,29.0℃

周勋初来谈《全清词》事,宏生稿费托周代交。

7月14日(5)晴,31.0℃

得顾学颉寄《元曲释词》卷三。收到社科"七五"基金会函,拨给唐宋诗款流派最后一笔款五千元,交勋初办理。托小红购沙棘等药(暂付200元)。

7月15日(6)晴,32.0℃,开始报高温

得姜书阁函,对《目录编》提数意见。袁李来打电话谈屈事。外办方炳南打电话来,联系相川政行来访事,已函宏生嘱其协助接待。安徽师大研究生刘生良来访,已分在陕西师大函授部工作。

7月16日(日)晴,32.0℃

函姜书阁。丽则、小燕来共进午餐。

7月17日(1)晴,32.5℃

得谭优学、张舜徽函。文史馆史建华来求书。

7月18日(2)晴,32.5℃

函江西省博物馆(挂号),宏生代发。苏光平送来天眉托其代购之金项链,已电晓琴来拿。许惟贤打电话来云,相川政行改于十月间来。

7 月 19 日(3)晴,33.0℃

得罗宗强函及画,成善楷讣告,太白学会函嘱写小传等。史梅来,将奉赠李惠义之字交史梅送去裱,送其夫人之衣料亦交史。函天眉。下午小发房颤。

7 月 20 日(4)晴,33.0℃

得王淡芳函。函四川大学中文系唐正序,吊唁成善楷。晚迁居中美文化中心避高温。函李白纪念馆退还表格。

7 月 21 日(5)阴

函王淡芳。

7 月 22 日(6)阴

去丽则家,得照片二张,又洗一张,准备寄天眉。小虹送西瓜来,又送来沙棘 10 盒、生脉饮 5 盒,生脉饮未收钱。章灿送饭菜票来。晚丽则一家来玩,并送来黑白电视机。早早收到录取通知。

7 月 23 日(日)晴

下午回家取来各种药及食品。晚天纵、丽则等来谈。

7 月 24 日(1)昙

得蒋寅、钱锺书、马騄程、沈玉成、陈翔华函,柳宗元讨论会开会通知(已复函辞)。函汪越,嘱其寄《文集》给马騄程。小发房颤,时间较长。

7 月 25 日(2)阴,小阵雨

晚威克来。

7 月 26 日(3)昙

上街购物。砺锋来,其妹赠肉松一包。下孝萱来,谈《中华大典》事,已请其代为拒绝。

7月27日(4)昙,28.0℃

上午回家取物后,中心通知今日需回家。下午招威克来送东西还家,后天渝夫妇来,即一同回家。得辽宁教育学会寄来书一本。

7月28日(5)阴,27.0℃

周勋初来商议《全清词》事。函蒋寅,可将《梁肃年谱》寄来。史梅送药来。

7月29日(6)阴,27.0℃

丽则来午饭,谈游苏州事。得吴代芳函。

7月30日(日)阴,小雨转大雨,28.0℃

复吴代芳。上十竹斋购毛笔。下午发房颤。

7月31日(1)晴,29.0℃

和勋初通电话谈清词室事。

8月

8月1日(2)晴,30.0℃

得陈贻焮、王文才、黄山书社于志斌函。天纵来,馈虾。

8月2日(3)晴,29.0℃

威克、早早来为我们擦玻璃窗,在此午饭。下午天渝一家来,在此晚餐。后天纵亦来,商议强姐生日事。史梅借给我们两本书。

8月3日(4)昙,28.0℃

函许逸民(交勋初阅)、于志斌,又寄书缪钺。得《名篇赏析集成》上下二本,(100026)中国文联出版公司寄。函陶雄。复蛰存,告以要《集外词》十册。

8 月 4 日(5)阴,大风大雨,27.0℃

函邓韶玉,询问《杜诗》《宋文学史》进行情况。得东北师大古籍社寄《古籍整理研究学刊》。台风在川沙登陆,影响及于南京。

8 月 5 日(6)阴雨,27.0℃

吴新雷打电话来谈《宋文学史》事。

8 月 6 日(日)雨转晴,28.5℃

周勋初来,重写致许逸民函,明日交勋初。下午发房颤。

8 月 7 日(1)昙,29.0℃

得小佳函,即复。

8 月 8 日(2)昙转晴,30.0℃

得文研所孟繁林复函,武汉老龄科学研究所寄关于黄侃研究会工作汇报,施蛰存寄《词学》。

8 月 9 日(3)晴,30.5℃

老尹夫妇来访,赠以自制葡萄汁。高纪言、卞孝萱来谈《中华大典》事,拒绝任主编。天渝一家带菜来共聚晚餐。

8 月 10 日(4)晴,31.0℃

函孝萱,请转达有关《中华大典》事。得施蛰存、朱祖延、鲁国尧函。中华书局编辑马蓉寄余恕诚、刘学锴之《李义山诗集解》,即复谢余、刘,并寄《序跋辑存》。

8 月 11 日(5)晴，高温 32.0℃

率小婉全家游瞻园，得拓片三张，后又游夫子庙。归后极累，洗澡午睡后恢复。晚饭时发病，比上次稍轻。

8 月 12 日(6)晴，高温 33.0℃

得雄哥函。

8 月 13 日(日)晴转雨，31.0℃

寄三张拓片给瑞洁转岳麓书院。下午 2:30 至 3:00 大暴风雨。章灿夫妇来。

8 月 14 日(1)昙，30.0℃

今日开学。得蒋寅、邓韶玉、毕万忱(托说通过项目)函，文研所通知“七五”规划会推迟进行，金克木寄书一本。复毕万忱、邓韶玉。寄汪先生文集给清水茂。伯伟夫妇来。

8 月 15 日(2)昙，30.0℃

上午去银行办理储蓄事。勋初来，谈《全清词》事。函李老辞《全清词》事(交周)。得刘彦邦致丽则函，陈翔华寄夏老纪念集。函邓韶玉(附二元)请代购刘弘度《微睇室说词》径寄刘彦邦。晚七姐来，谈其六哥将来探亲事，谈久，遂发房颤。

8 月 16 日(3)昙，30.0℃

函刘彦邦，请代购药。得天眉函，适大纲来，嘱其代给天渝等观看。

8 月 17 日(4)晴，29.0℃

得王淡芳、孙钦善、张少康函。天渝夫妇来。

8 月 18 日(5)晴，29.0℃

为早早写扇面。为唐玲玲夫妇、文史馆史建华等写条幅，唐者径寄，文史馆者待取。

8 月 19 日(6)阴有阵雨,29.0℃

8 月 20 日(日)阴,28.0℃

史建华来,取去两幅字。

8 月 21 日(1)阴,28.0℃

晨发房颤。芸与天渝去省中找朱广华,约定周五上午去省中请唐蜀华院长看病,由汤医生介绍。萧印唐二女效农、学苏由四川来,为其母房产事,赠蜂王浆两盒。砺锋来,赠精米一包。宏生来。得缪钺、袁行霈、季廉方、周寅宾、中华诗词年鉴编辑部函,诸祖耿讣告。天纵来,代购沙拉调料四瓶,转赠其一瓶。

8 月 22 日(2)阴转昙,27.5℃

函天眉、季廉方。得上海古籍寄来解放前《古代文论论文选》两本,内收帆一文;村上哲见寄来有关李清照文一篇,并介绍进修生成田静香来攻读博士;殷焕先、罗志霖(万安俊)、《文学评论》、曾保泉(北京文研所)、何文玉(安徽维尼纶厂)函。

8 月 23 日(3)晴,27.0℃

复殷焕先、罗志霖。函江西博物馆(挂号)。率早早去金陵中学,介绍旧日读书时的处所。小宁送代购之物来。章灿还过去所借 100 元。伯伟夫妇来。姚松来。

8 月 24 日(4)昙,阵雨,28.0℃

得杨翊强、吴志达函。姚松送来证明函签字(有关卞)。

8 月 25 日(5)晴,29.0℃

函复杨翊强、吴志达。晨去中医院看病,后至新街口取文联出版社稿费 48.55 元。在天渝家午饭休息后回家。

8 月 26 日(6)晴转阴,29.5℃

晨沈文冲来,送来其撰写的我的年谱。得黄瑞云函。函文联出版社,寄回收据并询问祖棻稿费事。

8 月 27 日(日)昙转阴,30.0℃

沈文冲来录像,本栋适来,亦参加录像。写三幅字,一赠本栋,二赠文冲。小婉夫妇来午餐,甚欢。函瑞云、淡芳(附胡翔冬先生诗)。

8 月 28 日(1)阴,阵雨,29.0℃

本栋和阎广林来,已函詹伯慧推荐。得邓韶玉、季廉方、瑞洁、甘毓琦函。

8 月 29 日(2)阴转晴,28.0℃

复甘毓琦(告上古售菉书)、邓韶玉。以阎广林材料寄詹伯慧,以曹虹《陆机赋论》寄中玉。宏生来借 150 元(学英语)。河海大学石城诗社王运洪来,转送李子建《水上吟》一本。

8 月 30 日(3)晴,28.5℃

上午十时在江苏国际文化交流中心会见捷克汉学家何德理博士和何德佳夫人(Dr. V. a Z. Hrdlickovi 和 Mme Věnceslava Hrdlickova),座中有田原、戈宝权、吴调公。此夫妇皆通汉语,研究王安石。主人袁晖,王志渊为中心副秘书长。午餐后归。天渝、小宁送收录机来。伯伟夫妇来,送博士点介绍来。

8 月 31 日(4)阴,28.5℃

中午丽则、小宁、小燕俱来共餐,如秋风扫落叶,菜肴全空,因事先未做准备。王兆鹏来,借黄季刚先生诗集一册,即嘱其将书送往江苏国际文化交流中心。将邓韶玉函转给新雷阅。史梅代报销药费，计共 180 余元。

9 月

9 月 1 日(5)阴转晴，29.0℃

程陶历险记：上午去省中医院看病，拟在中心对面搭乘 13 路车，抵站时无一人候车，过来一人说："在这里等不到车。"说罢便去，亦未暇细问，后见 13 路车自云南路转向西行，始悟 13 路上午改道。又未假思索即向后行，未几，又悟即使走到上海路口车仍不得经过。乃又返向北京西路，几经问讯，始乘上乘，盖该站根本无牌。到医院已较迟，取得药后已十一时。又去新街口购物，拟寻一清静小店食馄饨等，并资休息，竟不可得，只好勉强食水饺二碗，乘 16 路归。从珠江路步行回家，二人皆已狼狈不堪，此后决不可再蹈覆辙。

得辽宁社科院赠包一只，拟转赠小鲲。夜临睡时发房颤，幸不重。

9 月 2 日(6)昙转阴，28.5℃

上午和周先生在家中共同召见巩、姚、曾、陈四生。周先生转来松浦友久寄来照片两张。闻争功之说，甚可鄙也。函北京第二实验小学，祝贺母校校庆。得《湖南日报》寄来纪念刊一本。

9 月 3 日(日)晴，27.0℃

上午姚继舜偕王绍曾研究生王承略来问学，此生颇佳，但历时一小时，颇累。大纲、早午来饭。王启美来。

9 月 4 日(1)阴雨，25.0℃

天气转凉，秋雨淅淅，已穿上毛衣。得黄建新(宁夏大学)、刘彦邦、吴功正函，黄托人带来枸杞一包。王长发赴日本讲学，来告别，并赠北京月饼一盒。

9月5日(2)阴转昙,25.0℃

函黄建新并寄字一条。写“腾飞”二字交工会章明,庆祝建国40周年。得王同策寄来书一包(《苏颂文集》)。查失8月26日湖南来挂号信一封。刘彦邦包裹收到,命早早取之。函谢王同策。函蒋寅询舒芜书已否送去。嘱章灿将两人著作送戈宝权,他还赠两本。成田静香来进修事,已嘱章灿协助。

9月6日(3)晴,25.5℃

快函瑞洁。三夕托陕西师大研究生束有春带信来,并介绍接见,谈约一小时。吴新雷带其女来。七姐来告老六明日到。得王同策、王淡芳函。

9月7日(4)昙,26.0℃

辛宪夫妇、寅宪及甲宪夫妇和其女沈峨来,晚在接待餐厅宴请他们,小婉、威克在座,互赠礼物。文史馆老史来,赠礼四色。王家杰送小石榴树来。

9月8日(5)昙,27.0℃

日本留学生成田静香由章灿陪同前来,略谈。得江西博物馆函,十月前来宁。

9月9日(6)昙,27.0℃

得于景祥(辽宁教育学院)函及贺教师节卡。上午参加省市领导召开的座谈会。复于景祥,并附字及照片各一。函复江西博物馆(挂号)。函刘彦邦附复印件(挂号)。张宏生还所借150元。

9月10日(日)昙,27.5℃

中午与孩子们公宴强姐,祝其80大寿。晚沈甲宪回请,两次酬应,二人皆甚累。甲宪又赠200美元,回赠以人参及景泰蓝筷子。

9 月 11 日(1)晴,28.0℃

张宏生来借书。下午发房颤。

9 月 12 日(2)晴,28.0℃

上午参加江苏省出版局有关《中华大典》座谈会,得《李审言文集》一套。砺锋、有富来。有富送来书一本,取去汪先生文集一本。徐中玉嘱其研究生吴炫带来信一封。得岳麓书院函,文研所开会通知。吴志达叔吴剑伟(住堂子街 46 号 404 室)来探望,带礼两色。吴志达表妹包玲君在作家班。

9 月 13 日(3)晴,27.0℃

上午继续在江苏出版社开座谈会。函袁行霈(挂号)、雄哥。送《祖棻选集》给黄进德。孙望送《吕亮耕诗选》一本。四川荣昌县罗志霖函,请题笺,不答,以“治学学”之名不通也。

9 月 14 日(4)阴雨,25.0℃

今日中秋节,因连日荤食太多,未准备过节。下午天纵送来虾与鸡腿,遂炸虾,聊作节日菜肴。民革孙蓉送托其代购之磁炼来。

9 月 15 日(5)阴,26.0℃

上午去省中医院看病。得赵吕甫挂号信,附稿(少咸先生答董同龢问);本校出版社出版《江苏省高等学校教授录》。

9 月 16 日(6)大雨,25.5℃

徐有富来,谈《校雠广义》事。周勋初来,谈唐代文学年会名单。巩本栋来,送其履历。为市文联写字一幅,嘱本栋送去。

9 月 17 日(日)昙,25.0℃

函舒芜(挂号)。

9月18日(1)晴,26.0℃

函上饶师专校办,询问夕佳情况。下午去银行取钱(文联出版社寄祖棻稿费来),并购物,直去直回,未多留连,尚不累。

9月19日(2)晴,26.0℃

函舒芜,告以稿费收到。函文联出版社,寄去稿费收据。会暾夫妇出来旅游,今日到南京,请其在接待餐厅晚餐,小婉夫妇陪。得瑞洁函,拓片岳麓均已收到;刘绪焱(不识此人)寄来《天白诗稿》,不答。得黄瑞云、杨翊强、周伟民函;岳麓书社杨坚(不识)函称已聘为顾问,并已将书(《船山全书》)寄来;赵盛德寄书一本;高津孝寄书一本。小婉得《全陵百纪》一本,拟再买四本。

9月20日(3)小雨,23.0℃

周勃寄来100元,想系稿费。得王淡芳函,黄裳寄《前尘梦影新录》一本。夕佳来函,告以今春在昆明大病一场,现已病痊回上饶。小珠生一女。

9月21日(4)阴,22.0℃

是日余诞辰,晚上丽则来共餐。省社联赵宁乐、刘华俊来询《省志·社会科学志》事。函复黄裳。得《学报》小结,看后交还校长办公室。得雄哥函。

9月22日(5)晴,24.0℃

函天眉、高津孝(寄书一幅)。为台州郑虔祠书杜诗一幅,甚累。得岳麓书院寄来《船山全书》。陈贻焮寄来论诗歌的论文集。

9月23日(6)晴,26.0℃

下午发房颤,较轻。函复陈贻焮。

9 月 24 日(日)昙,27.0℃

函复杨坚(内附字一幅)。挂号函上海古籍、王镇远等(《诗世界》事)。大纲来午饭。本栋来谈论文事。周勃寄来茶叶二盒。

9 月 25 日(1)晴热,28.0℃

得聂石樵夫妇、舒芜、徐中玉、中华书局编辑部、蒋荫南、古继堂(文学所)、天眉函。章诚忘及其内侄柳曾符来访,谈相川访华事。

9 月 26 日(2)晴热,29.0℃

得沈寅宪函(附照片)。陶友红来谈图书馆一般情况。函复中华书局(挂号,《全清词》署名事)、古继堂。

9 月 27 日(3)阴,24.0℃

得叶嘉莹函及《中国词学的现代观》一本,小海寄来联合国明信片一张。拟《程千帆诗论选集》目录及选书的想法,召伯伟来共商,并嘱其写前言。

9 月 28 日(4)阴,24.0℃

晨中央技专学生李辛凯(原名李玉莹)来访,谈一小时余,现任西安纺织学院服装系教授。七姐夫妇来,馈鳊鱼二、苹果六。汪越来。章灿来代擦窗。得李一氓挂号信。陈邦炎寄《赏析》五本,第四次印刷之样书也。蒋寅寄《李祁诗集》并附函。

9 月 29 日(5)阴,26.0℃

函陈致询《集成》样书。函中州出版社询《文论家评传》样书及稿费。函村上哲见附字一幅。

9 月 30 日(6)晴,24.0℃

得江西博物馆函,董丽红、胡丹二人四日来宁,即日需返南昌,托代购火车票；浙江《中国当代诗词选》来函约稿，不理。李一氓函转交周勋初。天纵来，从福建、广东归，带来桂圆等物。

10月

10月1日(日)晴

中午丽则大宴家人，共17人，冷餐会形式，菜极多，虽17人亦未能尽之。上下午天纵、天渝夫妇分别来谈。晚芸与欧家人同去南大操场看放焰火，帆未去。

10月2日(1)晴

得岳麓书院函，因余体弱，不强求前去讲学；陶爽函，谈其弟妹等事甚详。

10月3日(2)晴

晚章灿夫妇来，赠以文具、食具各数事。得王绍曾、淡芳函。

10月4日(3)昙

晨江西省博物馆董、胡二人来，询知主任名刘品三，因车票尚未拿到，约晚间再来点交展品。下午董、胡来办手续，巩本栋、程章灿二人送之上火车。

10月5日(4)晴

王淡芳寄来布鞋收到。屈义林寄诗并请为其集题签。陈辽寄《刘鹗与〈老残游记〉》，其新作也。《诗论选集》材料复印成。下午一时半发房颤，服药后(地高辛服了一粒)三刻钟即基本止住。

10月6日(5)晴

陈书禄来汇报学习情况。康育义来请作对联，拒之。告以有校友书画，拟捐赠。

10 月 7 日(6)晴

复王绍曾(挂号)，告以不能与会及录音，附去祝贺大会题字一幅。复屈义林，附题笺一纸。复陈辽。宏生来，送讲稿。伯伟夫妇来谈约半小时，主要是谈做学问及做人。

10 月 8 日(日)晴

本栋来，谈作论文事。吴文治打电话来谈，可考虑接受本栋去教育学院，又告本栋准备材料送去。复王淡芳，已收到布鞋。函王仲镛，关于王之涣诗的异文事。

10 月 9 日(1)昙

今日发工资，工资增加一级 45 元，此为解放后第一次。

10 月 10 日(2)晴

晨去建设银行办理储蓄事。南大出版社时惠荣送《鉴赏辞典》二本、润笔 100 元。王兆鹏送来《张元幹年谱》一本。得袁行霈函，刘彦邦函及包裹(内花生、木耳)。天渝来探视。

10 月 11 日(3)晴

市作协发来表格已填好挂号寄去，内附五元会费。得萧印唐函。函天眉、陶爽。小鲲来送 40W 日光灯管 2，代购打火枪一。

10 月 12 日(4)晴

为管雄先生八十大寿撰写寿对，交伯伟。寄 20 元给刘彦邦。函天眉。得相川函及书，函系用日文写，交章灿译。

10 月 13 日(5)晴

晨赴接待餐厅早餐，后去医院看病。函复瑞洁、彦邦、印唐(内附丽则文)。晚杨克平打电话来,约明日晤面,并请为秋白故居题字。晚小鲲来,送来天眉等照片及天眉致小鲲函,看起来一时不得回。勋初、贤皓来。

10月14日(6)晴

上午为秋白故居题写字一幅。有富来,商议申请教委古籍补助事。得郭预衡函;苏州大学范志新函,拟作《谈艺录》笺注。中午应克平邀去金陵饭店饭,请其带赠重规、高明各书三本(汪先生文集、《古诗考索》、《史通笺记》)。带回克平赠咖啡、饼干、裤连袜等物及台湾出版书三本,拟分赠徐复、许惟贤、万业馨(克平赠)。座中有孙颔,索字于予。中午小发病,幸带有药,即服,未大发。回来后仍有早搏,睡良久始愈。

10月15日(日)阴雨

上午威克来帮拆擦电扇,在此午饭。下午天纵、早早来,晚上吃牛肉面后回家。托天纵代办美金储蓄事。

10月16日(1)昙,大风

得王镇远、陈辽、侯井天(山东党史资料征集研究委员会,在编《散宜生诗句解》)函。函复范志新。石章一方赠伯伟,台灯赠章灿。

10月17日(2)晴

得陈致函,《福建诗词》九本。屈等三人破门取走资料,劝之无效,已由校系处理。

10月18日(3)多去转阴

邢亚辉来,谈甚久,送来照片四张,皆好。砺锋谈,拟约同门编一论文集,为予祝八十寿。上午写字送柳曾符、杨克平,已寄出。赠孙颔者拟明日带与省统战部同志转。天纵来送鸡蛋与存单。许志英来谈处理《全清词》事。系开主任会讨论清词事,并作出决定,董健参加。

10月19日(4)晴

写致校长函，谈《全清词》事及准备辞去此项目之理由。天渝来，送来芸之毛衣及早早衣服，在此午饭，丽则亦共饭。姚松来，清算各项科研项目的账。

10月20日(5)晴

上午夏树芳送来临海市郑广文纪念馆复函。得江苏文艺出版社函，为《留在世上的一句话》约稿；古吴轩出版社朱耀祖、谭以文函，为《现代书斋室名印赏》约稿；中州古籍出版社复函(无钱发稿费)。今天取中药。包忠文赠书一本。下午邢亚辉来，请余谈自己生平，并录音。

10月21日(6)晴

得柳曾符函及照片两张。函周颖请寄《散宜生诗》增订本。学校已发通报严斥三君子。函古吴轩出版社，送斋名印章二。

10月22日(日)昙

晨请诸孩在接待餐厅吃包子。晚在丽则家晚饭，吃炒粉等。钟兴正来函借书，复以无此书。张伯伟送《程千帆诗论选集》后记来。函中州古籍出版社，请寄书来。得柳曾符函。

10月23日(1)晴

上午相川来访，赠三折伞一柄，报以字一幅。张伯伟后记看完，交还伯伟。砺锋来。陈书录来，传达沈玉成欲来访。丽则来午饭，喝鸡汤。晚三夕、砺锋、有富同来访，谈约一小时，甚悦，约明晚共聚晚餐。

10月24日(2)昙

老尹夫妇来访，馈啤酒、小枣，以眼镜答之。倪明来，托写书笺。为三夕文集题书笺。得屈义林、王绍曾函及《周易研究》；日人田仲一成寄《中国乡村祭祀剧》一本；《贵州师大学报》一本，内载有关于张振佩事。下午沈玉成、刘乃昌来访,沈女索字。晚在接待餐厅请三夕、有富、砺锋吃饭,甚欢。

10 月 25 日(3)晴

得临海市人委函及照片,苏州大学范志新函,王仲镛函(解决了引《拜经楼诗话》问题)。张伯伟来。得印唐书一幅。董健来代表党委慰问。

10 月 26 日(4)阴

上午写字。函沈玉成,寄书一幅给小宁;田仲一成,寄书一幅。为文史馆写书画展览题笺,候取。为伯伟写两幅,准备为《选集》插页。为天纵索一系证明函,便购《金瓶梅》。徐有富来,谈其本身工作事。

10 月 27 日(5)阴

上午顾志华、张三夕来。得中文系发桔子 40 斤,拟分与诸儿共食之;群华、嘉真函,并 100 美元支票一,系给小鲲等诸儿。中午留学生部请相川,由我做主人,座中有尉天池等人。伯伟来,取去需复印之各件。

10 月 28 日(6)阴转晴

得关道雄函。天渝来,把群华寄来之支票取去办理存款手续,带去桔子一包。召本栋来,送桔子一袋给其侄,另一袋嘱其带送尹老夫妇。

10 月 29 日(日)晴

石学鸿来访,赠近人词集三种。芸去勋初家,赠祁先生洋参数枝。得周勃函。天纵送烤鸡来。

10 月 30 日(1)昙

许结从四川开会回来,带来王文才赠酒一瓶。得张代寄《顾千里研究》一本;彦邦函;傅璇琮函并寄回《闲堂文录》稿,备在此复印后再寄去。

10 月 31 日(2)晴

致周颖函退回,已重发。整理各种序跋散文,拟放在《诗论选集》后。

11 月

11 月 1 日(3)晴

复侯井天(附字、影聂函、舒芜函)。复仲镛。寄群华。致陈书农。

11 月 2 日(4)阴

帆编《诗论选集》毕。芸拔牙一。勋初来访,谈甚久,赠芸一盒阿胶。序跋散文稿寄中华(《闲堂文录》)。

齐鲁总编孙言诚。

11 月 3 日(5)阴

复李一氓。清理清词室同人来信。沈文冲来,以个人传记材料 12 篇借之。新雷告邓韶玉来函事,云《诗世界》已发排,《宋文学史》将交常熟。山西大学董冰竹携二女研究生过访,赠《李贺研究》一册。万业馨、老王来访,谈甚久。

11 月 4 日(6)雨

勋初来,商议发信给李一氓,由周发。得龚任之函及照片。吴新雷送来邓韶玉函。北京张秉戍寄来 25 元。函于辅仁,请其本月 15 日左右来。

11 月 5 日(日)雨

今日诸孩来为我二老祝寿,天纵一家(宁健加班未来)、天渝、丽则举家皆来。中午在接待餐厅吃饭,价廉物美。下午又来家中聚谈,甚欢。王立兴吴翠芬夫妇来,发一顿牢骚走。

11 月 6 日(1)阴转雨

清晨天眉、小海打长途来祝寿,告以天眉暂不归,接我们去美旅游,如身体能继续好下去，明后年也可能去。芸想念天眉、小海，很想去。得蒋寅、沈玉成函；南京机电学校陈林函，请教一问题，即复；北大古文献研究所寄《古籍整理与研究》一本。得天眉函及照片2张。卞孝萱送来为扬州张汉怡题书复印件及照片2张。

11月7日(2)雨

函蒋寅、龚任之。寄汪先生文集给《文学遗产》。下午七姐率白皓夫妇来，丽则夫妇亦来会，赠婚仪100元。小鲲来，带来水果及小红枣。

11月8日(3)阴，小雨

装好铁门。得子仲函。

11月9日(4)晴转昙

得霍松林寄《唐音阁吟稿》及函，朱先泽(湖南岳阳市一中语文组)。外文系某君来问严复文章。

11月10日(5)晴

陶敏来，赠以《广义》一册。复朱先泽。函汪越索先师文集。樊骏同许志英来。

11月11日(6)阴

曹虹送来一篇有关谢灵运诗的文章。本栋送来论文提纲。威克来拆纱门。

11月12日(日)雨

陆耀东来访。晚曹虹来谈。

11月13日(1)阴

函浙江省博物馆，联系拟捐献书画事(挂号)。上午蒋寅来，谈论甚欢，既久，中午辄发房颤，幸十分钟即愈。汪越又送来汪先生文集 20 本。

11 月 14 日(2)昙

周勋初来谈，沈有信给周，将来南大，带来王运熙等赠《批评史》一本。得江西博物馆函，墨盒愿收。美林、大纲送煤球 400 来。天纵来装炉子。新雷来电话云，《两宋文学史》即将付排。

11 月 15 日(3)晴

函霍松林、王运熙、顾学颉、江西博物馆。得三夕函，云备受骚扰，不能为《广义》书评，请顾志华代作之。葛晓音寄赠《八代诗史》，即复谢。宏生、章灿来做清洁。《文史知识》编辑某君来，马少波婿也。下午李成文从上海来，馈咖啡 150 克。

11 月 16 日(4)晴

京剧院石玉昆送来《马少波剧作研究》一本。柳士镇送来《世说新语选译》一本，并请与大学生见面谈话。《骈字类编》第十册索引毕功。夜黄念宁来访，自武大来开物理学会。王兆鹏来交章子仲托其所带祖棻资料。

11 月 17 日(5)晴

函复章子仲。得傅光寄诗话一本、《文献》一本。晚巩本栋偕瘦竹研究生来，想去武汉工作，请函介。曹虹夫妇来谈。下午二人游湖南路、山西路，已久不出游矣，感觉尚好。

11 月 18 日(6)晴

石学鸿来，带唐老推荐仇某为文史馆员函，已转倪明。下午和古典教研室同仁往管老家祝寿。晚钱谷融来访。函天眉。

11 月 19 日(日)晴

去招待所看望钱夫人、杨女士，并邀明晚在南芳园便酌。

11月20日(1)晴

巩本栋、赵康太、阎广明来找工作,为本栋写一推荐函给詹伯慧,请阎广明带去,并送人参一枝与詹母。得于辅仁函,暂不能来,因此将《诗论选》稿托伯伟寄往山西。晚在南芳园宴钱夫妇,叶夫妇作陪。得杨翊强函。

11月21日(2)晴

丽则、天渝、小鲲皆来午饭,吃昨夜剩菜,谈颇久,甚欢。小鲲夜校毕业,赠以餐具一套,大喜。下午沈锡麟来访,谈清词事,想入非非,即告志英、勋初。老白夫妇来,馈南丰橘、苹果。

11月22日(3)晴

为赵康太作一荐信与陶德麟、何国瑞。得侯井文函。伯伟代订报刊,共83.80元,稿已寄于。

11月23日(4)晴

下午沈锡麟来谈。上午蒋寅来。张伯伟送两稿来。得《文献》寄纪念文稿费20元。

11月24日(5)晴

得马积高、侯井天、浙江省博物馆函(同意收,具体事项以后商洽)。康育义来谈校友书画事。下午金中请江苏省电视台来录像。寄稿费收据给《文献》。

11月25日(6)晴

11月26日(日)晴

下午去小婉家小坐。晚曹虹夫妇来。

11 月 27 日(1)阴,大风

得文联出版社陈致寄《名篇集成》一部,旅游出版社张秉戍寄《山水诗歌鉴赏辞典》(已复)。得北大葛晓音函。寄苍虬老人法书与邦炎。

11 月 28 日(2)晴

整理好校友书画目录,交与康育义。得山东大学曲世川函。《名篇集成》赠与史梅。

11 月 29 日(3)晴

老尹夫妇来,赠兰陵美酒一瓶,回报以锅巴、花生各一包及袋装茶叶一小盒。又以古代白话小说两本赠老尹法友。临海市送来桔子两篓,冬笋、虾米若干。桔子拟分赠各孩、各生及亲友。姚松来谈明清□□经费事,并填表。

11 月 30 日(4)晴

上午去校医院看病,照心电图,情况尚好。新雷示邓韶玉函,争取二书明年出版。

12 月

12 月 1 日(5)晴

12 月 2 日(6)晴

得马录程函;巴蜀寄稿费(南唐二主词)65.5 元,疑重复或项目有误。复曲世川,附巩生材料。

12 月 3 日(日)晴

上午去美术馆看文史馆书画展,然后在天渝家吃午饭。下午归,不觉很累,盖身体较前为好也。

12月4日(1)晴

得王步高函,即复;江西博物馆(二女同志)函,即复;又得杜兰亭寄诗。

12月5日(2)晴

晨二人去老广东吃早茶,花色甚少。后又去湖南路、山西路游逛,并不觉累。小婉来午饭,吃叉烧包,甚悦。康育义来谈捐赠书画事。得张秉戌函,索稿。复函嘱其抄祖棻七绝诗,不拟写稿。

12月6日(3)雾转晴

上午朱家维、任天石来谈即将办退休事,并说拟返聘。欣然同意退休,不拟接受返聘。得吕亮耕子吕宗林寄其父诗集。得赵吕甫函,询其父《等韵答问别录》一文是否已推荐。下午陈书录来,将赵少老文托其交徐复,看是否能介绍某杂志刊出。

12月7日(4)阴

函复赵吕甫。得顾学颉、吴志达函。孙原靖来,谈汪辟疆先生文集事(拿去文集一本),并托其关心赵少咸老先生文事。得蒋寅信,交勋初处理。得赵康太信。

12月8日(5)晴

下午董健、朱家维、许志英等来谈《全清词》事。小鲲来,换煤气灶气压塞,赠其毕业礼物带去。

12月9日(6)晴

得陶德麟、中州古籍出版社函。下午开会研究重点学科问题,有周、郭、莫参加。中午丽则、天渝来午饭。送学校的书画中,丽则想保留汪先生的《涉江作词图》及祖棻手书词稿册页,已将目录中此两项删去。

12月10日(日)晴

函刘彦邦、王淡芳、吴志达、程一中、杨翊强、吕宗林、杜兰亭、天眉。

今日丽则生日，二人去山西路购烤鸡、扒鸡及蛋糕去祝寿。丽则准备一火锅吃涮羊肉，皆大悦。下午回来又洗澡，虽累，只发早搏，未发房颤，可见身体已大有好转。小鲲来，送来天眉信，小海已上班，亦为之欢欣。

12 月 11 日(1)晴

函赵丙南孙言诚、蔡厚示、邓韶玉、任笃行周晶、山西人民出版社总编室。寄《福建诗词》给杜兰亭。

12 月 12 日(2)阴

上午为严杰题笺，为《南京大学报》题词，为天渝友人写字。于辅仁致伯伟函，云稿已收到，明年可出版。下午赴银行。

12 月 13 日(3)阴

许志英来谈，坚持要返聘，argue 甚久，无效，事后甚为懊恼。

12 月 14 日(4)阴

曲钦岳来探望，看过我致校系领导函后，盛赞继续培养五个博士的想法。芸去看天渝，未看到，和美林谈片刻。

12 月 15 日(5)晴

上午去省中医院看病，步行往返，居然尚可。因感冒下午未起床。王庆元来访。周勃派其研究生陈达流来探视，并将他们合著的《永恒的困扰》目录送来，想出版。天纵来。美林打电话谈天渝病情。新雷打电话来云，《宋文学史》已送印刷厂排版。《南京日报》今日载捐款、捐书画等事。

12 月 16 日(6)晴

得臧克家函，请写毛诗赏析文。天渝去鼓楼医院看病后来，言无鼻癌可能，始放心。得李立朴寄来挂历一。为巩本栋作书致清水茂索资料。函复克家。函元化为莫编译文集事。函政协，不参加视察。

12月17日(日)晴

芸寄贺年片给Taos,并函雄。

12月18日(1)昙

得詹伯慧函,陈贻焮贺年片,南京社联函(填专家学者名录表),忻州师专函约元好问纪念专刊稿。

12月19日(2)晴

得马茂元讣。闻王昭琛亦逝于上海,其爱女不知所在,可伤也。均唁之。得三夕函,女韵所画鸭;蒋寅函;何国瑞函。

12月20日(3)阴

得贾晋华贺年函,蔡厚示贺年函,甘肃庆阳林业学校张军函。寄贺年片给陈贻焮。

12月21日(4)阴

得康育义函及柳州图书馆刘汉忠函。武汉来电告田一文去世。昨今两日作《浣溪沙》二首,悼王昭琛。

12月22日(5)冬至,阴,小雨

复刘汉忠。得佘雪曼、关道雄、陈美延等贺年片,欧阳代发寄书一本(《一捧雪》)。

12月23日(6)夜雪晨止,阴

天渝来饭,赠以热水袋。唐文来,赠以《校雠广义》、汪先生文集。是日,齐奥伏法。

12月24日(日)阴

去天纵家午饭,带去隔壁卤菜店之牛肉及卤鸭,不佳。

12 月 25 日(1)阴

得任笃行、周晶、杜兰亭(附诗)、于景祥(附贺年片)函,江浦丁跃生函(已复,不能看稿),庞文华、刘婉、管仁福、杨翊强贺年片。复于景祥。徐有富来谈,属其复任笃行,又赠以《顾千里研究》。钱林森送《中外文学因缘》及题笺费 30 元来。

12 月 26 日(2)昙

挂号函江西省博物馆。以悼王词寄冠英、谷融。得缪彦威寄《序跋辑存》。复欧阳代发。

12 月 27 日(3)晴

复彦威,寄悼王词。璇琮、运熙、宗强由勋初陪同来访。

12 月 28 日(4)阴,小雨

得黄典诚函,为陈茂同《历代职官沿革史》一书事;周伟民唐玲玲贺年片。下午参加十竹斋举办的胡小石先生书法艺术讨论会。

12 月 29 日(5)阴转昙

得村上哲见贺年片;群华夫妇贺年片,信及支票系致天纵、天渝,转付。得尹志腾致朱家维、许志英、千帆函,不理。

只有社会主义才能救中国,只有中国才能救社会主义。

长沙大火后,乡人赠张治中:横批:张皇失措。联语:治绩云何,两大政策一把火;中心安忍,三颗人头廿万元。

12 月 30 日(6)阴转晴

得《中国韵文学刊》稿费 32 元;陈邦炎函;金志仁函;社科院曹道衡博士生论文,请作专家审核;黎如霞函转广东同学会会讯。蒋光旭来谈,并赠挂历一。鲁国尧来拜年。天渝来。得于辅仁函,刘聿鑫函,陈瑾函。《南京大学报》载我欣然退休等事。有富来电,《校雠广义·目录编》被学校评为教材二等奖，省评为科技成果奖。

12月31日(日)

函复于辅仁、陈邦炎。为曹道衡博士生毛庆审博士论文，不够博士水平，虽所长亦不为之吹嘘，表拟五日寄发。中午去丽则家吃饭，天纵亦同去。

八十年代过去了，个人是过得不错的，但是……

1990年

九十年代生活流水账簿。

1月

元旦大吉大利！

1月1日(1)阴

今天在天渝家游耍竟日。下午偷空往访王永芬，知未君日内结婚，颇为老友宽慰。丽则夫妇也在天渝家玩一天，丢两孩在家，早早与小燕颇有独立性。连日在子女家吃饭，又贪食，但竟不觉太累。

1月2日(2)晴

今日略感冒不舒适，少食。填写三项科研(《全清词》、唐宋、明清)情况表，填后交姚松。砺锋昨全家来拜年，未遇，留莫杞画一张，较去年进步很大。今天砺锋又来谈公事。许惟贤打电话来拜年，并报告其腿伤已较痊，能扶杖屋内走动。

1月3日(3)晴

上午哲学系教师杨峻光来纠缠一阵，要我看其稿，不理，搁置一阵再还。函天眉、陈贻焮。得刘茂舒、夕佳、晴佳、王淡芳函；监利县朱桦函，已忘记其人，不复；吴志达、曾伯藩、湖大欧阳贺年片；龚任之函及贺年片。小鲲来换插线板。周先生来谈发奖金事。

1月4日(4)晴

往访孙望，已半年多未见矣。

1月5日(5)昙

得到年终奖金314元(唐宋诗歌流派系里忘报，归下学期合并)，童庆炳寄书两种及函，王邦建寄《郴州诗词》一本及函，刘乃昌函，董冰竹寄贺年片及照片，寺尾刚贺年片。小红来代取款后又送西洋参来，购得西洋参200克，260元，代周夫人购200克。今日全天感不适，心部痛，心跳90—100，但未发房颤或早搏。

1月6日(6)

寄晴佳、小佳二妹各100元。函复刘茂舒、童庆炳、刘乃昌。毛庆论文评审表寄还社科院。嘱史梅将清词室尾款320元存建行定活两便。电山大催巩本栋事。得刘泰焰函，询《全清词》，即复；《南京大学报》付题辞费10元。原靖来电话云，古籍书店可购汪先生文集50本，已转告江越。

1月7日(日)晴转阴

1月8日(1)阴，夜微雨

函舒芜。得周祖譔函，催题笺，即题好寄北京人文；天眉函，走了近一个月，疑已遗失，今日始到；朱士嘉讣告，享年八十五；齐鲁函，拒收宏生稿；瑞洁贺年片。为周祖譔题"隋唐五代文论选"书签寄人文编辑陈建根，又复周。江西省博物馆寄来墨盒价款100元。

1月9日(2)阴雨

函邓韶玉，询诗价，又《诗世界》增改事。

1 月 10 日(3)阴

得胡丹信,询捐赠文物名字,即复;长沙诗人协会寄诗集二册,内收拙作四首。系发木耳、虾米及糯米粉,年货也。民革夏老由天渝陪同前来,为天眉事也,赠橘及苹果若干。社联三人来,坚邀 15 日往开理事会,并赠梨及橘子各一包。

1 月 11 日(4)阴,间有小雨

天渝去省医院取心血康送来。十竹斋送来照片及诗笺若干。

1 月 12 日(5)阴

上午王启美来闲谈。张宏生、程章灿来谈很久,又以勺、铲等物赠章灿。下午王永芬来,谈未君结婚事,并赠喜糖及酒。得中州出版社寄《古代文论家评传》,浙江教育出版社寄《古文鉴赏大辞典》两本(一本已转关道雄夫人朱邦蔚),《江海诗词》两本,唐富龄等函(另寄《中国文学辞典》和题笺费),缪钺函(附词),周来祥函(已转朱家维)。

1 月 13 日(6)晴

得岳麓书社喻岳衡函,请为其所编书作前言,拒之;唐富龄寄来题笺费 100 元。

1 月 14 日(日)阴

上午威克、小婉、小燕来,威克帮修炉具。中午一起在天府吃川味小吃。

1 月 15 日(1)小雪

上午去社联参加理事会年会,坐片刻即返。得山大回电,因编制限制不能聘巩本栋;巴蜀书社寄王仲镛《唐诗纪事校笺》;社科院文学所审论文费 20 元。省社联咨询部舒小娟索祖棻作品。

1月16日(2)昙

函复巴蜀与王仲镛。晚万王夫妻来访,并赠香木挂历一,即挂于外室。

1月17日(3)寒,晴转阴

函傅璇琮索《唐才子传笺》。以王仲镛《唐诗纪事校笺》交章灿作书评。函雄哥。得舒芜函;聊城师院古籍所李庆立、孙慎之函,报个人情况;南大图书馆赠期刊目录一厚本。

1月18日(4)阴

上午校办与《人民画报》来拍与周先生两人合照,系为南大出一专刊。得中玉、蒋寅、晴佳函,新雷转来邓韶玉函。函朱正,寄聂老诗集,并请代购周作人著作。

1月19日(5)昙转阴

函中玉、周来祥。九三学社来人送橘子、苹果,并拟写有关我赠书画及捐奖学金之报道。省作协来人送请柬,约23日在丁山宾馆茶会。本巩来,拟21日回徐州。得农大土化系宗良纲函请题书笺,吕宗林寄贺年片。

1月20日(6)昙转阴

得唐富龄等寄来《文学辞典》一本。为南农大宗良纲题篆刻选笺,并寄去。小婉在此午饭,大吃菜苔。天纵来,送新大米、皮蛋、鸡蛋等。

1月21日(日)晴

孩子们来包饺子吃,美林为技术指导,极为热闹。上午参加省委召开的党外人士座谈会。臧云远打电话来,他家里的电话……下午沈文冲来,送海蜇三包,提出几个写传记的问题。

1月22日(1)晴

函谢唐富龄等。得岳麓书社挂号信,嘱为喻岳衡编王孟诗集作前言,前已拒之，不复。得安徽图书馆李星信，嘱为吴孟复诗文集作序，即复书拒之。晚早搏，不厉害，后辄止。

1 月 23 日(2)晴

下午两人同往丁山宾馆参加省作协举办的迎春茶会，并洗澡，晚饭后始回。得小佳函。

1 月 24 日(3)昙

得清水茂信及《史学杂志》(巩生所需)，陈贻焮函，徐放贺年片，姚继舜信贺春节。史建华来，送水果、蜂蜜及挂历。吴锦来探望，赠香肠两盒。省统战部二同志来探望，赠 200 元。鲁国尧来访，谈音韵。天纵、小虹来，送年货多种。许惟贤打电话来。

1 月 25 日(4)夜小雪，阴

天渝来午饭，商新年聚会事。万放打电话来。函复陈贻焮。

1 月 26 日(5)阴

除夕。早早、小燕来同饮宴，以丽儿夫妇去安徽也。复钱谷融信。谷融来信寄示悼昭琛文。

1 月 27 日(6)春节，阴

中午去天渝家饭。早、燕亦随往，饭后即返。上午欧磊、卞孝萱来拜年，卞赠桂元晶两瓶。下午曲、董两校长及党委两书记来拜年，并赠绢花一束。郭维森、吴新雷、莫生一家来拜年。天眉、小海、小犁打长途电话来拜年，并坚请我们今年内赴美探亲。得白匋函。

1 月 28 日(日)阴

复白匋、贻焮函。中午在留学生食堂聚餐，全家十八个人(包括强姐、杨阿姨)同庆春节，甚乐。饭后又来闲谈，孩子们玩牌，四时余始散。陈书禄来拜年。上午周勋初来讨论关于宣传重点学科事。郁贤皓来拜年，谈唐代文学等事。

1月29日(1)阴

中午去天纵家饭。前在吴江曾为《南京日报》记者(主编"星期天")陈永昌君写字一幅，陈今日来补章，并赠洋河二小瓶。得天眉信。又陈继明、韩兢信，即复。韩乃宁夏自治区图书馆长，欲予为其所藏拙著签名，允之。有早搏。

1月30日(2)阴，大雪

张镜园打电话来问候。杨知文打电话来拜年。凌萍萍来，送花一盆，并谈谢伯阳家事甚详，谢妻虐待其婆母，可恨可恶。

1月31日(3)昙

书寿联一幅，赠林庚，寄请陈贻焮转致。寄《福建诗词》一本给陈贻焮。

2月

2月1日(4)晴

雪后极寒，虽晴朗而雪不融。路滑不敢外出，整日蜗居斗室，亦无人来访，只天渝打电话来询问有无需要。下午某人送来苏州医学院萧飒托致《姑苏吟》一册，有何芳洲遗作在内，芳洲词中有题《宋词赏析》《浣溪沙》一首。

2月2日(5)阴

复萧飒。命早早寄出稽滞各函件。得河南人民出版社徐豫生寄《汉语新诗韵》(尚未到)及函，刘茂舒函，上海古籍出版函询《唐代进士行卷与文学》及《宋词赏析》原稿是否退回，邓韶玉函寄《诗世界》小样，香港五南出版公司寄来书讯及图书目录，叶嘉莹、杨冠珊贺年函，游寿致白匋（已转白匋）及余函，四川大学、北京大学函请参加 1991 年有关宋代文化国际会议。

2 月 3 日(6)阴，昨夜中雪

与芸共校《闲堂诗存》，共 1288 行（句），折合 64400 字，199 首。天纵、天渝、大纲来，谈大纲升学事。苏大范先生为其徐祯卿《谈艺录》注出版事来谈，齐鲁书社恐不易接受。小婉夫妇返校。

2 月 4 日(日)晴，立春

诗稿三校毕，写致韶玉函。又附致陈邦炎信（刘茂舒函附去）。周勋初来嘱阅其《唐诗辞典》附文稿。老白夫妇来，赠食物数种，报以泸州特曲。晚十时许发房颤，约一小时余愈，距前次发房颤已两个月另二十天。下午史梅来，赠花生两包。

2 月 5 日(1)晴

改周先生送来之稿，因身体不适，感到很累。得周来祥函，欲南大先作承诺，盖不可能也。莫砺锋校完《诗世界》稿，送来，就其所提问题，查校。小鲲来改装电铃。

2 月 6 日(2)阴

重校《杜诗镜铨批钞》部分。张宏生来取去校样。得湘潭大学电报彭靖去世，电唁。得中都书画社函请任纪念孔子宰中都书画家作品集选编委员，并请给以作品。

2 月 7 日(3)阴

蒋寅来谈。函潘达微，托打听体育院校招生情况。芸去任美锷家，打听去美探亲情况。章灿夫妇晚间来访，赠麻糕、脆饼两大包。

2 月 8 日(4)阴

今天上午很热闹。天纵来,借去 600 元,拟寄天津,因其伯母去世。遂在此吃油饭。张宏生送《诗世界》校样来,又校出错误数十处,这样庶几可以错误不多矣。蒋寅来,和宏生同去约章灿、伯伟等共聚。臧云远老来坐一会儿。下午去省委参加有关中央文件(多党合作)的座谈会,未发言(来不及)。函天眉。

2 月 9 日(5)阴

上午又校完一次《杜诗镜铨批钞》,后寄出。又去校医院看病取药,有小房颤,盖数日来忙于校对,劳累所致。得夕佳、杭生各一函;白雉山及河南人民出版社函,均为未用题笺事,另寄来《汉语新诗韵》一本。统战部打电话来,明天省委招开座谈会,要求去参加,因病已回绝。晚伯伟、曹虹来,赠八宝饭一包。

2 月 10 日(6)阴

复白雉山。马先阵馆长及徐有富等来,取去捐赠校友书画 38 件。勋初来,与谈文献所订计划事。芸去山西路及西桥。今日身体稍佳,仍未工作。得政协于本月 20 开会通知,托卞老请假。

2 月 11 日(日)晴

晨为玄武区政府及夏瑧瑛各写字一幅,去天渝家午饭,即送交天渝。午饭有脚板薯,芸未尝食,味有似马铃薯。天气晴朗,阳光普照,遂步行归,亦不觉太累。晚王兆鹏来,带来三夕所赠豆丝及周勃所赠茶、酒,并索字一幅。

2 月 12 日(1)晴

上午老尹夫妇来,赠英国寄来 Irish Lenin 挂布一幅。得朱正函(书另寄),曾广开请假函,陈超寄诗集一本,湖南图书馆《湖南资料手册》编辑部函请填表,李汝伦函索《读〈倾盖集〉所见》一文。嘱程章灿往看董健(带桂圆晶两罐)。

2 月 13 日(2)阴沉终日,微雨

下午无事,与芸共读《论语·公冶长篇》及《雍也篇》,深觉孔学之平正通达,终身玩索不尽也。连日心脏不适,今日好转,问题在全然不能过劳。

2 月 14 日(3)阴转昙

得唐富龄函;福建中华诗词学会函邀稿;朱正寄周作人著作三种及其他书两本;信封为我驻旧金山总领事馆的函,内剪报复印件两纸,一为《星岛日报》,一为《世界日报》,已交党委(欧磊转);校办函请为世界文化委员会三个奖提候选人名单。校统战部一青年干部取去 14 号文件。周勋初来,取去已改好稿,又送来两份。函谢三夕、周勃。函唐富龄、朱正。夜小鲲来,取去看过小说多种。

2 月 15 日(4)阴

函陈超谢惠诗集。函介眉、叶嘉莹、重禹。得陈贻焮函,周梦庄寄《水云楼词疏证》一本,九三寄稿费 20 元。

2 月 16 日(5)阴

与芸去中医院诊,来回皆极顺利。汤粉英云,入梅前可续服中药,梅季则恐药变质也。倪明来告:1. 新聘馆员通过 8 人,许永璋、苏昌辽在内;2. 馆员工资调整至平均 120 元;3. 中央文史馆拟印书画册,甲种百幅,乙种二百余幅,亦盛事也。徐有富来,出示任笃行信,并商《版本》插图。

2 月 17 日(6)阴

得白雉山信。徐有富来商定《版本编》插图,即寄任笃行。复李汝伦。

2 月 18 日(日)阴(略晴片刻)

赴江苏古籍《中华大典》编辑会,遇章培恒、李国章、黄进德、吴企明等。饭于玄武湖白苑，席中有鱼多味。

2月19(1)阴

得白匋复信，不拟为介眉所举人介绍。

2月20日(2)阴

得潘达微复信，大纲事不成，附子洁媳黄永琴结婚照片。装铁门纱。天渝来。以张伯伟诗话稿寄陈翔华。莫砺锋来转交陈永正寄《岭南五家诗词钞》。

2月21日(3)阴

丽则取药，午饭。

2月22日(4)阴

史建华来。张宏生来。新雷示邓韶玉来信。得杨翊强寄来五味姜。

2月23日(5)阴，小雨

函翊强、彦邦。复陈永正谢惠诗集。中华书局约译《古文观止》数篇，拒之。古代文论学会索10元，当会刊14、15期之费用，即寄去。

2月24日(6)阴(中午前后晴)

丽则来午饭，带来李定一函及其诗与文，又李汝伦诗集。

2月25日(日)晴转昙

寄十元与华师大文论学会预定14、15辑会刊。函邓韶玉属其寄初校样，托购《〈秋兴〉集说》。

2月26日(1)晴转昙

得中国作协创联部函，附本人简历，已改正寄还；陈邦炎函(关于刘茂舒事），已转刘，另寄来文一篇。

2 月 27 日(2)阴

复李定一。得金大历史系老同学黄席君函，举正汪先生文集句读之误一事，即复谢。得《草堂》89 年 3、4 期各一册。得中国艺术研究院《全宋诗序》稿费收据（100 元）。

2 月 28 日(3)阴，间有小雨

得四川文艺出版社寄来傅光编词话中短文一篇，稿费 63.20 元；江西一中学生函请代购词数种，复函拒之。丽则托人购得 851 营养液一瓶，价 28 元，拟三月一日开始服用，并嘱威克再购 10 瓶。

3 月

3 月 1 日(4)阴，小雨

本日始服 851，每日百克。得笠征（刘三富）函，发由国内，云三月八日将率友来访。晚六时半发早搏，每分钟多至近 30，服药后约一小时后渐愈。

3 月 2 日(5)阴

得蒋寅信并照片四。得《中国文化》、《大后方文学书系 · 诗集》上下册。芸晨食糍粑，不适，呕吐，服胃药卧床，午后渐愈。天眉来信。

3 月 3 日(6)阴

复重庆出版社。复蒋寅。取药，照心脏图，医云房颤已愈。

3 月 4 日(日)阴

天纵来，前借 600 元已还，托代印信封。小婉夫妇来，购来 851 十瓶。均在此午饭，甚热闹。得《文学报》谢海阳函，约稿，拒之。邓瑞来访，赠洋参糖一小盒。小鲲来赠以《美语会话》一本。

3月5日(1)晴

得《中国文化》稿费100元；徐中玉来函约稿；浙江教育出版社函，即复；曹亦冰函告《校雠广义·版本编》批准资助6000元，即复，交有富发出，附得奖状复印本二纸。夜十时一刻卧床发房颤，服药后入睡愈。

3月6日(2)晴

晨理发，价廉而艺佳，前所未知。得舒芜信；唐富龄信；凌师母赴；邢亚辉信；又海盐县志菜传，即改订寄返。

3月7日(3)晴

午宴妻女媳，祝三八节也。写一短文寄中玉。得周勃、陆国斌函。陆要求确定小令之篇。孙蓉来，带来夏老赠人参及乐口福。

3月8日(4)晴

天渝来，去省中取药。张宏生来谈教文学史事。函复陆国斌。天纵来，告以印刷所不好印信封。

3月9日(5)晴

邓韶玉寄来代购叶嘉莹《〈秋兴八首〉集说》，折扣后5.14元。又告今年四五月间可排出《宋文学史》清样，可喜。顾复生来请推荐李灵年升教授，允之。赴校医院治目疾。函天眉、群华。

3月10日(6)晴

顾复生来取李灵年推荐书。写字三幅，一为白雉山，已寄出；一为王兆鹏，已交顾带去；一为史建华所托，暂存。改好程章灿写王仲镛书评，即挂号寄巴蜀。晚印唐婿陈孝乡(萧效农之夫)来探望，送茶叶与蜂王浆等。

3 月 11 日(日)晴

为政协人作字二幅。史建华托写之字皆写就。复邓韶玉，附去所垫书款。丽则夫妇来午饭。小姐妹在家招待同学。天纵送刀鱼来，留其午饭。下午过伯伟，又看惟贤，不在。

3 月 12 日(1)晴

晨为丽则所托刘源写字一幅，已交丽则。得三夕函，知小邵已调华师，甚慰(托写字二)；翊强函；蒉荪夫人郑瑞英寄来蒉荪遗著，即分致诸公；长沙符笑波函询考博士生事，即复嘱其询问研究生处。

3 月 13 日(2)阴，夜雨

为三夕友书字两幅，并函复之。复郑瑞英。

3 月 14 日(3)阴

得杨坚(岳麓《船山遗书》编辑)函告已寄出第九册。得天眉函附刘琬函告讲学普大事，仆病未能也。伯伟夜来，告蒋寅事。

3 月 15 日(4)

邢亚辉来，定星期六上午来录音。以关道雄稿费 155.33 元交丽则转邦蔚。得望城格塘乡山塘中学(410204)丁翕云君来函，附诗六首，即复。

3 月 16 日(5)阴

周本淳陪曾枣庄来，赠曾汪先生文集及《目录编》各一部。得王仲镛函附赵尧生文。得王瑶夫人杜琇函嘱为纪念文字。得重庆出版社《抗战时期大后方诗集》二巨册。

3 月 17 日(6)晴

以汪先生集寄仲镛。得长沙杨坚寄《船山遗书》第 9 册。邢亚辉来录音，并馈水果、银耳。

3月18日(日)晴

头昏。大纲来午饭。下午早早、燕燕来玩,晚饭后去。

3月19日(1)晴

看病,云眼已好,头昏亦无妨。得《岷峨诗稿》15期二册,内有我寄君惠、孝章诗并君惠答诗。得孙望函介绍单汝鹏来访(尚未来,先容耳),又白雉山函谢写字。天渝来谈大纲升学事。

3月20日(2)晴

得严北溟讣告,因不识,未电唁。下午二人去山西路购物。

3月21日(3)晴

完成纪念王昭琛文,即寄钱理群。得台湾《国文天地》一本暨该书主编连文萍函约稿;又刘彦邦函,另寄包裹一;吴新雷转来邓韶玉函。刘寄来的包裹已收到,内花生、牛肉干、肉松、香肠。又收到夕佳寄来莲子及豆豉。

3月22日(4)阴有阵雨

函笠征(刘三富)、叶嘉莹、潘重规、高明及邓韶玉(交新雷发)。洪妹及庞硕妹丈自北京回南通过宁,约在接待餐厅便饭,40元。

3月23日(5)阴,夜雨

得雄哥函,又蒋寅函,北京100026农业部文印室王小梅转来鲁淇所寄内蒙古大学教授鲁歌所撰《可斋诗词选》一册。陈美林来谈,赠《儒林外史》新批本一册。

3月24日(6)阴,小雨

复蒋寅。得张明函。小婉来吃莲子羹。

3 月 25 日(日)阴,微雨

复张明。叶嘉莹之侄言材在日本北九州大学任教,夜来访,赠以《日本汉诗选译》。

3 月 26 日(1)阴

以小说四种交新雷转致新华印刷厂蔡师傅。复张明信寄出。

3 月 27 日(2)阴

得中华函嘱译《送董邵南序》《岳阳楼记》二文,七月交卷,允之。即函傅璇琮。

3 月 28 日(3)阴

完成《送董邵南序》译文。小鲲来。

3 月 29 日(4)阴转昙

周衍发来看望,无事。改完姚继舜文,可叹。成田之友斋藤茂欲参加国际会议,托章灿来说。以高津孝论太学体文交章灿译之。

3 月 30 日(5)阴

得"湖南手册"函询问题,即复。收到寅老纪念文集二册。天渝来,谈及日前和选民见面时,几被麦克风电死。又将人家送的慰劳品转送我们,芸心中很难受。

3 月 31 日(6)晴

今天投票选人民代表。芸购场效应治疗仪,64 元。

4 月

4 月 1 日(日)晴

译完古文二篇,如释重负,即写一信与许、傅,稍缓寄出。老白夫妇携大宝来。

4月2日(1)晴

上午去探望孙望，他腰痛不能起床，很苦，比起他来，我们好多了。得三夕函；鲁国尧函询一学术问题(春秋制名之义)，电话中告之。开始用场效应治疗。

4月3日(2)阴

伯伟来商《选集》装帧事。砺锋来告有人属作一联语书序，拒之。

4月4日(3)晴

视强姐。马昌松来函嘱写书签，即为写寄。王运熙博士生论文属写同行评语。望城县丁翕云函。函王镇远敦促《诗世界》。伯伟呈《诗品》文一篇。得蒋寅函，《大历诗风》四月发稿，可喜。

4月5日(4)晴

写好复旦博士生论文评语。复蒋寅。苏昌辽来赠饼干一盒。曾广开送来《华钟彦诗词集》。林雪梅送来征集档案材料通知。以古文译本二篇寄许逸民。巩本栋交来论文导言及第一章。

4月6日(5)阴

校档案馆吴政、王振银及林雪梅来，取去部分聘书、照片、传记资料等，并拍照。改曾广开文一篇。印唐女婿陈孝乡自成都来，携君惠函及所赠《清寂翁集》一册、三台板鸭一只。

4月7日(6)阴

今日丽则去无锡游春。芸函天眉、雄哥。改曾广开文又一篇。得宁夏韩兢寄书来，请签名寄回；吴新雷转来邓韶玉函；山东大学出版社函请给《中国文学名篇鉴赏辞典》撰稿。李立朴自贵阳来，约任贵州出版社古籍全译编委，允之。

4 月 8 日(日)晴

以王运熙研究生论文评语寄复旦中文系。韩兢寄来之书已签名寄回。函复刘君惠、杨翊强及山大出版社。黄永年来南师讲学，过访。李灵年陪来，赠其所注《水浒传》一册。赵康太、巩本栋来。康太出素纸，求为彼与阎广林各书一横幅。

4 月 9 日(1)阴，小雨

将曾广开作业转周勋初。丽则来午饭，带来在无锡所购泥猫及肉骨头。《骈字类编》索引第 11 册毕功。

4 月 10 日(2)阴

吉大硕士生裔红卉携来王同策赠《菜根谭注释》一册，裔生至今未能就业。得钱理群函，云收到悼王文。新雷出示邓韶玉函，云《宋史》已排初样，即寄校，嘱砺锋协助之。

4 月 11 日(3)阴，微雨

克平外甥女陈小红来问安，告以石禅将参与 11 月之国际会议。上海教育学院丁深源来阅《五山文学全集》。夜周勋初陪周来祥来访。

4 月 12 日(4)阴

得北大出版社寄来陈寅恪纪念集稿费 400 元，分 200 元给宏生。

4 月 13 日(5)晴

巴蜀书社寄来信函及书 5 本；霍松林函请给研究生答辩；王镇远函，允九月份出《诗世界》。邓绍基来访，赠以汪先生文集一本。尉淑玲来电，言尉素秋带来书一本，在汪越处。天纵夜来，赠麻油一瓶，交与 20 元赴上海买肉松。程章灿来送博士点请款簿。

4月14日(6)晴

晨赴接待餐厅吃包子并购烧饼,嘱天纵带上海送雄哥。又理发。天渝、小虹来午饭。下午去小婉家,共进晚餐,谈笑甚乐,九时始回家。累极,但身体尚好。

4月15日(日)晴

赴天渝家午饭。夜为巩生事打电话与徐福基书记。改毕伯伟《诗品》文。

4月16日(1)晴

伯伟文置其信箱中。得叶嘉莹、王洪、杨礼峰(附诗词)、郭澹波(索唱和诗)、彭靖家属(索纪念文)函;张舜徽寄书(《汉书艺文志通释》);姚桐椿寄来对《白雨斋词话足本校注》的校订,原稿要求寄还;尉素秋托汪越带来其词集一本;王仲镛函并附文一篇;汪越赠银耳糖一盒。复松林,告以不能西安答辩。复杨礼峰、郭澹波,拒之。勋初晚宴黄永年,孝萱及余夫妇作陪。

4月17日(2)晴

唐文来,约参加铁道师院十周年纪念会,允之。得日本加藤国安寄论文集一册。下午访白匋先生。归食马祥兴牛肉饺,极劣。新雷收到《宋文学史》校样,晚送来。

4月18日(3)晴

得刘茂舒函;游寿寄来祖棻画像一桢;汕头大学历史系刘启林函邀参加历史文献研究会年会,拒之。砺锋送一文来,将校样交给他代为校对。张宏生送来介绍《全清词》之文,已改好,送还。

4月19日(4)小雨转昙

卞来谈诸事。周先民将赴日,来辞行,勉之有加。给亚运会写字一条。章灿来，送来译稿。得十竹斋请柬，邀参加名画展览。

4月20日(5)阴

上午写字5张，皆丽则所托，已交早早带去。得游寿函，言祖棻画像系其侄孙女所绘，给丽则做纪念。天纵送代购肉松来。

4月21日(6)雨

上午去省委听报告。康育义取去为亚运会所作字。函高达促仲华与会。天渝来，借去《政协文史资料》(15)一本。

4月22日(日)阴转晴

上午携丽则一家及小宁、晶晶游古林公园，并来家共吃午饭，虽累而愉快。下午匡老介绍李晓光来，请为其所写长卷题词。又老尹、淑贤来闲谈，并由芸婉达下半年不拟续请，老尹欣然同意。

4月23日(1)晴转阴

上午看病，医云为副鼻窦炎，非感冒，心脏无恙。得蒋寅函，邓韶玉函，周梦庄寄《海红词》一本暨函。改好莫砺锋文，交回修改。改好张宏生介绍《全清词》文，交回，嘱其寄出。得周勃寄来茶叶。

4月24日(2)晴

为李晓光题所临陆柬之书《文赋》长卷。刘庆云所著《词话十论》，甚好。得天眉信，附艾沫邀请信及经济担保。购得夹克一件，芸拖鞋一双。

4月25日(3)晴

下午去银行取款，拟明日将祖棻奖学金交中文系。

4月26日(4)晴

写字四条(丽则、早早、小燕、刘庆云)。上海冯锦诸(丁胜源托)寄来七律回文诗一本。以祖棻奖金交袁玲。得霍松林函，求为诗集作序。下午出席 70 以上导师退休茶话会。函刘庆云，内字一条。阎广林、赵康太、刁大同各一条字均已送去。

4 月 27 日(5)晴

复松林、周勃、舜徽、冯锦诸。曹济平送来王兆鹏论文，请主持答辩。宏生送章灿稿及词析二篇与陆国斌。赴新街口购食品并转存单。王永芬兄来，久谈。日本水原渭江赠森川竹磎词集三册，济平转交。

4 月 28 日(6)晴昙

复蒋寅，附致诗。复叶嘉莹。得唐文函。得陕西师大研究生处请评博士论文各件。

4 月 29 日(日)阴转昙

得高达函。李晓光取去其长卷。为饶小平托书横幅一纸交丽则。

4 月 30 日(1)阴，预报大雨，甚误

评南师大、陕西师大论文，挂号寄出。小鲲来。

5 月

5 月 1 日(2)阴有小雨

完成《唐音阁吟稿》序初稿。得罗志霖函及所编《治学学概论》，地址：四川荣昌峰高中学(632461)。得顾易生博士生张思齐赠《接受美学》一本，武秀成转致。

5 月 2 日(3)阴

黄永年寄《唐史史料学》及文献集刊各一册，巴蜀邓南求编一赏析集，即复黄、邓。

5月3日(4)

赴苏州,沈勤来接。以霍松林诗序挂号寄于辅仁补入《选集》。与马先阵谈史梅定向事。下午抵苏州,铁师院钟元凯、唐文,苏教院雷应行来接,寓上方山铁师院招待所。晚铁师院各领导来访。

5月4日(5)

上午备课。下午做报告,历时2小时,无恙。

5月5日(6)晴

上午参加铁师院校庆会。中午参加铁院宴。下午教育学院雷应行、滕副书记接去该校作报告约一个半小时。芸与沈勤去观前购物。报告后教院在龙凤餐厅宴,在座除雷、滕外,尚有冯书记及副系主任等。

5月6日(日)晴

上午教院雷、冯来接去角直游览,尚有吴县宣传部周部长、高科长等,游览了保圣寺及叶圣陶墓、陆龟蒙墓等,并摄影数张。中午在镇招待所午餐,有各种鲜鱼虾,味美。饭后在招待所休息,午睡后回上方山。一天汽车颠簸,颇累,早早洗澡睡觉。

5月7日(1)晴

晨8:18离开苏州,沈勤送回南京。在火车上同房数教授皆老知识分子,很谈得来。胡钟京教授并介绍治疗心脏病药方,日后将寄来。11:38准时抵宁,史梅来接。四人去接待餐厅午饭,被一青年撞倒屏风砸了头,明天必须去看。得霍松林、殷正林、侯井天函,江苏教育出版社审稿费60元。

5月8日(2)晴热

上午和史梅同去鼓楼医院看脑撞伤,适CT仪器坏,又转去工人医院,丽则亦同往。CT作完已十二时。下午史梅拿来检查结果,很好,无破裂处，有血栓点，脑萎缩，但系旧迹，拟隔日去校医院研究。沈勤已走，托史梅购菜包送她。徐有富来，谈史梅定向事。章灿夫妇晚间来。《诗世界》二校样来，和芸共校之。

5 月 9 日(3)晴热

《诗世界》二校挂号寄出。得瑞洁信，嘱作联话。万业馨来，谈史梅定向事。山东《艺术名家丛书》胡孟祥来采访，拒之。

5 月 10 日(4)

函复张瑞洁、侯井天，皆拒其要求。函复殷正林。

5 月 11 日(5)昙

寅宪、垠宝、照照、莺莺自西安来，在接待餐厅午饭，费 61 元。蒋广学来谈调动工作事。电匡老推荐巩本栋。李立朴寄来译本三册，又信。于辅仁来函谈《选集》事。宏生呈所作小词三首。

5 月 12 日(6)阴

复于辅仁。天渝来谈强姐事和大纲升学事。

5 月 13 日(日)阴，间晴转雨

为霍松林写序文长卷，尚好，写错一字。函天眉。

5 月 14 日(1)晴

上午去医院看病，血压升高，需休息。小鲲来，谈拟去美事。天渝来，并和芸同去南师大找陈书禄，为大纲事。巩本栋送论文第二章来。给宏生改词。

5 月 15 日(2)昙

复李立朴。以霍诗序寄白匋、舒芜。晚天纵来谈强姐住院事。

5 月 16 日(3)阴

程章灿来,赠以《隶释》、《善本碑帖录》、缪钺《序跋》各一本。卞孝萱来谈诉讼事。

5 月 17 日(4)阴,小雨

得邓韶玉信,望城图书馆信。得刘庆云信。王元化博士生胡晓明要求同行评语。董健送来一文,请改,已改好。

5 月 18 日(5)晴

《宋史》交邮。伯伟转示于辅仁函,《选集》已付排,商议其中数事。董健取去文章。得于辅仁函;又同乡女生李兰芝函,由生物系 89 级研究生刘平怀转。

5 月 19 日(6)晴

复于辅仁。以王元化学生评语寄徐静华。本栋来问问题。小鲲来请代拟推荐信。天渝来问《金瓶梅》事。

5 月 20 日(日)晴

去天渝家午饭,庆祝天渝、美林二人生日。

5 月 21 日(1)阴

七姐率丙宪子沈禧来探视,并托写介绍信给程之,请其为老六搞票看京剧及录几盘京剧磁带,又赠以周信芳京剧唱段之录音带一盘。沈文冲来,赠紫菜及草莓。得赵吕甫函,求为其父遗著作序。本栋论文第二章看完,已交周勋初。

5 月 22 日(2)阴雨

复赵吕甫。

5月23日(3)阴

函许廷宝,荐巩本栋。得郑州王国钦寄论当代诗词文又作品,无足观。张宏生来,取去做家具费150元。上午写字两张,精神不佳。下午上街散步。

5月24日(4)晴

上午参加南大校友会代表大会,先退。得舒芜、何华辉信。李知其寄赠《红楼梦之谜》。江苏古籍寄稿费80元(与宏生各半)。芸视强姐疾。连日晚饭后心跳较速,不久即愈,但今晚发展为房颤,幸不重,服地高辛一粒,愈。

5月25日(5)晴

省作协老陈与小李来通知七月间将开文代会,送来工作报告,请审阅。宏生代打家具已送来。嘉真打长途来。

5月26日(6)晴

得英国国际传记中心函,请填表。与芸上街购儿童节礼物,购齐。天纵来谈其阿姨事。

5月27日(日)晴

去宏生、砺锋、周先生家,礼物送去。下午约丽则一家来吃晚饭,过端午,天渝送粽子来,同餐。丽则尚未回(去屯溪了)。851购来。完成殷石臞墓志初稿。

5月28日(1)晴

复何华辉函。复香港红学会李知其。为潍坊胡孟祥作字一纸,寄出。得邓韶玉、于景祥、江苏教院朱声琦及望城县志编委会信。

5月29日(2)阴

得丁翕云望城信,附《诗刊》油印。以墓铭寄正林,挂号。以霍序、殷铭寄彦威。以铭寄徐复。理发,看病,血压已正常。以于景祥信交砺锋作复(参加唐文学会事)。

5 月 30 日(3)阴

晨写字三张,疲倦。内有乡女子李兰芝一纸,交丽则转去。得 CLEAR 10 卷 12 期,交砺锋。得杜甫草堂函,唐文寄照片,小佳(致丽则)信,又廖仲安函(出席唐文学会论文事)。晚赵振铎夫妇来访,赠以汪先生文集一本及殷铭。

5 月 31 日(4)晴

作字数纸,将唐文托书五纸寄出。芸代填 Who' who 表,寄出。复廖仲安,附致霍集序一纸。芸视强疾。

6 月

6 月 1 日

芸致雄函,告强疾。赴工人医院看病,取尿通,顺道至清凉山购素鹅。天纵带人来装好吊扇。

6 月 2 日(6)晴

上午得止畺、瘦竹两人离世讯,极为悲痛,辄书两挽联,请万业馨代书。芸与丽则前往慰问霍焕明,带去奠仪千元。中午未云参加外办请赵振铎宴,晚上亦未往听音乐会,盖心情不佳。得程之函;State University of New York 邀请函;曾伯藩函请改楹联,不理;思想家函,同意接受巩本栋;成田静香函请延长进修一年。

6 月 3 日(日)晴

夜勋初、璇琮来谈,得观天仇小姐请室记。天渝、美林来,拟为小霞介绍一工作。

6月4日(1)晴

得敏泽、蒋寅函;《文学遗产》、南师大、元好问研究会邀请开会信。得《文汇月刊》停刊退款通知,《新观察》后又一家也。巩本栋夫妇来。赵振铎夫妇明日反蜀来辞行,以人参一支赠幼文。与芸去鼓楼购物赠周勃。夜马兴荣、刘乃昌、吴熊和、郑广宣(浙江教育出版社)来访。陈书录来谈大纲事。

6月5日(2)晴热

上午参加南师大唐老博士生王兆鹏答辩并午餐,沈玉成、傅璇琮、刘乃昌等共席。得朱祖延函,请为其书题笺;文汇出版社李益龙函,询关于唐宋诗歌等出版事;吉林大学为张松如庆八十诞辰,函告;小佳寄来150元;蒋寅父托人带来捺山茶二斤。姚奠中携山西政协视察团来苏,过访。夜沈玉成刘昆夫妇来访,赠沈及傅璇琮、尹默书小楷各一册。刘昆乃伟华好友。

6月6日(3)晴热,开始报高温35℃

晨写一寿联赠张松如,邮去。孙自健等兄妹三人及原安来探视,并赠花一盆。函复刘泽、周维扬(草堂)、朱祖延。永芬来,带来张必恪函及胡健中诗。诗颇佳,前此未见也。

6月7日(4)阴雨

函复小佳、舒芜、敏泽、蒋寅。得沈甲宪、杨冠珊、罗志霖函,复旦大学寄评阅费20元。

6月8日(5)阴

芸去石子岗参加孙老悼念。得叶嘉莹信(已转给砺锋)。叶子铭偕陈祥耀来访。

6月9日(6)晴

得赵吕甫函。复文汇出版社李益然、《文遗》(开文学史会事)。函杨坚托购笔记。函陈帆托摄千帆亭照片。

6 月 10 日(日)晴

复十二弟,寄丽则文。李晓来,带到吴白老挽陈诗、挽孙联。

6 月 11 日(1)晴

成都大学祝白敦仁执教五十周年,嘱致贺。章培恒托勋初赠所著《中国禁书大观》。拟赠白敦仁寿联:

高耀符采,弹精文术;

博隆教诲,蔚然儒宗。

晚法律系王起教授来访,拟成立一研究所,不理。

6 月 12 日(2)阴转晴

寄出寿白敦仁联。复蔡厚示,拒作文。写一诗卷,连沈尹默书词稿复印本,致村上哲见,别有书,成田静香带去。

6 月 13 日(3)晴

函复望城图书馆蔡正杰,内附题笺等。国家教委阎志坚和魏某来访,带来张辉函及西洋参一盒。

6 月 14 日(4)昙,闷热

以托成田致村上信物交程章灿转去。函谢培恒赠《禁书大观》,张辉赠西洋参。印刷厂函告信封 0.22,600 共 132 元。得天眉函。

6 月 15 日(5)昙

晨上街购物。砺锋来谈唐文学会事,带来各邮件:中玉函嘱题笺,雪曼函云 26 日来参加三老纪念会,《文艺理论研究》寄来稿费 20 元,毛谷风寄来其编之《当代八百家诗词选》(杭州天目山路 60 号浙江医学科学院)。章灿送来稿件,转敏泽。中玉嘱题写书笺,已题好径寄安徽大学程自信。

夜湖北大学行管系总支书记张文轩来，携来周勃赠茶叶、皮蛋、豆豉，又书稿二十五万字（《永恒的困扰》）。以准备好的礼物托张带回（又青年教师刘然）。

6月16日(6)晴

致函出版社时、张社长连同周勃稿送南大出版社。郭维森携来张汝舟先生遗著《二毋室论学杂著选》，系其子叶芦所赠。

6月17日(日)阴转晴

复周勃。将《唐音阁集》序寄《广州诗词》。访焕明，其子女皆在。午饭于丽则家。徐朔方来电话。

6月18日(1)昙

晨往访朔方，不遇，后来电话云相左矣。写成赵先生遗著序。得朱祖延、舒芜、陈帆、缪钺、许永璋函。

6月19日(2)阴

函倪明询许永璋事。以赵少咸先生遗著序寄山西于辅仁，补入《选集》。晨徐朔方来访。得暾弟信，附诗数篇。得殷正林电，■云三姊在成都逝世。得陈翔华函，转与张伯伟。

6月20日(3)昙，闷热

函施议对、赵吕甫（附赵序、殷铭）、朱祖延、舒芜。以《福建诗词》《五四以来诗选》寄会暾。小鲲来拿信，修门铃。

6月21日(4)阴雨

得四川刘传茀寄来《岷峨》稿费39元，周勋初带来霍松林赠郎酒一瓶、雨花茶一盒，王元化赠《诗辨短笺》一册。以三篇文寄季廉方。曹虹来谈，赠海蜇一包。曾、姚二生来，训斥并勉励之。史梅赠无锡水蜜桃一包。

6 月 22 日(5)

上午和 86 级大学生、研究生照相。下午天渝来谈。

6 月 23 日(6)晴

捐赠书画在图书馆举行交接仪式并展出，奖千元。品镇寄来范曾画宋江像照片。阎韬、蒋广学来，《学报》事。得张辉、程自信函，郭豫适赠《红楼梦研究文选》一册。函天眉。

6 月 24 日(日)阴

复郭豫适。马騄程及丁某(汪越之表弟)来访。

6 月 25 日(1)昙

函燕山出版社索棻《八声甘州》稿费。写字三张，分给张辉及马騄程。托王兆鹏带相机与小佳。以在苏州所照相片寄唐文、雷应行。

6 月 26 日(2)阴

七姐来，还来磁带两盘。晚许惟贤、万业馨和中华书局赵诚来谈甚久。

6 月 27 日(3)阴雨转晴

上午去学校医院，因脚肿，医生说无大关系。叶子铭的研究生王玲珍、马佳来访。王现在为美哈佛大学访问学者，带来钱南秀赠西洋参。小鲲来。

6 月 28 日(4)昙

上午参加校三老纪念会。以祖棻著作多种赠胡令闻。

6 月 29 日(5)昙

上午参加省里的会议，听陈焕友省长报告。张宏生来还书。晚参加三老纪念会宴会。下午早搏多。

6月30日(6)

晨八时心脏又发病,脉跳快,早搏亦多,服地高辛即愈。砺锋率莫杞来,还书。早早、小燕来探视老人。得南京业余文科大学校刊及函,敏泽函及《中国美学思想史》书一包,舒芜函,望城蔡正杰函,杨坚函及岳麓书社赠湘人笔记六种,广西阳朔文化局陆书德约稿函及书一册,西安音乐学院寄《文学名著选读》一本,周本淳托人带来《读常见书札记》一本。复敏泽、杨坚、周本淳、白石诗社刘勋政。早、燕来午饭。威克送西瓜。得周勃信。

7月

7月1日(日)阴,凉

上午二人去山西路购物。下午美国华人教授谢正光来访,赠其所著《钱遵王诗集笺校》一本,报以字一幅。

7月2日(1)雨

得陕西师大审阅博士生论文费100元;于辅仁函;村上哲见函,内有清词复印件;缪钺介绍黑龙江大学陶尔夫参加唐代诗歌国际会;杨冠珊函;江苏教育出版社赠《语言研究集刊》第三辑。

7月3日(2)昙

晨率小燕去鼓楼邮局和发信。复村上哲见、缪钺。砺锋来谈(《全唐诗》事,渠意不欲任此事)。

7月4日(3)昙

致邓韶玉,谈算稿费事。得李立朴函。勋初交来二博代培费450元。

7月5日(4)晴

复李立朴(附介绍见缪钺函)。得中文系77级毕业生张觉来信,求为介于贵州出版社,出版所译《韩非子》(200433上海黄兴路2030弄81号)。

7月6日(5)晴热,33℃

倪明来谈文史馆事。河南寄文评传序文稿费17元,可笑!马騄程来。

7月7日(6)晴热

函任笃行询《版本编》进度。得张辉信,收到所写字二幅。得上海浦泾中学教师秦吟信,即复。函王镇远,《宋史》出版事。

7月8日(日)晴热

夜曹虹伴赤松祐子来访,赠以《治学小言》,又托交清水近文三篇。

7月9日(1)晴热

函周晶托购《治学小言》。台湾《国文天地》林庆彰、连文萍、叶晓珍来,赠以汪先生文集,受剑牌烟一条。得陕西师大博士生邓小军信,已答辩,未详工作所在,又附十余小诗,不佳。

7月10日(2)晴热

7月11日(3)晴热

得松林、本淳函,万侄日本函。

7月12日(4)晴

迁居中美文化中心以避暑热,循旧例也,惟视他人早来三日耳(校定7.15—7.28)。霍焕明、孙原靖到汉口路,不遇,送瓜二。金华师大中文系陈耀东惠《唐代文史考辨录》(321004)。得新雷电话,《宋史》二校收到(初校5月18日寄出)。

7月13日(5)晴昙

复张觉。函孙原靖。天渝来。

7月14日(6)昙晴

天纵来,谈强姐已不能起立,乃腰椎肥大所致,可能要转院治疗。

7月15日(日)晴

小鲲带来嘉真函。天渝、天纵矛盾日深,可恼,只好不过问。整理好尚存书画卡片,写成清单。

7月16日(1)晴

晚餐时,发房颤,吃地高辛一粒。晚威克、丽则来,威克为治腹肌痛。得齐鲁任笃行函,施议对函及《中华诗词》一本,邢亚辉寄《莫愁》一本。

7月17日(2)晴

照任笃行意见,函赵丙南、孙言诚。天渝来,将嘉真函交付,并劝告之。

7月18日(3)昙,晚雨

复陈耀东谢赠书。晨回家取物。

7月19日(4)昙

江苏古籍出版社《古典文学知识》编辑部卞岐、朱野坪来约稿,拒之(638952—331电话)。得上饶师专朱子研究室寄《朱子学刊》一册;郸县文化馆(611730)梁文骏函,即复,告以殷材料可求之山东大学人事处。晚去丽则家玩。

7 月 20 日(5)晴，高温

晚丽则做好衬裤 2 条送来。

7 月 21 日(6)晴，高

下午 2 时发房颤，吃地高辛一片未愈，5 时又复一片始愈。得周晶函及代购书十本，李立朴函及聘书，张觉函。

7 月 22 日(日)晴，高

上午至斗鸡闸开思想家中心会。复李立朴，转去张觉函，推荐之。

7 月 23 日(1)晴，高温

许惟贤转来横山弘赠点心、文具。今天诸孙出游。写完《闲堂自述》。天纵、天渝均来报告强姐病情加剧，不能动，拟转院。

7 月 24 日(2)晴，高温

得小佳信，收到相机。芸抄《自述》。回家取《涉江词本事》，拟定稿。

7 月 25 日(3)晴转阴，微雨

得翊强信，即复。

7 月 26 日(4)晴，高温

粗阅《宋史》，拟明日寄邓韶玉。芸抄完《自述》。解放前老万全水阁悬薛时雨慰农集宋词联：波暖尘香，看槛角萦红，檐牙飞翠；醉醒梦短，在灯前欹枕，雨外熏炉。横批：停艇听笛(四声)。

7 月 27 日(5)晴，高温

晨寄《文学史》校稿，而邮局未开，遇小鲲，嘱其代寄，回家食早饭。因开会，房间迁至 117。下午 2 时发房颤。姜书阁寄《汉赋通义》，张企罗寄《浦江清文录》。印肩女(效农)及外孙女来访，赠蜂皇浆二盒。

7月28日(6)昙

复姜书阁、张企罗。伯伟夫妇率张博来,并合影。

7月29日(日)晴

复邓韶玉。函王谈芳、刘彦邦。小虹、小晶来探视,带来西瓜等。

7月30日(1)晴

巴蜀书社寄来《刘禹锡诗文赏析》一本。徐有富送来文一篇,捐赠书画时照片十余张,晨去宏生处,借来《国文天地》一本。小鲲去沪。

7月31日(2)晴

伯伟送照片来。得《社会科学战线》90年3期;又秦吟信,不复。

8月

8月1日(3)晴

天渝三度来访,为大纲事不辞劳累。美林以小鸡一只慰劳。

8月2日(4)晴

晨二人出外散步,至鼓楼后回,未能在外早餐,购烧饼三枚回。天渝忙完大纲事,来闲坐一会后回家休息。

8月3日(5)昙转阴,小雨

勋初电话告《全唐诗》《全清词》安排事。

8月4日(6)昙

吴文治夫妇来,馈麦乳精二事、盘香一事。莫砺锋交还《闲堂自述》,有所删,从之。函吴志达。得蔡文锦(扬州职大)、蒋寅、江苏古籍《中华大典》简报、王绍曾函,黄寿祺讣告。陈致来,请写推荐信给倪豪士等。晚发房颤，食地高辛 2 粒。

8 月 5 日(日)晴

陈致及其女友(陈毓罴女)来，交来作荐书材料。小鲲来，签证事未偕，代购鼎日有肉松。上午赴鼓楼购食物，天已不甚热。

8 月 6 日(1)晴

晨由中心回家，小婉全家来送。回家后下午感到较热，但午睡时仍能酣然入梦。自己做饭吃，较在中心舒适。章品镇打电话来，通知所题范曾画已放大好，可往取。

8 月 7 日(2)小雨，阴转晴

阎韬来，任继愈约任丛书编委及撰稿，允代约，及任编委。为陈致作荐书与威大。复王绍曾、蔡文锦、蒋寅。上海古籍出版社寄来《古诗今选》合同，即签寄。王洪寄来稿费 55 元。瞿秋白纪念馆寄来《研究》(2)。函雄哥。听吴白匋先生言，西哲有云：Dictatorship means corruption; Absolute dictators hip means absolute corruption. 芸表姨妈有“名言”：“用着用着，菩萨送着；省着省着，窟窿等着。”张宏生取回范曾画宋江照片。寄上古《古诗今选》合同忘贴邮票，不知能退回否？

8 月 8 日(3)阴，阵雨，立秋

巩本栋交论文第三章。天纵来，换旧油壶。函天眉。

8 月 9 日(4)晴

发病，次日始愈。

8 月 10 日(5)阴

收《广州·艺苑》稿费 15 元。得王拾遗、朱正、王淡芳信。诸儿来午饭。托伯伟问勋初病，馈蜂浆二盒。下午钱林森偕岳麓书社王某来，求编词选，拒之。

8月11日(6)

以自传寄陈翔华。为匡老改序文即交还。得《广州日报·艺苑》稿费15元。

8月12日(日)晴

得诗五首，其二月前作也。

8月13日(1)晴，高温

天渝家来，桓盘竟日。下午小鲲来。晚威克携二孙来，玩密码锁箱。

8月14日(2)晴，高温

函托张辉买吸氧器。夜八时许，高国藩陪台大教授黄沛荣博士来访，馈海苔一袋、计算器一具。因不适，未见。

8月15日(3)晴，高温

得吴志达函，钱仲联函约稿，蒋函寅，张觉函。黄沛荣下午来访，赠以汪集、沈集、《目录编》、《小言》、《文薮》、《近代蜀四家词》共6种。得朱正寄来《湘雅摭残》一本，文自成寄《诗圣的写作艺术》。

8月16日(4)晴，高温

函吴志达、朱正(附诗一首)、朱子南、王淡芳刘彦邦(合一信)。

8月17日(5)昙，高温

独携酸泪注星空，风阙峨峨思不穷。曾是隔年同命地，六军齐发扫狂童。

风昏雪翳作天容，时见饥鹰掠远峰。长伴御沟呜咽水，九衢严逻夏徂冬。

骈肩无籍冢无名，侠骨留香也满坑。若过北邙寻宿草，有人漫野哭清明。

故人风义夙相知，有女能文擅秀奇。谁遣存亡替离会，沉泉去国不胜悲。

神血天衔淡欲无，梦边灵爽亦模胡。歌燕舞赵升平极，坐井忧天愧老夫。

8 月 18 日(6)阴

复文自成。得王绍曾函，厦门大学中文系寄来揭发黄拔荆剽窃文一本。天眉函及照片。新雷示邓韶玉函。

8 月 19 日(日)多云，间断雨

吴翠芬携其女海若来，海若将出国，辞行也。

8 月 20 日(1)

丽则夫妇来午饭。砺锋来。

8 月 21 日(2)阴，转凉

晨看巩论文数页，文思尚不顺，未多看。

8 月 22 日(3)晴

得潘石禅寄《敦煌词话》，自港；陈帆寄千帆亭照片；章灿来信，成林举一女。丽则来竟日。

8 月 23 日(4)阴转晴

复章灿、陈帆。汇款 50 元与章灿，贺其得女。天渝和大纲来商议大纲入学事，体校已录取大纲为自费生，又盼能录取南师大正式生，举棋不定，我二人亦为之焦虑。天渝连来两次，午饭亦未食，难哉为父也。

8 月 24 日(5)晴

武大学生马连琪来访,在哈尔滨工作。

8 月 25 日(6)昙转阴

得石禅香港信,不参加唐会。得单汝鹏记徐复文。

8 月 26 日(日)晴热

大纲来,带来小说二部。本栋交来论文第四章,仅万余字。

8 月 27 日(1)晴转昙,大热,35℃

8 月 28 日(2)晴,34℃

小婉来午饭,呈游皖浙新诗。收到《瞿秋白研究》第 1 辑;王文才函,求为杨升庵学谱作介;陈翔华要相片、书目;上古寄合同多份;英剑桥传记中心函;张辉寄氧瓶样。

8 月 29 日(3)晴,35℃

复张辉。以合同寄上古(五份)。复王文才(评介学谱)。小宁不知挂号手续,未取收条。编次自著书目。

8 月 30 日(4)晴,32℃

清理并销毁旧信。填剑桥传记中心表。吉林大学寄来《中国诗歌史》第二卷。淡芳寄来《蜀四家词》。

8 月 31 日(5)转凉

台风,夜大风雨。

9 月

9 月 1 日(6)阴雨

得连文萍台北信，陈帆信。收到《牧女与蚕娘》样书。宏生来，赠以洪自明《训诂学》，勖其授作品时注意训诂。

【贴纸：等资 415.00　物补 23　洗理 16.0　肉贴 2.50】

9 月 2 日(日)晴

得李汝伦函，索评涉江诗词之文章。得彦邦函附邓韶玉评《宋史》文，四川大学函询赴宋代文学会事。

9 月 3 日(1)晴

任继愈托阎韬带来文化史丛书目录。博士研究生周某由厦门带来周祖譔函、书及礼物咖啡。晨写字两幅，一赠旅游研究会，一赠雄哥。

9 月 4 日(2)晴

得彦威函及诗；臧维熙函；余行达汶川阿坝师专函(623000)，索赵序。以丽诗七首寄杨金亭，乞载《诗刊》。

9 月 5 日(3)阴

得章子仲自美来信，又王德亚(岳麓书社)寄《辽金元诗三百首》。

9 月 6 日(4)阴

函潘石禅、连文萍、陈翔华(附著述书目)、周祖譔、缪彦威(附《独携》五首)、王德亚、川大古籍所、胡孟祥(附字一纸)、余行达(附赵序、殷铭)、李汝伦(附祖棻评传)、刘彦邦王淡芳，共 11 封。

9 月 7 日(5)昙

赴中医院诊。

9月8日(6)昙

今日起服中药。函克木论气韵事。天渝父子来，大纲已发证，助以300元。

9月9日(日)晴

为任天石、朱家维作书二纸。函邓韶玉询《诗世界》出版日期。

9月10日(1)昙转阴

上午去人民商场购物，在新街口三星楼上一中西菜馆吃午饭，后乘三轮车归。下午小鲲来，走后发房颤，适许惟贤、郭维森先后来谈，因此病更甚。半夜始愈。

9月11日(2)雨

丽则来午饭，带来于景祥函索字；张辉函，谈购吸氧气事；吴志达函。天渝来，大纲已报到。

9月12日(3)

为于景祥作字即寄出。得华东师大审稿费20元。许惟贤托作推荐信。郭维森嘱改研究生专业介绍。汇张辉390元。赵国璋来求为《江苏艺文志》序，拒之。函黄淑贤，讨丝瓜瓤。收到黑龙江大学《求是学刊》，《湖南老年》杂志，辽宁大学出版社《爱情诗辞典》。得李立朴、马蠲叟侄马镜泉(杭大)函。壬宪夫妇、辛宪夫妇、达微子潘洪来，留饭未果。

9月13日(4)阴

复张觉，告以李立朴允其译《韩非》。复马镜泉。复思想家中心：关于几点说明的意见。王启美云，已与其弟媳结婚，亦是好事。函天眉、陶艾。唐文、许惟贤夜访。赠日本人注《说文》一册与许。

9月14日(5)阴

复章子仲。尹禄光来。看病。

9 月 15 日(6)晴

视强姐病。得张振佩子(名新民)自贵州师大历史系来函。函王镇远、邓韶玉(《诗世界》出版期事)。

9 月 16 日(日)阴,小雨

南京医学院周瑶玺教授来访,谈现代诗词,不敢妄事雌黄也。

9 月 17 日(1)阴转晴

王启美来告杨嘉勇逝世。得张三夕、朱正、村上信,陕西师大寄款十四元,浙江古籍寄《当代中国诗词精选》一册。

9 月 18 日(2)晴

复三夕。赵国璋来,取去《江苏艺文志》前言。收到李立朴寄来全译三册:《尚书》《四书》《诗品》。

9 月 19 日(3)晴

小红偕男友来午饭,取打印件,其男友严志明送水果、蜂蜜。复朱正。

9 月 20 日(4)晴

上午去中美中心买点心。陆国斌赠《汉诗选》四册,砺锋送来。草"本事",每日一阕,以为常,亦略间断。复蒋寅。陈一新函介其再传弟子陈伟强过访,乞作字,由一新转交。小红携严志明来午饭。

9 月 21 日(5)晴

今日余 78 岁初度。芸治具。丽儿、大纲来吃面。复李立朴、贵州师大历史系张新民(振佩子)。以张慧剑诗寄舒芜。得王镇远、王德亚、周本淳(诗)函。以文二篇寄本淳。

9 月 22 日(6)晴

周、郭来谈重点学科填表事。亚运开幕。

9月23日(日)雨,阴

赴天渝家竟日。小发病,夜愈。看望永芬。

9月24日(1)晴

天纵来,复印件印好。

9月25日(2)晴

发吴白匋函,询落叶词。得汇款两笔:①《湖南老年》(怀乡诗话);② ……得王德亚赠《宋十大名家词》。忻州师专寄元好问书多种。南宁广西大学《阅读与写作》杂志社寄该刊90年9月号,有莫砺锋写余谈治学文,摘自旧作,颇得精要,可嘉。小红送打印件来。

9月26日(3)昙

以《自述》寄商、林二师。史梅来,馈饼10,赠以文献学书约二十册。下午姚松来谈译《史通》事(因发房颤,阻其来谈)。

9月27日(4)昙

以缪彦威致刘弘度函诗词影印本寄还缪,并附《自述》。姚松代寄。寄出《自述》多份。以《史通》书数种借姚松,勉其励学。徐有富送其女昕论《汉志》注文一篇,即挂号寄李灵年,请刊之《简报》。徐又将裱儿歌送来。

9月28日(5)雨

以徐昕文寄李灵年。得马镜泉复信,附湛翁手迹;国家社科基金会来函约开会,即复函请假;南宁《阅读与写作》寄稿费20元;元好问研究会寄书刊一包及顾问聘书。文史馆老史送水果、月饼。沈文冲来馈月饼、天厨味精,交传记问题,略谈。

9月29日(6)昙

在文化交流中心午饭,与者丁光训夫妇、匡亚明夫妇、戈宝权、陈遼衡、方非、徐福基等。马少波、郭汉城托新雷致候。

9 月 30 日(日)昙

收到洛阳市文联开李贺会通知,复不去;又《湖南老年》编辑武大毕业生叶辉信,云易扬属为《晚晴诗选》作序,复拒写;得张辉函,云吸氧器将由阚延问、郎新洲带来。收上古《牧女》序稿费 36 元。孙小妹夫妇携岑岑来,以止畺《韦集校注》嘱审定,并馈月饼、木耳、人参糖。

10 月

10 月 1 日(1)阴

作字三幅分赠朱家维女、陈伟强及岳麓王德亚。

10 月 2 日(2)昙

为丽儿友作字二幅。郭维森、吴枝培来,赠 851 二瓶(为文学史题字,又推荐)。中午,家族在接待餐厅会餐,年年皆在此前后聚会一次,为我二老祝寿。今年除天眉、小海等外全到齐,还增添一小虹之男友严志明。二老及第二代一桌,三、四代一桌。小一桌在菜已上齐后,忽猜拳赌吃包子、烧卖及肉圆等,极为热闹。饭后又回到家中闲谈,小人们玩牌,直至四时始离开,又留早早帮助收拾房间。今日虽累,却很愉快,亦未发病。

10 月 3 日(3)昙

嘱丽则送月饼一盒、茶叶两盒给七姐。中午在天纵家吃饭,回家途中(约 3:00pm)发房颤,乘三轮车回。下午 7:00 始愈。伯伟、曹虹来,送来《选集》的封面等样本。

10 月 4 日(4)晴

杨金亭复信,允刊丽则三诗,甚悦。赵吕甫来信,欲改易序中文字,亦只得任之。

10月5日(5)晴

以丽则诗四首寄李汝伦。得杨翊强信,托人带茶叶、酱油未到。

10月6日(6)晴

请姚松送信与尉素秋。曹虹嘱改文献所介绍。为伯伟书出版函朱正。勋初来致文献编辑费,严杰致稿费。得天眉函。

10月7日(日)晴

为张伯伟函朱正,推荐《诗品集释》。天渝来,送炒锅一只,取去天眉寄来汇款。郁贤皓送书一本来(《建安七子诗》)。得苏昌辽函。小发病,二时愈。

10月8日(1)晴

与芸、丽及超伯赴锁金村看素秋,赠以棻遗著及《量守庐学记》。得克木、志达及林宪章师函。

10月9日(2)晴

许结来致候。孙小妹来,送自厪韦诗稿,并谈出版事。宁乡县志办公室(410600)孙亮谋函告收到《自述》。陈翔华来信,求换照片。殷正林来信,嘱催徐老撰孟伦碑文。

10月10日(3)昙

晨写完两首涉江词本事后精神甚好,遂与芸同往新街口金贸商场购物。购被面一床,拟送雄哥;晴纶裤一条,蛋卷一盒。营业员态度皆好,甚悦。又乘一三轮回家午饭,不累,一切皆好。谁知乐极生悲,饭后发房颤,食地高辛一粒,至五时余仍未见好,又服一粒,未漱洗即上床睡觉。

10月11日(4)阴

晨芸试脉搏,仍未恢复正常,芸去请教医生并带去氧气袋。医云地高辛一次不得服二片，如一片不愈，只有打针，吸氧也有帮助恢复。带回氧气一袋。今日未发房颤，但极倦怠，卧床休息。午饭后吸氧一次，临睡前再吸一次，明日当可痊愈。张辉代购吸氧器今日已收到，明日拟往灌氧。得缪钺、周本淳、金志仁、朱野坪（为《古典文学》索稿，拒之）、诸伟奇（附书三本）、黄兰友函，胡守仁寄诗集，《当代诗词》索作品。小佳致丽则函中提及琼琼、凯凯均在谈朋友，晴佳一家也渐入佳境。伯伟来谈《选集》事。任天石及夫人谢氏来问疾，馈香蕉。

10 月 12 日(5)小雨

今日晨起心脏正常，早饭后又发极多之早搏，请徐医生来诊治，她主张转院，即由芸与丽则送往工人医院，照心电图后医生即嘱住院治疗，可见此次心疾较前为厉。住干部 5 楼 23 号，现在只有一人。下午丽则和武秀成送东西去医院。得冯嘉真函及武汉水运学院陈圭甫信和稿。曹虹带来其生转来杨翊强所赠茶叶，酱油则被其留在长沙。

10 月 13 日(6)晴

下午芸去医院探视。入院后有时仍发作，医生拟观察一阵。

10 月 14 日(日)晴

函天眉、朱野坪。下午美林等来修床棚，大纲、小宁为助手，修得极好。晚饭略备菜肴，晚十时始回。威克等四人去医院探视。

10 月 15 日(1)晴

得王淡芳函，朱正函，赵吕甫函及《史通新校注》一本。齐鲁派人送来《版本编》校样，由有富接待处理。郭维森来谈《全清词》事。许惟贤取去孟伦传略。送来《古典文献研究》四本，钱 247 元。

10 月 16 日(2)昙

《骈字类编》索引全毕，下面继续复查。天渝陪芸赴医院探视。沈家老五和七姐来院探视。徐有富将《版本编》校样送一份至医院。齐鲁赠《唐诗书录》一本，函由有富复。下午 1:30 发房颤，医生来打针后，即愈。函复诸伟奇、吴志达、杨翊强、陈翔华、金克木、殷正林、陈圭甫（还原稿）、赵吕甫（挂号）。康育义送来亚运会纪念品。

10 月 17 日(3)阴

天纵来，明日赴厦，借去照相机及小拖车。得舒芜函及《散宜生诗》，上饶师生专张玉奇寄《蒋士铨研究论文集》。陈书录来，嘱其通知吴锦暂不来。

10 月 18 日(4)阴

芸去强姐家探望。晚间伯伟、曹虹去医院视疾，并赠水果。

10 月 19 日(5)阴

匡老送总序来请阅。芸去医院，丽则来同芸共午餐。焕明赴医院探视，谈止畺遗稿事，并赠蜂乳。北京师院某君来（廖仲安介绍），未遇千帆。

10 月 20 日(6)阴

函沈勤（附 5 元，请购陈皮）。函复舒芜、张辉、群华、赵吕甫（附书一本）。下午潘重规、杨克平到医院探望。潘从敦煌开会回港，途过南京，特来会面，不巧千帆适发房颤，幸在医院，打一针后即愈。两人谈话几二小时，尚无恙。潘赠芸 100 美元，帆赠潘汪先生词。晚吴翠芬去探望。陈书录所介绍的心脏科吴主任昨去检查，据说此医生医道很好。晚早早陪芸晚饭。

10 月 21 日(日)昙

今日芸全日在医院，丽则中午亦来约一小时。从昨日起挂水，未发病，上午脉搏略快，下午正常。两人在医院中散步约半小时。给伯伟推荐“八五”项目表，上午拿去，并托其将带美之书画各件送往许惟贤家，并通过电话允先带两件。电告匡老，总序已看过，很好。匡老云过两天去医院看千帆。黄兰友托人带来的包裹，今晚有人送来，我得到四件工艺品和洋参，非常高兴。另有衣服等拟分与各女娃。周祖譔晚来谈。

10月22日(1)晴转阴

函马大麟、周晶(请代购书)、舒芜(寄张慧剑诗)。大纲送虾来，把录相带带去试放。小宁来拿衣服。得雄哥函。万业馨、史梅去医院看望。

10月23日(2)阴

函天眉、兰友、雄哥。写信请许惟贤带字画各一去美国。得朱正、朱野坪、陈翔华函。作诗六首，赠石禅、仲华。

10月24日(3)雨

马少波之女中华书局马欣来去医院谈出版名家选书事。函复陈翔华。将潘石禅诗及自己所作诗由芸抄好，准备复印。

10月25日(4)晴

得叶言材函(附照片)不能来开会，刘彦邦王淡芳合函。曹虹取去照片。得陈致函暨《平湖遗韵》一本。校党委贺老年节并人民币20元、电影票2张。

10月26日(5)晴

今日无人来，亦无信。尹禄光夫妇、张宏生、莫砺锋、巩本栋去医院。

10月27日(6)晴

函周勃(告知出版社初步考虑用)、刘彦邦(关于《唐诗鉴赏辞典》事)、陈致。马大麟来，带走美元与戒指(天眉赠)。小鲲来，拿走书、衣及紧棕棚之带子。宏生去医院送书及果酱(自制)。得杨翊强及北大陈伟强(勺园48楼609号)函。

10月28日(日)晴

芸在医院竟日，叙谈甚欢。马大麟去医院探视，赠香蕉一束。威克去医院传气功五节。

10月29日(1)晴

徐有富送来《散宜生诗》复印本和裱好之寿幅。将《海峡两岸唱和诗》寄杨金亭(挂号)。得沈勤函及包裹，望城政协张超函，陈翔华函及照片，昭通师专朱安义函，马兴荣寄《词学综论》，华中师大寄《中国文献历史研究》(三)，中华寄《古籍点校疑误汇录》(三)。上海古籍寄来一本《被开拓的诗世界》，即送往医院，两人为之大喜。

10月30日(2)晴

函复沈勤、朱安义。得雄哥函，赵吕甫、宋谋玚函。王利器外孙王斯锐持王老名片来访，并赠《王利器论学杂著》一本。陈书录来电话云，徐昕文章南师大已决定用。《海峡两岸唱和诗》复印好100份。齐鲁寄来《梦秋词》及《子云乡人类稿》。刘庆云令其三个研究生来谒，并带来皮蛋一小篓。

10月31日(3)晴

得村上哲见、舒芜函。宁健带晶晶来医院，带来肉松等。周勃学生陈伟携周勃函及茶酒来谒，并带来上次寄来之文最后一节，已转给出版社。马鞍山张九歌恳求书签。吴锦、顾复生来谈孙老遗作事。

11月

11月1日(4)晴

天渝申请高级教师，找母代写表格，忙了一天。

11月2日(5)昙

徐有富借去《风俗通注释》。上海古籍寄来台历。七姐去医院，赠九制陈皮一大包。

11 月 3 日(6)晴

函复马兴荣、刘庆云,汇书款 12.1 元给周晶。将《散宜生诗》寄还舒芜,并附与潘唱和诗。得周晶函,云书系赠送。书款适才汇出,不巧。吴志达寄来《武汉大学校史简编》。

11 月 4 日(日)晴

上午威克带小燕去医院,又传授坐功与卧功,皆针对心脏病。下午丽则和伯伟去医院,大家谈到 6 时才走。芸除中午在天纵家吃螃蟹外,竟日在医院。绸衣二件赠虹、晶。武秀成送来桂圆一包、蜂王浆一盒。

11 月 5 日(1)晴

函王永芬,请其为本栋妻王一涓说项。小海、天眉晨打电话来贺生日。邮电学院李某打电话来通知陈次园去世。得陈伟强寄诗,吴志达函,赵吕甫寄其父遗稿,周勃函。

11 月 6 日(2)晴

函复宋谋玚。芸去天渝家,天渝为母做生日,并看天眉带来的录像带,小鲲一家也在,看了三四遍,晖晖极为可爱,真真也比前可爱多了。小鲲、晓琴为婆婆购花毛衣一件。卞孝萱赠鼓浪屿点心两盒。

11 月 7 日(3)晴

芸与丽则均去医院,拿走鼓浪屿点心。得顾易生、蒋凡、王运熙赠《先秦两汉文学批评史》一本(周勋初带来)。

11 月 8 日(4)雨

小 Stephen 及其姥姥、爸妈寄来生日卡。砺锋打电话来,准备将可托人带走之《诗世界》(赠友人者)包好,免寄。

11 月 9 日(5)阴转昙

昨夜大风，又雨，今日转冷。得安徽省古籍整理委员会函及王步高函请任《爱国诗词鉴赏》一书撰稿人，以退休拒之。郭老赠藕。张宏生去医院为伯伟送发言稿。

11 月 10 日(6)晴冷

天渝和小宁来，和芸一起午饭后，芸、渝赴新街口购得日本刮胡刀一(15 美元)，芸购一小收音机(50 元)颇佳。得名家选作品资料复印费 100 元，拟分与曹、程。吴文治打电话来问候。湖北大学涂怀珵寄来诗稿，请推荐。

11 月 11 日(日)晴

芸竟日在医院。民革小孙来，赠水果罐头。得王永芬复函。

11 月 12 日(1)晴

函舒芜，寄《万锦向荣》题笺给张九歌。复湖北大学涂怀珵，退还诗稿。小说《剑公子》还张宏生。四川大学寄来缪钺博士生景蜀慧论文，请同行评议。万业馨陪湖南师大周秉钧先生去医院探视。

11 月 13 日(2)晴

王一涓已赴金中联系试教，函复永芬。

11 月 14 日(3)晴

倪明来医院探视。曹虹、章灿来医院谈辞赋事。

11 月 15 日(4)晴

王一涓、巩本栋上午来家，下午去医院，今日已试教毕。周晨来修电铃，未修好，电铃中线圈坏。台湾“中央研究院”中国文学研究所林庆彰(原《国文天地》)打电话来，该所所长吴宏一要来开唐代文学国际研讨会，希望能会面。陈书录送《史记》作业来。天渝、大纲来共午餐。得陈伟强函，辽宁大学出版社李文禄函为《古代文学流派丛书》约稿。王兆鹏打电话来通知回湖北大学。

11 月 16 日(5)阴

和砺锋联系好，明日接千帆去留学生食堂会见村上哲见。

11 月 17 日(6)晴

周晨来修好电铃。得潘重规函及照片，马连琪、赵吕甫、胡济沧(六合)函，IBC 函。下午芸往探视霍焕明。蒋寅来医院，谈甚欢。晚在留学生食堂宴村上哲见，村上哲见赠茶叶一条、罕见词书影二本。

11 月 18 日(日)阴，小雨

今日回家过星期日。为缪钺研究生写评语并函寄。下午砺锋、宏生将《诗世界》送来签名。七时回医院。

11 月 19 日(1)雨

得马欣来函、照片及合同三份，陈辽函及给巩本栋论文所写评语，南开大学寄《南开文学研究》，古籍小组《古籍点校疑误汇录》四。芸购《短篇小说选》一本(在资料室购)，皆二三十年代作品，照原价仅二元。伯伟告知于辅仁明日带《选集》到宁，尽是喜讯。

11 月 20 日(2)雨转阴

天渝下午来。匡老来医院探视。

11 月 21 日(3)晴

唐代文学国际研讨会开幕，参加开幕式，照相后回家休息。得舒芜、陈致、《文献》(决定用《自述》)函，湖北京山县志办公室寄《散宜生诗·拾遗草》二本，贵州出版社寄编辑费 300 元。九三夏树芳送来台州赠书两本，为其所书条幅拓片（裱好）。程中原、许总来访，求为沈立东所编妇女诗词分类词典作顾问，允之。台湾"中央研究院"中国文哲研究所所长吴宏一来家见访，谈约一小时，赠酒一瓶，报以亚运会熊猫碟一个。

11 月 22 日(4)晴

香港大学邝健行教授去医院探望。晚芸和新雷先生及代表们同往观昆剧。天纵来。香港另一代表索《日本汉诗选》一本，由芸代赠。

11 月 23 日(5)晴

得天眉函，岳麓书社王德亚函并寄《毛诗说》一本。凌晨天眉、小海打电话来，告知书画已收到。王立兴夫妇去医院探视。晚四川音协宋涛、任晓唐到家里，1. 通知《三山雅集》原稿，曾老保存之一份尚在其女曾令韵手中，拟设法出版；2. 成立一古代诗词音乐协会，请任名誉主任委员，任半塘为主任委员，唐老已允为名誉主任，副主任中有陶道恕，允之。

11 月 24 日(6)阴，小雨

晨与武秀成通了电话，赠书事已解决。吴锦取去孙老遗稿十本，并借去台静农《百家诗话》三本。

11 月 25 日(日)晴

上午倪豪士和车淑珊去医院探望，托他们带去三套书给周策纵、Hans Frankel 及高友工。中午回家午餐，并将托人带走的书签好名，下午武秀成拿走，这样国外需赠送之书基本带走。晚参加会议筵会，同桌有日、韩、台等年长之学者。芸亦参加，和台湾王夫人谈甚欢。饭后回医院。陈伯海、朱易安又赠《唐诗书录》一本（齐鲁已送）。函天眉，并寄生日卡给小林晖。

11 月 26 日(1)昙

张伯伟取去赠于辅仁之咖啡。得辽宁少儿出版社寄来稿纸，存丽则处;马欣来函,只同意三月底交稿,转曹、程决定。晚马少波夫人打电话来,29 日在南京京剧院公演马少波创作之京剧,打算送票来,并拟去医院探视。贾晋华晚间和曹虹来,贾赠水仙球二、樟柑及印色。曹虹拿去合同,拟与章灿商榷后签合同。

11 月 27 日(2)晴

天渝上午来,为宁健买好毛衣一件。中午大纲亦来,共午餐,下午和天渝同去医院。严杰送来国际研究会所赠书一大包。晚由巩本栋带去一本汪先生文集赠晋华。得王永芬和黄淑贤函。

11 月 28 日(3)晴

巩本栋来借去书三本。下午芸和丽则同去医院。得周祖谟函问一问题。

11 月 29 日(4)

函潘石禅(内附魏同贤函),复魏同贤(内附致潘函之抄件),为出版敦煌资料事(挂号)。函复吴志达、王德亚、王利器、湖北京山县志办公室、张玉奇(上饶师大)、陈致、周国清(不识者)、王运熙、王永芬。林从龙打电话来问候。顾复生来报唐老丧,并请千帆任治丧委员。得陈迩冬、张安治讣告。得雄哥函。

11 月 30 日(5)阴

函复六合胡济沧(退还原稿)、赵吕甫、周祖谟(芸出面,问题待复)。寄《诗世界》、《选集》、唱和诗及函给舒芜。电唁张安治、陈迩冬。

12 月

12 月 1 日(6)晴冷

天纵来装煤炉,即生火。今日是今秋以来最冷的一天,风又大,幸晴天，比去年还是冷得较迟。九三小王来电话，要去医院探望。遇见章灿，云《版本编》已校完。

12月2日(日)晴

今日回家过星期日。丽则、小燕下午来玩，晚饭后去。伯伟夫妇来，与少儿出版社合同已订，由曹虹寄。伯伟被傅璇琮邀作《唐五代诗格校考》，其提纲已阅。马少波夫妇明日离宁，打电话来告别。

12月3日(1)晴

得《国文天地》连文萍函。陈辽给巩本栋论文写的评语交给姚松。悼唐老挽联已请万业馨写好，由章灿送往南师大。伯伟《诗格》提纲已交给曹虹。取来国际研讨会所赠瓷瓶一只。

12月4日(2)晴

九三尉淑玲、小王去医院看望，赠水果等。曹虹去医院谈工作。莫砺锋去医院谈职称事。小王要采访砺锋谈国际会议事。在文献所要了两本《诗世界》、一本《选集》，两本《诗世界》上写了证明，便于莫、张二人升等。砺锋送肉松。

12月5日(3)晴

天渝来，买好去沪车票，后日行。吴志达来函，又电报，明日到，后日走。丽则为其购火车票，砺锋为其订房间，明天下午丽则与砺锋均在中文系等他。文联一同志来访，未遇，即去。

12月6日(4)晴

得国际文化交流中心函，开理事会，已电复不去。吴志达和莫砺锋及吴之叔父来医院会面，赠人参精、酒等物。李一氓去世，写一挽联挽之，交莫转请万业馨写好寄去，并嘱其附信一封。

12 月 7 日(5)晴

上午芸和中文系朱、郭、吴同去石子岗参加唐老遗体告别。得王运熙函,其岳父索《涉江诗》。下午追悼会,由莫砺锋代表参加。

12 月 8 日(6)晴

王永棻来,借给他《辰子……》一本。

12 月 9 日(日)晴

回家过星期日。徐有富来,赠以书五本,谈《版本编》校对事。王兆鹏夫妇(小孙)、王筱云来,赠水果。张宏生来。陈孝乡(印唐婿)来。明日丽则生日,下午全家来,我们备鸡汤一锅,他们带来各种冷盘,两孩做油饼,聚餐甚欢。程章灿来,赠以书一本。

12 月 10 日(1)晴

得王利器、舒芜、周祖谟、IBC 函。吴新雷去医院探视。周本淳来家视疾。天渝和大纲来午饭,带来雄哥送的参一小包。

12 月 11 日(2)晴冷

万业馨来家谈,似是为严作说客。章品镇打电话来,为《人物》索稿。章灿送来《辞赋选》选定篇名及分工情况,并带武秀成交给的送书名单。

12 月 12 日(3)阴,霰转小雨

得张觉函,《人民日报》张首映函约写纪念唐圭老文,陈迩冬子女谢函。周夫人(祁老师)来访,带来铁观音一盒,杭州大学古籍研究所赠《四库提要补正》一本。莫砺锋为报职称升等,借去《唐诗大辞典》一本。写就致两校长函,交芸便致周先生转。

12 月 13 日(4)阴

函复《人民日报》张首映,因病不克写文。章品镇打电话要求写沈祖菜轶事，转介绍丽则。马先阵去医院看王绳祖先生，顺便来望。得天眉函，艾妹贺年片。

12月14日(5)

朱家维、张永丞、吴枝培往医院看陈瀛老病，顺便上楼探望，谈重点学科评选事。徐有富来医院，谈报请升教授事。晚省社联两同志来。小鲲来看他妈妈的信。

12月15日(6)晴

天渝和大纲来饭，带来蛋糕六块。寄圣诞卡给艾妹。社联二同志来，为评奖事。

12月16日(日)阴

朱祖延寄《琴园诗选》二册。天眉寄贺年卡。丽则来饭。张伯伟来还书、借书，谈甚久。丽则、早早购得煤油炉来，天纵亦来，试用煤油炉，甚暖。

12月17日(1)阴转晴到昙

本栋来家。王氏夫妇去医院，坐甚久，极感疲劳。

12月18日(2)晴

修好收音机。得波多野太郎函及文，李立朴函，赵吕甫函及其父之文，魏同贤函，李定一函及文。

12月19日(3)阴，小雨

得李立朴寄来挂历。得王绳祖老师死讯，去太平间告别。函告王永芬。下午巩本栋答辩，去学校参加，并参加晚宴。

12月20日(4)阴转晴

函汪先义，问可否代购煤油。函黄淑贤，问可否请其女带书画至美国。函复李立朴，收到编辑费及挂历以及翻译《史通》等事。省作协《作品登记表》填好寄去。得蔡厚示寄年贺片，赵念君函及稿，龚任之贺年片。

12 月 21 日(5)晴

得萧维曼函，裘中心函附词稿，江苏古籍朱野坪寄贺年片。去历史系登记悼王绳祖先生花圈一个，并代王永芬登记一个(钱均付)。陈书录来，取走论文。晚巩本栋来，拟明日去找天渝为一涓调动事。

12 月 22 日(6)晴

寄贺年片给雄哥嫂。订《政协报》收据寄政协秘书处(18.72)。晚美林和小宁来饭，送手套一副。章灿送来三个油壶及煤油一壶。上午芸和张祖还夫人去慰问王绳祖夫人。

12 月 23 日(日)晴

今日在家过星期日。丽则全家来包馄饨吃。张宏生来谈甚久。和周勋初通电话，决定《全清词》署名事，由系通知中华。下午皮公亮来看望，赠洋参一盒。得雄函。

12 月 24 日(1)晴

得周笃文、王海若贺年片，张蔚星(不识)函。下午两人从医院走到街上游耍，购袜一双。回屋后心跳甚平稳，可见身体已恢复。图书馆潘馆长介绍某老，持谭嗣同之一首诗来问讯，芸回家为之查明。函王永芬。

12 月 25 日(2)阴转晴

主任医师来检查，云尚需调整药物，元旦前不能出院。七姐打了一张证明，可购煤油 10 公斤。两人在医院为谭嗣同绝笔诗写好注释。

12 月 26 日(3)晴

得潘重规函，愿为上海古籍联系；上海文研所钱鸿瑛(王瑶之生)寄书

《周邦彦研究》及函；臧维熙函及贺年片；兴膳宏贺年片及照片，对国际会议表示满意；市文联贺年片。下午与芸在街上吃馄饨一碗，甚高兴，亦未感不适。《辽宁大学学报》寄来《爱情诗词赏析辞典》稿费29元（和张宏生合）。邮局送来《诗世界》三百本。

12月27日（4）阴

函复赵念君（退稿）、萧维曼（退稿）、裴中心（退稿）、李定一、赵吕甫。函天眉、钱理群。得于景祥贺年片。

12月28日（5）阴

程章灿购得煤油20斤，系平价，如一般打证明购煤，则为议价，高一倍。下午在医院来一青年，自称为武大哲学系研究生朱桦，曾听过（1985年）讲学，后又跟至家中，云钱包遗失，无法回武汉，芸付给他50元。此人可能系骗子，以后需警惕。单人耘送诗集一本。接连三天，轻微房颤，恐系药物所致，今晚起不服。

12月29日（6）阴

得车柱环、张三夕、陈致、厦门大学中文系、李鸿明贺年卡，张三夕函，司金銮函，张九歌函，黄淑贤函，冯嘉真函，周梦庄词，何小波寄诗。

12月30日（日）阴，小雨

函魏同贤（挂号），附潘重规复函复印件及《唱和诗》。复司金銮。得杜兰亭寄词贺年，施议对函，何北师院刘宪章、张祖彬贺年卡，蒋寅贺年片。又得《诗世界》10本，共收到700本。文史馆司机吴智华。

12月31日（1）阴，小雨

回家过元旦。莫砺锋、张宏生来谈，本系需送书者已由三人签名送走。下午天纵一家来，留饭，宁健不肯，遂嘱阿晶赠菜包带回家。在家留宿，很舒服，已近三个月未在家住。

程千帆全集

第四辑

3

程千帆——著

闲堂日记（下）

凤凰出版社

闲堂日记（下）

程丽则
许　勇
整理

目　　次

1991 年

1 月

元月 1 日(2)阴,小雨

蒋光旭、阎韬来,赠挂历一,报以《诗世界》各一册,并带一本赠蒋荫南。郭维森来,送陈书录作业,赠《楚辞讨论》一本。小婉一家带火锅来午餐,甚欢。晚回医院。

元月 2 日(3)晴转阴

得周伟民唐玲玲函,西北大学韩理洲贺年片,浙江美术学院陶行知研究会征集书画作品函,杨翊强函及贺年卡,蒋寅寄《文学遗产》(内有其文)及函。蒋荫南来,赠挂历一,已转赠万业馨。又得南开大学中文系贺年卡及顾丹柯、杜远澍函。史梅来医院看望,赠饼干等。

元月 3 日(4)晴

得倪豪士从台湾寄来 CLRAR 一本(Vol 11 Dec 89),《文献》寄来《自述》校样,福建上杭某君寄来胡言乱语信一封,上海沈寅宪寄来九制陈皮等一包。天渝上午来,饭后陪芸上鼓楼取包裹,购物。得毛翰(襄阳师专)函(要求订书),不理;《诗世界》样书 19 本。

1月4日(5)阴

《自述》校样看好。小鲲来,给60元嘱代购白皮鞋一双赠晓琴,谢其赠毛衣也。砺锋取回三幅字画,许先生带去三幅,姚雪垠一幅字遗失,可惜。

1月5日(6)阴转晴冷

芸去天渝家午饭。得中玉函,关肇昕函,万万、关道雄贺年卡。《自述》校样寄回《文献》。函黄淑贤。

1月6日(日)晴冷

函复杜远澍、顾丹柯。回家过星期日。天纵、丽则同午餐。送四本《诗世界》给倪明等。下午徐有富来谈《校雠广义》事。周勋初、张宏生来,帆与周共同劝解宏生未能升职称事。上午伯伟来,拟申请霍英东基金事。得王永芬函和作协开会通知。

1月7日(1)阴冷

函复王永芬。电复省作协,不参加会议。与医生谈后,同意本周内出院。

1月8日(2)晴

张伯伟送申报霍英东青年教师基金表。得王兆鹏贺年卡,美洲中华楹联学会潘力生函,唐代文学会秘书处函,上海古籍《诗世界》30本发票。

1月9日(3)晴

复中玉、施议对、杜兰亭。张伯伟申请霍英东基金表已填好,签字交还。

1月10日(4)阴

得山西昔阳梁石函及聘书为《对联宝典》顾问,曾伯藩函(内附给姚继舜，已转），研究生院通知订购《中国博士科研成果通报》。医院需学校开出 4000 元支票，即可先行出院，再结账，已嘱丽则办理。美国潘力生函已转董健。吴新雷来电话云得邓韶玉函。本栋来，谈一涓调动事。

1 月 11 日(5)阴转晴

王永芬来访，赠挂历一。本栋去医院，赠绢花一束。丽则办好支票，明日可出院。

1 月 12 日(6)晴

今日出院。上午芸带支票来，交与会计，需一周后再来拿收据。丽则下午带车来接，即在家中谈乐，晚饭后始去。孙原靖到干部 5 送行，赠包子 16 枚，中午和原靖一起在医院对面饭馆吃饭。得倪豪士函，平田昌司贺年卡及函，晴佳函。

1 月 13 日(日)晴

砺锋来，送报“七五”规划《诗世界》出版消息。周勋初送陈书录代培费，应为 225 元，实付 250 元(多付 25 元)。有富来商谈《校雠广义》事。天瑜、美林来午饭，送毛巾、肥皂和皂粉，代购煤油 8 公斤。

1 月 14 日(1)晴

丽则送选房子表格，胡乱填之，未必有用也。收到《历史文献研究》，原由长沙，继由武汉，今改北京出版，刘乃和主编，北师大挂钩。得《国文天地》连文萍寄来贺年卡。得赵吕甫函，同意寄还前一稿。西北大学韩理洲寄《新编全唐文》通讯。

1 月 15 日(2)晴

二人校对索引，整理赠书名单。填好申请房屋表，送还中文系。得会暾、魏同贤函，唐玲玲寄《明清小说理论批评史》《东坡乐府编年笺注》《苏轼文选》三本。松浦友久托人带来《中国诗歌原理》。下午上街买菜，感不适。

1月16日(3)晴

函嘉真、群华。宏生陪安徽大学黄德宽来访，云著一文字学史，勉之。

1月17日(4)晴

砺锋来，云教委通知其作为优秀博士参加北京会议。吴新雷来，谈《宋文学史》作为教材，可申请若干费用，及送邓韶玉礼物事(请研究生庞坚带)。得台湾罗联添寄来《唐代文学论集》两本，史梅带来。

1月18日(5)晴转阴

函复周祖谟。致李定一函退回，又寄出由屈义林转。

1月19日(6)阴

得巴蜀书社约写《学术自传》，施议对函，陶剑琴函(不复)。姚、曾二生来谈作论文事。又函周祖谟。函陈贻焮索纪念王瑶文集、吴志达。

1月20日(日)阴雨

照董健的意见，函复潘力生。巩本栋来，嘱其今后代充氧气瓶。中午参加为王气老庆90寿的宴席。

1月21日(1)阴，小雨

早晨在校医院看病，巩本栋随往充氧气瓶。天渝来，午饭后去，托他带《诗世界》一本给苏昌辽。南京化工学院李飞赠其诗集一本。莫砺锋送来论文一篇，拟送《文学评论》。周勋初所撰《纪念论文集序》，属砺锋带还勋初，并提一点意见。

1月22日(2)阴转晴

函复会暾、晴佳、淡芳彦邦、雄。得周勃寄来茶叶、香菇。程章灿将住院费报销好。万业馨与老王来访。

1 月 23 日(3)阴雨

函罗联添，谢赠书。函陈翔华，并赠《诗世界》，为程章灿文事。函敏泽，为莫砺锋文事。九三小王来，拜早年，赠水果，托其带书给尉淑玲，转寄尉素秋。姚松送《史通》翻译样稿来，略阅后觉尚好。徐有富来谈想调动事。

1 月 24 日(4)阴

寄罗联添信，陈翔华、敏泽、杨金亭、萧印唐《诗世界》各一本。伯伟送来《诗论选集》样书十五本，送给伯伟六本。天渝送一铁桶来，午饭，下午改卷子后回家。

1 月 25 日(5)昙

函周勃谢馈物。函蒋寅。系里发木耳二包、虾米一包。王永芬来探望，即将木耳一包赠与，又赠《诗世界》一本。系里下午开退休教师茶话会，去参加。得天眉来信及照片；唐圭老家属谢函；巴蜀函(不复)，嘱写淮海词赏析，并云影印顾书事可直接找老段，可笑。系中又送物。

1 月 26 日(6)昙转晴

寄函及书给王利器、周伟民、张三夕、张舜徽。得周勃函，江苏诗词学会开会通知。

1 月 27 日(日)晴

约诸家来吃早点。寄杨翊强、张实、宋谋玚、周勃书各二册。得雄哥函及照片。庞坚取去赠邓韶玉礼物，赠以《治学小言》一册，又庞送来其所作诗，颇佳。陈书录送其论文提纲来，与之略谈，为吴调公所写书签交书录带去。

1 月 28 日(1)阴

得中华书局寄挂历，《江海学刊》《求是》各一本。得陈贻焮信。丽则来午饭，代买柑 8 斤，又取去祖棻材料数包。曹虹送来辞赋选注数则，备修改。下午社联三人来，赠水果一包（其中有香蕉二挂，以其一转赠早早等），带来社联开理事会通知，答以不去。

士林流传王瑶先生临终遗言：“前途光明看不见，道路曲折走不完。”

1 月 29 日(2)阴

寄书给彭鹤濂、周退密、林英、李可蕃、赵玉林、胡守仁、林从龙、侯孝琼、李洪明。史梅赠棉拖鞋一双。丽则来午饭。姚松来取《史通》译稿，与之谈。

1 月 30 日(3)昙

函复雄哥。改曹虹文二篇。收蒋寅信，云即归。发本城《诗世界》七册：方放、丁老、季廉方、陈超、俞律、艾煊、海笑。倪明、史建华来取去《诗世界》22 本，又携来曹大铁编《张大千诗集》、萧乾《北京城杂记》。

1 月 31 日(4)晴

程章灿来，送来辞赋注释数篇(7)，后又为余代购煤油 15 公斤。丽则来午饭，并送来年终奖金 760 元。上午写字三幅（天渝所索 2 幅及谈凤梁 1 幅），天渝取去裱。本栋来谈。

2 月

2 月 1 日(5)晴

函天眉。寄《诗世界》给姚雪垠、臧克家、林从周、曹辛之、徐放、林林、林岫，七册。得陈辽《文艺情报学》一本，唐富龄《文言小说高峰的回归》一本，夕佳函。

【贴纸：2 月　程千帆　0188008　等资 415.00　物补 28　洗理 16.0　肉贴 2.50　补发 40.00(每月 8.00)　应发 496.50　房租 4.90　尾款 0.60　实发 491.00】

2 月 2 日(6)晴

浴。芸理发。改程章灿文三篇。

2 月 3 日(日)晴

小鲲携真真来，丽则携二女来，共吃春卷，明日立春。

2 月 4 日(1)晴

今日立春，丽则全家去吃广东点心，携来数件与老人，又修去油尘机。得杨金亭信，李定一信，校友会募捐信。得季廉方诗二首。施蛰存寄《词学》第八辑二册，有《涉江集外词》。得杨冠珊信，不复。赖永海赠《佛道诗禅》一册。

2 月 5 日(2)晴

芸存大额。改程文一篇。小宁、早早晚来吃春卷、馄饨，并各带走两枝红花，甚欢。晚佧伟夫妇来，于辅仁来函云《选集》已运出。曹虹带去赋选注释九篇，借走棉被一床。

2 月 6 日(3)阴，小雨

函复夕佳。改程文二篇。

2 月 7 日(4)昙

市文联送来年礼水果二包。改程文四篇。天渝送储蓄款来，转存定期与大额。晚统战部周维高部长及文史馆办公室主任来拜年，赠 200 元。

2 月 8 日(5)晴

得王淡芳函，钱理群函，杜琇（王瑶夫人）寄王瑶纪念集两本，湖南诗词协会贺年卡，张辉函，周退密寄来诗，叶嘉莹函，李旭强（一个初中学生）函，文学所寄《夏承焘教授纪念集》。张宏生代领《目录编》奖金及奖状。复王夫人杜琇。牛虎淴浴。函杨金亭，请把“医床”改正为“匡床”。

2月9日(6)小雨

函张辉，将书签寄去。得马騄程函。天渝来，陪芸购各种年货。新雷来，送来邓韶玉赠台历一本。

2月10日(日)昙

天纵送鱼来。高国藩送关于敦煌研究的复印件来，与之谈，勉以谨严之道。

2月11日(1)阴

许志英来，嘱写一书签。天渝谈凤梁卷子裱好，连书二册命其送陈书录转交。芸裱修好，送来。得敏泽、陈翔华信，谈莫、陈稿子皆不成，即转阅。《词学》致《涉江集外词》稿费90元。得宋谋玚、周祖谟函(均附诗)，又刘彦邦、朱寨、林从龙(已移居)、吴志达(言朱桦是骗子)、张舜徽信。得木生函。

2月12日(2)阴

早曲校长、陈懿副校长来贺年并送礼。焕明来送礼。得屈义林函及诗集。得扬州职业大学中文系蔡文锦论祖棻文一篇，并嘱转《东南文化》。刘彦邦寄腊肉。

2月13日(3)小雨

写字两条，一交万业馨转罗邦柱，一寄李定一，即寄出。吴锦送花生酥二盒、板栗罐头二，还书二本(《百种诗话类编》)。蔡文锦文挂号寄还。早早取来刘彦邦寄来腊肠等物。许惟贤来谈，还石禅二书，取去其文复印。艾煊及作协书记来贺年。小海来函，寄来林晖照片。

2月14日(4)阴

复刘彦邦谢其惠腊肉。许惟贤来还潘书。得张三夕信，广州当代诗词约开会函。全家吃团年饭，丽儿置火锅。

2 月 15 日(5)晴

辛未羊年元旦。全家聚会,小海从美打来电话,惟大纲去滨海外婆家未与。屠麟馈酒、冬菇、银耳。伯伟夫妇馈巧格力。天渝馈酒。许结、郭维森、谈风梁、郁贤皓、汪、卞等来。卞孝萱转《唐才子传校笺》(三)。汪越来,赠以《诗世界》《江西诗派研究》。

2 月 16 日(6)阴

去天纵家午饭,归来后发小房颤。上午周勋初、尹禄光夫妻来。下午钟来因、陈书录、静园开保夫妇来。晚成田静香来,托其带书二本(《诗世界》《古典文献研究》)赠村上,另外赠字一幅给成田,并为其取号"若兰"。

2 月 17 日(日)晴

苏昌辽、李书有、李灵年、任天石夫妇来,李灵年代徐复老送来《语言学论文集》。牛虎淴浴。

2 月 18 日(1)晴

芸去小昆家午饭,小燕来共午饭。杭生来信诉苦,因太累。得《王利器论学杂著》(重复)。得王瑶纪念文集二部(重复)。得叶嘉莹《词学现代观》(重复)。得袁行霈《中国文学概论》。得《文献》91 年一期。得《读书》1991/1,载与克木论气韵。得林庚、清水茂函,瑞洁贺年片(有羊币)。吴文治夫妇来访,赠橘子。吴亦有心脏病,劝其节劳。

2 月 19 日(2)晴

天渝全家及丽则来共午餐。丽则写信致夕佳夫妇,责其溺爱小珠,不顾自己工作和身体,为带点点。予亦批数语,赞同丽则所言。得林从周老师复函,劝游大连。郭维森来,还姚继舜论文提纲及重点学科申报计划(现放大抽屉中)。

2 月 20 日(3)晴

莫砺锋来,赠肉松 2 包。汪伯樵(工商银行玄武办事处储蓄科)来,请评圈对联。后《南京日报》陈永昌亦为此事来。晚萧效农来，赠茶叶一包、苹果若干。丽则夫妇亦来。姚继舜来，取去其论文提纲。

2月21日(4)晴

(函徐中玉，推荐莫文。)砺锋已将此文交《学报》。天渝清晨来送鱼及素菜。勋初来，带来卞孝萱著《刘禹锡集》。竟日心脏不适，不厉害，但脉搏快，亦有早搏。

2月22日(5)晴

早起发房颤，服药吸氧后愈，又作文章。得张实函及照片，即复。晚天渝、小宁陪小亚及其男友徐川携小健函来访，小健赠黄山茶两盒。

2月23日(6)晴

草辞赋概说毕，5500字，花四日。伯伟送来《选集》稿费2146.72(彼分630元，按汪先生集例也)。芸去天渝家晚饭，和小亚等相聚，即不再请他们，嘱天渝代购鸭肫，连同冬菇一盒送小健。

2月24日(日)晴

徐有富来，赠绍酒及糕，取去资金400元及奖状，又赠以《王利器论学杂著》。曹虹送被来，带去赋选序。得潘重规、张辉、钱南秀函及林林寄来《俳句选》。

2月25日(1)晴

史梅来。焕明原平母子来。《南京日报》陈永昌来，致评联语聘，又转交丁芒信。

2月26日(2)晴

单汝鹏来，赠以《诗世界》《小言》《诗刊》。宏生来，赠叶嘉莹《词学现代观》。天渝送洗净的衣服来。天纵来午饭，带去赋选序送陆国斌。打电话给丁芒，告诉他不拟去广州开诗会。得匡老赠新版《孔子评传》。得陈继明函，吴白匋函。

2月27日(3)阴

得通知江苏省第六届四次会议三月八日开，七日报到。陈永昌取去对联评选表。下午发小房颤，不重，威克来治，略减。章灿来电话，因父病危即往福州。

2月28日(4)雨转小雪

丽则来午饭。得于景祥、许匡一、胡守仁、李洪明(附照片三张)、南大出版社王步高(附吴庚舜名片)函。科研成果卡交张伯伟、张宏生代填。蒋寅及其未婚妻吴晓斌来，赠以肉松一缶。小雪，虽已入春，然见雪殊喜。

3月

3月1日(5)阴转昙

复于景祥(附书签)、朱寨、林从龙、李立朴(转武汉教育学院中文系许匡一函，拟注评《淮南子》事)、陈继明(告以询神仙故事出处办法，并斥其将医学写为E学)。函天眉。曹虹来问学，交二文。曾广开来。

3月2日(6)晴

十二弟来访，未遇，晚通电话，谈家事颇详。存款。蔡文锦函索字。

3月3日(日)晴

得陈永昌寄来诗集《淡淡的月色》。天渝送被和裤子来，又拿去需洗的衣服。天纵送床单来。为小燕录音标练习的磁带。下午发小房颤。

3月4日(1)昙转晴

上午8时后，病停发，去看病。函省政协办公厅，因病不去参加四次会议。伯伟夫妇来，告曹虹可赴日事。得研究生院通知出席表彰优秀博士生大会。得克木函，有诗；刘立介函索二书；又南师大美术系邢文信。下午芸往视成林及孩子，带回傅璇琮为章灿所写序，过目后再给周先生看。单汝鹏送所写拟登《瞭望》海外版文，周三来拿。

3月5日(2)阴

得富寿荪寄《晚晴阁诗存》一本及函，校统战部开会通知(已回复不去)。傅函及序已交姚松复印寄还傅，并交一份给周先生看。翊强来，馈酱油二瓶、菌油二瓶、小菜四包、茶叶一包，又带张实所馈皮蛋一筐、茶叶一盒、家制小菜一缶。

3月6日(3)晴转雷雨，惊蛰

倪明来，赠《掌故今话》一本，内有拙文一篇，今后各省均将出版同类书。单汝鹏来，取去已改好的《访问记》，并赠以《古诗今选》一套。晚宴请杨翊强，小婉一家作陪，芸亲自做菜。席间谈笑风生，各取所需，毫不客气。但客人去后，芸极累，九时余即入睡。巩本栋及其兄来访，赠丰县小麻油一壶。

3月7日(4)雨

得舒芜函，附邵燕祥三诗。海笑赠散文集《天南海北集》。午饭后发房颤，夜晚始愈。本栋为换氧气。

3月8日(5)雨

函复舒芜、南师艺术系邢文。寄《诗世界》一本给富寿荪并附以小笺，评其诗。陶友红来电话，告知砺锋所获奖为“1987年江苏省哲学社会科学优秀成果评奖二等奖”。得李飞函，胡济沧函，皆不复。得高石斋函及和诗、照片。国家社科基金会要填表，交勋初，俟砺锋归办。复金克木，附寄照片。晚翊强来，坐至九时始去。晚间有较多早搏，后愈。

3月9日(6)阴转昙

复唐富龄、袁行霈,皆因收到所赠书。翊强来,赠以酒一瓶,又赠张实木耳一盒,托其带去。以与潘石禅唱和诗寄江苏诗词学会,徇王忠保之请也。牛虎沐浴。

3月10日(日)阴

函于辅仁,问托运书事并催寄发票。杨翊强晚间来,坐甚久。改曹文一篇。

3月11日(1)阴

改曹文一篇。得巴蜀函嘱写自传,不复。得刘持生遗著《文学史》,其夫人西北大学外语系汪湛白寄。杨翊强来,作别,劝其大度。

3月12日(2)昙,植树节

校《掌故今话》,以校记寄倪明。单人耘在南农大开画展,电约出席开幕式,拒之。老人不堪充广告员也。

3月13日(3)昙

晨二人去南芳园吃早点,拟理发,因出去太早,未开门,遂归。下午谈凤梁陪往江苏饭店请屠揆先医生(常州中医院院长)诊治,嘱少吃盐糖油,不生气,不劳累。得周勃函。

3月14日(4)阴

请史梅找乔医生开中药方并取药。周勋初来谈《唐诗大辞典》请奖等事。得林从龙、韩理洲(附《全唐五代文凡例》等)、天眉函,美国潘力生寄来楹联等,香港邓国光寄《挚虞研究》并附函。大纲来午饭,嘱其带去水果及香肠等。小鲲来,互看天眉来信。苏昌辽陪同周梦庄等来。张伯伟来,示于辅仁信,9日写,11日太原发,今日到,附照片二张。郁贤皓来,商量笔谈名单及邀请函。开始服屠医生药。

3月15日(5)阴,昨夜雨

有早搏(昨夜起),即愈。函周勃,作书评事。函韶玉,稿费事。复林从龙,拒评点蒅词及选己作。复邓国光,谢惠《挚虞研究》。得张辉及赵玉林函。函杨翊强附致李立朴介绍信及全译书目。姚松送来《刘知幾传》稿,备审阅,及贵州出版社全译书目。丽则来午饭。

3月16日(6)晴

晨二人去理发并发信。下午沐浴。天渝来午餐,送节能灯一。曹虹送来《解嘲》赋注释一篇。陈书录送论文提纲来,告以治学之法。下午参加学校表彰博士、硕士生及留学返国人员大会。南师大博士研究生刘尊明送来张三夕托带的信和豆丝一大包。

3月17日(日)晴

天气始转暖。下午出去散步,购得加饭二瓶,补偿前次有富所赠酒一坛被打破者。上午改曹赋注半篇。巩本栋来,带来其论文摘要,嘱其寄往《文献》。大纲来擦玻璃。函复钱南秀,附照片一、唱和诗一纸。

3月18日(1)晴暖

勋初、砺锋来,谈填流派表等事。得舒芜信,附宪益诗。得关振东《游心集》(广州市政协发出)。

3月19日(2)晴暖

下午二人上菜场,购得橘子、粉丝等物。勋初电话谈《全清词》和古典教研室主任事。

3月20日(3)中午起大风,阴转冷

许惟贤来辞行,即将赴日进课,并交还《敦煌论文》。

“有些人的确永远不会老,因为他们心里永远都充满了对人类的热爱和希望。”“一个人心里只要怀有爱的希望,他就永远都是年轻的。”——录

自《风云第一刀》p678

3 月 21 日(4)阴冷

砺锋来送唐宋流派表签字。复钱鸿瑛，勉之。得《望城文史》6 期 2 册，载《自述》；湖南社科院著述志编写组函；南师大约参加唐诗宋词国际会函；于辅仁函；富寿荪函。复于辅仁。以《闲堂自述》寄长沙德雅村湖南省社科院著述志编写组。

3 月 22 日(5)阴冷

复广州关振东，谢赠诗集。北京中国作协钱世明来赠所著《大明诗稿》《望汾楼词》，陪同来者一川古文献毕业生，武秀成同学，忘其名，现在金陵刻经处工作。赵宪章赠《文艺学方法通论》一册。李子建来，嘱为七一写一诗，并为其论毛诗文题词。天纵夜来，致宜兴大笋一。

【剪报：《全国古籍新书目》1991 年 3 月 10 日第 30 期《两宋文学史》。】

3 月 23 日(6)昙阴

得曾卓、蒋寅、唐富龄信。卞孝萱《郑集》事，法院宣判败诉，电台、报纸均公布，闻卞不服，将上诉北京。曹虹送来二文，取去一文，还书两本。下午发较轻的房颤，历 5 小时，距上次已半个月。姚松送表来签字，带来《唐诗大辞典》一本，带去还给文献所的《诗世界》十一本。晚天渝夫妇来，又赠一节能灯泡。

3 月 24 日(日)雨

早早、小燕、小宁来午饭，各做一菜。今晨心脏病发，改为心动过速，最快时 154 跳，约十时愈。辞赋序改过。

3 月 25 日(1)阴

今日起日服田七一支。得苏昌辽函，代周梦庄请书《汪周词》书签。李子建来，取去其书所题词及登黄鹤楼词一首，并赠以《诗世界》。张宏生来，已得通过任教研室主任，请示，勉之。章灿来，交文三篇，赠香菇一大包。

3月26日(2)中雨有风雷

为周梦庄题《汪周词》签，即寄出。以辞赋说略改稿寄朱野坪，并复其来函。复曾卓，并寄《诗世界》一册，27日托史梅寄出。得白匋先生附小文，其中似略有误，已函询。张伯伟送来照片6张，并谈曹虹访日事。陈书录来，谈杨翊强参加方言写作之问题，并谈写论文事。牛潨浴。天渝来晚饭，并谈甚久，对燃料供应不足颇为焦虑，热水都不敢也不能随便用，真使人感慨。

3月27日(3)阴

《人民日报》张首映寄示季思悼圭璋文。邓韶玉函告稿费即寄出。彭鹤濂复函，并附诗。上海郝树来函，询《诗世界》购处。改文一篇。

3月28日(4)阴

改文一篇。代强姐函陈鹞。复郝树。鲍明炜来电话云金某(南通)询诸信收到否，告以此人似有心疾，未敢复也。徐有富来谈《校勘编》事，借去①《屈赋通笺》、②《敦煌词话》、③《古书虚字集释》三书去复印。郝树寄来一文。早搏，后转房颤，服地高辛一粒，历三小时半始愈。

3月29日(5)阴

得白匋先生函，改正上次寄来之文，即将其文转文史馆(由小吴带去)。改一文。

3月30日(6)昙

始服花粉田七日一支。得福建南平峡阳中学谢瑜函，欲选菉词入“女子诗词选”，不复。得九江师专李定华函询考硕士事，不复。以《诗世界》一册托朱家维带赠吴白老。下午沐浴又出去购物，回来后尚好。

3 月 31 日(日)晴,旬日来所未有也

晨为《唐诗大辞典》作笔谈一则,即寄吴小平。下午天渝、美林来,请他们在五粮液晚餐,不佳。

4 月

4 月 1 日(1)晴

得朱野坪函,电话中已谈过,不需复;山西昔阳文化局梁石函索稿,不复。芸臂病,又重感冒发冷。

4 月 2 日(2)晴

得《诗刊》寄来稿费(潘 25 元,程 15 元),显然有误,函杨金亭查询,3 日发出;无为蒋华寄来文稿,不复。下午发房颤,四小时后愈。郁贤皓带来傅璇琮《唐才子传校笺》第四册(全书完毕)。杨子坚赠所著《小说史》一册,丽则携来。

4 月 3 日(3)晴

原靖小高夫妇来照相。取回《诗刊》稿费 45 元(内潘石禅 25 元),发致杨金亭函。顾复生送来不相识的台州地区邮电局吴健函。下午两人去宁海路购物。

4 月 4 日(4)阴转晴

得杨翊强、陈永正函;贵州寄《楚辞全译》,李立朴函;《诗刊》第三期,内有对唱和诗之更正。下午又发房颤,与之抗争两小时后,仍发,夜晚始愈。Atrial fibrillation 房颤。函天眉,写了一整天。

4 月 5 日(5)阴转晴

复李立朴。嘱丽则问柳士镇愿否译《世说新语》。

4月6日(6)阴,小雨

改好一篇曹文。老尹夫妇来谈,赠以湖北茶一盒、《诗世界》一本。

4月7日(日)晴

上午去章灿家,赠以婴儿衣物、玩具等,带回辞赋注四篇。中午在丽则家共饭,回来后虽累,但很好,无不适。小高、小妹送照片来,在途中遇见,拍得很好。

4月8日(1)昙

勋初来,谈在苏州开会等事,甚详。得张三夕、宋谋玚、侯孝琼、香港《当代华人文化名人录》编委会(作协广东分会杨羽仪)、鲁永良(柳州教育学院,拟报考博士研究生)函,浙江师大毛谷风函,武汉工业大学雷绍锋函并附文两篇、邮票一元八角,陈翔华寄《诸葛亮形象史研究》一本。

4月9日(2)雨

骆文寄散集《菱花女》。中午学校宴周林,陪。夜8时起心动速,至翌晨始愈。

4月10日(3)阴

得钱鸿瑛《周词赏析》。得侯井天《绀弩诗全编》。下午填民主党派知识分子情况登记表。函邓韶玉,询《诗世界》稿费。

《宋史》:(530×25+8%－1600)－14%＋1600÷2＝6265.3,减去买书125册431.25＝5834.00。

4月11日(4)阴,晨大雨

得舒芜函。为87级学生及宋谋玚作字,宋字即寄,并附诗集中人物介绍。夜沈文冲来,馈牛脯一方。

4月12日(5)晴

芸去医院推拿,有效。淴浴。莫砺锋来,取去香港索要传记的材料。

家庭奖学金规划(草案)

初中生(总)85(50)　　90(100)

　　(单)5.00　　10.00

高中生(总)80(50)　　85(100)

　　(单)5.00　　10.00

大学生　考入大学(500)

　　考入重点大学(1000)

　　(总)80—89(良)(50)　　90—100(优)(100)

　　(单)5.00　　10.00

初中生　考入重点中学或中专(金中、南师附中)(100)

从 1991 年春季学期开始。

每学期结束后,凭正式成绩单发奖。

另有条例,详见条例。

(初稿)

4 月 13 日(6)晴

巩本栋来。章灿送文来,加《钱神论》一篇,带去《古代英华》参考。

4 月 14 日(日)昙

天渝、美林、小宁、丽则来午饭,带来录像机放沈文冲所录之像,不清楚。美林带去二人棉衣洗、改。家庭奖学金条例征得天渝、丽则意见后修订完成。今日起,日服田七 2 支,明日停 851。

4 月 15 日(1)阴雨

写一诗笺赠史复,舒芜所嘱也。

4 月 16 日(2)阴

为杨翊强作书并节录《宋人轶事汇编》一段寄杨。丽则来午饭,带来录像带 4 盒,告知明日去沪。下午看鼻上疖子,医嘱吃药敷药,两三日可愈。

4月17日(3)雨

竟日下雨，潮湿难耐，枯坐斗室而已。得村上哲见、邓韶玉、陶今雁、许匡一函。陶寄诗来，不复。许函亦不复。村上介绍留学生塚本信也，不知能否进入南大。晚九时发轻微房颤，夜愈。

4月18日(4)阴

复韶玉信，未写完。姚松告山东萧涤非逝世，与勋初联名电唁。校报两青年同志来采访退休后情况。

4月19日(5)阴

砺锋送来香港所要小传，修改后次日寄出，并声明如需改动，必需征得作者同意。砺锋代取古籍稿费。4060.03元，扣书300(1255.5元)，净存2804.53元。内含文献所应还200本书费746.33元。

4月20日(6)晴

得江西师大陶今雁寄诗一卷，其人武大毕业，似未亲教也。下午2:45心动过速，150/秒，迅即减轻，5:30愈。天纵来拆炉子。

4月21日(日)晴

函于辅仁催单据。丽则来，带来一些食品及沈家所赠衣料一块。威克晚来，托其带百元给丽则作为创作奖。

4月22日(1)晴

得曾卓函。姚松来，将古籍出版社寄来之发票全部交姚，一张总发票寄还出版社，文献所购200本之发票请其报后将钱送来。巩本栋来，看了录像，换了氧气。

4月23日(2)昙

上午陈、姚、曾三生来，与谈延长毕业时间事，嘱其各打报告给系和研究生院，本月内必须交。天渝来午饭，买了二菜共食，帆请客，带去奖学金条例和丽则所赠寿礼羊毛衫一件。伯伟送来山西出版社于辅仁函，精装书已运出，平装书尚未装好，待后寄。我共购平装 50 本，价 208 元；精装 100 本，价 592 元。800.00 元。文献所购平装 25 本，价 104 元；精装 185 本，价 1096.6 元。1200.60 元。伯伟购平装 20 本，价 83.2 元；精装 30 本，价 177.6 元。260.80 元。文献所与伯伟应还 1461.40 元＋上次收 2146.72 元，《选集》共收 3608.12 元（购书 800 元在外）。天渝传达自五月一日粮油涨价，芸外出时见粮站拥护不堪，抢购粮油。

4 月 24 日(3)晴

得曾卓寄来《抒情诗选》一本；杨金亭函，告以稿费算错，得补寄 135 元来。姚松取去文献所购的《选集》60 本。文献所应付垫款总数为 1946.93 元。天渝夫妇晚饭后来，赠烧饼若干枚，取去灶具。看病，照心电图，心肌缺血严重。

4 月 25 日(4)晴

函复舒芜，告以朱注聂集尚未收到。函史复，附为其所题诗笺。寄书给陈辽、许总、吴功正、匡亚明、董健各二册。二人理发、沐浴。得研究生院关于博士生答辩的新规定，阅后附注了一些意见送张、叶二院长。丽则来午饭。天渝取去油票，由玄武区代办。伯伟取去其 30 本书，还书款 260.80 元。晚 6:40 发房颤，服地高辛 1、安定 2，八时许即愈。

4 月 26 日(5)昙

寄书给陈邦炎、王元化、王辛笛、钱鸿瑛、徐培均、黄裳、复旦诸先生。又复于辅仁催寄平本及发票。得周勃函，嘱题书签。砺锋研究生某（忘其名）来谈，聪俊可喜。倪明来谈改动笔记稿事，盖对曾国荃克南京后历官有误记处也。

4 月 27 日(6)昙

寄发雷应行、吴代芳、郝延林、黄瑞云、周本淳、刘立介、张叙之书七份

（各二）。函吴白匋有关笔记事。函王永芬问候。得周勃寄来茶叶及腰果一包，并非信中所言之蚝豉（不知何物），烘脆后亦颇好吃。

4月28日(日)阴，小雨

寄书给朱正、黄秋耘、邵燕祥（各《诗世界》一本）、王以铸、顾学颉、周笃文、孙玄常、吕剑、李荒芜（各二本）。得林庚寄《西游记漫话》，汪中函，《当代中国社会科学家传》编委会邀稿函，南师大开会通知。陶爽自吉林来，赠人参数支。周勋初来，商谈在新加坡开会发言稿内容。大纲来，取走录像机。下午发房颤，三小时愈。

4月29日(1)晴

晨去南大医院看病，温院长又劝去住工人医院，我们二人皆不乐意。后杜主任看，嘱再服异搏定，五月二日去复诊。爽弟夫妇率小外孙女史青来午饭，谈甚久。王永芬接到问候信后来探望。得蒋寅、钟来因函（请题笺）；宋谋玚函，谈《莺莺传》事；舒芜寄来朱注《散宜生诗》；贵州出版社寄《搜神记》《左传全译》；安徽古籍办寄《北山楼集》《三余札记》《方望溪遗集》。巩本栋换氧气，代寄昨已登记之书。南师大中文系学生陈斌以诗来见，可观，勉之，赠以《诗世界》一册，并托其将赠南师诸友书带陈书录分致。胖哥寄来茶叶收到。

4月30日(2)晴

上午去文献所照相。华师大文献所寄来张三夕部分论著，请评审（为升教授职称）。复钟来因，寄去属书《六朝仙道诗精华》书签。天纵来装好纱窗。下午又发房颤。

5月

5月1日(3)晴

下午天渝、美林、小宁来。芸率儿孙辈去南大校园赏花，后购包子回家共食之。得天眉来函及照片，叙述他们在美生活甚详。

5月2日(4)晴

寄书给贾文昭(《选集》)、臧维熙(2)、祖保泉(2)、任继愈(2)、吴孟复(2)、常任侠(《诗世界》)。得唐富龄函(请为升职称出力)，于辅仁函，宋谋玚函，陈辽函(收到书)，杨羽仪(广东作协，上次传略要第一人称，不拟再写)函；叶子铭带来郭豫适赠其学生所写《中国小说批评史略》；邓韶玉代购书三本，共14.52元。下午唐文、许嘉璐及其弟子朱瑞平来访，赠朱一本《治学小言》。函复唐富龄，告以不能为其写评论文。小高送彩照多张来，有几张较好。得吴白匋函，附诗两首。晚工人医院吴主任来诊病，系王幼林医生请来。

5月3日(5)昙

复于辅仁，说明各项问题。晚小虹和小严来，赠麦乳精、咖啡各一听。

5月4日(6)阴，小雨

传略抄好，电小虹来拿去打印。得舒芜、黄裳函；《诗刊》补寄135.00元稿费；山西大学计算机系刘开瑛函，以为与英国Mike Short教授有关系，已回复无此事。寄书与① 白烨；② 李汝伦、刘逸生、关振东、周锡韨；③ 刘庆云、姜书阁、羊春秋、吕永、刘业超。

【剪报:《人民政协报》1991年4月30日第4版洪文涛《出书奇闻》。】

5月5日(日)阴雨

致舒芜，告书已收到。为张三夕作职称评定，即挂号寄出。小虹、晶晶来吃午饭，取去传略打印。匡老夫妇来，谢收到两本书，并为有好接班人表示祝贺。曾广开来汇报论文进展情况，勉以努力。程章灿送最后一篇辞赋来，已改好，至此全部完结。

5月6日(1)阴冷

章灿、曹虹寄出赋稿，同时寄与马欣来书，均快件。寄骆文、马录程、王得一、杨海明、周秦、张文勋、杨文翰、王季思《诗世界》各一，陈永正《选集》一，又周秉钧、朱祖延书各一包。得周本淳、钟来因、吴功正（愿载两书书评）、王淡芳函，校友会开成立会通知，湖南洞庭诗社寄《诗词选》一本，湖南财经学院成长健寄来《钱歌川全集》四本。

5月7日(2)阴

寄毛谷风、陈耀东、周采泉、吴熊和、殷正林、冯建国、屈义林《世界》各一，谭优学《世界》一、《选集》一。复谢美国潘力生；长沙成长健寄《钱歌川文集》四巨册，价81元。姚继舜来，令作检讨，夜交来。张宏生、莫砺锋来，谈姚事，并以研究生计划及姚考日文事请张办理。

5月8日(3)昙

上午写两幅字，一赠校友会总会，一赠吴更生（天渝所托也）。湖南文史馆李华钰、肖扬来访。程章灿、姚松代寄书八大包（北师大聂石樵、社科院蒋寅2、北大陈贻焮、张少康、川大刘彦邦、武大唐富龄、华师大马兴荣）。得李定一寄所撰《灵魂新论》上篇、《文史杂志》一册；又邓韶玉函，寄下税单，税率为14%；雷应行信。函复蒋寅、刘彦邦王淡芳。于辅仁告书评将于6月《读书》发表。吴新雷来，转松林诗一册，又古籍寄《宋文学史》合同，填写不全退还之。

5月9日(4)晴

寄购书款14.52元给邓韶玉。写字两张，一赠老单，一赠天纵。石连同取去赠校友总会对联。得蒋凡、顾易生及徐培均函，均为收到所赠书。结1990.9—1991.5邮费215.28（收据212.85）账，由丽则去报。天渝送油来，并取去赠吴更生字。

5月10日(5)晴

得克木信，寄近作小文；雷应行寄《佛学文集》；张叙之、臧维熙二函，收到寄书。吴小铁骚扰可恶。函复金克木。函林庚，谢其赠《西游记漫话》并论之。

5 月 11 日(6)阴

书一长横幅送施议对，一小幅给吴小铁，一儿歌给真真。函三夕，将雷绍锋之信及文附去，嘱其转交。函蒋寅，附致施议对横幅。得邵燕祥信，知铭竹《纪德与蝶》重版，将索之。

5 月 12 日(日)阴转昙

天纵夫妇来午饭。天渝夫妇来晚饭。陈美林来谈。七姑娘夫妇携大宝来，赠新茶数种。焕明来还千元，词甚恳切，未忍拒之。今晨天眉打电话来，听不清作罢。

5 月 13 日(1)晴

得四川大学寄景蜀慧论文评阅费 20 元；武大刘良明函请写序；周伟民函请参加国际会议；祖保泉函，收到所赠书；张三夕函，拟不参加教授竞选；任继愈函复收到所赠书；张舜徽寄来《随笔》一册并附函；《文献》第 2 期两本(内有《闲堂自述》)。

5 月 14 日(2)晴

得于辅仁函，云购书款收据已挂号寄来，但尚未收到；杜兰亭函，并附诗若干首。砺锋送来赴四川宋代文学国际会议论文，请改。天渝打电话来，云天眉因此处电话打不通，打给天渝，为母亲节祝贺，并谈购药事。鲁国尧返自日本，谈彼国殷富及风俗之美良久，以信笺相赠，报以《诗世界》。周一展以脑瘤病逝。周维培赠所著《论中原音韵》一册。今日早搏多。

5 月 15 日(3)晴

函复刘良明，辞作序。曾广开来问问题。林雪梅送三个人延长博士生期的报告来签名。王庆元来谈武大事，甚久，赠以书两本。

5月16日(4)晴

得朱正、周秦、许总函，皆收到书，许总属组织《宋文学史》书评。得湖南望城县政协唐碧琨函，属告地址，便寄稿费。吴小铁收到字，附来十元，无理之至，退还。温州师院（具名黄世中，中文系教师）寄来开旅游文学会通知，不复。函唐碧琨告地址。退吴小铁十元。函于辅仁未收到收据（挂号）。又得金志仁信，纠缠不已，又附不通之诗，惟有置之不复。葛晓音寄《汉唐文学的嬗变》论文集，未知其何时自美归来。小婉代报邮费215.29元。

5月17日(5)晴

康育义取去台州郑虔石刻拓片。函小海贺生日。吴新雷带来周策纵函、诗及所赠西洋参数枝，又带来《两宋文学史》合同，签了字（其夫人吴南华来京携来）。小鲲来，携走为真真写的儿歌。修煤油炉不成，因灯芯烧过后有杂质，嫌大，需购95×2×190毫米之芯，原为95×2.5×190毫米，型号606071。孙世强来访（武大62年毕业，上过祖棻课）。得史复信，谢写诗笺，云黄苗子赠其一联云：闭门千古事，面壁十年书。

5月18日(6)昙

上午看春天书画展。得唐富龄信。广东邓国光要编咏花诗词，嘱寄稿，不理。复周策纵谢馈人参。詹杭伦赠《金代文学思想史》一册。

5月19日(日)昙转小雨

吴锦来邀25日参加南师大唐宋诗词国际会议，并讲话。已请伯伟代写一发言稿。天纵下午来，送来《社会科学家传》所需传略打印稿和大米一包。早早来玩，训之，并将旧照片本交其母保存。

5月20日(1)昙

得上海古籍寄来《两宋文学史》样书一本，大悦；林庚、陈耀东、黄秋耘函，均为收到所赠书。《南京大学报》登载几位退休博导的近况，有我在内。

张伯伟得于辅仁寄来由铁路托运《诗论选》平装本之提货通知，但铁路上通知尚未到。晨往医院验血脂（星期三可看结果），照心电图，较前略佳。

5 月 21 日（2）阴，中午大雨

复邓韶玉，并告购《宋史》及稿费等事。以社会科学家传略交系盖章，并要丽则发出。川师大赵晓兰来访，系来南师大开会，带来王文才所赠曲酒一瓶，赵念君赠赵尧老年谱。郁贤皓来，约出席 25 日师大唐宋诗词国际会议。

5 月 22 日（3）阴

得李悔吾、马少波、黄瑞云、聂石樵等函，皆收到寄书致谢；岳麓书社寄纸题辞；全椒县儒林路 20 号陈葆经属题《宋亦英诗词选》，不复。

5 月 23 日（4）昙

山西又寄来精装《选集》315 本（前已寄），而平装 95 册则至今不寄，可笑。得王淡芳、刘彦邦、陈贻焮函。彦邦函中附邓韶玉写《宋史》书评一篇，将交新雷。题字纪念岳麓书社十周年，挂号寄出。函于辅仁告误寄精装事，又催平装及发票。徐培均夜过谈，龙榆生弟子也。

5 月 24 日（5）阴雨

看完曲阜师大历史系许凌云所撰《刘知幾评传》。陈书录来交培养计划。单汝鹏来赠《瞭望周刊》海外版 17 期（1991.4.29），内载访问记。赠以字一纸。晚巩本栋、阎广林来，带来唐玲玲赠海南咖啡及伴侣各一。

5 月 25 日（6）阴，闷热

上午去南师大参加诗词国际研讨会开幕式，遇见极多熟人。何国瑞、苏者聪赠二人著作各一。赠坂田新、张如凌及其师侯思孟、王水照《诗世界》及《选集》各一册。得吴代芳函附照片，报告学术研究情况，并索字一幅，赠书收到；蒋荫楠转廖立赠《岑参评传》；朱祖延函，收到《诗世界》；郝延霖函，收到赠书；王淡芳寄还《诗坛点将录》。晚于景祥来，送其所著《唐宋骈文史》，谈其研究工作及准备为《人物》写一有关治学及带研究生的文章。刘庆云、吴建辉（本校研究生）来谈甚久，赠二人各一本《治学小言》。请刘带一本《诗世界》给湖南文史研究馆陈云章。刘带来吕永函。

5 月 26 日（日）阴转冷

晚张奇慧、刘扬中来，为《文学遗产》索稿，允将《涉江词》本事与之，又录吟诗词三首音。扬中遗书两本，各赠以《诗世界》《诗论选集》各一。张奇慧请为之起一字，并以其所写诗送阅。早早送饺子来。

5 月 27 日（1）阴

晨八时应高纪言、陆国斌之邀，参加南京图书馆宣传周活动开幕式，九时半即返，得赠书四册。得周振甫、朱寄尧夫妇函，皆收到赠书；四川社科院寄来稿费 162 元（章灿写）。下午唐玲玲、蒋哲伦等来探望。倪明来请题书画展幅。

5 月 28 日（2）昙

得于辅仁复信，云平装非久可运出，又以调拨单为发票，已属姚松去问财务处，不知可否。得周笃文函，盛赞余书，可愧。得蒋寅函，云施议对已移居香港矣。于辅仁来长途电话，谈妥三事：1. 补文献所发票；2. 平装 95 本改发精装；3. 余书 200 本托此间零售。于景祥赠参二支。赠坂田、王永照及法友书嘱于景祥送去。下午吴锦陪坂田新来，适略感不适，去后转剧，心跳快。夜陶敏来，谈其著作。

5 月 29 日（3）阴

上午陈书录来，送钟振振注《东山词》一册。章灿打电话来，谈连珠用韵事，因嘱其函朱小平、马欣来等改正序文一句。芸作《类编》凡例，甚工细，可嘉尚也。得孙党伯函。辽宁出版社三编辑来访（于景祥陪同，未详其名也）。

5月30日(4)阴

黄进德来，托其以《选集》赠莫绍裘。写字三幅，分赠吴代芳、陈美林、徐放。函吴代芳(附字一幅)。函陈美林(附字二幅)。得天眉函，前日并得其自盐湖发来明信片。得村上哲见函，推荐其博士研究生塚本信也，盼能来南大进修，又写好《唐诗大辞典》笔谈稿寄来(已转勋初)。得周勃、吴白老函(附诗)。

5月31日(5)昙

为坂田、奇慧取字。坂田为新之或又新，君德或子德。奇慧为莲似，并为作一字说。将字画三幅由砺锋托人带给北京大学小毕之父母，托其带往美国，并函小毕之母陈云卿。

6月

6月1日(6)阴转昙，闷热

函邵燕祥索《纪德与蝶》；寄张奇慧字说，坂田新字函；收到《文献》稿费180元。2日晨六。得周采泉、唐富龄及钱锺书(周振甫转)函；又龙洲中学(今益阳市第二中学)募捐函，不理。又购《选集》50册，连同前购150册，一齐取回。中预订50册平装，因出版社寄错，亦拿到精装，而只付208元，前已算清。此次购50册精装，应付270元(未加运费)，尚未寄出。下午巩本栋来，送方延明书托其带去。于景祥明日返沈阳，来辞行，赠以书数册，并略述《诗帆》旧事。

6月2日(日)阴雨

谢家极陪化工学院李正教授来谈，赠《诗》一册，又朱成学《诗》一册。李，陶住中大同班同学。朱，谢之夫。

6月3日(1)阴

寄陈早春、葛晓音《世界》《选集》各一册，詹杭伦、廖立、吴在庆《选集》

各一册。得张三夕函及书评，张文勋函索诗，陆耀东函，台湾吴宏一寄来《中国文哲研究集刊》创刊号。校内送出十三本《选集》。成善楷之婿严大建（山西路百货大楼家电部负责人）代赠成著《杜诗笺记》。夜九时浙江师大（金华）陈耀东携其女助手吴自奋来访，赠火腿一方，报以《选集》各一。谈至十时许始别去。

6月4日(2)阴

于辅仁寄来文献所发票，即交姚松办理。寄发蔡钟翔、张瑞洁、李培坤、陆耀东、吴志达、唐富龄《选集》各一，周绍良、文自成《诗世界》各一，共8册（5日寄出）。天渝来，赠连云港带来鳗鱼干一条。宏生来，取去台湾吴宏一寄文学所集刊，谈出版刊物事，以三夕写书评交阅。

6月5日(3)雨不绝

今日腰痛，去医院电疗，拔火罐，又寄书。宏生来问学，并带来莫绍裘、郁沅、杨翊强（附照片）、于辅仁（所谈问题电话中已解决）、林岫（谈日本汉诗问题）函及海南大学《四库全书》研究中心索稿函。

6月6日(4)阴

上午去医院电疗。定天渝席。丽则送来姚松代报《诗世界》垫款七百四十余元。写徐复八十寿联，孙原靖取去，并送来焕明纪念孙望文章，联云：

儒林尊祭酒，

难老媲苍官。

秦吟寄诗，不复。

6月7日(5)昙

腰痛仍未愈，晨尤甚，因不良于行，未去医院，在家做场效应，亦有效，下午稍好。小海来信，附照片及千岛湖风景照。吴锦、王永芬下午来，谈甚久。文史馆小吴取去台州碑文拓片。赠吴锦、顾复生《选集》各一。以孙老诗稿交吴带回，略定其存删。夜孙平（牛儿）来，九区28号邻居也（余住 29 号)，丽则夫妇陪。孙馈十全大补酒一匣，答以茶叶一盒，请转馈其母王兰英。

6 月 8 日(6)雨

得方延明函谢赠书，马兴荣函索纪念唐老文，《文献》函要稿费回执，马欣来函，山东李广超(鱼台县谷亭镇爱国街，272300)寄《残叶集》，王以铸寄《日本古代随笔选》。史梅来，嘱其从周勋初处取字画带北京。丽则来饭。函包健冬，因小海久未得其消息。

6 月 9 日(日)昙

有富送《中国古典文学文献学》稿来，请修改并署名，再写书签、序文，除拒写序外，余皆允。今日为天渝作五十岁生日，在南芳园摆两桌席，每人 20 元，菜很丰富，共 18 人，又照相若干张。下午洗澡后，心跳加速，服药吸氧后渐愈，晚饭时已无恙。

6 月 10 日(1)昙

函天眉、小海、韶玉(次日发出)。陈书录来谈拟申请项目事。写成纪念圭老文。

6 月 11 日(2)雨

芸抄正《圭翁杂忆》。丽则赴海安公干。得孙玄常、邵燕祥函。又毛大风编《近百年诗词序跋选》强令购买，可笑，不理。韶玉寄来《宋史》样书 19 册，先已寄一册也。下午出购花粉蜂浆。连日以场效应仪治腰痛颇效，渐能行走矣。

6 月 12 日(3)阴转雨

上午两人理发购点心。得《湖北大学学报》来函，为纪念 60 周年校庆出专刊，要求题词；四川江梵众之子江苹来函，要求联系，并附过去为其父所写诗词之复印件。嘱陈书录带一本《两宋文学史》给郁贤皓，《圭翁杂忆》给李灵年。

【剪报:《南京大学报》1991 年 6 月 10 日第 12 期丽则《献给中文系小楼的歌》。】

6 月 13 日(4)阴雨,昨夜大雨

得谭优学函谢赠书。孙原靖送其父诗稿及请柬来(徐老寿)。

6 月 14 日(5)阴雨不绝

复江苹(梵众先生之子,亦画家)。看张宏生出席国际会议之论文讫。寄《圭翁杂忆》给马兴荣。函湖北大学寄题词。函韶玉。新雷来,取去《宋史》五册,又共赠教委张辉等四册(待寄),匡、周、郁各一册。下午心跳至 110 出头,服安定二丸。

6 月 15 日(6)阴雨

上午参加徐复老八十寿辰庆祝会。得吕剑函,收到所赠书。四川人民出版社孙伯迅打电话来(王利器介绍),适去南师大,未邀其来寓。以书鲁迅诗二幅赠志英。寄出赠张辉等人《宋史》四册。湖北大学寄题字费 150 元。姚松交垫付《选集》款 1199.20 元。印好《音序索引》凡例复本。吴锦、顾复生来谈整理孙老遗著事。

6 月 16 日(日)阴

天渝来出示生日相片,并约丽则夫妇来晚饭。以《宋史》赠伯伟、宏生、砺锋。

6 月 17 日(1)阴转昙

为《古典文学史料学》定稿一章,徐来即取去,又送短序,为改之。自本日起陆续为之。参加人王继如、吴式超、郑建民、徐有富,余挂名而已。

6 月 18 日(2)阴

得罗宗强《玄学与魏晋士人心态》;吴孟复《语文阅读欣赏例谈》;陶今

雁、吴在庆、张瑞洁函，瑞洁嘱寄《诗世界》及《自述》及要字一幅（李羽立）；望城政协文史委寄稿费 102 元。老尹夫妇来，拟取寄天眉书画，然已由史梅携京矣。

【剪报：《人民政协报》1991 年 6 月 14 日朱兆芬《“咏田字诗”及其作者》。】

6 月 19 日(3)

复陶今雁、张瑞洁，又寄洁《诗世界》一册。巩本栋代寄。殷正林来，赠以《选集》，又请其带《选集》《宋史》各一册给刘乃昌。得天眉函，六月七日自美发。万业馨来。

6 月 20 日(4)阴

寄出山西购书款 277.5 元。天渝、小鲲来研究是否装空调问题。史梅打电话来，字画已交给陈云卿老师。程章灿、成林带程戍来玩。章灿送《骈字类编索引》等来。

6 月 21 日(5)晴

和 87 级毕业生合照。去中文系和丽则谈论其所作诗。苏昌辽来谈，赠茶叶和计步器。

6 月 22 日(6)晴

上午看病，照心电图，比前好。许结来探视，拟作书评。郭维森送福建茶叶两包。四川人民出版社《龙门阵》编辑部邱焰美、孙伯鲁托人带来函及《龙门阵》一本。

6 月 23 日(日)晴

天纵来午饭，并商定购空调机。下午二人上街游耍，并购得长短裤各一条。

6月24日(1)晴昙

取购机款。得吕宗林(亮耕子)寄衡阳回雁诗社编《雁翎》一册,内有亮耕诗。上海辞书出版社语编室陈杰寄:1. 李剑尘《劝输救国储金文》、2. 陈擎天《卓君冠侯诔》,皆数十年前旧文。余不识陈,不知何以见寄。得郭预衡函谢赠书。天纵取去购空调费2600元。下午四时心跳加快,晚睡眠后愈。

6月25日(2)昙

天纵购来空调器,价2500元。顾复生来谈孙老遗作事,原靖亦来。本栋送思想家中心开会请柬来,但统战部打电话来请参加省委召开的会,两会时间冲突,决参加省委召开之会,因全南大只请了两人。函程之索十发老人诗稿。函王文才索要易顺鼎诗。

6月26日(3)晴

得四川师范大学魏炯若先生讣告,电唁之;武汉出版社潘长胜函,拟编《珠璧集》;叶子铭赠《梦回星移》一本,茅盾传记也。威克送荔枝来,分与诸娃,小宁已取去自己及小鲲一份。

6月27日(4)晴热

《骈字类编音序索引》页码已写好,基本告成,只需将"卷""页"去掉,中加一"/",并在卷前加一册码,即可矣。复潘长胜(武汉出版社)。

6月28日(5)晴热

上午参加省委召开的各民主党派庆祝共产党建党70年座谈会,坐约一时半,未发言。英国剑桥名人录又来一函,拟收入第11版,不理。准备嘱小毕在美国图书馆查过去所填写者有无已载出者。函木生、小佳,托其询问二汽能否购卡车二部(天纵所托)。

6月29日(6)下午大雨

发木生信,请打听东风汽车。以《选集》《世界》《宋史》各二册分赠韩、曲，上午九时交收发室转。

6 月 30 日(日)晴昙，下午雨，闷热

得淡芳友欧伯衡函附诗，无甚可观，即以复印诗文二纸答之，重庆市中区人民支路 80 号(630015)。得《读书》三册，舒文极佳，以其一寄辅仁，并复舒，谢之。上午为芸挂微风扇，出体力过多，下午发小房颤，夜愈。

7 月

7 月 1 日(1)大雨转阴

饶小平和丽则一家来午餐，临时在餐厅买了一些菜，饶送酒一瓶、鲮鱼二罐。下午武汉大学哲学系萧萐父、唐明邦两教授及《中国文化》主编刘梦溪(有名片)来访，还有研究生一。吴新雷来谈。晚思想家中心在中美文化中心宴，未往参加。晚又发轻微房颤，盖来客太多，劳累所致。

7 月 2 日(2)阴，夜大雨

上午有富来，谈改书事颇长久。下午倪明来邀请参加书画展开幕事。江苏诗词协会李子建等二人送来《毛主席诗词探索》两本。伯伟来谈亦颇长久(松林事可发一笑)。

7 月 3 日(3)大雨

丽则来饭。得吴志达、敏泽、葛晓音、刘乃昌函，均收到赠书；高华平(华中师大)寄来《诗选》书评；白敦仁寄《陈与义集校笺》一本。函饶小平之父，附致周勃之介绍信。另函周勃告知。

7 月 4 日(4)昙

晨与新雷赴银行取款(《宋史》)。函高华平谢其写书评，又另赠《选集》一册。得张文勋寄诗词，又罗宗强、白敦仁(均谢赠书)函。函刘彦邦询抗战时米之计量法。又函余顺尧询《元曲释词》事。

7月5日(5)昙

函天眉附照片。函雄哥附照片与天眉函。勋初来谈。小鲲、大纲同来，为兑及购国库券，甚悦，因可免去奔波。得李立朴函谈工作中困难；刘彦邦函附诗一首；张辉函通知赠教委三同志的《宋史》已转到；周笃文函邀稿，拟复函拒之；刘乃昌寄书一本；系里赠《陈瘦竹纪念集》两本。

7月6日(6)竟日雨

由芸复周笃文，告以因病不能为帝王诗赏析。以南大画册及小纪念章若干枚托苏广平带给小海。夜天渝夫妇及小玲来玩。小鲲配好遗失之空调器螺丝。天眉带来心脏药又巧格二 lb。

7月7日(日)昙

晨九时许出鼓楼购食物，至中午在马祥兴吃牛肉面而归。邓绍基赠《元诗三百首》，托郭维森带来。吴锦、顾复生送孙老遗稿抄样来，抄写颇佳。

7月8日(1)雨

早晨去医院，心脏与血压俱佳。美国带来之药与 digoxin 类似，发病时可用。得白雉山函，邀稿及题词(《荆楚诗词大观》)；江苏民盟函，要求为《吟月》写字；陈早春函，《选集》尚有数十本，拟全部购下；沈玉成函，收到书，其女刘宁，将随其母来；全国哲学社会科学规划领导小组公函，了解“七五”课题执行情况，交砺锋经办；张国光寄学术论著目录；李立朴托其同事袁华忠带来信函及天麻一包；林从龙寄《当代诗词点评》一本。

7月9日(2)阴雨

为《荆楚诗词大观》题词及词稿寄白雉山。以旧写一幅字寄省民盟。贵州人民出版社袁华忠来谈太久，致发心动过速。勋初得傅璇琮函云，匡老将接李老工作。小燕、早早均得奖。小燕总平 92 点几,得 100 元。早早平均 81.5,得 50 元。小燕全班第三名,并评为三好生。夜不适,早眠。

7 月 10 日(3)阴雨竟日大雨

倪明来致讲话稿,约明晨去文史馆出席书画展开幕式。下午天渝、小宁来,小宁领去奖金 50 元(全班第 6 名)。晚赴勋初招待邝健行等宴会作陪,来去皆大雨,裤袜均湿。

7 月 11 日(4)雨

上午参加文史馆书画展开幕式,统战部林部长参加,与馆员们会面。馆员程研士要一幅字。赠《诗世界》一本给洪乔。得舒芜函,允为《珠璧集》作序;武汉出版社潘长胜来函,《珠璧集》不拟选新诗;晴佳来函云琼琼手臂跌断;南师大函索有关唐圭老函件等。丽则送诗来改。捐水灾救济款 50 元、粮票 50 公斤。

7 月 12 日(5)阴

复潘长胜,详述选诗之意。上午存款购物。下午发房颤。得湖南文史馆长陈云章函,收到带去之书。

7 月 13 日(6)昙

晨往理发。本栋来换氧气。得蒋寅函,又《文学遗产》91 年 2 期一册;张辉来函告《文学史》经费 4 月 9 日已拨;台湾文哲研究所寄《中国文哲研究通讯》一卷 1、2 期,并要写要求继续赠阅的卡片;王淡芳寄《龙门阵》五册,中皆有《百年诗话》。丽则、小燕来晚饭。

7 月 14 日(日)昙

晨未起即发病,直至午饭前始愈。下午邮局送《两宋文学史》来,共 25 包,这里留 18 包,余 7 包由邮局径送吴新雷处(每包 8 本)。后孙原靖来,又找到其父一些遗稿,回去誊录后再拿来。

7月15日(1)昙

上午九时沈玉成之妻刘昆(音)、女刘宁来，刘宁请教很多问题，直至十一时余始离开，颇累，但亦颇喜此女慧而肯学，能领会。赠玉成父女《宋文学史》一本、《沈祖棻选集》一本，又托其带两本《文学史》到上海分赠王运熙和王水照。教委补助《宋文学史》之1000元，由吴新雷去财务处找到，已收入“唐宋诗歌流派”之本内。

7月16日(2)昙

以《宋史》寄舒芜、黄裳。天纵带工人来装空调。得小佳信，买汽车事不谐。

7月17日(3)晴，开始高温

山西又寄来精装五十册，想系6月20日寄去上次书款277.5元，彼又以为另购50册也，只有置之不理。李开宝请全师傅来装插座。大纲来擦窗封窗，并清除昨日挖洞之瓦砾。吴新雷交来教委补《宋史》经费1000元，各半，多116元作寄书邮费。复辅仁，告又寄来50本《选集》之荒谬及书评事。

7月18日(4)晴热

收到37—47《新文学大系》第14卷一册，武大编，内收棻诗一首。得马镜泉、王淡芳、邢文函。复邢文。吴新雷来，共签署寄发《宋史》。丽儿全家来饭。威克及早早明日赴皖。

7月19日(5)晴热

李开宝带二友来装好插座，现在可以开始用空调。威克来修好小插板，电视、收音机等皆可用矣。和芸一起写好装好《宋史》若干，未完，明日继续。砺锋来还书，又借去陈贻焮《杜甫评传》，准备开始写中心要他写的《杜甫评传》。许结送《选集》书评一篇，即转中玉。函马镜泉，告以家中地名，劝其暑热时不必来。美林来，问空调器插座是否装好，送西瓜一个。

7月20日(6)晴热

上午签写赠书并包扎。打电话给陆国斌，请其保留杨翊强文章。函书录，请其来拿书并转致南师大各位。晚伯伟来谈。又祖棻在江苏师院的老学生余华(幼儿师范退休教师)送来《湖州师专学报》一本，内载《论沈祖棻》一篇，亦为其学生所写。

7月21日(日)晴热

学颉寄来《元曲释词》(四)，以前询余顺尧，或顺尧转告之也。詹杭伦来函嘱为其书作序，嘱莫、张二生婉辞之，允为题签。芸得陈鹨书。丽则来，嘱发寄中玉稿(许结评《选集》)。以吴志达(《武大学报》)祖棻传、朱郭(《湖州师专学报》)祖棻论交丽则(武报85/4，湖报88/1)。屈义林来函，嘱作字，天热，当俟秋凉。所需赠送之《宋史》，均已包扎完毕，除带四川者外，共31包，下午由砺锋、宏生送邮局寄发。

7月22日(1)晴热

书已发出，共73元余。曾广开送论文来，并提出论文中问题。于辅仁打长途来，多寄来之书暂存此处。建议出版社向新华书店交涉，并告以另两篇书评亦将刊出。

7月23日(2)晴热

改《史料学》文，第二部分即将看完。晚宏生打电话来云，陈香梅之女明日上午拟来看我，因家中太热，嘱其与外办商量，另找地方。

7月24日(3)晴热，38℃

上午去校北大楼会见陈香梅之女陈美丽女士，赠以书三本(《文学史》《诗世界》《选集》)，陈还赠香水一瓶。后又在文献所会到高津孝与西村富美子(爱媛大学教授)。得武汉出版社潘长胜函，讯问《研字类编索引》稿费需要多少，以便核算成本。

7月25日(4)昙热

晨复潘长胜函，交徐有富发出。有富来，取去“检索”稿，交来《校勘编》目录。函任笃行，问《版本编》出版事及开具拟购单。吴文治来电话云，已收到《宋文学史》，并拟寄来诗话类编样稿，请审阅。文史馆送来橘子水两大瓶。宏生电话告中心仍可去消夏，议不去，告之。宏生又告已得车票，勋初亦得机票，可作蜀游。作一函致彦邦、淡芳，宏生带去。

7月26日(5)昙热

夜中决定仍去中心休息，家中由丽则、小燕来住，亦可稍稍改善。晨电话通知章永丞，下午许结即送通知来。拟明晨去中心。工人来装闭路电视，极脏，洗抹之，又出稍许力。下午心跳加快，夜间始愈。砺锋取去带往四川的一纸箱书。晚伯伟送推荐书来签字，劝其赶紧写完论文集，托其将收录机送出去修。函任笃行。

7月27日(6)昙

一清早丽则、小燕来，向文史馆要来汽车赴中心，住202号。函吴碧莲，请其为丽则代购赴林车票。

7月28日(日)晴

晨出去散步、发信，回来后有早搏，晚饭又心脏不适跳快。丽则、小燕晚间来，带来信件等及西瓜。得徐中玉函，同意安排许结书评；章子仲函谈在美情况；余顺尧函；人民大学中文系方兢函，嘱填唐代文学学会登记表；王运熙、黄裳函，皆收到书；张文勋寄《云南诗词》；泰州秦鸿函寄词数首；赵熙文函。

7月29日(1)昙

上午返家，寄天眉函附照片3，又寄唐代文学会表格与“100037，阜成路轻院甲2楼2—164黄敏兰”。在家晤禄光夫妇，似欲为其女说项调工作，未之允也。函顾学颉，谢其惠《释词》(4)。选排列公式，12个，24个。

7 月 30 日(2)昙转晴

函复张文勋,询文生地址。章灿来谈石刻研究计划。

7 月 31 日(3)昙

得南艺电话,臧云远逝世,托孙原平送花圈表哀。得三夕函;鲁国尧函,对《宋文学史》稍有意见;烟台师范学院王立函及书(《中国古代文学十大主题》)一本;《龙门阵》一本;新雷转来邓韶玉函。丽则、小燕来午饭。复张三夕。命小燕送 10 元与孙原平租花圈。伯伟夫妇来谈,转赵昌平函,又于辅仁嘱寄精装《选集》二册至新疆供评审用。《挚虞研究》一册在伯伟处。

8 月

8 月 1 日(4)阴,微雨

章灿来午饭,代寄《选集》二册至新疆,又函辅仁告之。早早寄款西安买学习参考书,缺货,6 元退还。复赵昌平,谢允为《宋史》作评。

8 月 2 日(5)阴

上午返家取稿及衣物。章灿送来修好收音机,花 23 元。下午不适,心跳,夜愈。

8 月 3 日(6)阴转昙

复余顺尧,又以《选集》寄顺尧及烟台王立。交徐发。改完《史料学》(3),徐稿,徐取去。阿姨请假休息数日。得天梅函,索字。湖南文史馆来函催稿。

8 月 4 日(日)阴

初步完成《记汉寿易氏与寒家之世谊》。丽则母女来午饭。得傅璇琮函,建议写一书,自记学术生涯;程之函寄十发老人诗稿,并言已拍一电视连续剧《哀乐江湖》，年底可播放；横山弘寄来《江户诗人选集》第三卷一本；詹杭伦寄《杜甫学刊》一本，内有八行信纸数张，未知其意也。

8 月 5 日(1)阴

上午开始看《史料学》第四编。下午参加省委书记沈达人通报江苏灾情会议。丽则父女迁回。丽则明日去南宁，为之向韦其麟作一介绍函。姚继舜交论文提纲来，尚可。得罗宗强函，收到《宋史》。得杭州师院马一浮研究所函，属书湛翁佚事。杭州(310012)文一街 96 号。得臧云远讣及传略。

8 月 6 日(2)阴转阵雨

芸抄文史笔记稿，复改定之。丽则赴汉。

8 月 7 日(3)雨，26℃

函湖南文史馆附笔记。函王淡芳附笔记。均交小燕挂号寄出。芸冒雨返家取《索引》稿，水大不能成行而返。

8 月 8 日(4)阴时晴雨

芸返家取稿。帆完成《史料学》4 编第 1 章。得小佳函，蓮瑾够分数线或入哈工大。伯伟夫妇来，谈虹赴日事。砺锋夫妇来，带来君惠《方言研究序》，曾广开论文稿(勋初已看过)。

8 月 9 日(5)晴

得陈贻焮、周一良、欧伯衡(《重庆艺苑》)、李培坤、吴功正函，万业馨代购白云笔二支。

8 月 10 日(6)昙

迁返，天渝来助。任笃行复信，《版本》四季度可出。

8 月 11 日(日)阴

函二妹,并寄瑾瑾、琼琼各 50 元。寄《宋史》与川大邱俊鹏。12 日寄出。托曹虹带《选集》与松冈、田仲,带《宋史》与清水、兴膳、村上、横山、平田(共七册)。得马騄程函。吴新雷电告金大校友会欲为陶行知先生诞生百周年纪念会题字,因拟四语云:

学而不厌,诲人不倦;

吾闻其语,吾见其人。

8 月 12 日(1)昙晴

得张叙之、刘彦邦(2)、徐公持(谢赠《宋史》,云将发书评)函;周振甫赠《修辞学史》;唐玲玲发海南大学辛稼轩会通知;湖南图书馆名人文库约赠书物;《江西师范大学学报》编辑黄颇一稿,要转《南大学报》,不复。

8 月 13 日(2)昙

王永芬来,赠《宋史》一册。杜文莞乞作字,子名王和豊,又另一张不要上款。伯伟夫妇来,取去带日书七册。

8 月 14 日(3)昙

得马录程寄甘肃 13 家诗抄。

8 月 15 日(4)晴,又转热,34℃

做冬菇蒸鸡,请小燕吃午饭。小燕送来下列各件:黄天骥函,收到《两宋文学史》;湖南邵阳诗社社员唐可省函,寄倡议书,不复;江梵众子江苹函,寄一幅画,索要字一幅;陆伟民函,索一“艺”字;顾学颉长函,叙述其恶徒事;张三夕函,附中英文论文各一;中文系函,附唐宋诗歌流派调查表,拟交砺锋办理。今日改完有富等《史料学》,6 月 9 日起,8 月 15 日毕,共花 67 天。50 多万字。

8 月 16 日(5)晴

徐有富取去文稿,并告以不能署名之理。《生育神与性巫术研究》(宋月麟),7.00,文物出版社。勋初出示台湾《国文天地》75 期介绍文献所文章。

8 月 17 日(6)晴

得上海古籍转来香港教育署函,要求转载祖棻《八声甘州》赏析一文,已复函同意;江苏诗词函征稿。天纵来,馈淡菜、蛤。天渝来,馈力士皂二。作字五幅(程研士、陶行知、杜文莞二、陆伟民"艺"字)。

8 月 18 日(日)昙

作字三幅(江苹嘉士、余顺尧、詹杭伦)。小燕来午饭,送来信件:舒芜函,要求给其二友一书一字;武汉出版社函,同意出版《骈字类编索引》;白敦仁函,收到书两本,附照片一张;周笃文函,请任中华诗词吟唱社社长;余顺尧函,收到《选集》;高华平函。下午周勋初、叶子铭、许志英来开会,研究带日本高级研究生名单。高津孝送小册子一本、点心一盒。富美子送日本酒一瓶、小册子一本。孙昌武赠小册子一本。

8 月 19 日(1)昙

陈书录来,汇报送《文学史》情况及论文进展情况。早早打电话来,已于昨夜返家。写字三幅(屈义林、荣晓新、钟明)。函雄哥。

8 月 20 日(2)晴

得淡芳函,送晓新字已寄北京。为近三日所写字盖章。得王淡芳信,云托彦邦告文才抄十七郎歌事。

8 月 21 日(3)昙

挂号寄写字:史建华(程研士)、陆伟民、余顺尧、屈义林、钟良允、詹杭伦、江嘉士(苹)。寄方咏莪《选集》一册。又发下列复信:蒋寅(附致早春)、横山弘、马录程、顾学颉、舒芜、三夕(附致潘长胜)、周振甫。丽则回。

8 月 22 日(4)晴转昙

晨发出各信。苏洗斋来馈火腿片一盒。萧君取去纪念陶行知字一张。砺锋来借书数本(为写《杜甫评传》)。

8 月 23 日(5)晴

今日起看曾广开文。得王文才函告解放前成都警察打学生事。

8 月 24 日(6)晴

复潘长胜。张宏生携子津来玩,托代发函。赠张《水浒争鸣》1—5 册。

8 月 26 日(1)晴转昙

函陆耀东,谈出《新诗集》事。得十二弟信即复,告十发翁诗印本已收到。得周本淳函,谢收到《宋史》。得君惠函,诗二律,欲余为其八十寿辰作书;齐鲁寄屈兴国等《古典诗论集要》二册,余题签也。葛洲坝水电工程学院教师孙世强托严杰转交五月回来见时所拍照片二张。

8 月 27 日(2)昙闷热

丽则引马鞍山市四位来访,馈茶叶、咖啡。冯其庸来电话,告收到《宋史》,并拟赠书二册。得荣晓新寄来小海托带之物,有照片数十张、胶卷三卷、袜子(长二双,短八双)、巧克力豆二包、刨子两个;雄哥函。章灿送来于辅仁还寄书费 15 元,赠章灿《古典诗论集要》一本。章灿带去《选集》十本,嘱姚松托书亭寄售。

8 月 28 日(3)晴

复荣晓新,收到包裹。天渝来,请写辛亥革命八十周年字。章灿还书。

8 月 29 日(4)晴

孙原靖来,谈请高斯为孙老集作序及签定古文献专业学士授与权事。

卞孝萱返自香港，致饶固庵赠所著诗词集，并乞作一序。

8月30日(5)阴昙

丽则全家来午饭。冯其庸托人带来《吴梅村年谱》《秋风集》各一册(由殷亚昭转)。得孙祖荫讣，8月27日逝世。得陆伟民复谢写字，瑞洁函，任笃行函。即复瑞洁、任笃行。

8月31日(6)晴

得成田静香函、照片。得《荆楚诗词大观》郑自修函，饶小平父德和函(与周勃联系教研事)，湖南社科院著述志编写组函，周振甫函。致《荆楚诗词大观》。又函邓韶玉买书。湖南文史馆寄来笔记打印稿，订正后立即寄还。

9月

9月1日(日)昙

天渝、小宁来午饭，取去辛亥革命纪念书画展字。小鲲、真真来，出示天眉信，取去长袜、胶卷。函雄哥、爽弟。

9月2日(1)阴

史梅陪去人民医院诊耳。星期一、二上午殷明德主任门诊，家中电话303836、303837转742。

9月3日(2)昙

得蒋寅信，南秀信，李立朴寄《庄子》译本。函天眉。

9月4日(3)昙转小雨

下午去工人医院治耳，以后每日须注射及理疗。

9 月 5 日(4)昙转晴

得吴志达函,收到《宋文学史》;望城格塘乡丁翕云寄《格塘诗词选》。向文献所借来有关陈寅老之书(后面还姚松)。《阿坝师专学报》刊余撰《赵少咸遗著序》,致 100 元。

9 月 6 日(5)昙

张宏生来,送南韩材料来看,嘱其将三本书寄饶宗颐。张伯伟送稿来。巩本栋来,送给《宋文学史》一本。作好一律并写好,贺刘君惠八旬大寿。看完曾广开论文第一部分。吴建辉(本校硕士生)来谈论文拟写吴均,并送茶叶一包。

9 月 7 日(6)昙

上午不适,肠胃亦不佳。嘱严杰将曾广开论文送给勋初看。

9 月 8 日(日)阴,阵雨

寄车淑珊、钱南秀美国,又王淡芳、刘君惠。天纵来午饭。

9 月 9 日(1)昙转晴

看耳。得洪乔信,有论宋家淇词小文,不复。南师大中文系学生陈斌以诗话来见,地址 210024(南师大信箱 116 号)。姚松来取去我的学术档案,又将重点学科计划交他保存。以《全清词》奖金余款三笔交系保存。得陈列、陆耀东、张三夕、晴佳信,周振甫译《易》。

9 月 10 日(2)晴

清新诗稿。许结来赠《汉代文学思想史稿》,乞为其伉俪作字(许结、徐静)。复陆耀东。伯伟来告,曹虹已将书转致平田或寄出。天渝来。

9 月 11 日(3)微雨,阴

以《宋史》赠曾广开、姚继舜。得北京图书馆寒冬虹函,询《百名家词钞》家数问题；白志彦函索书，不理；邱俊鹏函谢得到赠书；《阿坝师专学报》两本。张宏生问张惠言词之评价问题。

9月12日(4)阴

复北图，请转询黄裳、施蛰存。答张宏生问张惠言词，交丽则转。得邓韶玉函，刘梦溪函（及《中国文化》三期）。

9月13日(5)晴

周勋初先生来谈李白特异性甚久，疲。晚饭后服安定，睡，愈。

9月14日(6)晴

得上海邓韶玉寄《王批唐诗选》，39元，亦云贵矣；又《宋史》五册。得王淡芳、于景祥函（附教师节卡）。校友会嘱作字。研究生院嘱作小传。耳疾愈，不更疗治。得屈义林信，附挽张安治诗及乞作书画展题字。得《韵文学刊》总5期。吴翠芬来借去《骈文史论》《八代诗史》各一册。郭维森来，请看全译陶集前言。得马镜泉函，嘱写马先生回忆录，又寄马集七册尚未收到。

9月15日(日)晴

天渝全家来午饭。写研究生院导师绍介。下午心律不齐，卧。

9月16日(1)阴

李立朴自北京来电话，告以不能去京。姚松取去书评材料，并请其复印自传（研究生院用）。

9月17日(2)阴雨

上午与勋初召曾广开、姚继舜谈话。后砺锋来谈纪念集事，明年可出，又谈江苏古籍拟出各种名家选集，请我选宋诗一百首，已允，准备和砺锋合作，由其注释。下午上街购物。

9月18日(3)晴

收到蒋寅寄《生育神》(7.00+0.16)。收到马镜泉寄湛翁诗七册。

雁过长空,影沉寒水,雁无遗踪之意,水无留影之心。——云门宗僧义怀语(叶梦得《岩下放言》上)

9月19日(4)晴

得湖南文史馆俞润泉函,附复印苏雪林自传《浮生九四》一页,诋弘老及余也。为宏生改毕业论文条例。宏生还书数册,内有台集刊。得方咏莪、余顺尧、湖南省志办公室李羽立函。报邮费130余元。

9月20日(5)晴

去检查血脂,作心电图。去餐厅订菜。晚小婉送来新鲜葡萄。

9月21日(6)晴

今日79初度,家人置酒。上午匡老召集座谈古籍整理事。彦邦、淡芳寄寿礼100元。得吴宏一函,书收到,即分改。得张少康日本函,蒋寅北京函。

9月22日(日)晴

中秋在家休息。

9月23日(1)阴

得村上函,收到《宋文学史》。得淡芳函。看完伯伟、维森稿,还之。章灿母夫人来宁,以新鲜桂圆见赠,分半与婉。

9月24日(2)阴,小雨,凉

写信:1. 刘梦溪(附《宋史》)、2. 周振甫(附《宋史》)、3. 蒋寅、4. 马欣来、5. 傅璇琮、6. 三淡芳、7. 马镜泉、8. 屈义林(附字)。

9月25日(3)雨

昨夜觅得十七郎歌，即分别告湘文史馆、淡芳、文才。写字数幅，有与许结夫妇、校友会及屈义林者，即寄出。得淡芳寄《龙》五册，又还《梦苕庵诗话》、台湾本《光宣诗坛点将录》及论余夫妇诗话稿。得缪彦威、周裕锴、刘定中(湄村丈子，附先君石刻诗照)函，芜湖章绍斌函(不识)求教诗。

《斸戏斋诗编年集·癸未下》(刊本页75)《刘云巢以诗来问近日有无题咏书此答之》：何必商山问紫芝，各持孤愿度危时。黄花野圃如相见，寂后心情是好诗。

9月26日(4)阴

上午出席计算机软件(《史料学》)鉴定会，得酬60元。改淡芳诗话即明日挂号寄出。夜黄进德来，馈茶二盒，借去台静农《百种诗话》三册。

9月27日(5)晴

上午永芬来。李子建来，致稿费50元。下午发病，以多谈也，早睡。今日起看《校勘编》。得天眉来信。

9月28日(6)阴昙

得赵瑞蕻赠《回忆吴宓先生》一书。得舒芜书。天渝为办妥款来。寄邓韶玉代购书费76元。周本淳来未遇。

9月29日(日)昙

王弋丁女庐云自南宁来，在化学系进修，馈月饼一盒、乌龙茶一盒。庐云住19舍704室。韦其麟已调广西文联，弋丁调政协。巩本栋来。函罗宗强询李笠事。函任笃行请为有富提供样书五册。

9月30日(1)晴

看完《校勘》第一章。郭维森送来《文化要览》新目乞订正。上午出看病，血脂已正常。又去鼓楼购物，买水笔一支，34.51元，似奢也，然好写。

10 月

10 月 1 日(2)昙

天纵全家来聚餐。以《选集》及《诗世界》寄王弋丁,3 日发。

10 月 2 日(3)阴

复学诗青年章绍斌(芜湖阀门厂)。在丽儿家午饭。

10 月 3 日(4)阴

陈书录来谈论文。与王庐云通电话,进修事。

10 月 4 日(5)昙

赴系得台灯一座,又复印券。下午不适。

10 月 5 日(6)晴

砺锋来,送对联,告文集事。《草堂》编辑丁浩、周维扬、张志烈三人来馈茶、酒。与研究生院张小明联系照片及自传事。砺锋带来日本西村富美子书及论文三册又西村淳论文(京都),不知二人关系,或伉俪也。写字二幅,即寄王永芬。得周振甫复信,收到《宋史》。

10 月 6 日(日)晴

以《杜甫研究集刊》赠邓韶玉,其中有《诗世界》詹杭伦书评也。小鲲来,送来小海托人带来之小收音机和林晖录像带。

10 月 7 日(1)晴

函耀东,连复印诗等封好,待武大秦志希来取。得高仲华台北函附诗十二首。村上哲见惠书,又其弟子塚本信也来校进修,呈论谢诗一篇。

10月8日(2)晴

得罗宗强复信告李笠女地址，即发函询李生平。天渝来晚饭，送来美林做好的绸衬衫及小说两本。丽则送来生日时所照的相片，甚好。有富来，得任笃行复信，嘱其10月20日去济南取样书。

10月9日(3)晴

芸上午去山西路购物。下午不适，晚和勋初通电话，谈《刘知幾评传》及其他事。

10月10日(4)晴

《骈字类编音序索引》毕功，可贺也。章灿来还书。得淡芳信，寄稿均收到。

10月11日(5)晴

王长发归自日本，来谒，赠电子体温计一，答以新出书三册。

10月12日(6)阴

黄石师院曹毓生(黄瑞云同班)来出席茅盾研究会议，今日来见，颇谈往事。得蒋寅函(《沈祖棻选集》可购100册，75%价)；马欣来函(辞赋选争取按时出)；辽宁大学中文系《中国文学史著版本概览》编者函，拟将《唐代进士行卷与文学》收入，并询有无其他文学史作品。

10月13日(日)阴

天纵来，馈玉米笋1缶。夜天渝来电话，告天眉退休事办妥，每月171元，甚妥。

10月14日(1)晴

写《读斸戏斋诗杂记》稿，约千字，应马镜泉之请也。收到淡芳函告谈易实父文已转《龙门阵》。得台湾台南成功大学中国文学研究所张高评寄下列四书：1.《左传导读》、2.《左传之文学价值》、3.《左传文章义法撢微》、4.《宋诗之传承与开拓》。得兰州西北师大中文系卢燕华寄《唐代诗人审美心理》。得中国现代文学馆北京 8101 信箱（邮码）100081 舒乙代寄汪铭竹遗著《纪德与蝶》。汪铭竹遗孀俞俊珠，子汪鲁希，亲属俞小蘋、俞小薇。地址：

Mrs S. w Chou

6009 Walton Road

Bethesda MD 20817

U. S. A.

函天眉。

10 月 15 日(2)阴

得《史通》审稿费 510 元。寄人文《沈选集》100 册费 145 元。蒋寅婚礼 100 元。莫砺锋来谈生日事。陈书录交论文导论稿。改定纪念马一浮丈文，芸再抄之。以金凤寺诗拓本寄刘定中（湄丈子）成都。

10 月 16 日(3)昙，重九

成诗一首。

闻夷洲近事

青骨成神十六秋，惊波日夕尚回流。
方酣孰胜南柯战，待虑微闻楚国囚。
劫后旌旗难一色，别深霜雪总盈头。
无多岁月偏多感，三妹新来又远游。

小鲲来，将带美之物托其友人带往北京。扬州琼华书画社之社长青年画家沈威峰来谒，属为其画册作序，以魏心饮介，诺之。李立朴来长途，告全译书展在京开幕。连文萍来函，商量介绍事。李雁晴女继芳复函，云月底来宁，示李老生平资料。

10 月 17 日(4)晴

将马老诗集及纪念文字包好，待李继芬来带杭。写缪钺信、舒芜信、陈翔华信，均寄文（缪、舒附诗）。又复李继芬、高仲华（寄诗、照片）、连文萍（传记）。南师大中文系三年级陈斌（紫月）来见，索字，并还其所呈诗话。苏州第六中学教师闻一波乞为其诗集题签。王庐云夜来，交乃父弋丁函，并告进修事已办妥。

10月18日(5)晴

朱野坪来谈《古典文学知识》改进问题，并求写一张字。陈美林来，赠《儒林外史》作者吴敬梓评传。

10月19日(6)晴

得巴蜀寄《关汉卿赏析》，屈义林函及诗，司金銮函（文理极不通，不答）。丽则取杂书数种，备赠马鞍山文联同志。得陈邦炎函，附纪念俞平伯文。

10月20日(日)晴

下午迄晚不适。

10月21日(1)晴

上午仍不适，后转好。得王绍曾、袁仁霈信。赵宪章出示所拟奖金证书及申请表，甚佳。

10月22日(2)晴

上午赴省委统战部开座谈会。函三夕询《索引》事。

10月23日(3)晴

作协庞瑞垠来采访乔大壮遗事。常熟曹大铁托地方志办公室副主任周文晓求题“四十填词图”，并索作砚铭。

铭曹大铁所藏四古砚

云之腴，墨者流，忠义研磨足千秋。我思古人俾无訧，俾无訧兮，复何求兮。

题大铁四十造像

古德云：雁过长空，影沉寒水。雁无遗踪之意，水无留影之心。然则画中人真邪，幻邪？敢以质诸铁老。辛未秋，千帆。

10月24日(4)晴

竟日在马鞍山游。晨七时半，史梅领马钢杨科长和濮本林来接，连同丽则共乘车前往。九时抵马，即往采石矶公园太白楼等地游览。见到自己题写之联，跋语中“一首”误为“一目”，幸系小字，不显眼，已告该处工作人员，不识是否会添补。孙望所撰石碑亦见到，而本人却已先去，可哀。三元洞因较远，未去。芸上高处望之，依稀五六十年前光景，并以洞为背景摄一影。中午在太白楼附近餐馆用饭，有大量螃蟹，芸大饱口福。饭后在宾馆休息。午睡后写字五幅，其余所求者拟带回后再写。晚由吴本星(党委副书记)等宴请，酒菜细致丰盛，又各赠以文房四宝一盒，所费不赀。晚乘车归，抵家已九时。这一日即见到大企业用于招待之费用甚为惊人，与我国目前经济状况相比，令人慨叹。晨起即有早搏，靠药物支持，勉强完成此一日游，以后仍不宜多出游。

10月25日(5)晴

草王绍曾《清史稿艺文志拾遗》序，甚顺适，可谓一挥而就。勋初来，以汪荣祖《陈传》还之，又借与《古代巴蜀》一书。勋初以二李白文见示，属订之。

10月26日(6)晴

得王绍曾《渔洋读书记》；福州工人业余大学李乡浏求定笔名稿，写“寄语”，删去笔名稿70%，又以旧稿一篇应之；臧维熙来函告旅游文学在雁荡开会，嘱写一张字以鼓励之；闻一波嘱写词幅。以《艺文志拾遗》序寄王绍曾。改勋初剔弓葬文。以文献所藏陈寅恪二书还姚松，并取回复印之稿。闻丽则昨上午骑车碰伤，今日令去医院。

10 月 27 日(日)晴

寄王绍曾序，又福州李乡浏笔名稿函。看丽则，伤不重。郭锡良徐寒玉夫妇自北京去厦门开语言学年会，馈果脯一盒。与李洪明、马赫同班，武大旧侣也。以季刚师《音韵学未刊稿》二册、汪辟老文集一册、《古文献研究》一册、《宋文学史》一册赠之。闻程一中来宁，未得见。晚李立朴自京来电，告今译发布会事。

10 月 28 日(1)晴

改毕周李白婚姻文。以研铭等寄曹大铁。四川蓝菊荪来访，五十余年前曾晤其人，忘之久矣。久坐不走，致下午又不适。下午李雁晴先生之女李继芬(已在杭州师院退休，金大 52 年中文系毕业)来，谈李小传事，托其将马镜泉寄来一浮先生诗集带回。得舒芜、清水茂、叶庆炳(得《文学史》)、冯亚明(要求写一箴言)、姚桐椿(补充汪先生文集一些材料)、刘定中(收到拓片)函暨清水茂赠书两本(《中国目录学》及《日本诗史》)。

10 月 29 日(2)晴

复姚桐椿、冯亚明、袁行霈(附重阳诗)、陈邦炎。以《诗世界》一本寄方咏莪。以带港饶、佘二人物交勋初(饶——铁观音，佘——《选集》、沈书词影印本)。塚本信也由莫陪同来谒，赠以《选集》一册。

10 月 30 日(3)晴

作字四纸(闻一波、陈斌、朱野坪、旅游学会)，即寄出。勋初赠《文人别集版本目录》一册。李子建来，适不适，未见。严杰赠所译《笔记小说》一册。

10 月 31 日(4)晴

丽则来午饭，跌伤处正渐愈。芸去新街口购物，美林陪，购得夹克一、帆衬衫一。张宏生来汇报去北京取《全清词》稿的情况。复西北大学教师卢燕华，勉之。

11月

11月1日(5)晴

入梦四首

入梦飞熊遽化烟，金仙临载亦潸然。寒衣无待山河改，枉种红桑七十年。

丹陛年时噤万灵，霓旌玉节满春城。登真帝子如重降，且听秋林落叶声。

小星三五侍霞觞，娇妒犹传抵死狂。一夕凤蝉零落尽，影娥池上月如霜。

莫为兴亡叹逝波，千秋恩怨复如何。难求痼疾三年艾，苦忆逋人五噫歌。

寻出旧写字四幅赠马钢诸公，可少写数纸也。得天眉函，甚详，所带各物均到。云：买一眼镜128美元，合人民币则800也。

11月2日(6)晴

章灿代借到《选堂集林》三本送来，并带来二信：一、马昌松函请重题书签；二、南京社联函请《南大学报》赞助，不理。徐有富从济南归，带来《版本编》各五本，大悦。写字两幅。得中华书局《全清词》审稿函。

11月3日(日)晴

写马钢字(毕)、严杰字、马昌松书签。天渝来，致色拉料一事。景凯旋来，代致吴金华《三国志校诂》一册，附信及词。在天渝家午晚饭，观美寄录像。晚八时归。

11月4日(1)晴

复吴金华，赠以《史通笺记》。为陈美林书近作五首为一卷。复马昌松为题书签。心跳快又腹泻，恐昨过劳伤食。有人欲为默存作八十生日会，答云："此用不明不白之钱，请不三不四之人，说不痛不痒之话。"诚哉此言，吾甚愧之。适砺锋以论文集书名来电话相商，吾谓不妥即可撤回，犹可退也。得蒋寅函，报告婚事；王绍曾函，收到序文；陈翔华函，已辞去《文献》主编，由权儒学接任。近日所书各条幅，马钢的七幅已交丽则，章灿、严杰的已给他们。

11 月 5 日(2)晴

莫、张去古籍交涉书名事，旋得国斌电话，已允不改名。此事算告一段落。

11 月 6 日(3)晴

与芸赴胜利午饭，后至金陵购物中心买杏仁及饼干，庆其生日也。夜婉夫妇来，威克以衣一件相赠。婉以腿部囊肿作小手术。夜天眉打电话来祝诞辰，并云前寄录像有误。

11 月 7 日(4)阴，小雨，风寒

得曹虹、马镜泉函(告诗集等收到)。蒋荫楠等来，赠一漆盒(代表《学报》)。

11 月 8 日(5)晴

致潘长胜、陆耀东，皆稿事。得福州市工人业余大学李乡浏函，附给子铭函，即转。又得三夕函，加藤国安函。购橘子一大包(55 斤)，分赠各孩及本栋、史梅。史梅来，商议沈祖棻奖学金赠书印卡片事，由史梅去接洽。伯伟来，借去小说批评史二种二册，又商《文教资料简报》纪念册事。

11 月 9 日(6)晴

巩本栋来，馈以橘，并请其送书与吴金华，卷子与陈美林。章灿来，令其办复加藤国安函及寄复印书评事。复张三夕，翌日发。小红来取橘及改毛衣。

11 月 10 日(日)晴

以《版本》及诗文寄黄裳。下午小鲲来,改装煤油炉,又取去毛衣加袖。夜天渝夫妇来,送红大衣,极佳。中午早、燕二孩来饭,以文房四宝赠燕。上午赴校看病,归来在院中遇一人,强欲介绍人,收购其字画,不理,恐来路不明也。

【剪报:《南京大学报》1991 年 11 月 10 日科教版《博士生导师介绍·程千帆教授》。】

11 月 11 日(1)晴

郑尚宪来查唐圭翁著作,以诗属转白翁。鲁国尧来电话云詹伯慧到宁开方言学会,拟夜间来见。得臧维熙复信,朱野坪谢字,村上寄文三篇,舒芜寄绀弩纪念文集。夜詹伯慧、陈思泉来,赠以《世界》《选集》,詹馈茶叶。

11 月 12 日(2)晴

发昨写复舒芜函、诗卷、《版本》。又寄傅璇琮诗、《版本》,乞作书评。

11 月 13 日(3)阴

作沈威峰画册序成。

11 月 14 日(4)晴

得缪钺(附文)、王绍曾、李立朴函,国务院古籍小组函嘱填表。天纵来,赠新米及苹果。丽则来。二人均留吃大馄饨,并各赠以香蕉。下午洗澡。张宏生来谈系内事。

11 月 15 日(5)晴

程毅中寄赠《唐代小说史话》。省广播电台侯燕玲来采访,Tel644290。徐有富送《校勘编》第一章来。周本淳来,谈《全清词》。芸不慎跌伤唇齿,幸不严重,婉来看视。

11月16日(6)晴

以《全清词》试稿、《全明词》试稿及中华二次退稿函交张宏生转周本淳。平田昌司来谒,赠以铁观音茶,彼赠点心。吴翠芬夫妇来,转来陈美丽赠欧文书一册(英文本)。齐鲁致《古典诗论集要》题签50元。复王绍曾。

11月17日(日)昙转阴

天渝夫妇陪芸去配眼镜,以镜于前日跌伤时破裂也,晚在此饭。小鲲来代买尖嘴钳,又为煤油炉涂膏。

11月18日(1)晴

汉生来,谈甚久,故知零落者几人,为之慨然,然各道著述成就,亦可喜也。致陈早春函,催书。得黄裳、许匡一、马欣来、刘梦溪(寄《中国文化》第2期)函,思想家中心赠评传三本(宋应星、吴敬梓、李时珍)。许匡一系武汉教育学院教师(武大学生),地址:汉口六合路3号(430010)。曾介绍其译《淮南子》,云贵州已允签合同。

11月19日(2)晴

上午写好沈威峰画集序长卷,甚累。又函沈,令其来取。函复黄裳。原靖来,谈其父遗作及在省档案馆立档等事。

11月20日(3)晴

为饶固庵诗集题词,并近作交勋初带去。寄《宋史》与程毅中,附函。

11月21日(4)昙

惠小砚介绍之工人来装煤气暖气,整日甚忙,直至晚九时未成功,两人都累极。

11月22日(5)阴

上午暖气和热水器均装好。下午不适。陈书录送论文来。上午和万业馨同去参加陈大羽书画展览开幕式。

11 月 23 日(6)阴转晴

上午二人收拾房间,整理和安放书箱。下午点燃暖气洗澡,极为舒服。得方咏莪、舒芜、陆耀东函及《南京年鉴》函征购该书。发出热水器修理卡(明)。

11 月 24 日(日)晴

书箱整理好,亦安放好,浴帐挂好,过冬一切均已准备妥帖。函陆耀东,附致武大陶德麟函。

11 月 25 日(1)

复马欣来,附赋选分工单,又告暂不能写文。复缪彦威、曹虹。姚继舜来填表,令其呈验作业后再书评语。后写姚评语,下午取去,勉之甚久,不知能有效否?得周幼琴函并所作诗词二册,知倪豪士所带书已收到。邮局送来《祖棻选集》100 册。得贵州出版社审稿费 300 元。得中山大学中文系(510275)吴承学函,乃王运熙博士生,曾为其《中国文学风格学》提意见。张忱石寄《唐会要人名索引》,卞孝萱转交。

11 月 26 日(2)晴

去金谷中山大厦购物,来往步行。沈威峰来取去所书卷子及赠书,承馈酱菜 8 缶。

11 月 27 日(3)阴,小雨

上午二人理发。下午拟洗澡,而热水器不灵,已打电话给惠小砚请人来修。下午写信给天眉,寄赠小林晖生日卡,并写一儿歌于其上。今日开始用煤气暖气,甚舒适,但升温不高。

11 月 28 日(4)阴

许结赴厦门开文论会,以《祖棻选集》二册托其带去,分赠祖諆、晋华。

并勉其治汉代文学。得巴蜀书社袁廷栋先生来函，约撰学术自传丛书，拒之(附去君惠原函复印本)。得璇琮函，允为《广义》书评，又云有严重胃病，拟寄西洋参若干慰之；王绍曾函，云已寄《渔洋读书记》与有富。

11 月 29 日(5)

寄西洋参与璇琮，并函劝其静养。砺锋、有富、章灿、宏生、伯伟与余夫妇宴三夕于南芳园。

11 月 30 日(6)

复周勃，其书已于 11 月 9 日付排。林雪梅来取去著作目录。

【剪报:《南京大学报》1991 年 11 月 30 日第 2 版《我校又有 33 位教师成为今年首批政府特殊津贴人选》。】

12 月

12 月 1 日(日)晴

章灿夫妇携孩来。发致张叙之函，为《音序索引》事。天渝、美林来晚饭，带来宽胶纸贴好地毯，早作此事，芸可免跌跤之厄。晚两楼二室户集会，讨论房屋改造问题，结论为改造后必须有像样的改善，否则不如不动。

12 月 2 日(1)昙

得四川师大常思春函，欲为屈守元编 80 寿辰纪念文集，以旧作《李颀诗题校释》应之，即复。

12 月 3 日(2)晴

丽则来告入选国家级有贡献专家事。勋初从港返，携回雪曼所赠画册。得杨坚函告，已寄出王船山全集一本。夜印唐婿陈孝乡来访，携来君惠赠茶叶、太阳神各一盒。

12 月 4 日(3)

总务处长来与同舍商扩建住房事。陈书录来,交、取论文。九三属填老龄调查表。改定《校勘编》第一章讫。

12 月 5 日(4)晴

赴鼓楼医院配助听器(DANAVOX)336 元,验听力 7 元。小电池 Hearing Aid Battery, C13,1. 4V,Zinc Air,PR48,1. 4V,JOF3,广东珠海拱北汉通电池厂。得叶嘉莹函,自天津南开大学专家楼 103;杨坚寄《船山丛书》(四)、《礼记正义》。文化交流中心约 12 月 23 日(六)在夫子庙瞻园路宏泰娱乐厅举行理事会,告知与芸同去。复杨坚、叶嘉莹、吴承学。寄丹麦公司助听器包修卡。皆明日发出。助听器型号 793u,编号 GB81266。

12 月 6 日(5)晴

函饶小平买小电池。得雄哥函。天纵来,馈橘、小核桃糖、米。天渝亦来,送眼镜,正合适。有富来,取去《校勘编》第一章改稿,又送来《教育报》记退休博导文,涉及贱子略有出入。林雪梅陪其母张老师来看煤气暖气。卞孝萱来约出席苏州《中华大典》审稿会。

12 月 7 日(6)

晨砺锋来,谈其振职称事,并赠《国际宋代文化讨论会论文集》一本。函教委古委会曹亦冰先生问《广义》经费三千元事。宏生来代周本淳借 1000 元,买除烟器。已借。吴金华来,交徐士复兄赠《全宋词》之典。北大出版社寄来《全宋诗》1—5 册,李立朴寄来《周易全译》。得陆耀东函(附《世纪的脸评》),云《诗集》大抵可在武大出版。王立兴赠有关近代戏剧论文一篇。

12 月 8 日(日)阴

复陆耀东信。给士名、程之、瑞洁、任之、寅宪、夕佳、晴佳、雄哥寄全家照片并贺年。

12 月 9 日(1)晴

得陶德麟函,同意出书;赵昌平寄《注郑谷诗》;韩理洲寄《西大学报》,中有其《唐文拾遗》。

12 月 10 日(2)小雨

复赵昌平并请其以诗寄蛰存。写笔谈一则寄马欣来。许结自厦门开文论会返,带来复旦七卷本《文评史》(明代卷),又贾晋华馈漳州水仙花二枚。得陈贻焮寄诗及缪彦威函,允以与弘老往返书札交《文献研究》。为丽儿作生日,上午出购一大蛋糕,晚全家吃面。

12 月 11 日(3)晴

下午 3 时在图 120 发特别补贴证书,并 7—12 月 600 元。张宏生来谈申报省级科研项目事并汇报,已得到樱松奖金一等奖。

12 月 12 日(4)阴

以英雄笔寄寅宪上海,请其修理,花去一元五角。芸赴银行转存款,而未到期,彼此皆胡涂,幸及时改正,免受损失。镇江某君寄文一篇,求刊《学报》,已转请阎、蒋二先生处理。函王绍曾,告以《渔洋读书记》标点之误一事。

12 月 13 日(5)晴

瞻园研究部贺采(已离休)送戴敦邦佛像求题。文史馆司机吴智华送挂历。

12 月 14 日(6)晴

为贺采题好佛像图。得巴蜀袁廷栋、曹月堂函,汪应果赠《科学与缪斯》。

12 月 15 日(日)晴

上午十时和江苏古籍出版社同人一起去苏州,参加《中华大典 · 文学典·隋唐五代分典》评审会。下午一时余抵苏，寓园外楼饭店，在留园与西园之间。黄进德带来叶橹赠书三本，闻叶橹近况仍不甚佳，去年系里通过评为教授，院方未通过，住宿条件亦差，为之叹息。黄进德书评已写好，带来。

12 月 16 日(1)晴

上午开会，由卞孝萱报告筹备经过。下午开会讨论时，作长发言，颇得好评。芸去西园游。晚听评弹。得评审费 100 元。

12 月 17 日(2)阴

上下午开会讨论，主要是分点问题。芸上街漫游。

12 月 18 日(3)阴

上午会议结束，又作发言。中午出版社在松鹤楼宴请，然后往桃花坞参观，购得大笔一枝、洒金笺五大张。

12 月 19 日(4)晴

晨与陈贻焮夫妇合拍数影。上午乘车再度去同里退思园游，并在同里午饭，价廉物美，胜过松鹤楼。

12 月 20 日(5)晴

上午二人上街，购得家乡肉，久未食此物，颇思大啖一顿，但不知是否尚存过去之味。下午六时仍和出版社同人乘火车归，到家已十时。此行六天，身体尚佳，堪慰。以上数日收到函件如下：1. 王季思寄其《学术论著自选集》；2. 武大徐鸿寄其自传《阿妹头自述》；3. 王永芬来二次，均未遇，赠挂历，又云：暂迁居其二女枚君家（天津新村 42 幢 501 室，邮码 210013），来年四月始可返旧居；4. 中国文联出版公司贺新辉来函，聘为《全清词鉴赏辞典》顾问并嘱写稿；5. 陆耀东函，诗集事；6. 曹月堂函，黄先生学术论丛事；7. 杭生函，言退休购房事；8. 杜琇贺年片附言，超华已入加州大学读书；9. 袁行霈、钱鸿瑛、尹禄光夫妇、艾妹贺年片。

12 月 21 日(6)阴

收到台湾成功大学张高评函，欲在台出《宋文学史》。与新雷商，由上古办理。以《两宋文学史》校本寄李国章(新雷办)。周本淳函告，屈等校点《全清词》错误极多。又得其寄诗。王绍曾寄《渔洋读书记》刊误表，并告《清艺文志拾补》序已交中华《古籍简报》。叶嘉莹来函并寄岳麓书社所出词论集。龚任之来函，并寄全家照片。得闻一波、蔡厚示、陈致贺年片，旅游学会告大会闭幕电报。收到《古典文学知识》稿费 135 元。羊春秋寄所校点《曾国藩家书》精装二册。以陈、曾二生论文交勋初，又交与致曹亦冰函及缪彦威、刘弘度论学书。贺采取去题范曾画佛像。上午在系资料室照重点学科相。

12 月 22 日(日)晴

天纵来补墙壁。函复耀东、曹月堂、艾妹。以张高评函转寄魏同贤。

12 月 23 日(1)阴

复缪钺、徐鸿、张高评。函尹禄光、王永芬(芸写)。下午到夫子庙宏泰娱乐厅参加文化交流中心举行之联欢会，余夫妇皆首次见卡拉 OK，真乡愚也。

12 月 24 日(2)雨

为张蔚星作书一条，并复函。陈贻焮夫人打电话来，告以今日即回京，书签当另寄去。

12 月 25 日(3)雨，耶诞

函韩、曲，重点学科事。李灵年来，致稿费 30 元(《文教资料》题辞)。得寅宪函贺年，并寄照片；蒋寅函；河南洛阳文化艺术学校赵君平函，寄赠元稹书墓志拓本，与今集所收文字有改，可宝，乞书(471002)；沈祖庄从加拿大来信，无地址；加藤国安、省文联、陕西全唐文委员会贺年片。郭维森属定所译陶诗，借去今人译诗四册。USSR 寿终正寝，享年六十有九。

12 月 26 日(4)雪

威克送来挂面 5 斤,代购柑橘 25 斤,115 枚。改曾生论文毕,其中一节要重写。

12 月 27 日(5)阴寒

因雪未赴南师大之会。

百年那得更百年,今日还须爱今日。——《弇州四部稿》V. 37

大雪,威克送一颗大白菜来。改完陈生文。大纲来午饭,馈以甘子并属其发出致陈贻焮函及题诗集签。

12 月 28 日(6)晴,寒

下午吉林大学王同策来访(武大 56 年历史系毕业生),托其以小石先生书卷赠丛文俊。

12 月 29 日(日)晴

小红、小严来告已登记结婚,赠 500 元,又甘子一篮、西女挂历一轴。韩、曲来谈重点学科事。天渝夫妇来,馈面、饼等。

12 月 30 日(1)阴

助听器换电池。5 日至 29 日,用了 24 天。邀郭维森来谈译陶诗事。托章灿汇款至珠海买电池。以《索引》稿送出版社(章灿交时惠荣)。得天眉函及林晖照片,黄淑贤函,傅璇琮函,张叙之函,唐富龄函,周晶函,臧维熙函,张瑞洁函及照片,曹虹函及贺年片,王淡芳函,许匡一函及照片,余顺尧、魏利华、李悔吾、李飞贺年片,张奇慧、刘扬中照片,纪念杜甫筹备会邀请函,山大古籍所《渔洋读书记》题签费 50 元。倪明来嘱题文史笔记封面。

12 月 31 日(2)阴

复瑞洁、淡芳(内附诗文)、魏利华(附书签)、傅璇琮、周晶、张叙之、倪明(内附书签)。电话告许志英对系事态度。

1992 年

最是风云龙虎日，不胜天地古今情。

一九九二年元旦题绀弩句

生活流水，大吉大利！

1 月

元旦(3)晴

早早、小燕来，吃午饭。本栋夫妇来。贺年卡：刘宪章、张祖彬(《河北师院学报》)、唐玲玲周伟民、周笃文、齐鲁书社、吴志达。有奖贺年卡：曾卓、蒋寅、王弋丁、《莫愁》。今日电炉及煤气打火器俱坏，幸尚煤油炉。寅宪寄还所修笔，以邮片谢之。又以邮片复辽宁大学朱明伦，告以购《宋文学史》地址。晚小鲲夫妇携真真来。

元月 2 日(4)阴

函重禹，寄与早早合影一帧。以诗一纸寄周笃文。

元月 3 日(5)阴

江苏古籍周骋(638954—324)送新诗来看，借去叶橹书二册(一、《诗弦断续》，二、《哲理小诗分析》)。函李立朴介绍章灿《刘克庄年谱》。得钱南秀函及贺年片上贴有其合家照片，刘永济侄刘敦纲函，韩理洲函。贺年片：施蛰存、马瑞芳、赵丽坚。

【贴纸：1月　程千帆　0188008　等资415.00　校内8.00　其资100.00　综补47.50　应发470.50　房租4.90　储蓄50　尾款0.60　实发515.00】

元月4日(6)昙转阴

函复刘敦纲辞顾问衔。复韩理洲。孙原靖来，馈柑。万业馨夫妇来，馈桃脯。今日大纲20生日，夜与天渝全家宴于南芳园。昨夜起微不适，服"地"二次。

元月5日(日)阴

函复南秀。寄诗蛰存。得武大新闻系退休教师徐梅芬函(东中区8栋303室)。

元月6日(1)阴

复徐梅芬。老于、淑贤来访。武汉出版社来长途，决定出版《索引》，春节后来取。请其来一正式公函。省社联秘书长赵杰，冒名芳及刘××来贺年，并送水果、太阳神。

元月7日(2)昙

出外，至中山购物。遇曲，言莫事。木生托人带来豆丝及糕点四盒。得吴庚舜、于景祥、陈贻焮贺年片。得朱新法寄六朝丛书条例。得许总函，《宋史》书评即安排发出。李立朴寄《诗经全译》。寄钱南秀书三册至美国。王庐云返南宁，来辞行，以茶一盒赠乃父。

元月8日(3)阴雨小雪

宏生来，与商编词人评论汇编事。小鲲来，不日赴港。

元月 9 日(4)阴

得曾伯藩、小佳信。南大毕业生单景龙(仪征化纤厂)、王鼎诰(省公安厅)、孙守明(仪征市委党校)来访,请为仪征市刊物《知与行》题签。伯伟来,带来陈平原赠《小说史》,以水果等物赠之。今日伯伟生辰也。

元月 10 日(5)阴

吴金华来电话,云所为书《荀子》字幅被裱画店遗失,允为重书。

元月 11 日(6)晴

看完曾广开论文,交勋初。得舒芜函,得祖孙照片后,对早早颇有赞誉;周笃文函;历史文献研究会开十三届年会通知及其他文件。晚赴省委统战部宴,在丁山宾馆,林副部长(女)主持。欢迎新任文名馆副馆长胡公石,曾佐于右任创标准草书,常熟人,久居宁夏,今始归乡,年八十矣。

元月 12 日(日)阴

小严、小虹来,将煤运走,并在此午餐。函天眉、小佳。

元月 13 日(1)阴转昙

草就安平秋要的笔谈,约二千字,芸抄正。昨日修好之炉子又坏,终日无暖气。单景龙等二人来,取去为市委党校刊物《知与行》的题字,送食物等 8 件。

元月 14 日(2)晴

徐有富送《校勘编》稿二章。省九三吴耘来问候,赠水果一包。珠海挂号寄来耳机电池 4 只。得武汉出版社公函及潘长胜信。收到上古赠猴画册,给小燕。

元月 15 日(3)晴

周骋来谈诗,并取去习作,还叶橹书。张伯伟代为去出版社取回《索引》稿。暖气修理人朱吉宏，电话 625578，地址：航天部干部管理学院。今天将锅炉开关修好。

元月 16 日(4)晴

以旧文学史稿交章灿，属其合作写一通俗性之文学史。

元月 17 日(5)晴

收到包忠文赠《艺术与人学》及所主编书三种，又购杨绛《洗澡》一本。得韩理洲寄赠拓片二纸及信。得四川师大常思春函，已将校东川诗题一文收入纪念屈守元论文集。得任继愈函，约开《中华大典》之会。得江西艺术师院曾伯藩函，吉大丛文俊函。

元月 18 日(6)晴

复韩理洲，寄去元稹段志拓片抄本。汪超伯、王永芬来。

元月 19 日(日)阴

改完陈书录论文摘要。天渝来饭。

元月 20 日(1)多云

伯伟来谈《文教简报》集稿，并定 22 日下午会日本女生原田。天纵去北京，来谈。早、燕来晚饭，吃馄饨及蒸包子。

元月 21 日(2)晴

章灿来谈文学史事，并赠以敏泽《美学思想史》三卷。文史馆赠年礼四色。得刘彦邦、曹月堂、周本淳函，又湖南社联约开王船山会信。

元月 22 日(3)晴

寄陈平原《诗论》、潘长胜挂号函。得王淡芳函，贾文昭函并寄《中国近代文论类编》，李立朴函及《编辑业务》专刊。鲁国尧来谈，问一日本罕见材料的处理。省委统战部副部长林敏端(女)及干部季俊秋(女)来访,各赠以《选集》一册(季夫程杰,郁贤皓博士生),受所馈西洋参二包、绞股四盒。

元月 23 日(4)晴

复刘彦邦王淡芳、曹月堂、贾文昭、李立朴、周本淳共五函。又函魏同贤询《宋史》出台版事。

元月 24 日(5)晴

得王同策函附两文。见江,合影。昨夜以《诗世界》交郭赠乃叔树峰。晚赴文史馆宴。下午勋初来,拟定曾、陈二生答辩人名单。

元月 25 日(6)阴

上午赴《中华诗词鉴赏辞典》发布会,得书一册、笔一支。《校义》经费单已交科研处,不知何故未发下。已由姚松与科处韩新民交涉,允查。(交有富办理。)得魏同贤函,允付外汇,与出版社各半。得黄瑞云函,述生平甚悉,亦可哀者。与勋初商定博士答辩诸事。子铭赠现代组集体编《中国现代小说史》第一册。得胡济沧函及诗(年 85,无家可归,从六合迁居夫子庙地区老人公寓)。

元月 26 日(日)阴

函魏同贤商《宋史》台版事。函张高评(同上)。

元月 27 日(1)晴

得陈列函;北师大函,嘱为文祝钟敬文 90 寿;东台粮食局张海滨函,要学词,不复。

元月 28 日(2)晴

上午参加思想家评传会,并在中美中心午饭。校对《文史知识》稿,寄京。

元月 29 日(3)阴雨

市文联同志来，馈水果。凌萍萍来，赠银柳一束。

元月 30 日(4)阴雨

得钱鸿瑛信，清水茂和诗。天渝夫妇、丽则来午饭。得《文哲通讯》1:4。

元月 31 日(5)晴

得李继芬函及陈中凡为乃父撰小传。吴锦馈田七二盒。徐有富取去《校勘》稿，送来末章。苏昌辽来，馈乐口福。史梅来，《沈选》赠送标签印就。

2 月

2 月 1 日(6)晴

威克来，带来老白送酱菜、酥糖、麻油。砺锋来送菊。黄希坚拟来谈重印沈词事。（改明日上午。）函韩理洲，为题书签，并点元段夫人志。

2 月 2 日(日)小雨

黄希坚来细商葵集事。老白来饭，威克陪饭。改《校勘编》初稿毕。

2 月 3 日(1)雨雷，除夕

全家老小共 18 人在家里聚会，庆祝新春，很热闹。

2 月 4 日(2)晴，春节

中午在丽则家午饭，食饺子和牛尾汤。得陈继明、杨翊强函，罗联添贺春节卡，山东大学开苏轼纪念会通知，《龙门阵》一本(92.1)。

2 月 5 日—6 日(3、4)晴

在天渝、天纵家午饭欢聚。

2 月 7 日(5)阴

函潘长胜，询愿否出宋词人评。小燕来贴《菉集》标签，与早早共午饭。得南秀、吴功正函。复陈继明、刘泰焰、李继芬、陈列。王步高来。得胡济沧寄诗。

2 月 8 日(6)

复钱鸿瑛、黄瑞云、杨翊强。寄章灿南通。郁贤皓来。曹济平来，赠所笺《芦川词》。蒋寅夫妇来，明日北返。

2 月 9 日(日)晴

头昏，未做事。

2 月 10 日(1)晴

上午去医院看病，血压略高 94—136。周勋初来，索季刚先生赋，取去湖北印《诗文抄》。得闻一波函，索书祖菉词。下午沐浴。

2 月 11 日(2)晴

系中新调来湘籍教师潘知常嘱签名寄《湖南日报》。蒋广学来，借去张振佩《史通注》。陆国斌来，① 属为小石师草书作跋；② 涉江词本事改为小笺；③ 为编选一宋诗选，约 100 首。函湖南、福建谈诗词重印事。

2 月 13 日(4)晴

威克取去《选集》64 册送系。写钟敬文 90 寿对。写赵君平、闻一波、贺新辉字寄出。以周骋诗数首寄骆文，请其在《长江文艺》发表。天渝夫妇来玩。阎韬来谈《学报》事。

2 月 14 日(5)阴多云

出购面包。连日写字，讫。

2 月 15 日(6)晴

得陈平原信;晴佳信,告凯凯于 6 月 10 日结婚。得武汉潘长胜长途电话,云不日来。

史外祁彪佳传论:乌乎,山川人物之故,夫岂幻哉! 昔张煌言司马被执,临行见青山夹岸,喟曰:“好山色!”不知山色正以公等好也,不然,马首、巢由,痴顽老子,涧愧林惭,何好之有?

2 月 16 日(日)

复陈平原。马钢杨功武来,送诗集及礼物,又属写字一幅赠该厂党办副主任苏鉴钢。早、燕、天渝在此午饭,吃蛋皮。以字四请天渝托苏昌辽装池。

2 月 17 日(1)晴

吴文治夫妇来,馈酒二瓶又橘。

2 月 18 日(2)晴

巩本栋来谈。得李立朴寄贺年片及《贵州书讯》。

2 月 19 日(3)阴

得天眉函。

2 月 20 日(4)晴

得周祖譔信,谈唐代文学国际会议事。得姚柯夫编《陈中凡年谱》,王水照编《日本词学论文集》,郑光仪编《历代才女诗歌鉴赏辞典》,留法女生(客岁南师大唐诗宋词会议相见)张如凌寄相片,湘乡市文联寄《碧玉箫诗词》打印征求意见稿(邮码 411400)。

2 月 21 日(5)晴

以元微之拓片寄苏昌辽,乞代付裱。函小鲲。勋初示所为论赋文,并商谈学会事。

2月22日(6)晴

复周祖譔。

2月23日(日)晴

单人耘、宗良纲来谈，托宗治数印。市文联寄来40年纪念文集，寄件人陈学诗求字。得政协开会通知，请倪明代为请假。得龚任之甥函及淑芬姐92岁像。

2月24日(1)晴

以新诗手稿及照片寄陆耀东。伯伟取去《文教资料》稿交书录。得邓韶玉信，寄回《宋文学史》样稿，告暂不重印，又《宋诗三百首》75折3.15元；郑光仪夫陈瑜信，告赠《才女诗典》；湖南出版社朱正函，告《涉江词》版权等问题；王镇远告古籍社同意按所设想处理《宋文学史》台湾版；福州工人业余大学政文教研室李乡浏以编作家寄语要"知识爆炸"文，并求改正简历。

2月25日(2)晴

寄陆耀东新印相片。复郑光仪之夫陈瑜，告以郑撰辞典前言失实之处。复李乡浏，并寄照片。复王镇远，还邓买《宋诗》款3.15元，附去。校一新底本，备台版用。得雪曼香港函，庆祝母校90大庆。得宁乡诗词协会函，属为顾问并题额。潘长胜来长途，定三月上旬来宁。

2月26日(3)晴

函齐鲁书社催书。函朱祖延，托序《音序索引》。人民日报社徐放赠所译唐人绝句。赵君平寄赠神道拓片一纸(篆文)。

2月27日(4)昙

为宁乡诗词协会题榜，又为市文联陈学诗写字一幅，即分别寄出。感冒。

2月28日(5)阴

感冒。写学校90周年贺联：

经济文章，成德达材九十载；

诗书礼乐，旧邦新命五千年。

林雪梅告科研反馈款已取得。

2月29日(6)晴

得陈一新函，附照片多帧。得刘敦纲函，强欲为刘永济研究室顾问，不复。得洞口县毓兰镇中学刘梦舟函询考研究生事。康育义转来澳门梁披云赠诗集《雪庐诗》。

3月

3月1日(日)阴，微雨

以《诗世界》及复印丛稿寄梁披云。受永芬兄托为人作字三幅。

3月2日(1)雨，温度由20余降至8

3月3日(2)阴，微雨，寒

曾、陈二生开题报告。收到珠海寄耳机电池10枚，王淡芳信，贺新辉信。以“不伏老”章赠吴翠芬。

3月4日(3)阴，微雨，寒

上午打电话与朱家维，痛斥某文之谬。开会讨论重点学科取得之因及保持之道。与会者勋初、砺锋、宏生、伯伟、章灿、姚松。维森缺席。

3月5日(4)阴

陈致寄刘冬等编《通俗小说提要》。

3月6日(5)晴

复王水照、徐放、陈致、杨咏祁，皆谢赠书，并问王复旦硕士课程。史梅送存《李渔全集》二包，暂置家中。王永芬函告收到书字三纸。孙原靖来，告将赴蜀。

3月7日(6)晴

周骋来，借去《牧女与蚕娘》及王水照编《日本人词论集》，请其催齐鲁发书及稿费。得任笃行函，即复，请速寄书。江苏古籍送《宋诗选》样、稿纸来。

3月8日(日)晴

宏生来谈系事，还书(周亦托代还)。《宋诗选》试笔(一首花2小时)。

3月9日(1)晴

天纵、小婉来饭。收到陆耀东信。

3月10日(2)晴

领一订专机，不佳。以中华祝词寄璇琮。函天眉。有富来托向匡老荐其女昕。

【剪报:《南京大学报》1992年3月10日第2版《程千帆教授的来信》。】

3月11日(3)晴

为徐昕作书荐之马先阵。街头买桔二斤，女骗子借换钱骗去90元，后当引以为戒。

3月12日(4)晴

芸写信给鼓楼区公安局反映被骗事。扬州职工大学蔡文锦函告，其介绍祖棻文章已于3月8日于江苏二台播出，未收听。得陶华函。

3 月 13 日(5)阴

函复华妹。以字一幅赠德育教师周某(陈瘦竹的硕士生)。小高送孙老事略来,准备作碑文。程章灿来告知,他的第一本已印好,并借到一本送来看看。

3 月 14 日(6)阴,微雨

今日南大又成立五个学院,文学院长董健兼任。收朱祖延、林英(告放弃沈诗版权)、刘寻惠(附长诗甚佳),又徐放寄诗集《情和爱之歌》,湖北大学琴园诗社毛诗辞典约任顾问。

3 月 15 日(日)阴

天渝夫妇来午饭。

3 月 16 日(1)阴雨,寒,霰

得天眉信。

3 月 17 日(2)阴雨,寒,霰转雪

潘长胜来,宏生来与之谈词人汇编事。高雄市复文图书公司负责人杨丽源。见赵昌平文,甚佳,即复,并寄诗词。卞孝萱来,嘱为韩愈会书件。徐有富送来《版本》样书五本,又谈其女昕工作事。

3 月 18 日(3)晴转阴

得王水照(告复旦课)、任笃行、周晶(《版本编》)、张高评(《宋史》)信。夜潘长胜来,商酌合同。复张高评、致王镇远函及《宋史》底本,交新雷处理。任信交有富处理。伯伟交重点学科报告,略改后交勋初。托伯伟以卷子交董健带美交南秀。潘长胜属书"几何如斋"榜,又刘昌钊书诗词。

3 月 19 日(4)阴

嘉莹托乃侄言材携来新著《唐宋词十七讲》及文稿《花间词与女性》。

小海打长途来，告已得绿卡，拟5月归省。砺锋来，赠之《版本编》，又宏生、伯伟各一本。潘长胜将返汉，请宏生代宴之，又由文史馆派车送至码头。并托潘将马昌松所记梦窗词刘氏说稿交还。

3月20日(5)雨

参加古籍小组座谈会，并晚饭。

3月21日(6)阴

得《古籍简报》稿费65元。吴志达寄来《明文学史》，其一与莫。广西师大秦冬发要《涉江词》。函陆国斌荐徐昕。

3月22日(日)阴雨，寒

昨日不适，今愈。

3月23日(1)阴，寒

有富打电话来，齐鲁所寄书七包，已由教材科收。

3月24日(2)阴

函雄哥。系补210元。中华张世林来函，赠《书品》并索字。以静闻90寿联托万业馨带北京。得小鲲香港函。

3月25日(3)阴雨，寒

今日写字数幅：河南韩愈纪念馆、南大九十校庆(制版)、潘长胜、刘昌钊、张世林(中华)。因写字，停著《宋诗选》。史梅来谈《全清词》账目事，告以五月十日结婚，索横幅一条，并代裱画师邱晓刚索字。史梅夫名倪东明。今日起炉子开关又坏，威克修不好，小严出差，改用电炉。

3月26日(4)阴

写史梅要字二幅，《社科战线》一幅。

3 月 27 日(5)晴

得中南财经大学(430064)张人价函。将丽则纪念刘厂长文寄马昌松,请其设法发表。

3 月 28 日(6)阴

周安华来,赠其博士论文及另一书。徐有富来,谈购书事。阎韬、蒋荫楠来谈《学报》事。以《版本编》赠赵国璋、徐复、陈书录。

3 月 29 日(日)晴转阴

周本淳夫妇来,赠以《版本编》。小严夫妇来,修蒸气炉,旋至胜利午餐,费 158 元。晚勋初召饮,余偕芸往,宴本淳夫妇也。

3 月 30 日(1)阴

得上海古籍代寄柳存仁《和风堂文集》三册;陆耀东诗集序及信;陈平原信;曾卓信及《长江文艺》(载我致曾信);四川古歆(德阳县西小区 22 栋,邮码 618000)寄《杜甫律诗释译》一小册,又信;张文勋信,属为其诗集题辞。出席《学报》编委会,得编辑费百。

3 月 31 日(2)

致函小海。

4 月

4 月 1 日(3)阴

宏生来取去展览书籍。章灿来,为题《刘克庄谱》签。复君惠。许结来,赠以《广义》二册。

4 月 2 日(4)昙

得三夕信,云将去海南。长影制片厂总编室曹积三属为《人生百爱集》写稿，不复。

4月3日(5)昙

得湖南益阳夏五信，询齐己诗。小鲲来，带到可可四罐，赠巧格一盒，又香水赠丽则。

4月4日(6)晴

陆国斌与其兄国强、刘毅强来，皆上海书店编辑，约稿，却之。函曾卓、三夕、印唐。为湖北大学写字一张。以朱正、林英函交陆国斌存档。

4月5日(日)晴

早、燕来午饭。以《版本》寄志达。

4月6日(1)阴

王静和小鲲全家来晚饭。下午中宣部有人来校，由戴安邦、冯端和我三人会见，谈教育界情况。

4月7日(2)阴

孙原靖来。史梅拿去所书横幅。

4月8日(3)阴

买铱笔一支。函周晶，关于邮购《版本》事。

4月9日(4)阴

得王镇远信，告协议书及样本已寄台；马昌松信，丽则文5月发。函柳存仁，谢赠书。收到张世林寄《书品》，即复，并为作字一幅。复益阳教育学院(413000)夏五，附去严杰条。

4月10日(5)晴

函晴佳，并汇款200元，赠凯凯结婚。

4 月 11 日(6)昙

威克来传功。曾广开来,以《版本编》赠之,并托带与高石斋、姚继舜。曾以华钟彦遗文一册见惠。

4 月 12 日(日)昙

天渝夫妇来午饭。赵国璋来。

4 月 13 日(1)晴

上午在校医院看病,照心电图,较前稍好,甚慰。下午上街购桔子,感到累,但情况作好。

4 月 14 日(2)晴

下午曾广开、陈书录答辩,均参加,并参加晚宴,历时 5 小时,虽累,未发病。章灿来,聂绀弩散文二册托其还。

4 月 15 日(3)阴转晴

上午省台湾事务办公室许功溥来,为《中国时报》拍我指导曾、陈二生情况的照片,以资宣传。

4 月 16 日(4)晴

伯伟来馈糕,借去柳存仁《文集》。甘肃甘南藏族自治州合作民族师专中文系教师桑吉扎西来访,赠以《选集》及《诗世界》。

4 月 17 日(5)晴

刘庆云介绍其硕士生聂安福来见,该生拟考博士生。刘赠养生精二盒。托聂带给姜书阁《版本》一册。周笃文来函,请任中华诗词评奖顾问。周勃寄来新茶。

4 月 18 日(6)阴雨转晴

函复周勃、周笃文。

4月19日(日)晴

得天眉函,小海拟五月廿六日回国。天纵上午来,送来新茶约一斤,在此午饭。天渝傍晚来,送来新茶一小包,在此晚饭。下午上街,走到金谷,喝了一杯可乐,晚上胃胀痛,不知系饮可乐所致,抑或近日食豆过多。

4月20日(1)晴

昨夜腹痛,今日疲乏无力。写一整幅纸字,寄徐州朱从秀。伯伟来,谈拟去日本讲学。晚赴江苏古籍出版社宴。吴奔星来约明晚共宴请侯敏泽夫妇。得萧印唐函;吴志达函,请写书评;《龙门阵》稿费;人民银行取款通知(中华书局稿费135元,收据已寄回);王镇远转来台湾复文图书出版社承印《两宋文学史》合同。

4月21日(2)雨

复吴志达,谈有关书评事。与吴新雷一起将《两宋文学史》合同签好,寄回上海古籍。晚与吴奔星一家共同宴请敏泽夫妇。夜晚腰痛,不能入眠。

4月22日(3)晴

晨去费医生处按摩,痛稍减,晚威克来治疗。函武汉出版社及张三夕,询问《索引》事。

4月23日(4)晴

车队熊广余为其岳父黄长兴八十寿求联。请巩本栋将捐赠南大九十周年校庆自己批点的书42本送往校长室。早晚经费医生及威克治疗,已愈大半。得吴于廑、骆文函,唐富龄函及《文学史》,夏五函并赠诗,王见函附诗。

4月24日(5)晴

程章灿来还文献所所借《辞海》等,并带来赖永海所赠禅学及诗歌。

张伯伟送来《诗品》稿，请审阅。张宏生来谈写重点学科材料事。武汉大学打电话来，索书评，告以不能急就，详已函吴志达。写对子二副（一系车队熊广余所求，一赠骆文夫妇）并写跋。

4 月 25 日(6)阴

得周晶函，内容与任函同，即待 70 本《版本》及稿费寄来，此账即清；刘彦邦函，云淡芳将赴美探女。孙钦善来，赠《龚自珍诗文选》一本，未遇。晚嘱砺锋去回看，已回京，亦未见到。晚《文学遗产》编辑李伊白来访，江苏文学所周某（省社科院文学所副所长）陪来。

4 月 26 日(日)晴

阎韬陪任继愈来访，赠以《广义》《宋史》，任馈铁观音一匣。天渝夫妇、小婉来。小鲲来，购得粉红纸一张。管雄稿费交小婉转管嗣昆。今日恢复工作，写张耒诗三首 55—57。

4 月 27 日(1)晴

寄出孙钦善、金克木、陈贻焮、袁行霈、张少康《版本》五册。寄骆文对联。寄邓韶玉《宋史》一册，请调换（有缺错页）。朱邦蔚来，取去道雄稿费。

4 月 28 日(2)晴

函于辅仁，拟将存此的《选集》购下（266.4 元）。本栋陪往南医牙科门诊所拔牙，牙根未动，故极为方便，吃东西已不痛。陈书录来，谈南师大校长对他的看法，拟于会到谭时，为之说明。又吴奔星不收宴请敏泽的钱。函天眉、雄哥。得陈帆、晴佳、蒋寅函，陈帆索书。福州李乡浏来信要稿，已交姚松复印寄去。姜书阁寄《说曲》一本。

4 月 29 日(3)阴雨

函周晶，告以来函所扣书款数目不对。寄书并函吴于廑、陈帆。

4月30日(4)晴

理发。周明来，取去《文学遗产》之稿费，赠以《诗论选集》一本，托其带《版本》一册给吴文治。

5月

5月1日(5)晴转阴

早早、小燕来吃午饭。

5月2日(6)晴

七姐、老白带孙白雪初来，赠新疆糖食三样，回赠酒一瓶。下午天纵来，谈阿晶升学事。晚小鲲来，代购到彩色纸10张。

5月3日(日)晴

得王绍曾函，王镇远函及关于《宋文学史》的合同，加藤国安寄《东方杂志》三本（莫、张各一），《全清词》第一册校样（责编：文学编辑室徐俊），黄裳寄《清代版刻一隅》一本。潘长胜打长途来，言因妻病耽误时间，合同订好后即寄来。

5月4日(1)阴转昙

送史梅礼，已托本栋送去。得辽宁大学电报张震泽去世，已打电报去吊唁。周骋来还书，索字。《全清词》校样已由文献所赵益取去，交周勋初看后，拟寄给周本淳校对。

5月5日(2)昙

汪越来，送人参茶一包。

5月6日(3)晴

得文研所寄来《文学史》两本（南北朝与元），交与章灿先看，由砺锋、新雷致复；高津孝送论文二篇（张伯伟转来）；冒舒諲代其兄冒叔子寄诗集一本；柳存仁函；岳阳楼函请写碑文刻石；四川射洪县函邀参加陈子昂纪念会，不复。郝阿姨之母送人参糖数粒。

5 月 7 日(4)阴雨

复冒舒諲，并寄《诗世界》及单页诗词各二份，其一属转其兄叔子（效鲁）。以《版本》寄徐中玉、施蛰存、王运熙、刘君惠、王文才、缪钺、罗宗强、周勃、朱祖延、张舜徽、张叙之、贾文昭（交章灿于 8 日寄出）。

5 月 8 日(5)晴

得周勃函告《索引》事，又白匋函询冒叔子消息。永芬来谈。

5 月 9 日(6)阴

得赵熙文寄来茶叶两盒，并函。程章灿来，借去书若干本。早早、小宁来午饭，天渝赠茶叶两包。得王绍曾函，附台湾《书目季刊》转载《清史稿艺文志拾遗序》；陈贻焮函，得到《版本编》；田翠竹函，寄其八十生日诗；张三夕函，谈《索引》事；于辅仁函，同意将书七五折卖给我；陈平原寄《千古文人侠客梦》一本。

白下弦歌九十年，依然学苑着先鞭。
每肩道义光青史，长使科研迈昔贤。
翠竹高松真磊落，夭桃秾李总芳鲜。
承先启后吾曹事，阔步昂头共向前。

母校南京大学成立九十周年志庆
壬申初夏程千帆时年八十

5 月 10 日(日)晴

寄于辅仁函，又汇 266.40 元。函岳麓书社询汇款。苏昌辽来，谈校友会捐款建楼事，赠茶叶一小罐。天纵来，代购沙拉作料二瓶。天渝、美林来午饭，又赠茶叶一包。收到古籍小组开会通知。张伯伟来，送稿审查。老学生王财仁(毅)来探望,送咖啡及伴侣二大瓶。

5月11日(1)晴

晨写好庆祝校庆之诗,待来取,《南京大学报》用。得曾卓转来《长江文艺》稿费25元。得耀东信,寄来《新诗集》合同。得孙钦善信,齐鲁周晶信,克木信。晚史梅、倪东明送糖来。美国韩大伟偕邓瑞来,各赠《选集》一本。

5月12日(2)

函复陆耀东,请将编辑费和购书费在稿费内扣。复周晶、孙钦善、赵熙文、三夕、陈平原、黄裳、叶嘉莹、吴白匋、蒋寅、姜书阁、田翠竹(附字)。校报字取去。

5月13日(3)晴

明天天渝去沪出差,今日来饭,带去送雄哥的茶叶和人参糖。函小海,告以去北京开会事。得袁行霈、张少康谢赠书,齐鲁补寄算错稿费108元。函周晶(挂号)告以稿费未到,请查。

5月14日(4)阴,微雨

无事。

5月15日(5)昙

邓韶玉寄《宋史》一册(换错页本)。得吴志达函。得黄永年寄陕西师大《古文献集林》Ⅱ。

5月16日(6)昙

写寄禅《梦洞庭》诗一首寄岳阳楼风景区殷本崇。

5月17日(日)昙

许惟贤来谈日本情况甚久,并拿去横山弘等所著书,准备校庆展览。

天纵送茶叶及糯米来。

5 月 18 日(1)昙

晚徐中玉、钱谷融来谈，约一小时，颇兴奋，睡眠较差，并各带礼物来。程章灿送《世界史》来。

5 月 19 日(2)晴

校庆办送廿一日大会票来，并盼能接待外来的校友。张宏生来，拿去有关《诗世界》书评、《江海》和《杜甫学刊》各一本。得武汉出版社寄来合同，陈帆函，王运熙函(均为收到书)，社联函。购得香菇和香肚，分赠徐、钱。晚勋初宴横山于接待餐厅，横山赠量血压计及巧格力各一、纸簿二、杂志二册。邓启东女婿袁奎荣(桂林地质冶金学院院长，燕华之夫，南大 62 届地质系毕业)夜来访。

5 月 20 日(3)晴

函复周勃、吴志达。合同寄还武汉出版社并附为潘长胜所写条幅。今日起暂停《宋诗选》的写作，休息十日，拟六月初再继续。今日开始用血压计。晚武大李进才等三人来探望。晚上参加校庆聚餐会。朱寿桐送其著作两本，送他《选集》一本。小鲲来，谈强姐身体不好。

5 月 21 日(4)

上午出席江苏古籍出版社颁奖会。下午出席南大 90 校庆会。

5 月 22 日(5)晴

得罗宗强函，收到《版本编》；蒋寅函，收到《版本编》；施议对编《现代散文辞典》索稿，即复蒋寅，嘱在《选集》选用；王见函附词数首，不复。苏国函拟购《宋文学史》，函复嘱其向出版社购。今晨去医院看病，血压增高，恐系连日疲劳所致，今日全天休息。张祖还先生昨日出席庆祝会，劳累致脑溢血，病危。可戒!!!

5月23日(6)晴

为周骋作字一幅,寄去。丽则来午饭,嘱其照料家中。下午二人去看强姐,人瘦极,仍不甚清楚,一字不谈,只连呼"走,快走"。送吴志华女儿一小计算器,送倪明一温度计、一计步器,皆日友所赠。姚继舜交来论文一章。

5月24日(日)晴

与周勋初、郁贤皓同机赴京,参加国务院古籍规划会。10时15分起飞,11时45分降落,乘车至香山饭店已1时余。晚饭时见到许多老朋友。余冠英、张璋、宗福邦、王运熙晚间来谈,宗谈武大事甚久。

5月25日(1)晴

上午开幕式。晚周振甫、周绍良来谈,又为中华书局三青年书三条字,为大会写一条。得《全宋诗序》稿费100元。上海古籍二编室由副主任王兴康代。齐鲁书社社长孙言诚催《校勘编》稿。

5月26日(2)晴

上下午均开小组会。蒋寅来访。李彦同志介绍两种药——654—2及多烯康。

5月27日(3)晴

上午大会发言,我所作的发言甚得好评,均谓思路极清晰,可见尚未头脑糊涂,颇慰。下午去北新桥门诊部(东四北大街69号,100007)检查,医生说可以吃山海丹,西药照旧,遂购得5瓶(200元)归,即服。医生又云心功能尚好。得古籍小组聘书。

5月28日(4)晴

晨游双清别墅,空气清新。上午开小组会。会后人民文学出版社陈建根来谈,托向匡老说情,拨款给《古代文学论丛》。又得人民文学出版社为周祖譔书写书签费 25 元。午饭后黄墨谷、冀淑英来略坐。下午去中关园毕金献、陈云卿家看小海，林晖壮实可爱，小海极少变化，给小海 500 元零用。

5 月 29 日(5)晴

小海率林晖来玩，午饭午觉后返。小鲲一家亦已抵京。晚周祖譔来谈唐代文学会事甚久。

5 月 30 日(6)晴

上下午小组会。钱伯城索一诗幅。

5 月 31 日(日)晴

大会代购得今日 7:30 机票，故未等待闭幕式即行回宁，周、郁仍同行，宏生来接。家中颇乱，中午胡乱煮面食之。午睡时阿姨来收拾好房间。旅外一星期，极好，每日测血压及脉搏，都尚可，见身体有好转，或尚可参加《中华大典》编辑会及唐代文学年会。得齐鲁函；岳麓书社函告汇寄稿费 150 元之账号；姜书阁函，收到所赠《版本编》；张舜徽函，收到《版本编》并回赠《清儒学记》；张叙之函，收到书并报告近况；于辅仁函，寄来购书收据。

6 月

6 月 1 日(1)晴

续写《宋诗》。得上海古籍汇来两个 54 元，岳麓 150 元亦拿到，齐鲁稿费仍未到。莫砺锋来，取去赠村上两本书《目录》《版本》，托日本留学生带去。舍委陈君来谈，房屋改造需投资 4500 元，已签名同意。

6 月 2 日(2)晴

以 400 元交丽则，托人在北京购山海丹。万业馨来，赠毛笔三支。得台湾《文哲通讯》Ⅷ1、《文哲集刊》2,吴白匋《戏剧论》一册。

6月3日(3)晴

邮局送来《版本编》8包,共56册,尚缺2包。

6月4日(4)晴

邮局送《版本》2包,70本全到。得吕永函,嘱题书签。小海由京抵宁,天渝、大纲去接,丽则、美林、小宁、小鲲均来会面。小海住九宿舍110号,带来很多礼物分送大家,我们收到鞋各一双,照相机一,毛衣一件,糖果、饼干等甚多。

6月5日(5)晴

夜勋初宴祖譔,贤皓及余夫妇陪。小红、小严夜来,省海若。

6月6日(6)昙

赴军区订席,付400。市文联人来询土星笔会事。章灿来治铁窗塑料条。伯伟来,谈去日本事。

6月7日(日)晴

函雄哥、吕永。晚全家欢聚于后勤招待所食堂大吃烤鸭,价廉物美,热闹已极,两娃叫跳不已。晚小海率林晖去天渝家。

6月8日(1)晴

武汉出版社6月1日汇来2000元,5日到。齐鲁书社6月3日汇来4764.81元,4日到。蛰存寄《花间新集》。湖南文艺出版社前社长、湖南作协副主席弘征寄《唐诗三百首新译》及诗词集小册,又函。田翠竹复信谢赠祝寿字幅。中华来信属题《全清词》签。新雷示邓韶玉信,台湾复文公司尚无信来。清水茂以邮片告收到横山所转《广义》。

6 月 9 日(2)晴

有富取回齐鲁、武汉稿费。得赵昌平函，云书评《文遗》6 期发。砺锋送文来请审阅。陶著来送一画册，回赠咖啡及伴侣。小海、小鲲带林晖、真真来，午饭后去。芸算清《版本编》稿费账，有大功。

6 月 10 日(3)晴

沈祖棻奖金首次颁奖，二等 12 人(一等缺)，人各 100 元、《选集》一册。徐有富将其稿费取去，2209 元。庞老稿费 450 元已寄与王文才转。函中华，附《全清词》题笺；湖南文艺出版社弘征，寄诗稿；周晶，催扣书费发票。下午张伯伟陪《文教资料简报》编辑来谈特刊事。

6 月 11 日(4)晴

以学术自传寄国务院古籍小组。函张高评索稿酬，并附寄黄进德书评。芸送鸡至佛心桥，小海甚好。得周一良寄所著《魏晋南北朝史论续编》一册。晴佳寄来凯凯结婚照片。凯妻小徐在二汽动力厂(襄樊市)，凯拟调去。章灿来，论学甚久，还折叠床来。

6 月 12 日(5)晴

南秀同学梁侃来，带来南秀函及所赠花旗参。赠梁、钱《广义》各二册，校史共一册。发出赠霍松林、冀淑英《版本编》各一册。

6 月 13 日(6)昙转雨

倪馆长来告，馆将① 办一文史研究，② 开一文化服务社，③ 明年举行成立 40 年纪念。林晖发烧，带往南大医院和儿童医院看病。得杨坚函；古代文论会会员通讯及嘱汇款订购集刊；韩理洲函并附文稿；驻马店师专陆刚拟编索引(《全宋诗》)，请教。

6 月 14 日(日)雨

上午宁健率小红、小严带菜来午饭，本以为小海在此，后带去部分菜去看小海。晚成都中学的老学生谢懿来访(有名片)。函周晶(经营部),催收据。砺锋文稿交丽则带还。

6月15日(1)晴

寄10元与华东师大陈怀良,预定《古代文艺理论研究》16—17册。夜天渝宴小海,余夫妇陪。

6月16日(2)昙

为陈永正升研究员作鉴定。周骋来呈诗数首,赠《朱熹佚文》《日本俳句论》各一册。得雄哥函。购得《杨家将》连环画赠道深,《斯佳丽》赠天眉。

6月17日(3)昙

图书馆副馆长杨克义已收到赠书目录。史梅送来北大影印本金书(六函)。发出陈永正鉴定。湖南师大黄钧寄赠与马积高合编之《中国古代文学史》上中下三册。北大葛晓音弟子陈伟强寄其硕士论文《论杜甫以赋入诗的历史渊源和艺术成就》。郑先仪寄《女子词鉴赏辞典》顾问费40元。周晶来信言发票已寄出,即复。黄涛询《全清词》出版事,即复。吴代芳来信求写书签,已书就。

6月18日(4)晴

马昌松寄来《长江日报》,内有潘长胜写我的短文。上海周道南征楠园诗,不复。本栋来,带来吴调公《神韵论》一册。

6月19日(5)晴

小海下午来,吃饺子。其大学时同学两对夫妇来坐谈。

6月20日(6)昙

小海明日去沪转美,今日来告别,天渝夫妇亦来,午饭后皆离去。小海出国六年，才回来探亲一次，转眼半个月就过去了，孩子们打闹时感到吃不消，走后又颇为思念。

6 月 21 日(日)雨

终日在家中休息。

6 月 22 日(1)阴雨

发唁电，吊唁唐文。和毕业班照相。得吕永函附诗；张奇慧函附照片两张；曹月堂函，谈《论丛》事未向三联提。王庐云回广西，来辞行，赠水果一袋。

6 月 23 日(2)昙

陈书录来交论文提要，拟为转《文献》曹月堂，托以《广义》二册送吴锦。托宏生看《宋诗选》，以《广义》二部分送赵宪章、朱家维。《宋诗选》今日粗毕，用 100 天，14 万字，选诗 150 首。吴、王夫妇来，问十发老人事。

6 月 24 日(3)昙

昨夜小宁得天眉电话，小海母子安抵，甚慰。今日小鲲来电话，云小海所携各物均已带去，鲲昨晚返。

6 月 25 日(4)阴

《宋诗选》毕功(自传 2 页，前言 9 页，正文 457 页，共 468 页，合 14 万字)。得王博仁(武大 55 年毕业)函，并附其学生郝鸥君作之画；蒋寅寄《东方的美学》；中文系《文学研究》一本；贾文昭函；刘梦溪寄《中国文化》第四期，并附函。叶子铭介滁县文联副主席吴腾凰来访，问宋代文学研究者情况，赠《美的殉道者——吕荧》一册，答以《选集》一册。

6 月 26 日(5)阴

函天眉。出席中华鳖精赠送仪式。

6月27日(6)阴

改完姚继舜文。复刘梦溪，赠《版本编》。复曹月堂，寄陈书录论文提要。复韩理洲、林家英(谢赠酒)。潘知常来谈，赠以《世界》《选集》各一册。至宁海路工商处理款事。得冀淑英函，谢赠《版本编》。得松林函，乞为《全唐五代文》序。得周晶函，补一影印发票。齐鲁1992年3月31日发票:3240,《版本》100册,1160元;3241,《版本》50册、《目录》50册,1025元。共2185元。山西1992年3月20日发票:6341,《选集》48册,266.40元。共2451.40元。

6月28日(日)昙

复周晶，请按优惠价退203元。复谢马积高、黄钧赠书。复谢马昌松寄潘长胜文。复谢王博仁赠画。复谢杨坚赠《船山遗书》。复谢吴调公赠《神韵论》。

6月29日(1)阴

谢周一良赠书。函叶嘉莹、霍松林、赵昌平。交姚松报账共2451.40元。

6月30日(2)阴

写字三张，一送钱伯城，一送于辅仁，一送姜昕。周骋来，略谈，其诗稿尚未看。许志英来谈再荐高尔泰事。

【剪报:《南京大学报》1992年6月25日第1版王金杰《喜看沃土发新枝:中文系隆重颁发三项奖学金》。】

7月

7月1日(3)昙

寄所写字与钱伯城、于辅仁。题小石师遗墨为陆国斌。

【贴纸:7月　程千帆　0188008　等资437.00　校内8.00　其资

100.00　综补54.50　房贴12.00　应发611.50　房租16.60　储蓄50
尾款0.90　实发544.00】

7月2日(4)昙

得小佳函(不必寄钱给晴佳);王文才函,附庞珠收到稿费收据;田翠竹函,云前寄斗方被窃,希再写一幅;盐城湖海艺文社征集书画;中华诗词学会聘为首届中华诗词大赛顾问;上海古籍出版社寄《古诗海》二大册。

7月3日(5)阴

成《全唐五代文序》。巩本栋来谈一涓事。命以《广义》二册呈匡老。国务院古籍规划小组办公室孔素枫寄来照片四张,内有与冠英合照。

7月4日(6)昙转阴

莫砺锋、程章灿来还书。武秀成送报销之稿费来。

7月5日(日)昙

作字:湖海文艺社陈毅诗、田翠竹南山、赵宪章寄禅诗,即寄出。

7月6日(1)昙

以石章二托徐兴元带扬州,乞张汉怡刻,以《选集》一册赠张。许总来商其兄絅来拓印事。以血压计交伯伟携日修理。

7月7日(2)昙

得松林函,催序。得周晶函,告203元已补寄。完成孙望墓表初稿。

7月8日(3)昙

焕明取去孙老墓表稿。函国斌取《宋诗》稿及小石师遗墨。康育义来,赠《南大书画荟萃》一册,中载余字一幅,乞书。

7 月 9 日(4)大雨转阴

齐鲁退还多扣书款 203 元(半与徐)。得贾晋华及瑞洁信,约游闽及湘。侯井天寄来《绀弩诗续编》。

7 月 10 日(5)阴

吴新雷来校《宋文学史》三条,并托其函王兴康将校文转台,催稿费。为浙江圣达公司作字一幅,又为新闻专业杜骏飞作。小妹取去与常国武函。陆国斌取去《宋诗》稿又胡先生遗墨。谈凤梁致《文言小说鉴赏辞典》顾问费 100 元。早早、燕燕来吃面,分别给奖 150 元及 100 元。

7 月 11 日(6)晴

函饶宗颐索稿,附诗文。函谢侯井天赠《聂诗续编》。函张瑞洁附书迹二纸、《自述》一份,告以不能来长沙之故。以圣达公司书纸及杜骏飞件交林雪梅转。小宁、小晶来,分别给奖 100 元及 30 元。

7 月 12 日(日)阴

王继志赠《沈从文论》一册。校《文献》马湛翁稿,即寄还。得校补增资 260 元(5 个月,云本 65,退休者减 20%也,未详)。《南充师院学报》寄稿费 30 元,赵集序。

7 月 13 日(1)昙转雨

赴婉家食饺子。

7 月 14 日(2)阴

周绍良来函,谓周扬长子艾欲编《历代高僧诗集注》,求序。单汝鹏寄《垒石集》一册。湖南师大黄钧函,云是武大进修生,尝受业于先室。得张国光信,寄孔学会刊报纸一份。

7 月 15 日(3)晴到多云

函谢王继志赠《沈从文论》,报以《选集》。得天眉函。

7 月 16 日(4)晴热

以《唐五代文序》挂号寄松林。

7 月 17 日(5)阴

函高雄杨丽源催稿费。得朱祖延函并《骈字序》;韩理洲函,嘱设法要钱;叶嘉莹函告返加拿大;刘梦溪函告文可刊七期。

7 月 18 日(6)昙,闷热,34℃

发杨丽源信及朱祖延信。看完巩本栋、张宏生文共 6 篇。卞孝萱转交聂石樵赠《屈原论稿》一册。李书有来,赠《中国儒家伦理思想发展史》一册,又请再参加江南文化书院活动,拒之。

7 月 19 日(日)昙热,35℃,夜大雨

进步常常是令人悲伤的。——(加)阿瑟·黑利《钱商》中译本 390 页 4 行(人指不适应进步的人。)

7 月 20 日(1)晴昙,34℃

函张高评催稿费。

7 月 21 日(2)晴,35℃

得于一平《阳春集》(泰州市政协);田翠竹复函并诗;白雉山函求寿诗,拒之。

7 月 22 日(3)晴,36℃

得武大古籍所寄赠杨鸿年《隋唐宫廷建筑考》、李步嘉《韦昭汉书音义辑佚》各一册;赵昌平函;马昌松寄《古典诗歌论丛》(余旧著);徐中玉嘱为《自学考试大纲》提意见,并致酬 150 元;厦门大学邀开唐代文学会函。

7 月 23 日(4)晴,37℃

致贾晋华函。天纵来午饭。

7月24日(5)晴,38℃

总机313111—2003或1103房。今日去南苑住宿,有空调,极凉爽,唯三餐须外出,虽很近亦不太方便。周勋初夫妇亦来住。新华社记者王惠堂来访。改订孙老诗集。

7月25日(6)晴,37℃

函天眉。《自学大纲》寄还袁招娣。早早高考得分511,南大中文系有望,皆大悦。

7月26日(日)晴,37℃

看孙老诗稿。小严、小红、小晶、早早、小燕来午饭。卞老馈罐头二,天纵瓜二,小严果粉二。

7月27日(1)晴,37℃

看病,血压略高。

7月28日(2)晴,37℃

早早得到正式成绩511分。得饶宗颐信附文稿,霍松林信,钱伯城信,马昌松信。

7月29日(3)晴,37℃

函复松林、昌松。填市文联表。天纵来,赠牛肉、稀饭,云即将去北京出差。

7月30日(4)晴,38℃

寄市文联表,又汇人名录款10元。函谢聂石樵赠《屈原论稿》。

7月31日(5)晴,35℃

古典文学批评的特征:1. 主要形式为语录体,直略过程,直出结论,因而形式为“话”。2. 批评主要为提高创作服务，故商量文字者多，主观意图倾向皆显著。3. 艺术地意象的批评多，严密谨严者少。4. 微观者多，宏观者少。社会学批评宏观多，文艺学批评宏观少。5. 体系自有，而不用体系的架构来体现，系统性的意见潜在于个别论点之中，有待读者之发掘与理解。

8 月

8 月 1 日(6)晴，37℃

吴新雷转示邓誑玉信，谈《宋史》台版进度。山东大学古籍所寄《古籍论丛》一册。丽则归，晚一家四人来谈。

8 月 2 日(日)晴，35℃

天渝夫妇来午饭，送在苏联(独联体)以运动衫换来之餐具一套，皆不锈钢制，但极笨重，又购得老毛子香水一瓶，不高级。共同商讨小宁升学事。姚继舜长途报告，准备将论文写好印好，15 日寄来。

8 月 3 日(1)晴，36℃

威克携早、燕赴皖。

8 月 4 日(2)晴，36℃

上午赴政协开会，通报戴顺智调工作事。谨谨来函，文学思路颇好。

8 月 5 日(3)晴，34℃

小宁来，赠二菜、香水一瓶。

8 月 6 日(4)晴转阴雨，33℃

小鲲来，还信与照片。寄生日卡给天眉。得杨翊强、贾晋华函及季啸风、张辉、陈致贺寿函。为晋华题《皎然年谱》书名，即寄去。

8 月 7 日(5)昙转阴,31℃,实际 33.6℃

复杨翊强。生物系应届毕业生吕女士来访,谈喜搞创造,拟转文。

8 月 8 日(6)晴,34℃

丽则送工资来,在此午饭。萧莲父博士生吴根友送其论文来,请审阅。

8 月 9 日(日)晴,33℃

上午将吴生论文审阅毕。

8 月 10 日(1)昙,33℃

今日返寓,在南苑住十七日。

8 月 11 日(2)昙,35℃

函周晶询文献所购《版本编》。函耀东询《诗集》。

8 月 12 日(3)昙,31℃,闷热

早早姐妹来,前日自皖返也,威克未回。勋初、许结来商答辩人选事。中玉电话要宪章询《自学考试大纲》事,告以已于 7 月 25 日挂号寄袁招娣矣。

8 月 13 日(4)阴雨,夜大雨,30℃

得天眉函附照片等,有些需转交。阿晶来,在此吃午饭,付与奖金及学费各百元。丽则来饭,早早奖金及威克奖励金带去。得林从周老师函附《文汇报》,上载有其纪念冯沅君之文。晚萧效农夫妇来,赠田七等二盒。

8 月 14 日(5)阴,小阵雨,凉,29℃

复林老师并寄《量守庐学记》。以林函转白匋。以萧莲父研究生鉴定寄段启咸。晚天渝夫妇来。

8月15日(6)阴转昙,27℃

上午二人去饮茶,芸购得一套衣料(47元)。史梅打电话来,告以其父明日结婚。

8月16日(日)大雨转小雨,28℃

天纵来馈虾米、淡菜。小鲲来取其母信,并取去相机及说明求解。

8月17日(1)晴,29℃

今日开始做编蓁合集之事。

8月18日(2)晴,29℃

上鼓楼闲游,并在鼓楼公园饮茶纳凉,不累。

8月19日(3)晴,31℃

美林来,带来小宁赠Ponds样品一盒,带去芸所购衣料,请小裁缝做衣一套。丽则夫妇来谈,带来孟锡平赠茶叶一盒。

8月20日(4)晴,31℃

宏生来谈,还书。一女硕士毕业生(砺锋之徒)来辞行,已分在长沙工业大学社科系教写作。吴新雷来谈托人去上海领台版《宋文学史》稿费事。得海盐县志一本(内有祖棻传);《文学遗产》一本(内有蒋寅文);贵州寄来《诗经全译》一本;薛涛研究会开会通知,不复;晴佳函;蒋寅函;村上哲见函;贾晋华函;张叙之祝寿电报;古籍小组寄稿费52元;《中华大典》通知一份(九日上旬开会)。王永芬来,赠人参一匣,其女未君之婿自韩国携回。姚继舜来谈论文。

8月21日(5)昙,31℃

改好姚继舜论文及英文提要。巩本栋夫妻来,赠糖一盒。王一涓已在中文系报到。

8 月 22 日(6)阴,30℃

江苏诗词协会王忠保送来《中华诗词协会年鉴》一本,王白坚《夏完淳集笺校》一本。助听器交早早寄往厦门修理。孙原平来取去孙老墓志及诗稿。姚继舜取去其部分改好之论文。

8 月 23 日(日)雨

小严、小红来,馈葡萄,送印件(文录)。小早姊妹来晚饭,吃面。

8 月 24 日(1)阴雨

陆国斌来电话,明日来照相。

8 月 25 日(2)昙

老白来,馈葡萄、哈密瓜。吴翠芬电告,陈致已出国,读于华盛顿大学东亚系。得陆耀东函,谈《诗集》出版事;姜平函,问郑秀梓事及打听进修班事;贾锦福函,问刘弘老生平,即复,明日发;刘宁(沈玉成女)函,问学;《古典文学知识》第四期,内有砺锋代我署名之文《杜甫的山水诗》;《碧玉箫诗词选》一本;广西大学中文系寄来《中华大典通用书目表》请审核。孙原靖来,带去底片数张,请小高印。陆国斌和江苏古籍摄影编辑数人来拍照,备纪念文集用。康育义来电话通知吴白老今晨去世,享年 87。

8 月 26 日(3)晴

复陆耀东、刘宁(寄文)。复王文才,寄文。函邓韶玉,买书。

8 月 27 日(4)昙

严强、阎韬来谈,并询简历。以文复印本寄君惠、退密。李培坤寄来《唐都学刊》,内有其与贾文昭合写之论余诗论之文。

8 月 28 日(5)昙

姚继舜打电话来云,论文已印好发出,今晚回赣。得天眉函附照片一。

8 月 29 日(6)昙

芸坐骨神经痛加剧。郭维森嘱郭欢送来刻有"福如东海"之金瓜。得文华嫂函,寄来 200 元为生日贺礼。

8 月 30 日(日)昙

万业馨来,为陈大羽之孙转学事托向袁相碗说项。请丽则夫妇来午饭。得张高评函,云稿费已全部带至上海,书已付印,并索序;林从周师函,又附报纸一张;贵州出版社寄来编委奖金 500 元;《中华大典》办公室寄来开会通知,不拟参加;江西黄涛函讯数事,不复;湖南张大兴函,拟九月八日上午来访(武汉大学余吴恩);顾学颉寄来诗集《艺文传家》。吴晓斌打长途来问生日期,蒋寅拟来。

8 月 31 日(1)雨

陪芸去向阳卫生院针治坐骨神经痛。丽则取去 500 元汇票,请人代取。得雄哥寄来生日礼 200 元。

9 月

9 月 1 日(2)阴

上午赴医院取药,下午陪芸扎针。小宁来,购得 Ponds 香液两瓶,又送赠品二,在此晚饭。

9 月 2 日(3)昙

卞孝萱送生日礼,大瓶咖啡及伴侣各一。文史馆送节,苹果及月饼,小吴送来。黄希坚来谈赴京开文献大典事,以芸神经痛却之。

9月3日(4)晴

勋初来，商生辰宴客名单诸事。原田小姐来，转平田昌司赠果冻一盒。顾复生来，带来金启华赠《词史》一册。新雷送来《宋史》台版序嘱改。下午改好寄台。潘力生自美国寄来所书联印件，属评，不复。湖南财经学院金融系徐唐龄寄词乞正，不复。胡济沧寄诗，不复。台州寄《郑广文祠集》一册。《荆楚诗词大观》寄所选诗词属校对。吴代芳来函，云张实与杨翊强绝交。周笃文来函，《入梦》在《台湾新生报》发表，殊多事。周晶来函，告《版本编》印发。

【剪报：《台湾新生报》1992年6月24日会昌老人《入梦四首》。】

9月4日(5)

寄还《荆》诗词校稿。取武大哲学系论文审查费四十。复吴代芳、周笃文。宗良纲送来所治印二方，留纸乞书。周勃寄来茶叶。国家出版局伍杰来电话嘱出席北京《大典》会，由江苏古籍买飞机票。

9月5日(6)晴昙，32℃，热

天纵来午饭，以苹果及小红面脂付之。周先民自日返省亲来谒，以文、词各一册属转蹇翁。周骋送来8号赴京机票。

9月6日(日)昙，32℃

胡守仁致贺诗。天渝夫妇、小婉在此午饭。

9月7日(1)晴

函天眉。宏生来，送出席唐代文学会论文审阅。得陆耀东函，敏泽函，邓韶玉函(校《宋史》误字事，已交新雷)。敏泽嘱列名同贺《光明日报》出8版。得陈辽赠《周太谷评传》。

9月8日(2)阴雨，北京晴

复谢陈辽赠《太谷传》。八时半赴机场，十时去京。十二点准时到达，无人来接(后知有人去而未接到),乘出租车去京西宾馆。下午会见李彦、伍杰、高纪言、黄希坚等。晚刘乃和来邀稿,郁贤皓来谈。

9月9日(3)晴

晨出外散步,极凉爽。上午开幕式。至京后始知已被聘为《大典》编委会三位副主任之一。下午小组会,作一发言。芸被接去中宣部医务室电疗。晚蒋寅与吴晓斌来,馈葡萄两串,回报花生一包。

9月10日(4)晴

上午小组会未参加,因略感不适,休息后即愈。下午大会,发言十分钟。晚宴于海淀全聚德,周林为余寿,并宴古委会成员,在座有夏之翔、安平秋、裘锡圭、李修生、许嘉璐、孙钦善、郁贤皓、章培恒、袁世硕、董治安、曾枣庄及工作人员等。饭后又去古委会办公室饮茶,临行赠月饼一盒。

9月11日(5)晴转阴

傅璇琮晨来,馈月饼一盒。凌晨二人因梦虎扑羊,坠跌在床下,幸未伤。上午开编委会,接开编委会常委会,直至十二时。下午闭幕会,亦甚长,颇累。晚周笃文、陈贻焮来谈甚久,陈馈月饼一盒、湘茶一盒。陈带来其研究生(已留校)一,不知其名。

9月12日(6)阴,南京阴

上午敏泽来谈约一小时。中午乘车赴机场,与高纪言、黄希坚同行。飞机3:15始起飞,4:45抵宁,高、黄送余等回家。煮面充晚餐,甚为可口。因未吃午饭,又多日未吃面矣。回来即打电话给天渝,知小宁进金陵职大事已妥,甚慰。

9月13日(日)阴

昨晚睡眠甚佳。打电话约曲钦岳谈,为《大典》事,曲允明谈。张伯伟夫妇来,送寿联、领带、手帕。刘彦邦王淡芳送寿仪100元。以文寄刘乃和。复谢胡守仁以诗为寿,又寄论韩愈书。

9月14日(1)阴

函陶国泰询其里贯,并问吴富。函安平秋致国外学者名单。邓韶玉寄来《宋史》五册。文研所寄来俞平伯纪念文集一册。陈致又寄《小说提要》一册。张实、贾文昭等来贺电。《咸阳师专学报》编辑韩梅村求题《文学鉴赏录》书签。山西太原《学术论丛》函告《宋诗选序》将刊该刊第五期。张瑞洁来函,告岳麓书院将展出所捐书画并要照片,又谓前寄三拓片未收到。(查旧日记乃89年事,渠忘之也。)高国藩赠《敦煌词欣赏续集》。赵宪章赠《马克思主义文艺美学》。张国光之徒寄来攻击周汝昌,皆可笑也,弃之。老尹夫妇来。天纵来送工资,取去月饼。夜钦岳来谈,取去《大典》资料,赠以《宋史》一册,承告特聘会之事。

9月15日(2)阴

以照片一幅寄瑞洁,告以致开会词内容(程千帆先生捐赠湘贤书画展)。为韩梅村题书签寄出。

9月16日(3)阴

柳士镇赠新著《魏晋南北朝语法》一册,甚佳,大赞赏之。缪钺先生90大庆,电贺。于景祥、王淡芳信。王决赴美。改完宏生江湖派与晚唐文,交还。致中国银行证明信交新雷,《宋史》稿费事也。《校雠广义·版本编》到,交姚松取。王绍曾来函论修书籍目录,并反对《中华大典》。陈辽函谢提供资料线索。巩本栋王一涓夫妇来,送联、蛋糕。《宋史》五本23.25元(五册,75%)。《版本编》812.00元(七十册,80%)。

9月17日(4)阴

晨书联祝彦威九十,即挂号寄出:

学海文宗,永享年寿;

光风霁月,常乐玄真。

吴锦来，馈枸杞一包、麦乳精一缶。万业馨来馈笔三支，赵诚同来。

9 月 18 日(5)阴

文史馆送笔记一套。坐馆车去李顺昌购外衣一套、衬衫一件，芸购一夹克，432.60。吴锦、顾复生、李灵年来，赠诗一首(集鄙句)、镜框一事。南师大博士生刘君送来周勃、王兆鹏赠玻璃茶具。陈书录送来《文教资料》十册。章灿送来《纪念论文集》一册。发寄贺彦威联。南大中文系二生及《南京日报》记者一人来采访，与谈家常。夜朱家维来送礼。天眉寄照片及信函祝寿。

9 月 19 日(6)阴转晴

陶德麟寄来《新诗集》二册。丛文俊送画。焕明送人参，蒋寅送人参，各一支(活性)。朱、柳、章送礼(系)蛋糕、镜框。赵国璋来查《八指头陀集》。点房 101 号 4 室 1 厅。匡老在中心晚筵，祝余寿辰，并请古籍小组、思想家中心等人。晚吕永、三夕来，三夕带来湖北大学及朱祖延礼。

9 月 20 日(日)阴

下午姚继舜、王青答辩，校外委员傅璇琮、安平秋、章培恒、郁贤皓、吴文治。函辽宁少儿出版社催《辞赋》出版。以翔冬师资料寄林从周老师。张辉从河北×县来电祝贺。章培恒、安平秋来赠礼(安带李珍华)。章:五粮液 1、日本茶叶 1，安:果珍 2、人参 1 包。马赫来，叙旧，送水果。李立朴等同学(硕士生)来。陆耀东来。得刘彦邦函，告王淡芳即出国，刘婉已得学位，在美得职。夜观昆剧，与演员合影。傅璇琮夫人徐敏霞赠所标点《郎官石柱题名考》。

9 月 21 日(1)晴

上午与博士生照相多张。万业馨同大羽子某来，赠大羽为余寿作桃一幅。日本学生长仓孝文、冈村翠送蛋糕一个。作协、文联来函通知开文代会，托包忠文请假。下午 3 时，生日庆祝会夜宴，8 时归。匡老、韩书记、傅璇琮、安平秋、高纪言、陆耀东、吕永、郭维森等讲话，余答词。夜尽欢。

9月22日(2)昙

吕永来，带来刘业超函，赠二人《选集》各一。广开来，带到高石斋函，赠冬菇一盒、点心二包。天纵夫妇来，送毛衣各一件，又设计新居装修。

9月23日(3)阴，小雨

到军区招待所定明日下午宴席。武秀成来，馈鱿鱼、磁文具各一。阎韬、蒋荫楠来，代表《学报》赠贝雕屏1具。函于景祥，答其问，并托询《辞赋》事。函贾晋华询助听器(芸笔)。夜钱林森来送芸药，谈良久。劝其培养一中法文化交流接班人。

9月24日(4)阴转昙

函天眉，复函黄淑贤。吕永来辞行，谈及所知老同学有吴开斌(广州市62中)、蒋兆鹄(武汉市公安干部学院，已离休)、姚中琦(武汉市江汉大学)、吴碧萍(已赴美)、陈正凯(已赴美)、韩毓贤(陕西省党校)、方雨晴(孝感教育学院)。杨坚寄来《船山全书》(3)、(11)二册。方诗铭寄来《冥报记·广异记》校注合一册。山西社会科学学会寄来《学术论丛》五册，内有余《宋诗选注序》(太原市桃园南路28号)。齐民友、曾卓贺寿电。川大历史系索纪念缪钺文。沈玉成函，周本淳函，均收到《文录》。江苏《古典文学知识》寄来92年4期与砺锋联合署名文稿费117元。此文出砺锋手，余不当取酬。安徽一农村青年来函谈古文字学，不复。夜在军区招待所宴傅夫妇，周夫妇作陪。

9月25日(5)晴

郭维森来赠石章二方。史梅来，赠饼干等。张宏生送文来审阅，赠以《艺苑卮言》一本。以《选集》一册寄方诗铭，答其赠唐人小说校本。

9月26日(6)昙

又收到杨翊强等所赠湘绣枕套一对、枕巾一对。王立兴夫妇来，要求为王所著书题笺。莫砺锋率女来，借书二册而去。

9月27日(日)阴

中午天纵送栗子烧鸡来，正合二人心意。下午许惟贤来，赠日本漆盒一套三个、日本青茶二盒，又代留学生部赠录像带一盒，所录即为廿一日下午至晚间寿庆情况。

9月28日(1)小雨

严杰来呈诗二首，尚可。又受王步高托，索余友寿余诗，以君惠、修人二篇付之。

9月29日(2)晴

丽则来午饭，赠巧克力一盒、洋奶粉二包，为余二人寿。并带来下列各件：辽宁少年儿童出版社责编李玲函，并寄来《古代辞赋》样书十册；天眉生日卡及支票100美元；王达津贺信及诗一首；王步高函；王淡芳函告去美事，并请题笺；刘乃和函，收到寄去之文；陕西韩梅村函，并汇款百元，拟寄回；研究生院开会通知。大纲送录像机来，并同观录像（生日庆祝会）。晚天渝夫妇来，送虾米一包、一弥勒佛玩具。

9月30日(3)晴

原靖来，带来南师大文献专业十二人所赠田七花粉八盒，并谈其父墓碑事。

10月

10月1日(4)晴

题《重庆艺苑》签寄文史馆罗光杰。复王绍曾。为于世明、曹亦冰书册页。退返陕西咸阳师专韩梅村寄款100元。曲校长辞《大典》事，以其信转高纪言。函葛兆光请代购《吴宓日记》。

10月2日(5)阴，下午晚转雨，大雷

作字一大幅寄安平秋。江苏古籍王华宝（南师大文献毕业）来采访，以致高纪言函付之。得陶国寿医师复信，告彼等三人略况。得成都学生伍术木信，附诗（成都仁厚街5号华协辅导站，610015），即复。夜家宴照相（烤鸭店），尽欢。

10月3日(6)阴

致吴孝感、葛兆光（《吴日记》）、王步高、安平秋、伍术木，4日早发出。

【剪报：《南京大学报》1992年9月30日昭巍《中文师生喜贺程千帆八秩华诞》。】

10月4日(日)阴

得瑞洁函，附荣誉证书、捐赠会讲稿、四十岁夫妇合影，又牛币（赠余80）等物。得周晶函，《版本编》售完，仅余36册；林老师函，又复印费10元；黄建中函，明年5月又黄先生学术讨论会邀请信。中央商场团委戴立明来邀任联语大赛评委。

【夹纸：南京中央商场团委戴立明、沈光芒电话402766、401996、406346。】

10月5日(1)阴转晴

复瑞洁。山东师大党委统战部长陆某（微昭之子）打电话来，要求一捐赠清词目录，出版后赠一部与其母。朱家维与闻其事。中央商场送来征联稿。

10月6日(2)晴

得钟来因赠《真诰研究》、肖瑞峰赠《日本汉诗史》各一册。改好吴志达文，明日寄出。

10 月 7 日(3)晴

复谢肖瑞峰、钟夨因二人赠书。去中央商场评对联。得齐鲁寄来《版本编》到货通知，已交姚松办理；教材科已同意让《版本编》50 册给文献所，也交姚松办。下午许结陪其兄许絅来，赠毛笔二枝，为其题字并印图章。许总来函云曾来送书，已遗失，托许结告之。中文系古典组全体来贺寿辰，赠帆船一。

10 月 8 日(4)

自编好《涉江词外集》，已辍此业多日，今日起，始续笺诗稿。永芬来，赠以《文教资料》《纪念文集》。为《韩愈研究》题笺，交卞孝萱。

10 月 9 日(5)晴

砺锋来定寄发《纪念文集》名单。市作协冯亦同寄来《文学报》，内有谈台静农写祖棻词文字。得刘茂舒寄台湾印弘老诗，又方诗铭收到《诗论》函。许总来，赠《宋诗史》。

【剪报：《文学报》1992 年 9 月 20 日冯亦同《翰墨千秋故人情》。】

10 月 10 日(6)昙

王长发来，为匡老问古书目事。

10 月 11 日(日)晴

为中日建交二十周年书画展作字一幅，已送给康育义，又为王长发作一小幅。天渝率小宁来午饭。做寿时家人合照之照片已分给丽则、天渝等。

10 月 12 日(1)昙

上午在校统战部听十四大开幕式中江泽民作报告，后又座谈约一小时。下午校报(中文系90年学生)及省统战部来采访。徐无闻,名永年。

10月13日(2)晴

函刘茂舒谢寄弘老遗诗,冯亦同谢寄《文学报》。函黄天骥询汪先生日记下落。曾子雍生卒:1909.1.29—1964.12.22。以《游仙词笺》寄缪元朗。

10月14日(3)阴转晴

尉素秋来谈甚久,馈以人参、茶叶,由其侄天王纵陪来。得东安一中学教师询考研究生信,不复;蒋寅信,索文;宋谋玚信,索汪先生文集;周祖譔信,谈会事;韩梅村信,不复;李立朴信,寄照片多张;太原《学术论丛》寄稿费81元。复周祖譔。以《宋史》寄蒋寅转陶文鹏。复宋谋玚,并寄汪先生集。苏昌辽来,馈咖啡,赠以《纪念文集》。

10月15日(4)晴

函游介眉询中大旧事。周来祥来宁开美学会,过访,赠以《文集》《资料》一套。

10月16日(5)晴

二孩来上课,晚吃面后去。

10月17日(6)晴

得南京制药厂教育科张蔚星函,赠字画各一幅;季廉方诗一首,庆80也;岳麓书社王德亚信;清华葛兆光信;杭大肖瑞峰信。

【剪报:《扬子晚报》1992年10月13日第5版宁耘、卢德传《访程千帆》。】

10月18日(日)晴

天渝来饭。

10 月 19 日(1)晴

王德亚寄 300 首序列五种。伯伟、章灿各赠新书。以《纪念文集》等寄廉方。

10 月 20 日(2)晴

得罗光杰函,《重庆艺苑》题笺已收到;许匡一函,《淮南子》已译完;吴孝感函,告其与富娴寿之情况。史梅送来裱好之画两幅。

10 月 21 日(3)晴

以章灿论《西京杂记》稿寄刘梦溪,请刊诸《中国文化》,附去《纪念文集》。曾广开陪河南大学一教师及陈尚君来。

10 月 22 日(4)阴

祖棻集笺初稿毕功。8 月 17 日起功,共用二月余(65 天)。得教委古委刊物《古代典籍与文化》稿费 74 元;季啸风函;大珠妹自衡阳来函,数十年无音问矣。

10 月 23 日(5)昙转晴

砺锋来,转沈玉成赠《左传学史》一册。夜勋初宴周策纵、策横兄弟,金启华、杨子坚及余作陪。得季廉方诗;华师大黄建中信;重庆诗词学会来函,作一骈体,尚可观;国务院古籍小组来函,拟办一刊曰《传统文化与现代化》征稿。

10 月 24 日(6)晴

上午去尉天纵家访素秋,悉高仲华逝世。(住二条巷十一中宿舍二单元 402 室,有电话。)

10 月 25 日(日)晴

复大珠妹,附照片三张。得天眉函,附照片一。

10月26日(1)晴

以下列各种赠周策纵：1. 汪先生文集，2.《祖棻选集》，3.《涉江诗》，4.《校雠广义·版本》《目录》，5.《纪念文集》《文教资料》，6. 复印诗文，7. 沈尹默手书三家词稿。晚周策纵、策横兄弟来访。

10月27日(2)晴

函天眉，附照片10张。下午参加周策纵报告会。晚参加南师大宴请。

10月28日(3)晴

得周勃来函，询去武汉过冬事。

10月29日(4)晴

老尹、淑贤来访，馈土产数事。得舒芜函，附一文(载《文汇读书周报》)；古籍小组函，索聘书回执；敏泽函，求字；缪钺及其孙元朗函，已收到寿联及文；高文函，附其和祖棻诗；季廉方函；邓韶玉函；谭任杰函；周振甫函，附《钱锺书谈艺录读本》；周来祥寄《中国美学主潮》。得《宋诗选》二校样，托章灿校。

10月30日(5)晴

中午应尉素秋邀参加午宴，丽则亦去，将三太子戏龙王杖赠尉。得杨明翰函，收到《纪念文集》；王淡芳函，已抵美；陈致函，索介绍信；徐中玉函，收到《纪念文集》，并嘱为《文艺理论研究》专栏撰稿；吴志达函，请作序；王兆鹏函，请为郝梦龄将军传写诗；澳门谭任杰寄来其诗词复印稿，属作序或题签。

10月31日(6)晴

王华宝来，送来载有其访问记之《江苏教育报》。王，南师大毕业，现在江苏古籍出版社工作。得马騄程函，收到《纪念论文》；夕佳函，又寿礼

200 元;杨文翰书《诗美断想》一册;陆耀东函;黄天骥复信;湘省图函,索文库陈列品。

【剪报:《江苏教育报》1992 年 10 月 21 日王华宝《程千帆教授寄语中学生——治学之道　在于求真》。】

11 月

11 月 1 日(日)晴

复夕佳、陆耀东、舒芜、邓韶玉(在台印书事在联系中)、周勃(告以冬季不能去,并附致王兆鹏复函,拒为将军作诗)、吴志达(同意作序,嘱再问李涵学历)、谭任杰(为写书笺并附文词稿)、周振甫(附文稿)、周来祥(谢赠《美学主潮》)。函卞岐、姜小青,告以《宋诗选》应注意事。

11 月 2 日(1)晴

发出昨日所写信。严杰来送交所作辑佚学计划。裘锡圭、陈初生由万业馨陪同来访,各赠以《纪念论文集》及《版本编》。陈赠余其《书法选》一本,陈武汉大学毕业生,现任教于暨南大学。丽则游八卦洲回来后,作古诗一首,为之批改。失手表。

11 月 3 日(2)阴

作吴志达《文言小说史》序。天纵兄弟自港安返。

11 月 4 日(3)阴

为陈致作推荐信,砺锋办,即寄。得刘梦溪寄《中国文化》5 期,同意用章灿文(《西京杂记》)前半,交章灿复。

11 月 5 日(4)

郝延霖来 80 贺电。以《行卷》《考索》稿及函寄天骢。以推荐书寄陈致。以五千寄一中。复李飞赠寿诗,并赠《文教资料》一册。

11 月 6 日(5)晴

小鲲来,送苹果、豆豉。小海寄生日卡来。王长发衔匡老命,嘱作文,辞以异日。为新点房屋请装管道煤气报告签名。函华中师大黄建中,商黄师纪念文集事。

11 月 7 日(6)晴

得林从周、詹伯慧、石廷玉(不识,求字及考察)。

11 月 8 日(日)阴,昨夜雨,降温

丘良任来访,赠以《诗论选集》《诗世界》及《纪念文集》《资料》,共四种。丘带来钟敬文赠《北师大学报》一本。芸抄《外集》毕功,仅余诗矣。

11 月 9 日(1)晴,7℃,寒

有富送来《新诗集》34 册(2 包)。得张文勋函及赠书《华夏文化与审美意识》。张三夕赠书《史通研究》。

11 月 10 日(2)晴

三夕书有缺,寄还,附送《新诗》一册。

11 月 11 日(3)晴

上午十时乘飞机去厦门参加唐代文学学会年会,十一时半正点抵达。住悦华酒店,乃四星级宾馆,设备甚好,伙食质量亦可,但烹调不佳。遇见很多熟人,可喜,但人事纠纷烦,可恼。晚开常务理事会,商量会议程序。周祖譔读霍来信,表示愿作老百姓,余亦坚决表示不担任任何职务,包括名誉职。陶敏要《版本编》。

11 月 12 日(4)晴

上午九时大会开幕,开幕式后提前回房休息,两新华社记者及一《厦门日报》记者来访。下午休息,未参加会议。四时半开常务理事会,研究换届选举事。周祖譔夫人来访，赠以小礼物。周本淳托找万树《香胆词选》6 卷（清华大学）。晚举行酒会。晚饭后又开常务理事会，确定理事会候选人，至此换届事结束，余将无官一身轻。贾晋华来访，赠以胡蝶屏。

11 月 13 日(5)晴

全日在家休息。上午散步，遇澳门胡君，同摄影。下午林家英来访，赠夜光杯一对。晚二日本学者来访，赠其所著论文，均曾引用《唐代进士行卷与文学》，并问有关古文运动事，听到解释后，连称"我懂了"，并合影。

11 月 14 日(6)雨

上午贾晋华陪游市区，购得衣料、食品等，厦门物价较南京便宜。中午周祖譔全家以西餐宴余二人，晋华作陪。下午周祖譔来谈，甚久。游泉州者遇雨，甚为狼狈，晚七时半始返。八时始进晚餐，并与同桌青年学者漫谈甚欢。

11 月 15 日(日)晴热

上午参加换届选举并首次出席讨论会。下午游鼓浪屿，只在岸边散步，未登山，在新建之皓月园游览一番。

11 月 16 日(1)阴

周祖譔赠 Salad 油，贾晋华赠鱿鱼。回宁后拟将 Owen 所著论文集寄贾。下午闭幕，后赴厦大参观。胡咏絮夫妇在等我们，晤谈甚久，赠鱿鱼、冬菇，回报以小肚。晚厦大宴请全体代表，菜颇精美。大会赠铜镜一、水仙球二。

11 月 17 日(2)昙

上午休息。下午去南普陀，并会餐。

11 月 18 日(3)晴

乘飞机回宁，飞机延误近五小时，十二时余起飞，一时四十分抵宁，回家感到很舒适。回宁后共收到下列各函件：姜小青函，附《宋诗精选》合同；宋谋玚函，附诗稿，收到寄去各书；上海古籍函，云《宋文学史》不拟重印；胡济沧寄诗，附言想入文史馆；江苏统战部约稿；于辅仁函，索《史通笺记》；王博仁长函，拟为余作肖像，索一照片；华中师大函，请为张三夕提升教授作鉴定；邓韶玉函；祖保泉函，收到书，问祖棻简历；周振甫函；唐富龄函，收到《版本编》；吴志达函，讲李涵学历；石天宝寄诗。

11 月 19 日(4)阴，小雨

晨去医院治眼疾。汇书款(23.25 元)与邓韶玉。得舒芜函，附王西彦《文革回忆录》，阅后需寄还；刘国武函；安平秋寄来国家教委古委会与《校勘编》之合同，需寄还，即交姚松办。

11 月 20 日(5)晴冷

函姜小青，附合同；哈尔滨师大历史系，询游寿夫姓名；贾晋华，寄还飞机票等；葛兆光，询《香胆词》有否(周托)；林从周、詹伯慧，告以已为谭任杰书题词；上海古籍，购《两宋文学史》百册；王淡芳、吴志达、祖保泉；裴斐，附文；高石斋，附诗；张三夕，催寄所著新书。寄王西彦《纪念文集》和《新诗集》，于辅仁《史通笺记》，舒芜《新诗集》，贾晋华 Owen 论文集，方咏我《新诗集》，王博仁《诗世界》《诗论选集》。天纵、天渝、丽则、早、燕来，分去饼干。得山东大学编《鉴赏辞典》。朱祖延嘱为《尔雅诂林》题辞，并嘱代求匡老题。王仲镛寄文及寿诗。西安陕棉十厂王仲石求字。

11 月 21 日(6)晴

以朱祖延材料交匡老。为王仲石书一寿字，即寄西安。

11 月 22 日(日)晴

补书技术鉴定会，余以病未出席。天纵夫妇及小鲲来(下午)。早早及墨非来问作字法(上午)。

11 月 23 日(1)晴

复王仲镛,寄《文录》一册。大纲还《文革史》。夜芸不适,畏寒。

11 月 24 日(2)晴

周勋初来谈出版论文集事。张宏生、莫砺锋代取厦门寄来之书送来。胡济沧又寄二文来,不复。张三夕来信云,另寄一书来,以便为之评审。山东大学刘乃昌寄《中国文学名篇鉴赏辞典》稿费。孙世强寄《宜昌·夷陵·欧阳修》一本,拟转赠严杰。广西陈国才函请为其所撰《回文》集作序,拒之。得缪钺纪念册。丽则送来脚踏磁力按摩器。芸病稍愈,但仍不思食。

11 月 25 日(3)晴

匡老来谈,送来为朱祖延题辞。宏生来领取稿费,并赠以《古文鉴赏大辞典》,为具函马兴荣索《词学》第 5 期。钟鹏之女钟光洛来探视,赠押纸一、印盒一。兰州《少年文史报》杨爱民来访,赠《文言虚词类释》一本,为报纸题辞。

11 月 26 日(4)

寄文章及函潘重规。以《文言小说史》序寄吴志达。函朱祖延,寄匡老及余题辞。函周祖譔,附文章。寄《纪念论文集》给徐章煌。函耀东问五千及书、稿费。函天眉附小林晖生日卡。

11 月 27 日(5)

二孩来,授《论语》、唐诗。已旷课二周矣。小燕作诗二首,颇有希望。

11 月 28 日(6)

芸视强疾。王庆元来谈武大事,可叹,馈咖啡,报以《版本》《纪念集》。丽则送信来:林老师寄还《量守庐学记》;谭任杰复函,收到所寄题记及文、词等;石廷玉函,收到为其所题字;张三夕寄来《史通批判》一书;王季思寄来其文章之复印件;《文献》稿费 47 元。

11 月 29 日(日)晴

朱吉宏来,取去工具,电话 398083。小宁来洗澡,送来苏老赠喜对。函马昌松,索找刘老四首词。

11 月 30 日(1)昙

得华中师大电,张舜徽 27 日仙逝,即电唁之。三夕鉴定交邮。函李玲催稿费。(以上章灿办。)为补书技术鉴定书签字。江苏古籍汤敬昭(副总编)、高纪言、黄希坚来谈《大典》事。陈书录来,赠以《古代辞赋》一册。张宏生送来照片数张,内在厦门摄四张,在家中与周策纵兄弟摄一张。得大珠妹函,谈家事甚详;吕永寄文一篇;阴法鲁寄来《中国古代文化史》三本。天纵送挂面来。周勃打长途来,云《考索》购不到。

12 月

12 月 1 日(2)晴

徐有富及出版社徐雁来,有富送《史料学》12 本,徐代《光明日报》采访。倪明和曹大铁来。巩本栋来,赠以《史料学》一本,并托其带一本赠蒋广学。

12 月 2 日(3)阴转晴

复王季思,附诗三首。得贾晋华函,收到欧文书,还旅费(机场修建费)80 元。函曲校长(高纪言求见事)。

12 月 3 日(4)昙

以《版本编》寄阴法鲁等二人,谢其赠《文化史》。文史馆小吴送来曹大铁馈赠之水果。巩本栋来还蒋所借《史通》。

12 月 4 日(5)阴转昙

黄进德自扬州来，还《诗话百种类编》。

12 月 5 日(6)阴

寄阴法鲁《版本编》二册。订鸭，明天婉长尾也。

12 月 6 日(日)阴，小雨

得天眉函，舒芜、方咏莪、邢燕铭(游介眉之外孙)函。中午与丽则一家同进餐，大吃烤鸭，甚欢。南师大寄来《文史资料》稿费 235 元，拟舒芜 50 元，莫、张、张、程、严、巩、陈各 10 元，余 115 元分之。

12 月 7 日(1)

函吴志达，问序收到否，内附致耀东函，问五千元及《新诗集》事(航空挂号)。汇舒芜《文教资料》稿费 50 元。购得袜子若干双，拟带给天眉。得陆耀东函，钱已收到，《新诗》尚未寄出；三夕函，谈张老逝世事；刘彦邦函，告杨淑媛去世；贾文昭函；吴调公函转来胡济沧函；周祖譔函；钱鸿瑛函，索《宋文学史》；李立朴寄来全译四本：《文心雕龙》《说苑》《贞观政要》《宋词三百首》。陶敏来，赠以《版本编》及《史料学》。天渝来午饭。

12 月 8 日(2)晴

复陆耀东，函陶德麟。

12 月 9 日(3)阴雨

贵州出版社编辑费三百元；詹杭伦寄《川师大学报》增刊六辑一册；陈一新贺年片；雄哥信，得良药，略瘥(嫂笔)。

12 月 10 日(4)晴

上午史梅陪往胸科医院检查心脏，做了心功能、心脏透视，尚需做动态心电图(挂器械 24 小时)，待安排时间。朱美医生说是脑动脉粥状硬化引起的房颤，不是冠心病。

12 月 11 日(5)晴

得韩国丁范镇教授贺年片及照片；上海古籍复信，属寄款购书；羊春秋嘱任经典主编；得南京文联通知，得文艺奖，嘱领，已过期；卞岐函，关于《宋诗精选》合同事。《宋文学史》620 元，打 75 折，再照书价加 15%，100 册共 558 元。周晓扬赠挂历一。

12 月 12 日(6)晴

今日起停服山海丹，改服朱美医生所开 Panagin 及 Dilzem。复羊春秋，致谈风梁，顾问报酬事；钱鸿瑛(《宋史》可在沪购)；卞岐(告订书 100 册)。

12 月 13 日(日)晴

函吴调公(谢《神韵论》)。函韩国丁范镇、刘彦邦、贾文昭、方咏莪。七姐、老白来，馈苹果，报以孔府酒一瓶。张伯伟来谈其所进行之项目，赠以《史料学》。

12 月 14 日(1)昙

上午十时在胸科医院装动态心电图盒。得辽宁少儿出版社李玲函，言稿费事；朱祖延函复谢题词，并仲华事；广西师大孙明非寄照片二张；陈得芝赠论文一篇。

12 月 15 日(2)晴

晨去胸科医院拆去动态心电图。勋初来以论余诗学文见示嘱阅，告将以《续提要》赠之。

12 月 16 日(3)晴

函尉素秋、丹徒通讯设备厂。章灿送其所写娇女诗来。王长发取走为古委会二人所写册页。张宏生送其所撰中玉所需之文。伟华来，赠 Scarlett 一本、复合维生素一瓶，在此晚餐，小鲲及真真亦在。赠伟华绣屏一，为婚礼。

12 月 17 日(4)晴

周晨取去赠勋初之书(《续四库提要》十三册)。得陶爽函；蔡厚示贺年卡；李飞贺年卡；新加坡王国璎寄来《中国山水诗研究》一本、论文数篇；程一中函；四川大学历史系索作者简介及祝贺文字；马昌松寄来《诵帚盦词》，并索我的生平简介。小红送做好的裤子来，带走一包笋衣。

12 月 18 日(5)阴转晴

复缪元朗，彦威论文集事。以宏生所写短文寄中玉。以西彦《回忆录》寄还舒芜(挂号)。下午王永芬来，赠挂历两幅，报以笋衣一包。《沈祖棻诗词集笺注》抄完。

12 月 19 日(6)小雨转阴

函雄哥，附贺年片。发贺年片给陶爽、陈贻焮、尹禄光、孙明非、程之、陶华。《涉江词笺》稿交砺锋审。得陶华函，程之贺年片。

12 月 20 日(日)阴

复程一中。宗良纲来访，赠茶叶一匣。收吴志达函，已得序文；韩理洲《唐文考辨》精装本；林先生函及记事本 4 个；武大出版社函及 300 册《诗集》发票 1785 元。

12 月 21 日(1)昙转晴

复林从周、韩理洲。复武大出版社催样书、稿费。

12 月 22 日(2)阴

得董健赠《文学与历史》，胡国瑞赠《诗词赋散论》。陈平原函告将于月底来访。命伯伟打电话给平原。下午曹虹来,送系赠贺年片,以旧赠铃木虎雄文赠之。

12 月 23 日(3)晴

晨腰扭伤。陈书录来,拿去还徐复的《闻一多选集》四册,赠以徐有富所著《史料学》。

12 月 24 日(4)晴

赴医院看腰伤。武秀成来,赠以《史料学》一册。邮局送《新诗集》220 册来。《历代才女诗歌鉴赏辞典》主编郑光仪 85 年在北京师范学院分院开过讲座,如赠书,可请周笃文转。

12 月 25 日(5)晴

王立兴夫妇有所请托。得李立朴寄《唐诗三百首》译本,国务院古籍会议纪念册,澳门青州小学纪念册,村上哲见、傅璇琮、张蔚星、琴园诗社、《河北师院学报》刘宪章、孙祖彬、臧维熙贺年片,傅璇琮、贾文昭、王文才函。张涤华逝世,即发唁电。

12 月 26 日(6)阴,小雨

上午到校医院作理疗,用红外线照疗,有奇效。湖南文史馆馆长彭小峰、馆员戴铁珊今晚来宁,后日将来晤。中央商场团委戴立明来商谈对联事。

12 月 27 日(日)小雨

湖南文史馆彭、戴二人上午来,谈一小时,赠稿费 200 元,还赠以《文史资料》及文稿。天纵来改换莲蓬头。得陶敏函,龚任之贺年片。

12 月 28 日(1)阴转昙

孙原靖来,取去常国武书写的孙老墓碑,托其带五本《新诗集》赠霍、金、吴奔星、吴调公、林咏泉，并带去旧挂历赠赵国璋。小戴(人民商场)取去评选的对联，不去参加讨论。得徐中玉函，收到寄去之文；王西彦寄来《凄怆的镜子》一本；高文函，附字一幅；张大兴函；蒋寅寄来《大历诗风》两本；潘重规寄来《顾亭林诗》一本。贺年卡：蒋寅、西安唐代文化研究中心、杨翊强、夕佳、裴斐、贾晋华、湖南诗词协会、方咏莪、于景祥。伟华、天渝来晚饭，赠伟老虎鞋，又托其带《诗集》一册与充和。

12月29日(2)晴

陈平原由张伯伟陪同来访，赠其所著《大书与小书》一本，报以《宋文学史》《纪念文集》《沈祖棻选集》《新诗集》各一。市文联送来得奖证书及所赠电火锅一个。得宗良纲函，请题诗一幅；潘重规函；李培坤函，请题书签；陆耀东函，寄还舒芜信；于景祥函，请题书签。贺年卡：李悔吾、富美子(照片二张：余夫妇及富美子、笕久美子、静永健合影)。《沈祖棻诗词集笺》稿复印好。曾明扬来访，和天渝合请其晚饭，伟华在座。

12月30日(3)阴

得小佳函；钟来因函，请题书笺；诗坛联谊编辑部函；曾卓、加藤国安贺年卡。

12月31日(4)阴

寄照片一张与湖南文史馆作“文史拾遗”之用。函李继芬询雁晴先生生平，以有富失其材料也。徐有富夜送来《校勘编》清稿。得群华贺年卡。送一挂历给理疗女医生。

1993 年

93 大利!

1 月

元旦(5)晴

巩本栋夫妻率子、曹虹率子来拜年。万业馨、天瑜打电话来拜年。郭维森来。周勋初来送文章改,周月结婚赠糖,送厦门时拍的照。张璋寄照片来。

1 月 2 日(6)晴

赵国璋来。芸视强疾。以漆盒一具赠勋初女月,贺其新婚,早早送去。

1 月 3 日(日)雨

高纪言、黄希坚、卞孝萱来谈《中华大典》事。诗词稿准备好,黄来带去,约隔日来。下午新任文史馆副馆长王葆权及倪明同来访,并赠礼品水果等。晚黄永随其母来,已长成一大汉,并已与胡松华之女胡青结婚。

1 月 4 日(1)晴

写书签三枚,又为宗良纲印集题一诗:

大匠斫山骨，雄浑肖天造。

妙手偶得之，非代拙以巧。

嗟彼俗薄儿，徒矜姿媚好。

章灿来坐，谈评级事。周勃托出版社马蓝婕送200元。得佘正松（原山大研究生）函，并寄来《高适研究》一本；香港黄锦鋐寄《黄天成先生诞辰论文集》一本；韩梅村寄《多棱透镜下的人生》一本；周策纵诗及贺年卡；刘君惠函；韩理洲函；丘良任函及书三本（景宋本三册）。贺年卡：吴在庆、市文联、湖南省图书馆、平田昌司。

1月5日(2)阴雨

发宗良纲、李培坤、于景祥、钟来因题字。王立兴带来张国光赠有关《红楼梦》之书。复佘正松、于辅仁、丘良任，均为收到其所赠书。

1月6日(3)阴

复傅璇琮、陆耀东、陶敏。函曲钦岳荐程。吴新雷来谈售书事。史建华送《张金沙书法选》等件来，请作序，并赠高丽参茶一盒及海珍宝二盒。复谢周勃赠泉二百。

1月7日(4)阴

武秀成代结古籍书店代售《诗论集》账，取得84元。贺年片：王弋丁、林庚、武大刘良明、姚继舜、王兆鹏、潘世秀（兰州大学）、韩国金在乘、吴志达、葛晓音、张三夕、佘雪曼。葛晓音、刘良明函。今日起本栋来理售书。郭维森赠《妇女诗词辞典》一册，盗用余名为顾问。

1月8日(5)阴

徐有富来致《史料学》校订费千一百元。

1月9日(6)雨

得钱南秀信及贺年卡，胡济沧赠《杜诗新话》，刘良明赠《中国小说理论批评史》。天纵、小婉、小鲲来，发过年费及小晶学费。小鲲修好煤气灶。写《张金沙书法集》序。

1月10日(日)阴

天渝全家来饭，美林烧羊甚佳。

1月11日(1)昙转晴

砺锋来还书，并呈所写论荆公诗文。伯伟来还书。中心来取第一批书。小鲲来饭，真真同来。吉首大学瞿明刚(现为包忠文先生研究生)来访，道刘敦纲先生、刘永济研究室事，并送茶叶。

1月12日(2)阴，小雪

文史馆韩文忠主任陪省委统战部林副部长(女)来，致年礼二百元。浴，甚畅。得《中华诗词大赛获奖作品集》；张可礼寄《东晋文艺系年》；张高评贺年片，告三月中来游浙东，或来访；李培坤函；武大出版社陶佳珞函；邗江县政协寄《扬州竹枝词》；唐富龄函；吕永贺年片；瑞洁贺年片。

1月13日(3)阴，微雪

闭门。

1月14日(4)微雪，阴

预报暴雪，不灵。宏生来送系中发柑一箱，嘱寄《龙门阵》祖棻词笺稿(挂号)。黄希坚来电谈来取稿事。

1月15日(5)晴

黄希坚取去沈集稿。闻吴奔星夫人逝世，函唁之。小宁来，得奖金50元。杨军来访，馈洋河大曲及桂圆。

1月16日(6)晴

函罗宗强，询问李笠之生卒年。得黄瑞云寄《寓言》一本，蒋寅寄《大历诗风》一本、《李商隐索引》一本、《张舜徽生平》一本，叶嘉莹函，刘孔伏函，屈守元函附顾印愚先生书联影印件。省社联冒名芳、赵杰来，赠电汤婆一、人参一盒。马鞍山杨功武赠酒三瓶、桂圆一盒、莲子一盒。小佳来信，木生迟来。

1 月 17 日(日)晴

复小佳函。上午芸与丽则赴南大食堂购年货。函鲍振元寄照片。凌萍萍送银柳来。伯伟来借棉被，并带《诗学》第一期来看。

1 月 18 日(1)晴

天纵来，送小包装肉类数包。以不需要之杂志及废纸交大纲出售。

1 月 19 日(2)晴

得陶德麟函，蒋寅函，程一中函并附投资款收据，曾伯藩函，江苏古籍寄来《宋诗精选》合同。鲁国尧来，伍杰打长途来拜年。

1 月 20 日(3)阴

以《新诗集》二包寄耀东。辞重庆诗词协会顾问。复曾伯藩、刘良明。得谭任杰信及贺年片；晴佳信，云寄百元为余寿。得安徽大学中文系姜海峰函，要为三曹学术会题字。董健来贺年。黄希坚来谈《大典》名单。

1 月 21 日(4)晴

天纵来送点心。吴锦来，馈香肠、皮蛋，报以《诗集》，另一请转顾复生。复蒋寅、叶嘉莹函。赖永海赠《禅学研究》杂志一册。

【剪报:《南京日报》1989 年 1 月 29 日第 3 版程千帆、陈永昌《关于对联的对话》。】

1 月 22 日(5)晴，除夕

复程一中。卞孝萱来，送一台历。傅璇琮来长途，告漓江出版社事。

得齐鲁书社题字(《艺苑卮言》)酬五十元。得岳麓编辑胡渐逵函,黄瑞云函。夜吃团年饭,尽欢,共19人。

1月23日(6)癸酉元日,晴

雄鸡一声天下白。大吉大利。贺年:郁贤皓(来),陈美林、叶子铭、朱寿桐(电),许结、巩本栋夫妇(来),吴新雷、曲校长夫妇、伯伟夫妇、郭维森(来),康育义、潘知常(电),吴翠芬(电),许志英、朱家维(来),尉天纵(电),蒋广学(电),姚继舜(电),王步高(来,谈办词学刊物事),周勃(电)。夜天眉打长途来贺年。

1月24日(日)晴

贺年:金启华(电),陈书录(来),砺锋夫妇(来),徐有富(来),裴显生、凌焕新(来)。砺锋全家来,以桂托砺锋送浦师傅。天渝全家来午饭。

1月25日(1)晴

丽则今晨赴武汉。改砺锋论荆公文毕,交宏生带去。贺年:许邦政、吴翠芬夫妇、勋初夫妇、张宏生(来),霍焕明、原靖(来,赠水果,报以桂圆)。

1月26日(2)晴

威克携二孩来午饭。天纵来。今日起看《校勘编》。得陈继明函,晴佳寿礼百元。七姐夫妇来,带来洋参丸及新疆土产。

1月27日(3)晴

早出存款。阎韬、蒋广学、蒋荫楠来。连文萍贺片,云已辞《国文天地》,读东吴博士班。购得饼干三包,嘱美林送与姐。

1月28日(4)晴

吴文治来,赠水果。小鲲来,修好各种电器,并赠香蕉。

1 月 29 日(5)晴

得任秀金(吴白匋夫人)函,天眉寄来 Calendar。复任秀金。函潘重规。

1 月 30 日(6)晴

得成田静香贺年片及婚照,吴调公函,李正宇函,许匡一函,马昌松贺年片。以《诗集》分寄蛰存、中玉、谷融。

1 月 31 日(日)晴

得罗宗强复信,杜兰亭寄诗,及武大样书。天渝全家、早早来午饭。得天眉函及照片一张。

2 月

2 月 1 日(1)晴

寄本市《诗集》,平邮。复天眉。

2 月 2 日(2)晴

复李正宇。函邓韶玉催书。复黄瑞云,收到《寓言》。复陈继明。复胡渐逵。复胡国瑞,收到论文集。算《新诗集》字数,共诗行十七万二千字,文四万五千字。

2 月 3 日(3)阴

得华中师大黄建中信,办会哭穷;清水茂贺年片;陈贻焮明信片;丘良任诗词集《补蹉跎室存稿》;余恕诚谢寄资料信;上海《文学报》(200031)李福眠赠《文学报》;辽宁少儿出版社信通知购书以 50 本为限,已由曹虹收到,又整套一部;陆耀东信,云将改图。

【剪报:《文学报》1993 年 1 月 28 日《闲堂老人程千帆》(摘自《光明日报》)。】

2月4日(4)晴

赴匡老茶会,漫谈,一时归。看胃病,吃霍香正气丸。

2月5日(5)晴

卞岐来送《文苑丛书》一套。以《名家推荐丛书》付早早。二雏来午饭。芸统计萘集字数毕:1. 诗词(十行千字)849800字,2. 序笺等33880字,共883680字。

2月6日(6)晴

章灿交来评《宋人传记索引》稿,即挂号寄璇琮。复张高评。以《诗集》寄《诗刊》同人。威克来告丽则在武汉玩乐甚欢,拟11日动身归来。即留在家午饭,饮酒。

2月7日(日)晴

寄耀东信(《诗集》稿费细账),舒乙、蒋寅、敏泽《诗集》各2册。省出版局图书处刘光祖(高云岭56号,210009)寄赠《书与人》一册,内有余相。

2月8日(1)昙转阴

早晨去看病,脚肿、牙肿。得关道雄函及文,请为之推荐读博士;陈辽函,收到书;丁芒函及《散文集》;《书与人》稿费(照片)30元,寄书四本。抄词笺付文史馆。砺锋来,嘱其代办关道雄所需推荐书。

2月9日(2)晴

伯伟代寄王国璎、连文萍、叶嘉莹、周策纵书。周勃打长途电话来云,托王兆鹏带来腊鱼、腊肉。

2月10日(3)昙转阴

寄书与刘光祖等。

2 月 11 日(4)晴

文史馆史建华取去馆刊稿件。得曾卓函，诗词大赛纪念品。新加坡大学要求评金启华。收到《文教资料》代垫舒芜稿费 50 元。

2 月 12 日(5)晴

收上古高克勤信，买书款未收到；王博仁信，附字二纸。尉淑玲来电话告台稿收到，正设法中。寄关道雄、金启华推荐书(次日)。

2 月 13 日(6)晴

丽昨返，今晨来，带来咖啡(垂华)、泉二百(小佳)，又烧卖 17 枚。芸改二孙女小结。

2 月 14 日(日)晴

得李继芬告雁晴生卒。蛰存函告收到《新诗集》。杭州师院寄马一浮纪念集二册，稿费 22 元。

在各阶段中必然有一些人，他们既然对物质上的解放感到绝望，就去追寻精神上的解放来代替，就去追求精神上的安慰，以摆脱完全的绝望处境。——恩格斯《布鲁诺·鲍威尔和早期基督教》

2 月 15 日(1)阴，微雨

丽儿请为其中学师某君(章诚杰)题黄鹤楼诗，半夜醒，成一绝。复施蛰存、王博仁。

2 月 16 日(2)阴

得张志岳赴，杨文翰信，徐小跃赠《禅与老庄》，晴佳信及其孙女照片。刘难白(曾在武汉大学见过，现在新疆)托燕子矶中学王老师带来所写剧本，是根据吴志达为祖棻所写小传改写的，事实不符，写作技巧亦差，决不能让其出版。

题宗良纲印集

大匠斫山骨，雄浑肖天造。妙手偶得之，不代拙以巧。嗟彼俗薄儿，徒矜姿媚好。

忆黄鹤楼

偶忆江楼矗晓晖，如何西笑不成归。楼边官柳依然好，饱阅兴亡应长围。

2月17日(3)阴到昙

复刘难白，以《宋史》寄张璋，未即交邮。王兆鹏来，馈口服液二盒，又带来三夕赠豆丝(托南师大研究生刘尊明带)，周勃赠鱼肉。

2月18日(4)阴，微雨

文史馆送文具来。万业馨夫妇来。咸鱼以酒泡而封之。古籍汤敬昭、黄希坚来谈《大典》事。得潘石禅复信，马一浮讨论会邀请信。

2月19日(5)阴

以《宋史》寄张璋、张可礼。复杜兰亭；上古高克勤，寄书签(《神女之探寻》)。

2月20日(6)阴雨

二孩来上课。小鲲来修电，示天眉信。赖永海赠《佛学与儒学》。

2月21日(日)阴

上午天纵购得踏花被送来(82.5元)。下午天渝全家和小红、小严来晚饭。晚丽则夫妇来。得雄哥；舒芜(附纪念吴白匋文)；宋谋玚函，谈《诗坛点将录》事；李立朴函，谈出版事；《诗刊》社丁国成函，收到《新诗集》。

2月22日(1)晴转阴

得蒋寅函；李福眠(《文学报》)函，收到《新诗集》；朱正函，收到《新诗集》;于景祥托人带来人参两盒。夜华东工学院党委宣传部陈东林及该校编辑出版中心徐广联来访,询其撰文(论雪莱《西风颂》事),赠所译《民俗辞典》一册。华东工学院,南京孝陵卫,邮编210014,Tel432145转2231。下午散步至新街口。

2月23日(2)晴转阴

下午散步至鼓楼,购得麻油及芝麻酱。得周笃文函,附林岫函;绿原函,收到《新诗集》;四川西南师范大学新诗研究所邹绛函,收到《新诗集》,并寄来《中外诗歌交流与研究》一本,1992/4;张叙之函,收到《纪念文集》和《新诗集》,并为其弟张学植索字;安平秋寄来《校勘编》资助合同书;黄裳寄《榆下杂说》;罗孚寄《绀弩诗全编》。

2月24日(3)阴

周骋来谈,《沈祖棻诗词集》责任编辑为冯保善(三编室)。赠思想家中心书,本栋已清完。《校勘编》毕功,交有富。

2月25日(4)晴

廿一中老学生翟春高、汪先义、朱知富、胡育岭、陈春芝、张莲、吴春英来谈,甚欢,带来果珍二瓶、汾酒二瓶、中华鳖精二盒、香蕉一挂。

2月26日(5)阴

得武大校友总会约写自传信;《中国文化》稿费100元;谭任杰信及其在《澳门日报》刊《新诗集》书评;国际旅行社上海分社姚桐椿函,要《涉江词》及清人词话集评;山东省教委要殷焕先祝寿文字。函刘梦溪寄《古典文献研究》一册,并向索《中国文化》第六期。函复舒芜。

【剪报:《澳门日报》1993年2月19日第29版谭任杰《玲珑透彻　意境无穷——读〈沈祖棻程千帆新诗集〉》。】

2月27日(6)阴,微雨

复蒋寅、姚桐椿(问清人词选集评买处)。得钟敬文诗一首,由其博士生杨利慧转来，又附《文汇读书周报》记敬文与绀弩事文一篇。诗曰：

两老隔南北，相望思郁苍。京西留艺语，岭表共心香。忠义谁相激，清修世或忘。吾身甘淡泊，不羡拜金狂。

得一中信，又南京制药厂教育科张蔚星函（无事，谈宋诗而已）。得蒋寅寄《文献》四册，即交有富。

2 月 28 日（日）晴

函陶德麟、佳珞、丁国成（附丽则诗）、邹绛（西南师大新诗所，同意其收入祖棻诗）。《两宋文学史》款 2 月 15 日要财务处汇出。

3 月

3 月 1 日(1)晴

复周笃文、宋谋玚、李立朴。钞饶固庵纪念文集、沈词笺毕。得吕剑函，收到《新诗集》；中国旅行出版社寄来张秉戍编《中国诗分类鉴赏辞典》一厚册，已转送丽则。参加校长换届会，致欢送词。

3 月 2 日(2)晴

寄还华东工学院徐广联文与陈东林（见前 2 月 22 日日记）。致李立朴、连文萍、宋谋玚、周笃文。寄饶宗颐纪念文集稿与复旦大学中文系徐鸿玉。孙小妹来告系漓江出版社，书名“历代文艺精品综览”。陶敏寄来刘禹锡集样稿。吴在庆函谢《新诗集》。中心取去全部书，交五千讫。

3 月 3 日(3)晴

得丘良任函，附钟敬文纪念绀弩 100 岁诗。长沙湖南财经学院徐唐龄寄一五言绝句，似是某诗集尝选其诗，误以为余选之也。得野谷信，收《新诗集》并约作文字；蒋寅信。李立朴自贵阳来电话。函王馆长，拟赠诗集与文史馆。

3 月 4 日(4)晴

复丘良任、王文才。致钟敬文。嘱章灿将《涉江诗词笺注》图画文字及需删改的地方送江苏古籍。

3 月 5 日(5)晴暖

早二人步行至大三元吃早茶，尚可，较翠园为佳，并购得咖喱鸡饺十枚。下午洗澡。

3 月 6 日(6)阴，微雨

复杨文翰。得关道雄、张可礼、林从周师复。文史馆王馆长取去诗集约 60 种。

3 月 7 日(日)晴

写字三幅(一成田，一老许，一殷焕先——精研苍雅，老学不倦；专隆教诲，德泽周流)。陈东林、徐广联来询稿，告已寄出，各赠《新诗集》一册。以殷焕先寿对寄李志华(山大出版社)。

3 月 8 日(1)晴

收《文教资料》(序跋)稿费 80 元，李培坤、黄建中函。午宴三八战士。以书纸寄成田、安大三曹会。

3 月 9 日(2)阴，微雨

写永芬、丘良任、张学植字，寄出。得王季思信，欲发表《独携》，似未可。

3 月 10 日(3)晴

作字二幅，丽儿请。函程一中，询葆真丸。复蒋寅，删其文集(又寄《新诗》三册与之)。

3 月 11 日(4)阴转昙

寄字与敏泽、野谷。写字毕。函周勃、舒芜、王季思。寄蒋寅《诗集》三册。

3 月 12 日(5)晴

得傅璇琮、王淡芳信，葛晓音寄《田园诗研究》，李立朴寄《国策》《陶诗》译本。

3 月 13 日(6)阴雨

改勋初二文毕。勋初来谈，取去。复王淡芳。《宋诗精选》所选诗共1196 句(12 万字)。得陆耀东信，武大擅改合同，可笑。

3 月 14 日(日)阴雨

复耀东附寄武大要传记。得《西北大学学报》(《全唐文》序)稿费30 元。

3 月 15 日(1)阴雨

资料室徐天健取去史梅交来《金瓶梅词话》《三续金瓶梅》《李渔全集》三种六函，有收条。

3 月 16 日(2)阴

书联赠葛晓音。函陆耀东改传记一句。陈美林来。中心送购书约来签字。得湖北社会主义学院(武珞路一号)《荆楚诗词大观》郑自修信，云将出版第一集。

3 月 17 日(3)晴

得余顺尧、贾晋华信。

3 月 18 日(4)晴

省电视台杨宪泽、杨林来，各赠《新诗》一本。周骋来，赠以《宋文学史》一册，又托其赠黄希坚、冯君各一册。得雪曼开画展帖（在杭州展出其重庆雪曼艺文馆藏画）。包忠文赠《现代文学观念发展史》，佳。

3月19日(5)阴

收到《宋文学史》，章灿去取回。

3月20日(6)阴

得马騄程函，嘱题签，即书寄。天纵来，带到沙拉酱二瓶。

3月21日(日)阴

将寄出《诗集》包扎毕，共69册。取二千交天渝。

3月22日(1)阴，微雨

一良寄80寿辰纪念文集。陆耀东来函，附谭任杰《新诗》评，又云稿费即寄。剑桥传记中心函，云已入名人录。陈美延函告收到《古典文献研究》。

3月23日(2)阴冷，微雨

昨及昨夜至今晨发房颤，久不发，或系多运动之故，后当戒之。丘良任信，询青骨、夷州等。

3月24日(3)阴

复丘良任、周一良，以《纪念文集》及《宋史》赠一良。巩本栋为寄出《新诗集》(大宗69本)。

3月25日(4)阴雨

3月26日(5)阴

得野谷函，为沙鸥要《诗集》；陶佳珞函；程一中函（拟续集资）。浙大中文系教授陈望衡，湖南师大毕业，治美学，拟赠书一册，未到也。舒芜函告罗孚事。又《华夏诗报》二份，拟寄一《诗集》与之。

3月27日(6)阴

以《诗集》寄沙鸥、《华夏诗报》、周良沛。得蒋寅22日发信，似11日所寄信又《新诗集》三册均未到。得汪孝文函，寄《徽州词征》。

《名人传记》1993年第3期唐玉宏《你的梦轻轻坠入我的梦中——记我国当代著名学者程千帆沈祖棻夫妇》，名人传记社，郑州市农业路73号(450002)。

3月28日(日)阴

写寿季思从教70周年联，并托俞为民赠人参一支。

蕙树兰滋，苍芳遐布；

词山曲海，教泽周流。

复蒋寅。复程一中，拟集资贰仟元，并附函耀东将稿费转一中。得小海寄来年历和曹明扬在宁时所摄照片，邓启东子邓安华函。许逸民、刘石、张世林由王长发陪来。刘石，启元白博士生。张世林，即原《书品》主编。

3月29日(1)昙

上午赴匡老《现代化》刊座谈会。晚张高评、林庆彰由张宏生陪来(收稿费30元，又代黄进德收12元)。羊春秋寄所著《散曲概论》。曹月堂寄《文献》三册，又索字。李立朴寄来推荐函稿。

3月30日(2)晴

寄李立朴介绍信，曹月堂字。为文史馆书横幅“右文敬老”。得葛晓音函，熊鉴赠《路边吟草》，陈望衡赠《心灵的冲突与和谐》。晚参加请张高评、林庆彰宴。陈望衡住址：浙江大学求是村72栋308室(310013)。熊鉴：广州东山美华北路九号当代诗词编辑部(510080)。

3 月 31 日(3)晴

复熊鉴,赠以《文史资料》。复羊春秋,谢赠《散曲》书。复陈望衡,谢赠美学书,又赠以《选集》《世界》《新诗集》《文教资料》。复程一中,收到寄药。漓江出版社社长彭石生(彭匈)。

4 月

4 月 1 日(4)晴

致辽宁少儿出版社函。收到北大《全宋诗》五册(6—10)。为丽、林各买风衣一件(共 88 元)。湖南省图书馆张建国来,赠以 93 年前出书存者十余种,列入名人文库。

4 月 2 日(5)昙转阴

得潘石禅、王淡芳、敏泽、《南京日报》严中(记者,湘人)。省委统战部林副部长(女)来告政协改选事。

4 月 3 日(6)阴

得王利器复伯伟所询俗字,《诗刊》稿费 100 元。下午赴省委开会,通报省人事变动事。

4 月 4 日(日)阴

为刘母、陈师作百岁寿字各一幅,即寄。天渝、丽则二家来,中午吃担担面。威克未来,买赖汤圆与之。复《南京日报》严中,询其所作对联之意见。得连文萍台湾信。

4 月 5 日(1)阴晴

陆国斌电话谈香港出文学史丛书事。以寿刘母字寄王淡芳。得《诗刊》稿费百元。

4月6日(2)晴

黄希坚来谈《沈祖棻诗词集》订合同事。得黄进德复函;中华代寄《全唐诗补编》三册;屈守元八旬寿辰纪念集;华师大、南开图书馆收到《新诗集》复函。周祖譔托中华代寄陈尚君《全唐诗补编》,开唐学会赠品也。勋初赠《考索》《纪念文集》各10册。

有容乃大,无欲则刚。

4月7日(3)晴

黄希坚来电话谈妥棻集稿费,总约一万七千,预支六千。复屈守元。得蒋寅信,周一良信。函天眉。陈纳逊先生寿辰字及函送生物系。清华大学、北师大图书馆函复收到《新诗集》。路遇徐师吴奔星之学生张亚夫,在文化局工作,喜搜集雨花石。为总机房卢兴国新生小女取名英丽。

4月8日(4)昙

上午参加文史馆40周年庆典并午宴,座中有统战部长周加才、省府秘书长许京安、政协张澄寰等。

4月9日(5)晴

黄希坚来电话,同意一万八千。出席省委座谈会,及谢之送行。收到《荆楚诗词大观》。

4月10日(6)晴

得张学植收到书件复函。得武大《校友通讯》92年2期,其中徐正榜《武汉大学历史始于自强学堂的考证》一文,有光绪二十二—二十八年,十发翁任自强学堂及改名方言学堂时"提调"的记载。

4月11日(日)乌云

改勋初文毕。天渝全家及丽则午来包饺子。小纪家中电话319216。

4 月 12 日(1)昙

古籍冯保善送来《清诗纪事》三册，要求出鉴定推荐书，携去沈集合同稿。辽宁少儿出版社复信，社长名于耀先。作对联"有容乃大，无欲则刚"赠本栋。康育义送参观书展照片三张。复周一良，询芸在京学校事。

4 月 13 日(2)阴

周骋、冯保善来，签沈集合同。史梅取去赠大馆书，又《诗刊》，及代售《诗论选集》8 册。伟华来，带到 Frank《宫女与梅花》一本，又充和小笺，报以《宋文学史》《宋诗精选》各一册。伟华赠人参及食物数种。

4 月 14 日(3)阴

补牙，毕功。《华夏诗报》、浙图复收到《诗集》。收《铁道师院学报》稿费 100 元。嘱宏生代复一小学老师问题。水新之先生带来钱谷融赠参 10 支。

4 月 15 日(4)阴

写完推荐《清诗纪事》书件。得叶嘉莹《词学古今谈》及函。羊春秋约作某公百年书画评委。

4 月 16 日(5)阴

得武大吴于廑讣，即电唁。万业馨来，示以卜辞材料，汪珍如问也。

4 月 17 日(6)晴

发唁吴于廑电。买领带被骗 10 元，以赠天渝，又合用，奇。收古籍预支六千，日期 93 年 4 月 17 日，支票号码 453592。得淡芳信，收到寿刘太夫人字。得安徽凤阳中学汤明珠函，求教。人民文学出版社绛云求题"魏晋南北朝文论选"。上海图书公司刘毅强求写格言，拒之。

4 月 18 日(日)晴，23℃

芸代复汤明珠。自复羊春秋、刘毅强、绛云。柳定生来电话索《纪念文集》。宴李黄、伟华。

4月19日(1)晴

以《纪念文集》寄定生。复谢钱谷融赠人参。函潘长胜询《索引》进度。得三夕函，决去海南。

4月20日(2)昙

得复旦赠《近代文学批评史》。武大《新诗集》余额1850元。

4月21日(3)昙

蒋寅寄清华出《吴宓与陈寅恪》。舒芜信，黄建中信。取回武大稿费，同时寄一中二千。

4月22日(4)昙热

复舒芜，同时寄《精选》。复黄建中，辞赴会。

4月23日(5)晴热

砺锋来谈编集事，又告勋初。赠以书数种。许总来，约为《江海学刊》作文。

4月24日(6)晴

函高纪言、饶大姐(钦珩)，复算《精选》稿费。复邓安华、蒋寅。朱寿桐赠《新文学现代化》一册。以数书赠宏生(有《主客图》)。寄出《纪念文集》与柳定生。

4月25日(日)晴

《上海文化艺术报》桂兴华来访谈南大拍片事，赠以《纪念文集》《文教资料》《诗集》《诗论集》共四册。晚小燕来饭，久未见矣。

4 月 26 日(1)晴

一良来函,告其夭人与芸同学。上海出版公司刘毅强强令作名人,不理。以录像带二请朱家维交宣传部。收到周勃寄茶叶,即复谢,并告上半年不一定能去武汉。赵宪章为社科院约写回忆录稿,辞之。

4 月 27 日(2)昙

得四川大学《宋文化》集刊第二册。看小佳与婉儿信。

4 月 28 日(3)雨

定生函告诚忘逝世情况。

4 月 29 日(4)阴

晨唁定生。得程一中信,收到二千;又黄瑞云信,托学位点。复一中,告不去武汉。

4 月 30 日(5)阴

芸去三医院请钱夫人看病。得屈义林函告在台北开画展;又曹月堂函告收到作字,并赠吴孟复之子怀祺所编《郑樵文集》。

5 月

5 月 1 日(6)雨

天渝来午饭。

5 月 2 日(日)昙

天纵、小鲲来午饭。以电话与业馨论书艺。

5 月 3 日(1)昙

得舒芜书。

5月4日(2)晴

得黄建中、王庆元函，皆黄会事。

5月5日(3)阴，小雨

晨与芸往三院作B超，芸系胆石，须服药。回来两人皆累，不适。本栋送评传五本来。研究生院请余评审本校文史博导，已允。书录来。

5月6日(4)阴，微雨

山东鱼台县带动就业安置办公室(272300)李广超赠诗集《落英集》。季思托周维培赠《玉轮轩戏曲新论》《玉轮轩前集》。蒋寅函。

5月7日(5)阴

得耀东信。以借支稿费六千收据寄还古籍。

5月8日(6)阴

函傅璇琮，《笺记》版权事。复黄瑞云。勋初来谈《全清词》事，博导事，出版文集事，又交李白二文阅。

5月9日(日)阴

发傅、黄信。伯伟同时函赵昌平。

5月10日(1)晴

复曹月堂。史梅取药来。得连文萍函，杨坚函告又出《船山遗书》二册寄来。得汤明珠函(安徽凤阳中学)，不复。得浙大中文系陈望衡妻李晓湘函，告陈去新加坡，李为《浙大学报》编辑，约稿。得吕永函，询对其太极图文意见。打电话与高纪言询稿费。

5月11日(2)晴

杨坚寄《船山遗书》二册。马鞍山市公园新村湖东路(243000)11—

303 号张才良来函云编古诗吟咏百首，嘱填一表。

5 月 12 日(3)阴

复张才良（马鞍山文联）、《浙大学报》李晓湘（陈望衡妻）、杨坚、吕永。函辽宁少儿于耀先催稿费。

5 月 13 日(4)阴

市文联赵洛生陪赵俪生来，砺锋适在，命各赠《纪念文集》。砺锋来详商文集事，托其以书寄连文萍：1.《纪念文集》、2.《大历诗风》、3.《宋文学史》、4.《宋诗精选》、5.《古代辞赋》。上次寄《新诗集》《诗世界》。

【剪报：《解放日报》1993 年 5 月 10 日《南京大学师生开展“重塑理想”讨论：在商品经济中要端正价值观念》（摘自《人民日报》）。】

5 月 14 日(5)晴

为勋初改文，讫，还之。得志达函，赵吕甫函及纪念少咸先生稿件，郁沅赠新著《文学审美意识论》。

5 月 15 日(6)阴

函天眉。伯伟来谈赴内蒙文论会事。

5 月 16 日(日)昙

渝、纵及大纲来饭，渝赠茶叶，纵送云腿、高邮盐蛋，皆珍物。

5 月 17 日(1)阴

得清华大学出版美延、流求编寅老诗集。又宜兴谢润良要任顾问，不理。

5 月 18 日(2)昙

夜丽则夫妇来。清华出版寅老诗存，北大校友处发出，不详何人，拟谢美延。

5月19日(3)阴,小雨

上午为陈纳逊师祝寿。下午出席91周年校庆。卞岐来电话稿费事。

5月20日(4)大雨

于景祥自沈阳来电话,告已调至辽沈书社。

5月21日(5)阴

得璇琮函,允《史通》改由南大出版。得毛大风《现代千家诗》,长沙弘征《诗品今译》。海南大学约开《四库全书》会,不复。陈书录来送《文教资料》15册、《文献》93年2期1册(内有其论文提要)。

5月22日(6)昙

5月23日(日)阴

评审会全日。

5月24日(1)晴

评审会半日。汤敬昭、黄希坚来谈《大典》事。

5月25日(2)晴

得中华函,同意将《史通笺记》由南大出版社收入集内,但保留其再版权。杨克平打来唁电,不知何人误传余去世,已及时回电更正。

【剪报:《人民日报》5月5日头版方延明《端正价值观念取向　不忘国家民族利益:南京大学师生开展"重塑理想"讨论》。】

5月26日(3)晴

复中华书局及傅璇琮,致魏同贤,皆文集。黄建中携二学生来见,赠黄师讨论会材料数种，又麦乳精、茶叶各一。刘君惠赠《方言研究》。寄唐代文学学会会费 20 元。程章灿送来《文学史》第一章神话。函王庆元索王煜评《闲堂文薮》文。

5 月 27 日(4)阴，微雨

致杨克平电，因地址不合退回，因更作一书与邝健行。周勃来电话，托王兆鹏事。开封师专王基来函，以开元好问学术会求书。咸阳师专韩梅村寄来所著《文学鉴赏录》五册。

5 月 28 日(5)阴，微雨

李立朴自美返，来电话，同意出《十笺》。得吕永信。文史馆韩文忠等送馆刊首期来，致稿费 206 元。黄进德来赠《唐五代词》书二册，报以《精选》，并托其以《选集》《精选》赠叶櫓，交与稿费美金 12 元。

5 月 29 日(6)

5 月 30 日(日)

生病，发烧。天瀹夫妇、小鲲下午来。

5 月 31 日(1)

去南大医院治疗、住院，诊断为尿道炎，挂水。

6 月

6 月 1 日(2)大雨

仍有低烧，继续挂水。医院伙食甚差，开水亦不热，现已由阿姨早上送一瓶开水，早早晚上来冲一瓶解决。胡国瑞赠诗集。上海古籍来函，同意三本书由南大出，但保留再版权。

6月2日(3)晴

仍有低烧，继续挂水。四瓶水一般需3—4小时，睡在床上不能动，很难受，遂改滴快，2小时即滴完。

6月3日(4)晴转阴

因昨日滴水过快，影响心脏，今晨脉弱而不正常，经照心电图，为房性心律失常，医生颇为紧张，有转院之意，幸渐转好。勋初来。

6月4日(5)雨

热度已退，心脏也恢复，仅有少许早搏，自我感觉良好，但仍挂水四瓶。为董健改某文，周先生已取去。胡芝湘，武大北三区27栋587号。黄鸿剑上午来谈评审意见。得中玉函，已介绍伯伟参加文论会，稿亦发，并提起多年前所谈退休后组讲学团事，可见中玉身体精神状态均佳，施蛰存亦获上海市文学界杰出个人，可喜。省中医院施启生来函问候，甚为感动。施医生退休后迁居共青团路5—9—402，Tel216321(210012)。得张文勋纪念集。

6月5日(6)晴

武秀成来签某文。函蛰存贺其得奖三万元。今日检查一切正常，下星期一出院，凡病七日而愈。砺锋来谈拍片事，本约下午人来而未至。

6月6日(日)阴

中午天渝、丽则、小燕来吃，接待三个干菜包子。晚餐宏生送水饺来。

6月7日(1)晴

上午出院，小吴来接，一切顺利，回家后非常舒适。阎韬、蒋荫楠来谈《学报》开会事，并馈香蕉。得魏同贤复函；赵昌平函，内容同前函；江苏海峡两岸文学研讨会通知，7月11、12两天开会，邀请参加；林震公讣告，请裴显生代办花圈。

6 月 8 日(2)晴

南师大中文系学生陈斌毕业，赴广州邮电部门工作，来别，赠以《诗论集》。其人温雅能诗，会颇重之。函赵昌平、魏同贤，托赵买《诗世界》20册。函复施启生。上午及晚上拍电影，莫生等均携孩来，谈笑甚乐。

6 月 9 日(3)晴，33℃

晨复黄霖并赠《宋史》。复弘征、郁沅，并赠《新诗》。民族学院王尧教授来访，与勋初、维森、忠文等同班，赠以《选集》《纪念文集》。王尧交来周绍良函介绍周艾若(周扬子)。得蒋寅函，晓斌尚安。河南开封师专王基乞为元好问讨论会题辞，作字一幅寄之。

6 月 10 日(4)阴

去医院看前列腺，未能作 B 超。得柳定生信，附曹逸峰信。

6 月 11 日(5)阴

去医院作 B 超，有前列腺肥大及尿痛感染。史梅代购小蜜蜂，160余元。

6 月 12 日(6)晴

购圣露 20 支，40 元。蒋寅寄来《涉江诗》10 册。复蒋寅、柳定生。以《涉江诗》《棻选集》寄品玉、逸峰。夜天眉来电话。

6 月 13 日(日)晴，31℃

老尹夫妇来，赠以茶叶。老白夫妇携大宝、雪初来，并馈小麻油二瓶。昨夜发心跳，今晨始稍痊。

6 月 14 日(1)晴昙

以游仙词寄《龙门阵》。以《祖棻选集》《涉江诗》寄逸峰、品玉，并附函。得周秉钧讣,湖南老辈又弱一个矣。岳麓书社胡渐逵属题书签。

6月15日(2)昙

砺锋来,交与上古来函,并商《行卷》改动事。

6月16日(3)昙

天渝代取治前列腺新药。

6月17日(4)昙雨

本栋来换氧。得王庆元函,云王煜只寄目录,无论文(不复);高增德函,寄来小传校样;蔡文锦函,附《才情骏发子宓词》;吴培德(云南师大)函,要求为其书题笺,并索要著作一本;毛大风函,附诗,不复。

6月19日(6)晴

为云南师大吴培德题签,并寄《宋史》。复高增德、蔡文锦。复赵吕甫并寄还二稿。得杨克平信;成都人民商场抚琴宿舍2—1—2黄振富信,托为张圣奘诗集题签。

6月20日(日)晴

天纵来取钥匙去。天渝夫妇来。为张圣奘诗词选题签。

6月22日(2)雨

上午看病,尿感尚未痊愈。复毛大风,盛赞其释"学长"之谬论。得三夕海南信;陈继明来信,要为《独生子女》写稿,可笑;胡国瑞信;天眉信,小毕可得Dr矣。

6月23日(3)昙

中午文献硕士生宴会,席间闻徐永年、黄典诚之丧。武秀成赠成善楷诗。托有富复三夕,报账。复陈继明,辞约稿。

6 月 24 日(4)昙

顾易生过访，赠以《版本编》。本栋来，托其报药品账。函国家版权局、作家权保会。复陈继明，拒为文。得《龙门阵》稿费 73 元。

6 月 25 日(5)昙

文史馆王馆长、韩主任、小朱来谈馆刊第二期出版事。天纵来云，工人已开始修缮。以《精选》寄蛰存。以《宋史》《精选》《辞赋》《新诗》赠何剑叶。

6 月 26 日(6)晴

出席祖棻奖金二届颁奖会。雷雯寄诗集《萤》。

6 月 27 日(日)晴

函李彦、伍杰。

6 月 28 日(1)晴

发李彦信。得臧克家诗集。

6 月 29 日(2)

函蒋寅，嘱向权保会了解。函伍杰，为误写其姓致歉。以近作二首寄《诗刊》。复王永芬附诗三首。赠克家诗一首，即寄去。如次：

克家诗老惠赠新集，浣诵之余，敬题二十八字，即乞粲正

颇忆惊心黑手篇，
诗林独步迈时贤。
丰城剑气依然在，
岁月堂堂七十年。

6 月 30 日(3)阴

南师大属评徐复《广雅诂林》奖。吴新雷告刘乃昌寄赠王安石诗文集。许结来。刘乃昌寄赠王安石选集，由吴新雷代谢。郁沅函，王国璎寄论文,《钱塘诗刊》。黄建中索黄先生纪念文集。潘知常来赠《中国美学精神》,报以《宋史》。

7月

7月1日(4)阴

得三秦稿费64元;江苏补《精选》稿费466元;雷雯信;四川人民出版社曾濬修信,关于涉江词笺。

7月2日(5)晴

改周本淳清词后记稿。汤敬昭来谈《大典》事。

白强　子宗杰(大宝)　邢氏。

白峰　子宗哲(欢欢)　赵氏。

白皓　子雪初　剑华。

7月3日(6)阴

伍杰来长途告杨牧之签诗稿费算法。吴志达来信,告《小说史》交齐鲁。

7月4日(日)阴

香港中文大学博士生陈建樑由章灿陪同来访,赠论文数篇,报以《选集》。上午丽则带其汽标旧同事夫妇二人来访,现任职长江航运公司。天纵来,片刻即去。天渝夫妇来午饭,下午三时始去。小晶成绩有进,得奖金四十元。

7月5日(1)

看病,仍十,医嘱赴工人看。扬师戴伟华来,赠《唐代幕府与文学》,佳士也。报以《选集》《诗世界》《宋史》。

7月6日(2)阴

7月8日(4)晴

去工人医院看病,史梅、吴智华陪同,云要做小手术。返,商之学校,拟入鼓楼医院。下午经周医生诊断,同意工人之意见,需做手术,但尚需查几项,故必须住院。运气甚好,恰好有一两人的房间,有空调,同病房病人又已走,医院同意芸陪伴,今晚丽则先陪一晚。今天各方面都极凑巧,如此好运,此小病当无妨也。得伍杰函,证明旧诗词稿费算法,已交丽则复印。武大校庆拟送礼20元,交丽则寄去。

7月9日(5)晴

入院手续办好。晚吴锦夫妇、史梅夫妇、丽则一家来,吴送八宝粥及椰子汁。得臧克家、张伟华函。

7月10日(6)晴

莫砺锋来,又陪同一起去检查。小早、小燕均来,并带来小燕自己做的菜。小燕听于兰说,南师附中分数线为559分,小燕得562分,高三分,尚有望。已做过心电图、血型检查。八宝粥分赠早、燕各一。今日开始用医院正常伙食,颇佳。晚伯伟、曹虹来看。芸回家接天眉电话,得雄哥信。得中华寄来《古文观止今译》及……

7月11日(日)晴,高温

上午本栋、一涓来,赠鳖精6盒。宏生来,赠荔枝,并嘱其购蛋糕来。因发烧未退,挂水,下午已退烧。下午志明、小虹来,赠西瓜一。

7月12日(1)晴,高温

今日仍挂水,故未进行胸检。上午又来一病人,芸只好早来晚去,待做过手术后再夜陪。夜丽则夫妇来。文史馆王馆长、韩主任来,赠田七、鳖精各四盒。得版权局复信,蒋寅信,均为诗行事。得武大周大璞讣告,迟到未电唁。

7月13日(2)晴,酷热

做B超、胸透。芸赴吴锦家午睡。天纵来。胡若定、王继志来探,馈食品,云章灿未获特批,可异也。

7月14日(3)昙晴,高温

章灿、砺锋、勋初来。砺锋带交交流会论文,勋初馈香蕉,又谈章灿落选事甚久。小燕来陪,未挂水。芸发高热,赴卫生院挂水,电丽则、天渝,商量住南大医院。

7月15日(4)昙,高温,有雨

晨打电话知芸热退,将由天纵夫妇陪往看病,宁健侍。陈书录来,托买饭菜票40元。砺锋来告芸由曹虹、史梅、一涓侍,可放心。曹虹来馈虾。严杰来。芸37.9℃,能饮乳食瓜,宁健侍。夜伯伟夫妇来,赠咸蛋二,又借给余英时《犹记风吹水上鳞》一册,记其师钱穆之作也。

7月16日(5)晴,有雨,热

曹虹馈玉米一枚,又烧鳗鱼。丽则送玉米。读伯伟借余英时论钱穆书,甚佳。王长发来,馈日本瓜四。砺锋来,馈苹果,借《张中行小品》。有富来告已辞系副主任,可专力校雠矣。宏生来,借武侠6册。

7月17日(6)雨,凉

早早来午饭,携家水果等。丽则来告小燕差一分,学校可能敲诈巨款,不拟应之。勋初、砺锋来告即赴浙江。曹虹来,馈青豆炸肉。姚松携雏,与万业馨同来。

7月18日(日)昙,30℃

天渝、美林来,馈点心。天纵、小晶来,馈牛肉汤。宏生来,馈桃,以余英时书付之，俾与砺锋共阅。有富来，谈《典藏编》事。陈书录来，送武侠三册。郭维森来，送鳖精二盒。

7 月 19 日(1)晴，32℃

章灿来。曹虹来馈食。许结来。二雏来。得曹月堂函，有关黄先生纪念集事，已请许惟贤办。

7 月 20 日(2)昙有阵雨，33℃

友红携莫杞来，赠花一束。徐有富来，赠椰子奶粉二瓶。巩本栋来。史梅、曹虹、林雪梅来。丽则来。史梅赠面包、生姜。虹馈菜。得刘业超函，求写书签，已复；高增德函，请写条幅。

7 月 21 日(3)晴，29℃

友红来，馈桃、菜。中文大学邝健行之学生陈来访，章灿陪，赠威尔液。高津孝赠《宋行卷考》，又点心一盒。本栋来，馈菜。校党委孙亦平同志来慰问。姚松送来《胡适年谱长编》《梁实秋回忆录》。伯伟今夜赴呼和浩特，与曹虹来谈。大珠妹托为其孙入南大事，丽则已办。

7 月 22 日(4)阴，26℃

下午大纲、曹虹侍芸来，谈小燕事。有富来。早早来馈二加里饺。夜丽来谈小燕事。中玉来函，同意用徐广联文，已转徐。

7 月 23 日(5)阴雨，26℃

上午砺锋来，昨夜与勋初等返。下午勋初夫妇来，馈汉口酥饼一包。小燕来。省委统战部林部长来探视，赠泉 500 元。

7 月 24 日(6)阴雨，27℃

主任医师告以在检查癌细胞。晚返家，适砺锋来送虾，携归。

7月25日(日)晴,29℃

在家,宁健、天渝夫妇、丽则来。函汤敬昭、黄希坚,寄去版权局函及伍杰函。上午勋初及横山弘来谈甚久。横山赠点心、电池、饮料及往岁照片,报以《宋诗精选》《古代辞赋》二书。下午周勃打来长途,已辞行管主任,名额仍在该系,而为中文系带研究生,又谈雪垠事。华东工学院徐广联论雪莱文,中玉已采用,转去通知。

7月26日(1)昙,29℃

本栋来馈毛豆烧鸡,甚佳。有富来,告以注意申请《典藏编》经费事。胡公石来探病,馈宫宝、肉松、奶粉。看本淳清词校记,讫。将版权局及伍杰复函复印件挂号寄汤敬昭、黄希坚。

7月27日(2)昙,32℃

芸上午来。砺锋来,馈熏鱼、菜瓜丝。得复旦饶宗颐论文集目,陶光《无邪续集》。

7月28日(3)昙,31℃

甘卫东医生告,无癌细胞。手术日期问周志耀。本栋来送鳝鱼。勋初来谈吴、屈要求工作,又出示严杰欧谱序嘱酌。即改讫。砺锋来馈鸡腿、青豆,将勋初欧谱序交其带去。有富来。朱书记来。严杰来。早早、丽则来。闻徐复夫人逝世。

7月29日(4)晴,下午转雷雨,33℃

曹虹陪芸来,芸午饭后由大纲接回。卞岐偕章灿来,求一《文苑丛书》推荐书。史梅来代买康师傅面3盒。

7月30日(5)阴,31℃

医生姓名:1. 周志耀、2. 孙则禹、3. 甘卫东。孙则禹主任嘱为渠及周院长作字,另为医院作字数幅。本栋中午送水饺。武秀成、章灿来(江苏《文苑丛书》推荐稿）。有富来。

7 月 31 日(6)阴雨,29℃

焕明、原靖来,馈肉松二包。晚返家休息。在医院期间收到下列各书:中华寄《古文观止》,北大寄《国学研究》V. 1,贵州寄《孙子全译》《韩非子全译》,周振甫寄《文论散记》(已复),华师大寄《词学》10,张秉成寄《历代词分类鉴赏辞典》(已复),冯锦诸寄《七律回文集续编》,《杜甫研究学刊》93. 2,重庆文史馆寄《重庆艺苑》13,高校古籍寄《中国典籍与文化》92. 3 及 93. 1,西南师大寄《中外诗歌》,宗岳寄《论抗战戏剧》,吴辰旭寄《少年文史报》,《社会科学战线》两本,《古代文论研究》16,吴志达寄《武大学报》。

8 月

8 月 1 日(日)阴雨,30℃

在家。康育义来赠中日书画交流册一本,又嘱贺合作协议签字,漫书 16 字应之。以旅蜀词笺(三)寄《龙门阵》。丽儿母女来午饭。晚 6 时半返医院。得天眉、陶爽函。

8 月 2 日(1)阴雨转晴,30℃

友红来馈菜。本栋馈鱼。江苏古籍汤敬昭、黄希坚来,馈口服液 6 盒。医告用激光,做"射频",先交千二。严杰来,命办此事。勋初来。

8 月 3 日(2)昙转阴,33℃

严杰送来现金千二百。有富、伯伟夫妇、惟贤来。伯伟馈瓜 1 枚。

8 月 4 日(3)昙,33℃

上午 8—11 时,至市医做射频手术,章灿陪去,甚顺利。统战部某君(前数年南大调出去)来送花,惜忘其名。本栋午来送菜,下午久坐。鲁国尧来，云平田明日来。芸丽母女来共晚饭，二娃做包子，甚佳，苦瓜豆角亦出二孩手，可佳，赠以康师傅面各一盒。梁公甫先生出院。

8月5日(4)阴，闷热，31℃

友红馈豆腐，辣不能食，从医戒也。本栋馈炸鸡、西瓜。小便已颇畅。小燕送来著书备赠平田昌司。有富来馈燕窝六缶。伯伟夫妇偕平田来，赠以《版本编》，馈糖一盒。

8月6日(5)阴昙，30℃

午后小便全通畅，无苦。勋初、章灿来。芸、丽来。函伟华、天眉、陶爽。

8月7日(6)阴，31℃，立秋

下午返家。周勃、李立朴打长途来问安。函邓懿、文华、张谷穗。

8月8日(日)阴，31℃

函连文萍(著作出版事)，得其来函即复也。丽母女来午饭，二雏即出游。

8月9日(1)昙，31℃

晨返医院。史建华来，代文史馆致泉三百。姚松来，赠花。有富来。万业馨代购《诗世界》20册，并赠点心两包。汪越来。

《胡适之先生年谱长编初稿》第八册3021页引李恕谷(塨)语："交友以自大其身，造士以求此身之不朽。"

8月10日(2)晴昙，30℃

芸来晚饭。万业馨来。再次测尿动力。章灿夜来，即去南通。

《答晏同叔题汉阴丈人画》(荆公)："赐也能言未识真，误将心许汉阴人。桔槔俯仰成何事，抱瓮区区老此身。"荆公此诗极表人当有为之意。

方惟深(字子通)《过黯淡滩》(见南宋龚明之《中吴纪闻》卷三):"溪流怪石碍通津,一一操舟若有神。自是世间无妙手,古来何事不由人?"忆王荆公极赏方子通此诗,德业有合诗意,谨书以赠,老无笔力,可愧也。志耀先生。癸酉秋,八十叟程千帆。

8月11日(3)昙,29℃

下午老尹夫妇来,馈麦乳精一缶。宏生来。有富来。周、孙医生同意明天出院。上午砺锋来。邓韶玉函附其纸得奖状。香港陈建樑函附照片。美林、大纲送纸盒来。小严送退休金来,即将所送茶具嘱其带去。

顾亭林五十生日诗:远路不须愁日暮,老年终自望河清。

8月12日(4)阴,29℃

今日出院回家,三月后再去做B超。新居钥匙已拿来,要求9月12日前搬迁。周勃来长途问疾。

8月13日(5)阴,28℃

写书签寄刘业超。

杨万里《桂源铺》:万山不许一溪奔,拦得溪声日夜喧。到得前头山脚尽,堂堂溪水出前村。

谢谭优学赠《广斗室居随笔》。谢邓韶玉以奖状复本见寄。

【剪报:《少年文史报》1993年7月15日头版杨爱民《著名学者程千帆话文趣》。】

8月14日(6)阴,29℃

史梅来,馈柠檬姜,托其报账。于景祥来长途问疾。收《词学》(《圭翁杂忆》)稿费20元;李立朴询丛书计划;曹逸峰信,泛泛语不必复;作协作家权益保障会函;蒋寅《大历诗人研究》提纲及函;《匡扶诗存》(内有一首及予)。小芹来探病,送香蕉。

8月15日(日)阴,29℃

为兰州《少年文史报》编辑吴辰旭作字一幅,即寄。又赠志明小红新婚贺字一幅,即取去。

8月16日(1)阴,28℃

复李立朴(全译丛书事),同意介台湾地球出版社长魏成光。

8月17日(2)晴,28℃

得弘征复,知其外曾祖为白香亭主人。勋初来,带来《全明诗》第二册,又培恒著《献疑集》。以《国学研究》卷一借与勋初。函谢袁行霈、章培恒赠书。复蒋寅。文史馆王馆长、韩主任来谈出席广东会议情况。

8月18日(3)阴,28℃

函潘长胜询《索引》。

8月19日(4)阴

宏生来,赠以诗词录音带数盒。早早姐妹归自海滨。寄10元至珠海买助听器电池。

8月20日(5)阴,28℃

砺锋来。今日不适,早搏,109。

8月21日(6)阴雨,25℃

函杨克平托买助听器。得赵幼文赴,寿87;周一良寄论文。

8月22日(日)阴,26℃

写字二:联一、条一。天渝来。

8月23日(1)晴,33℃

天纵来。不甚适。唁赵振铎。

8月24日(2)晴,30℃

心跳120,不适。

8月25日(3)晴转昙,34℃

高纪言、汤敬昭、黄希坚、卞孝萱来谈《大典》事。王庆元、郑传寅从武大来,送莲子桂圆、银耳燕窝,欲余出任黄先生全集主编。

《传记文学》93年4期陆霖《风流长忆涉江人——沈祖棻与〈涉江词〉》。《名人传记》1993年第3期唐玉宏《你的梦轻轻坠入我的梦中——记我国当代著名学者程千帆沈祖棻夫妇》。

8月26日(4)阴,31℃

王庆元、郑传寅来,谈武大及黄先生文集事,各赠《宋史》及《选集》一本。得江苏古籍汤敬昭函,承认一行即一句;蒋寅函,晓斌南旋生子;邓长风自美国来函,收到《八十寿纪念文集》,其地址见地名簿;万业馨函,求职不遂;杨爱民函(甘肃《文史报》),寄照片及报纸。

【剪报:《少年文史报》小学版1993年2月1日程千帆字:“希望少年朋友们认真学习祖国的历史,只有了解过去,才能把握现在,开拓未来。一九九二廿十一月程千帆。”】

8月27日(5)阴,32℃

丽则母女来,晚餐赖汤元。函王庆生告黄建中事。得浙大陈望衡信,已从新加坡返。

8月28日(6)阴,32℃

董健来,谈文集事,未遇。草答宏生问,准备《文学典》报告。

8月29日(日)阴,29℃

今日写完鼓楼医院字,共七纸。小鲲来装电炉。

8月30日(1)阴,26℃

复周一良,谢其赠论新井白石文。以字交伯伟,转孙则禹。赴政协开两岸文学交流论文集定稿会,与会者孙颔、董健等。

8月31日(2)阴,28℃

国务院学位办公室函,谓余等去函多有失实之处,拟驳之。交周。李培坤寄来与吴代芳合撰《唐人绝句艺术谈》。

9月

9月1日(3)昙,29℃

复李培坤、吴代芳。复陈望衡,并寄去涉江鄂渚词笺。吴枝培来问病,赠洋参冲剂二盒。维森来谈暑假某女被害事。

9月2日(4)昙,30℃

早早送耳机电池来。勋初来谈国务院学位办公室函事。

9月3日(5)昙,30℃

宏生来论清人词论。砺锋来告时惠荣对出《选集》意见。以文二篇及《江苏文史研究》、相片各一寄刘梦溪。于景祥打长途来谈出版我全集事。

9月4日(6)晴(阵雨),32℃

天纵带人来做新居最后之安装。

9月5日(日)晴,30℃

拆卖暖气片得30元。偕游中山大厦,不出二月余矣。

9月6日(1)昙,31℃

伯伟交来交流会稿。宏生来谈清词严评博士。

9 月 7 日(2)昙,31℃

收到高增德谢为作字信,89 年同住人民医院病友许兴中寄来所作《三可词选》,成田静香寄《白居易研究讲座》第一卷,三夕海南函。下午胡若定、朱家维来谈清词事。早早来学隶书。

9 月 8 日(3)昙,29℃

许结来候。勋初来,严事不直接去函。下午出席省委反贪污座谈会。得舒芜新书《周作人的是非功过》,施议对香港函,《龙门阵》编辑杨启宇函。

9 月 9 日(4)昙,29℃

武秀成、严杰、巩本栋来搬书两车。周勃来长途,告武大态度。

9 月 10 日(5)昙,31℃

教师节。韩星臣来,与详谈张宪文事。复《龙门阵》杨启宇(附诗文)。复省农科院许兴中(寄赠《三可词选》,四年前曾同住医院)。发出告迁居函 26 封。

9 月 11 日(6)阴雨,26℃

林雪梅、档案馆徐燕燕来取去照片、《行卷》手稿、奖状、聘书等多件。档案馆长:包世同,Tel3518;科档室:徐燕燕、王振银。复舒芜、三夕、施议对。砺锋来商《选集》说明稿。

9 月 12 日(日)小雨,26℃

拟贺武大百年校庆联:

江汉炳灵,济美开基绵教泽;

芝兰竞秀,含华佩实重儒林。

《人民日报》潍坊站记者胡孟祥来访,嘱题字,即为书之。美林夫妇、宁健母女来,助理物,又看新房子。于景祥来长途,告领导同意出《选集》。

9月13日(1)阴转昙,28℃

周勋初来,拟好复国务院信。档案馆王女士送来贴照片本及收据。得王庆生复电;(730060)兰州市西固东路兰州平板玻璃厂厂办室陈胜寄来《栗荆诗文选》一本(陈宗周遗著);教委古委会寄来《中国典籍与文化》93.2;人民日报文艺部《书评》版函,约稿;刘业超寄贺卡。

9月14日(2)昙,30℃

辽宁大学(110036)朱明伦来,馈咖啡及伴侣。汤敬昭、黄希坚来谈《大典》事。许云和(孝萱新招博士生)携张文勋函、诗词集三册、茶叶一盒来见,勉之。勋初晚宴许逸民(荟萃楼106),余夫妇陪。席间定董、周及余致学位办函稿。

9月15日(3)昙,30℃

章灿来谈《文学史》出版事。史梅来谈取清词提成费事。

9月16日(4)阴,闷热,30℃

卞先生转来山大古籍所赠《古籍整理研究论丛》第二辑。卞先生要报告稿。安徽大学姜海峰函嘱题书笺。苏州姚建忠信,无事,不答。

9月17日(5)昙,33℃

今日亲戚来访,午宴于接待,162元。1. 程重——会煦震荪长子;2. 李支蕃——会蔡大珠长子,妻邓路伊——支蕃妻。

9月18日(6)阴雨,29℃

九一八事变62周年,昔日本欲以武力取之我国者,今不血刃数倍之矣。可痛也。

9月19日(日)阴雨,25℃

小鲲来,换新居门锁,修电铃、煤气灶,小红姐妹亦至,遂共晚饭于赖汤元，鱼汤甚美。基建处邢处长家电 3265。

9 月 20 日(1)阴大雨，24℃

收王淡芳刘彦邦赠 80 生辰礼金 100 元，彦邦信，吕永贺卡，吴代芳信，蔡厚示信，湖南名人文库信，丘良任寄诗，陈望衡信。

9 月 21 日(2)阴雨，24℃

宁健、小虹来为余作生日。严杰、秀成、章灿助清什物。复刘彦邦、吴代芳。

9 月 22 日(3)晴昙，27℃

夕佳寄寿金 100 元。晴佳来信。大纲治院中地毕功，午饭，丽亦来。

9 月 23 日(4)晴

晨九时离家赴苏州开《中华大典·文学典》工作会议，芸同行。在苏州市区午饭休息后，乘汽车去太湖西山石公山庄。旅馆设备差，但环境优美，伙食甚佳，有鳊鱼、白鱼、鳜鱼、黄鱼、银鱼等各种新鲜鱼，已多年未尝。尽日奔波，很累，又未午睡，晚九时即上床，但入睡较迟，又醒数次，不如在家中之酣眠也。

9 月 24 日(5)晴

听广播知 2000 年奥运会将在悉尼开，中国北京申请，未通过。晨在湖边散步，看日出，甚美。黄进德介绍神功元气袋(505)有效。上午开大会三小时，讲话 20 分钟。下午分组开，亦二小时半，甚感疲劳。晚八时即入寝。

9 月 25 日(6)晴

上午开大会后摄影，余二人亦留二影。下午小会(主编、分典主编及出版社)，此次会议即告完成。8352 元或 8640 元。

9 月 26 日(日)晴

上午八时许去苏州，在沧浪苑午餐，菜很精致可口，闻需千元一桌。饭前饭后大家上街游耍，余二人则在桃花坞休息，并购得笔三枝，茶色宣纸二十张。下午回石公山庄，往返舟车需四小时，颇为疲劳。尤感费时费钱，但客只能由主便，无可奈何也。

李彦、伍杰，北京和平门中宣部(100051)。桃花坞经理——张荣官。

9 月 27 日(1)昙

上午八时离石公山庄去苏州。逛观前，购得西服一套，325 元，又肉月饼 22 枚。中午吃鳝虾面，在桃花坞休，又购得画叉一，久想此物，不意在此买到，以后挂字画，可以省力多矣。晚乘 5:48 火车回宁，抵家已十时，吃康师傅面各一碗。

9 月 28 日(2)阴，小雨

今日搬家，莫、张、程、巩、严、武等来帮忙。搬家公司十一时才到，只装一汽车，一次搬完，芸在新居指挥家具安放，余在旧居坐镇，搬好后才回新居。下午诸生及威克又来帮助将家具放好。晚上煮稀饭吃肉饼，丽则、小燕共食。得天眉、舒芜等函。美林下午来帮助整理，甚得力。

9 月 29 日(3)晴，24℃

继续整理各种物品，美林又来协助。电话已转来。晚省出版局局长请余夫妇、卞、郁在丁山吃晚饭。文史馆老史送节礼来(苹果与月饼)。

9 月 30 日(4)晴，25℃

卧房已基本就绪，主要是书房未清，须等学生来将书上架。张宏生、程章灿将修好之电视机送来。小鲲来帮助修理各种电器，送苹果及无锡肉骨头。余将一屏给小鲲，作为天眉赠张晓若之结婚礼，小鲲甚悦。徐有富来谈《校勘编》出版事，并送一篇文章来改。周勃打电话来，云武汉大学力请余夫妇去参加百年校庆。得陶爽函。

10月

10月1日(5)晴,27℃

继续在家清理。得中玉函,云许杰去世;赵吕甫函。

10月2日(6)晴,27℃

古委会成立十周年。

考献征文,苍芳遐布;

推陈出新,邦国之光。

全国高等院校古籍整理研究工作委员会成立十周年志庆

一九九三年冬程千帆

天渝一家来共午餐,叙谈甚久。天渝赠毛背心。周骋送诗集来。

10月3日(日)晴,26℃

打电话给王毅、七姐,通知已迁居。和万放、刘舒通电话,悉万放曾生病住院。

10月4日(1)昙,26℃

上午伯伟和书录来将书上架。得谭任杰、刘采隼、王夫生(关于黄建中传讹事)、张伟华、程之、佘雪曼函,上海古籍转寄高文赠《唐诗简编》二册,毛谷风寄《二十世纪名家诗词钞》附函,吴代芳寄《唐人绝句艺术谈》。购神功元气袋二。郭、顾老师来,赠金瓜、黄山厥菜。函天眉、夕佳、晴佳。发致上海华师大唁许老电。

10月5日(2)昙,25℃

顾学梅送竹竿来。叶子铭来谈,带来张辉赠人参蜜片。基本清理完毕(9.28—10.5共七天)。

10月6日(3)晴,26℃

上午章灿、伯伟来,帮助挂壁毯和画。为伯伟写青年骨干分子推荐书。函赵吕甫。徐有富送《典藏编》大纲来,嘱将《湘雅》送图书馆。下午莫绍裘来赠香蕉与补品,还以《诗世界》和《独携》。巩本栋来,嘱其将二堆杂志送中心。章灿来谈教委对《文学史》作教材的意见,我们不拟作教材。

10月7日(4)晴,25℃

得吴代芳、董治安函,赖永海赠《佛典辑要》。填交国家人事部发专家调查表。写好推荐伯伟为青年骨干分子书,交伯伟。写好两首旧诗重刊说明,交徐有富。人参蜜片托天渝去沪时赠雄哥。大纲携友来,出清自行车棚下之砖石。晚威克又铲平自行车棚下之地面,至此外部环境亦已整理清理。威克又协助挂字画,美化居室。

10月8日(5)晴,26℃

和阿姨及其表姐协力将自行车棚冲洗干净,甚累,但进门即望而乐之。函复佘雪曼、高石斋、屈义林、周晶、毛谷风、吴代芳。寄杂志二本与周骋。寄武汉大学校庆贺联与周勃,请其代裱。

10月9日(6)晴,29℃

函林岫请书静闻诗。复谭任杰。函许逸民请补寄杂志。得蒋健兰寄《袁世海的艺术》,淡芳信,赵振铎信。

10月10日(日)昙,28℃

复程之、中玉。以书寄邓路伊:《新诗集》《祖棻选集》《宋词赏析》《宋文学史》《诗世界》《诗论选集》《文教资料》,共七种。复蒋健兰,寄以《文教资料》。小鲲来告天眉已得绿卡,十一月一日返国。小严、小虹来装好浴室百叶窗。七姐和老白来。

10月11日(1)昙晴,25℃

函克平告勿购助听器。得蒋健兰函,即复。函黄淑贤。莫绍裘来,拿去《新诗集》三本、《诗世界》一本送友人。

10 月 12 日(2)晴,26℃

砺锋来问编文集事。填好北图所需“博士生导师联系卡”。下午上海世纪杂志社沈飞德来约稿,拒之。文史馆老史、小吴来取我所赠书籍,顺便接我二人去山西路购物,购得床上台灯、剪刀等。沙发看中一种,未决定买。

10 月 13 日(3)晴,27℃

大纲来,令其以陈书录所借武侠三本送南师大中文系。得连文萍函并寄来苏雪林《浮生九四》。复王庆生,对处理黄建中传谣事表满意。函王庆元,寄王庆生函及监察处报告。以有关博士导师材料寄北图学位论文中心(100081)姚容,白石桥路 39 号。复连文萍,寄去与复文订约样式。

10 月 14 日(4)小雨,20℃

旧居钥匙还房产科。江苏出版局金海峰为《书与人》杂志约稿。

10 月 15 日(5)小雨,18℃

勋初来。下午吕效平陪同去浦口新校参观,并为文科新生讲半小时。

10 月 16 日(6)阴,18℃

晨和芸同去菜场买菜。章灿来,为填写教材《两宋文学史》参加评奖事。得蒋寅函,得一子,早产,不足 4 斤,抚养困难;长沙水电师范学院刘景华(410077)寄来《十五十六世纪东西方历史初学集三编》(为庆祝吴于廑八十寿辰)。致佘雪曼函欠资再寄。

10 月 17 日(日)阴,小雨,19℃

天纵来,购得宣威火腿 10 包,65 元。天渝夫妇来,与天纵、小晶在此共午餐,并叙谈甚久,带来雄哥赠生日礼 100 元。淑贤、老尹来访。填好科学技术同行评议专家登记表。

10 月 18 日(1)阴转昙,19℃

写字数幅(叶橹、高纪言、市艺术交流中心)。上午去南园取药,看眼疾,理发。文史馆办公室韩主任和小朱来谈出版文史刊物事,赠《三吴风采》一本。研究生会王锋(5 舍 105 室)来采访有关自费生现象的看法。得中玉函,告知致许老唁电及时到达;王庆元寄郑传寅函及《黄侃全集》出版报告;黄建中函,申述其传谣之经过;曾枣庄函,关于分典事。

10 月 19 日(2)晴,22℃

出购沙发(800 元)。访胡公石,赠以日本印怀素千文,承报以《标准草书》。又访尹夫妇,会其姊何浩若夫人,93 岁矣,极清健。

10 月 20 日(3)晴,22℃

写字两幅(叶橹、左平[天渝所托])。市国际文化艺术交流中心总经理徐澄取去书件。砺锋来商《选集》事。函黄建中告事已过去,不必介意。以书件寄叶橹、高纪言。又为天渝作书,赠左平。函于景祥询《选集》事。夜勋初宴唐学会诸人,有璇琮等,作陪。

10 月 21 日(4)晴,22℃

得蒋健兰信,甚详。知乃和乃乃崇之姐,索《宋文学史》,当寄去。又得 91 年有贡献学生师生合影一张。以改正文交徐有富转介与曹月堂,又与稿纸 300 余张。王永芬来。

10 月 22 日(5)晴,25℃

复蒋健兰并寄《两宋文学史》。得夕佳、小佳函,均附照片,即将二姐妹函代为互相转寄。徐有富代订妥明年报纸四种,共 151.20 元。贵州人民出版社寄全译本两种:《颜氏家训》及《博物志》。古籍小组寄《传统文化与现代化》第二期。

10月23日(6)晴,25℃,老人节,重阳

张宏生来与之谈改其文事,并谈系内事。下午王继志代表工会送来大蛋糕一,又五十元,祝贺80寿辰。适伯伟、曹虹率张博来,遂共食蛋糕。曹虹赠柚子二枚。

10月24日(日)晴,22℃

天渝全家全天来玩。美林带来方盆一,并挂好窗帘,贴好门窗上花纸。小鲲等三人来,修好台灯。小严、小虹来谈结婚诸事。中午六人吃饭,晚饭十一人,好不热闹。小燕来拿蛋糕,但未吃饭,因需回家读书。

10月25日(1)阴,21℃

得陶华函,月底拟来宁;王国璎寄文一篇;李庆立寄《谢榛研究》一本。为大纲购钢笔字帖一本。天纵父女今日起暂住家中。

10月26日(2)阴,小雨,29℃

复李庆立并赠《宋史》一册。于景祥来电话谈《选集》二三周内可决定。如20元/千字,则1300×20=26000元,加8%(2080元)=28080元,扣14%所得税(3931.2元)=24148.80元。小虹结婚,家里客多,天纵与阿晶寓此。函高纪言,请将出版局所赠之500元全部购买即将出版之《沈祖棻诗词集》。

10月27日(3)阴,16℃

得陶德麟函,谈有关出版《黄侃全集》事;赵吕甫函。

10月28日(4)阴雨

小红、志明结婚,游药物园,晚宴于清雅园。

10月29日(5)阴,11℃

发下列诸函:1. 本校匡亚明;2. 台湾潘石禅;3. 本市徐复(季刚师遗

集事)；4. 周勃(学术报告)；5. 郑传寅，附致陶德麟黄师遗集及学术报告二份；6. 本市高纪言(500元报销事)；7. 李庆立，赠《宋史》。下午去鼓楼医院作B超及尿动，动力与3个月前出院时同，增生有好转。今日天纵父女未来。

10月30日(6)晴，16℃

周勃打电话来，云给武大的贺联未收到。当即另书，当天寄出，航空挂号。在退委会订购踏花被一床，付订金10元。

10月31日(日)晴，18℃

武大郑传寅打电话来坚约去武汉，答以视健康情况而定。得连文萍、屈义林、顾农(附文《祢衡论》)函，《中华大典》工作简报，古籍小组函告改名“国家古籍整理出版规划小组”，《词学》第十辑。

11月

11月1日(1)晴，20℃

打电话给医学院綦南平书记，请与周志耀院长约定时间去看病。与黄希坚约定出版局所赠500元转购《沈祖棻诗词集》。本栋返自广州，季思托其以相片相赠，并索《新诗集》，即属本栋寄一本去(忘题字)。

11月2日(2)晴，21℃

黄念宁来谈先师遗集等事。陶华、高占明来。孙原靖来。至西苑食堂购多种点心。陈辽赠与王臻中合著之《现代美学》一册。加强了油暖炉之功率，花20元。

11月3日(3)晴，22℃

上午取药，和苗圃吕师傅联系种树事。美林代购羽绒被一床送来，价681元。宏生来，送来中华书局与《全清词》订的合同。得武大校庆请帖；

李飞函附诗；叶橹函已收到字幅；沈威峰在京画展请帖；江苏省美术馆叶宗镐转来波多野太郎问候之名片，另一需转致胡忌；古籍小组寄《传统文化与现代化》第二期和第五期。陶华、高占明晚来，约其明午在家吃饭。晚九时半天眉打电话来，已抵小鲲家。

11 月 4 日(4)晴，23℃

上午晓琴送天眉来，余二老昨夜未能安眠，见女来，甚悦，亦忘疲劳。中午华妹、占明、天渝均来午餐。天眉赠金链一。匡老嘱秘书送来中华鳖及洋参片各二盒。

11 月 5 日(5)阴，小雨转晴，21℃

复陈辽、李飞，谢寄书及诗。函作协、政协，改地址。以《涉江词本事》寄李培坤。夏树芳电告九三要为老人作生日。为连文萍、扬师青年教师顾农各作字一幅，并附函。明日寄出。

11 月 6 日(6)小雨，24℃

园林工人来植冬青与蜡梅等树，共付 371 元。章灿陪同找周志耀院长看病，检查结果甚好。芸与天眉往理发。得蒋健兰、郑传寅、黄建中、叶橹(附书评)函，《中国韵文学刊》稿费 42 元(包括潘 6 元)。又是龙灯又是会，又是老太太过八十岁。因候出差子女回家，大宴改在七日中午。

11 月 7 日(日)阴雨，21℃

芸寿宴，终日尽欢。惟天纵夫妇因事未到。于景祥来电，告《选集》事大体就绪。丽儿劝不赴汉，拟去函谢召。

11 月 8 日(1)阴，小雨，18℃

得吕甫函，嘱刊汪辟疆、龚向农、徐行可致赵先生遗札，又相片。勋初、砺锋来谈 211 工程事。周勃来电话，告联已收到(前后二副)，告以不能去。函郑传寅不能去。以叶橹评诗之文寄还。

11 月 9 日(2)阴,16℃

得王庆元函,报告《黄侃全集》筹备情况。徐有富来,拟去海南开会,请中文系资助旅费,已电告姚松办理。丽则来午饭,并送来各种照片,7日在家中所摄各照均佳,在雁荡所摄风景不够好,丽则不悦。又送来早早的创作,颇佳。函雄哥嫂。

11 月 10 日(3)阴,16℃

天纵来,送来香港助听器,佳。杨军来候,馈食物(奶粉二包)。整修新房账已结,仅约 3400 元,余 1600 元。天纵购房需交 6000 余元,拟明日再取 5000 元。天渝、美林夜来。

11 月 11 日(4)阴,小雨,15℃

谭任杰寄《听雨楼词》二册、《澳门报》三纸、信一封。郑传寅寄戏曲书二种。陈辽信一封。卞孝萱答复曾枣庄《大典》体例意见。得聂石樵邓魁英夫妇赠《古代诗文论丛》一本(郭维森转交)。

11 月 12 日(5)阴转昙,16℃

天纵来,取去 4000 元。窗帘修好。

11 月 13 日(6)晴

康育义送来日本人奖状及赠品照相本一册。顾农函(论樊诗及鲁迅论唐诗);叶橹函(《新诗》评事);曹月堂信,说黄先生论文集已发;吴志达信,告将移居山下;陶德麟函,附复印致匡、潘、徐函。

11 月 14 日(日)晴,20℃

赴天纵家中午餐,小严、小虹请客,菜甚多,并有螃蟹。复吴志达,劝其宽大;叶橹,嘱其将评《新诗》文寄来。函三联总编,请其务必将黄侃学术论丛出版。

11 月 15 日(1)晴,23℃

得翊强、支蕃夫妇(收到书)信。卞孝萱转川师大郑宏华《李东川诗注》。蒋健兰寄其父彝诗集及纪念文集。

11 月 16 日(2)阴,20℃

得《大典》简报 2、3 期。起草复曾枣庄函。天眉患尿感,请杨医生开药,服后愈,需休息。复蒋健兰、杨翊强、李支蕃夫妇。复郑宏华,谢赠《李颀诗校注》。

11 月 17 日(3)阴,18℃,寒潮至

得李庆立寄《谢茂秦诗注》二册,中华寄《书品》二册。芸赠玉牛祝寿。文史馆小朱来,送稿费 100 元,告《江苏文史研究》第二期已出,寄去登载明年第一期之照片、书法及奖状。

11 月 18 日(4)阴,12℃

复谢李庆立赠《谢榛诗注》。吴翠芬携日本学生三野丰治等二人来见,赠酒一杯。报以《宋史》三册(有一女生和泉未来)。

11 月 19 日(5)阴,7℃

周明来求书《哲理诗辞典》签,赠花一束。黄希坚来取去复曾枣庄信。

11 月 20 日(6)阴雨,8℃,夜雪

收到三联寄款 2000 元;中华寄陈植锷译松浦《唐诗意象论》;郑传寅函,对黄建中事未置答。为谭任杰作字一幅。函于景祥告以不去武汉。九三作生日。

11 月 21 日(日)阴,6℃

函谢陈植锷。以字寄谭任杰。函于景祥,告不去武大及稿件理讫。与勋初、惟贤商黄先生学术论丛及二千元处理之事,决二千交文献所作集刊印刷费。处理稿件粗毕。函三联，并出正式收条，在文献所存底。付九三社费10元，交统战部。小鲲家三人来和美林母子三人包饺子，玩一天。

11月22日(1)晴，1℃

勋初来，将黄师学术论丛稿件分别处理，并将三联来往函件及2000元交与，分别办理。晚陈美兰自苏州开会路经南京，来访，带来鳖膏一盒，江苏古籍小吴陪同。

11月23日(2)晴，8℃

函复文研所刘福春，寄去复印祖棻诗稿，又自写“雨意”诗稿。

11月24日(3)晴，5℃

得李培坤函，稿子已收到，请写字。周骋来，云致曾枣庄函20日已发出。黄进德送来莫绍裘稿。得潘重规函，同意为《黄侃全集》主编。

11月25日(4)阴，8℃

以叶橹文转寄徐中玉。

11月26日(5)晴，8℃

恒通公司送来电油汀，588元，Tel2751(校内)、3327287。

11月27日(6)阴，14℃

于景祥来电话，告《选集》已送国家古籍组审批。周勃昨日来电话，告以今日在武大代余作学术报告。钟敬文赠《诗论》、茶叶。出游山西路。

11月28日(日)晴，15℃

函傅璇琮《选集》事。复谢钟敬文，并请转求元白字。王傅仁嘱其弟子王玉珏(广东省画院院长，女)作水仙一幅相赠，茶叶一包，寿余八十，托其弟子阮雍崇(南京艺术学院雕塑系副教授)送来，附一函。中午与天瑜全家、天眉等吃四川火锅，天渝请客，120 余元。下午天纵夫妇来小坐，以八十寿纪录片交严志明剪辑。晚食大馄饨，兼南翔小包。

11 月 29 日(1)晴，10℃

得石樵函，云静闻诗定稿后当寄来。致杨克平请其不购助听器函退回，公司已迁。贵州出版社寄来编辑费 500 元。

11 月 30 日(2)阴雨，12℃

复李培坤，附《唐都学报》题词。复王博仁，商阮雍崇为余塑像事。

12 月

12 月 1 日(3)

得连文萍、杨翊强函。姚继舜馈橘一篓，武秀成送来。洗照片。《两宋文学史》由新雷送校内评审。

12 月 2 日(4)阴，12℃

复谢姚继舜送桔子。李立朴来函询今译目录，即复。

12 月 3 日(5)阴转昙，5℃

订《扬子报》收据寄往《扬子报》广告部报销。文史馆朱崇才送来馆刊 8 册，并商笔谈《中华大典》事。

12 月 4 日(6)晴，8℃

勋初告璇琮来电，辽沈书社不可能得补助，嘱章灿为书告于景祥。

12 月 5 日(日)晴，10℃

天眉做菜请天渝一家，小鲲一家也来玩了一天。天渝带来录像机，看了小海新居的录像。周勃打长途来，谈武大校庆事。

12月6日(1)晴,11℃

得赵吕甫函,附赵少咸老先生事略;文学所刘福春函,请寄祖棻手稿;林岫函附诗;湖北大学欧阳代发函,请署签;曹慕樊讣告。吴文治送《文学年表》中下卷,并请为《历代诗话汇编》作序。黄建中函收到寄文十二篇,内二篇已发过。古籍小组赠挂历一。文史馆朱崇才、韩主任来为日本奖状摄影。

12月7日(2)晴,12℃

复黄建中、林岫、欧阳代发(附书签)。

12月8日(3)晴,11℃

收《龙门阵》旅蜀词(二)稿费158元。得夕佳函,其友要祖棻诗词,即复。

12月9日(4)阴,小雨,11℃

校宣传部来为理想讨论录像。复黄石市财贸学校(435000)陈略,赠《诗集》《诗论》。

12月10日(5)阴,12℃

为丽则作小生日,天眉同去。为武秀成改译文。得王淡芳信,即复。得刘茂舒赴,享年68。又前数日得曹慕樊赴。得马欣来贺年片。

12月11日(6)晴,11℃

郭鸿森寄诗集,即复谢。枣庄来信,讨论《大典》体例,颇怼出版社失信不付款。即与希坚电话商谈。省委送陈焕友八届七次全委扩大会议报告,嘱提意见。此报告甚佳。函皮公亮唁茂舒之逝。

12月12日(日)阴,8℃

函张高评,询《宋史》已否出版。天眉宴请老同学赵永健夫妇(王子明)和朱晏(李植未来),天纵、天渝亦来相会。王在公安专科学校教中文,系徐师中文系毕业，赠以《两宋文学史》一本。

12 月 13 日(1)阴有小雨，7℃

老吕率三小花匠在花园栽石榴、芍药、花包菜等。王庆元自武汉来电话谈先师全集事，告以：1. 大权应归陶德麟，不归黄建中；2. 要先作总规划；3. 对海外要不亢不卑；4. 匡老已约谈。得谭任杰函(附照片二张)；杨翊强函(附武大校庆纪念章一枚)；王博仁函，仍拟请阮君为塑像；韩梅村贺年片。

12 月 14 日(2)昙，6℃

张宏生交来论张惠言词文，即转徐中玉，15 日挂号寄。朱崇才交来《文史研究》备用谈《中华大典·文学典》稿三篇，又找相片等。

12 月 15 日(3)阴，5℃

上午与芸上街购小取暖器。下午砺锋来谈韩国留学生论文题事。浦口分校一同志来电话云，有易海峰(住扬子石化十村)拟联系，此人已多年不见，嘱其先来函或电话联系。黄希坚来电话，高老已回，《大典》经费问题不日解决。

12 月 16 日(4)阴，4℃

勋初送古籍十年展览讲稿，嘱为酌定，即为之。复殷焕先，谢其赠诗词墨迹。周骋来送日历，请其以所著诗集赠叶橹、陆耀东等。得饶宗颐贺年卡，答之。

12 月 17 日(5)阴转晴，7℃

复翊强函，寄一照片。致晴佳、小佳，各赠二照片。

12 月 18 日(6)晴，8℃

有富来，转交三夕信。三夕馈人参糖果，有富馈胡椒粉 4 瓶。周骋以其诗集十册嘱分赠人。校团委打电话来，香港中文大学学生拟来见(31

日），已允，届时再联系。

12月19日(日)晴,6℃

中午天纵家来吃点心。得舒芜函。晚天渝全家来玩，小鲲、小严夫妇留此，吃羊肉。

12月20日(1)晴,7℃

得白雉山寄诗集，即复。得关道雄、姚桐椿、许匡一、蔡厚示贺信。函谢赵瑞蕻赠《诗歌与浪漫主义》，并赠以周骋诗集《混沌外的乡愁》一册。

12月21日(2)晴,4℃

起草复曾枣庄函，芸誊正。卞先生来谈《大典》体例，并送一挂历。得沈玉成、金启华、臧维熙、老尹贺年卡，唐代文学会顾问证书。莫砺锋来呈一文(苏诗札记)，又询于景祥《选集》有无消息事。郭维森来谈研究生课程事。

12月22日(3)晴,5℃

朱崇才来谈《文史研究》载《大典》稿事，赠以《诗世界》。腹痛不适，吃藿香丸略痊可。

12月23日(4)晴,6℃

得中玉函，送叶橹、张宏生文均收到。得吴代芳函。又古籍高克勤函，同意挖改《宋史》误处。周钟灵逝世(22日)，送花圈。

12月24日(5)晴,10℃

得河南大学中文系、河南大学中文系唐诗研究室各一挂历，齐鲁书社台历一，武汉大学古籍所、周晶贺年片，张群华、雄哥夫妇、老尹夫妇贺年卡。心脏不适，昨今皆然，而腹胃则愈。

12月25日(6)晴,12℃

得杜兰亭寄小词二首。

12 月 26 日(日)晴,14℃

天眉请丽则全家在家吃西餐,自做。陈贻焮托卞孝萱带来李冰若《花间集评注》。中玉寄中国文艺理论学会第六届名单,余为顾问。

12 月 27 日(1)晴,10℃

复张三夕、杜兰亭。得夕佳赠芸八十寿辰礼 100 元。在中山大厦购得人造绒衣一件,189 元。得蒋寅贺年卡及函,baby 仍在医院,但治疗有效;岳麓书社胡渐逵、万业馨王志良、樊凡、重庆文史馆贺年卡。

12 月 28 日(2)晴 12℃

函陈一新,谢赠李翁《花间注》。勋初以一文、宏生以二文交阅。陈辽以谈南大博士生答辩短文见示;湖南名人文库、傅璇琮徐敏霞夫妇、杨翊强、欧阳代发贺年片各一;吴志达贺年片及信;连文萍贺年片。

【剪报复印件:陈辽《论文答辩有我师》。】

12 月 29 日(3)晴,13℃

今天下午教材评奖,《宋史》特等,《版本》一等,由新雷、有富出席领取。黄希坚电话,沈集电子照排已发至车间。

12 月 30 日(4)晴转阴,12℃

得陈植锷函及贺年卡,贾晋华贺年卡,四川高师师资培训中心寄来屈守元文摘录复印件。亦洗斋来赠一刘海粟书福字。巩本栋来,赠一日历与其子贝贝。

12 月 31 日(5)晴,6℃

王立兴来,有所图,拒之。黄希坚打电话来云,款节后付。王海若馈一挂历,然不能因此应乃翁之求也。董《大典》款今日汇出。下午赴系会,将改好勋初论唐稗文交与。九三年,过得康康健健、快快活活,希望年年如此。帆、芸。

1994 年

94 万福!

1 月

1 月 1 日(6)晴,8℃

章灿夫妇携卉来,赠以挂历。灿云,于景祥有电告以缓来。以《涉江集》交其与严杰先阅,备校对。邓瑞来,赠《吴文化史》(王友三主编)一册。合家欢聚,至晚始尽散。

1 月 2 日(日)晴,10℃

八时半与香港大学中文系学生会文社 18 人座谈,多及季刚师学术。一小时始散。赠其领队研究生某君以《版本编》。周勃来长途告《骈字索引》出版延期,又属作笺论文,将赴装池云。伯伟来谈系事,多可叹者。文风之恶,皆急于成名所致,恐非少年学士之福。

1 月 3 日(1)阴转昙,13℃

得横山弘寄赠正仓院展览说明书,图片极精;陈辽函;欧阳代发函,附武汉出版社刘昌钊同志函,要写不通的书名,拒。徐有富来,取书所赠与挂历,送来《南大书友》13 期数纸,有余旧诗二篇。

【剪报:《南大书友》1994 年 1 月 1 日总 13 期程千帆《旧诗两首重刊题记》。】

1 月 4 日(2)晴,12℃

致周勃书,告以不能为欧阳写不通之书签。连文萍寄来台产肉松二缶,丽取其一。王淡芳托温江县中学刘明寄俞平伯纪念文集,并有信。皮公亮来信告茂舒病因。得兰州西北师大古籍胡大浚、曾卓、张叙之、日本学生塚本信也,《华夏诗报》书页稿费 20 元,系过年退休教师 50 元。巩本栋来,嘱代询稼轩资料,并借去《宋人轶事》(4)、《宋稗类钞》(2)及《词话丛编》(5)共十一册。

1 月 5 日(3)阴,12℃

不适少食,卧,下午略好,以昨夜与天纵、小鲲在天府吃锅巴太多,后当戒之。宏生来问赴新加坡讲学题目。晚天渝夫妇来。

1 月 6 日(4)昙转阴,12℃

得香港、台湾寄来书籍,贵州书,钱南秀信,平田贺片。

1 月 7 日(5)阴,10℃

新雷取来《宋史》,以一赠系资料室,一赠邓韶玉,每人留四册。李立朴寄《西京杂记》《晏子春秋》《论衡》译文。黄、卞告唐五代部分即拨寄,黄告曾、董部分由四川、山东拨来。《文学典》5%,先秦 1980(实付 2309 元),唐 2880,宋 3456(实付 3450 元),共 8316 元。

1 月 8 日(6)阴,10℃

得张高评复,知平装《宋史》十外,尚有精装二册未到;王兆鹏信,嘱为《词人年谱》序。武大校友会在南林大开年会,不赴。得长沙高扬、西安韩理洲贺年卡。

1 月 9 日(日)昙晴,12℃

复连文萍,谢寄食物,并以一函请转林庆彰。复横山弘。复王兆鹏,辞作序(其书名《两宋词人年谱》)。周勃来电话,告欧阳代发书签、王兆鹏序及《武大学报》文事。

1 月 10 日(1)阴转晴,10℃

函刘梦溪告改地址。函赵昌平询稼轩资料。得屈守元寄《文选导读》;林庆彰《日本经学论著目录》;坂田新贺年片云,不忘曾为命表字曰"士德",盖取"日新其德"之意,余忘之矣;湖南诗词协会发来一公文,控诉纪念毛 100 周年纪念排斥诗词项目,其事当有内幕,所未详也;许匡一(武汉教院教师)来函,所译《淮南子》已付排,深为感谢云;王绍曾寄《山东藏书家史略》二册,一赠有富;赵瑞蕻函告收到周骋诗集。

1 月 11 日(2)阴,10℃

希坚来电话,曾、董处 5%已去函说明。《沈集》已排出初样,电子照排,速度可惊,才一周耳。蒋寅来函,葱葱出院,很好,《戴容州集校注》已出版。买一 10 安倍插线板,18 元。

1 月 12 日(3)阴雨,7℃

复王淡芳、王绍曾、屈守元、许匡一、钱南秀、蒋寅。将《词笺》交章灿等校对。连日大雾,能见度不过十米,云颇罕见。

1 月 13 日(4)阴,6℃

王子明夫妇来,馈柿饼、薯条等。卞老交来《大典》唐 2880 元。厕所浴室堵塞,三工人来为疏通,各赠大重九烟一盒。

1 月 14 日(5)晴,12℃

周笃文寄《金榜集》——全国诗歌大赛作品选也;曾伯藩信附贺余生日联;《光明日报》文艺部东风附刊记者李宏伟信,约稿,无以应也。

《古籍整理出版情况简报》270 期(93 年 5 月 21 日)载本淳《读〈全清词·顺康卷〉初稿后记》。

1 月 15 日(6)晴,11℃

为史梅子女命名:男也,远志;女也,远韵。威克晚约天眉饭,余夫妇陪,早早做肉酥饼甚美。

1 月 16 日(日)阴,小雨,10℃

凌萍萍来,赠银柳 11 支。王庆元函告赴台事。得胡国华、张瑞洁贺年片。艾若(周扬子)、林凡(画家)、沈玉成、郁贤皓来访,勋初在坐。艾若欲来写右派回忆录,未有以应之。砺锋携莫杞来,看所校《词笺》。丽则、美林、宁健、小鲲四家约来,吃饺子,以天眉明日飞港也。

1 月 17 日(1)雨雪,8℃

天眉 1 时许赴机场,鲲、渝送,殊黯然也。章灿来,出示萧氏《离骚图》,嘱送出版社研究。

1 月 18 日(2)中雪转晴,0℃

戴阿姨迁居。得吴组缃讣告,陈致、关道雄贺卡。托伯伟打唁电给北大。

1 月 19 日(3)晴,2℃

复《光明日报》记者李宏伟约稿,拒之。复周笃文寄《金榜集》。李立朴函询译《唐才子传》事。岳麓书社胡遐之寄诗。王馆长、老史来致春节礼泉二百、水果二包。复谢岳麓书社胡遐之寄诗(《湖南诗词》主编)。省委统战部副部长周加才来贺年,致泉三百。(原女副部长名林敏端。)

1 月 20 日(4)晴,2℃

以治鼻炎报销事报告,请威克送医院。下午赴南空门诊部激光治鼻炎,费 270 元,挂号 2 元。

1 月 21 日(5)晴,6℃

为宏生改论鸦片战争中词一文毕。

1月22日(6)晴,6℃

上海古籍转来香港《中学国文参考资料》五册,内选祖棻释柳词一首。林岫寄书钟诗立幅。《书与人》94年1期到,中有余书诚斋诗。新雷转示邓得台湾《宋史》后来函。八时出席校档案馆表彰会,十时返。勋初来告,李珍华以癌症逝于美国,骨灰已运回其故乡霞浦,作四言韵语悼之,刻石,非体也。

闽海毓奇,群彦汪洋。李公挺生,冠冕兹邦。学辨玄儒,诗究宋唐。跌宕文术,翱翔殊方。中外交流,若汉入江。夙亲謦欬,颇忆仪光。忽遗杖屦,游从痛伤。志之贞珉,来者勿忘。

1月23日(日)晴,10℃

复李立朴函,甚详,以其多询具体事也。复林岫,谢作字。丽则来,为迟到而奔波事懊恼,慰之,留吃晚饭。

1月24日(1)晴,9℃

复张高评,即寄出。得王兆鹏、毛谷风函,不复;陈美延函,索寅丈致刘丈手书稿;贾晋华寄水仙。省九三馈年礼:野冬菇、木耳。云南师范大学教师吴培德赠所撰《诗经论集》三册,嘱以其二转校图书馆。曾枣庄寄宋典5%。李培坤寄题签100元。

1月25日(2)晴,12℃

上午去文史馆开会,发新馆员聘书,省长季允石、统战部长沙人麟、副部长周加才出席。取回晋华水仙二枚。

1月26日(3)晴,9℃

汤敬昭、黄希坚来谈《大典》事,黄交董款。函余行达,索《师石山房书》。函谢吴培德赠书。函皮公亮,索寅老致弘老手书。谢晋华赠水仙。告枣庄款收到。得田翠竹电赴(其子田双发自湘潭)。得《龙门阵》,川大张志烈贺卡。校集资六千,交袁玲。

【剪报:《个人所得税如何计算?》】

1 月 27 日(4)晴,8℃

上午开会研究科研项目及研究生课程人选。得王绍曾函,告王伊同在匹兹堡,又《山东藏书家史略》勘误表。

1 月 28 日(5)晴,1℃

杨克平来赠港币各五百,又礼物甚丰(两份,一致匡老)。于景祥来电话,告等出版局批文。万业馨返自北京,来谈已定调入语言学院之汉语学院或文化学院,又赠挂历一、果脯一。

1 月 29 日(6)晴,9℃

小燕生日。奶奶、早早共四人去湖南路加州牛肉面大王,又买蛋糕一,晚吃烧卖、稀饭,祖孙四人共乐一日。《雨花》94 年 1 期载叶橹评《新诗集》文。王凡(市文联常务副主席)来贺年(其子偕来),馈芦柑一箱。老尹夫妇来详谈话旧。得杨翊强、刘涤源函;蒋寅函附葱葱照片,并告著新文。章灿送来与程卉。张辉函告《笔记研究》已在华东师大出版社出版。

1 月 30 日(日)阴,5℃

砺锋送来《词笺》校稿,略检视。焕明、原靖携高岑来,送一挂历。天渝全家来午饭。

1 月 31 日(1)阴,小雨,5℃

匡老秘书朱维宁取去克平送礼,余亦赠参一支。小佳信。社联约 2 月 2 日茶会。

2月

2月1日(2)阴转晴,4℃

勋初来出示其唐人小说稿及挽李珍华诗。

2月2日(3)晴,10℃

下午省社联在知行楼举行新年座谈会,馈干果四包。得袁第锐寄诗;《浙大学报》7卷4期,载祖棻鄂渚词笺;蒋寅寄《文遗》(载有其文);《华夏诗报》(载余函论望舒诗);巴蜀书社《岷峨诗稿》22期,邓南昕寄(成都盐道街3号四川古籍小组,610012);胡培周自澳门寄《青洲小学校讯》(有余夫妇与之合影)。高纪言、汤敬昭来拜年,馈饼干一匣。

【剪报:《华夏诗报》总第78—79期《谈戴望舒诗及其他——程千帆致本报主编》。】

2月3日(4)阴转小雨,10℃

与卞通话,谈《大典》审稿事。

2月4日(5)小雨转阴,6℃

宏生来,馈一巨鱼。书录来,亦馈数鳊。

2月5日(6)阴,小雨,8℃

校办函询学科及个人国外影响,电话告以可询莫砺锋。得雄哥函,细字如牛毛,老病孤寂,庞嫂信教过笃,转成虐待夫婿矣。朱崇才来,送《文史研究》1期8册、3期(94.1)5册。

2月6日(日)阴,小雨,6℃

天渝父子来午饭。天纵下午来,馈五粮液1瓶。

2 月 7 日(1)雾转昙,8℃

省委统战部又派人致三百,19 日周加才已致,或重复,不便问,疑莫能明也。吴锦来馈西洋参、茶。陈美林来。卞孝萱来,谈《大典》审隋稿事。

2 月 8 日(2)晴,8℃

郑传寅来长途,告文章印出及约讲学。李立朴来长途,告《选集》亦可出。清水、成田、唐富龄来贺卡;沙鸥寄诗集《一个花荫中的女人》(重庆大田湾小学);陈永正寄《沚斋诗钞》;古籍小组来函,告每月致津贴 100 元;陈继明来函;成田静香寄在《东方》155 期之评介《八十寿辰论文集》文。校党政领导来贺年,赠鲜花。吴枝培来,送绢花。老白、七姐携大宝、欢欢来,馈食物多种。

2 月 9 日(3)晴,8℃

鲁国尧来,带来信。贾晋华嘱推荐到普灵斯顿读比较文学,即签字寄出。谭任杰寄照片及所书菉词稿照片。上海《文学报》李福眠寄报,上摘编余《旧诗重刊题记》。巩本栋来送饺子。除夕,丽儿全家、天渝、大纲欢聚(美林携小宁归宁也)。周勃长途贺岁,可感。

【剪报:《文学报》1994 年 2 月 3 日 673 期《一个富强的祖国比什么都重要》。】

2 月 10 日(4)昙转雨,8℃

甲戌元辰。郁贤皓来,谈《大典》事。曲校长来。郭维森夫妇、巩本栋夫妇来(郭赠糖一匣)。卞孝萱、许惟贤来。康育义夫妇、叶子铭夫妇、许结来。赵永健王子明夫妇来,赠蛋糕、银耳。柳士镇、王主任来,致 60 番。砺锋夫妇来,托其印材料,写二张材料。

2 月 11 日(5)阴雨,5℃

写致曲荐二张函。邓瑞来,馈鳖精二盒。

2月12日(6)阴转昙,8℃

早早生日,20岁,全家聚(天渝父子亦来)。吴翠芬王立兴夫妇来。宏生笑梅夫妇来。白峰来,送米及寅宪家照片。

2月13日(日)阴,5℃

勋初夫妇来,谈系计划事。

2月14日(1)雨雪,3℃

得岳麓书社胡渐逵函,告所著《古籍整理举例》无处出版,不复;国家古籍小组《传统文化与现代化》编辑张世林函,嘱为谈刊题词;姚继舜贺春节电报。

2月15日(2)阴转昙,7℃

宁健生日(50),去其家贺之。发下列复信,多日写成:1. 成田静香(谢其寄《八十文集》书评);2. 沙鸥(附周骋诗集),分别寄其2件;3. 陈永正;4. 陈继明;5. 小佳;6. 王庆元;7. 王绍曾;8. 袁第锐;9. 费振钟(《雨花》编辑部);10. 邓南(巴蜀书社);11. 杨翊强、刘涤源;12. 贾晋华;13. 李培坤;14. 陈美延(附皮公亮函);15. 李福眠(上海《文学报》);16. 张世林(《传统文化与现代化》);17. 张辉;18. 蒋寅。

2月16日(3)晴,7℃

晨出取药、寄信,今岁始出门。

2月17日(4)晴,10℃

勋初来,整理国外材料事。

2月18日(5)晴转昙,10℃

苏昌辽来,馈柚子四枚、茶一听。王步高打电话贺年。汪超伯来。

2 月 19 日(6)昙,8℃

得马录程、赵昌平函。吴文治来,馈水果,未遇。去王永芬家,未遇,买帽、饼而归。文史馆韩主任送文史笔记等来。伯伟夫妇携孩来,馈腊鸡。许结来。

2 月 20 日(日)阴转昙,9℃

函王永芬、吴文治、冯保善。

2 月 21 日(1)晴,12℃

收到古籍小组二百番;马录程寄所著 10 册,即复。出购棉毛裤。

2 月 22 日(2)晴转昙,11℃

汪其岭来告学位委员会要传记事。周骋、冯保善来,取去《词笺》校样。卞孝萱来告星期 5、6《大典》开会事。花房今日来种花。天纵约元宵来包饺子。

2 月 23 日(3)阴转小雨,8℃

夜大雪,种竹及山茶、栀子、棕榈皆伏,竹倒。

2 月 24 日(4)小雪,2℃

晨起整理雪压花树。得刘梦溪函,告二文载《文化》十期;冯其庸赠《漱石集》;程一中函,告武大事;陈贻焮、葛晓音学生钱志熙博士(北大副教授)赠《魏晋诗歌艺术原论》;周伟民唐玲玲贺卡。

2 月 25 日(5)晴,8℃

至新华书店招待所开《大典》会一天,甚疲。莫砺锋送二张简介。得天眉信,久盼始到,甚喜。

2 月 26 日(6)晴,9℃

杨功武夫妇及某士来,杨致礼甚丰。章灿来,为作游美推荐书。花房来结账：① 371，② 155，③ 200，共 726 元，自三月起，每月 60 元。下午去开《大典》会，出版局王局长赠随园集一套，价 200 元。得周勃寄照片（校庆讲演）三张；湖南图书馆张建国贺卡；广州王博仁来函，附阮雍崇函，愿为余塑像，不收费；贾晋华函；周策维自美寄诗。伯伟赠《诗品研究》，甚佳。

2 月 27 日(日)昙,8℃

大纲来取电炉去修。下午赴鼓楼街，买芝麻肥及麻油。以要函交校长。

2 月 28 日(1)昙,6℃

章灿、砺锋来。抄完学位委要的文字，即送汪其岭。发给程一中及北大钱志熙函。扬师戴伟华来，赠《唐方镇文职僚佐考》（二部），又燕窝各一盒，与论学甚久。

3 月

3 月 1 日(2)晴,9℃

以成田书评寄广开、三夕、立朴、敏彻、正宇、志达、翊强、吕永、锡良。复冯其庸，谢赠书。复刘梦溪，告《涉江词》重印。寄宁乡县志办《文教》一册，填表一张。得马騄程函告治肩周炎方。王子野讣告。胡守为约开柳如是讨论会函。

3 月 2 日(3)晴,12℃

复胡守为、陈致（附致周策纵）及王博仁（允阮雍崇谌硕人夫妇为余塑像）。本栋来换氧气，并交杂志数份与中心。得黄进德函，谈隋代事。

3 月 3 日(4)晴,13℃

今日起为早早看小说。于景祥电话告下周来宁。

3 月 4 日(5)晴,16℃

去看鼻炎,云已不再需治疗。任夫人来信,戴阿姨事,即复之。

3 月 5 日(6)晴,17℃

张辉寄来百番,题书签也。山东《临沂师专学报》张永昊寄《文心雕龙辞典》一册(276005)。复谢张永昊赠书。

3 月 6 日(日)昙转雨,13℃

午丽全家、晚渝全家来饭。与早早谈文。

3 月 7 日(1)阴,小雨,14℃

《龙门阵》泉 140。田翠竹夫人李明珠来讣田翁之丧(1.31 函,3.6 始到)。聊城师院中文系李庆立告该院学报欲载致李函。赖高翔弟子张学渊(四川广汉市济南路 5 号四川东方轴承厂,618300)寄其师传。三夕寄《死亡之思与死亡之诗》,又五册分致莫、二张、曹、程、徐(华中师大历史文献所高华平代寄)。

3 月 8 日(2)阴,8℃

复李庆立、张学渊。潘长胜来电话,告《索引》8 月出书。高金华(出版局长)要一幅字。黄鹤楼请匡老题"百步梯"三字,可写小的放大。

3 月 9 日(3)夜大雪,2℃

复三夕谢赠论死书。宏生来取去三夕赠诸同学书,并告办助教进修班事。朱崇才将去苏北持贫约一年,来辞行。

3 月 10 日(4)晴,7℃

丽则送来小佳赠酒、鱼、麻油,附信。收到张辉《宋笔记研究》,即复;三夕赠豆丝及函,即复;《诗刊》稿费 25 元;《武大学报》载余文者二册;特殊津贴每月 300,共 900 元;成都红星路 4 段 145 号范道航赠其父《颐园诗稿》;李培坤来函询笺中之字,即复之。

3月11日(5)阴雨,8℃

许结、章灿送书来。景祥来电话,下星期3、4来。

3月12日(6)阴雨,4℃

朱家维来谈系提升职称事。得林庆彰函,介绍圣环出版社徐耀环来洽商出版事;杨翊强、张辉、余行达函(余即寄还《师石丛书》)。台湾圣环出版公司汪树清来谈《考索》出版事。

3月13日(日)晴,7℃

圣环公司汪树清、徐耀环来谈《考索》出版事。发函魏同贤告《考索》事。

3月14日(1)晴,10℃

函汪树清商合约事。江古美编室章耀达。省新闻出版局副局长王建邦。收余行达寄还《师石丛书》,即复;周本淳代蔡厚示邀出席诗会,即复不赴;吴志达函;武大稿费二百番。复黄进德,告纪要即发。做盐蛋。

3月15日(2)晴,12℃

上午9时开文学史会。得邓广铭函,寄《稼轩词笺》。与勋初商定,用诗派款补助莫、张购书费5百,程15百。

3月16日(3)阴转晴,10℃

花房送花四盆,连上次共六盆(二四季桂、二瓜叶菊、二红叶菊)。

3月17日(4)昙,15℃

得周笃文、李汝伦函,均为诗词比赛事。汪树清来电,告即发函;于景祥告延期。

3 月 18 日(5)晴,18℃

赴鼓医做 B 超,结果好。

3 月 19 日(6)昙转晴,20℃

得邓广铭寄《辛词笺》;侯井天寄《聂诗全编》;广西师大《新密度诗报》;孙望弟子王锡九(扬州师院)信;湖北教育学院谈运泽函及所作版本学文(730063),此件交有富复。花房来施肥。

3 月 20 日(日)晴,20℃

赵国璋来,告《江苏艺文志》已成数卷。天渝全家来午饭。

3 月 21 日(1)昙转阴,16℃

得浙大中文系朱则杰(钱仲联博士生)函,及所著《朱彝尊研究》;张瑞洁函;吕永函;金志仁(南通教院)函,不复。章灿作《游梅花山》七排一首。复谢邓广铭赠《辛词笺》。

3 月 22 日(2)阴,15℃

吴新雷来取《宋史》备报。胡忌同来,已退休,劝作昆剧剧场史。冯保善来送《词笺》校稿。章灿来代挂眼科号,并略谈所作诗。有富来送改校雠学稿,又三夕《校雠》书评,佳。得汪树清信,附徐耀环复诸生信;北大钱志熙复;蒋寅信;王锡九论唐宋二代七古二书。周勃寄来腊鱼,早早去取。勃又来电话,云宗福邦将来过访,商赴武大讲学事。

3 月 23 日(3)晴,16℃

寄还侯井天硬派买聂诗,27 日寄出。复 1. 王锡九、2. 朱则杰、3. 李汝伦、4. 周笃文、5. 张瑞洁、6. 蒋寅。卞、汤、黄来谈郁稿事,并送照片。花房送蝴蝶花四盆。中午突患病,发高烧,心跳特快,校医云系肺炎,下午住进工人医院,滴水通宵。夜里砺锋陪,彻夜未眠。

3月24日(4)晴

从昨日下午滴水直至今日下午，共约22小时，五瓶水，疲惫不堪，芸整日陪，已退烧，心跳亦渐缓。在医院遇见萧焜焘，谈及东南大学挖南大墙角事。南大如不警惕，加强对青年人的提拔，则前景堪忧。吴志华接送芸。夜张伯伟值班。上午曹虹来，带来饼干。晚饭后早早、小燕来探视，亦送饼干。

3月25日(5)晴，大风

白天仍挂水，下午停止，洗一澡。宏生带香蕉、梨来视疾。朱家维、胡若定来，带来奶粉、水果。王馆长、韩主任、周部长来探望。天渝带桂元来视疾，以车送芸归。在台圣环出版《古诗考索》，稿费约合32美元/万字。得三夕函；魏同贤函，同意《古诗考索》由台湾重版；高克勤函，云《两宋文学史》已再版，又请给《选堂文史论苑》题笺。章灿值班。

3月26日(6)晴冷

复高克勤、吴志达。函天眉。宗福邦、吴迪两先生来访，并面交武大陶校长信，又馈参、燕等食物。严杰值班，见其《欧谱》。

3月27日(日)晴，15℃

平昌由国尧陪来，赠点心一盒。二孩在家擦地板，奖以蜜饯一盒。本栋值班，馈蜜柑、咸蛋。

3月28日(1)阴，14℃

宁健送菜来。匡老秘书及小梁代匡老来探视并赠鳖膏二盒，云宴璇琮，余不能陪也。下午做胸部拍片。砺锋来。宏生值班。

《扬晚》3.28头版头条：省职称办印发“关于选拔优秀中青年晋升高级专业技术职务的意见”，标题《改变职称评聘“论资排辈”现象　我省破格选拔优秀中青年人才》。

3 月 29 日(2)昙,17℃

花房送来君子兰一盆、蝴蝶花四盆,并新种竹子一棵。得程一中函,拟将贷款延长一年,询问可否;《当代名诗》索稿(苏坤泉主编);宁乡诗词学会徐哲兮寄《情系花明楼》一本,并函请写稿等;《传统文化与现代化》94年I;湖海艺文社寄周梦庄《红楼梦寓意考》;《四库全书存目丛书》编纂出版委员会请担任顾问。复一中;湖海艺文社,收到《红楼梦寓意考》;《四库存目》委,允任顾问。丽则来,知狗鼠之辈阴谋得逞,真"和尚打伞"也。中国不亡,此曹终在覆灭。曹虹中午赶点制熏鱼急急送来,味极美。写一联送给伯伟以慰之,托砺锋带致:

旧穿杨叶真自知;

暂蹶霜蹄未为失。

小人利令智昏,窃权妄作,终必自败,无损龙渊之利、峄阳之和。

过萧焜焘谈,知乃祖蓁在成都时学生也。索诗词,必与之。

3 月 30 日(3)晴,14℃

地理系王颖教授(女)馈花束。勋初来谈,悉职称会情况。复宁乡徐哲兮,拒为《情系花明楼》写稿。花房来浇水、补竹、剪竹。

3 月 31 日(4)晴,18℃

今日起停止挂水,做B超,发现肾有囊肿。芸与小吴相左,来时未能乘馆车。算火食账,72.20 元。瞿医云:肾囊肿不妨,可任之,四月七日可出院矣。伯伟来谈,馈羊羹一盒。

4 月

4 月 1 日(5)18℃

今日小吴长跑,芸自来。下午四时半提前归,以去系取信件也。一医命8日做CT,告以7日出院。《浙大学报》致稿费120元。夜宏生来谈,九时去。得《全宋诗》5本、《珞珈撷英》2本、《文教资料简报》1本。

4月2日(6)晴,22℃

函汪树清,告稿费太低。函于景祥询究竟。夜返家。

4月3日(日)晴,20℃

在家休息。函汪树清告校对费万字二元,前函误。威克、小燕来,燕留午饭。早早游苏州返,夜来,送青团子,以糟鱼一瓶与之(今年初)。

4月4日(1)昙,22℃

晨返医院。宁健送笋、苹果。下午小散步,购一强力胶。曾广开自河大来,谈良久,有进步,可喜。夜本栋夫妇携贝贝来,馈豆干。

4月5日(2)阴,微雨,19℃

芸带来砺锋《杜甫评传》,佳,极喜。芸晚赴文献所饯万业馨宴。景祥电章灿,云即来。

4月6日(3)昙,20℃

万业馨王志良夫妇携其子来,并馈香蕉。曹虹携子博来,送赠吴存单,又海带、花生。夜严杰来。

4月7日(4)阴转昙,21℃

得吴志达2函,附小说史序校样;曾广开函,附硕士生培养计划;唐代文学会第七届年会开会通告及《剡溪——唐诗之路》;高克勤函,书签可缓寄;北京图书馆函请推荐青年大学生必读书目。下午做CT。智华子肖楠,好学,赠200番奖之。夜早早来。

4月8日(5)晴,19℃

以序跋改稿寄回志达,并告可在台出书事。章灿来,告于景祥即来。芸赴下关办退休金及医疗单位转移事。朱崇才夫妇来。伯伟来。曲校长来。下午出院。宴万业馨夫妇,史梅夫妇、许惟贤夫人陪。

4 月 9 日(6)阴转昙,12℃

改曾广开研究生培养计划,寄还之。为高克勤写饶氏文集签,附赠李国章、赵昌平信。看完《欧阳修年谱》。蒋寅、屈义林寄来有关自己著作的书评,蒋为日本人评。复蒋寅,附致刘福春,要棻诗稿。

4 月 10 日(日)雨,13℃

有富来谈评职又被摒,均为别图。如此,颓势殆难挽也。勋初来告曲约谈事,又以人参一支托其赠石斋开封。

4 月 11 日(1)阴,13℃

付花房 60 元。赠小王衣三件。得(510036)广州市德政中路担干 18 号 603 房唐景凯寄《中国词的物体意象》一书,其人盖郭晋稀之弟子,有西北师大郭晋稀、中山大学吴国钦二序,即复谢之。台湾林玫仪托高国藩求审核所编余撰词学文字目录,托宏生办理之。章灿取祖棻手稿交江苏古籍供作《词笺》封面用。

4 月 12 日(2)阴转晴,11℃

复屈义林。曹虹以所撰《伽蓝记》文求正。

4 月 13 日(3)昙,19℃

下午王永芬来,病后消疲,赠以桂元、茶叶、饼干及《文史研究》。景祥来电话与章灿,告要 20 左右乃能来,稿费拟先汇出。吕师傅来送花,有睡莲。

4 月 14 日(4)晴昙,21℃

老尹夫妇来。天纵来,馈豆豉油,湘产也。砺锋来,交校《沈词集》,下午由章灿连祖棻手稿一并送出版社。砺锋交吴志达研究生陈文新《文言小说流派研究》一册。周勃寄来《永恒的困扰》四册。周勃学生喻学才(在东南大学文化系)来访,谋为书作一序,拒之。馈奶粉、水果,别图报之。

寄 15 元至珠海买电池。

4 月 15 日(5)晴,23℃

复陈文新,谢其赠书。开文科会议,下午发言。《文史研究》致稿费 345 元。陶文鹏寄文。汪树清来电话告下星期一来面商出版事。

4 月 16 日(6)昙,20℃

得瑞洁信,有妄人造余事,即令其驳正(其文载《长沙晚报》)。下午在文科会议发一短言。

4 月 17 日(日)阴昙,23℃

上午文科会议大会发言。问南京电视台学生赌博报道,6649065、6642031 陈正荣。汪树清来电,缓来。

4 月 18 日(1)阴,21℃

与陈正荣通话,告知南大学生玩牌是在四月一日(星期五)晚上九时。陈与于景祥、于辅仁同班,古代文学研究生硕士。伍杰及汤敬昭来谈《大典》事,并赠礼物。得赵守俨讣,享年 68 岁,将电唁之。王淡芳寄《四川百年诗话》。晚赴古籍出版社宴,陪伍杰也。马得小品画展,得请帖。江苏古籍送来《精选》20 册。

4 月 19 日(2)雨,18℃

歌泣已开新世界,神仙真谪小蓬莱。——集散原翁句

教委杨志坚、徐挥由柳士镇陪来见,举行座谈。莫、二张、程参加,约二小时。各赠《宋史》一册。

4 月 20 日(3)阴,17℃

冯保善来,选定寄吴志达《大典》材料,拟请其为明清主编也。函志达;又曾枣庄,嘱其以所为宋元样稿分致董、吴等。余冠英外甥女侯明从

北京来长途，告知其夫刘新风将于五一前后来宁，将来访。

4 月 21 日(4)阴，17℃

国家古籍小组 3、4 月津贴 200 元。十二弟函告将寄君谋叔百年纪念录像带，即复令速寄。

4 月 22 日(5)阴，17℃

工人来刷厨房墙。复淡芳，问《百年诗话》可否出单行本。出购昂立 1 号，自今日始共服(瓶 42 元)。购一睡椅，50 元。

4 月 23 日(6)昙，19℃

下午出席文科会议闭会式。《诗词笺本》已交厂付印。

4 月 24 日(日)阴，23℃

读周论《全唐诗》文，讫，交还。去鼓楼买窗纱、拖鞋、领带。

4 月 25 日(1)阴，小雨，20℃

交 10 元补医疗证。得浏阳金刚中学(410313)萧征山老师寄诗求教，不通，不复。

4 月 26 日(2)阴，20℃

宁健来，送鸡汤、咸肉。汪树清自沪来，签《古诗考索》台版约。函陈美延，问广州陈丈纪念会论文集事。得十二弟快寄君谋叔百年诞辰纪念录像；李飞(化工学院教授)寄诗集《咏竹斋诗稿续编》；周笃文函，索稿；王绍曾函，附王伊同函；周勃寄茶叶。

4 月 27 日(3)阴，20℃

发陈美延函。复历史所科研处(附丁帆函)、李飞函、林庆彰函。

4月28日(4)晴,26℃

复王伊同,并寄资料。以文十首寄周笃文。

4月29日(5)晴,27℃

复王绍曾。景祥来电,款今日汇出。

4月30日(6)晴,33℃

周勃来长途,《永恒的困扰》出版事全权托余办理,去武大以秋天为妥,茶叶收到。吴志达来函,愿任明清典。卞孝萱交来曾枣庄样稿。江苏电视台副台长季世昌欲余为其所撰主席诗词注题辞,诺之。夜与黄希坚通话,告《大典》诸事。夜出,年余所未有也。天渝家四人、天纵、小晶、小鲲、真真来午饭。

5月

5月1日(日)晴,34℃

省电台季世昌来求题词,赠茶叶及《中国楹联学》,报以《诗论》。饶小平自深圳来长途问安。丽则夫妇、小燕来午饭。早早已去山东,未与。

5月2日(1)昙,29℃

河海大学(江苏诗词协会)华士林先生来访,赠所著《春柳集》。复十二弟,谢赠录像带。复吴志达,谈《大典》事。天纵家五人来晚饭。写书签寄省电视台季世昌。

5月3日(2)晴,21℃

得上海社科院文学所孙琴安函,嘱写旧诗一二首;古委会函,嘱增订小传;王淡芳函,告《诗话》出版事;辽宁人民出版社嘱为青年开书目,不复;景祥寄万五。函中华、上古,告《选集》改由辽宁出版。

5 月 4 日(3)阴,20℃

复古委会,修改小传。为孙琴安写一卷子,寄之。取回于款,书一收条寄之。

5 月 5 日(4)晴,25℃

珠海寄来助听器电池 10 枚,每枚 1.50 元。中山大学古籍所陈永正函。南京出版社致《欧阳年谱》书签稿酬四十元。香港中文大学研究生严宇乐前次来访,曾赠以《校雠广义·版本编》,今来信致谢,并赠乌龙茶,并愿代印所要港刊论文。

5 月 6 日(5)晴,28℃

访永芬。下午与汤敬昭等商《大典》事。复谢中文大学严宇乐。

5 月 7 日(6)晴,30℃

阮雍崇谌硕人夫妇来,谌夫人为塑像。吴志达来函《大典》事。丁芒樊玉媛夫妇来,赠新茶、鳖精,托审定其诗集。

5 月 8 日(日)晴,32℃

小燕姐妹来做清洁。威克来午饭。天渝夫妇来。

5 月 9 日(1)晴,33℃

谌硕人夫人来塑像。曹大铁请其表弟苏海(元龙)来赠《梓人韵语》,并乞作书。为丁芒诗集作评审。

5 月 10 日(2)昨夜雨,阴昙,夜风雨,25℃

谌夫人来塑像,余极疲,盖久坐也。砺锋来询景祥何时来。

5 月 11 日(3)晴,29℃

阮谌夫妇来完成塑像,下午注石膏,运走。王步高来函,求任唐圭璋词学基金会会长，拒之，即复。

5 月 12 日(4)晴昙，30℃

函谢曹大铁赠集。新闻系二年级学生杨会飞由潘知常介绍来访谈，赠以《诗世界》《新诗集》《文教资料》，供其为《新湖南报》撰文用。伯伟来，转致葛兆光《中国古典诗歌基础文库·唐诗卷》，又还雪林《浮生九四》、一良《八十生日文集》，借去钱志熙《论八代诗》。宗福邦自武大来长途，报告其武大古籍所项目，求为其书所序。告以争取获得博士点之道。

5 月 13 日(5)阴雨，25℃

函刘福春、蒋寅，催还沈手稿。得苏州浒墅关江南丝厂(215151)姚以瑞函，求作字；孙琴安函，收到作字。

5 月 14 日(6)阴，25℃

得郑州程德祥函，欲咨询《二程遗书》出版事；曾枣庄信；程章灿考段氏铭短文。景凯旋来，赠日本笔盘一具，报以《诗论选集》。阅章灿墓志考，佳，小有不妥处，为点定之。花房送盆荷、美人蕉，又水缸一。为江南丝厂姚以瑞作“无欲则刚”字，寄之。复程德祥，拒其来宁咨询《二程遗书》新版事。

5 月 15 日(日)昙晴，30℃

以《宋诗精选》寄葛兆光，附一笺，称美所选唐诗。

5 月 16 日(1)昙晴，32℃

昨日改好章灿唐志考，今还之。郑传寅自武大打电话来，询季刚师遗著出版事，并告以吴志达任明清典主编事。曹虹来询阳湖诗派研究诸问题。与孝萱谈魏晋六朝典、理论典、明清典事，皆同意。

5 月 17 日(2)阴晴，24℃

函吴志达、曾枣庄。徐雁、徐有富来。雁赠《读书大辞典》，求评审。

有富谈调入中文系事。陈书录来，谈其论文出版事。杨会飞来，出示所写访问记，嘱交潘知常改之。

5 月 18 日(3)晴，26℃

为丁芒改评语，作小序。为徐雁论文作推荐。李立朴寄全译丛书目录，无信。陈美延信，告已寄出论文集，并告流求住址。程一中函，告武大情况，又告棻墓碑塌要重修。王淡芳函，问《百年诗话》有无出版处。蒋寅告得新居及近状。宝鸡石油钢管厂杨玉璧索《祖棻选集》一本。为徐雁参加论文竞赛作一鉴定，有富代撰。雁送来梁永《雍庐书话》一册。此人已作古，舒芜之友，尝求余书咏苏斋榜。

5 月 19 日(4)晴，30℃

复宝鸡杨玉璧，告售《沈选集》处。复蒋寅催刘福春，还诗稿。函晴佳命其修坟，并寄三百元。得北大中文系信，约写纪念组缃文。丁芒来，取去其诗集及余为所作短序。

5 月 20 日(5)阴转雷阵雨，25℃

川大教授李昌鹭(原武大中文系学生，后转川大毕业，留校任教)寄《诗集》一本，又函。吴代芳函。校党委宣传部小王介绍中央电视台专题部王银桩来采访录像录音，有张辉介绍信。前丽则属为冒若书题签，厚有所贶，鱼翅、虾米、冬菇、色拉油各一，愧之。小佳来长途，云家已装电话，告以修坟事。于景祥到宁，来电话明早九时来。

5 月 21 日(6)阴昙，27℃

于景祥由章灿陪来，将《选集》清点交与。宏生来取去请客名单及钱。枣庄来长途，告 6 月 5 日到宁。

5 月 22 日(日)阴，30℃

为于《骈文史》作推荐。中午宴勋初夫妇、景祥及诸生，共 22 人。冠英外孙女侯明来，代其夫刘新风嘱任《新编中国文学史》顾问，并赠人参系列一盒。又为作一函与蒋寅，问其是否可参加。景凯旋交来三文，其一未发表，属余审定。

5月23日(1)昙阴，27℃

于景祥来，签《选集》合同。侯明来谈《文学史新编》事。赵昌平寄邓广铭《辛词笺》，即转赠巩本栋；郭预衡寄《中国散文史》中册；张伟华信；王伊同信；程德祥信。

5月24日(2)阴，下午大雨，25℃

复赵昌平，又郭预衡，早早发出。教务处副处长曾红路来访，谈教学改革，又示文件。江苏电影制片厂胡之强来录像(Tel5411669)。郑传寅来电，告已订6月4日机票。吴志达来电同。

5月25日(3)晴，29℃

晤韩国国光大学李宇正，允为写一介绍宋代文学之短文。于景祥来取去所赠书一盒。又与张宏生共商出学刊事。

5月26日(4)阴，29℃

得刘福春、蒋寅信，均桒手稿，即复，并告寅刘新风《文学史》事。

5月27日(5)晴昙，28℃

叶子铭来询《茅盾自传》中数事。苏昌辽来，欲予出任中大校友诗社社社长，所谓名不正也，却之。收其赠茶叶二匣。程一中函告先莹情况。

5月28日(6)昙，30℃

白尘昨夜逝世。早送翁元圻材料与子铭，始知之。读早早小说毕功，成札记一卷。为学校作一挽白尘联：

升官图是匕首投枪，彩笔有辉光，杰作迎来新社会；

话剧史具宏才卓识，南雍盛桃李，文坛痛失大宗师。

升官图是匕首投枪，力摘奸谀，运笔遥迎新社会；
话剧史见宏才卓识，遍栽桃李，正庠痛失大宗师。

为旧社会掘墓，为新世界催生，田汉传人君不朽；
以名作家著书，以老教授勤业，南雍遗教士同悲。

八十年哀乐在人间，遗恨未成回忆录；
四百载兴亡征史笔，萦怀长想大风歌。

5 月 29 日(日)晴昙，32℃

芸函晴佳，告程一中来函，并我等意见。于景祥昨夜北归。

5 月 30 日(1)昙，31℃

收到美延寄来中山大学寅老纪念文集；汪黎明查询清词事；高克勤告遗失饶宗颐论文集稿；吴志达函；《淮海文汇》来函，聘为高级顾问，可笑；湖南李伟新要寄还首日封；王博仁来函询塑像事，即复。

5 月 31 日(2)昙，30℃

复李昌鹭、王淡芳、吴代芳。景凯旋来问学。景祥来电话，已返沈阳。屯溪安徽中学教务处易海峰先生忽来访，不见五十余年矣，住大厂区南化新一村 13 幢 205 号。

6 月

6 月 1 日(3)昙，30℃

程一中托人带到先莹相片四张。晴佳来信，告已于 28 日去莹看视。天渝生日，全家来晚饭。

6 月 2 日(4)昙晴，32℃

复高克勤，告知找不到《词笺》小序。徐兴无偕张汉怡来访，张属题所刻二赤壁赋拓片书卷，又赠扇一。章灿来出示《原学》，欲为此刊作专访。

6月3日(5)昙，32℃

作字，已六幅。

6月4日(6)昙夜雨，32℃

蒋寅信，木生信，内江李某要集邮信。春晓沈祖棻奖以二等入选。下午黄希坚、汤敬昭、卞孝萱来谈《大典》事。夜吴志达、郑传寅来，各致燕窝，又带到宗福邦属为序文材料。

6月5日(日)昙晴，33℃

对教务处文件提些意见，寄还曾红路。高纪言来电话，同意吴主明清分典。

6月6日(1)昙，32℃

复程一中(修墓、讲学二事)。午宴郑传寅、吴志达，宏生作陪。以沙鸥、周骋诗各一册赠耀东，又以周诗赠曾卓、骆文各一册，均由郑传寅带去。刘昌裔先生书画展，十日后交四尺对开直幅。叶子铭转来陈祥耀等七人诗集《七发集》一册。陈，叶中学时之师，在福建师大任教。

6月7日(2)阴雨，28℃

开《大典》宋元论证会一整天。得古委会资助《广义》八千元通知。郝延林致函系办，询余安否，盖误死讯也。

6月8日(3)阴雨，24℃

下午赴《文学典》会，结束。社赠《子弟书》(车王府本)二册。

6月9日(4)阴雨，23℃

社科处转来徐朔方著作，属审查。补发3000.24元转存学校。

6 月 10 日(5)阴昙,27℃

作字,内有夫人墓碑。社科处送来徐朔方文集,嘱审评,杭大董氏文史哲研究奖励基金优秀成果评奖也。下午出游至新街口,芸购衣、鞋各一,及食物。周勃来电话问安,告知冯天瑜将去武大办一文化研究中心。

6 月 11 日(6)阴,28℃

作徐朔方集评审。黄薇携二雏来玩。周勋初来云,璇琮告渠,松林于为韩梅村一小册作序,攻击渠。此书余为题签,竟未看序,昏瞀可笑。

6 月 12 日(日)阴,小雨,24℃

渝全家(天纵亦来,午饭前去)玩一天。下午小红夫妇亦来,晚饭去。

6 月 13 日(1)阴,28℃

小佳信。村上寄新著《中国文人论》。今日端午,袁玲馈粽 4,昨日美林馈 10,丽则馈盐蛋 8。晨为志达写字一幅。村上告在东北大学退休,改任私立奥羽大学教授。吴志达来晚饭,赠字一幅,又下列书 10 种 11 册。赠吴志达下列书:1. 章培恒《献疑集》、2. 王立兴《近代文学考辨》、3. 王季思《玉轮轩戏曲新论》、4. 王季思《玉轮轩前集》、5. 王文才《杨慎学谱》、6. 李庆立《谢榛研究》、7. 李庆立《谢榛诗注》(二册)、8. 严杰《欧阳修年谱》、9. 章培恒《献疑集》①、10. 朱则杰《朱彝尊研究》。

6 月 14 日(2)晴昙,29℃

将字寄下列各位:潘长胜、李培坤、侯明、苏元龙、王银桩、周勃。志达今夜返鄂。

6 月 15 日(3)晴昙,30℃

以徐朔方集评审交科研处。以景凯旋文阅后交还。《雍庐书话》作者

---

① 此与第 1 种同,疑误记。

梁永之女钟光珞(在西安建筑科技大学[710055]工作,356号信箱)托其姐、姐夫来赠《雍庐书话》毛边本一册。南师大教授王先生(王红之父)、徐雁及摄影记者同来,照相多张,又赠香蕉、无锡小泥人金陵十二钗一盒。任木生来,赠茶、酒等,宴之于军区招待所,吃烤鸭,丽全家陪。田翠竹遗孀李明珠自天津理工学院寄田翁遗著《联语》,不知其在该院任职之子名字,不能复。或者名田双,当函天津人民出版社询之。

6月16日(4)阴,28℃

晨7时,吴志华来接,在文史馆集合,乘大客车赴句容宝华山隆昌寺游览。除文史馆部分工作人员外,皆白发妪叟,最长者为赵峻山,已90高龄,除耳聋外,无任何疾病,正在申请去美探亲。看来我们二人去美住几个月,当无问题。隆昌寺地方不算大,不过是律宗一个名寺,不放戒时,亦只二十余僧人。不过因为其戒律严谨,全球有名,如名大学一般。宝华山树木很多,庙前有大银杏两棵,山上种竹很多。空气清新,气候又好,我们游兴也很好。在山上午餐后即返回,抵家不过二时许,因走路不多,不觉太累。睡午觉后又沐浴,即已恢复。同游者有老尹夫妇、苏昌辽、杨仲子夫人、朱偰夫人等。下午汪以初来访,问如何带好文科博士生事,访问甚详,非常负责。晚小严带来朋友来医治冰箱。

6月17日(5)阴,小雨,25℃

复《大典》办公室(译名事),又函李彦(经费事)。张宏生来,取去裱件及《选集》稿费1100元。高克勤寄《神女之探寻》来,仍命补饶文。立朴寄《列子》《尉缭子》译本。

6月18日(6)晴昙,29℃

抄寄上古要饶选堂纪念集文稿。得王淡芳信;山东烟台第二中学(264000)史克振寄《草窗词校注》二册,有刘乃昌序,郭预衡题签。

能写萧疏惟老柳,略分惆怅与斜阳。

6月19日(日)晴,31℃

函杨翊强。复李明珠(田翠竹孀)、陈祥耀、史克振及村上,皆谢赠书。

6月20日(1)昙转阴,28℃

得周笃文函,告元白已为余书静闻赠诗;高克勤函,已觅得原稿;万业馨来函并寄照片。去年10月起调整工资,余月增475元。

【贴纸:6月　程千帆　0188008　等资(70%)762.00(100%=1082.00)　省贴160.50　岗贴78.00　特贴100.00　其资100.00(重复取消,本月多发100.00)　房贴12.00　交补4.00　应发1216.50　房租22.80　储蓄50　垃圾1.00　尾款2.70　实发1140.00】

6月21日(2)阴,小雨,26℃

看完伯伟稿,批尾勉之,交还。以《草窗词注》赠宏生。

6月22日(3)昙,25℃

作张汉怡苏赋印谱跋成。80生日录像带接成,试阅之,颇佳。吴代芳函,即复。

6月23日(4)昙,29℃

书张汉怡东坡赤壁二赋印谱后,又求为刻砚铭,托武秀成转交徐兴无。

6月24日(5)昙,34℃

下午开电台拍诗词片之会,宏生主持。卞老交《大典》简报稿,嘱改后转交。得古籍小组顾问费3—6月泉四百,杭大徐集审稿泉数同。

6月25日(6)昙转阴,阵雨,32℃

下星期一下午四时,谈211。夜早早与一同学来看夜足球。

6月26日(日)阴,阵雨,31℃

昨日威克取去电扇,送来治虫药二种。

6月27日(1)晴,30℃

致《扬子晚报》、雄哥、万业馨函。以人文科学库表交有富填写转去。得徐耀环函,告以《考索》校样迟来之故。周勃长途告《长江文艺》45周年之会,多人问好,余告以台湾拟售其书之事。周、二张、莫来开重点学科进入211工程事。冯天瑜索一条幅。

6月28日(2)雨,32℃

吉首大学刘敦纲托包忠文一研究生瞿明纲来问刘弘度先生遗著事,并赠茶二盒。吴志达来信,附致希坚、纪言信复本。

6月29日(3)昙,35℃

复汪树清、徐耀环。又复吴志达。得上古高克勤函,饶文事结束;孙言诚函,欲推荐《广义》入传统文化丛书,托有富办之,又一人由勋初任之;周勃寄手笺八幅影印本。章灿送来访问提纲。(北大信息管理系朱天俊。)复孙言诚,告由朱、周推荐。得郝延霖信,无事。伍杰长途,《大典》经费等。

6月30日(4)晴昙,36℃

为周勃重书方子通诗,又为冯天瑜别作一纸(已来长途,收到)。得杨翊强信,告叶文中故实。辽宁海城张某忽来长途求为其唐诗著作序,以不识其人拒之。

7 月

7 月 1 日(5)晴,36℃

夜天渝来,托致于景祥函。托小严买空调。

7 月 2 日(6)晴,37℃

取款付空调。得刘庆云函,索自传之类;李汝伦寄论文集。

7 月 3 日(日)晴,38℃

海员商场送空调来。丽则母子在此避热。天渝去沈阳。

7 月 4 日(1)晴,39℃

学校宣布停期考,以太热也。丽则、早早在家避热。得刘福春函,祖棻手稿暂存彼处。

7 月 5 日(2)晴昙,37℃

砺锋来,说系以柳圭为可。天纵来,带工人测量水管,晚饭后去。下大雨四十分钟,略凉。

7 月 6 日(3)晴,37℃

程章灿来取讨论记提纲去整理。

7 月 7 日(4)昙,37℃

景祥来长途,告《选集》事。《四库存目丛书》第一册收到。又蔡厚示诗集。下午装安空调,甚艰,墙厚故。

7 月 8 日(5)晴,36℃

琴岛来人装插座。发工资,应发 1116.50 元,上月多发 100 元其资,本月扣去，再除去房租、储蓄等，实领940.00元，以后每月工资应为1040.00元上下。石家庄周金冠寄函及著名手册，盖不通而好名者也。石家庄和平中路9号第三棉纺厂（050011）。孙言诚来电话，《校勘编》样稿出，即寄余及璇琮。

7月9日(6)晴，37℃

电台公布，金日成逝世（8日，心脏）。

7月10日(日)晴昙，38℃

发小燕奖学金50元，以其仅83分也。又发三好学生奖50元，以其三好又文明也。

7月11日(1)晴，33℃

得翊强电云，考叶德辉文颇有所获也。砺锋告三夕评《广义》文已交《学报》四期发。

7月12日(2)晴，33℃

复翊强、李汝伦、蔡厚示、刘庆云（附相片等材料）。

7月13日(3)昙阴阵雨，33℃

伯伟夫妇来，送阳湖文派资料，俾作推荐书，另一份转仲联。伯伟又转到王运熙博士生吴承学之《风格学》一册，吴现在中山大学任教。

7月14日(4)昙转阵雨，33℃

致钱仲联，求为曹虹作荐书。复谢吴承学赠《风格学》。刘梦溪来长途询吴志达《小说史》序中“尤最”字义。统战部致泉三百。复周金冠，寄去所要写顾亭林诗。得王淡芳函问平安，即复。

7月15日(5)昙阴阵雨，33℃

为宗福邦《故训汇纂》序初稿。以旧冰箱售与琴岛，泉50。花房送花及水缸。

7 月 16 日(6)晴,33℃

《故训汇纂》序初稿成。小严为购上菱冰箱 2800 元,夜送来。

7 月 17 日(日)阴阵雨,31℃

写好复宗福邦信,附序寄出。婉全家来午饭。杨翊强寄二批资料来。

7 月 18 日(1)阴阵雨,34℃

以序寄宗福邦。复杨翊强。冰箱编号 940□44□47。得黄建中信,为人攻讦涉讼,学者学风如此,叹之;王庆元信,即来宁。

7 月 19 日(2)晴,35℃

莫、二张及程来访谈。横山弘由勋初陪访,赠以《广雅诂林》,横山亦赠《梦华录》等。钟静闻寄函又元白书所作诗。月人(西北大学)赠词集,即复。

7 月 20 日(3)昙阴阵雨,35℃

复钟静闻、启元白。王庆元来,携先师遗集印行文件,待商。程一中告武大事。启东夫人名李赞君,现与幼子珞华住武大南三区,武大图书馆副馆长。长女燕华在桂林工学院。长子叙华原在武昌车辆厂职工学校,现退休。(一中所告如此。)李支蕃女嘉来访,广东机械学院财贸系一年级生,云其祖母大珠 73 岁已艰于行,不能下楼。

7 月 21 日(4)晴,36℃

王庆元来谈出先师遗集及开 60 周年会事。宏生送来中华出论文。得志达、代芳函。刘喜军要考博士生,函告往与研究生院接洽。宁乡刘和媛要查其先人在南大任教者踪迹。收到曹济平等编《全唐五代词》样稿,孙言诚寄《广义·校勘编》校样。

7月22日(5)晴,36℃

以《校勘编》稿交有富校,并令其与孙言诚谈诸事。复吴志达询湖北省委资助《语言典》事。

7月23日(6)晴,36℃

王菁及其夫人王蕾来访,以余曾致函《扬子晚报》纠蕾文之失也。伯伟取去致古籍小组推荐曹虹《阳湖文派研究》函。

7月24日(日)晴昙,36℃

天渝全家来午饭。本栋来借《原学》一、《学人》二。家庭服务中心蔚玲小姐,3301230—2002。

7月25日(1)晴昙,36℃

诸生访谈录音结束。

7月26日(2)晴昙 36℃

函蛰存,询其见《雍庐书话》否。今日起右臂忽不适,似受凉,举之为艰,近痿。古籍寄《陈中凡文集》。

7月27日(3)晴,35℃

勋初告明日去沪转日本。

7月28日(4)昙,35℃,略转少许

贤皓来自荐任《大典》魏晋六朝主编。晚 9:10 观中央台《与你同行》栏目,播放南大、北大、山大培养跨世纪人才的做法,有我一镜头,谈培养人才必须培养其道德品质。

7月29日(5)昙,35℃

万放来电话,告安好。以《本事》寄之。得翊强函,对黄兴事续有发现，又附来湖南文史馆伏家芬先生函及《碧湖诗选》一册、《文史拾遗》二册。

7月30日(6)昙，36℃

复杨翊强(附致伏家芬)。下午雷阵雨。

7月31日(日)晴，35℃

小宁、大纲兄妹来漆空调架子，中饭后去。下午雷阵雨，大于昨日。得雄兄嫂信，伟华信。潘达维和七姐来，因天热未能招待，以冬菇一盒、茶叶一盒嘱丽则明日送去。

【贴纸：等资(70%)762.00　省贴160.50　岗贴78.00　特贴100.00　房贴12.00　交补4.00　应发1126.50　房租22.80　储蓄50　垃圾1.00　尾款2.70　实发1050.00】

8月

8月1日(1)昙阵雨，34℃

于景祥来电话，砺锋款已于30日汇出。新雷上午陪美詹富国先生来访，赠以《诗论集》。新雷转交《阴山学刊》94年2期刘永明、邓韶玉《宋史》书评一篇，无新义。又转来冯其庸序跋杂文《秋风集》一本。原靖来，转林咏泉诗集《塞上吟》(复印)一册。

8月2日(2)晴，36℃

北京崇文区50中学吴柏森寄诗集《遂初集》。诸伟奇(安徽大学古籍所)求为《钱澄之全集》作序，却之。小朋友陈千帆来函，赠以字一幅。

8月3日(3)昙晴，38℃

文史馆王馆长来，赠馆诗集及刊物数十册。天纵来，托代买大腿、扁尖。复诸伟奇、林咏泉、吴柏森。又谢冯其庸赠书。询陆耀东有无林《塞上吟》。得周金冠函，蛰存函，均可不复。蛰存体欠佳。

8 月 4 日(4)晴，38℃

写陈千帆字一幅。

8 月 5 日(5)晴，36℃

伯伟送来蒋寅《戴容州集校注》。章灿送来访谈录稿(一万七千字)。

8 月 6 日(6)晴，35℃

天渝来。吴志达函，告《语言典》事。

8 月 7 日(日)昙，35℃

武秀成转来姚继舜托带莲实四斤。威克、小燕返。

8 月 8 日(1)晴昙，34℃

复谢姚继舜惠莲实。复湖南文史馆，暂不能写纪念黄兴文。

8 月 9 日(2)昙转阴，阵雨，34℃

得《四库存目丛书》顾问聘书；蒋寅函，附葱葱照片；刘业超函，求为作序；岳麓书社杨坚函，告伤病及船山书出版事。

8 月 10 日(3)昙阵雨，32℃

晨出散步，至三江吃早点。月余未出游也。天纵命管道工来装水管。林从龙寄《诗词点评》，又其《诗文集》第一卷。刘业超寄《现代文心》。

8 月 11 日(4)晴，36℃

水管装好。复刘业超。再度修改谈话记录。

8 月 12 日(5)晴昙，34℃

复吴志达，并请转致宗福邦笺。又复林从龙，谢赠诗集。得翊强信。

8 月 13 日(6)雨转阴,34℃,室内 29℃

出理发。

8 月 14 日(日)昙晴,33℃

函吴小平询稿费。复蒋寅。以《涉江词本事》寄顾学颉、舒芜、王筱云、荒芜。大纲送羊毛衫各一件。

8 月 15 日(1)阴阵雨,32℃

希坚、纪言电话告《大典》进展及款已拨。

8 月 16 日(2)晴昙,34℃

以天眉寄来剪报转方管,并附一函。王庆元来信,并申请经费文件,即签字复信。收到杨坚寄来《船山遗书》第 13 册。杨翊强寄来叶德辉材料、伏家芬信。张瑞洁来函,不以重刊叶德辉文为然。复杨坚、翊强、伏家芬。

8 月 17 日(3)昙,34℃

镇江高等专科学校严先生寄《江苏文史》一文,转韩文忠先生处理。由张伯伟代寄。

8 月 18 日(4)昙转阴,34℃

改好早早论汉高文,还之。芸代作函致张连发,建议加强垃圾管理。

8 月 19 日(5)昙,32℃

函汪树清、徐耀环,催《考索》。白峰妻小赵携欢欢夜来,代白皓送天津麻花一、哈密瓜一。麻花佳,前所未吃过也。宏生送台湾会论文,然不必能去。

8 月 20 日(6)昙,33℃

得林从龙函,贾晋华函,湖南文史馆函,又常州广化街 275 号华声商场陈琪求作题额(不允)。周勃来长途告雪垠近状及相念。阮雍崇来电话告像已铸铜。

8月21日(日)晴昙,风,29℃

天渝全家来午饭。晚印唐女效农及其妹来访,赠口服液二盒。

8月22日(1)阴微雨,30℃

为宏生改元祐诗风文毕。花房施肥。黄裳寄《河里子集》。冯保善来送看棻集封面,托其买《八十寿辰文集》三册。新雷告《宋史》获一等奖(江苏社科)。

8月23日(2)晴昙,32℃

史梅携女来,已四月矣。得刘业超复信。上海辞书出版社汤高才寄来《唐宋词鉴赏辞典》台湾版稿费102元(邮汇)。湖南文史馆伏家芬寄关于黄兴联语。长沙明德中学长沙诗人协会(410008)黄政海赠《周仁济诗词选》。周与金启华同时在中央大学中文系毕业,已故。诗尚可。

8月24日(3)昙阴,有阵雨,31℃

复黄裳,附寄《诗本事》。得翊强函,已查得庄天合事迹。汪树清来电话,告台版《考索》事。宗福邦来长途,告以收到序文,又将与志达随时保持联系。

8月25日(4)昙,34℃

得耀东函,林咏泉诗集已有;志达函,告与《语言典》相比想法。

8月26日(5)晴,34℃

函志达、枣庄,关于《大典》事。伯伟来,送来载有介绍张伯伟文章的《文汇报》。得舒芜函,收到《北京十年》《涉江词本事》。得王绍曾《山东文献书目》二册,其一转有富。荒芜地址不明,所寄与《本事》退还。

8月27日(6)昙雨,33℃

8月28日(日)昙转阴,32℃

复谢王绍曾惠《山东文献书目》。小婉取去花二盆。宀送隋2160元来。得天眉函暨"狗娃"照片,酷似晖晖婴孩时。

8月29日(1)昙,33℃

威克取回裱件。《故训汇纂序》芸抄成一纸,已复印十张。原件暨《本事》一份寄与周笃文。大纲取去政协所要展览字一幅。

8月30日(2)晴,34℃

老白馈新疆鲜葡萄。写复天眉信,斥惊雷无行,明晨寄出。

8月31日(3)晴,34℃

卞岐送来《精选》20册收据,又出版局余款三百余。收学术津贴7、8月份600元。野谷寄诗集《夜渡》,内有致余诗一,由重庆文史馆寄。新华书店承南杰要写字一幅"淡泊明志宁静致远"。蒋寅函告近况及研究情形。吴翠芬致旅游文学论文集一册。向《四库存目》委员会请假,并建议二条。汪树清来电话,《考索》不再由作者校,出版后签合同付稿费。

9月

9月1日(4)晴,35℃

复汪树清,附去赠台友书单。天渝夫妇夜来。章灿还奕元微之文刻石拓本。

9月2日(5)晴,33℃

冯保善代购《八十寿辰文集》5册,送来。以《船山遗书》13册交本栋转中心。《古典文献研究》(91—92)出刊,即寄缪钺、赵岗,并退赵以未刊少老吴氏经籍辩证札记文，附函。顾学颉寄元曲文，拟赠新雷。王庆元函，告拟明年开季刚先生纪念会，推余主席。

9月3日(6)昙阴，小雨，32℃

为曹虹《阳湖文派》出版申请补助事，再函仲联，伯伟带去。复野谷，谢赠诗集《野渡》。中午去天纵家饭，贺其新居。

9月4日(日)晴昙，32℃

赴青石村看阮雍崇夫妇并送礼物。收到古籍小组7、8月二百番。丽则全家来包饺子午饭。周勃转来冯天瑜著《中华元典精神》。

9月5日(1)阴雨，25℃

存百元开账户，南京市工商银行城北办事处南京大学储蓄所账号5574(总号1993519)。函枣庄询编费。

9月6日(2)昙，28℃

函李培坤询《本事》稿费。伯伟赴苏州乞钱仲老为曹虹作荐书返，带来周秦赠《曲谱》一册，又馈食物。老尹夫妇来，云将赴泰国旅游。吴志达函谈《大典》事，即复。白尘二女奉其母氏之命乞余为白尘作墓碑。

9月7日(3)昙，30℃

许结送来永璋先生《唐诗论文集》一册。北京《四库存目》编委会来电话要寄一彩照到广州并为大会题辞。七姐及白皓来，赠以盆景一。为《四库存目丛书》题字：

考献征文，拾遗补阙；

希踪往哲，垂裕后昆。

9月8日(4)昙转阴雨，30℃

以《四库存目》会所要照片、题词分寄广州、北京，章灿办。高津孝赠文四篇，皆日本汉籍目录，可转赠有富。赠永璋诗老：

晚交殊未密，共喜少陵偕。（东坡诗：“更欲留诗题素壁，坐中谁与少陵偕？”余尝与君皆以杜诗教授，故借用之。）我爱门人进，翁怜孺子佳。（余门人莫砺锋与少君总皆于杜诗有所著述，能传业也。）宗风绍丁卯，大句压江淮。秋色南湖路，行吟称老怀。

永璋诗老惠赐新作，高文雅什，荟萃一编，欣佩之余，赋此为报。先生与余皆以杜诗教授，少君总、余门人莫砺锋皆以学杜有得，故诗及之。甲戌白露程千帆拜识。

江西社科院文学所余悦副研究员来访，其父幸清乃 54 年武大中文系毕业生。伯伟成《文汇报》约稿，甚佳。

9 月 9 日(5)昙阴雨，31℃

作字：许永璋、天纵、苏昌辽、康育义。姜小青要为《古典文学知识》写文。新任省长郑斯林来访，韩、屈、许、袁等同来，其人健谈。

9 月 10 日(6)昙，32℃

得志达信，告《语言典》办法及样稿安排。得山东烟台二中史克振先生信，《草窗词笺》作者。得气象学院夏国忠函，欲考博士生，未入门也，即复。曾寄 2600 元。函枣庄、治安、纪言及《大典》办公室李彦，分寄志达函。复蒋寅。

9 月 11 日(日)阴，28℃

成白尘墓表。夜沈文冲来访，赠所著《梦羊小品》，报以《精选》《宋史》。晚饭于西苑，二人自庆教师节也。

9 月 12 日(1)阴雨，26℃

章灿交来寄广州件收据，又取去元微之石刻。砺锋代领曾寄 2600 元，即付清其《选集》稿费，又《涉江集》校对三人费，共 2250 元。得蒋寅信，寄《文汇》报道，与伯伟同也。系送梨子一箱。

9 月 13 日(2)晴昙,27℃

付砺锋《选集》中文字稿费 1650 元,又三人校祖棻集各 200 元。王永芬来。得《大典》办公室赠节礼 800 元,王淡芳刘彦邦生日礼 100 元,曾枣庄函,宋谋玚函,岳麓书社王德亚寄《韵文三百首系列》中宋词、元明词、唐五代词、清诗、辽宋元诗共五本,杨克平寄《量守庐学记》复印本 2 册。

9 月 14 日(3)昙,28℃

得万业馨寄北京杏脯,又所书"寿"字;舒芜寄新出《小品》来。

9 月 15 日(4)昙转晴,28℃

苏昌辽函,收到写字,竟忘曾约余为中山书画社作也。服药。

9 月 16 日(5)昙晴,27℃

泰州电视大学戈某因其论文被人指为抄袭来访。与我何干,因从电视上见郑来访,以为可托说情也。拒之。卞来访,谈郁稿问题,又以谈寅老《柳传》一文乞商酌。高纪言来谈《大典》事。晚章灿夫妇携卉来,并赠月饼一盒,亦以一盒报之。始服延生。

9 月 17 日(6)昙,27℃

天纵一家、小鲲及雏、早早午饭于西苑。发吴志达挂号信。

9 月 18 日(日)晴昙,28℃

复谢王德亚赠书,《大典》赠泉,舒芜赠书,刘彦邦王淡芳赠泉,万业馨赠果脯,宋谋玚谈《红楼》。天渝全家来午饭,小燕亦来。

9 月 19 日(1)昙晴,29℃

来修冰箱,殊不经意。得木生信,重立菉墓碑事;北大出版社乔征胜寄《中国二十世纪文学研究论著提要》一巨册,中颇收余书;野谷函;南通师专陈学勇寄一论祖棻文,无所发明,惟载菉为汪先生提刀题冯若飞画一事未之前闻;吉林大学曹积三、阎桂笙欲编《中华名人论读书》,征稿,却之。汤敬昭、黄希坚来谈《大典》事,馈月饼。董健来请为芮智松、万里、费大中作字。于景祥电告,《选集》即将发稿。

9 月 20 日(2)昙,27℃

中美中心副主任左成慈来谈写字事。《江苏健康报》记者端木宁肃(汉中路 129)来拍照。要字:敬昭、希坚、端木(小幅,《江苏健康报》)、刘劲松、王博仁、袁长福(诗,邮局)。下午出席省府招待参事室文史馆之会。白尘女来送礼,月饼及人参,并商碑之内容。得《中华诗词》稿费 60 元,夕佳自昆明寄 200 元。南京药科大学教师张红星能修助听器,Tel7719417。

9 月 21 日(3)阴转小雨,27℃

夕佳函,李培坤函,万业馨贺帆、芸 80 寿辰电,董治安函。陈学勇(南通师专教务处)《才女还有沈祖棻》中有:一次画家冯若飞获得名画《明妃出塞图》,乞求汪东为画题词。汪东题了一阕《高阳台》,冯若飞欣喜异常,并不明白是沈祖棻捉的刀。有段时间汪东无词作问世,好友沈尹默问他为何辍笔,汪东占了一首七绝作答:"绮语柔情渐两忘,茂陵何意更求皇。才人况有君家秀,试听新声已断肠。"诗中"君"字指沈尹默,"君家"乃沈姓,"君家秀"意谓沈祖棻,汪先生对女弟子的钟爱,由此可以想见了。今日余 81 岁生日,伯伟送来一大蛋糕,诸孙分食之。郑传寅打电话,询挂号博导事。

9 月 22 日(4)晴,26℃

陈虹来,以白尘墓碑付之,并赠其母夫人鲜参一支。

9 月 23 日(5)晴,27℃

吴新雷、张伯伟代取社科奖。《史》3000,《校》500,各半 1750 元。改白尘碑毕。写万里字。得李庆立函。汪树清电话,告《考索》装订有问题,要延期寄来。

9 月 24 日(6)晴,28℃

写完校要字。改完白尘碑,交其女。福建南平市峡阳中学谢瑜来函,云编一女子词选,要我作书评,不复。

9 月 25 日(日)晴,29℃

翊强孙女黄慧自湘来宁开会,带来信及皮蛋等。函复夕佳寄钱,谢之。复小佳,寄墓碑、相片,并转去夕佳信。以孔府宴酒一瓶、录像带(生日)托黄慧带给翊强。

9 月 26 日(1)阴,28℃

左君晨取去书件三纸,又校章一枚。写《学报》意见。宁健来,送改背心,给孩子皮蛋。舒芜寄来赠《沈集》名单。翊强信。白尘夫人及女来商墓碑事,决请万业馨书。又送礼。郭维森先生转来聂石樵著《先秦两汉文学史》。写《学报》意见稿讫,交去。周勃寄茶叶。刘庆云函收到小传等,索诗。周金冠寄报纸,上有余写诗。

【剪报:《燕赵晚报》1994 年 9 月 20 日周金冠《土门旅宿》附程千帆手书顾炎武《土门旅宿》诗。】

9 月 27 日(2)晴,29℃

发刘梦溪信,附陈碑。发万业馨信,乞书陈碑。以录像带寄小佳、程之。复吉林大学曹积三,拒写"名人谈读书"。复翊强。复聂石樵,谢赠《先秦两汉文学史》。复李培坤,慰其久病。得曾枣庄信,附论宋四六文,谈对《大典》看法。中华《文史知识》寄《怎样读历史古籍》,内收《史通读法》。《四库存目丛书》顾问费泉百五十。

9 月 28 日(3)晴,29℃

为章灿作推荐书与哈佛,又以聂石樵《文学史》交与参考。以录像带交丽则转上海程之及小佳。丽则来照相。得万业馨信。

9 月 29 日(4)晴,29℃

小左来问作字成语义。

9 月 30 日(5)晴,29℃

威斯康辛孙树宜(Clara)带来陈致函及人参(又一份送勋初,交曹虹),令文献所送些书与之。函高纪言、周骋,稿费及骋书事。中文系 93 级学生刘彦、张艳、陈明珠、林桂英来做清洁,各赠以《新诗集》《诗论选集》。阮雍崇谌硕人夫妇将铜头像送来,极佳。函高纪言,请其及时发《诗词集》稿费,附致周骋函,请发《大典》聘书。

10 月

10 月 1 日国庆(6)晴,29℃

全家欢聚,下午三时半散。惟丽则、小早、大纲去皖南未与。吴志达信,即复。

10 月 2 日(日)晴,28℃

复陈致。

10 月 3 日(1)昙,27℃

出购羽绒服,又为章灿、姚松女各购小老虎一只。饶小平自深圳来电话问候。

10 月 4 日(2)昙晴,23℃

开始试贴信。赴山西路购物,得广式叉烧。

10 月 5 日(3)晴,22℃

李立朴快信,询译《唐才子传》体例。季镇淮信(北大郎润园 12 公寓 105 号),询已校点贵州黎兆勋《葑烟亭词》,可否收入《全清词》。周虚白函，嘱为其诗集《蚕此庐诗》题签。王步高告《中华词学》已出版，将并其《梅溪词校注》一并送来。万业馨复信允书白尘墓志。王博仁来信告职称事，索字、铜像照片。《唐都》寄泉270。天纵告购得一铜像几，泉七百。陕西张文立寄《咏秦诗》，收余一篇。朱家维属订正校友名录。

10月6日(4)晴，24℃

巩本栋来，送花生奶粉二。函万业馨、李立朴、季镇淮(嘱其将《葑烟亭词》稿本交北图或北大保存)、王博仁、周虚白(赠以《诗世界》并作书签)。匡老令其秘书沈道初来告，巩本栋带去之白尘墓碑已收到。

10月7日(5)阴，26℃

周聘来送《大典》聘书，以访谈录托其交姜小青看。李庆立馈药材。芮智松为授万里学位，参与仪式及酒会(酒会未与)。砺锋函景祥，《选集》不要另序。

10月8日(6)雨，24℃

《大典》办公室来长途，告江苏古籍增稿费事。宋亦英寄《春草堂吟稿》及信。汤、黄来谈《大典》事。收到李庆立馈阿胶。于景祥长途索《汉诗》。

10月9日(日)阴，23℃

复谢宋亦英赠诗集，李庆立赠阿胶。以《汉诗选译》寄于景祥。周勃长途告赴京遇雪垠事。

10月10日(1)阴，23℃

得周笃文函，即复；又十二弟函。卞送来隋初唐正式审查报告，甚有理据，同意已批交还。

10月11日(2)阴，23℃

李立朴来电告丛书及《唐才子传》事。函于辅仁，托购《第三只眼睛看中国》。得南通师专中文系教师陈学勇函，此君曾写一文简介沈祖棻；《四库存目丛书》编纂纲要征求意见，即复。《健康报》端木宁肃送来所拍照四张。周勃电话，《音序索引》仍在校中，明春可付印。

10月12日(3)晴，24℃

小佳来信，修坟事。

10月13日(4)昙，26℃

复小佳，汇110元。下午参加系老人节。山东大学中文系主任孔范今约任其所著书之顾问，却之；川大约评张志烈博导，却之。均即复。周本淳寄新校本《渔隐丛话》，视旧本精，即复谢。

10月14日(5)昙，26℃

赴省委统战部会。得君惠书，为张志烈道地，即复。

10月15日(6)昙，26℃

孙小妹来代购《日本汉诗》五册，并言郁某事。

10月16日(日)阴雨，21℃

大纲来取英语课本。天纵告去北京。晶晶送牵牛花种。

10月17日(1)阴，18℃

去吃赖汤丸，累，心跳不适，今后当戒之。收《丛书》泉百五十；屈守元函，为张志烈说项；吴广义函，《丛书》征文事；作家协会函，克家90寿，拟为作字一幅；王庆元函，黄先生集事。

10月18日(2)晴昙，20℃

晨为臧克家90寿致一诗，又作一首：

颇忆惊心黑手篇，浩歌激烈冠群贤。丰城剑气依然在，岁月峥嵘九十年。

赵堂子巷旧曾过，卌载沧桑远梦多。矍铄徐翁能忆否？菩提场谒病维摩。

复屈守之、吴广义。以诗二首寄克家。周晶来电话，台湾欲买《校雠广义》版权。卞孝萱交来周一良所赠先德弢老传。与曹虹、章灿商《四库存目丛书》课题事。夜与有富谈齐鲁出售版权事。

10月19日(3)阴，小雨，19℃

复周一良谢其赠周叔弢传。川大来长途询张志烈评审事，告已退还。徐有富来商致齐鲁函。

10月20日(4)晴，有阵雨，18℃

凌晨三时发冷，旋发热，咳嗽痰有血。芸与章灿送往校医院诊治，经透视，又患肺炎(右下，与春间所患同)，只好住进校医院。午后挂水三瓶。至晚饭后，有好转。伯伟来陪夜。

10月21日(5)晴，18℃

体温已正常，咳嗽亦减少，只心动仍快，除挂水三瓶外，又吸氧数小时，下午已能起床，复原较快。宁健中晚送来两餐饭，严杰又送来晚饭，明日两餐亦可解决。武汉大学发来讣函，唐长孺去世，可悲。花房送来菊花十盆。

10月22日(6)晴，19℃

仍在医院治疗，挂水三瓶，温度、脉搏已正常，仍咳嗽，痰中仍有血。朱家维等三人来探视，赠50元。得吴志达函，谈《大典》分典事。函志达，嘱其去唐长孺家代向家属慰问。夜宏生值夜，带来晚餐甚美。

10月23日(日)晴，22℃

今日比昨日又有好转，大便已正常，唯痰中仍有血，输液三瓶。郭维森来探视，赠大橘四枚。莫砺锋带莫杞来。天渝送午饭来。得杨翊强函；志达函，中有关高、黄等事转与黄等。《四库全书存目丛书》吴华来访，谈甚久，赠西洋参两盒，以其一转赠汪越。

10 月 24 日(1)晴，23℃

检查血液，白血球降为 9600，基本正常。得宋谋玚函；王德亚寄来《叶德辉评传》，已交章灿复印(须寄还)；吴小铁函，索诗，不理。晚有富夫妇来探视。曹虹送点心、水果来。

10 月 25 日(2)晴，23℃

晨拍胸 X 光片，尚未看到结果。中午章灿送饭菜来。晚天纵送粥来。砺锋来谈。

10 月 26 日(3)晴，25℃

胸片显示右下肺仍有模糊阴影，尚需挂水。上午武汉大学中文系总支书记朱山河、副主任龙泉明来见，赠花旗参茶及豆奶粉。下午傅璇琮、许逸民来，为《续编四库全书》聘为顾问。顾廷龙为主编，许逸民副主任。二人赠水果。

10 月 27 日(4)晴，23℃

身体日益恢复，仍挂水三瓶。晚本栋送鸡汤来，伯伟送熏鱼来。砺锋来，言后日赴河南参加杜甫研究会成立会。函于景祥嘱寄合同来。

10 月 28 日(5)昙转阴，18℃

本拟今日出院，复医生劝再住两天，继续挂水，故决定星期日下午回家。晚饭携妻女共餐于南苑食堂，甚悦。

10 月 29 日(6)晴，18℃

郭维森来探病，并赠骨髓粉一包。晚饭张宏生送菜来，并告已填写特批职称申请表。小严又送来稀饭、螃蟹二，盖昨日系严、虹二人结婚一周年。函李立朴问题签事。

10月30日(日)晴，20℃

今日病愈出院，甚悦。威克与章灿来接。回家后感到特别舒适安逸。

10月31日(1)晴，21℃

函汪树清询台版《考索》事。档案馆徐燕燕来交制贴信纸，又交《大典》《四库存目丛书》聘书，《日本》《两宋文学史》奖状等五张。立朴信；志达信；祖保泉《文心解说》；《季思七十从教论文集》；吴广义函，接受曹、程课题，又附寄邓广铭等资料、丛书目录。

11月

11月1日(2)晴，24℃

复谢祖保泉、王季思赠书。复雄哥。书录来，商论文出版之事。景祥电告，即寄合同。

11月2日(3)晴，22℃

贵州出版社奖金二百到。李培坤函，告已另寄学刊数册。

11月3日(4)晴，24℃

夜勋初自日本返。

11月4日(5)昙，23℃

吴文治夫人电话询文治心脏病治疗方法。陈书录来商论文出版事，又带来吴金华赠《世说新语考释》，佳。于辅仁函，寄来所要书。周虚白10月31日函，寄书尚未收到(18日寄出)。周笃文寄来《中华诗词》1—2册。张辉托章灿索《版本编》，即交与。

11 月 5 日(6)晴,22℃

复吴广义(附曹、程计划)、吴志达。以《叶德辉传》寄还王德亚。勋初昨自日本返,今日来,送礼物四事。砺锋来,以改《律髓》文交与。欧阳代发寄赠所著《话本小说史》,即复。

11 月 6 日(日)晴,26℃

今日芸 80 整寿,全家宴于西苑,尽欢。吴枝培来,乞为其书题签。《唐都学刊》编辑梁瑜霞函。美国学生詹富国寄来相片。万业馨来信,陈碑已书就。

11 月 7 日(1)晴,24℃

莫砺锋来,为作书与中玉,介其论《律髓》文。勋初来,谈诸事,约其便饭。《文史知识》函,致《史通读法》稿费(重收入小册子)59 元;王淡芳函,嘱为其夫人梁素琴作字;齐鲁书社约参加 15 周年庆;于辅仁寄来《第三只眼睛看中国》;长沙市溁湾镇岳麓书社胡遐之(410006)寄董月华《西溪诗选》、罗慎思《浪吟散草》合册,并附函;吴志达来信,嫌签约迟。陈书录送来姚继舜致莲心茶二袋。

11 月 8 日(2)晴,25℃

写字寄博仁、齐鲁。为宏生、伯伟乞中玉、运熙作荐书。得梦溪函,云《汇纂》序及陈碑均刊《中国文化》十一期。永芬来,赠以莲心。宴勋初夫妇于西苑。

【剪报:《文汇报》1994 年 11 月 8 日张伯伟《程千帆与中国古典文学研究》。】

11 月 9 日(3)晴,25℃

得宛书城讣,电唁之。以字寄博仁、周晶等。为章灿推荐学术骨干。函中玉、运熙,请鉴定宏生、伯伟特批。徐子方来访,松林博士弟子也,现在东南大学中国文化系。希坚来,始见《涉江集》样书。郁贤皓送来唐学会名单。

11月10日(4)晴,23℃

勋初、伯伟、砺锋会谈重点学科汇报事。钟来因赠《中古仙道诗精华》。江浦林散之书画陈列馆勒中煜(8883492)及张志耀(8882034)由王步高陪来,赠鳖精四,又林老《江上诗存》及《唐玉虬诗集》,约赴逝世五周年纪念会,辞。王赠《中华词学》第一期。

【剪报:《古籍新书目》1994年10月28日第62期《沈祖棻诗词集》。】

11月11日(5)阴,22℃

为二张写推荐信,交朱家维转孟锡平。得瑞洁信,索稿;屈守元信;吴代芳信,问医。

11月12日(6)阴,21℃

齐鲁社长郭焕芳及另一张姓编辑来访,赠咖啡。七姐夫妇来,赠康复器、生命蛋及橘。以对联寄林翁纪念馆。

11月13日(日)阴,29℃

伯伟呈重点学科报告稿,妥。

11月14日(1)阴雨,17℃

复胡遐之、吴代芳、王淡芳、于辅仁、梁瑜霞(《唐都学刊》)、吴志达、李培坤、湖南社科院学人志编辑部。得缪彦威纪念集,分赠二张、莫、程。

11月15日(2)阴雨,14℃

复宋谋玚、瑞洁、翊强。得谋玚函,寄杜学会成立诗;吴广义函,催文;中玉函,宏生鉴定,即转孟锡平。章灿取回《沈集》120册。《文艺理论研究》94/4发叶橹论《新诗集》文,即转砺锋处理。赵吕甫寄乃翁文,属转《文献》。《笺集》340册2805元(120册990,220册1815)。

11月16日(3)阴雨,11℃

清书80余册,托诸生运浙江。得运熙函,推荐伯伟书。潘长胜告《索引》进度,并要原刊本书影。下午四时开学校 211 座谈会。

11 月 17 日(4)阴,10℃

发书 8 本。得瑞洁信,索稿;《张金沙书法选》二册。张永桃、柳士镇来谈 211 文科事。李立朴来,赠天麻,又《全译》二册。翊强函告放录像事。

11 月 18 日(5)晴,10℃

复万业馨、宋谋玚,并寄书。夜宴立朴,章灿、严杰、勋初陪。下午出席 211 汇报会。

11 月 19 日(6)晴,16℃

得工商银行支票购书 1815 元。下午 4 时开 211 座谈会。

11 月 20 日(日)阴

以字寄瑞洁,又附寿克家诗。以《类编》书影寄潘长胜。出席 211 预审通过会及酒会。

11 月 21 日(1)昙,13℃

以匡老题"百步梯"字寄潘长胜。李立朴来电话告别,明日去沪。

11 月 22 日(2)昙,16℃

郑传寅来长途询南大文学院情况,告聘志达为教学顾问。复合肥省文联诗人徐味(蕴之)赠《云水轩吟稿》。许总来,送《唐诗史》上下册,报以《笺本》,又托其以一册赠吴功正。鲁国尧嘱为孙文光校点《北山楼集》作推荐函。周聘、冯保善送《笺本》220 册来。

11 月 23 日(3)阴,13℃

去天纵家午饭,食蟹。受鲁国尧托为孙文光吴保初集校点作鉴定。

11 月 24 日(4)阴,13℃

函徐耀环询《考索》。函立朴附介见耀环信。孙原靖侍汉生来访,二年不见矣。得黄裳、柳定生信,皆收到《笺本》。为陈书录向薛正兴推荐论文。托有富夫人报账。

11 月 25 日(5)阴,14℃

得蛰存函,收到《笺本》。《扬子晚报》副刊陆华索字。

11 月 26 日(6)阴,15℃

11 月 27 日(日)阴,14℃

复刘梦溪。中午天渝夫妇来饭。晚丽则全家来饭。

11 月 28 日(1)阴雨,15℃

得淡芳信;苏州范方瞰函,云提倡新古诗,妄人也,不复。

11 月 29 日(2)阴昙,15℃

宏生来致《小令精华》(岳麓出,国斌、振振编)稿费 75 元。《学报》社科信息稿费 100 元。立朴电告已接受书录稿。许结来,赠以《笺本》及《推荐辞赋》。瑞洁函,仍索稿。汪树清来电,告信已转去。余告以李立朴将去面谈等事。陈书录决交江苏,令其电立朴,转介宏生书。

11 月 30 日(3)雨,14℃

砺锋带回吴在庆赠《宋诗三百首》、横山赠《正仓院考古图》,又代寄外国书。立朴来电话,宏生书不成,介去台信已收到。湖南省图书馆馆长周××(武大图系 68 年毕业),又馆员刘志盛与翊强同乡。

12月

12月1日(4)阴,14℃

得振甫信,希诸弟子为我诗作注。曹虹送来复印克木文。出购物,买西服一套,140元。汇文学社商学院研究生韩俊来访(20舍320室,家Tel8803593),赠一取暖器,盖报为作社榜。得臧克家函,殷焕先纪念文集。采乐(西安杨森)。

12月2日(5)阴昙,12℃

徐雁来,嘱书翁森《四时读书乐》之一,为桂林中学作碑林。高纪言来,同意出宏生书。复省委台办谈王伯沆故居事。曾卓寄三卷本文集。为《扬子晚报》作字。舒芜告舒諲已收到《笺本》。吴孝感函告收到《笺本》。

12月3日(6)晴,10℃

宏生代为去古籍取样书,换残书。校统战部取去复省委台办信。振甫寄《毛欣赏》;本淳函告收到《笺本》;袁第锐寄《恬园诗稿》;定生函,询江苏古籍能否出劬堂老人诗;许永璋寄二诗;王博仁函告自广州带来茶叶、咖啡、杏仁饼。

12月4日(日)晴,11℃

得萧焜焘信,收到《笺本》。复曾卓、周振甫、舒芜。得陈辽寄二书,告所赠《笺本》与丁芒互误。

12月5日(1)晴,15℃

砺锋明日去港,以《笺本》5交与。李飞来,要为书题签,并索手书诗稿一纸。赵国璋来,送肾蕨一盆,未遇。冯保善送陈子昂样稿及样书十册。得金启华新加坡贺年片,《中国文化》十期稿费400元。

12月6日(2)晴,15℃

得白敦仁收到《笺本》函并附近诗。

12月7日(3)晴,18℃

郁贤皓赠《姓纂》。写对省委报告意见交徐兆文。函李立朴索《顾准文集》。

12月8日(4)阴微雨,18℃

微不适,感冒,有热4、5分。天津教育出版社编辑(二编室主任)秦呈瑞及另二人由茅家琦介绍来约稿。下午研究生院十周年,因病未赴。寄书事粗了。350册,约尚余80册。

12月9日(5)阴,14℃

得中玉、何满子、贾文昭、高文、罗宗强、金性尧(姜小青转来)函,又刘国武函。除贾外,均为收到《笺本》。上午蒋寅来。晨尚有微热37.3℃,后与蒋寅谈久,很累。中午温度有升至38℃,下午卧床休息。照片、底片各二,寄齐鲁郭焕芳社长。赖永海夜来,告学校拟成立中华文化研究院,曲意欲聘余为名誉院长。

12月10日(6)阴,12℃

中午体温升38℃,晚降至36.8℃。美林来取西服去改。丽则为买食物。

12月11日(日)阴雨,12℃

拟寿任继愈80:

爰著目录,略叙鸿烈;

发为文章,其书满家。

晨体温正常,早餐后又畏寒,体温升至37.8℃。请闵华来商酌,云螺旋霉素应吃四次。得杜兰亭函,周振甫函,北图复函收到《沈集》,川大历史系寄稿费 70 元。杜兰亭收到《笺本》。北图、任继愈收到《笺本》。周振甫来函告钱默存病久,情况不知。

12 月 12 日(1)阴雨,8℃

砺锋从港回,带到叶嘉莹函,又广州中大刘峻诗集。林林来贺年片,云收到《笺本》。吴医出诊,护士打针。希坚来谈《大典》事,余卧未见。

12 月 13 日(2)晴,6℃

电希坚谈《大典》事。本栋来代发寄《笺本》,并告二访录要旨。得朱金城函,得《笺本》。函许逸民问《续书》情况。得周退密、萧印唐得《笺本》复信。本栋代寄《笺本》毕,又取去气瓶。勋初来商去美讲学题目。

12 月 14 日(3)晴,9℃

宏生来谈去韩事。高纪言来谈《大典》事。吴志达来信告《大典》事。周笃文来信,得《笺本》。

12 月 15 日(4)晴,9℃

李立朴电话,可如期赴台。侯孝璋函,得《笺本》。周森甲信告出一公文书。《徐中玉自选集》由丁帆带到,即复。东北师大《古籍学刊》嘱题词。今日起不发热。谌硕人夫人夜来,并致王博仁所带礼物:铁观音、咖啡、杏仁饼。

12 月 16 日(5)昙,8℃

武汉有一自称外甥女婿小杜者来电话,似是晴佳女婿,未终话而断,可异也。砺锋来告宏生获奖事。得林从龙函,收到《笺本》。作诗三首,赠严霜。复王博仁。

12 月 17 日(6)雨雪,4℃

打针毕。黄希坚来录音。为吉林师大《学刊》题字。函陈永正,寄严霜诗，又《笺本》《诗世界》各二册、旧作数篇。吕剑函，得《笺本》。

12 月 18 日(日)阴,8℃

天渝夫妇及孩来午饭。小燕来晚饭。寄珠海电池厂 15 元。董健来告，要在授与陈香梅名誉教授会上致贺词。傅璇琮来电告：1.《全清词》一、二册出版，2.《校雠》作为传统文化丛书无问题，3.《续修四库》诸事以后找许逸民联系。

12 月 19 日(1)雨,5℃

复陈望衡、吴志达。请万业馨写任继愈寿联。南京市博物馆副研究员胡舜庆寄《书法丛刊》并索字。王元化寄《清园夜读》，答寄《笺本》也。钱鸿瑛函，得《笺本》。得《续修四库全书》聘书及顾问费 400 元；胡遐之函及文和诗稿；蒋凡、郁沅编《中国古代文论教程》；周森甲《公文写作》；新纪元(郑州)中华诗词艺术书库顾问及编审费 300 元；高校古委会寄《中国典籍与文化》；北师大吴光兴函，希望能来南大作博士后研究。早早送小说稿来。冯其庸函，得《笺本》。

《续修四库全书》工作委员会主任宋木文。《续修四库全书》编纂委员会主编顾廷龙。

包忠文研究生瞿明刚带来刘敦纲(吉首大学)函，仍为弘度先生遗著整理事。

新三大作风：理论联系实惠，密切联系领导，表扬自我表扬。

12 月 20 日(2)小雨,4℃

复吴光兴、周森甲。寄回《续编》顾问费收据(94 年 400 元)。复胡遐之，为作诗集签。复蒋凡，谢赠《文论教程》。以胡遐之之诗寄丁芒。伯伟取去评奖表格及《诗论选集》六册。得舒芜函，迄未收到《笺本》；定生函告品玉港址仍旧；杨金亭函告得《笺本》，并索诗；刘彦邦函，得《笺本》，云将去美探亲；吴功正函，钟振振函，得《笺本》；吴在庆函，询收到《宋诗三百首》否；曹逸峰片，得《笺本》。贺年片：柳定生、曹逸峰、钟振振、古籍小组、杨军、十二弟、郑传寅、吴在庆、唐富龄。《续书》编例、诗目。

12 月 21 日(3)晴,7℃

复谢吴在庆寄《宋诗三百首》。以舒芜函寄蒋寅,询其未转交《笺本》之事。以《笺本》寄港徐天白。得台湾本《宋诗概论》,高评、复文赠。本栋送来小说目。

12 月 22 日(4)晴,7℃

函《续书》提意见,即寄沈乃文。以著作十一种赠档案馆。以书刊数种赠有富,请其借小说。寄诗三首给《诗刊》,《甲戌诗录》给杨金亭。贺年片:吴熊和、辰宪(得《笺本》)。刘柏丽片、宋亦英函,均得《笺本》。函复宋亦英,告书可调换。档案馆送来贴信纸,徐燕燕经手,取书十一册,又《续修四库》学术顾问聘书一张。舒芜函告已与蒋寅通话,即寄《笺本》。

12 月 23 日(5)晴,12℃

得许逸民函及《续书》简报等件。盛静霞得《笺本》及诗。克木贺片询见《光明》文否。贺片:国斌海若、王兆鹏、林家英、饶宗颐、中文系、钟叔河(《笺本》)。《淮海文汇》副主编田秉锷由冯保善陪来,赠红枣、核桃。黄希坚明日赴武汉,书托其带去。王永芬来赠挂历,报以《笺本》,又中山杏仁饼。

12 月 24 日(6)晴,16℃

姚北桦来为杂文事签名,允之,赠以《笺本》。冒舒諲片,得《笺本》。陈流求、左孝武函,得《笺本》。写好陈香梅等三人贺辞。

12 月 25 日(日)阴,13℃

函许逸民,提《续书》意见。函金克木,询收到《笺本》否。函潘重规,同上。周勃来电话告:1. 冯天瑜调武大,2. 曾广开、王继如调湖北大学。南通市唐闸新华二村三幢乙门 201 号陈玉麟寄《诗词研讨》,中刊余为丁芒作序。乔以钢得《笺本》,报以所著《中国女性的文学世界》,中有一篇论菜。乔,女,1982 年武大中文系毕业,现任教南开大学中文系。夏溶得《笺本》复书,有词。在西苑为丽则作生日。勋初来示致曲、张函稿,以伯伟二纪录交之。

【剪报:《南京作家》1994 年 12 月 9 期程千帆《一部富有特色的诗集——〈丁芒诗词曲选〉序》。】

12 月 26 日(1)阴,9℃

潘长胜来长途,《索引》已付印。单人耘来访,欲乞为设法为白匋出诗词集,愧不能也。宋谋玚寄文载《长治职大学报》者二篇,皆论红学,嘱转吴新雷。贺年片:重庆文史馆、瑞洁、周秦、张叙之、詹伯慧、刘俊文。三夕函告已升教授。中山大学黄天骥告得《笺本》。李培坤函告出医院。中华书局告寄样书。得陈早春函及所著《冯雪峰评传》。

12 月 27 日(2)阴,9℃

复白敦仁、宋谋玚、中华。和作家班一起照相。得贺年片:韩理洲、胡培周、吴孟复,林家英函附诗三首,杜兰亭词一首,罗宗强寄书《道家道教古文论谈片》。宏生来商《全清词》事及进退。陈书录送吴金华赠《江苏艺文志·常州卷》。万业馨函告刻陈碑事,及李苦禅画照片、贺卡,又云赠挂历,尚未收到。

12 月 28 日(3)晴,10℃

舒芜、程仁卿(86 岁)、九三函,均得《笺本》。贺卡:黄永年、吴宏一(《笺本》)、连文萍、张可礼、葛晓音(《笺本》)、张伟华、寅宪(《笺本》)。万业馨寄漫画猪挂历。

12 月 29 日(4)阴,8℃

上午开《学报》编辑会,酬百。下午出席陈香梅等授职仪式。史梅告,尹志腾拒示预支稿费收据。得蒋寅函;陈尚君寄《司空图〈诗品〉辨伪》文;

淮阴市清浦区物价局(223002)厉开宇,询《芦洲小隐诗词集》要否收入《全清词》。

12 月 30 日(5)阴雨,8℃

复舒芜、业馨、蒋寅、宗强、厉开宇。卞孝萱来告北京《大典》会事。参加系新年座谈,未参加宴会,丽则要我节劳也。得万业馨、钱鸿瑛函,李飞函。贺卡:杭州大学董氵基金会、贝贝、武大新闻系樊凡、《淮海文汇》、张亚权。

12 月 31 日(6)阴,8℃

复陈尚君、钱鸿瑛。收到卞少夫、丙宪贺卡,均得《笺本》;苏者聪、何国瑞、欧阳代发贺卡;清水茂、波多野太郎函,收到《沈集》;香港中文大学收到《沈集》回执。周聘送来年历四册,吴志达赠《文言小说史》及贺卡和函。中华寄《全清词》样书两本,徐应佩寄《历代哲理诗鉴赏辞典》一本。廖序东函,请推荐其女礼平到留学生部任课。

1995年

大吉大利，人民安乐，国运昌隆，全家幸福。

1月

1月1日(日)晴，6℃

复吴志达，告陈望衡在武大哲学系。天纵夫妇、小红及娃娃来。天渝全家来午饭。章灿夫妇来。国尧来。伯伟夫妇来。郭维森嘱题《古代文化基础》书签，赠以挂历、红枣。

1月2日(1)阴，5℃

为郭书署签。

1月3日(2)雨，3℃

复张三夕。于辅仁函，得人参，告《三只眼》作者即王山，为部队高干之子。徐公持函，得《笺本》。骆承烈函，寄《孔尚任佚文遗墨》二册。贺卡：贾晋华、钱南秀、周伟民玲玲、李国章、赵昌平。胡济沧函，满纸胡说，不知所云，欲入史馆，云赏一碗饭，可笑亦可悲也。张伯伟带来西南民族学院中文系王发国所撰《诗品考索》一册。

1月4日(3)晴，7℃

贺卡：湖南图书馆、潘长胜、陈致、张奇慧、宗福邦、秦呈端（天津教育)。村上哲见寄《汉诗与日本人》。朱寿桐赠《世纪末启航》。冒健赠《作家文化场论稿》。以《笺本》寄张奇慧。王淡芳函,得《笺本》。致汪树清、徐耀环。致李立朴。致中华傅、许。

1月5日(4)晴,7℃

下午高、汤、黄来商《大典》事。

1月6日(5)晴,10℃

得《大典》审稿费泉500。舒芜函告以铸新址。

1月7日(6)晴,13℃

曹济平来,赠《张元幹词研究》,托以《笺本》赠王步高。许惟贤来交示廖序东函,即转去。得川大电,彦威6日逝世。

1月8日(日)晴,14℃

发彦威唁电。得肇仓函,《笺本》收到。囡全家来饭。下午天纵来,送饺子。以桃酥、糖核桃与小孩。贺卡:刘国武。

1月9日(1)昙,10℃

小佳信告迁坟事。沈玉成信,得《笺本》。岳阳市第一中学(414000)朱先泽函,购书。北京市五十中学(100061)吴柏森寄诗多首。收到立朴寄《顾准文集》。

1月10日(2)

以书三册附函寄朱先泽。以诗寄复吴柏森。函上饶二董索书价23元。省诗词协会袁裕陵来,约开会长联座会议。孙蓉蓉赠《文心研究》。施议对函索《笺本》,即寄之。林静希、聂邓夫妇得《笺本》,函谢。吴志达函,详告《大典》事。川大缪彦威讣。曹辛之贺卡。邵燕祥赠《杂文作坊》。

1月11日(3)阴,微雪,5℃

伯伟携其研究生杨蔚来见。托其寄昨写各信,并朱先泽书。方咏莪信,得《笺本》。于景祥电话,告不署莫名或去专刊字,5月可出,拟印五千。

1月12日(4)晴,5℃

吕薇芬、唐富龄函,得《笺本》。淮阴市物价局厉开宇函,一清词稿本索价万元以上,拒之。

1月13日(5)晴 9℃

以照片寄景祥。刘柏丽函嘱寄书。杨翊强转来湖南图书馆赠书证(录像带,无书),适其有不乐事。巩文成,即加函寄中玉。

1月14日(6)晴,6℃

文史馆王馆长来,送礼。社科处奉张永桃命来谈清词事。得苏者聪函,得《笺本》,读笺有失其旨者,即复书告之。

1月15日(日)昙,5℃

复袁第锐、骆承烈。序东女□□、婿□□□,由宏生陪同来谒,馈肉松、香蕉。

1月16日(1)晴,7℃

贺卡:郑自修。成田静香函候起居。郭预衡函,得《笺本》。《大典》馈泉五百。易竹贤函候,并寄书三册。

1月17日(2)阴,11℃

得朱正、陈永正函,皆得《笺本》。16、17日皆在江苏古籍开《中华大典》会,隋唐五代典出版事部署初定。

1 月 18 日(3)阴，9℃

复志达。得三夕函，允为《棻集》作评。徐应佩寄《哲理诗辞典》题签泉二百。《大典》节敬泉五百（经手人罗蕊兰）。石禅寄《坛经新书》又函，已得《笺本》。函李彦、任继愈商《大典》前言、凡例事（未发）。

1 月 19 日(4)阴，5℃

朱祖延来长途问候。武汉教育学院许匡一馈人参，告所译《淮南子》将付印，即复。孙钦善寄《古文献学史》二册，即复谢。李立朴来函，告徐耀环台北圣环地址。丽则交来早早小说样稿三份。以小说样稿一份寄姚继舜。

1 月 20 日(5)晴，9℃

以推荐勋初《文评小史》书寄景祥。毛谷风（浙大）函询《笺本》购处，即复。强姊解脱。

1 月 21 日(6)阴雨，5℃

陈虹来送礼，并以白尘墓碑照片见赠。汪树清自沪来，送《古诗考索》台版稿费美金六百，又赠《屈赋研究论衡》一册，王国良交章灿书一包。得陈尚君函，谈《诗品》真伪，佳。丁芒片贺春节。

1 月 22 日(日)阴，5℃

函李立朴，告台湾稿费已送。函潘长胜，询可否拨款，又早早小说事。函林从龙，询可否出一小集。白敦仁函，赋悼亡。侯孝琼贺卡。

1 月 23 日(1)雾，晴，7℃

周燕荪逝世，孙钦善电话告勋初。罗联添卡，得《笺本》。骆文、王淑耘函，得《笺本》。陈祖美函，将为《沈集》写书评。胡遐之函，收到题签，又赠周作人《谈虎集》一册、近诗五首。胡焕章（四川奉节县人大副主任）函，又书二册：《杜甫夔州吟》及《洑溪吟稿》。扬州职大蔡文锦函，寄陈含光诗二纸无首尾，可怪。湖南省图书馆寄张舜徽捐赠书目一册。易竹贤寄书三册。冯亦同来，借去诗集 16 册。沈文冲夜来乞为所编书题签，赠芦柑，报以《笺本》。

《中国民间老话》，沈文冲编著，程千帆题。

1 月 24 日(2)晴，9℃

以早早小说稿、《文学史》稿寄景祥。李培坤函，得《笺本》。黄淑贤寄鼻炎方。李国才陪省教育工会副主席等二人来慰问，携桔子、木耳、冬菇来。早早去南京电视台试当节目主持人镜头。小燕充“南京大屠杀”电影群众演员。（今日对早早很重要。）

1 月 25 日(3)晴，11℃

复易竹贤，勉之。汇 40 元与西北大学中文系李芳民做唐代文学会费。发贺春节卡：柳定生、吴熊和、程之、龚任之、金克木、程士名、林从周、中玉。得陈一新卡，云在美无钱无车，索然。北大周卡，得《笺本》。

1 月 26 日(4)阴，5℃

出席文史馆新春茶会。社联杨书记及冒名芳来贺节致礼(汗衫)。收到皮公亮纪念茂舒文。日本西村美富子贺年卡。宣城地区行政专署司法局张远齐《濡须吟稿》(242000)。冯保善来取去川版编纂及校点通则及稿费收据。

1 月 27 日(5)晴，9℃

发南秀、胡焕章、张远齐、皮公亮、陈祖美、杨翊强函及邮片。刘庆云函寄来余赠横幅照片，又云将撰文介《涉江词》。张高评函告丽文可出《宋词赏析》，又要题二书签。巴蜀邓南函询《大典》事，并要照片、《宋文学史》。屈义林函，得《笺本》。周退密寄《怀人诗》。艾若贺卡。林从龙函。

1 月 28 日(6)晴，8℃

复张高评，函李国章、赵昌平，皆棻书台版事。吴锦来贺正，馈蛋糕一枚。改下致《大典》函，并转希坚。钱林森来，赠书一册《中国之欧洲》，又送食物三种。程一中、夕佳、陈继明信。张志烈贺卡。

1 月 29 日(日)阴，9℃

以《大典》通则意见寄希坚。得奇慧函，得《笺本》。陈美林来，颇谈谭、郁事。

1 月 30 日(1)晴，10℃

黄裳寄《春夜随笔》。王伊同函，收到《寿辰纪念集》《诗论选集》。姚继舜函，已将早早稿交百花洲出版社。王国钦寄自费印诗集办法。钱鸿瑛函。伍杰来电话贺节，告以《大典》近况。并即以此事告希坚。周勃在湘阴来电话贺节。丽偕二孩来度除夕，威已赴桐城了。成金陵诗选序，冯亦同所属也。

1 月 31 日(2)晴，11℃，春节

全家午宴于西苑。饭后去天纵家观儿孙歌舞。贺正：盾明来，赠所著《古代散文艺术》；卞孝萱来；郁贤皓来；郭维森夫妇来；吴志达、小佳电话；王立兴夫妇来；朱家维、胡若定；霍焕明及女、婿。

2 月

2 月 1 日(3)晴转阴，9℃

莫砺锋、朱家维、勋初贺正。复夕佳、刘柏丽（小燕代写）、王国钦（诗集事）、陈继明、程一中。

2 月 2 日(4)阴，6℃

去天渝家午饭。发寄黄裳《雍庐书话》，巴蜀书社邓南《宋文学史》及相片。致舒芜函，告拒刘柏丽托发书事（又附张奇慧函顾学颉文、张寄慧函）。

2月3日(5)昙,4℃

岳阳一中语文组朱先泽寄来书款25.40元。陈平原寄《学人》6辑。香港邓国光寄《韩愈文统探微》《中国文化原点新探》。《唐代文学研究》第4辑。刘彦邦寄《银杏诗刊》及信。清水茂、罗孚贺片,成田静香平安信。王博仁。《存目丛书》评论文字。又得《存目丛书》电子日历一具。

2月4日(6)昙,4℃

复成田静香,慰其地震之灾。李灵年、顾复生来。复刘彦邦,指出"泗水"当为"四水"。函周笃文,告《中华诗词》当改进处。夏溶寄其挽祖棻改稿,又南通医学院附属医院80老中医曹向平吊词《临江仙》一首。

2月5日(日)晴,7℃

以《版本》《笺本》寄邓国光香港。得翊强信,以《辞赋》《汉诗选评》《宋诗精选》《沈集笺本》寄之,属转湖南省馆。另作函复之,又寄赠《创作选集》一本并复信。

2月6日(1)晴,8℃

以《宋词赏析》一本寄夏溶,另函。复潘石禅。得合肥吴孟复讣。吴在庆函告晋华美国地址。孙钦善函,将续治文献学。岳麓书社(河西新民路)胡渐逵函告其所著《古籍整理释例》即出,邓湘皋《南村草堂诗钞》同。韩理洲贺卡。

2月7日(2)晴,12℃

潘长胜来电,告同意拨预支稿费三千与任木生,即办。为沈文冲题书签,即寄出。于景祥来电告初十或十一日来宁。苏昌辽来,赠以《笺本》一册。有富抄来纠正黄裳说藏书史之资料。

2月8日(3)晴,10℃

得平田昌司告平安函。谭任杰贺卡。

2 月 9 日(4)晴,12℃

王步高来,欲续纂《全清词》,已与宏生商,又赠所注《梅溪词》,转交张璋赠《词渊钩沉》。以《文学典》凡例交砺锋完成之。

2 月 10 日(5)晴,12℃

成与李彦等书,提通则意见交卞老酌。关道雄自美来信,已移砚加州。王兆鹏得《笺本》,寄《两宋词人年谱》台文津版,有函。陆耀东函。陶德麟贺卡。河北省社科院吴普忠论刘梦得祖籍旧报。方咏莪自广州来长途,道故。函汪树清询古籍合同事。以《南大学报》93—94 年、《中国典籍与文化》92—94 年赠本栋。

2 月 11 日(6)阴微雨,10℃

赵宪章来,求为推荐赴香港中文大学作访问学者。巩本栋馈麻油,以杂志二份赠之。小佳来电话告托赵君馈鱼、鱼面,告以拨款之事。复平田昌司。

2 月 12 日(日)阴,9℃

于景祥来,出示《选集》封面、插页,以《文苑丛书》一部托赠春风编辑。晚宴于、莫、严、宏、章、周及余夫妇。舒芜来函,言柏丽已 60 余。

2 月 13 日(1)晴,9℃

得胡济沧函,仍不敢答也。校芸抄《诗文合集》,将交景祥印之。林老师、王同策贺卡。沈阳师范学院艺术系主任董文来函寄诗集,求为揄扬。小佳托其同学之兄赵先生带来鱼面及腊鱼一尾。

2 月 14 日(2)阴,10℃

校定《闲堂诗文合抄》,将交景祥设法印之。夏溶函,寄来铭延、百桦和菜诗,前未及收入《笺本》者也。

2月15日(3)昙,11℃

潘长胜来电,木生已取去三千元。

2月16日(4)昙,13℃

立朴寄《许浑研究》,甚悦。汪树清来电话,告约浼徐来沪自签,嘱其告赵昌平。

2月17日(5)昙,10℃

于景祥、谢丹来辞行,以《合钞》交之。复董文、王兆鹏、李立朴、夏溶;文致黄裳;以相片寄方咏莪。共6件。

2月18日(6)阴雨,8℃

得方咏莪信及照片。函木生、小佳。

2月19日(日)阴,10℃

函高克勤,挂号。函万业馨,附致任继愈送寿联书。《扬子晚报》载14日沪政协晚会,十二弟突以心肌梗塞逝世。史梅、倪东明携孩来。万万从上海来电报丧。

2月20日(1)昙,9℃

吴枝培赠所著《文化要略》,又燕窝等。小鹿叔来信,报十二弟之丧。古籍小组学贴泉二百。小佳信告潘三千元收到。

2月21日(2)昙,10℃

夏溶函,云即寄《赏析》。张高评函(2月14日发,一周到)。曾广开函。

2月22日(3)昙,10℃

收到武大百年校庆纪念集。整理《宋词》,撰台版序。

2 月 23 日(4)昙,11℃

复小鹿叔叔,寄富民路。宋词来访,求为其诗集题字,赠以《诗世界》《笺本》。

2 月 24 日(5)昙,12℃

为章灿写霍英东奖金推荐书,馈冬菇。孙小妹来乞订孙老《次山年谱》增订稿。高教所一位常州女老师托常州画家莫静波函来附《怀苏集》,欲余去常州东坡书院讲学,拒之。陶德麟函,得《笺本》,告武大诸公有和解意。

2 月 25 日(6)昙,8℃

为宋词诗集题署。校孙《元次山年谱》稿。陈望衡来长途,欲为介于蓮父,申请博导。又陈函附著译目。方咏莪函及照片。黄裳函。巩本栋送来《存目丛书》文,改后挂号寄吴广义。

2 月 26 日(日)昙,16℃

中午与二孩饭于西苑。下午天渝夫妇、小鲲、真真来饭。赵昌平来信,告台湾书价出得太低。

2 月 27 日(1)昙,15℃

复赵昌平。复张高评,又转杨丽源索赵昌平书评稿费。重庆师院中文系音韵教授赵克刚赠《音学实在易》一册,孟伦弟子也。即作复谢之。文史馆致芦柑一箱。

2 月 28 日(2)晴,12℃

上午查身体。王德亚函,得《笺本》。去新街口取《全清词》(一)稿费,扣预支及购书,仅余百六十元,总数亦只六千余元。为汇文文学期刊题辞:

创作绣虎雕龙,

批评说三道四。
诗，感情的战栗；
文，生活的诚实。
今日校园俊侣，
他年文苑明星。
司马迁、李太白、
关汉卿、曹雪芹、
鲁迅、巴金、谢冰心，
都在招手。
努力吧，未来属于你们！

3月

3月1日(3)昙，12℃

下午汤、黄、卞来商《大典》事。晚古典组聚会。复方咏莪。

3月2日(4)阴，12℃

张高评信，欠资退还重寄。今日起，重开始整理信件。周笃文函。徐雁送来《书与人》95年1期，内有其所写之访问记。

3月3日(5)昙，11℃

宋词来，赠《南国烟柳》，写柳如是小说，交还其诗。砺锋交来《大典》序例稿。

3月4日(6)晴，13℃

存款。徐余习先生子女来送先人文集，未遇。即复谢。吴志达来函告经费至今一文未付。即打电话与高纪言促之，并复吴信。

3月5日(日)晴，13℃

小红夫妇携雏来。早早来谈《三国》论文。

3 月 6 日(1)晴,16℃

龚放来取照片,备南大介绍用,又以一张及《书与人》一册赠之。本栋为打印《文学典》序例,分寄各方面。序例(九份):继愈、《大典》工委会、编委会、董、卞、曾、吴、江苏古籍《大典》编辑室、程。章灿为印《中国文化》中载《文言小说史》序文寄志达。得奉节胡焕章《三峡诗文选》及函。沈文冲函谢《老话》题签。毛谷风编中青年人诗为《海岳风华集》,强命为编委会顾问,可笑。复志达,内附《中国文言小说史》序及书评。小鹿叔叔及婶母由沪来京。

3 月 7 日(2)晴,20℃

函赵昌平,并将张高评寄我及宏生二函之复印件寄去,以供谈判时参考。以序例十份交江苏古籍,嘱不寄。

3 月 8 日(3)阴,16℃

周明来,求为推荐其散文书求一书,并题签,馈补品,答以《笺本》。蒋寅函,告近状,云张奇慧及刘福春欲得《笺本》。中午宴芸、杕、健、丽,于军区招待所食烤鸭,庆三八。江苏诗词协会嘱题傅抱石陶谷赠词图,作挂历之用。下午三时江苏电视台来录像,为文学讲座。

拥帚闲庭貌胜花,
多情学士泛仙槎。
开筵纵爱风光好,
温梦终惭鬼眼斜。
乙亥春程千帆题

3 月 9 日(4)阴雨转昙

吴志达赠《小说史》序文泉二百。小鹿叔叔、婶婶来,宴于西苑。归受风不适。黄建中寄季刚先生论文集(2),命求余为向王庆生关说,可笑之至。

3月10日(5)晴,12℃

得马昌松寄来书《黄鹤楼纵横谈》及《长江日报》,载有介绍《沈祖棻诗词集》文。以黄建中寄来论文集(共五册)分寄管雄、吴白匋(改送李开)、严迪昌、喻世长、吴调公。

【剪报:《长江日报》1995年2月28日闻驿《荐〈沈祖棻诗词集〉》。】

3月11日(6)阴,16℃

章灿陪同看目疾,白内障严重。陈望衡学生、杭州风景名胜杂志社编辑伍朝江寄杂志二份,索稿。沈阳董文复函致谢,并赠草书一幅。文史馆王馆长来,自95年起月给百泉,1—3共三百,又三吴风采文50元,又纸二十张。新任馆员牛永宪,部队转业,副团级。《淮海文汇》副主编童笑瓴同冯保善来,索题字相片。周明来,题签与之,又为作推荐信。

3月12日(日)阴,14℃

写金成生画展签。写《淮海文汇》,董文所要介绍。天纵送饺子,昨夜小鲲亦送。

3月13日(1)阴昙,14℃

金成生先生之子金实(南京中医药大学教授)来取题签。

3月14日(2)昙,16℃

蹇长春先生来,赠以《宋史》《诗论》。又以《淮海文汇》简介托汤交冯。陈书录来,赠《前后七子研究》。

3月15日(3)阴,13℃

福建海峡出版社转载旧文,致酬80。武汉大学求评杨合鸣、郑远汉二人为博导,以于汉语史无所知拒之。

3月16日(4)

失记。

3 月 17 日(5)阴,9℃

朱寿桐将赴韩,嘱为写字一条赠韩汉学家吴淳邦。吴有是请也,因并赠其《考索》《诗世界》各一册,冀其善待朱。退武大材料(挂号)。答南师一学生问“三从”之义。

3 月 18 日(6)晴,13℃

陈祥耀托叶子铭赠《两体草书歌》。答《南京日报》严中问“冷月葬诗魂”。午与天纵、芸食炙凫。

3 月 19 日(日)晴,20℃

花房来剪篱笆。

3 月 20 日(1)晴,20℃

天渝返自沪,来晚饭。看心脏及眼病。

3 月 21 日(2)晴,23℃

以《小游仙》沈侍郎材料寄陈继明。函许逸民,告《续修》书名之不妥。

3 月 22 日(3)晴,25℃

《存目》致泉 450。《全清词》(二)稿费到,宏生取来。勋初太夫人仙逝。

3 月 23 日(4)雨,20℃

闻伯伟过,有富否。

3 月 24 日(5)阴,13℃

云南镇雄县塘房乡白鸟村鱼塘坡冯鹤凌来函,求为弟子,不复。丘良任寄《竹枝纪事诗》二册(一致孝萱)附函。葛兆光寄《清华汉学研究》第一辑。

3月25日(6)阴,10℃

意大利女学者(沙歌蒂),研究沈祖棻,由教委派人陪同来访,以棻书六种赠之。

3月26日(日)晴,16℃

徐雁陪北大吴广义代表《存目》来告丛书近日情况,并赠水果,答以《诗论集》《诗世界》。张伯伟来,以石禅《游列宁格勒记》借阅,取去所赠杂志及潘校《坛经》。

3月27日(1)晴,18℃

王运熙、杨明寄《隋唐五代文评史》。唐玲玲来信告近状。小鹿叔叔来信及相片。严迪昌来信告收到黄先生文集,词意甚和。以论《红楼》文(冷月葬诗魂)还严中。以赵少咸文还吕甫。以刘梦得集样稿还陶敏。以黄克强联话还伏家芬。以刘腴深诗(邱毅选注)送湖南图书馆。函谢湖北石首胡伏祥赠女子词选。得杨翊强函,所赠书已送湖南图书馆,并得收藏证,因将前函改写后寄出。景祥寄到《选集》样稿,砺锋、杰、宏生开始校之。清旧信粗毕,芸续理之。

3月28日(2)阴转雨,16℃

复陈祥耀、丘良任、马昌松、胡伏祥等赠书。问王淡芳夫人病。复蒋寅。立朴寄泉百,或《许浑研究》题签也。

3月29日(3)阴,12℃

发《存目》信,中有600元收据,后乃知450元尚未到。寄赵昌平信(附张高评信,挂号)。合肥省文联徐味(蕴之)、芦静,安徽教育出版社副社长来访,各赠《笺本》一册。得王文才函。村上哲见论文(日本善本词籍)。函吴广义告以顾问费未收到。

3月30日(4)昙,12℃

涂怀珵寄《毛诗鉴赏辞典》。成曹虹阳湖序文,并印10份。

【手书贴纸:《全清词·顺康卷》编辑委员会】

《全清词·顺康卷》编辑委员会

主　　编:程千帆

编辑委员:尹志腾　吴永坤　屈兴国　曾德珪

　　　　　程千帆　严迪昌

顾　　问:李一氓　俞平伯　施蛰存　唐圭璋

　　　　　徐震堮　夏承焘　张　璋　黄君坦

　　　　　黄　裳　杨廷福　叶嘉莹　潘天祯

另应送者:周勋初、周本淳、张宏生、史梅。

3 月 31 日(5)阴,18℃

复张文勋、胡焕章、涂怀埕、周伟民、葛兆光、王运熙。王仲镛得《笺本》,寄诗一,又论文《徐庾平议》。

4 月

4 月 1 日(6)昙,16℃

以汪先生《点将录》有关吾家之材料寄小鹿叔。天渝夫妇与芸游北湖,赏郁金香,多年未有也。高纪言电话,《大典》或可得资助。

4 月 2 日(日)阴,13℃

达微、九九自济南来,七陪来,送阿胶、红茶。得陈继明复函,已得柳存仁材料,不须复。

4 月 3 日(1)晴,17℃

中玉函,云砺锋文及余访谈录均《研究》五月份发。博仁函,问可否作诗画幻灯。收到刘俊文 450 元。周伟民、玲玲及文才寄书数种,唐《访台掠影》《东坡词研究》,周《海南学论丛》,王文才《剑门关志》(其一转下孝萱)。

4月4日(2)阴,16℃

复周伟民、王文才赠书,王博仁信。复刘俊文、吴广义,告汇款收到。收到上古高克勤函及《饶宗颐纪念文集》。姚松邮局取回《全清词》样书1—2册各10本。汤敬昭、黄希坚来谈《大典》事:1. 劝卞主动多改郁,2. 函北京谈前言、凡例、名单等事,请做准备。吴志达函,致主编费3456元。

4月5日(3)晴,20℃

欧磊来商赴校骨干培训班谈话事。改周勋初新文,还之。

4月6日(4)晴,22℃

复吴志达函(款未到,未发)。助听器修理处:评事街153号303室志翔音视电器维修部,Tel2240382,负责人郭纪欢。

4月7日(5)昙,20℃

文史馆老史送扬州谢崇山人物画一幅。王绍曾函,谈两丛书矛盾事,又求写字,索《八十寿辰论文集》。下午在党校作报告,欧磊主持。《新华日报》严中来,安化人,与奔星熟。丽文出版公司总编辑许仁图、杨丽源、张高评由宏生于夜七时半陪来。

4月8日(6)阴,20℃

勋初晚宴台高评、丽源及许仁图、傅璇琮,作陪。运熙函告七卷本《文评史》进展情况;兰亭寄数诗;伏家芬寄《文史拾遗》94/3;北京大学古籍所寄《古籍整理研究论丛》3辑。江苏电视台《文学欣赏》录像,泉二百。

4月9日(日)阴,21℃

新闻系二年级王晓宁、王蓓蓓、于蕙来采访。陶敏复函。丽则一家午饭,天渝一家晚饭。

4月10日(1)阴,21℃

宏生来谈分《全清词》稿费事。章灿来谈《文学史》,借去台湾《宋诗》

及《文艺理论研究》，告七月赴哈佛。周勃来电话。夜立朴由章灿陪来，商全译丛书顾问及诸事。

4 月 11 日(2)阴转晴，18℃

午宴立朴，章灿、松、杰、秀成作陪。陈永正函及诗，告刘峻严霜逝世并挽诗。

4 月 12 日(3)晴，25℃

程一中信，退还贷款二千，并息七百。湖南省馆名人资料中心告刘腴深诗已在湖南大学出版社出版，可寄赠。伏家芬寄《碧湖诗选》。邓南索资料。董治安函询先秦文学典问题。为文史馆刘昌裔、徐雁（广西师大附中）、市博物馆胡舜庆、校党委宣传部作字 4 幅，分别交出。

4 月 13 日(4)阴雨，11℃

为宏生代刘石求作字一幅，即交宏生。下午冯保善来取《菉集》请奖材料。王淡芳妻梁氏逝世。淡芳移居城内。

4 月 14 日(5)阴，18℃

复一中告款到，并寄回执。函志达，告款迄未到。

4 月 15 日(6)阴，18℃

复董治安《大典》事，转希坚阅。天纵全家来玩，食炙凫，送洗衣机。

4 月 16 日(日)阴，17℃

复陈永正、王淡芳、刘雪莱。伯伟送来王小盾《唐代酒令艺术》一书，报以《笺本》。

4 月 17 日(1)阴，17℃

复王绍曾，附字一幅，别寄《八十纪念文集》。朱寿桐自汉城来函，安抵。赵昌平来函，收到稿费。陈望衡寄稿来。张瑞洁寄《湖南老年》，有程之遗文及瑞洁悼念文字，又全家照片。

4月18日(2)阴，17℃

收到明清5%，3456元。复吴志达、张瑞洁、吴文治（借房）、严迪昌、陈望衡（又托其寄一《笺本》与潘受）。德育教研室谢先生来照相。吴新雷来托填《校雠》评奖表，并托报账。

4月19日(3)晴，18℃

为唐玲玲、岳洪治作字。（字债讫。）函王元化索所赠书。

4月20日(4)晴，20℃

张宏生陪美艾朗诺教授来访，赠以《诗论选集》及《宋诗精选》。湖南图书馆名人资料中心邓签、徐园来访，以叶德辉新坡子街记裱本赠省馆，又收其刘腴深诗集及礼物四色。

4月21日(5)阴，18℃

陈一新返自美，来函。湖南熊楚剑寄《鹿洞吟草》（岳阳市政协副主席，414000）。函孙言诚、周晶问《广义》事，挂号。程宏宇（226611，江苏海安立发中学程绪德转程宏宇收）寄《学报》论戏剧文，即转蒋。

4月22日(6)阴，18℃

朱家维来谈丛书事。汤、黄来谈《大典》开会事。勋初、砺锋今日自港归。

4月23日(日)晴，20℃

陈书录送来王元化《思辨随笔》，即复王。莫砺锋来，告青年出版社丛书事，送乌龙茶。徐味来函，并寄茶叶一包。唐翼明托砺锋致《魏晋清谈》一本。唐现在台北文化大学中文系任教。汪越来，送洋参片、红茶及咖啡。

丹麦奥迪康公司，广州路 24 号 403 室，助听器，Tel3328979。

4 月 24 日(1)昙，18℃

复唐异明、徐味、熊楚剑。购一表，327 元。詹杭伦来，赠《金代文学史》，索一《笺本》。赵益赠《日落九世纪》。王仲镛托詹杭伦带赠粉丝、茶叶。

4 月 25 日(2)阴，20℃

林雪梅返自北京，带来万业馨所惠杏脯，又有字一条，已交程章灿付装池。

4 月 26 日(3)晴，22℃

孙原靖来，以止亖诗集交阅。

4 月 27 日(4)晴，20℃

李立朴寄梁晓声小说《年轮》上下册。姜小青寄《宋诗精选》增印样书二册，又稿费三百余元。严迪昌来信，有和解之意，佳事。胡舜庆收到写字，复谢。徐中玉嘱为大一语文学会题字寄西安。华中师大讣告杨潜斋逝世，年 85。武昌楚善街 46 号二甲(430060)李西亭集《涉江词》为《浣溪沙》五首见寄，不佳。刘俊文寄《存目》四月泉百五十。又邮局寄李立朴四件(《通鉴》及《吴越春秋》)。万业馨来函，已书就赠任继愈联，五月中可得。

4 月 28 日(5)昙晴，22℃

复中玉(寄大学语文学会题词)。复立朴(收到梁晓声小说)，姜小青(告要换《宋诗精选》)，王志良(收到信，告任继愈联事，又小林带回杏脯)。函《扬子晚报》，求修助听器。高克勤来信，上古欲为《两宋史》请奖，嘱陈书录请陈美林为评之。王绍曾函。四川李白学会开会邀请函，不复。蒋寅来信，寄葱葱照片、《大历诗风》日本人所写书评。包忠文来致寿礼(人参、桂花等），盖系中为陈行素祝 90，忠文误以为余也。询之宪章、宏生，说不便揭破，只得暂听之。

4 月 29 日(6)阴，20℃

晨全家赴接待餐厅吃包子。复陈一新函，并寄诗文各一纸。

4 月 30 日(日)阴，24℃

复陈望衡，并将其论《涉江词》文寄还并请修改。美林生日，以炙凫寿之。

5 月

5 月 1 日(1)昙，24℃

函舒芜，寄曹虹书序。函木生询修坟事。小红夫妇携小雅来。蒋寅函论清词。

5 月 2 日(2)阴，微雨，22℃

小宁从邮局取回周勃自武汉寄来茶叶一斤。上海古籍寄林继中辑校杜诗赵次公注。不知林在何处任职，当访谢之。贾文昭函求题签。谭任杰函告《澳门日报》有评介《笺本》文字。福建南平 12 信箱叶礼旋求字，信中云十余年前读 1988 游武夷诗，可谓奇谈，不复。

5 月 3 日(3)阴转晴，21℃

复贾文昭题签，谭任杰，林继中(漳州师院)谢赠杜诗赵注，周勃谢茶。吴志达函及明清分典有关文件。《存目》工作简报。大连市图书馆范旭仑嘱为《钱锺书研究》年刊写稿，不复。王淡芳寄还《江西诗派研究》，不复。

5 月 4 日(4)昙，22℃

复志达。以志达信转希坚。

5 月 5 日(5)晴,23℃

得立朴、景祥电话,早早小说可转贵阳。

5 月 6 日(6)晴,28℃

张汉怡寄来刻砚铭拓本,甚精可感。华东师大王元化博士傅杰告元化染带状疱疹,又所寄书二种已托上古吴曼君寄出,然未收到。孙言诚、周晶函。

5 月 7 日(日)晴,30℃

复张汉怡及元化弟子傅杰。艾朗诺夫妇邀在大钟亭台湾馆午饭,宏生一家陪。

5 月 8 日(1)晴,32℃

有富来定致齐鲁书稿。林从龙、刘梦芙、孙洁、王国钦来,赠《笺本》《新诗集》各一册,又刘代其师孔凡章索各一册。人物杂志社侯艺兵来拍照,并索题词。立朴电话,可出早早书,命丽则办理寄稿之事。

5 月 9 日(2)晴,30℃

系宴艾朗诺夫妇,余夫妇陪。景祥电话,早早稿已寄贵阳。

5 月 10 日(3)昙晴,25℃

学校要将《宋史》《版本》请奖,由吴、徐填表,请王运熙、陈贻焮推荐《宋史》,朱天俊、孙钦善推荐《版本》。舒芜函附记《墨经字义疏证》文。

5 月 11 日(4)阴,21℃

陈望衡寄还其论沈词文,属转敏泽。其夫人李晓湘在武大出版社工作。林从龙来取去为《中华诗词》周年题词。

5 月 12 日(5)昙,20℃

刘福春函索诗集,以《新诗集》、林咏泉、周骋集共三册寄之。北京大学研究生院为周绍良九十寿辰征文，骈体小启甚佳，今所罕见也。

5月13日(6)阴，21℃

绍良九秩，北大白化文等征文，却之。复白化文。

5月14日(日)阴，阵雨，24℃

母亲节，小鲲代天眉谢觞。下午天渝夫妇来晚饭，丽则及二雏来送烧饼，小宁亦送鲜花烧饼。

5月15日(1)昙，23℃

得周一良函，谈王伊同老境孤寂。中文系赠茶叶一斤。冯保善来，还有关沈词诸家书札。苏州沧浪吟社副社长萧沨先生来访，送其所著诗文集及吟社选集。

5月16日(2)晴，26℃

以陈望衡稿寄敏泽。复望衡。得赵吕甫函，杨翊强函。

5月17日(3)晴，29℃

高增德赠《社会科学家大辞典》，并函询"述而不作"问题。岳洪治寄人民文学出版社书数种。广西寄92年《唐代文学年鉴》及《唐代文学研究》各一册。即复高增德。

5月18日(4)晴，29℃

函晴佳，询坟事。复翊强。丁芒来，赠其诗集，又花束。

5月19日(5)雨阴，26℃

林继中函，欲为博士后。莫砺锋带来韩国吴淳邦书一册(《论晚清讽刺小说》)。

【剪报:《新天地》1995年5月10日第4期王晓宁《老当益壮，宁移白

首之心；穷且益坚，不坠青云之志——记中文系程千帆教授》。】

5 月 20 日(6)阴，23℃

湖南图书馆名人文库寄来《栖流略》影印本三册，其中二册为刊本，一册为抄本，极可宝。孙钦善寄还《版本编》推荐表。敏泽约写回忆录。刘石(中华)谢为作字。天纵约晚餐，九时返。出席校庆青年教师颁奖会。

5 月 21 日(日)阴昙，27℃

复周一良、刘雪莱。

5 月 22 日(1)晴，26℃

天纵送粽子 8 枚。万业馨函，告以寿联送任继愈情况。下午出席中三学生文艺沙龙。吴代芳信，小佳信。和县粮食局邵川寄其祖父子退诗集。

5 月 23 日(2)晴，28℃

复吴代芳并寄《笺本》。复万业馨并寄 100 元。复邵川，告不能作诗。得弘征寄邓湘皋诗集及信。林继中求作面壁斋榜。刘福春来函索《笺本》。运熙、天俊表皆寄来，缺一新。(旋寄到。)

5 月 24 日(3)阴，28℃

陈辽赠《大陆籍台湾作家研究》。新雷、有富办妥《宋史》《版本》教材请奖事。复弘征。以《笺本》寄刘福春，又附一函，告以可找黄瑞云寻邹乃文。在沙龙谈话后极疲，连日如此，下午始少好。

5 月 25 日(4)阴，28℃

为上饶师专桂清扬(英语老师)写一书签。以《笺本》寄刘福春。复弘征，谢其赠《南村诗钞》。

5月26日(5)阴,30℃

下午《学报》40周年座谈会。廖序东寄《楚辞语法研究》。

5月27日(6)阴,28℃

早早与其同学刘重喜、刘强来擦玻璃,赠以《诗论选集》各一册。朱鸿翔来求为其诗集作序,拒之。北师大博士后吴光新(出一新门下)来访。

5月28日(日)阴,24℃

丁芒转来贺敬之致渠信一封。白尘女陈虹来致其遗著《牛棚日记》。

5月29日(1)昙,32℃

《中华大典》第一册样稿送来。高增德函。薛冰寄《得〈文学发凡〉记》(刊《南京日报·书林》,附香港《大公报》《社会科学家辞典》书评)。宏生示介绍《全清词》文。上海龙川北路南苑别墅28号304室王桐苏寄《国学之声》95年2期,有介绍王绍曾文字。

【剪报:《南京日报》1995年5月24日第6版薛冰《得〈文学发凡〉记》。】

5月30日(2)昙,26℃

上海书店卢建幸、彭卫国、龚建星来访。皮肤病医院陈蔚为其外祖父手抄诗集请题字来访。函复《续修……》编纂室沈乃文。函傅璇琮介绍艾教授(交宏生)。出版社十周年纪念会。汉语史教研室邓兴锋晚来访,问青年出版社拟出丛书事。

5月31日(3)昙,26℃

下午高、汤、黄、卞来商《大典》事。

6 月

6 月 1 日(4)阴,28℃

得敏泽函,允在《文评》发望衡文。诗札 12 册整理完毕,拟交伯伟。

6 月 2 日(5)阴,小雨,16℃

下午赴南京理工大学开《大典》会。

6 月 3 日(6)昙,27℃

在理工大学开《大典》会。黄敬德言,徐铭延先生去世年应为 1964 年。

6 月 4 日(日)晴,30℃

下午会毕,夜返。

6 月 5 日(1)晴,30℃

得瑞洁信,询君硕伯父。陈子善华师大,要《诗集》,即寄去。得白化文函,告周绍良八十生日可写文字事。湖南图书馆寄收藏证及照片(坡子街记)。《人物杂志》侯艺兵寄照片 7 张。

6 月 6 日(2)昙,30℃

青年出版社副总程绍沛、编审阙道隆来访,商丛书事。函敏泽,寄出与华东师大陈子善(《新诗集》)。函许逸民,交本栋发。函张瑞洁告君硕伯父事迹。

6 月 7 日(3)昙,30℃

函万业馨,谢对联;廖序东,谢《楚辞语法》书;周笃文,不赴会;陈辽,谢赠《台湾文学》书;侯艺兵,谢赠照片。得晴佳信;弘征信;钟来因寄文,以苏李诗为庾信作;葆璟弟妹寄来十二弟整理的君谋四叔京剧曲谱。

6 月 8 日(4)阴,25℃

改宏生《全清词》文毕。朱家维来,回断青年出版社之事。

6 月 9 日(5)阴,27℃

复郭葆璟,寄十二弟《我这一辈子》题词。复林继中,寄斋榜字。得刘福春函,询齐敭事。中玉介绍摄影家上海沈建中来摄影(入学人集),赠《人道主义》影集一册。

6 月 10 日(6)昙晴,28℃

函李彦、任继愈,举孝萱、伯伟任二分典主编(暂存高纪言处)。

6 月 11 日(日)阴,28℃

天渝夫妇及小宁来玩。看勋初《六经皆史说》。七姐来,赠九九、小婉夫妇合影。

6 月 12 日(1)阴,27℃

看完勋初《六经皆史说》,即还之。得《白尘纪念集》;李健章研究袁中郎书三种合订,又诗集;弘征函,任《中国文学流派精品》主编;高克勤函,告台湾业强出版社有购祖棻著作二种意向。校党委统战部王耀南来照相(2804)。

6 月 13 日(2)昙,30℃

复弘征,告主编费数目。修改《文学典》序。高纪言来谈《大典》事。

【剪报:《南大报》1995 年 6 月 10 日刘重喜整理《程千帆先生谈做人与治学》。】

6 月 14 日(3)晴,30℃

周笃文函;万业馨函,裱费 100 元收到。

学海文宗，永享年寿；

清健皓月，常悦禅心。

寿绍良八十

复李健章，并回赠《版本学》一册。

6 月 15 日(4)昙，27℃

史梅携孩来。于景祥电话告校样已寄出。

6 月 16 日(5)昙，30℃

以寿周绍良小幅寄白化文。汤、黄来谈《大典》事。以约底本还高，序改本交黄。张汉怡来，收到所刻砚，以红木笔架赠之。

6 月 17 日(6)阴，27℃

午宴张汉怡，章灿、兴无、小婉陪。

6 月 18 日(日)阴，26℃

发白化文信，又江苏古籍《大典》通则改稿。卞出示《文学典》凡例，甚妥。小红夫妇携雏来玩。景祥托勋初委贤皓、蒋寅评《选集》。程仁卿嘱购书并托出版其著作，即复。周振甫函，告艾朗诺已在京见之，默存病略好转。刘梦芙来信，校出《笺本》误字多处，可感。

6 月 19 日(1)阴，33℃

复刘梦芙，赠以《诗世界》。得《续修》上半年顾问费 600，《古籍学刊》十周年题词 150，陈辽函。

6 月 20 日(2)阴雨，33℃

景祥样稿到。

6 月 21 日(3)雨，26℃

艾朗诺夫妇午宴，莫砺锋、张宏生在座。赵洛生函，万业馨函。樊慕曾嘱书格言。南京作协开代表大会，请假。辽宁大学中文系副主任朱明伦寄《杜甫散诗》及函，求为《唐诗纵论》题签。

6 月 22 日(4)阴,27℃

得山西省政协赵柱家编《中国当代书画家印象记》，索字。得王邦建诗集《待悔集》，湖南郴州文联。

6 月 23 日(5)阴,27℃

校诗集迄，还莫砺锋。

6 月 24 日(6)阴雨,25℃

复朱明伦，题签；赵柱家，告不能作字；樊慕曾，题字（南京政治学院）；赵洛生，寄祖棻手迹照片（市文联）；王邦建，谢赠诗集。陈蔚医师取去嘱题其外祖胡似冰手抄《古唐诗合解》（南京太平门外蒋王庙街 12 号中国医学科学院皮肤病研究所，5411373—5588）。杨克平来宁，以电话问候。

6 月 25 日(日)昙,29℃

天渝全家来玩。志达来信，讣其母夫人病逝。

【剪报：《南大报》1995 年 6 月 20 日刘重喜整理《我劝天公重抖擞，不拘一格降“通才”——程千帆先生谈做人与治学》。】

6 月 26 日(1)阴雨,31℃

克平及其甥女来访，致港币千、礼品四。孔凡章寄诗集三册，又函。吴智华馈荔枝。

6 月 27 日(2)晴,31℃

参加 95 届大学生毕业典礼。《江苏教育报》记者来采访。伯伟来示蒋寅写《选集》评，佳。复孔凡章。致李国章（黄师日记事）。复吴志达。得许逸民信，同意《广义》繁体直排。得《续修》沈乃文函，对提意见作出答复。

6 月 28 日(3)晴,33℃

令有富函言诚,告以《广义》安排。拟千元寿威克,千元为丽儿旅游资。

6 月 29 日(4)晴,32℃

以激光去右手中指疣。

6 月 30 日(5)昙转阴,30℃

严杰来赠"诗书画挂历"样本。书子苾墓碑,即寄小佳。李飞函,又《中大校友诗鸿》二册。参加博、硕生毕业典礼。

7 月

7 月 1 日(6)阴雨,30℃

夏树芳来,谈动员同事入九三事,难。

7 月 2 日(日)雨,26℃

为张静园西苑餐厅、中华书局徐俊作字各一幅。北大白化文来函,收到献与绍良兄 80 寿辰颂辞。得陶敏函,属写书签《全唐诗人名考证》。陈继明函,嘱寄还上海古籍丁如明君函,但未保存。

7 月 3 日(1)阴昙,29℃

王德亚寄《宋诗三百首》《明诗三百首》(长沙河西新民村岳麓书社,410006)。

7 月 4 日(2)阴,阵雨,28℃

复王德亚谢赠书。为陶敏题书签。复陈继明,告上古丁如明函遗失。

【剪报:《南大报》1995 年 6 月 30 日《"我对你们所希望的……"——程千帆先生论治学与做人》。】

7月5日(3)阴,小雨,26℃

得顾肇仓函,附其尊公书联2、79年游石林合影。

7月6日(4)阴,25℃

冯保善送来任继愈赠《汉唐佛教思想论集》。

7月7日(5)阴雨,24℃

为魏之祯弟子杨抑之作字一幅,寄张汉怡扬州。

7月8日(6)昙,29℃

约出午餐,而小燕球赛延搁作罢。

7月9日(日)昙,33℃

为山西省政协赵柱家作字。

7月10日(1)昙,33℃,开始用空调

贤皓为《选集》作书评,函谢之。宋新桂转来杨克平在两峡两岸关系研讨会上发言(刊《文汇报》,宋系新闻系教师)。四川书法家协会在成都开徐永年遗作展览会,有请柬。傅璇琮函,告陈天倪有编先十发翁遗集之意。省人大常委鲍汗青托匡老以其著《诗词散记》一册见赐,即复谢。刘梦芙书欲索余著书,并示数诗。于景祥打电话来催寄校样,莫今晨已寄去。复鲍汗青、刘梦芙。

7月11日(2)晴,35℃,高温

复傅璇琮。沈文冲来示《老话》样稿,乞为其友黄政一作字,馈太阳神4匣。万放来电话云小菡离婚。

7月12日(3)晴,35℃

为沈文冲友某及郝延林作字。文史馆致泉百、椰子汁一箱。郭葆璟复信，告小久（程前）北京地址。

7 月 13 日(4)晴，36℃

为小早及丽则作去京及西北介函，共 9 封。芸写余诗词文合抄四份毕功，将以传之二女二子。其中一份由景祥印 300 份，分赠友朋。前后费时约二年也。王以铸寄所译《喀提林阴谋・朱古达战争》译本。函武大陶校长，告不出席黄先生学术会。

7 月 14 日(5)晴，36℃

复王以铸。得陈贻焮函。得《文艺理论研究》稿费 170 元，较交本栋。《选集》今天收到，景祥电告。

7 月 15 日(6)晴，36℃

舒芜寄来《前无古人的笺注》，极佳。小严、小红、阿晶来玩一日，并馈饮料。谭力文来。

7 月 16 日(日)昙，34℃

复舒芜，寄还书评稿。寄沈文冲书稿及字幅。均挂号。

7 月 17 日(1)昙，阵雨，34℃

付诸生校对《选集》费 800。严、陈各 250，宏 200，伟 100，按劳计酬也。《文遗》编辑部李伊白由宏生陪访，赠以《笺本》。杨翊强来信。全家宴于军区吃烤鸭、铁板烧等，170 元，庆二孩读书努力也。

7 月 18 日(2)昙，35℃

克木寄新著《蜗角古今谈》。

7 月 19 日(3)晴，36℃

立朴来电，早早小说可出版。改完伯伟《诗词曲志》最后一章第九章。

陶敏来信告其研究计划。小宁今日去上海路农行报到。

【剪报:《江苏教育报》1995 年 7 月 19 日程千帆《做一个单纯的人》。】

7 月 20 日(4)晴,37℃

复克木信。早、燕来擦地板,玩至下午回去,携去元化著作二册。早早今夜赴北京。

7 月 21 日(5)晴,37℃

复陶敏。得刘梦芙、张汉怡函。刘函索书,七月十日已复之。此书十四日写,尚未收到我信也。高纪言来谈《大典》事。早早抵京,来电告平安。

7 月 22 日(6)晴转昙,34℃

复翊强。

7 月 23 日(日)昙转阴,阵雨,33℃

天渝夫妇、小宁来。为李伊白作字一幅。

7 月 24 日(1)昙转阴,雷阵雨,32℃

昨夜起牙龈突肿,今日去治疗。收到陈继明函,告诸故旧近状;谭崇台夫妇函;宋谋玚函;王国璎告已返台大任教,并寄论陶诗文章;傅杰寄《学术集林》卷一、卷二。

7 月 25 日(2)昙,34℃

复宋谋玚,附唐诗勘。又复傅杰。得舒芜函。伯伟来取去《选集》封面交江苏古籍,又云,童星告彼余《诗论选集》获一等奖。

7 月 26 日(3)阴,阵雨,35℃

威克来修电话,小宁修空调。

7 月 27 日(4)晴转阴,35℃

复王国缨。砺锋来商定《选集》封面。王青来取去论文,告以修改方法。文史馆王国权、史建华陪馆工作人员朱寿友来,乞为其书展作一序。舒芜寄来《文学评论选》。

7 月 28 日(5)晴,35℃

七姐及甲宪来,以天麻赠甲宪。丽则今日去新疆。晨作朱寿友书法展览序短文。山西省政协赵柱家来函,谢写字。

7 月 29 日(6)晴,35℃

得鲍汗青复函,不复(住珞珈路 21 号,210024)。书朱寿友书展序之半,后半明日成之。

7 月 30 日(日)晴,35℃

复舒芜。天渝夫妇来发舒函。早早从北京来电话,在北京好。

7 月 31 日(1)晴,36℃

芸到卫生院拍手伤片,无骨折现象。得奉节胡焕章函,询汪精卫词异文。邵川强欲余为其祖父诗题咏,可笑,不理。即复胡焕章。

8 月

8 月 1 日(2)昙,34℃

高纪言、卞孝萱来,《大典》事。小佳来函,蕙蕙高分,必可入武大。李立朴来电话,告早早小说事。早早来电话,已得立朴电话,告以先留京,再看何时去贵阳改稿。

8 月 2 日(3)昙,34℃

朱寿友来馈茶四匣,取去书展序文。

8月3日(4)晴转昙,34℃

复小佳,并寄瑾瑾、蕙蕙各二百,伯伟代寄。函黄裳,告顾颉刚佚事。

8月4日(5)晴,35℃

函孙言诚。砺锋代作荐宏生去哈佛信。

8月5日(6)晴昙,36℃

舒芜来函,评述荒芜逝世事,可哀也。

8月6日(日)晴,36℃

晨与芸散步于校园。《上海投资》杂志摄影师沈建中寄来上次来访所拍照片数张(上海 200040 延安中路 111 号东楼 580 室)。上古寄来饶宗颐《选堂文史论苑》稿费 150 元,银行汇。

8月7日(1)晴转昙,35℃

晨往银行取出美金 1391 元,连息共 1480 元,交小宁存于农行。得武大校友通讯刘以刚函,自承其编稿不慎,至有法国在巴尔干之失。函沈建中,谢其赠照片,并请其往访汪树清,查询台版《考索》事。得广东黄伟经函,约稿。宏生来送推荐信签字。《南京日报》7 月 11 日有篇文章谈中国缺乏抽象思维。

8月8日(2)阵雨,立秋,34℃

多日未雨,今日一快也。复黄伟经并寄去小文、照片(挂号)。复早早,寄照片。复舒芜。

8月9日(3)阴,阵雨,33℃

吴志达函;刘梦芙寄词;辽宁大学朱明伦寄所作《唐诗纵论》,又致书签润笔泉二百。为章灿夫妇饯行,雨燕陪。

8 月 10 日(4)大雨,29℃

复辽大朱明伦。复刘梦芙。以《天游阁集》《眉匠词》复印本交章灿带到上海送黄裳。

8 月 11 日(5)昙转阵雨,30℃

昨在西苑请章灿,饮食不洁,芸、燕均腹泻,幸程卉无恙。匡老秘书沈道初。

8 月 12 日(6)昙转晴,34℃

王青来交其博士论文《汉朝的本土宗教与神话》,托推荐与天津教育出版社秦呈瑞先生。

8 月 13 日(日)晴,35℃

函高克勤询上古诸事,寄还稿费收条(《选堂》)。

8 月 14 日(1)晴昙,35℃

复严中,拒为曹氏纪念馆作字。蒋寅信;巨荪信问先叔祖诗义;赵家寰寄诗集(长沙市政协长沙诗词协会);凤阳中学汤明珠寄诗,不通,又索《笺本》,不复。以十发翁《梅莲歌》交本栋作注。

8 月 15 日(2)晴转阴,34℃

函李彦、任继愈,推荐王元化为编委,王达津、钟敬文、杨明照为顾问。黄希坚来取致《大典》函。韩文忠告 23 日省统战部纪念抗日战争胜利 50 周年,嘱准备讲稿。弘征寄新诗集,印刷甚佳。汪树清自上海来电,告去函已转台。

8 月 16 日(3)昙转阴,阵雨,33℃

章灿来,以天眉信及小杂物交与。周本淳赠《蹇斋诗录》(上海路二号新村 208 号)。章灿转来省社科院欧阳健赠《红楼新辩》。《上海投资》摄影师沈建中来电话，告已晤汪树清，并允印照片，即复。

8 月 17 日(4)晴，34℃

伯伟告纪言已与联系，明春签约。写发言稿(统战部抗日战争座谈会)。

8 月 18 日(5)晴转阴，阵雨，33℃

复沈建中(挂号)、周本淳、弘征、赵家寰(皆谢赠书)。得宋谋玚信。得古委会函，令填《明清文学理论丛书》及《校勘》《典藏》三个项目经费及进度表，请姚松、有富代填交勋初回报。得黄裳信，《全清词》未收到，即要姚松查，请其补寄。

8 月 19 日(6)昙，32℃

复巨荪、蒋寅、志达。严中信，辩其措辞，即复。吴奇交来克木赠书五种，乃郑鹏飞由北京带来，《小品》《旧学新知集》《八股文》，又《梵语文学史》《印度古诗选》(前已有)。

8 月 20 日(日)昙，32℃

为早早作函，介于任侠、一新，即发出。另告以注意事项。章灿安抵美，即由天渝电南通告成林。

8 月 21 日(1)晴，33℃

得小佳信，蕙入武大保险系，瑾去港实习。孙言诚来信，言出合订本及单行本，共五个书号，这很好。《续修》寄来杭大洪湛侯撰《诗经》提要十篇，文理太差，白话文言夹杂。复孙言诚，挂号。

8 月 22 日(2)昙，32℃

致克木、逸民、璇琮(挂号)。得立朴 7 月 12 日函，不知何故，四十天始收到，早早小说责编梁燕，系前总编、现顾问。又李健章(武大 2 区 60

号)复信。杨海明从台湾携寄张高评所赠宋代文学论文集二种,皆余题签。张少康赠其与刘三富合著《文学理论批评史》上册。本东调查辽宁人民出版社假冒顾问之书,情况如下:

《全唐诗广选新注集评》(1—10 卷)

主　编　袁闾琨(每卷又分别有分卷主编)

辽宁人民出版社 1994 年 8 月版(责编李忠田、丁炳麟,印 4000 套,定价 320 元)

编委会

顾　问　余冠英　程千帆　詹　锳

　　　　霍松林　陈贻焮　傅璇琮

副主编　冯　宇　刘继才　陈毓罴　吴庚舜

　　　　孟庆文　周　蒙　郑庆笃　徐　彻　喻朝刚

《前言》谓:

邀 200 余专家学者编纂此书,选唐诗人 652 位,8444 首作品。从 1990 年夏筹划,动手编写仅一年多。(刘继才执笔)

《凡例》谓:

据中华版《全唐诗》等为底本。

诗人以生年先后排列。

作者小传吸今科研成果重写。

注释力求简要。

无校记。

集评选古、近代及现代诗评家评语,即限 1949 年 10 月 1 日前评语。(翻检此书,集评很少,而前言中却说本书有集评是一创新。)

简体排印。

8 月 23 日(3)昙,32℃

统战部座谈会,孙颔属为文。得王淡芳函(为其孙转系事),黄伟经函,春晓函及照片,苏州闻一波函(请写斋榜),台湾王叔岷寄《钟嵘诗品笺证稿》。

8月24日(4)昙,30℃

复黄伟经。寄于景祥(询顾问事)、早早、王淡芳(告转系不易)。冯保善送来增购《笺本》30册,247.5元。

8月25日(5)阴雨,29℃

复张少康,谢赠书;王叔岷、张高评,同上。王国缨函,《笺本》早收到。杨翊强寄叶记注。陈望衡告去新马,现已返武大。黄希坚寄董治安函。

8月26日(6)昙,27℃

复杨翊强(附还叶文注)、王国缨、陈望衡。

8月27日(日)昙,30℃

高克勤函,告诸书出版事。关道雄率汉语班返国,来见赠人参,以近著六七种报之。金中前副校长汪庆云(Tel 金中校长室 4453474、汪家 4457385)来访,约9月1日出席金中开学典礼,并聘为导师。

8月28日(1)昙,傍晚雨,31℃

丽则昨返自西北,来午饭。黄裳函,收到《全清词》。周本淳自淮阴来信。山东《临沂师专学报》编辑部贾锦韬来函求题辞。吴企明寄《李贺资料汇编》。赵宪章、徐有富来谈系事。

8月29日(2)昙,32℃

改曹虹文讫,即交与。托曹虹将徐俊嘱题《映庵词》交宏生。

8月30日(3)晴,33℃

王晓南代印照片,7.5元。阿晶来告入东南学会计,助以五百。

8月31日(4)晴,36℃

复贾锦韬,《临沂师专学报》题辞;高克勤(赵昌平),莱稿、黄师日记事;吴企明,谢赠长吉资料。舒芜来信,已见早早,甚赞之。林继中赠《文化建构文学史纲》。于景祥来电告辽宁人民出版社《唐诗选》事。

9 月

9 月 1 日(5)晴,36℃

参加金中开学典礼,商讨业余科技补习学校事。停电一日苦热,幸非久。

9 月 2 日(6)晴,37℃

九弟信;孙言诚信,催《目录编》改稿。

9 月 3 日(日)晴,36℃

复孙言诚、周瑶玺、郭大成(买书)、郝延林(寄字)、邓仕梁(应中文学刊顾问聘)、冯保善(寄巩本栋《存目》文与《文汇》)、吴小铁(《南京年鉴》)。早早信退还后,丽则加一纸再投。刘强、陆峰、徐明祥、丁丁来为《南京日报》采访,皆 92 级生。

9 月 4 日(1)昙,35℃

复林继中,谢赠"中唐—北宋"。寄余行达稿与贾文昭。退余行达二稿。黄伟经来函,要写二刊头"健康之友""晚会",横直各一,共四件。

9 月 5 日(2)晴,34℃

寄出贾文昭、余行达稿,挂号。寄黄伟经书件。乔以钢寄函,并所著书二种(三册)。

9 月 6 日(3)晴,34℃

今日赴电台谢师宴。收到中州出版社诗库王国钦寄顾问费百元,傅璇琮信,《大典》前言及通则稿,《存目》8 月份顾问费及函改由齐鲁出之通报，谷融论文集《艺术·人·真诚》。伯伟作说明，分辩《诗论集》作者事。

9月7日(4)晴，38℃

徐雁来送“书香人家”评比主任聘书。学生交来专访文，请砺锋改之。胡渐逵寄《古籍整理释例》。《中国文化》稿费千收到。

9月8日(5)昙，36℃

挂号信致景祥，《选集》署名事。来电话已解决。市文联常务副主席王凡、党组副书记曾向东来贺节送礼。得吴志达信，即复。

9月9日(6)昙，32℃

中秋节。复胡渐逵、钱谷融、乔以钢。朱寿友来送书展请柬，并送节礼。早早信，告写文情况。

9月10日(日)昙阴，29℃

去天纵家午饭。天津教育出版社奏呈瑞来函，愿考虑王青的书稿。邵燕祥寄新出诗集。王淡芳之孙王愚来读地球科学系(住学生宿舍7舍1单元306室)，由其父母陪同来宁。晋谒时致礼物如下：1. 泸州老窖一瓶，2. 月饼一盒(8个)，3. 花生一袋(天府二包、8号五包)，4. 牛肉干六包(两种)，5. 咸菜三包(三种)，6. 细茶两包。淡芳子名王凯人，媳名高梦倩。严中来，送茶叶二缶、月饼二盒。

9月11日(1)阴，25℃

晨起去配助听器(1800，丹麦产，佳)。冯亦同、俞律及南京出版社女编辑刘芳来，赠《可爱的南京》丛书，又作协二代会书数册。

9月12日(2)阴，26℃

配丹麦助听器，1871元，效果佳。收《存目》8月费，又夕佳寿礼二百，彦邦淡芳一百。克家夫人函告不能接见早早，以病住院也。林林赠汉俳

《剪云集》。得《文遗》40 周年纪念会、四川李白学会年会，皆不赴。又周来祥古典美学会。吴小铁来函，附顾印老、闻在宥复印手稿各一纸。季世昌送来《毛主席诗词大全》(中有余题词)及省电视台藏书画集。

9 月 13 日(3)阴，阵雨，26℃

曾枣庄夫妇及黄希坚夜来，曾明日去苏州。

9 月 14 日(4)昙，24℃

致章灿，并要成林带去启功《八股》书。宏生借①《江湖诗派》、②《文言小说史》。陶敏函言唐宋文学史事编年之事。复周来祥、王淡芳刘彦邦、夕佳。

9 月 15 日(5)昙，27℃

复邵燕祥，并寄之旧诗二纸。黄伟经函，收到题字。得陶德麟信，黄先生遗集主编事。上午与中文系古代文学硕士生谈话。下午参加全校研究生开学礼。

9 月 16 日(6)阴，27℃

作汉俳四首寄林林。《今日名流》杂志副主编吴芸真自武汉来，周勃介绍。周送咖啡、茶叶，吴送橘子。钱谷融函。

9 月 17 日(日)晴，27℃

函周勃，告以不想当“名流”。高克勤函，1. 要将棻稿先寄上古，2. 黄先生日记要贴 15 万元。

9 月 18 日(1)晴，30℃

以棻稿寄高克勤，内附致杨克平函。函陶德麟，赞同加郑远汉为黄集主委(武大汉语史博导)，并告日记事。

9月19日(2)阴,28℃

《大典》奉泉八百,今日取回,并复其来函。王筱云自荷兰莱顿大学函。函伍杰,转去吴志达来信,使知吴、董之意,且看下文。

9月20日(3)晴,25℃

函曾枣庄询意见,以原函始终未见也。谭任杰自澳门寄《涉江词》札记。孝萱从武大开唐史会归,携来祖延赠《引用语辞典》。

【剪报:《南京日报》1995年9月13日第7版徐明祥、陆峰《白头来此教诸生——程千帆先生侧记》。】

9月21日(4)晴昙,28℃

复谢朱祖延。复谭任杰。早早昨夜返。收到万业馨电(贺生),张辉礼物。今日览揆,伯伟夫妇送蛋糕,与芸、丽、早在军区食炙凫。

9月22日(5)昙,27℃

以曾枣庄对《大典》序意见交伯伟。林继中函,未以评其书为然也。

9月23日(6)晴,27℃

上午参加中华文化研究院讨论。赖永海邀午餐(接待)。下午新闻系93级王晓宁、于蕙、刘念三生来访,现均为《服务导报》特约记者,该报拟每周出一教育专版,想登载一访我的连续报道,联系地址:新闻系93级信箱(1舍113号)。函万业馨、张辉,为早早道谢,并向张询社科家自叙词典。

9月24日(日)昙阴,26℃

得志达、翊强挂号,志达函附致高函复本,与董联名。沈建中寄来照片22(小)+2(大)。即复翊强。天眉到宁。

9月25日(1)阴,25℃

复吴志达、沈建中。北京市丰台区方庄芳星园三区15号楼群众出版社孟向荣来函，要求使用载在《唐宋词鉴赏辞典》的沈祖棻《宋词赏析》著作权，付每千字25元之使用费，征求同意。刘乃和约赴贵阳开历史文献研究会，谢之。袁行霈寄赠《诗学通论》，傅寄《八股文》。王永芬来，赠拖鞋。成林取去机票。

9月26日(2)昙，27℃

复袁行霈、傅璇琮。天纵送来新制衣橱。赵民仙家寰信，告君诒已逝世多年。郝延林信，嘱书其新著书签。刘柏丽寄诗集，并以三册转图书馆及文献所。巩本栋交来《兰蕙歌》注释（十发翁赠梅郎，泰州梅纪念馆藏）。安徽文艺出版社许宗元寄所编《宋词百科辞典》，以余为其书题签故。

9月27日(3)阴，27℃

复郝延林（附书签）、刘柏丽、安徽文艺出版社许宗元。出席文史馆会。晚赴天纵家饭，夜9时返。贾文昭函告余行达文可用。

9月28日(4)阴，小雨，24℃

博士后吴光兴来见，一新弟子也，住华龙楼508室。以梅郎歌交砺锋订正。

9月29日(5)阴，27℃

看完《目录编》增补稿。朱寿友邀观书展，并午饭。其友电视台编剧石征先等陪，石赠所著《淮海战役史》。宏生特批未通过，国内学人无一人通过，诡云：特者，特别需要也。骗局也。

9月30日(6)晴，27℃

有富取去《目录编》改稿，寄孙言诚。

10月

10月1日(日)昙,28℃

46年国庆。西苑家宴。

10月2日(1)晴

勋初来谈学会事,并示新文嘱改。

10月3日(2)阴雨,23℃

复王筱云荷兰、陶敏。

10月4日(3)阴雨,19℃

为政以成才淑世为宗,其学则与恩,其源则玄圣;

见拔于弃置沉沦之际,生我者父母,知我者先生。

得董治安函,附与志达联名信、高纪言得信复本。张辉函告李丹阳告知传记资料已于今年三月交上海教育出版社,现正排印,共收470人。吴柏森寄诗,云将出《鸿爪集》,求题咏,无以应之。傅璇琮约撰《中国学经典——传统与现代》稿,无以应之。

10月5日(4)阴雨,17℃

复傅璇琮,不写稿。复吴伯森,不作诗。复董治安,赞同其致高函及框架。

10月6日(5)阴,19℃

得吴功正赠《六朝美学史》。

10月7日(6)阴,18℃

访金启华夫妇,承惠茶一盒。

10 月 8 日(日)阴,18℃

全家冷餐,欢聚尽日。

【剪报复印件:《光明日报》1995 年 9 月 18 日徐明祥、陆峰《廉颇老矣?——写在程千帆先生退休之后》。】

10 月 9 日(1)阴,18℃

得小佳信。晨乘汽车观市容,渝、眉陪。王宁寄与陆颖民合著《训诂学》。

10 月 10 日(2)阴,24℃

复吴功正、王宁。

10 月 11 日(3)晴,24℃

俞律来告丛书将亘印。刘梦芙信。画家赵钲来,送诗词协会所编制 96 年挂历一帧、《江海诗词》四册,又赠余画猴桃一幅,并以所画龟图属题。又携来赵树民著《青瀚斋诗词选》一册。

【剪报:《南大报》1995 年 9 月 30 日阮惠础《程千帆教授乐了》。】

10 月 12 日(4)晴,26℃

秦子卿来,赠其所著书画篆刻选。吴柏森信,仍令为其集题诗。调整助听器。

10 月 13 日(5)昙,26℃

赴浦口分校作报告《如何写论文》。天眉邀晚餐于火车站肯特基。

【剪报:《南大报》1995 年 10 月 10 日《国家教委首届人文社科研究优秀成果奖揭晓》;《古籍新书目》1995 年 9 月 28 日第 73 期《程千帆选集》。】

10 月 14 日(6)雨,23℃

得杨翊强信。

10 月 15 日(日)晴,24℃

复翊强。吴功正来,馈水果。天渝、丽则、小鲲全家来吃饺子。

10 月 16 日(1)晴昙,25℃

复小佳,先墓事。

10 月 17 日(2)晴,25℃

进德扬州信,与叶橹约游扬州。为赵钲题龟图:

三五灵龟弄碧流,
垂云素岸石城秋。
闭门读书支离叟,
北渚芳莲梦旧游。

10 月 18 日(3)阴,小雨,21℃

克木寄书新出三小册子,并函。天眉行。

10 月 19 日(4)晴,21℃

赵钲取去题画。砺锋送来《八十纪念文集》四册。得书录港信,谭任杰澳门信。

10 月 20 日(5)阴,26℃

许结来索题作家班作品选签。为严中写绀弩题红诗。复进德不去扬州。伍杰来电话。

10 月 21 日(6)阴,20℃

发黄进德、严中信。去卞家谈《大典》之事。将《文学典》交湖北出意函志达。得舒芜信,《读书》编辑吴彬要《沈集》。

10 月 22 日(日)阴,21℃

天眉来电话,平安到。

10 月 23 日(1)阴,21℃

得刘彦邦寄《银杏》二册,并告不去美。潘长胜电话,告《索引》印成,每部 60 元。

10 月 24 日(2)阴,21℃

复舒芜、克木,并附访谈录各二篇。寄《存目》10 月份顾问费 150 元收条。王庆元寄黄先生文集。

10 月 25 日(3)晴,23℃

致董治安、吴志达,查付款等日期。致王庆元,谢送黄先生集。翊强来函,叶文 96 年 1 期发。今日起涂鼻炎药,15 日一疗程。

10 月 26 日(4)昙,23℃

赵含坤来电话,即告以交稿日期。曹虹送来袁行霈赠北大《国学丛刊》9 种 11 册。

10 月 27 日(5)晴,23℃

复袁行霈、李飞、杨翊强。曹虹转来杭大肖瑞峰赠《刘禹锡诗论》。

10 月 28 日(6)阴,23℃

小红结婚二周年,赴天纵家吃饭。复肖瑞峰谢赠书。

10 月 29 日(日)阴,23℃

小王来做清洁,给 20 元。天渝来饭。

10 月 30 日(1)晴转阴,21℃

章灿函。

10 月 31 日(2)晴,15℃

吴代芳函,喻世长函(告其纪念黄先生文已刊)。

11月

11月1日(3)晴,20℃

舒芜信。《索引》应结余2211.30元。挂号信寄潘长胜,《索引》事,结账,请发书。曹虹送来讲稿,与勋初阅。出版局石启忠,业馨同班。

11月2日(4)晴,16℃

严中来,所赠字脱一字,为补之。陆耀东寄《爱国诗选》,中有菉及余诗。吴志达来信云,明清样稿不久可竣事。

11月3日(5)晴转昙,18℃

以《笺本》寄林锴、赵丽雅,舒芜嘱也。复谢耀东寄书,赠一近照。

11月4日(6)晴,20℃

以十发翁诗注分寄九弟及王国权。常国武来托题钱塘沈氏《胜利词》。虎踞路5号种子公司有激素种子。

11月5日(日)昙,22℃

函程章灿、舒芜、吴代芳、刘彦邦、周晶(托购鲁版书)。得董治安信,杨翊强稿。在天纵家为小雅做周岁。蒋寅夫妇携孩来。为陈蔚、本栋二友、国武友作书共四纸。

11月6日(1)晴,22℃

今日芸82大寿,同游山西路,肯塔基午饭,37元,车7元。《存目》寄来样书,约赴京开会,辞。夕佳自厦门来信,告黄志刚车祸,几送命,幸已痊愈。元元由咏絮介绍,嫁澳大利亚华侨林建波。附相片多张。岳洪治属选菉及余诗入《名家抒情诗分类精品》。长沙符逸公寄诗。

11 月 7 日(2)晴,20℃

寄元元婚礼 200 元。收扬子朱寿友序 80。复北京喻世长、吴广义(不赴《存目》会)、刘彦邦(要庞先生文集)、符逸公(谢寄诗)、周晶(买鲁版文学史书)、天眉、章灿。

11 月 8 日(3)晴,12℃

以诗寄王伊同美国。复夕佳,寄一照片。

11 月 9 日(4)晴,18℃

复翊强,寄《文教资料》《量守庐学记》。得胡遐之《荒唐居诗集》,即复。钞诗寄岳洪治。以《有恒斋求学记》交伯伟,在《古典》发表。吴志达来信。沈建中寄来放大照片,即复谢。

11 月 10 日(5)晴转昙,19℃

孙原靖来。与黄希坚通电话告三事。抄好诗寄岳洪治。

11 月 11 日(6)晴,19℃

函曾枣庄询稿费、纸卡事。复沈建中谢照片。函张辉。

11 月 12 日(日)晴,21℃

景祥及二客人到,住南苑。徐克勤子晓冀来看芸。

11 月 13 日(1)阴,18℃

辽宁古籍李宝义、谌艾及景祥来,宴于西苑,勋初、砺锋陪。舒芜信,告寄出书均收到。柳定生寄陈恭禄先生《太平天国史论集》。得王筱芸莱顿信。高纪言电话约 18 日后晤谈。

11 月 14 日(2)晴,18℃

魏晋南北朝文学会开会,讲话半小时。得陈继明信,要古籍开证明。

11月15日(3)晴,19℃

复陈继明。函高克勤,为陈继明出书证明事。复柳定生。邝健行来,赠论文集《诗赋与律调》,报以《广义》二、《精选》及近岁文录。又邝带来克平赠镜框皮夹子。得舒芜函附赵丽雅女士函及字一幅,谢赠《涉江词笺本》也。《扬子晚报》17版发表介绍余之长篇报道,徐明祥作。

11月16日(4)晴,19℃

函赵丽雅、舒芜。

11月17日(5)晴,21℃

得志达信。国际会议闭幕,出席。于景祥晚来。谌艾、李宝义索字。收《可爱的南京》稿费223元。

11月18日(6)晴,21℃

朱寿友来送寿字轴,又参观照片。函潘长胜催书。常国武来,偕《胜利辞》作者钱塘沈氏(南京空军化检组)馈补品龟鳖丸、洋参丸各二匣。傅杰来,带来《学术集林》第四册及《清园论学集》。

11月19日(日)昙,16℃

寄王庆元,请寄黄先生文集与王元化。寄三夕,请整理《史通》批校。

11月20日(1)晴,14℃

高纪言来谈。得巨荪信及程前材料。李立朴来电话,早早小说已发稿。求作傅璇琮、王元化、袁行霈介函。林锴函,附诗。吴代芳函。江苏省社联索随笔,不复,Tel3606572。康育义偕白匋先生女泽晶来商吴先生之诗词集出版事,馈茶二匣,以其一赠史梅。史梅交其补胡文楷《妇女著作考》文。

11月21日(2)晴,12℃

函李立朴,附致王元化、傅璇琮、袁行霈信。函贾文昭,附史梅文。广州唐景凯寄《五四以来的中国词坛》。陈文新来信，欲到南大。黄希坚来谈《大典》事。

11 月 22 日(3)昙，12℃

黄希坚来谈，暂不开会移交。与卞联名发电报到北京。另由高打电话说明。

符逸公《冬至感寄诸老》：

一捧千秋赋，箫心剑态时；人皆云此老，我欲择何师？史海浑如梦，生涯应是诗；少年狂也否，且任沐猴嗤。程千帆

11 月 23 日(4)晴，12℃，小雪与节候相应

为谌艾、李宝义作字，寄于景祥。得舒芜函，附其一文，又克木一文。伯伟交来《大典》序及凡例。复陈文新。与高纪言通话，请于明日告北京，并通话后告我。

11 月 24 日(5)晴，7℃

致谭任杰。信少贴邮票，冀能退回补贴。序例最后点定交卞。高克勤函，港台均无复(黄师日记及棻作二种)。汇文学社学生化学系 93 一班黄新炎、历史系 92 级兰亚明来谈，并代拍照。

11 月 25 日(6)晴，16℃

收到山东教育出版社(250001)朱晓晨编审寄来郭延礼《中国近代文学发展史》，周晶所托也。在小婉家晚饭。

11 月 26 日(日)昙，16℃

函周勃询潘长胜事。函济南山东教育出版社朱晓晨，谢赠郭延礼《文学史》。复林锴示诗。省教院梁宗亨先生携来钟敬文先生赠茶一匣，梁又赠字一幅、照片一张。以书寄黄山书社项纯文，舒芜所托也。复舒芜、唐景凯(谢赠书)、钟敬文(谢赠茶)。

11月27日(1)阴,13℃

得赵丽雅函告寄所著书。曾枣庄函,未收到卡片、稿纸。

11月28日(2)阴,12℃

邵燕祥附数诗,极有佳者。为张汉怡刻出席魏晋南北朝国际学术讨论会代表各章印谱题诗:

翰藻沉思各步趋,
讲筵挥麈极清娱。
他年若忆龙华会,
此即真灵位业图。

11月29日(3)昙,13℃

万业馨函告送钟照片已就,高克勤函告杨克平已迁居,即复。得赵丽雅寄《脂麻通鉴》,周晶寄《五四文学史》。

11月30日(4)阴,13℃

到工人医院配眼镜,180余元。王国钦信。王成纲寄《华夏吟友》,不识其人。熊鉴寄诗集,知其人。吴志达信,要复希望书稿。以《大典》序及凡例交秀成打印。

12月

12月1日(5)晴,14℃

得立朴电话,贵州人民编辑费泉千。得潘长胜电话,书40册已寄姚松。华中师大校长王庆生由柳士镇陪同来。

12月2日(6)阴,13℃

天纵、天渝全家来玩竟日,美琳送新睡袍。

12月3日(日)阴,11℃

以为张汉怡题印谱寄宏生转。以旧袍赠小燕。

12月4日(1)晴,9℃

王淡芳函,嘱题《四川百年诗话》签。王伊同书,并照片。王菁陪华中理工大学出版社副总编黎秋萍来访,询大一语文事。

12月5日(2)晴,11℃

得舒芜函。复熊鉴寄诗集、赵丽雅(扬之水)、周晶、王淡芳。寄傅杰。孙原靖陪一南师郁的博士生(北大钱理群研究生,研荼历史小说)来问祖菜的材料,即以付之(新旧诗集及复印小说、散文)。

12月6日(3)晴,9℃

复舒芜附林锴信。宣传部长陈安吉(兼市文联主席)、文化局副局长周莉(兼文联党组书记,女)来,请继续担任市文联名誉主席,并赠郭称"我们亲爱的总理"铜像一座。刘彦邦寄庞石帚诗文集三册,又附函。黄伟经寄《羊城晚报》刊头一纸。

12月7日(4)晴,8℃

复刘彦邦得庞先生集。得三夕复,张辉复。换耳机电池。

12月8日(5)晴,10℃

拔牙。芸拔完,96年妇女节可装。帆拔五,仍须再拔二,然后在96年三月下旬装。统战部取回文件及我的意见。

12月9日(6)晴转昙,10℃

复曾枣庄及吴、董、三夕。致白敦仁。丽则生日,宴于军区招待所。

12月10日(日)阴,10℃

姜亮夫先生仙游,享年93,唁之。《光明日报》致《有恒斋》文稿费100

元。电贺骆文兄80寿。

12月12日(2)晴,12℃

《音序索引》40册寄到。分赠傅、许、安、袁、湖南图书馆及资料室共六册,以十册分与文献所。《文学典》序例清稿打出。

12月13日(3)晴,10℃

以序例寄李彦、任继愈。复潘长胜。得敏泽函,嘱编《闲堂学记》。

12月14日(4)阴,9℃

复敏泽,《学记》事。得万业馨书。

12月15日(5)阴,9℃

拔牙毕。

12月16日(6)雨雪,6℃

天渝来,返自厦门,携来铁观音、桂丸。傅杰寄来《集林》3册,又博士论文及信。

12月17日(日)雪,4℃

游诲方函及二词。冒舒諲吴王洞贺卡。

12月18日(1)阴,9℃

复游诲方天津(四十年代在成都曾从祖棻问学)。复舒諲,询鹤老有无遗稿存彼处,可供元化发表。宋谋玚信(内附致新雷信,即转)。彦邦寄《历代人咏成都诗》,嘱订正。章灿信,即转勋初。韩理洲寄《新增千家唐文作者考》一册。作家班张剑峰赠新著诗文集《山高水长》。得95年第3期《中国典籍与文化》,内有蒋寅评《选集》文、章灿考段氏墓志文。收到舒芜寄徐铸成三书。

12 月 19 日(2)晴，9℃

复舒芜、傅杰、韩理洲、宋谋玚。致吴在庆。李立朴寄挂历。贺年片：吴在庆、蔡厚示、罗宗强、江苏国际文化交流中心、《唐都学刊》、王国钦、冒舒湮(吴王洞)、饶宗颐。

12 月 20 日(3)晴，10℃

曾广开打电话来问候，并请写书签《元和诗论》，即复。敏泽来函，同意编《学记》。赵宪章来谈申报文艺学博士点事。蒋广学赠《编辑通论》。刘乃和寄《历史文献研究》二册。在本校党校讲一小时《关亍写论文》。

12 月 21 日(4)晴，12℃

芸执笔复章灿。复作家班(94)张剑峰。复蒋广学。杜兰亭寄诗贺年。严杰来送诗书画挂历五份，并润笔 100 元。符逸公函。王淡芳函。宁乡夏[redacted]函，欲编宁乡名人录。贺年片：郑传寅、思想家中心、江苏电视台、陈贻焮(李庆粤)、佘克木(唐季雍)、吴肖楠、陶敏。

12 月 22 日(5)晴，11℃

贺林老师年禧，又小鹿叔叔。匡老赠《求索集》。

12 月 23 日(6)晴，9℃

复匡老。复符逸公拒绝评论。得陶敏贺卡。李飞函，附诸家和观堂词。

12 月 24 日(日)晴，5℃

勋初交来论文目命作荐。璇琮托勋初带来唐诗学论文集。白敦仁函。任秀金、金玲贺年片。扬之水函，约任丛书顾问，拒之，即复。函于景祥、辽宁古籍，推荐勋初书。勋初交来傅璇琮《唐诗论学丛稿》。

12 月 25 日(1)昙，5℃

赴医院拍牙照，备修补。得舒芜信论桐城文，甚精。台湾中兴大学胡楚生教授赠目录学书二种二册。安徽古籍所赠书五种四册。贺年卡：三夕、樊凡、王兆鹏、曾广开、河南大学中文系、蒋寅、李庆立、周来祥、西村富美子、瑞洁。

来信刚收到，谢谢您们的关心。师母谆谆教诲，弟子一定认真考虑。人生在世，有些事情自己也难以把握，有时只好相信：世事人情，自然天成。先生释寅恪先生之文不工之说，实属误解，鞭辟入里，对学生大有启发。看来某些学界名流对于大师的理解不时流入皮相之论。考据文体宁可失其美，必须求其真，应当作为一种写作原则而确定，不一。又及

三夕　冬至前三日

三夕贺年卡附启如上。

12 月 26 日(2)晴，5℃

志达信。贺卡：雄奇、(港)邓国光、韩理洲。复志达。谢傅璇琮赠《唐诗论学》。

12 月 27 日(3)晴，10℃

复王伊同。又寄徐国屏二诗。

12 月 28 日(4)晴，5℃

冒舒諲函，已嘱其侄以鹤老遗稿交元化发表。函施议对索评《涉江》文。以《闲堂文薮》寄台湾中兴大学胡楚生。李安纲函及所著《苦海与极乐》。周策纵贺卡及诗，又杨军卡。

12 月 29 日(5)晴，7℃

得巨荪夫妇金婚照，并短函。胡渐逵贺卡。函金克木、于景祥(《学记》事)。函曾枣庄(卡片、稿纸事)。本栋来取去《学记》稿。马昌松贺卡。

12 月 30 日(6)晴，11℃

致敏泽告《学记》事。致王淡芳、吴志达、吕永(《学记》事)，另寄《文

教》。得舒芜函，郝延霖贺卡。与芸、丽、燕游夫子庙，晚饭于老正兴，四五年所未尝有。

12 月 31 日(日)晴，12℃

曹虹携张博来，博画小鼠相赠。朱寿友夫妇携雏与其友书家方军来，刻石章二枚相赠。致李安纲、龚任之、巨菸。

1996年

献　岁　辞

祝爷爷身体安康，在新的一年里尽现奥林匹克风！

小燕

95岁末

1996年新春大吉、身体健康、万事如意。

南锡

不急不躁，平和安祥。

丽则

一切顺任自然，自然吉祥如意。

闲堂老人

1月

1月1日(1)晴，12℃

复周策纵，附小诗、阳湖派序。复舒芜，附朱寿友画展介绍及印谱。得贾文昭函，允史梅文96年2期发表；谭任杰函，汉俳资料收到；万业馨夫妇贺卡。天纵、天渝一家来午饭。天渝夫妇来玩一天。

1 月 2 日(2)晴,14℃

复贾文昭。黄伟经寄来《羊城晚报》小文,并求字。张高评寄来《宋诗之新变与代雄》。湘潭大学中文系李家骧寄《吕氏春秋通论》。三夕寄《思想文综》。杭州大学中文系文献专业教研室寄蒋礼鸿纪念文集《书魂》,其子蒋遂编。符逸公寄一词,又各家寄其吹嘘之语编为一纸,亦二十许家。唐翼明贺卡,告在台北找徐耀环不得。成田静香贺卡及信,收到《笺本》。贺卡:《大典》办公室、东北师大古籍所之侯占虎、章灿、宗福邦夫妇、华中理工大学出版社、周伟民夫妇。赵浏兰摄影师来摄影,为《南京日报》。

【剪报:《羊城晚报》1995 年 12 月 23 日第 9 版程千帆《过则勿惮改》。】

1 月 3 日(3)晴,8℃

去治牙。芸赴医院视天纵。小妹来谈南师《宋史》署名等。连生女婿小杜打电话来问候,与晴佳同在滠口小学教书,电话:武汉市 5992026。符逸公函,不复。贺卡:王同策。

1 月 4 日(4)晴,11℃

寄天眉、潘长胜、唐翼明、黄伟经。得蔡文锦函,周退密词,林老师函。贺卡:上古李国章、李汝伦、贾晋华、深圳南山区委。

1 月 5 日(5)阴,13℃

复周退密、张高评、成田。周笃文函,要选诗并短文,发在《中华诗词》上。王绍曾寄《张元济传》重订本。朱寿桐赠论新月派书,其博士论文也,又惠高丽参浓缩液。巩本栋同往补牙。

1 月 6 日(6)阴,11℃

复王绍曾。复李家骧。辽宁古籍出版社柳青松 800 元。访永芬,赠以《可爱的南京》及人参丸。

1 月 7 日(日)阴,傍晚雨,11℃

下午小红夫妇携小雅、小晶来,又去医院看天纵。景祥致《传统文化丛书》顾问费八百元，往邮局取回。张高评寄贺卡。

1月8日(1)晴，3℃

蔡文锦寄《传统文化研究(四)》，古吴轩出版社出版，内载渠《沈祖棻和她的爱国词作》一文，交本栋。王庆元函，已将黄先生文集寄王元化。刘坦宾函寄数文，内一文分析祖棻《优诏》。兰州教育学院潘世秀贺卡。景祥寄来《选集》校样。周裕锴贺卡。

1月9日(2)

南大有线电视同志为我们修好有线电视线，现很清晰。夜电台记者采访60年前学生运动，适是日宪兵围金陵大学。

1月10日(3)晴，5℃

复蔡文锦、刘坦宾。舒芜函。下午高、饶、黄三人来，商《大典》事。寄章灿美国，《文学史》事。耀东寄《爱国诗歌精品》二册。

1月11日(4)晴，8℃

得小佳信。早早去汉口。

1月12日(5)阴转雨，8℃

函小佳、景祥。函饶钦珩告曾枣庄稿纸意见。刘彦邦寄《世说辞典》，价28元，又函。蒋寅函。杨启宇(《龙门阵》能诗编辑)函诗数首，云已辞职。张瑞洁函索稿，无以应。胡遐之寄诗。

1月13日(6)雨，2℃

复张瑞洁。中午小吃，贺小燕考毕业试。

1月14日(日)雨，3℃

施议对自澳门寄来信，附文及词。复柳青松寄来的聘书，并寄去题词。得王淡芳信，收到川大硕士生材料，要考博士生，交砺锋处理。

1月15日(1)雪，2℃

复彦邦、淡芳、杨启宇、施议对、柳青松(附致于景祥)。收李支蕃、作协贺卡。收陆耀东，吴志达，杨坚(《船山遗书》)，赵雪珂(少咸翁遗著事)，周虚白诗集(二册)，杨宪益《银翘集》，傅璇琮函，上海辞书出版社，国家古籍小组张世林约稿。

1月16日(2)晴，5℃

函曾枣庄、赵雪珂、上海辞书、《大典·历史典》编委会。

1月17日(3)雪，3℃

应曹虹请，写王小盾《酒令艺术》评语。吴在庆函告黄典诚文找不到存稿。

1月18日(4)夜大雪，晴，0℃

为张世林写《现代化》笔谈，挂号寄。复合肥顾晓红询祖棻著作。

【剪报:《扬子晚报》1996年1月13日第8版《国家语委主任批评滥用洋文洋字号倾向》。】

1月19日(5)阴，3℃

复周虚白赠诗集。复蒋寅。得吕永寄师门回忆录。询《续修》顾问费，后即收到此费。

1月20日(6)晴，3℃

复吕永。寄《续修》收条。得杨翊强函。今日下午起，眼特别坏，翊强信由芸念。

1月21日(日)阴，小雨，3℃

电坏，天又阴冷，蜷在室内终日。

1月22日(1)阴,4℃

复翊强、潘长胜、志达、治安、璇琮(以上信由芸代笔)。《大典》致节礼八百。王绍曾函。万业馨致挂历。

1月23日(2)阴转昙,6℃

复舒芜、《大典》办公室。林从龙函约投诗,拒之。巩本栋来,交对话稿,又交编数稿。

1月24日(3)阴,8℃

与芸合作改文章,尚可,上午改五千字。

1月25日(4)夜雪,晴,4℃

巩文已改好交还,尝试结果很好,即使眼睛不好,看《典藏》可能问题不大。

1月26日(5)阴,7℃

得潘长胜寄《索引》稿费900元。赴中医院治眼,验无他。

1月27日(6)昙,8℃

复邓小军,谢赠书。复伍锡学,谢赠诗集。以论文对话寄中玉。以徐铸成书还舒芜。瑞洁函告寄腊肉。付小燕奖学金。晚饭于婿家,羊汤、鱼炙甚美。

1月28日(日)晴,10℃

得龚任之函,已与巨苏联系,巨苏折足,小九接其去北京休养。王国钦要编一译诗集,索稿,拒之。曾枣庄函,告样稿是自印底子,由出版社印复份。宋谋玚函。开封市西环城路北段医学生物研究所(475004)河南女诗人孙洁寄照片数张并函,曾与林从龙过访也。早早夜自汉返。

1 月 29 日(1)晴,10℃

函志达、治安、孙洁、林从龙、王国钦。早早从武汉归,带来各种食品,咸鱼、豆丝(小佳赠)、糍粑(威克姐姐赠)、豆皮、烧卖(早早购),可大快朵颐。伯伟送来王小盾致审书费 150 元。收《羊城晚报》12 月 23 日稿五百元,似重复。

1 月 30 日(2)晴,13℃

1 月 31 日(3)晴,12℃

王志良至自北京,携来业馨赠杏脯。伍杰来访,高纪言等陪。伍来宁一方面慰问编者,一方面拟会见省方领导,为高说项。送年礼油、粮等。

2 月

2 月 1 日(4)晴,7℃

汇湘潭大学韵文学会会费 30 元。原靖电话告知铁医五官科专家门诊周一上午。购酒二瓶赠白汝安,44 元。

2 月 2 日(5)晴,8℃

今日甚热,不似 7℃。周骋来谈历史学。张彦来修电视机。舒芜函。广州何永沂寄诗稿《点灯集》。徐兴无赠扬州女诗人李圣和集,已 90 矣。

2 月 3 日(6)晴,5℃

寄杨宪益《笺本》。函何永沂、李圣和,谢赠诗集;万业馨,谢杏脯。得吴柏森诗及所赠其师饶岱章遗著《旷楼消夏稿》。潘长胜寄来《索引》,转傅璇琮。伯伟借去《花随人圣庵摭忆》。

2 月 4 日(日)晴,8℃

复吴柏森。文二篇寄还周骋。与众儿会餐于川妹子,价廉而质极差。

电视机已装好耳机，听得很清楚，以后可“听”电视，费 190 元。

2 月 5 日(1)晴，10℃

函周骋，并退还原稿两份。得邓小军函；辽宁大学出版社寄赠松浦友久《节奏的美学》一本；陈继明来函，求题书签；《澳门报》诗稿费 200 元。

2 月 6 日(2)晴，9℃

复陈继明，附书签。以《笺本》寄邓小军。得洁弟寄腊肉。

2 月 7 日(3)昙，5℃(实际很暖，预报不确)

函瑞洁。

2 月 8 日(4)阴，小雨，7℃

省九三所需科技情况表已填好寄回。函杨翊强，嘱将叶文重抄后寄来。社科联党组书记戴立泉、办公室副主任周旭君(女)来贺春节、送礼。晚饭前误将风油精当作明目液滴入左眼内，幸发现快，立用珍珠明目液冲洗，仍感疼痛，可见已很衰老，生活已不能完全自理。

2 月 9 日(5)晴，5℃

施议对函，求题签。林继中贺年卡。郁贤皓来求为介《刺史考》出版，又谈孙老著作被盗事。

2 月 10 日(6)晴，8℃

志达函，告审稿会与出版社洽谈情况。勋初晚来，允去武汉参加审稿会。

2 月 11 日(日)昙，10℃

复吴志达，谈请专家参加审稿会事。以《明清文学丛书》八种交本栋(九册)。

2月12日(1)阴转晴,17℃

函谷融、璇琮,皆询稿件。向王淡芳要《四川百年诗话》。文史馆王馆长来贺岁,馈三百。蔡文锦函,朱寄尧函,齐鲁稿费150元,岳麓书社《船山遗书》15册。作协冯亦同来贺岁,馈苹果一箱。小妹交来致邓绍基函。

2月13日(2)晴,22℃

寅宪、银宝贺卡,扬之水贺卡。朱寿友夫妇来,赠联一副,又所拍相片及茶叶。

2月14日(3)阴,18℃

得陈继明函,收到书笺,并要求函上古催发其书稿,已函复拒之;沈建中贺卡。上午赴文史馆参加吸收新馆员会。卞老交给我照片数张,系在南京理工学院开会时和《大典》诸公合摄。《存目丛书》150元,96年1月起,由齐鲁按月发给。得林锴函,并寄画一幅。

2月15日(4)阴,8℃

函陈永正,找王季思评《宋文学史》文。复杨坚,收到《船山全书》15册。复林锴,谢赠画竹。复陈继明,告不知催上古印其《曹唐诗注》。得章灿函,又转勋初、景祥各一函。永芬寄邝健行在美报发小文。舒芜寄杂文集《串味读书》。小妹来商寄邓绍基信稿。校领导来贺岁(韩书记)。统战部女部长林□□、戴澄东(副,分管文史馆)来贺岁,馈泉五百。老白夫妇来,馈熏鱼、扬州点心等。

【剪报:邝健行《记程千帆先生》。】

2月16日(5)阴,5℃

函章灿、景祥、舒芜。周骋函,王淡芳、郭葆璟、清水茂贺卡。广西大学林仲湘、陈自力提《大典》序例意见。

2月17日(6)大雪,2℃

大雪,早早来代买青菜,留午饭。新雷示季思评《宋史》文(关于白石《暗香疏影》)。景凯旋来馈桂圆一盒。砺锋呈跋闲堂诗选文,并约新正四日饭。

2月18日(日)晴,1℃,除夕

李立朴来电话,早书二月底出,并贺岁。宗福邦、周勃、于景祥贺岁。婉全家吃团年饭。《文遗》李伊白函,并寄照片三张。

2月19日(1)阴,1℃,丙子元旦

杨宪益寄《译余偶拾》。谷融来信,谓寄中玉稿已发。本栋夫妇、周明、郭维森来。砺锋一家来。吴文治、刘彦邦等电话。凯凯、周勃电话。王步高来。鲁国尧来。宏生电话。天纵、天渝两家来,渝家午饭。曾卓长途。吴志达长途。

2月20日(2)晴,3℃

有富送来《典藏编》初稿,将粗阅一过。朱家维、赵宪章贺岁。夕佳、陈继玥、宋词、程一中、王淡芳电话。陈永正寄诗,佳。石河子唐世政寄11元,买《笺本》。大年初二,开始校改《典藏编》1—20叶。

2月21日(3)昙,4℃

焕明母女来。陈书录函。20—86页。

2月22日(4)阴转昙,5℃

砺锋邀午饭。贾文昭贺卡。86—130。芸选旧文两篇,拟寄梦溪。李书有赠所著《儒学与社会文明》。

2月23日(5)昙,5℃

得宋谋玚函,转卞老。吃麦当劳,极不佳。今日始出门行散。130—155。广州《当代诗词》抗战50周年特辑涉江词稿费百元。广西民族学院何以刚出书求资助15元。寄去15元,不需寄书来。夕佳函。宏生夫妇夜来,笑梅求改金中科学馆记文,并送咖啡。早早呈毕业论文。

2 月 24 日(6)小雪转阴

舒芜信,即复请复印书评寄下。改早早文。

2 月 25 日(日)阴,微雨,5℃

天渝全家来饭。早来,告以为文之法,改其论文。吴锦先生来馈桂元。宏生夫妇来,笑梅求改金中科学馆碑记。

2 月 26 日(1)昙,5℃

南大开学。改金中碑记。155—200。

2 月 27 日(2)晴,6℃

砺锋来,告诗已寄笃文。宏生来,以科学馆文交之,并谈宋代僧徒文学。得小石先生文集第三册。

2 月 28 日(3)晴,8℃

200—241。以诗寄沚斋。得《文遗》题字 50 元。

2 月 29 日(4)昙,9℃

242—278③。苏昌辽来,馈印度茶及清水人参。

3 月

3 月 1 日(5),晴,10℃

嘱早早去鼓楼医院修助听器,已修好,并购得电池 4。278—317。得中玉函。原靖来谈文学史事,已书就致邓绍基函,阅过。

3 月 2 日(6)晴,14℃

函周勃,请告曾还照相机。318—345④。郁贤皓来,求介《唐刺史考》。345—360。

3月3日(日)晴,15℃

曹虹送来蒋寅《大历诗人研究》二册。以致邓绍基信交曹虹打印。中午家宴。美琳被撞伤。志达函,重禹函。

3月4日(1)晴,19℃

复吴志达,并以吴函转周勋初、黄希坚。复蒋寅,谢赠《大历诗人研究》二册。函李立朴,介绍郁贤皓书。曹月堂来函。王博仁来函。361—382。

3月5日(2)昙,19℃

382—405⑤。已交有富(共五本)。得广东何永沂函,附诗,不必复。上海古籍富寿荪去世,已发唁电。

3月6日(3)晴转阴,18℃

405—478。得王淡芳寄回忆录及《百年诗话》,又朱寄尧《两松庵杂记》,均即复。黄进德自扬州来,申去岁之约。戴阿姨(电话2286567,李安胜)还乡,其子迎。

3月7日(4)阴,小雨,17℃

478—497⑥。木生退还迁坟余款500元。杨翊强寄腊肉等物到,取回后,分小半与丽则。饶钦珩来,告下周开会。高教研究所王运来来,要写小传,嘱其找本栋。

3月8日(5)阴,12℃

478—537⑦。537—582。齐鲁寄《存目》一月份款。小佳来函告迁坟情况。与赵宪章谈清词结束事。汪超伯来。李小缘之子来,赠《云南书目》。582—622。施议对自港寄港币800,下午取之,或《现代词综》稿费也。赴湖南路取款,因游观。

3月9日(6)阴,6℃

小鲲夫妇来,示以去加文件。刘彦邦寄回忆录。

3 月 10 日(日)阴,9℃

复曹月堂、舒芜(告以复印书评到)、陈书录、刘彦邦。622—679⑧。

3 月 11 日(1)晴,16℃

680—726⑨。得浙江萧山市临浦周家湖村周明道先生寄其舅父洪敦六遗诗一册,又周自著《观沧楼三笔》一册、《医论选编》一册(311251)。高纪言等来谈《大典》会议事。孙小妹来,告文研所已派刘世德来处理文学史事。

3 月 12 日(2)阴,13℃

726—776。得邓绍基电报,曹济平电话。

3 月 13 日(3)阴,15℃

776—813⑩。

3 月 14 日(4)阴,12℃

813—889⑪。890—911。复小佳信。致函张世林、傅璇琮。刘世德调解,推孙老为领衔主编,余 5 人为主编。

3 月 15 日(5)阴,12℃

希坚、纪言来谈将赴京开会,又与卞商隋唐序论事。杨翊强寄来叶文及信。

3 月 16 日(6)阴雨,9℃

890—950⑫。陈书录来。曹虹来,取去寄刘梦溪文。施议对来函,附罗孚短文。在天纵家玩一天。

【剪报:罗孚《才子为才女笺注》。】

3 月 17 日(日)阴,10℃

复施议对、杨翊强。951—987。

3月18日(1)阴,10℃

以对联照片寄业馨。得陆耀东寄来回忆录文,即复。中国古籍总目提要编委会聘为学术顾问。函景祥,询《文学史》《选集》进度。文史馆老史打电话请为张金沙展览写一直条“张金沙书法展”,四月间要。987—1039。

3月19日(2)阴,11℃

1039—1065⑬。景祥电话,出版书延期,章灿亦无消息。

3月20日(3)小雨,7℃

1066—1127⑭。陈尚君、陶敏寄《唐才子传补笺》。

3月21日(4)阴,小雨,8℃

1128—1157⑮。函于景祥,请将《诗文钞》原稿寄回。郭葆璟寄《程之自传》又照片6张,函告程之葬仪情景。王永芬函告邝健行文来历。

3月22日(5)昙,10℃,实际阴,约7℃

蒋寅复信,当即购寄。王国权馆韩文忠、朱寿友来,商书画著作图片展览事。本栋交《学记》目录,酌定还之。1158—1211。

3月23日(6)阴,7℃

1212—1254⑯⑰。《典藏编》校阅毕,历时一月。1985年12月作《广义》后记,1996年3月《典藏》校改讫,年底可印出,费时十年。

3月24日(日)阴雨,7℃

整理送文史馆材料照片。复王博仁、陈尚君。以丽则稿寄冯亦同。志达来函,会期改五月中。吴佩娟同其妹夫武大留学生部汉语副教授李忠贤来访。

3月25日(1)阴,5℃

得广开函,照相机事已处理。《徐州师院学报》编辑邵迎武来访,求评其南社及苏曼珠书，以目疾辞。杨翊强函及稿到，稿 18600 字。

3 月 26 日(2)阴，7℃

得李立朴函，告郁贤皓书不能接受(已转郁)，早早书四月可出；周采泉女周幼声来函，并寄其父诗集《老学斋诗钞》，索字，即复；董源远寄《连云吟诗话》，即复；金志仁函(拟寄书来)。函周笃文，请将《中华诗词》中"沈祖棻"误植为"陈祖棻"者更正。

3 月 27 日(3)阴，小雨，9℃

为上海师大顾吉辰作字，小幅，寄之。芸复葆璟。杨翊强函告文史馆删叶文事。李定一寄文不能用，即复之。高纪言来谈《大典》事。张三夕将《史通》校本寄徐有富处，请校原书。

3 月 28 日(4)阴雨，8℃

大珠妹自衡阳来信。于景祥电话已写好约文，即寄。

3 月 29 日(5)阴雨，7℃

复大珠妹函。收到《文史拾遗》12 本。收到《续修四库》经史部分目。

3 月 30 日(6)昙晴，15℃

阴雨十余日，今日始见阳光，云：九十余年所未有也。鲁国尧陪郭锡良来访，馈营养粉。

3 月 31 日(日)阴，12℃

得张世林、王淡芳信。早早改好杨翊强文。

4 月

4 月 1 日(1)昙，8℃

金志仁寄所著书《诗词曲新探》，即复。伯伟呈强化班课程表。璇琮寄来刘尚慈女士写《索引》书评，即复。冯亦同来电话告丽则文已转《雨花》。徐有富、张宏生、朱寿桐升教授。

4月2日(2)昙晴，14℃

寄《沈祖棻诗词集》给余恕诚、刘学锴。

4月3日(3)晴，14℃

以《笺本》赠吕薇芬，曹虹求。为张宏生作邓仕梁等二人字，饶、佘书，又赠二人笺谱。配眼镜，二人510元。

4月4日(4)晴，15℃，清明节

上午小吴驱车送我们去东郊踏青，至植物园由凌萍萍陪同参观，早早同去。接葆璟函，知巨荪患肺癌，在沪动手术，甚忧。上海胸科医院临床电话21—62821990—4602，程前传呼01—391068822。得曹月堂函，约题字。

4月5日(5)晴，17℃

治牙。大三元早点。购一皮带68元。宏生得一旧语录，命整理之。立朴电，早早书已出版，即寄样书。于景祥回忆文到。余行达寄文二篇。王跟升来函，求鉴定文物。下午香港大学教授黄兆汉、夫人香港理工大学图书馆副馆长黄曾影靖、其研究生司徒秀英（香港大学讲师）来中文系访问，司徒秀英赠书一本，拟赠书给黄及司徒。孙原靖来谈文学史事，尚无进展。

4月6日(6)阴转多云，14℃

写字一幅寄沈建中。为《文献》题字，寄曹月堂。以本栋《学记》后记寄中华张世林。天纵全家来。

4月7日(日)昙，16℃

在天渝家。张世林寄《传统文化》二册到。饶钦珩送开会帖，嘱其将名单寄志达。

4 月 8 日(1)昙,17℃

复葆璟并慰巨荪。为薛[redacted]、早早作字。景祥来电话,《选集》印三千。以讲演录 5 篇寄志达,令其交郑传寅印成小册备开座谈会。立朴寄到早早书二册。陈书录来,托其带《被开拓的诗世界》《沈祖棻诗词集》各二本,分赠黄兆汉与司徒秀英。

4 月 9 日(2)阴雨,16℃

函北大文献所询《全宋诗》10—20。复王跟升问文物。韶关大学某教师问进修,告已退休。为大地系邹进上教授书《洞庭联艺》签条。收到志达文,芸删改之。

4 月 10 日(3)阴,13℃

程一中寄文,甚佳。沈建中来电话,收到写字。

4 月 11 日(4)阴转昙,17℃

为刘梦溪作字,交伯伟。程章灿函。郑传寅函。

【剪报:《南大报》1996 年 4 月 10 日《国家教委第三届优秀教材评奖揭晓》。】

4 月 12 日(5)昙,16℃

函郑传寅,又于景祥。芸即复章灿。

4 月 13 日(6)昙,15℃

得黄伟经复函,索《忆江南》四首全文。函敏泽,告即寄《学记》稿。

4 月 14 日(日)阴雨,12℃

陈流求夫妇来访。

4月15日(1)阴,12℃

湘籍旅粤诗人寄《岭表湘音》,中傅作舟诗甚佳。瑞洁信寄一论胡遐之诗之文,不能介于期刊也。番禺人民医院何永沂诗,不佳。福建师大王维燊来函问祖棻事,拟令早早复之。

4月16日(2)晴,18℃

得施议对函。寄《笺本》给施议对。晨两人去试戴牙,皆感不舒服,但较前次稍佳,未作呕。中午吃饭因牙不习惯,虽饺子味甚美,亦不思多食。医云需一周后始能适应,后天还须去复诊。从医院出来即去莫愁湖游览,门票十元,因皆有老年优待证,免费游园。近十年未去,感到很生疏。园内海棠与郁金香盛开,美不胜收。惜无茶馆可资休息,只得匆匆一过,即回家。下午花房送来一大盆杜鹃。

4月17日(3)晴,21℃

4月18日(4)晴,20℃

去牙医院。早早友黄成勇寄来《沐浴书香》,求题"佣书斋"。吴奔星介绍徐州诗人汪天风、邓心慈来访,赠《现代诗词三百首》。

4月19日(5)晴,18℃

取药,喉痛也。

4月20日(6)晴,22℃

高纪言来,出席审查会人员事。看张博病,送麦乳精、饼干。天渝夫妇及小宁来午饭。得大珠妹衡阳信。

4月21日(日)晴,21℃

小严夫妇、小晶、小雅来玩。《诗刊》四月号刊余寄林之诗,惜误"耿"为"秋",真点金成铁也。

4 月 22 日(1)晴,23℃

早早稿费及购书均到。三夕来函询《史通》校文。金志仁来函,不复。以书约 200 册,分赠文献所及系资料室。今日清书毕,数月零乱,至此始清爽。

4 月 23 日(2)晴,25℃

函周晶,顾问费及稿费。函北大文献所,告《宋诗》收到。赵雪珂函告吕父为少老出文集事。詹伯慧寄祝南《花外集注》。元化、傅杰夜来访,元化来宁参加外文系比较文学会。丽儿升处级。王元化及其弟子傅杰、钱文忠来,以蛰存所录郑大鹤校梦窗词校本付之整理。傅杰赠《集林》5、6 册。

4 月 24 日(3)晴,26℃

以《学记》全稿交本栋。黄伟经复函,收到《忆江南》诗四首。

4 月 25 日(4)昙,28℃

复赵雪珂、詹伯慧。以书签寄于景祥,许浑文寄立朴。得刘梦溪、曹月堂函。下午高等三人来谈《大典》会事。

4 月 26 日(5)

复刘梦溪、张三夕、曹月堂(莫简历)。接龚任之信,寄照片,索《祖棻选集》。

4 月 27 日(6)阴雨,27℃

函汪越,印先师目录、唐稗事。复龚任之,寄《选集》一册。

【剪报:《古籍新书目》1993 年 9 月 28 日第 49 期《宋诗精选》。】

4 月 28 日(日)阴雨,22℃

草武大会发言稿。函汪越,先师书无稿费。小婉全家来饭,为余购一休闲服，100 元。

4 月 29 日（1）晴，22℃

本栋昨将《学记》寄敏泽。汪天风信，求题封面，拒之。

4 月 30 日（2）晴，22℃

复旦邬国平寄《清文评史》，即复谢。陈望衡信（陈武大电话 4753）。小佳信。河南安阳教研室朱现魁抄示陈声聪论沈词二则，无新义。

5 月

5 月 1 日（3）昙，27℃

小王擦窗，安纱窗。

5 月 2 日（4）晴昙，27℃

夜乘船赴汉，芸、早早同行。

5 月 3 日（5）阴后雨，25℃（芸猜）

在江汉一号轮。与早早论文学半小时。在安庆购胡玉美豆瓣酱与豆腐干。

5 月 4 日（6）晴

中午十二时抵汉口，周勃、王兆鹏、吴志达、郑传寅同来接，住珞珈山庄。下午与芸外出散步，遂访毕奂午先生。毕先生已 86 岁，送我们走出约半里路，依依不舍而别。晚陶德麟、刘杲、宗福邦夫妇等来访。

5 月 5 日（日）晴，25℃

上午开会。冯天瑜来访，并作速写照相。遇见郭锡良徐寒玉夫妇。木生夫妇、晴佳、小杜夫妇暨杜宇峰、慧慧下午来。陈望衡夫妇来。晚陈向周夫妇、唐富龄、王庆元来。

5 月 6 日(1)阴

上下午开分组会，中午武大出版社午宴。我下午未开会。武汉大学中文系程亚林、乔惟德、刘良明，曾参加中玉办文评史班。孙东临(一中托)《日人禹域旅游诗注》。晚程一中、陆耀东谢韵梅夫妇，尚有三人(王文生之研究生、80 年曾在华师大听过课)，湖北大学校长等，王先霈、阳海清(吴志达之助手)等来访。章培恒赠《李方舟传》一本。

5 月 7 日(2)阴，微雨，25℃

上下午开小结会。中午华师宴。晚湖大宴。张叙之、陆耀东携其研究生来夜谈，张叙之送茶叶。孙东临来。黄建中来见，拒之。

5 月 8 日(3)昙，25℃

上午看韩、刘、胡、李(韩不在家)。一中、宪鸿、耀东夫妇宴。李中华托写书签《楚辞学史》(一中托，直书)。晚饭在志达家，全素菜，极佳。晚何国瑞、苏者聪来，另来一人不知姓名。南大毕业研究生高华平(现在华师)和华师另一教师(张舜徽研究生)来访，高送三文。

5 月 9 日(4)昙，26℃

上午访韩德培，极为健康，仍任博士生导师。下午与中文系教师和研究生座谈。晚江苏古籍宴请武大中文系，答谢。

武大中文系：

书记(中文系)	朱山河
副书记(二人)	陈顺智　孙德元
主　任	郑传寅
副主任(三人)	李中华　龙泉明　蔡根生

湖大中文系：

张　虹　系副主任

熊德彪　系主任
孔建英　系总支书记
王兆鹏　系副主任

5月10日(5)阴,有小雨

上午蔡根生老师、吴志达、木生夫妇、连生和我们三人去上坟、坟修得很好,祖棻墓碑后面不清楚处已由木生擦干净。中午木生夫妇、连生和我们一起吃饭。晚陶德麟宴请。晚饭后宗福邦、陈美兰来,予以鼓励。

5月11日(6)晴

上午9时,湖大派曾广开来接,住招待所111号。很多熟朋友来访。中午中文系宴请。下午与芸在校园散步,与九年前大不相同。李成文夫妇来谈。

5月12日(日)晴

函蒋寅,嘱其为陈顺智作一书评。陈帆、白雉山来访,合影,陈帆索《涉江笺》。祝敏彻来。晚赴周勃家宴。由其子掌厨,味美菜丰。

5月13日(1)晴

上午王的刚来访,赠水果。黄季刚老师孙女(念田之女)由程一中陪同来访,谈黄先生遗著事。中午朱祖延先生在招待所请,祝敏彻、王的刚、周勃、王兆鹏陪。下午小佳携瑾瑾来,同游沙湖并摄影多张,晚饭后始去。晚骆文、叔耘来访,谈甚久。

5月14日(2)雨

上午周勃、曾广开陪同乘车游市区,先转东湖一周,再过一桥至汉口,购得回乘轮船票三张。后至老通城吃豆皮、烧卖等,味美价廉。回来时参观二桥,购得响声丸(现名金嗓子)等,因下午讲课而嗓子发哑也。下午为中文系师生座谈一小时,效果很好。晚王兆鹏、曾广开、刘尊明偕妻儿与我们共餐，兆鹏请为《湖北大学研究生通讯》题辞。

5 月 15 日(3)阴雨

中午安校长饯。晚周勃饯。曹广开、周勃送礼。晚张叙之来，致礼。清行李。访曾广开家，甚修洁，妻孙鹤放唱歌片，示所作书法，索字。勃子为照相，余未脱帽，不佳。朱祖延送礼。

5 月 16 日(4)阴，20℃

中午登江汉 8 号轮。先在老通城午餐、小吃。周勃、王兆鹏送，送行者尚有马昌松、邓国栋、小佳、吴志达。

5 月 17 日(5)阴

下午□时返宁。吴智华、威克接。

5 月 18 日(6)阴

在家休息，阅信件。砺锋来交郑传寅、王兆鹏信。

5 月 19 日(日)昙，26℃

收到下列函件：1. 陈望衡四月廿七日发，要《宋史》；2. 葆璟函，告巨荪 5 月 6 日病逝；3. 齐鲁周晶函；4. 章灿美国函；5. 南昌曾伯藩；6. 上饶桂清扬；7. 万业馨；8. 武昌赵雪珂(不复)；9. 施议对，附论《涉江词》样稿复印报纸一页；10.《中国文化》收稿函。复郭葆璟，请代唁三式菜。以《宋史》寄陈望衡。函于景祥。以周晶函交有富复。以施议对函转敏泽。为武大、湖大同人作书签，寄王兆鹏、程一中及上饶师专桂清扬。

5 月 20 日(1)晴，29℃

赴鼓楼医院看手指，药贵，一支 35 元。得齐鲁二次款 150 元，古籍 5、6 月 200 元。

5月21日(2)晴,32℃

函赵昌平商菉书出版事。函万业馨;曾伯藩;章灿,告拨美金事;又致天眉函同。翊强来函,即复,并寄示《中国文化》来函。

5月22日(3)晴,33℃

作字二幅。得龚任之函;钟来因函及文,《华夏吟友》王成纲录诗十余首,嘱寄照片并简介,诺之;《炎黄二帝》电视片嘱题片名。

5月23日(4)昙,30℃

杜兰亭寄词二首。钟敬文寄《自选集》一厚册。饶钦珩来结出差账。诗词协会赵钲来,索题画牛,作月历画用,又聘《江苏千家万首诗》名誉主编。

5月24日(5)昙,29℃

写字分寄《炎黄二帝》剧组及周勃,均挂号。宏生港函。齐鲁③150元(齐鲁计财科,5月22日第三次)。章培恒《中国文学史》三册。

5月25日(6)阴,小雨,25℃

宏生港字。赵钲题画诗及《选集》,挂号。得九弟妹王式棻函。刘梦溪收到所书字幅。天纵夫妇带小雅来午饭。复谢章培恒赠三卷本《文学史》。

5月26日(日)昙,28℃

为宏生作字,书惠洪诗,字佳毕。清平台杂物,耳目一爽。

5月27日(1)阴雨,26℃

复王式棻。郑传寅寄武大讲学照。王兆鹏寄湖大讲学照。拒鲁国尧诵诗之请。

5月28日(2)阴,25℃

函寄照片与志达、一中、小佳。上海张觉来函,并寄台湾古籍出版社

《列子译注》。

5 月 29 日(3)晴,28℃

复张觉。函鲁国尧致歉。

5 月 30 日(4)阴,26℃

《淮海文汇》寄稿费 100 元,交本栋。

5 月 31 日(5)

下午赴扬州。扬州师院中文系主任许世茂,副主任顾农、王飞。

6 月

6 月 1 日—3 日(6、7 至 1)

在扬州师院,1 日上午返宁,雨。《淮海文汇》童笑瓴、田重骋寄稿费百元,与本栋。《文艺理论研究》第二期稿费 170 元,半与巩。香港大学中文系黄兆汉收到赠书,索字。《华夏吟友》王成纲收到生平简介及相片。张宏生函,转勋初。鲁国尧复函,仍约吟诵。魏同贤寄台湾全译丛书《列子》,与张实所寄同。赵丽雅寄《读书》(有舒芜书评者)。

6 月 4 日(2)阴,小雨,26℃

与卞、黄商《大典》事,卞允不再任魏晋六朝分典事。复文化局告以已无书。

6 月 5 日(3)阴,小雨,23℃

为港大黄兆汉作字一幅。伯伟昨自韩国返,赠人参茶一盒。

6 月 6 日(4)阴,27℃

挂号函致伍杰,黄进德事。

6 月 7 日(5)阴雨,25℃

函赵昌平,拟另行出版祖棻两书事。敏泽函本栋,告《学记》即将付印。高纪言来谈《大典》事。函黄进德,告《大典》事。

6 月 8 日(6)阴雨,26℃

发黄进德扬州信。七姐来,近曾去济南,馈花生油两瓶,答以人参酒一缶。

6 月 9 日(日)阴,阵雨,26℃

得志达、一中函,周退密词二册。

6 月 10 日(1)旱,30℃

晨得萧印唐逝世之讯,挽之:

倾盖论文,国士见丰标,侠骨柔情君所独;

经天注泪,残年怀旧迹,吴天蜀道我何堪。

早早发出。

谭任杰惠诗一绝。复一中、志达、景祥。李飞来,赠《校友诗鸿》。不知来历之湖南人李超衡(寓南京南宝塔根 97 号,其夫名付维钧)来访,不知有何企图。

6 月 11 日(2)阴雨,28℃

得王伊同函,所赠两幅字,均已裱好,并拍照寄来;白寿彝、启功、李希泌通知,为王仲荦逝世十周年举行座谈会;湘潭大学召开唐诗宋词国际会议,不赴;南通医学院夏蓉函,云南通诗词学会会长陈冠球将寄《风筝集》。

6 月 12 日(3)晴,30℃

复谭任杰、周退密。一中来,拨五千。

6 月 13 日(4)晴昙,33℃

得张宏生、黄进德函;福建师大(阳光新村 7 号楼 603 室)王维燊函,交早早处理(早早 14 日复)。有富来商校雠学建立学科事。

6 月 14 日(5)晴,34℃

复黄进德。和 92 级同学拍毕业照。

6 月 15 日(6)晴,35℃

复王伊同。早早去沪游。小佳寄照片。陈冠球寄《风筝集》,即复谢。

6 月 16 日(日)阴雨,31℃

晚刘彦邦、王淡芳从上海来电话,告明日赴美国。周勋初来,告以上古祖棻书事,托之,允在十月中西安遇赵昌平时面谈。

6 月 17 日(1),29℃

王冀民(湖北农业大学教授,夏瞿禅门人)来函,托任潘力生成应求夫妇书联一书作总顾问,复书拒之。以吴孟复遗文寄舒芜。

6 月 18 日(2)晴,33℃

得岳麓杨坚先生函,知《船山遗书》14 已寄出,今收到即复谢。

6 月 19 日(3)阴雨,30℃

发下列信:1. 杨坚;2. 黄兆汉字;3. 王冀民;4. 舒芜(内潘力生材料)。陈望衡函,又相片三张,索《校雠广义》,嘱其向齐鲁购之。

6 月 20 日(4)阴,29℃

得赵昌平函,即复;周退密函。社联学会部程彩霞催随笔,属砺锋改与蒋寅、宏生谈话应之。拒任袁第锐甘肃汉唐研究院顾问。

6 月 21 日(5)阴,31℃

函蒋寅,询敏泽病况。

6月22日(6)阴,32℃

嘱本栋函敏泽,询出版社及责编姓名、地址。

6月23日(日)昙阴,雷阵雨,33℃

南通医学院陈冠球(勿斋)函复,赞其诗集。

6月24日(1)大雨,28℃

砺锋改好讲话稿,即交社联充随笔用。蒋寅函,附《古典文学研究四代人》一稿。有富取来齐鲁稿费一万一千元,余取三千,分徐七千。

6月25日(2)雨,23℃

以与博士生谈话稿交社联程彩霞充随笔。有富取来《校勘编》稿费五千元,以二千分与。舒芜来函,谈陈及孟复事。上饶师专英文科桂清杨寄150。景祥寄《中华民族优秀传统文化丛书》顾问费1000元。

6月26日(3)阴,25℃

上午参加校本科生毕业典礼,春晓与焉。得顾农函,附来《扬州师院报》,载有中文系学生张淼《程千帆先生》一文,因为其作字一幅,以鼓励之。已复。复桂清扬。

【剪报:《扬州师院报》1996年6月15日张淼《程千帆先生》。】

6月27日(4)中雨,25℃

复舒芜、于景祥、蒋寅、顾农。克平及陈小红来,谈季刚师日记等事。函上古高克勤重印棻书事。

6月28日(5)雨,28℃

写信与王庆元,询先师日记事。清名片,弃去无用者。志达来信,不以下做法为然。

6 月 29 日(6),昨夜大雨,阴转晴,28℃

草复旦《批评史》小评,讫,甚顺。

6 月 30 日(日),昙转阴,30℃

天渝全家来午饭。萧效农索印唐旧稿备刊,并询书法。

【剪报:《光明日报》1996 年 6 月 24 日“时代周刊”第 44 期李政道《科学和艺术不可分割》。】

7 月

7 月 1 日(1)阴,29℃

芸抄《文评通史》笔谈,又印唐遗诗。以评复旦《文学批评通史》文寄黄霖,挂号。黄希坚来商《大典》出版事。

7 月 2 日(2)阴,雷阵雨,30℃

抄印唐诗寄其女效农,并致函。香港黄兆汉函,收到赠字。顾学颉致早早长函。湖南大学图书馆收藏湘籍名人作品中心陈小敦(岳麓山,410082)。程章灿寄史稿 5 章,即转景祥。马瑞芳(山大)寄书三册,长篇小说二、聊斋研究一,即复谢。岳麓书社一学生函请为该社影印词曲谱作序,不署名,甚荒唐,拒之。章灿函,6 月 16 日寄,走 16 天。即复章灿。复陈小敦、不署名学生。为潍坊记者胡孟祥题相片字“还我河山”。

7 月 3 日(3)大雨,28℃

雨不绝。夜起作与马瑞芳函、于景祥函。

7 月 4 日(4)中大雨,27℃

寄于景祥《文学史》稿及黄霖《文评史》笔谈。又寄章灿信。

7 月 5 日(5)雨,28℃

舒芜函,述茂元事。《湖北日报》陈帆信,索《笺本》。黄希坚来。

7月6日(6)

函李彦，附致高纪言函中。函黄进德。以《笺本》寄陈帆。

7月7日(日)昙，34℃

收到港大黄兆汉书三册；贾文昭茶叶一包；陈继明(湖医大)函，告《曹唐诗注》即出；施议对寄论桒文，凡三万言。小燕高考7、8、9三日。复黄兆汉、施议对、陈继明。作《题静海寺》诗一首，为早早题于扇上：

静海前朝寺，
沧桑二百年。
蛮夷曾猾夏，
汉帜复中天。
殿宇松篁古，
勋名日月鲜。
凭栏望台海，
怜汝尚孤悬。

7月8日(1)阴，33℃

蒋寅函，《学记》已发山西人民出版社，彼将赴京都一年。聊城师专致稿费50元。王庆元复函，黄先生日记事。舒芜函，文评事。贾文昭寄新茶二包，早取回。

7月9日(2)昙阴，小雨，27℃

复贾文昭、舒芜、蒋寅。小燕考毕，晚家宴，用340元。请本栋与山西人民联系。

7月10日(3)阴雨，23℃

函复王庆元，请与陶商，免保管费，借日记钞稿校对，又附致陶信。黄进德来信谈《大典》事。《续修》1—6月600元到。临沂师专致稿费30元。温州老人七枫巷64号(325000)吴景文，72岁，买《笺本》1册，挂号寄之。

7 月 11 日(4)阴雨,23℃

复进德、志达。得李支蕃函,告大珠妹逝,享年 74;张宏生函。小婉乳发现肿块。

7 月 12 日(5)阴昙,24℃

婉去中医院检查,即住工人医院,拟下周手术。复李支蕃唁大珠妹之丧。安徽古籍所致 100 元(曹虹书序)。

7 月 13 日(6)昙,28℃

小婉住工人医院。天纵来。

7 月 14 日(日)阴雨,27℃

蒋寅寄《文遗》所载论渔洋词文。

7 月 15 日(1)大雨,25℃

小婉去人民医院检查。丽则为《江苏商报》副刊《金桥》要求题刊名,纪太年要。

7 月 16 日(2)阴雨,27℃

舒芜函。

7 月 17 日(3)多云阴雨,30℃

寄《光明日报》征诗(《题静海寺》)。美林代买一裤,佳。

7 月 18 日(4),晴转昙阴,34℃

今日小婉在工人医院做手术,良性,经过好。为评传丛书写一小文。复舒芜,附草书一纸。孙原靖夫妇夜以脑黄金 1 赠。

7 月 19 日(5)阴,32℃

长沙诗协黄政海求为《长沙放歌》序,又乔力求为其集联语序,均拒之。白敦仁寄《郑子尹诗笺》来。本栋来,出示敏泽函,对《学记》大加删削,已令其去函山西,拒绝出版,索回原稿。

7月20日(6)昙阴雨,33℃

7月21日(日)阴雨,33℃

赴医院看婉,困于电梯中,一时许始脱。白敦仁寄《郑子尹诗注》二册。陈帆函告收到《笺本》,照片中一人为白雉山。

7月22日(1)昙阴雨,33℃

复白敦仁。

7月23日(2)昙,34℃

山西崔总编电本栋,《学记》事。

7月24日(3)晴,37℃

函敏泽,本栋发。顾农函,允任《大典》事。吕师傅来喷药,付本月花房费60元。

7月25日(4)晴,36℃

复顾农。致王庆元。香港杨克平黄公书贴三万元。吴志达函。

7月26日(5)昙阴,34℃

吕永函索字一幅。武大求评宗福邦、杨合鸣博导。

7月27日(6)阴,32℃

寄还武大博导评语。写字一幅与吕永。吴志达寄来祖棻档案材料。刘福春函。蒋寅函。

7月29日(1)多云,34℃

舒芜函,告著述计划。函吴锦文,告以收到诗集;谭中台,谢赠人参。黄希坚来电话问用《清史稿》事。早早、小燕晚去北京。

7月30日(2)昙,35℃

威克夫妇去鸡鸣寺还愿。为扬州诸人作字寄去。周一良《自选集》、屈守元《韩诗笺疏》、董文《艺术论》,皆精装本。文艺理论年会,不赴。胡守仁诗集《拜山三集》。曹月堂函。马昌松寄杂志论菜文。

7月31日(3)昙,35℃

文史馆王馆长来,送《文史研究》数册、礼物二色。

8月

8月1日(4)昙,29℃,小雨

复曹月堂并寄《笺本》,马昌松,胡守仁。刘彦邦自美来信,言与淡芳皆不欲久居美国。

8月2日(5)昙,31℃

复屈守元、董文、周一良、萧效农。以《笺本》寄萧效农、曹月堂。威克去西宁。贾文昭函,敏泽函,即复。《中华诗词》二期二册。史梅携孩来午饭。

8月3日(6)昙,33℃

8月4日(日)

天纵自厦门返,来午饭。小鲲来。

8月5日(1)昙,36℃

复舒芜,谈其编集事。章灿函及《文学史》四章。吴在庆《唐五代文史丛考》。函景祥告章灿即返。收5月份《存目》150元。

8月6日(2)晴,36℃

作字与吴在庆、吴智华。黄进德函,收到写字,启动分典。

8月7日(3)昙,35℃,立秋

得谭任杰《镜海诗词》一册,中有评祖棻文一篇,即复谢。黄霖回信,收到书评。《文史研究》编辑丁骏、方之光、顾□。

8月8日(4)晴,35℃

将安迪光诗寄还朱崇才。以黄进德、顾农信三封复印本分寄伍杰、高纪言。宏生来,赠妻女杂物,又携归饶宗颐赠联及诗(8月1日)。

8月10日(6)昙,34℃,下午雨

宏生来致饶固庵酒一瓶。

8月11日(日)昙,雷阵雨,34℃

复谢饶宗颐,并寄诗文若干篇。

【剪报:《光明日报》1996年8月10日第7版程千帆《题静海寺》。】

8月12日(1)昙转阴,雷阵雨,33℃

胡守仁函,前以诗集见寄,曾复,但未收到。

8月13日(2)阴,雷阵雨,31℃

二孩游北京两周,今日返。昨日知小燕已录取法律系。

8月14日(3)晴,33℃

发蒋寅函、胡守仁函。寄敏泽快信,请速退稿。吕永、屈守元信。《书与人》稿费100元。陶文鹏寄宋诗选本(余为顾问)。

8 月 15 日(4)晴转昙,32℃

复吕永。复谢陶文鹏赠《宋诗精华》。以诗 5 首寄杨金亭。

8 月 16 日(5)昙,33℃

本栋告山西迄无信。

8 月 17 日(6)昙,32℃

天纵全家来玩,致天纵 60、小红 50 礼。威克返自青海。章灿返自美。

8 月 18 日(日)昙转阴,雷阵雨,33℃

威克从青海塔尔寺请来藏传佛教观音菩萨化身,又度母之首绿度母,又曾在唐文成公主入藏驻节处之日月山附近的莫合多寺的仁增久美大活佛装藏开光。此乃重宝,要虔诚供养,保佑全家六亲平安吉祥。

8 月 19 日(1)雨,30℃

函景祥告以章灿返。山西回信,即嘱本栋复请退稿。

8 月 20 日(2)阴,雷阵雨,32℃

胡守仁和静海寺诗殊草率。

8 月 21 日(3)阴,雷阵雨,32℃

勋初携来《选堂学记》,又《花外集注》各一册,与商量守日记出版事。文史馆韩文忠来,索致林统战部长一函,求扩大馆址。吴在庆复。运熙寄《乐府》新书,即复谢。

8 月 22 日(4),32℃

章灿取去电视机。

8月23日(5)昙转阴,32℃

马鞍山王雪玲寄来稿费80元。得《书与人》96年4期,羊春秋《韵文集》。敏泽来函允退稿。

8月24日(6)阴,26℃

复敏泽。谢羊春秋赠诗集。得杨翊强函,即复。

8月25日(日)多云,27℃

得曾枣庄信。宏生赴美(28日)来辞行,以携交天眉茶叶等付之。朱寿友夫妇携孩来,馈麻油4瓶。于景祥来电话,告即寄《选集》。

8月26日(1)多云转阴,27℃

勋初惠《唐人小说》新著。武大学生李成兆60年毕业,来函云将寄小说《芳影》。

8月27日(2)多云转阴,雷阵雨,31℃

8月28日(3)多云,27℃

得扬大女生张淼函要考研,要早早去和她谈。高纪言来谈《大典》事。

8月29日(4)多云阴,28℃

吴光兴来,赠论文及蒋寅论文各一。潘力生成应求夫妇函询是否可发自吹传单,忠告以不可。齐鲁5月顾问费150元,《光明》静海寺诗60元,收到。《日本入江泰吉奈良大和路写真集》极精美,横山弘所赠也。

8月30日(5)阴,26℃

复潘力生。黄希坚、饶钦珩来商《大典》事。中玉来函,要编一大型项目"20世纪中国学术大典文学卷",有谷融、培恒、伯海、豫适等参加,约相助,恐不能有何贡献,即复。谭任杰问散文课本,即复。

8 月 31 日(6)阴,28℃

上午高纪言来,谈北京意见。中午饯砺锋夫妇,有富夫妇陪,军区食炙凫。王步高来,赠《中华词学》二期,又喻学才《孟郊诗注》、高介华《击水词》,共三册。

9 月

9 月 1 日(日)多云,30℃

郁贤皓出示晋华信,又转来晋华西洋参一盒,并谈《大典》事。

9 月 2 日(1)晴,30℃

与卞谈,要:1. 今年底交第一卷;2. 明年起每季交一卷,国庆前交齐。得天风杯诗词大奖赛聘书,不详何人所寄,亦未事前通知。广州(510080)东山区合群三马路 8 号 2 楼李成兆,笔名雪白,寄小说《芳影》一大册,章回体。复雪白(李成兆)。函伍杰,告卞交稿期。

9 月 3 日(2)多云,30℃

复曾枣庄。九三来约作宣传文字,乞本栋为之。得杨金亭函,弘征寄书三本。为两娃娃升高一级学校祝贺,吃鸡、竹荪、虾等,嘱二人今后不可丢弃父母不顾,出国不回。

9 月 4 日(3)阴,27℃

晨为弘征、横山弘作字各一幅,即付邮。冯亦同寄来《文化市场导报》96.8.24《"诗帆"犹照夕阳红》,交本栋编入《学记》。下午《江苏教育报》来采访,寄语中学生。

9 月 5 日(4)多云,28℃

参观高速公路,返甚疲,早睡。有富交《典藏》全稿 306 页。

9月6日(5)阴,27℃

顾农函询《大典》体例,即复之。《中国文化》致稿费1300元,询杨翊强地址,将另致。重庆诗词协会邀大会出席,辞之。开始看《典藏》30页,甚顺。陈书录来,乞重书其论文书签,以新华书店店员不识繁字也。

9月7日(6)阴,微雨,25℃

《典藏》31—63。收到《中国文化》13期1996年春季号。咳嗽,微热。

9月8日(日)雨,27℃

下午热度渐高,服头孢,因系假日,未能看病。砺锋来辞行,明晨启程。小燕去浦口入学。

9月9日(1)昙,27℃

晨早早来陪往医院看病,无大碍,终日困卧。景祥来电话,《选集》已托南大出版社胡豪带来两本,尚未收到,余交铁路托运。中日双方合编《现代俳句、汉俳作品选集》,来函约稿,又寄去四首。得陈继明函,报告其书出版情况,不复。友红来电话,云砺锋安抵韩国。志达来电话祝教师节,并告明年出明清第一册。本栋来取去《学记》文一篇,并告山西无信。毛谷风寄《海岳风华集》,甚佳。

【剪报:《古籍新书目》1996年8月18日第84期《唐人七绝诗浅释》《宋词赏析》。】

9月10日(2)昙29℃

退热,仍疲倦。朱寿友昨送来沈胜利托写字,回信朱拒之并斥之。复毛谷风、熊盛元,谢赠《海岳风华集》。冯亦同电话,收到写字。《教育报》记者送看稿《我当年也算是"特困生"》。曹虹来送葡萄。景祥托人带到《选集》样书二部。《典藏》90—109。

9月11日(3)多云阴,28℃

收到《中国文化》稿费。复吴广义。王馆长来送节礼。仲贞子嘱题引玉堂。

9 月 12 日(4)阴,雷阵雨,30℃

9 月 13 日(5)阴,雷阵雨,29℃

以《选集》寄舒芜附函。

9 月 14 日(6)阴,29℃

有富来商报教材请奖事,告以发奖教金,余不知也。看《典藏》至 215 页,前二册交徐。写遗嘱清本,与芸皆签。冯亦同寄来《南京日报》,载有《"诗帆"犹照夕阳红》。为伯伟、章灿、砺锋作带头人推荐信。

【剪报:《南京日报》1996 年 9 月 10 日冯亦同《"诗帆"犹照夕阳红——程千帆先生小记》。】

9 月 15 日(日)昙,29℃

为砺锋、章灿、伯伟作推荐书(省府培养带头人)。《大典》馈泉 800。

9 月 16 日(1)多云,下午转阴,雷阵雨,30℃

复安徽怀远张溶川赠诗集。函伍杰,谢八百,请注意调整稿费。嘱本栋谢催敏泽,交与施议对文。

9 月 17 日(2)阴,30℃

《典藏》讫,310。参加研究生开学座谈。韩国学生(名张俊宁)赠论文《李贺诗歌死亡意象研究》,又内衣裤一套。发教学二等奖 1000 元。得刘彦邦函,周勃函,谭任杰函。砺锋博士生(西北大学硕士,梁超然弟子)来见,名党银平,住荟萃楼 203 号。

9 月 18 日(3)阴,28℃,夜大雨

为王小盾推荐。函于景祥,催书及稿费。

【贴纸：潘旭澜主编《新中国文学词典》（江苏文艺版）“程千帆”条；禹舜主编《湘籍著作家大辞典》（湖南文艺版）“程千帆”条。】

9月19日(4)阴，雷阵雨，27℃

得胡守仁诗，古籍小组9—10月200元。有富呈校雠学表格说明。看房价，余二万，丽八千。

9月20日(5)多云，25℃

得齐鲁8月份通知150元。工资略增补800元。赴宁海路寻刘长兴不获，意其未尝开新店也。新雷赠新书《戏曲史论》。函于辅仁催稿。

9月21日(6)晴多云，28℃

余生日，丽则送花，并晚家宴。伯伟夫妇送蛋糕，万业馨贺电。晚饭于丽家，小燕亦归，食饼，佳。

9月22日(日)多云，27℃

赴天渝家。

9月23日(1)晴到多云，27℃

发天眉函，告立遗嘱事。宏生信。新诗大辞典约稿。舒芜信，收到《选集》，又索书三本。

【剪报：《南大报》1996年9月20日第2版《光荣榜：95—96学年南京大学奖教金获奖名单》。】

9月24日(2)阴，29℃

寄舒芜索《笺本》三册。冯亦同函。《新华日报》理论组陈钢（210005，Tel4702181）打电话来，要求介绍学人材料，嘱其找巩本栋。

9月25日(3)晴到多云，29℃

希坚、钦珩汇报入川《大典》事。周笃文函中华诗大典事。史梅赠月饼。托本栋以《笺本》赠刘白羽。

9 月 26 日(4)多云,30℃

交房款,一时半而毕,甚顺。本栋电山西师院友人,云《学记》稿即寄还。同时本栋函立朴。武昌陈继明函。江西熊盛元函。香港中文大学王晋光函。北京摄影师侯艺兵函,要翻拍青年照。

9 月 27 日(5)阴,26℃

《典藏》校讫,交有富。今日中秋,晚饭于天纵家。朱书记来谈黄师奖教金事。章灿来馈月饼。老白、七姐携雪初来,馈新疆梨及西瓜,报以药酒二瓶。

9 月 28 日(6)阴,小雨 26℃

本栋以《学记》目录寄立朴。为仲贞子作榜书。笑梅赠月饼、鱼翅。得曾枣庄函。昨夜杨克平自港来电话,告信收到。

9 月 29 日(日)多云,29℃

威克、天渝两家来午饭。杨翊强从长沙电话告取到《中国文化》及稿费,又寄腊肉。冯亦同来仿。

9 月 30 日(1)晴,28℃

勋初来,带到傅璇琮《唐诗新编》、陶敏《唐诗人名考证》。为仲贞子作榜(引玉堂),戴澄东(统战部)《题静海寺》诗。伯伟来送《诗格考》,商量素心会事,又告景祥来电话,书均交铁路木箱运。

【剪报:《江苏教育报》1996 年 9 月 23 日第 4 版程千帆《我当年也算是“特困生”》。】

10月

10月1日(2)多云,26℃

为徐兴无作字一幅。草素心会报告提纲。得天眉来函暨照片;杨之水函,问陈致所作论文情况。

10月2日(3)晴,26℃

复高克勤(挂号)、舒芜、赵丽雅。去有富家。下午天纵夫妇来,小燕来,晚返校上课。

10月3日(4)晴,26℃

复张宏生、刘彦邦。谢傅璇琮、陶敏。以仲贞子、戴澄东字交吴智华。发冯保善函,询《笺本》重印之事。中国银行萨家湾办事处庄女士为周叔弢幼子周景良(第三位夫人)所生,来求《涉江诗词集》,赠与二本。

10月4日(5)晴多云,25℃

《典藏编》今日寄齐鲁周晶。复周勃、曾枣庄。抄周笃文要诗。宋谋玚函,询《石语》中人名。

10月5日(6)阴,26℃

为章灿石刻学作鉴定。复周勤。小晶下周一入信息班。舒芜信,附文、诗各一。王淡芳成都函。复宋谋玚。

10月6日(日)阴雨,21℃

本栋夫妇约午饭吃饺子,山西已退稿。复舒芜。托陈书录请薛正兴重印《笺本》。以人参二支寿钱仲联,勋初带去。收到王淡芳贺生日100元。

10 月 7 日(1)雨,16℃

复王淡芳。高纪言来谈《大典》事。各典字数如下:先秦两汉 700 减 100;魏晋南北朝 500;隋唐五代 1050;宋元 1200;明清 1100 减 100;理论 500。合 5000 万字。天津游诲方函,即复。杨翊强寄腊肉,矛早取之。

10 月 8 日(2)阴,16℃

复翊强;砺锋;复旦,告不赴朱会。舒芜函,又收舒芜函。

10 月 9 日(3)晴,21℃

得志达函;又周退密寄陈兼与《荷堂诗话》,引余诗有二首非我作,然甚佳。作复志达函,挂号寄。本栋收到山西退稿,并立朴电话,不日寄出。

10 月 10 日(4)多云,20℃

谢周退密赠陈兼与《诗话》。复志达,挂号。托陈书录请冯保善重印《沈集笺本》。得王仲镛寄赵尧老诗集。退协赠床单一床,校系各赠国庆 150 及 100 元。得印唐女效农函,附印唐追悼会材料。陈书录办妥《笺本》请重印事,已晤薛正兴、冯保善。

10 月 11 日(5)阴,23℃

复王仲镛。本栋托荐作学术骨干。镇江戥儿巷 2 号裴伟索字。三夕函告《史通》校记已寄傅杰。

10 月 12 日(6)阴,23℃

素心会第二回,讲两点论。有富告,孙言诚电话告《典藏》稿到。

10 月 13 日(日)阴,22℃

为《镇江日报》裴伟、潍坊胡孟祥作字,即分寄。为早早卧室书"兰馨室"榜。萧焜焘来访,并馈茶叶一盒。

10月14日(1)阴,22℃

复三夕。得宏生、钟来因及四川张学渊函,又张寄李代远《大观堂诗选》。

10月15日(2)晴,24℃

检查身体,有脂肪肝。得舒芜信。夜曾枣庄来访。

【剪报:《新华日报》1996年10月10日《古典文学研究专家程千帆》。】

10月16日(3)晴转阴,24℃

高午宴曾,余夫妇陪。陈致自新加坡寄人参补品。

10月17日(4)昙转小雨,22℃

复陈致、张宏生、舒芜。

10月18日(5)阴,23℃

高纪言来。请朱家维书记在遗嘱上签字,并代告知医学院拟捐遗体,均蒙允诺。

10月19日(6)阴,25℃

上午赴省委开会。翊强来信。家宴,19人俱到,九时始散。

10月20日(日)晴,24℃

以草书寄香港。复翊强。得陈迩冬子陈初寄乃父遗集(100028,北京西坝河东里117栋2201号)。

10月21日(1)多云,22℃

复陈初(迩冬子)、徐民和、钟来因。

10月22日(2)多云转阴,23℃

函潘石禅、杨克平,挂号,交周勋初办理。得吴志达函。

10 月 24 日(4)阴,24℃

复吴志达。

10 月 25 日(5)小雨,22℃

本栋来,乞改两点论。有富呈陶公诗论文一篇。

10 月 26 日(6)晴,20℃

得周勃函,宋谋玚函。

10 月 28 日(1)多云转阴,21℃

以《宋史》寄林继中,又信。得高克勤函。许惟贤来谈黄先生日记事。发李立朴贵阳信,挂号。得周景良函,寄弢翁遗著数种。郑州王国钦寄新诗文库编辑费 100 元。上海湖南路 105 号《文学报》872 期 4 版稿费 50 元。欧阳健赠《红学辨伪论》。

【剪报:《江苏商报》1996 年 9 月 25 日第 4 版刊头题字程千帆“金桥”。】

10 月 29 日(2)多云,25℃

寄于景祥挂号信。得舒芜、黄进德函。二人偕游夫子庙,先在刘长兴食螃蟹包,已多年未尝矣。后去贡院街游览,未进小吃,因腹内已无处容纳,又购得衣裤等物。回来后身子骨像散了板。

10 月 30 日(3)小雨,20℃

上午开会,杨克平事。周景良寄书二册,将转赠有富。汤高才寄书一册,爱情诗。教务处嘱写教学经验,托本栋为之。

10 月 31 日(4)小雨

有富告,已与赵宪章香港联系,可晤克平、石禅。复黄进德、周景良、汤高才、欧阳健、高克勤。弘征函,为刊二印。

11月

11月1日(5)小雨,18℃

伯伟率韩国博士研究生郑台业来访,请教译《行卷》事。

11月2日(6)雨,16℃

食于猫不闻,扬州点心,佳。

11月3日(日)晴,18℃

午与渝、丽二家食于猫不闻。

【剪报:《光明日报》1996年11月2日第2版《著名东方艺术史家常任侠逝世》。】

11月4日(1)小雨,18℃

复山西大学李旦初,谢赠诗集,又索所著《新诗流派》。

11月5日(2)小雨,17℃

夕佳寄来200元为寿,并告已由澳洲返厦门,即返昆明。姜书阁90,托吕永贺之。于景祥来电话,云《选集》已寄出,《诗文钞》尚在印制中,《唐诗集评》九月间已寄出(迄未收到),稿费一周后可寄出。

11月6日(3)阴,小雨,18℃

芸82诞辰,小雅次日,晚饭天纵家。夜有富来,以克平赠毛毯交余。此毯乃柳存仁赠克平者,所谓澳毛也。以方济众、朱恒山水画及蜡染各一幅清出,备赠克平。

11月7日(4)阴雨,13℃

得石禅90寿辰敦煌学文集,汪天风《当代诗词大典》,扬州顾农。

11月8日(5)雨,13℃

复徐州汪天风。复顾农。系宴克平于秦淮人家,陪。武大中文系1959年毕业生邹昆山著《彗星光痕》。三夕海南函。

【剪报:《南大报》1996年10月30日第655期齐红伟(汇文学社)《先生的境界》。】

11月9日(6)小雨,19℃

复邹昆山、三夕。得刘梦芙寄评沈涉江、钱梦苕词文,即复之。香港索诗之楷书本。李飞函,报任侠丧事。

11月10日(日)阴,14℃

周勋初来属改文。孙自然及小妹来。二雏来午饭,吃年糕。

11月11日(1)阴,小雨,15℃

为早早改诗一篇。李飞、苏昌辽。

11月12日(2)阴,小雨,风,16℃

改勋初论朱东润文。函高克勤,询重印《诗世界》及《女神》样书。黄进德函。

【剪报:《古籍新书目》第86期《被开拓的诗世界》。】

11月13日(3)多云,12℃

复进德。得李立朴函,允出书;吕永寄回忆棻文;《湘泉之友》寄100元(刊86期);文史馆10、11共200元;石禅函,不拟作序;舒芜妹方敏得赠《笺本》后来函。

11月14日(4)阴,11℃

清《学记》照片,交本栋。

11 月 15 日(5)阴,14℃

陈书录来取去吕永文交《文教资料》发表。傅璇琮来北京电话告病况。腿始疼。

11 月 16 日(6)阴,12℃

复方敏。

11 月 17 日(日),阴转晴,10℃

陈书录借《诗归》(旧)、《唐诗学论丛》。黄进德、高克勤信。汇 100 元与上古买书。吴文治电约为其新书作序。

11 月 18 日(1)晴,11℃

函高克勤询台湾沈书出版社地址。立朴寄来师门文,即交本栋。《湘泉》86 期刊出诗 5 首。

【剪报:《湘泉之友》1996 年 11 月 10 日第 86 期程千帆《诗五首》。】

11 月 19 日(2)晴,16℃

黄希坚、饶大姐来商量宋文典发排事。陶敏函,告治学计划。本栋送来最后订正之《学记》目录。本号 305 徐老师来征询有哪些事需要帮助。

11 月 20 日(3)晴,16℃

复陶敏、吕永。砺锋弟子童强由余荐入思想家中心,今日来见,并送礼。韦文忠来。

11 月 21 日(4)晴,17℃

复黄进德。

11 月 22 日(5)晴,15℃

为校友吴象水作字一幅,以宣纸一刀(100 张)为报,朱家维托书也。

《学记》全部编好，寄立朴。

11月23日(6)晴，15℃

复宏生，寄《学记》目录。得武大陈望衡函，求署所著书签；香港施学概函。于景祥寄书8包80公斤。徐有富、巩本栋赴铁路局取之。《诗刊》11期刊诗五首。

11月24日(日)晴，18℃

砺锋弟子张智华来问。复香港施学概、武大陈望衡。部135元，75%=101.25，45部共4556.25。

【剪报：《南大报》1996年11月20日程千帆《关于文科教学的几点看法》。】

11月25日(1)晴转阴，18℃

赴山西路买裤子、衣服。陈书录出示其新著样本。改程章灿长歌还之。刘梦芙复信，属题签。

11月26日(2)小雨，12℃

复刘梦芙为题一签。

11月27日(3)晴，8℃

胡守仁寄《江西师大学报》所载其论冒辟疆文并附信。汤高才寄古诗系列《海内存知己》。邮局寄书，丽则往取。

11月28日(4)阴，小雨，8℃

复胡守仁。艾朗诺夫人陈毓贤自加州寄《洪业传》中文本。

11月29日(5)阴，7℃

复陈毓贤、横山弘。

11月30日(6)

天纵、天渝两家来午饭。徐耀环台湾信,即复;莫砺锋函,有诗;宏生函。

【剪报:《南大报》1996年11月30日程丽则《做一个素心人》。】

12月

12月1日(日)晴,8℃

改早早大悟诗。

12月2日(1)多云转阴,10℃

寄景祥挂号信。收徐耀环信,即复。

12月3日(2)晴,8℃

函傅杰、告汪先生书事。得宏生信。景祥来电话,《诗文钞》印好待寄,先将《诗文钞》原稿及样书二册寄来。

12月4日(3)阴,小雨,10℃

王小盾携诸生来访,伯伟陪,赠以书。

12月5日(4)晴,7℃

寄弘征,属刻印。陈继明《古典诗词选》题签100元。侯孝琼寄所著《杜诗律法通论》。三夕函。姜书阁函(不复)。

12月6日(5)晴,7℃

复侯孝琼,谢赠书。贺林老师、小鹿叔叔新年(附照片)。刘彦邦美国来函。

12月7日(6)晴,7℃

傅杰寄《集林》7、8册,并函。

12 月 8 日(日)晴,11℃

购得疗病鞋,350 元,即试用。在天渝家饭。下午游新街口,甚倦。得淡芳信,附彦邦信。贾文昭寄来《古籍研究》三本。

12 月 9 日(1)晴转阴,9℃

得辽宁教育出版社寄来《书趣文丛》3、4 辑共 20 本,又《新世纪万有文库》3 本。早早借走罗常培《苍洱之间》和《觉醒》,程章灿借走陈平原《阅读日本》、谢国桢《瓜蒂庵文集》。贵州人民出版社寄全译中四本。周先生带来朱东润百年纪念会赠书二本、蒋凡赠书一本。于辅仁来函,索要《诗论选集》得奖情况、奖状及书评复件。铁路上电话通知,《选集》已到,嘱本栋、有富往取。

12 月 10 日(2)晴,12℃

复辽宁教育出版社赠书。复贾文昭。吴志达函。徐、巩二君代取回《选集》64 套,无换。

12 月 11 日(3)晴,12℃

章灿返自京,携来果脯,又张辉送蕨及发菜。陈平原赠新著《书生意气》。下午赴医院看匡老。许惟贤来,带来万业馨函及果脯。函高克勤。函于景祥,告收到《选集》。耀东来信,求任顾问。

12 月 12 日(4)晴,14℃

复傅杰、吴志达、陆耀东、莫砺锋。史梅请午饭。吴代芳函。《李杜杯大赛诗词选》。

12 月 13 日(5)晴,14℃

贺年片:周本淳。

12 月 14 日(6)晴,16℃

清理送校系同仁《选集》,共 22 套。

12月15日(日)晴转阴,16℃

中午美籍华人谢正光约饭。晚食于天纵家。伯伟取去《选集》,并商孔子资料。吴在庆贺年片。

12月16日(1)阴,14℃

曾广开函。人文书签款50元。匡老中午逝世。

12月17日(2)阴,小雨,8℃

嘱章灿为书挽匡老联。饶大姐来送宋元分典样书。武秀成、严杰取去送系校《选集》。张世林来,赠以《笺本》。

12月18日(3)晴,6℃

邮寄《选集》,清好扎好待寄。昨买浴中宝及电壶,又蛋糕。陈书录来送论文,以《选集》赠之,又令其代送文治。曹虹送水饺,问学生作梅尧臣论文等。严杰欲学吟诗。

12月19日(4)晴,8℃

新送外地书共27套,均已寄出。得黄裳寄《黄裳书话》一本,周金冠函及贺年片,陈贻焮函及贺年片,饶宗颐、张叙之、金玲贺年片,人民政协报约稿(李红艳)。书朱东润诞生百年纪念祝词交勋初。

12月20日(5)晴,9℃

黄进德函。书纪念匡老文。李立朴收到《学记》稿。

12月21日(6)晴,13℃

寄纪念匡老文给张世林。复曾广开、陈一新、吴代芳。

12月22日(日)晴,16℃

复蒋凡、黄裳、陈早春(买书)。下午送匡老殡。得陈望衡贺卡,刘柏丽函。

12 月 23 日(1)晴,15℃

复淡芳、业馨。得贺卡:吴光兴、董健、朱祖延、邓国光、傅杰、贾文昭、任秀金(附函),《人民政协报》约稿,赵吕甫寄来与余行达纠纷之剪报。

12 月 24 日(2)晴,15℃

得李立朴、古籍小组寄挂历,贺卡:林宪章(附函)、湖南省社科院、李庆立、蒋寅、吴肖楠(吴志华女)、李飞、杨翊强。

12 月 25 日(3)晴,17℃

得贺卡:周一良、宗福邦、哈迎飞、吴志达。

12 月 26 日(4)晴,16℃

再函上古邮购部催书。请章灿写信给于景祥。收到齐鲁《续修》10 月份顾问费。

12 月 27 日(5)晴,12℃

函贾文昭寄稿。函蒋寅索《文学遗产》。函黄进德;弘征,谢赠图章。寄《沈祖棻诗词集》两本给李立朴及黄涤明。(贵州人民出版社文史室主任李立朴、副主任黄涤明。)寄照片给周一良、邓懿贺年。高纪言下午来谈《大典》事。钱南秀今日抵宁。得伟华函,万业馨寄蜜饯。

【剪报:《学术信息》第 140 期左江《以文会友,以友辅仁——中文系“素心”读书会活动纪实》。】

12 月 28 日(6)阴,12℃

午约南秀小酌,伯韦、丽则陪。得龚任之函,天眉函。

12 月 29 日(日)多云,8℃

复龚任之。汤高才函,已退休返聘。函于景祥,谈《诗文钞》等事。得贺年卡:雄哥、蔡厚示、周秦、严中。

12月30日(1)晴,13℃

下午统战部开会。得贵州千元,齐鲁《存月》9、10二月300。得贺卡:韵文学会、上海古籍、《中华大典》、于国华(高教出版社)、郑传寅、周来祥、樊凡、周莉(市文联)、许慧玲(南京市府)、王兆鹏、任笃行。

12月31日(2)昙,8℃

为早早等说诗。晚食于蓝雨,尚佳。黄希坚来赠挂历,赠以《选集》。

1997 年

1 月

元月 1 日(3)阴转晴,5℃

赵国璋来。天纵、天渝两家来午饭。伯伟夫妇来拜年,送帆内衣一套、芸手套一双、台月历一,还以干果二色。郭维森来拜年。郁贤皓来,赠以《选集》一套。傅杰打电话来,谈上海文艺出版社拟出有关千帆的书。夕佳打长途来拜年。陈尚君贺卡附函。

1 月 2 日(4)晴,8℃

贺卡:张三夕、李立朴、林继中(函)、宏生。

1 月 3 日(5)小雨霰,5℃

章灿来商《文学史》对联章。复刘柏丽、万业馨。

1 月 4 日(6)阴,小雨雪,4℃

陈书录送来借书及《文化简报》,即托其并稿费 50 元寄吕永。语以雅文学与俗文学之交流,评点为其手段。与丽儿一家西餐。湖南民政干校陈器之来,请任《历代诗歌八百首译注赏析》顾问(长沙香梓路三号省民政干校)。

1月5日(日)阴,5℃

《文教资料》1996年第6期吕永《“易安而后见斯人”——纪念沈祖棻师逝世20周年》。

1月6日(1)晴转阴,5℃

刘重喜求写浦口校区图书室榜及格言。早早及同学来学朗诵。贺采送来丁芒诗集、《瞻园记》拓片,并求题画及手册。黄进德来谈《大典》事。刘婉、贾晋华、胡遐之、刘梦芙有贺卡、函及诗。傅杰约早早编文摘。于景祥夜来电,《诗文钞》及稿费即寄出。

1月7日(2)晴,3℃

为贺采题画,以碑文托裱。为傅璇琮润色匡老碑文,删去十余字而已。得王文才函,已迁居川师大文学所。丁帆索字。

1月8日(3)晴,0℃

复刘婉、贾晋华、王文才、胡遐之。凌萍萍来送蜡梅。周勋初宴钱南秀,我二人作陪,南秀明日返美。左健赠其父诗集一本。

1月9日(4)晴,1℃

邀本栋来商谈写《学苑英华》事。然后复傅杰,并托其办二事。得孔凡章新岁诗十二首,蒋寅信。得林继中托人带来水仙球二。

1月10日(5)晴,5℃

为浦口校区中文系题图书室匾及警语一纸,交早早。复孔凡章、蒋寅。草就《俭腹抄》题记,交早印10份,以其一寄上海文艺出版社。得上海文艺函约稿,交本栋作复。复林继中赠水仙花球。赠浦口书二十余册,又为作字三幅。

1月11日(6)晴,7℃

复孔凡章。志达告得《选集》,又武大内讧事,即复。天纵全家来玩。

函于景祥，再买《选集》15 部。函人文催 50 元稿费。

1 月 12 日(日)晴,8℃

为丁帆作字一幅。

1 月 13 日(1)多云转阴,12℃

修改《俭腹抄》。复高志勤，并告买书 23 部。得施议对《博士之家》及《涉江词》的复印本；辽宁大学出版社寄松浦友久《节奏美学》；陈平原谢寄《选集》，告将赴美。

1 月 14 日(2)阴,微雨雪,5℃

复施议对、陈平原。下午史梅来，送来代裱之竹画，价 40 元，又清词待访书目，拟明日去复印。得黄进德(有关《大典》)、顾农(关于其著作待印情况)函，上海辞书出版社《红豆》稿费 50 元。

1 月 15 日(3)阴,6℃

任继愈、王小盾信，皆谢《选集》；上海辞书寄祖棻稿费 36 元。函于景祥，介绍顾农书。复黄进德书，告已介顾农书。

1 月 16 日(4)阴,7℃

函吴柏森、唐异明(托其电询徐耀环出书事)。

1 月 17 日(5)阴雨,7℃

有富告《广义》教材一等奖已由教委发下，二千元，又扣二百，千八而已。下午统战部戴部长、季处长来谈文史馆请新馆员事。

1 月 18 日(6)阴,7℃

1 月 19 日(日)多云,7℃

得高克勤函，《诗廿界》已寄，沈书尚未出。本栋送苹果一箱，分诸儿。

1月20日(1)晴,10℃

董治安函,吕永函,李立朴函,宏生函。裴斐讣,享年64。砺锋博士生张智华来问。以咖啡送老尹,宣纸送朱寿友,购上衣送小吴女吴肖楠。

1月21日(2)阴转多云,11℃

史梅电告清词待访书目已寄给宏生。

1月22日(3)阴转小雨雪,5℃

希坚送《大典》样本来。函宏生。函饶大姐校《大典》扉页。

1月23日(4)夜雪,2℃

早早取《大典》八百元。

1月24日(5)多云转晴,2℃

砺锋函。本栋得高函,欲易书名,拒之。高国平,上海文艺出版社(上海市绍兴路74号,邮编200020)。

1月25日(6)阴,6℃

丽儿全家来午饭。

1月26日(日)晴,7℃

小晶做生日,赴天纵家午饭(晶生日)。函于景祥介顾农书(挂号)。

1月27日(1)晴,9℃

傅杰函。张高评告寄《宋代文学丛刊》二期。古籍顾问费通知,今后三月一寄,不要回执。

1月28日(2)晴,12℃

复傅杰。得陈继明函,《曹唐诗》已出。王国权来致节敬泉四百。

1 月 29 日(3)晴转多云,12℃

于景祥来电,书款皆寄出。写吴文治求序,成初稿。夕佳昆明函。夜陈平原研究生王枫来,带来陈贻王瑶遗书一册。王枫,北京大学 47/1032(100871)。陈泳超,《南京师大学报》(210097)。

1 月 30 日(4)阴雨,10℃

钞好吴文治序寄出。霍焕明、孙原靖来。省九三馈肉松二盒。省社联馈干鲜果。章灿借《素月楼联语》,又《洪业传》(陈毓贤)。

1 月 31 日(5)阴,10℃

2 月

2 月 1 日(6)阴,小雨转雪,5℃

王长发来赠衣一件。张永桃来送花篮。

【剪报:《光明日报》1997 年 1 月 31 日第 8 版《〈中国传统文化研究丛书〉1—3 辑目录》。】

2 月 2 日(日)阴,3℃

下午文史馆开迎新会,统战部林玉英、戴澄东、季允石部长参加。

2 月 3 日(1)阴,5℃

山东教育出版社约稿,无以应。晴佳来信,木生退休。教委古籍会来信,黄先生日记一万五千元批准。河南南阳读者郭玉琨寄诗。戴澄东部长节敬 1000 元。小红夫妇赠酒饼。

2 月 4 日(2)阴,小雪,5℃

函三妹,寄夕佳 60 寿 200 元。历史文献会费 96、97、98 会费 30 元。去江苏饭店浴,天纵、丽则从。

2月5日(3)阴,4℃

下午高等来谈《大典》事,致礼。屈守元函。贾文昭汇稿费100。

2月6日(4)阴

函曾枣庄贺其先出样本。函高克勤催《诗世界》。得吴志达信。陶友红送饼、花篮。丽则夫妇送玩具、花、酒。吴锦赠洋参片。

2月7日(5)阴雨雪,4℃

春节。郁贤皓、徐有富、朱家维、赵宪章、本栋全家、曲校长夫妇、郭维森、严杰全家、吴新雷、许结(许老4520895)、卞孝萱、陈书录(托以《广义·版本》赠钱小云)来。许永璋、夕佳、吴文治、钟来因、饶小平贺年电话。清水贺年片。古籍小组1—3月1300元。胡遐之寄《敦煌愿文集》并函。贾文昭函已退休,辞《古籍研究》主编。《诗文钞》2月3日交运。

2月8日(6)阴,6℃

天纵、天渝来午饭。吴白匋女来,商出其集之事。陈行素(瀛)逝世,91岁。

2月9日(日)晴,8℃

电有富谈吴白匋集事。函志达,发表《文学通史》事。在丽则家午饭。朱寿友程巧玲夫妇来,并致礼。曾卓长途电话拜年。王博仁广州电话贺年。万业馨信。得天眉函及照片。

2月10日(1)晴,9℃

去天渝家。

2月11日(2)晴,9℃

去天纵家。严杰代取《诗文钞》400册,花去100元。曹虹来谈她的六朝文学,馈脆饼一盒。

2 月 12 日(3)晴,9℃

姚继舜打电话来拜年,他现在编辑室编方志与古籍。下午去未君家看永芬,赠以《诗文钞》一本。

2 月 13 日(4)晴,10℃

成都余志强来访,带来李国瑜信及书法,赠志强及国瑜《诗文钞》各一本。茅一民来访。《大典》办公室赵含昆及黄希坚打电话来,均为在北京开会事。统战部打电话来邀开会,拒之。寄《诗文钞》一本给林从周先生。

2 月 14 日(5)阴,9℃

寄《诗文钞》:陈平原、舒芜、黄裳、傅璇琮、许逸民、启功、钟敬文。得万业馨寄果丹皮。黄希坚电告黄进德,启动费已寄。

2 月 15 日(6)晴,11℃

去看眼睛,马医云尚好,不能动手术。《诗文钞》共寄来 379 本,缺 21 本。于景祥来电话,云可补足,增购的《选集》和稿费均已寄出。山东教育出版社打电话来谈出书事。老白、七姐来拜年,馈点心等四色。王步高打电话拜年。得周退密寄来诗词集。

2 月 16 日(日)晴,8℃

寄书:周退密、臧克家、姚雪垠、施蛰存。退密寄自印诗词。高纪言来商赴京开会事。寄书:王宁、刘乃和、郭预衡、聂石樵夫妇。

2 月 17 日(1)晴,12℃

黄希坚录音。胡令晖索题画。赠书:伯伟、希坚、金克木、陈一新、周笃文、吴柏森、孔凡章、钱仲联、周秦。

2 月 18 日(2)晴,11℃

得辽宁古籍寄来《选集》二包(20 公斤),嘱伯伟通知中文系去领取。

寄《诗文钞》：袁行霈、林庚、葛晓音、钱志熙、霍松林、黄永年、陈继明、马騄程、周一良、田余庆。

2月19日(3)晴，13℃

寄书：赵昌平、高克勤、王元化、傅杰、李国章、黄进德、顾农、王小盾、叶橹，9册。

2月20日(4)晴，17℃

寄书：李立朴、黄涤明、吴志达、胡国瑞、毕奂午、陆耀东、程一中、孟宪鸿、宗福邦、何国瑞、蔡守湘、陈文新、郑传寅、陈顺智、冯天瑜、陈望衡、萧萐父、易竹贤、孙党伯、周晶、孙言诚、张叙之、李健章。陈致自京寄补药三匣。高克勤函寄书，又询买沈书二种重印本事。郑尚宪来谈吴白匋集校理事。

2月21日(5)晴，18℃

得陶敏信。发武大《诗文钞》12册。

2月22日(6)晴，15℃

函于景祥、万业馨(附在《诗文钞》内)。发《诗文钞》：湖北大学6册、张叙之、曾卓、骆文、黄瑞云、侯孝琼、陈早春。丽则夫妇来饭。林林寄《扶桑续记》，即复寄《诗文钞》。朱寿友送图章来，即托其将石学鸿之书带去，并赠以《诗文钞》一本。

2月23日(日)阴，10℃

寄《诗文钞》：白敦仁、刘君惠、萧效农、屈义林、周虚白、姚继舜、胡守仁、陈帆、王淡芳、刘彦邦、刘国武、陶道恕、朱寄尧、曾枣庄、王仲镛、屈守元、王文才。统战部朱云春来送图章。天渝一家来饭。

2月24日(1)阴，12℃

寄《诗文钞》：张瑞洁、吴代芳、湖南图书馆、杨翊强、张实、朱正、弘征、陈云章、钟叔河、胡遐之、吕永、姜书阁、羊春秋、陶敏、刘立介。赵瑞蕻研究生黄乔生、范东兴来访，各赠以《选集》《诗文钞》各一。得舒芜函。于景祥来电话，云稿费、《诗文钞》原稿均尚未寄出。

2 月 25 日(2)阴，12℃

校内共赠 55 本(张伯伟、巩本栋已先送)，52 本托武秀成、严杰代发，叶子铭 1 本已送家中。赠南师大 12 本：陈书录、吴锦、顾复生、徐复、钱小云、郁贤皓、金玲(陈虹)、霍焕明、钟振振、陈美林、吴调公、金启华。(托陈书录代发。)陈纳逊师逝世，享寿 104 岁，代生物系作联挽之：

七十载赞育亿成，生命学科推祭酒；

一百年光风霁月，熙朝人瑞是先生。

余与芸均尝从受业，今后更无业师矣(余尚有一林从周先生)。

2 月 26 日(3)阴，12℃

寄《诗文钞》本市 9 本：吴文治、苏昌辽、万放、李飞、李子建、丁芒、俞律、冯亦同、宋词。陶今雁江西师大寄诗集，陈平原信，吴柏森诗四律。高纪言来谈北京之会。早早取沪要《诗世界》23 本。

2 月 27 日(4)阴，11℃

寄《诗文钞》：张文勋、杨文翰、韦其麟、林从龙、高文、郝延龄、陈致、陶今雁。函高克勤，购《赏析》10、《七绝诗》15。

2 月 28 日(5)阴，小雨，10℃

得舒芜文集《未免有情》，陈继明《曹唐诗注》。黄希坚送来北京录音带三盘、泉 300 元。陈书录取去赠南师诸友《诗文钞》十二本。寄《诗文钞》：本校汪越、吴光兴、王继志，北京曹月堂、陈翔华、阴法鲁、敏泽、廖仲安、周绍良、顾学颉、丘良任、周振甫、赵朴初、杨金亭、徐放、王湜华、冒舒湮、马少波。

3月

3月1日(6)昙,12℃

以书交友红转张智华。寄《诗文钞》:孙钦善、王以铸、曹道衡、钱默存、郭锡良、林岫、邵燕祥、吕剑、林锴、冯其庸、王利器、葛兆光、杨宪益、蒋健兰、赵丽雅。凌晨起腿剧痛,不良行。

3月2日(日)昙转晴,14℃

寄《诗文钞》上海17本:魏同贤、钱伯城、朱金城、何满子、金性尧、陈邦炎、徐中玉、钱谷融、王运熙、顾易生、吴金华、章培恒、陈尚君、钱鸿瑛、徐培均、彭鹤濂、王辛笛。函上海文艺出版社高国平;陈平原(告章门弟子情况);舒芜,谈《未免有情》书中事。函文史馆韩文忠。丽则一家来午饭。

3月3日(1)晴,13℃

寄《诗文钞》:蔡厚示、李可蕃、赵玉林、吴在庆、周祖譔、林继中、袁第锐、张松如、李汝伦、陈永正、黄伟经、方咏莪、黄秋耘、罗宗强、贾文昭、徐味、刘梦芙、宋亦英、刘逸生。得莫绍裘函,收到《诗文钞》;顾农函,寄《建安史》提纲;曾枣庄函,关于《大典》事(已转给高、黄)。

3月4日(2)晴,15℃

寄《诗文钞》:董治安、王绍曾、殷正林、马瑞芳、周来祥、蒋维崧、宋谋玚、孙玄常、曹大铁、周本淳、张汉怡、程士名、周伟民、张三夕。寄国内《诗文钞》粗毕,共寄出289本,余80余本。得武大李中华《楚辞学史》。读舒芜《忆台静农先生》一文,内有台赠舒之对联,是元遗山诗句:

忽惊此日仍为客;
却想当年似隔生。

3月5日(3)昙,18℃

复陈继明,收到《曹唐诗注》。

3 月 6 日(4)

3 月 7 日(5)

陈一新、李庆粤来,留午饭,程章灿、吴光兴、早早作陪,伯伟有事。一新亦颇衰,目尤甚。钟振振寄所为诗文。温州任士镛寄 25 元买沈。

3 月 8 日(6),20℃

复钟振振寄诗文。贺采托裱画,个体户陈西民送来托裱《瞻园记》拓片,为贺采书写之对联亦托其带去。上海文艺出版社高国平来函,同意仍用《俭腹抄》书名。

3 月 9 日(日)阴,雷阵雨,16℃

函立朴询《学记》事。得黄进德、扬之水、陈帆、方管函。方函询早早为祖棻作传记事。

3 月 10 日(1)阴,19℃

发黄进德、舒芜函。寄丁芒《沈集笺本》,代四川岷峨诗社寄《春雨集》与周退密,寄《唐代文学史》主编乔象钟、陈铁民、吴庚舜、董乃斌等四人《诗文钞》各一册。得张宏生、霍松林、傅璇琮、丁芒函(附陈靖文),《唐代文学史》两本。

3 月 11 日(2)雨,15℃

复傅璇琮、霍松林。吴志华送来《文史研究》十本、仲贞子赠画册一,回赠《诗文钞》一本。

3 月 12 日(3)阴雨,10℃

以《诗文钞》寄仲贞子。章灿来谈以《文学史》稿寄武大事。得砺锋韩国函,中玉函,林先生函,钟叔河函。舒芜打电话来问邀早早写沈祖棻传事。

3月13日(4)阴,14℃

复莫砺锋、张宏生。得苏者聪、李旦初、张叙之函。

3月14日(5)阴,小雨,13℃

臧克家寄《评论集》,弘征寄印谱。丽则来谈早早事,少不更事乃至于是。函万业馨询研究生转学事。得顾学颉函附诗,顾农函附《文选与文心》稿,杨翊强函附《阴符经》。

3月15日(6)阴,13℃

复杨翊强。去天纵家看机器并购一具带回。得王运熙函。

3月16日(日)阴,13℃

得吴志达函;刘梦芙函,刘已调北京《中华诗词》任编辑。早早、郑鹏飞来。

3月17日(1)晴,12℃

复刘梦芙(周笃文转)。罗宗强研究生张峰屹代收赠罗《诗文钞》。周秦代收钱老及其自己《诗文钞》。周本淳《诗文钞》又附二诗。吴金华收章培恒、陈尚君及己《诗文钞》。胡遐之未收到《诗文钞》,索取。孙琴安求题《古代文学名篇赏析》。黄进德扬州信。

3月18日(2)阴,9℃

为杨克平等作字二张,克平已于昨到宁也。汉生小妹来。立朴自京来电话,《学记》待二季度出,顾农书4月中定去取。王淡芳来信收到《诗文钞》,并寄近诗,中有伤印唐一诗,佳。印曾窜辽沈,我不知也,伤哉。

3月19日(3)阴雨,10℃

为杨克平等作字三幅。得周退密、王绍曾索书书签。韩国赵诚焕索材料,将以《学记》寄之(韩国庆北庆州市忠孝洞25番地庆州专门大学中国语通译科)。

3 月 20 日(4)晴,12℃

舒芜函。将致克平、石禅书、礼物交徐有富。上古寄来《七绝诗》15 册。蔡厚示寄《唐宋词鉴赏举隅》。张高评寄《宋代文学研究集刊》第二册。《存目》寄顾问费 300 元。毛大风函,丘良任函。

3 月 21 日(5)阴,10℃

系里开接受黄—杨奖教金会,参加并讲话。王庆元从武汉来,商议为黄先生诗文集出版事。黄希坚送扬州开会的请帖来。得吴在庆函,收到《诗文合钞》;丁帆函,谢为其所作字;胡遐之函,孙钦善函,黄伟经函,均收到《诗文钞》,黄并要作字;李旦初寄《中国新诗流派》。

3 月 22 日(6)阴,12℃

贺采来,取去为陈西民所写之字。早早、小燕来午饭。为周退密、王绍曾各写书笺一。

3 月 23 日(日)晴,16℃

为黄伟经、肖红芸写字二条。得朱寄尧函,收到《诗文合钞》;傅杰函,施蛰存小说已寄来。去太平路午饭,并购衣二件、笔纸若干。

3 月 24 日(1)阴,15℃

寄周退密、王绍曾、黄伟经字。寄于景祥(附顾农目录)。得徐复《后读书杂志》,《吕剑诗存》。克平来行拜师礼,又宴于南芳园,系中同人陪,另徐州师大冒昕教授、瞿秋白侄×。

【剪报:《光明日报》1997 年 3 月 19 日第 2 版《"迎接香港回归祖国诗词大赛"获奖名单》。】

3 月 25 日(2)阴,10℃

复张高评、蔡厚示、张三夕、李旦初、吕剑、李健章。将南韩赵诚焕来函交巩本栋处理。

3月26日(3)阴,13℃

函于景祥(《诗文钞》材料)、顾学颉、傅杰、王淡芳。又函王绍曾询衍波、蓉渡出处,傅杰所问也。又周本淳、胡遐之。本日计发八封。得顾农、蒋健兰函。新雷电话谈《宋史》事。

3月27日(4)晴,18℃

收到人民文学出版社题字费50元(《魏晋南北朝文论选》)。林庚函附诗一首。以白敦仁信二封及庞先生集一册,作书介绍傅杰、王元化,冀能推荐出版。

3月28日(5)阴,16℃

复顾农论诗。早早母子赴沪。芸小病。

3月29日(6)晴,18℃

退密书,脱“鼓”字。

3月31日(1)

得公木寄主席诗词笺;黄瑞云译《老子》;韦其麟信;陈云章信;钱鸿瑛诗;傅杰信,即转白敦仁。

4月

4月1日(2)雨,15℃

函傅杰,告已函白敦仁。黄希坚来送黄进德《大典》框架。王利器函,王绍曾函(收到书签),曹月堂函。于景祥电话,诸事皆大体妥办。《诗文钞》可出版,《建安史》同,稿费略增,发票即寄,周《文评史》四月出。苏必扬介绍台“清华”中文系约讲学半年,却之。主任朱晓海,不详其人。以吴白匋诗词稿托伯伟交朱家维，又以周维培表格交张。

4 月 2 日(3)雨，18℃

晨作字一幅赠台湾“清华大学”朱晓海，以示礼貌。函贾文昭，索三夕校勘记题词，以补《诗文钞》。于景祥电话，《诗文钞》《建安史》均定。顾农再寄学报文二册。

4 月 3 日(4)阴，小雨，15℃

函傅杰，谈蓉渡事。函顾农，告《建安文学史》已成议。今日吴泽晶、朱家维与出版社谈。得黄伟经函，为收到字而复。得姜书阁、李国瑜函，国瑜索字；王兆鹏函。

4 月 4 日(5)阴，小雨，12℃

函于景祥，请通知顾农。复李国瑜。得顾易生、吕剑、蒋寅、孔凡章函。文史馆小丁取去校样和为其所作字。老史请为苏州旅游局主任何松明作条幅。

4 月 5 日(6)晴，15℃

天纵、天渝两家来聚。宁健从自行车后座摔下跌伤，去医院照片。陶友红来赠新茶一盒。函李立朴，寄去顾农之文章；黄希坚，附照片与简历；孔凡章，寄《文史研究》一本；上海医科大学耳鼻喉科医院卫生部听觉医学重点实验室，咨询关于电子耳蜗事。函高克勤催书。

【剪报:《电子耳蜗可使聋者复聪》。】

4 月 6 日(日)晴，19℃

函曹月堂、陈一新、吴晓斌。又周勃附徐正死讯。

4 月 7 日(1)阴，23℃

胡守仁信。赴玄武医院视宁健病。

4月8日(2)阴,15℃

吴志达函。韦其麟寄诗集。寄景祥等人信8封,均复印,并要其速寄顾农书稿稿费。蒋健兰寄记录李紫贵回忆录《忆江南》,黄伟经杂文集《告别万岁》,皆佳。

【剪报:《光明日报》1997年4月5日第5版《重庆市文史研究馆启事》。】

4月9日(3)阴,18℃

复韦其麟、蒋健兰(都收到书),又黄伟经。胡守仁赠七古一篇,即复。以《文学史》三章寄冯天渝。

4月10日(4)晴,19℃

蒋树声任校长。张辉寄枸杞子、八宝茶。吊匡老文稿费45元。得张三夕函。

4月11日(5)晴,22℃

复谢张辉。邵燕祥函,附辞中华诗词会名誉会长函。高克勤函,告沈书台版无消息。

4月12日(6)

丽儿母女来午饭。本栋告立朴电话,稿已送厂。

4月13日(日)晴,24℃

赵玉林收到《合钞》,寄一诗。代本栋拟致作者信,开出全部地名近80人。

【剪报:《光明日报》1997年4月12日第4版《〈中华大典文学典·宋辽金元文学分典〉即将出版》。】

4月14日(1)多云,22℃

董乃斌函,周伟民夫妇函。川大周裕锴博士论文退还。蔡厚示函告已收《诗文钞》，转赵玉林、李可蕃二老。陈翔函，收到《合钞》。曾广开托柳士镇带来茶叶一盒。

4 月 16 日(3)晴，24℃

林继中、孙东临寄书；钟敬文 95 寿辰；贾文昭函；高文函。朱家维告杨奖教金及白匋集事均已办妥。肖红芸送一花篮答谢。

【剪报：《南大报》1997 年 4 月 10 日《“黄侃——杨克平”奖教金捐赠仪式在校举行》。】

4 月 17 日(4)阴，22℃

寄字与钟老。

4 月 18 日(5)阴，20℃

得贾文昭、刘乃和信。冯保善送来《诗词集笺本》样书二册，系第二次印三千，共五千。得白敦仁、周勃、李飞。

【剪报：《文汇报》1997 年 4 月 15 日金克木《似花还似非花——纪念诗人沈祖棻》。】

4 月 19 日(6)多云，20℃

写字寄周笃文，赠山东学生书一册(《古代辞赋》)。

4 月 20 日(日)小雨，19℃

写本栋要字 5 张毕。复林继中、孙东临、杨翊强、周勃。得黄伟经函，杨天堂去岁死矣。以《笺本》寄伟经，又丁芒。得《百年潮》杂志郑惠函，又砺锋函。

4 月 21 日(1)阴，18℃

接李立朴函(已转给本栋)；侯孝琼函，收到《诗文钞》。郑惠函转给早早。砺锋函转给本栋。下午去扬州。复李立朴，谈征求作者同意事。

4 月 21—23 日

在扬州开会。

4 月 24 日(4)多云,18℃

得安庆师院寄来《史通》题辞,何满子信,邵燕祥等三人诗集。

4 月 25 日(5)晴,23℃

本栋开始发信。寄江西江心清、刘梦溪《合钞》各一册,江《笺本》一册。

4 月 26 日(6)晴,24℃

周勃寄茶叶。以《诗文合钞》稿寄景祥。

4 月 27 日(日)晴,24℃

去夫子庙吃豆皮,已无,为小燕买一睡衣,30 元。周笃文来信,收到草书,要照片签名,即寄之。

4 月 28 日(1)晴,25℃

以文 6 篇寄刘梦溪。函傅璇琮,请印《国故论衡》。冯保善送来《笺本》30 册,七折 420 元。加印 8%,3000 册,1439.04 元。

【剪报:《中国文化报》1997 年 4 月 8 日“书与人”专刊程千帆简介及照片(侯艺兵摄影)。】

4 月 30 日(3)晴,30℃

复张文勋、贾文昭、白雉山、朱明伦。以《合钞》寄 1. 郑惠、2. 朱明伦、3. 白雉山、4. 欧阳克难、5. 何永沂。伯伟明日赴韩,来辞行,带去《合钞》五册。严杰受南京出版社托求为雨花台集序,辞之。

5 月

5 月 1 日(4)晴,27℃

以《合钞》10 册交郁贤皓先生带湘会,赠台学人。以《合钞》寄章品镇、马得。复谭任杰、莫砺锋。收《古籍研究》100 元。

5 月 2 日(5)晴,30℃

陶新民任《古籍研究》主编,征求意见。美林生日,买大蛋糕祝之。

5 月 3 日(6)晴,31℃

整理寄美《合钞》,拟托笑梅带去。冯其庸先生夫妇来访,赠新疆摄影考古影集,极精美。

5 月 4 日(日)晴,32℃

函周晶,请任笃行校《广义》。傅杰来信,庞先生集在联系中。曹虹信。吴代芳信。

5 月 5 日(1)晴,33℃

宏生信。朱晓海函。《大公报》荣誉证。函汪越。

5 月 6 日(2)阴,雷雨,30℃

得傅杰函,又庞朴等书二册。

5 月 7 日(3)阴,小雨,25℃

复傅杰。昨立朴来电话,告处理《学记》稿件署名问题。以相片、书名题签及作者小传交本栋。文史馆王馆长来,送《吴文化资源》《吴地 360 行泥塑》,高燮初索题《不了斋碑文集萃》签。袁第锐属题《恬园论史绝句》。

5 月 8 日(4)阴,24℃

为《不了斋》《恬园》题签,即寄出。函傅杰,告汪师书未错。填写《选集》申报省奖。某君嘱题汉画拓本神龙图。以《合钞》寄台朱晓海,23 元。黄进德自扬州来,交魏晋南北朝名单。托本栋填社科申请奖表格。

5 月 9 日(5)晴,24℃

曾卓夫妇来访,赠武汉诗友《诗文合钞》5、《笺本》5。又赠曾《笺本》1、秦俑 1。黄伟经收到《笺本》,复谢。任继愈寄论八股短文。

5 月 10 日(6)小雨,阴,22℃

函于景祥询各事。开始脚胫痛,不能行。

5 月 11 日(日)小雨转多云,23℃

复任继愈。张伯伟父母来访(母姓周)。小鲲夫妇、真真来,代其母请我们二人在蓝雨吃饭,庆祝母亲节。

【剪报:《钱锺书先生作品书信征集启事》。】

5 月 12 日(1)阴,24℃

程章灿陪同去省中医院看腿痛,已连痛三日,不能行走。医云系旧创受凉所致,贴一膏药,并内服药。万业馨托朱家维带来杏脯、果丹皮各一包。萧效农来,赠茶叶,带到君惠函。《选集》评奖,本栋办,交林。晚威克又来为痛脚作气功。得霍松林函暨为香港回归所作赋。

5 月 13 日(2)阴多云,25℃

晨为曾卓及道深夫妇作字两幅。又写本栋一幅,佳。得学颉寄文四篇。海军学院张明要横幅。得曹月堂函。

5 月 14 日(3)

发霍松林、傅璇琮、白敦仁、顾学颉信。

5 月 15 日(4)小雨,多云,31℃

复曹月堂、张宏生。修抽烟机。有富来示周晶信,交赠书名单。

5 月 16 日(5)晴,30℃

早早取药,令其买《群经大义》。省电台李建勋来采访。发宏生、曹月堂信。

5 月 17 日(6)晴,29℃

函傅璇琮,更正吊匡文误。函复山大庄大钧,谢正引诗之误,附赠字一张。复徐味谢赠茶叶,赠字一张。小燕姐妹来吃牛排,小燕带来杭州茶。函吴志达告近状、出版情况。

【剪报:《中华读书报》1997 年 5 月 7 日第 5 版程千帆《匡老!是您给了我二十年的学术生命》。】

5 月 18 日(日)多云,30℃

得杨翊强函。天渝一家来午饭。

5 月 19 日(1)晴,30℃

复翊强、万业馨谢赠果脯。得万业馨函,周晶函。上古结账扣买书,得 232.44 元。

5 月 20 日(2)晴,30℃

绍良 90 寿辰文集、《中国文化》14 收到。函立朴,《学记》事。

5 月 21 日(3)多云(夜雨),28℃

复张汉怡、周晶、周绍良。何永沂寄诗多首。

5 月 22 日(4)阴,28℃

致立朴、何永沂。得砺锋信,《存目》顾问费 150 元,上海古籍稿费,洪源寄旧诗集《韶华情》。

5月24日(6)晴,31℃

复杨坚、吴志达、白敦仁、刘向东、陈一新、广东诗人唐惕阳《合钞》一册。

【剪报:《南大报》1997年5月20日《1997年国家级教学成果奖揭晓 我校10余项教学成果榜上有名》。】

5月25日(日)晴,30℃

得刘梦芙函。黄念宁因在江苏教育出版社出先师《尔雅疏》来宁。

5月26日(1)晴,33℃

得武大《人文论丛》收稿函;毛谷风函;《诗刊》5月号,刊丽则诗一首;杨敏如函告寄宪益《三家诗》;佟培基寄《唐诗重出考》。复毛谷风。寄《合钞》与熊盛元。南师大朱晓进送来钱理群编诗集,中有程沈诗各数首,表示同意签字。

5月27日(2)晴,25℃

以立朴电话告本栋。以《合钞》《笺本》寄杨敏如。以《合钞》寄洪源。复佟培基,寄赠《诗世界》。

5月28日(3)阴,26℃

黄念宁来谈季刚师出版《尔雅》。陈书录来送徐复《后读书杂志》。原靖送来其父保存之祖棻函及朱自清函。

5月29日(4)晴,28℃

艾妹夫妇来辞行,赠西洋参等物,还赠茶叶与花粉。函市领导,请处理违章建筑。陶爽三子:陶域、陶大龙、陶哲;女:陶琳。寄挂号信与景祥,请汇15000元,并告章灿请打电话,并登记长途及国外。

5 月 30 日(5)晴,29℃

晨小海自京打长途来,云昨晚已到达,拟六月七、八日来宁,十九日飞机回美。托王恒明去电信局为我们家登记打国内外长途。《百年潮》主编郑惠来访,赠以祖棻书五册、《考索》一册。收到《中华读书报》稿费 120.00。

5 月 31 日(6)晴

复北大国际会议,不出席。复杨敏如。得振甫函,振甫脑溢血病愈出院。

6 月

6 月 1 日(日)阴,30℃

余作书与张明,中文系研究生,在海军学院。张今日托丽则赠茶叶、人参丸,行当赠以书。天渝全家在此午饭。理发,又取《中华读书报》款 120.00。有富送来《典藏编》样,即加函转山东周晶(寄费 25.50 元)。

6 月 2 日(1)晴,28℃

得唐翼明台北函,《古诗考索》台版事。王宁寄《训诂原理》。章灿昨夜告,景祥对付款事允照办。

6 月 3 日(2)晴,30℃

景祥来电,款即寄。复王宁谢新书。

6 月 5 日(4)晴,34℃

贾文昭来函。李立朴电,接受顾农稿,《学记》再校中,即寄本栋,即函顾。东方出版中心来函,拟选用《关于对联》《校勘略说》两文,入国学论文选,已函复同意。本系博士后刘为民来信求教。

6月6日(5)阴,34℃,傍晚雨

徐雁、《东方文化周刊》主编×君,《服务导报》"淘书"栏主编赵允芳来。汉怡来赠李圣和诗影印册,又携一友,未通姓名,照相多帧。

6月7日(6)雨,28℃

为文史馆写迎香港回归书画精品展展头。夜10时,小海等由北京乘机抵宁。

6月8日(日)阴微雨止,26℃

全家午聚蓝雨酒店,宁健足伤未来。得黄进德信。

6月9日(1)阴,小雨,28℃

得刘梦芙函,孔凡章欲余为祖棻作年谱,以为其赋长诗之资,拒之,即复。

6月10日(2)阴转多云,26℃

得何永沂函。与小海一家游瞻园、夫子庙,吃点心而归。农行收到景祥寄稿费15000元(有零数)。以赴美机票及《诗文钞》交笑梅。

6月11日(3)晴,32℃

小宁送来辽宁稿费15781元。以字一幅与刘重喜,一幅与刘为民,《笺本》一册与张明。《江海学刊》四十周年题词(许总)。七七级毕业班题词(刘重喜)。

6月12日(4)晴转阵雨,33℃

晚在天渝家饭。

6月13日(5)阴,31℃

复熊盛元、胡迎建、张三夕。复新华出版社文教室李树林、曹虹。

6 月 14 日(6)晴,33℃

全家聚会于秦淮人家,家宴,卡拉 OK。饭后全来我们家里,或唱歌,或打扑克,或下围棋。晚间以粥与馒头飨之。此小海回来后第二次聚会,同时祝真真十岁生日。

6 月 15 日(日)晴,32℃

写祝贺《江海学刊》创刊四十周年题词,寄许总。

6 月 16 日(1)晴,32℃

在赖汤元饭。得韩梅村函,屈义林 90 书展。

【剪报:《深圳周末文艺》1996 年 9 月 27 日第 3 版韩梅村《我读程千帆教授》。】

6 月 17 日(2)晴,33℃

小海赴沪返美。寄《合钞》与章品镇。复曾卓、韩梅村。

6 月 18 日(3)阴,30℃

伟华来,午在大排档饭。

6 月 19 日(4)阴多云,30℃

收长沙诗协 200 元。复陈继明。复诗协收款。得吴志达、张群华函,周笃文寄来《世纪之光》稿费 1000 元。

6 月 20 日(5)阴,30℃

复吴志达。芸与伟华、天渝、尉淑玲共去扫强姐坟。打电报贺屈义林九十岁书画展。王步高来送《唐诗三百首汇评》一本,给早早。

6 月 21 日(6)阴,32℃

宋亦英寄诗集。

6 月 22 日(日)多云,33℃

函景祥,催发票。为陆华推荐文史馆员。晚率小婉一家在金陵大排档晚饭。

6 月 23 日(1)多云,33℃

复函周笃文,收到稿费 1000 元。参加学校应届毕业生毕业典礼。黄瑞云收到《合钞》,寄来诗 81 首,可观。复宋亦英,又另闲人信。

6 月 24 日(2)

6 月 25 日(3)多云,32℃

薛兵、赵允芳来,送《东方文化周刊》。

6 月 26 日(4)多云,36℃

于景祥打电话来云,《选集》出版奖初评已评上,发票已寄出。

6 月 27 日(5)多云,30℃

黄希坚来送照片(在扬州摄)及简报。扬州图书馆刘馆长打电话来,云《合钞》手抄三本已装订好,明日有人送来,装订费共 240 元。

6 月 28 日(6)晴,32℃

扬州师院应届毕业生张淼送来装订好的《合钞》手抄本三份,装订极好,并带来黄进德信。

6 月 29 日(日)

复唐异明、黄进德、《四库存目》工委会。辽海寄发票:① 系 10,② 文献所 45。① 872.5,② 3948.75,共 4821.25,65%。

6 月 30 日(1)

赴天纵家晚饭。

7 月

7 月 1 日(2)阴,32℃

香港回归。

7 月 2 日(3)晴,33℃

章灿代报《选集》发票(系及文献所 4821.25 元)。

7 月 3 日(4)阴,35℃

念宁来电告交涉黄师《雅疏》事,有波折。

7 月 4 日(5)多云,34.5℃

三部《诗文合钞》已题写完,盖好章,一切完备。

7 月 5 日(6)阴雨,31℃

竟日小雨,气候转凉。早晨去南芳园早点,两人竟然皆觉行路困难,因数日高温,未出行所致,以后尚需多走。念宁又来电告,江苏教育同意出《黄侃选集》,除已出版者外,皆拟由该社出。得天眉函,寄来照片一张,甚美。

7 月 6 日(日)阴雨,25℃

以《俭腹抄》交本栋改寄。念宁来出示与江苏教育合同。

7 月 7 日(1)阴,30℃

章子仲返自美,8 日中午来。

7 月 8 日(2)阴,28℃

子仲来。蒋校长派张士朗来了解黄公日记出版事。美𬭚送轮椅来。

7月9日(3)阴,30℃

与勋初谈黄公日记事。得王小盾新印博士论文。

7月10日(4)雨,27℃

复王小盾。为李灵年撰清代别集书目序成,命早早抄印三份。得黄进德函,晚唐本月中旬毕功。以为李灵年书序寄王绍曾。

7月11日(5)阴,27℃

函吴志达,询黄公日记事。函立朴,《学记》事。收辽宁教育出版社寄书一箱,邮编110001。中午全家聚。陆华赠画一幅。聂春圆、朱广华索字(天渝)。

7月12日(6)

函吴志达、李立朴。

7月13日(日)

7月14日(1)阴雨,27℃

以《史通》及清人别集序二文交本栋,补入《俭腹抄》。函傅杰,本栋已将《俭腹抄》寄沪。

7月15日(2)阴雨,27℃

发文史馆辞职信(王葆权、陈郑)。舒芜函告长文载《新文学史料》本年2期,即向叶子铭借读。威克明日北行。

7月16日(3)阴雨,30℃

勋初来,交阅《册府元龟》序。砺锋韩国函。吴新雷转交宋谋玚函,询汪先生《点将录》事。丁芒托人带来一书,属写序,拒之。

7月17日(4)阴转雷阵雨,30℃

复丁芒。复莫砺锋。为丁芒友书扇面。周退密之侄曾盛(住南京中央门外新联机械厂,电话 5311110—3772)来索沈《诗词集》、余书《诗文合钞》各二册去。

7月18日(5)阴雨,32℃

管嗣昆取去黄先生日记校抄稿全部两大包。

7月19日(6)

去天纵家。李灵年收到所撰序。

7月20日(日)雷雨,34℃

天渝一家来。志达电话,告念宁事。李灵年电告其书乃与杨忠二人合编,要改其序,拒之。后又允焉。

7月21日(1)雷雨,36℃

章灿来属题其八代诗选。王绍曾信转李灵年。

7月22日(2)雷雨,35℃

戴澄东来,属荐贤。为章灿题八代诗选。早早赴盐城。丽则腹泻。

7月23日(3)雷雨,36℃

得志达函,舒芜函。

7月24日(4)晴,34℃

发戴部长荐陆文夫函。寄《湘泉》《诗论集》一册。收台湾“清华”朱晓海函。

7月25日(5)晴,33℃

王馆长来,属为刘昌裔作文。蔡守湘函,蒋寅函。立朴寄来《学记》校样。

7月26日(6)多云,35℃

李灵年来送还王绍曾信,并赠花篮与茶叶。为文史馆刘昌裔书一横幅。复函蔡守湘与吴志达(合一信)。上海文艺来函,稿收到,正看。

7月27日(日)阴,35℃

横山及其女弟大平来,致礼。有富来,以王绍曾函交之。

7月28日(1)阴,35℃

复曾枣庄。

7月29日(2)阴,36℃

与本栋改好《学记》,由其寄出。丽则去兰州,与200元。

7月30日(3)多云,33℃

函舒芜。得退密函,收到其侄曾盛带去书二册。得陶今雁、宋谋玚函,《龙门阵》百期。即复宋谋玚。以宋文一篇转卞孝萱。

7月31日(4)晴,35℃

复廖仲安。

8月

8月1日(5)晴,36℃

复蒋寅。伯伟夫妇自韩返。得高增德函,问自传事,已复。立朴来电话,已收到《学记》稿,拟再校一次。

8月2日(6)晴,35℃

天纵60生日,往贺,小燕侍。翊强函。伯伟来,谈黄先生日记事。

8月3日(日)阴雨,34℃

复翊强。黄念宁来电,欲索稿,已与诸人商。本栋来,《俭腹抄》审稿毕,有商量处。

8月4日(1)雷雨,32℃

蔡守湘函,胡遐之诗,冯亦同评叶庆瑞诗集。廖仲安寄《新编唐诗三百首》。香港王一桃寄诗集,要沈《七绝》。辽宁刘维治要沈《选集》。陈平原函。

8月5日(2)多云,32℃

寄《沈祖棻选集》给刘维治,《唐人七绝诗浅释》给香港王一桃。函廖仲安、周晶、冯亦同。得傅杰函,庞石帚集已交杭大。

8月6日(3)阴,32℃

复陈平原、傅杰、黄进德。致白敦仁(附傅杰信)。收张三夕、舒芜函,刘浩歌二书。

8月7日(4)晴,32℃

为刘浩歌、黄坤尧各作一字幅。复三夕,并将傅杰信转去。

8月8日(5)雷电,31℃

作字一幅与舒芜。复蔡守湘。

8月9日(6)晴,31℃

天渝全家来午饭。

8月10日(日)晴,34℃

寄王与施议对及《诗文合钞》,7.50元。

8 月 11 日(1)

8 月 12 日(2)

得顾农信。

8 月 13 日(3)

得徐州纺南街道七号楼 1—101(221006,邓心慈寄)汪天风、邓心慈编《天心集》,94 元一册,亦灾祸之尤也。傅杰函。

8 月 14 日(4)多云,31℃

复邓心慈函,谢其赠书。得芜函,得题字。丽则夫妇自兰州返。题庞石帚集书签寄傅杰。

8 月 15 日(5)

全家来饭。得黄念宁信(附蒋信)。

8 月 16 日(6)多云,31℃

得曾枣庄、黄进德、杨翊强信。复印黄念宁致蒋信各 7 份。起草复黄信,致杨克平信,令早早明日打印。万放刘舒夫妇来,馈以人参。念宁晚来电话告情况变化。

8 月 17 日(日)多云转阴,30℃

函高纪言商发奖金事。巩本栋来还书,并送上海文艺出版社合同书来,签了约。

8 月 18 日(1)阴,台风,阵雨,28℃

草致高纪言函,复印寄北京及六主编。复念宁。发高信:1. 李彦、2. 任继愈、3. 董治安、4. 曾枣庄、5. 黄进德、6. 吴志达。小妹送孙望稿来。

8 月 19 日(2)阴雨,28℃,台风

伯伟来,以日记、《大典》事托办。武大校党委书记任心廉,(027)7882710 转 2963,校长侯杰昌,转 4438。

8 月 20 日(3)阴转晴,27℃

台风过去。伯伟入学,事先交函周、许。

8 月 21 日(4)晴,29—30℃

《大典》开会。史梅来,携去二件字画裱。周先生来,谈黄先生日记事,并送手表一只。巩本栋打电话来云,李立朴寄来合同,稿费千字 25 元,今年十月底前出版,巩已签字寄去。许惟贤来,谈日记事,赠以戴东原集。原靖来,送孙老遗稿。

8 月 24 日(日)阴,小雨,30℃

许结来商黄师日记、照片事。白敦仁函。天渝夫妇来午饭。黄进德函。三夕函及文一篇。

8 月 25 日(1)小雨,32℃

编好孙望选集,交小妹抄写。选好黄师日记照片付许结,交周、许二公看。今日出伏。复何永沂、于乃义妻简惠英、韩梅村。得宋谋玚函,谈其写作计划;刘为民,拟来访;刘维治,要求字一幅;甘肃康县两河小学张开瑰函,索书;荷花文艺社,索书;合肥玻璃总厂周忠荣函,自称购得一民末报刊;人民政协报《学术家园》版责编李红艳寄来 97.7.28 报一张;晓雪寄资料集一册;北师大寄汉字所快讯二册。

8 月 26 日(2)阴,小雨,28℃

寄山东滕州荷花文艺社《合钞》一册。甘肃康县两河小学张开瑰《合钞》《笺本》《赏析》《诗廿界》共四册。得张开瑰信,转国务院信访办;上古赵昌平。复昆明晓雪寄《专集》。

8月27日(3)阴,30℃

为刘维治作字一幅寄之。得陈继明函。白敦仁代王仲镛寄所编曹纕蘅诗集。胡公石副馆长25日逝世,享年87(虚岁)。董治安函。吴伯森函,嘱为毛谷风题签,拒之。

8月29日(5)晴,38℃

莫砺锋来,昨返自港,带来港大黄坤尧书二册。屈义林寄画册,罗宗强寄《魏晋六朝文学思想史》。高纪言来,所加12元,在出书后半年一次付清,原18元照旧(十万元奖金在发布会上由李彦发给)。发1. 白敦仁,2. 王庆元(黄坟墓相片)、吴志达,3. 常德诗墙,4. 吴柏森,5. 张三夕,6. 刘为民(交莫)。

8月30日(6)多云,阴,雷电,33℃

小刚代寄与陆耀东,分二包寄,7.60元。复罗宗强、屈义林(索画)。中午大纲在赖汤元请二老吃饭,小燕陪。

8月31日(日)

为傅杰作字,书《读庄》一横幅。小婉全家来饭。明天小孩上学。

9月

9月1日(1)阴,32℃,闷热异常

收田余庆函,齐鲁补汇款50元,周晶函,董治安书,莫砺锋文,天眉函并照片。张宏生来,带来眉托带之照片、酱及小鲲要的精华素、眉赠真真之戒指、眉赠丽则之皮衣等。宏生赠鱼油及巧克力。函周晶询书价。

9月2日(2)阴雨,24℃

天气转凉,皆大悦。复天眉函。得刘彦邦函,刘婉将来宁;田余庆函,收到《合钞》(因病久未复)。小鲲来,将精华素等取去。

9 月 3 日(3)晴,26℃

朱晓海来,赠西洋参,回赠书五六册。晚周勋初在西苑宴朱,我夫妇作陪。砺锋文,阅后归还。砺锋生来,作南宋诗文总集考,以提纲来请教,送茶叶二罐。某公司赠退休老人补品,丽则送来。蔡守湘来函,拟完成《大典》任务后修改唐人小说。

9 月 4 日(4)阴,27℃

赵昌平函,款收到,书难出。

9 月 6 日(6)多云,27℃

试用摇摆器。刘为民来谈,将返山大任教。为现代文学馆写字一张。

9 月 7 日(日)白露,晴云,31℃

武大中文系学生、现郑州黄河水利委员会书记郭先芳来见,赠书四册,并为作字一幅。天渝全家来午饭。

9 月 8 日(1)晴,31℃

王一桃赠《诗歌艺术》。吴小铁赠诗歌手迹,徐雁代其求字。钱志熙赠《活法为诗》。大公报出版社赠《回归诗三百首》。杨翊强侄女徐健玲来,馈节礼月饼、香蕉。

【剪报:《光明日报》1997 年 9 月 6 日第 6 版刘金《〈曹娥碑辨〉之辨》。】

9 月 9 日(2)晴,32℃

写字一幅寄王一桃,一幅由徐雁转吴小铁。函复钱志熙。有富送还《选集》二套。砺锋送评欧文书评。邝健行约赴香港,拒之。王立兴夫妇来。下午 3 时午睡后,美林送藤椅来。

9 月 11 日(4)晴,32℃

伯伟示周秦约稿函。孙小妹来,示南师出版社王欲祥编孙望选集初目，又借《天怒》，值陈希同案公布。

9月12日(5)晴，29℃

十五大开。

9月13日(6)多云，29℃

章灿携卉、本栋夫妇携贝来，致节礼。本栋出示二书合同。

9月14日(日)阴，28℃

得傅杰函，附文；张三夕函；安徽徐味函，并寄老诗人《看云梅诗》。

9月15日(1)多云，25℃

袁行霈寄《陶渊明研究》。上午与新硕士生见面。

9月16日(2)晴，28℃

金中汪笑梅同金中王志中副书记、邹正副校长、汪庆云副校长来。下午张宏生陪刘婉姊(一虹)妹来。晚在天纵家饭。

9月17日(3)晴，28℃

黄瑞云寄一诗，郭林雪函。中午宴刘婉姐妹，丽则、宏生陪。赠字二纸。托刘一虹带参与屈义林，印唐诗稿与效农。

9月18日(4)阴，27℃

答刘婉问。复夕佳。

9月19日(5)晴，27℃

复翊强、淡芳。周晶函，索字。

9月20日(6)阴，25℃

刘婉奉父命为余做生日，宏生、伯伟、丽则、早早、一虹、芸同席。宏生送花篮，伯伟送蛋糕，天纵送火腿一方。吴志达电告黄先生墓像事并贺寿。

9 月 21 日(日)晴，25℃

家宴在大排档。傅杰函贺。万业馨电贺，并托小婉送花篮。周勃电话贺生日。

9 月 22 日(1)晴，24℃

得无锡顾仲良、溧水明成满函，均求字；韩梅村函，为康平求字；钱志熙函附诗；江苏作协寄《雨花》一本。

9 月 23 日(2)晴，25℃

复作协、袁行霈(收到书)，黄瑞云、周国林(不能参加纪念张舜徽活动)，周绍良、傅杰、于景祥、万业馨、徐味，吴小铁(寄沈祖棻手迹)。为康平作字一幅寄韩梅村。

9 月 24 日(3)阴，25℃

为明成满、顾仲良(皆不识)及《文学评论》(朱寿桐托)作字。得王淡芳函；王庆元函，拟去蕲春拍摄黄先生墓照。

9 月 25 日(4)晴，25℃

为志明 30 寿作字一幅。函陈继明，索《曹唐诗注》送刘婉。函刘彦邦，告知刘婉在宁情况。刘婉打电话辞行，今晚去北京。为《文学评论》四十周年所作字，交朱寿桐带京。

9 月 26 日(5)晴，25℃

屈义林函，允画。吴小铁函。天纵来请工人装修浴室。校办转来徐州一中校长孙铁峰函，请为该校图书楼题名。统战部戴部长等来，转致曹克明所赠十五大首日封。

9月27日(6)晴,23℃

为徐州一中校长孙铁峰题图书馆榜。复屈义林。赴严志明,小祝30生日。陶敏从苏州开全唐五代诗会来过,赠以《笺本》。许惟贤来,示黄先生日记照片。

9月28日(日)晴,25℃

小婉领陆华来,馈赠一古瓶及笔纸,请为文史馆书画展作字,立时为其作"佛石居"斋名字。

9月29日(1)晴,26℃

得张世林函,请撰《我与唐宋文学》;钱志熙赠书。为陶敏作字,寄出。

9月30日(2)晴,27℃

徐有富来谈撰《我与〈校雠广义〉》事。安徽《古籍研究》寄稿酬100元。伯伟来,言陈平原10月3日将来宁,约定4日上午晤。为丁芒作诗二首,并书成横幅寄出。

10月

10月1日国庆节(3)多云,27℃

天渝、丽则两家来共庆节日。写字两幅,一为文史馆书画展览;一书给丁芒所作诗两首的横幅,寄赠钱志熙。

10月2日(4)多云,27℃

下午二人去校园散步,脚力很不行,购《陈寅恪年谱》一本回。

10月3日(5)阴,小雨,25℃

约美林来午饭,并修吸尘器。天纵一家也来了,故又一次聚会。晚丽则来玩。得韩梅村函。上午庞瑞垠率子来,其子在南艺学国画,想学一些诗词题画等本领，送书一本、茶叶二罐，并留下一幅画请题。

10 月 4 日(6)

陈平原来访，伯伟、砺锋、宏生、章灿同来。平原赠书《小说史论》上、中、下三本，王瑶主编《中国文学研究现代化进程》一本，回赠字三幅。中午伯伟在西苑宴。马瑞芳研究生王薇(音)送来其导师所赠端砚及茶具。杨正润送来陈致托其带来外国治眼之药三瓶、信一封附诗词。阿晶、小靳代购热水器送来。

10 月 5 日(日)晴，20℃

包热水器人来，未谈妥，下午志明、小虹将热水器退回。得天眉来函，韩梅村寄来图章十枚，晓雪寄来《艾青论》，王元化寄《读黑格尔》，郑远汉编《黄侃学术研究》。本栋来，嘱其补足档案馆对我著作之目录。

10 月 6 日(1)晴，23℃

寄书两包给晓雪。函黄念宁，限其十月底回信(是否与江苏教育谈妥)。张伯伟来，请为其推荐台湾资助出版事。购来 8 升热水器安装好，共 1010 元。叶嘉莹寄来其诗集。《四库存目》十月底将全部出版，函请参加其庆祝会，不拟去。

10 月 7 日(2)晴，26℃

出游，饭于金陵快餐部，甚佳。收到康平印章十枚；齐鲁 150 元；陶域来信，寄来陶艾在宁时所摄照片 2 张。

10 月 8 日(3)晴，27℃

寄《存目丛书》庆典横幅与刘俊文。致陈致新加坡诗幅，谢其赠药。以诗幅寄叶嘉莹，并赠《笺本》。以对联寄杨文翰。函吴志达，请校印八股文复本。早早送来论文稿。史梅送来陈沧趣诗集复印二册。陈继明寄《曹唐集》二册。

【剪报:《中华读书报》1997 年 7 月 23 日第 6 版专题评论之程千帆简介。】

10 月 9 日(4)多云,27℃

上十竹斋购瓦当纸 25 对,价 60 元。无锡吴文化公园寄为《不了斋碑文集萃》题字费 200 元。为张伯伟推荐信已签字交回。得庞瑞垠函。寄百元给林继中购印泥。

10 月 10 日(5)晴,26℃

复陈继明,收到《曹堂诗注》。写书签寄王一桃。为史梅写横幅,已送去。上书校长、书记,请干预学生得奖学金后请客事。

10 月 11 日(6)晴,28℃

得丁芒函,附和诗。中午与芸在 Pizza 共餐,殊不佳。韩梅村收到书字,允托康平刻女孙印。

10 月 12 日(日)晴,27℃

小燕请全家吃赖汤元。七姊、老白来馈虫草胶囊,云将去西安看丙宪,87 岁矣。

10 月 13 日(1)阴多云,26℃

发立朴函,询《学记》事。邓国光从澳大寄《文原》。史梅送裱画来,三幅 110 元,与其孩巧格力一盒。

10 月 14 日(2)阴转多云,27℃

购电视,2880 元。景祥、立朴来电话,谈催《通史》,告《学记》在印封面。为中玉题大学语文年会题词。

10 月 15 日(3)阴,24℃

刘梦溪、陈祖芬由南师大语文刊物×永生君陪同来访,赠刘以《笺本》

及《宋诗》,又国际会议专集。丁芒来函,欲开作品讨论会。为庞鸥题,似倪云林画。

【剪报:《程千帆先生及其〈程千帆选集〉》;《新华日报》1997年10月8日第7版曾卓《又见千帆》。】

10月18日(6)晴,28℃

写秦兵、赵钲、澳门邓国光字三幅,即寄出。

10月20日(1)晴,32℃

得黄进德信,即复。得志达、黄伟经信,黄约稿。

10月21日(2)阴,31℃,夜雨

发吴志达、林继中、王运熙、黄伟经函。

10月22日(3)晴,28℃

周晶寄来新夏新书,告11月四册付排,明年1月北京上市。复劝其宣传。武秀成晚来谈出全集事。

10月23日(4)阴,24℃

函周晶。与武秀成、莫砺锋谈出全集事,交砺锋办。拟一目,交河北教育出版社。得王庆元函,黄先生墓照将由蕲春拍好后寄来;黄进德信。

10月24日(5)阴,22℃

刘立介信。

10月25日(6)阴雨,16℃

天纵全家来,志明调整电视好。叶嘉莹函,并寄《清词诗丛》。晓雪复信。

10月26日(日)晴,16℃

函景祥,全集事。

10月27日(1)晴

与芸游夫子庙,购衣一件,108元,吃蟹包。

10月28日(2)阴,18℃

写林继中、孙琴安、陆华字。

10月29日(3)晴,20℃

陈书录来。

10月30日(4)晴,30℃

许惟贤来谈黄念宁事。黄希坚来。王淡芳函。

10月31日(5)晴,21℃

高燮初寄《不了斋碑文集萃》。汪绍昆寄《游仙诗》六首。

11月

11月1日(6)晴,17℃

上古王立翔自沪来,商沈小说出版事。丽全家来午饭。

11月2日(日)晴,17℃

砺锋来,自江西返,馈橘。

11月3日(1)晴,21℃

伯伟来,台湾带回杨承祖馈药,唐翼明馈茶,人参托人带给石禅。黄裳寄《妆台杂记》。复胡守仁。

11 月 4 日(2)晴转多云,20℃

收三夕信。发黄裳信附周岸登散曲一套。寄《光明日报》收据与报社,订阅《书摘》。陈思明来函,收到字。

11 月 5 日(3)晴,17℃

周艾若、桑思奋(中国科技人才交流中心教育与科普研究所所长)暨贾女士(《读书》编辑)来访,李灵年引来。收天眉信。

【剪报:《扬子晚报》1997 年 11 月 2 日第 2 版《知名学者程千帆致函南大领导呼吁——奖学金请客风不可长》。】

11 月 6 日(4)晴,20℃

今天芸生日,中午两人去刘长兴吃螃蟹包子,晚至天纵家饭。志明请为其主任吴浩良求字。武大朱山河、陆耀东来访,为武大申请中文系博士点,想请叶子铭等协助,拟明午请几个人吃饭。

11 月 7 日(5)晴,20℃

武大朱山河、陆耀东中午在西苑宴我二人及董健、许志英、赵宪章。得敏泽函。

11 月 8 日(6)晴

天渝一家来饭。

11 月 9 日(日)晴

丽则一家请我二人在湖南路一饭馆吃火锅,亦颇有味。

11 月 10 日(1)晴热,夜雨

得张辉寄来木耳、枸杞;林继中来函,收到对联;孙琴安来函,收到字。

11 月 11 日(2)雨

朱家维嘱推荐朱恒夫为中文系教师。史梅送文来看。

11月12日(3)雨,20℃

徐有富写好《我与校雠学》,交砺锋看。江苏教育学院王锡九来访。史梅稿看好交还。写好推荐朱恒夫函,托史梅带去。得小佳函,已购新居搬迁。开始整理闲堂诗、词、文存。

11月13日(4)雨,19℃

复小佳、三夕、敏泽、张辉。

11月14日(5)小雨,17℃

立朴来电话云,书印就,已快寄两本,学生需购书加邮费15%。下午到医院取咳嗽药。

11月15日(6)阴雨,13℃

竟日无事。小燕傍晚来,请为法学院文化大观园题字。

11月16日(日)阴,小雨,13℃,下午起降温

《学记》寄到(2本)。写字两幅,一赠法学院文化大观园(小燕),一为小严赠其主任。

11月17日(1)晴冷,6℃

张伯伟来,拟本周六来谈写自传事。巩本栋来,拿去一本《学记》,《俭腹抄》校样已寄来。莫砺锋来谈全集事。得三夕函,请为张舜徽纪念会题字。

11月18日(2)晴,7℃

复三夕,复陈望衡,写条幅(为张舜徽纪念会)寄武汉。收施议对文及函。骆文夫妇来访,约晚饭,其女及丽则侍。

11月19日(3)

王天海寄古籍译本三种。王立翔寄沈小说合同。

11 月 20 日(4)小雨,14℃

复谢王天海、王立翔。买浴室电器。滁州师专黄艾仁来问学。为武秀成推荐去韩教学。

11 月 21 日(5)阴,12℃

得香港《中文学刊》、《华中师大学报》(纪念张舜徽专刊)。为黄伟经写《俭腹小语》,寄去。

11 月 22 日(6)阴

伯伟来录音。有富告《校雠学》稿已寄张世林。下午去看宏生和本栋,与本栋商谈《俭腹抄》可删去约三万字。晚钱林森携上海《新民晚报》记者曹正文来访,索去一本签名的书,拟拍成照片登在《珍爱的签名本》上,赠该书一册。

11 月 23 日(日)晴转多云,16℃

天渝一家来饭。得张辉函,吴汉骧函。

11 月 24 日(1)阴,15℃

得胡守仁、潘重规函,志达函。孙原靖来,赠香蕉、白果,还赠深海鱼油两瓶给焕明。

11 月 25 日(2)小雨,16℃

本栋来电话云,伯伟发现《学记》中有一硬伤,已与立朴联系,设法改正之,幸书尚未发出。复志达,告以《大典》稿费事。陈蔚赠药三盒,求字一张。

11 月 26 日(3)阴,12℃

《叔子诗稿》贺伟国重寄来一本,原收到之一册已转寄金性尧先生。因丽则之请写一介绍函给周勃,介绍饶小平之子高帆去湖北大学。于景祥来电话云，月底将来宁。杨翊强来电话云，因病住院三个月，索还《天怒》。

11月27日(4)阴，小雨，12℃

晨周退密之侄来。今世缘集团老板郑宁拟捐款50万元给南京大学救助贫困学生，因而来访，江苏电视台同来采访。砺锋来，谈河北教育出版社云出全集只允付版税，与前所允稿费相差甚多，带来香港中国文化研究所寄来之审查论文。章灿来谈写《文学史》事。有富来谈《校雠广义》购书事。丽则来饭，云12月1日将率留学生去桂林、深圳等地。

11月28日(5)阴雨，11℃

为今世缘集团写一小卷子，南锡执笔。得《中华文化周报》稿费220元；黄伟经函，中有一字认不清，需回复。

11月29日(6)阴，12℃

天渝和天纵一家来午饭。函淡芳，并寄去为其友所写书签。为香港中文大学写评语并寄去。张伯伟来录音，王小盾同来。

【剪报：《光明日报》1997年11月25日第6版于景祥《旧学与新知——评〈程千帆选集〉》。】

11月30日(日)多云，12℃

中午携丽则、早早去太平路小吃，并去古籍书店和太平商场。景祥和其编辑室二同志来宁，下午和砺锋同来，本栋亦来，谈甚久。丁芒和南大外文系张教授同来。刘重喜取去所捐赠之冬衣。

新编中国文学史主编名单：

全书主编　袁行霈

第一卷　先秦秦汉　聂石樵　李炳海(东北师大)

第二卷　魏晋南北朝隋唐五代　袁行霈　罗宗强

第三卷　宋元　莫砺锋　黄天骥

第四卷　明清近代　黄霖(复旦)　袁世硕(山东)　孙静(北大)

12月

12月1日(1),9℃

晚宴景祥、陈冰白(女)、谢丹及同门诸子。草总全集备忘录。李立朴来电话云,书与稿费均已寄出。

12月2日(2)晴,8℃

孙原靖来谈文学史稿费事。朱家维来谈省统部拟请莫砺锋任政协委员事。南大出版社美术编辑杨小民请写字。为陈蔚写好一幅字,寄出。早早携来《国防五字经》,请删改。汇文学社请题词,明日下午来。李立朴寄《学记》各作者的稿费来,并寄来97年我顾问费1000元。

12月3日(3)多云,7℃

为汇文学社徐渐枫、赵亮各写一条纸,又为学社写一条。作家班任书剑来,云即将赴日留学,为其写介绍信与蒋寅,为今世缘所写条幅亦交其带去。张伯伟告知明日将与莫砺锋同赴福州讲学。二人去鼓楼邮局将钱取回,不累。

12月4日(4)阴,6—7℃

时惠荣、任天石来送聘书,赠挂历。为出版社杨小民写字一幅。为任书剑、王爱国写字两幅。为早早赠其同学写对子。为出版社写字一幅。下午砺锋来谈河北教育拟出全集事。

12月5日(5)阴,10℃

写对联、杨小民等字(对联四副)。

12月6日(6)阴,小雨,11℃

写王一桃字二幅,即寄香港。天渝家来饭,吃羊肉火锅。复傅杰、吴柏森、胡守仁。出版社所索字均已写好，待送。

【剪报：《江西诗词》季刊总49期1997年第3期胡守仁《程千帆先生惠赠所著〈闲堂诗文合抄〉读后敬题》。】

12月7日(日)阴转多云，10℃

得李立朴挂号函两封，寄来稿费细账。铁路运书已到。我《学记》稿费连同芸32.50元，共3523.00元，扣购书费3450元，余73元。立朴寄来全体稿费11155.50元，由巩本栋分寄各地共7085元，留宁待发2405元，美港澳714元，无处投递877元。

12月8日(1)多云，5℃

得霍松林函，约诗稿；周实寄《书屋》两本，约稿。火车托运及邮局所寄《学记》均到。得刘为民寄书一本，骆文函及照片。

12月9日(2)晴，6℃

得屈义林画，又一幅属题。寄《学记》与林先生。书20册与早早。

12月10日(3)晴，6℃

寄张克书(原寄来者)及《沈诗笺集》给贵州文联主席。孙原靖取去书两本(霍及吴调公)。送早早书一本。给徐明祥一本。

12月11日(4)晴，6℃

送中文系同仁《学记》22本，由早早送往中文系。孙原靖取去书4本(吴文治、周明、王锡九、郁贤皓)。

【剪报：《人民政协报》1997年12月6日第2版《奖学金该怎么花》。】

12月12日(5)多云，7℃

函朱晓海、王淡芳、屈义林。许结取去书6本(许结兄弟及文研所4人)。送黄希坚一本。

12 月 13 日(6)晴,9℃

小婉在火锅城请大家(共 17 人)吃火锅。下午在家里玩。小婉带书一本给陆华。滕志贤的研究生邹国礼来,敦请为其舅父所编《五字经》修改,送礼(鱼翅)及 500 元。

12 月 14 日(日)晴,11℃

寄王永芬、冯亦同、黄伟经、周实、王步高共五册。邹国礼陪共舅父朱文泉来拜访,请为其《五字经》定稿,送羊毛毯一床。赠朱《学记》一本。

12 月 15 日(1)多云转阴,11℃

寄书北京 5 本(李彦、伍杰、任继愈、钟敬文、刘乃和)。晨去皮肤病研究所看皮肤瘙痒,陈蔚接待。下午参加匡老逝世一周年纪念会。得舒芜函,王淡芳函(题笺已收到)。

12 月 16 日(2)雨,9℃

寄书:安平秋、郭锡良、王利器、聂石樵、陈蔚。函复舒芜。得上海辞书出版社《古文鉴赏辞典》二册;吴汉骧编《试新编选集》一册;吴柏森函,嘱题其诗集,不复。曲、蒋、韩、洪四人《学记》由早早送去。小妹来言明日开会论宋文学史。

12 月 17 日(3)多云,9℃

寄书:周绍良、陈早春、徐放、林岫、周振甫、敏泽、季啸风、张辉、周笃文、万业馨、刘梦溪、郑惠、陈平原、郭预衡、葛兆光。高纪言来谈《大典》事。王庆元研究员拍照片请报销路费事,已交武秀成办。得顾学颉函。

12 月 18 日(4)多云,10℃

沈文冲带《南通今古》编辑严晓星来,各赠以《学记》一本。周退密函及诗。顾农函。又上海文艺出版社寄稿费百元,系《小说界》所刊文,误投要退还。

12月19日(5)小雨,11℃

函伟华、天眉。得贺年片:陈贻焮、贾文昭(函)、刘梦芙。下午河北教育出版社四人同来(社长王亚民、编辑室主任孟保青、美编张子康、编辑潘海鸥),谈出全集事,颇顺利,各赠以《学记》一本。

12月20日(6)昙,13℃

贺年片:吴在庆。伯伟来录音。

12月21日(日)阴,12℃

祖棻文集拟由早早负责编辑,已与砺锋谈。赵国璋来,送花一束。得屈义林函,赵昌平函及贺年片,蔡厚示贺卡,辰宪贺卡,任秀金函。中午早早请吃水饺,因得到研究生奖学金。

12月22日(1)阴,8℃

便结脱肛,极为痛苦,一天不能做事。早早来,告诉她如何编其家家之全集。天渝来谈,晚饭后始回家。陈均老师送来《扬子晚饭》,载有骆文《千帆先生》一文。

【剪报:《扬子晚饭》1997年12月22日第10版骆文《千帆先生》。】

12月23日(2)晴,9℃

上午去医院看病,心脏不太好,需注意休养,脱肛可治。得刘梦芙、康平(寄图章)、周光阁等函。

12月24日(3)晴,11℃

校报记者来访谈学校校风问题。得程一中、支德裕(《扬子晚报》)函,上海辞书出版社寄来《古文辞典》稿费482元。

12月25日(4)阴,12℃

寄书10本。寄贺年片4张(雄、鹿、龚、任)。上海文艺出版社寄来稿费 100 元，退回。寄款 600 元给李立朴，请其再购《学记》40 本。

【剪报：《华夏诗报》总第 112 期程千帆《闻省委顾浩副书记过丁芒兄蜗居，此金陵文坛一故实也，戏赠二绝》、丁芒《步韵答程千帆师赠句》。】

12 月 26 日(5)阴，12℃

晨黄进德来谈《大典》事。随后潘海鸥与砺锋来定出版全集合同，已签字，俟其回河北由出版社签字后再寄回。早早因上课未签字，将补签。下午寄书十本。得林老师贺年片，并将寄来虾米和淡菜；万业馨高级贺年片；吴志达函。本栋来。

12 月 27 日(6)阴，12℃

得孔凡章寄来纪念祖棻之长诗；蒋寅贺年卡，称 1 月 17 日返京，随后回家探亲，当来宁一叙；郭先芳贺卡，并寄来文一纸。

【剪报：《黄河报》1997 年 11 月 14 日第 4 版郭先芳《“华夏古文明　大河所哺育”——访著名学者程千帆》。】

12 月 28 日(日)阴，10℃

得任继愈、徐放贺年片，均收到书；陈继明函及贺卡；王淡芳函，收到《学记》。寄书，内有寄孔凡章函及书(《学记》和《诗论》)。天渝一家来午饭。伯伟、曹虹赠领带一条和朝鲜泡菜。

12 月 29 日(1)阴，小雨，10℃

函于景祥。得林印(荒芜妻)函(转本栋)，郭预衡函，白雉山函，皮公亮函，徐中玉函，严晓星、傅杰、周实(《书屋》)、王一桃贺卡及信，贺卡：邓国光等。

12 月 30 日(2)阴，10℃

12月31日(3)雨,9℃

写对子一付寄给康平。寄《学记》一本给姚白桦。章灿全家来,赠花一束。周维培来赠书两本。得张瑞洁函及贺卡。

1998年

1998元旦，平安吉祥，大吉大利！

1月

元月1日(4)多云，11℃

中午率丽则一家到精英小吃，小燕另有约会，未来。郭维森来拜年。杨克平由上海打电话来拜年。得钱谷融函，收到《学记》。《程千帆诗论选集》获国家教委首届人文社科研究优秀成果奖(1995年9月21日《中国教育报》公布)。

元月2日(5)晴，10℃

上午许惟贤来。下午陆华来。今日起送来《新华报》。得傅杰函。

1月3日(6)阴，10℃

纵、渝二家来竟日，午饭于小排档，四百余。郭锡良赠《汉语史文集》。万业馨、王博仁、陈尚君片。

【剪报:《南大报》1997年12月30日李钟梅记录整理《教学相长　纯净学风》。】

1月4日(日)晴，5℃

完成修改朱文泉《国防五学经》。得郭锡良、王运熙、钱志熙函及贺年片多张，舒芜函。砺锋呈所为文二篇。

1月5日(1)昙

贾晋华函，收到《诗文钞》。写朱文泉对联。以朱联、屈画兰蝶图交史梅裱。给小早《学记》一册，史梅图书馆一册，资料室二册，柳如是事复印。

1月6日(2)昙，10℃

宏生来，谈写作事。砺锋来借韩诗。章灿还书，复借字帖2本。打报告给行管处，要求换闸门。陈平原函要伯伟作文。贵州寄来四本全译。

1月7日(3)阴，小雨，8℃

得吴金华、钟叔河、王淡芳函。王言有祖棻函数十尚存，回信请其复印寄来。周勃、冯天瑜、魏同贤、蔡厚示、宋谋玚均收到《学记》。周勃住院切除胆，蔡妻病住院。又得苏者聪函，谈过去事甚多，似有悔意。

1月8日(4)阴，7℃

周伟民、吴金华、周晶函，李国章片。本栋陪看目，医云不可做手术。买一保温杯，92元。又胡遐之函，云寄湘绮翁集。又得陈早春、董治安函，均收到书。于景祥来电话，将延迟至20日以后来。

1月9日(5)阴，7℃

得钱伯城、朱正函，收到《学记》；伍杰函，收到《学记》并寄来书一本；《学术集林》稿费442.50元。寄所写对联给于景祥，其稿费65元并寄。侯孝琼、贾文昭函，均收到书。

1月10日(6)阴，9℃

得胡遐之寄来《湘绮楼诗文集》及诗，王绍曾函。复胡遐之、陈平原、贾文昭、王绍曾。函邓懿，问《合钞》是否收到。又告景祥，伯伟允编诗论。收《大典》编务费八百元(通知款未到)。复伍杰谢赠书。收丁芒、吴在庆、周笃文。

1 月 11 日(日)阴,细雨,7℃

函苏者聪、顾学颉。以《学记》寄丁芒,拒其参加讨论会。骆文信。河北来电话,约均谈妥。贵州第一批书收到。

1 月 12 日(1)阴,8℃

函黄瑞云,寄去所需的题笺;杨金亭,附近作诗 5 首。得贺年片若干。《沈祖棻全集》合同由疬锋寄出。

1 月 13 日(2)雨,5℃

王馆长来,致年敬 400 元。为茅家琦推荐任文史馆馆员事,致函戴澄东,并赠《学记》一本,另赠林部长、孙颔《学记》各一本,均交小丁带去。得刘立介函。

1 月 14 日(3)雨,5℃

得高文、林从龙、黄天骥函,均收到书。以丽则诗四首寄周笃文。为丽则诗抄册页,眼模糊,不能毕功。刘国武函。

1 月 15 日(4)

白敦仁函。高纪言来。常国武函。

1 月 16 日(5)阴,0℃

王水照寄《宋代文学通论》。李立朴书第二批收到。《大典》八百收到。寄王天海函,又《诗世界》一本。孙小妹、郁贤皓来。送钟振振《学记》一册,王水照《学记》一本。

1 月 17 日(6)小雪,1℃

丽则参加教代会后送来学校售新房暂行规定,希望丽则有机会改善住房条件。得张叙之函，抒发对老师的怀念，颇有感情。朱文泉之外甥来，又馈赠 200 元，修改过的《五字经》已交还，对联待裱好后再送。函万业馨，谢赠果脯。函周勃，问候其身体。

1 月 18 日(日)晴，1℃

丽则、早早、小燕均来饭，谈拟购房子，允资助。钟静闻命北师大一女生送来书一本。沈建中来函，寄一自制贺卡，附载有我照片之《文汇》副刊。

1 月 19 日(1)晴，1℃

得邓广铭讣告(91 岁)；叶嘉莹寄文一篇，并告以即将返加；张世林函，收到《我与校雠学》，约于 7 月份出，另邀写《学林往事》，与前辈学人之往来；葛兆光函，收到《学记》，即将赴日；周祖譔函，叙事甚详；周一良函，收到《合钞》；王绍曾函，关于写《校雠广义》书评事。早早在江苏展览馆代购若干食品。

1 月 20 日(2)晴，2℃

社联谷至平及司机孟海来送节礼(干果五色)。写对子一副送钟敬文，拟俟蒋寅来时，带回北京裱好后送去。周勋初来电话，已回宁。得胡国瑞、周伟民函，均收到《学记》。

1 月 21 日(3)晴，5℃

得徐中玉函，曾卓函，王文才函，王淡芳函(谈祖棻书札事)。九三送年礼数色。为周祖譔写一横幅，连同《沈集笺注》一本寄厦门。寄《学记》一本给……函复沈建中、周晶、王绍曾。

1 月 22 日(4)阴，5℃

得晓雪、王兆鹏函，收到书。本栋来，《扬子晚报》要千帆《心声》，已看过付巩，学校给稿费 100 元已付巩。天纵来，送衣服及食品数色。砺锋为千帆去医院拿药。得田余庆函,收到《学记》;寅宪贺卡。章灿来谈出书等事。孔凡章寄诗来。油汀已烧坏,明日拟购一新炉。

1月23日(5)晴,4℃

刘泰隆文已寄还。函复曾枣庄、王水照(附吴金华)、周祖譔、聂石樵(附钟敬文)。购得新油汀。函寅宪、辰宪。

1月24日(6)晴,5℃

得王水照函。史梅来,取去裱画绫。下午去看望周勋初,带去《学记》与稿费。

1月25日(日)晴,6℃

史梅来取去裱件及绫子。

1月26日(1)晴,5℃

陈尚君派其女弟子陈飞雪来,致新出《唐代文学丛考》。吴锦来。张宏生夫妇来,借去陈平原编《文学现代化》一册。苏昌辽来,携来《龙榆生论文集》,赠《学记》一册。王绍曾来函,谈写《校雠广义》书评事。周晶来电话。

1月27日(2)阴,6℃

约有富来,谈写《校雠广义》书评事,由有富先起稿,再寄王绍曾定稿后,寄《中国文化》。得林继中(函)、杨克平、邓国光、郑尚宪(函)、钱鸿瑛、姚继舜、张高评、秦川、吴代芳(函)、熊盛元贺卡;张实函(附诗);香港中文大学中国文化研究所寄稿费支票一纸,300元港币。景祥、志达、周明电话贺岁。全家除夕团圆饭。田余庆寄《东晋门阀政治》,佳作也。

1月28日,戊寅年春节,晴,7℃

系领导来拜年。卞孝萱来拜年。多人打电话来拜年。中午大团圆,四代19人共午餐。得黄永年函,收到《学记》。

1 月 29 日(4)晴,8℃

今天小燕过 20 岁生日,全家在肯德基午餐。下午早早去徐州,晚丽则来同看电视。李灵年来。周勋初来。万放打电话来。

1 月 30 日(5)晴,9℃

天纵、天渝全家来午饭。吴泽晶来拜年。

1 月 31 日(6)晴转阴,10℃

寄书(《学记》)给吴代芳、张实、姚继舜。函复弘征、田余庆、陈尚君、郑尚宪。得彭燕郊寄来诗集及函,王宁贺卡。小鲲全家来。晚天眉打电话来。

2 月

2 月 1 日(日)阴,小雨,6℃

复彭燕郊。宁健生日往贺,午饭。

2 月 2 日(1)小雨,阴

景祥寄来《诗文抄》15 册。徐兴无带来张汉怡刻石章,小燕去取回。函彭燕郊。中午在渝家饭。

2 月 3 日(2)阴转昙,7℃

下关医院周学富医师(住姜家园 203—9 号,邮编 210011)由阮崇雍介绍来求字。周电话 8829396,BP4459459—21348。小宁来午饭,取去香港支票转存。丽则打电话来,云小佳新购房甚好。

2 月 4 日(3)晴,6℃

得宋谋玚函附诗。复中文大学学报编委会,附去收款收条。

【剪报:《古籍新书目》载《大型类书——〈中华大典〉将隆重推出》。】

2 月 5 日(4)晴,8℃

七姐夫妇来。

2 月 6 日(5)晴,9℃

关于《水浒》事,函复宋谋玚,并致一中。顾学颉寄《说古道今》。

2 月 7 日(6)晴,12℃

发高克勤、傅杰、顾学颉、潘海鸥、刘梦溪、周晶,6 封。

2 月 8 日(日)晴,10℃

得屈义林函,收到所题画,寄来照片 2 张。中午早早、郭斌、小燕、崔凡来午饭。函吴志达。

2 月 9 日(1)晴,10℃

收《三角洲》稿费 40.00。

2 月 10 日(2)晴,13℃

蒋寅来,中午于西苑宴,有勋初、孝萱二先生及砺锋、伯伟、曹虹、宏生、章灿、光兴等。王淡芳函。

2 月 11 日(3)晴,14℃

上午理发。得周祖譔及文章两篇,河北教育寄来合同。复王淡芳、陈毓贤。

2 月 13 日(5)晴,18℃

得弘征函,同意用顾农稿。函弘征、景祥、顾农。

2 月 14 日(6)阴,9℃

得杨金亭函,同意登诗二首,但拟改二字,即复函同意改。丽则、威克自武汉归。

2月15日(日)阴,8℃

丽则全家来饭。函杨金亭,允改诗二字。张智华赠宣纸及笔,求字。与早早谈编沈集。

2月16日(1)阴,微雨,8℃

得清水茂函,已收到《学记》和《合钞》;高克勤函及《两宋文学史》一本;张叙之函。

2月17日(2)昙,10℃

寄《沈祖棻诗词集》《宋诗精选》各一本给张叙之,并附函及致潘长胜函。函上古函授部,购《两宋文学史》4本;河北潘海鸥,寄去两文集之篇目。本栋来,云舒芜未收到《学记》稿费,已找出邮局单据以去查。

2月18日(3)阴,9℃

齐鲁寄来《20世纪中国文学史》。

2月19日(4)阴,10℃

得上海文艺出版社寄来稿费100元(退去又寄来),前在《小说界》上登有照片及语丝;蹇长春函(已挂号转给高纪言);无锡范阳函,求字。复清水茂、周晶、周祖譔。

2月20日(5)阴,10℃

去医院看牙,补好一个,另一个需去口腔医院治疗。函施议对,问其稿费如何处理。程章灿送来石刻丛书目录。顾农函,已将弘征、景祥寄出(索回稿件寄贵州)。

2月21日(6)阴,7℃

函天眉;田余庆,介绍章灿《石刻论丛》。

2 月 22 日(日)阴,5℃

去中山大厦,购回一小钟,50 元。早早姊妹来晚饭。

2 月 23 日(1)阴,6℃

石家庄汇来五万元(预支稿费),四万通知存款,一万购国库券。汇二千元给小佳。天纵来午饭。得姜书阁函,收到《学记》;常国武、钟陵函,甚为无礼,不理。

2 月 24 日(2)阴,6℃

得古籍小组寄第一季度顾问费 300 元,《江苏学人随笔》稿费 80 元。周晶打电话来,云《校雠广义》四本一起印,4、5 月间可出版。打电话给小佳,告诉汇款事。

2 月 25 日(3)多云,10℃

砺锋订正的《古诗今选》已看好,砺锋取出,还拿去新版《两宋文学史》,可直接寄与河北。本栋来告知陈祖美谈祖棻词事。有富来,云中文学报字须重写。晚安徽一编辑贾愚来访。

2 月 26 日(4)晴,14℃

上海教育出版社寄来《社会科学家自述》稿费 140 元(待收到杂志后决定)。省广播电台来采访退休后的作为。

2 月 27 日(5)晴,18℃

得钟振振函,收到《学记》,附诗若干首。江苏古籍卞岐函,云寄来《宋诗精选》重印稿费及样书,均尚未收到。高纪言来谈各分典进行的问题。

2 月 28 日(6)晴,18℃

得韦其麟函。天纵全家来竟日。

【剪报:《扬子晚报》1998 年 2 月 27 日第 10 版程千帆《心声》。】

3月

3月1日(日)晴,14℃

中午全家吃饼。早早草就各书后记。唐五代词评语残存定稿。

3月2日(1)阴,10℃

《宋诗精选》重印样书2本收到。黄希坚送来审朱自清稿费200元,蹇长春原函送来。

3月3日(2)阴,12℃

史梅送来裱好对子两副(一朱将军,一钟老),送《学记》一本给裱画师。得江苏古籍重印《宋诗精选》稿费284元。卞孝萱来,谈《大典》。函复钟振振。函高纪言,附蹇长春原函及卞孝萱意见书。函金坛天友公司,问摇摆器修理事。得陶敏函,收到《学记》;王淡芳函,附来祖棻信札;上海文艺出版社寄来《弃园文粹》,已复周。

3月4日(3)小雨,11℃

晚丽则来,云徐兴无讲要送一本《学记》给张汉怡。沈建中来电话,讲《小说界》事,索《学记》一本。

3月5日(4)多云,12℃

本栋陪赴南医口腔医院治牙。寄《学记》一本给沈建中。函卞岐,附稿费收据。

3月6日(5)阴,12℃

得吴代芳函,天眉函。

3月7日(6)阴,10℃

天瑜、美林、小鲲来谈天眉拟在宁购房事。

3 月 8 日(日)雨,9℃

函《中国文化》(挂号)、傅杰、王天海。得刘庆云函,请写书签。

3 月 9 日(1)雨,11℃

得苏者聪寄《宋代女性文学》。

3 月 10 日(2)小雨,9℃

得陈耀东寄来聘书,聘为《丛书》顾问。

3 月 11 日(3)阴转多云,9℃

复刘庆云(附书签);苏者聪,收到书;陈耀东,收到聘书,更改住址。得河北出版社潘海鸥函,催寄稿。恩美嫂来电话。

3 月 12 日(4)

得弘征函,云未收到顾农稿件。函雄哥、恩美嫂,寄去伟华、天眉在美地址。看牙。函王淡芳(挂号),请速寄祖棻遗札。

3 月 13 日(5)晴,15℃

寄 1000 元给兄嫂。函于景祥请寄顾农稿。高纪言来谈《大典》事。小吴送我们去看王永芬。

3 月 14 日(6)晴,17℃

章灿打电话给景祥,景祥云顾农稿已寄湘。天眉来电话,拟四月下旬归国。廖序东来访,我二人已不认识,未多谈。

3 月 15 日(日)阴冷

率丽则一家吃烤鸭。得黄伟经函,《俭腹微言》已刊出;《中国文化》函,云因编辑人员变动,刊物延迟出版。

【剪报:《羊城晚报》1998 年 3 月 11 日第 11 版程千帆《俭腹微言》。】

3月16日(1)晴暖

得广东《当代诗词》稿费120元,《江海学刊》题辞费1000元。去丹凤街检验听力,并又配一助听器,1485元。得蒋寅函,贵州稿费及《学记》均收到。

3月17日(2)晴,22℃

高纪言、卞孝萱来谈妥隋唐五代分典交稿时间及报酬。交稿时间:三月底一次,五月底一次,六月底前交清。报酬:交清稿后18元付清,出版半年再补12元。

3月18日(3)多云,20℃

上午去瑞博眼科中心检验眼睛,医云白内障不严重,视力差不由于白内障,建议换一副眼镜,已验好光,配一看书眼镜。砺锋来,谈潘海鸥来信问交稿进度。伯伟来,取去港币支票,并谈《大典》事。许总送来下周开会请柬。

3月19日(4)雨,12℃

晨去口腔医院诊牙,结束。《扬子晚报》赠稿费500元,转与巩。丁芒寄赠《当代诗词学》一本。

3月20日(5)中雪,6℃

复马瑞芳、丁芒、弘征。

3月21日(6)晴,5℃

函田余庆、高克勤、吴志达。得傅杰函,《俭腹抄》排在第三辑,今年七八月能出。

3月22日(日)晴,8℃

《沈祖棻文集》已编好三又三分之二卷,早早今日寄出,尚余书札,待王淡芳寄来。

3月23日(1)小雨,7℃

得张辉寄来包裹(罗汉果、桂圆);郑州胡世厚函,要求将《题静海寺》诗书写,备在深圳刻诗碑用,已函复如不将题目改动,可写。

3月24日(2)雨,6℃

湖南文联主席谭谈寄来其作品《人生路弯弯》,并要求捐赠书给爱心书屋。史梅送来裱好的屈义林画。王淡芳又寄来祖棻书札十余封。

3月25日(3)阴,小雨,8℃

上午参加《江海学刊》40周年座谈会,并在会上致祝词。所配看书眼镜已取来。得珠海周立峰(原南大学生)函请改文,已复函回绝。

3月26日(4)阵雨,10℃

复蒋寅、张辉、陆耀东。函复谭谈,并寄《学记》一本给爱心书屋,一本给谭。参加陈白尘纪念会,带回《陈白尘全集》一套。

3月27日(5)阴,12℃

接受新闻系女生袁媛等二人的采访,准备为《老年科技人员风采》写文。高纪言来。得陈望衡函,附剪报载有陈所写《诗人程千帆》。得丁芒、吴汉骧函,均请为《吴芳吉论文集》题词。

【剪报:《文论报》1998年2月12日第4版陈望衡《诗人程千帆》。】

3月28日(6)晴,19℃

天纵、天渝两家来午饭。得刘庆云寄《词话十论》。复范阳、丁芒(寄吴芳吉书签)、陈望衡。

3月29日(日)晴,22℃

春晓与郭斌来帮助整理书橱。

3 月 30 日(1)晴热,18℃,实际约 25℃

章灿来,送来成都出版社送《南北朝诗选》审稿费 800 元,《文学史》将寄出 10 章。下午取药、理发,并在肯德基晚饭。得傅杰函,《学术集林》已寄出,庞老文集仍在交涉中;黄伟经寄来稿费 300 元。

3 月 31 日(2)雨,15℃

得河南胡世厚函,关于写《题静海寺》诗事;刘庆云函。函复王淡芳,收到复印函件。

4 月

4 月 1 日(3)雨,8℃

得陈致函,陈辽函附文,湖北公安县赵克勇函。上午写两幅字,一学富医生,一张智华(未写好,不要)。得香港黄兆汉寄《姜白石词详注》。

4 月 2 日(4)晴,15℃

得刘一虹寄来沈祖棻给刘彦邦信的复印件。写对子一副寄给周学富医生。得屈守元寄《坚多节斋韵文存稿》一册。张伯伟来邀请四日参加南大基础学科教育学院成立大会并题词祝贺。

4 月 3 日(5)晴,20℃

为教育学院题词一纸,已交伯伟。为“回归颂”办公室胡世厚书写《题静海寺》一纸,备在深圳刻石,已寄出。得敏泽函。

4 月 4 日(6)阴,23℃

下午参加校基础学科教育学院成立会并致贺词。

4 月 5 日(日)雨,17℃

湖南诗词协会陶杰来函,拟编湖南当代诗词选,索诗词,已抄寄。晚张伯伟率其研究生冯翠儿来访。

4 月 6 日(1)阴,19℃

巩本栋来,与之谈写黄季刚师轶事。得何永沂寄《诗集》;高校古委会通知,补助《黄季刚日记》15000 元,今年拨 5000 元已到,已转告周勋初。写字三幅:1. 张智华、2. 香港黄兆汉、3. 陈望衡。

4 月 7 日(2)雨,15℃

市教育学院李金堂带着其师刘乃和信来访。得吴志达函;天眉函,本月 24 日回国。曹明扬由上海打电话来。

4 月 8 日(3)阴,16℃

函高纪言,附去吴志达函。

4 月 9 日(4)晴,20℃

得《中华诗词》编辑王澍函,请丽则将诗题《与小平……》改名。得敏泽函,索回忆录。砺锋接到河北教育出版社电话,索照片及两文集的前言。

4 月 10 日(5)阴转多云,20℃

周学富医生来,做耳压治眼睛,并希望为其写另一副对子,较短。布置早早写《沈祖棻文集》前言。

4 月 11 日(6)阴,18℃

得弘征寄书两本及函,拟设法印顾农书。在天纵家午饭并参观天渝新房。得田芜讣告。

4 月 12 日(日)雨,18℃

函弘征、顾农。函市文联请代购花圈吊唁田芜(附去 10 元)。

4月13日(1)晴,24℃

得张世林函,嘱寄照片及格言,已写好寄去。李立朴来电话,已将《学记》上之照片18张(各9)寄保定河北教育。蒋赞初来,云饶宗颐明日来参观南大保存之书画,约明日会面,并函校长请同意饶去参观。

【剪报:《中华读书报》1998年3月25日第3版马斗全《老学者的忠告》;《光明日报》1998年4月11日第2版傅璇琮《学风的熏陶　师辈的关怀》。】

4月14日(2)晴,25℃

贾文昭信,即复(刊吴志达序文)。

4月15日(3)晴,26℃

高惠立来拍照。得陈继明函,请写签。

4月16日(4)晴,24℃

完成书札拾零整理,交早早去复印。曾广开《元和诗论》已寄来。中文系与《文学评论》合作出《文学评论丛刊》,已出第一期。校报送稿费30元(在基础学科教育学院开幕时的讲话和题词)。高纪言来,送还吴志达函,并谈稿费事。

【剪报:《南大报》1998年4月11日《程千帆教授的讲话》及程千帆题辞。】

4月17日(5)晴,25℃

上午二人看牙。下午原靖送照片来,极佳。函复吴志达,关于《大典》稿费事。金陵中学校长书记来访,并约为其110周年纪念册题词,赠与母校《选集》《学记》。

4月18日(6)晴,26℃

上午与丽则夫妇同游古林公园。中午在金鹰午饭。下午马瑞芳的学生王薇来，请为其推荐至东南大学任职。

4 月 19 日（日）晴，28℃

为金中写好 110 校庆题词。天渝来饭。为黄兆汉写字一幅。早早文成。

4 月 20 日（1）晴，33℃

擦窗安纱窗，早旦与三男生。

4 月 21 日（2）晴，29℃

发信：三夕、王一桃、瑞洁。修助听器，非坏，乃电池问题。

4 月 22 日（3）阴，29℃

写北大 100 年寿联：

舜寿百岁，

孔赞斯文。

史梅取去裱。

宏生取去为金中校庆所写贺词。早早与砺锋均写好文集总序。

4 月 23 日（4）阴，27℃

黄希坚送来魏晋南北朝分典样稿。《沈祖棻文集》书札部分看完，并寄潘。以书信序言寄潘海鸥，以序言寄傅璇琮，字帖寄曾广开。

4 月 24 日（5）阴雨，23℃

复王淡芳，附照片数张。

4 月 25 日（6）晴，23℃

送曾广开的字帖已被早早截留。小燕来晚饭，送一个皮包给她。天眉晚抵宁。

4月26日(日)晴,26℃

《羊城晚报》载《俭腹微言》。改好早早词的处女作。骆文来访,并赠名茶一瓶。

【剪报:《羊城晚报》1998年3月11日第11版程千帆《俭腹微言》。】

4月27日(1)晴,29℃

天眉来,天渝一家、天纵、丽则均来会。有富送王绍曾书评来,要徐和周晶商议刊载。

4月28日(2)晴,31℃

上午参加《文学评论丛刊》发布会并发言。得山西人民出版社周红受敏泽委托寄来《学海钩沉》一本(王利器《往日心痕》);余德泉寄《对联格律》一本;何永沂函,附词一首、绀弩诗若干首。

4月29日(3)

寄舒芜、何永沂、吕永、余德泉(长沙)、周红(山西)。

4月30日(4)晴,29℃

全家在福盛缘晚宴,庆祝美林50生日。在湖南路商场购得皮包、帽子、指甲锉及樟脑。收到《中国文化》。

5月

5月1日(5)晴,30℃

天气闷热。昨晚归迟,今天全日感到疲倦,未做事。得吴志达函,同意稿费问题。张伯伟、曹虹来,赠新茶两罐。

5月2日(6)晴,25℃

写早早处女作《摸鱼儿》留为纪念。

5月3日(日)晴,29℃

写周学富联,挂号寄出。函舒芜。曹虹送角黍。王靖来,赠巧格力一盒。嫂来电话,云雄哥病体有变化。陈望衡来信,收到所赠条幅。

5月4日(1)晴,29℃

莫砺锋来,明日去京,带去赠北大之对联及赠周绍良之墨等。得詹伯慧函,请为其纪念文集题诗文。芸书《摸鱼儿》及《归去来辞》,请史梅付裱。章灿来谈《文学史》事,赠菊花一盒。

【剪报:《古籍新书目》1998年4月28日孙言诚《书学之大成 治学之门径——浅谈齐鲁书社新书〈校雠广义〉》。】

5月5日(2)晴,26℃

天眉、芸去沪。汇去买《文学史》10钱231元。收安徽古籍百元。早早去江苏古籍取《明诗话》,拒付。得中山大学文献所黄仕忠戏曲书二册,湖南益阳对联一册。收到舒芜及黄兆汉信。

5月6日(3)阴,26℃

写对子赠詹伯慧、吴志达,即寄出。通知上古寄《宋文学史》稿与南大档案馆。函刘梦溪、周晶,《广义》事。

5月7日(4)阴,26℃

郁贤皓陪周祖譔夫妇自京来,陪游夫子庙。顾学颉寄《师友录》。芸自沪返,安。

5月8日(5)阴,23℃

朱明伦(辽大)来访,赠洋参二盒。周祖譔夫妇、郁贤皓夜来。

5月9日(6)阴,19℃

天渝夫妇、天眉母子共午餐,带来美林生日时照片。得舒芜函;《中国文化》稿费 1200 元(扣去所得税 36 元),得 1164 元。砺锋来电云,在北京大学讨论会上,将我所书对联交北大校长。舒芜告绀弩身后情况及其写作遇挫事。

5 月 10 日(日)雨,17℃

中午在天纵家吃饭。晚天眉请在接待餐厅吃面,盖今日乃母亲节也。将厦大请教师信转砺锋。

5 月 11 日(1)阴,18℃

得赵克勇(公安县粮食局)诗,殊恶,知专研格律与文事无关。赖高翔弟子张学渊(四川广汉)求赖集序;营口市党学谦寄于某诗集求揄扬,林从龙之介也,皆拒之。

5 月 12 日(2)雨,19℃

复张学渊、赵克勇、营口于某。

5 月 13 日(3)雨,18℃

徐有富来谈《校雠广义》出版事。黄进德来谈《大典》事。张伯伟来谈在北京开会情况及与上海古籍谈写回忆录事。丽则点房,获得陶谷新村 21 号 701;伯伟、有富、宏生、本栋等均点到新房,甚喜。

5 月 14 日(4)雨,19℃

补寄沈两篇论文给潘海鸥。

5 月 15 日(5)阴,19℃

得杜甫研究会开会通知,已函复不能参加。张辉托人带来哈密大枣,函谢。

5 月 16 日(6)阴,20℃

伯伟来,送来《朱自清日记》。程章灿一家、张宏生一家来看天眉。

5 月 17 日(日)雨转晴,24℃

和芸、眉同去天渝家,还有王静,美林菜做得很好。

5 月 18 日(1)晴,28℃

杨克平来宁,中文系请他来中文系,中午宴请,我陪,历时 4 小时,甚累。杨赠港币 300 元。黄先生日记决定收回由南大出版社出版。晚湖南岳麓书社胡渐逵、李应宗来访。得张瑞洁函暨其夫妇所写散文数篇。

5 月 19 日(2)多云,29℃

因脚肿去医院看病,仍系心脏缺血所致,连日劳累,需多休息。吕永寄来莲子,云可治心脏病。

5 月 20 日(3)多云,31℃

函石禅(索书)、吕永、王淡芳。得吴柏森 70 诗。张伟华、尉淑玲来午饭。

5 月 22 日(5)

张世林寄《我与校雠学》稿,校后返之。早早买对笺 20 副。

5 月 23 日(6)阴有小雨,24℃

早早送来新作词三首,已为其改一首。天渝一家来午饭,小燕同饭。小鲲一家晚间来,自带汉堡包等。

5 月 24 日(日)雨,20℃

天纵一家、小鲲一家来午饭。

5 月 25 日(1)晴,24℃

晨去医院作激光去脸上黑痣,很顺利。得张瑞洁函,不回;葛兆光寄《思想史》一册,甚佳;《淮海文汇》原副主编童笑瓴函,并寄来丁爱华赠《乾隆轶事》一本；尚炜函及《军事诗选》一本。

5月26日(2)晴，27℃

得张瑞洁致芸函，附"亲缘"原稿。孙原靖来，嘱写《孙望文集》推荐信。芸往治疗牙齿，天眉陪。

5月27日(3)晴，30℃

复丁爱华、尚炜，收到其书。复张瑞洁，寄还原稿及丽则诗。得吴柏森函，索诗。

5月28日(4)昙，30℃

为王一桃、吴柏森题字。张智华送论文来审阅。史梅送来芸所写2横幅(一送天眉，一送早早)。余恕诚赠所著《唐诗风貌》一本。得舒芜函，早早文已转《读书》。

5月29日(5)

为袁行霈、胡渐逵、李应宗书联并寄出。

5月30日(6)多云，30℃

复谢葛兆光、余恕诚赠书。丽则一家、小鲲一家中午来饭。晚在天纵家饭。得吴志达函，已收到对联。志达告李健章妻死，子女不孝，穷蹙，割腕自尽不死，可哀。

5月31日(日)阴，小雨，29℃

复吴志达。为于景祥编审职称证明，应卞孝萱请也。

6月

6月1日(1)阴雨，25℃

砺锋出示为《文评》作评介文，甚佳。陈平原寄新书。《社会战线》寄

200 元题词。

【剪报:《扬州日报》1997 年 4 月 5 日曲辰《〈闲堂诗存〉——听箫楼读书丛札》;《长江日报·江花文学周刊》骆文《再访程千帆》。】

6 月 2 日(2)多云,25℃

复陈平原谢赠《老北大故事》。芸与眉去看牙齿。得朱正寄《从百家争鸣到两家争鸣》。刘学锴寄《李商隐诗歌研究》。即复刘学锴、朱正。

6 月 3 日(3)晴,30℃

天渝乘车来接我们游珍珠泉,甚畅,可惜天气较热。

6 月 4 日(4)昙,28℃

二人理发,颇累。得广州诗集、《社会科学战线》。给早早讲中国诗词。吴文治打电话解释不能送《诗话》的原因,只能说明他不想送书,因出版社本无义务送书。

6 月 5 日(5)晴,29℃

得李应宗函,索字,并附照片若干张;骆文来函,附照片 2 张;舒芜函告,《读者》编辑已允用早早所写前言,惟需删节;淮海战役烈士纪念塔函,拟将前书写之词刻碑;武大老学生戴登明(87 级 1 班)函,请参加毕业 40 周年纪念。

6 月 6 日(6)晴,31℃

复戴登明,告不参加他们级的同学会;骆文,收到照片;淮海纪念塔管理处,不重写碑文;舒芜。

6 月 7 日(日)晴,29℃

得王淡芳函暨旧函若干封。天渝一家、早、燕来午饭。晚和小鲲一家同餐。晚宏生夫妇来与朱晏等晤面。函赵昌平并汇款 60 元,请代购《两宋文学史》。函李立朴。

6月8日(1)阴,小雨,26℃

得《现代化》一本。复王淡芳,并寄《诗文合钞》及照片。

6月9日(2)阴,25℃

芸去医院又拔牙一颗,成"缺牙巴"矣,俟两个月后再拔。取来各次照片,均甚好。与徐有富合照,交其带去。

6月10日(3)昙,28℃

中午三人去南芳园午饭,不佳。为砺锋作品《朱熹文学思想研究》推荐入南大学术文库丛书。姚松还来《学术集林》两本。档案馆打电话来,已印好贴信纸,请其置放王一涓处。

6月11日(4)昙,27℃

眉眉检查身体后因胆结石住院。得李应宗并附照片。

6月12日(5)雨,25℃

得胡渐逵函,附诗;甘肃档案局陈乐道函,附诗,要购《诗文钞》。函北京吴柏森,将前寄之诗又抄寄。得舒芜函。

6月13日(6)阴,26℃

寄《诗文合钞》给兰州陈东道。得朱正函,收到错寄的函(刘学锴的)。已将错寄给朱的信转给刘学锴,并请其将给朱的信转来。

6月14日(日)晴,28℃

天渝夫妇来。函朱正,谈其著作《从百家争鸣到两家争鸣》。所购《文学通史》已寄来。

6月15日(1)晴,29℃

景祥来电话询问《大典》工委会地址,因我与卞之推荐函仍须盖公章。电告章灿,嘱其来看《文学通史》。徐有富来电话,告知《校雠广义》尚未寄出,拟明日先快邮寄一套来。

6月16日(2)昙,29℃

函周绍良,询所赠之墨已否收到;顾学颉,谈有关其回忆录中之数事。

6月17日(3)昙,32℃

上午一涓携宣传部李绪铮来照相,并写字数幅赠之。得周祖譔函,已回厦门。章灿借去《文学通史》十本。得《中国文化》抽印本;《岷峨诗稿》;《雨花》;《钟山》;《诗刊》,载拙作五首,第三首错一字,"兰"误为"蓝";《中国社会主义精神文明建设宝典》编委会函,拟采用《黄侃先生日记校后记》一文,未填表回复。

6月18日(4)昙雨,29℃

收到《校广》,快递邮费50元,书品甚好。收《续修》顾问费600元。得沈祖庄从加拿大寄来函并附一照片。李绪铮昨照之相今日已拿到,甚佳。

6月19日(5)晴,29℃

和天眉一起去省中看病。得周一良寄来《毕竟是书生》。收到刘学锴函,转来误投之给朱正的信,又寄给朱。

6月20日(6)晴,33℃

眉回家,决定不在鼓楼做手术,但仍拟下周一去做CT。小燕晚来饭,嘱其去取汇款。

6月21日(日)晴,30℃

上午二人去宁海路寄信并修钟。函复周一良、沈祖庄(均附照片)。

又复吴思雷，收到《夏承焘轶闻》。小宁来玩一天。

6月22日(1)昙，30℃

得一不认识人之信，附吴梅先生讲义，要求写字，已退还。巩本栋来还书，请其去校医院取中西药。

6月23日(2)昙，29℃

得顾学颉函。

6月24日(3)阴，27℃

教育部派检查团来中文系检查，今日上午开座谈会，我去参加。晚王兆鹏(是检查团成员之一)由伯伟陪同来访，赠莲子。

6月25日(4)雨，26℃

函赵昌平、高克勤催寄书。复顾学颉。周绍良来函称墨已收到。

6月26日(5)雨，27℃

上午参加校大学生毕业典礼。动力科来换电线和插座。得傅璇琮函，索稿。

6月27日(6)大雨，28℃

致王淡芳函20通已编好，拟寄傅璇琮。

6月28日(日)昙，30℃

与王淡芳函稿已挂号寄傅。为小宁写对子三副。为小宁之友陈涛所作文稿介绍给《雨花》周桐淦。

6月29日(1)雨，30℃

早早、郭斌来，托其取中药。帆致淡芳函复印件已还早早。

6 月 30 日(2)雨,27℃

对联三副、章灿写横幅一件交史梅裱。得宋谋玚函,温州王常仁寄来《王敬身诗文集》。早早送来论文提纲。

7 月

7 月 1 日(3)雨,28℃

复宋谋玚及赠《王敬身诗文集》之人。下午未下雨,二人出外购物,极热,已不可随意出行。和早早、郭斌谈学。

7 月 2 日(4)昙转雨,32℃

河北教育出版社寄来《文集》第一批校样,砺锋分与诸生校对。高纪言来谈出版局将宋元分典部分稿件交钟振振、钟陵、王步高审查,钟等故意找麻烦。中午与天眉、小鲲、早早同去金鹰吃饭。得吴柏森函,附诗十余首,已复。

7 月 3 日(5)大雨,29℃

得王淡芳函,知刘彦邦居美一时不得回,因其夫人愿住美国。复吴柏森。

7 月 4 日(6)雨转晴,29℃

齐鲁书四部寄到。吴文治允赠书二种(《明诗话》《柳宗元选集》)。郭斌在北京实习,托其带一函及洋参膏二瓶给舒芜。得李立朴函;丁芒函,为《初中生世界》约稿,并寄书。中午在肯德基为真真补过生日。

7 月 5 日(日)晴,32℃

复丁芒,并为《初中生世界》题词寄去。巩本栋来取校样,并将吴新雷负责的校样带去。天瑜夫妇暨小宁来午饭后,芸与天眉往参观其新居。

7月6日(1)多云,33℃

看病。收广西《李商隐研究论文集》;蒋寅、吴代芳、宋谋玚信;元化80寿启,拟作联贺之;傅杰函,云购书打折扣事已与高国平商谈,高允与社长研究。

7月7日(2)晴,36℃

于景祥来,晚在西苑和诸生共饭,赠景祥《校雠广义》。程章灿将已写好的《文学史》稿交景祥。有富来商定购《校雠广义》事。

7月8日(3)晴,36℃

安徽寄来《文献》四本。郭斌打电话来,已见过舒芜,书已送,舒芜已看过病,身体尚好。打电话给黄希坚,问审稿事,答过几日来谈。景祥回北京。

7月9日(4)昙,36℃

复王淡芳、吴代芳,各赠以抽印本文章。高纪言来电话谈宋元典评审事。复武大老学生戴登明,不参加活动,不写文章(小燕代笔)。

7月10日(5)

函蒋寅。得赵昌平、高克勤函,谷玉即将来宁,书由其带来。晚在西苑与儿女共餐。

7月11日(6)雨,37℃

万业馨嘱其学生送来《红楼梦评论选》两册、杏脯两包。空调机出毛病,小严修未好。聂石樵学生曹晋来南大读博士后,带来钟老书(《雪泥鸿爪》)与礼(人参)。伯伟来电话,谷玉明日到南京。

7月12日(日)晴,38℃

夜作诗二首赠答钟老:

西郊曲室忆当年，低首东皇泰一前。
太息陆萧俱宿草，儒林雅谑更谁传。

海内共知吾辈老，江南又待菊花开。
自是侯官异宗派，非关顺德谢诗才。

晨书好，待曹晋去京时带去。

钟诗："烛灰未尽平生意，霜鬓徒劳四海知。书罢沉吟欲谁寄，秣陵一叟正相思。"

7 月 13 日(1)晴，36℃

晨谷玉和伯伟来谈《桑榆忆往》事，谷带来《两宋文学史》四本(一样书、三购书)，样书转新雷。又赵昌平赠《自选集》一本。函赵昌平，谢赠书。徐有富送来购《校雠广义》数与款数。

7 月 14 日(2)晴，36℃

收到河北教育寄来《文集》第二批校样，《河北师范大学学报》，《文教资料》，《书屋》。砺锋的二韩国学生送来照片。

7 月 15 日(3)晴，37℃

函万业馨王志良，谢赠书与杏脯，并回赠文房四宝，由丽则带去。卞孝萱转王先霈信来，求任华中作品选顾问，谢之。

7 月 16 日(4)晴，35℃

看完莫砺锋文。云渝夫妇、天纵均来与天眉话别。

7 月 17 日(5)阴雨，33℃

莫砺锋来，与之谈文章事，莫对《宋诗精选》校出数错。晚天眉去北京转运回美，丽则同游北京，家中又冷清了。

7月18日(6)阴转晴,33℃

复吴代芳。天眉、丽则安抵北京。威克、小燕等安抵甘肃。晚早早来。抄好复钟老诗,待曹晋回京时带去。

7月19日(日)晴,35℃

晨又将钟程唱和诗正楷抄一纸,备复印赠友人。

7月20日(1)昙,36℃

早早来讲她家安装太阳能热水器事。得贾文昭函。伯伟来谈,南大出版社同意印《黄侃日记》,并云武大出版社已出版《黄侃日记》,疑为潘重规所印行之翻版,已函吴志达讯问。

7月21日(2)昙,35℃

得陈贻焮函及诗集2本;毛谷风寄书两本;《湘泉之友》,内载有周策纵诗三首。将砺锋文寄《中国文化》。伯伟来,《追忆章太炎》。赵国璋送来《胡先骕传》。

【剪报:《湘泉之友》1998年7月10日第4版周策纵《诗三首》。】

7月22日(3)阴雨,34℃

钟程唱和诗请严杰复印了若干份,准备赠友人。美林来拟陪芸看病,芸腰痛稍好,未赴医。

7月23日(4)阴,34℃

复袁第锐、毛谷风、陈一新,均附钟程唱和诗、闲堂文。何永沂寄剪报载《聂绀弩与“K字楼”》。下午天纵来探望。

【剪报:《文汇读书周报》1998年7月4日何永沂《聂绀弩与“K字楼”》。】

7月24日(5)昙,33℃

下午高纪言、黄希坚来谈《大典》宋元分典通过审查事。古籍小组汇来顾问费 300 元(7—9 月)。晚早早携刘强、张宗友来谈。

7 月 25 日(6)晴,34℃

天渝一家来玩。早早带一女友来。

7 月 26 日(日)昙,33℃

嘱早早转请郭斌在北京办数事。天眉今日由京返美。

7 月 27 日(1)晴,34℃

上海文艺出版社寄来《俭腹抄》100 本,本栋亦收到 15 本,当系我们所购之书,应赠与作者及编者之书尚未寄来。章灿来,后日赴美。谈《程氏文学史》书事,已写至 1919 年,后面亦可不再写。天眉中午打电话来,已安抵波士顿,已转告小鲲。小鲲今日送来电视机遥控。适得北京刘石电话给章灿,转告王利器于 24 日弃世。

7 月 28 日(2)晴转阴,34℃

上午托徐有富发唁电给王贞一,吊唁其父丧。周勋初打电话来,告知江苏教育已同意出《黄侃日记》,年内可出版,拟告任天石南大出版社可以不再出。有富借去《中国古籍》一厚本。赠早早《俭腹抄》一本,其同学顾钱江一本,莫砺锋一本,徐有富一本,砺锋寄一本给河北教育出版社。得刘彦邦函。

7 月 29 日(3)雨,31℃

函于景祥,谈《文学史》等事。吴新雷先生校好《两宋文学史》,已交砺锋。

7 月 30 日(4)大雨,25℃

上午到双龙巷看手。丽则自京回,来午饭,带来万业馨书及果脯。小鲲代购得电剃须刀。得毛谷风函及附文。严杰校好《史通》,转与砺锋。

7月31日(5)雨,31℃

上午看手指,医谓乃囊肿,问题不大。有富来,接周晶电话,拟将《校雠广义》报出版奖,拟请黄永年写书评,又请为《藏书家》写一字。伯伟明日去台湾,将《校雠广义》四本及信一封交其带台北潘石禅。

【剪报:《中华读书报》1998年7月29日《"名家学术文库"》。】

8月

8月1日(6)昙,33℃

写好给《藏书家》之字及致黄永年、周晶函,均交有富代发。得李立朴寄来顾农所著《文选与文心》;沈阳寄来书一包,交早早去取。

8月2日(日)晴,35℃

早早取来辽宁教育出版社寄来《新世纪万有文库》第二批(古14、近36、外28)共78本。天纵昨早从武夷山旅游归来,今日来探望。

8月3日(1)晴,35℃

曹虹打电话来,通知伯伟已抵台。

8月4日(2)晴,35℃

发烧,去南大医院看病,挂水后退烧。

8月5日(3)晴转雨,37℃

继续去医院挂水。小燕归。函于景祥附致辽宁教育出版社函,为《新世纪万有文库》推荐一些书刊。

8月6日(4)多云,35℃

上午仍挂水,病基本痊愈。中午吃面一碗。得吴代芳函,附来一文,尚可,拟嘱其自投稿。

8 月 7 日(5)多云,34℃

得吴志达函(武汉大学出版《黄侃日记》,无此事)。函朱正、弘征,并代顾农寄书与弘征。高纪言来,可周一去成都。伯伟自台归,在台见到潘石禅,身体甚好。博士后曹晋来,带去赠钟老之诗、文及《俭腹抄》。

8 月 8 日(6)晴,36℃

函顾农,告以已将其书赠弘征。复刘彦邦;吴代芳,附还稿件。

8 月 9 日(日)晴,37℃

函吴志达。天纵、宁健率小雅来探望。

8 月 10 日(1)晴,37℃

得杨敏如寄《唐宋词选读百首》;上海图书出版社东方出版中心寄稿费 750 元;叶康宁(不识者)函,问一问题;北京大学博士后周毅寄文一篇;屈义林函,寄一篇文,谈程屈之交往。

8 月 11 日(2)晴,37℃

复杨敏如、屈义林(收到书刊,并附 2 诗文去)。得黄进德函,谈晚唐五代分典中的问题。

8 月 12 日(3)晴,36℃

复黄进德,谈《大典》事。

8 月 13 日(4)晴,37℃

得扬州书协通知,纪念朱自清先生百年诞辰征书法件(徐兴无转来)。

8 月 14 日(5)晴,36℃

得齐鲁寄来《校雠广义》样书 24 套(周晶留下 1 套),与徐有富各留 12 套。

8月15日(6)晴,36℃

得天眉来信,谈在美情况甚详;中华书局期刊室顾青函,《与淡芳书》已决定分两期在《学林漫录》上刊登。

8月16日(日)阴有小阵雨,33℃

收到上海文艺出版社寄来《俭腹抄》样书10本(本栋收到5本),顾农寄来其所著《文选与文心》一本。本栋来,送其所著《广弘明集》一本。叶子铭夫妇来访,赠扬州小菜。丽则母女来饭。久热后凉爽,甚喜,下午上街一游。

8月17日(1)雨,29℃

得胡守仁函,请作序;《诗刊》寄稿费125元。在古籍所遇见周勋初,与谈购《校雠广义》书事及出版《黄侃日记》后分稿费等事(《黄侃日记》工作量先已复印交周先生2份存留)。以收到之《汉学世界》转送砺锋。以沈尹默手稿齐鲁影印本、《闲堂诗文钞》及《沈祖棻诗词集》包好并信一封,拟请周先生带去台湾。

8月18日(2)多云,30℃

中午请丽则全家在金鹰吃西餐。函天眉。

8月19日(3)多云,31℃

有富率徐玚从铁路运输处取来《校雠广义》16包,共380本。周勋初打电话来,同意拨10000—15000元垫购《校雠广义》。天纵一家来午饭。函复胡守仁,不能为之作序。

8月20日(4)晴转阴,32℃

有富来,整理拟送人之《校雠广义》,先包装送本校者。系里登记救济水灾捐款,已登记1000元。

8 月 21 日(5)多云,32℃

徐有富来,继续包装送人之《校雠广义》。校内部分已包好,早早与郭斌送去(除少数留存外)。丽则开始装修新房,开始买木板。

8 月 22 日(6)晴,35℃

送南师大 7 人《校雠广义》,内 2 人四本,均由陈书录带去。天渝全家来饭。

8 月 23 日(日)晴,33℃

昨夜大雨,今日复晴仍热,但不闷,较昨略好。作《五字经》之朱文泉军长之婿打电话来,朱已收到所赠之对联,又嘱其婿送茶叶来。得张伟华,附照片若干张。

8 月 24 日(1)晴,33℃

有富来,继续包装寄外埠之四本装《校雠广义》。得傅璇琮函,请作序;张三夕函,告张韵考上武大等事;沈祖庄自加拿大来函;朱正、弘征函,弘已收到顾农书,出顾书事有波折;吴晴函,要求抄一些诗;上海文艺出版社寄来稿费清单,汇款尚未到;《读书》寄来张春晓稿费;天水程某(不识)函,不拟复;山东高青县城镇农民文化学会征集藏书信。

8 月 25 日(2)雨转晴,30℃

上午下雨,徐有富未来,我们二人包装二本装《校雠广义》十三套,颇累。中国作协来函,要换会员证,须 20 元,旧证及彩照 2 张,现尚缺彩照。得顾农函。

8 月 26 日(3)阴,32℃

有富来,继续包扎寄出之《校雠》。得上海远东出版社寄来《学术集林》稿费 600 元;河南黄河水利委员会郭先芳函,附《河南日报》载其所写《且把金针度与人》。晚早早请吃大学口。周勋初来请为《宋人轶事汇编》题字。

【剪报:《河南日报》1998 年 7 月 31 日第 6 版郭先芳《且把金针度与人——访著名学者程千帆》。】

8 月 27 日(4)雨,28℃

下午去校医院取药,遇一青年追随我们二小时,问些问题,似无恶意,但使我们很紧张,此人可能神经有问题。得李安纲函,拟编一丛书,不拟过问;湖南省名人志编委会函,邀入此志。

8 月 28 日(5)晴,30℃

赠外地的《校雠广义》全部包好,由张宗友、郭斌、张春晓等送邮局寄出,完成一大任务。函周晶,将银行账号通知他,希稿费能汇入账号。得潘石禅函,寄来新地址,并收到所赠书。马瑞芳的博士生王海燕来访,托其带《俭腹抄》一本赠马瑞芳。王写有书评一文,带来请看后交某一杂志登载。

8 月 29 日(6)晴,29℃

晨芸去双龙巷口腔部装牙,已带上代替品,待改为正式的瓷牙,固定不用拿下,甚方便,1200 元。帆又去修助听器,因使用不当,先用的一个需修理,小的一个无问题,换了电池。中午在天纵家饭。芸助阿晶学费 1000 元。得吴志达函。

8 月 30 日(日)昙,30℃

复吴晴、程凯、张三夕、弘征。函周勃,附王海燕文。

8 月 31 日(1)昙,29℃

将捐水灾款 1000 元送交中文系。史梅送来所裱三副对子,已转给小宁。天眉所借图书馆书及赠史梅和图书馆古籍部另一位的《校雠广义》拿去。本栋来,托其函上海问汇款及稿费事。

9 月

9 月 1 日(2)昙,29℃

得刘梦溪函及《汉学世界》一本。包好《校雠广义》五套,下午徐有富来寄赠教委古委会。另寄一包《校雠广义》一套及《俭腹抄》一本给湖南图书馆,两本《校勘》给李笠之女李继芬。程雨燕,东 8 舍 505 室,3596008。

9 月 2 日(3)晴,31℃

上午去医院看脚肿,外科医生认为非关髁骨关节,后仍按朱广华所开药方取药 7 付。得汪孝文寄来《汪采白诗画录》及《慕云诗》各一本。

9 月 3 日(4)晴,30℃

高纪言、黄希坚来谈宋分典情况,并拟给北京的报告。早早、郭斌来整理分发各种杂志。函李立朴,谢不能参加全译。送金中的书 14 本,由张宏生带去。

9 月 4 日(5)阴,29℃

草拟致《大典》工委会的报告。郭先芳打电话来。章灿由美回。

9 月 5 日(6)阴,29℃

致《大典》工委会报告已写就,下午高纪言取去。伯伟来代王小盾赠书一册,印刷很漂亮,而印错十几页。小盾收到《校雠广义》。二人去留学生食堂吃西餐,未吃到,胡乱吃两样菜回来。

9 月 6 日(日)晴,31℃

得王运熙函,收到《校雠广义》,并赞有富。开始整理书札。

9 月 7 日(1)晴,32℃

得齐鲁寄来发票 3 张;张辉、聂石樵、张辉函,收到《广义》;胡守仁寄诗;陶文鹏函。

9月8日(2)晴,34℃

上午田余庆和王小盾分别来访,赠田《古诗考索》《诗世界》《俭腹抄》三本,赠王《俭腹抄》一本。凡赠《校雠广义》四本缺一或缺二者,均补赠。齐鲁寄来之发票已交有富报账。得老学生刘永平函,拟将此函转与蒋寅。寄给中国作家协会换证费20元,照片2张,旧证1个,以便换新证。得李彦函,收到《校雠广义》。以《校雠广义》四本及《俭腹抄》一本,托砺锋带赠李立朴。

9月9日(3)晴,33℃

得台湾王叔岷寄来《校雠学》,即回赠《校雠广义》一套。高纪言来,将打好的致《大典》工委的报告送来,各签好字,高将于25日飞京送致。

9月10日(4)晴,32℃

早早等将补送缺书又还赠王叔岷书寄出,寄书费120元。黄希坚来,托其带四本《俭腹抄》给黄、顾、戴伟华、张汉怡四人。

9月11日(5)昙转阴,29℃

得张少康、冀淑英、李继芬函,均收到《校雠广义》。赵国璋来访,收到《校雠广义》。本栋打电话来,《俭腹抄》稿费已收到。金陵中学来摄像。

9月12日(6)昙转晴,29℃

本栋送来《俭腹抄》的稿费八千一百多元,又蒋广学送《梁启超》和《濡沫集》。两人装牙,取来助听器。得天眉函,张瑞洁寄给丽则稿费20元。

9月13日(日)昙,30℃

函并寄《俭腹抄》给陶文鹏。周祖譔函,收到《校雠广义》。

9月14日(1)晴,34℃

上午赴向阳卫生院针灸腿,需针灸十次,一个疗程。得张瑞洁函及《老年》杂志一本,载有瑞洁所写文。小鲲晚上来,取去小海带来之物。

9月15日(2)晴转阴,30℃

上午去医院拿药。得舒芜函,介绍其文发表在《新文学史料》98.3,已于叶子铭处借来一阅。江苏古籍出版社副社长马清江、总编室主任编辑倪培翔来探望,并赠《李伯元全集》《明诗话全编》2套。

9月16日(3)晴,28℃

上午针灸。下午文史馆王馆长来,赠月饼、洋参含片各一盒。得戴伟华函,收到《俭腹抄》;山东大学郭延礼函及书《中国近代翻译文学概论》;万里行者陈西民照片祝贺教师节。

9月17日(4)晴,28℃

中午丽则夫妇来吃牛尾汤。函张瑞洁、舒芜、郭延礼。寄《俭腹抄》给舒芜、傅璇琮、王绍曾、郭延礼。函天眉。得合肥《古籍研究》寄100元。得《版本编》二等奖奖金8200元(与徐有富共有)。王叔岷寄《左传》(周)。

9月18日(5)晴,28℃

徐有富来,取去奖金4100元。针灸,修助听器,原来助听器未坏,自己不会用。得邹凤礼(朱文泉师长之外甥)贺教师节卡;聂石樵函,收到《版本编》,《版本》亦转郭预衡;黄天骥函,请为《董每戡文集》题笺。邹地址:湖州赵湾83031部队教官2队1班(313007)。

9月19日(6)

为《董每戡文集》题签寄黄天骥。去天渝家午饭。

9月20日(日)小雨转阴,25℃

为帆祝寿,全家来欢聚,比往日多一史梅、一郭斌,晚在西苑聚餐,共

21人。晨小海打电话来祝寿。周勃打电话来祝寿,并告知王海燕文已登《学报》。饶小平子高帆经很多周折考取硕士生。七姐和六哥来。王志良来(出差至宁),赠一花篮,万业馨仍打电报来祝寿。史梅送蛋糕,天渝送衬衫,天纵送T恤,志明送点心、肉松,小鲲送水果。

9月21日(1)晴,25℃

上午针灸。曹虹、伯伟来祝寿,送蛋糕。南京电视二台来摄像,为报道江苏省文史馆建馆45周年。郭斌为97级研究生购去《校勘》《典藏》各4本。得李立朴函,书已寄出;《大典》办公室函,通知由刘家和任编委常委。晚于景祥打电话来祝寿。

9月22日(2)晴,27℃

陈书禄来报告学校已审定其为博导。木工来为厨房装顶。

9月23日(3)阴有小雨,27℃

晨针灸。得陈祖芬《当一回玩具兵》《世界上什么事最开心》《中国牌知识分子》《成年人的童话》;朱晓海函,附文2篇;李立朴寄来《学记》30本;王叔岷寄来《左传考校》,他已收到《校雠广义》。

9月24日(4)晴,26℃

上午回看老六。系资料室取去《广义》七套。

9月25日(5)昙,28℃

晨针灸。史梅为图书馆购去《校雠广义》四套(款未付)。得周一良函,收到《广义》,右手不能执笔,以左手写;罗宗强、郭预衡收到《广义》;张智华函,已进入北师大博士后;王兆鹏托人带来照片2张;蒋寅函,将去日本数日;浙江大学寄周采泉讣告;曾广开、孙鹤贺生日电;裘锡圭函,收到《广义》。《江海学刊》寄来《古诗十九首》校样;任继愈函,收到《广义》,并属转告辞书出版社经折装之义。

9 月 26 日(6)小雨,26℃

上午看牙,芸已装好,帆仍须 1—2 周。夕佳寄来 200 元。得宋谋玚函。寄给王一桃、陈祖芬书《俭腹抄》。许结电告《黄侃日记》已开印,请许惟贤老师多负责。

9 月 27 日(日)雨,下午阴,25℃

严志明生日,上午到中山大厦为买绒背心一件(106),领带一条(69),在天纵家午饭。清理诗札目录。黄裳寄来散文一册、《榆生说书》新版一册,无信。王文才来信,收到《广义》。

9 月 28 日(1)阴转多云,22℃

得阳海清函;山大郭延礼函,得到《俭腹抄》。友朋书札已整理好,待装订。赠陈书禄《俭腹抄》一本。

9 月 29 日(2)阴,23℃

上午参加文史馆发新馆员证书及国庆座谈会。得北京胡世厚寄来回归诗书画册两种各两事,即复。得王叔岷、席泽宗函,对校雠学均有所认识;顾易生函,附诗书一纸(收到书)。孙原靖携南师大一研究生来谈,并购《广义》二套。

9 月 30 日(3)晴,28℃

上午针灸。张伯伟率其香港研究生冯翠儿来,馈西洋参。得冀淑英、霍松林函,皆收到《广义》;黄天骥函,收到为《董每戡文集》所写书签;湖北图书馆阳海清函,待与高纪言商酌后再复;中华诗词学会函,通知已由顾问改选为名誉会长。

10 月

10 月 1 日,国庆节(4)晴,29℃

丽则全家来过节日,还带来丽则老同学一人。得陶文鹏函暨《中华活页文选》三本，《中华大典》寄来编辑费 800 元。《程千帆友朋诗札辑存续编》共九本，已编好，并函档案馆。得中华诗词学会寄来香港回归诗书画册页等。

10 月 2 日(5)晴，31℃

天纵一家来饭。得陶敏函，附傅璇琮文；中华诗词学会胡世厚寄来证书两本。由宏生陪同参加金中一百一十校庆校友会。发下列信：1. 王绍曾、2. 席泽宗（又《学记》一本）、3. 傅璇琮、4. 陶敏、5. 顾易生、6. 陶文鹏、7. 王叔岷、8. 齐鲁财务科。

10 月 3 日(6)晴，31℃

寄《学记》一本给席泽宗。得吴志达、刘彦邦函。参加金大建校 110 年纪念会，未参加金陵苑奠基和照相等活动。中午在天渝家吃饭，芸昨晚起不适，只略吃一二，回来后又卧床休息。伍杰打电话来问候。

10 月 4 日(日)晴，28℃

函吴志达、阳海清，并附有关《大典》及个人材料，挂号。夕佳打长途来问候。

10 月 5 日(1)晴，28℃

今天是中秋节，但因前几天过国庆节，吃油荤太多，今天未过节，孩子邀请亦未去。晨针灸。下午早早、郭斌来，擦干净吊扇和落地扇。得傅璇琮函，坚决要求写序；王绍曾函。王一涓和王彩云取去《友朋诗札》。

10 月 6 日(2)昙，27℃

完成《孙望文集》序，打电话嘱原靖来拿。李立朴打电话来，云砺锋、严杰已到达贵阳，所赠之书已收到。宏生来谈《全清词》事。

10 月 7 日(3)晴，28℃

一个疗程针灸已做完，准备再做一疗程，脚肿与麻木略见好。在医院门口遇见吴奔星，又老又聋，与自己不相上下。下午二中文系学生（《今日南园》之主编）来采访，与之谈 20 分钟。李立朴来电话，云发票早已挂号寄来，迄未收到。开始撰傅璇琮著作之序。

10 月 8 日(4)昙，27℃

原靖来取去《孙望文集》序。中午二人在巷口新开的饭店共餐。为曹虹写推荐书，推荐其为学校中青年学术骨干。赠郭斌毛衣一件。

10 月 9 日(5)阴转小雨，27℃

上午继续针灸。写好傅序第一段。得李零来信及附文，姜书阁函。

10 月 10 日(6)阴，25℃

晨去取假牙，试用，尚可，还需练习一阵。天渝夫妇来。丽则来。得黄进德函。晚天眉打电话来。

10 月 11 日(日)小雨，23℃

继续写傅书的序。

10 月 12 日(1)阴，25℃

晨继续针灸。天纵来，将《中国文化的陷阱》送来给我们看。得汪孝文函，周祖譔文。晚早早来。

10 月 13 日(2)阴转昙，25℃

完成傅序，送与砺锋请提意见。严杰来，带来李立朴所赠茶叶，甚佳。《今日南园》编辑拿去为刊物所题笺和照片。来人修理空调，换去一零件，其修理费 120 元。朱家维来电话，退协将在《南园》出一“老有所为”特刊，将用张伯伟代我所写文加以压缩，并向宣传部要一照片。得张远齐寄来《濡须长短句》一本。下午高纪言来汇报在北京开会的情况，并送来《大典》工委会编委会函，同意《文学典》的出版。吴新雷带来广东暨南大学教授洪柏昭夫妇，携有李汝伦的信，请任《中华新乐府》顾问。

10月14日(3)阴转昙，24℃

复北大李零、张远齐、汪孝文、李汝伦。芸抄莫改后傅序寄出。章灿来，商议会议上赠书事。

10月15日(4)晴，23℃

晨云南芳园吃包子，久已不去矣。后理发。

10月16日(5)晴，23℃

购债万。函景祥。寄《校雠广义》给王兆鹏。收淡芳寿礼100元，寄以《俭腹抄》。函黄进德，又齐鲁财务科周晶催款。

10月17日(6)晴，22℃

天纵请我们去吃螃蟹。寄《俭腹抄》一本给王淡芳。将为《大典》写介绍的专家名单寄高纪言。

10月18日(日)晴，23℃

天渝一家来午饭。得王叔岷函，不须复。

10月19日(1)昙，24℃

上午针灸。严杰取去《俭腹抄》60本、《校雠广义》4套，准备送与参加国际辞赋学研讨会国内外朋友们。马瑞芳学生王海燕自济南回宁，来访，请教作博士论文事。晚许结来谈国际会议事。

10月20日(2)昙，22℃

晨去医院取药，又到退协领得一包。史梅代领油2瓶。得辽宁教育出版社寄来《周一良集》五厚本；顾农来函，不须复。早早拿去《大典·文学典》样书，在中文系陈列，备211检查。章灿要我参加国际会议闭幕式。

伯伟来，通知安徽大学《古籍研究》将通过审查，盼写信与贾文昭美言一二。

10 月 21 日(3)昙，23℃

晨针灸后，二人去夫子庙吃螃蟹包，味甚美，又购得便宜衣物等。逛公路。

10 月 22 日(4)昙，22℃

函贾文昭、周一良（收到其文集）。原靖偕南师大二生取去《校雠广义》22 套，付款 2070 元。上海开元文化传播公司王国强来商讨出版光盘事。李伊白、黄仕忠（《文学遗产》）来访，拟请述自己的历史，拒之。

10 月 23 日(5)晴，23℃

得王一桃函，要求写字，不复；王淡芳函，生喉疾，颇念；吴志达函，谈《大典》分典事。晨针灸后，又看中医，吃中药，因腿肿不消。下午和天纵去定做厅地板。函（挂号）周晶，催稿费，并定购《广义》与所存合为百部。

10 月 24 日(6)晴，23℃

函（挂号）上海文艺出版社郝铭鉴，催少赠之样书 5 本及所少付之稿费。景祥来与会议诸公去扬州，来谈约半小时。下午威克来治疗腿肿，无效。得傅璇琮函，收到序文。

10 月 25 日(日)昙，22℃

今日辞赋会闭幕，未往参加，以等砺锋陪朱晓海来访探，后又共晚饭，以《古诗考索》赠之。《大地月刊》托记者胡化奎来采访，芸与之谈，帆未见，赠以一本《学记》。函傅璇琮，请将与淡芳书函及序复印寄来。本栋来，代购《吴宓日记》二本。

10 月 26 日(1)昙，22℃

晨取中药。吴宏一赠书一本。得天眉来函，美国已受亚洲经济衰退影响，各公司裁员亦多，小海亦颇焦虑。

10月27日(2)晴，22℃

得古籍小组寄来98年第四季度津贴300元。函复刘彦邦、王淡芳。函周笃文、《湘泉》，寄诗。周晶来电，云稿费已寄来，拟购之书亦将寄来，仍打68折。学校为老人祝寿，未参加，小组长将蛋糕等送来。

10月28日(3)晴，21℃

威克来为作气功，认为腿肿不严重，心胸须放宽。

10月29日(4)阴，小雨，21℃

得陶敏函，已收到《广义》，书评须过些时写；郭预衡寄《文学史》四本。函天眉。下午小红、志明陪我们去省中医院看眼与脚。眼睛已排除青光眼、眼底出血、视网膜剥离等病，主要还是晶体混浊，下周一再检查神经，就可排除一切可怕的眼疾。也不能使眼睛好起来，只好少看书报。脚上红斑是毛血管出血，有点发炎。今天脚已不肿，问题不大，可以安心休养。

10月30日(5)昙，21℃

本栋来，写就《丛书提要序》，可用。赠向阳孙医生参丸，托其转致。砺锋来，为其签字，推荐著作。黄希坚来，谈各分典事，明清典同意以蔡子代替蔡，送北京发聘书。

10月31日(6)昙转阴，20℃

函复郭预衡、陶敏、吴志达。函钱理群，请寄送《王瑶纪念集》；舒芜，请推荐张宏生文。

11月

11月1日(日)晴，20℃

今日铺厅的地板，费1154元，甚为方便。天纵来一天，看着工人做。

据天纵云，木工等携工具一般 50 元一天，而小易收 70 元一天，颇不地道。

11 月 2 日(1)晴，21℃

晨去省中医院检查眼神经，无异常。经过各种检查，诊断仍为白内障，无其他眼疾，可以放心，但需少用。下午孙原靖来，谈其父《韦苏州集》事，恐不易出版了。统战部周部长及文史馆新常务副馆长朱云春来，宣布准予辞去文史馆馆长，改为名誉馆长。齐鲁寄来《典藏编》稿费通知。傅璇琮来函，附来序的打印本。湘潭大学寄来题字稿费 200 元。河北教育出版社寄来《沈祖棻文集》校样，已交早早校对。

11 月 3 日(2)晴，22℃

得孙钦善函，谢《广义》，又告将出《全宋诗》；张世林函，要写文，即告其试托蒋寅。汇李笠稿费 454 元。晚去天渝家食蟹。复傅璇琮，来稿略改一二字。

【剪报：《古籍新书目》1998 年 10 月 28 日第 110 期《校雠广义》。】

11 月 4 日(3)晴转阴，21℃

章灿来，问王伯沆事迹。徐有富来，结清《典藏编》稿费。得淮北王淮生寄来书一本，已复收到。徐有富送来补《版本编》之一章。复张世林。

11 月 5 日(4)晴，22℃

函傅杰，问《俭腹抄》等事(挂号)。得丁芒函，傅光函，收到《学记》；萧效农函(求序及书签)；天眉祝寿函。傅光要《诗世界》，即寄与。晨看牙，据云牙龈萎缩，无大碍。改徐有富新《广义·版本》第七章，即交有富重核。

11 月 6 日(5)晴，20℃

虎诞，去扬州茶庄吃包子。买一小包，又买棉背心赠小雅，才 20 元。晚在天纵家饭。上海文艺补稿费 364 元。

11月7日(6)晴,22℃

得舒芜函,仍患肺气肿,宏生文已转《中国社会科学》。上海文艺稿费今日寄到,收据已寄还。今日在肯德基全家老小聚会,庆祝老小四代生日,甚为热闹。丽则今日搬家。

11月8日(日)晴,21℃

得杨金亭函,索稿。

11月9日(1)晴,22℃

王葆权来辞,小钱带来10、11两个月文史馆致送的车马费200元。得黄进德函,已复。吴志达来电话问候。黄淑贤来电话,谈家务事甚详。早早去苏州,了解其外婆之旧事。复杨金亭,告知已寄诗文与周笃文,请与周联系。伯伟自新加坡回,赠肉松一包,并带来陈致送药及照片。

11月10日(2)晴,19℃

得傅杰函。早早自苏州打电话来,找不到大石头巷旧宅,经与七姐联系,告其旧宅之特征,想可找到。帆今起穿太空棉服。早早晚间归。

11月11日(3)晴,20℃

复舒芜。得吕永函,寄莲子来。《续编》寄来98下半年编辑费600元,寄还收据(12日)。早早来汇报去苏州的经过,基本完成任务,拍了老宅及六宅头的照片,加深了感性认识。晚万业馨同事邱军女士带其书及所赠果脯来。

11月12日(4)晴,22℃

黄希坚来谈魏晋南北朝分典事。早早将我生日时所拍照片及在苏州所拍照片送来。晚丽则一家及小宁来吃珍珠圆,并看女排决赛。吕永寄来莲子。得陈望衡寄《中国古典美学史》一本。

11月13日(5)晴,23℃

寄《校雠广义》及《俭腹抄》给陈望衡。得王兆鹏函,收到《广义》;吴宏一寄来《中国文化研究所学报》一本。得南大出版社出版《诗赋词观止》2本。取回吕永所赠莲子。曹虹自长沙开会归,赠腊肉与臭豆腐。

11月14日(6)晴,26℃

寄《俭腹抄》给吕永、刘业超、刘庆云、羊春秋、弘征。

11月15日(日)晴,27℃

得桂清扬函,已调杭州中国计量学院;傅杰函,已与陈尚君谈早早拟考研事。

11月16日(1)多云转阴,20℃

上午去皮肤病研究所看脚上的皮肤病,诊断为癣,问题不大。函复傅杰。齐鲁已寄来系里所购之《校雠广义》。于景祥来电话。

11月17日(2)晴,13℃

得李立朴寄来全译中的《吕氏春秋》《春秋公羊》《神仙传》《幼学琼林》《东京梦华录》《人物志》及《传习录》,温州吴景文函(已记不清此人)。晚早早与郭斌来,将《明诗话》送与伯伟。王一涓来,将存档案馆之书信装订之具体要求告诉,请其转告档案馆。

11月18日(3)晴,14℃

陈蔚来,送润肤油三盒,请书书斋名(汲古斋)。下午王国强来谈古文化光盘事。

11月19日(4)晴,15℃

11月20日(5)晴,16℃

得于景祥快件,请为春风出版社一套丛书题词;钱理群寄来《王瑶先生纪念集》一本。去年修电线并装插座，今日交费 377 元。下午朱祖延函介武汉出版社刘昌钊，又曾卓的作家朋友周翼南来访，带来《尔雅诂林》第一册。

11 月 21 日(6)阴转晴，16℃

得周笃文函。为辽宁文艺出版社编《插图本文学小丛书》题词，并用快递寄出。天纵全家来。小易来，开始修缮。

11 月 22 日(日)晴，16℃

收到一些杂志，无信。

11 月 23 日(1)晴，17℃

得黄伟经函，要求书悼昭琛词条幅赠之，又仍索《人生感言》稿。巩本栋来还《饶宗颐学记》，又借去顾农《文选与文心》。

11 月 24 日(2)晴，15℃

写对子 2 副，一赠何永沂，一赠宏生友。为陈蔚写条幅两张。

11 月 25 日(3)多云转阴，15℃

寄来《江海学刊》两本，祖棻《古诗十九首讲录》已登载。又得《历史文献研究》第九辑一本。

11 月 26 日(4)昙转小雨，13℃

得《历史文献研究》稿费 100 元。为黄伟经写一条幅，书悼昭琛。晚许志英携老学生颜雄及其同事周国良来访，各赠四本书。为宏生友所写条幅已送宏生信箱。

11 月 27 日(5)昙，15℃

得傅璇琮函，书函稿待《学林漫录》校样出来后即寄来；陈望衡函，要求为其书写介绍。陈蔚来，将为其写的条幅取去。为颜雄写一对联，连同何永沂、黄伟经所写条幅一并寄。下午去校医院看病，经心电图检查，心肌缺血严重，医嘱住院，因周末不便，拟下周一住院。

11月28日(6)晴，16℃

写两条幅赠刘重喜及张吉翔。《俭腹抄》补已编好，待傅璇琮寄来书信复印件即交本栋编送。厨房已装修好，书房地板略加整修。

11月29日(日)昙转阴，15℃

中午与丽则全家吃烤鸭，小崔、郭斌均在座。王海燕来，取去报纸，并看了朱祖延先生信。刘重喜、张吉翔条幅已交郭斌。萧效农来电话，其父之诗词文集已打好，即将寄来。复陈望衡，不能写介绍。

11月30日(1)阴，15℃

今日入南大医院治疗，主治医生定为房颤、上感，已服药、挂水一瓶，估计系治疗咳嗽。另外做了心电图、血常规、大便小便常规、肺部透视，结果尚不知。程章灿、莫砺锋、严杰来探望。得一川大老学生的信附诗，记不起此人，不复。章灿送来《文学史》的目录。得贵州出版社寄来1000元。

12月

12月1日(2)雨，大风，12℃

得湖南陈器之寄来200元、《历代诗词曲千首精译》；《书品》，内有徐有富代写的《我与校雠学》；陈祥耀赠《古诗词两帖》。住院第二天，天气骤冷，咳嗽加剧。

12月2日(3)雪，5℃

今日下午较好，咳嗽较轻，腹泻愈减，病房已有暖气，尚舒适。寄二首新诗给王辽生(《江苏文学50年》)。

12月3日(4)多云,5℃

今日仍腹泻,咳嗽也未痊愈,在治疗中。有富来探望,《学记》《俭腹抄》各购20本事已解决,明拟寄款贵阳,将前寄来之20本《学记》购下自用。得王淡芳的儿、媳来信,托为其儿王愚设法,实无法协助,信转丽则看。收到《今日南园》问我采访之记录,写得尚好。阿晶来探望,送饼与螃蟹。

12月4日(5)阴转多云,6℃

晚伯伟、曹虹来探望。文史馆朱馆长、韩主任、老史、小吴同来探病。白天只上午腹泻一次,但夜间泻六次。郭斌陪夜,照顾很好。

12月5日(6)阴转多云,8℃

周末病房无暖气,稍冷。上下午各腹泻一次,医生问家属是否要转院,因周末换院也得不到治疗,准备周一如仍不好,即转鼓楼。志明、小虹率小雅来探望。得蒋寅函,述研究工作甚详,与晓斌也离异;黄伟经函,已收到条幅。打电话给文华嫂,贺雄寄生日。

12月6日(日)阴,7℃

今日腹泻痊愈,尚感恶心。挂水较昨日少,感觉也稍好,医云心跳速度亦减少,明日谅将更进。接文史馆贺年片。

12月7日(1)晴,6℃

今日稍愈,但昨晚仍泻3次,今竟日未进固体,仅服米汤与萝卜汤少许。砺锋来探望,送来《文学评论》内载莫写我的文章,写得很好。孙原靖来探望,送校样看,赠蛋糕。得何永沂函,收到对联。

12月8日(2)晴,8℃

今日身体略好,腹泻止,但仍感恶心。函天眉,附2人一张合照。

12月9日(3)晴,9℃

今日未挂水,未腹泻,饮食略佳。得江苏作协函,嘱为江苏文学志写材料,请砺锋代办;陈器之寄来《历代诗词曲千首精译》,内有余二人之赏析,故上次寄来200元,附信;《书与人》;钟树梁《杜诗研究丛考》;《文学评论》等。

12月10日(4)晴,9℃

今日心律较高,感觉不适,请王海霞主任来出诊,他主张转工人医院。夜芸与威克同在医院。

12月11日(5)晴,8℃

今日转至工人医院,通过文史馆关系,始住入高干病房,条件好,心情也好,就是检查太多,得不到休息。得天眉函;及王永芬函,他因电话打不通而来信;萧效农函,并其父之遗作。郭斌值夜。

12月12日(6)晴,12℃

今日身体大有好转,基本不呕吐,又想吃,但只肯吃果子露,不愿吃固体,勉强其吃稀饭和烂面条。系领导昨今二日分别来探望。今晚莫砺锋值夜班。复电话给王永芬,告以电话未改号。

12月13日(日)晴,13℃

今日较昨日更好,能吃稀饭、烧饼、香蕉等。咳嗽吐浓痰,医云较泡沫好,因肺感染已显现,从而易于治疗。小便正常,不呕吐,尚未大便。校党委郭广银副书记及党委办主任来探视。志明、小虹、天渝、美林等来。得武汉出版社函,请任《中国文学史作品选》主编,暂不理;胡国瑞去世讣告;饶宗颐、贾晋华贺年片;何永沂函。发小鹿叔、林老师、瑞洁、雄哥贺年卡。致胡国瑞家属唁电。章灿值夜。

12月14日(1)晴,15℃

发致施蛰存、饶宗颐贺年卡(尚未)。(已发,15日。)函任秀金贺年。

函复武汉出版社，因生病不能担任主编。昨夜起大便正常，今日能服用稀饭一碗、烂面一碗，咳嗽亦稍愈。黄进德来探视，他送样稿给黄希坚，云工作进行顺利，抓紧校对，以免返工，顾农靠不住，工作拖拉。带来橙子一袋。同病房来一人，居然是祁蔚书记，熟人一房间，可以互相照顾。祁蔚夫人赵医生。函复萧效农、钟树梁(王淡芳转)、王淡芳。宏生值夜。

12月15日(2)晴，14℃

身体日益康复，但仍吊水多瓶，甚疲惫。统战部周部长及女干部处长来探视。郭维森来。张伯伟带来王小盾赠书一本。伯伟值夜。

12月16日(3)晴，15℃

小鲲去医院探望，带八宝粥16罐和大梨。原靖来探望。病体日益好转。本栋值夜。

12月17日(4)晴，18℃

病益痊，饮食甚佳。陈书禄来探视，亦拟值夜班。阿晶来，送粥与菜。刘强值夜。

12月18日(5)昙，17℃

高纪言、黄希坚来探视，送来北京会议纪录。小宁来，适午睡，未停一刻即走。得弘征函，收到《俭腹抄》，顾农书明年尚未能入选题；省政协寄来新年茶话会请柬。吴志达来电话，明清典已收集齐，正在校对，可能自己送稿来。郭斌值夜。

12月19日(6)晴，15℃

今日又恢复一些，饮食甚香。中午开始吃干饭，饭硬，又吃发糕一块、汤一碗，下午吃香蕉一根、大桔子一个，但未大便。今天很清净，没有人来。书禄值夜班。

12 月 20 日(日)晴,15℃

今日更加好。天渝夫妇来。得章子仲函及贺年片,任秀金函,吴肖楠、吴在庆、延礼(山东大学文学院)贺卡。莫砺锋值夜。

12 月 21 日(1)晴,18℃

今日拍胸片,医云较好,明日或可不挂水。赵宪章、朱家维、吕效平来探视,赠花篮。大纲来探视。得吴志达函,匡一点著《听涛楼律苗》一本,周勃、贾文昭贺年片(贾已退休,刊物照样办下去)。电唁钱默存。

12 月 22 日(2)雪转晴,15℃

芸腰痛甚剧,不能弯腰。研究生会和研究生院合办研究生论文大奖赛,请任顾问(已允)。章灿电话说台湾已将潘石禅诗稿寄来。得老尹、黄淑贤贺年片。张伯伟值夜。

12 月 23 日(3)晴,15℃

芸赴省中医院治疗,有效,但仍不能弯腰,未去医院。收到余德泉寄《对联通》附函。贺卡:韩理洲、吴汉骧、周来祥、潘海鸥、钟振振、刘庆云、曹月堂、湖南名人资料中心、《续修四库》(附谢函)、金志仁、陈一新、万业馨、蒋寅(附函)。得周金冠寄《近现代书斋室名趣录》附函,请书其斋名额;李继芬函,收到稿费;詹锳讣告。程章灿值夜。

12 月 24 日(4)晴,12℃

芸腰痛仍剧,不能弯腰,连袜子也穿不上,未去医院。油漆作好,只收了 60 元油漆费,其他一概不收。送他一筒肉松、两包莲子红枣粉。宁健、美林均来家探视,宁健赠虾,美林赠从家里带来的母鸡和何首乌片。史梅去医院探望。张宗友值夜。

12 月 25 日(5)昙,10℃

今日芸协助威克给帆洗一个澡。天渝下午陪芸谈心,并邀芸明日去玩。复周金冠、余德泉，收到书。得舒芜函，蒋寅函及稿件。已不需人值夜。

12 月 26 日(6)阴，12℃

得林继中、刘国武贺年片，刘彦邦函。芸去天渝家休息一日，小宁接送。上午小燕、下午阿晶在医院陪护，大纲与早早等接应阿晶。

12 月 27 日(日)阴，12℃

芸去天纵家一日，腰又略好，但仍不能弯。小鲲来，因不在家，随亦去天纵家。晚饭后，送归。得顾学颉函，其夫人黎靖去世；王博仁、马瑞芳、赵昌平、骆文、王淑耘贺卡。

12 月 28 日(1)晴，12℃

早晨芸与砺锋同往医院探视。医云我贫血，明日做 B 超。得天眉函及 Stephen 照片及贺卡。蒋寅文交砺锋阅。

12 月 29 日(2)晴，11℃

今天做 B 超，未做完，明天仍需继续做，本栋陪。凌萍萍来家探望，赠仙客来一盆，极美。得作协赠小挂历，顾农、张叙之贺卡，陈继明贺卡及函，曾卓贺卡。函复顾学颉、刘彦邦、王博仁。赖永海赠《梁高僧传》三册。得群华贺卡及函。

12 月 30 日(3)阴，小雨，8℃

朱云春打电话来，讲《文史研究》主编改人事。朱明伦(辽宁大学)贺卡。王淡芳函。

12 月 31 日(4)晴，8℃

王海燕来访，赠鲜花等。得傅璇琮贺卡。

1999年

今年祝愿全家健康幸福！

1月

元月1日(5)昙,8℃

芸竟日在医院陪，两人谈谈心、散散步，颇为愉快。天渝、美林送菜来，饭后二人回家，晚饭时美林又来煮面。黄淑贤、尹禄光打电话贺新年。

元月2日(6)雾转多云,7℃

今日芸全日在医院，小虹夫妇送饭菜来共进午饭(在饭厅里)，多日未正式吃饭，甚悦。小严提议在卧室装一冷暖空调，我们皆认为甚佳。小严夫妇饭后即赴新百看定，明日即可购买安装。从医院回家后，不致感觉太冷。得沈祖庄、曾卓、颜雄贺卡，严有信。湖南《湘泉之友》寄来160元稿费，其中80元属钟老。

元月3日(日)晴,10℃

昨日芸与丽则观电视，睡迟，夜间发寒，今日仍不适。小严与小虹购来冷热空调，4650元。下午装好，试用结果甚佳，可达19℃。得龚任之、朱晓海、傅光贺卡。

1月4日(1)晴,15℃

得李立朴寄来挂历一。今天帆验血糖,偏高,疑有糖尿症,仍将继续检验。朱云春来医院探视。

1月5日(2)晴,16℃

医嘱明日再验血两次。小鲲购到插座,小宁送扶他林来。丽则送来大批函件:贺卡:樊凡、胡大浚、安徽省古籍办、李庆立、溧水明成满、中华书局吴广义、唐翼明、陈致、屈守元、曾广开、教育部陈至立部长、刘业超、聂石樵邓魁英、宗福邦、周一良、邓懿、邓××(成都)、周金冠、刘婉;电报贺年张开瑰,另有函;思想家研究中心开会通知;余恕诚函附文;袁第锐寄诗;张辉寄枸杞来;安徽省古籍办(在安徽大学内)寄《钱澄之全集》中的四本(之一、之三、之五、之六)。

1月6日(3)阴,11℃

天气变阴,刮大北风,隆冬终于来了,空调颇起作用。今日抽两次血(饭前与饭后),尚未见到结果,很想本周能回家。

1月7日(4)晴,7℃

验血结果尚未知,已请准明日回家过星期日。

1月8日(5)晴,10℃

内分泌科主任来,云血糖高,肯定是糖尿病,但只需每日服降糖片两个半片,并注意节制饭食,待降至10以内,即为痊愈。营养科医生下午未来会诊,故尚未即谈出院事,先回家休息两日后再办出院手续。五时乘小钱车回家,四十天未回家,甚感舒适。晚吴志达打电话来问候,云分典完成后将来宁。

1月9日(6)阴,7℃

今日在家,吃饭睡觉均感舒适。社科评奖事已与砺锋谈过,请其与宏生、蒋寅研究后办理。98 年成果汇报则请有富与本栋办理。小鲲晚间来，等候与天眉通电话。

1 月 10 日(日)晴，4——6℃

今天休息一天。本栋来，谈补充《俭腹抄》事。巩赠爊鸡四只。砺锋来，拿去《江西诗派》一本，为申报奖事。张世林来，赠《学林春秋》一本。晚 6:45 回医院。赠小钱毛衣一件。贺卡：贵州王天海、南京文联书记刘光德。

1 月 11 日(1)昙，6℃

今日本拟出院，医生不允，须俟吃降糖片数日后，再验血糖，如能稳住，才能出院。营养医生来，开伙食单一份，以后将严格控制饮食，既不能吃糖，而又必需增加蛋白，故生活方面将有较大改变。早早、郭斌取去各种食物赠值过班的研究生。

1 月 12 日(2)阴转晴，7——3℃

得小海寄来包裹，吴柏森寄诗，副市长许慧玲贺卡。在医院一切如常。

1 月 13 日(3)晴，7——2℃

小海寄来包裹，小宁取来。得文史馆寄来文件。医院生活一切照常，明日将做血糖检验。

1 月 14 日(4)，30℃

晚回家住宿，今后要注意糖尿症饮食。

1 月 15 日(5)晴，6——3℃

医院结账，共用 14055.60 元(借学校支票 14000，付押金 2800 元，内 1000 系丽则借)。砺锋来，为报社科奖金，索去蒋寅《大历诗风》一本。章灿来，拟将新出《世族与六朝文学》一书申报社科奖，为其写推荐。得舒芜函。

1月16日(6)晴，7℃

今日与芸步行至校西大门口银行取款，第一次出门，颇为欣悦。得天眉、陶文鹏函。

1月17日(日)晴，9℃

得全国作协通知，要求填著述情况；顾学颉谢函。今日步行至宁海路转了一圈，购物数事，甚累，几不能走回家，午休后即好。天渝夫妇、小虹夫妇率小雅来探视。

1月18日(1)阴，小雨，7℃

得舒芜函，介绍对早早的一篇评论。朱家维来，为南大百年校庆准备写著名教授的传记，请提出名单。早早、郭斌来送还曹虹的周林频谱仪。陈蔚来，赠洋参丸及猕猴桃。

1月19日(2)昙，9℃

得电报，赵吕甫去世；信：胡遐之、陈文新、钟树梁(提及李奇梁去世)；贺卡：林从周老师、王步高、张志烈、李国章王兴康、张高评；书：羊春秋《领略传统学术的魅力》，陈志岁寄《同晖》一本，安徽古籍寄《秋崖诗词校注》一本、《安徽出土金文订补》一本、《古事记》上下二本、《青泥莲花记》一本、《道听途说》一本、《兰苕馆外史》一本，萧遥寄《逍遥山庄诗稿(续集)》一本。张伯伟来，拟补录。函天眉、周金冠(内题书斋榜一纸)、顾易生(附照片)。

1月20日(3)晴，8℃

复陈文新。今日出去散步，情况其好。高纪言打电话来问候。得《文学丛刊》送来稿费60元。

1 月 21 日(4)晴,10℃

写对联一副,寄赠胡遐之。函复钟树梁、马斗全。得冰心文学馆函,要求寄书给纪念馆。侯艺兵来,云书即将出,又取去手稿两张。高纪言来探望。朱家维来,取去拟为作传之名单。

【剪报:《湘泉之友》1998 年 12 月 18 日《钟程唱和诗》。】

1 月 22 日(5)晴,11℃

今日水电组来换了电表分表,付 300 元,以后用电可以较为安心。下午立即洗澡,浴霸与空调同开,洗得很舒服。南师大寄来稿费 50 元。退协送来慰问金(因生病住院)200 元。得严中寄《红楼续话》,已复函;《文学评论丛刊》已出第二期;《大典》工委会函告寄来 800 元,尚未收到。

1 月 23 日(6)小雨,10℃

中午郭斌请我们吃大学口,因得奖学金。万业馨又托人带来杏脯和山楂。张宏生来谈已批准成立明清文学所。《读书》99 第 1 期载朱周斌《一粒偶然的种子》,提到张春晓的《微笑地承受苦难》。丽则为我们买来暖风机,效果颇好,价 350 元。

1 月 24 日(日)阴,11℃

复函贾文昭,收到各书。

1 月 25 日(1)阴,10℃

晨去工人医院复查血糖,仍偏高,又加了一味药。在检查血糖中间,上干部病房看望了祁蔚。住院之账单收据已取到,已交丽则明日去南大医院结账。天纵来探视,带来扶他林医膏及口服药,芸托其带与宁健 500 元治腰病。

1 月 26 日(2)昙,晨有雾,12℃

得张忱石寄书两本,《大典》寄编辑费 800 元,周金冠函,邮件(《新世纪万有文库》第3辑）。史梅来，送来顾易生诗书裱条幅（35元）。霍焕明、孙原靖来。订《中华读书报》。向叶子铭借得《中华读书报》232、234两期。丽则已向校医院结好账，除已用者外，此次付2304元。

1月27日(3)昙，10℃

晨去银行取出20000元，储入25000元。理发。去中文系取信。得何永沂函，温州吴思雷函，《求是》99年1期，周金冠寄来稿费500元（题斋名）。张伯伟写好回忆录，取去照片。下午汪越之子汪定民来访（电话6634038）。复周金冠、何永沂。

1月28日(4)晴，风大，10℃

台湾学者林庆彰、蒋秋华、杨晋龙、张寿安、赖贵三、黄智信来访，赠《清代经学国际研讨会论文集》一本暨烟、茶等数事，回赠每人《学记》《诗世界》各一本。函于景祥、余恕诚。

1月29日(5)阴，11℃

江苏社科联徐保卫来，云社联拟编一江苏名人传记，余亦其中之一，姑应之。晚早早、小燕、郭斌、小崔同来，小崔看病历，尚有很多不懂之处，现查书，其祖亦高血病。张伯伟来，谈写回忆录事及重点学科事。填全国作协会员表寄出。为印唐集作序寄与效农。

1月30日(6)阴，10℃

函舒芜、杨文翰（杨寄来书一本）。社联事拟托郭斌整理。徐有富为介绍《大典》事，取去样本。

1月31日(日)阴，9℃

周勋初自台归，来坐片刻，赠茶叶与米粉，汪中托其带来所写诗幅一条，甚佳。下午蒋寅来，章灿、曹虹同来，谈甚欢，时间亦较久，未感疲劳。

2 月

2 月 1 日(1)阴,6℃

上午散步至中文系,坐片刻归,无重要信件。晚六时在咸丰菜馆宴周勋初夫妇及众生,因周先生由台归,蒋寅由北京来,谈笑甚欢,八时余始归。九三赠小电脑一具,惜说明书不见。

2 月 2 日(2)晴,8℃

一早去校医院查血糖,并检查肺、心脏及血压,又做血常规,皆好,血糖已降至 6—9.2,改了两味药,估计不久会痊愈。郭斌找徐保卫联系编传记事,徐坚持要自己搞,而社联至今尚三(无出版社、无编委会、无主持人),中午芸打电话嘱其不必搞,彼仍坚持要搞,拟告洪银兴诫之。

2 月 3 日(3)晴,9℃

上午去中文系,与严杰搞清楚了小电脑用法,实际只用于万年历(包括农历)及计算机功能。张伯伟告知,理论典准备三月下旬交样稿,2000 年 7 月交一半稿,2001 年 5 月交全部稿。下午七姐来,带来大嫂赠红枣、百合。高纪言带四川宋辽金元分典二编辑来访。函复王水照、汪雨庵。读蒋寅、徐雁平二文,甚佳。小宁送来治腰痛腰带二,二人均用,主要是起热敷作用,另有药力,颇有效。

2 月 4 日(4)晴,8℃

巩本栋来,送来《我与黄季刚先生》复印件及其去贵州出版社之合同。下午逛超市,不累。得顾易生函并诗。

2 月 5 日(5)晴,11℃

上午去校医院取药,芸治腰上的水泡。王医生同意 11 日来家为千帆试血糖。张实寄来莲子、枸杞、茶叶、参含片四物。得黄进德、贾文昭、胡遐之等函及杂志、书等，安徽古籍所寄来顾问费400元。丽则来告，中文系出两本书，一论文选，一作品选，请千帆写序。

2月6日(6)昙，11℃

天渝一家来饭，已数月未来饭，小宁值班，未来。章灿送《文学史》后记来，已看了两遍，拟还后即寄辽宁。又中文系所需两本选集之序亦托其代写。凌萍萍送苦瓜精来，可治血糖高。函复胡遐之、贾文昭、黄进德、张实。吴志达寄贺年片。

2月7日(日)晴，14℃

统战部戴部长、纪处长(女)，文史馆朱云春，连同周勋初一起来拜年，赠1000元、花篮1(代表省委、省政府)。沈文冲来探望。下午在学校散步。得天眉、张辉、舒芜函。小鲲打电话来，屠麟于下午四时去世。

2月8日(1)晴，14℃

上午率曹虹、陈书录、巩本栋去省中医院请朱广华医生看病，明日起服中药，今日已开始又服西洋参，每日两次。章灿取去跋，将复印后寄于景祥。得吴天明寄来《先秦文史散论》。莫砺锋送来《老南京》，借我们看。函张世林，询和王淡芳来往书信事。小鲲打电话来，云屠麟遗体已献给红十字医院，小海即将来宁。

2月9日(2)晴，16℃

中午邀丽则一家在西苑聚餐，仅用170元。天纵送来海鱼。张宏生来谈《全清词》事，他即将返徐州过年。得陈继明、何永沂、周笃文贺卡。函复吴天明、舒芜。

2月10日(3)小雨，12℃

上午芸与小燕赴苏果超市购物。省社联主席、秘书长朱步楼，廖进，冒名芳来拜年，并谈为老学者出书事，希望自己请人编书，未提要徐保卫编书。高纪言来拜年，带来礼品。沈威峰突然来访，不见已多年，带来扬州包子及酱菜，赠与《闲堂诗文钞》一本。小海下午五时抵宁，奔父丧。

2月11日(4)阴转晴，12℃

大纲代表大家去小鲲家吊唁屠麟。下午小海姐弟去红十字会医院送走屠麟，丧事毕。许惟贤来谈《黄侃日记》出版事。得春风出版社寄来《插图本文学小丛书》一百本。张伯伟送来为我记录之《自传》。蒋树声来拜年，送花篮1。朱云春来拜年，并送节礼300元。得傅杰、庞瑞垠贺卡。

2月12日(5)晴，11℃

南大医院王医生两次来家测血糖，上午测14，大家都很惊慌，下午二时又来测，仅6.5，正常。上午测过血糖后，和小海等出去散步，走了一大圈。下午血糖正常，可能与散步有关，医嘱要多活动。小海迁来我们这里住，因小鲲等都要上班。小琴晚上过来吃饭，谈屠麟去世事甚详。庞恩美打电话来，云哥又住院，已不能饮食，用鼻吸一些液体，不过暂时尚稳定。

2月13日(6)晴，12℃

函伍杰，寄徐有富文。程章灿送来代作之序(学生论文选、作品选)。本栋来，送礼，取去沈文冲致徐雁之书。天渝晚来，接天眉打来之电话。

2月14日(日)晴转阴，12℃

上午芸与小海去超市购物，然后小海去天纵家。校办王主任送来校长慰劳金500元。吴锦来拜早年，赠蜂乳冻干粉。陈辽来，赠书一本。郭维森来，赠花篮一、杂志一本，内有其文一篇。莫砺锋来，赠点心一盒。晚小严、小虹来，赠衣服2套、饼干、糖等。今天上午血压增高，服尼群地平3粒，明晨再查。得张汉怡、苏昌辽贺卡。大纲来。

2月15日(1)阴，11℃

晨大纲与小海往爬紫金山。中午小鲲、小琴、真真均在此饭，由小海做菜，甚佳。吴志达、陈美林、丁芒、于景祥打电话来贺年。晚在云波餐馆全家吃年夜饭，共 19 人，小严返乡省亲，郭斌回徐州，未来。

2 月 16 日(2)春节，晴，16℃

电话拜年：杨克平、董健、黄淑贤、吴文治、周祖譔、夕佳、凯凯、陈美林、周勃、傅璇琮、晴佳、小佳、周勃、傅璇琮、黎如霞。来拜年：卞孝萱、巩本栋、叶子铭、鲁国尧。中午在丽则家饭，第一次去新居，甚佳。上午由小海、小鲲等陪游梅花山，花正盛开。得任秀金函，颜雄寄照片。打电话给王永芬拜年。

2 月 17 日(3)晴转小雨，16℃

全家在天渝家团聚，菜甚佳。上午砺锋全家来拜年。尉淑玲、南通某人打电话拜年。得王淡芳函。夜杨翊强打电话来云，上月 14 日出院，系神经内科病，心脏病不严重。

2 月 18 日(4)阴转晴，10℃

周勋初来。霍焕明母女来电话拜年。金玲母女来电话拜年。王博仁电话拜年。得舒芜函。小海等 13 人爬山游中山陵、梅花山等地。顾复生、张中、李灵年来访。丽则、小燕在此晚饭。

2 月 19 日(5)晴，7℃

上午写对子，写不好。下午逛超市。得舒芜信，武汉出版社社长□□□贺卡。上海沈家打电话来拜年。

2 月 20 日(6)晴，9℃

上午写对子，很顺利，写好，赠与王毓骅先生。函舒芜、王博仁。王医生来测血糖，11.90，仍高。朱寿友来电话拜年。得清水茂、吴代芳函及贺卡。小海赠红木牛一头。在中文系闻赵瑞蕻去世，打电话给杨苡唁吊。

2 月 21 日(日)晴,11℃

上午游台城,共 13 人,多年未登台城,风景与 70 年前大不相同,我们二老还能走得动。游过台城,遂去火锅城吃午饭,饭后我们回家休息。

2 月 22 日(1)晴,9℃

上午去医院看病拿药,血压正常。函复吴代芳。天渝夫妇晚来,归还借与购房款 5000 元。

2 月 23 日(2)雨,9℃

陈阿姨归,有人做饭,伙食又有所改善。屈义林来信,为其孙拟保送入南大事。

2 月 24 日(3)晴,12℃

复旦大学研究生院寄来早早考博之登记表(转与丽则)。上下午均散步,遵医嘱也。下午章灿全家来看小海。小海和丽则逛夫子庙,购得各种小工业品。

2 月 25 日(4)昙,13℃

伯伟、曹虹来,伯韦拟再写几篇《桑榆忆往》,曹虹拟写我对古文的看法。早早、郭斌回,带来苦瓜汁,代买了《辜鸿铭文集》。黄希坚来。晚上和小海、小鲲在咸丰共餐。天渝、美林晚间来谈。

2 月 26 日(5)雨,9℃

小海离宁赴沪,志明、小虹送至沪,天渝、小鲲亦来送,天渝并派汽车送小海等去车站。砺锋来,黑龙江要一篇我与文学研究的文章,告以其在《文学评论》上之文改写付之。得丁帆赠论文集,武大熊礼汇赠散文集。

2 月 27 日(6)昙转晴,10℃

函复熊礼汇、丁帆、黄进德。下午散步 1.5 小时。

2月28日(日)阴转昙,10℃

小佳寄豆丝来。老白与七姐来。下午散步1.5小时。小海打电话来,已抵家。

3月

3月1日(1)晴,14℃

得陶敏赠《韦应物集校注》。莫砺锋送还蒋寅文,并赠火腿一大块。省社联来人,云3月6日上午开会,研究出江苏名人传记事。已电告本栋前往参加。今日散步两次,约1.5小时。小宁来,将大纲得奖电话机送来并安装好。

3月2日(2)阴,小雨,16℃

在系资料室借得《石禅诗词抄》一本。本栋打电话来,已接到李立朴电话,《程千帆学记》内部分内容可以让给江苏,但须予以经济补偿。今日上午散步一小时,下午因下雨未外出。函陶敏,谢其赠《韦集校注》。

3月3日(3)阴,14℃

得张实函,告老人保健方;张忱石函,云《学林漫录》今年上半年可出版。戏剧97研究生李伟替王兆鹏送来冬菇。散步两次,约1.5小时。

3月4日(4)晴,18℃

得黄进德函,谈《大典》事。上午去医院查血糖7—8,趋于正常。血压90—150,亦正常,仍服药。宏生来,送汪辟疆先生旧函复印一纸。打电话给文史馆,请补95年3、4期《文史研究》。美林来,赠以冬菇等。

3月5日(5)昙转晴,20℃,大风

上午和芸去向阳卫生院检查,经过透视,了解到芸脊椎骨有多种损坏,腰痛不易治好。章灿来,赠《石学论丛》一本。江苏古籍出版社由王华宝送来《钱大昕全集》一套十本，要求为其写一评论。打电话给小佳，谢其寄来豆丝。

3 月 6 日(6)阴，12℃

为《钱大昕全集》写好评论，并挂号寄给王华宝。得天眉信，详述过春节情况。本栋参加省社联会议，打电话来讲明情况。

3 月 7 日(日)阴冷，11℃

去天纵家午饭，天渝一家也在。函周笃文，索《中华诗词》97 年 1 期。本栋来，谈省社联编名人录事，已写信表明不参加，借去书一本。赵国璋来谈。早早、郭斌来，取去背心和毛裤。

3 月 8 日(1)阴冷，10℃

广州诗社寄来稿费 18 元。得无锡吴晴来函，索借《闲堂诗存》。章灿收到景祥寄来《通史》稿。复天眉。社联送还《学记》。档案馆馆长送来封面样式，征求意见。

3 月 9 日(2)小雪转阴，5℃

章灿送几页《文学史》校样来看，主要是要将书名改回。徐有富送来各人应有的《校雠广义》十套。函张实。

3 月 10 日(3)阴，8℃

挂号寄给无锡江南学院吴晴《被开拓的诗世界》一本。得浦口校区图书馆徐旭东函，对所任职务与所学不合有意见。电热器有问题，嘱郭斌送去修。得周伟民唐玲玲函。

3 月 11 日(4)阴转昙，12℃

上午取出定期存款 5000 元，转存 10000 元。函复周伟民。函复徐旭东，嘱其自己找领导。

3月12日(5)昙,15℃

上午史梅来,谈拟写论文参加明清文学国际会议事,赠酒1瓶、塑料套2卷。孙原靖来,拟请为其父《韦苏州集》写序,赠大理花一盆。章灿送来台湾寄来之《石禅诗集》一本,所借资料室之一本已还。得徐中玉函,天眉致小鲲函。

3月13日(6)阴,14℃

得徐中玉函。得天眉函,两函均详述他们在美之生活,收入虽多,除去税与保险外,每月可用之款不多,省吃俭用,才能保证孩子们的智力发展,而这又是孩子们将来能在美站稳脚跟的基础,因此无法再培养一个孩子,阅之使人心酸。小鲲来等电话,看了前后几封信,又听到妈妈的嘱咐,已打破送真真去美之想。

3月14日(日)阴,小雨,12℃

中午与丽则一家在接待餐厅吃面。函复徐中玉。

3月15日(1)昙,15℃

上午去医院看病,心、肺、血压、血糖都较好。下午高纪言来,云伍杰与北京电视台将于周三来宁,周四来采访。得刘梦芙函,请为其所编词选作序。

3月16日(2)晴,18℃

复刘梦芙,拒作序。高纪言打电话来,伍杰打电话,明晚抵宁,后天下午来采访。小星送来《江苏文史研究》1995年第3、4期,还将送合订本来。

3月17日(3)晴,18℃

上午逛超市,购得食物若干。严杰送来张辉赠高丽参一盒。苏昌辽来访,赠鱼翅一盒。

3月18日(4)小雨,18℃

上午伯伟来,请为其《域外汉文学研究》申请书写推荐书。下午高纪言、伍杰及北京电视台记者黄殿琴、华剑雄来采访,赠洋参丸、肉松,回赠每人《学记》一本。王海燕打电话来,告知可向贵州出版社寄《学记》书评,将再得稿费一份。

3月19日(5)阴,12℃

恩美嫂打电话来,云雄哥病危,已嘱天纵明天去沪探望,并带去2000元,如病逝,则作为我们和天眉的奠仪。得无锡吴晴函,已收到《诗世界》,月余后还,并寄来一文,不拟复;南师大钟振振来函,为唐老传记约稿。为伯伟写好推荐书,已交与。

3月20日(6)阴冷,8℃

恩美嫂中午打电话来,雄哥昨日下午2:30已去世。已打电话告天渝和小鲲,嘱小鲲用Email通知天眉。上午将1991年所作《圭翁杂忆》抄写一遍,二人亲自送往南师大钟振振,作为散步,未感太累。得武大熊礼汇函。得苏州一名严代者寄来一包裹,内为"试剂",不知何人寄,所寄何物,已交小燕去取。

3月21日(日)阴冷,7℃

威克取来包裹,原来是小海托人带来的验血糖的试剂,已与王宁章医生联系,下周二去校医院学做,并函复苏州的严君。今日极冷,无法出外散步。

3月22日(1)晴冷,9℃

陶友红请为《江苏文学50年》选3首诗、沈诗3首,已选好交与砺锋。程章灿申请参加项目研究补助,请为其写推荐书,他自己已写好,谨为其签名盖章。于景祥已寄来傅璇琮《唐五代文学编年史》部分校稿,请为写推荐书参加图书评奖。天纵来汇报去沪之情况。下午散步1.5小时。

3 月 23 日(2)阴冷,7℃

上午去医院验血糖,学习如何用小海带来的试剂,检验并取药。下午为气象学生会所出版物《风云英华》题刊名。下午为傅璇琮《唐五代文学编年史》写推荐书,备申请出版奖,并挂号寄与于景祥,附函。

3 月 24 日(3)晴,10℃

上午发出致于景祥函及推荐书。得台湾台北 106 金华街 70 号 7 楼林玫仪寄来《郑文焯手批梦窗词》、张以仁《花间论集》、《清词名家论集》三本书。四川大学中文系寄来聘为《新国学》学术委员会委员聘书。郭斌、早早将石膏雕塑送与本栋,庆其乔迁。

3 月 25 日(4)阴雨,15℃

复张辉、熊礼汇。张伯伟、周维培、许结上午来谈理论典问题。下午散步半小时。

3 月 26 日(5)阴,14℃

校宣传部取去为素质教育所写的心得。凌萍萍送来苦瓜汁。张宏生来谈有关《全清词》事。文史馆朱云春送来《江苏文史研究》的合订本。下午散步 2 小时,在中文系遇见巩本栋,他把所记老师的教言记录送来。章灿电告《文学史》已校对完毕,明日可寄沈阳。晚与嫂通电话,知雄哥骨灰已安葬,后事已料理清楚。

3 月 27 日(6)昙,15℃

上午逛苏果,购物,共约 1.5 小时。下午未出外,小燕来探望。

【剪报:《中华读书报》1999 年 3 月 24 日第 11 版程千帆《学术上的一种新追求——〈唐五代文学编年史〉序》。】

3 月 28 日(日)阴,13℃

天渝全家来午饭,大纲未来,下午回去,然后我们出去寄信,目的是散步。函复台湾林玫仪谢赠书。今天芸首次为帆测血糖，王医生在旁指导，今天血糖又增高。得《大典》办公室工作简报。

3 月 29 日(1)雨，11℃

得舒芜函。章灿送来《文学通史》稿，略看后即交砺锋阅后寄河北。下午雨渐止，二人散步，经过北园南园，从青岛路回，约二小时，中途在肯德基休息，喝咖啡吃鸡翅。

3 月 30 日(2)昙转阴，12℃

得晓雪寄来诗文集。上下午各散步一小时。上午芸首次试血糖成功，只废了两个 lancel。

3 月 31 日(3)晴，15℃

函舒芜、杨文翰、何永沂(索对联照片)。张宏生晚上来，谈《全清词》事，其所写报告已阅过。理论典样稿已还伯伟。上下各散步一小时余。

4 月

4 月 1 日(4)阴，小雨，16℃

函于景祥，通知《文学史》稿及推荐傅书均寄去，要求为《文学史》订合同。下午散步一小时余。丽则来，通知后日去浦口校区为名人园种树。秦子卿编名家词选，要祖棻及我的词，不理。

4 月 2 日(5)阴转昙，15℃

上午去校医院看病，除血糖仍较高外(9.6)，心肺无大恙。函周晶。天纵来，云下周三将与宁健同往杭州归宁，天渝亦将于下周四去海南、广东等地。景祥昨晚打电话来，已调辽宁人民出版社，仍负责文史编辑室。

4 月 3 日(6)昙，15℃

下午去浦口校区名人园种树，章灿陪去。章灿捉刀之《千家诗选》序送来审阅。

4月4日(日)晴,17℃

上午小宁来接,同去鸡鸣寺看樱花,然后去天渝家午饭,下午三时归。伯伟整理好蒋寅、巩本栋、张伯伟《程门书绅录》送来。小燕来探视。芸书一草字条幅赠大纲。吴志达昨晚打电话来,告以自己生病住院。今日告诉高纪言,他拟去武汉探视吴。

4月5日(1)晴,22℃

伯伟整理好的《程门书绅录》已看好,还给伯伟。伯伟问过章灿,他所留存者内容有所不同,故此次不加入。伯伟征得蒋寅与本栋同意后,即将寄四川。伯伟借去《古诗考索》一本。伯伟托问武汉出版社能否购得《明实录类纂》中的《涉外史料卷》《人物传记卷》及《妇女史料卷》。砺锋问早早,其外婆文集之原稿是否在她处。

4月6日(2)晴,21℃

章灿送来捉刀之刘克庄诗选序,已寄傅璇琮。函潘长胜,请代购伯伟所需之《明实录类纂》中之三卷。早早打电话来,其外婆文集之原稿在她处,已嘱其保存好,并通知砺锋。张宏生来,谈继续编《全清词》工作的若干问题。下午去看病,血糖略高(9.6),医云,系有炎症(气管),嘱服头孢。

4月7日(3)晴,26℃

中午为早早饯行,全家都在。晚天纵、宁健打电话来辞行,去杭州归宁。恩美嫂打电话来,谈小健和她分家事,为之慨叹。

4月8日(4)阴,小雨,20℃

得志达函,因心绞痛、高血压住院;章子仲函,已回国定居,仍在湖北大学文学院。志达函已转高纪言。

4 月 9 日(5)阴,20℃

自己试血糖,正常。上下午散步。小鲲来,送来照片,并云明日出差,不能来接电话。王海燕来,送来一篇文、新茶等。

4 月 10 日(6)晴,25℃

上午散步。下午小虹、志明、阿晶、小雅一起来玩。韩隆福寄来《隋炀帝研究》一本。何永沂寄来为其所书对联照片数张。天眉晚间打电话来,互致问候,并谈雄哥家事。

4 月 11 日(日)阴雨,22℃

函韩隆福,谢其赠书。一中打电话来,了解退休人员之情况。函复章子仲。得何永沂函。晚小健打电话来,陈述与庞文华为雄哥遗产继承之矛盾,两边各有不同的看法,只好不过问。

4 月 12 日(1)昙,23℃

函复何永沂,附诗文及文集目录。得吴晴来函,还《诗世界》,并附寄来文一篇,又要求来访,已函复谢绝。早早昨晚回宁,来谈在沪参加考博之情况。收到杂志多种。

4 月 13 日(2)晴,23℃

两人出游,先去人民商场,芸购得羊毛衣和背心各一件,后又去绿柳居吃素菜,并带回菜和包子,与丽则等共享。章灿还来《文学史》三本,其职称基本解决。有富取去《校雠广义》的奖状,备展览。本栋送其第一本著作《辛弃疾评传》来,颇为欣慰。函复吴晴。今日量血糖(12),又较高。

4 月 14 日(3)多云,20℃

扬大秦子卿来访,送来《二十世纪中华词苑大观》约稿函及选好的词。已回复函,不拟收入该书,因已收入《文集》。王海燕之文已经有富看过后寄与《江苏古代文学》。天纵来,送龙井新茶一包,味极美。朱家维陪邹医生来诊脉，云较平稳，开一方，暂时不拟服。

4月15日(4)阴，20℃

上午往医院取药，量血糖5.8，不高。中国作协寄来会员证。郑惠来访，赠今年出版之《百年潮》四本，报以《校雠广义》一套。郑拟登载张伯伟整理的我的谈话，召伯伟来与郑面谈，张答应整理部分较为适合者寄与郑。美林送来一盆杜鹃。

4月16日(5)阴，20℃

上午去中文系，参观为迎评布置的展览。张彦来修理浴霸，已拆卸将机器带去。得蒋寅函，已升为古代文学室副主任，即将再赴日本讲学。

【剪报:《光明日报》1999年4月16日第11版程千帆《搜集完备　校勘精审》】

4月17日(6)小雨，18℃

天气阴冷，一天未出门，也无人来访。函复蒋寅。函天眉，详告庞恩美与小健的矛盾。小健来电话，询问我和天渝的住址，准备下个月她爸爸的遗产问题解决后，由上海回合肥途中来宁。

4月18日(日)阴，20℃

浴霸坏了，张彦来修好，工价30元。得天眉函，提到在美久居之困难，小海一家也是进退两难。周勋初来，带来蒋凡赠《世说新语研究》一本，周自己撰写的回忆胡小石先生的文章，已看完，明天将送还。下午散步一小时余。

4月19日(1)昙转晴，20℃

上午去学校散步。收到《续修四库全书集部选目》一本。得中国作协寄来《作家图书信息登记表》待填。函志达，问候其病。复蒋凡，谢其赠书。

4 月 20 日(2)晴,22℃

得杨翊强函,并照片数张。孙原靖来,送来孙公遗文一份,并无章灿所需,而章灿所需之文已找到,在 82 年《江海》杂志,复转告原靖,可找来置入孙公文集中。原靖带来钟振振函附诗若干首。得一不识之人陈惠函,问一问题。去化学楼吊唁戴安邦先生(98 岁)。

4 月 21 日(3)晴,24℃

上午去医院取药,验血糖 6.1,可放心。随后去学校理发,再去广州路买助听器电池,大小各 6 个,可用半年。再后去丽则介绍的祁大妈面店,两人合吃一大碗皮肚面,还未吃完,仅用 7 元。后打的回家午睡。吴志达打长途电话来,已出院,回家休养。

4 月 22 日(4)阴转昙,24℃

函复杨翊强。《中华大典》工委会打电话来,已电话给志达,慰问。得白敦仁函,附诗文。

4 月 23 日(5)昙,25℃

函白敦仁,附文数纸;傅杰,请将庞文寄还白敦仁;《文史拾遗》,请改正所载诗中之误字(“野”改“冶”)。寄小传给《改革与发展文汇丛书》编委会。上午去学校散步,系里送了两本选集——本科生作品选集及本科生论文选集。又哲学系徐小跃赠《罗教·佛教·禅学》一本。志达打电话来,云将复入院,做心脏造影,并留言,如发生危险,请《大典》考虑由陈文新负责继续做。芸当劝慰之,告以绝无危险,不过闻之亦感伤。

4 月 24 日(6)小雨,22℃

整天绵绵小雨,天渝和美林二人来玩,孩子仍未来。上午去学校毅夫馆周围看花,开始下雨,即速回家。得吴晴(吴海发)函;今日作家互联网站函,调查作家文学观念,并请参加“中国文学数据库”。函复徐小跃,谢其赠书。

4月25日(日)大风,阴转晴,预报17℃,但下午温度提高

函吴晴(海发)。下午去宁海路散步。老陈的女婿为我们油漆门窗。

4月26日(1)晴,22℃

得徐放函,约请审改书和写书评;中国诗歌学会文化开发部丛书编委会函,请为《世纪回眸》撰稿。早早送论文稿及英语summary,请审阅。

4月27日(2)阴,小雨,19℃

天纵、宁健从杭州归来探望,带来火腿、笋尖、小核桃等,安徽先寄来新茶一斤。审阅好早早的论文及英语summary,论文写得很好。复徐放,告以衰老不能完成其要求。徐放《今译唐诗三百首》已收到。

4月28日(3)晴,20℃

早早考博,英语得58分,缺2分,陈尚君打电话来嘱其将曾写过的论文电传至沪,以便申请特派录取。已照办,录取有望。去医院取药。得王淡芳、何永沂函。莫砺锋来谈:沈集即将寄来二校;程集拟已二校过者可能先印,不等全部交印;齐鲁已答复河北教育,同意将纸版付与,河北将付与若干代价。

4月29日(4)晴,24℃

得匡一点暨上海教育出版社函,或约稿或售书,均不理。南京电视台拟来采访,拒之。上午验血糖,正常。

4月30日(5)晴,24℃

江苏古籍王华宝送来《光明日报》和《中国典籍与文化》各一。得傅杰函,将去北京,一周后返沪,庞先生书归后即办理;葛晓音寄来《诗国高潮与盛唐文化》一册。本校毕业研究生张明请为其书《在城市的边缘》正式出版题书笺。章灿来谈将参加高校古委会,准备发言,征求意见,赠无糖饼干。晚打电话到志达家,无人接,不知病情如何。

5月

5月1日(6)晴,25℃

函复葛晓音,谢寄书。为张明题书笺,交丽则。早早报告复旦录取大致不成问题,但可能收在骆玉明门下。丽则和早早来整理照片。得黄进德函,谈《大典》唐五代分典事。

5月2日(日)阴,23℃

天纵、宁健携小雅来玩。小虹、阿晶去张家界旅游,后带来安徽新茶4斤。伯伟、曹虹来谈,送粽子若干。小易来装地板。

5月3日(1)中雨,21℃

整日下雨不停,不好出去散步,也无人来。阿姨房间地板已装好,甚好。得郑州梁平甫函并照片(系88年拍摄,已不记得此人,信与照片也未留)。函黄进德、黄希坚。

5月4日(2)晴,25℃

函潘海鸥,请照片用完后寄还。得夏利渊(不识)寄诗集两本;吴小铁赠《当代诗词手迹选》一本;郝延龄寄《西域文学论集》一本。

5月5日(3)晴,25℃

函复夏利渊、郝延龄,收到书。得李广超赠《玉雪轩诗词》并来函约稿。本栋还来《古籍小组专刊》及《牧女与蚕娘》。今晨测血糖,又升高。函复李广超,拒将诗词稿投入其所编集子。徐有富还来《大典》样本及奖状。

5月6日(4)晴,27℃

宏生来,谈金中拟开文学大会,请千帆讲话,决定由宏生代其写一小段文字以表示祝贺，不参加会。中午在尉淑玲家饭，赏月季，照相多张。下午郝延龄由新疆来探望，赠雪莲、枸杞及毛布，报以书6本。得天眉来函。函景祥，仍系前函事，促其速办。郭维森送来所著《屈原评传》。

5月7日(5)晴，28℃

得到两笔稿费：1.《湖南文史》30元；2.《中华读书报》200元。早早、郭斌送来二人的硕士论文，很好。

5月8日(6)晴，27℃

章灿打电话来，云景祥来电，《通史》5月出不了，将于6、7月才能出版，合同他拟得时间时自己来宁订。中午在天纵家饭。得姚雪垠讣告。将早早硕士论文寄往武汉大学冯天瑜。北约导弹炸我驻南大使馆，太可恨，全国学生游行示威。晚小鲲来接天眉电话，为母亲节送花篮一只。小海同事将回国来宁，可托其带项链与茶叶给小海。

5月9日(日)昙，29℃

从昨天到今天，电视台不断播送全国反对以美国为首的北约暴行的游行示威集会等。天渝夫妇来午饭，饭后我们二老和他们四人去丽则家玩，早早、郭斌即将登记结婚。今天自己测血糖成功，帆正常。

5月10日(1)昙转阴，27℃

得王文才寄来《蜀梼杌校笺》一本，《中大校友诗鸿》第五集。高纪言来谈《大典》事，8月底前决定出宋辽金元分典5本。

5月11日(2)晴，28℃

上午唐翼明由台湾来南大讲学，由伯伟陪同来访，章灿同在，带赠西洋参一盒，赠以《校雠广义》一套及《学记》一本。随后吴文冶夫妇陪蔡厚示来访。蔡系路过南京，周先生亦请其为浦口校区学生讲学。带来水果，赠二人《俭腹抄》各一本。郭维森赠降糖快餐面两大包。吴志达打电话来，已出院，但只在右部血管作了支柱，左部较复杂，尚不能动。

5 月 12 日(3)晴，28℃

周勋初送来其文《西学东渐……》。函王文才，收到书。晚和丽则在雅士居饭。早早、郭斌回徐州，带去西洋参两盒，分赠郭斌父母及外婆。

5 月 13 日(4)晴，29℃

上午去医院看病，因感觉头昏和双脚麻木，照一心电图，与去年差不多，医生换了一味药，加了一味药，看看是否能有所进步。南大宣传部转来《大学生》杂志社约稿函。南大宣传部东方书画中心来函约作品。

5 月 14 日(5)晴，31℃

上午散步，回来后写一张字，写得不好。得何永沂函，附诗；《大典》函两件。

5 月 15 日(6)阴，小雨，27℃

上午一早去校园散步，回来后验血糖，正常。下午看周勋初文章。芸抄好《大学生》杂志所需稿，系《詹詹录》摘抄，照片亦找好，连同简历，拟后日送给宣传部。得侯亦兵函，《中国学者》一书已编好，征求意见，已回函无意见，可发。复旦大学博士生雷恩海（蒋凡之学生）携来其博士论文，请审，并带来蒋凡所赠《周易演说》一本。

5 月 16 日(日)雨，24℃

请章灿为复旦研究生雷恩海看论文写审阅意见。看完周勋初文章。

5 月 17 日(1)阴，22℃

得古代文论会通知改选会长，已填好寄与中玉并请其代索一文。浙江江山一老学生姜为英来函，问刘弘老事，已告知。夏利渊之友吴肇鸿（高纪言之邻）由高纪言带来，为夏购得之我与祖棻之书签名（吴即出百年老人书者)。

5月18日(2)雨转阴,20℃

早早、郭斌自徐州返,带来酒两瓶。沈集二校样已到,初步看了一下,改了上次发现的引文错误,待早早细校。下午饶宗颐来校作报告,并接受名誉教授,去与之会面,又送《闲堂诗文钞》一本。和祁蔚夫人赵医生电话,马文珠周一、周三上午门诊,须一大早去挂号。

5月19日(3)阴转晴,24℃

上午去校医院拿药,然后去系里拿信,只得《书品》一本,内有《校雠广义》书评两篇(孙言诚、黄永年)。武汉大学曾庆元来宁开会,吴志达托其来代为问候。全天校《沈祖棻文集》,大体看过后再交早早细校。饶宗颐赠词集一本,丁帆赠散文集两本。

5月20日(4)晴,26℃

上午去宁海路,芸购得绸布2件。下午去系里,得冯天瑜夫人刘同平函,云早早论文不能登载。复旦博士生论文章灿已写好评语送来,签字后即寄去。函丁帆谢赠书。

5月21日(5)晴转阴,28℃

函孙言诚、黄永年,谢作书评。复冯天瑜夫人刘同平。嘱郭斌去医院灌氧气瓶,未成功,可能瓶已坏,只好用威克所赠制氧瓶,亦尚有用。

5月22日(6)阴,24℃

早早、郭斌已于18日领得结婚证书,今晚家筵,共到20人。下午玩到晚间,很累,但也很愉快。清早,陈继明从武汉来,系学校组织旅游南京、无锡,在我们这里吃了一餐早饭,即赶回位,准备去无锡,赠其《俭腹抄》一本。

5月23日(日)雨,22℃

整日下午,无人来,亦未出行,无信。上午测试血糖,正常。清晨陈继明打电话来辞行,已返武汉。

5月24日(1)晴,24℃

复蔡厚示,收到寄来悼亡诗;得施议对寄《胡适词点评》;李汝伦《蜂蝶无缘》;中国矿业大学书画邀请函;匡一点寄诗;南京经济学院王晓林函,询关于《春江花月夜》事;贵州龙先绪函;江津政协寄《吴芳吉先生诞辰一百周年》。下午尉淑玲来玩,送来前次所照相片。

5月25日(2)多云,27℃

函复施议对、王晓林、匡一点、龙先绪、何永沂、李汝伦。得骆文寄来《贝多芬只有一个》散文集。写四副对子,拟赠宏生、本栋、早早及书画展。

5月26日(3)阴转昙,26℃

得严中函,请为其著作题书名签《金陵百谜》。下午取药,理发。本栋来,送来《思想家丛书目录》,有所作序。购《国学概论》一本,给早早。

5月27日(4)晴,29℃

得赖永海赠《中国佛教文化论》一本;吴晓明函,附复印《释陈寅恪古典今典解诗法》;《中国图书评论》一本。复严中,附《金陵百谜》书签;骆文,谢赠书。写条幅三纸,赠唐翼明、尉淑玲、尉天纵。砺锋来,谈在苏州为钱仲联博士生答辩事。托小宁将珍珠项链及茶叶送往王婷,托其带给小海。

5月28日(5)晴,33℃

完成写字任务——早早、宏生、本栋三副对子已送史梅裱,唐异明已寄出,尉氏兄妹及国庆五十周年展出者暂存待取。取出工资卡上的存款,以后将由工商银行管理。得尉淑玲寄来的照相底片,她去盱眙,回来后取字。得陈继明函，附《当代寓言之最》，拟为之转《古典文学知识》。巩本栋由档案馆复印来张汉怡刻砚铭，拟收在《照片》中。

5 月 29 日(6)晴，29℃

复吴晓明。将陈继明介绍黄《寓言》文送交卞孝萱，托其转江苏古籍的《古典文学知识》。得陶小健寄来茶叶。

5 月 30 日(日)晴，30℃

大纲带女友张蓓来，又邀了早早、郭斌、小燕同去雅士居午餐。张蓓是成贤街小学教师，与大纲较为般配。

5 月 31 日(1)阴，晚有小雨，27℃

上午去广州路书店为小雅购得中英书各一本，下午小虹来拿，托其代购小冰柜。早早、郭斌取来小健赠茶叶 2 斤，内有 1 斤是贡茶。得武大老学生姜为英函及照片 2 张。钱理群来访。

6 月

6 月 1 日(2)阴转昙，26℃

小虹送来草帽，不佳。天纵腰扭伤，但仍允往购冰柜。天渝电告已购电脑。

6 月 2 日(3)昙，30℃

周勃寄来茶叶数小罐，我二人自往取之，颇累。晚丽则率早早、郭斌来，拟送校样给砺锋，他们不在家，留待明日自取。丽则告知张镜园为早早二人借得一小套房子，可住一个月左右，为之欣喜。

6 月 3 日(4)昙，32℃

上午去医院取药，并做血糖，仍高。胡咏絮、鲍振元来访，大出意外，也很高兴。函小佳、晴佳，告知早早结婚；夕佳，告知早早结婚等事；周勃，收到茶叶。得周勃函。

6 月 4 日(5)阴，27℃

丽则送来中央商场中央杯楹联征对入围作品，请最后评定，并送来花篮一只。早早、郭斌可入洞房(张镜园为他们准备的)。复旦寄来审论文费 125 元，拟给章灿。以 6 折购得《宋诗话全编》一套，270 元，并代砺锋购一套。

6 月 5 日(6)晴 30℃

上午去邮局，取来复旦大学寄来的审论文费。下午孙原靖来，送来孙望生前所种枇杷树所结枇杷。送给高岑一本画书、一瓶肉松。得天眉来函。

6 月 6 日(日)昙，30℃

丽则取去中央商场楹联入围名单。函傅璇琮，请为陶敏书评介绍刊载及其他事。天眉给早早、郭斌寄来结婚贺卡及礼金支票(300 美元)一纸。为收到的各种杂志分类赠给各生及早早。

6 月 7 日(1)阴，小雨，27℃

函复匡一点，谢其赠诗集。砺锋来，送还购《宋诗话》款 270 元。章灿来，将审稿款 125 元交付。早早将天眉所赠 300 美元支票交小宁代办。

6 月 8 日(2)阴雨，25℃

上午去学校参加座谈会(古代文学与古委会安平秋等人座谈)。下午去超市购物。得王晓林函，仍请介绍有关《春江花月夜》的文章。

6 月 9 日(3)雨，21℃

终日落雨，未出门，亦无人来，无事可记。修须。

6月10日(4)雨,21℃

仍尽日下雨,不能外出。张宏生来,谈拟参加广州中山大学戏剧讨论会事。丽则、早早来,送来工商行工资存单及各种书与杂志。

6月11日(5)雨转阴,21℃

得江苏古籍函,退回陈继明稿;吴镕寄《杂碎集》(天渝认识此人)。晚家宴,庆祝早早、郭斌通过答辩,在西苑餐厅,菜价廉物美,因李开、张镜园皆出面。饭后又去早早所住房间稍坐即回。

6月12日(6)阴转昙,26℃

两天下雨,今日转好,上午出去散步。小虹、小严、小雅来玩,带来枇杷等。下午天渝、美林来。得周晶、孙言诚函,齐鲁不肯减少对河北教育的卖版费,因此要求河北自己另排。将陈继明文转给《江苏文史研究》。收到天眉寄给真真的贺卡,已转给小鲲。

6月13日(日)晴,29℃

上午去天渝家,午饭,天纵、张蓓亦在座。得《大典》办公室函,宋辽金元文学分典二、四册同意付印。函周晶,仍盼能将《广义》纸型转让给河北教育。函复吴镕谢赠书(由天渝转)。天纵代购得冰柜,价990.00元。

6月14日(1)晴,31℃

得杂志若干份;王运熙寄来《望海楼》一本;张伟华函,下月将与Royal一起回国。朱云春打电话来,陈继明文可刊载在《文史研究》第四期。高纪言来,坚持要帆去北京参加《大典》首发式(到时再看情况)。

6月15日(2)阴,闷热,33℃

函王运熙,谢赠书。尉淑玲打电话来,已得伟华函,知七月底可抵宁。小鲲皮包中钱与支票均被偷,我已打电话给天渝,嘱其打电话给小海,支票挂失。于景祥从北京打电话来,云北京正在评图书奖,《文学史》在三校，因想明年去参加评图书奖，故需细校，七月份可能出版，合同待其来宁时订。早早来，嘱其至校医院拿药。郭斌父母周末将来宁探亲。

6 月 16 日(3)阴雨，25℃

昨夜大暴雨，市街多处积水，我家地势高，未进水，但厨房、浴室已返潮，地上微湿。阴雨，不能外出，砺锋送来各种刊物。《北京文艺》约稿(内有给钱谷融之约稿函，已转寄华师大钱收)。周笃文来函，要求写诗迎接澳门回归。

6 月 17 日(4)昙，27℃

章灿来取去杂志两本。早早来，取得降糖药两种。钱谷融、徐中玉来访，老友久未见，聚谈甚欢。巩本栋来取去杂志。有富来，取去杂志，并带来申请省社科奖(《广义》)底稿，正在会谈，未看。王海燕送来载有其所作《学记》书评之杂志《出版科学》，拟请本栋复印后寄贵州出版社。王海燕并带来杂志数本、食油和咸鸭蛋。得工会书画展通知。抄《有恒斋求学记》寄《北京文艺》。函复周笃文，不能写诗。

6 月 18 日(5)晴，28℃

得何永沂函，附诗；江苏古籍《大典》编辑部函，通知宋辽金元分典各项工作。曹虹率伯伟研究生(冯翠儿)来，赠荔枝，又曹虹赠领带一条。晚在天纵家过端午节。

6 月 19 日(6)晴，31℃

郭斌的父母由徐州来，晚在雅士居会餐，带来酒和麻油、糕点等。

6 月 20 日(日)晴，31℃

巩本栋、张宏生共同请我们和周勋初夫妇晚饭，两家新居都设计得很好，巩家更宽敞、朴实.周勋初感叹今天青年人比我们那一代年轻时生活要好多了。丽则与早早也随去。请本栋将《出版科学》上王海燕书评复印寄立朴。

6月21日(1)晴,30℃

黄希坚来,为《文学典》宋分典索引事给工委、编委说明,送来过目。黎如霞来,陪往华侨路81号销售Japan Life处试用,因价格过高,效果不敢确定,暂时听听意见再买(一套3万元)。史梅送来裱好的赠早早、郭斌喜对,甚精美,又赠无糖巧克力一包。得中华诗词社函,问所缺之刊数,可补寄来。丽则晚间来,赞成购磁床。

6月22日(2)昙,31℃

上午发致张伟华及天眉函。函中华诗词社,请补寄97年1期和99年1期。有富电话通知,傅璇琮电话告知已函齐鲁孙言诚请酌减《广义》版让河北教育的费用,并请酌删陶敏《广义》书评,徐已电告陶敏。请砺锋和潘海鸥商议借支稿费2万元,以便购Japan Life。康肖义取去为国庆50周年所写之对联。得小佳函,谨已搞好出国读博,九月间将去荷兰,蕙已找好湖北省证券公司工作,因患肺结核未能考取硕士生。小燕应引以为戒。打电话给于景祥,希望预支稿费10000—15000元。

6月23日(3)大雨,26℃

得蔡厚示寄来《扬州瘦马》一本。江苏古籍周骋带来十三中教师曹某,请为该校的版物题辞。早早、郭斌来,郭七月上旬即将去穗。史梅送来曾一所赠《对影集》。

6月24日(4)小雨,25℃

函孙言诚,望能将《广义》纸型减价让与河北教育。本栋已将王海燕文寄李立朴。得日本某大学函,约书法作品。为十三中写好题辞。得无锡吴海发函,问一学术问题。

6月25日(5)小雨转晴,27℃

砺锋来,告知河北教育同意先支稿费2万元,要去银行账号。伯伟陪钱南秀来，谈海外汉学等，送巧克力一盒，赠以《学记》《俭腹抄》各一本。小宁已为早早储好美金 300 元。周骋与十三中老师曹某取去题辞。函复无锡吴海发。于景祥来电话，可以预支稿费，下周来宁时带来。

6 月 26 日(6)雨，24℃

因王静来宁，天渝请王和我们去吃午饭，小鲲来接，张蓓亦在座。王静告知香港早已有磁疗寝具，她亦用过，有疗效，且价较廉，已托其回港后代为了解。又函何永沂请其了解。天渝还 5000 元。

6 月 27 日(日)大雨，22℃

函小佳。函小平，询问磁疗寝具事(明日发)。陈继明来电话，询问其书稿事。丽则来，整理照片。

6 月 28 日(1)小雨转晴，25℃

上午芸再一次翻检照相册，又检出一些好的照片。下午去医院取药，找夏、王二医生咨询有关磁疗寝具的效用，二医生皆不赞成用此器械，认为磁场对不同的人有不同的作用，不一定对每个人有效，还怕有害。袁路的爱人在军区总院任职，请其打听军区总院用磁疗器后，复电无此设备。得李涵来函，已转早早，嘱其函复。打电话给吴志达，询问其身体情况及分典进行情况，并嘱其将《学记》借给李涵。

6 月 29 日(2)晴转阴，26℃

郭斌将赠与其书运去部分，还将继续来取，备下月上旬运去广州。得市作协函。上午去超市购物。芸继续整理照片。

6 月 30 日(3)雨，23℃

复李涵。《新世纪万有文库》中除笔记外，均赠郭斌，另郭预衡《文学史》、《校雠广义》等，嘱其带往广州。函黄伟经、詹伯慧、黄天骥，嘱郭斌带致。芸书《桑榆忆往录》书签，甚好。

7月

7月1日(4)阴,小雨,22℃

早早、郭斌毕业典礼,我未去参加,因小雨。郭斌已将行李托运广州。得郑自修《荆楚诗词大观》续集,已复函,令其找毕奂午找材料。《我与校雠学》稿费已到,转有富,收据已寄还。得《大典》通知,宋元分典第三册已通过;邵燕祥函,附剪报。芸继续整理照片。

7月2日(5)晴,30℃

久雨转晴,又不热,上午散步到系里。得黄进德函,为隋唐分典稿件事。黄希坚打电话来云,昨出版局局长、处长及高等三人均去淮阴印刷厂参加开印典礼,有出版局出面,印刷当不成问题。得《大典》工委、编委函,同意第三册付印。早早去徐州作新娘。复邵燕祥。

7月3日(6)晴,33℃

《中华诗词》补来97.1和99.1两本,齐。天渝一家来饭,谈甚久。天纵打电话来,宁健又感冒发烧,故未来。

7月4日(日)昙,31℃

晨天眉打电话来,告知已动手术,摘去胆囊。将南宁及云南拍摄的两张照片分别寄与杨翊强和徐中玉,请辨认照片上之人。下午大纲、张蓓来晚饭,芸与张谈学校事及真真事甚久。得武汉大学历史系刘同平函,早早论文已转回。

7月5日(1)昙,31℃

上午去省中医院看脚肿,朱广华嘱其妻汤主任治疗,极为马虎,甚至未诊脉,芸很失望。后回校取药,回家时两人极累,在大纛坪休息,遇闵乃本夫人,为我们拎回药罐,二人大喜。下午严中来,将为《人物》杂志写我的小传。下午黄进德来，谈《大典》事。下午史梅来，送来裱好的对联（赠宏生及本栋者），连同赠早早、郭斌者共 180 元。威克来为心脏做气功治疗。得何永沂函，谈治疗心脏病及磁疗事，认为磁疗只可作辅助，但仍拟代为了解；唐翼明函及照片多张。

7 月 6 日(2)阴，小雨，26℃

上午理发，将裱好的对子送交一涓，并转带给宏生一副，黄进德赠本栋的书也交一涓，向宏生索还夏承焘日记。黄进德赠伯伟的书，曹虹取去。得天眉来函，又附来赠真真的支票。威克接近三天来按摩腿脚，并做气功，脚肿已有好转。又今天起服中药。新雷来看照片，指明每个人。武汉大学刘同平寄还早早稿子。

7 月 7 日(3)中雨，23℃

将早早论文寄王小盾，盼能刊登。得安徽邵川函，即复。芸复何永沂函。为郭斌书“寸雪堂”。晚为郭斌饯行，丽则全家。

7 月 8 日(4)小雨渐止，24℃

上午到系里，取得九三开年会、思想家中心开会通知，均不能参加。系又赠大学生创作和学术论文集各一本。宏生还夏承焘日记。徐有富还《学林春秋》，又被宏生借去。

7 月 9 日(5)昙，29℃

上午去医院取药，测血糖，又升高了（12）。得《胡小石研究》一本（赠）。去九三，交一年会费（24 元）及希望工程捐款 100 元。得吴志达及李涵函（附照片）。郭斌今日飞穗。天眉送真真的 200 美元支票交给小鲲。

7 月 10 日(6)昙，27℃

七姐来，闲谈。本栋来，购得《吴宓日记》9、10 两本，45 元，又代购面包。杨翊强打电话来，已认出照片上三人为何文白、韦其麟与林焕标，照片即寄回。徐中玉来函，寄回照片，左二人亦不识。有富打电话来，省社科奖不能以《校雠广义》名，只能以《校勘》《典藏》二本申请。

7月11日(日)昙,28℃

吴志达打电话来，提出与四川联系，同意元与明界限的意见，已通知高与黄。大纲、张蓓来玩，请他们去大学口吃西餐，大纲带走录音机给小宁用。小燕来午饭。高惠立一家来，小高拍了与余冠英同摄之照片。

7月12日(1)阴,27℃

得中国作协函征《二十世纪之歌》，安徽大学寄来《古籍研究》99年2期三本。

7月13日(2)阴,25℃

得《学林漫录》14集一本，内有《与淡芳书》、宏生文一篇，写得很好；王淡芳函，闻台湾将出我的全集，恐系谣传，因为无人来联系。景祥打电话问款有否收到，明日请小宁查。

7月14日(3)昙,28℃

函复王淡芳、傅璇琮、黄进德。打电话给宏生，赞其载于《学林漫录》之文文风很好。笑梅接电话，云宏生去北京查资料，且带去张津，可谓好父亲。小宁告知景祥汇来15000元已收到。得黄裳寄来关于版本的一本散文集。早早今日可以校完《沈祖棻文集》。

7月15日(4)昙,27℃

上午散步至系里，得蒋寅及蔡文锦函，蒋寅叙述又得一女之状况甚详，妻名钱鸥，新生女婴名钱鹿菲。早早今晨将《沈祖棻文集》校样寄保定。严杰来，谈拟为白居易诗集作校注。砺锋来，谈河北教育拟将《校雠广义》改为横排，征求意见，我已同意。另谈潘海鸥拟月底月初来，照相集需加快进行。

7 月 16 日(5)阴,25℃

复蒋寅、黄裳、蔡文锦。高纪言来,谈宋辽金元分典最后一册事,另谈即将去北京商谈发布会事。天纵夫妇来,带小雅,小雅顽皮多了。丽则晚间来,商议照片集事。

7 月 17 日(6)雨,25℃

竟日雨不停,无人来,无书信,亦无电话,可谓三无日。未出门。

7 月 18 日(日)昙,28℃

仍然是无人来,亦无信。照片集已基本写好,待丽则编写的部分写好,即可抄好,待潘海鸡来。函北京的医生,询问治糖尿病之药。

7 月 19 日(1)昙,32℃

上午芸取药、存款,帆去系里拿信,得杂志又汇款 100 元(安徽《古籍研究》)。得何永沂函,论帆病甚详,亦不赞成磁疗。我们决定不购磁疗寝具,收到预支的稿费均已储入银行。严中来,送来所撰稿,多半系从我的书中抄袭,除过捧之处外,只好随他。

7 月 20 日(2)昙,33℃

函何永沂;天眉;严中,寄回稿件并告以基本是抄袭,不能发表。小鲲送来磁性床垫广告,并云真真学籍问题尚未解决。

7 月 21 日(3)昙,32℃

高纪言送《大典》宣传品来。

7 月 22 日(4)昙 31℃

周勋初打电话来,云黄先生日记的照片各处均找不到,只好重印。张宏生自北京回，来谈。古籍小组已组成，成为出版总署下属单位，人员亦均出版署之老人，工作人员亦均易人。打电话通知黎如霞，不拟购磁疗寝具。

7月23日(5)阴，阵雨，32℃

天纵、宁健带小雅来。阿晶送奶奶一件绸衣。周勋初打电话来，说傅璇琮打电话来，云齐鲁与河北教育关于《校雠广义》版卖与河北教育事已谈妥。伟华昨晚打电话来，云已抵沪，下周一来宁。

7月24日(6)晴(短暂阵雨)，34℃

今日热，而且闷。地板已修好。何永沂医生打电话来，指点一些医药。得施议对函，附文。曹□来，送油、茶事。

7月25日(日)晴，35℃

函黄天骥，请寄《董每戡文集》。得王小盾函，早早论文想带至第三次中青年诗词创作座谈会上，请在文集上发表。章灿来，赠大麻花。

7月26日(1)晴，35℃

复王小盾、施议对。北京中国作协又打电话来要作品，称新诗旧诗皆可。砺锋来，称河北教育坚持《校雠广义》要横排，因此需重排。赠千元给丽则夫妇，助旅游。陶敏《校雠广义》书评已在《中华读书报》刊出，已复印给有富和秀成各一份。天渝和伟华联系上，准备周三即办完事。

7月27日(2)昙，32℃

小鲲来谈一二十分钟，劝其注意少吃营养品，防血糖高。王庆元来，晚参加许惟贤请王和教育出版社责编之宴，遇到横山率女生来宁。寄三首旧作诗给作家杂志。

7月28日(3)昙，33℃

伟华及 Royal 来，共饭于金童，天纵、天渝、淑玲夫妇及我二人，结果费用是伟华付的。得羊春秋、王淡芳、浙江古籍出版社郑小军函。羊寄《春秋文白》。王言台湾出我文集事恐不确。郑小军言数十年前所写夏承焘集之序被发现已载于新版中。郴州中青年诗词创作会、河北古代文论会邀参加会议。

7 月 29 日(4)晴,33℃

照片集《桑榆忆往录》整理完毕,共 90 页,照片 95 张。大功告成,甚悦。中午应伟华邀请去绿柳居午饭,和 Royal 谈很多。将细瓷茶具赠 Royal。接连几天应酬,两人皆感疲劳。

7 月 30 日(5)昙,阵雨,34℃

得小佳函,瑾、蕙均已上班,瑾办好护照再走。王晓林送来稿件请审,已允为其看。为郴州诗书画院写字一幅,已寄去。复羊春秋、潘海鸥、郑小军、古代文论会(不去)。莫砺锋来,取去照相册稿和祖棻书信稿、《祖棻文集》照片。莫告,黄天骥来电话说《董每戡集》已寄来,拟去羊城晚报会郭斌。

7 月 31 日(6)晴,35℃

张伯伟送来《程千帆先生的诗学研究》稿审阅。丽则、早早今晚乘火车去贵阳。

8 月

8 月 1 日(日)昙,阵雨,34℃

砺锋陪横山弘来访,适伯伟、章灿均在,共谈近一小时,横山赠酒等,余赠书两本。王晓林文交章灿看。晚赴天纵家宴,因天纵过生日,即将横山所赠酒与果冻转赠天纵。得王运熙自选集一本。

8 月 2 日(1)昙,32℃

今天较凉爽,去系里看信,得《书与人》及章灿所写诗。前省中施医生

（曾为我治痔疮）打电话来问候。

8 月 3 日(2)晴,31℃

小燕打电话来,告知丽则、早早 20 晚 11 时已抵黔,但车上无空调,很热。得黄天骥函。复王运熙。得北京马重根医生复函。

8 月 4 日(3)晴,33℃

伯伟接连三天来录音,今日暂告一段落,待整理后再说。砺锋来,照片集看完,指出一些问题待更正,等潘海鸥来时交给他。文集无需每本印照片,只需第一本印数张。蒋寅用传真寄来小女儿照片,伯伟给我们一张。复珛佳函。

8 月 5 日(4)昙,32℃

无人来,无信。

8 月 6 日(5)昙,32℃

得施医生来函,问典故。伯伟来,将《桑榆忆往》底稿送审。二人出去散步,皆趔趄。照相说明词已改好,只等潘海鸥来拿。

8 月 7 日(6)晴,33℃

从昨日起,每清晨开始散步,今天比昨天已有进步。下午天渝夫妇、大纲、张蓓及小鲲来吃晚饭,并等天眉来电话,大家祝她生日快乐。小宁未来,跟同学出游。

8 月 8 日(日)晴,颇热,34℃

得周晶函,并即复(关于《广义》事)。函复施医生。

8 月 9 日(1)昙,阵雨,33℃

芸眼小血管出血,去省中眼科中心看病。去系里取信,但无关,还有杂志等。章灿送回王晓林文，准备寄还给她。《文学史》事，辽沈出版社一定要改名，我和章灿均不同意，宁可将稿收回，现仍在交涉中。伯伟继续来录音。

8 月 10 日(2)晴，34℃

昨晚章灿与景祥通话，景祥已不再谈不能改名之事，说将与辽沈商议，如辽沈不肯改名，则可由人民出。今早章灿来电告知。张威克去青海，小燕来吃晚饭。王晓林之文及章灿所写意见已寄还王，明晨小燕送邮局。朱云春来电话通知副馆长宋文治今晨去世。

8 月 11 日(3)昙，有阵雨，33℃

曹虹送文来审阅。伯伟送《桑榆忆往》目录来。得广东寄来《董每戡全集》；天眉函，附美国一球迷所写观中国女足的报告；王淡芳函，收到《漫录》；文史馆寄来体格健康调查表，已填好寄回。函于景祥，明示决不改《文学史》之名。

8 月 12 日(4)晴(上午有雨)，32℃

张伯伟录音毕，且已整理好送来。于景祥打电话来，云辽沈已同意用《程氏……》书名，但要求作者写一申明。已打电话嘱章灿办理，并要景祥请辽沈赶快派人来订合同。韩文忠来，送来吊唁宋文治的挽联审阅，另金坛有馆员组织诗社，请书社名及刊物名。伯伟请为其子张博求“有恒”二字，鼓励他有恒心。

8 月 13 日(5)昙，32℃

请严杰去校医院取药。得张辉寄来茶叶的包裹，已请严杰去取；戴月寄来诗集一本。为文史馆馆员要求的“龙山诗社”及“社员吟草”两幅字交给韩文忠。为张博写“有恒”两字。看完张伯伟所记回忆录，已还伯伟。莫砺锋来，带来林继中所送洋参与虫草。

8月14日(6)昙,31℃

章灿来,写好给辽海的信,与后记一起寄去。伯伟来,送来章灿所记的一部分。张辉寄来茶已拿来,是贵州和海南名茶。得何永沂函,附诗;吴海发函。

【剪报:《程千帆全集》(即出)。】

8月15日(日)阵雨,33℃

严志明、小虹来探望。美林、小宁为我们买来长沙发,甚佳,2200元。伯伟整理好我的回忆录。曹虹的论文已看好还给她。复张辉、林继中、戴月、吴海发。托小宁买礼物送张辉。

8月16日(1)晴,32℃

芸取出工资款,还小宁购沙发款。小宁为张辉购买一件T Shirt 198元,已交砺锋带北京。章灿来电讲辽海云本月内可能将《文学史》出版,其编辑尚不知未订合同。丽则打电话给小燕,云已抵昆明,游后将乘飞机回宁,而早早则去广州,回来至沪即报到,再回宁取行李。小燕已将桌上书籍收入橱内。今日较凉爽,不闷热。

8月17日(2)晴,32℃

函天眉。二人理发。看《吴宓日记》,原住成都地址为:第一,刘君惠宅——光华街85号;第二,李思纯宅——小福建营16号(?);第三,与佘雪曼合租市房——东桂街41号。打电话给巩本栋请其来帮助整理书,已允。

8月18日(3)昙,33℃

本栋来整理藏书,极为仔细。为省文联写贺辞。

8月19日(4)雨,31℃

得严中函,仍拟写传记给《人物》,寄还《1957年的夏天》;沈家给丽则函。本栋继续整理藏书。填表请校医院在家设家庭病床。

8 月 20 日(5)阵雨,29℃

砺锋自京归,带来袁行霈赠送之《文学史》(部定教材)4 本一套。重写市文联 50 周年庆辞。阿晶回京打电话。函严中,寄去照片 1 张。

8 月 21 日(6)阴雨,25℃

函金克木,请其寄诗集来。王晓林打电话来,云稿件尚未收到。

8 月 22 日(日)雨,25℃

芸请天纵一家来,在雅士居吃午饭,祝贺小虹生日和阿晶就业。阿晶带来无锡酱排骨和雪花膏。小严和小靳未来。收到赵克勇寄来的《诗词曲联入门》,并提出推荐其为博士生之无理要求(不理)。天气很凉,不似夏日。

8 月 23 日(1)雨,冷,24℃

复赵克勇函,告以退休已久,不能办。市文联主席及办公室二人来,取去为其所题字,赠我一果篮。早早自广州打电话来。

8 月 24 日(2)昙阴,26℃

得韩德培函,其子想去南大兼课,已为之函韩、蒋二人推荐;余恕诚函,请教研究课题事。郭维森来,请作胡小石传事。周勋初来,谈出版《黄侃日记》事及其他事。小虹送田七来。高纪言来,谈《文学典》出版事。徐有富来,齐鲁为《广义》评奖事打电话来,想托任继愈等帮忙。

8 月 25 日(3)雨,25℃

伯伟来,上古已收到回忆录稿,但今年已来不及出,拟与砺锋商议,两出版社如何安排。有富来,写好与任继愈的信。安平秋处,拟找周勋初先生,打电话去。丽则晚 7 时余回宁。给韩、蒋信,已送达。函复韩德培、袁行霈。

8 月 26 日(4)阴转雨,25℃

丽则来午饭,谈旅游事。小佳打电话来问候。去医院取药,王医生怀疑是否有甲减,拟往鼓楼医院检查。

8 月 27 日(5)阴,26℃

程章灿还来《学林漫录》。章灿告知,辽海责编打电话来,云《文学史》已基本印好,只缺封面,嘱将照片及简历寄之。已找好,明日交章灿寄去。史梅来探问,送猕猴桃。晨去鼓楼医院抽血,作甲状功能检查,下周三可去取报告。

8 月 28 日(6)晴,29℃

得张辉、杨翊强函,即复杨。章灿来,取去照片寄给辽海《文学史》用。伯伟告知上古同意最迟明年中出回忆录,并索要照片 20 张左右,已准备好,待明日写好说明寄出。校医院王宁章医生来,将病历写好,并欣赏家中的字画。

8 月 29 日(日)阴,27℃

张伯伟取去给上古回忆录所需之照片,明日将快邮寄去。小鲲、小琴、真真来探望。打电话给许惟贤夫人,问候许先生。郁贤皓来,赠《唐代文史考论》一本,请写《唐刺史考全编》书签。萧效农打电话来。早早来电话,已见过黄天骥。威克回,晚来为爷爷做按摩。

8 月 30 日(1)大雨转晴,29℃

河北教育寄来《程氏文学史》的校样,砺锋转来。芸购一便宜手表,仅 58 元。夕佳打长途电话来问候。

8 月 31 日(2)昙,30℃

写好"南大庆祝国庆 50 周年书画展",康育义取去,康并请为其所画三峡图题字。写好郁贤皓的"唐刺史传全编",郁取去。章灿取去《文学史》校样。函复萧效衣。得黄伟经函，将来宁旅游。严杰送来姚效群函，请为《世纪传薪丛书》做首席顾问。得武大寄来《胡国瑞九十诞辰纪念》一本。

9月

9月1日(3)昙，30℃

函复黄伟经、余恕诚。得古代文论学会顾问聘书。武秀成为我们拿来甲状功能报告，正常。和南大医院方荣海医生联系家庭病床事。

9月2日(4)晴，30℃

得林继中函，请题书签。写好康育义题诗，因格式不对，仍将重写，画已还康。写好工会索要的对联。方荣海医生来，办好家庭病房手续，医生看病很细，以后一个星期来一两次。

9月3日(5)晴转雨，32℃

为林继中写好书签，并函复。得严中函。为工会所写对子已交吴翠芬转工会。得工商银行通知取款。接连几天早晨感觉不适，吸氧、服救心丸，今日服硝酸甘油丸一粒后，愈。

9月4日(6)阴有雨，30℃

天纵、天渝夫妇不约而同前来，小鲲在南大上课，亦来午餐，甚为热闹。小燕来报销考研购书费400元。得王晓林函，仍问“诗眼”问题，不复。吴志达打电话来，请为陈文新申请博士学位作推荐书，复以身体不好，拒之。得胡焕章及夔州杜甫诗会函，不复。

9月5日(日)多云，29℃

曹虹送来和伯伟同拍的照片数张。复审《文学史》目次，提了一些意见，交给砺锋，请其再校对《文学史》时再看看。

9月6日(1)晴,30℃

上午去工商银行取款,系浙江寄来所写序的稿费100元。王晓林送来花篮,祝贺教师节。早早从穗归。函《学林漫录》编辑,通知我的银行账号,以便寄来稿费。

9月7日(2)晴,33℃

贵州人民出版社编辑黄涤明夫妇(杨)来探望,请共午餐,丽则、早早陪。黄送月饼及香蕉。徐有富要来函授专转本课程表,已交给小虹。为祝贺王元化八秩寿诞,写对子一副,交早早带沪。得天眉来信,附丹的近照。

9月8日(3)晴,34℃

黄希坚送来《大典·文学典》宋辽分典5册来观赏,仍需还印刷厂。印刷厂已装订好300册,待大批寄到,即可得一套。章灿打电话来,云辽海书社出版的《文学史》已印好,只待装好封面即可完成,9月22日长沙书市开市前必然完成,合同即购书折扣仍未谈。托黄希坚购《野叟曝言》,云有吉林版本,已决定要。阿晶读函授事仍有困难,因生源缺乏,明年可能不招档案班,则先学亦无用,故书尚未代买。湖北大学文献所寄来《尔雅诂林》5大册,连同以前寄来一册,共6册,早早取来。

9月9日(4)—9月12日(日)

这4天都是晴热,大体为35℃左右。芸感冒发烧,先在鼓楼医院看病,未愈,又在南大医院挂水3天,12日下午退烧。这期间得余恕诚函,尚未复;何永沂函,请来宁时为其订房间,已复,同意。函张辉,请其探询金克木近况,因去函未复,甚为记念。郭维森送糖来,郭欢已结婚。

【剪报:《光明日报》1999年9月10日《古籍类:具有相当水平》。】

9月13日(1)阴,32℃

晨接早早电话,问奶奶病,并云已确定陈尚君为导师,中秋节回。黄希坚来电话，云《大典》宋辽金元分典已送北京 4 套，其余 96 套亦在托运中，样书到后即通知我们。提出想以优惠价多购两套，黄复以和高联系后再说，《野叟曝言》已购到，这几日送来。王永芬来电话，谈家事。周晶打电话来报喜，《校雠广义》已获大奖。砺锋送来安徽师大祖保泉赠书。

9 月 14 日(2)昙，31℃

南京有限电视台记者花某(南大毕业)来采访录音，为匡老制作一节目中用。黄希坚送来代购的《野叟曝言》，打折扣后 62 元。函复余恕诚与祖保泉。丽则送来王叔岷女王国璎所著《陶渊明论析》。小虹送来代加工之西洋参。

9 月 15 日(3)雨，26℃

丽则下班后来探视，留吃炒粉，云陈尚君已请早早吃饭。

9 月 16 日(4)阴，26℃

于景祥打电话来，云正等待《文学史》样书，下午即将寄两册来。徐有富得齐鲁电话，下周一(9 月 20 日)在北京颁发出版图书奖，希作者亦去参加。在电话中嘱徐前往参加，路费可由二人合出，徐拟请系里资助，尚不知接洽结果。得姚雪垠子姚海天(中国青年出版社)函，请寄其父函，明日当为之办理。吴志华为文史馆送来月饼等，并携妻女同来，赠其女巧克力一盒。

9 月 17 日(5)昙，27℃

徐有富送来齐鲁转来去北京开会通知，我们力劝其去北京，章灿亦劝其去，路费各出一半。章灿来，云接到万业馨电话，有学生可用磁疗治病，上次史梅亦曾提及。姚海天索其父之书信复印件，已托有富办理，王一涓已去香港。得周晶寄来《藏书家》两本及信一封，索字。今晨已写好，交有富带京。

9月18日(6)阴,夜雨,26℃

张宏生自广州开会回,馈月饼一盒,又为郭斌捎来月饼、香肠等物,与丽则等共享之。黄伟经打长途来,云已抵沪,明傍晚来宁,请代订旅舍一间,已由宏生在南苑宾馆订好。徐有富已购好飞机票,明上午去北京,下周二可回,旅费系里可以报销。

9月19日(日)雨,25℃

得金克木寄来书三本,可以放心了。徐有富今日去京领奖。黄伟经抵宁,已住在南苑宾馆。康育义取去为其所写之字。

9月20日(1)阴,24℃

黄伟经及夫人刘静兰来访,赠以《学记》和《广义》,刘亦在《羊城晚报》,才退休,已见过郭斌。得孙钦善通知,《全宋诗》已由铁路运来,待通知;复旦大学通知,成立中国古代文学研究中心;古代文论会开会通知;《古典文学知识》周立波函,约稿;退休办公室通知,加工资等事。曹虹、伯伟来祝寿,带来寿面。晚曾广开、周勃打电话来祝寿。周勋初打电话来,云安平秋通知《广义》得大奖。

9月21日(2)晴,24℃

今日帆生日,已满86足岁,进入87。史梅来拜寿,送花篮及月饼等。万业馨打贺电来祝寿。吴志达打电话来祝寿。张辉寄来枸杞四包。晚小婉来吃寿面。得天眉函及祝寿卡。复旦古代文学研究中心所出《中国文学研究》收到。函天眉。

9月22日(3)晴,24℃

夕佳寄生日礼200元。王淡芳寄生日礼100元并贺信一封。函复张辉、万业馨。函章培恒、黄霖,并赠《广义》一套,祝贺其古代文学研究中心成立,待早早带去。得到于景祥寄来的《程氏汉语文学通史》2本,1本交与章灿。景祥同意大批购书打6折。徐有富归,奖状奖金尚未领到,因尚未写好，带来得奖名单。朱祖延打电话来祝贺《广义》得奖，并索要《广义》。

9 月 23 日(4)晴，25℃

函复金克木、王淡芳、夕佳。寄《广义》四本给朱祖延。张辉打电话给章灿，转告我们金克木先生尚好，只是不能多伏案写字。徐有富送来姚雪垠书信复印件。王庆元来，《黄侃日记》校样已校好，明日与许惟贤商定后，即交江苏教育出版。《学林春秋》宏生已还来。

9 月 24 日(5)晴，26℃

函姚海天，寄其父信函复印件。函辽海出版社，请订合同。函河北教育，询问《全集》出版情况。晚全家欢宴于南苑食堂，共 19 人，饭后又来家中，10 时始散。

9 月 25 日(6)晴，27℃

刘彦邦嘱刘一虹寄来 100 元。今日以休息为主，只早早来，为其谈作论文事。

9 月 26 日(日)晴，30℃

往取彦邦寄来汇款，理发。寄《校雠广义》四本给复旦中国古代文学研究中心，祝贺其成立。早早去穗。吴泽晶来，告知吴先生诗词集已开印，初校了一次，先将校样寄郑尚宪二校，今年应能出版。打电话通知徐有富和方延明联系，在校报上登一《广义》得大奖的消息。

9 月 27 日(1)晴，30℃

唐长孺子唐刚卯来访，知金克木夫人仍健在，立刻函金道歉。广州年轻诗人陈肩打电话来，云舒芜身体太差，不能多走路，介绍其与章灿会面。孙原靖嘱高岑送罗氏虾来，回赠月饼一包。严杰去火车站取来《全宋诗》50 余本。王晓林(经济学院)又寄来文请审。于景祥打电话来，云样书 18 本已寄出，又索要《古诗今选》。

9 月 28 日(2)晴,31℃

上午去医院取药,将《古诗今选》上下两册挂号寄给景祥。景祥来电话,云《文学通史》合同即将快邮寄来。威克送来十月九日开退休人员大会之请柬及礼品单。赠梨与月饼给严杰,并还费用。周勋初打电话来通知顾学颉去世,拟明日请砺锋打唁电去。《全宋诗》昨已取来,今日始收到包裹条。今日将《全宋诗》全部上架。

9 月 29 日(3)晴,32℃

上午黄希坚、饶钦珩送《大典》一套来。河海大学王海燕送马瑞芳《……》来。莫砺锋代发唁电(顾学颉)。孙原靖拟再要十套《校雠广义》,已和武秀成联系。吕永打电话来拜寿。得陈继明函,知已退休,仍在外教点课。下午去看许惟贤,在楼下即相遇,未上楼,在院子里略谈。后又往看周勋初夫妇,他已接到通知,下个月退休。伯伟来,为《桑榆忆往》增加三篇文事。得石定机函。

9 月 30 日(4)阴,28℃

陈继明晨打电话来拜寿。上午去看南大书画展,数量不多。后又去中文系与武秀成联系,再向齐鲁购部分《广义》。晚去天渝家,归来时打的不易,十时始抵家。

10 月

10 月 1 日(5)晴,28℃

今日是建国 50 大庆。上午在家看电视,实况转播北京庆祝国庆大会,历时两小时。下午去砺锋家,想看看他们家的房屋,准备送一长沙发,坐谈约二小时始回。而章灿一家三口来未遇,带来洋水果等,乱花钱,将告之以后不可。得黄伟经函及照片三张。于景祥打电话来,合同已寄出。

10 月 2 日(6)雨转阴,转冷,22℃

丽则来午饭,将丁山一盒月饼赠之。马瑞芳的博士生马珏玶来问学,她在南大随张宏生读博士后。康育义将中堂裱好，送来看。蔡厚示、刘庆云来电话，他们在湘潭结婚了。

10 月 3 日(日)晴,21℃

上午去邮局寄挂号信，未寄成，邮局休息，购酸奶回。函马瑞芳、赵昌平、伍杰、陈继明、《学林漫录》、孙钦善、王晓林(昨今两日)。中午在丽则家吃饭。参观工会书画展，章灿所写《春江花月夜》甚佳。吴志达来电话，月底将去美国看两个孩子。

10 月 4 日(1)晴,21℃

上午去天纵家吃螃蟹，甚饱满，约阿晶与小红后日去夫子庙吃蟹黄包。饭后去购助听器的电池。为蔡厚示、刘庆云写喜联，并挂号寄刘庆云收。函《文学遗产》徐公持，寄去姚雪垠的书信。

10 月 5 日(2)阴,20℃

海院张明(中文系毕业)送来其著作一本，曾为之题书签，并赠海军纪念品及水果等。张威克帮我们洗包风扇、空调等。清华石定机寄来其父之遗作数种，已复函致谢。

10 月 6 日(3)阴,21℃

中午和丽则、小燕去夫子庙吃螃蟹包，并带回一些赠威克及天纵一家。芸购棉毛衣一套。下午天纵送修好的助听器来。孙原靖、高惠立、高岑来，离开后又去丽则家。得金克木函，字迹模糊难认，但语言仍幽默。

10 月 7 日(4)阴,20℃

天渝一家来午饭，大纲现去学校上课，天渝等四时才走。得不识之二人来信，请为其所编杂志为顾问，因不了解，暂不回答。东南大学一徐教授打电话来，云其女在美国与王伊同相遇，知其两同学在南京，告知徐某，徐将我们电话告知王。

10月8日(5)昙,22℃

国庆假日结束,今日开始上班。上午去系里,得曾伯藩及几个不识之人的信及杂志等;王西彦讣告,又走了一位老友。辽海寄来《文学史》合同及样书,样书仅有14册。本栋来谈。

10月9日(6)雨,24℃

上午校报记者某君来采访《校雠广义》得奖及《大典》出版事。下午冒雨去学校拿老人节礼物(床罩一床、枕套二个)。会暾弟写信给丽则问我们的情况,他们夫妇二人退休后出来过一次,后即安居家中不出门。朱祖延打电话来,收到《广义》。天眉打电话来。蔡厚示打电话来,已收到所赠贺联。

10月10日(日)雨,22℃

函复会暾。做诗四首赠金克木。得王一桃寄来书一本,并索《闲堂诗文合钞》,不理。退协赠老人节礼百元及油,又收一年会费10元。

寄金克木朗润园四绝句

周(煦良)唐(长孺)久逝金程老(余今年八十有七,克木犹长余一岁),往迹消沉五十年。秋色珞珈容胜昔,壮心浑不似从前。

鹿苑初归意兴高,吠檀精髓敌诗骚。笔端秦梵无多子,乌尔都文亦颇劳。(初自印度鹿野苑归国,译吠檀多精髓,有称于时,然在北庠,以随顺世缘,亦偶用乌尔都文施教。)

白头追忆少年文(在武昌时,兄偶说《十九首》"玉衡指孟冬"篇,树义精髓,至今记之),难共诗林再策勋。懒下楼知筋力异,亦知零梦乱如云。

泾阳先生古遗直,掉臂儒林半百年。晚为狂童折其胫,我欲为诉诸苍天。

10月11日(1)阴转昙,23℃

晨将赠金诗抄2份,一寄金,一寄《诗刊》。复北京出版社文史编辑部李晓波，同意将《黄季刚老师逸事》选入散文选《长相思》内。复曾伯藩函，只为其写一书签，另一人者不写。为湖南一炼钢厂王光文写一横幅寄去。南大电视台一女生送来省电视台将来采访之问题。许帷贤来取《黄侃日记》的后记。得台湾黄智信函，内附潘重规诗。

10 月 12 日(2)阴转雨，22℃

上午去退协领到一瓶油，十斤重，拿不回家，幸遇袁玲，送回家。姚雪垠子姚海天来函，已收到其父书信复印件，并将《李自成》第 4、5 卷寄来。《大典》赵主任打电话来，编辑费即由邮局汇来，以后再用账号；各宣传《大典》的文章已都发给报纸，会陆续刊出；发布会约在十月廿八日开。得本校兰亚明赠《大学生》一册，内有我的照片及《詹詹录》摘句。得校办转来《江汉论坛》杂志社关于中国著名学者形象宣传工程的协商函。小燕已得到免试保送读硕士，皆大悦。

10 月 13 日(3)雨转阴，22℃

得刘彦邦函，渐能适应美国生活，如再能获得移民补助金，则不回来之可能较大。周勋初写一文，嘱看一遍。

10 月 14 日(4)阴，20℃

得舒芜寄来《回归五四》一本。文史馆韩文忠送来政协所赠纪念邮票本一册。经济学院王晓林来取其论文，并赠花一束。程章灿告知江苏古籍将重出版其《赋史》。方医生来，不赞成千帆去北京，已电告知老高。

10 月 15 日(5)雨，19℃

上午芸去医院拿药，并向王医生购得血糖化验纸 25 枚，价 50 元。王国强来汇报刻古文光盘之进度。寄《文学史》给金克木、舒芜各一本。晚为小燕保送研究生庆祝，全家 5 人在军区饭，菜不佳。

10 月 16 日(6)阴，17℃

得黄秋耘寄来散文集《风雨年华》四本。何永沂打电话来问文集是否已出版。得曾伯藩函，请告知家庭地址。

10月17日(日)晴，18℃

得蔡文锦函，请写书签，并附来冒叔子诗集一本。吴志达、郭斌打电话来祝贺老人节，早早亦打电话给家里，托转致她对我们的祝贺。下午去逛超市，途遇丽则一家三人去清凉山登高。写好赠莫砺锋50岁生日的对联，明日托史梅去裱。晚丽则、小燕来，嘱小燕代笔写信给早早。

10月18日(1)晴，19℃

上午去《南大报》取回《中华读书报》剪报，因剪时不慎，剪去一条，交砺锋补好，拟给《江汉评论》。得中华书局编辑信，《学林漫录》稿费已寄入账号。写好蔡文锦所撰书签两纸，已寄去。下午校有线电视台来录音录像，费时一小时余，甚累。得小海寄来照片及林晖给真真照片。赠砺锋对联已交史梅裱。

10月19日(2)晴，20℃

已看好周勋初文，并写一意见书当面交给周。于景祥来电话，云合同事已改好。因未提傅所撰编年史事，故又函于，请其催促辽海将傅书及唐诗书寄来。

10月20日(3)晴，22℃

寄给《江汉论坛》杂志社照片二张、简历一份、简介一纸。河北教育出版社要求代其写《沈祖棻全集》前言，已写好寄出。姚海天寄来《姚雪垠诗抄》一本。《南大报》载《中华大典・文学典》分典出版之稿。

10月21日(4)阴，21℃

晨去双龙巷，芸补牙，尚需一次。张伯伟来，送来《桑榆忆往》稿，待砺锋寄往河北教育。高纪言来，谈好帆不去北京，由伯伟参加代发言。得杨翊强函。

10 月 22 日(5)多云,23℃

莫砺锋来,取去《桑榆忆往》。写了两幅字,一赠吕效平,一赠丽则同学张横平,已拿去。丽则又为作家班某生送来茶叶一包,求字,丽则说等其将毕业时再为其写。得一不识之人的函,请写字,不理。收到《大典》寄来 800 元,收据已寄出。

10 月 23 日(6)晴,24℃

天纵一家来午饭,带来螃蟹。上午写两幅字,一副对联赠章灿,另一留与某作家。得北京人民文学出版社《人物》杂志社张伟涛电话,为李涵所作沈祖棻回忆录索照片。已找好三张(一人像、二文字),并挂号寄出。复刘彦邦。得《文学遗产》徐公持函,拟刊载姚函。伯伟来,商议在《大典》发布会上代发言之内容。

10 月 24 日(日)晴,24℃

函复徐公持。函天眉。得早早函;杨翊强寄来各种腊味,分几种给丽则。七姐夫妇来访,送柚子和猕猴桃,回赠茶叶。

10 月 25 日(1)昙,23℃

写两副对联,一赠有富,一赠伯伟、曹虹,连同上次所写赠章灿者,一起送往学校,置信箱中。章灿、宏生来谈,赠宏生《文学史》一本。复杨翊强。函赵昌平。校人事处来人,将复韩铁函送来阅,同意重发。高纪言来电将发布会内容通知,已转告伯伟。将 102 室事向姚松通告,他又通告了生物系。

10 月 26 日(2)昙,23℃

芸补牙毕。伯伟来,将在《大典》发布会代发言的稿子送阅。将一鸡血图章刻有"为君刻意五七字"者赠与章灿。复早早。

10 月 27 日(3)晴,24℃

函韩德培。得会暾函。将各种杂志分给本栋、有富、严杰,是自己用小车送到中文系。晚吃锅贴与馄饨，不见高明。天渝打电话来祝芸寿，我们已忘却阴历生日。

10月28日(4)阴转晴，23℃

宏生来谈学校有意恢复《全清词》的编纂工作，并希望能早出多出成果，为此韩星臣将来访谈。复会暾函，望他寄一部作品来，看可否推荐出版。今日上午去夫子庙刘长兴吃螃蟹包，比扬州茶社贵而不很佳。晚去天纵家。

10月29日(5)晴，21℃

得横山弘寄来《宋元版》，吴功正寄来《唐代美学史》。巩本栋来，还《词话丛编》5本，借去《文学典》第1卷。黄进德从北京回来，谈《大典》事，要千帆和高纪言谈尽快开审稿会。于景祥打电话来，要印唐宋诗选集，即由《古诗今选》中选用，要砺锋编此书，他答应晚些时编。早早从沪归，以后拟每月回来一次。小宁带李朝来，外貌及谈吐均甚好。于景祥又来电话，十一月内即需稿件。

10月30日(6)晴转阴，19℃

函唐翼明，请为早早购《宋代遗民文学研究》。函顾青(《学林漫录》)，请查稿费是否已入账号。唐宋诗改编事，将由我二人合作，十一月中寄出。天渝夫妇来午饭，吃腊味饭。函复吴功正。伯伟来，谈《大典》开发布会事。得赵昌平函，允寄《虹影丛书》一套，并谈出版《桑榆忆往》事。辽宁大学中文系刘维治请为其书《元白研究》书签。抗战时四川省中老学生谢某来访。

【剪报：《光明日报》1999年10月29日《〈中华大典〉首批成书面世》。】

10月31日(日)雨，16℃

下雨，全天未出门。早早来，和她谈写小论文参加国际会议事。开始写《唐宋诗咏诵撷英》的前言。章灿来电话，云景祥给他电话说，赠他与我的两套傅先生的集子明日可寄出。

11 月

11 月 1 日(1)多云，13℃

《江汉学刊》函砺锋要求换一大照片，已付与。得潘海鸥函，已收到代写之前言。校电视台要一警语，已告以“不断否定自己，跨越自己”。高纪言来电话，云俟《大典》礼物收到后再来。《唐宋诗咏诵撷英》前言已抄好。

11 月 2 日(2)晴，15℃

将《唐宋诗咏诵撷英》前言及目录挂号寄景祥。卞孝萱送来华中师大致我的顾问费 1000 元，请我担任他们编写的教材《中国古代文学》的顾问，我已不记得此事，现书已出版，卞先生说他们将书寄来。史梅送来早早所需的有关范仲淹的材料的复印件。继续校审《唐宋诗》的注释。

11 月 3 日(3)晴，18℃

复印有关范仲淹材料，并连同史梅送来的材料，和信一并寄给早早(挂号)。昨刘君惠女打来电话，报其父丧，今日打电话去吊唁。

11 月 4 日(4)晴，20℃

天纵陪我们去家电商场购得浴霸 1、抽油烟机 1，共 1010 元，明日将来安装。校有线电视台程××借去《学记》一本，为播音做准备。小红来，代购得空心胶囊 4 瓶。函复横山弘。

11 月 5 日(5)阴转昙，17℃

今天安装浴霸与抽油烟机，一上午直至下午 1:30，可以安然过冬。高纪言来，送来《大典》所赠礼物(两大本书)。于景祥来电话，《文学史》5 册、《唐五代编年史》及担任顾问之书，一并挂号寄来，我们寄去的《唐宋诗吟诵撷英》前言、目录也已收到。得夕佳来信，11 月 7 日即将送滴滴去澳。已订 2000 年报纸，仍与 99 年相同。发给刘君惠家属唁电，未能送到，因地址不全，又用函将电报寄往四川师范大学。收到刘庆云寄来《词通》，并已函复。函复横山弘。

11 月 6 日(6)阴，16℃

今日芸生日，天渝请去为芸祝寿，有螃蟹、生日蛋糕等，极为丰盛。小宁和李朝接送，李朝送金箔挂历。无锡吴海发来，请为其书作序，拒之。天眉打电话来，小鲲来接电话。

11 月 7 日(日)昙，20℃

今日和天纵一家在绿柳居会餐，为芸和小雅过生日，菜味很好，大家满意。得王一桃函，又要求写书签；《文学遗产》徐公持函，对姚雪垠书信上的字有些模糊提出一些看法。一个不识之人姚效群(曾请帆作顾问，《世纪传薪丛书》)来访，送诗集一本，甚不高明。

11 月 8 日(1)晴转多云，18℃

得韩德培函，愿让韩铁来中美文化中心工作。将订《光明日报》收据及身份证复印件寄光明日报社。为王一桃写书签并寄去。函复徐公持。丽则来为作家班作品集请题签。

11 月 9 日(2)多云，18℃

芸上午参加廿一中退休教师游总统府，见到很多老朋友，很高兴。写信给韩、蒋两校领导，将韩德培信转给他们看。得王伊同函。为作家班写书签，写得不好。作家班某人所索字已交丽则。晚丽则送花来，补为芸祝寿，并送小雅衣一件。得徐公持函，致谢意。

11 月 10 日(3)昙，19℃

完成《唐宋诗撷英》整理稿，已寄景祥。系推举带头人票已填好送系。

重写作家班所需书签，交丽则。得中国社科院函，征《中国当代社会科学专家学者大辞典》稿；吴功正函。

11 月 11 日(4)阴，16℃

为《湘泉之友》写一警句寄去。中国社科院征稿已在准备。洪银兴副校长代表校领导打电话来感谢对学校之支持，并请向韩德培致谢，欢迎他随时来母校，韩铁事当安排好。小虹代买三七脂肝片十包送来。

11 月 12 日(5)晴，17℃

晨理发，在南芳园早点。史梅送来赠砺锋之对联，已裱好。小虹送波依定来。写好社科院所需的词条，交丽则请人打字。复南开大学陈洪，不能参加南北朝会议。函潘海鸥，排好《全集》次序。

11 月 13 日(6)昙，16℃

函复韩德培、王伊同。美林看牙后与小宁同来，午饭后回。

11 月 14 日(日)晴，19℃

得早早函，讲学习事颇详。将赠砺锋的对子和 1000 元送给陶友红转。写字两幅，给丽则同学。下午逛超市。美林送来李朝从扬州带回的包子。

11 月 15 日(1)阴转多云，13℃

得横山弘寄来正仓院图片，于景祥寄来《文学史》五本、《评注全唐诗》一全套十本、《唐五代文学编年史》四本。于景祥打电话来，已收到《唐宋诗撷英》稿，合同明天将寄来，其领导意愿稿费为 50 元。莫砺锋来，道谢赠其对联，并准备将一千元购《汉语大辞典》。晚饶小平和其朋友汤玲来访。函中华书局顾青，问稿费事。

11 月 16 日(2)晴，11℃

得一大学生来函，想考研究生。丁芒的夫人打电话来，转达林岫为

《中国艺术》向帆征迎接澳门回归的诗，不拟回复。小宁携李朝来午饭。

11 月 17 日(3)阴转昙，10℃

这两天来天气转凉，已穿上丝棉袄。复三峡大学一女生函。小鲲购来汽油两大壶。晓琴系患纤维肿瘤，无大碍。

11 月 18 日(4)晴，12℃

为骆玉明、陈尚君、傅杰、史梅各写一副对子，很顺利，写得较好。史梅代借得《郑孝胥日记》5 本，史梅今晚去北京开会，下周回来后，再取对子去裱。武秀成送来打印好的个人履历，已寄往中国社科院。函复早早。

11 月 19 日(5)晴，15℃

海信厂派人来回访空调机。增容事，小鲲在办理，因系和邻居共用一电表，所以不能增容，只能新装电表，装 8000 瓦，约需四千余元，但我们仍要装。于景祥来电话：(1) 书名改用《唐宋诗名作选》；(2) 稿费为 55 元，合同今日下午已发。中华顾青来电话，稿费五百余元已汇入工商银行，是芸误以为农行。贾平年来电话，为南大校友刊物索迎接澳门回归的诗。得施议对《今词达变》第 2 卷。

11 月 20 日(6)晴，17℃

中午请丽则一家至山西路扬州茶社吃点心。饭后又去湖南路商场购得帆棉鞋一双，仅 24 元。柏丽地板公司售后服务，为洗地板，甚清洁。小鲲来休息，讲好下周一请人去供电局办理新装电表事。复施议对，谢赠书。得《文学报》函，拟赠《文学报》一年，需自己先去订报后，再报销。

11 月 21 日(日)晴，18℃

天渝一家来午饭，小鲲亦来。交 4500 元给小鲲明天为我们新装一8000 瓦的电表。

11 月 22 日(1)阴,小雨,20℃

得王贞一寄来其父王利器自选集;王辉斌寄来其所著杜诗书;许静函,为其《中国文学日历》索要照片及简介;王淡芳函。复王辉斌、王贞一,谢其赠书,为王辉斌写书签。函许静,寄照片及简历。

11 月 23 日(2)晴(雾),20℃

供电局来人装电表盒并接好外线,下周装大电表。高纪言来谈样书赠送事。胡宁仁介绍一申××来,带一册页要求题写,嘱其后日再来。得澳门大学邀请参加词学国际会议函。

11 月 24 日(3)露转昙,20℃

得天眉函;韩铁函,愿返国工作。巩本栋转来复旦杨明赠《文赋诗品译注》。赠砺锋的千元,已购《汉语大辞典》,今天为其题字。已订《文学报》一年,将收据复印本寄上海。

11 月 25 日(4)晴,15℃

昨报大风,气象局预报降温,实际不冷,明可能降。萧效农来,丽则带她到档案馆及图书馆,找其父有关材料。晚又来,征求对其父遗集的意见。朱云春来,征求对他的意见,是三讲的最后阶段。申××带册页来,请题。写得不好,眼花。医生来验血糖,高,需注意饮食。王一涓邀周六去她家,因徐师廖序东来宁。

11 月 26 日(5)小雨,10℃

得韩德培函。于景祥来电话,《唐宋诗名篇》已二校,据云得出版总局通知,凡获得国家出版奖者可得 16000 元奖金,由总局发,10000 元给作者,6000 元给编辑。挂号函于景祥,寄去砺锋为《唐宋诗名篇》所作勘误表。高纪言送给出版局之函来签名。北师大王宁教授由南师大教授陪同前来,赠人参等礼,送来杨克平送来之聘书。史梅取走对联 4 副去裱,万业馨送西洋参,史梅送黄酒。为萧印唐集写书签"印唐存稿",给萧效农带回。武大向志学打电话来问候。函天眉，附赠 Stephen 的生日卡。

11 月 27 日(6)雪，5℃

今年首次降雪，本拟去天纵家，或请他们全家来，因下雪只好各自在家休息。全天无人来，亦无电话。得会瞰函。

11 月 28 日(日)晴，6℃

雪后放晴，甚冷。宏生来接，在本栋家与廖序东等同吃午饭，饭后本栋送回。得吴志达函，在美国仍记挂《大典》的编辑。

11 月 29 日(1)晴，10℃

得廿一世纪人才库函，索简历及寄言，已复。复印吴志达来函，转给高纪言。复韩德培，附韩铁来函复印件。函洪银兴，转韩铁来函复印件。砺锋告，潘海鸥电告照片集要印，需稍后，合同即将寄来。

11 月 30 日(2)晴，13℃

徐有富带他的三个博士生来会见，各赠以《闲堂诗文钞》一本。丽则送来贴友朋书札的纸，可慢慢贴起来。于景祥打电话来，云《唐宋诗名篇》第一次将印 6000 册，勘误表已收到。函于景祥，谈三事：(1) 合同未收到；(2)《文学通史》稿费未结；(3) 章灿未收到傅先生所编书。

12 月

12 月 1 日(3)晴，12℃

早早昨晚回宁，今日上午来，在家午饭。上午看眼睛，医云略有炎症。早早带来王元化所赠《文集》，印制极精美。晓琴住入省中医院 5 病区 6 床，乳房肿瘤需动手术。

12 月 2 日(4)雪转晴，16℃

收到辽宁人民出版社出版《唐宋诗》合同。函于景祥(《唐宋诗》寄 15

本给早早)。丽则和早早昨为我购得鸭绒衣一件,已穿上,很暖。得人民出版社寄回祖棻照片及手迹三张,晓佳函,王贞一函。

12 月 3 日(5)多云,15℃

辽宁出版社合同已签字寄还。函王元化谢赠书。早早来谈学习和写论文情况。得戴乃迭讣告。小宁为买水鸟被及被套各一,共价 234 元。徐有富收到周晶电话,《校雠广义》奖金将寄来。

12 月 4 日(6)阴,16℃

中午与丽则一家在绿柳居午餐。得贵州人民出版社寄来编辑费 1000 元。

12 月 5 日(日)晴,10℃

函复李立朴,收到编辑费。电话高纪言,询是否收到吴志达函,高告已收到,下周将函复吴。中午去天纵、天渝两家,在扬州茶馆吃点心。茶叶一斤、字典一本交早早带上海,待尹正去拿。

12 月 6 日(1)晴,10℃

得南师大钱小云讣告,已电请原靖代办花圈。函复小佳。江苏古籍王华宝送来出版社赠送的一套《江苏地方文献丛书》共 20 种 21 本,并请为其写一书评,又赠挂历一。于景祥打电话来,云信与寄回之合同均收到,《唐宋诗名作》一月份一定可出。

12 月 7 日(2)晴,10℃

得章子仲卡,问候。阅《江苏地方文献丛书》并为其写介绍。

12 月 8 日(3)晴,11℃

得邵燕祥寄来《旧信重温》一本,内有过去致燕祥函二通。函邵燕祥,收到书。函傅杰、会嗳、子仲、淡芳。

12 月 9 日(4)晴,13℃

写好《江苏地方文献丛书》介绍文,暨致薛正兴函,过一周左右再寄出。《中国教育报》记者黄易青来采访有关《中华大典》事。赵国璋来访,因正与教育部记者谈,未能交谈。扩容已解决,大表已装好。

12 月 10 日(5)晴,16℃

天气晴暖,出外散步两次。上午去超市,购得食物若干种。下午去学校,得廿一世纪人才库寄回所填表,复加生活照片 2 张、2 寸照片 4 张及表寄回,不购书。又得张宏生转来其同学徐明所写文章,要求写字;另北京 25 中戴建华寄来所写沈祖棻词的注释,并乞沈诗词。

12 月 11 日(6)晴,13℃

复戴建华,告以沈集将在河北出版。得湖南工业大学某人来函,请任楹联研究所顾问,已复信拒之。天渝夫妇看望晓琴后来。天眉打电话来。

12 月 12 日(日)多云转阴,13℃

为张宏生同学徐明写字一幅。赠陶友红、曹虹各蜡梅一枝,得陶赠白果,曹虹赠苹果。丽则为我购得皮鞋一双。天眉打电话来准备回来。

12 月 13 日(1)多云转晴,14℃

《四库续编》寄来贺年片。丽则来午饭,摘去一大枝蜡梅。王华宝取去为《江苏地方丛书》所作介绍。

12 月 14 日(2)多云,12℃

天眉来电话,已购得飞机票,明晚可抵上海。

【剪报:《新闻出版报》1999 年 12 月 1 日第 3 版程千帆《青春岁月的情思实录》。】

12 月 15 日(3)晴,14℃

早晨去南芳园吃小笼包。购得贺卡 20 张,寄 1 张给王伊同。孙原靖来，送来江苏作协所出《江苏诗词 50 年》1 本及沈祖棻稿费 96 元。赵国璋来谈，借去《大典》1 本、《唐五代编年史》1 本。购得电 900 度。得蔡厚示、刘庆云贺卡。

12 月 16 日(4)昙，10℃

得辽宁大学朱明伦贺卡，《历史文献研究》第 18 辑，郭斌寄来贺年款 600 元，《江苏诗词》稿费 64 元。天眉今晚抵宁。

12 月 17 日(5)晴，9℃

天眉来，下午回迈皋桥。得邵燕祥函，附稿费 60 元(旧信)；蔡文锦函，附诗一首。赵国璋来，还上次所借二本书，又借去《尔雅集评》两本。

12 月 18 日(6)晴，8℃

得《中华大典》办公室贺年卡。写好在《中华大典》总结会上的讲话，请砺锋看过并打印好。天眉、丽则来，谈笑甚欢，并在家里午饭。写好赠徐复九旬诞辰寿联：

寿登大耋，

业绍先师。

12 月 19 日(日)晴，6℃

得文史馆、蒋寅、王晓林贺卡，安徽寄来舒芜祖父之诗集一本。天纵、天渝两家来和天眉聚会，共午餐。尉淑玲来谈张钰哲迁坟事。早早打电话来，云已收到唐翼明寄来的《宋代遗民文学研究》。

12 月 20 日(1)晴，4℃

澳门回归，一天看电视新闻。中午丽则一家来共午餐。高纪言来取去总结会上的讲话。函唐翼明，谢其寄复印件；舒芜，谢其祖之诗集；早早。

12 月 21 日(2)晴,3℃

得王伊同函。得李庆立、中国韵文学会、周金冠、周裕锴、罗宗强贺卡,金志仁贺卡及函。函复金志仁。严志明打电话来,云宁健手术经过良好。民革数人来看天眉,送花篮一。小宁又代购得水鸟被一床、被套 2 床,共 325 元。

12 月 22 日(3)晴,3℃

函张伟华、李涵。寄贺卡:陈一新、罗宗强、金克木、周一良、任木生、叶连生、张瑞洁、程会暾、程士民、陶艾、任秀金、沈寅宪、沈辰宪、林宪章、蔡厚示、庞恩美。收贺卡:潘海鸥、湖南省图书馆、胡大浚。得安徽美术界杂志社聘书。砺锋来,谈有《宋辽夏金社会生活史》,可供早早参考。芸和天眉去医院看宁健。

12 月 23 日(4)晴,4℃

得黄瑞云、刘国武、万业馨[贺卡],李立朴挂历。寄贺卡:万业馨。

12 月 24 日(5)晴,10℃

得贺卡:吴光兴、饶宗颐、任笃行、吴在庆、张智华、艾永霞(三峡学院)。李飞赠诗集。函周晶,请代购书。和天眉、真真一起在蓝雨晚餐。

12 月 25 日(6)晴,14℃

得贺卡:朱明伦、张脉峰、市作协、贾文昭、周建国(市志办)。发贺卡:饶宗颐。去天渝家午饭。晚章灿、丽则陪陈尚君来访后,去雅士居晚餐。陈带来早早函和论文。

12 月 26 日(日)晴,14℃

许结送来其兄许炯赠之挂历。高纪言陪《大典》赵主任来访,赠饼干、蜂蜜、肉松。黄希坚陪曾枣庄来,赠《三苏研究》一本。朱寿桐陪武大中文系主任龙泉明来访,赠皮蛋一盒。函早早(爷奶各写一封)。

12月27日(1)晴,15℃

得蒋寅(有照片)、李立朴、任秀金函,贺卡:王天海、林继中、马瑞芳、刘婉、《古典文学知识》、曾广开,浙江萧山城厢中学(311201)何兆一函暨词集一本。

12月28日(2)晴,11℃

得贺卡:周勃、韩梅村、唐翼明(有函)、张群华,上海古籍寄来《沈祖棻小说》8本。徐雁带来三个记者(见名片),送水果。

12月29日(3)晴,12℃

得施议对函,戴建华函(北京市25中学语文组,100006),曾仲珊诗集(湖南教育科学研究所,长沙市教育街39号,410005),贺卡:施议对、张叔之、刘维治、戴建华、邓国光、寅宪、庞瑞垠、王博仁,沈宁函并寄常任侠著《战云纪事》(北京朝阳区万红西街2号中央美术学院图书馆,100015),朱寿友贺卡及篆刻书画册。

12月30日(4)晴,12℃

得贺卡:骆文、沈辰宪、《中华诗词》,文史馆寄陈继明稿费100元。史梅送来托裱之字(送陈尚君等)三对(180元)。参加优秀带头人(中文系)颁奖会,得奖金万元。高惠立来为帆照相多张。得贺卡:邓南(成都龙王庙南街20号)、武汉大学中文系、于辅仁(山西人民出版社三编室)、屈守元、朱恒夫、吴代芳、刘敦纲(吉首大学新区22号信箱,416000,并请担任刘永济先生研究所特约研究员)。

12月31日(5)昙(雾),12℃

得贺卡:吴志达、《大典·文学典》编辑部、辽宁教育出版社《万有文库》工作室、顾农,何永沂函。程章灿全家来贺新年,赠鲜花一束,借去《回归五四》和王元化相集。芸往看陶友红。全家在成贤酒家晚宴,后在天渝家欢聚,晚11时始归。伯伟来赠台历一,取去《选集》一套。

2000 年

1 月

元月 1 日(6)阴,11℃

黄淑贤、巩本栋打电话贺年。得金克木、龚任之、杨翊强贺卡,《湘泉之友》寄稿费 100 元。芸、眉去天纵家午饭,帆未去。晚天渝一家、丽则在我们家畅谈,十时始归。

元月 2 日(日)昙,10℃

得吴柏森寄诗词若干首,朱晓海贺卡及函,张瑞洁贺卡,陈贻焮贺卡,吴海发函,王一桃贺卡(有信),程会暾函。中午请天眉在绿柳居吃饭,天渝、丽则两家陪。李朝来谈,并赠醋及酱菜等物。得中宣部新闻出版署文件。

元月 3 日(1)昙,12℃,大风

得姚继舜、葛晓音、金中、《古籍研究》贺卡。

元月 4 日(2)昙,12℃

得曾卓贺卡,《长沙诗词》,张昌华贺卡并请写一句话。尉淑玲来谈甚久。晚天渝在雅士居为天眉饯行。

元月 5 日(3)阴,12℃

得副市长许慧玲贺卡。周勋初来赠其著作《魏晋南北朝文学论丛》一本,并谈系里各种事。程章灿打电话来,云系里将出年鉴,请写一文。晚丽则来与天眉告别。高惠立、孙原靖来送为帆拍摄之照片。

元月 6 日(4)阴,小雨,12℃

函复吴柏森、吴海发、何永沂、程会暾、唐翼明。天眉去沪转美。史梅取去书赠徐复之寿联裱。史梅送来萧印唐书法照片。得安徽大学《古籍研究》顾问费及稿费共 600 元;徐雁赠《一代宗师》一本,并提出刘国钧先生的几个问题。张宏生打电话来,今日飞新加坡上课。

元月 7 日(5)晴转阴,6℃

得贺卡:宗福邦、李国章、张三夕、陆伟民(西安电视台)、康平、沈建中。得陈继明函。黄希坚送来董治安赠《两汉全书》2 册。函复蒋寅、唐翼明。写好中文系年鉴所需之文,并交章灿。

元月 8 日(6)阴,小雨,10℃

函复陈继明、王伊同、沈宁、戴建华、董治安、李立朴。天眉打电话来,已安抵家中。答徐雁问。写张昌华卡片"永驻青春"。得长沙诗人协会寄《世纪心声》一本。

元月 9 日(日)阴,4℃

得夏先培(鲍明炜研究生)寄来《左传交际称谓研究》,已复。小佳寄豆丝。写字三幅(徐雁平等)。函陈辽,询问《姑妄言》何处可购得。

元月 10 日(1)阴,6℃

去省中医院看眼睛,医云系白内障,无其他眼病,亦较放心。所写字及答徐雁问,均分别交与丽则和有富。赠复旦三教授字已交丽则。取来豆丝,与丽则分享,晚饭即食之,已不感觉较面好。

元月11日(2)雨,7℃

为陆华、丽则、郭斌各写“龙”字,芸为早早写“虎”字。齐鲁书社已将国家给《校雠广义》图书奖之奖金一万元转来,已转给有富5000元。章灿打电话来,云辽海出版社已将《文学史》之稿费从邮局寄来,除已支一万五千元外,此次寄来一万六千余元,待稿费清单寄来后再分。

【剪报:《南大报》2000年1月10日《中文系民主推举优秀学科带头人》《〈校雠广义〉获国家图书奖》。】

元月12日(3)阴,5℃

腿抽筋,去医院治疗,云缺钙。走了一趟,又服了药,腿痛有好转。得贺卡:杨蔚、张志烈。卞孝萱来,云明日将开会审查初唐部分的稿子,无需参加。王长发从西苑借得《姑妄言》送来。

元月13日(4)阴,5℃

卞孝萱打电话来,云上午会开得很圆满。黄希坚打电话来,亦同卞意见。黄代购得《姑妄言》三本54元,待从苏州回来后送来。孙原靖陪南师大黄征来,赠《劫尘遗珠》一本、茶叶一盒,并将其所编《怀任斋诗词》送阅,请作一序。朱寿友夫妇及韩文忠送来朱所刻“二八佳人”石章。朱尚拟再送刻一章,请我拟词告知。又送来宣纸,请书数幅。服钙片后,腿抽筋好转。

1月14日(5)晴,5℃

写好《怀任斋诗词序》,并请孙原靖来拿去。收到《学林春秋》六本。本栋送来香港《大公报》,载有我书写的《廿一世纪中国古典文学研究的展望》。周晶打电话来,云已托去北京参加图书展的同志留意购买南宋与各民族关系的书。陈辽打电话来,云中国文联已出版《姑妄言》,另台湾有未删本,据说价约二千余美金。打电话给朱寿友,刻“闲堂老人戏墨”章。

【剪报:《大公报》1999年12月31日程千帆《希望与期待:二十一世纪中国古典文学研究的展望》。】

1 月 15 日(6)小雨,4℃

得广东番禺陶景明寄来诗书画册一本,甚精美;砺锋送来三夕赠送之虾米和无花果干;张文勋函,请题笺。复张文勋,附所题书笺;张世林,谢寄《学林春秋》;陶景明;张三夕。函武大《人文论丛》,请寄《人文论丛》99年号。

1 月 16 日(日)阴,3℃

得陶艾贺卡;曾伯藩函,已复;陈辽函;顾农寄《魏晋文章新探》,已复。函唐翼明,请不购《姑妄言》。小燕来,嘱其去邮局取 500 元,送给她过寒假。

1 月 17 日(1)晴,4℃

得李涵信,对早早所需写论文材料告之颇多;《人文论丛》一本;《学术界》一本;《文学报》寄回订报费六十余元。章灿送来《文学史》稿费 800 元(略多)。赵益付《黄侃日记》科研经费留存费 650 元。高纪言来谈《文学典》事,并送来黄希坚代购之《姑妄言》三本,54 元购书款已请高带还黄。得林先生及吕永贺卡。

【剪报:《新华日报》2000 年 1 月 15 日第 4 版程千帆《地方文化建设的一项重大工程》。】

1 月 18 日(2)阴,3℃

得《中华诗词鉴赏词典》稿酬 200 元(北京东四北大街 56 号贺新辉,100007),于景祥 500 元,金志仁函。函潘海鸥,请代购宋夏史,并谈文集事(交莫寄)。

1 月 19 日(3)晴,3℃

得沈祖庄函及照片(我的);何永沂函,附诗及文。刘舒来探望,赠洋参、虫草丸。写横幅多张,赠文史馆朱云春、朱寿友、韩文忠、郭斌及金志仁。金志仁的横幅已寄去。得胡遐之寄贺诗,鹭江出版社委托首都师范大学任士莫联系出《校雠学通论》(名师讲义)。

1月20日(4)晴,5℃

复胡遐之、何永沂。函于景祥,问唐宋诗事。得《大典》编辑费1000元,已寄还收据。天纵来探视。

1月21日(5)阴,3℃

得北京寄来《中华诗词辞典》一本,内选有帆与祖棻之诗词。本巩来谈,《中华大典》已还。《中华读书报》上载有莫砺锋文,系其所著《朱熹作为文学家的照相》序,见后即约莫来谈。莫谈中文系拟申请"诗学研究中心"。

1月22日(6)阴,小雨,3℃

去元渝家午饭,为小宁贺生日。函贺新辉,询《中华诗词鉴赏词典》稿酬事。

1月23日(日)小雨,4℃

得上古寄来《虹影丛书》十本,附有王立翔函。北京中央美术学院沈宁来探望(沈即上次寄来常任侠日记之人),并询问有关常的事,送来常给千帆的旧信复印件一纸。寄《沈祖棻词集》一本给大连周季华,周系石泉的亲戚。得周季华寄来诗集2本,附函。

1月24日(1)雪,0℃

得晴佳函。函天眉。得武大《人文论丛》稿费802元,分一半与章灿。

1月25日(2)晴,0℃

天晴了,但极冷,路滑不好出行。《广义》在江苏获社科三等奖,奖金2000元,学校复对等奖2000元,有富与我各2000元,有富送来。又所获国家图书奖一万元,学校也可对等发奖,需打一报告,有富送报告来签名。曹虹来为我们照雪景照片,并送馄饨等食物。函光明日报社催寄《书摘》。

1 月 26 日(3)晴,−7℃—0℃

得曾伯藩函,不复。吴新雷转来严中函及《金陵百谜》一本;西北大学傅光贺卡。张宏生送来从新加坡带回的咖啡等三样。

1 月 27 日(4)晴,−1℃

写字一幅,寄严中。社联冒名芳来赠贺卡及购物券 200 元。市文联送来 50 周纪念所出之美术、书法、摄影三画册。

1 月 28 日(5)晴,2℃

得天眉函,附 Stephen 照片。朱寿友送来所刻"闲堂老人戏墨"章,甚好。将写赠朱云春、苇文忠、朱寿友之横幅带去。张世林打电话来,询问《学林春秋》6 册是否收到。因前次复函写至中华未收到,因张已调至朝华出版社。并云仍将寄稿费来,如尚需《学林春秋》,可打 7 折,在稿费中扣。已询问几人,巩、程、徐要。曹虹送来雪景照片 3 张。省教育工会主席由校工会主席陪来拜年,送花、果篮各一。蒋校长来拜年,送燕窝及钱 500 元。又得金志仁函,不再复。得周晶寄来《宋辽夏金经济史研究》附函。

1 月 29 日(6)多云,4℃

为小燕过生日及丽则饯行,威克、丽则、小燕一起来吃饭,并吃蛋糕。有程章灿、张伯伟、张宏生、巩本栋、徐有富 5 人要买《学林春秋》,帆要购《学林往事》,已函张世林代购。打电话给天纵,嘱其寄 400 元给安徽老家。寄《沈祖棻词集》给周季华。

1 月 30 日(日)晴,3℃

得王淡芳函,萧效农贺卡,新闻出版局寄稿费 80 元。天渝、美林来玩。朱祖延打电话来拜年。

1 月 31 日(1)昙,2℃

晨写字三幅,一赠王淡芳,一赠萧效农,一赠史建华。除史之外,已寄出。芸写一幅，赠李朝。朱云春来拜年，赠500元，老史字已托小吴转交。两人理发。得张实函，另各种印刷品。

2月

2月1日(2)晴，1℃

江苏古籍薛正兴等来拜年，赠花篮及1000元。统战部戴部长等来拜年，赠1000元，花篮一个。吴志达打电话来拜年。苏昌辽来拜年，赠西洋参。高纪言、黄希坚来谈山东及理论典等事，赠糖果等。天纵来，赠鞋、酒等。丽则去穗。两花篮分赠天纵、威克。

2月2日(3)多云转雪，1℃

收到张实寄来的茶叶、莲子、枸杞等。天纵为我们去购买冷热两用的空调，换去平冷的，因天气一直不转暖。沈威峰来，送挂历(他自己所画)、扬州包子及皮蛋。和小宁同去苏果购物。得各种杂志。

2月3日(4)晴，2℃

装好书房里的空调。于景祥、李立朴、陈继明打电话来拜年。复张实，收到包裹。得贾文昭函。莫砺锋送花篮、苹果。章品镇、朱祖延打电话拜年。致朱晓海函退回。

2月4日(5)除夕，阴，小雨夹雪，4℃

复贾文昭。晚全家团圆吃年夜饭(天纵、天渝全家、威克、小燕)，小鲲、小琴、真真饭后来，看电视春节晚会。周勃、景祥、匡夫人丁老师、黎如霞、丽则等电话拜年。旧空调小严取去。会暾打电话来拜年。

2月5日(6)大年初一，阴，2℃

杨克平电话拜年。巩本栋、周祖譔、张宏生、吴翠芬、朱寿友、庞瑞垠、吴文治、蔡厚示、刘庆云、程章灿、小佳、凯凯、晴佳、小健、卞孝萱、郁贤皓、赵宪章、姚松、徐有富、王博仁、李洪明、周勋初、吴新雷、郭维森来拜年。郁贤皓带来贾晋华赠鱼油。中午在天纵家饭。打电话给恩美嫂拜年。天眉打电话来谈除夕活动。

2 月 6 日(日)晴,6℃

电话拜年:董健、姚继舜。打电话给下列人拜年:霍焕明、徐复、黄淑贤、金湟子。复贾晋华。得白敦仁函,中国作协各件。在天渝家午饭。

2 月 7 日(1)晴,大风,8℃

得陶景明函,同意刻章。朝华出版社寄来《我与校雠学》稿费 550 元。陈书录来拜年,赠花篮。李灵年、顾复生来拜年,赠花篮。何永沂来电话,通知陶景明同意刻章。威克、小燕来午饭。丁芒、王步高打电话来拜年。

2 月 8 日(2)晴,大风,4℃

莫砺锋来拜年(全家),赠以《四库全书续编》一册。尉淑玲打电话拜年。得张汉怡、刘业超、温州吴宪雷贺卡;北大中文系主任温儒敏函,请为其校刊题词;唐翼明函;康凯《黑客》一本。鲁国尧来拜年。七姐下午来,坐甚久。章灿由福州回宁,电告知。

2 月 9 日(3)晴,6℃

换大小电池。得陶爽函。函傅杰,请将庞老文寄回白敦仁。霍焕明及原靖来。李朝来,赠各种土产。

2 月 10 日(4)晴,8℃

吴锦夫妇、康育义、赵国璋、伯伟夫妇来拜来。天渝、美林下午来玩。小燕来午饭,并去取药。伯伟送来《文学遗产》。

2 月 11 日(5)晴,12℃

天暖。中午与威克饭于西苑。下午洗澡。《光明日报》载林国恩破译贵州“红崖天书”，为“燕反之心，迫朕逊国。叛逆残忍，金川门破。杀戮尸横，罄竹难书，大明日月无光，成囚杀之地。须降伏燕魔，作阶下囚。丙戌(年)甲天下之凤皇(御制)”。

2月12日(6)晴，14℃

写一幅字赠北大中文系，已寄出。挂号函光明日报社，催寄《书摘》。本栋、一涓来，赠内衣及豆奶粉。伯伟来，谈校对《桑榆忆往》事。李书有携南师大音乐教师来。张世林打电话来，通知《学林春秋》五本即将寄来，《学林往事》出版后亦将寄来。

2月13日(日)小雨，10℃

天纵、宁健率小雅来玩，在此午饭。老陈已回，已有人做饭矣。

2月14日(1)阴，6℃

上午去南大医院看牙，医云可补，但须照片子，已转口腔医院。得张文勋函及寄来《古今诗人咏大理》一本，已复函。章灿来，赠铁观音一盒。

2月15日(2)雾转晴，7℃

上午去口腔医院拍齿照，又去双龙巷医治。去助听器公司购电池。得周季华函，收到函及赠书。早早、丽则先后来，带来王继志赠所著《沈从文的文学世界》。潘长胜打电话来，请为其“十五”计划介绍出版物。

2月16日(3)阴，6℃

得王淡芳函，已收到所赠字；吴柏森诗。复王继志。函许逸民，请复印文。

2月17日(4)阴，7℃

得郭预衡寄《散文史》下册，即复。复吴柏森。早早来，与她谈作论文事。

2 月 18 日(5)中雨,7℃

蒋寅、伯伟来。上午忽感不适,请方医生来检查后,无事。

2 月 19 日(6)小雨,6℃

中午和丽则一家在雅士居共餐,庆祝元宵节。下午沐浴。曹晋携其男友小刘来,带来钟老所赠《履迹心痕》。

2 月 20 日(日)阴,5℃

得《溶川诗词》一本,不复。函北京谭凤森医生,问糖尿病事。复陶爽。会暾打电话来,通知已托法津系肖解成教授带来菌油。

2 月 21 日(1)晴,6℃

上午拔牙,经过良好。得何永沂函,附诗;灌云县何滔函,询何处可购得《沈祖棻诗词集》,另问一问题;上海华师大郭豫适寄来《学与思》一本。徐有富来,送来《广义》得大奖学校亦给予万元奖金,我分得 5000 元,并为徐所著书提一些意见。早早明日去沪,晚来谈。家庭病床由李医生代替方医生,校医院电话 3594470。

2 月 22 日(2)阴,5℃

函天眉,嘱其探听有无好助听器。复郭豫适、何永沂。天气仍冷,下午去苏果购物。

2 月 23 日(3)晴,8℃

得吴柏森函,寄还致郭预衡函,缘上次寄郭与吴之函错置,因将郭函另发,再复吴一函。复何滔,嘱其向黄希坚购沈词。得岳麓书社寄来《湘绮楼日记》及胡遐之函;古代文论会通知选举结果,郭豫适为会长。

2 月 24 日(4)昙,风大,6℃

得天眉函,谈过年事甚详,亦甚有趣;江苏涟水一不识人×晓南寄诗来。复胡遐之。砺锋来，云潘海鸥来电话，云两个文集今年内可出，《广义》社里校两次后，再寄来校对，相册暂缓来取。章灿打电话来，得张辉电话，请其代购之书已寄来。张世林打电话来，《学林春秋》已寄出。

2月25日(5)晴，9℃

复涟水×晓南。南师大音乐系林克仁来，赠有关箫笛书一本、宜兴茶壶一，请代题词，并介绍进文史馆，回赠乐谱一本。袁玲妹来搬走木柴，赠水果、干果各一。芸往唁张祖还夫人。

2月26日(6)晴，11℃

中午为有富饯行，砺锋一家陪，在雅士居，味美价廉。得山东王绍曾赠有其作序之《海源阁书目》。

2月27日(日)晴转昙，预报13℃，但较冷

往逛夫子庙，中午与天纵、天渝两家同在奇芳阁吃点心。《光明日报》补寄来《书摘》2000年1、2两期。

2月28日(1)昙，大风，预报12℃

上午补牙，很顺利。得会暾托肖先生带来的菌油及函，分1/3给丽则；傅杰函，已收到所赠对联，对早早颇有赞语。复傅杰。

2月29日(2)晴，13℃

写《文选》上《箫赋》中之一段，赠南师大音乐系林克仁，并已寄去。打电话问孙原靖，知徐复老生日为4月16日。

3月

3月1日(3)晴，13℃

孙原靖携黄征来，送来代购之《夏承焘全集》，280元，优惠至8折，付

220 元。得王淡芳函，云请其代购之《宋代诗学通论》已由作者寄赠（尚未收到）。复会暾，谢其赠菌油。本栋从香港回，来探问，赠点心二，并带来邝健行赠《科举考试文体论稿——律赋与八股文》一本。

3 月 2 日(4)晴，14℃

上午去《大典》(湖南路)看望高纪言等三人。得北京出版社文史部寄来《长相思——名人笔下的老师》选文稿酬 155 元；《古典文学知识》2000 年 1 期稿费 50 元；上古《沈祖棻小说》稿费 1443.92 元；北京张世林寄来《学林春秋》五套，已请威克明日去取。祖棻稿费拟全部给丽则。得刘梦芙函，请为《百年词选》及孔凡章之词集题签。

3 月 3 日(5)小雨，13℃

威克取来祖棻稿费及《学林春秋》。稿费已付丽则，嘱其分 300 元给早早，作为奖金。程章灿、曹虹取去《学林春秋》各一套。取来北京及《古典文学知识》的稿费共 205 元。寄 504 元给张世林，还其垫付书款。寄《元好问及辽金元文学》及几张剪报给早早。为刘梦芙题《百年词选》题笺，并函寄给刘，并告以不能为孔凡章题笺。

3 月 4 日(6)阴，12℃

中午天渝、美林、大纲来饭，谈话甚欢，小宁去沪未来。得张辉寄来《乾嘉考据学研究》一本，已电告章灿。徐阳取去《学林春秋》一套。函早早（未发，待丽则复印夏集中一段）。（7 日发，复印件待其回宁时给。）

3 月 5 日(日)阴转昙，15℃

下午逛街，购得仙人掌一盆、小文竹（拟送小宁）、肥二一包，准备移对对红。才回家，小红、志明即率小雅来玩，请他们去吃雅士居，还有小燕，结果是他们请了客，吃得不错，价亦廉，仅 120 元。巩本栋来，拿去他和张宏生所购之《学林春秋》。

3月6日(1)雾转晴,15℃

得四川周裕锴寄来《宋代诗学通论》,已复函,并寄赠《宋诗精选》《广义·版本编》各一(7日寄出);扬州祁龙威函,介扬大历史系副教授(现为南大历史系博士生)王永平来见,王亦附一函来,拟约其来见。史梅来,送来裱好之赠徐复之寿对。巩本栋来,取去赠中心及赠巩之杂志。

3月7日(2)昙,13℃

得早早函,知已选上三门课,旁听英语,较忙,很好。陈尚君已为其选毕业论文题,此事可由其师生自己决定,无意多加干预,对于她打算购电脑,则予以支持。打电话给王永平,已迁宿舍。

3月8日(3)晴,16℃

函复早早。中午请妻女及小宁在麦当劳午餐,系按例庆祝三八妇女节。送《史通笺记》一本给王永平,附一便笺,交历史系收发室,回家途中又遇之。

3月9日(4)昙,有风,13℃

为河北教育出版社王亚民和潘海鸥各写一幅字。

3月10日(5)小雨,11℃

终日下雨,未出门。莫砺锋来,取去送王亚民、潘海鸥之字。章灿来,拿走邝健行所送之书,送小菜2瓶。王一涓送来本栋文。得江汉大学蒋继平函。

3月11日(6)雨,7℃

得小佳函,讲家事和晴佳家事。把眼镜框搞坏,上午去配,用65元。眉眉打电话来。

3月12日(日)阴,11℃

得刘梦芙函,收到书笺,并为其老师孔凡章辩,不拟复;傅杰寄来《不一样的记忆》书一本。下午往看霍焕明，步行归来，甚累。

3 月 13 日(1)阴，12℃

上午去学校，得王伊同函，悉邓懿去世。同辈亲友相继去世者，时有所闻，但自然规律，不可抗拒，只有坦然处之。帆常为耳聋目瞀烦恼，芸常劝之，愿能平安度日。致蒋校长、韩书记函，反映设岗后收入反减少事，已由丽则交付。砺锋收到河北教育《诗文抄》校样，由莫校对。

3 月 14 日(2)阴昙，12℃

芸函周一良，唁邓懿丧。得饶宗颐寄赠其诗词赋骈文集《清晖集》。小虹带水工来修好龙头。下午出去散步，不适，已不能多散步。改本栋文。

3 月 15 日(3)小雨，12℃

函王伊同。张宏生来谈《全清词·顺康卷》出版事。

3 月 16 日(4)晴，15℃

得贾晋华函，陶景明函及图章一个。芸与王宁章医生咨询帆糖尿病问题，王认为脚麻可能是糖尿病引起的神经病变所致，开药去工人医院买，由本栋学生去买来，盼能有利于步行。眼睛难治，李建医生则认为均不易治。改好本栋文，约其来面谈。

3 月 17 日(5)晴，17℃

晨为陶景明、王宁章各写一对联。函复陶景明，附对联挂号寄出。威克取来辽宁教育出版社寄来《万有文库》第四辑 59 册。得吕永函，祝贺米寿，并附诗；成都傅静山函，附书请签名，附诗笺请写数语；灌云何滔函，索照片。

3 月 18 日(6)昙，19℃

函复何滔(附照片)。函复傅静山(附还书并诗笺)。天纵来探视。

3月19日(日)晴,大风,17℃

函施议对、饶宗颐、黄坤尧、王一桃,均系为本栋思购罗忼烈著《清真集笺注》及《周邦彦诗文抄存》。复吕永,附字一幅。中午请美林、天渝一家在绿柳居饭。

3月20日(1)晴,16℃

上午去校医院检查血脂及肾功能,明日才能看结果。理发。得湖北社科院陈昕挂号信,内空无一物。周勋初送来与高文之合影。得《中国图书评论》等杂志。

3月21日(2)晴,17℃

上午拿检查结果,然后找李、王、黎各医生看后,先后为开好彩超(心脏)、血糖检查单。晚早早、郭斌来谈,郭积攒了七天假,赴沪两日后今天下午来宁省亲,住两日即将返。为早早准备好各种其需用之书,让其带走,因有郭斌同行也。

3月22日(3)阴转昙,夜小雨,15℃

上午去鼓楼医院,在急诊室作彩超,又过街去门诊部做血糖,结果如何,需待医生看过始知。沐浴。晚早早、郭斌来饭,丽则、威克后亦来。与早早谈作论文事,始知陈尚君并未仔细和早早谈过,能否作好,殊不知,亦只能由其自己发挥。又摄影数张。晚周金冠来访,赠《沈尹默佚诗》一本,并乞为其手写本题字,又赠阿胶2。

3月23日(4)阴转昙,12℃

晨为周金冠手抄《沈尹默佚诗》书一笺,挂号寄去。早早、郭斌去沪。李医生来,见各种检查结果后,认为我们保持得很好,心功能不全系心脏某部分钙化及加厚所致,无法治疗,只有自己保重,不过分疲劳,特别注意不感冒,可以长久维持,亦可去省中及工人医院再看看,有无药可治。

3 月 24 日(5)晴,15℃

上午去省中请朱广华医治,开了汤药 7 剂,据云一两个星期不会见效,至少要三个月。得中国社科院《中华人物丛书》编委会寄来千帆条样稿,略改一两个字后寄回,不购书。严杰来,本拟将宋辽金元分典拿去,因太重,准备 28 日上午来拿。

3 月 25 日(6)晴,20℃

得何永沂寄来诗和联句。天纵一家来午饭,小燕亦来。伯伟来送来四川《新国学》稿费 780 元,此文系伯伟、蒋寅、本栋记录,伯伟整理者,稿费应大家共分,决定待蒋寅来后同会餐。

3 月 26 日(日)晴,21℃

中午在天渝家饭,李朝接送,并陪我们去鸡鸣寺游玩看樱花。《光明日报》赠送之软件已由大纲取回。函严中,请再寄一本《人物》来。

3 月 27 日(1)晴,17℃

得辽宁人民出版社寄来托运之《唐宋诗精选》通知书及领货单,四川《大典》分典寄来主编稿费(丽则去取)。王步高来,送来大一国文教材,请担任其顾问,已允。得金志仁函,附稿,已转砺锋代阅;数杂志。函天眉。

3 月 28 日(2)晴,19℃

金志仁来函,已由砺锋回复。严杰、砺锋去上海,将宋辽金元分典带与早早。章灿来,将推荐其书之书送来签字(请图书奖)。《文学史》推荐书已由章灿寄走(请图书奖)。

3 月 29 日(3)晴,21℃

威克取来宋辽金元分典给主编稿费 1979 元及辽宁人民出版社寄来《唐宋诗名篇》样书 20 本。已复四川大学古籍所。章灿去取铁路运来之《唐宋诗名篇》百本,未取到,因需文化局之证明,而又不事先通知,只好明日再去。得施议对邀请参加词学会之通知,决定不参加。

3月30日(4)晴,23℃

档案馆王振银、徐燕燕来,为校史博物馆征求史料。函复小佳、木生。程章灿及其研究生从下关取来托运的《唐宋诗名篇》100本。

3月31日(5)晴,24℃

上午去省中及校医院看病拿药。得会暾函,附文一篇。《大典》宋辽金元分典拟申请出版奖,想请武秀成审核,武已同意。小红送来汤药中所缺之药。电复周勋初,同意任宋代文学丛书顾问。电恩美嫂,请上雄哥坟时代献花。

【剪报:《光明日报》2000年3月30日程千帆《地方文化建设的一项重大工程》。】

4月

4月1日(6)阴,20℃

砺锋等三人从上海复旦开宋代文学会归。砺锋来谈会议情况,带来林继中赠桂圆肉一盒。

4月2日(日)阴,19℃

天渝嘱李朝一早送来治颈药,服后即不痛,芸非常高兴。打电话给天纵,嘱寄400元给安徽购新茶。陶敏来探望。下午二人携礼品往徐复家,预先祝寿,谈甚欢。伯伟送来《桑榆忆往》校样,已看过,还砺锋。金中校友会打电话来,云中央电视台来宁拍摄"百年回眸",要来拍摄,已允明天下午来拍。

4月3日(1)阴,14℃

黄希坚、武秀成来,商妥审查《大典》事宜。下午金中汪××(校友会负责人）陪中央电视台三记者来拍摄“世纪回眸”节目，费时一小时。尚不太感累，说明身体有所改善，惟牙痛。本栋来，带来王水照赠书两本，并谈上海开会等事。张宏生送来给古籍小组两负责人的信，已签好字托本栋带还。赠四本书给金中汪先生及中央电视台三记者。

4 月 4 日（2）小雨转阴，15℃

函复王水照、会暾。下午逛两个超市，感累，以后只能更少走。助听器坏了，需修或重配。

4 月 5 日（3）昙，16℃

上午看牙，系过敏，需作三次脱敏。又去立聪堂配耳塞式助听器一个，3200 元。得王一桃函；《江汉论坛》2 本，封面有我照片，封底有介绍；中华书局文史部汪圣铎寄来《文史》两本，有给早早阅读的材料。函复汪圣铎，并寄两本《唐宋诗名篇》给汪及许逸民。卞孝萱陪丘良任来访。

4 月 6 日（4）晴，21℃

上午继续看牙。曹虹陪邓国光来看望，赠邓《唐宋诗名篇》一本。高纪言来谈两个分典审稿会事。本栋送所写文来审阅。得陶爽寄来照片，附致陈荣三函。校社科处来电话问校内参加《大典》工作者名单。

4 月 7 日（5）晴，23℃

下午取来耳塞式助听器，较前稍好。为王一桃写书签，并寄《唐宋诗名篇》给一桃。得何永沂函，附集句联；何滔函。与高纪言、赖永海通电话，确定论证会时间为 5 月 13 日—15 日。

4 月 8 日（6）昙，22℃

为何永沂书写书签，并寄两本《唐宋诗名篇》与何及陶，书签同寄去。徐阳来取去赠给他的《唐宋诗名篇》。莫砺锋电话告知曹虹升教授事系里已通过。《大典》两个分典论证会，已电请高纪言请莫砺锋参加，并已通知莫。晚天眉打电话来。

4月9日(日)昙,22℃

竟日在家无事。于景祥打电话来问候。陶爽致陈荣三函已交传达室转化学化工学院。

4月10日(1)晴,16℃

得王伊同函,谈同学事;吴志达函,谈《大典》进度及对美国的印象;吕永函,谈作诗之感受。本栋文看完,嘱其来取,并附致编者函。复旦大学函请参加文论研讨会,不拟参加。送给各小友之书已全部送出。

4月11日(2)晴,18℃

上午拔牙。原靖来,送来徐老纪念会请柬及黄征赠书4本(盛静霞诗集)。本栋来,谈所写之文。函复吴志达。陈辽赠《陈辽文存》4本。

4月12日(3)晴,25℃

得张世林寄来《学林往事》3本。为《学术界》写题词,并寄照片2张给杨玉圣。函复陈辽,收到赠书。许惟贤来访,还书两本。复复旦大学,不参加文论会议。

4月13日(4)晴,26℃

安徽泾县五星宣纸厂送宣纸来,请为其书写2对联、1斋名"农耕笔斋"、1中堂,不需上款。复张世林,收到《往事》。黄希坚送来文学理论和魏晋南北朝两分典校样,并谈武秀成审稿情况,及黄、顾合作尚好。得王一桃及黄坤尧复函,均未觅得罗忼烈两本著作,但均附有目录,拟转给本栋。得周金冠函。于景祥来电话,又将回辽海书社任副总编。

4月14日(5)雨,13℃

湖北大学李晨文及夫人(鲁)上午来访,谈甚欢。莫砺锋来问《文学史》校样事，当另问章灿。写好为龚斌《陶靖节传评》序，并发出。

4 月 15 日(6)昙转晴，17℃

为泾县宣纸厂写一副对联、一个中堂、一个斋名榜。天纵送茶叶来，谈久，午饭后走。小燕来。下午散步，腿甚健。

4 月 16 日(日)晴，20℃

中午在天纵家饭。函有富。得周一良复函，附照片。下午万业馨来，送鲜花，拟后晚请万吃饭。赵正峰来访，赠山参。伯伟来谈上海古籍拟出刘申叔、刘永济书，嘱写导读。

4 月 17 日(1)晴，23℃

上午参加徐复九十寿辰庆祝会，原靖接送，不觉累。王庆元来访，谈武大情况，赠《唐宋诗名篇》。寄《唐宋诗名篇》2 本分赠徐中玉、龚斌。得中华书局汪圣铎来函，收到《唐宋诗名篇》。路遇陈荣三，已收到转去的陶爽函。得《中华大典》简报，内有教育部致各校对参加《大典》工作者应在工作与生活上照顾。在祝寿大会上遇到山东大学二先生，皆 20 年前在山东听课者。

4 月 18 日(2)阴，22℃

周勃寄茶叶来，已请威克去取。得张世林函，询有无人需购《学林往事》，可打 7 折，并请为《学林杂记》写文；全国古籍整理出版规划领导小组通知，以后每月仍付 100 元，现补寄 1000 元(尚未到)。函文怀沙。

4 月 19 日(3)昙，25℃

晚筵万业馨，许惟贤夫妇、史梅一家和丽则陪，酬酢甚欢。章灿来，云《南方日报》记者(南大毕业生)拟为《程氏文学史》登载介绍文章。章灿要《学林往事》。

4月20日(4)阴转雨,23℃

得天眉函;《学术界》杨玉圣函,已收到照片及题字。

4月21日(5)晴,23℃

早晨去南芳园早点并理发。收到齐鲁书社寄来新版《校雠广义》两套,即以其中一套赠万业馨,托史梅代送至许惟贤家。今晚业馨将返京。小虹代购得地锦草600克,可供吃20付中药。打电话给张世林,托其代购《学林往事》4套,并答允为《学林杂记》写稿。

4月22日(6)晴,27℃

天渝夫妇来午饭,并同在校园散步。函周勃、章子仲。得周金冠寄来国立博物院院刊一本,附信一纸。严志明、小虹率小雅来逛。

4月23日(日)晴,25℃

天纵一家来午饭。沈文冲送子来南大应基础学院考试,来探视,带来西瓜一。写《黄侃日记》整理经过备忘录。

4月24日(1)昙,25℃

高纪言来,谈两分典论证会事,并送来请柬。沈文冲率子来见,并请将其子曾得航模奖事,通知基础学科院院长,又送枇杷一箱。莫砺锋送来《两宋文学史》校样,看后仍交还莫校对。本栋来,曹虹来,均为写刘永济、刘申叔两本书导读稿事。伯伟送来其著作《中国诗学研究》一本。章灿代购得《程氏文学史》一本送来。打电话问许惟贤关于《黄侃日记》出版事。祁老师电话告知周勋初入市中医院痔疮开刀。四川人民出版社寄来《走近南大》一书中载《黄季刚先生轶事》一文稿费240元,不知何时载入,亦未寄书来(四川人民出版社政治室周颖寄)。

4月25日(2)阴,27℃

得《走近南大》一本,系张宏生、丁帆主编;龚斌寄来《陶渊明集校笺》

及《中国人的休闲》各一本；包头一女大学生邵敏函；波阳江心清函，拟购《沈祖棻诗词集》。莫砺锋来，嘱其代写《大典》论证会上的发言词。

4 月 26 日(3)晴，25℃

徐复由原靖陪同前来，购西洋参一盒。下午去看周勋初，本栋亦在，带去西洋参及虫草。后本栋陪同逛夫子庙，吃油饼。函复徐雁平、邵敏、江心清、龚斌。吴新雷打电话来，转致罗宗强的问候，并谈及复旦大学古代文学中心事。

4 月 27 日(4)晴，24℃

得江心清函，附诗；何永沂函，得到对联；北京市名人文化研究中心要收入华人卷名人录。天纵、宁健来看芍药。砺锋送来《大典》论证会上的发言稿。

4 月 28 日(5)晴，27℃

得王一桃函及书一本。函天眉；蒋寅，请其参加《大典》论证会。古籍小组寄来学术费 1000 元。

4 月 29 日(6)阴，24℃

将收到 1000 元的收据寄还古籍小组。砺锋收到《校雠广义》校样。章灿来，还邝健行《律赋与八股文》。

4 月 30 日(日)晴，26℃

上午高纪言来，谈去上海请专家事，大会发言稿已交高带回复印，并拟请蒋寅参加大会事，高同意发请柬。得施议对寄来罗忼烈注释《清真集》，已借给本栋使用，并将大霍山人批《梦窗词》借巩。得一不识之人来信批评王步高主编之一本词赏析辞典，已转给王。

5月

5月1日(1)晴,27℃

中午在天渝家饭,李朝也在。赠李朝《唐宋诗名篇》一本。得会瞰函。函复施议对,谢其赠书,并寄《唐宋诗名篇》一本。

5月2日(2)晴,27℃

终日在家,未出逛,亦无人来。沐浴。

5月3日(3)晴,30℃

和丽则一家在南秀山庄午饭,菜精美,但价较昂,不拟再去。下午又去超市购物,天热,颇累。吴志达、小佳打电话来问候。

5月4日(4)晴,32℃

得杂志数本(《楹联》及《书屋》)。未出行,也无人来。

5月5日(5)晴,33℃

在天纵家午饭。恩美嫂打电话来,讲其弟妹曾去苏州扫墓,亦去雄哥墓上献花,嫂因脚痛,未能去。

5月6日(6)阴,有时有小雨,转晴,28℃

小鲲打电话来,因其颈椎骨质增生不能来。天纵、天渝、丽则三家全部来家,再去雅士居午饭,价廉物美,老板很负责,怕鸭血不卫生,又重烧一锅鸭汤送来,带来的鸭汤倒去。

5月7日(日)晴,26℃

李灵年来,北京人民出版社拟出版《千家诗》,多年前帆曾为其作序,现北京陈新(该书主编)仍拟将此序登载,但须略加删改,托李灵年转达此意。帆已完全忘记此序，现陈新将把原序寄来，再斟酌。夕佳打电话来，因病（腱鞘囊肿）已回昆明治疗，杭生仍在澳。二人上街购得帽鞋袜三样，很顺利。

5 月 8 日(1)晴，29℃

得徐公持、徐有富函，徐公持同意在《文学遗产》上载本栋文，函已交至王一涓转本栋阅；新疆一女孩程军玲函，是一个文艺爱好者；山东寄上《日记报》。下午上街购得米兰一盒。

5 月 9 日(2)雨，25℃

函郝延霖，请协助程军玲。复新疆独山子热电厂程军玲。章灿来，请为其申请青年教师科研资助金书上签名。安徽泾县宣纸厂拿走为其所写字。

5 月 10 日(3)晴，26℃

得天眉来信，Stephen 将回国来宁。抄序文 5 小篇，寄《湘泉之友》。

5 月 11 日(4)昙，夜有雨，28℃

晨去外早餐，寄《湘泉之友》挂号信。早早从广州归，谈学习事。

5 月 12 日(5)晴，28℃

上午参加哲学系成立宗教系大会，宗教界人士到会者甚众，礼品有金箔画、钟、笔记本、笔等。中午请早早和小燕在儒林吃饭。晚上去凤凰台住宿，参加《大典・文学典》两分典审稿会，抵凤凰台时，遇怪风及骤雨。得和县邵川寄来书两本，附信一封，要求为其书《种瓜老人研究集》题诗。

5 月 13 日(6)晴，27℃

上午审稿会开始，砺锋代为发言。黄进德与伯伟分别代表两分典发言。最后任继愈发言，对两分典提了一些意见，又指出《文学典》的成绩，起了对《大典》的带队作用，最后又感谢帆对《文学典》所起的作用。下午休息，晚宴会后返家。天眉忘记打电话来，小鲲直等到十时余始归，夜十一时才打电话来。在会上会见王水照、朱恒夫、王培元（先秦两汉分典）、宫晓卫（齐鲁社长）、王於良（省出版局长）等原来不识之人。王水照带来章培恒函及赠茶叶 2 盒，程毅中赠书《宋元小说家话本集》2 本。

5 月 14 日（日）晴转雨，26℃

任继愈返京前来访，略坐后去赖永海家，赖赠《佛道要籍》一本。早早返沪，上午来略坐片刻。下午天渝夫妇来为芸祝母亲节，赠花、西瓜。晚武汉姜弘、吴志达来谈甚久。小鲲来接天眉电话。赠吴志达转其友《唐宋诗名篇》6 本。

5 月 15 日（1）昙，29℃

上午参加《大典》结束会议，发了言，会议圆满结束，午饭后回家。蒋寅赠《学术的年轮》一本及茶叶 2 小罐。下午李灵年送来为《千家诗》所写序，确系自己所作。

5 月 16 日（2）阴，26℃

上下午上街两次，不累，购得凉鞋等。芸为读蒋寅所写的《立雪私记》，深感当时对学生教诲之严与认真，现在已难做到。

程千帆全集

程千帆——著

第四辑

4

治学小言
古诗讲录
逸稿
学术年表

凤凰出版社

目　　次

治学小言

古诗讲录

逸 稿

学术年表

治学小言

程千帆 著

序

千帆先生在党十一届三中全会之后，创作激情奋发，几年来先后出版了好几本书。这本是先生治学方法之谈。作为老一辈学者漫步学林之路的记录，实可以使后学者扩大这方面的视野。不管什么经验，当然不能照搬，学者自身成长的道路，也是千差百殊，千帆先生愿将个人的经验及见解奉献于世，当然是好事。这里所包含的，都是作者在学术道路上跋涉的苦辛，有经验，有教训，也有对未来的探望；对有志于“方法论”的学者，是可以提供多方面的感性知识的。以上浅薄之见，是否有当，尚望先生鉴察，并以此奉饷读者，作为序言。

王仲荦

关于治学方法

在山东大学中文系和研究生的一次谈话

如何治学，具体地说，如何研究古典文学，事实上不单纯是一个理论问题——从大量的事实抽象出几点来谈一谈，还必须考虑到所抽象的事实本身。这也就是说，假若我们抽象出若干条来，这若干条是从哪儿来的呢？它们应该是从我们当前学术界的现状，从学术界的成绩和缺点这样一些现实问题中抽象出来的。如果不分析这样一些具体的现状，那我们谈方法，也可以说是缺乏针对性。所以，我不能不稍为涉及一下最近几十年来我们的学术研究，特别是研究古典文学这一方面的情况。

一

首先，我想回顾一下最近三十年来古典文学研究当中的一些情况。总的来说，这三十年有巨大的成绩，也有相当严重的问题。如果说我们讲成绩的话，就我个人思考，有那么几点是非常重要的：

第一点是，在党的领导之下，工农兵翻了身，当了社会的主人，开始有条件分享我们祖国几千年来非常优秀的文学遗产。为工农兵服务，在古典文学方面，我们做了大量的普及工作，使一般稍有点文化的同志们，能够念古典小说、古典诗歌，能够看古代戏剧。这是个了不起的事情。也许有些同志专心研究那些高深的学术去了，没有注意这点。但是，如果仔细想一想，那的确是了不起。列宁论托尔斯泰，说托尔斯泰的著作是俄国革命的一面镜子。但是他随即就谈到，要真正使托尔斯泰的这样一些伟大的作品，为俄国的普通人民所占有，那就要使人民有机会同愚昧、无知作斗争，就是说要提高普通人民的文化程度。他说，那就首先要有一个革命。这是列宁当时在十月革命以前的预言，这个预言，在十月革命以后的苏联实现了。在我们中国来说，现在也大体上实现了。这可以说是一种丰功伟绩。

第二点，这三十年来古典文学研究的另外一个很了不起的成就，就是我们开始注意到打破中国文学史是汉语、汉族文学史这样一个单一的局面。我们开始注意到发掘、整理、出版兄弟民族的古典文学。进一步研究汉族与兄弟民族这几千年互相斗争又相互融合，最后形成我们这样一个中华民族的历史（包括文学史）。这也是非常重要的。

第三点，在党的教育之下，我们开始学习马克思列宁主义，无论写作方面，还是出版方面，我们都有许多优秀的成果。就从出版方面来讲吧，我们以前念书的时候，有些难看得到的材料，现在都很容易看到。比如说《册府元龟》这样一部书，在以前就只有一种明版，我们现在把它影印出来了，谁都有机会可以看到。又比如说《永乐大典》，八国联军入侵的时候，被帝国主义的军队焚烧、破坏以后，散在全国、全世界，现在把所有残存的本子都拍了照片，影印出来。全国的学者，利用这个材料，做了很多工作。

除了古籍整理以外，我们还出版了好些专著和论文，有许多是老一辈的学者，在旧社会已经开始动手的，只是到了新社会，才有更好的条件来完成。还有一部分是年轻一辈写的，比如说，解放初期还是青少年，这几十年才成长起来的。我们有许多专著或者论文，本身材料很充分，而且从观点来说，就我个人的水平来看，我觉得是符合于马列主义观点的。举例来说，何其芳同志研究古典文学的一些论文，以及王朝闻谈古典美学或古代戏剧的一些论文，水平是相当高的。

从一个半封建半殖民地的社会，经过短短三十年，就取得了这样一些成绩，很值得自豪。

可是，与此同时，如果用一分为二的观点来看，我们也存在不少的问题，这些问题拖累了我们，使我们不能够大踏步前进。

很久以来存在的一个问题，就是建国以来一直不断地有各式各样的政治运动。就政治本身来说，大多数都是必要的，当然，有时候，在个别情况下，或许扩大了一点。但总的来说仍然是很必要的。但是，当这些运动牵涉到学术问题时，往往不能够很好地把二者分开。最近一两年来，文学界也讨论文艺与政治的关系问题，人们各抒己见，很有一些不同的看法。就我个人看来，学术同政治是难以绝对分开的。列宁讲得很清楚，“统治阶级的观点，就是统治的观点”，过去是这样，今天也还是这样。从这个意义来说，政治同学术不能分开。但是从另外一方面来说，学术同政治究竟还是两回事。处理学术问题，不能用政治方法。如果混为一谈，把问题简单化了，就不仅对学术不利，对政治也不利。因为不断有政治运动，做学问的人，某一种学术计划，也往往受到这个政治运动的影响。因此，工作的持续性很差。我们不知道订过多少计划，但是很少完成一个计划。工作的持续性不能够保持，是我们在科学研究上，不能出比较巨大的成果的很重要的一个原因。

还有，我国过去是一个半封建半殖民地的社会。我们是由半封建半殖民地社会直接进入社会主义社会的。从“四人帮”被打倒、消灭以后，我们总结这一段历史上的经验教训，就发现这样一个问题：我们这个社会里面，封建思想还很严重，这不是说哪一个人要维护封建主义的问题，而是说这样巨大的一个历史包袱驮在我们身上，每一个人都分担了一份。封建社会里政府提倡的学术，就是经学。经学，有一个最高的、不能改变的，或者是不能批评的原理，那就是孔孟之道。所以，后来人讲经学的话，就是“疏不破注，注不破经”，做注子只能够照着那个经来解释，不能够去破它，就是不能反驳它。那个注子比较古，难得懂，就又做疏。疏呢，又不能破注子。即使是后代的某一些学者，提出新的解释，那也是要在尊经的外衣之下进行。比如说，宋儒讲经，同汉朝已经不一样，但是，它不敢否认孔孟之道。清朝的唯物主义学者戴东原，做《孟子字义疏证》以反驳宋儒，表面上，这个外衣他也还是要披上的。这同欧洲的中世纪进行某一些革新，一定要附会基督教的教义一样。这种情况之下，使我们每个人学习马列主义、毛泽东思想的时候——至少我个人是如此，我不晓得别人怎样——就用一种经学的方法去学习，就是把它当成一种非常值得尊敬、不能够怀疑，也不能够发展的东西来学习。结果怎么样呢？我们研究古典文学，或者研究文艺理论，往往不是根据马列主义、毛泽东思想的原理，认真探索和阐明某个作品的思想性或者艺术性的本质，而是反过来利用某些材料，证明马列主义是正确的。我们的文艺理论也是这样。所以，结果我们的研究论著，有的人说，只成了马、恩、列、斯、毛，再加上高尔基、鲁迅，七家之说的互相证明。这样就使我们的学术很难发展。其实列宁和毛主席都讲得很清楚，马克思主义只能够指导，而不能代替其他的科学。而我们往往只要所做的工作，能够利用材料来证明马克思主义是正确的；或者写一篇文章，加上列宁怎么教导说，马克思怎么教导说，而我这个论点则是与之相合的，就满足了。所以这种情况，使我们的学术，并不能够真正根据辩证唯物主义向前发展。造成这样一种现象，很大程度上是由于我们的脑子里有一种封建思想。这种封建思想，在学术上，就是把一切其他的学术当成经学的奴仆。治学、做学问，就是要创新。而在这样一种思想支配之下会怎么样呢，就变成我们工地上的施工一样，写个大标语：“安全第一”！做学问不是要去求得新的成果，而是要安全，不挨批判。我们要真正做到思想解放，要有一个过程，一个实践的过程。当然，这也要靠我们自我摆脱经学的重压，才有可能使学术前进。

我们刚才谈到学习马列主义、毛泽东思想的问题，所以，我第三点就想讲一讲，事实上我们没学好。用最通俗的解释（当然现在哲学界也有不同看法，我还是认为这样一种通俗解释是好的），什么叫做辩证呢，就是一分为二。什么叫做唯物呢，就是实事求是。这个解释简单明了。可是我们实际上做事情，就没能够很好地真正一分为二，实事求是。批评一个人，一拥而上，只要或者党报，或者某一个理论权威点了一下，说这个人怎么怎么样，或是暗示一下，底下那个队伍，可就浩浩荡荡了，大家都来批评，争先恐后。有没有人支持被批评的人呢？有，既不是大字报，又不是小字报，是无声报。他背后讲“这个批评不对，我有意见”，但请他做个报告、写篇文章吧，他不干。这是由于整个的社会上的一种压力。这种情况到了近年来“四人帮”的时候更厉害了，这事实上就不是一分为二。

再说大学课程安排问题。我们经过几次课程表的改革，那些课程表基本上是学苏联的。苏联的教育思想，我没有什么研究，但是我看它那倾向性，是希望造就一种面儿比较窄的专家。那个时候，我们学生的毕业成绩表上，填学的专业，毕业以后就成为什么专家。就拿我们中文系来说吧，它就把那些许多必需要的基础科学、边缘科学，都取消了，把课程并成几个大块。比如把文学史安排每周六小时，学四年，把各种作品的选读、作家研究，什么东西都塞了进去。一些辅助科学，像我现在讲的校雠学，或者历史地理，或者工具书使用法，乃至于中国文学的一些背景研究，如中国文化史、思想史，这些课都没有了。所以同志们学出来之后，面儿很窄，吃的那么几大块，而且概念性的东西接受得多，具体作品念得少。要谈些什么人民性哪，现实性哪，或者典型问题啊，或者浪漫主义、现实主义、古典主义啊，可以谈得头头是道，可是，要把这些概念，都落实到具体的作家、作品上去，就感到为难。甚至于写过很多关于某一方面文章的同志，对于那方面的作品本身却并没有花过很大的功夫来钻研，因为根据几个概念，再加上几个例子，也就可以构成一篇文章了。无论是只追求“专”而忽视“通”，或只务“虚”而不务“实”，即不注意它们之间的对立统一关系，也都是不符合一分为二的精神的，是不行的。

再一个，就是我们不实事求是。“实事求是”，是班固《汉书》上的话，现在看起来，很有道理。不实事求是，就认为在业务上或是其他方面，可以违反自然规律，单凭着自己的“主观努力”，可以创造出奇迹来。结果往往不是这样。记得五十年代初期，我们曾经批判过胡适的“实用主义”。胡适的名言就是，真理是一个很听话的女孩子，你要把她怎样打扮，就怎么打扮。我们批判过这个东西。可是，在过去的一些年代里，我们的某种做法，简直比他有过之而无不及，什么“一亩稻子可以产十三万斤的粮食”啰，还有就是什么“三结合”搞大规模的科学协作啰，动用了非常大的人力物力，结果无论在经济建设方面，还是在文化建设方面，都没有能够很好地得出成果来。而在这种风气的影响之下，即使是非常有地位的学者，也会做出很不恰当的事情来。如果不嫌冒昧的话，我想举郭沫若先生的《李白与杜甫》这本书做例子。这是“文化大革命”十年中出版的唯一一部古典文学专著。但是这一本书的命运可以说是很奇妙的。一方面，出了平装，又出精装，《人民画报》还用大量的画幅介绍；另外一方面，全国所有的读者，对这一本书保持缄默，大家不开口。这很简单：大家不满意这本书，但是又不能批评。一直到郭老过世以后，萧涤非先生才写了一篇文章。萧先生的文章很有说服力，而且态度非常好。郭沫若那本书，我就不重复介绍它的内容了，反正整个来说，它的那些叙述和论证都是非常古怪的。比如，李白他想看湘江，看洞庭湖，洞庭湖里有一个君山，这个君山遮了眼睛。李白说，最好几铲子把它铲掉，这样就看得广阔一些。可是郭老忽发奇想，说李白很关心农民，把君山铲过以后，可以开荒，扩大耕地面积，可以种谷子多酿酒，多收入。这简直把君山变成大寨的虎头山了。又讲，"安得广厦千万间，大庇天下寒士俱欢颜"，这个杜甫，你看，眼睛就望着"寒士"，可见立场不稳！杜甫，当然立场不稳！但也可以说，他的立场是"坚定"，不是"不稳"——他牢牢地站在地主阶级立场上。可是，杜甫另外也有诗说："几时高议排金门，各使苍生有环堵。"这个"苍生"，难道也是"寒士"？不仅如此，而且，那本书的写作态度特别坏。他批评冯至啊，萧涤非啊，傅庚生啊，国内这些讲杜诗学的学者，不是说"这些研究杜甫的专家们，对于杜甫现存的诗文，是否全体通读过，实在是一个疑问"，就是说某些研究家们的眼睛里生了"白内障"。郭老很文雅，实际上就是说，你瞎了眼！这，不像话啊！为什么以郭老这样我们承认他还是一个很有马克思主义修养的人，很有学术地位的人，会写出这样的书呢？又为什么写出来之后，在他活着的时候，全国一声不吭？难道不值得我们仔细想一想吗？对郭先生，我还是很尊敬的，我没有意思要攻击他，我只是谈这个事实。而且，这不是一个个人的问题，是我们整个一个时代的风气问题。所以我感觉到，像这样一些问题，如果不能够用我们的实践，在中央的正确政策指导之下来打破现状，我们对古典文学的研究和学习，就很难有进展。而打破这种局面，是我们在座的每一个人的责任。

二

刚才我们回顾了一下近二三十年来的情况，着重的是讲里面有些问题。以下，就想针对我所认识的这样一些情况，谈谈治学方法，或是科学研究的几个方面：

第一，讲科学研究的意义。究竟什么叫科学研究，我想，就是从现在已经有的研究成绩，向前发展。如果没有发展，那就不能叫做研究。我们要在自己研究的领域之内，先了解哪些是已经解决了的问题；哪些是解决了一部分，还在继续解决的问题；哪些是完全还没有接触的问题；我们使用了哪样一些方法；哪些方法我们还没有用过。总的来说，就是要对于前人的业绩批判继承，因此必须要对当前你那一个行当的学术界的情况，有所了解，最好是了解得比较详细。这样，你的工作——我指的是研究工作，不是一般的学习——才会有出发点。那么，这种情况之下，在你的脑筋里面，就应该有一个很长的名单，人的名单，还应该有一个更长的书单和论文的单子。假定说你是搞训诂学，对于清朝那些大师们写的有关《尔雅》、《广雅》的书，当然不成问题应该熟悉。从那些人以后，近代和当代的学者，哪一个人，他搞什么，写过一些什么文章，如果你真正要从事这方面的研究心里就得有个底。为什么呢？因为你要搞的，是预备发展和补充他们的意见的，你连他们搞什么都不清楚，那你就没有对象了。所以，我上次上校雠学课程谈到做特种目录时讲过，除了利用别人的成品以外，你应该自己动手编制，就是这个意思。

假定你研究的论文题目是《广雅》，那么你从王念孙的《广雅疏证》以后，一直到近代的人（其中还应当包含台湾省以及日本和欧美的学者），了解他们在这问题上做了多少工作，哪些问题解决了，哪些问题没有解决，要搞清楚。然后就他们没有解决的，或者没有提出来的问题，继续往前走。这个，拿我所喜欢用的词汇来说，叫做“敌情观念”——当然不是把自己的学侣当成敌人。但是，真正做学问，也同打仗一样：知彼知己，百战百胜。当然，这样做，难。做学问就是难，不难，就不叫做学问。

所以，首先，是要了解情况。

刚才讲过科学要发展，要创新。“新”的具体内容是什么呢？首先要注意在你这个研究范围里面的新领域，要注意别人注意得比较少的问题或方面。比如研究唐诗的人很多；研究金朝人的诗就比较少了。我们到现在为止，还没有一部专门研究金诗的著作，真正研究金朝人的诗，顶多只是偶然有人写文章谈到元好问。整个金朝的诗是个什么情况呢，很多文学史里面，没有提到这个问题，我以前讲文学史，也没有详谈这个问题。你如果能够在这个区域里面，做一个非常详细的研究，那就是你在文学矿藏的地质图中某个空白点上，标上了一个号。

还有，就是要能够使用一种新的方法。方法，也是不断地在创新的。比如说，"国际《红楼梦》讨论会"上有一个学者说他怎样来研究前八十回同后四十回、高续本同曹雪芹的原本的关系的，他想把里面的词找出来，相同的词、句子的构造，用电子计算机来统计，统计以后，看它们两者的关系究竟怎么样。像这样的研究，也是一种方法。当然，我不是说，这样的方法一定好，而只是说，用新方法，是科学研究创新的一种。新方法往往是从某一个侧面，或从另外某一个角度，去迫近那个本题。比如说，解释诗歌的背景，前人如钱牧斋注杜诗，他已注意历史的背景了。但是把背景挖掘得那么深，每一首诗搞得那么具体，那陈寅恪的《元白诗笺证稿》，就具有创新的意义，在方法论上有新的贡献。因为他对白居易的新乐府、《长恨歌》、元稹《连昌宫词》等的历史背景考证得非常详细，以前还没有一个古典诗歌的注家像他那样做过。

即使不是全新的领域或者全新的方法，你在以前传统的领域或方法当中，纠正了旧的结论，补充进去了某些新东西，这也是一种值得称赞的成果。多数的科学研究，是在这一方面，因为中国是一个历史文化悠久的大国，学术一向很发达，完全没有人搞过的东西是比较少的。所以主要的是就前人已经做过的加以发展，作某些补充；对它的错误作某些纠正，或者，把两种边缘的、两种挨着的姊妹文学艺术或者科学，进行比较。比如，诗歌的理论同绘画的理论作比较。钱锺书先生最近出了一个小册子叫《旧文四篇》，里面有一篇文章，讲诗同画，中国诗同中国画的理论的异同，就是如此。我们现在可以比较一下兄弟民族和汉民族文学的某些关系，也可以就兄弟民族彼此之间作某些比较。或者比较韩愈、柳宗元他们是怎样继承、又怎样发展《史记》、《汉书》这种传记性文学的。像这样的研究，也是一种新东西。

科学研究一定要知识面比较广，手要伸得长，眼睛要看得远，耳朵要灵。为什么呢？因为你提出一个东西，你自己以为是新论点，其实呢？也许你没有看到一篇文章，别人六年以前就将它发表了。那遇到这种情况，你就很尴尬。如果人家说你没有看过，那还算好，因为只不过是孤陋寡闻。要是人家疑心你看过了，而你又把别人的论点写到你的文章里面，这算什么名堂？所以作科研，要有高度警惕性——自己的是自己的，别人的是别人的。

那么，怎样来检验你的科研的效果呢？有这样三步：

第一步，要提出问题。科研得有个命题，比如研究唐人小说的词汇，这就是一个命题。有了命题，但是这个命题有没有价值，别人做过没有，基本上可以得出一个什么结果来，这也许自己很不清楚。这就要同师友商量，也要检查文献。这是第一步，提出问题。

第二步，就要解决问题。根据这些词汇，加以统计、考释，或用语言学的各种方法，研究出一个结果来，作出某种结论。这第二步是解决问题，收集材料进行研究以后解决问题。

而最重要的是第三步，就是在理论上和实际上证明，你所解决的问题是不错的，当你论文写成以后，你那个结论是经得起敲打的，要通过理论同实践，一个是理论，一个是你所使用的材料，得出的结论，被证明是不错的。如果错了，怎么办？错了重来，再做。这就是科学的态度。不可能每一篇文章的结论都很准确，特别是牵涉到古典文学，尤其牵涉到古典文学的所谓“风格学”这样一类问题，更是这样。考据，也有这种危险。你提了很多证据，结果别人提一个反证，把你这个结论推倒了，也完全可能。

三

现在，讲一讲科研要准备的条件。

首先，要不断地提高自己运用语言的能力——阅读和写作，中文和外文。搞古典文学、古汉语的同志们，你们的古汉语水平达到一个什么样的程度才会大有助于你们的研究工作呢？要能够直接用古汉语去思想，不要想一个概念，白话文口头上是怎么讲的，然后——这个文言该怎么讲啊，在脑筋里还要去翻译。如果你能够用文言文去思想，那你看古代人的文字，不仅是它的意义能够看得很准确，它那个精神面目，作者笔下的那些人物形象，内心的状态，你都能把握住。你如果看古汉语，看不懂，当然可去翻字典。每个人都要翻字典，但总的来说，要能够很熟悉才好。如果你能够用古文写，能够使用，更好。这不是开倒车，而是掌握一种有益的工具。所以对于古汉语，希望你们能够逐步达到这样一个要求：能读，还要能写。

其次，外文。到现在为止，在有的学校中，研究生头一年来，什么也不管，拼命念外文。为什么？外文必修，不及格，不能毕业。现在好像青年教师升级也要考外文。这问题怎么理解？我想中央这个规定是有战略意义的，想得比较远。因为在我们今天来说，世界变小了，很小，一个人，假使说在济南，忽然需要，又有条件，要到美国去，明天就到了。你人不去的话，通过传真电话，也可以当面看得到人，和他说话啊！生活上是如此，学术上也如此。我们研究外国的东西，不多；人家研究我们的，可多了。苏联的那个科学院远东分院，就对我们的什么东西都研究，而我们到现在为止，全国还没有一个专门的苏联研究所（听说正在筹备）。他们的什么院士中，阮籍研究，赵树理研究，厚厚的一本本书，不断地在出。当然我们也可以说，我们究竟是中国人，他们怎么也搞不过我们。但“愚者千虑”，还“必有一得”么，难道人家一点好处也没有？！还有一个情况是客观现实在变化，近三十年来，台湾有很多人到美国去，其中一部分人是研究中国的社会科学，包括古典文学、历史、哲学的。他们后来都加入了美国籍或者加拿大籍。就国籍上来说，他们是外国人。他们用英文写了一些东西，就我所看到的一部分来说，也还有很不错的。那些东西，值得我们参考。这不是说，要跟他们走，也不是说，肯定他们就比我们好，而只是说，我们应当知道他们在搞什么，搞到什么程度了。这就需要外文。外文，是使我们的文化输出，我们的科学研究输出，同时又是有批判地采取别人长处的一个必要工具。所以，不能够那么设想，头一年我们拼命地攻外文，外文考试及格了，就好像是个敲门砖，门开以后，就把它丢在地上，不要了。总之，我们要搞学问，搞我们这一套东西，语言是最根本的材料，无论你搞语言学、文学，就了解古代的著作来说，要古汉语；就吸取广泛知识来说，要外文。我觉得这两样很重要。

除了自己的专业知识，应该使你自己尽可能地兴趣广泛一些，要做到博学多能，要对于历史、哲学不太外行，还要对于现代文学，乃至于音乐、绘图、雕塑，尽可能地有些兴趣，要有比较广泛的涉猎。我在这里想特别强调一下，研究古典文学的同志要重视现代当代文学。

最近，在上海听到一个有点使人悲伤的笑话。据说，有一些中学生说我们中国最近出了一个很有名的诗人，写了很多诗，很不错。叫什么名字呢？叫艾青。同这一个事情可以比美的，就是萧军——鲁迅给他的《八月的乡村》作过序的那个萧军，在文坛上二十年没出现，最近又到处走一走，他回到他的家乡，家乡有人说，你是“出土文物”。说他是出土的文物，就好像银雀山的汉简一样。事实上我们有许多青年是不知道他了。我们搞古典文学的同志，有的时候，的确对于现代当代文学许多情况很生疏，而且对于目前文艺界所争论的一些问题，不感兴趣。对于《乔厂长上任记》，或者《将军，不能这样做》、《女贼》、《在社会的档案里》这些争论很激烈的作品，甚至于没有看，不知道。那就要回过头来问一问，我们研究古典文学，干嘛哪？我们难道不是为了要总结古人的历史经验（理论的同创作的）使之有助于当代文学的发展吗？我们难道是为古人而古人吗？所以，像全国性的文学创作和文学理论的杂志，我觉得搞古代文学的同志，是不能不看的。关心现代当代文学，就是关心人民。因为它提出了有关人民命运的问题。如果文学创作不能回答人民生活当中的问题，那要文学干什么？而古代文学之所以值得我们今天这样尊重，除了它不可企及的艺术成就以外，正因为它们关心人民生活，提出或者还回答了人民在生活当中提出的问题。从杜甫、李白的诗歌，一直到王实甫的《西厢记》、《红楼梦》、《儒林外史》，都是这样。没有一部真正有价值的文学作品不是回答现实生活当中的问题的，指引读者走上美好的生活道路的。当你了解了当代人民的生活、愿望，也了解这些作家怎么表现的，再回过头去看古典作品，就可以看出它们相通的地方来，也可以看出它们的差异来。这个对于你们的研究，很重要。

我刚才谈到，要了解生活。通过作品了解，是一个方面。也要直接了解生活。我们研究古代文学作品，也一样要懂得当时的生活。唐朝人有两句诗："胡麻好种无人种，合是归时底不归？"妻子想念出外的丈夫，说是正是种芝麻的时候了，没有人种啊，该回来了，为什么还不回来啊！如果我们不了解唐朝人的生活，就读不懂这两句诗。原来，古代人是希望多子多孙的，芝麻这个植物呢，你看，籽非常多，所以，古人就把种芝麻同多子孙这个愿望连接在一起了，认为种芝麻一定要夫妻两个人种，丈夫不回来，就不好种芝麻。所以这两句诗事实上体现了这个妇女不仅是希望丈夫回来，而且还希望生个白胖小子。我看到一个当代作家写小说，写个资本家。当然他是个在新中国生长的青年，没有接触过资本家的那些生活。他写的是一件什么事情使这个资本家很着急，他手上拿着雪茄烟——资本家当然是吃雪茄烟的了——在思考，雪茄烟在不断地烧，一直烧到他的手，丢掉了。这是作者只看见人家抽纸烟，纸烟是可以自己燃的，而雪茄烟，你只要不抽，它马上便熄掉。这就说明作家没有生活，外部细节都因为生活贫乏而不真实，怎么可能写出真实的内心活动来呢？

还有，要真正研究某个专业，你也不能够一动也不动地就趴在你的专业上，别的都不管。那样不行！比如，搞文艺理论的同志，一定要念作品。没有作品的话，理论从哪儿来？理论是从作品中总结出经验来，又指导后来的作品的。如果搞空对空的导弹，理论有什么用处？

还有一个准备条件，就是要有失败的思想准备。很可能你获得的成果并不太好。一个人在胜利的时候、顺利的时候，是很容易有勇气的，而在受到挫折的时候，特别对于一个做学问的人来说，就往往是一个很大的考验。因为科学这个东西，是不排斥想象的。当你有一种想象，想通过一定的科学方法，得出一个什么结论来，结果呢，结论不是那样，那些功夫白花了。这是完全可能的。这种情况，如果题目是考证性的，可能少一些；如果是议论性的，可能性就很大。你的这个结论要是不能成立，这种时候，要相信实践是检验真理的标准，要有勇气承担失败。

四

现在,再讲讲科学研究必经的两个阶段。

任何真正的科研,必须经过两个阶段。第一个阶段叫做收集材料的阶段。当你想到有一个问题,在前人已经有的文献基础上,还可以做下去时,那么,就要开始收集材料。根据材料,你慢慢形成你的观点。一般来说,凡是属于征集、排比这样一种工作,都可以称为收集材料的过程。比如说,给一个作家作年谱,或者把它的诗文按年来考订,或者是给一个古书作注解,作校勘。这一类的工作,都属于收集材料的阶段。它是收集材料的科学,但不是科学研究的最终目的。最终目的,是要利用这一个阶段取得的成果,研究它们之间的内部联系,能够摸索出客观存在的规律来。

以研究某一个作家为例。我们假定,是宋朝的杨万里。杨万里的诗集多得不得了,一大堆,《四部丛刊》里面就有。如果我们要研究他,首先就要收集材料,把他的各种版本的书,各种诗文集——他本人的,同他同时的许多其他作家与他有关系的,都收集起来。给他编一个年谱。某年,生在什么地方,某年,考试及第,做官,什么时候做什么官,什么时候又被贬职,最后,死在什么地方;某个作品,作于某年,把它编起来,然后,给他的诗文做上注。或者将比较难懂的做上笔记。但你最终的目的,不应只是到这种地方为止,而是要研究杨万里作为一个诗人,他的心灵是怎样发展的。这个心灵,同当时的政治局势,有何关系?他与同辈诗人,彼此有何影响?他对于当代的诗坛,起什么作用?对于后代诗人,有什么启发?而作为江西派的一个别派——他不是嫡派的江西派,但又是从江西派里跳出来的——在中国诗史上的意义如何?(我这里只是随便提出些问题。)然后,写一篇或多篇有关杨万里的论文,或是一部杨万里的评传。这样子呢,就由收集材料的阶段跃进到了整理材料的阶段。科学的目的,是要发展到整理材料的阶段。就研究作家而言,就要能够阐发一个作家在文学历史发展上所起的作用。

这样,就有这样一个问题摆在我们面前:是否可以跳过收集材料的阶段，直接进入整理材料的阶段？也就是，不做那些非常艰苦的事情，光写文章，评论，行不行？据我的经验呢，又行，又不行！如果说，其他的学者已经把这个收集材料阶段的工作做得很好了，比如像杜甫，注家非常多，年谱有二十多家（杜甫有各式各样的二十多家年谱，从宋朝到当代，许多人下了很多功夫），你利用这些材料，再好好研究一下唐代历史，还有杜甫前后的那些作家，那可以写。但是，如果这样的一些条件不具备，即使是有一点点，也不够，那你还得要补足——就是把前人那个收集材料阶段所欠缺的部分补足。而且，每一个同志最好有机会做一做这种最艰苦、最枯燥、最没有趣味的，像做年谱、考订、校勘、编目这样的工作。这些工作没有什么趣味，但是呢，是做学问必须的本领。因为你有了这样一些本领，你才能打开那些没有开过的门。否则的话，你得让别人来帮你做一半，你饺子倒会吃，却不会做馅儿，还得别人用绞肉机把肉绞好，送到你面前，你才包饺子。那样可不行！而且，特别要注意一点，就是，不能轻视收集材料阶段，尽管它是低级的，但，是不可缺少的，是最基础的。现在很多同志，比如说，看到一个诗人的选本上有几首诗，再看一点别人的论文，或者文学史上一点什么材料，也可以写文章，论一个作家的什么什么问题。在某种情况下，他写成的文章，相对地说，也还是正确的。但是，可以肯定，这种东西是不深刻的，很难得有独创性。所以就这点来说，特别是针对前些年陈伯达这一类人提倡的一股歪风，我们真正要把中国古典文学、古汉语研究搞上去，必须对他们提倡过的这些东西进行针锋相对的斗争。陈伯达他们的想法很简单，就是“以论带史”，也就是先有一个观念，再找史料来证明。以前，还是找史料来证明，对于自己不利的史料，就不用，这还好一点。到了“四人帮”时代呢，史料如果是有利于他们，那他们就用那个史料，不利于他们，就去掉。如果万一任何史料都不利于他们，那他们怎么办呢？也有办法，就改造历史，就公然作假。这就成为“以论代史”了。大家都知道，林彪就公然篡改上井冈山的历史。那时候要强调江青，吹捧她，于是到历史上找很有地位的皇后拿出来吹。想到汉高祖的吕后。说汉高祖在前线同项羽作战，萧何同吕后在后方，两个人运筹帷幄，做后勤工作，很有功劳。把历史一查呢，那时候吕后被项羽关在牢里边。批孔呢,“有教无类”,说这个“有”字是个“囿”字,“囿教无类”。《论语》上有几十上百个“有”字,就没有一个像这样讲的,他们完全可以乱说,先有一个主观的东西,然后把史料填充上去。这是一种极其恶劣的情况。

还有一种情况,也是不对的,就是认为只要有材料,那就什么都解决了。因此就放弃了对于马列主义、毛泽东思想的认真学习,反正是让史料说话嘛。让史料说话当然是对的。但是这些同志忘记了一点,古人的史料,是古人写的,他有他的立场和选择。所以完全相信史料,不拿正确的理论去加以审查,也是不可避免地会陷入另外一个极端的。比较正确的做法,就是既要认真钻研史料,同时又要以马列主义、辩证唯物主义来指导我们的研究,不然的话,就会滑向随意乱说,或者烦琐考证里面去。

五

最后讲讲科研的态度问题。

只想谈两点。第一,就是谦虚谨慎和坚持真理要统一。搞科学是个很艰苦的事情,最不能够浮夸和骄傲,但是又不能够见风转舵,自己认为对的,应该坚持。刚才谈过,因为封建思想我们每个人脑子里都有,我们有那么个经学传统,所以凡是什么问题,都很容易一窝蜂跟着走,甚至研究学问也明哲保身,免得出政治问题。就这一点来说,我们的确要有一点坚持己见的勇气。比如像马寅初先生,他在五十年代初期,就提出人口问题。当时认为马先生这个说法,不了解群众的创造性,一个人总能够生产出远远比他个人的生活资料要多得多的东西,因此人口越多越好。他们就没有想到,一个人能够生产比一个人的生活资料多多少倍的东西,这完全正确,但是要有一个前提,就是要有许多条件,如果没有条件,一个农民,拿一个锄头,一个人下种,刀耕火种,那他一个人的肚子都喂不饱。而且,难道人民不应当提高生活水平吗?人口多了,提高就难了。看问题不能一分为二,片面性的结果怎么样呢?“错批一人,误增三亿。”如果我们现在不是十亿人口,而是六亿或五亿人口的话,我们现在的日子可就好多了。但是马寅初先生他始终没有屈服,历史终于证明他的意见是对的。

一个真正的学者，首先要有诚实同正直的品德，不要做风里的杨柳，要做雪里的青松，既不能够骄傲自满，也不能随风倒。

另外一点呢，这是我在南大看到的情况，就是同志们现在急着要上去，感觉自己责任很重，因此，非常用功，每天看书，总到很迟才睡。我相信这里的青年老师、研究生也差不多。我劝你们长期坚持，有节奏地前进，不要把这点儿本钱使光了，把身体搞垮了。你们的责任很大，所以要求你们有节制地使用自己的精力。但是，要咬紧牙关，长期坚持。只有这样，才能取得成果，不辜负党和人民的希望。

1980年6月讲，1981年3月整理。

原载《南京大学学报》(哲学社会科学)一九八一年第二期

治学要重视解决矛盾

严格地说来，治学或从事科学研究不仅是因学而异，即特定的对象有特定的研究方法，例如：不能够用研究文学的方法去研究考古学，更不用说去研究拓扑学了；同时，即使是研究文学，其方法也往往因为研究的重点不同而有所不同，例如研究文学可以有着重历史背景、作者家世、艺术手段等等方面的不同。

但这只是一个方面。在另一个方面，无论是研究自然科学，还是研究哲学、社会科学、人文科学、又都有它们共同的方法。换言之，就是有它们都需要解决的共同矛盾。这些矛盾的解决，对于任何一种科学的研究都是有益的，必然有助于存在某一特定的领域内的矛盾的解决。

第一，专精与博通的矛盾。任何一门科学本身必然是独立的。要精通它也许要花上一辈子的功夫，所以人们提倡专精，尊重专家。但是，另外一方面，它又必然不是孤立的，世界上没有一种与其他科学绝缘的科学，它们之间必然会互相沟通、渗透，互为影响。也往往就在这样一个基础上，开拓了新的科学领域。一个从事科学研究的人，如果除了对于自己所专攻的某门科学以外，缺少其他知识，也对其他知识不感兴趣，就很难做到专精。而什么都知道一点，但都浅尝辄止，这样的人也很难称为博通。在广泛的知识基础上，深入钻研某一领域，乃是古今学者取得成就的通途。现在大学各系课程分得太细，学文学的人甚至于一门历史、哲学课都没有学过，就毕了业。如此孤陋寡闻，是不可能有远大的前程的。更不用说，喜欢当代文学的人，就连现代文学也不注意了。

第二，材料和论点的矛盾。掌握了大量材料以后，通过周密的分析研究，使之上升到理论；然后用这个理论作为指导，继续收集材料，再进行分析研究，如此循环往复，以至无穷。这本是科学研究的必由之路。学者们对材料与理论两者，虽然不妨有所偏重，却决不可偏废。封建、资产阶级的学者（特别是资产阶级的学者），由于其方法论受其世界观的制约，或者认为材料本身就是科学的本体，所谓“史料学即史学”；或者走向另一个极端，认为可以“大胆假设”，认为“真理是一个听话的女孩子，随人打扮”。近几年来，广大的科学工作者加强了对于马克思主义理论的学习，在研究中坚持了毛泽东在《实践论》和《矛盾论》中所提出的观点与方法，取得了可喜的进步。但偏废的现象还不能说是绝迹了，这就妨碍了我们大踏步前进。

第三，局部与整体或宏观与微观的矛盾。个案分析、解剖麻雀是必要的，但是“一叶障目，不见泰山”就不可取了。一个人即使博通，但他的知识和能力终究是有限的，他个人所做的具体工作（哪怕是科学普及工作也罢）终究只能在某些特定的范围之内。这是无可争辩的事实。可是，当一个人从事局部工作时，想到整体和不想到整体，在效果上是大有差别的；从事微观时，是否想到宏观，也是一样。我们都知道，科学是实证性的，但是并不排斥想象。想象、假设、推断，只要是合乎理性的，往往是获得进步和发展的契机。但这也要从整体上着眼或从事宏观才能意识到。

此外，像古与今、外与中、红与专这些问题，在理论上本来是老早解决了的，但是在我们的实际生活和工作中有时并没有解决。这在根本上是涉及我们自己的世界观的改造问题。如果我们非常明确从事任何一门科学的研究，都是为了使我们的社会主义祖国早日实现四个现代化，就不会认为学习古代文学的人不需要知道当前文艺界的具体情况了。而任何一个关心祖国命运的学者，在他的讲授和著作中，是决不会忘记注意继承和发扬中华民族文化的优秀传统，坚持爱国主义、清除精神污染的。

原载《高教战线》一九八四年第一期

从迷雾中走出来

在《社会科学战线》编辑部召开的中国古典文学研究座谈会上的发言

编辑部的同志就编辑工作中发现的一些问题作了详尽的说明。其中我们可以觉察到，下列的几个问题是较为重要的：为什么我们在古典文学研究工作中存在一般化、概念化的情况，不能具体矛盾具体对待？为什么我们研究文学史，满足于罗列事实，而忽视了对它所固有的外部和内部规律的阐发？为什么我们对作家作品的思想艺术分析，或流于肤浅，或陷于谬误，而更多的则是将他们和它们套进几个现成的公式里面？为什么我们在评价遗产时，往往不能遵循一分为二、实事求是这些基本法则，却代之以见风使舵，左右摇摆？我想，这些问题就是妨碍我们大步前进的拦路虎。

形成这些问题的原因是多方面的。要解决这些问题，克服这些缺点，也完全可能。可是得先找出形成这些问题的原因。我认为在许多原因中，下列两点是关键性的。

第一，是我们自己的思想方法问题。大家都知道，辩证法不崇拜任何东西，唯物主义则认为实践是检验真理的唯一标准。因此，我们在生活中、工作中，决不应当把马克思列宁主义、毛泽东思想看成是某种一成不变的神圣的教条。可是由于我们的社会是一个由半封建半殖民地社会变革出来的，生活在其中的人们要想立即摆脱几千年遗留下来的封建思想的因袭重担，是极为困难的。三十年来的思想斗争又把重点放在兴无灭资方面，而放松了对封建思想的彻底批判。通过自己主观的思想因素和客观的社会、政治因素，我们往往把极富于生命力和创造力、生动活泼、不断发展的马列主义看成了一成不变的教条。

正由于此，当我们力图用马列主义的观点方法来从事研究工作的时候，就有许多人（其中包括我自己）不自觉地用汉、唐儒者对待经书的态度来对待革命导师的著作、学说。不把它们当成行动的指南，而把它们当成现成的灵丹妙药。这样，我们的头脑就逐渐僵化，丧失了独立思考的能力，而满足于在研究工作中以几个固定的公式和几条现成的标签来代替必须经过反复艰苦的探索才能获得的结论。这种令人在头脑稍微清醒以后就对之感到痛苦的现象，无以名之，只好强名之曰新经学。

革命导师早就告诉我们，马克思主义的学说不是教条，而是行动的指南。是行动的指南就要根据实际情况而有所发展。可是我们过去往往就照搬原样而不愿或不敢发展。这样，我们的社会科学论文，包括古典文学论文，在很多情况下，就是请马、恩、列、斯、毛轮流发言作结论，有时再加上鲁迅和高尔基，不能也不敢提出自己独到的见解。比如恩格斯在《致敏·考茨基》的一封信里讲到："我认为倾向应当从场面和情节中自然而然地流露出来，而不应当特别把它指点出来。"这句话在很多情况下是正确的。但从中国文学史来看，就并非完全如此。中国诗歌就是爱发议论，从"毛诗"到毛主席的诗词都是爱发议论的。像《诗经》上的《伐檀》"彼君子兮，不素餐兮"，这是发议论；屈原的《离骚》等篇中也经常有议论。一直到毛主席的"天若有情天亦老，人间正道是沧桑"这种诗句，也是议论，这些诗都非常好。还有关于形象思维问题，我就不大同意关于"唐人规律"的提法，规律与朝代联系在一起恐怕就欠妥。有唐人规律，会不会也有宋人规律、元人规律呀？而且宋人的诗，也不能简单地说没有形象思维。至于写诗要用赋、比、兴的问题，我以为赋是不能不用的，比、兴也可以用。因为没有赋就不成为诗，而没有比、兴完全可以成为诗。通体用比的诗还有，通体用兴的诗就没有，而通体用赋的诗就多得很。假如我们把革命领袖当作人而不是神的话，显然这就在很多方面可以讨论，可以商量了。

新经学对古典文学研究工作的危害是很明显的。例如，革命领袖爱好某个作家或作品，一经传出便成为研究的热门；在研究工作中，由取材到结论，主要地不决定于实践，而决定于风向。因此在一部书中或一个人手中，王维一会儿是反现实主义诗人，一会儿又摇身一变，成了杰出的诗人；而杜甫，这个可怜的老头儿，竟由“诗中圣哲”变成了身居冬暖夏凉的特制高级茅屋而对待劳动人民的孩子穷凶极恶的地主分子。主观唯心，至此而极。

上面这些，说明在我们的研究工作中，存在一种不以马列主义为指导去对客观对象进行新的探索，而满足于将自己的著述贴上马列主义标签，至多也只是用自己的工作再一次证明革命领袖某些意见的正确性的情况。这当然就无可避免地会出现千篇一律、一般化、概念化。在这种风气笼罩下，又怎能要求学者们创造性地探索、发现文学史的新规律，深入解剖作家的心灵和作品的艺术创造呢？

这也就必然会使我们研究的领域出现禁区。例如人性论、共同美之类的问题，就是一般人都不愿意触及的。结果大家只好人云亦云。我觉得以明清时代遗留下来的天安门作为我们的国徽图案这个事实很能说明问题。这种庄严、雄伟、对称、稳定的古代建筑物，在当时，毫无疑义，是按照封建统治阶级的美学观点而建筑的，它象征着皇朝政权的稳固，反映了封建统治阶级长治久安的愿望。但在今天，我们用作国徽，同样象征我们人民共和国政权的稳固，表达我们长治久安的愿望。这一事例，不但证明了有共同美，也证明了有抽象继承。

由此也可以联系到长期以来争论不决的山水诗、花鸟画、轻音乐诸问题。面对着生活中、文学艺术中这样许多事实，学术界完全可以而且应当展开讨论，从事实中引出其应有的结论。

我们要将研究工作搞上去，取得新的突破，就必须从新经学的迷雾中走出来，让自己的心灵真正沐浴马克思列宁主义、毛泽东思想的雨露阳光，解放思想，独立钻研，大胆创新，提出富有科学性的见解。

第二，目前，古典文学研究工作不能令人满意的现状，大学的文科教学也是有责任的。因为现在从事古典文学研究工作的人也不能不受他们所受教育的影响。这也就是程度不等地受到新经学的感染。同时大学中文系的课程结构、教学方法、专业设置本身也存在一些问题。

几经改革的现行综合性大学中文系课程在实践中暴露了它明显的缺点。仅就古典文学这方面来说，它只有一门古代文学史作为必修课。而作品选读，则是附在文学史里面的。这种附带讲授作品的文学史课程，内容过于广泛，目标也不明确，显然不容易讲好学好，结果不免顾此失彼；两败俱伤。因为文学史的教学目的是通过对于文学历史知识的讲授，阐明其外部和内部的发展规律。而作品选读的教学目的则在于通过对作品的分析，阐明其思想内容和艺术表现手段，以及如何正确评价这一作品。它们各自有独立的需要探索的方面，虽然两者之间也有必然的联系，要有必要的配合。

作品是从事研究的根本材料，没有作品做基础，史与论都无从说起。可是我们却长期忽视这个问题，读得少，论得多。因此养成了一种不踏实的学风，认为只要有正确的论点，材料的多少是次要的。教学如此，研究也如此。一些青年教师往往自谦基础不好。什么是基础呢？我个人的偏见，首先是作品。将一部部完整的古典名著、文集、专书，认真地从头到尾，连注解也在内，读个十部八部，也就算有了一点家底了。除了要将作品选读与文学史分开讲授之外，另外开设一些专家、专书和专题研究，也是很需要的。

谈到这个问题，我回忆起三十年代在南京学习时的一些往事，我觉得那个时候在课程设置的某些方面，还是有些可以借鉴的东西的。那时必修课少，选修课多。老师们都是八仙过海，各显神通。比如胡翔冬老师除了讲必修的诗选之外，还讲过杜甫、苏轼等专题。在同学们的要求之下，他又将他多年研究的独得之秘——李怀民《重订中晚唐诗主客图》，为我们讲了一次。他对唐人五言律诗中清真雅正的张籍派、清奇僻苦的贾岛派，做了极其精彩的风格辨析。此外，吴瞿安老师讲《长生殿传奇》斠律，刘衡如老师讲魏晋文学背景，也都各擅胜场。这些课程，既传授了高深的知识，又传授了治学的精神和方法，真是令人终生难忘。为什么我们今天不能吸取这些好的方法呢？

今天中文系学生知识面狭窄，不能融会贯通，不会搜集和整理材料，当然也就难以从事谨严的科学研究。这和他们不能跨系选读哲学系、历史系、外文系的有关课程，又不开设古籍导论、工具书使用法和校雠学（版本、校勘、目录学）之类的辅助课程有关。中文系毕业了，可能不知道今古文是怎么一回事，不知道易卦的六爻是该倒着看还是顺着看。而不懂这些，读《文选》李善注就有困难。这能怪学生吗？我们没有教呀！

科学研究，大体上总可分为搜集材料和整理材料，由低而高这样两个不同的阶段。研究人员必须在大学学习的时候，就初步掌握从事这两个不同而又互相联系的阶段的研究方法。必须初步积累较广博的知识，具备运用各种辅助科学的能力，来独立地搜集第一手的材料；同时，也要初步具有辩证唯物主义和历史唯物主义的基本知识和理论修养，才有可能由搜集而整理，由分析而综合，以探索某一问题的规律，而不是始终停滞在表面上。

在教学方法上，我只想说一点，即过去行之有效的美意良法，如课堂讨论、课外指定阅读参考书，写作课间周作文一次等等，现在都因为物力和人力不足，或者不够重视，被放松或放弃了。这当然也对学习带来了不良后果。

这一切，都应当引起有关方面的注意，创造条件，迅速改进。

“物之不齐，物之情也。”我们古典文学有两千多年的历史，它的教学研究当然有其特殊性。这个特殊性主要表现在一：古，二：多，因而产生三：难。为了在古典文学方面快出人才，出好人才，我建议，在有条件的综合大学里，建立一两个古典文学专业，在课程结构、教学方法等方面进行一系列创造性的试验。领导上多放手一些，多支持一些，经过一段时期，毕业了几班学生，再来总结经验教训。这，也许是培养高质量的古典文学研究人才的一个可行的办法。

总之，解放思想，改进教学，我看是解决古典文学研究中存在问题的关键。

我们在党中央的关怀下，已经迎来了科学的春天。

　　等闲识得东风面，万紫千红总是春。

我们的祖国，我们的人民，要求人才辈出，科学繁荣。

我愿天公重抖擞，不拘一格降人才。

1980年7月，于长春。

原载《社会科学战线》一九八〇年第四期

詹詹录

一

马克思主义的指导作用对于学术研究无疑是十分重要的，但是我们不能把它当成圣谕或教条，而是要在它的原则指导之下去进行工作。古典文学的研究不在例外。要真正能够做到一分为二和实事求是。辩证法不崇拜任何东西。唯物主义认为实践是检验真理的唯一标准。看风使舵是学者的堕落，它导致学术的毁灭。

二

研究古典文学的人，也同样必须时刻关心注意广大人民的生活情况和感情脉搏，注意当代文学艺术的发展及其中所反映的问题，要使自己的工作对丰富人民的精神生活和发展当代文学有所帮助。古为今用的概念应当从最广泛的范围去理解。

三

教学与科研决不矛盾。反之，也可以说是教学相长。在教学中可以发现问题，从事科研。科研的结果，可以反过来充实教学。如此循环，就可日新其德。一举两得,有何不好?

四

王鸣盛说:“目录之学,学中第一紧要事。必从此问途,方能得其门而入。”这句话今天看起来还是正确的。研究古典文学的人,连《师石山房丛书》、《四库提要》都不读,是不知道怎么“开步走”的。

五

汉以前的群经子史,是中国古代一切学术的源头。研究古典文学的人如果对这样一些经典毫无了解,对在这样一些经典哺育之下成长起来的作家及其作品,也就很难懂透。

六

要精读几部书,打下根底。黄季刚老师主要在八部书上下工夫:《说文》、《尔雅》、《广韵》、《诗经》、《周礼》、《汉书》、《文选》、《文心雕龙》。每部书都非常精熟。触类旁通,就成为一代大师。

七

“为学要如金字塔,既能广大又能高。”这是胡适的话,但是我们不能因人废言。我跟黄季刚先生读过书,却没有把文字声韵学好。这是当时主观地认为研究文学的人无需通晓小学的结果。在这件事上,我吃了一辈子的亏,后悔莫及。

八

从事于一个专题研究，材料是基础。必须从搜集材料开始，然后进入整理材料，即由低级阶段进入高级阶段。那种想跳过搜集材料的阶段而直接进入整理阶段、逃避搜集材料的艰苦工作、利用别人搜集的一点材料大发议论的人，与科学研究是无缘的。

九

必须注重亲自搜集第一手的材料。对于他人引用的材料，必须核实。陈援庵先生的《史源学杂文》在这方面给了我们很好的榜样。以拾取别人搜集的现成材料为满足，只能证明自己的懒惰和不负责任。懒惰和不负责任不能产生科学。

十

从事科学研究工作必须具备“敌”情观念，即要把自己研究的那个范围的国内外同行及其作品经常进行排队，了解他们的动向和成果，这样才可以避免重复，互相补充，进行商讨和开拓领域。

十一

考证与批评是两码事，不能互相代替。但如果将它们完全割裂开来，也会使无论是考证还是批评的工作受到限制和损害。从事文学研究的人，同时掌握考证与批评两种手段，是必要的；虽然对具体的人来说，不妨有所侧重。

十二

从事文学研究,不能缺乏艺术味觉。用自己的心灵去捕捉作者的心灵,具有艺术味觉是必备的条件。否则,尽管你大放厥词,都搔不着痒处。

十三

从事文学批评工作,完全没有创作经验是不行的。研究诗最好能够写点诗,即使会画点画也好。逻辑思维与形象思维之间并不曾隔着铜墙铁壁。长于形象思维,必然对逻辑思维有帮助,反之亦然。

十四

背诵名篇,非常必要。这种方法似笨拙,实巧妙。它可以使古典作品中的形象、意境、风格、节奏等都铭刻在自己的脑海中,一辈子也磨洗不掉。因此才可能由于对它们非常熟悉,而懂得非常深透。光看不行。

十五

陈寅恪先生《隋唐制度渊源论略稿》论府兵制云:“总之,史料简缺,诚难确知,冈崎教授之结论,要不失为学人审慎之态度。寅恪姑取一时未定之妄见,附识于此,以供他日修正时覆视之便利云尔,殊不敢自谓有所论断也。”在翁方纲的《苏诗补注》小引里,我们也看到类似的谦辞。这说明有成就的人总是谦虚的。谦虚的困难,不在于自己没有成就的时候,而往往在于有点成就的时候。古人说:一丸泥封函谷关。往往就是这一点点自高自大,反使自己一辈子都成为精神上的侏儒。

十六

当我自己觉得还不错的时候,我就停滞了,甚至退步了;当觉得还不行的时候,就多少可以有些进步。因此,保持头脑的清醒是很重要的。我保持头脑清醒的办法是:以己之短,比人之长。

十七

陈寅恪先生《突厥通考序》云:"寅恪平生治学,不甘逐队随人而为牛后。年来自审所知,实限于禹域以内,故仅守老氏损之又损之义,捐弃故技。凡塞表殊族之史事,不复敢上下议论于其间。"一是不甘逐队随人,二是仅守老氏损之又损之义,乃是说从事科学研究,要追求创造性;同时,也要由博反约,才能向深处开拓。这是一位极为杰出的学者老来的甘苦之谈,非常值得重视。

十八

《山海经·中山经》说:苦山有兽,名曰山膏,善詈。科学家要讲究文德,讨论问题,分清是非,以理服人。山膏式的文风,要不得。"坚决把××打翻在地,再踏上一只脚,叫你永世不得翻身!"之类,已经成为历史上的笑柄。文学史、学术史上还不曾记录过以山膏为榜样而获得成功的例子。虽然这样做也可以取快一时,但却污染了学术空气。

十九

要感谢严格的老师。我跟胡翔冬先生学过诗。这位老师不但要求很严,而且脾气很大。有一次,我把几首恶诗送给他老人家看,他说:"我的一双眼睛像水银一样发亮,你要拿沙子来擦吗?"以后,我呈送习作时,再也不敢敷衍塞责。现在我也老了,想到四十多年前的这些往事,就不敢把高帽子送给学生戴。廉价的赞扬决不是栽培科学之花的好肥料。

二十

要爱护下一代。耐心地、不断地对他们施加友善的压力,同时对他们给以具体的帮助,乃是使青年人迅速提高的有效方法。特别要注意科学研究中基本操作的训练。例如:应当把研究生论文当中出现了错别字、不规范的简化字,语法不通的句子以及引用别人的论点而不加说明的情况等,看作是自己的失职。因为这些情况的出现,正反映了自己平日对他们要求不高,训练不严,也就是对他们爱护不够。

1981 年 3 月 1 日,急就。

原载《文史哲》一九八一年第三期

关于知识爆炸与基本功的对话

甲:我知道,在科学研究这个问题上,您一向是重视并提倡基本功的。可现在也有一些同志认为,我们正在进入或者已经进入一个知识爆炸的时代,因而不可能也没有必要像古代以及老一辈学者那样从事基本功的训练了。还有的人提出了这样的质问:难道多读几部古书就算是基本功了吗?作为一个爱好古典文学的自学青年,我对于这样一些问题感到莫知所从,不知道您能不能谈谈自己的看法?

乙:您所提的实质上是一个学习方法的问题。“和尚进庙门,各修各的行。”这句老话说明每一个人取得成就的道路并不都是一样的,虽然学习也有其共同的规律。对于什么是基本功,什么是知识爆炸,恐怕各人所理解的也有分歧,不尽一致。所以就有可能将并非对立或不一定需要对立起来的东西,也对立起来。现在我就想问您,您认为什么是知识爆炸呢?

甲:我也很难给这个新词下一个确切的定义。大体说来,恐怕是新知识、新概念、新方法的发现和发明既快且多,日新月异,乃至在任何一个学术领域内,它的研究者都无法全部吸收消化吧!

乙:我想提请您注意,知识爆炸这个词并非科学性的说明,而是艺术性的描绘。我们知道,近代和现代科学研究的发展大势,是先由整体走向局部,由通走向专,由宏观走向微观,然后又逐渐地、曲折地反过来的。自然科学、工程技术科学、人文科学和社会科学大体上都是如此。今天已日益进入一个各种科学互相交叉、渗透、联结的时代。过去认为与自己的专业毫无关系或很少关系的科学，有时你也要被迫去欢迎它，了解它。现在的文学研究者之热衷于移植本是自然科学的方法论——“三论”就是一例。知识爆炸说的提出和流行，反映了人们要求扩大和更新知识，提高科学研究的质量，取得与我们伟大社会主义祖国日益增长的国势相称的成绩，所以是值得重视的。

甲：我同意您以上的说法。但是您并没有解决我的问题，即第一，我们怎样对待这个知识爆炸的现实局面？第二，是不是在知识爆炸声中就可以不要基本功了？

乙：我刚才说过，知识爆炸这种说法是艺术性的描绘，因此不可避免地带有夸张性。科学家并非是全知全能的上帝，他没有必要也不可能把人类的精神财富全部存贮在自己的头脑里面。任何科学家总是根据必要与可能来选择、贮存和消化对于自己有用的知识的。他继承了前代人和同代人的发现发明，然后加上自己创造性的努力，就会对全人类的文明和文化作出新的贡献，使全人类获得更高的物质生活和精神生活。世界文明史也就是一部这些科学家的创业史。所以即使知识真是爆炸也罢，每个人所能承受的这种爆炸物的冲击波的能量，也终究是有限度的。《红楼梦》里贾宝玉对林黛玉说：“任他弱水三千，我只取一瓢饮。”对于科学家来说，饮一瓢固然过于狭隘，难以大成，但尽饮三千，则既不能，也不必。而且以自己的专业为中心和出发点去吸收蕴藏在其他科学中的知识，也是有深浅，有多寡，有层次，有先后的。例如一个研究古典文学的人，当然最好懂一些天文、地理、物理、化学，更不要说历史、哲学等了；但他究竟有没有必要和可能学得达到和这些专业的专家一样高精尖的程度？所以在知识爆炸声中，我们既要有广阔的视野和胸怀，去吸收一切对自己的专业需要的知识，而且也要善于筛选，善于吸收，更要善于不断更新。不论知识如何爆炸，一个具有冷静科学头脑的人是不会对之目迷五色，茫然不知所措，像初进大观园的刘姥姥似的。

甲：照您这样的理解，似乎问题并非出在由于日新月异而出现的知识本身所具有的爆炸性，而是在于一个从事科学研究的人如何对待即使他是十分饕餮也终竟无法吞食下去的知识。

乙:我想是这样。

甲:那么,知识爆炸的现实和做学问的基本功这两者之间的关系究竟是怎样的呢?

乙:我想首先说明一下什么是做学问的基本功。这,各人理解的可能不一样。我只是想谈谈自己的看法。我认为基本功至少应该由下面几个部分构成:一是具有其所研究的这门科学的基础知识;二是占有其所研究的这门科学的基本材料;三是通晓研究这门科学的基本手段;四是熟习对这门科学进行研究时的基本操作规程。当然,除此之外,辩证唯物主义和历史唯物主义的修养和思维方法也是必须具备的。以从事研究古典诗歌为例,对于汉语诗律学这种基础知识总该知道吧;对于像李白、杜甫等人的全集总该认真通读过吧;总该对于古代汉语特别是古代诗人传统的、常用的语言及其表现方式不是很生疏吧;对于鉴定材料、使用文献,总该不至于不辨真伪、先后以及实证和推测的区分吧。所以,一方面,显然不能认为,只要多读了几部古书就算是有了基本功;而另外一方面,也不能认为没有深入了解这门学科的基本材料也可以精通这门学科。如果只凭某部唐诗选里面所选的李、杜诗来写关于李、杜的论文,即使作者是天才,恐怕也难以产生像样的成果。读书本有各种各样的读法,或精读,或泛读,或翻检,这完全可以而且应该根据自己所从事的专业及每人本身所具备的条件而有所不同。认为在知识爆炸的时代可以而且应当放弃基本功,恐怕是由于某些同志把基本功看成仅仅是精读若干部某门科学的经典著作,或者是忽略了自古以来,书就有详略、深浅、精粗、偏全等各种不同的读法。我们可能都记得,鲁迅为了要搜集中国小说史料,在浩如烟海的典籍中,曾经仔细阅读并抄录古代类书、杂记中有关材料,而于《通考》则仅仅翻检其《经籍考》而已。如果基本功的概念是指研究科学的综合基本能力,那么我们是不是可以说:在知识爆炸的今天,基本功如果不比以前更重要,至少也不会比以前更不重要吧。因为有了基本功,也才能使您有一定立脚点和出发点,也才能在知识的汪洋大海中比较容易地获得您所需要的知识,即在搜求、筛选、吸收的过程当中,将显然更加方便和有效。

甲:您对于基本功的理解好像比另外一些说法要广泛得多?

乙：是的。任何事物都在发展，因此客观事物及所形成的概念也往往是一个历史的、变动的范畴。我们生活在一个与前人大不相同的时代，既要从前人的治学经验当中汲取有益的东西，也不能抱残守缺，生搬硬套。研究学问，基本功总是要的，但内容却不可能古今完全一致了。我这些想法也是很不成熟的，我只是觉得知识爆炸和基本功并不构成一对矛盾而已。青年同志头脑里条条框框少，思想活跃，勇于探索，这个问题还希望您继续进行思考，我一分乐于听取您和其他同志的意见，从而修正自己的偏颇。

原载《古典文学知识》一九八六年第六期

答《江海学刊》问治学经验

一　请您谈谈自己在治学上的师承关系；您生平最得力于哪几位老师或朋友？

我走上研究中国古典文学这一条路和家庭有很大的关系。我的叔祖父名颂万，字子大，别号石巢，晚号十发老人，著有《十发居士全集》（家刻本）。十发老人的长子名士经，字君硕，号苞轩，著有《曼殊沙馆集》（家刻本）。我的父亲名康，字穆庵，别号顾庐，著有《顾庐诗抄》（未刊稿，在十年浩劫中被毁）。我从小在他们身边长大，有机会耳濡目染，又跟伯父君硕先生念过几年书，所以，在进大学以前，对于古典文学的通解及古体诗文的写作，已略窥门径。

一九三二年秋，我进入金陵大学中国文学系。有幸得从黄季刚（侃）先生学习《说文》、《诗经》、《文心雕龙》和经学通论；从吴瞿安（梅）先生学习词、曲；从胡小石（光炜）先生学习《楚词》、中国文学史和中国文学批评史；从刘确杲（继宣）先生学古文；从商锡永（承祚）先生学习古文字学。我的目录学是从刘衡如（国钧）先生学的；诗是从胡翔冬（俊）先生学的。后来又跟汪辟疆（国垣）先生学习诗和目录学。这些先生们的学术主张、治学方法、讲学风格，各有不同。如小石先生讲书条理密察；季刚、翔冬先生则以立论精审、时有新义见长；瞿安、辟疆先生不长于课堂讲授，但瞿安先生批改作业之精细，辟疆先生回答问题之博洽，却使我终生难忘。当时我已初步理解杜甫所说的“转益多师”的道理，而老师们又都循循善诱，导而弗牵，加上师生之间感情很好，质疑问难，毫无顾虑，所以高校四年，大有提高。

我现在已届垂暮之年，回想起在大学的学习生活，还深感留恋。季刚先生在课堂上由于我们不够勤奋而大声斥责；翔冬先生在小酒馆里捋着长胡子一边喝酒，一边谈诗；瞿安先生由于我们习作迟交而笑嘻嘻地向我们伸手“讨债”；锡永先生身穿笔挺的西装在黑板上写甲骨文和金文，形成饶有趣味的古今中外强烈对照；还有我和孙望获得图书馆馆长刘衡如先生的特许，进入书库查材料，站着抄卡片，一站就是半天。如此等等，回忆起来，都觉得是甜蜜的，幸福的。

毕业后，我逐步认识到，老师们所传授的不仅是许多知识的本身，而且是他们获得这些知识的方法。老师们身教多，言教少。他们自己工作的勤奋，态度的谨严，以及对学生期望的殷切，要求的严格，都使我觉得自己如果不用功就对不起老师们，也对不起祖国伟大的古代文化。（解放以后，又进一步认识到，不这样就对不起党和人民。）

我所从学的老师们都是一些杰出的学者，而当时相与切磋的同学中有许多人也早已是知名的教授了。但是我觉得要指出哪几位对我最有影响，却比较困难，因为在他们每一位的身上，我都学到不少东西。

二　您开始治学最得力于哪几部书？它们给了您哪些影响？

《论语》、《孟子》、《庄子》、《左传》、《礼记》、《诗经》、《楚辞》、《文选》、《文心雕龙》、《杜诗》、《史通》、《文史通义》、《四库提要》，这些书使我认识到祖国古代学术文词的美富。通过对于这些书籍的学习，使我打下了做学问的基础。我自来认为，现在也还认为，要研究中国古典文学的任何一个阶段和领域，对于先秦、两汉的典籍都必须认真学习，否则就似无源之水，无本之木。现在的大学生很少或完全不学习古代经典著作，因此，他们对于后来从这些著作发展出来的文学作品，不仅无法深入，而且学习也感到困难。

三　您是怎样搜集、积累资料的？您怎样积累、使用卡片？

我批书头子，也作笔记和抄卡片。但我认为，无论怎样，记在纸上的东西不能代替记在脑子里的东西，只有脑子才能使你积累的资料融会贯通。所以我赞成使用卡片，但坚决反对单纯依靠卡片来从事教学、研究工作。据我所知，当代最杰出的学者，如黄季刚先生、陈寅恪先生，他们就没有使用卡片的习惯。钱锺书先生的名作《围城》里面的李梅亭，是我们的反面教员。

四　您在什么时候、什么刊物上发表第一篇学术著作？

一九三四年秋天，我跟刘衡如老师学习目录学，写了一篇题为《〈汉书·艺文志〉首三种分类遗意考》的学期论文，将《七略》和《汉书·艺文志》中屈赋、荀赋、陆赋三家的分类标准，作了合理的说明。此文发表于一九三五年《金陵大学文学院季刊》第二卷第一期。这是我发表的第一篇论文，那时我是大学三年级学生。

原载《江海学刊》一九八三年第一期

自学不可囿于狭义概念

一般认为，从小学读起，循序渐进，读完大学的，就不能算是自学成才，只有没有受过学校教育而有所成就的，才算是自学成才。显然，这是自学的狭义概念。

马克思主义告诉我们，所有外在因素都要通过内在因素起作用。自学也要通过多种渠道：看书，读报，查资料，听报告等接受教育。大家知道，鲁迅、郭沫若就文学方面而言，都是自学成才，他们本来都是学医的。契诃夫也是这样，他的职业是医生，自学成为著名作家；这次获得茅盾文学奖的六个同志，五个同志是自学成才，其实姚雪垠虽然是教授，但就写小说来说，也是自学成才。因为他并没有向谁或在什么学校学过写小说。

今天，为什么要讨论自学成才？建国以来，自学成才被忽略了。大学培养出来的人才还不够多，有的又不适应需要，分不出去。有的大学天文系毕业生分不进天文台，因那里的位置已被顶职的青年工人占住了。海洋学院有的毕业生被分到山区，根本看不到海洋。当然，还有许多社会需要的科目，更是高校所不能包容的。高等院校培养出来的人才，远远不能应付社会的需要，因此，自学成才就显得特别重要。

各行各业的领导人才，往往经过自学的道路。几十年来有一场争论：是外行领导内行，还是内行领导内行。这个问题要辩证地看，先是外行领导内行（这是在特定的历史条件之下的必然的形势），再接着就是要外行通过知识化变成内行，再来领导内行。陈毅同志从指挥千军万马的将军转变为出色的外交家。郝建秀、蔡祖泉从工人走上领导岗位，刻苦学习转变为内行领导。四化建设需要我们为党和国家培养更多的内行的人才，其中包括领导人才。正规学校培养出的人才并不够用，因此必须鼓励大家自学成才，如果仅仅把它看成解决青年就业问题，那就大错特错了。

自学是根本，可能不上大学而成了才，也可能上了大学成不了才。关键在于自己对于学习的态度。比如爱迪生是卖报的，沈从文是当兵的，瞎子阿炳没有上过音乐学院，季德胜也没有上过药学院。

我国人口多，但人才不够多。现在全国搞四化，特别需要各式各样的人才，特别是比较高深的专门科学人才，包括社会科学方面的人才。形成这种状况的原因很复杂，有客观社会的条件，也有个人主观的原因。客观条件暂时不谈，且谈主观原因。第一，为什么自觉自学的人不是很多，真正成才的也不多？我想非常重要的一个问题是学习的目的没有解决，就是“为什么学”？在旧社会有这样的话：“吃得苦中苦，方为人上人。”“十年窗下无人问，一举成名天下闻。”这种学习目的，是光宗耀祖，功名富贵。所以知识分子都想出洋，镀金镀银。这些“得天独厚”的人，回来之后，就当教授，而同班同学还在当助教。非常清楚，这样的学习是为自己，他可以很顽强，但不能持久。因为他的目的很小，也容易达到。不能说这种人对人类没有贡献，但他的贡献可以说只是一种附产物，而他个人的政治经济地位，才是第一位的。但是，如果自学的目的是为了社会主义祖国，为了全人类，那情形就完全两样了，就会产生无穷的力量。研究科学共产主义的最初只有马、恩两个人。孙中山先生等闹革命最初只有四个人，共产党闹革命原来也是星星之火。蒋筑英、罗健夫都是为了理想的实现、事业的成功，而千辛万苦，直至贡献出宝贵的生命。这就叫做“献身性”。所以凡是工作最有成效的人，总是把国家、人民的利益放在第一位，而自己的利益服从整体的利益，这才可以排除一切困难，达到目的。所以自学首先要解决“为什么”的问题。实际上，这就是个世界观的问题。

第二个是学什么？各门科学有特定的对象和方法，所以只能讲一点概括性的东西。要真正成才，就应当做到有真才实学，而不是一知半解。在学习时要重点与一般相结合，然后才能做到一专多能。要做金字塔，又高又大。不要做麻杆子，好像很高，一碰就断。我们搞学问的，要经得起敲打，不能是鸡蛋壳。当教师的要经得起学生问。学生问我，我如果答不上，就翻书自学，否则学生就会产生疑问："这是什么教授?"因此，又红又专，一专多能，极为重要。要处理好单科独进与兼顾知识面的关系。搞任何学科都必须学两门公共课程，一是马克思主义，即辩证唯物主义和历史唯物主义，不学好这门课，立场、观点、方法就会出问题，要走弯路。应当指出，它是行动的指南，而不是教条，理论必须与具体情况相结合。为什么提出"实践是检验真理的唯一标准"？为什么反对两个"凡是"？就是因为我们过去把某些马克思主义的经典著作看作是万世不变的圣谕，然而在实践中却碰了壁。一句话，马克思主义可以指导任何科学，但不能代替任何科学。第二就是要学好语言，外语和汉语。语言很难学，要练基本功。旧社会，人们骂庸医，因为他们不能解除人们的痛苦；也骂教书匠，因为他们水平低，不能给人以正确的知识，首先是不能教人正确地使用祖国的语言文字。

搞四化建设要有勇气，才能承认落后，有志气，才能改造落后。因此我们要向先进学习。这样一来外语就是一个重要工具。我以为搞古典文学的，也要学外语，古典文学有个输出的任务。语言是进行思想、文化、经济等信息交流的工具，真正的人才应该是又红又专、一专多能的。

原载《自学》一九八三年第五期

谈谈培养文科研究生的问题

在高等院校古籍整理研究规划会议上的部分发言

近年来，我自己培养了一些研究生，也到各地参加过一些研究生的论文答辩，了解到一些情况。现综合自己的一些肤浅的经验和其他同志的先进工作方法，对怎样培养文科研究生的问题谈几点看法：

一、培养研究生必须注重基本训练。我和研究生第一次谈话，就说：我这个人有两条，第一条是丑话说在前面，第二条是什么事都摆到桌面上谈。我要求他们交给我的任何一张条子，一直到整篇论文，都必须一律用正楷，不准写草字，不准自己造字。有个研究生不照这个要求做，我马上给他退回去。我说，我某月某日讲过的，他就只好拿回去重抄，不论写多长，都要重抄。再就是不准写错别字，凡是发现一个错别字，我就用红笔打一个大“×”，有一寸长，小了怕他们看不见；当然，语法不通我也要给他改。严格的基本训练行不行得通，关键就在于导师怕不怕麻烦。因为你要发现错字，就得非常仔细地看，否则错字就往往被忽略了。再如，凡是引书，一定要注明卷数、版本，这也是基本训练的一个极为重要的方面。如果学生引个什么材料，来历不明，我就给他勾出来，打一个大“?”，问他从哪里引来的？有个学生写了一篇论文，一上来就说，“恍惚记得恩格斯在什么地方说过”，那我当然要给他退回去。在这样的要求之下，他们就会慢慢地觉得做学问不是一件容易的事情。还有，我觉得抓语言训练也是极其重要的，因为搞教学、科研总要有较强的表达能力嘛。对于文言文，我尽可能鼓励他们多看、多写，提高这方面的表达和吸收能力。如果学生的外文好，他用外文做笔记，我也赞成；就是说，要使他们多方面得到训练。要注重一般的基本训练，还要注重学生所专攻的某一门学科的基本训练。

二、不能让学生用一篇论文或者标点一部书就换取一张硕士文凭。没有那么便宜的事。一定要让他们的知识面宽一点，适应能力强一点。我们的国家还贫困，不但物质财富贫困，知识、人才方面也贫困。如果我们把一个学生训练得太窄，他毕业出去，专业就很难得对口。比如说，硕士生学了三年，学得太窄，只懂一点点东西，出去以后就只能教一门课，怎么行？他将来要后悔的，要骂老师的。我们也要后悔的。

现在的大学里，已经出现了一些很奇怪的现象。我们从前教文学史都能够教文学通史，教哲学史都能够教哲学通史，然后再开一两门专门课程——隋唐佛学研究或者魏晋南北朝文学研究之类。现在，认为自己是搞隋唐的，别人问到陶渊明的问题，他可以理直气壮地回答：陶渊明是属于魏晋南北朝的，同我没关系。问到欧阳修，又说：欧阳修是宋朝的，也同我没有关系。这种现象已不少了。也就是说，知识面很窄，并且觉得理当如此。我们认为，一个专家应当知道得很多，对于某一门应当知道得特别深，而现在的青年同志所理解的专家却是对于某一门只知道一点点，其余一概不知道。这叫什么专家？这是个学风问题，这个问题十分严重。从前有一个笑话：一个将军打仗，被敌人射了一箭，射到肉里去了，请一个医生来看。这个医生就拿一把小锯子将箭齐肉锯断，说：好了。将军说：箭还在肉里没有拿出来呀！医生说：那是内科的事情，我是外科。这样的学风就是“锯箭疗法”。所以，怎样使我们的课程安排得适当一点，所教的知识面宽一点，也是培养研究生工作中的一个重要问题。

三、对学生要严格要求，不能“心慈手软”。我们这些老头子，体力差了，生活上有困难，有事弟子服其劳，是孔门的遗教。这样做是可以的，甚至是应当的。但千万要注意，不能拿原则做交易。特别是参加答辩，一张反对票投下去，就会通不过。如果不好意思，其奈祖国学术前途何！无论是对自己的研究生，还是对别人的研究生，恐怕还是严格一些的好。我有一个博士生，我叫他读《毛传注疏》。他读了，说那些文物制度对今天没用处，又读不懂。我说：许多地方我也读不懂，或者只比你稍懂一点，但是你不读一遍，怎么知道读不懂？你是个博士生，将来拿到一张博士文凭，连《注疏》是个什么样子都不知道，行吗？他没有办法，只好硬着头皮读下去，读了很久，说：原来毛传、郑笺、孔疏，其中也颇有异同呢！我说：是这么回事，看第二遍，发现的问题就更多了。为了严格要求，我有一个方法，叫做“不断地施加友善的压力”。施加压力，第一是“不断地”，不是一回压上去，分量太重，学生受不了；第二是“友善的”，使他感到你是为他好。这样，他才愿意承受。不要疾言厉色，但是规定要做的事情一定要做到，毫无商量的余地。一方面要求严格，而在讨论学术问题的时候又要对他很平等，很民主。假使一个学生指出你在某处错了，你就说：“这是我错了，你对。”他就会很高兴，觉得在学术上和你是平等的。现在我们所应该做的，就是辛辛苦苦地带路，心平气和地让路。要非常负责、一丝不苟地带出一条路来，然后说：“你请吧，我不行了，我让路，你们去干。”这就是欧阳修看到苏东坡后所讲的：“老夫当避此人，放出一头地。”他还对儿子们说过：你们记着，再过几十年，文坛上不会再提到我了，只会提他——苏东坡。他预先看出苏东坡有非常大的发展前途。如果老师是这样一个态度，学生们原来只能承受一百斤压力的，就能承受一百二十斤，这样，就能激发他们内在的潜力。因为学生们感到老师这样器重、期待他们，又不是为了个人，而是为了祖国的社会主义文化事业，他们的爱国热情就会迸发出来。

四、我想谈谈关于研究生学习外文的问题。有的同志认为，外文是必须学的。有的认为，外文原则上是必须学的，但就目前的情况来说，可以采取两种方法：一是放低要求，让他们考进来，然后再补；一是进来以后也可以把要求放低些。我的想法是，应当把外文抓得紧一些。我们中国的学术落后，同不了解整个世界的学术情况很有关系。就过去来说，外国的汉学研究，日本是比较有成绩的。其他国家除了个别非常杰出的人像伯希和、高本汉，多数水平不高。但最近三十年来有很大的变化，这是因为很多的同胞由台湾到了美国、加拿大、澳大利亚等国，变成了美籍华人、加籍华人、澳籍华人。这些人又推动了整个汉学研究的进步。他们的研究成果，就我所看到的一部分来说，有不少是不错的，如果不同他们交往，对于我们学术水平的提高是不利的。举一个自己的例子：我写过一本有关唐代科举制度的小册子，日本的一个教授写了一个书评寄给我。书评相当长，讲了一些可取之处，也举出不足之处，这是正常的。书评后面加了一个附注，说在日本从什么时候起就开始研究中国科举的问题，专书有哪些，专文有哪些，“似乎作者及其他中国学者都没有注意”。这真教人难为情，但也只好承认，你就是没有注意嘛！我英文还可看看，其他外文，我就只好瞪眼睛。到头来还得怪自己的外文懂得太少。日本的科学情报是非常灵通的。据跟我学的日本学生讲，中国出版的书，甚至地方上出的书，日本都能买得到。他们对我们熟悉得很，而我们对人家却茫然。“知彼知己，百战不殆”。毛主席讲过，闭塞眼睛捉麻雀是不行的。认为不必学外文的同行还有一种理由：难道我们中国人搞自己这一套还搞不过外国人？如果搞得过外国人，那学外语干吗？当然，我们搞得过外国人，外国人研究个别问题可能比我们强，但整个来说，我们水平比他们高多了。我原来带研究生的时候没有把握，特别是带博士生，便找了很多台湾的和外国的材料来看，看了以后，我就说，我能带。因为他们毕业生的论文所达到的水平，我的学生也可以达到，甚至超过他们。这是应当的。但是这里面还有一个输出的问题。我们的既然好，为什么不输出？为什么光看人家的材料？我们好的东西难道不应该向外推广吗？所以我们的对外文化交流，要像外贸部门的进出口公司那样，不能光管进口。如果懂外文的话，出口就方便得多。宣扬中华民族优秀的文化，这个责任很重大。从这一点上说，应该加强外语训练。至于说学起来很困难，这里原因很多，如师资呀，个人勤不勤奋呀。要创造一些条件嘛。如果师资配得好一点，多弄点录音带，压力加强一点，道理说清楚，也许现状就可以有所改变了。事在人为！

还有个问题。如果要带研究生，真正把他们带出来，就要把母亲般的慈爱和父亲般的严厉两者统一起来。有的时候要爱，如保赤子；有的时候要恨，恨铁不成钢。在这种情况之下，他们就会跟着你走了。比如说，老师很勤快，学生到你家里来，你都在工作，他看到老师这么大年纪还在工作，就会想：“我怎么办呢？”——“我得勤奋！”老师的身教是很重要的。又比如说，有的学生经济上比较困难，国家一年给四十块钱的买书费，不够用。那怎么办呢？他忽然要买一部《四库总目提要》或一部《十三经注疏》，很贵啊！我就给他们拨点周转金，让他们来借，有了钱再还给我。这对他们来说就很起作用。一方面要求很严，一方面又要爱护他们，这就是对立的统一。在这种情况下，师生的关系就比较好，你给他们说些什么，他们都能够接受。

再者，就是教育部规定硕士研究生要读三十多个学分的课。现在是用集体培养和导师负责相结合的方法，以一个学术带头人为主，另外的同志为辅。我觉得，我们应该利用这个机会，不仅要教出一班一班的学生来，而且要把教师建成梯队，通过合作，互相提高，然后学术才能传下去，继往开来，薪尽火传。如不这样，老的如果死掉了怎么办？就没人带头了。我现在管着两个摊子：研究生古代文学专业有一个唐宋文学研究方向，有三位副教授跟我合作，另外一个《全清词》研究室，有四位讲师跟我合作，其中有一位已提名晋升副教授。唐宋文学研究方向，其中有两位副教授专业比较强，另一位则精于宋元文学，因此我就把博士研究生的《文选》同《文心雕龙》这两门课请他指导。他说：这两部书我没有详细搞过，那我怎么指导呢？我说：正因为你没有详细搞过，所以才请你负担起来。他明白了我的意思，工作做得很好。《全清词》那一摊，我也注意到，要通过大规模的采访、编辑工作，提高同事们的科研能力。在编这部大书的同时，还规定他们各有独立的科研任务，以期做到“一石三鸟”：一、编好《全清词》；二、写出一系列的科研著作；三、在前两项的基础上，建立古代文学专业的清代文学或明清文学研究方向，招收硕士、博士生。总之，我们这些老头子要在培养研究生的工作中，建立梯队，使得后继有人。

原载《高教战线》一九八三年第五期

关于在研究生培养工作中建立教师梯队的若干问题

目前文科各专业研究生的培养，一般有两种方式：一种方式是只由一位教师指导，从课程到论文都由他一人负责，也可以说是包干制吧；另外一种方式是由一位资深的教师作带头人，组织一个学术梯队，也就是一个小班子，来共同培养。在目前，第一种方式似乎更普遍些。

五十年代，我在武汉大学培养过四名研究生，是单独负责的。一九七八年到南京大学以后，先培养硕士研究生，也还是用的老办法。八一年度招收了一名博士研究生，八三年度又招收了五名硕士研究生，便改用了建立梯队集体培养的方法。这种改革，一方面是领导上的号召和支持，更主要的则是根据我自己的认识而采取的。

由导师一个人负责培养这种方法，显然有它的长处：它使得研究生必须时时刻刻"亲承音旨"，因此导师的道德、文章、学派、学风，都容易得到真传；而导师则因"包干"的缘故，责无旁贷，所以也每每对其所指导的研究生付予更多的关心和注意。但这种方法也有它不足之处：其一是导师精力有限，招生不能过多，以我自己的经验来说，如果超过了三个人，就感觉到照顾不过来。其二是导师的知识也有限，学术各有专长，很难兼擅。对研究生所拟从事深入研究的某一个领域来说，导师具有丰富的文献知识、理论知识，完全可以指导，这不应该成为问题。但是从研究生的发展前途看，他们往往还需要补充一些基础知识和增加一些边缘学科和辅助学科的知识等等。如果这也要由导师一个人提供，就有些困难了。其三，有许多导师年纪都老了（特别是博士研究生导师，在六十五岁以下的，为数不多)。根据客观规律,能够从事这项工作的时间不是很长了。这样,他就必须负起双重责任,即不仅要培养研究生,而且还要在中青年同事(主要是中年)中,扶植选拔学术接班人,后一项工作是前一项工作得以继续下去的保证。这应该像《庄子》上所说的“指穷于为薪,火传也,不知其尽也”,而不能够像《汉书》上所说的“仲尼没而微言绝”。只有建立了一个梯队,这些不足之处,才可以得到弥补。当然,由导师一个人培养改为集体培养的时候,还应当保留个人指导那种方法的长处。

目前,南大古代文学专业魏晋南北朝文学方向和唐宋文学方向,建立了一个包括教授一人、副教授四人组成的梯队。这个梯队已经工作了近两年。看起来,无论就培养研究生来说,或者是提高教师水平来说,这种方法都更为可取一些。就研究生来说,我们开设了较多的专业课程(给博士生开了《诗经》、《左传》、《论语》(附《孟子》)、《庄子》、《楚辞》、《史记》、《文选》、《文心雕龙》八门课程,给唐宋文学研究方向的硕士研究生开了校雠学、古典文献整理及研究、中国文化史专题讲座、唐宋散文、唐宋韵文、唐宋小说及戏剧、专书专家研究如《诗经》、《史记》、《史通》、杜诗、《唐语林》、辛词等课程),从而扩大和加深了研究生的知识。这是一个人指导时根本做不到的。对教师来说,由于形成了一个集体,每位成员既在所教课程方面可以发挥特长,又在经常性的切磋讨论中丰富和提高了自己。(在学术研究上,针对目前误以狭窄为专门的学风,我们一向主张扬长补短,而不赞成扬长避短的提法。)以我自己为例,就向虽然比我年轻但学有专精的同事们学到了很多东西,并在他们的帮助下,纠正了研究工作的一些错误和疏漏。

这件工作才进行了近两年时间,谈不上有什么经验,不过我觉得要建立一个好的梯队,有几点是应当注意的:

一、参加梯队的人员必须是志同道合的,当然还是需要通过一定的行政手续组织起来,但决不能搞“拉郎配”。我所讲的“志同”,主要的是指有献身于社会主义科学事业和教育事业的决心,有继承和发扬祖国的文化学术传统的强烈愿望和责任感。我所讲的“道合”,主要的是指大家在思想和实践上都认为必须具有一种实事求是的态度,谨严勤奋的学风,特别重视基本功的训练等等。由于是志同道合的，是自愿的，所以梯队的同志们在工作中都能够推诚相见，勇于担承任务。大家做了许多无法计算工作量的工作，从无一人退有后言。对于研究生的要求，也都是一致的，例如对于字迹潦草的作业，甲老师要学生退回重写，乙、丙等老师亦复如此。这就能够使研究生的学习态度、方法、风气都较快地变得端正起来，从而取得较快的进步。

二、梯队必须是分工合作的。无论在开设课程或指导论文方面，我们都采取了既分工又合作的方式。除了开小组会研究工作之外，更经常的是，通过彼此之间的交往，讨论各种学术问题和培养研究生工作当中存在的问题。我们规定，研究生入校以后，首先要他们写三份自传，一份白话文的，一份文言文的，一份外语的。这是了解他们的家庭情况、思想学习情况和文字表达能力最直接的材料。这些自传是梯队全体成员都要传观的。硕士论文的指导虽由梯队成员分别承担，但负责人仍要审阅；博士论文的指导一般由梯队负责人担任，但也要由梯队其他成员审阅。博士生的课程作业（论文、札记等）除由担任该课程的老师审阅以外，至少还要有包括负责人在内的两位教师审阅。所有成员也都可以对研究生成绩的评定发表意见。这样做，既可以使研究生“转益多师”，又可以避免某些偏见或者偶然的疏忽。其效果是使得研究生的论文和作业比较成熟。梯队指导的一位博士生已经在《中国社会科学》、《求索》等刊物上发表了一些有见解的文章，受到学术界的重视。

三、我们认为：教育者必先受教育，指导研究生的教师一定要搞研究。如果自己不从事研究工作，就会对各个领域之内的进展情况不甚了然，指导研究生进行研究也就没有创新的把握，甚至成为无效劳动。因此，梯队成员都订下了自己的科研计划，和他所开的课程紧密结合起来。这样，教师的研究就不断地丰富了教学内容，自己也进一步地提高了。博士生的多数课程和硕士生的专书专家课程，基本上都是和现阶段梯队成员的研究工作相联系的。

由于以上三点，产生学术接班人的问题就自然而然地解决了。负责人培养研究生行之有效的方法既逐步为梯队成员所熟悉，而成员们许多有益的设想和实践又不断地丰富了原有的方法。例如：硕士研究生课程中“古代文献整理及研究”这一门课，是一九八二年教育部在南京召开的研究生培养工作经验交流会上讨论设置的课程中所没有的，有一位同志认为在研究生学过校雠学（版本、校勘、目录）之后，如果能够把近代到当代学者整理和研究古典文献的成就以及老师自己在这一方面的工作，介绍给他们，并指导他们从事一些小规模的实习，就可以使研究生在治学方法上得到进一步的锻炼。经过讨论，大家都同意加设这门必修课。就是说，对培养研究生大家都开动了脑筋，锻炼并提高了自己带研究生的能力。而坚持科学研究则提高了大家尤其是中年同志的水平，克服了他们接班的困难。

总之，我们这个梯队的建立，是希望能够做到：(1) 保持个人单独指导的细致作风；(2) 扩大、加深研究生的知识；(3) 增加培养研究生的人数；(4) 解决学术接班人的问题。总括起来就是四句话：

志同道合，
分工合作，
集思广益，
继往开来。

但我们这个工作才开始不久，许多方面都还在摸索，需要逐步完善起来，希望同行们给我们多多指正。

附:对中文系博士生培养情况的意见

南京大学中文系中国古代文学专业八一级博士生　莫砺锋

一　课程设置

前三个学期的课程除教学实习课和英语口语课之外，专业课均采用在导师指导下研读经典古籍的方式。共研读了《史记》、《文心雕龙》、《文选》、《诗经》(《毛诗注疏》和《诗集传》两种注本)、《楚辞》(《楚辞章句》、《楚辞补注》和《楚辞集注》三种注本)、《庄子》、《论语》(附《孟子》)、《左传》等八种经典著作。本人认为这样的课程安排是合适的。

1. 本人的研究方向是唐宋文学，这八种著作却都是唐以前的著作。表面上看来，研读这些古籍与撰写博士论文关系不大，在时间上不太经济。但实际上，这样做能使研究生对专业知识有较宽广而坚实的基础，是完全必要的。因为目前中文系本科生和硕士生的教学计划中设置专书研读课程的不多，而这些经典著作又是深入研究本专业所必须掌握的。它弥补了在大学生和硕士生学习阶段中的不足。

2. 在导师的精心安排下，研读古籍也为撰写论文作了一些准备工作。本人原定论文题为《朱熹的文学思想》，而朱熹的文学思想在很大程度上是通过对古籍的注释而体现出来的。所以在读《诗经》和《楚辞》这两部先秦文学总集时，都以汉人注本和朱熹注本对照进行研究，这样，既对这两部总集有了较全面的了解，又为论文准备了一些必要的材料。(论文题目后因知台湾学人已有研究成果，所以改了。)

3. 在导师指导下，研读古籍采用了各种不同的方法，在研读时的侧重随书而异，作业的要求也多样化。例如读《诗经》、《楚辞》时侧重其注释（以了解汉学与宋学的异同），读《文选》时侧重其编选（以了解编者的文学思想）。读《文心雕龙》后的作业为资料整理性质的作家评语分类，而读《楚辞》后的作业则为学术探讨性质的论文。这样，使研究生在方法论上经受了一次较全面的锻炼。

二　梯队式的指导小组

本人认为由教授、副教授组成梯队式指导小组的培养研究生方式是可取的。

1. 一个专业的研究领域很广，各位导师均有所侧重。例如程千帆教授、吴新雷副教授侧重于唐宋文学研究，而周勋初副教授、郭维森副教授侧重于先唐文学研究。各位导师的治学方法也不尽相同。由指导小组对研究生进行集体指导，可以使研究生学到更多的专业知识和研究方法。

2. 指导小组在对各门课程的具体指导上分工而不分家，比如本人研读专书时，每一部书都由一位导师具体指导，但完成作业后，则由各位导师传阅评改。这样，研究生得到的指导就比较全面。

3. 有利于学术梯队的形成。

三　其　他

目前本人的学习方式以导师指导下的自学为主，这种方式有利于提高研究生独立工作的能力，也是可取的。

原载《教学研究与探索》一九八三年第三期

在探索中前进*

一九八二年春，教育部召集了部分部属高等学校的教师，开了一个中国古代文学专业研究生培养经验交流会。会后发表了这个会议的《纪要》和有关该专业的硕士生培养方案与论文要求。两年多来，我们根据这些文件的精神和规定，在探索中前进了几步。现在分成几个方面，向同行们汇报，请求大家指教，以便继续改进。

一　课　程

我们认为培养方案中所规定的硕士研究生课程是比较全面和切实可行的。在公共必修课方面，鉴于目前有的研究生对马克思主义理论的学习重视不够和攻读中国古代文学专业的研究生外语基础往往较差的实际情况，我们对于马克思主义理论课和第一外国语都作了严格的要求，并反复说明这两门课的重要性，使他们重视起来。同时，我们对于这个问题的解决，也不是停止在一般号召上，而是提出了一些具体的设想和办法，请求有关方面协助解决。例如这一两年来的马克思主义理论课多半采取了讲读一种经典著作的方法，这可能对于某一部著作钻研得深一些，但并不能使研究生获得对于我们来说是极其必要的历史唯物主义的全面知识。因此我们已经建议有关教研室摘编经典著作中有关历史唯物主义的基本

* 本文系与周勋初教授合写。

论点，并加阐释，构成一部既能体现原著面貌又能使学生系统地获得历史唯物主义知识的课本。我们希望，由于我们的建议，教育部能够组织人力，编写一部质量较高的专供文科各专业研究生使用的马克思主义理论课教材。

在外语方面，我们提倡硕士研究生学习第二外国语，但更重要的是要求他们学好第一外国语。目前我校外文系为研究生开设的课程以一年级必修课为限，这显然是不够的。过去是由指导教师继续帮助他们学习专业外语，并从事翻译，用外文写作汉学论文，来提高他们研读外文专业文献的能力。从一九八四年秋季学期起，我们对此有所改进，商请本系外国文学教研室一位中外文学资深教师，专门为二年级的研究生开设一门英译汉的课程。这样，研究生外语程度的继续提高，就有了保证。

由于导师对于外语的重视，所以多数研究生都能由厌恶和害怕外语以及把外语当成敲门砖的想法，逐步转变为重视外语。有的学生并取得了较好成绩。例如有一个研究生，他在某大学外文系读了一年半以后，考取了我系硕士生，后来又继续攻读博士学位，经过五年的努力，已经在《中国社会科学》(英文版)发表了用英文写作的有关黄庭坚诗论的专题论文。

我们在这方面的经验是，一定要对学生反复说明这两门必修课的重要性：马克思主义理论是基础的基础，而外文则是进行文化交流和更新知识的必要手段；同时也要采取具体的措施和严格的要求。这样，他们多数人就会将这两门课认真学好。这对于将研究生培养成为现代中国的学者，是非常必要的。

在专业课程方面，培养方案规定要设置专业基础课和专业课两种。我们的体会是，专业基础课更偏重于方法论的传授和训练；就研究生的长远利益来说，这方面的训练是非常重要的。多年来，学生多半注意接受老师们传授的知识，而不够注意学习老师们获得知识的方法。每位老师都有一个知识仓库，学生往往等老师将仓库打开，拎着口袋去装，而并不一定会想到应当自己去掌握金钥匙。而我们的一些导师，也不一定想到要把钥匙交给学生，让他们自己去打开。研究生如果还不注意这一点，他们所获得的知识终将是有限的。针对这种情况，除了培养方案所规定的专业基础课程外，我们还增设了“中国古代文献整理及研究”。教师在这门课程中，讲授了现代杰出学者王国维、陈寅恪等的代表性论文和自己从事这方面工作的经验。它是“校雠学”（版本、校勘、目录）的延续，是“马克思主义经典著作选读”这一课程所提示的唯物辩证法方法论的实践。

经过这些专业基础课程的学习，研究生就可以对科学研究的基础操作规程有所了解，从而为写作学位论文打好基础。

专业课是研究生学习的主体，是他们在大学时代所学习的文学理论、文学历史和文学作品三个方面的高一级的综合和扩展。大体上又可以分为两种类型：一是以文体为纲，进行研究，例如唐宋文学方向的诗、词、散文，明清文学方向的诗、文、小说、戏曲等等；二是专书专家研究课程，这使研究生能进一步掌握更专门的知识。多年来的实践说明，学习古典文学而不读几部专书，没有养成通读、深钻专书的习惯，仅凭从选本中获得来的知识而想从事于较高级的教学、科研工作，是不可能取得应有效果的。我们常常听到中青年人谦虚地说：“我基础不好。”这在很大程度上是由于没有认真读几部古代文学名著和学术中的经典著作。要研究生在短短三年内读完所有应读的专书，当然是不可能的，但如果读过两三部，也就是解剖了几个麻雀，举一反三，以后再继续去读其他的专书，就不至于不得其门而入了。我们对专业课中专书研究的重视，对提高研究生的学习质量所起的作用是很显著的。

以上说的都是硕士研究生的课程，至于博士研究生的课程，则除马克思主义理论课及外语课之外，专业课程必须因人而异，不能一刀切，但仍以精读专书为主，这里就不详谈了。

二　教　材

给古代文学专业的硕士研究生准备教材是一件麻烦事，由于门类多，数量少，加上目前买书极不方便（一部书一出版就立刻卖光，要等重印，得好几年），因此在研究生入学时，我们就把全部课程必用的书籍目录发给他们，让他们随时留意，遇见就买。同时请资料室、教材科和我们密切合作。请资料室多买那些价钱很贵研究生买不起的书的复本，以备他们阅读；又请教材科将可能买到的必备书籍在研究生入学之前就预先购进，以便随时卖给他们。此外，教师们还利用自己和文化出版界的广泛联系，代研究生买书，经济困难的，书款由导师私人先行垫付。这样，基本上解决了研究生买书难的问题。

我们选择教学用书，首先注意它是否善本（即足本、精校精注本），同时为了提高研究生的阅读能力，尽可能不采用现代学者的白话新注本，而采用比较完善的旧注本，例如：讲授唐宋诗文，就以高步瀛的《唐宋诗举要》和《唐宋文举要》为课本，而没有采用近代所出的众多选本。

如果没有适当的教材，我们就自己动手编辑或撰写，如中国文化史讲座这个课程，由于涉及面广，解放前柳诒徵、陈登原两先生所写《中国文化史》没有重印（即使重印了，也不能完全适合今天的要求），解放后又从未出过这一类书，因此我们重印了章太炎先生晚年在苏州讲授的国学讲演录，同时又在书后附录了中国文化史的参考资料辑要，从有关书刊中搜集了经学源流、职官制度、天文历法、历史地理等各方面的文章数十篇，全书共近六十万字，以配合请来的专家进行专题讲授。“校雠学”的讲义是教师自己编写的，因其所讲偏重实用而略于源流，因此又特地翻印了已故复旦大学王欣夫教授的一部偏重校雠学历史发展的讲义，发给研究生，使两部讲义一纵一横，互相配合。再如“史通”一课，以上海古籍出版社所出《史通通释》为教本，此本附录了陈汉章等对浦《释》的订正，较为完善。此外，还要研究生购买了当代学人所写《史通评》等书。其流传很少的材料，如刘咸炘的《史通驳议》、宋慈抱的《续史通》则刻印发给研究生。这样，他们在学习这部专书时，能掌握比较丰富的资料。通过阅读这些资料，也就认识了不同的治学方法和流派。

三 梯 队

关于在研究生培养工作中建立教师梯队的一些问题，我们已经在《高教研究与探索》一九八三年第三期谈了我们自己的想法和做法，这里就不再重复，只想补充几点。

一是关于梯队的结构，现在我们还只有老年和中年两个层次，即老中的结合，没有吸收青年教师参加，以至年龄偏高，这显然是个很大的缺点。因此，我们准备吸收一部分得了博士或硕士学位的青年教师，来参加研究生培养工作。我们的做法是：在让他们担任研究生教学工作之前，先参加老教师的教学和科研工作，充当助手，并具体规定他们的任务，如搜集资料、共同编写讲义和从事科学研究工作等等。而上课的时间，则是一两年前就安排好了的，使他们有充分的时间准备；凡是他们编写的讲义，老教师都要亲笔修改，才能付印。没有非常完整的讲稿，就不能上课。这样，他们就会觉得责任重大，目标明确，对把课教好自然也就有了信心。我们认为，对毕业留校的研究生继续培养，使他们达到完全成熟，能够担任高级的教学、科研工作，是老年教师不可推诿的责任，而吸收他们参加培养研究生的教师梯队，也是一条很重要的渠道。

二是设立新的研究方向。我们根据本系的实际情况，决定从一九八五年起设立明清文学研究方向，由中年教师三人、青年教师一人参加，准备工作正在积极进行。我们将根据这一历史时期的文学特点，订出切实可行的教学计划。

三是为了使每个研究方向的梯队工作得更加协调，各方向都有一位中年教师负责牵头联系，这样可以避免老年的学术带头人精力日衰、顾此失彼的情况，使培养研究生的工作得以顺利地延续下去。这也是我们行之有效的经验之一。

四　学　风

现在祖国正进行大规模的现代化工作，特别需要从事物质文明建设和精神文明建设的高级专门人才，因此研究生很受社会重视，他们的能量是很大的。我们决心把他们造就成有高度社会主义觉悟的专家，要循循善诱地引导他们走又红又专的道路。我们把思想教育贯穿在业务教学中，例如要求研究生写字必须端正，不得潦草，是提高到群众观点来说的：

“你是把方便留给别人，困难留给自己，还是反过来?”然后才谈到用准确的文字表达准确思想这个问题，因此研究生也就比较乐于接受。几年下来，都已养成了十分注意遵守科学研究中许多基本操作规程的习惯，同时也都敦品力学，没有出现什么叫人看不上眼、叫人感到羞耻的事。

更重要的是，由于不断地进行思想教育，所以研究生在文艺、学术思想上都比较健康。他们在研究工作中勇于创新，不时地提出一些值得重视的见解。教师们对马克思主义立场、观点、方法的不懈怠的学习，显然对研究生产生了积极的影响。有的研究生已在积极争取入党。

研究生学风是否良好，不单纯取决于教师是怎么讲的，更重要的是取决于教师是怎么做的。我们梯队非常团结，在学术问题上互相尊重，经常不拘形式地研究讨论。文人相轻的恶习在我们这个梯队中是不存在的，所以研究生之间也能团结友爱，互相尊重，互相学习，这当然有利于他们的不断进步。

1984年7月

原载《高教研究与探索》一九八五年第一期

对文科教育的几点看法

一　培养治国人才要文科

我国三十多年来所取得的伟大成就不容置疑，但也做过很多蠢事，其中一部分原因就出在没有重视文科。文科的责任首先是培养管理国家各种事务的专家。由于不重视培养和使用这类专家，在我国的政治生活和经济生活中，产生了多么严重的后果，这已是尽人皆知的事，不用多说了。

文科的重要性，还有一个方面就是培养生产精神食粮的文学家、艺术家。我们还要建设足够顺利地输送这些精神食粮的渠道和交通线——电影、新闻、出版事业等等。人不是机器，在工作之余，他们也需要高尚的艺术享受。这本是千百年来人类的生活实践证明了的。然而文学艺术教育也还重视得不够。

总的说，我们必须重视培养文科人才，要看得远些，要把它当成战略措施，而不是权宜之计。

二　师资队伍的建设

使教师具备广博而深厚的基础，非常必要，所以专业分工不宜过早过细。例如，教中国文学史的教师，一定要首先能教文学通史，才能教断代或分体史。然后所教的某段某体文学史，才能有较高水平。但是现在有些教师不能从《诗经》、《楚辞》讲到鲁迅、茅盾。他们都只搞一段或某一体，并没有“通”，只限于“段”和“专”。这样，就把复杂的、有机的、纵横交错、充满了内在联系的文学现象变成孤立的了。而事实上，任何文学现象都是历史长河中的有机组成部分。他们往往牵一发而动全身。必须处理好“通”与“专”的关系问题。我们不能想象，在某个知识领域内搞独立王国或封建割据，而能够成大事，立大业。

还有一种情况，有些中青年教师对一些经典著作(特别是先秦的群经、诸子)念得很少，有的同志甚至没有通读一部全书。而这些都是后来文学发展的源泉。试问：不熟悉《楚辞》，能够精通李白吗？

造成以上问题的原因，与五十年代在学习苏联时没有很好地结合我国实际情况有关。五十年代中文系课程表的特点：一是“并大块”，把什么课都并在文学史里。这样一来，文学史部分没有很好地讲源流变迁，作品部分也讲得很粗糙，没有进行深入的思想、艺术的分析。同时，还把许多基础学科、辅助学科、边缘学科全部砍掉。许多老专家死了，没有接班人。现在许多必要的课开不出来，正是由于师资青黄不接。

对于师资队伍的建设，建议采取以下措施：

1. 以后选定教师，除了政治条件，一定要坚持业务水平。可以采取公开征聘，审查著作，在系学术委员会不记名投票等一系列办法，来决定某人是否适合任教。

2. 对现有教师的培养，要专人负责，以诚相待，严格要求，具体指导。青年普遍地让中年带，中年有选择地让老年带。要明确二或三年内你教他什么，三年后他能教什么，有什么科研成果，你要负责。要有一套考核制度。如果能逐步形成这样的三级制，配梯队，就可以填坑补缺，使队伍比较迅速而踏实地成长起来。

三　关于课程改革

1. 必须增加必要的基础学科、辅助学科和边缘学科。

在基础知识方面，例如群经、子、史的知识，搞古典文学的应该具备；

搞现代文学的，对现代文艺思潮，应有较丰富的知识。

辅助学科，例如中文系学生也应该读些历史（特别是文化史）、地理（特别是历史地理）。

2. 开设课程，要因课设人，不能因人设课。中文系学生应该念哪些课，我们就应该设法开出哪些课，并设法找最适合的教师任教。要使学生获得足够的和完备的知识养分。不能爱开什么就开什么，能开什么就开什么。总的说来，开课（特别是选修课），目的是为了学生，而不是为了先生。当然，如果有很突出的专家，身怀绝学，如果不公开传授，就会失传，哪怕那门课程再窄一些，再偏僻一些，就应当开设，让这种学问有人传下来。

为了达到上述目的，应该根据课程设置来调整、充实师资队伍。

四　有关的几个问题

此外，还想就几个具体问题谈一点看法。

1. 科学研究，在集体工作的条件还不成熟时，最好“分田到户”。只有真正思路一致，配合默契，才能有效地合作，搞集体研究。

2. 一些课程，可以提倡同时二人开，唱对台戏，争鸣，有益于发挥长处，教出风格，形成流派。反过来，不要几个人开一门课，搞拼盘，这对老师、学生都无益处。

3. 订出可行的计算工作量的办法，解决劳逸不均的问题，贯彻多劳多得的政策。

4. 图书管理不要太分散，一部分经费分到系资料室即可，不必分到研究室。大馆主要面对学生，系资料室主要面对教师和研究生。

文科确实需要一点外汇。否则，就看不到欧美等地的出版物，对这些地方的同行的工作，我们一无所知，而他们对我们却比较清楚。

5. 关于形成学术中心，这有两个概念：

一是形成一种共同的学风，如态度严谨，实事求是，反对浮夸，反对抱残守缺等等，这种风气是可以普遍培养，逐步形成的。

一是学术上的专长、特色。很难说成立一个研究室，调几个人来工作就会成为一个中心。通过组织领导，行政手段，只能促进中心的形成，而不能迫使其必然形成。形成学术中心，必须有一二位有成就的教授，有若干人非常佩服他，愿意围绕在他周围，学习他。久而久之，就会形成一种特色。三十年代的南京大学，在黄侃老师的影响下，有一个研究语言学的中心；在吴梅老师的影响下，有一个研究词曲的中心，都是这样自然形成的。现在再加上组织保证，自然可以更快些形成，但这问题很难专靠行政手段解决。

6. 教学与科研相得益彰，它们并不矛盾。教学中学生提出的问题，往往变成科研的起点；科研的成果又可以更新教材。认为两者有矛盾的同志，可能是没有尝到相得益彰的甜头。

7. 关心人。有的同志（特别是中年同志）业务上已经接近成熟，讲课、科研都不错。他默默地干，勤勤恳恳，很可爱，很可敬。但每天被家务磨掉了不少时间。金子一样的时间啊！希望多了解这些同志生活上的困难，帮助解决一些问题。这有利于整个事业。只要领导关心每一位同志（我说的是每一位，不是少数几位知名人士），不是口头上，而是事实上帮助他们解决具体问题，广大教职员工对社会主义祖国的献身精神，就会进一步激发出来。

原载《高教战线》一九八二年第四期

教学、科研密切结合，促进教材建设

在南京大学全校教材建设经验交流会上的讲话

一　教材建设的重要性

我谈两个问题。首先是教材的重要性。我是三十年代读大学的，那时教师用讲义有三种情况：百分之八十到九十的教师是自己教什么课，就编什么教材；少数才进大学教书的人，一下子还不可能形成对所教学科的整个看法，往往就用老师的讲义作过渡；德高望重的老教授也有用自己学生的讲义，以表示自己学术地位很高的，但只是个别现象。那时，不但大学没有统一教材，中学也不全用统一的教材。例如中学语文课本，中华书局出一套，商务印书馆出一套，世界书局出一套，国民党的正中书局又出一套，互相竞争，由各校自由采用。至于教师在大学里担任某一门课程的教学，就必须有个前提，即他已经对这门科学有了相当丰富而且系统化了的知识。这样，编出一本讲义来自然不太困难，经过反复修改，就可以成为有水平的教材或专著。例如胡适是我国现代最初写中国哲学史的人，他第一次用资产阶级的学术方法叙述了中国封建社会的哲学，体例全异于过去的“学案”。稍后，冯友兰从美国回来，在清华教中国哲学史，他就没有用胡本，而用他自己的。冯的讲义与胡的很不相同，连历史分期都不一样，冯把汉武帝“罢黜百家，独尊儒术”以前算一大段，称为“子学时代”，尔后就是“经学时代”。这不失为一种卓见。这样做，有利于教师发挥自己独特的学术观点，进而形成学派，而不同流派之间则可以竞争，这对于学术发展无疑是有利的。我想，自然科学也有这种情况，比如生物学界的米丘林派与孟德尔派，如果公平地让其在实践中互相竞争，则必然会由于争鸣而获得更丰硕的成果。

当然，推行或规定一个统一教材有局限性，也有优点。好处是在某门科学中，一些必备的基础知识都能在那本统一教材中比较全面地反映出来，个人写的东西可能由于知识经验等各方面条件的限制而有偏差，这是一。第二，解放后教育发展太快，长期以来知识分子地位不高，十年动乱时期，甚至被斥为“臭老九”。知识分子的地位反映了知识的价值，知识的价值既然不高，因此知识分子的工作也就得不到应有的鼓励。对师资水平的提高不够重视，学生数量却发展很快，这就产生了矛盾。许多教师虽担任了大学教学工作，但不一定立即就能编写教材。拿江苏来说，每个地区都有一个师范专科学校，其中大多数教师是从中学的优秀教师中提拔起来的，他们的教学经验很丰富，学问也很好，但不一定有编写大学教材的习惯和这样一种经验的积累。在这种情况下，有统一教材就方便多了。

但从真正促进我国科学发展的目的来看，用统编教材不一定是好事。南大是一个具有八十多年历史的老学校，全国重点学校，科研成果很丰富。在这个条件下，我认为应该大家动手编讲义，一个人编或几个人编。而不一定要用统编教材。这样对提高教师自己的业务水平很有帮助。教师水平高了，学生的水平自然也就“水涨船高”。

统编教材是集中了大量人力物力编出的，所以总希望能用较长一段时间。但知识容易老化，理科固然有这个问题，文科也一样有，如过去文艺理论教材总是谈文艺为政治服务，现在中央改提“文艺为人民服务，为社会主义服务”，这样科学性就强得多。但以群编的《文学原理》等书还是老一套。再如中国哲学史，从长沙马王堆里发现一大批从未见过的帛书竹简，里面有不少新发现的哲学史资料，任继愈教授就比较敏感，赶快在他的《中国哲学史》第二版中附加了这一章，因为通体修订很困难。又如王力教授主编的《古代汉语》，用了二十多年，在长期使用中发现问题不少，不断有人提意见，包括我校研究生，一提就是几十条，因为这套教材不是王力一人编的，他的助手水平不无高下。如果不用统一教材，而用自己编的教材，就可以把最新成果迅速反映进去，每年修订，不到一定程度和水平就不正式出版，问题就可能少些，也就是比较慎重些，也就是治学态度老实些、科学些。我过去编了许多讲义，只要教课就编。有一本诗选，从四十年代在四川大学就开始编了，最近才出版；除了一些另外的原因（如十年浩劫），主要是有些问题没有解决好，还有些结论要更新。还有一本一九五六年编的宋元文学史，已经写成四十万字的初稿，现交给吴新雷副教授修改，由他写第二遍，我再写第三遍，这样反复修改以后，就可能比较完善一些。少数几个人或一个人编的非统编教材，能比较及时地反映那门学科的最新成果，而这点对教师是非常重要的，因为我们没有权利把过时的和错误的知识传授给学生。比如讲古代文学史，过去说唐诗近四万九千首，这是根据以前的统计，是根据《全唐诗》统计的，现在中华书局出了《全唐诗外编》，里面又收了二千多首诗，所以应该说五万多首才正确。当然，这个问题并不是很重要的。

我们应该提倡编教材，通过各种方式来鼓励教师编教材。在这方面我校的学术委员会没有起很好的作用。这个会专管升等投票等事。这些自然也要管，但为什么从来不讨论教材建设、图书管理等重大问题？学术委员会主要应该讨论学术而不是研究人事，否则就该改称人事委员会了。

努力吸收近代研究成果，将其准确地反映在自己的教材之中，这是人民教师责任感的标志之一。郑老（按：指郑集教授）刚才说编一部教材很不容易，这是内行话，也是知心话。编进教材的不可能全是自己的东西，必须吸收别人的研究成果，但同时，在选择、编排上可以而且应当发展和坚持个人的创造性。从什么角度去迫近这门科学的本体，有不同途径；从哪个角度，用什么方法才最容易使学生理解，可以探索之处甚多。这些方面能看出教材的独创性。

轻视编教材是不对的，不要以为自己能写出专著就一定比编教材的人高明。不信，你试一试，就会有体会。我校有教学优秀奖，能不能搞个教材优秀奖，以资鼓励？有的教师讲不好，但能编出很好的讲义。例如我校已故老教授汪辟疆先生，口才并不高明，学问却好得很，笔下非常清楚，而且经得起学生问。（我始终认为，作为一位大学老师，“问不倒”比“讲得好”更重要。)不能只鼓励课堂教学,编讲义、教辅工作、后勤工作等都应鼓励,这样才公平。

二　编教材与科研的关系

我认为,编写教材和从事科研,这两者互相渗透,关系十分密切。有些人把编教材与科研对立起来:你要我教书编书,我就可以不搞科研;反过来,认为搞科研就可以不搞教学,认为理所当然。这是不对的。当然两者同时并进有些实际困难,但不能形成这样一个错误观念,认为教学与科研势不两立。我始终认为:教学相长。你拿一本讲义去上课,有一个准备的范围,可学生问你的东西却没有范围,因此往往学生提出的问题是你意想不到的。正由于此,我七十岁了,至今还怀念那些“问不倒”的老师。前几天,一个研究生问我一个问题,我到现在也回答不出。那是杜甫的《游何将军山林十首》中的“绿垂风折笋,红绽雨肥梅”二句,此游在夏天,全组诗都写夏景,怎么忽然写起春景来了。我翻遍了旧注,包括日本著名汉学家吉川幸次郎的《杜甫诗注》,也没有解决这个问题,我只好承认我不懂。这很好嘛,因为出了一个难题,促使我去研究。“学,然后知不足;教,然后知困。”这是千真万确的。去年,我将自己研究古代诗歌的文章编了一个集子出版,用以纪念母校南大八十周年大庆,其中一半题目是学生逼我做出来的。学生问我一个问题,我答不出,就非钻不可,结果就出现了论文。这是亲身体验。由此可见教学与科研可以互相促进。相反,你不搞科研,不了解最新成果,传授给学生的知识也必将老化。某校有位教授三十多岁从国外回来,讲一门“进化论”课,六十年代,学生“拔白旗”时,发现他的讲义几乎和三十年代时一样,就改称之为“退化论”。“拔白旗”固然不对,不过这位老师把三十年代的东西讲给六十年代的学生听,恐怕也不是值得称颂的行为。

教学与科研有密切的联系,但又应区别开来。讲义和教材,从严格意义上讲,写得再好,也不是独立的和创造性的科学研究。这两者应当有所区别,理科可能好办一点;文科就不易分得清楚。大体说来,教材可以引用别人的结论，但科学研究必须注重自己的独创性。有些介绍性的通俗文章，没有什么深度和自己的见解，或仅仅是综合了别人的见解，把它看成专题论文，是不妥当的。有的人把讲义说成是专著，也是不合适的。科研的特点是创新，教材的特点是综合，教材在某种意义上讲，是一种高级的普及读物，它可以而且应当吸收所有的科研成果，不管是自己的还是别人的。但科学研究则必须创新，不创新就不算科研，也就是说，一定要有新领域、新材料、新方法、新结论才行。要搞别人没有搞过的，或别人搞过但你所用的方法和他不一样，或方法一样但你所得结果比他宽广深，这些才算创新。总而言之，要有发展。这一点是同教材不一样的。

教师任务很重，要教书，要编教材，但在可能情况下还应当坚持搞科研。如果不搞，就不会知道科研的甘苦，教学也搞不好。我个人多少年来尝到搞科研和教学密切结合的甜头，所以愿意把经验和同志们谈一谈。

总之，要提高教学质量，就要有充实的、正确无误的、不断更新的教材。而要教材达到上述要求，则重视吸收别人的科研成果，同时自己也不懈怠地从事科学研究，又都是必要的。这，就是个人对这个问题的结论。

原载《高教研究与探索》一九八三年第二期

对中学语文教学的一些意见*

我从前教过几年中学，后来调到大学教书。对中学的教学情况自然就有了隔膜。所以，下面谈的也许是外行话。我姑妄言之，同志们也姑妄听之。

今年(按：指一九八二年)高考结束以后，我请参加语文阅卷的同志整理了试卷答案中较为突出的一些问题，以供研究。这些问题不是大量的，但也不是个别的，从这些问题看起来，我认为主要反映了两个问题：

一、一个正规高中的毕业生，新中国的有文化的公民，没有具备应当具备的文学知识。举例来说，大家知道左联五烈士(李伟森、柔石、胡也频、殷夫、冯铿)牺牲后，鲁迅先生写了一篇著名的杂文《为了忘却的记念》。今年的考试把这些作为一道试题，要求考生填出五个烈士的名字，答案中错误之多，令人瞠目：上至唐代白居易、宋代王安石，下至当代张劲夫、钱学森、周扬，还有的填“斯葛多夫”。我查中国、外国人名大词典都没查到，不知是什么人，至于“罗曼谛克”，那根本就不是人的名字，也有学生填在试卷上。又例如老舍的话剧《龙须沟》中有一个人物叫程疯子，试题要求考生填出程疯子是什么话剧里的人物，居然有学生填《威尼斯商人》，还有的学生在填《皇帝的新装》的作者名字时，填了“童第生”，童第生是什么人？是不是童第周加安徒生？还有人填日本的小林多喜二的。还有一

---

* 这是一九八二年七月三十日在江苏连云港市举行的教师暑假讲习班的讲话稿，经史双元、魏晓定同志据录音整理。

题,要考生填“完璧归赵”的故事赞扬了谁的机智勇敢,有的学生填“蔺颇”。历史上只有蔺相如没有蔺颇,大概也是蔺相如加廉颇。

二、对古汉语很不理解。古汉语是记录我国几千年文化的工具,不能理解中国的过去,也就不能正确地理解现在。考卷上反映出来的问题是很严重的。比如“居无何”,很多同学答成“居住没有困难”,甚至答成“没有担任什么官职”。还有“按辔徐行”,有的说“摸着发吉(按:试卷上是这样写的)漫漫走”,“摸着胡须慢慢走”,也有的说“脱了鞋步行”,甚至有人回答是“按既定方针慢慢地行进”,等等。把“曩者”一词解释成“没用的人”、“饭桶”、“侵略者”、“遭难的”,还有一些,什么“不守军纪的人”、“我们做官的”、“皇帝自称”、“对文帝的敬称”,等等,五花八门。又如解释句子“称善者久之”,许多考生解释成“能声张正义的人统治长久”、“称他是永久的好人”,等等。

我举这些例子并不是要嘲笑考生,而是看到这些事实感到非常忧虑。一个高中学生经过十年的语文教育,却没有具备一个有文化的新中国公民应该具备的语言和文学知识。我认为,根据卷例得出这个结论,不算是苛刻的。特别是在古汉语方面,他们缺乏最低限度的、能够理解祖国古代文化遗产的能力。当然,要了解祖国的过去,不完全靠文言文。陈云同志就大力提倡把古籍尽可能翻译成现代白话文。这个工作正在做,但目前还不普及,所以,真正要做一个稍微有点文化知识的人,还是需要懂一点文言文,懂一点祖国的过去,不能再像十年动乱时期,中学既不学历史,也不学地理,那可以说是对历史悠久的祖国的背叛。

还有一个重要问题,就是学生的表达能力、理解能力的问题。这次高考作文题目是“先天下之忧而忧,后天下之乐而乐”。这是范仲淹的《岳阳楼记》中的名句。而不少考生根本不理解这个题目,有些考生得了零分,也就是说,不曾写出一字。我再次郑重地向我们教育工作者说,应该以忧虑的心情严肃地来对待这个问题。这种现象是触目惊心的。我想,同志们是能够同意我这个看法的。这种现象对于我国的四化建设至少不能认为是有利的吧!

我这样讲,目的是要大家都来正视这个现实。为什么会这样呢?我们可以找一找原因。

教育程度的低落，是十年动乱的后遗症。“四人帮”不是说“知识越多越反动”，叫大家不要读书吗？在这样一种风气下，社会上形成了一种不良的倾向：不尊重科学，不尊重知识，不尊重文化，当然也不尊重老师。对于这些客观原因，我们固然有责任去做工作，但是与我们有直接关系的语文教学中存在的问题，更要我们努力解决。

在十年动乱中，中学语文课存在着两个偏向。当然，这只是我个人的看法，并不一定正确。一种是把中学语文当作政治课来上。语文课当然要有思想性，要进行社会主义思想教育，但是不能狭隘地理解思想性这个词，不要把和作品没有关系的所谓思想性硬贴上去。世界上一切作品，都是客观存在在人们头脑中的反映，这种存在，概括来说，都可以分为真善美与假恶丑。我们的目的是要使学生理解、辨别、吸收、仿效真善美，反对假恶丑。单纯用政治概念来理解、评价某些作品，就太狭隘了。这反而会使学生得到的营养减少。过去对一些作品，如田园诗、爱情诗等，在讲解时，牵强附会加上去的东西相当多。我认为，我们不应把自己的主观意图强加到作品中去，而是要在讲作品本身的时候，实事求是地联系作品当时的历史和政治背景，发掘其中的美，才能理解得比较准确、深刻，才不会导致离奇的甚至是危险的效果。画家陈大羽画公鸡很有名，精神饱满，昂首阔步。“四人帮”要批他，但陈大羽没有发表过文章，于是就在公鸡上做文章。他们说公鸡昂首阔步是他的尾巴翘得高，精神饱满是他的反革命的凶相，就这样大批大斗一通。一个公鸡又有什么革命与反革命的呢？所以，讲作品的思想性，应当是它所固有的，不能是硬塞进去的。再则，也不要用今天的标准去衡量死人、古人，他们属于过去那个时代的，把他们摆在他们所处的时代里，再评价他们的先进与落后，这才是马列主义的。恩格斯说过，没有奴隶社会就没有社会主义。这都是马列著作中早已解决了的问题，可我们当中有些人虽然和“文化大革命”时期的某些论著在政治立场上完全不同，但也不自觉的还在把这个问题庸俗化，这也是错误的。

另一种偏向是把语文课当做文学课来上。文学教育是一种美感教育。语文课也是应当进行美感教育的。但语文课的主要目的并不单纯是教文学，而是应当教会学生正确理解和使用祖国的语言。语言本身是没有阶级性的，它是人类交际的工具。语言的基本要求是要能充分表达自己的思想感情，也让对方准确地领会你的意思。有了这个工具，你就既能显示自己，又能懂得别人（其中包括古人、外国人）。学习语言，基本点就是要懂，要准确！我们教授语文课时，重点还是要讲语言本身，要解释，串讲，让学生自己动脑筋，去概括、去理解，从中吸取教益，善于运用。我不是说不要讲文学，而是要分开，语言课归语言课，文学课归文学课；文学课着重艺术分析，从文学批评的角度来看问题，引起学生对美感的共鸣，用美感来进行教育，这不完全是中学语文课的事。

叶圣陶先生教了几十年语文，又当了几十年编辑。他在三十年代就同夏丏尊先生在杂志上合编过《文章病院》一栏，选择有毛病的文章批改，强调正确地使用语言。这是我们今天所应当效法的。还有一点，对中学语文教学也是很重要的，就是要教学生将字写端正、准确，符合规范。那也就是说：一、不准写得“龙飞凤舞”，谁也不识；二、不准写错字，更不容许自己随心所欲，胡乱“创造”。写字这道关首先要把在小学教师手上，其次就是中学教师，到了大学再来纠正就困难了。所以同志们必须对乱写字的现象付与足够的注意，费点力量去纠正它。我建议同志们要抓紧这个问题，不仅是因为这可以提高学生本身的质量，而且可以养成学生对工作认真负责的态度。乱写字和写错字问题本身就是自己对工作不负责任，又不尊重别人，是把方便留给自己，把困难送给别人。自己乱七八糟瞎画一气，反正又不是自己看。这是个工作态度的问题！练习写字这个基本功是十分重要的。十年动乱中许多中学生连省、市、自治区、专区都区别不了，连中国共有多少省、市、自治区都不知道，因为他们没有学过地理。写字也是一样，指责中学生是不公正的；中学生应该知道的，我们做教师的没有严格要求，走上社会以后被人歧视，这也是不公平的！年轻人有什么错呢？细想起来，倒是我们这些教师应当负责。总之，我们要把语文课的基本训练搞好，基础打好了，学习其他的功课就方便了。现在全国有二十多所大学都开设了大一语文，教一点文言文，实际上等于高中四年级。

这是怎么来的呢？南京大学匡亚明老校长经常看学生写的报告，他一看，字都认不得，象拉丁文一样。“大一”学生的语文程度就像这样，怎么行呢？可是他又不管中学，那只好先决定让南大的学生再补习一年吧！“大一语文”的开设，正说明了问题的严重性。这同目前的社会状况，同目前中学的语文教育状况不是没有关系的。

其次，谈谈教师的修养问题。古语说：“学，然后知不足；教，然后知困。”我们教书时间长了，都感觉到这一点。要自己懂，还要用精辟生动的语言使别人懂；仅仅自己懂是吸收的问题，用精辟生动语言让别人懂，是表达能力的问题。过去我们上到大学四年级，就开始惶惶不安。毕业后拿着老师的介绍信到处碰运气，好容易拿到聘书，“聘请程千帆先生为本校初中教员……”，心才定下来。上课时，学生看你年纪轻，貌不惊人，言不出众，于是一翻字典：“老师，这个字怎么念法？我是学生，认不得。”调皮的学生就常常用这种方法考老师。好容易一年下来，学生开始服贴了，又要开始为下一年的聘书操心了。可现在，虽然条件还不够好，工资较低，总不愁衣食。所以我们应当常常以新旧社会对比。相比之下，我们就会很自然地觉得社会主义社会有很大的优越性，要使自己的工作对得起祖国、人民和党。要不断地丰富自己的知识，不断地提高自己的政治水平。我们既然为人师表，就必然会关心祖国的命运，就不会对政治不感兴趣。比如日本人修改教科书问题，这么大的事情，不关心怎么行呢？关心了就可以在课堂上反映出来。首先自己关心，才能引导学生们关心。过去我们提文艺为政治服务，现在中央提文艺为人民服务，为社会主义服务，提法就不同了。为什么要这样提呢？如果我们不清楚，那我们在解释这种变化的时候就更讲不清了。我们要注意政治、政策、法令，这些是我们现实的生活。我是搞古典文学的，可我还要抽空看《人民文学》、《文艺报》等杂志。有人问我：“你到底教古文还是教现代文?”我当然是教古文的，但学的人可是当代人。所以，我们不能脱离生活，如果脱离现实生活，那我们的思想就会僵化。我们如何从整个时代出发，了解学生的思想动态是很重要的。教书而不教人，怎么说也算不上好老师。教书一定要教人，而且要教好。我们的工作是造就人，造就品学兼优、为祖国出力的一代人，所以有人称我们为“灵魂工程师”。我们的任务艰巨而光荣，虽然还有很多客观困难，但要有信心，有决心，在党的领导下阔步前进。

今天我是采用谈心的方式，交换意见的方式谈的，讲得不对的地方请同志们批评指正。

原载《学语文》一九八三年第一期

开展古代文艺理论研究工作的两个问题

在昆明古代文艺理论讨论会上的笔谈

关于今后如何开展古代文艺理论的研究工作，妄谈两点意见。

一个是关于理论与实践的关系问题。从事古代文艺理论研究的同志，正确处理好这两者的关系是很必要的。

先有实践经验，然后才可能有理论。理论是从实践经验中总结出来的；把总结出来的理论又用来指导实践，这是马克思主义的原则。因此，我们搞古代文艺理论研究工作时，既不能脱离古代作家的创作实践，又不能脱离当代作家创作实践。脱离古代作家创作实践，就不知道文艺理论从何而来；不了解当代文学现状，就不可能很好地贯彻“古为今用”的方针，即不能使古代有用的东西在现实生活中发挥应有的作用。在古代的文艺理论研究中，为研究理论而研究理论的情况不是不存在的。

研究古代文论而不研究古代作家创作实践，也是脱离古代的实际。杜甫的许多诗有精辟的见解，一方面是他自己的生活经验、创作经验的总结；另一方面又是两汉魏晋南北朝时期作家创作经验的总结。正因为他“不薄今人爱古人”，知道“后贤兼旧列，历代各清规”，认真汲取了前人的经验教训，才把诗歌创作和理论水平提高到新的高度。再如白居易的诗歌理论，同杜甫的诗歌创作有着直接的关系，从某个意义上讲，可以说，没有杜甫的创作，就没有白居易的诗歌理论。而《沧浪诗话》的问世，和江西诗派末流走向魔道也是有着直接关系的。它反映当日诗歌创作实践中某些不良倾向，并且对之有所批评。

从事古代文论的研究，研究古代作家实践是重要的，而了解当代文学创作现状也是必不可少的。对当代文学漠不关心,关门研究过去,就会钻进牛角尖,就不能发挥古代文论为“四化”服务的作用。不知道今天创作中存在的弱点是什么,理论研究就很难指导创作。因此,搞古代文论的同志,在研究古代的同时,还要关心现实,要感受到时代脉搏的跳动,要和现代文学理论沟通。只有这样,才能使我们的研究成果更好地发挥作用,为繁荣社会主义文学作出贡献。

还有关于文艺批评、文艺理论写作形式的多样化问题。

现在的文艺批评、文艺理论的写作形式,大体有三种:一种是专著,一种是论文,一种是札记。是否还可以多样些、丰富些呢?我看完全可以。我国古代的经验很可借鉴。古代的文论形式是十分丰富多样的,例如诗话这种形式,每条字数并不多,却是画龙点睛,讲得非常精辟。批点这种形式也被古人广泛运用。可以李卓吾、金圣叹为代表。他们在阅读小说、戏曲等书籍时,作了大量的批点工作。眉批、夹批、圈点等,形式灵活多样,影响相当大。再如以形象思维的方式来表达自己的看法也是古人经常使用的形式,如以诗评诗。许多作家都采用诗歌的形式或语言来评论作家作品,杜甫《戏为六绝句》、司空图《诗品》等等,就是很有价值的,值得效法的。另外,古代文学作品选本也是文学批评的一种方式,如像《文选》、《古文辞类纂》、《唐诗别裁》等等选本及其序、跋之类的文字,都是一种文学批评形式。选本的本身就有个标准问题,代表了选家的文学批评观点。这些都比那些言之无物的长篇大论更为有益于读者。总之,古代这些文学批评形式,只要学习得当,完全可以为今所用。它灵活多样,通俗易懂,精辟简练,亲切近人,要普及文学教育,这些形式是很适用的,可惜我们把这个传统丢掉了。如果我们能够把古代文论形式的丰富性、多样性加以继承与革新,就可以大大丰富我们的文学评论的园地,也就保持和发扬了我们自己文学理论的民族特点。

原载《思想战线》一九七九年第三期

答《文学遗产》问古代文学研究现状

问：你对目前古典文学的研究工作满意吗？

答：又满意又不满意。

问：是否可以说得具体一些。

答：当然可以。自从十一届三中全会以来，中央重申了“百花齐放、百家争鸣”的政策，也就是说，给予科学界、文学界以更大的学术自由和创作自由。这显然有利于学术的发展。过去许多不大谈的问题现在敢谈了；许多不敢涉及的领域现在也敢于涉及了；过去不敢使用的研究手段，也逐渐地敢于使用了。如果说，“拨乱反正”开始以后的前两三年，这种情况还不显著的话，那么最近几年古典文学研究的成绩却是有目共睹的。在研究工作的当中，出现了一批新人，他们勇于开拓新的领域，使用新的手段，而且获得了新的成绩，各种条条框框，例如季摩菲也夫和毕达可夫文艺学的体系的影响，在新秀们的研究工作中逐渐消失，代之而起的是各式各样的虽然很不成熟但是富有生气的探索。我对这些情况是感到满意的。但是另外一方面，我觉得还有一个如何善于利用学术自由从而取得更好的学术成果的问题。由于马克思主义是无产阶级的哲学，所以它不是停滞的而是不断发展着的，是富有生命力的。它决非一成不变的东西。作为马克思主义一个组成部分的文艺理论，也是一样。不断吸收新的养分，通过实践，从而形成具有民族特点的马克思主义历史科学和文艺科学的理论，以指导我们的研究和创作，乃是我们当前迫切需要解决的问题。这个问题不能及时地、很好地解决，我们的工作就很难大踏步地前进。这正是我担心的地方。

问:看来你是坚持马克思主义科学的基本原则的,那么,你对当前介绍进来的西方各种理论流派有什么看法呢?

答:我认为一个真正的马克思主义者应该是富有自信力的。我们对于任何一种输入的理论流派,都应当认真地学习,充分地理解,然后吸收其对我们有用的部分,从而充实我们的文艺理论,而不能像阿Q那样排斥假洋鬼子。

问:这样一些基本由西方引进的理论难道不是属于唯心主义体系吗?它们怎样能和马克思主义的唯物主义体系融合呢?

答:马克思主义从来不拒绝吸收唯心主义学说体系中某些合理成分,文艺理论方面也应当如此。我们不妨举一个例子:西方有一种理论,认为作品产生以后,就不再与作者发生关系了,因此研究文学只需要研究作品就行。这就是说,作品的产生与历史社会背景、个人生活经历都是没有关系的,或是关系很小的。这不但违反了历史唯物主义的基本原则,即存在决定意识的原则,也不符合我国文学理论中"知人论世"的传统。这当然是不可取的。可是,信奉这种理论的研究者,由于他们认为作者不属于他们研究的范畴,所以就集中力量分析作品,对于一部(篇)作品的内在结构,乃至于文字、音韵,都分析得很细致,从而能够比较准确地把握住作品的独特风格。(事实上,也就是作者的独特个性。)过去几十年,我们对于文学的研究,往往过分强调了它们的外在部分,而忽略了其内在部分。这种对于作品本身细致入微的讨论,恰好弥补了我们的不足。这显然是值得吸收的、有益的成分。

问:良好的学术风气显然有助于扩大学术自由,使学术获得更大的发展,你对这方面有什么看法?

答:实事求是仍然是我们应当提倡的学风,只有有良好的学风,才能更好地运用学术自由,取得更大的成绩。学术自由和学者的责任感不是对立的,而是互相依存的。因此,当我们提出一种意见,就不能不考虑它的影响。我觉得在我们青年学者当中,基本功的训练不是过头了,而是还不够。就算你读了一些书,也不要自认为就很扎实了,至于有人把治学扎实当成一种可嘲弄的行为,那就未免是自欺欺人了。专精与博通都是需要的,虽然每人治学不妨有所偏重。

问:你对于利用其他的科学或科学方法来研究文学有什么意见?现在电子计算机已经作为一种手段进入文学研究的领域,而以哲学、心理学等方法来研究文学和古典文学的也大有人在。

答:我赞成不断地扩大和加深文学研究的领域。这种研究借助于其他科学,是必然的和必要的。但是也应当注意到,如果我们是真正研究文学的话,归根结柢,也还是要落实在文学本身,而不能将文学作为哲学研究或心理学研究的资料。

问:谢谢你回答了许多问题。还有什么补充吗?

答:我们处在一个社会主义的大改革的时代,任何事业和工作都会涉及这一问题。古典文学研究工作也必须有所改进,这是毫无疑义的,但具体的想法各自不同。《文学遗产》编辑部这一次举办笔谈,使大家的意见有交流的机会,是一件很好的事。

原载《文学遗产》一九八五年第三期

答人问治诗

问：我读了您最近出版的论文集《古诗考索》和周勋初同志写的《读后记》，很感兴趣。看来这本书是您几十年研究古典诗歌的成果的结集，是吗？

答：确实是这样的。不过由三十年代到八十年代，半个世纪就留下了这么一点东西，除了不以自己的意志为转移的客观原因几乎剥夺了我二十年的岁月以外，主要的还应该归咎于自己的懈怠。因此，面对着这一本发散着油墨香的新出版物，感到自慰，同时也感到自惭。

问：有人感觉到您这些文章的写法和其他的同志不太一样，您是不是有意这样做的？能不能谈一谈您在进行那些课题的研究时思想活动是怎样的？

答：我走上研究诗歌的道路并且一直走了几十年，除了由于出身于一个有文学传统的家庭之外，主要是由于自己对于诗歌这种文学样式的独特爱好。通过诗歌，我表达自己的生活并回答自己生活中出现的问题，也了解他人（包括古人）的生活和他们是怎样回答生活中的问题的。通过创作、阅读、欣赏、批评、考证等一系列的方法，进行探索，逐步地走出一条小路来。这条长长的思维之路有过程，有结论。

问：您能不能就这两点谈得具体一点？

答：把自己走过的道路进行一次思辨性的反省，然后清晰地告诉别人，不是那么容易的。我是否可以不太严谨地谈谈自己在摸索中的经验，而不将过程和结论作严格的逻辑区分？

问:当然可以。就请您随便谈谈。

答:我记得王渔洋在他的诗话里面讲到他小时候读《诗经》,被某些篇章感动得下泪的故事。我想这就是他后来无论是在诗歌创作或在诗歌理论上都卓然成家的起点。这位早熟的诗人,当他幼小的心灵和两千多年以前的古代诗人的心灵相撞击的时候,爆发出了火花,虽然这火花并没有立即用语言把它固定下来。我认为:文学活动,无论是创作还是批评研究,其最原始的和最基本的思维活动应当是感性的,而不是理性的,是“感”字当头,而不是“知”字当头。作为一个客观存在的文艺作品,当你首先接触它的时候,感到喜不喜欢总是第一位的,而认为好不好以及探究为什么好为什么不好则是第二位的。由感动而理解,由理解而判断,是研究文学的一个完整的过程,恐怕不能把感动这个环节取消掉。“为文造情”不但不适宜于创作(它事实上就是“主题先行论”),恐怕对于诗歌研究也不完全适合。就我个人的经验来说,我往往是在被那些作品和作品所构成的某种现象所感动的时候,才处心积虑地要将它弄个明白,结果就成了一篇文章。

问:真有意思！您这种经验恐怕不是很多人所共有的。

答:当然。在佛教里,成佛作祖的人很多,但证道的方法各不一样。我想正由于此,才能够使我们的工作方法开拓得更宽广一些。和这一点相一致的,或者说伴随着的,我还有另外一点想法,就是:从事文学批评研究的人不能自己没有一点创作经验。在我国文学批评史上,没有一个理论批评家是不能创作的。正由于他们有创作经验,才能够从自己的和别人(包括古人)的创作中,抽象出、概括出理论来。任何理论都是从当代和前代创作中抽象出来的,而批评(如果不是棍子)也必须对其批评对象的艺术经验有较深刻的理解。一位从来没有作过诗或其他艺术创作经验的人侈谈诗歌艺术,不说外行话,很难。

问:您这话的意思,是不是说批评家必须由作家来兼任不可呢?

答:当然我的话也许绝对了一点,但创作经验对一个批评家有益无害,是显然的。我们不妨把艺术创作的范围放得宽点,例如会弹琴跳舞的人对诗歌的节奏比起不会的人来就要敏感一些。艺术和艺术总是相通的，其中有许多共同的东西。而同时，正如感与知，形象思维与抽象思维当中不曾隔着一堵墙墙一样，创作与批评的规律也并非各有一套，可以各自一意孤行的。

问：在您的论文中，有不少是考证性质的。您似乎想把考证与批评结合起来，是吗？

答：是的。诗歌研究的终极目的是要使诗人通过特定艺术手段所展示的他的心灵重现在大家面前；而考证则是排除在这再现过程中，在语言上、前景上等等的障碍，总之，是为了扫除外在的隔膜，以便呈露内在的实质。所以，考证并非文学艺术研究的最终目的，而是必要的手段。我曾经利用校勘学、训诂学、语法学乃至物理学等方面的知识，解决诗歌研究中的一些疑难问题，从而有助于对那些作品的内在涵蕴的理解。

问：我注意到了您文章中所使用的这些手段，那么您对于目前从西方引进的许多新的研究方法，例如用心理学、哲学或数学来研究文学有什么意见呢？

答：非常惭愧，对于这些，我研究得很不够，但我想：一个马克思主义者应当是充满自信的和勇于吸收的。马克思主义之所以富有生命力，就是因为它在不断地发展着，在不断地吸收一切有用的、可以丰富和壮大自己的成分。如果健康和时间许可，我也将努力学习这方面的知识，并将其应用到诗歌研究工作当中来。我相信，这将是有益的。

原载《文史知识》一九八六年第四期

对于唐代文学研究的五点意见

《唐代文学研究年鉴》的创刊号表明:在近几年我国断代分期的文学研究中,唐代文学方面所取得的成绩是很突出的。在拨乱反正以后,党提出了四项基本原则,恢复了“双百”方针,唐代文学研究者,老、中、青三代都奋发有为,各尽所能,因而出现了比较令人满意的成绩。这完全是合乎规律的。

但是,“唐学”工作者们也应当看到:国内外的大同行们,在各自研究的领域之内,正在以他们所取得的成果向我们挑战;港、台、日本、欧、美的小同行们,在唐代文学的研究上,同样也有可喜的收获,其中有些著作还是很有分量的,值得我们赞赏,并对其作者辛勤的劳动表示钦佩。

因此,在肯定我们成绩的同时,还必须正视我们工作当中的某些不足之处,或者说薄弱环节。为了“更上一层楼”,我想提出下列几点希望:

第一,我希望研究唐代文学的同志们不要使自己的知识领域过于狭隘,而是应当在尽可能广阔的范围内去吸收营养,充实自己。一个研究唐诗的人竟然对唐代的骈散文或者敦煌文学很生疏,显然是不可取的。至于研究文学而不管当时其他的上层建筑和意识形态,例如政治、经济、军事、宗教、艺术、社会风习、中外交通等等,就更必然地会限制了自己的成就。恐怕谁也不能否认,如果不懂中国的禅学史和绘画史以及唐代的地主庄园经济,对王维的理解就不免陷于肤浅。

第二,与上一点相关连,我觉得我们的知识不仅要广阔一些,而且还应当注意到文学发展的延续性。我们的研究应当由通而专,即在通晓中国文学从古到今的源流变迁之后，再进一步专攻唐代文学；而不应当专而不通，即将注意力集中在唐代，对其前后时代的文学都不加重视。不研究和熟悉汉魏乐府，就很难将李、杜、元、白对于乐府诗的继承与革新彻底弄清楚。也只有熟悉宋代以至宋以后的文学，才能对韩愈在唐代诗文革新的贡献给予充分的肯定。

第三，我希望恢复古代诗文评家直接研究创作而从中抽象出诗人和作家的文学思想、艺术手段以及他们在这些方面所认识的客观规律的优良传统。不要只从作家对文学问题的个别的表白以及古代诗文评家现成的言论中去讨生活。我们很熟悉杜甫在《偶题》和《戏为六绝句》中所正面表示的那些精辟的意见，但却忽略了他在创作实践中所表现的艺术思想和艺术手段，却比这些现成材料丰富十倍，乃至百倍。其他作家也是如此。我们研究唐代文论，也只有用这一条“以复古为革新”的方法，才能闯出自己的新路子来。

第四，我希望加强敦煌俗文学的研究。在这个领域内，至少在资料整理方面，我们是落后于国外了。因此我们要急起直追。但敦煌学是一项有特定内容的综合性科学，它不能同西北史地、佛教及佛教艺术、考古学，特别是古文书鉴定学等分割开来，也不能不与唐以后的讲唱文学联系在一起考虑。在这方面，我们似乎特别应当向国外的东洋学者借鉴，并发挥自己拥有最多的资料和比异邦人更多的语文、史地知识的优势，作出创造性的贡献来。

第五，我希望加强资料整理和编纂的工作，例如古代作家总别集的新注，古典文学研究资料汇编以及索引、词书等等。有的我们已经作了不少，有的正在开始，距离应当有的还差得很远。在注释方面，建国以来，我们在普及性的读物上成绩是很可观的；但是我们还没有出现像李善《文选注》、朱熹《四书集注》那种带有开创性和历久不磨的价值的著作。听说李、杜、韩、柳的新注工作正在进行中，我们祝愿他们早日完成并跨越前人在这方面已取得的成绩。再如索引或引得，我们做得还很少。唐代大家只有《杜诗引得》是前燕京大学编的，其余唐代作家作品索引多半出于日本学人之手。个别的异邦学者甚至于将这一事实作为我国古典文学的研究处于落后状态的例证。这种说法当然不对,因为书是读的,不是翻的。古人说:“好书不厌百回读,熟读深思子自知。”汉语是我们的母语,我们应当而且容易精熟那些作品,靠索引找材料去做研究工作,对于一个中国学者来说,显然不能认为是主要的而只能是辅助的手段。但这只是一方面。另一方面,索引又的确是一种很方便的工具,因此应当和其他的工具书一样,有更多的人来从事编纂。目前似乎有一种风气,就是贬低资料工作,认为只有写论文才有价值。殊不知没有可靠和丰富的资料,那论文也就不过是建立在沙滩上的房屋。这个道理是很清楚的。

原载一九八四年《唐代文学研究年鉴》

从小说本身抽象出理论来

在中国古代小说理论讨论会上的发言

古代小说的名目及萌芽状态的理论最早见于西汉末年刘歆所著《七略》。《七略》原书虽已散佚，但它的基本内容仍保存在班固《汉书·艺文志》里。刘、班认为九流出于王官："小说家者流，盖出于稗官，街谈巷语，道听途说者之所造也。"这话非常简略，故余嘉锡教授曾作了篇文章，对此加以考释，详尽可信，同志们想已读过，这里无须重复。《七略》和《汉志》著录的小说已经亡佚，就佚文来看，其内容与我们今天的小说概念是不相当的。但它是小说的源头，是后来许多杰作的起点。经过志怪、志人、传奇、话本、章回直到后来受西洋影响而兴起的现代小说，小说的形式和内容不断地变化着，它的范围不断在缩小，又不断在扩大；它的概念也在不断地变化，实质上也就显示了小说理论的进展。任何小说理论的出现，其前提是要有作品，随着作品的变化，小说理论也在不断变化。我们今天着眼的范围应当是广泛的。如宋人对声乐伎艺分类的研究以及对于小说功能的阐述，不能排斥在古代小说理论之外。当然，李卓吾、金圣叹等直接从事小说的批评，为古代理论作出了杰出的贡献，对他们的理论进行总结也完全必要。由《汉志》到严复、梁启超都应该加以总结，进行专题研究或写成发展史。

"中国古代小说理论"这个词似乎应当做两种理解：一种是古代的小说理论，也就是从《汉书·艺文志》到严复提出的理论；而另外一种概念则是古代小说的理论，说得更明白一点，就是古代小说中所蕴含的可以抽象出来的理论。我们今天研究的多半是前者，而袁中郎、李卓吾、金圣叹他们着眼的却多半是后者。他们反复阅读、研究一部书或多部书，从中看出了蕴藏在那些书中的艺术规律、思想实质等等，然后将其抽象出来，于是乎就有了他们评点的书，他们作的序跋、论文、笔记等等。在这方面，虽然他们已经做了不少，但是并没有做完，而且其观点、立场也和我们今天不一样。我们今天有义务和权利继续研究蕴藏在作品当中的理论问题。只有继承了这个传统，才能够不断丰富古代的小说理论；换句话说，我们要继续发掘蕴含在古代小说中的理论来丰富古人已经总结出来的小说理论，这样，才有继承，有发展。今天，我们掌握了马克思列宁主义，把研究作品和研究理论统一起来，所能获得的成绩可能要比古人大得多。

研究古代文学理论，只从理论到理论，以理论解释理论，这当然是可以的，但如果不结合实际，就难免空对空。解放以后研究《文心雕龙》不大注意上篇，更不注意汉魏六朝的文学作品，不免限制了对《文心雕龙》的深入理解。因为《文心雕龙》是刘勰在研究了先秦直到齐梁的作品，然后从中抽象出理论的。可是我们有的同志却比较喜欢从抽象的角度去研究，探索前人理论中具有特定历史内涵的东西，而忽略了把问题提到一定的历史范畴之内。我们在注意研究古代文学理论的时候，是否也应考虑从古代作品中去发现那些尚未发现的理论呢？我认为，这两种方法，合之则双美，离之则两伤。

我们从小说本身抽象出理论来的工作是大有可为的，既可着眼于原理、思想的钻研，更可着眼于艺术技巧的探讨。如《水浒》学中的版本问题是个热门的问题，是否可从文艺学的角度去分析一下繁本与简本两种形态的产生与共存的艺术原因。再如金圣叹腰斩《水浒》，除了从政治上的考虑外，他是否还有艺术上的考虑；有一个显著的事实必须承认，《水浒》的精华在前七十回。再比如说，《水浒》在结构问题上是有瑕可指的。这种缺陷，我们较少注意，而江苏的说书艺人王少堂却注意到了，并对其中某些情节作了修改补充。他的艺术实践证明，他很懂小说（讲唱文学）的理论和艺术，因此他对原作很多不好解释的地方，都作了合理的补充，也就是作了合理的艺术阐释。

很多同志对《三国演义》的研究有成就。周立波同志五十年代发表在

《文艺学习》上的一篇短文，写得很好，给我留下了很深的印象。因为他有创作的经验，很多地方谈得很深刻。《三国演义》不少地方取材于陈寿的《三国志》和裴松之注，虚中有实，它的政治性很强。如果罗贯中真是“有志图王者”的话，是否可以从作者的政治意图作些研究。据我看，作者不但写了一部政治小说，也提供了写政治小说的某些理论，如写爱情和婚姻也应当写其服从政治要求，《三国演义》全书就是照此实践的。此外，《三国演义》的语言也值得特别注意。它用浅近的文言把作品写得那样成功，可以说是空前绝后的，其语言艺术规律值得探索。

《金瓶梅》是一部奇书，又是一部坏书，但它的确非常充分描写了在封建社会里慢慢成长的市民意识。西门庆的占有欲、对金钱权势无休止的追求，对封建道德习俗的全然不顾，只有从巴尔扎克的作品中才能找到类似的人物。《金瓶梅》全书几乎没有正面写土地兼并及农民与地主的矛盾；将妇女的贞操问题视为完全无足轻重，在封建社会产生的文学作品中是很突出的。它所提供的细节描写，女性群像的大量涌现，方言的使用诸方面都含有大量的理论资料。

既研究古代的小说理论，又研究古代小说的理论，将作品与理论结合研究，这不仅可以丰富理论研究本身，对当代作家的创作也可以提供借鉴。我们的古代文论工作几乎和当代创作绝缘，其关键还在于我们不能提供什么对作家们有用的东西。

1984 年 3 月在武汉市讲，6 月整理。

原载《武汉师范学院学报》(哲学社会科学版)一九八四年第五期

《史通》读法

一

刘知幾(公元661—721年)的《史通》自来和刘勰的《文心雕龙》并称。《文心雕龙》总结了上古迄萧齐文学创作及文学理论上所取得的巨大成就,而《史通》则总结了上古迄唐初史籍撰述及史学理论上所取得的巨大成就。

《文心雕龙》中有《史传》一篇,概括地叙述了古代史籍的起源和发展。篇中所论,也涉及了史学的历史和理论两个方面。《史通》成书,显然是受到了《文心雕龙》,特别是其中《史传》篇的启发。

《史通》按照先秦、汉、晋撰写子书的传统习惯,分为内外篇。内篇原有三十九篇,其中《体统》、《纰缪》、《弛张》三篇早已亡佚,外篇有十三篇,共五十二篇,存四十九篇。这四十九篇书,多数是主题明确的论文,少数则是一些杂记。它们并非一时之作,而是一篇篇地写成之后,才加以统一编排,区分内外的,如《四库提要》所说:"内篇皆论史家体例,辨别是非;外篇则述史籍源流及杂评古人得失。"它所论及的,几乎关涉到唐以前我国史学的全部领域,说它是一部古代史学的百科全书,也不算过分。一方面,书中每篇都有明确的范围和精辟的论点;而另一方面,内外篇之间,每篇与每篇之间,又有互相关联和补充(有时也有矛盾)的地方。

不止于此,刘知幾写《史通》,当然是要阐明史学,同时,他也像司马迁写《史记》一样，“亦欲以究天人之际，通古今之变，成一家之言”(《报任少卿书》)。所以他在《自叙》篇中说：“若《史通》之为书也，盖伤当时载笔之士，其义不纯。思欲辨其指归，殚其体统。夫其书虽以史为主，而余波所及，上穷王道，下掞人伦，总括万殊，包吞千有。……夫其为义也，有与夺焉，有褒贬焉，有鉴诫焉，有讽刺焉。其为贯穿者深矣，其为网罗者密矣，其所商略者远矣，其所发明者多矣。盖谈经者恶闻服、杜之嗤，论史者憎言班、马之失。而此书多讥往哲，喜述前非。获罪于时，固其宜矣。犹冀知音君子，时有观焉。”这一简要自我评价，事实上也就告诉了后代的读者：《史通》固然是一部史学著作，但其中却包涵了、体现了作者对整个客观世界的看法。从这部书中，我们不但可以看到刘知幾对于史学，同时也可以看到他对于哲学和文学等多方面的精辟见解。

二

我们今天要读《史通》，当然首先要从史学角度着眼。个人认为，要学习这部书，似可将书中篇目按其内容略加区类，分别先后，依次阅读。

首先可以读《史官建置》和《古今正史》两篇。我国史籍，起源上古。历代都设有史官，记录史事，《尚书》及甲骨文都可证明。《史官建置》一篇，叙述了史官建置的重要性和上古迄唐代的沿革废置；《古今正史》一篇，叙述了唐以前历代编年、纪传两体正史的修撰情况。将两篇合观，就是一部雏型的史学史。先读这两篇，便掌握了古代史学发生和发展的大致情况。

其次，可读《六家》、《二体》、《杂述》三篇。它们都是说明史籍体例的。刘知幾按照古代史籍的结构、断限等特点，将它们分成尚书家、春秋家、左传家、国语家、史记家、汉书家六家。同时又按其体例分为编年、纪传二体，总称为正史；而将正史以外的各类史籍，共十种，即编记、小录、逸事、琐言、郡书、家史、别传、杂记、地理书、都邑簿，都归入杂史。这三篇告诉了我们古代史籍体例及目录分类的情况，为我们进一步阅读《四库全书总目提要》及姚振宗《隋书经籍志考证》关于史部书籍的评介，提供了方便。

再次，可续阅读《本纪》、《世家》、《列传》、《表历》、《书志》、《论赞》、《序传》、《序例》。这八篇都是讨论纪传体史籍的各个组成部分。刘知幾虽然认为纪传、编年都是正史，但一因纪传体比编年体更能从不同的角度显示历史的全貌，二因纪传体自《史记》以下，历代都有成书，未尝中断，所以后来正史之名便为纪传体所专有了。人们所常常称道的十七史、二十二史、二十四史，便都是指纪传体的正史。《史通》这八篇，告诉了我们唐以前纪传体史籍各个部分的情状，并探讨了它们的义例得失，使读者对纪传体有一个比较完整的概念。

再次，《断限》、《编次》、《直书》、《曲笔》、《题目》、《称谓》、《载言》、《载文》、《书事》、《烦省》、《采撰》等篇则是通论史籍的编纂原则及方法的。

再次，则有讨论史籍文字技巧的各篇，如《叙事》、《浮词》、《模拟》、《言语》、《点烦》等。

以上二十余篇，可以算是《史通》全书最主要的部分。把它们通读以后，再看其他各篇，也就容易了。

概括地说，《史通》为我国唐以前的史学作了比较详细的总结，发扬了古代史官力求"直书"善恶，使史籍成为符合客观事实的"实录"的优良传统，并将其提升到理论高度。为了使得史籍成为"直笔"所书的"实录"，他对史籍的编纂和写作提出了许多有价值的原则和具体建议，指明了一个优秀的史家所必具的个人修养，即才、学、识三长，而昔人对古代、对圣人的盲目崇拜，他也给予了严正的批判，从而为后代写史，树立了好坏两方面的样板，使人知所适从。这些都是从史学角度学学《史通》以后所能获得的知识和教益。

三

从哲学角度看，刘知幾思想的基本倾向是唯物的，他的历史观是进步的。对于从古以来就混杂在文献中的神奇传说与先秦诸子为了托古改制而从事的捏造，都以实事求是的精神和方法加以区别。在这方面的意见，《疑古》、《惑今》两篇很有代表性。借助谨严的论证与锐利的笔锋，达到了

“褫其华衮，示人本相”的目的。

他不但对传统史实与思想加以检查、怀疑和批判，对六经之书、孔丘之言都无例外，而且对史籍中广泛记载的五行灾异、祥瑞符命、神鬼迷信都加以驳斥。古代的神学家为了巩固封建统治阶级的政权，故意将一些自然现象（天）和社会现象（人）联系在一起，从而臆造出天人交感的学说。刘知幾在《五行志错误》和《五行志杂驳》两篇中，对那些广泛存在于史籍中的乌烟瘴气，逐一扫荡。

除上举各篇能代表刘知幾在历史哲学上所达到的高度以外，这种思想还贯穿全书，反复出现，如《采撰》一篇，是讨论如何收集史料的，就明白指出，凡是属于寓言、图谶、传说、神话，都不应作为史料，编入史籍。

当然，刘知幾的反传统思想和无神论还有某些不彻底之处，因而其所论述，也往往自相矛盾，但对当时思想界来说，已经闪耀出异样的光辉。

四

《史通》对于文学理论方面也作出了不可磨灭的贡献。刘知幾对如何写史，立有若干专篇详加讨论，其所获得的结论，大都与文学理论相同或相通。

例如：他在《载文》、《自叙》等篇中，提出了与后代学者“文须有益于天下”相似的主张，推崇那些忠实地反映现实，“不虚美，不隐恶”的文章，而认为“繁华而失实，流宕而忘返”的作品是“无裨劝奖，有长奸诈”。这在今天也还是文学上一个重要的原则。

在《鉴识》、《核才》等篇中，他反对齐、梁以来直至唐初盘踞文坛的华靡文风，认为当代所撰史籍，每有“虚加练饰，轻事雕彩”的弊病。在《模拟》中，反对不顾精神实质而仅在形貌上学习古人，事实上是“貌同心异”，只能算是模拟之下。在《言语》中，他反对在语言上贵古贱今，认为一些史家将俗语改成雅语，今言改成昔言的做法十分可笑。在《浮词》中，他反对“轻弄笔端，肆情高下”。而在《叙事》中，他更详细地讨论了史书叙事之法，指出“尚简”、“用晦”、“贵真”的重要性。这些涉及写作方式方法的意见，也很可取。

刘知幾在《史通》中所表现出的文学观点，在某种意义上说，对唐代的古文运动起了一种“导夫先路”的作用。

总的说来，《史通》首先当然是我国史学史上的一部经典著作，但它在哲学、文学两方面也有不可忽视的贡献。所以我们读这部书，可以而且应当从这三个方面去认识它。

五

《史通》在宋朝就有刻本，明代加以注释的，有李维桢《史通评释》、王惟俭《史通训故》两家。清人则有黄叔琳《史通训故补》，浦起龙《史通通释》两家。浦书后出转精，流行很广，取代了前此各家。后来的学者多在浦书的基础上进行订补。陈汉章作《史通补释》、杨明照作《史通通释补》，现附印在上海古籍出版社所出新版《史通》的后面，很便于阅读。

此外，独立成书的《史通》补注，则有彭仲铎的《史通增释》(未刊)及程千帆的《史通笺记》。

吕思勉作的《史通评》，用意在评议刘书义例得失，并非注释，但和原书对读，很能开人思悟。

解放以后，《史通》很受学术界的重视，许多学者写了评介文章。这些文章，多数收在上海人民出版社出版的《中国史学史论集(二)》里面。这些文章，都有助于对《史通》的阅读。

原载《文史知识》一九八二年第五期

后　记

千帆从一九七八年恢复工作以后，除了日常的教学和科学研究工作之外，有时还应约对这些工作中存在的问题发表过一些文章和谈话。这本小册子，便是近六七年来这些文章和谈话纪录的结集。主要谈的是治学方法论的问题。

显然，治学方法是多样的，没有必要也不可能找到一把能打开一切学术仓库门锁的百宝钥匙。方法的形成和使用，不仅因研究对象的不同而有所差异，甚至研究者的个性、气质也对每个人所使用的方法有影响；至于其素养、师承，就更不用说了。所以，尽管从三十年代以来，千帆一直在师友们的指导和帮助下，从事古典学术的探索，力图跨越自己，希望自己的今天不是对昨天的摹仿，但他所做的和他所谈的，都很难说有什么普遍意义。在这里，只是将他的某些“一孔之见”提出来，聊供同道们参考而已。

这本小册子是在季啸风同志的鼓励之下编成的。千帆的老友王仲荦教授又赐以序言。在这里，谨向两位致以衷心的感谢。一九八五年十二月，陶芸编讫并记。

古诗讲录

张伯伟 编

编纂说明

一、上世纪七十年代末、八十年代初，程千帆先生在南京大学给本科生、研究生讲授“历代诗选”、“古代诗选”、“杜诗研究”课，本书据当时课堂笔记整理而成。

二、“历代诗选”、“古代诗选”课程以程千帆先生、沈祖棻先生合编之《古诗今选》为教材，初由南京大学中文系印行“征求意见稿”（上下册），后经修订，于1983年由上海古籍出版社出版。“杜诗研究”则另编《杜诗讲义》为教材，有南京大学中文系油印本，未曾公开出版，兹附载于本书《杜诗讲录》之后。

三、本书将当年笔记整理为《历代诗选讲录》、《唐宋诗讲录》、《古诗讲录》、《杜诗讲录》四部分，来源如下：

1.《历代诗选讲录》，授课时间自1979年2月至1980年1月，共两学期。第一学期讲授内容为八代诗，第二学期为唐宋诗，徐有富笔记，其中“八代诗”根据进修生陈治群记录补抄。

2.《唐宋诗讲录》，授课时间自1979年9月至1980年1月，与《历代诗选讲录》的“唐宋诗”相重合，因各有详略，且差别较大，故一并刊布，张伯伟笔记。

3.《古诗讲录》，授课时间自1980年9月至1981年1月，据曹虹、张伯伟笔记合并整理。

4.《杜诗讲录》，授课时间自1981年9月至12月，徐有富笔记。

四、本书根据上述笔记整理编纂，笔记中偶有讹误，辄予以改正。为帮助读者阅读，略有补注，以小字号仿宋体印出，此项工作由责任编辑葛云波完成。

五、程千帆先生早年曾撰写《论今日大学中文系教学之蔽》，晚年又作《南京大学中文系本科学生作品选集、论文选集序》，皆与大学文学教育相关，且二文未见于《程千帆全集》，兹收入本书，权当“代序”、“代跋”。

六、今年是先师逝世二十周年，谨以此书表达白头门生的纪念之情。

论今日大学中文系教学之蔽（代序）

程千帆

中学国文之教学，自来论者甚多，至大学中文系之教学问题，则尚未有为之讨论者。此或缘大学乃传授高深学术之所，教学之法，应各具自由，无庸涉及也。惟以现状而言，则多数大学中文系之教学，类皆偏重考据。此自近代学风使然。而其结果，不能无蔽。兹就此点，略陈愚见，苟荷通人赐以商榷，曷胜企幸！

愚此所谓蔽者，析而言之，盖有二端：不知研究与教学之非一事，目的各有所偏，而持研究之方法以事教学，一也。不知考据与词章之非一途，性质各有所重，而持考据之方法以治词章，二也。详此二蔽之所由兴，则实皆缘近代学风之一于考据。案满清学术，一由于明学之反动，二由于建夷之钳制，考据遂独擅胜场。而咸同以来，朝政不纲，人心思动；所谓汉学，亦久王将厌，以有今文家言之发生。公羊学派，又考据之反动也。然此学派，本依附政治而光昌，亦以政局之变更，不旋踵而消灭。及西洋学术输入，新文化运动勃兴。全盘西化之论，格于政治社会之阻碍，未克实行；考据之学乃反得于所谓科学方法一名词下，延续其生命。二十年来，仍承胜朝之余烈，风靡一世者，职是之由。大学中文系之教学既受其影响，故二蔽生焉。

先就其第一点言之：研究与教学，为大学教员所当并重，此人而知之；而二者之间，虽有其同，亦有其异，则多习而不察。夫吾国学术，义理、词章、考据三者，略可尽之。然义理期于力行，词章即是习作，自近人眼光视之，皆不足语于研究之列。则考据一项，自是研究之殊称。考据之学，无非以新材料推翻旧知识，或以旧材料创获新论证，或参合新旧材料以得之。要之，不犹人者近是。故各持一说，纷纭不已。而年寿有尽，耳目难周，好名之徒，急于自见，未为定论，已著篇章。故往往一论方造，逾月自败；甲考既出，乙驳旋来。此虽近代学风，好为异说，实亦考据之学，本质则然。所谓“不惜以今日之我，攻击昨日之我；更不惜以明日之我，攻击今日之我”，则解嘲之名论也。此在个人，或如日月之蚀，无伤其贤。然以未定之谈，离奇之论，施之讲授，则断乎不可。盖学程之授受有定时，学业之始卒有定限。要在于极短之时间内，先与以平正通达之知识，为其基础，则进可自力，退亦有常。若朝言夕改，月异日新，将令承学之士，何所适从？亦徒增其迷罔已。不特此也，既以新异为高，遂耻论不己出。故于自具心得者，则肆力铺陈，以鸣所长；因循旧说者，则略加敷衍，借讳其短。其所详，固学者之所当知欤？不问也。其所略，固学者之所不当知欤？不问也。其可乎哉！此研究之目的与教学不同，不可以研究之方法施诸教学之一端也。

且考据之文，或立或破，最重客观之论证。说五字之文，至二三万言，昔人所引为异者，今则尤有过之。举事既多，费词尤众。枝分叶布，歧中有歧。盖但求明晰，不惮烦琐，其事则然，或难避免。然以施诸讲授，则实博而寡要，劳而少功。何则？大学四年，既极仓卒，学者不仅期望教员能与以平正通达之基础知识；尤在能于此极广大之知识中，详所当详，略所当略，提纲挈要，示以完全之系统。非然者，所得于一事或多，于全貌则少，究其终极，皆属零碎之见闻，了无一贯之认识。譬之铁环虽固，而各不相连，终无所施其力。则辨章之业，考镜之功，虑末由矣。重以研究工作，既属教员之自由，故七略四部，无不包括。教者炫博矜奇，往往即以一己研究所得，开设课程。此类课程，范围多甚狭隘，以教时繁征博引，遂亦斐然成章，至于学者之需要，学术之重轻，殆均未尝顾及。据教育部之统计，大学中课程之重复纷乱，以中文系为最，不同之名目，计达一百六十余。此其中必有一部分受教员以研究之偏嗜而任意设课之影响，亦要非教学之本意矣。此研究之目的与教学不同，不可以研究之方法施诸教学之又一端也。

更就其第二点言之:方今大学中文系之课程,经史子集,靡不在内。教学方法,自亦各有不同。然以考据之风特甚,教词章者,遂亦病论文术为空疏,疑习旧体为落伍。师生授受,无非作者之生平,作品之真伪,字句之校笺,时代之背景诸点。涉猎今古,不能自休。不知考据重知,词章重能,其事各异。就词章而论,且能者必知,知者不必能。今但以不能之知而言词章,故于紧要处全无理会。虽大放厥词,亦复何益。昔人谓治词章,眼高手低,最为大病。若在今日,则并此低手亦无之矣。往闻日本人盐谷(温)以治我国文学为时流所称,及阅所著书,诧其荒陋无识。后友人殷石臞东游反,出示盐谷所为台湾纪行诗,差免舛律而已。乃知其不知,正以其不能也。且以吾国现代文体言,所受西洋文学之影响,实远过于前代文学之沾溉。故以历史眼光论之,殆属脱节。此亦由不习旧体,即无法创变新体。盖文学自有其历史上之继续性,初期之词人多工诗,初期之曲家多工词,则其明证。惟如是,乃能蜕旧生新。学术自有源流,抽刀安能断水。现代文学之发皇,初不如提倡者之预计,岂非矫枉过正之咎欤?此考据之性质与词章不同,不可以考据之方法治词章之一端也。

若夫考据重实证,而词章重领悟,此则人亦知之。然其教人悟入处,仍从考据下手,则犹是蔽于时也。盖词章者,作家之心迹,读者要须"不以文害辞,不以辞害志,以意逆志,是为得之"。孟氏之言,实千古不易之论。古今作品,固多即目惟见,羌无故实,不悉主名,而极惊心动魄、荡气回肠之能事者,若仅御之以考据,岂不无所措手足乎!王逢原诗云:"满眼落花多少意,若何无个解春愁?"大可借咏于前文神妙处毫无领悟之辈也。以鄙意言之,领悟前文,要当从习作入手。往尝发其义曰:"古代文体之习作,每为髦士所鄙弃。岂知虽能斫轮,犹恐不喻疾徐甘苦,况其不能者乎!此之不为,即彼辈所侈言之欣赏批评,亦无由得其道也。"盖能作,则于古人经心用意处能得较分明之了解,亦于历代源流同异能得较了澈之领会。斯其所知,乃近真知。隔靴搔痒,何来真赏?此又非可以口舌争者。此考据之性质与词章不同,不可以考据之方法治词章之又一端也。

约此四端,以明二蔽,则研究与教学非一事者:研究期新异,而教学必须平正通达。以新异之研究而从事教学,则学者势无法获得平正通达之基础知识。研究伤烦碎，而教学必须提纲挈要。以烦碎之研究而从事教学，则学者势无法获得提纲挈要之一贯知识。考据与词章非一途者：考据重知，而词章重能。以重知之考据方法而从事重能之词章教学，则学者势无法受前文之沾溉。考据贵实证，而词章贵领悟。以贵实证之考据方法而从事贵领悟之词章教学，则学者势无法赏前文之神妙。若一专攻中国文学之学生，其所受读，既不能得平正通达之基础知识，及提纲挈要之一贯知识，以资进修；又不能受前文之沾溉，及赏前文之神妙，以资借镜，则其所畜，不问可知。虽欲不谓为教学之失败，胡可得耶？

准斯而谈，则大学中文系教学之道，一于考据，其蔽显然。盖学术多方，各有攸当。研究以教员为主，教学当以承学之士为主，则所施不同。义理者意，所以贵善；考据者知，所以贵真；词章者情，所以贵美，则为用不同。此宁可以一概齐哉？抑尤有进者：《庄子》称战代学者“不幸不见天地之纯，道术将为天下裂”。《汉志》讥当时经师，“碎义逃难，便辞巧说”。今日偏重考据之学风，奚以异此？大学为造就通才之所，中文系尤有发扬民族文化之重任，故其动态与风气，关系国运者至深。而今日师生之所致力及成就者，类皆襞积细微，支离破碎，求如太史公所谓“究天人之际，通古今之变，成一家之言”者，杳不可得。其故若何？深识之士，盍亦反其本矣。

1942 年 2 月写于乐山

（原载《国文月刊》第十六期，1942 年 10 月）

历代诗选讲录

1979年2月至1980年1月

北平1、教学大楼101

星期一下午、星期四下午

徐有富　记录

（其中八代部分据进修生陈治群记录补抄）

八代部分

1979 年 2 月

二十多年没有上课，是由于各种原因，今天要“丑话讲在前面”。

“历代诗选”选讲汉—宋代的五、七言诗。学生毕业好比姑娘出嫁，学校要多陪些东西。我提一个要求，要多读、多背，三年后不背熟三百首，就不能毕业。有些学生说诗词格律不懂，就是因为作品读得太少，就不会有两只知音的耳朵。汉时扬雄说，读了一千篇赋，就学会了写赋（桓谭《新论·道赋》引其语：能读千赋则善赋）；三国时的学者董遇把他的读书经验概括成“读书百遍，其义自见”八个字（《三国志·魏书·孙叔然传》裴松之注引《魏略·董遇传》：读书百遍，而义自见）。

下面讲三个问题。

一、什么是抒情诗？

抒情诗是通过诗人的主观感受、思想感情和个性来反映人生，而叙事诗是通过塑造客观世界的人物形象来反映人生。不要认为抒情诗反映的范围比较狭小，抒情诗也能反映大的事物。

杜甫《八阵图》：

功盖三分国，名成八阵图。江流石不转，遗恨失吞吴。

抒情诗的形象：抒情诗也有形象，抒情诗的形象首先是诗人自己的形象，它是通过自己的感受来塑造。

抒情诗的典型化：抒情诗是用抒情的语言来描绘尖锐的矛盾；阶级性是诗歌的共同特征；抒情诗的阶级性表现在诗人对是非、黑白的热烈爱憎。

抒情诗描写矛盾常常是用一种特殊的方法，就是只写矛盾的一方面，而省掉矛盾的另一面。

李涉《井栏砂宿遇夜客》：

> 暮雨潇潇(一作萧萧)江上村，绿林豪客夜知闻。他时不用相回避(一作藏名姓)，世人于今半是君。

“相回避”或作“通名姓”。

杜荀鹤《再经胡城县》：

> 去岁曾经此县城，县民无口不冤声。今来县宰加朱绂，便是生灵血染成。

抒情诗小结：

1. 抒情诗以抒发诗人的主观感受来反映人生和社会，诗中反映的不纯粹是客观的事物。抒情诗描写对客观事物的具体感受；这种描写是通过主观感情和个性来表现的，这些大都是内在的东西。

2. 抒情诗中反复出现的形象是诗人自己的形象，抒情诗人不是通过一篇诗，而是通过他的全部诗集来表现他自己的形象(像鲁迅评论陶潜)。

3. 抒情诗人对生活很敏感，体会很精微，反映的范围也很广大，因此，不能说抒情诗不能反映重大题材，许多抒情诗人一起可以反映那个时代。

4. 抒情诗因限于篇幅，只反映、描写事物的一方面，事物矛盾的另一方面可以让读者去觉察到，体会到。抒情诗这个特点可以给读者留下广阔的想象和深远的回味余地。

5. 抒情诗不排斥叙事、说理的成分，而是经常把叙事、说理作为自己的有机组成成分。

6. 抒情诗是中国古典诗歌的主流。在中唐以前叙事诗是不发达的。

2 月 17 日

二、抒情诗的特征

广义的诗，包括楚辞、赋、词、散曲（小令、套曲、带过由）、时调小曲（明清民歌）、讲唱文学（变文、诸宫调、弹词）。

狭义的诗，是四言、五言、七言、杂言诗。

四言诗后来跑到墓、碑、铭、诔的最后，作为文的附属品。

中国古代第一流的大诗人都是写五言、七言诗的，所以历代诗选课以五言、七言为主。

1. 从思想上来看

中国古代大诗人能站在同情人民的立场上，用真实的态度，巧妙的艺术手法给我们留下了不可重复的诗歌，它的价值至少有两个方面：由于真实地反映当时各个阶级的生活，使我们能认识当时的社会；作者表现的正义感、同情感，给我们以很大的教育。

（1）描写阶级斗争的作品，尖锐地揭露了当时的阶级矛盾，痛斥了反动统治的罪恶，激发人民反抗黑暗的东西。

（2）反映妇女问题

清朝诗人袁枚："但使姚崇还作相，君王妃子共长生。"（《随园诗话》补遗卷八）

（3）关于民族斗争问题

中国从古以来就是一个多民族的国家，汉族也是由许多小民族融合而成的。中国古代大诗人反对民族侵略，反对民族压迫，反对对外侵略，如杜甫的《兵车行》、白居易的《新丰折臂翁》。

（4）歌颂劳动人民的勤劳、勇敢、智慧的优秀品质，歌颂爱情、友谊、祖国山河、历史上的优秀人物。

2. 从抒情诗的形式上看

健康的感情，这一个与那一个总是相通的，美好与美好是相通的，正如丑恶与丑恶是相通的。古代诗歌反映了人道主义、爱国主义和民族主义及人民对生活的广泛的热爱。

文学的阶级烙印有强有弱，当不触犯到阶级利益时，文学的阶级性并不都是鲜明的，关于文学的阶级性，有以下几点：

（1）与作者的经历有关（如李后主、宋徽宗）。

（2）与作者的注意点有关（宋代的范成大官做得很大，反映人民痛苦却很多，而杨万里官做得小，反映人民疾苦的诗却较少）。

（3）与作者采取的文学样式不同有关，不同的文学样式有不同的工具和材料，文学的材料是语言，绘画的材料是线条、颜色。

（4）与作者的阶级立场有关（晋惠帝听说闹饥荒人民没有饭吃，他说“何不食肉”）。

任何一个有真正价值的文学艺术都具有民族性，在艺术形式上就具有民族形式，民族形式是适应这个民族的生活、习惯、传统和美学观念的，是这一民族区别于另一民族的标志。

民族形式既有群众基础，又允许丰富多彩。

民族语言是民族形式赖以存在和发展的手段，民族语言能使民族形式固定下来，固定以后才有生命，才有风格，才有特色。

五言诗、七言诗的起源

《诗经》里的国风（民歌）以四言为主，少数是五言、七言。随着生活、音乐的发展，人民创作了整篇的五言、七言，用文字记载下来，又不能唱，就成了五言诗、七言诗。

汉魏六朝时盛行五言诗，只有鲍照写过七言。原因是那时的音乐更适合于配五言，而不适合于配七言（这只是个假设，不是真理）。

汉语言的特点是丰富、精炼、富于表现力、有音乐感。

汉魏六朝的五言诗被称为古诗或古体诗，除每隔一句押韵外，其余比较自由（句数是双句，但数量不限，汉民族诗歌的音乐感建筑在四声上面）。

在古体诗中，平仄相间相重，就构成行间律。

到齐梁时，发展为律诗，唐代称律诗为今体诗，亦称近体诗。

什么是律诗?

杜甫(《登兖州城楼》):

东 郡 趋 庭 日 ,南 楼 纵 目 初 。
＋ ＋ — — |　— — | |—
孤 嶂 秦 碑 在 ,荒 城 鲁 殿 余 。
＋ ＋ — — |　— — | |—

1. 全篇用双数(不能用单数)的五言句或七言句组成(句子不能有长短)。

2. 每篇除起头两句和结尾两句外,其余(中间的三、四、五、六句)要用对句(词汇、语法大致相同)。

3. 用汉语语音声调中的平仄声做基础,建立有规律的韵律,某一字用平声,某一字用仄声,某一字可平可仄,都有一定的要求。

4. 在整篇诗律上面,每四句构成一个单元,每句体现一次相间相重。如果超过两个单元,称为排律。

5. 除了第一句(起句)是否押韵看情况决定外,其余句子逢双句才能而且应该押韵。

6. 律诗押韵的字一般都是平声,中途不能换韵,要一韵到底。

从古诗变到律诗的过程中的过渡诗(即不完全合乎律诗的规格),叫新变体。古体诗也有规律,但不严格,只是要押韵(或押隔句韵),一句之间不要单用平声或仄声,单句和双句之间的平仄要适当的相间。

绝句(有五绝、七绝)是由四句构成的小诗。晋朝作诗有联句的风气,如某人联不下去,就叫绝句(亦叫断句)。另一来源是民间有四句诗的歌唱,后统一叫绝句,并把律诗的平仄规律应用到绝句中去,叫作律化。律化后,相当于律诗的一个单元(即一半)平仄相间不相复,唐人又叫绝句为小律诗。

三、抒情诗的创作方法

见《古诗今选》前言。

八代、唐宋诗发展概略，见《古诗今选》前言。

怎样阅读古典诗歌？

除弄懂字句外，传统的还有两条：

1. 知人论世。

2. 以意（读者的思想活动）逆（迎接）志（诗人的思想活动）。

艺术作品和读者首先是感情的交流，首先要熟悉它，亲近它，热爱它，大可不必事先存有戒心。

作品分析

两汉名歌

《艳歌行》

罗曼·罗兰说:“最高的美是赋予转眼即逝的东西以永恒的意义。”苏东坡诗云:“野雁见人时,未起意先改。君从何处看(kān),得此无人态。”(《高邮陈直躬处士画雁二首》其一)宋陈与义诗云:“忽有好诗生眼底,安排句法已难寻。”(《春日》)

头两句(翩翩堂前燕,冬藏夏来见):这两句是起兴,叫兴,兴是开头,又是暗喻。有的“兴”与内容无关,如一首民歌的开头四句是:“墙上一棵草,风吹两边倒。今天有客来,杀仔什么好?”

《白头吟》

相传这首诗是卓文君所作(传说司马相如要讨一美女,但此事与这首诗内容不符,再者汉武帝时还没有成熟的五言诗)。

“竹竿何袅袅,鱼尾何簁簁”句:古代常用食鱼、钓鱼来比喻男女相爱。《诗·陈风·衡门》:“岂其食鱼,必河之鲂?岂其取妻,必齐之姜?岂其食鱼,必河之鲤?岂其取妻,必宋之子?”(见闻一多《说鱼》)

形象思维也有其逻辑过程,抽象思维有助于形象的塑造(如史湘云对贾宝玉的话,三顾茅庐的孔明对天下大势的分析)。议论、抽象思维也可用形象思维来表达(庄子的文章,鲁迅的杂文)。

《怨歌行》

相传是汉成帝妃班婕妤所作,但不可靠。

“凉飙夺炎热”的“夺”,称为险字。王令诗:“清风无力屠得热,落日着翅飞上山。”(《暑旱苦热》)

《饮马长城窟行》

饮马长城窟行，原来是一种音乐。行，是歌行，这个题目与下面诗的内容无关。

《楚辞·招隐士》："王孙游兮不归，春草生兮萋萋。"见春草而思念远方亲人，是个传统。

"他乡各异县，展转不相见"句：唐人诗云："梦里分明见关塞，不知何路向金微。"（金微：都督府）（张仲素《秋闺思二首》其一）又："妾梦不离江水上，人传郎在凤凰山。"（张潮《江南行》）

《陌上桑》

陌：田间小路，这里是郊外。桑：动词，采桑。

"照我秦氏楼"的"我"指我们，大家的，形容罗敷是属于我们大家的，表示我们很喜欢罗敷。开头四句用太阳光来比喻美丽的姑娘。这是属于想象的民族传统，如印度形容美女的丰满的臀部，阿拉伯形容美女用十四夜的月亮。

罗敷：当时女子通行的名字。"青丝为笼系……紫绮为上襦"，对罗敷的服饰用具采取实写（描写形象）。

"行者见罗敷"等句，对罗敷的美貌采取虚写（描写风神），给读者留下丰富想象的广阔余地，这使读者也成了创作者。文学作品不能只描写形象，还要描写形象以外的、形象本身不能表达的东西，如宋玉的《登徒子好色赋》："……天下之佳人，莫若楚国；楚国之丽者，莫若臣里；臣里之美者，莫若臣东家之子。东家之子，增之一分则太长，减之一分则太短；着粉则太白，施朱则太赤；眉如翠羽，肌如白雪，腰如束素，齿如含贝；嫣然一笑，惑阳城，迷下蔡。"

许多好的字、画中间也有许多空白、间隙，给人以想象。古代哲学上也说："张而不弛……弛而不张……一张一弛，文武之道也。"（《礼记·杂记下》）也是讲的这个道理。再如苏轼诗："画工欲画无穷意，背立东风初破睡。若教回首却嫣然，阳城下蔡俱风靡。"（《续丽人行》）这是宋代画家周昉画一美女（宫女）打哈欠。

初唐贺知章《咏柳》诗："碧玉妆成一树高，万条垂下绿丝绦。不知细叶谁裁出，二月春风似剪刀。"还不如刘禹锡的〔杨柳枝〕：

美人楼上斗腰支，如今抛掷长街里。

一定要做到形神兼备，描写女子柳眉、杏眼、桃腮，如果写得太多，就成了水果摊子了。什么事都要有个分寸。

黄河很难渡，只有在河套口用牛皮筏渡河，所以，吹牛又说"到黄河边上去吧"，"拍马"也是西北方言。这里是罗敷心生一计："……皆言夫婿殊。"写到这儿，作者就不写了，也是给读者留下想象的广阔余地。

罗敷采桑为什么打扮得那么漂亮，这牵涉到生活真实同艺术真实的关系，为了更好地表现生活真实，艺术可以适当地改变某些生活真实。这首诗描写罗敷的美丽，一是为了美感，一是为了情节的需要。

《焦仲卿妻》

《礼记·三年问》："凡生天地之间者，有血气之属必有知，有知之属莫不知爱其类，今是大鸟兽则失丧其群匹，越月逾时焉，则必返巡，过其故乡，翔回焉，鸣号焉，蹢躅焉，踟蹰焉，然后乃能去之。"又见《荀子·礼论篇》。

故事情节从何而来？故事情节来自人物之间的性格冲突，人物发生个性冲突，而产生故事情节。

人物性格一方面有阶级的共性，另一方面有不同的个性，性格是千变万化的，不同的阶级也有相同的性格。

红学家（评点派）认为晴雯补充林黛玉，芳官又补充晴雯，袭人补充薛宝钗，麝月又补充袭人。

单纯以情节取胜，缺乏性格描写，是不会感人的，《封神榜》即属于这一类。

应该让人物固有的性格按生活的逻辑去发展，打个比喻，就像"看云渐展"。应该抓住、把握那些已经很尖锐，但还没有解决的那些矛盾，这正是作家的苦心和匠心。

“鸡鸣外欲曙……精妙世无双。”这些描写是加强焦仲卿对刘兰芝的印象，表现他们的深挚爱情，为下文悲剧制造气氛。

“昔作女儿时，生小出野里。本自无教训，兼愧贵家子。”可能是阿母讲的话。“受母钱帛多，不堪母驱使。今日还家去，念母劳家里。”可能是兰芝讲的话。见俞樾《古书疑义举例》中“两人之辞而省曰字例”。

“小姑始扶床……小姑如我长。”高尔基小说《阿尔塔莫诺夫的一家四口的事业》写一姑娘因疲劳倒在床上，不脱衣，不脱鞋，第二天早上，来不及穿衣穿鞋下地迎接母亲。王维的《袁安卧雪图》在雪中画一大芭蕉。《红楼梦》中的贾宝玉拿一红梅花给妙玉。西方一画家画月光透过五彩玻璃，各种颜色照在一个姑娘身上。所以文学中常有“好而不通”和“通而不好”的例子。

“摧藏马悲哀”把马写成有人的感情，叫“移情作用”，如李白《劳劳亭》：

天下伤心处，劳劳送客亭。春风知别苦，不遣柳条青。

又如戎昱《移家别湖上亭》：

好是春风湖上亭，柳条藤蔓系离情。黄莺久住浑相识，欲别频啼四五声。

又如杜牧《赠别》：

蜡烛有心还惜别，替人垂泪到天明。

送别的诗如李商隐的《离亭赋得折杨柳二首》：

暂凭尊酒送无憀，莫损愁眉与细腰。人世死前唯有别，春风争拟惜长条。

含烟惹雾每依依，万绪千条拂落辉。为报行人休尽折，半留相送半迎归。

古汉语中三、九表示多数，见清代学者汪中《述学》中的《释三九》篇。

失望同民歌是绝缘的，《焦仲卿妻》最后的传说，体现了人民的愿望、感情。“多谢后世人，戒之慎勿忘”，这是议论，文学不排斥抽象思维，议论是作者作诗之旨。

焦母是个很凶的女人，但很爱她的儿子，没有排除母爱。焦母、刘母都是性格比较复杂的。

《上山采蘼芜》

这是一首弃妇诗，特点有：

1. 反映劳动是否好是爱情的一个因素。

2. 写故夫怀念前妻。

《十五从军征》(全诗详 255 页)

暗示，是这首诗的特色。

《红楼梦》中王熙凤登场，即第一次暗示。一美国电影中，负心的丈夫说他送给他妻子的耳环很丑，妻子就明白了一切，这也是暗示。

《上山采蘼芜》、《十五从军征》是徒歌(不用乐来伴奏，相当于现在的清唱)，来自民间(中间可能经过文人加工)。

以上是两汉时代的民歌。

文人创作

下面讲文人创作，先讲无名氏的《古诗十九首》(选三首)。

《冉冉孤生竹》(全诗详 276 页)

相传为傅毅作，但东汉时还不见得有如此成熟的诗。这首诗写一个女子埋怨晚婚。

“思君令人老”，这在古诗中称为情语。情语直接讲出来，即用赋的方法比较多；情语同景语相对，如果是借景抒情，则多用比兴法。

“……贱妾亦何为？”这句话没有讲完，可用“……”，意即亦何为（不执高节）。

这首诗特点是比、赋交替使用，开头两句是比，第三句是赋，第四句是比，这就使诗产生跳跃、间隔，使虚实相间。

《迢迢牵牛星》（全诗详285页）

“迢迢牵牛星，皎皎河汉女。”这是一对比喻，但后面只写织女，不写牵牛，这叫朝一边生发开去的手法。

解放后，对牛郎织女的主题有过争论，是爱情主题，还是劳动主题（解放初，演牛郎织女，把真牛牵上台，结果戏演不下去，这说明艺术真实和生活真实是有距离的）。鲁迅说：如果艺术真实等于生活真实，那么就如画地图，地图至少和地球一样大。“而没有和地球一样大小的纸张，地球便无法绘画。”（见《连环图画琐谈》，载《鲁迅全集》第六卷28页）

《孟冬寒气至》（全诗详285页）

“愁多知夜长”是一句很浑朴、直率的情语，但到唐代，这方面的诗就写得有“着色”，如：

王昌龄：“熏笼玉枕无颜色，卧听南宫清漏长。”（《长信秋词五首》其一）

李益：“似将海水添宫漏，共滴长门一夜长。”（《官怨》）

又戴望舒：“明天会有太淡的烟和太淡的酒/和磨不损的太坚固的时间。”（《前夜》）

“上言长相思，下言久离别”，是互文见义，即整个信都写相思。

“客从远方来……惧君不识察”这八句，写了过去、现在、将来，很经济。经济的手法很丰满，而不是干瘪。

《结发为夫妻》

《结发为夫妻》和《烛烛晨明月》旧题苏武作。这一首又作“苏武留别妻”。

“去去从此辞”，“去从此辞”四个字就够了，但为足句（凑成五个字），于是把“去”就重叠了一下。还有字多就省掉：如“君亮执高节，贱妾亦何为”。

［一笑话：把酒登高楼，江天一色秋。

凭栏一色秋，两个渔翁揪（打）。（本该作“揪打”，但省去了“打”）］

“生当复来归，死当长相思”，这牵涉诗的拙同巧的关系，如：

存为久离别，没为长不归。（颜延之）（《秋胡诗》）

把人所共知的事情或道理朴实地写出来，很有分量。既能欣赏华美工巧的，也会欣赏质朴、笨拙的，这叫会欣赏异量之美。

美人迈兮音尘阙，隔千里兮共明月。临风叹兮将焉歇，川路长兮不可越。（谢庄《月赋》）

驰遥思于千里，愿接手而同归。（谢惠连《雪赋》）

《良时不再至》（旧题苏武作）（全诗详 292 页）

“仰视浮云驰。”浮云，一比喻小人，一形容多变化。

天上浮云似白衣，斯须变化如苍狗。（杜甫）（《可叹》）

总为浮云能蔽日，长安不见使人愁。（李白）（《登金陵凤凰台》）

浮云终日行，游子久不至。（杜甫）（《梦李白二首》其二）

丹青不知老将至，富贵于我如浮云。（李白）（《丹青引赠曹将军霸》）

《携手上河梁》（全诗详 292 页）

这首诗最为人称道，“河梁送别”成为一个典故。古诗中，“河”特指黄河。河梁，黄河上一座桥，而李陵与苏武在匈奴，不可能在黄河边上送别。

这可作为此诗不是李陵作的旁证。

“携手上河梁，游子暮何之?”这是明知故问。又如：“浊醪谁造汝？一酌散千愁。”（杜甫）（《落日》）

“努力崇明德，皓首以为期。”杜甫是继承了这种高尚的传统的，如送严武诗的最后两句：“公若登台辅，临危莫爱身。”（《奉送严公入朝十韵》）又，岑参送一朋友到南海做官的诗最后也说：“此乡多宝玉，慎莫厌清贫。”（《送杨瑗尉南海》）

中国五言诗到建安七子时代，作品可以和作者联系起来，有鲜明的个性。在此之前，作者都是无名氏，这就妨碍了对作品的探究。

建安时代文学的特点是有一个文坛，有坛主（有曹氏三宗：魏武帝、魏文帝、魏明帝），另外一个特点是同题共作，如阮瑀死后，其妻很苦，好多人一起作《寡妇赋》，这就互相学习，互相促进。建安时代，权利再分配，而曹家占优势，曹操、曹植的人道主义精神很充沛，面对现实，同情人民，称“建安风骨”，风是文意，骨是文辞，建安风骨就是通过有文采的诗来表达改变现实、同情人民的理想。《文心雕龙·时序篇》说：“世积乱离，风衰俗怨，并志深而笔长，故梗概而多气也。”

曹操《苦寒行》

这首诗作于建安十一年（公元206年），曹操出征袁绍的余党高干，袁绍当时代表世家大族，很腐朽，曹操出身低微。

陈琳《饮马长城窟行》

陈琳以书檄见长，原属袁绍，骂过曹操。后袁绍败，陈琳归附曹操，曹操问他为什么骂他祖宗三代，陈琳说：“箭在弦上，不得不发。”

“生男慎莫举，生女哺用脯。”又，《长恨歌》：“遂令天下父母心，不重生男重生女。”又民谣：“男不封侯女作妃，看女却为门上楣。”（陈鸿《长恨歌传》引）

古诗写战争都写到白骨，如：“白骨不知谁，纵横莫覆盖。”（蔡琰《悲愤诗》)“出门无所见,白骨蔽平原。”(王粲《七哀诗》)唐人写白骨又进一步,写出人民的悲苦:“誓扫匈奴不顾身,五千貂锦丧胡尘。可怜无定河边骨,犹是春闺梦里人。”(陈陶《陇西行》)

曹丕《燕歌行》

《汉书·东方朔传》提到过东方朔曾做过七言、八言(相当于民间的七字唱、八字唱)。对七言诗的起源、发展,解释得很清楚的是吴承仕、余冠英。这首诗是曹丕的一首完整的每句都押韵的七言诗。

“牵牛织女遥相望,尔独何辜限河梁。”这是同情牵牛织女,实质是同情自己,在思想上,是同情的伸展,在艺术上叫透过一层想,通过自己想到天上。这样两者结合,可以由此及彼,由物及人。由现在、过去及将来,充分发挥联想的作用。

禁门宫树月痕过,媚眼惟看宿燕窠。斜拔玉钗灯影畔,剔开红焰救飞蛾。(张祜《咏内人》)

五柳先生本在山,偶然为客落人间。秋来见月多归思,自起开笼放白鹇。(雍陶《和孙明府怀旧山》,思 sì)

上面两首写行动,还有写想象的。

今夜鄜州月,闺中只独看。遥怜小儿女,未解忆长安。(杜甫《月夜》)

想佳人妆楼颙望,误几回天际识归舟。(柳永〔八声甘州〕)

行人归意速,最先念流潦妨车毂。(周邦彦〔大酺〕)

啼痕欲写脸边霞,无言强忍,怕染路旁花。(谭献〔临江仙〕)

这些联想,不局限、不停留在眼前事物上,不局限、不停留在自己个人感受上,而是扩大想象,使内容更丰满、深刻。

曹植《美女篇》

古诗中常用男女间的爱情、婚姻关系来比喻君臣、朋友、师生之间的关系，这已是一种传统。曹植在这首诗中，通过一个美女寻找一个理想的配偶而不得，来比喻自己政治上不得志。之所以用男女关系来比喻其他社会关系，是因为男女关系是延续人类的基础，是产生其他社会关系（君臣、师生……）的枢纽。到唐宋人诗词，这方面的表现手法，更曲折、更深刻，表现范围也更扩大，如张籍《节妇吟》。

安史之乱后，军阀割据，肯不肯依附藩镇，对当时知识分子是个考验，这首诗是平卢淄青节度使李师道用重金聘请张籍，张籍写了这首诗婉转拒绝以明己志。

朱庆余《闺意献张水部》。唐代进士科是热门，明经科比较容易考，当时有"三十老明经，五十少进士"说法。当时有个风气，报考人可把自己的作品送给有名望的人，请他们向主考大人推荐自己，当时称"行卷"。

> 越女新妆出镜心，自知明艳更沉吟。齐纨未足时人贵，一曲菱歌敌万金。（张籍《答朱庆余》）
>
> 主家十二楼，一身当三千。古来妾薄命，事主不尽年。起舞为主寿，相送南阳阡。忍著主衣裳，为人作春妍。有声当彻天，有泪当彻泉。死者恐无知，妾身长自怜。（陈师道《妾薄命》，为曾南丰作）

近代诗人陈衍评论这首诗，写得沉痛，但比拟不伦了。

《白马篇》

东汉后期，匈奴由北向南进犯，曹植这首诗表达了要打击匈奴、捐身赴难的爱国感情，是唐代边塞诗的一个源头。但由于诗人生活所限，没有涉及边塞的风光和生活。

繁钦《定情诗》

谈诗歌的描写动作，动作能体现人的个性，人的内心世界：

1. 能展示人物的内心世界,又能展示人物的个性。

2. 还能表示人物与人物,人物与环境之间的关系。

3. 从而体现作品的思想内容,显示浓厚的生活气息。

动作在每种文艺样式中的比重和意义是不同的,舞蹈是一连串的动作组成,而其他雕塑、绘画,只截取一刹那的有典型意义的动作。罗曼·罗兰说:最高的美是赋予那即刻就要消逝的东西以永恒的意义。而戏剧、文学介于这两者之间(即介于舞蹈和绘画、雕塑之间),由动作和语言组成。动作写得好,要具备以下三个条件:

1. 是不可重复的(不重复别人,不重复自己)。

2. 是不可代替的。

3. 是不可混淆的。

看唐诗怎样写动作:

开帘见新月,便即下阶拜。细语人不闻,北风吹裙带。(李端《拜新月》)

鸣筝金粟柱,素手玉房前。欲得周郎顾,时时误拂弦。(李端《听筝》)

昔年意气结群英,几度朝回一字行。海北江南零落尽,两人相见洛阳城。(刘禹锡《洛中送韩七中丞之吴兴口号五首》其一)

新妆宜面下朱楼,深锁春光一院愁。行到中庭数花朵,蜻蜓飞上玉搔头。(刘禹锡《春词》)

阮籍《咏怀诗》

阮籍是正始时代的代表诗人,鲁迅称之为"奴隶的语言",后人批评他"志在刺讥,而文多隐避。百代之下,难以情测"(《文选》阮籍《咏怀诗》颜延之注)。

左思《咏史诗》第四首(全诗详 374—375 页)

咏史诗的几种情况:

1. 历史上的悲壮的、激动人心的事情使作者写下诗来。
2. 作者描写的生活画面和作者所处的时代相似。
3. 作者描写的事情、人物同自己身世、遭遇相似或有共同之处。

傅玄《豫章行苦相篇》(全诗详276—277页)

《豫章行》是乐曲名,“苦相(苦命)篇”是诗题名,这相当于宋词中的词牌名和题目,如〔念奴娇〕《赤壁怀古》。

王建诗:“三日入厨下,洗手作羹汤。未谙姑食性,先遣小姑尝。”(《新嫁娘》)

陆机《猛虎行》

这首诗是陆机在“八王之乱”中被卷进政治漩涡中的一种惶恐心情。

张协《杂诗》

一与多的统一,在诗里表现很多,其中一种是用多种比喻来比喻一个事物,如汉民歌《上邪》、唐无名氏词《菩萨蛮》;再一种是用几层不连贯的意思来说明一个道理,如张协的《杂诗》之二、郭璞的《游仙诗》。

东汉到唐,道教头子称道士,佛教头子称道人,在古汉语中,仙、真、灵这几个字通用。

张协的《杂诗》结尾(感物多所怀,沉忧结心曲)明白说出结论,而郭璞的《游仙诗》主题隐藏在诗中。这本没有绝对的规律,要看具体情况。再看苏轼《百步洪》。

郭璞《游仙诗》

钟嵘的《诗品》评价郭璞的《游仙诗》:“词多慷慨,乖远玄宗……乃是坎壈咏怀,非列仙之趣也……”

郭璞学问渊博,释过《尔雅》,注过《山海经》,而且装神弄鬼,打卦算命。在晋元帝时,与庾亮、温峤“有布衣之好”(《晋书》本传),但后来庾亮、温峤官位越来越高,而郭璞不得志,后来被要谋逆的王敦所杀。

刘琨《扶风歌》

元好问《论诗绝句》(三十首其二)：

曹刘坐啸虎生风，四海无人角两雄。可惜并州刘越石，不教横槊建安中。

《扶风歌》是刘琨从京城出发到太原做刺史时作。

陶渊明《桃花源诗并记》

王维《桃源行》

韩愈《桃源图》

王安石《桃源行》

谢灵运《登江中孤屿》

谢灵运的山水诗在当时很受推重，《文心雕龙·明诗篇》说："庄老告退，山水方滋。"并不是山水诗击退玄言诗，实际情况是在玄言诗里有少量的山水诗，在山水诗里也并没有完全抛弃玄言诗。东晋偏安于建康，贵族多失败主义情绪，他们大都在朝廷挂名做官，大部分用来经营产业、手工业(水碓)。六朝贵族有别墅(既是游玩享乐场所，又是生产、剥削的基地)，于是玄言诗同山水诗结合起来。当时，地理志很多，著名的是郦道元的《水经注》。另外，《世说新语》中也反映当时的士大夫喜欢在口头上谈风景。所有这些，对山水诗的兴盛起了很大影响。

谢灵运对山水诗的贡献是能细微、真实地刻画自然景物，达到"模山范水"，这是他之前人所没有的。谢灵运的山水诗有一套公式：先叙事，接着写景，最后谈玄，他说："天下才共一石，子建独得八斗，我得一斗。"

谢灵运《登池上楼》

《文心雕龙·章句篇》说："章之明靡，句无玷也；句之菁英，字不妄也。"

"园柳变鸣禽"这个"变"是换的意思，即从冬到春，柳树上换了许多鸟叫。

鲍照《拟行路难》（诗选详393页）

建安时代已有完整的七言诗出现，大抵分三种形式：一是曹丕的《燕歌行》，通篇都是七言，每句押韵（音韵急促，故不发达）；一种是通篇七言，但隔句押韵，又或通篇一韵到底，中途不换韵，如韩愈或四句八句转韵（音节容易掌握，音节的变化同内在内容好配合），如《春江花月夜》、《连昌宫词》等；再一种是杂言，以七言为主，如陈琳《饮马长城窟行》，形式上是五、五、七、七（平声），又五、五、七、七（转入仄声）。

"春燕参差（一作差池）风散梅"，这"散"字用得奇特巧妙。再如贺知章的"不知细叶谁裁出，二月春风似剪刀"（《咏柳》）。

晏几道〔浣溪沙〕："日日双眉斗画长，行云飞絮共轻狂。不将心嫁冶游郎。　　溅酒滴残歌扇字，弄花熏得舞衣香。一春弹泪说凄凉。"

罗烨《醉翁谈录》中记瓦舍歌唱中一首小诗："春浓花艳佳人胆，月黑风寒壮士心。讲论只凭三寸舌，秤评天下浅和深。"（《小说引子》）

鲍照在内容上回到了建安时代的慷慨激昂，在一定意义上可称为复古，而谢朓是谢灵运的发展，但清新活泼。

谢朓《玉阶怨》（全诗详287页）

这首诗来自汉代的民谣，但在那时还不发达，还没有绝句这个名词。在建安时，曹氏三父子提倡"同题共作"，不但写诗，也写赋，如王粲、曹植都有《七哀诗》。阮瑀死后，有人同情他妻子的遭遇，写了《寡妇赋》，接着又有其他的人也写了《寡妇赋》。于是产生了联句，《红楼梦》里写联句，一是第五十回，一是第七十六回。这是几个人集体创作；如果没有人来联，作者一个人只写了四句，又叫断句。宋明帝批评吴迈远：只会写联句、绝句，其他什么本领也没有。

"夕殿下珠帘，流萤飞复息。"点明这个贵族女子居住的环境。这两句对后人影响很大，如《长恨歌》中有"夕殿萤飞思悄然，孤灯挑尽未成眠"，但这句被后人批评为没有宫廷生活的体验（宋张邦基《墨庄漫录》引王楙：兴庆宫中夜不点烛，明皇自挑灯耶？观此更可发一笑）。

李白也写了一首《玉阶怨》：

玉阶生白露，夜久侵罗袜。却下水精帘，玲珑望秋月。

侵：孔子的“春秋笔法”认为，乘对方不防备而袭来叫“侵”。秋月：用月亮的圆缺，代表人的爱情的圆缺。

沈约《别范安成》

范岫，做过安成内史（在齐永明后期，安成在今河南汝阳东南）。这首诗是新变体。

庾信《寄王琳》

小诗能不能反映大的事件，请看《寄王琳》（玉关道路远，金陵信使疏。独下千行泪，开君万里书）。庾信身羁北朝，思念祖国，写下这首小诗，反映重大事件，寄托自己的思想感情。

范云《别诗》

洛阳城东西，长作经时别。昔去雪如花，今来花似雪。（二首其一）

此诗又见何逊《范广州宅联句》。

薛道衡《昔昔盐》（全诗详 289 页）

“垂柳复金堤”：金堤，形容坚固。古诗中金、玉、银等字，称为“颜色字”，仅仅表示颜色美。

无名氏《西洲曲》（全诗详 290 页）

一、诗人怎样向民歌学习，又怎样变为自己的东西。

北朝民歌称为北曲；南朝民歌有二：一为吴歌（南京地区），一为西曲。北歌描写战争边塞，风格豪放；吴歌、西曲多写爱情，风格缠绵，还夹些宗教崇拜。

这首《西洲曲》是南方民歌长篇中的最高成就，写得很细腻，写女子怀念出门的情人。

“忆梅下西洲”：“下”有两种解释，一为梅花落地，一为“去”、“到”。第二种解释为宜，西洲是他们首次游玩过的地方，是他们活动的场地，好比戏剧中的“暗场”、“后台”。

“风吹乌臼树”。吴歌《读曲歌》：“打杀长鸣鸡，弹去乌臼鸟。愿得连暝不复曙，一年都一晓。”

张若虚《春江花月夜》（全诗详290—291页）

闻一多先生在《宫体诗的自赎》中谈到初唐诗人把黄色的宫体诗变为健康的爱情描写，出现一种新的境界（但对象是普通人民；其深沉的内容在宫体诗中找不到痕迹）。

《春江花月夜》实际上是对《西洲曲》的继承、发展。

王闿运有一对：

> 上联：民犹是也，国犹是也，民国何须南北；
> 下联：总而言之，统而言之，总统不是东西。

他评论《春江花月夜》“孤篇横绝，竟为大家”（《论唐诗诸家源流》）。

这首诗的内容：大自然的美，人生哲理，纯洁的爱情，强烈的同情心交织在一起。

诗开头点明春、江、花、月、夜，然后用月亮把五种景物连贯起来，第一到八句写自然美。

人生哲理：写短暂的人生和无限的宇宙、人类的有情和自然界的无情的矛盾，但诗人从惊奇、迷惘中悟出人生哲理，而不悲观。

“江天一色无纤尘”写明净的世界。温庭筠〔菩萨蛮〕：“水晶帘里玻璃枕。”刘禹锡《西塞山怀古》：“人世几回伤往事，山形依旧枕寒流。”李商隐：“水精如意玉连环。”（《赠歌妓二首》其一）

“谁家”、“何处”（谁家今夜扁舟子，何处相思明月楼）不确指，写出普天下的离愁别绪，寄托了诗人广泛、深沉的同情。

（以上据进修生陈治群记录抄，以下为徐有富记录）

1979年9月20日

唐　诗

复词偏义：词是重复的，而意思只有一个。

光不度：南朝谢庄《月赋》"隔千里兮共明月"（彼此的情谊可以通过月光相通）。张若虚：月光不能到对方那里去（可怜楼上月徘徊，应照离人妆镜台。玉户帘中卷不去，捣衣砧上拂还来。此时相望不相闻，愿逐月华流照君），表现妻子对丈夫的怀念能到达远方。杜甫"今夜鄜州月，闺中只独看"（《月夜》），由此受到启发。

双鲤鱼：鱼刻在板子的两面，指藏书信的函，以木板两块，刻成鲤鱼形，将书信夹在里面。（鸿雁长飞光不度，鱼龙潜跃水成文）

"可怜春半不还家"：描写妇女随自然春天的消失而对自己青春消逝的惋惜。诗扣住春、江、花、月、夜，以月光为主。

这首诗内容：涉及自然景物、人生哲理、爱情。

艺术：非常活跃的想象、非常奔放的热情。给我们的艺术感受：内容节奏欢快，同时包含了深蕴，但是表现出一种淡淡的离愁别绪。儒家节制而谓"乐而不淫，哀而不伤"（《论语·八佾》）（淫当过分讲）。这首诗就到了这种地步。"孤篇横绝，竟为大家。"（王闿运）

上述两点达到了巧妙的平衡。《牡丹亭》中杜丽娘游园，汤显祖笔下自然之美与杜丽娘的内心活动取得了巧妙的平衡。

张若虚怎样使内心感情与诗韵合拍？这首诗是转韵的七古，平仄平仄平，收尾仄，比民歌《西洲曲》跨进了一步，对唐七言古诗发展起了先驱的作用。

今天再学几首五言律诗。

南齐张融:“文岂有常体,但以有体为常。”(《南齐书》本传引其《门律自序》)四声、平仄,是汉语发音最显著的声调方面的标志,声偶文学在中国文学中占很大范围,不论古今,书面、口头语皆如此。有条有理,无法无天(“条”指金条,“法”指法币)。衣冠楚楚,仪表堂堂。“你走你的阳关道,我走我的独木桥。”“三忠于,四无限。”“早请示,晚汇报。”律诗可以充分地体现声偶文学的特点,到现在还有生命力。律诗一方面束缚思想,另一方面又规范了人的思想。画有尺寸,调有长短。中国有人作过九言诗,但群众不批准;杜甫作过七言排律,但无人选。

王勃《送杜少府之任蜀州》

少府:县尉的名称。蜀州:现四川崇庆县(今为市)。

写作地点:长安。

首联用对叫对起,这首诗用对起(城阙辅三秦,风烟望五津)。尾联用对叫对结。

相送的意思暂按一下,先写近来的近处,将来的远处。“城阙辅三秦”是倒装句,本意是“三秦辅城阙”,有颂圣的意思在里面。“风烟”(风烟望五津)与“云霞”通用。“五津”指四川。

然后转出正意:“与君离别意,同是宦游人。”点明客中送客。

由这首诗得到的启发:任何一个文学家都是根据自己对生活的体验来表现人生。每个文学家应当是思想家,别人都感到分别是可悲伤的,而他却大踏步地沿着人生的道路往前闯。

翻案基于对生活有独特的认识。

刘禹锡《秋词》:“自古逢秋悲寂寥,我言秋日胜春朝。晴空一鹤排云上,便引诗情到碧霄。”

苏轼〔浣溪沙〕(游蕲水清泉寺,寺临兰溪,溪水西流):“山下兰芽短浸溪,松间沙路净无泥。萧萧暮雨子规啼。　　谁道人生无再少?门前流水尚能西。休将白发唱黄鸡。”

“自古逢秋悲寂寥”:讲宋玉,宋玉《九辩》:“悲哉,秋之为气也……”

“晴空一鹤排云上”:《诗经》:“鹤鸣于九皋。”(《小雅·鹤鸣》)

苏轼〔浣溪沙〕抓住地理上的特点,表现自己对人生的看法。

“休将白发唱黄鸡”:翻白居易的案,白居易作一首诗给商玲珑(《醉歌·示伎人商玲珑》:听唱黄鸡与白日。黄鸡催晓丑时鸣,白日催年酉前没)。表现苏轼政治上受到挫折而不颓废。

杜审言《和晋陵陆丞早春游望》

和:是音乐术语用到文学上来,古代一人唱歌为唱,其他人跟着唱为和。丞:县丞、县官。晋陵:为现在常州市。

杜审言是个非常狂妄的人,临死前,人家来看他,他只写八个字:“不见替人,久压公等。”(《新唐书》本传:吾在,久压公等,今且死,固大慰,但恨不见替人)杜甫:“吾祖诗冠古。”(《赠蜀僧闾丘师兄》)

把许多律诗联在一起,歌咏一个题目,起于杜审言,杜甫学习了他的这一点,如《秋兴八首》。这种形式之所以重要,是以联章补偿诗歌短小的缺陷。

“独有宦游人,偏惊物候新”:一开头就扣住了“和”字。

诗眼:诗中最重要,内容最集中的字眼。这首诗“偏惊”二字堪称诗眼(如有诗眼的话)。

“云霞出海曙”:写太阳照云霞而发光,写色彩。“梅柳渡江春”:切早春。

淑气(淑气催黄鸟):和气,美好的气候。

9月26日,星期二

宋之问《题大庾岭北驿》

宋之问得罪朝廷被放逐途中写的,表现了“逐臣”(弃妇)的感情,地点具有典型环境。相传大雁南飞到大庾岭,因天气温暖,不再往南飞了。庾岭即现江西大庾(今改作大余)县,是中原地区的人向南走的必经之地。岭的两边气候有较大的变化。北方的花正开着,南边的花已经谢掉了。

1. 大雁不再南飞了，而自己还要往前走。2. 南方是古代放逐的地方。诗明白如话，不事雕琢。

阳月（阳月南飞雁）：十月。传闻（传闻至此回）：逐臣，不是土生土长。

“我行殊未已”：我在不断地朝前走。“何日复归来”：意思与前相对，人不如鸟，对自己的前途有深刻的惊惧。1. 平淡而深刻。2. 双句单意（使动荡的感情得到更充分地表现），实际作用是比。

江静（江静潮初落）：是因为潮初落，耳朵可以听见的。

“林昏瘴不开”：眼睛可见，点出南方的特殊环境。瘴就是雾，沼泽与蚊子多，导致生病，生活与感情相联系。

七八句（明朝望乡处，应见陇头梅），设想昨天的情况“南枝已落，北枝尚开”，体现了“北驿”二字。用“陇头”，避复字，因为题目已有“岭”字。

作律诗比作古诗讲究，避复字，避重韵。

如苏轼《送江公著知吉州》：“忽忆钓台归洗耳”，“亦念人生行乐耳”。自注：“二耳义不同，故得重用。”苏东坡是一个豪迈不羁的作家，但对艺术很讲究。王祈《咏竹诗》：“叶垂千口剑，干耸万条枪。”请苏改，苏轼不满意。（东坡有言：“世间事忍笑为易，惟读王祈大夫诗，不笑为难。”祈尝语东坡曰：“有竹诗两句最得意。”……坡曰：“好则极好，则是十条竹竿，一个叶儿也。”见《王直方诗话》引高愈语，载《苕溪渔隐丛话》前五十五、《诗话总龟》前三十九）

沈佺期《杂诗》（其三）

杂诗也是古意，表现丈夫出征，妻子在家怀念之情。

一、二句（闻道黄龙戍，频年不解兵），从丈夫处境写起，表现思妇之情。闻到：听说。黄龙：在现辽宁省开原县（今为市），双句单意。

三、四句（可怜闺里月，长在汉家营），形象丰满，女子正看到的月亮，难道不是征夫正看到的月亮吗？特点：用诗人口气写，既非男方，又非女方。

五、六句（少妇今春意，良人昨夜情），互文见义：每年春天，每个晚上，双方都互相怀念。

七、八句（谁能将旗鼓，一为取龙城），转出本意，谁能统率军队。龙城：是匈奴民族祭天的地方。因为国家不能抵御侵略，人民的正常生活受到干扰。

王昌龄《出塞》

典型地反映了边将无能，人民受苦。

一、二句（秦时明月汉时关，万里长征人未还），互文见义：第一句概括了历史情况，第二句展示现在。

三、四句（但使龙城飞将在，不教胡马度阴山），是“谁能将旗鼓，一为取龙城”的另外一个写法，李广是将军中一个悲剧的典型。龙城是卢城的错字，卢龙——右北平。李广为右北平太守。

校勘学是专门校勘古书上的错字，清朝的一个学者阎若璩研究这个问题，提出龙城是卢城（《潜丘札记》卷二）。王安石《唐百家诗选》本子上是“卢城”。

沈佺期《独不见》

上一首从对方写起的，这一首从女方写起。

“卢家少妇郁金堂”，郁金：是一种香草，可以泡酒，“兰陵美酒郁金香”（李白《客中作》）。卢家：梁武帝萧衍《河中之水歌》简单介绍了卢家少妇。她是一个贫女子，原有情人王昌，但后嫁给卢家。梁武帝语：“人生富贵何所望，恨不早嫁东家王。”（《莫愁歌》）暗示单栖。

第二句“海燕双栖玳瑁梁”，因为自己单栖。

第三、四句（九月寒砧催木叶，十年征戍忆辽阳），男女柔情写得有气势。顾恺之《捣练图》，因生丝不柔软，所以要捣过。捣衣的声音催落了木叶，虽无科学上的道理，但作者把感情和环境结合在一起。

第五、六句（白狼河北音书断，丹凤城南秋夜长），是三、四两句的延长和进一步发挥，白狼河（今辽宁省境内的大凌河，发源于白狼山）北已经很远了，而且还音书断。丹凤城是长安。相传有凤凰降落过，少妇所在地，不能睡觉。“更甚”后，应点断。此诗五句与三句相应，六句与四句相应，斜过来相应。

第七、八句（谁谓含愁独不见，更教明月照流黄），“谁谓（一作为）”是“谓谁”的倒文，“谓谁含愁”是问，“独不见”是答。“更教”的“教”，念平声，流黄是杂色的绢照在织布机上。流黄是织布机上的绢，表现了心绪万端。

我举这一首诗，说明七言律诗在初唐已经成熟了，虽然某些平仄不合。

陈子昂《感遇》

陈子昂《与东方虬修竹篇序》："文章道弊，五百年矣！汉魏风骨，晋宋莫传……仆尝暇时观齐、梁间诗，彩丽竞繁，而兴寄都绝，每以咏叹。思古人，常恐逶迤颓靡，风雅不作，以耿耿也。"（下略）

文艺理论往往产生于作家对文学的认识，他是七世纪人，二世纪指建安时期。

风：风格；格：格律。高级的成熟的内容和形式的统一。

比兴历代有不同的解释，为什么？很少触及"兴寄"，通过兴的方法表现一种内容。杜甫也是这样，"不意复见比兴体制"（《同元使君〈舂陵行〉》序），而元结并未用比兴手法，而是采用赋体。唐朝的"比兴观"是指强烈反映社会内容、有崇高的思想感情的叫比兴。

"国朝盛文章，子昂始高蹈。"（韩愈）（《荐士》）高蹈：大步走。元遗山《论诗绝句》："合著黄金铸子昂。"（三十首其八）杜甫："终古立忠义，《感遇》有遗篇。"（《陈拾遗故宅》）

9月29日

昨天我听了诗歌朗诵会，同学们是勇敢的。虽然不成熟，但有蓬勃的热情，坚定的意志，冷静的思考，坚强的信心。

我们正在摆脱传统的因袭的重担，大踏步地向前进。我们不仅是思考的一代，而且是行动的一代。

上次讲陈子昂，他的主张一要有风骨，二要有兴寄。

陈子昂代表作品《感遇》三十八首，现称组诗，古代称联章诗。汉民族诗歌一般形式短小，为了表达丰富的生活图景，诗人想出了一个方法，写许多同样题目的诗。这种形式开始于《文选》。《古诗十九首》，其内容是复杂的，多数人作的，但由一个人选的。到建安时期曹植、王粲时有杂诗，由一个人作，而内容比较广泛。和后来比，规模较小。

阮籍的《咏怀》诗八十二首，文人化，用八十多首诗写他所感受的生活。他在中国诗歌发展中起了重要的作用。陈子昂、张九龄、李白等继承了他，李白写了《古风》五十九首，内容杂而且不写于一个时期。

杜甫将律诗和绝句更广泛地采用联章诗的方法，如《秦川杂诗二十首》、《秋兴八首》、《咏怀古迹五首》、《诸将五首》。结构是有机的，《诸将》是杜诗最好的诗篇之一，对当时的时局作了充分的概括的描写，就不容易。

陈子昂是很不幸的，死于冤狱。

"翡翠巢南海"（其二十三首），写多才为累。翡翠：是一种鸟，出自南方。珠树：三珠树，传说古代的一种宝树。烂锦衾：摆在床上做装饰。虞罗：管天子狩猎的官吏。信：实实在在。以上写鸟，比喻自己的境遇。

"朔风吹海树"（其三十四首），写侠客树功而不被重视。对侠客要一分为二，鲁提辖拳打镇关西是正义的，而武松醉打蒋门神就很难说谁是正义的。海：是指内陆的湖泊，如：青海、北海、中南海。"海"意不太清楚了，又叫青海湖，字也如此。采—彩—採，益—溢。亭：边境上的望楼。结发：男子二十而冠，女子十五而结。赤丸：摸丸子杀官吏报仇。海上：内陆湖边。被役：服役。"何知七十战，白首未封侯"：用李广典故，李广，立功不赏的典型。

1. "子昂始高蹈"（韩愈《荐士》）：恢复到建安时代，复古以变新。宋之问、沈佺期，虽有成就，但"风流初不废齐梁"（元好问句）（《论诗绝句三十首》其八）。

2. 陈子昂同建安时并不相近，而和鲍照勉强相近，为李白的出现奠定了基础。

文学史上有两种人物：一种是留下许多珍贵的艺术品，另一种是枢纽式的人物。像宋朝的欧阳修，诗文做不赢他的学生苏轼，但他在文学史上起了很大作用。

陈子昂《登幽州台歌》

幽州台：在大兴县（今北京大兴区）。

“前不见古人”：历史上作过贡献的人已经过去了，他抗拒寂寞地哭了，他就是一个低沉的诗人。这首诗是通过深刻的思考，通过议论的形式表现出来的。当时武则天统治是个可怕的局势。是喷出来的，不是流出来的，不用多，只有四句，对人生哲理的探索，对现实生活的关怀。有的人说诗不能有议论。为了便于说明，才有形象思维、抽象思维的概念，在实际创作和交谈中不能分开。From Mao to Mao 都有议论，这四句议论就塑造了诗人自己的形象。抒情诗的人物＝n＋1，总得把自己放进去。

用议论塑造人物形象是非常有力量的，如刘备三请诸葛亮，出山前的形象化描写以及他的一段议论。再如《红楼梦》中的议论，贾宝玉对宝钗、黛玉的议论，贾母对贾琏和林黛玉的议论之对比；巴尔扎克的中篇小说《纽沁根银行》，文艺性的结论。

议论塑造形象：议论用形象来表达，如《庄子》、《战国策》用形象比喻来发表议论，非常生动活泼，“运斤成风”说明配合默契。我们反对把形象思维和抽象思维截然分割以及写诗充分排斥议论。

王之涣《登鹳雀楼》

楼在山西永济市蒲州。

陈子昂登幽州台是一种心情，王之涣登鹳雀楼又是一种心情。我们举一些诗人通过对生活的体察而表现哲理：

杜甫：会当凌绝顶，一览众山小。（《望岳》）——登泰山而小鲁。

新松恨不高千尺，恶竹应须斩万竿。（《将赴成都草堂途中有作，先寄严郑公五首》其四）

刘禹锡：沉舟侧畔千帆过，病树前头万木春。（《酬乐天扬州初逢席上见赠》）

苏轼：不识庐山真面目，只缘身在此山中。（《题西林壁》）苏轼在给滕达道的一封信中谈到他对新法的新认识（《东坡续集》卷四《与滕达道书》：吾侪新法之初，辄守偏见，至有异同之论。虽此心耿耿，归于忧国，而所言差谬，少有中理者。今圣德日新，众化大成，回视向之所执，益觉疏矣）。

陆游：山重水复疑无路，柳暗花明又一村。(《游山西村》)

通过他们本人所咏的事物来体现一般的生活道理，这些诗句慢慢变成了谚语："站得高看得远"。

这些道理具有人生意味的哲理，经过体验、归纳、抽象，这种生活哲理是伴随着对生活强烈的爱和憎，情理相通，情中见理，寓理于情，无情则无感。狗对食物有感，对牡丹花无感。

10月4日，星期四下午，北平1

上次举了一些例子，说明从个别的情境反映一般的生活哲理。

王之涣《凉州词》

通过这首诗想说明生活的真实与艺术的真实问题。凉州：在今甘肃河西走廊。许多音乐以地名标题：凉州大曲、伊州大曲、甘州大曲、石州大曲、渭州大曲。凉州词用凉州曲调。

一、二句(黄河远上白云间，一片孤城万仞山)，写苍茫开阔的景象，黄河越爬越高直到云间，想象奇特。用"黄河之水天上来"(李白《将进酒》)很好解释，一是由下而上，一是由上向下。写天地相接。王勃："秋水共长天一色。"(《滕王阁序》)

万仞山中有一片孤城，写边塞的孤寒，可以说写绝了，"千嶂里，寒烟落日孤城闭"(范仲淹〔渔家傲〕)，千嶂就是万仞山，不过更具体、更形象。

前两句所见，后两句(羌笛何须怨杨柳，春风不度玉门关)所感。折柳赠别是风俗，音乐家谱成曲调。羯鼓、羌笛、胡琴。羌笛吹杨柳，表现"怨"字。"何须怨"，凉州还有杨柳，玉门关更加荒寒，没有杨柳，深邃地写出了征夫的幽思。

黄河同玉门关不在一起，诗人把它写在一起，生活上不可能。有的本子上写"黄沙直上"。这个问题有争论，我在520学术报告会上谈到了这个问题，登在《南京大学学报》第三期上(《论唐人边塞诗中地名的方位、距离及其类似问题》,《南京大学学报》哲学社会科学版 1979 年第 3 期)。

生活真实是艺术真实的基础,允许艺术的夸张,允许对事实做某些改变,为了表现塞外荒寒的图景,允许这样写。现代文艺作品也有这种写法,如《攻克柏林》(由知名苏联导演米哈依尔·切阿乌列里导演的反映二战战争的电影,1949 年上映),有几百门大炮,表现了红军的无坚不摧,这在实际打仗中是不现实的。出土文物:马踏飞燕(东汉青铜器,1969 年 10 月出土于甘肃省武威市雷台汉墓,现藏于甘肃省博物馆)。现实主义不是说任何一点小小的地方都同生活一模一样。

618 年唐建国到 755 年安史之乱,属于上升期,开元年间一片繁荣景象,“远行不劳吉日出”,“忆昔开元全盛日,小邑犹藏万家室”(《忆昔二首》其二)。然而,唐玄宗开元之治与天宝之乱正好形成鲜明的对比,宰相好坏是一个重要的原因。

唐太宗表现了民族团结,用蕃将,少数民族尊唐太宗为“天可汗”(念“克寒”,kè hán),到玄宗时重兵转入蕃将手中。

安史之乱:带有民族斗争的性质的地方武装叛乱。在安史之乱前,矛盾就有所表现和反映。

仕和隐的矛盾:入世和出世的问题。

兼善天下与独善其身的问题。

比较富贵与比较贫贱的问题。

儒家与道家、佛家思想问题。

反映在文学上:边塞诗—田园山水诗。

除李、杜外,许多诗人往往以写某一方面诗见长;两者兼而有之者王维,解放后他的身价有起有落。

孟浩然《夏日南亭怀辛大》

一、二两句(山光忽西落,池月渐东上),忽:太阳下山迅速;渐:月亮升上来慢。都是眼睛光觉(视觉)。

三、四两句(散发乘夜凉,开轩卧闲敞),散发、闲居,做官的要束发带冠。

五、六两句(荷风送香气,竹露滴清响),荷风是嗅觉,滴清响是听觉。

七、八两句（欲取鸣琴弹，恨无知音赏），钟子期与伯牙的故事，摆掉典故理解也可。使事（用典）而使人不觉：当你不知道那个典故时，诗句构成的形象，也让人能懂。

九、十两句（感此怀故人，中宵劳梦想），前六句实写夏夜，后四句虚写内心思维活动。结构紧而有穿插。

孟浩然《望洞庭湖赠张丞相》

张丞相：张九龄。当张九龄做荆州刺史时，孟浩然做过他的幕僚。

这首诗体现了他入世与出世的矛盾。甘于当隐士的，只能看到很小的景象，对雄浑壮丽的东西不感兴趣。如贾岛"行蛇入古桐"（《题长江》）。隐士而有用世之心，不甘寂寞，孟浩然也会写开阔的景象。

水平（八月湖水平）：水长。太清：天的代名词。涵虚：水。混太清：水天一色。（涵虚混太清）

三、四句（气蒸云梦泽，波撼岳阳城），形容唐朝八世纪中叶洞庭湖的景象，云梦是两个很大的泽，湖北东南的沼泽地带，从岳阳到云梦。"波撼岳阳城"，非常之雄壮。"星垂平野阔，月涌大江流。"（杜甫）（《旅夜书怀》）

五、六句（欲济无舟楫，端居耻圣明），由眼前景物想到自己，作出来的诗句。端居：安安闲闲地坐着。五句是比，六句是赋。由写景到写情。

七、八句（坐观垂钓者，徒有羡鱼情），临渊观鱼，不如退而结网。希望张九龄对自己有所推荐。

他家乡的刺史要推荐他，因喝酒而误事。又，孟浩然在王维家，唐玄宗来看他，他朗诵"不才明主弃，多病故人疏"（《岁暮归南山》），卒不用。（均见《新唐书》本传）这条材料不可靠，引用时要注意。这些材料怎样理解：一方面是"物语"，编造出来的故事；另一方面很有用，编造的故事可以用来说明作者的思想感情的一个方面。

孟浩然《与诸子登岘山》

岘山，在襄阳。写法与上一首不同。上首诗景物阔大，通过第五句过渡到抒情。这首诗以咏叹为主，咏叹，议论之一种，形象性的议论。

一、二两句（人事有代谢，往来成古今），同《登幽州台歌》差不多。

三、四两句（江山留胜迹，我辈复登临），同宋之问的两句诗差不多。

五、六两句（水落鱼梁浅，天寒梦泽深），略微点境，不很突出。五句近处，眼前可见；六句想象中的远处，登高想象中的远处。

七、八两句（羊公碑字在，读罢泪沾襟），登岘山正意所在，羊祜是晋朝大将，镇守襄阳，为老百姓做了不少好事，老百姓为他树碑，该碑人们见了往往下泪，所以又叫“堕泪碑”，孟浩然于现实生活没有完全忘情。

孟浩然、王维、常建，他们写山水是从谢灵运来的，去掉谢的板重，而表现出生动活泼的景象，通过形象来讲道理。李、杜的雄奇为他们所无。

崔颢《长干曲》

长干、横塘：南京地名。

这两首诗写南京，九江这里用来偏指南京附近广阔的水面。

一首：女子有两个心理状态：寂寞，男子有吸引她的地方。

二首：男子很高兴，表现相见恨晚，惶恐又高兴。

李颀《古从军行》

现在研究边塞诗有一个困难，难以确定哪边是正义的或非正义的，另外战争也有发展。这首诗很难判断，作者的事迹流传很少。

写从军，不着重写战争本身，而是写战争气氛和战争的后果。前半写战场气氛。

烽火（白日登山望烽火）：烽烟，古代远距离警报装置，三十里一座，早晚报平安火，晚有火光，白天有烟。回乐烽是指烽火台，写成“峰”是错的。遇到问题，临时点烽火。交河（黄昏饮马傍交河）：新疆维吾尔自治区吐鲁番县（今为市）。

三、四句（行人刁斗风沙暗，公主琵琶幽怨多），行人刁斗，用来报更的铜器，白天不须，用来形容“风沙暗”。公主琵琶：石崇《王明君辞并序》上来的：汉江都王女儿细君公主到乌孙“和亲”，中外关系友好，派一贵族女子去结婚。远嫁很痛苦，汉王组织马上乐队为之解除痛苦。西汉末年嫁王昭君也如此(序：昔公主嫁乌孙，令琵琶马上作乐，以慰其远道之思。其送明君，亦必尔也。其造新曲，多哀怨之声)，以后凡提到“和亲”，都用“琵琶”这个形象，弹琵琶以表示幽怨，表现塞外风光。

五、六、七、八四句(野云万里无城郭，雨雪纷纷连大漠。胡雁哀鸣夜夜飞，胡儿眼泪双双落)，连习惯于此地生活的“胡雁”、“胡儿”都哀鸣，更衬托了寒冷。

九、十、十一、十二四句(闻道玉门犹被遮，应将性命逐轻车。年年战骨埋荒外，空见蒲桃入汉家)，用典故发表议论，说明打仗不值得。九、十句汉武帝时故事：贰师将军李广利，轻车将军李蔡。李广利长期在外作战不得休整，打报告要求到玉门关内休整，汉武帝很生气，派人守玉门关，谁进来杀头。

10月8日，北平1

小结：对同学们的考查

优点：

1. 独立思考，体现独立工作能力。

2. 文风“Fair play 应当快行”态度好，文风好。样式也比较活泼。

缺点：

1. 怎样把基本功更提高一步，我所指的不仅是分析的能力，而且是指把字写得端正，有的卷子我看了五遍，主要是因为字不认识，这体现了群众观点的问题。汉字的简化、规范化的统一的问题。

2. (1) 可使用的材料没有经过认真的考核：有的同学引用江统《徙戎论》。西晋时的作家说这是他的少作，没有根据。(2) 判断不科学：“友谊到唐朝有很大的发展。”(3) 用词不准确：升华，思想升华为行动。

3. 有的同学不肯勤奋，引用《史记》不得空着，引用材料要通过脑筋重新组织一遍。

4. 不要写过头的话，不要把对毛主席诗词的注释纯粹变成党史。

5. 宁可少些，但要好些，把装饰性的内容和语言去掉，对自己的精神产品经过检验，要把多余的东西开除，把不要的东西都砍掉。

继续讲李颀的《古从军行》，最后两句（年年战骨埋荒外，空见蒲桃入汉家）写得不偿失，口气很冷。空：白白地。表现了人民对战争的厌恶。

李颀《听董大弹胡笳弄兼寄语房给事》

董大：董庭兰，有名的琴师。房给事：房琯。给事：官名。弄：乐曲。胡笳：管乐。弹胡笳弄：把管乐变成弦乐。

一、二句（蔡女昔造胡笳声，一弹一十有八拍），管乐传统是蔡文姬做的，有曲文，究竟是谁做的，有争论，十八个乐章。

三、四句（胡人落泪沾边草，汉使断肠对归客），弹琵琶所受感动的情况，曹操派人接蔡琰的情况。边草＝塞草；归客＝蔡文姬，事实上写董庭兰的琴曲。

五、六句（古戍苍苍烽火寒，大荒沉沉飞雪白），补充描写当时的环境。

七、八句（先拂商弦后角羽，四郊秋叶惊摵摵），直接描写弹琴的情况。秋叶与他弹的情调是相符合的。

九、十句（董夫子，通神明，深松窃听来妖精），因为艺术高妙，连妖精也受到感动，连妖精都窃听。到李贺《箜篌引》“吴质不眠倚桂树，露脚斜飞湿寒兔”，发展得更为奇幻，连月中神仙也为音乐声所陶醉而不眠。露脚、日脚、雨脚。

十一、十二句（言迟更速皆应手，将往复旋如有情），描写而有赞叹，使结构有变化。

十三、十四句（空山百鸟散还合，万里浮云阴且晴），鸟的变化，云的变化，似乎都能从音乐中表现出来。

十五、十六句（嘶酸雏雁失群夜，断绝胡儿恋母声），形容琴调凄苦，与蔡琰本事相联系。

十七、十八句（川为静其波，鸟亦罢其鸣），写琴声的间歇。

十九、二十句（乌孙部落家乡远，逻娑沙尘哀怨生），用汉唐公主远嫁来衬托主题。汉江都王细君公主嫁乌孙王，唐文成公主嫁吐蕃，金城公主嫁吐蕃。“哀怨生”、“恋母声”，互文见义。

二十一、二十二句(幽音变调忽飘洒，长风吹林雨堕瓦)，写风雨很猛。

二十三、二十四句(迸泉飒飒飞木末，野鹿呦呦走堂下)，木末，树顶。四句写音乐间歇后高亢起来，同白居易《琵琶行》(冰泉冷涩弦凝绝，凝绝不通声暂歇。别有幽愁暗恨生，此时无声胜有声。银瓶乍破水浆迸，铁骑突出刀枪鸣)。

二十五到二十八句(长安城连东掖垣，凤凰池对青琐门。高才脱略名与利，日夕望君抱琴至)，写兼寄房给事。东掖：皇帝宫殿东边的房屋。凤凰池：对中央官署的代称。二者是名与利的关系。而房琯脱略名利场，同时又赞扬了董大的琴弹得很好。不直致，一石两鸟，构思比较细致。

王维《洛阳女儿行》

相传王维作这首诗只有十六岁或十八岁，显示了才华，对社会生活有独特的看法。这首诗写一个姑娘嫁给一个有钱人，生活得很好……写当时出身很重要。有才能而无好出身受到压抑。

三、四句(良人玉勒乘骢马，侍女金盘脍鲤鱼)，写婆家生活的住处、情况。玉勒：玉装饰的缰绳。骢马：青白色的马。脍：一般字典解释为鱼肉细致。唐朝吃生鱼称脍，用纸隔下面的灰，还吸水分。

五、六句(画阁朱楼尽相望，红桃绿柳垂檐向)，尽相望：写出建筑群。

七、八句(罗帷送上七香车，宝扇迎归九华帐)，补叙出嫁情况。罗帷：步障，写妇女尊贵而未到清道的程度，设步障不让人看到。宝扇：仪仗队的羽扇。

九至十二句(狂夫富贵在青春，意气骄奢剧季伦。自怜碧玉亲教舞，不惜珊瑚持与人)，写丈夫。剧：胜过石崇。碧玉：南朝时，汝南王妾。点名洛阳女儿是妾。

十三、十四句(春窗曙灭九微火，九微片片飞花璅)，写通宵作乐，但写得含蓄。九微：精致的灯。飞花璅：有不同的解释，文学把飞当动词，璅指宵格。我觉得花璅是连接的花纹。

十五、十六句(戏罢曾无理曲时，妆成只是熏香坐)，写洛阳女儿的奢侈生活。理曲：练习曲子。

十七、十八句(城中相识尽繁华，日夜经过赵李家)，赵李家：汉成帝的宠妃赵飞燕、李平的家。

十九、二十句(谁怜越女颜如玉，贫贱江头自浣纱)，转出本意。

10月11日

对现实采取批评的态度。

安史之乱后，王维渐渐脱离现实生活，晚年大都用五言律诗的形式写的。孟浩然也如此，同样采用融合的生活态度。王孟并称，这些诗写得精美，给我们一种美学享受。除阶级斗争、自然斗争外，文艺还有什么作用呢？解放后有争论。我个人认为，为了丰富人们的精神生活，这些文艺作品还是需要的。山水、花鸟、音乐，描写风景的诗歌。《大众电影》：灰姑娘的照片。文学研究所的同志到贵州去讲学，被说是去放毒。我的意见是《"歌德"与"缺德"》(《河北文艺》1979年第6期，当时引起争论)的作者不必忙于检讨，而要充分进行讨论。

王维《山居秋暝》

暝：太阳落山称暝。辋川，蓝田县，终南山。

写眼极目可见的境界。

一、二句(空山新雨后，天气晚来秋)，环境、季节、气候。空山：除自己外没有其他人。晚来秋：体现夏末秋初。

三、四句(明月松间照，清泉石上流)，白描动人："虽不识字人，亦知是天生好言语。"(晁补之评秦观〔满庭芳〕三句语，见《能改斋漫录》卷十六)"斜阳外，寒鸦万点，流水绕孤村。"(秦少游词)(〔满庭芳〕)。赋体：白描，是最基本的。这两句既非比也非兴。

五、六句"竹喧归浣女，莲动下渔舟"和上两句扣得很紧，姑娘是多的，渔舟是孤舟，下字准确。句子结构：生活熟悉，想当然耳。想当然是诗人想象中的活动，使人有想象的余地，闻竹喧知浣女归，见莲动知渔舟下。

柳宗元《永州八记》："隔篁竹，闻水声，如鸣佩环，心乐之，伐竹取道下。"

李商隐："月姊曾逢下彩蟾，倾城消息隔重帘。已闻佩响知腰细，更辨弦声觉指纤。"

后羿偷吃仙药飞月变成癞蛤蟆，后人觉此形象不美，把仙女和蛤蟆分开。

实际生活中，弹弦的手指是不纤细的，这也是想象出来的。

附：苏轼《续丽人行》（全诗详 372 页）

我是说，想当然不仅局部可用，而且整首可用。周昉：著名画家，善画健壮的美女，体现当时的审美观点，元明清以后不同。这幅画画一个宫女伸懒腰，不见人面。

《续丽人行》：杜甫有《丽人行》（详 371—372 页）。

从不同角度揭发以皇帝为首的多妻制度，精神生活、物质生活矛盾。

一、二句（深宫无人春日长，沉香亭北百花香），环境非常好。

三、四句（美人睡起薄梳洗，燕舞莺啼空断肠），薄：淡，与浓相对。薄梳洗：淡妆。浓妆：严妆、盛妆。燕、莺无知。空断肠：人之感情。

五、六句（画工欲画无穷意，前立东风初破睡），无穷意，丰富的内心活动。背立东风，宫女内心与东风不协调。王少堂讲张飞大喝，只张嘴不发声，听众想象声音多大就有多大。

七、八句（若教回首却嫣然，阳城下蔡俱风靡），回眸一笑百媚生，六宫粉黛无颜色。这里用《登徒子好色赋》的典故。

一至四句，苏东坡所想的。五至八句，周昉的画。

九句（杜陵饥客眼长寒），写杜甫作为陪衬。跳跃性大。如果有天才，苏轼是一个。杨国忠姐妹是得意的，陪衬周昉失意人，作对比。这需要很大的腕力和很丰富的想象。眼长寒：饿眼，未看过贵妇人的生活。

十一句（隔花临水时一见），时一见：偶然瞄到一点。十二句"只许腰肢背后看"，也只看到背面。

十三、十四句（心醉归来茅屋底，方信人间有西子），把杜甫写得很寒酸，嘲笑也是一种鞭笞。

十五、十六句（君不见孟光举案与眉齐，何曾背面伤春啼），坦率地说一夫一妻制好。《后汉书·逸民传》：看到皇帝奢侈，民不聊生，写《五噫歌》。孟光丑，能举石臼。诗有议论是允许的，是诗的有机组成部分。我是说，背面内人（宫人），从前台写到后台，与王维两句（《山居秋暝》：随意春芳歇，王孙自可留）写法是一回事。《楚辞·招隐士》："王孙兮归来，山中兮不可以久留。"王维最后两句反用"招隐士"（《招隐士》，淮南小山作，究竟谁作不知），是以上六句的收束，赞美风景之好。

王维《终南山》

一山一水，可以放在一起读，都体现雄浑风格。

《终南山》一、二句（太乙近天都，连山接海隅），地域，终南山所在地。太乙：终南山别名。连山：山脉。接海隅：不好讲，终南山在陕西，距海很远。一种说是诗的夸大之词。另一种说法：《史记·张仪列传》称关中平原为"陆海"，韩愈诗中也用过。

三至六句，写山的高大。三、四句（白云回望合，青霭入看无），写云的变动，仰望所见，写天。五、六句（分野中峰变，阴晴众壑殊），写地。分野：中国古代哲学，天人统一，日食、月食，地震就会给人带来灾难。天人交感，或者是天人感应。天、地相对应。"分野中峰变"，天上的分野由终南山而改变。

七、八句（欲投人处宿，隔水问樵夫），点名游终南山，人迹稀少。

王维《汉江临泛》

泛，一本作眺。坐小船在水中玩，从诗意看"眺"更恰当些。汉水，襄阳流到汉口或长江。西汉水，即嘉陵江。

一、二句（楚塞三湘接，荆门九派通），写汉江可涉及的地方之远。襄阳：战国时，楚秦接壤的地方。楚塞，指襄阳。三湘接，接到湖南，形容由北到南非常广阔。"荆门九派通"，也写水势大，由西向东设想；"楚塞三湘接"，由北向南设想。毛主席："云横九派浮黄鹤，浪下三吴起白烟。"（《登庐山》）可参考。

三、四句（江流天地外，山色有无中），江不知流到哪儿去，山色有无中。

五、六句（郡邑浮前浦，波澜动远空），浦，小水流入大水。郡邑好像浮在水面上。写水的浩渺、奔腾。

七、八句（襄阳好风日，留醉与山翁），应酬话，客气话，不占主要位置。晋朝，襄阳有个官叫山简。写山写水都非常有特征地写出雄浑的一面。

10月15日，星期一，北平1

王昌龄的七言绝句

五言律诗之流行是考试制度决定的。再次就是七言绝句。小，做起来方便；入乐。湖北东部山歌，七言的句子是基本形式。

王昌龄《从军行》

原有七首，这里选三首，构成一个有连续性的图画。中国文学批评有独特的民族形式：佳句则圈，警句则点。坏句子则打杠。如《纪批苏诗》，纪昀用符号代表自己的意见，然后在旁边加上批语。另一种形式是选。“选本”是文学批评的一种形式，选与不选代表一种决策。作者的风格可以通过选本，表现得更鲜明。如《昭明文选》之《古诗十九首》，风格相近。

中国的文学批评绝大多数是诗话的形式。谈诗的随感录，篇幅短小，省略了过程。中国古代批评家习惯于用语录体。写结论，不写过程，《论语》、《道德经》皆如此。影响到文学批评的发展，如今天的“断想”、“思想的火花”之类。

三幅图画：第一，征人怀念家乡；第二，生活艰苦，下决心完成祖国的任务；第三，战胜立功，完成任务。

第一首（其一：烽火城西百尺楼，黄昏独上海风秋。更吹羌笛《关山月》，无那金闺万里愁），烽火台离城有点距离：由军人思乡想到家人怀念征人。

第二首（青海长云暗雪山，孤城遥望玉门关。黄沙百战穿金甲，不破楼兰终不还），1. 青海原即湖名，现又加“湖”。2. 暗：长云压得较低。地名和实际情况不相符合：楼兰在新疆、青海；玉门关在甘肃。放在一起表现广袤的情景，让你想起历史上这些地方作战的情景。

第三首（大漠风尘日色昏，红旗半卷出辕门。前军夜战洮河北，已报生擒吐谷浑)，写作战。

三幅连续性的图画，所写实际与“四人帮”所说是相反的，既有英雄行为，又写了人之常情，怀念家乡、苦。英雄不是不痛，而是不怕痛；英雄不是不死，而是不怕死。写普通将士的高贵感情。

王昌龄《长信秋词》(其三)

长信：汉宫名，太后住的地方。有一个博士(汉宣帝时，披香博士淖方成，宫廷女官)看到赵飞燕，说她是祸水，汉朝是火德，“灭火必矣”(《飞燕外传》，《资治通鉴》引及)。班婕妤自请和太后住在一起，和宫怨诗不同。坏人当权，好人受气。表现班婕妤一个秋天的思想活动。

一句(奉帚平明金殿开)，句子颠倒；二句(且将团扇共徘徊)，诗有跳跃，未写扫地，“奉帚”二字就过去了。她的行动在徘徊，她的内心也在徘徊，与《怨歌行》(班婕妤：新裂齐纨素，鲜洁如霜雪。裁为合欢扇，团团似明月。出入君怀袖，动摇微风发。常恐秋节至，凉飙夺炎热。弃捐箧笥中，恩情中道绝)连在一起读。一、二两句写人。

三句(玉颜不及寒鸦色)，鸦色，有时表现漂亮。李贺：“纤手却盘老鸦色，翠滑宝钗簪不得。”(《美人梳头歌》)《西洲曲》：“单衫杏子红，双鬓鸦雏色。”翠眉，黑得发绿。色调也有民族特色。四句(犹带昭阳日影来)，日影：皇帝的恩泽。

为什么过去这首诗评价高？文学批评史上强调温柔敦厚，怨而不怒，怨未到抗争的地步。这首诗一点反抗性没有，但在艺术上写得非常成功。

王昌龄《芙蓉楼送辛渐》

第一句(寒雨连江夜入吴)，写自己回到吴。

第二句(平明送客楚山孤)，送客辛渐。吴头楚尾，吴楚交界地。

第三、四句(洛阳亲友如相问，一片冰心在玉壶)，我是清白的，我是无罪的。

高适《燕歌行》

中国有个特点，国力雄厚时皇帝好大喜功，侈心开边。唐高祖对突厥称过臣，太宗持守势。玄宗产生侈心。

“天子”句（天子非常赐颜色）：皇帝尝赏赐张守珪一首诗。

“战士军前半死生，美人帐下犹歌舞”：下很大力量兜转过来对句，对比强烈，把人民作为整体来写，说明作者还是有思想认识的。古典作品中很少的人把生活在底层的人当作主角来写。

常轻敌：战略上藐视敌人。未解围：作战结果。（身当恩遇常轻敌，力尽关山未解围）

玉箸（玉箸应啼别离后）：女子眼泪的美称。

三时：早中晚。阵云：战尘。（杀气三时作阵云）

寒声（寒声一夜传刁斗）：耳朵的听觉用皮肤的触觉来描写。“通感”，感官互相交通，“寒心”，“心冷”。

君不见（君不见沙场征战苦）：转本意。“至今犹忆李将军”：中国人民对历史上做过事的人都很怀念。

谈谈对偶。《文心雕龙·丽辞篇》讲到四种对子。

1. 言对：诗人用自己的语言写出来的。派生出言与事相对。

2. 事对：用典故对典故。

3. 正对：两句意思不存在矛盾，偏到一边。

4. 反对：两句从两方面说明一个问题，这两方面一正一反。

比如“横眉冷对千夫指，俯首甘为孺子牛”（鲁迅《自嘲》）；“新松恨不高千尺，恶竹应须斩万竿”（杜甫《将赴成都草堂途中有作，先寄严郑公五首》其四）；“身无彩凤双飞翼，心有灵犀一点通”（李商隐《无题》）。宋朝对对子又发展变化了。古人论对子的书很多，最详细的是遍照金刚《文镜秘府论》。他是唐朝一个日本留学和尚，中国称他空海法师。上面讲了二十九种对，分析过于繁琐。

高适《人日寄杜二拾遗》

表面上寄给杜甫，实际上是发自己的牢骚，“遥怜故人思故乡”。

柳条、梅花（柳条弄色不忍见，梅花满枝空断肠）：想象杜甫思念家乡的感受，不能安慰怀乡病。

身在(身在南蕃无所预):开始写自己。

10月18日,星期四,北平1

古代诗人赠答,用音乐名词叫"唱和",还有一种"追和",多长时间以后才和的。今天讲一讲杜甫相隔十年后答高适《人日寄杜二拾遗》一诗。

杜甫《追酬故高蜀州人日见寄(并序)**》**

开文书帙中,检所遗忘,因得故高常侍适(往居住在成都时,高任蜀州刺史)《人日相忆见寄》诗。泪洒行间,读终篇末!自枉诗已十余年,莫记存殁,又六七年矣。老病怀旧,生意可知。今海内忘形故人,独汉中王瑀与昭州敬使君超先在,爱而不见,情见乎辞。大历五年正月廿一日,却追酬高公此作,因寄王及敬弟。

古诗题目简单。《诗经》无题,摘首句二字为之,诗题不能说明内容,汉代学者加以说明,称为"小序"。此传统为后人所继承。如果题目能说明白,不加小序;不能说明内容,加小序。如《焦仲卿妻》,再如高适《燕歌行》,前者是后人加的,后者是自己加的。献酬——饮酒。杜甫又进了一步,杜甫的这首诗题能反映内容,但不够,故又写了一篇较长的小序,因为他还要送给其他人。发展到南宋,姜白石更在题目上下功夫,把序组成长题目。

枉:谦词,不记高适寄诗。生意可知:生活意趣,可想而知了。忘形:不拘礼节。昭州:在今广西平乐县。爱而不见:瞹。

自蒙蜀州人日作,不意清诗久零落。今晨散帙眼忽开,迸泪幽吟事如昨。呜呼壮士多慷慨,合沓高名动寥廓。叹我栖栖(一作凄凄)求友篇,感君郁郁匡时略。锦里春光空烂熳,瑶墀侍臣已冥寞。潇湘水国傍鼋鼍,鄠杜秋天失雕鹗。(九至十二句,两句讲高适,两句讲自己)东西南北更谁论?白首扁舟病独存!(一句三层意思,较多的意思用较少的语言来表达，称炼句，就东西南北生发）遥拱北辰缠寇盗，（局势）欲倾东海洗乾坤。（东是海，此处讲个人希望）边塞西蕃最充斥，衣冠南渡多崩奔。（很多人到江南避难）鼓瑟至今悲帝子，曳裾何处觅王门？（无地可生活）文章曹植波澜阔，服食刘安德业尊。（比汉中王）长笛邻家（一作谁能）乱愁思，（向秀《思旧赋》）昭州词翰与招魂！（宋玉写过《招魂》）

着重看一看杜诗与高诗是怎样对应的。高适诗着眼点在失意，杜甫很多篇幅赞美高适。诗歌开始平起。

零落：草曰零，木曰落。慷慨：内在品质上的正直。合沓：重重叠叠。郁郁：指盛大，而不指忧郁。

岑参《白雪歌送武判官归京》

在边塞诗人中，他有生活经验，逼真。总的来说乐观一些，在音节的使用上有创造性。

折（北风卷地白草折）：只有在植物干枯时，很脆，才能吹折。用得很有特色。

卢纶《塞下曲》“雁飞”（月黑雁飞高）与大雪是否矛盾呢？请看《白雪歌》（胡天八月即飞雪）。

“忽如”二句（忽如一夜春风来，千树万树梨花开），没有生活经验写不出，同时也体现了作者的乐观主义精神。两句仄声，转为两句平声，两句一转，两句一转。

《白雪歌》、《轮台歌》、《燕歌行》地名不实。1. 比拟系统，用汉比唐。2. 现实的系统。

岑参《轮台歌奉送封大夫出师西征》

“誓将报主静边尘”：逻辑上颠倒。

川（《走马川行奉送封大夫出师西征》）：不指河床。米粮川，走平原。

10 月 21 日，星期一

边塞、田园诗都反映了时代面貌，反映了社会矛盾，这是 755 年以前的情况。反映动乱的代表作家是杜甫。现稍微详细讲一点，李白与杜甫。我不准备重复文学史上讲过的东西。

李　白

主要讲三个词：1. 思想基础，2. 创作方法，3. 题材。

1. 思想基础

李白是否混有少数民族血统，学术界有争论。他的气质与中原文化有差别，但比重不大。他还是受中国传统文化影响较大。

他受游侠影响大，很有一些纵横家的议论（苏秦由北向南，张衡主张由东向西），但绝不能排斥他所受儒家思想影响的很大比重。如《古风》五十九首，第一首最后两句“希圣如有立，绝笔于获麟”，就来源于《春秋》。孔子看了麒麟以后，就不作《春秋》了。李白也要像孔子写春秋一样，利用文字来表示对政治社会的态度。“四人帮”赠李白法家的徽号。嘲俗儒，“凤歌笑孔丘”（《庐山谣寄卢侍御虚舟》）；其实韩愈也提到“丘、轲”。利用只言片语，这本身就是非马克思主义的。

李白对道教是很接近的，他受过“箓”。箓是一种符，受箓相当于佛家的受戒，李白还把他的夫人也带去受过箓。但是就没有法家的影响在他的诗歌中有什么反映。儒家采取入世，即干预生活；道教、佛教口头上，采取出世的态度。李白两方面都有，所以他思想上有出世与入世的矛盾。

我所要补充的是在下面：纵横家、游侠对封建秩序是妨碍的，而儒家思想在传统上是维护封建次序的。儒、道、佛都要强调和平，有一致性。我们不仅要估计入世与出世的矛盾，而且也要了解它们的一致性。复杂，不至于导致简单的划分，如像“四人帮”那样把他归为“法家”。

2. 创作方法

五十年代就托尔斯泰、巴尔扎克的作品，围绕着世界观与创作方法的问题展开了讨论。胡风提出这个词，目的在于使文艺创作摆脱党的领导，取消文艺工作者的思想改造，理所当然地受到了批判。今天看这个问题，我个人认为世界观不是铁板一块，好就是绝对的好，坏就是绝对的坏。世界观是复杂的，世界观当然也指导创作。

李白的浪漫主义有积极的，也有消极的。向往积极的理想生活是积极浪漫主义，向往消极的理想生活是消极浪漫主义。现实主义、浪漫主义都植根于生活，都是对现实里黑暗东西的一种否定。杜甫如此，陶渊明也如此。

李白希望功名富贵同理想政治统一起来。就他个人个性来说：坚持正义、渴望自由。在扬州散金。然而他所活动的政治时期要想成功，必须牺牲正义、放弃自由。他一辈子热衷于政治运动，但都没有成功，他很缺乏政治经验。另一方面，他非常希望成仙。各式各样的矿生在一个矿床里面。不要简单把他评价为积极浪漫主义。

3. 李白诗的题材

既反对题材决定论，又反对题材无差别论。鲁迅说："从水管里流出来的是水，从血管里流出来的是血。"

我想回答这么一个问题：为什么李白写反映人民疾苦的诗很少，而他的诗却流传下来，普遍受到欢迎。直接描写人民痛苦，把自己的痛苦和人民放在一起，反映疾苦的诗也有，如"白骨成丘山，苍生竟何罪"(《经乱离后天恩流夜郎忆旧游书怀赠江夏韦太守良宰》)，但少。

古人说他是诗仙，也就是脱离现实，其实对他了解不深入。李白歌颂好的，也就是批评了坏的。例如歌颂历史上的英雄人物、祖国山川、一花一木、纯粹的友谊、忠贞的爱情。他对专一的爱情的描写，难道不是对一男多女制的批判吗？他写了人类的美，鼓励人们去爱好美，在最广泛的方面写人们向往的美。只找个别的例子下结论是不对的。

为什么李白不能完全转到现实主义方面来？文天祥宋末状元，宰相、诗人，早年诗不高明，看相也写诗。但"孔曰成仁，孟曰取义。惟其义尽，所以仁至。读圣贤书，所学何事？而今而后，庶几无愧"！通过大变乱，改变了诗风。

李白基本上脱离了当时的斗争生活。天宝十四载(755),在宣城游山玩水。756年,在溧阳、浙江、庐山。李璘(六月被玄宗任为四道节度使、江陵郡大都督,至江陵,招兵设官。十二月擅自东巡,与长江下游诸郡冲突;次年遭讨伐而亡。见新旧《唐书》本传)。757年,九江狱中。758年,至洞庭,大作风景诗。759年,武昌。760年,60岁。761年,南京。762年,当涂采石矶。这些诗很难看到时代的烙印。而杜甫则不同,说明生活决定创作(工部员外郎,编外人员)。

《李谪仙醉草吓蛮书》(《警世通言》第九卷),人民群众喜欢李白看不起权势人物,把他写得形象很优美。市民文学。

李白《经下邳圯桥怀张子房》

黄石公(公对老年人的尊称)、碧流水(唯见碧流水,曾无黄石公),借对——结构不完全一样,字面大体相对。欧阳修词:"白发戴花君莫笑,绿幺催拍盏频传。人生何处似尊前?"(〔浣溪沙〕)绿幺是一个曲调名,是"六幺",为了借对写成"绿幺"。白居易"初为霓裳后六幺"(《长恨歌》)可为佐证。

李白以张良自比,说自己没有遇到黄石公这样的人物,在客观的描述中表现主观愿望。这首诗也如此。

有的怀古诗不是如此。附:《经漂母墓》(刘长卿)。帮助别人,不希望报答;受到别人的帮助,一定要报答的品德。"已千秋"(兹事已千秋)、"樵人识"(古墓樵人识),表现人民对这件事的怀念。这首诗作者自己没有介入进去。

10月25日,北平1

下周改教学楼101室。

咏史就是咏怀,一般咏个人情怀,但也有超出个人以外的政治感情。如《远别离》。

中国相传有尧(唐)、舜(虞)、禹(夏),儒家经典记载他们之间禅让。另外有些书《竹书纪年》说舜夺权，某地尚有“围尧城”，舜到湖南宁远县九嶷山而死。可能他们之间有斗争更符合实际一些。

《远别离》实际上是写唐朝的政治。杂言诗，伸缩变化较大。采用这种形式比较善于表现感情的激荡。

浦（潇湘之浦）：小水流入大水。

鬼（猩猩啼烟兮鬼啸雨）：古人“鬼”的概念，“山鬼”和我们现在人死了变鬼不完全一样。星天不能洞察我之忠诚（皇穹窃恐不照余之忠诚）。当之（尧舜当之亦禅禹）：当着那种情况。《秋兴八首》（其二）：“听猿实下三声泪，奉使虚随八月槎。”人们评论“实”字用得笨拙。的确“叫了三声”。龙颜、龙庭、龙袍，龙（君失臣兮龙为鱼），君象。

舜崩于苍梧之野。苍梧（恸哭兮远望，见苍梧之深山）：湖南、广西交界处宁远县一带。

这首诗表面上歌颂了一个传统，这个传统是经过儒家粉饰过的历史。李白、杜甫这些诗人对唐玄宗抱有复杂的感情，早年励精图治，晚年任用李林甫、杨国忠。唐玄宗大权旁落，李白的预见性，不幸而言中。真正的大作家都有预见性。

以上两篇诗，代表李白诗一个方面，属于过去的，又是现实的。

李白《梦游天姥吟留别》

留别不重要，主要写梦游天姥。开头用传统中的瀛洲（海客谈瀛洲，烟涛微茫信难求）引出所要去的山。各两句对起。

下写天姥山之高，用其他山来比，又分两层，一用远处的山比，一用近处的山比。横（天姥连天向天横）：横行霸道的横。“我欲因之梦吴越，一夜飞度镜湖月”两句是过渡。镜湖，就是鉴湖。“脚着谢公屐，身登青云梯”，真幻相间。《洛神赋》：“凌波微步，罗袜生尘。”真与幻的高度统一。宋词人张先：“昨日乱山昏，来时衣上云。”（〔醉垂鞭〕）李白这样写是为写梦境服务的。没有幻想就没有文学，但幻想、想象必须植根于生活之中。

“半壁见海日，空中闻天鸡。”写山高，对第一段补充。以上景色明朗，下面景色起了变化。“栗”、“惊”（栗深林兮惊层巅），不是说人。“洞天石扉，訇然中开。”又是过渡，以下写神仙居住的地方。

“日月照耀”，不能同时照耀，也是偏义复词。这首诗的特点是真幻交替。

“虎鼓瑟兮鸾回车”，仙人有乐队。鹿要白，与青对（且放白鹿青崖间），“仙人骑白鹿”（汉乐府民歌《长歌行》）。

李白《蜀道难》

“危乎高哉”，正襟危坐，危也是高。

战国以前就有蜀文化。蜀与巴不一致，巴在重庆、成都一带。

“可以横绝峨眉巅”，省掉“鸟”这个主词，意思是只有鸟才能横绝峨眉巅。

这个神话反映了蜀秦文化交流的愿望。

怎样理解“鸟道”与“黄鹤之飞尚不得过”之间的矛盾。诗人主要是为了调动一切手段来描写。

李白写蜀道：“山从人面起，云傍马头生。”（《送友人入蜀》）范成大：“侧足三分垂坏磴，举头一握到孤云。”（《判命坡》）

李白为何作这首诗争论很大。担心唐明皇，要他早回，合理而不可靠。但也确实表现了。

10月29日，星期一，教学楼101

今天讲几首写爱情与友谊的诗，杜甫不会写爱情诗，这是他的欠缺。“今夜鄜州月，闺中只独看”（《月夜》）写家庭生活，直接写爱情的很少。李白特点乐观，写离别之感也乐观，积极浪漫主义无所不在，豪迈。

李白《长干行》（全诗详283页）

读这类诗，注意他非常自然，很少雕琢，行云流水，不很费气力，其他的一些雕琢作品，人为的成分多些。

这首诗受《西洲曲》的影响很清楚。这首诗基本上是抒情诗，但叙事成分较多，两者结合交错使用。真正的诗往往吸收口语成分：青梅竹马，两小无猜。

“常存抱柱信”：写得美满，为下面写离别张本。王建《望夫石》：“望夫处，江悠悠。化为石，不回头。山头日日风复雨，行人归来石应语。”（人变石，石变人，用意深刻）

“五月不可触，猿声天上哀”：女子所想象中的丈夫危险处境。

迟（门前迟行迹，一一生绿苔）：等待。她丈夫出去，她也懒得出去了。底下写景。五到八句，时间不长而感情很深。

坐（坐愁红颜老）：遽、就、即、顿时。后四句（早晚下三巴，预将书报家。相迎不道远，直至长风沙）写女子说给她丈夫的话。

这首诗写第一次离别之情。

李白《春思》

古汉语中，思往往偏于爱情，“室思”、“思妇”。

一、三两句，讲男怀归，二、四两句，讲女怀念。（燕草如碧丝，秦桑低绿枝。当君怀归日，是妾断肠时）季节有差异，但怀念是相同的。后两句（春风不相识，何事入罗帏），写女子纯洁的爱情，自然界的春天，代替不了爱情的春天。

李白《长相思》

前三句（长相思，在长安。络纬秋啼金井阑，微霜凄凄簟色寒），点明季节。孤灯（孤灯不明思欲绝）：室内，时间。美人（美人如花隔云端）：不分男女。

这首诗写得很开阔。

李白《送友人》（下面送别友人诗）

李白很洒脱，不缠绵。

首两句（青山横北郭，白水绕东城），的对。“玉楼巢翡翠，金殿锁鸳鸯。”（李白《宫中行乐词》）唐多用，宋人少用，因为看到上句，就使人想到下句。

宋陈与义：“客子光阴诗卷里，杏花消息雨声中。”（《怀天经、智老，因访之》）

“此地”两句(此地一为别,孤蓬万里征),是流水对,双句单意,后人难以企及。表面看不对。

后两句(挥手自兹去,萧萧班马鸣),联系《孔雀东南飞》识马声(新妇识马声,蹑履相逢迎。怅然遥相望,知是故人来。举手拍马鞍,嗟叹使心伤)。由人到马,仿佛马也受到感染。

李白《劳劳亭》

通过写杨柳写亭,这是早春诗,这是从贺知章“二月春风似剪刀”那首诗来的。请看王维《送沈子福之江东》一诗。

杜　甫

1. 诗圣:集大成;2. 诗史;3. 沉郁顿挫。

1. 诗圣:集大成

元稹《杜甫墓志》:“尽得古今之体势,而兼人人之所独专。”(《唐故工部员外郎杜君墓系铭并序》)这是元稹研究了杜甫以后所作的结论。两个来源:1. 杜诗,2. 杜甫对诗的评论。

把杜与李比较:杜观点更高于历史主义眼光。

李白《古风》:“自从建安来,绮丽不足珍。”对此一分为二,就恢复传统而言是对的,一笔抹煞是不对的。杜称李白:“清新庾开府,俊逸鲍参军”(《春日忆李白》);“李侯有佳句,往往似阴铿”(《与李十二白同寻范十隐居》)。

杜对“王杨卢骆”的评价:“当时体”(《戏为六绝句》其二),赶时髦。

“集大成”是孟子赞美孔子的话,与诗圣相联系。无所不包是因为他无所不学。谦虚是他的伟大之点,他善于吸收任何有营养的东西,他的思想方法、工作方法不仅造就自己,而且造就了历代诗人。他使用的手法比别人多,再加上他生活颠沛流离。

杜甫《偶题》(全诗详 363 页)

一段谈诗,一段谈生活。前半段对理解杜甫有帮助。这首是排律。

文章得失只有自己才知道。清赵翼《论诗绝句》:“只眼须凭自主张,纷纷艺苑漫雌黄。矮人看戏何曾见，都是随人说短长。”（五首其三）雌黄：一种矿物。一说雌黄，相当于现在的橡皮，写错了可用雌黄涂掉。文学欣赏应当有自己的观点。

儒家就内容说：“温柔敦厚。”（《礼记·经解》）艺术：“情欲信，辞欲巧。”（《礼记·表记》）“辞达。”（《论语·卫灵公》）达与巧不矛盾。“达”就是充分表达。

“语不惊人死不休”，我写不出最好的句子，死不瞑目。

“集大成”应从这个角度去考虑，对我们学习也是这样。

2. 怎样理解诗史

他文字上反映了广阔的生活，反映了政治，好像一部史书。

杜甫开始写新乐府，或新题乐府，汉乐府就带有叙事性质。入乐，古代记谱能力差，亡佚。李白作乐府，古题乐府，题目古，内容涉及当代，但模仿古题。

杜甫《兵车行》、《丽人行》都是新乐府。用叙事兼抒情的体裁反映现实生活。他作为新乐府的先驱，而被称为诗史。在一千四百多首诗中，叙事的新乐府占少数。必须从抒情诗的角度来看他的“诗史”，他的抒情诗，哪怕是咏物的，都和时事联系起来。他写出了一个爱国的知识分子对事物的看法。《登岳阳楼》：“昔闻洞庭水，今上岳阳楼。吴楚东南坼，乾坤日夜浮。亲朋无一字，老病有孤舟。戎马关山北，凭轩涕泗流。”《秋兴八首》，甚至看公孙大娘跳舞（《观公孙大娘弟子舞剑器行并序》），都把时事加以联系对比。

元稹《酬孝甫见赠》：“杜甫天材颇绝伦，每寻诗卷似情亲。怜渠直道当时语，不著心源傍古人。”后句“傍古人”，指抄袭前人所描写的生活。

11 月 1 日，星期四，教学楼 101

3. 沉郁顿挫

杜甫《进雕赋表》上说他的文章是“沉郁顿挫”。现在理解“沉郁顿挫”是他的风格。沉：不浮。郁：郁闷，郁结。有一种思想感情压在心里，不那么容易表达出来。“无可奈何之境，万不得已之情”，因为事实不容易做到，他恨，恨得很厉害，不能不恨；他爱，爱得很厉害，不能不爱。诗歌是发愤之作，“《诗》三百篇，大抵圣贤发愤之所为作也。”（司马迁《报任少卿书》）恩格斯说：“愤怒出诗人。”（《反杜林论》）两者非常接近。过去着重点在揭露，现在有歌颂的一面。

沉郁：内容积蓄了，感情不得已而发出来。

顿挫：挫折，现在的语言指节奏感，感情上的节奏，表现为语言上的节奏。写毛笔字会体会到节奏感。文学形式上的任何节奏感，都是内心节奏感的反应。

沉郁的心情，一定要靠强有力的顿挫才能表达出来，长诗能表达，短诗也能表达。杜甫的风格是多种多样的。把会作诗的人与诗人区分。愤怒，代表人民与时代。

杜甫《自京赴奉先县咏怀五百字》

和《北征》一起是他的代表作。

他的性格和他所追求的理想互相矛盾，正直的人在当时不可能实现自己的理想，当时处于富有爆炸性的局势，这首诗体现了他的预见性。伟大的诗人，时代的先驱者，历史的见证人，李白的《蜀道难》亦如此。

题目“咏怀”，实际上也记事，也写景，也抒情。

杜甫作应酬诗，也只能算是会作的人。

穷年（穷年忧黎元）：一年到头。肠内热（叹息肠内热）：肚子里一团火。

“非无江海志”：不是没有。

现在的白酒是元朝以后才会做的，元朝以前的白酒相当于浮滓酒。考察，写一个书评就是考察。主要是请大家指出《古诗今选》的缺点错误。11月底以前交。

骊山（凌晨过骊山）：绿叶碧栏相应映，这是一个特权的地方，杜甫重点就进行了对比。

王母（瑶池气郁律），唐代很多诗把杨贵妃比王母。

殷（乐动殷胶葛）：盛大，引申为“充塞”。

聚敛(聚敛贡城阙)：读过《论语》，就会觉得这句诗分量重，没读过就不会觉得分量重。《论语·先进篇》："季氏富于周公，而求也为之聚敛而附益之。子曰：'非吾徒也！小子鸣鼓而攻之可也。'""与其有聚敛之臣，宁有盗臣。"(《礼记·大学》)

多士(多士盈朝廷)："济济多士，文王以宁。"(《诗经·小雅·文王》)"多士"，褒词，现在仍用"人才济济"之语。这里用作贬义词，下一个词不是随便下的。

注意各时代的语言用法，唐代"圣人"(圣人筐篚恩)专指皇帝，"神仙"(中堂舞神仙)，"仙子"，"仙人"特别指妖艳的女子，唐《霍小玉传》有一仙人谪在下界。

"暖"客之"暖"(暖客貂鼠裘)，当动词用，使客人暖。

悲管(悲管逐清瑟)：中国音乐以悲为美："哀鸿"、"悲管"。

老妻(老妻寄异县)：转折得好，千难万险，充满希望，但是到了家却使他心变得冰冷。这四句(老妻寄异县，十口隔风雪。谁能久不顾，庶往共饥渴)，是他文学上的匠心。

"所愧为人父，无食致夭折。"至情至理。

"岂知秋禾登"：见沉郁顿挫。

11 月 5 日，星期一，教学楼 101

组诗，联章诗，"三吏三别"六首，因时间关系不能全讲。在统一的主题下有多首，补救我国诗歌短小的缺点，特别是律诗，受到形式的限制。

左思《咏史》八首可以当一首来看。鲍照《行路难》十八首杂言诗亦如此。可见从晋以来，古诗就有联章。

五言律诗联章，最早是杜审言。七言律诗联章，杜甫的作品很重要。《秋兴》八首，《咏怀古迹》五首，《诸将》五首，这都是在他死前一两年，在四川奉节县写的。杜甫尝试用这种体裁也有一个发展过程，到晚年才逐渐成熟。

七言绝句，王昌龄的《从军行》三首可见。

《三吏》、《三别》在思想上，艺术上的特点。《新安吏》写不到征兵年龄而被捕去当兵。《潼关吏》守官骄傲自大，麻痹大意，告诫当时前线将官。《石壕吏》征兵老头，老太婆。

《三别》用第一人称写的。《新婚别》、《垂老别》、《无家别》，很像汉乐府"十五从军征，八十始得归"。

说明诗人在表现生活之前都有一个认识生活的过程。既同情人民，又鼓励人民作某些牺牲。他选了他最感兴趣的东西。

杜甫《丽人行》(全诗详 371—372 页)

古人论诗往往提出"诗胆"，要勇敢，"诗胆大于天"(刘叉《自问》)。在当时，杨贵妃、杨国忠红得发紫，他就敢于把矛头指向他们。

泛泛咏题。集中写。

"紫驼"两句(紫驼之峰出翠釜，水精之盘行素鳞)，交叉对。

鞍马(后来鞍马何逡巡)：指人，鞍马已构成一词。

"杨花"两句(杨花雪落覆白蘋，青鸟飞去衔红巾)，象征写法。

杨贵妃死时三十八岁。杜甫写这首诗时，杨贵妃三十五岁，她的三个姐姐都比她大。

杜甫《茅屋为秋风所破歌》

郭沫若用以批判杜甫的重要材料：1. 三重茅，2. 盗贼，3. 寒士。

杜甫："一洗苍生忧。"(《凤凰台》)

李白："白骨成丘山，苍生竟何罪。"(《经乱离后天恩流夜郎忆旧游书怀赠江夏韦太守良宰》)

杜甫《寄柏学士林居》："几时高议排金门，各使苍生有环堵。"

杜甫《观公孙大娘弟子舞剑器行》(全诗详 406 页)

言在此而意在彼，他是写了舞蹈艺术，但他真正的意义却在感怀半个世纪以来国家的重大变化。

桂馥《札朴》研究剑器浑脱舞，说类似现在的红绸舞(卷六云：以丈余彩帛结两头，双手持之而舞)。学文学，兴趣要广泛，各种文艺互相通的。张旭不仅看公孙大娘舞剑，草书进步，他看担夫争道，草书也得到进步。

题目突出公孙大娘，而不写李十二娘，可见其布局。

“天地为之久低昂”：可联系坐头车，整个空间在晃动。

“㸌如羿射九日落，矫如群帝骖龙翔”：五方上帝，两句写动。

“来如雷霆收震怒，罢如江海凝清光”：写舞蹈间的停顿——舞蹈中间创造出的境界。

绛唇珠袖（绛唇珠袖两寂寞）：写人和物都已成为过去。晚有弟子（晚有弟子传芬芳）：一句兜转。

王室（风尘澒洞昏王室）：指国家，天子以四海为家。

女乐余姿（女乐余姿映寒日）：指李十二娘。

杜甫《江南逢李龟年》

绝句同李白、王昌龄不同。

讲这一首诗，目的在于说明大题材可以写入小诗。

李龟年弟兄三人都是音乐家。

闻（崔九堂前几度闻）：点明李龟年是歌唱家。

毛主席：“三十一年还旧国，落花时节读华章。”（《和柳亚子先生》）主席诗好像原是“暮春时节”，主席由哀而乐，杜甫由乐而哀。

11 月 8 日，星期四，教学大楼 101

杜甫《春望》

安禄山占领长安，因为杜甫政治上无地位，所以未被捉走。写法：用环境来烘托自己的心情，首先写整个长安的环境。怎样写一个宏伟的首都受到糟践，从自然和人事的对比下手，自然变化很小，人事变化很大。

国：指政权。深：表现人无心修草木，人烟稀少。（国破山河在，城春草木深）刘禹锡：“朱雀桥边野草花，乌衣巷口夕阳斜。”（《金陵五题·乌衣巷》）“王与马，共天下。”（《太平御览》卷四百九十五）花：动词，野草开花了，这句类似“城春草木深”。

三、四句(感时花溅泪,恨别鸟惊心),人,自然界的感情交流;泪:花上的露水。

五、六句(烽火连三月,家书抵万金),直接写人事。三月:多月,并不指三月份。

七、八句(白头搔更短,浑欲不胜簪),写自己的处境,着急抓头。

由外而内,由客观而主观。

杜甫《天末怀李白》(全诗详 380 页)

作者在甘肃天水,李白充军的消息,很快传到杜甫那儿。

从李白处境写起。

天末(凉风起天末):天边,双方看对方都是“天末”。

杜甫在《梦李白》写道:“江湖多风波,舟楫恐失坠。”可以用来解释“江湖江水多”。

过(魑魅喜人过):念平声(锅)。“文章憎命达”:杜甫认识到的一条封建社会的真理,文章憎恨命运的亨通,人民掌握政权以前这种现象是普遍存在的。魑魅:双关,害人虫。

屈原这个形象,是一个有才而被诬陷的形象。汉朝有个贾谊,《吊屈原赋》。

附:刘长卿《长沙过贾谊宅》

追悼贾谊,哀悼自己。

三年(三年谪宦此栖迟):实指栖迟居住。楚客(万古惟留楚客悲):贾谊。

下两句(秋草独寻人去后,寒林空见日斜时),所选的景,刚好与他的感情一致,情景交融。

五、六句(汉文有道恩犹薄,湘水无情吊岂知),议论,有道之君尚且如此,无道之君又怎样呢?

第七句(寂寂江山摇落处),应寒林秋草。怜悯贾谊也是怜悯自己。

杜甫《奉送严公入朝十韵》

杜工部是尊称。

这首诗重点讲最后两句："公若登台辅，临危莫爱身。"应酬诗没有这种写法。岑参《送杨瑗尉南海》："此乡多宝玉，慎莫厌清贫。"交有道，诗人才是真正的诗人。

杜甫《送韩十四江东觐省》（全诗详 293 页）

"觐省"：觐见父母。"出必告，反必面。"（《弟子规》）由于战争不能使儿女在父母身边行孝。动乱中家庭生活的非正常现象。

下面两句（黄牛峡静滩声转，白马江寒树影稀），想象中韩十四所要走的地方，以及实指送别的地方。

杜甫《蜀相》

用问答起头（丞相祠堂何处寻），这种形式《诗经》就有（详 234 页）。

自春色：本春色。"自"、"空"，景物依旧，人事全非（映阶碧草自春色，隔叶黄鹂空好音）。

开：开创基业；济：继续下去（两朝开济老臣心）。六出祁山，占领长安，路线很像汉高祖。

宋代坚决抵抗女真贵族入侵的民族英雄宗泽，在临死的时候，就曾朗诵着"出师未捷身先死，长使英雄泪满襟"的诗句。

顺便讲一讲魏蜀吴三国谁是正统的问题。

西晋陈寿《三国志》：魏是正统。

少数民族占领中原。东晋习凿齿《汉晋春秋》：蜀是正统。

北宋，司马光《资治通鉴》：魏是正统。

南宋，朱熹《通鉴纲目》：蜀是正统。

说明史书和政治扣得很紧。

杜甫《咏怀古迹》（其三）

共五首，分咏五个人物，在曹禺创作以前，王昭君的形象是比较一致的：一个牺牲者的形象，一个很有品德的人的形象。不开后门，自请到外国去，老单于死，打报告要求回国，不许，又嫁给小单于，抑郁而死。

一句(群山万壑赴荆门),写地理形势。二句:"生长明妃尚有村。"

三句(一去紫台连朔漠),紫台:汉朝宫殿的代称。四句(独留青冢向黄昏),概括了王昭君在匈奴几十年的酸辛,"伪造"里面反映人民的思想感情。

五句(画图省识春风面),春风面:美丽的脸,满面春风。

七句(千载琵琶作胡语),昭君死了,昭君的悲剧在人们心中活着。

石崇《王明君辞并序》,明君就是昭君,避讳。马上乐队送她,从此琵琶与王昭君的形象相连。

附:王安石《明妃曲》(两首)(全诗详 300 页)

精辟的议论;形象性的史论。

一句(明妃初出汉宫时),即杜甫"一去紫台连朔漠"。二句(泪湿春风鬓脚垂),春风,即"春风面"之春风。

三句(低徊顾影无颜色),顾影:写孤独。写出了昭君的美貌,写环境,写精神。

八句(当时枉杀毛延寿),为毛延寿翻案,来推崇王昭君,写她的意态之美。

十句"可怜著尽汉宫衣":表示对祖国的怀念。苏武。

十五、十六句(君不见咫尺长门闭阿娇,人生失意无南北),完了说明王安石不同意这种说法。宋朝王安石的政敌以此诋毁王安石有奶便是娘。

11 月 1 日,星期一下午,教学大楼 101

两首诗相连接,有层次,上篇写嫁,下篇写在胡。

百两(毡车百两皆胡姬):"之子于归,百两将之。"(《诗经・召南・鹊巢》)

皆:精确。"皆"非泛下也,与"独"(含情欲语独无处)对应,诗人不怕自己的诗句中出现矛盾,"汉宫侍女暗垂泪",目的在于表现王昭君。当作家为了表现主题时,保留违反某种生活秩序的权利,孟子提出:"不以辞害意。"(《孟子・万章上》:说诗者不以文害辞,不以辞害志)

因为无人说,所以通过琵琶来表现(含情欲语独无处,传与琵琶心自知),

由此可见,上文是为写琵琶服务的。

春风手(黄金杆拨春风手)与春风面(杜甫:画图省识春风面)。劝胡酒(弹看飞鸿劝胡酒):嵇康:“目送归鸿,手挥五弦。”(《赠秀才入军》)王安石用这两句诗,形容王昭君心不在焉,飞鸿是候鸟,暗示她怀念祖国。

暗(汉宫侍女暗垂泪):表示当时政治环境。王昭君的处境。

“汉恩”两句(汉恩自浅胡恩深,人生乐在相知心),是沙上行人的话,劝解。王昭君也未回答,同上首一样。“千载琵琶作胡语……”杜甫的诗;王昭君回答用两句诗。

王昭君对祖国一往情深,但是也有形象思维,主要通过形象感人,与唐诗是一致的。

又,白居易《王昭君二首》(其二)

汉使却回凭寄语:“黄金何日赎蛾眉?君王若问妾颜色,莫道不如宫里时。”

既不同于杜甫,又不同于王安石,某种看法同《长恨歌》是一致的。蔡文姬是曹操用钱赎回的。突出汉文帝好色,鞭笞统治阶级的好色。后人很多对曹操用钱把她赎回加以赞美。

大历时期(766—799),唐代宗年号。代表诗人大历十才子。怎样理解他们的不大出色呢,主要因为他们前后有李、杜,白、韩等狠人。

钱起《归雁》

《湘灵鼓瑟》,鲁迅《“题未定”草》肯定过。

结构:头两句(潇湘何事等闲回,水碧沙明两岸苔)诗人问雁子,古人相信大雁靠吃青苔过日子。

底下两句(二十五弦弹夜月,不胜清怨却飞来),是大雁回答的话。

《湘灵鼓瑟》,一往情深,使我受不了。

张继《阊门即事》

即事:看到什么事就把它写下来。

楼船(耕夫召募逐楼船):将军名字,汉武帝有楼船将军杨仆。二句(春草青青万顷田),写荒芜,不写荒芜写荒草青青,形象思维。

郡郭(试上吴门窥郡郭):郊外。“寒食”的来历:春秋战国时期,晋国,介子推。古代,钻木燧火,皇帝赐火。老百姓自己生活。新烟(清明几处有新烟):新升起的炊烟(老百姓都逃走了)。

韩翃《寒食》

和上面一首正好形成对比。

御(寒食东风御柳斜):表示对皇帝的尊称。

“日暮汉宫传蜡烛”,皇帝赐火。轻烟(轻烟散入五侯家):古代蜡烛有烟。五侯,皇帝的恩惠也只到五侯家而已。

韦应物《寄李儋元锡》

李儋、元锡是两个人,李儋是唐宗室,元锡是韦应物早年的朋友,做过刺史的官,“自惭居处崇,未睹斯民康。”(韦应物《郡斋雨中与诸文士燕集》)这个人还是比较有良心的。

“世事茫茫”两句(世事茫茫难自料,春愁黯黯独成眠),可能是个人情绪,也可能有深厚的社会基础,结果产生感情上孤独的情绪。

“西楼望月几回圆”,写他想有朋友谈心的迫切感情,话说得浅,而感情深。

李约《观祈雨》(全诗详 262 页)

老百姓晒龙王爷。(桑条无叶土生烟,箫管迎龙水庙前。朱门几处看歌舞,犹恐春阴咽管弦)

对自然现象,不同的阶级,有不同的感情,不同的感受。

1. 老百姓养不成蚕,种不成庄稼。

2. 天一阴,乐器就潮湿,声音就不好。庾信更爱笙簧。

3.《笑林广记》:三个富人:大雪纷纷落地,都是皇家瑞气。再下三天何妨。叫花子:放你娘的狗屁。

贞元、元和时代：唐德宗、唐宪宗。

杜甫播下的种子在贞元、元和时代显示出来。中世纪式的文学运动。白居易派，作风有大体相似，平易近人，流畅。韩派，下面的人，每个都不一样，各按各的，追求艺术的独创性。韩愈埋下的种子到北宋，花才开得比较茂盛。韩派也不意味着不同情人民疾苦；白派诗也有表现个人生活的。文学史对韩派肯定得还不够。

李贺的诗，“四人帮”揣摩毛主席对李贺的爱好，对李贺评价过高。李贺诗很独特，很有价值，他是一颗彗星，不是北极星，是不可重复的。他的优点和缺点十分明显。优点：对生活十分敏感，想象不但丰富，而且奇特，他的触觉、感觉、嗅觉非常敏锐，通感也非常敏锐。不可克服的缺点：风格单纯，没有变化（韩愈、杜甫是多面手），这副面孔是可爱，很吸引人的，他的反映面比较窄，死得太早，看得太少。过于敏锐的想象，常常超出一般人理解的程度，对李贺的诗注解多，而差别大。

李贺《金铜仙人辞汉歌》

汉武帝铸仙人，结果并没有搬到洛阳。

茂陵：汉武帝葬茂陵。刘郎：指汉武帝，很大胆。（茂陵刘郎秋风客）“夜闻”句（夜闻马嘶晓无迹），写汉武帝鬼魂夜游。

悬秋香（画栏桂树悬秋香）：就是通感，应悬秋花，他说悬秋香。

东关（东关酸风射眸子）：长安东门，写拆时很寒冷。风酸：是通感，用味觉代触觉。

汉月（空将汉月出宫门）：铜盘代词。“忆君清泪如铅水”，“铅”通感。

主要是兴亡的感慨。

11月14日，星期四下午，教学大楼101

念诗和作诗，是一个问题的两个方面。非诗和非词的诗词泛滥。

我要讲怎样对待生活，选择生活，表现生活。

内在思想活动曰志。徐迟在重庆，请毛主席题手册，毛主席题“诗言志”。志是对物的反映，你怎样认识大千世界，决定于世界观。有阶级性。

1. 反映什么，取舍有不同。

2. 判断生活也不一样，志也就有很大的不同。上次讲的那个笑话，有钱人与乞丐对下雪的反应不一样。一个人的心情开朗，喜欢壮丽。一个人狭窄，喜欢幽暗的东西。这倒与阶级性不完全一样。

恩格斯说：“愤怒出诗人。”在旧社会，进步诗人不愤怒是奇怪的。而宫廷诗人，桂冠诗人则不同。

另外要有诗胆，“忠爱出诗胆”，忠于祖国、人民，热爱祖国、人民。愤怒与胆量有一个前提，善于观察、反映生活。一个真正伟大的作家，能看出好的、坏的苗头。现在在开文代会，围绕许多问题在争论。既不能搞题材无差别论，也不能搞题材单一论。但是你要避免一般性的东西，要有特色，不可重复，不可移动。张三的鞋子，李四不能穿。世界上每一片树叶都不同。我讲一讲我是怎样构思的。

《寄刘生》

白头师弟正相望，新岁驰书到武昌。老去辛勤赴沟洫，少来诗笔驾钱郎。三年赤脚生重茧，万亩春风动绿芒。蜀道山川行踏遍，羡君忧乐系农桑。

刘生是我在1942—1943年金陵大学的学生，在水利局喷灌办公室工作。后跟主管水利的中央领导跑遍四川，给我写了一封信。几年前，我被迫退休，接信后感情复杂。一惋惜他不能搞文学，二是他自己还能工作。当时形势不如现在明朗。

沟洫：《汉书·沟洫志》，水利工程。钱郎：钱起、郎士元。

羡君：我却不能工作。

特定的环境，特定的感情。古代画家描写牡丹，人家一看就知道是正午。会作诗的人同一般诗人不一样。

李贺《老夫采玉歌》

这是描写手工业工人的诗，这种诗少，这是一首。征伐，强迫劳动。

李贺独选采玉。

水碧：是一种玉的名字。步摇：头饰，有穗，一走路就动。徒：空。表现感情的最小单位是一个字，一字褒贬。（采玉采玉须水碧，琢作步摇徒好色）

“蓝溪水气无清白”：气指水面上的云雾，不仅水是浑浊的，气也是迷茫的。望气术，地下有宝贝，地上有云气。刘邦躲在芒砀上有云气。“蓝田日暖玉生烟”（李商隐《无题》）。

夜雨（夜雨冈头食蓁子）：由饥寒而来。

“蓝溪之水厌生人”，水恨人。“身死千年恨溪水”，人恨水，为无玉，就不来采了。想法独特。

悬肠草（古台石磴悬肠草）：草名，别名思子蔓，暗指想念小孩，家庭受到连累。

不选天晴，选天阴（斜山柏风雨如啸，泉脚挂绳青袅袅），更能打动读者。

韩　愈

关于韩愈：北宋两派争论，一派认为他“以文为诗”，不是诗。另一派认为诗就应该这样作。

1. 什么叫以文为诗？（1）以散文的字、句、结构入诗；（2）以议论入诗。限度，只是在古诗中，韩愈的律绝并不如此。这不是韩愈的创造，而他发展了这种手法。杜甫完全以散文入诗，议论如《丹青引赠曹霸将军》“丹青不知老将至，富贵于我如浮云”，《论语》（《述而》：不义而富且贵，于我如浮云）。至于议论更早，《诗经》、《楚辞》均有。

2. 怎样评价以文为诗？要是以文为诗没有违反形象思维的规律，那是许可的，甚至是好的，如干巴巴地发议论，那是不好的，甚至不是文学。

1. 有形象性的描写，有议论，如《丹青引赠曹霸将军》。

2. 议论是采取形象化的语言表达出来的。

3. 通过作者的口气所发议论。本身是人物形象化的议论，如白居易《琵琶行》后一部分。韩愈是运用得比较成功的，他的描写力非常强。

韩愈《汴泗交流赠张仆射》

仆射：军政长官。徐州张建封。

汴泗：古代交流于徐州。郡城：指徐州。(汴泗交流郡城角)

马球，波罗球。短垣(短垣三面缭逶迤)：小墙。

结束(公早结束来何为)：穿戴。

分曹：分两队。攒蹄：马跑快时，四蹄蹭在一起。(分曹决胜约前定，百马攒蹄近相映)

韩愈《雉带箭》，写打猎。

11月17日，星期一

韩愈《听颖师弹琴》(全诗详301页)

颖师：和尚，当时著名音乐家。

这首诗的特点：1. 通感明确；2. 开口韵，合口韵同。他所表现的内容，注意声乐音响，传达生活中的音响。

诗开头(昵昵儿女语，恩怨相尔汝)，低调开始：好像一对少男少女在谈心。尔汝：亲密，否则要用敬称。恩怨：感情起伏。这两句写声音之细，用合口韵。

三、四两句(划然变轩昂，勇士赴敌场)，声音用开口韵。姓易，十七会吹箫；姓伍，十五会打鼓。两个演员前者牙齿长得好，后者牙齿长得不好。

"勇士赴敌场。浮云柳絮无根蒂"等，用人所能见到的形象来形容视觉。"红杏枝头春意闹"(宋祁〔玉楼春〕)，用听觉写视觉。韩愈这首诗比较完整地写了通感。

嗟余(嗟余有两耳)：底下从侧面烘托。

"起坐在一旁"：是"在一旁起坐"的倒文，写激动。

冰炭(无以冰炭置我肠)：一团火、一块冰，起伏大。

1. 难懂；2. 并不因为难懂，就不好。

元稹《连昌宫词》

连昌宫：故址在现在河南省宜阳县，皇帝一个行宫，表现行宫里发生的一些事。元和十二年，公元818年，作者在通州，据陈寅恪研究，元稹一辈子未到过宜阳县。内容写的不是自己生活的直接经验，但不排斥这首诗写得非常成功，生活实践也可以间接取得。他写假设中的安禄山叛乱的头一年，唐明皇、杨贵妃去过，非常热闹。安禄山叛乱后，连昌宫很荒凉，通过一个老人……

开始（连昌宫中满宫竹，岁久无人森似束。又有墙头千叶桃，风动落花红蔌蔌），写连昌宫荒废，宫殿荒芜，但植物茂盛。

小年：少年。进食：表示农民对皇帝爱戴的礼节。（小年进食曾因入）

上皇（上皇正在望仙楼）：写得很突兀，该省略的地方全省略了。

下写一个农民所见到的场面，客观上展开了不同的阶级生活的悬殊。

贺老：贺怀智。定场屋：压场，压轴子。（贺老琵琶定场屋）

根据事实，岐、薛二王当时已死，一般指贵族。

上写盛世，下写衰世。盛衰做强烈对比（结构），这首诗对比是匀称的。不匀称也可能很好，形式上不匀称，并不等于内容不匀称、感染力不匀称。例：李白《越中览古》："越王勾践破吴归，义士还家尽锦衣。宫女如花满春殿，只今惟有鹧鸪飞。"前三句盛之又盛，最后一句写衰，同样是强烈的对比，三比一。

"明年十月东都破"，一句话兜转，大起大合，艺术描写就要这样才吸引人。

井（庄园烧尽有枯井）：代表居民点。

玄武楼（玄武楼成花萼废）：是德宗时造的，花萼楼荒废了，楼的兴废代王朝的兴废。花萼楼，玄宗所造。刘禹锡《杨柳枝》："花萼楼前初种时，美人楼上斗腰肢。如今抛掷长街里，露叶如啼欲向谁？"欲向谁？包含几十年的变迁的感慨。进食（驱令供顿不敢藏）、砍竹（去年敕使因斫竹），情节设计，累积了许多细节来写宫的荒凉，反映国力下降。

"我闻此语心骨悲"：作诗本意。

庙：太庙。现工人文化宫。谟：谋略、政策。（庙谟颠倒四海摇）

吴：李锜；蜀：刘辟。（诏书才下吴蜀平）

淮西：吴元济。"官军又取淮西贼"：确定写作年代。

这首诗不算叙事诗，而是政治抒情诗。

元稹《行宫》

要求削减形象，增加意境。以非常简省的笔墨来增加意境的丰富，深远的艺术效果。要读者想象，要读者合作。该繁则繁，该简则简。

《行宫》与《连昌宫词》题目相同。

11 月 21 日，星期四

执简驭多，以少胜多，相反相成：他只写一点，但他们所得到的不只一点。汉民族的诗歌基本上是短小的，直到 12、13 世纪董解元《西厢记》诸宫调——长篇叙事诗，后出现弹词，数量多而质量不高，所以中国抒情诗有一个普遍的特点：以削减笔墨来丰富意境。

杜牧《将赴吴兴登乐游原一绝》

乐游原：是长安的风景区。

"清时"，反话；"无能"（清时有味是无能），"不才明主弃"（孟浩然《岁暮归南山》），也是反话，说得平淡，把感情抑压住。

"欲把一麾江海去"，麾：旌节，表示身份的。

昭陵（乐游原上望昭陵）：唐太宗李世民的陵墓。表现了他的一腔心思，善于以少胜多。

白居易《长恨歌》

这首诗给我们的启发：作家只能真实地反映生活。这首诗由谴责到同情，他为什么不能控制住自己。五十年代初曾讨论过统治阶级能不能写他们的爱情，玄宗，开元、天宝。晚年被儿、媳、李辅国牵制住了，生活过得很凄凉，又博得了人民的同情。

结构分前后两部分：实景：1. 盛，2. 衰。一上来从谴责开始。德、色："吾未见好德如好色者。"（《论语・子罕》）

陈鸿《长恨歌传》、白行简《李娃传》、元稹《李娃行》、元稹《莺莺传》、李绅《莺莺歌》、清陆次云《圆圆传》、吴伟业《圆圆曲》。

儒家传统观点：为尊者讳，为亲者讳。杨贵妃原是唐玄宗的儿媳妇，李商隐写到这件事。

“三千宠爱在一身”，是“六宫粉黛无颜色”的补充。

列土：指封国夫人这件事。可怜：可爱。（姊妹弟兄皆列土，可怜光彩生门户）“男不封侯女作妃，看女却为门上楣。”（陈鸿《长恨歌传》引当时民谣）“楣”有等级。

霓裳羽衣曲（惊破霓裳羽衣曲）：少数民族传入，杨贵妃长于表演。唐朝舞蹈分成两种：一种是健舞，一种是慢舞。“缓歌慢舞凝丝竹”，李贺《李凭箜篌引》：“空山凝云颓不流。”

评白居易诗：自然。

“渔阳鼙鼓动地来”，既同上段联系，用声音衔接声音，同时又转折。

六军（六军不发无奈何）：虚数。实际上四支军队。

花钿、翠翘（花钿委地无人收，翠翘金雀玉搔头）：倒文。

峨眉（峨眉山下少人行）：地理上属川南，这里仅指沿途之山，事实他们未到过峨眉山。元稹诗“身骑骢马峨眉下，面带霜威卓氏前”（《使东川·好时节》），元稹也未到过峨眉。

“行宫见月伤心色，夜雨闻铃肠断声。”二句一虚一实。《雨霖铃》曲。

前面在成都略写，后面回长安详写。

空死（不见玉颜空死处）：平白地死去。

“芙蓉如面柳如眉”四句，情景结合，什么都一样，就是差了一个人。

西宫、南内（西宫南内多秋草）：唐明皇住的地方。

梨园弟子（梨园弟子白发新）：他自己选拔有苗头的年轻艺术家，唐明皇自己管，只限于唐明皇时代。

“孤灯挑尽未成眠”，有人责怪白居易不熟悉宫殿生活，其实不然。

迟迟、耿耿（迟迟钟鼓初长夜，耿耿星河欲曙天）：是未成眠的补充。

“梦”过渡到虚拟的幻境。

鸿都客（临邛道士鸿都客）：赞美道士博学。

疑似之词（中有一人字太真，雪肤花貌参差是），增加幻觉。

“转教小玉报双成”：丫头，唐代叫小玉，如《霍小玉传》。元稹诗：“小玉上床铺夜衾。”(《暮秋》)双成:董双成,古代仙女名。

写动作,主要表示心情(心理活动)。起徘徊(揽衣推枕起徘徊):表现她未割断俗缘,拿不定主意。非人间性的感情被人间性的感情所战胜。方士眼前的杨贵妃形象。

含情凝睇:深情地凝思。以词相告曰谢。(含情凝睇谢君王)

白居易想写爱战胜死,但未写透,汤显祖《牡丹亭》完成了这个任务。当然不是指生命学上的“死”,而是指“精神上”的。

最后两句(天长地久有时尽,此恨绵绵无绝期)的妙处,在于由幻境回到现实。

11 月 25 日,星期一下午

“七月七日长生殿”,是诗人设想:1. 长生殿是斋宫,不是寝宫。2. 长生殿在骊山,皇帝一般冬天去,七月七日是不会去的。

杜牧《赤壁》(全诗详 298 页)

赤壁:在湖北嘉鱼县,苏东坡所游并非决战之地。

自:是拾戟者,还是作者,未交代。前两句(折戟沉沙铁未销,自将磨洗认前朝),以微物起兴,后两句用形象性语言说明作战的结果。

“铜雀春深锁二乔”,东吴乔公有二女。宋朝有个诗话家说杜牧什么都未想到,只想写两个女人,后来有人认为杜牧善于从最小的地方写大的事物。李后主词:“最是仓皇辞庙日,教坊犹奏别离歌。垂泪对宫娥。”(〔破阵子〕)有的词话家也批评李后主什么不想,只想到宫娥,有一词话家替李后主辩解。

1. 并不是任何客观事物都能入诗。2. 能入诗,怎样组织。

李商隐《安定城楼》

安定:甘肃泾川县。当时他当王茂元幕府,王茂元是李商隐的长官、岳父。应进士举未取。

首两句(迢递高城百尺楼,绿杨枝外尽汀洲),景。

颔联(贾生年少虚垂涕,王粲春来更远游),情。虚垂涕者,垂涕而无效,表现爱国爱民。王粲,建安七子,诗人,依刘表。王粲丑,刘表看不起他。表现自己环境不好。

五、六(永忆江湖归白发,欲回天地入扁舟),句式独特。长期怀念隐居生活,应扭转乾坤,然后功成身退。两句交织在一起,别的诗人写得很少。“欲回天地”,杜甫《奉寄章十侍御》:“指麾能事回天地,训练强兵动鬼神。”

尾联(不知腐鼠成滋味,猜意鹓雏竟未休),写抑郁的感情。

李商隐《哭刘蕡》(全诗详 294 页)

刘蕡:对策揭露宦官,试官不敢录取他。

皇帝侍卫官,九门提督。(上帝深宫闭九阍)

巫咸(巫咸不下问衔冤):神巫名,巫,天界、人间的交通员。

黄陵:湘阴县。见过雨。湓浦:九江市。听到死讯。(黄陵别后春涛隔,湓浦书来秋雨翻)

安仁:潘岳,很会写悼词。前叙,后诗。招魂:宋玉写给屈原的,古代的一种宗教仪式。(只有安仁能作诔,何曾宋玉解招魂)

哭寝门(平生风义兼师友,不敢同君哭寝门):老师死了,哭之寝,把刘蕡当作老师看。

李商隐《隋宫》

咏史,事实讽刺当时政治局面。

紫泉:水名,原作紫渊,高祖名渊,改紫泉。锁烟霞:关闭无人住,皇帝下江南了。芜城:扬州别名,鲍照作过《芜城赋》。(紫泉宫殿锁烟霞,欲取芜城作帝家)

日角(玉玺不缘归日角):李渊,迷信说法:李渊日角宽广。

“地下若逢陈后主”,小说写隋炀帝梦见过陈后主。

特点:工整,写得深。读多了,味道比较深厚。

宋 诗

宋诗者，宋朝诗人所作诗也。实质是指两种不同风格的问题。宋诗不幸又很幸，题材许多领域已被唐诗占领，幸的是他又开辟了许多新天地。

宋诗引起了争论，而金以下未引起争论。主要在于风格上的不同。

钱锺书《谈艺录》：

> 唐诗多以丰神情韵擅长，宋诗多以筋骨思理见胜。严仪卿首倡断代言诗，《沧浪诗话》即谓“本朝人尚理，唐人尚意兴”云云。曰唐曰宋，特举大概而言，为称谓之便，非曰唐诗必出唐人，宋诗必出宋人也。
>
> 夫人禀性，各有偏至，发为声诗，高明者近唐，沉潜者近宋，有不期而然者，故自宋以来，历元明清，才人辈出，而所作不能出唐宋之范围，皆可分唐宋之畛域。叶横山《原诗》内篇卷二云：“譬之地之生木，宋诗则能开花，而木之能事方毕，自宋以后之诗，不过花开而谢，谢而复开。”

缪钺《论宋诗》：

> 唐宋诗之异点，先粗略论之。唐诗以韵胜，故浑雅，而贵蕴藉空灵；宋诗以意胜，故精能，而贵深析透辟。唐诗之美在情辞，故丰腴；宋诗之美在气骨，故瘦劲。……唐诗之弊为肤廓平滑，宋诗之弊为生涩枯淡。虽唐诗之中，亦有下开宋派者，宋诗之中，亦有酷肖唐人者；然论其大较，固如此矣。

“唐诗主情，宋诗主意”，最概括的两句。

唐诗变化从杜甫始，韩愈大为发展。两种不同的风格，而且都能站得住脚。

诗歌创作规律问题:唐人规律不存在,唐人规律不同于形象思维的规律,只能说,唐诗符合形象思维规律,宋诗也有符合形象思维的规律。宋人发展:通过形象发议论,议论中有形象。

11 月 29 日

文学不以朝代之变换作根本变化,唐诗之风格自建安到武后方始,散文则更晚。宋初王禹偁学乐天,西昆派学义山,皆学唐人也。真宗、仁宗朝,欧阳修、梅、苏诸子出,宋诗方呈新貌,故以朝代来划分文学史阶段,只为行文方便。

欧阳修

一、突出了文学须改变之趋势,又以实践改变了当时之文坛。主张诗学太白,文学昌黎,力矫当代风格卑弱之弊。其诗文流逸俊畅,得韩之散文化特点而弃其险怪。

二、官至副相,门下又有荆公、南丰、二苏诸子,推行其主张。梅、苏赞助欧阳修矫晚唐之弊,而三子又各具自己之风格,故蔚为大观。

《水谷夜行寄子美、圣俞》

诗话至欧阳公始,后方为普通名词,宋人所谓“话”,即故事之意。以诗论诗,唐人已有之,然皆简单且抽象,至欧公方臻具体、形象。

素节(素节今已届):秋天。

“高河泻长空”,学太白。

“畏爱”(二子可畏爱)之畏,即“畏友”之畏。

“已发不可杀”,杀者,停止也。

“初如食橄榄”,实道出宋诗之一般特点。

“梅穷”(梅穷独我知),与“诗穷而后工”(欧阳修《梅圣俞诗集序》)之“穷”同,即“吾道穷”之穷,非贫也。

《春日西湖寄谢法曹歌》,写迁谪之感而不至蹙额愁眉。

梅尧臣《田家语》。庚辰，宋仁宗康定元年(1040)。

12月8日

梅尧臣诗，体现了朴素而又细致的风格，浑厚、古朴，下字精确。“野凫眠岸有闲意，老树着花无丑枝”(《东溪》)，这代表观察事物细致的特点。“闲鸥”不闲，觅食，而这里野鸭子吃饱了有闲意。以丑为美，这是美学上的一个课题。

苏舜钦《中秋夜吴江亭上对月，怀前宰张子野及寄君谟蔡大》

梅尧臣平淡，苏舜钦豪迈激昂。用一种风格统一一个诗派，这种诗派不易昌盛，以一人为主，其他诗人走自己的路，这样才能兴旺发达。

张子野：词人张先。

结构平常，杰出的是对月光的描绘。

可怜(可怜节物会人意)与惜(不惟人间惜此月)，都是爱，可爱的意思。

写法散文化，追溯到杜甫“富贵于我如浮云”(《丹青引》)，使诗歌生动活泼。

璧(上下清澈双璧浮)：古代礼器。筋脉(自视直欲见筋脉)：脉，血管。槎(只恐槎去触斗牛)：独木舟，神话。

苏舜钦《和淮上遇便风》

“浩荡清淮天共流”：“秋水共长天一色。”(王勃《滕王阁序》)

卑喧地(应愁晚泊卑喧地)：船码头。(一作喧卑)

“吹入沧溟始自由”，寄托了诗人要求精神解放，表现了他豪迈的特点。

欧阳修《画眉鸟》：“百啭千声随意移，山花红紫树高低。始知锁向金笼听，不及林间自在啼。”朱庆余《宫中词》：“寂寂花时闭院门，美人相并立琼轩。含情欲说宫中事，鹦鹉前头不敢言。”借物喻志，言在此而意在彼。宋诗大声疾呼，坦然发表自己的意见。柳永《煮海歌》，婉约派诗人，这首诗表现了盐业工人的痛苦，由此可见诗人的另一面。

王安石

很自然地接受了杜甫、韩愈的影响。他的古诗接近韩愈；律诗精丽，很像李商隐。看他写什么体裁，这在宋诗中有明显的差别。这与词是歌曲有关，词在内容上无所不包是发展了，但它与音乐的关系就分离了。有的诗人古诗、近体诗作法不一样。王有阳刚之美，而近体诗却婉转多情，他还有一个特点，完全不写爱情。刘海粟的油画、国画画法不一样。

王安石《纯甫出释惠崇画，要余作诗》

画史(画史纷纷何足数)：画家。林莽(旱云六月涨林莽)：草木。西江(沙平水澹西江浦)：长江西部。

首两句(画史纷纷何足数，惠崇晚出吾最许)，以扫为生，先否定再肯定。

看了这幅画，犹如身临其境，说明画逼真。

黄庭坚诗："惠崇烟雨归雁，坐我潇湘洞庭。欲唤扁舟归去，故人言是丹青。"(《题郑防画夹五首》其一)读者进入画面，逼真。逼真如画，秦观诗："渺渺孤城白水环，舳舻人语夕霏间。林梢一抹青如画，应是淮流转处山。"(《泗州东城晚望》)泗州城已沉没到洪泽湖里去了。"舳舻人语夕霏间"，船与船之间两人讲话。逼真、如画，实际上是一个意思，典型环境。

道人(颇疑道人三昧力)：是和尚，道士是道教徒。

方诸(方诸承水调幻药)：古代器具。

金坡(金坡巨然山数堵)：金銮坡，宋朝翰林院。

裘马穿羸(裘马穿羸久羁旅)：裘穿马羸。

《杜甫画像》(全诗详297—298页)

王安石写的杜甫评论，诗评。

元气(为与元气侔)：构成宇宙的物质实体。

九地：很深的地。不可求：找不着，指壮颜毅色。一般是画不出来的，作者借题发挥。(力能排天斡九地，壮颜毅色不可求)

八极(浩荡八极中):八方。

第一段:借图画来评价杜诗。

“生民之祸患,词章之幸福。”(清蒋鹿潭)写悲惨,不如写悲惨时的喜悦。《北征》。屯(伤屯悼屈止一身):易经卦名,对面泰(泰也是卦名,与屯的意思相反),运气不好。“嗟时之人我所羞”:啊,时人,我是为之感到羞愧。

附:黄庭坚《老杜浣花溪图引》

黄庭坚,句子结构新、意思深、跳跃,但并不是让人们懂不得。首先发现黄庭坚学习李商隐的是曾国藩。这首诗重点写杜甫的生活,也不是写图本身。

引:原是乐府调名。

锦:成都出锦,设官收税,故名之锦官城。青:用阮籍的故事。眼为青:表示有好感。(拾遗流落锦官城,故人作尹眼为青)

濯冠缨(百花潭水濯冠缨):洗帽带子,表示休息。

蟠(空蟠胸中书万卷):龙打个卷。

杜陵韦曲(杜陵韦曲无鸡犬):长安高级住宅区。

交错写作,跳跃、衔接,较自然,同唐诗比起来有不同。

王安石《思王逢原》(三首其二)(全诗详294页)

朋友之墓有宿草不哭焉。首两句(蓬蒿今日想纷披,冢上秋风又一吹)言,虽已长出宿草仍想念。

平世:颂圣,与乱世相对。微言:精微奥妙的道理。(妙质不为平世得,微言惟有故人知)

人的生活同自然环境,通过“当书案”,“入酒卮”(庐山南堕当书案,溢水东来入酒卮),结合得很紧。

“一水护田将绿绕,两山排闼送青来。”(王安石《书湖阴先生壁二首》其一)拟人手法,“排闼”,鸿门宴,山水活了。苏东坡:“大瓢贮月归春瓮,小杓分江入夜瓶。”(《汲江煎茶》)东坡:“我携此石归,袖中有东海。”(《文登石诗》)指东海中的一部分,唐诗不这样写。

附：王令《梦蝗》（全诗详 264—265 页）

寓言诗，过去选家没有注意到这首诗，写穷富对比。

“堕泪注两目”，泪注两目堕。

“子何诗我盍陈之”，“诗”当动词用。

巨灵手（方将诉天公，借我巨灵手）：最有力量的手。

12 月 10 日

1. 整个诗的气氛很好。蝗虫由受到谴责到谴责的对立面。双方调换了位置，诗人由大声到无声，蝗虫由嗫嚅到人言。

2. 出场的人物有两个，“天”没有出现，作者的锋芒是指向最高统治者的。《日出》中主宰黑暗势力的金八爷没有出场。有的作家把一个观念当作贯串整个作品。果戈里谈他的钦差大臣，有一个没有出场的人物——“笑”，无所不在。

附：王令《暑旱苦热》

末两句（不能手提天下往，何忍身去游其间），类似杜甫“安得广厦千万间……”。《文艺应当回答人民所提出的问题》。1935 年，黄侃为我们上课时，抄过他写的一首诗，后两句“神方不救群生厄，独佩萸囊未是豪”（末句一本作独臂萸囊空自劳）。

王安石《示长安君》（全诗详 385 页）

长安君：文淑，张奎的妻子，王安石的妹妹。

这首诗作于 1060 年，王出使辽国。这首诗感情深厚，而表现平淡，更耐人寻味。

“乍见翻疑梦，相悲各问年。”（唐司空曙）（《云阳馆与韩绅宿别》）

宋诗写法不一样。1. 一般人年轻轻别。2. 而我们离别意非轻，就深了一层。一般兄妹相见喜，而他却感到悲。三、四两句（草草杯盘供笑语，昏昏灯火话平生），典型的加长。

写每人生活所有，平易近人。

王安石《金陵即事》

他虽晚年写景不像王、孟那么闲静，常常流露出不能施展才能的悲愤。

王安石《北陂杏花》

这个思想(一陂春水绕花身，花影妖娆各占春。纵被春风吹作雪，绝胜南陌碾成尘)，启发曹雪芹通过林黛玉葬花词(未若锦囊收艳骨，一抔净土掩风流；质本洁来还洁去，强于污淖陷渠沟)体现。

苏　轼

苏轼《寒食雨》(二首其二)

苏东坡基本上是个文人，观察生活很敏锐，不是能拿出一整套政治主张的政治家，一辈子在政治波动中度过。

此诗作于宋神宗元丰五年，即 1082 年。反对新法，因作诗而得罪。寒食，节气，上坟。(那知是寒食，但见乌衔纸)

(也拟哭途穷，死灰吹不起)暗用《史记·韩长孺列传》，他对狱吏说："死灰安得不复燃乎?"狱吏说，如复燃，我撒泡尿，把它浇熄掉……(犹吏田甲辱安国。安国曰："死灰独不复然乎?"田甲曰："然即溺之。")

苏轼《庐山二胜》

风景描写是古代诗人特别注意的，而这恰恰是当代诗歌的薄弱环节。

苏轼游庐山，因前写过，写前考虑作与不作，考虑结果不作，结果还是忍不住作了两首。

选材，他注意到了题材的重复，自己给自己为难。漱玉亭瀑布两股，三峡桥一股。

《开先漱玉亭》

仙人琴高骑驴出去游玩(《列仙传》)(愿随琴高生，脚踏赤鲟公)。

《栖贤三峡桥》

《文选》枚乘《上吴王书》："太山之溜穿石"(《汉书·枚乘传》)。(吾闻太

山石，积日穿线溜）

左、右：南方尚左，中原尚右。（深行九地底，险出三峡右）

“草木尽坚瘦”，准确地写出了多石山上的植物特征。

苏轼《凤翔八观》（选诗详404—405页）

八观：八景。《王维吴道子画》，精确并表达了他的艺术观念。

对客挥毫者是长期锻炼的结果。“与可画竹时，胸中有成竹。”（晁补之《赠文潜甥杨克一学文与可画竹求诗》）

苏东坡形容陶渊明“似枯实腴”（《与苏辙书》：其诗质而实绮，癯而实腴），形容一个和尚是：“婕豪而妙苦而腴，只有琴聪与蜜殊。”（《赠诗僧道通》）他把美学上不同的概念放在一起。

祇园（祇园弟子尽鹤骨）：祇树给孤独园，佛经中的地名。

形似—神似—形神皆备—遗貌取神。苏东坡：“论画以形似，见与儿童邻。赋诗必此诗，定知非诗人。”（《书鄢陵王主簿所画折枝二首》其一）不能停滞在表面。

12月11日，星期四下午，教学楼101

怎样看待以宗教为题材的艺术品：一方面它是宗教宣传品，麻醉人民的思想，是精神的鸦片，同时也是艺术家通过艺术手段表现生活的结果。通过自己对生活的观察来对题材进行解释，他在一定程度上反映了时代精神。这首诗（《王维吴道子画》）写了老和尚的麻醉状态（“中有至人谈寂灭”数句），也写了生气勃勃的竹子（“门前两丛竹”）。

苏东坡的五言律诗不太突出。

苏东坡《和子由渑池怀旧》

弟兄两人进京应考路经渑池县，马死了，骑驴子走了一段路。多少年后子由写了一首诗怀念这件事，首唱，苏东坡和了一首诗。

苏轼在思想精神上学李白，语言流畅方面学白居易。成语“雪泥鸿爪”，来源于这首诗。有的批评家说他作诗太不下力了。他对权势人物采取卑视态度。这首诗能够代表东坡风格。

白居易《览卢子蒙侍御旧诗，多与微之唱和，感今伤昔，因赠子蒙，题于卷后》：“早闻元九咏君诗，恨与卢君相识迟。今日逢君开旧卷，卷中多道赠微之。相看掩泪情难说，别有伤心事岂知。闻道咸阳坟上树，已抽三丈白杨枝。”东坡前四句（人生到处知何似，应似飞鸿踏雪泥：泥上偶然留指爪，鸿飞那复计东西），一气贯串而下，同白居易这首诗前四句一气贯串一样。白居易大历时，语言流转轻快，不沉重。

苏轼《过永乐，文长老已卒》

和尚退休叫退院，作者三次见这位同乡和尚：一次相见，二次生病，三次死去。

“三过门间老病死，一弹指顷去来今”，对对子。《木兰词》。“池塘生春草，园柳变鸣禽。”（谢灵运《登池上楼》）唐朝对得自然。辽国馆伴：“三光日月星。”苏轼：“四德元亨利（贞）。”避皇帝祯讳。“郑虔三绝诗书画，陶令一官归去来。”

苏轼《八月七日初入赣，过惶恐滩》

宋哲宗绍圣元年，1094 年。惶恐滩：又叫黄公滩，此诗用“惶恐”是为了与“喜欢”相对（山忆喜欢劳远梦，地名惶恐泣孤臣）。

“古来篙眼如蜂窠”（《百步洪二首》其一），我在四川乐山见到实地，才理解这首诗。

苏轼《六月二十日夜渡海》（元符三年，1100 年）

“云散月明谁点缀”，《世说新语》：如有微云点缀就好了（《言语篇》：谢景重在坐，答曰：意谓乃不如微云点缀）。“乃复强欲滓秽太清耶”（司马道子语）。这句话暗示有人陷害他。

“空余鲁叟乘桴意”，孔子：“道不行，乘桴浮于海。”（《论语·公冶长》）

黄庭坚

黄庭坚《送范德孺知庆州》

庆州：现甘肃省庆阳县（今为市），当时是与西夏羌族作战前线。范仲淹内调，他的儿子纯仁镇守，后纯仁卒，再后范德孺镇守。

宋诗转折多。“始如处女，敌人开户；后如脱兔，敌不及拒。”（《孙子兵法》）（九地篇）

九京（百不一试薶九京）：九泉。

十年骐驎（十年骐驎地上行）：指其阿兄成长起来了。

《孙子兵法》：“善战者之胜也，无智名，无勇功。”（形篇）

12月17日，星期一下午

讲宋诗，苏黄是有代表性的。苏轼：我一辈子不如意，只有做文章写诗如意。清代王鹏运谈到苏词“清雄”（《半塘遗稿》），把两个对立的东西统一了起来。缺点，有人说他使事太多，他说孟郊很会做酒但没有药，人家说他的药太多了。

黄庭坚亦如此，他的特点：1. 造句（字句）非常用意，意匠惨淡经营中，每一句都经过认真地推敲，看出宋人在同唐人竞争。2. 结构：这首诗很容易使人联想起杜甫《公孙大娘弟子舞剑器行》，每一笔介绍老师，都是在介绍李十二娘。黄山谷显然受到这首诗影响。但不愿重复。诗十八句。他平均分配给范仲淹、范纯仁、范德孺三人，每人六句。在衬托方面，他出自前人而有变化。3. 音节，一般是声情相应。

故意打破声情相应的规定。为什么现在写古诗很难成功：文学语言变了。

黄庭坚《寄黄几复》

元丰八年，1085年。黄庭坚在山东德平，黄几复在广东四会。

首先从所在地写起（我居北海君南海）。北海：北方海域，称沧海。南海：南方海域，又称涨海。北海、南海，源于《左传》用词（《左传·僖公四年》：

君处北海，寡人处南海，惟是风马牛不相及也）。

第二句（寄雁传书谢不能），消息隔绝，难于通信。

三、四句（桃李春风一杯酒，江湖夜雨十年灯），写相会时的快乐，写离别时的凄苦，很有名。没有动词，把这些词汇放在一起构成一个完整的意境。陆游："楼船夜雪瓜洲渡，铁马秋风大散关。"（《书愤五首》其一）陈与义："孤臣霜发三千丈，每岁烟花一万重。"（《伤春》）两个词构成一个词，"白发三千丈"（《秋浦歌十七首》其十五）是李白的句子，"烟花一万重"（《伤春五首》其一）是杜甫的句子。李白对杜甫，把许多物象融合在一起，构成一个新的意境。

五、六句（持家但有四立壁，治国不蕲三折肱），赞美黄几复。《史记·司马相如列传》："长卿家徒四立壁。"家徒四壁，贫无立锥，室如悬磬，像半个屋的样子。第五句讲他的清廉，第六句讲他干练。

七、八句（想得读书头已白，隔溪猿哭瘴烟藤），感叹不遇，赞叹其安贫乐道，政简刑清。

黄庭坚《登快阁》

快阁，在江西泰和县。

痴儿（痴儿了却公家事）：自谓。晋人放诞，说办事者是呆子、痴儿。

三、四句（落木千山天远大，澄江一道月分明），既点了时间，又点了空间：在快阁山呆了很久。

五、六句（朱弦已为佳人绝，青眼聊因美酒横），由写景到抒怀，用钟子期、伯牙故事，阮籍青白眼故事。

结构：前四句叙事写景。三联抒怀，四联融情入景。

黄庭坚《次元明韵寄子由》

元明：黄庭坚哥哥。次韵：照样用韵。背景：写新旧党争，两对兄弟之间的友谊。

黄庭坚最好的诗句并不在用典（春风春雨花经眼，江北江南水拍天）。

铜章：低级的官印。金印、银印、铜印。石友：好友金石交。石交，交

情很巩固的朋友。（欲解铜章行问道，定知石友许忘年）

脊令（脊令各有思归恨）：鹡鸰，鸟名，比喻兄弟，兄弟的代称。

黄庭坚《郭明甫作西斋于颍尾，请余赋诗》

黄山谷起句奇特，难以捉摸。这首诗起头（食贫自以官为业，闻说西斋意凛然），不写求诗者，而写自己。

整个这首诗，情实而景虚，他没有去过。

陈师道

陈师道《怀远》

陈师道，苦吟诗人，才华不高，但很真诚，一辈子不得已，最后冻死了。

怀远：想念远方的朋友，为苏东坡而作。

三、四句（生前只为累，身后更须名），质朴类似汉魏六朝诗，以复古为革新，对苏东坡名高而遭忌的悲感。

这类诗是陈师道最显著的特色。

陈师道《九日寄秦觏》

沙步：沙岸，步，码头。丛祠：非正式承认的神庙。（沙步丛祠欲暮鸦）

三、四句（九日清尊欺白发，十年为客负黄花），写年纪大的人在外旅游之感。清尊：酒杯子里装的好酒，清酒与浊酒相对。“十年”句，不能回家乡，像陶渊明那样。

落乌纱（可能无地落乌纱）：孟嘉落帽。晋朝，代重九登高（因为孟嘉落帽是重九的典故，所以可以代登高）。

12 月 21 日，星期四下午

陈师道《和寇十一晚登白门》

寇十一：寇国宝，陈师道的学生。寇在南京，陈在徐州。

基本上分上下段。前四句和，后四句写自己的思想活动。

杰观：很高的城楼。首两句（重楼杰观屹相望，表里河山自一方），外、里、山、水，赞美南京形象。

三、四句（小市张灯归意动，轻衫当户晚风长），写寇登临的情况，第三句写流连很久。

五、六句（孤臣白首逢新政，游子青春见故乡），谈到当时的政局，写得曲折。神宗、王安石革新，司马光保守。哲宗元祐，保守党当政。宋徽宗建年号建中靖国，新政指建中靖国。

七、八句（富贵本非吾辈事，江湖安得便相忘），写知识分子思想波动。

陈师道《谢赵生惠芍药》

芍药花晚开，春天即将过去。古代男子也戴花。

分（九十风光次第分）：别，离别。殿（天怜独得殿残春）：动词，最后。

剩（一枝剩欲簪双髻）：颇。“未有人间第一人”，实际上赞美花。

相对地说，北宋反映民族斗争、阶级斗争较少，同唐朝不同。对外绥靖政策，对内对士大夫特别优待，换取官位，知识分子支持。所以反映阶级斗争少，思想性弱一些。结果地方减去一半，政府开支未减，剥削加重。

江西派一祖三宗：杜甫——黄庭坚、陈师道、陈与义。黄庭坚、陈师道继续了杜甫的艺术性。陈与义在内容上继承了杜甫。

陈与义

陈与义《雨》

北宋宣和七年（1125）作，当时陈与义在河南陈留县，监酒税。

陈与义有五首写雨的诗，每首不一样，《简斋集》重复的只是题材，不同的是对生活的感受。

三、四句（一时花带泪，万里客凭栏），用杜甫“感时花溅泪”（《春望》）的意象。

五、六句（日晚蔷薇重，楼高燕子寒），刻画残春、雨后、晚晴的景色。

陈与义《怀天经、智老,因访之》

天经:叶蔚先。智老:和尚,名洪智。

诗人住桐乡青镇。乌镇,浙江乌程,天经、智老住。

三、四句(客子光阴诗卷里,杏花消息雨声中),皇帝赵构(宋高宗)非常欣赏。“客子光阴诗卷里”,写寂寞。

西庵:洪智和尚住的地方。北栅:叶天经住的地方。儒先:“先生”连在一起,后分化。儒先,很有学问的懂儒学的先生,后分开。张生:年轻的书生。(西庵禅伯还多病,北栅儒先只固穷)

第一、二句(今年二月冻初融,睡起苕溪绿向东)与第八句(纶巾鹤氅试春风)首尾相应。“绿”是一个颜色字。《西洲曲》:“海水摇空绿。”杜甫:“绿垂风折笋,红绽雨肥梅。”(《陪郑广文游何将军山林》)下面三字解释上面两字。王安石:“柳叶鸣蜩绿暗,荷花落日红酣。”(《题西太一宫壁二首》其一)“春风又绿江南岸”(《泊船瓜洲》)。

《寄吴氏女子》:“荒烟凉雨助人悲,泪染衣襟不自持。除却春风沙际绿,一如看汝过江时。”(王安石《送和甫至龙安,微雨,因寄吴氏女子》)吴氏女子是王安石的女儿,嫁给吴安持。(客观)心缘境感——境由心生(主观)。不自持:不能控制。

“春风沙际绿”比“春风又绿江南岸”又进了一步,春风变成绿颜色,通感。“绿”向东,新奇,他不感觉固体水、气体风,首先感到的是绿颜色。

陈与义《巴丘书事》

巴丘:岳阳。

“三分书”:陈寿的《三国志》。三分书,平平平;《三国志》,平仄仄。宋人喜欢称“老”,这也说明精神向下。(三分书里识巴丘,临老避胡初一游)

侵游子(四年风露侵游子):既侵蚀了身体,也侵蚀了精神。

作品应永远处于读者追逐的地位,而不要让读者走在前面。

陈与义《伤春》(全诗详 268 页)

从议论入手,平戎击退侵略者。(庙堂无策可平戎)

汉文帝时匈奴入侵，烽火至长安附近甘泉宫。(坐使甘泉照夕烽)

上都：首都；下都：陪都或藩国的政治中心。(初怪上都闻战马)

飞龙：代表皇帝。《易经》："飞龙在天。"宋高宗：南京—杭州—明州—温州。穷海：海边。(岂知穷海看飞龙)

怎样使南宋政权安定，站住脚，是人民。(稍喜长沙向延阁，疲兵敢犯犬羊锋)

杨万里的诗，最接近口语，用意有时出人意料，对他的诗争论很大，他是通俗诗人发展起来的。政治上从来不阿谀权贵，韩侂胄建了南园，要他写文章赞颂，他不干。叫陆游写了，没有恭维话。杨万里却喜欢写山水、友谊，表现民生疾苦较少。

杨万里《池口移舟入江，再泊十里头潘家湾，阻风不止》

判(如今判却十程住)：与拚、拌相通。

杨万里《初入淮河》

"刘岳张韩宣国威，赵张二将(一作相)筑皇基"：刘光世、岳飞、张俊、韩世忠；赵鼎、张浚。

12 月 24 日，星期一下午

陆　游

陆游是在兵荒马乱中度过的，经历了南宋政权八十年，怕金国吃掉就抵抗，否则就求和：南宋不想恢复。他的特点：一定要恢复，反侵略战争一定胜利。他的诗歌中没有泄气的话，他是老百姓的代表者。南宋诗歌从一开始就打上了反侵略战争的烙印，但信心不足，陈与义、杨万里皆如此。陆游的这一特点，一直影响到南宋灭亡后的遗民诗人。1. 可以胜利；2. 民族压迫痛苦，压迫得抬不起头。陆游诗的思想性在当时是不可及的。梁启超："诗界千年靡靡风，兵魂销尽国魂空。集中什九从军乐，亘古男儿一放翁。”(《读陆放翁集》)讲陆游始终有一种奋发之势,不泄气。

东晋与南宋情况很相像,但我们很难找到有诗人像南宋这样反映民族斗争,刘琨略算一个。民族意识未得到锻炼。

陆游《五月十一日夜且半,梦从大驾亲征,尽复汉唐故地。见城邑人物繁丽,云:西凉府也。喜甚,马上作长句,未终篇而觉,乃足成之》

1180年,陆游在江西做抽盐税的小官。西凉府:现甘肃武威县。长句:指七言诗。非常强烈地反映他收复失地的愿望。

北庭:新疆—吉木萨尔县,北疆;安西:吐鲁番县,南疆,唐代两都护府,在边远地区的军。(北庭安西无汉营)

熊罴(熊罴百万从銮驾):古代战士的代称。罴:马熊,亦称人熊。

构思一个要求:使读者感到意外,赶不上作者。(凉州女儿满高楼,梳头已学京都样)

春无所不在,苏轼注意鸭(《惠崇春江晚景》:春江水暖鸭先知),齐白石注意蝌蚪(见《蛙声十里出山泉》画)。

陆游《九月一日夜读诗稿有感,走笔作歌》

高宗绍兴三年,陆游住在家乡,他从小有诗名,被称小太白。

对过去作品的否定,是创作的一个美德。(我昔学诗未有得,残余未免从人乞。力孱气馁心自知,妄取虚名有惭色)

三昧(诗家三昧忽见前):佛家名词,秘诀。

对这段有不同的理解,这段写的是享乐生活,我理解,各种艺术互相贯通,互相影响。张旭见“公主担夫”争道,替公主挑担子的担夫争道,见公孙大娘舞剑器,书法大进。(唐李肇《唐国史补》引张旭言:始吾见公主担夫争路,而得笔法之意;后见公孙氏舞剑器,得其神。一说,公主与担夫争道)

“天机云锦用在我”:“天机云锦”指题材。

“剪裁妙处非刀尺”:形神皆备——遗貌取神,指神比貌更重要,而不是不要貌。徐悲鸿画马。裁缝替一个当官的剪裁衣服,问他的经历,前摆后摆长短问题。

陆游《黄州》

局促：不开展。楚囚：被晋国俘虏的楚国人。齐优：齐国的演员。（局促常悲类楚囚，迁流还叹学齐优）

三、四句（江声不尽英雄恨，天意无私草木秋），人事多变，自然没有什么变化。“江流石不转，遗恨失吞吴”（杜甫《八阵图》），这里英雄指曹操。

五、六句（万里羁愁添白发，一帆寒日过黄州），有多少寒日？好像可以用一帆来量一样。

陆游《登赏心亭》

蜀栈：栈道。秦关：指四川陕西一带。遒：迫近。（蜀栈秦关岁月遒）

陆游《夜登千峰榭》

公元1186年，浙江建德，严州。

以上三首诗的起法都不一样。上首行役，这首咏史。

王衍，字夷甫。清谈，前身是东汉末年的清议，月旦评。曹操、司马氏压下去，变成清谈，讲空话。（夷甫诸人骨作尘）

皇帝视察工作叫巡狩。（至今黄屋尚东巡）

大岘在山东（大岘关，在今山东沂山），慕容超（十六国时期南燕最后一位皇帝）的辖地。刘裕（围攻广固城，捉住慕容超，押送建康并斩首）。

新亭（收泣新亭要有人）：也在南京。哭（见《世说新语·言语》）：王导不主张哭，而主张抗战。

垒块（薄酿不浇胸垒块）：心中不平之气。

陆游《沈园》

宋人把诗看得很崇高，不写爱情，这两首诗写家庭悲剧。荀慧生《钗头凤》（京剧）。唐婉后嫁赵士程，宋远房宗室。陆游游沈氏园，遇唐婉夫妇，赵士程还送给陆游酒食。陆游写了一首《钗头凤》。

惊鸿（曾是惊鸿照影来）：源于《洛神赋》，代表唐婉。

梦：指爱情梦。香消：指女子死亡。（梦断香消四十年）

12 月 27 日，星期四下午

陆游《送范舍人还朝》

平生嗜酒不为味，聊欲醉中遗万事。酒醒客散独凄然，枕上屡挥忧国泪。君如高光那可负，东都儿童作胡语。常时念此气生瘿，况送公归觐明主。皇天震怒贼得长，三年胡星失光芒。旄头下扫在旦暮，嗟此大议知谁当？公归上前勉书策，先取关中次河北。尧舜尚不有百蛮，此贼何能穴中国？黄扉甘泉多故人，定知不作白头新。因公并寄千万意，早为神州清虏尘。

《题醉中所作草书卷后》

胸中磊落藏五兵，欲试无路空峥嵘。酒为旗鼓笔刀槊，势从天落银河倾。端溪石池浓作墨，烛光相射飞纵横。须臾收卷复把酒，如见万里烟尘清。丈夫身在要有立，逆虏运尽行当平。何时夜出五原塞，不闻人语闻鞭声。

《草书歌》

想通过陆游的《草书歌》说明一些问题：1. 以诗证诗。2. 诗人反映感情的渠道。3. 艺术表现阶级性的限制性。陆游草书写得很好，这首诗是描写他自己的草书。

南宋前一石＝一斛＝十斗。南宋后一石＝五斛。

闲愁（倾家酿酒三千石，闲愁万斛酒不敌）：中国古代修辞习惯“正言若反”，元曲男称女可憎娘，女称男可憎才。

烂岩电（今朝醉眼烂岩电，提笔四顾天地窄）：《世说新语》：王戎“烂烂若岩下电”。

“神龙战野昏雾腥”，《易》：“龙战于野，其血玄黄。”“白摧朽骨龙虎死，黑入太阴雷雨垂。”（杜甫）（《戏韦偃为双松图歌》）

床（槌床大叫狂堕帻）：是坐具，等于椅子之类。

“吾无暇，不及草书”(《晋书》卷三六《卫恒传》载《四体书势》谓东汉张芝：“号匆匆不暇草书。”《东坡题跋·评草书》：草书虽是积学乃成，然要是出于欲速。古人云，匆匆不及草书，此语非是)。苏东坡：1.“当其下手风雨快，笔所未到气已吞。”(《王维吴道子画》)2.“与可画竹时，胸中有成竹。”(晁补之《赠文潜甥杨克一学文与可画竹求诗》)矛盾统一。

这学期讲诗的方法，基本上是以诗论诗，最好是本人的诗证本人的诗。杜甫《同诸公登慈恩寺塔》：“自非旷士怀，登兹翻百忧。”他忧什么呢？《自京赴奉先县咏怀五百字》：“穷年忧黎元，叹息肠内热。”用后“忧”解前“忧”最准确。陆游“闲愁万斛酒不敌”。《送范舍人还朝》：“平生嗜酒不为味，聊欲醉中遗万事。”可见他闲愁什么。

闲愁—酒—草书—诗，艺术家通过特殊的渠道表现自己的思维活动，每种艺术所使用的手段都不一样。书，浓墨。渴笔，飞白。

有些艺术很难表现阶级性，如书法家，阶级性的表现受到艺术形式的限制。

范成大《后催租行》(全诗详 265 页)

从涝灾(老父田荒秋雨里，旧时高岸今江水)写起；“黄纸放尽白纸催”，黄纸是皇帝的诏书，白纸为县官的催租令。层层深入。

这一首诗也是正言若反。

宋孝宗乾道六年(1170)，范成大出使金国，写了《揽辔录》笔记，此外做了七十二首纪行诗。全是七言绝句，不停顿在表面的现象描绘上。

《宜春苑》

宜春苑，在汴京东二里。

第二句(行人犹作御园呼)，反映老百姓对民族政权的怀念。

第三句(连昌尚有花临砌)，见元稹《连昌宫词》，苏州王废基。第一句(狐冢獾蹊满路隅)也受《连昌宫词》“蛇出燕巢盘斗拱”的启发。

《翠楼》

翠楼，在河南安阳，当时叫相州、旗亭。

不可能是真实出现的情况，而是希望有的情况。“遗黎往往垂涕嗟啧，指使人曰：此中华佛国人也。”（《揽辔录》）

衽（连衽成帷迓汉官）：《战国策》（齐策一）：“连衽成帷”，“挥汗成雨”。这种情况是不可能出现的，但都是范成大和遗民都希望出现的。这叫艺术的真实高于生活的真实。

《州桥》

州桥南北是天街，父老年年等驾回。忍泪失声询使者：“几时真有六军来？”

陆游《夜读范至能〈揽辔录〉，言中原父老见使者多挥涕，感其事，作绝句》：“公卿有党排宗泽，帷幄无人用岳飞。遗老不应知此恨，亦逢汉节解沾衣。”

州桥，汴河上的桥，正对着皇宫。

注意“真”字，很有分量。

宗泽：徽、钦二宗被俘，东京留守。

《新唐书》卷二百一十一列传第一百三十六：藩镇镇冀，李宝臣（统领恒、定、赵、易、深、冀六州）。

《新唐书》卷二百一十二列传第一百三十七：藩镇卢龙，李怀仙。

12 月 31 日，星期一

爱因斯坦的公式 A＝x＋y＋z（A＝成功；x＝努力学习；y＝善于休息；z＝少说废话）

朱熹《鹅湖寺和陆子寿》（全诗详 254 页）

宋孝宗淳熙二年（1175），朱熹、陆九龄、陆九渊、吕祖谦在鹅湖。朱和陆氏兄弟是两个不同学派：朱是客观唯心主义者，陆氏是主观唯心主义，吕祖谦想把双方调和起来，在江西铅山鹅湖开了一个讨论会。陆九龄即陆子寿，作了一首诗《鹅湖示同志》，其弟陆九渊（子静）也作了一首诗。朱熹当时未作诗，过了三年朱熹出去做官，经过鹅湖，而陆子寿当时住在江西临川，专程去拜访，朱熹作了这首和诗。文学上往往出现一些有趣的事：东坡赞吴道子的画、王维的画，内容要人出家是消极的，但表现手法却很有生气。生活的威力是强大的。朱熹、陆子寿论证激烈，但态度很好，彼此尊重。

寒谷：朱熹原住处在武夷山脚下，武夷精舍在福建崇安，知南康军，"军"是行政单位。篮舆：轿子。（偶扶藜杖出寒谷，又枉篮舆度远岑）

五、六句（旧学商量加邃密，新知培养转深沉）是座右铭。

无言处（却愁说到无言处，不信人间有古今）：没法说，没法形容，只能心领神会。

任何一种学问，他的研究方法往往有唯物主义成分。

刘克庄《国殇行》

从此进入宋末诗人，汪元量（水云）写出了亡国的画面，这里未选，我觉得他还不如林景熙、谢翱。宋末有两派，一派是哀伤，汪元量即如此，哀伤以后怎么办，没有办法。另一派是愤怒，对民族前途没有丧失信心，就这一点来说，更值得重视，是陆游传统的继续，刘克庄即是。

国殇：为国家牺牲了的烈士。诗人只要有正义感，他能够注意到生活中别人没有注意到的事情。

穹（乌虖诸将官日穹）：当"高"讲。

刘克庄《军中乐》

对比高高在上的军官们在搞的什么，受高适《燕歌行》"战士阵前半生死，美人帐下犹歌舞"的启发，写得详细。

行（射麋捕鹿来行酒）：斟。

金疮（无钱得合金疮药）：战伤，金属武器打伤的。

刘克庄《赠江防卒》

江防:淮水。

颇牧(其五:明时颇牧居深禁):廉颇、李牧。

“谢郎棋畔走苻秦”(其六):说淝水之战。

文天祥《过零丁洋》(全诗详271页)

早年生活富裕,考中状元,迷信,在民族危亡中,把这些都抛弃了。德祐元年(1275)起兵,被俘逃走再起兵,又被俘。都元帅张弘范要他投降,他不干,在海船上写了《过零丁洋》。人说慷慨成仁易,从容就义难,死后,人家在他的衣带中搜出一首四言诗。人称《衣带赞》:“孔曰成仁,孟曰取义。惟其义尽,所以仁至。读圣贤书,所学何事?而今而后,庶几无愧。”

马克思主义有两条:一条是一分为二,一条是实事求是。一分为二是辩证法,实事求是是唯物主义。海上奇石(在新会南崖门),张弘范在上刻了“张弘范灭宋于此”(屈大均《广东新语》卷二《地语》)。人家在上面多刻了一个宋字,对他进行了批判。“镌功奇石张弘范,不是胡儿是汉儿。”(陈白沙《崖山》)

起一经(辛苦遭逢起一经):通过一经考试。

四周星(干戈落落四周星):四年。周星,1. 指木星十二年绕天球一圈。2. 指地球十二个月绕日一圈。庾信《哀江南赋》:“天道周星,物极不反。”指十二年。

零丁洋(零丁洋里叹零丁):珠江口,现写成伶仃洋。

汗青(留取丹心照汗青):册。经书、皇帝诏令,用二尺四寸的经过火烤的竹简叫汗青。

谢翱《效孟郊体》(全诗详272—273页)

体:一指体裁,二指文格。这里指风格。这三首诗写亡国后内心的寂寞和追求。

其一

闲庭:空庭。荇藻:实际上不是荇藻而是月照柏树的影子。(闲庭生柏

影，荇藻交行路）

风吹树的声音像波涛。（野风吹空巢，波涛在孤树）空巢：谢翱《重过杭州故宫》："复道垂杨草欲交，武林无树着凌霄。野猿引子移来住，覆尽花枝翡翠巢。"凌霄，是一种花，武林，即杭州。猿、元，谐音。

其二

"天涯风雨心，杂佩光陆离"：是诗人对自己形象的形容。《离骚》："佩缤纷其繁饰兮，芳菲菲其弥章。"（芳菲菲：香喷喷。）杂佩，以各种不同玉石制成之佩。"天涯风雨心"，渴望有与自己同心同德的人。

毕宇宙（感此毕宇宙，涕零无所之）：一直到死。郑思肖画无根兰，人们问为什么不画根，他说没有土。

不推翻侵略者，要良药也没有用。（不染根与发，良药空尔为）

1980年1月3日，星期四，教学大楼101

其三

第三首写一个闺中妇女，见到一些自然现象，表现对爱人的怀念，即对祖国的怀念。

日月（闺中玻璃盆，贮水看落月。看月复看日，日月从此出。爱此日与月，倾写入妾怀）：象征皇帝、皇后，表示国家政权。

镇南塔，冬青树。（清方濬师《蕉轩随录》卷七：杨琏真伽发宋诸陵，以遗骨建镇南塔；会稽唐玉潜珏、永嘉林景熙德阳、郑宗仁朴翁与皋羽咸主王监簿家，协谋收掩陵骨。故唐玉潜作《冬青树引》以纪其事，而景熙答皋羽诗亦有"夜梦绕勾越，落日冬青枝"，岂非诸公共事之明证乎？明周清原《西湖二集》第二十六卷《会稽道中义士》演绎其故事）

既反对侵略者，又反对侵略别人。既爱和平，又爱正义。

谢翱《西台哭所思》

西台，在浙江桐庐县富春江，相传是汉光武帝同学严子陵钓鱼的地方。客星犯帝星甚急（《后汉书·逸民列传》：帝复引光入，论道旧故，相对累日……因共偃卧，光以足加帝腹上。明日，太史奏客星犯御坐甚急。帝笑曰：朕故人严子陵共卧耳)。

文天祥被杀,消息传到浙江,谢翱同一些同志到西台开了一个追悼会,各人作诗,谢还写了一篇文章《登西台恸哭记》。诗言语质朴,不事雕琢,感悟深沉。

知己(残年哭知己):进士科考试,开卷可以见到人名,公开开前门把卷子文章给知名人士看,以求知己,了解自己的人叫知己。

碧:在这里当"血",即碧血。后土:"后土皇天"的"后土",是仄声字。(故衣犹染碧,后土不怜才)

八哀:杜甫一组五言古诗。未老山中客:隐士,不同元统治者合作。(未老山中客,惟应赋八哀)

谢翱《书文山卷后》(全诗详 274 页)

"生如无此生",活着等于没有活着。

"无处堪挥泪",连流眼泪的地方都没有。

变姓名(吾今变姓名):在古代是不容易的。

林景熙《酬谢皋父见寄》

林景熙是收皇帝骨头的组织者。清吴之振《宋诗钞》说谢翱奇崛,林景熙幽婉。谢翱:号皋父(甫)。

薇:归隐。芝:求仙。(入山采芝薇)金元好问野史亭(在今忻州市忻府区)。

瑶音(瑶音寄青羽):玉音。

屦满户(学子屦满户):席地而坐,进屋要把鞋子脱在门外(像现在日本、朝鲜一样)。

句越(夜梦绕句越):即越,吴可以称为句吴。

林景熙《题陆放翁诗卷后》

四川,杜鹃,杜宇,子规。古国王名杜宇。

杜鹃再拜(杜鹃再拜泪如水):再拜杜鹃。

龟堂(龟堂一老旗鼓雄):陆游的别号。

盟鸥沙(归来镜曲盟鸥沙):为了押韵把“沙鸥”颠倒。

“青山一发愁蒙蒙”,苏东坡:“杳杳天低鹘没处,青山一发是中原。”(《澄迈驿通潮阁二首》其一)

诗尾提出一个问题(来孙却见九州同,家祭如何告乃翁),是一个号召。

林景熙《山窗新糊有故朝封事稿阅之有感》(全诗详 274 页)

封事:封了口的保密报告。

北风(却与山窗障北风):女真、蒙古族的代称。

二十二年没有上过课了,我喜欢上课。

1980 年 1 月 7 日,最后一课,星期一

翻到过去的读书笔记。美国爱默生:有三种方法帮助人:1. 金钱;2. 知识和学问;3. 启发人思想,让人内心觉悟起来。

第一,感谢同志们、同学们。教育者,首先是受教育者。你们用形象教育我。劳动不被尊重是痛苦的。

第二,我感到自己教学工作做得很不够。二十多年不上课,生疏了;岁数大了,记忆力差了;更重要的是,我还未尽到最大的努力。

底下讲做人、做学问的几个想法。

做一个真实的人,不是圆滑的。能明辨是非,民族处于交叉路口,反封建传统,破除迷信,现代迷信,对社会主义丧失信心是可怕的。我是反对“歌德”派的,并不是反对他们歌颂党、人民,而是反对他们不正视现实,一味地瞒和骗。立足本职,把自己的本职工作做好,要“四个坚持”。

我们过去毕业担心失业,谁把生命投进去,就能使社会更完善。

讲一点做学问的方法。

首先,要热爱专业。

一辈子要谦逊一点,在任何情况下,骄傲都不能成为自己的资本。谦

虚就会实事求是，真正的科学研究是调查的末尾。

怎样研究一个问题：

1. 写什么：反映什么生活，什么题材，作者关心什么，关心少数人还是多数人。

2. 怎样写：艺术，技巧，语言，文字，如果是论文，要看逻辑性强不强。

3. 为什么要写，为什么这样写而不那样写。

自己要写作，你也可以用这三条去衡量。

学古代的、外国的，都不要忘记现代的中国，否则，你就是一个古人或者洋人，心目中要有一个现代的中国。

最后，我希望你们在工作中继续学习。“graduate”是毕业，也是开始。

唐宋诗讲录

1979年9月3日至1980年1月7日

张伯伟　记录

唐 诗

陶、鲍以后，李、杜之前，没有出现什么很伟大的诗人，出现了一些杰出的诗人，是一个过渡时期。

这一时期，五、七言诗的形式已经基本完成，出现了律诗，有比较成熟的五言律诗，和处于准备阶段的七言律诗，另有律化的五言、七言绝句。总结了诗歌从汉以来的发展趋势，抛弃了一些不好的东西，如“玄言诗”、“宫体诗”，在内容上也给高峰的出现铺平了道路。

唐诗注重描写了边塞、自然，由台阁宫廷走向江山朔漠，由描写下层人民的生活发展到关心人民痛苦生活的社会问题，由宫廷诗发展到描写纯洁的爱情。唐前萌芽，唐人进一步发展。

薛道衡的《昔昔盐》（全诗详 289 页），隋炀帝的有些诗，表现了边塞。以前批评隋炀帝诗有两句话：隋炀帝虽志在骄淫，而词无浮荡。相反，历史上的大皇帝唐太宗倒喜欢作宫廷诗，有些不健康的情调。

（二十世纪）五十年代关于世界观和创作方法的问题的争论，问题的关键在于人的世界观不是铁板一块。

宋徽宗的字、画至今评价很高。

总之，初唐诗作描写纯洁爱情，是对宫体诗的反动。

陈子昂的复古运动，要恢复到建安风骨，这是个需要注意的问题。

七言古诗，卢照邻、骆宾王和张若虚是初唐成熟的代表。

王勃、杨炯、沈佺期、杜审言等人是五律成熟的标志。五言古诗要算陈子昂。

卢照邻《长安古意》

写上层几种人物的骄奢淫逸的生活和穷居著书的文士相对照。除了正面描写外，有许多穿插，可以和八代长篇叙事诗比（与《陌上桑》、《孔雀东南飞》等比较），不是平铺直叙。还写了被玩弄的女子的感情（结尾），但不甚着重提出。

诗歌是有装饰性的语言，并不一定是“青牛”、“白马”、“七香车”（青牛白马七香车）。“主第”和“侯家”（玉辇纵横过主第，金鞭络绎向侯家）是互文见义。

“龙衔宝盖承朝日，凤吐流苏带晚霞。”这两句写景很值得注意，描写的是人为的物品。前一句写车篷，写得很细致，同时又点明了时令，带有讽刺意味。既有具体物象的描写，又掺和了自己的感情。

接下去写景物。“争”表现虫多（百尺游丝争绕树）。

张衡《两京赋》写到“千门万户”。（《长安古意》：游蜂戏蝶千门侧，碧树银台万种色）

“交窗”（复道交窗作合欢）是花纹，是合欢花图案，“交疏结绮窗”（《古诗十九首·西北有高楼》）。

“楼前相望不相知……”忽插进楼上有一女子，楼下有一男子。接下一句是设想中的设想（陌上相逢讵相识）。下面八句是他们的思维活动。前四句是男子，后四句是女子。

接下又写贵族生活，女子伴随着贵族玩。

六朝和唐朝女子打扮在额上涂上月形的嫩黄色（片片行云着蝉鬓，纤纤初月上鸦黄）。

这一段是描写贵族生活的。当中这一段是如何插进去的。要解决这一问题。杜牧有一首诗《南陵道中》（南陵水面漫悠悠，风紧云轻欲变秋。正是客心孤迥处，谁家红袖凭江楼）可用来类比。苏轼《蝶恋花》（下阕）：“墙里秋千墙外道，墙外行人，墙里佳人笑。笑渐不闻声渐悄，多情却被无情恼。”诗人根据自己的心情，如何去看忽然出现在自己前面的人或物。只是提供一个画面，答案自己去想，这里也是同样的。

下面一段主要是描写游侠生活。

技（舞）→伎（人表演）→妓（女子表演）

唱 →倡 →娼 （娼妇盘龙金屈膝、共宿娼家桃李蹊、娼家日暮紫罗裙）

接着又插入，唐孙棨写过《北里记》。

“汉代金吾千骑来，翡翠屠苏鹦鹉杯。”含有讽刺意味。杜甫有一首诗

《陪李金吾花下饮》，中有“醉归应犯夜，可怕李金吾”。犯法的和执法的人一起玩，对当时的繁胜作了补充描写。

下一段描写政治上得势的将相。

“青虬紫燕坐春风”，孟郊有“春风得意马蹄疾”(《登科后》)。

《西洲曲》和《春江花月夜》(全诗详 290—291 页)

诗人如何对民歌进行加工，如何吸收营养进行创作?

闻一多先生对张若虚诗有一论点，不能同意(见下)。

这两首诗是抒情诗中的优秀篇什。

南北朝有许多短篇民歌，北朝称北歌，南朝的有两种，产生于长江下游的叫“吴歌”，产生于武汉一带的叫“西曲”，因南朝的都城在南京，而湖北襄阳等地处南京西北。北朝和南朝的民歌，题材、风格有很大不同。北歌描写战争，也描写爱情，同样很豪迈。“吴歌”、“西曲”多数是写爱情，非常的缠绵悱恻。此外还有一些对宗教的低级崇拜。

北歌以《木兰诗》、《敕勒歌》为代表，南方的“吴歌”、“西曲”也是由短篇发展为长篇的，而《西洲曲》可谓发展的高峰。

《西洲曲》风格很精细，把人物内心世界揭示得很精细。《西洲曲》和《春江花月夜》同样是描写自然美，但后者的艺术美更高。

“忆梅下西洲”，一说“下”作“花下”讲，另一作“去”讲，后一解释更自然一些。

在“折梅寄江北”前加上一句，有很大的艺术魅力，等于加上一个“后台”，把他们过去常在一起过着愉快的生活概括出来。

接下去写女子之美，会写的人写风神、服饰，而不写肉体。

问答(西洲在何处？两桨桥头渡)，乃民歌写法。

为什么是“乌臼树”(风吹乌臼树)而非他树？吴歌《读曲歌》：“打杀长鸣鸡，弹去乌臼鸟。愿得连暝不复曙，一年都一晓。”

文学艺术形象有传统性。

“开门郎不至，出门采红莲”与“折梅寄江北”联系起来。

接下去又写人，又写花。

“莲心彻底红”，“莲”乃“怜”，古代民歌及仿民歌体常用谐音字，再如“丝”与“思”，“晴”与“情”。“红”象征着热烈。

唐以后把“青楼”称“妓女”住处，以前皆是比较高贵的人住的(望郎上青楼)。

宋朝话本中写女子追求男子的标准是“志诚种子”。

“垂手明如玉”与前面“单衫杏子红……”联系起来。

把天和日交错起来(卷帘天自高、尽日栏杆头)，和季节交错起来写。

闻一多《宫体诗的自赎》(见《唐诗杂论》，后者是他在四十年代写的一组论唐诗的短文章)，主要论点是：到了唐朝，卢照邻、骆宾王、刘希夷、张若虚的诗主要是七言古诗，他认为是从宫体诗发展出来的，因为宫体诗是写宫廷生活，也写男女间的情欲。闻先生认为到了初唐发展为健康的男女爱情的描写。但现在我认为不是这样，从两方面看：

诗中所写的人有阶级的差别，宫体诗中写贵族同贵族所豢养的歌童男女的关系，而初唐的诗人所写的是普通人民。特别像张若虚《春江花月夜》的来源，在宫体诗中找不出痕迹，倒是在六朝(特别是南方)的民歌中能够看出它的渊源。与其说是宫体诗的自赎，不如说是《西洲曲》的高度发展。

清末诗人王闿运评张若虚的《春江花月夜》为八个字：“孤篇横绝(横者，奇也)，竟为大家。”

把自然美提炼为艺术美，《春江花月夜》比《西洲曲》更高，它是将自然美、人生哲理、纯洁的爱情、诗人强烈的同情心交织在一起。

从一个非常广阔的景象开始写，将“春江花月夜”皆写完，这叫“入手擒题”。

从开始到“看不见”，写自然之美。接下去写哲理。宇宙和人生，有限和无限之间的矛盾，有情和无情之间的矛盾。诗人感到惊奇和迷惘，最后承认这一客观事实，因此不哀伤，很独特。

诗人写明净(明清)的境界，“江天一色无纤尘”是一写法。温飞卿：“水精帘里玻璃枕。”(〔菩萨蛮〕)李商隐：“水精如意玉连环。”(《赠歌妓》)

刘禹锡：“人世几回伤往事，山形依旧枕寒流。”(《西塞山怀古》)而张若虚没有哀伤，但不是对于人生的淡漠和冷酷，同样热爱世界上美好的事物。

“谁家今夜扁舟子”两句，不知、谁家、何处，诗人对普天下的离情别绪全写到了。

月光虽美，却照在离人的妆镜台上。

“鱼龙潜跃水成文”，思念之情波荡漾，“文”永远不会消失。

“昨夜闲潭梦落花”两句，写自然的青春和女子青春的消逝。

最后四句，写自己在江边消遣，思绪如海雾茫茫，最后两句，由别人归到自己身上。

作者有非常活跃的想象、奔放的热情，具有非常通情达理的人生哲学。诗人把自然的“永恒”与人生短促的对比的诗是常见的，但这首诗有独特的风格和思想，他把宇宙的永恒和人生的离愁别绪分开来了，给我们以欢乐的内容、轻快的节奏，深蕴的表面上是平淡的思情别绪。中国古代文学批评讲求“乐而不淫，哀而不伤”，就是说，不到极点。此诗达到了这一步，取得了几方面非常巧妙的平衡：深远的离情别绪，淡淡的自然景色。张若虚的后代，不在诗歌里，而是汤显祖的《牡丹亭》“游园”一节，可与此诗对比。张若虚使诗歌的韵律和内心感情的旋律相符合。中间多转韵，从“人生代代无穷已”十六句，四平声韵，是为了表达深沉的感情。到了最后四句，又用了仄声韵。

五言律诗

任何文学作品，都是内容和形式的结合。南齐张融曾说：“文无常体”，而以“有体为常”（《门律自序》）。肯定了形式的存在，又肯定了形式的多变。

杜审言的《和晋陵陆丞早春游望》与王勃的《送杜少府之任蜀州》结合起来看。

杜一开始就将人与景结合起来写（独有宦游人，偏惊物候新），与王开头（城阙辅三秦，风烟望五津）不同。

宋之问《题大庾岭北驿》

放逐途中所作，表现一个逐臣的感情，在古典诗歌中弃妇的感情也是常见的。地点是有典型性的：

1. 相传鸿雁飞至大庾岭就不南飞了。

2. 由于大庾岭是过去由中原到两广去的必经之路，山很高，两边气候不一，南面梅花谢，北方才开放，有较显著的气候差别，而因为是交通要道，故为人注意。

因此逐臣更容易引起特殊的感情。雁停了，人还要往前走；南面花落了，自己的前程愈来愈荒凉。

这首诗，明白如画，含意深沉。初唐的诗较自然，到唐末宋初的时候就比较曲折。

“我行殊未已，何日复归来。”人不如鸟，对前途有很深的恐惧，写得很平淡，但内容很深沉。双句单意，意思联贯。句子是对仗的，在艺术上顾及诗律，而感情上的波动得到更充分地表现。

关于避亘韵：苏轼《送江公著知吉州》：“忽忆钓台归洗耳”，“亦念人生行乐耳”。自注：“二耳意不同，故得重用。”

沈佺期《杂诗》（其三）

与《古意呈补阙乔知之》，两首诗实际上都是古意。

“可怜闺里月，长在汉家营。”亦双句单意。

本篇特色乃诗人口气，第三者也。

最后两句转出本意（谁能将旗鼓，一为取龙城）。

王昌龄的《出塞》（但使龙城飞将在，不教胡马度阴山）比沈的意思更明。

有本领的作家能够对同一主题写出许多诗，但又是篇篇不重复。沈的《古意呈补阙乔知之》就是大体不重复。

沈佺期《独不见》（又名《古意呈补阙乔知之》）

上一首从对方写起，这一首从女方写起。

律诗要求有气势，柔情中有气势，有风骨，第二联即有气势（九月寒砧催木叶，十年征戍忆辽阳）。第三联（白狼河北音书断，丹凤城南秋夜长）是第二联的继续和扩展。

“谁为含愁？独不见。”前一问，后一答。

从这首诗中可以看出，初唐的七言律诗已经比较成熟了。

陈子昂在文学史和文学批评史上的地位都很高。文学主张集中于《与东方左史虬修竹篇序》中，“兴寄”。“兴”的目的是“变”。

杜甫论元结的两首诗曰“不意复见比兴体制”（《同元使君〈春陵行〉并序》），元诗是用赋体作的，但杜甫说他是“比兴体制”。可见唐人对“比兴”有独特的看法，是指有很高思想内容的文学作品。陈子昂与杜甫是一致的。

杜甫赞陈子昂“终古立忠义，《感遇》有遗篇”（《陈拾遗故宅》），这同韩愈“国朝盛文章，子昂始高蹈”（《荐士》），元遗山“合著黄金铸子昂”（《论诗绝句》）都不同，前者着重内容，后者着重艺术。

陈子昂的诗歌主张，一是要有“风骨”，二是要有“兴寄”。陈子昂的代表作品是《感遇》三十八首，《感遇》诗是组诗、联章诗。中国古典诗比较短，要表现一个巨大的内容，就在同一题目下用好几首诗联起来，像屏风。这种方法从何时开始？开始于《昭明文选》中的《古诗十九首》。古诗在梁朝不止十九首，萧统作《文选》，把风格较相近的摆在一起，多数人作，一个人选。建安时代曹植、王粲有所谓《杂诗》，也是内容比较广泛，统一在《杂诗》的题目下，是由一个人作而内容比较广泛。但相对于后来，规模比较小，几首而已。把大量的诗排在一起，最多的是阮籍，使诗歌文人化，写了八十多首诗。唐朝人有几个重要继承者，首先是陈子昂《感遇》诗三十八首，后来张九龄也作了十多首《感遇》，到了李白写了《古风》五十九首，而且不是一个时期写的。杜甫更大的贡献是将律诗和绝句也采用联章的方法。杜的《秦州杂诗二十首》，在夔州的《秋兴八首》、《诸将》、《咏怀古迹》等都是联章律诗，结构是有机性的。《诸将》可谓最好的诗，对当时的局势及看法都作了叙述。

陈子昂《感遇》

（其二十三）“珠树林”乃比南方茂盛的树林（翡翠巢南海，雄雌珠树林）。

“岂不在遐远”，难道不是在很远的地方吗？即原来是不易被捕到的。此以鸟比人。下以侠客为比，在武则天时代是普遍现象。

（其三十四）“朔风吹海树”中的“海”，是指内陆的湖泊。

幽燕：河北辽宁一带。

结发：男子二十，女子十五，表成年。

韩愈诗：“国朝盛文章，子昂始高蹈。”（《荐士》）高蹈者，起点高也，即内容恢复到慷慨激昂的时代。无论是中国还是外国，常常是以复古而革新。建安以来，只有鲍照的某些诗可与之相近。有了陈子昂，才有李、杜的出现，他是一个枢纽性的人物，所以在文学史上的地位很高，开了风气。

《登幽州台歌》在中国诗歌史上是很了不起的诗，只有四句，又很易懂。幽州在北京大兴。

通过很深刻的思考，用议论的方法写出的这首诗，是喷出来的诗句。一方面对人生哲理有体会，一方面对现实有关怀。（外国人选诗“From Mao to Mao”，《诗经》是《毛诗》，毛主席的诗也是毛诗。）

这首诗是陈子昂的自画像，塑造了自己的形象。用议论塑造形象是非常有力的。还有一种是议论用形象来表达，在中国古代的《庄子》、《战国策》里有许多是用形象譬喻来发议论。

王之涣《登鹳雀楼》

陈子昂登幽州台诗是一心情，王之涣登鹳雀楼又是一心情。

最后两句寓意很深，体现了一种哲理。古典诗歌中很多，如……（诗例详136页）

通过对自然环境的观察，而表现出一种哲理，是古典诗歌中常用的方法之一。王的《登鹳雀楼》也是如此，通过个别呈现的事物而体现一般的道理。

杜甫年轻的诗很谨严、稳扎，不像李贺等。

诗人当时的感触虽然是当时的，但所概括的道理却是在平时思考范围内的。理和情是相通的，情中见理，寓理于情。无情则无感，无理则无思。形象思维和逻辑思维是不能分割的。

王之涣《凉州词》

《凉州》曲是西域地方音乐的标志，是《伊州》、《凉州》、《甘州》、《石州》、《渭州》合起来的大曲（乃歌舞曲）。

写越走越远的远行人的感情，第一句（黄河远上白云间）想象奇特，李白诗“黄河之水天上来”（《将进酒》），王勃“秋水共长天一色”（《滕王阁序》）。第二句（一片孤城万仞山）写荒寒中的要塞，真可谓写绝。范仲淹的“千嶂里，长烟落日孤城闭”（〔渔家傲〕）可与之对照。

前两句是所见，后两句（羌笛何须怨杨柳，春风不度玉门关）是所感，折杨柳在唐朝诗歌中被广泛地描写，是送别的风俗。唐对胡乐有相当的吸收，羯鼓、羌笛、胡琴。羌笛吹杨柳调，有怨气。前面的情况还不如现在，因为到那儿连春风都吹不到。

把黄河与孤城写在一个画面里，在生活中是不存在的，因此有人说乃“黄沙直上”，但有人不同意。这个问题涉及生活真实和艺术真实问题，前者是基础，另一方面，艺术允许夸张。

公元631年，唐建国，到755年，安禄山叛乱，中间一百多年是比较安定的，处于上升时期，边疆比较稳定。到开元年间，一片繁荣景象，但矛盾也在滋长，统治阶级和劳动阶级的矛盾，汉将和蕃将的矛盾（把重兵权交给蕃将）。安禄山叛乱是带有民族性质的地方叛乱，反映在读书人身上，就构成了许多矛盾。首先是“仕”和“隐”的矛盾，在某种意义上讲是“入世”和“出世”的问题，在人生观上就有一个“兼善天下”和“独善其身”的问题；从物质享受方面看，就有个“比较富贵”和“比较贫贱”的问题；从思想基础来讲，前者是儒家思想，后者是道、佛家思想。反映在文学上，反映在诗人爱好的主题上，一方面有很多边塞诗，另一方面有田园山水诗（除了李、杜大家的无所不包以外）。

孟浩然想做官，但没有出来做官，诗偏多于田园山水。岑参是到西域去过的，有一些田园诗，但更多的是边塞诗。

王维的诗是两方面都比较好的。

孟浩然《夏日南亭怀辛大》

“散发乘夜凉”中，“散发”表闲居。

“欲取鸣琴弹，恨无知音赏。”可以说是用典，亦可说没用典。前人说：“使事（用典）而使人不觉。”

前六句是实写夏日南亭所见、所听、所嗅；后四句是虚的，写怀念辛大。

《望洞庭湖赠张丞相》，正可说明“仕”和“隐”的矛盾，表现在诗的后半段，前半段是写景。

隐士大多写眼前狭小的生活，而对壮阔的图景不去正视。如贾岛有些诗就是这样，“行蛇入古桐”（《题长江》），可见对景物的选择和内心世界是合拍的。

“涵虚混太清”是水天一色。

水气蒸腾可连到云梦泽（气蒸云梦泽），此联非常雄壮。“星垂平野阔，月涌大江流。”乃杜甫之句（《旅夜书怀》）。

“欲济无舟楫，端居耻圣明”，前是比，后是赋。

《与诸子登砚山》，与前首不同：前首写得阔大，用第五句（欲济无舟楫）过渡到抒情；这首以咏叹为主（是一种议论的形式），咏叹是有褒贬的，通过有形象性的手段作出判断。

孟浩然、王维、常建写田园山水诗很多地方是从谢灵运来的，但却抛弃了谢诗中板硬的地方，比谢诗富有生活气息，割掉了讲玄理的尾巴。

崔颢《长干曲》

写船上商人青年男女的爱情，第一首中女子有两种心理状态，一是女子心里很寂寞，二是男子有吸引他的地方。

第二首写男子惶恐而高兴，有点相见恨晚之意。

李颀《古从军行》

此诗着重点不是写战争本身，而是写战场气氛和战争所导致的后果。“烽火”又称“烽烟”，是远处报警所用，晚上是火，白天是烟。三、四(行人刁斗风沙暗，公主琵琶幽怨多)是统写边塞的荒漠。石崇《昭君辞引》中所述琵琶公主，成固定形象，公主出塞和亲，说明凄惨景象。最后四句(闻道玉门犹被遮，应将性命逐轻车。年年战骨埋荒外，空见蒲桃入汉家)是用典议论，贰师将军李广利，轻车将军李蔡，都是同匈奴作战的。

《听董大弹胡笳弄兼寄语房给事》

“弄”是乐曲，“胡笳”是管乐，用琴(弦乐)弹管乐曲。

从胡笳写起(蔡女昔造胡笳声，一弹一十有八拍)。

“胡人落泪沾边草”，更多是用“塞草”一词。

前四句也是写了董的情趣，能表现这样的感情。

“先拂商弦后角羽，四郊秋叶惊摵(sè)摵”，树叶被琴声惊落，实在是指两者情调是符合的。

前六句写文姬归汉时的情景，由胡笳联想。

“深松窃听来妖精”，到李贺《箜篌引》中的“吴质不眠倚桂树，露脚斜飞湿寒兔”，就表现得更加奇幻。李颀把妖精写得很简单，而李贺则是具体地描写。任何一样东西可以垂直下来的，古人称“脚”，如“日脚”、“雨脚”等。继承，发展。

“言迟更速”，说时迟、那时快之意。“董夫子”到“如有情”，是听到音乐后的赞叹，插在两段描写之中，结构富于变化。接下去写联想。

“乌孙”两句(乌孙部落家乡远，逻娑沙尘哀怨生)用汉、唐公主去胡中生活的故事，来衬托主题。

最后四句是题目下半部分“兼寄语房给事”，最后两句一方面写房琯的不重名利，一方面又写出董的琴艺高超和房对艺术的热爱，不直致，一石二鸟。

王维《洛阳女儿行》

相传王维作此诗才十六岁，又说十八岁，总之是少年之作，可以看出他的才华和对社会生活比较独特的看法。

此事写出当时社会对出身府第很重视，有才能的人，如果出身贫贱，亦得不到重视。

此诗较跳跃，一、二（洛阳女儿对门居，才可颜容十五余）写洛阳女儿，三、四（良人玉勒乘骢马，侍女金盘脍鲤鱼）写所嫁的人家生活的富贵。唐宋人诗中常写“脍（鲙）”，唐人吃鱼“脍”是指去骨、蘸作料吃生鱼。七、八两句（罗帷送上七香车，宝扇迎归九华帐）写嫁的情景。“罗帏”是步障。

“自怜碧玉亲教舞”，“碧玉”作洛阳女儿的代称，点明身份乃妾。“九微片片飞花琐”，乃是写灯的华美，“琐（suǒ）”是花纹连结。

最后两句（谁怜越女颜如玉，贫贱江头自浣纱）转出本意，有贤才而不见用。

安史之乱后，王维因被安禄山抓去，后由他弟弟保出，所以晚年的诗就与现实斗争比较脱离了，写了许多田园山水诗，多数是五言律诗。王维和孟浩然有许多相似之处，故王孟并称。在今天看来，这些诗还能提供给我们美学的享受。

王维的五言律诗《山居秋暝》

王维有一别墅叫辋川，在终南山底下，陕西省蓝田县。

一、二两句（空山新雨后，天气晚来秋）点明气候、环境、季节。“空山”乃指除自己外没有其他人，另“空谷”亦如此。是初秋，故下了雨后，到晚上感到秋意。

白描动人。“虽不识字人，亦知是天生好言语”（晁补之语）是评说秦少游的词“斜阳外，寒鸦万点，流水绕孤村”，亦可用来评此诗三、四两句（明月松间照，清泉石上流）。可见赋体的作用，赋是最基本的方法。

浣女是成群归来，故是“喧”；渔舟是一叶，故用“下”（竹喧归浣女，莲动下渔舟）。诗人并没有看到浣女、渔舟，乃想当然也。这种写法往往使得要表现的东西更有表现力，更能引人遐想。如柳宗元《永州八记》中写道："隔篁竹，闻水声，如鸣佩环，心乐之，伐竹取道下。"李商隐："月姊曾逢下彩蟾，倾城消息隔重帘。已闻佩响知腰细，更辨弦声觉指纤……"(《楚宫二首》其二)

可以整首诗都用这样的方法。苏轼的《续丽人行》，他的朋友藏了一幅周昉的画(周昉尤善画女子)，当时审美标准是丰满高大，从敦煌壁画等看，到晚清乃追求病态美。周昉这幅画是画宫女伸懒腰，提供给苏轼想象的天地。杜甫有《丽人行》，故苏轼《续丽人行》。

写宫怨诗是古诗很重要的主题，从不同的角度揭露封建贵族的多妻制度。《续丽人行》云云(全诗详 372 页)，苏东坡所理解的丽人的环境和内心世界，从"画工欲画"开始，写画，到"俱风靡"。因为是《续丽人行》，就把杜甫拉来陪衬。跳到题外，想象杜甫在曲江旁边的情景，补充了周昉的画。用杜甫所写的得意女子和周昉笔下失意女子相对照，这是唐人所不具有的写法。最后用议论，此乃宋诗的特点。东汉梁鸿、孟光(见《后汉书·逸民传》)是很关心民间疾苦的，梁鸿因作《五噫诗》，同夫人孟光结婚，光很丑，力气很大。此处议论一夫一妻制，是诗的有机组成部分。

继续《山居秋暝》，最后两句(随意春芳歇，王孙自可留)是反用《楚辞·招隐士》之意。淮南小山写《招隐士》是在春天。

《终南山》和《汉江临泛》

写自然风景，体现了非常宏伟壮丽的景象。一山、一水，为何在不同题材的描写中，体现同一的风格？

《终南山》第二句"连山接海隅"不好讲，一种说是诗人夸大之词，另一讲法是《史记·张仪传》中提到秦国关中一带物产丰富，称之为"陆海"，王维在这里即指此。

底下四句(白云回望合，青霭入看无。分野中峰变，阴晴众壑殊)，句句切中山的高、大，下字写景都围绕此概念。最后两句(欲投人处宿，隔水问樵夫)点明是"游"终南山。

《汉江临泛》，"泛"一作"眺"，仔细读此诗，作"眺"比较好。古人讲汉水，有东汉、西汉两条水，东汉水是陕西省发源，西汉水是指四川的嘉陵江。

起法（楚塞三湘接）与前首相近，写汉江所涉及的地方之远。楚塞在襄阳，三湘乃湖南，其实并不接，只是写连接之广，水势之大，由北往南。第二句（荆门九派通）形容水势之大，由西向东。

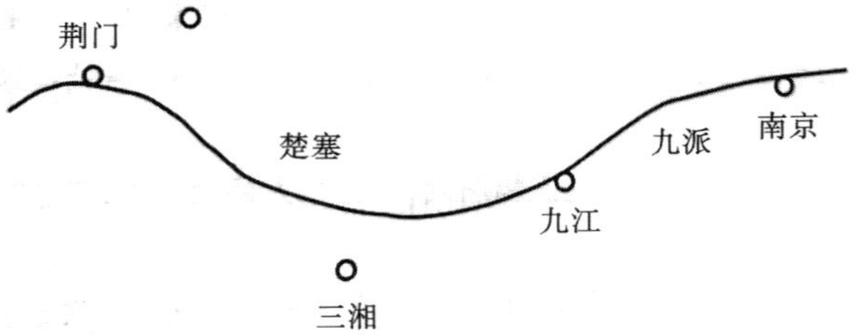

"郡邑浮前浦，波澜动远空"，可与孟浩然"气蒸云梦泽，波撼岳阳城"（《望洞庭湖赠张丞相》）比美。

最后两句（襄阳好风日，留醉与山翁）是应酬话。

这两首诗同孟的《夏日南亭怀辛大》和王的《山居秋暝》风格不同。

王昌龄

他的七言绝句是唐代诗人中最杰出的，有独特的成就。七言绝句是唐人中最流行的（除五言律诗乃考试规定的，所以流行外），唐人入乐的多半也是七言绝句。

《从军行》三首

中国古代的文学批评带有很独特的地方，比如对诗歌圈点，圈是佳句，警句是点。"佳句则圈，警句则点。"坏句子则是打杠子，如《纪（昀）批苏（轼）诗》，这也是批评方法，用符号代表自己的意见，再加上批语。

另一种形式是选，选本也是文学批评的方法，选入的诗是好的或者比较好的，选与不选反映了选者的观点，如《昭明文选》将《古诗十九首》选出，因为风格比较接近。

中国文学批评大多是以诗话形式表现出来的，一般来说，都省略了一个过程，即如何得出结论来的思路、考证。这也是一个传统。

《从军行》三首是三幅图画，一是写征人怀念家乡，二是写生活艰苦，三是写胜利。

第一首，“烽火城西百尺楼，黄昏独上海风秋。更吹羌笛《关山月》，无那金闺万里愁。”“海”乃指内陆湖泊。

第二首，“楼兰”、“青海”、“玉门关”（青海长云暗雪山，孤城遥望玉门关。黄沙百战穿金甲，不破楼兰终不还）三者并不符合，组织在一起，其目的是表现塞外广漠的景象，并能引人联想，想起历史上过去作战的情景。

第三首，前二句（大漠风尘日色昏，红旗半卷出辕门），是写增援部队准备出兵支援，后两句（前军夜战洮河北，已报生擒吐谷浑）是写捷报传来。

诗人的写法，不是“四人帮”的东西，真实地写出了战士的心理活动。

《长信秋词》（其三）

奉帚平明金殿开，且将团扇共徘徊。玉颜不及寒鸦色，犹带昭阳日影来。

“长信宫”包含着坏人当权、好人受苦的情景。

“奉”就是“捧”，“平明”就是早晨，句子结构原来应是“平明金殿开奉帚”。第二句是跳跃性描写，“共”不仅是人和扇，而且是人在徘徊，内心亦在徘徊。这两句是写人外在的形象，下两句写内心徘徊的实质。“昭阳”也是一个“殿”，即赵飞燕住的地方。有时把乌鸦羽毛比作很漂亮，如李贺：“纤手却盘老鸦色，翠滑宝钗簪不得。”（《美人梳头歌》）《西洲曲》：“单衫杏子红，双鬓鸦雏色。”古代诗人很喜欢用鸦毛比作头毛的颜色。但这里，是把鸦当作丑的形象，玉颜反不及寒鸦。“日影”乃是指皇帝的恩泽。这首诗被评价高，就是因为符合“温柔敦厚”、“怨而不怒”的标准。但这首诗确实表现得很好。

《芙蓉楼送辛渐》

第一句（寒雨连江夜入吴）是写自己，九江是“吴头楚尾”，第二句（平明送客楚山孤)是写辛渐。

高适《燕歌行》

中国古代统治阶级,在国力比较雄厚的时候,容易引起皇帝好大喜功的心思,史书说"侈心",在杜甫的《兵车行》中也有描写"开边"的心思。

"身当恩遇常轻敌,力尽关山未解围。"轻敌是藐视敌人,但力尽却没有解围,为什么? 让读者思考。

"寒声一夜传刁斗",是以触觉写听觉,这是一种通感。

"君不见"是乐府中常用来开头或结尾的(君不见沙场征战苦,至今犹忆李将军)。

对偶。唐人对偶比八代诗更富于变化,不仅在律诗中,而且在古诗中。《文心雕龙·丽辞篇》讲到四种对子:① 言对,② 事对,③ 正对,④ 反对。所谓言对即是用诗人自己的语言,叙事、议论、抒情写出来。所谓事对即是用典故对典故。由以上派生出来的"言"与"事"相对,如"龙衔宝盖承朝日"四句(卢照邻《长安古意》)乃是言对。事对如接下的"梁家画阁中天起,汉帝金茎云外直"、"意气由来排灌夫,专权判不容萧相",派生出来的"事"与"言",如"自言歌舞长千载,自谓骄奢凌五公"。

从内容上看有以上两种,从用意来看有以下两种:

正对是从两个相同的方面描写一个风景或说明一个问题,如王维"明月松间照,清泉石上流……"四句,孟浩然的"气蒸云梦泽,波撼岳阳城"。

反对是从一正一反两方面来说明问题的,如鲁迅"横眉冷对千夫指,俯首甘为孺子牛",杜甫"新松恨不高千尺,恶竹应须斩万竿",李商隐"身无彩凤双飞翼,心有灵犀一点通"。

到宋朝对偶就更丰富,既不能说正,又不能说反。

关于论对子的书,最详细的是遍照金刚《文镜秘府论》,他是唐朝一个日本到中国来留学的和尚,很有学问,中国人叫他作"空海法师",其中讲了二十九种对,分析过于繁琐。

《人日寄杜二拾遗》

表面是寄给杜甫，应该多写对方，可是这首诗是发牢骚，讲自己，是一种抒怀。

“遥怜”下带五字“故人思故乡”，杜甫很怀念家乡。“柳条”两句（柳条弄色不忍见，梅花满枝空断肠）是高适想象中杜甫想念家乡的心情。“梅占百花魁”，树是柳先发，花是梅先开。

古代诗人之间的友谊，常用诗歌来表达，这叫作“赠答”或“唱和”。古人后来有一种变体，即“追和”。这些诗都是有所为而作的，“和”要针对“唱”的意思。

杜甫在高适的诗作了十年后写了一首诗。一、看古人是怎样赠答的；二、看他是怎样针锋相对的。

杜甫《追酬故高蜀州人日见寄》（全诗详150页）

高适的赠诗很大篇幅写自己的失意，最后两句还写出自己对杜甫感到惭愧。杜甫的对应是花了很大篇幅怀念高适的能力，前半段写与高的交往，后半段写自己对生活的感受。

“零落”后来乃指死亡、消失之意。平起叙述。不用流泪而用“迸”字。“感时花溅泪”用“溅”，用心苦。五、六两句写高的人格，“慷慨”乃指内在非常刚正的品格在风格上的表现。“栖栖”可写成“凄凄”，这一句针对“愧尔东西南北人”、“今年人日”两句。下一句针对高诗中所表现的抱负。“郁郁”指盛大，满腹经纶。

下面两句写自己活着，非常孤寞，而高适死了，非常惋惜。“白首扁舟病独存”，炼字炼句，以少胜多，表达三个意思。底下就“东西南北”来深发。

最后四句是寄王及敬弟，前两句用贵族曹植、刘安比汉中王；后两句用向秀《思归赋》的典故，希望敬弟写一篇《招魂》，使高适复回来。

岑参《白雪歌送武判官归京》

岑参在边塞时间较久，地点较远，因此写得很逼真。他的情绪比较乐观，在音节使用方面有创新，有特殊的处理方法。

“白草折”(北风卷地白草折)的“折”字，只有草已干枯了，才会折，写出了边塞特点。卢纶：“月黑雁飞高，单于夜遁逃。欲将轻骑逐，大雪满弓刀。”(《塞下曲》)“胡天八月即飞雪”，所以“雁飞高”时可以“大雪满弓刀”。

写了非常壮丽的冬天景色，虽送别，却不哀伤。音节急促。

《轮台歌奉送封大夫出师西征》、《走马川行奉送封大夫出师西征》及高适的《燕歌行》用汉比唐，地名多用汉时，写汉代战争，而作战(同契丹单于)是实指唐代的战争。前者是比拟的系统，后者是现实的系统。

《轮台歌奉送封大夫出师西征》

第一、二句(轮台城头夜吹角，轮台城北旄头落)是写战争兆头，且有准备。

“金山”(单于已在金山西)即阿尔泰山。用汉朝与匈奴作战来比。“戍楼”(戍楼西望烟尘黑)是瞭望楼。

“阴山”(三军大呼阴山动)在内蒙古，这里是形容气势浩大。

是古战场，故“白骨缠草根”，写出了这块两军争夺之地。

前面写战争艰苦，最后四句歌颂封常清忠于国家。

“誓将”一句(誓将报主静边尘)乃是“誓将静边尘报主”。

《走马川行》

“君不见走马川”的“川”乃是“平原”的意思，唐人用“川”多指平原。“一川碎石大如斗”的“一川”亦同。

李　白

1. 李白的哲学思想；2. 创作方法；3. 诗歌题材。

1. 思想基础问题。李白的民族归属问题有争论，究竟是汉族，还是混有其他民族的血统，有争论。他的气质和那些土生土长的人有所区别，但这对于李白的思想的影响比重不很大。李白的思想很复杂，受过游侠的影响；有一些纵横家的言论，在政治上联系一部分人打击另一部分人；

也决不能排斥李白思想中儒家的比重。《古风》第一首中末句“希圣如有立，绝笔于获麟”。《春秋》含褒贬，李白要用诗歌来对政治、社会评论是非。同时唐朝宗教盛行，李白对佛、道（特别是道）是很接近的。他曾受过箓（符也），即如同佛教的和尚受戒，表示忠诚的道教徒。纵横家、儒家乃是取“入世”的态度，而佛家、道家却是“出世”的态度。李白两方面都接受，就有矛盾。纵横家、游侠思想是要破坏封建的统一秩序的。儒家一贯赞成统一，所以李白思想中“入世”里也有矛盾。而佛、道、儒在对封建秩序的维护上，都是一致的。了解这个复杂性，不至于对李白思想作一简单的划分。

2. 创作方法问题。世界观和创作方法问题，在五十年代展开很激烈的讨论。人的世界观很复杂，决不是铁板一块，写出好作品，可能是进步一面起作用，反之，则是落后一面起作用。

李白的创作方法是比较复杂的，既有浪漫主义（有积极亦有消极），又有现实主义，这是同他的世界观的复杂性有关的。浪漫主义（积极与消极）总是表现为一种对理想生活的向往和追求。现实主义同浪漫主义都植根于现实生活，具体地对封建社会来说，它们都是对封建社会大量存在的问题的否定。

李白一方面想从事政治活动，并非仅是功名富贵，要把功名同理想社会联系起来。从个性来讲，他坚持正义，追求自由，路见不平，拔刀而助，但当时（天宝年间）政治上活动的成功一定要以牺牲正义、放弃自由为前提，当然不是理想政治，而是吹牛拍马，搞关系学。李白面临非常严峻的选择，他选的是自由。

我们不可简单地把李白说成是一个积极的浪漫主义者。

3. 李白作品中反映的生活。李白诗的题材问题，我们既反对题材决定论，又反对题材无差别论。文学的价值，一方面看写的是什么生活，另一方面看是怎样写。这就是为什么李白诗歌反映民生疾苦、国家重大事件的诗歌很少而仍然有很高价值的原因。

杜甫写过《北征》，李白在江夏也写过“白骨成丘山，苍生竟何罪”，但这种诗毕竟是不多的。李白诗大多数是指出哪些东西是生活中美的，是值得人爱好、追求、向往的，那也就是批判那些不值得追求的东西。这就是为什么李白不写人民的痛苦生活，而人民同样热爱他的诗的原因。这是积极浪漫主义的力量，在最广泛的范围内指出生活的美。

李白为什么不能从浪漫主义转到现实主义呢？文天祥的诗，起初很差，后来很好。通过一个大变动，诗风改变。李白在安史之乱后，基本上脱离了斗争漩涡，基本上在游山玩水，而杜甫在安史之乱后，一直在痛苦的生活中，所以能够与人民同呼吸、共命运。这就是生活问题。李白后期的诗，不能明确地看出社会的烙印。

李白《经下邳圯桥怀张子房》

虎啸：英雄得意。前四句是叙事（子房未虎啸，破产不为家。沧海得壮士，椎秦博浪沙）；后议论。

“碧流水”、“黄石公”（唯见碧流水，曾无黄石公）。“黄石公”的结构同“沧海君”一样，“黄石”是一词，而“碧流水”中“流水”是一词，这叫“借对”。欧阳修词：“白发戴花君莫笑，绿幺催拍盏频传。人生何处似尊前？”（〔浣溪沙〕）“白”与“绿”相对，而“绿”本是“六”字，“六幺”乃是曲名，也是借对。

最后六句，李白着重是以张良自比，而不能遇到黄石公，感到惋惜，反映自己的抱负、愿望。写历史人物，介入自己，在客观描写中，有主观愿望。有些怀古诗不是这样。

刘长卿《经漂母墓》：“昔贤怀一饭，兹事已千秋。古墓樵人识，前朝楚水流。渚蘋行客荐，山木杜鹃愁。春草茫茫绿，王孙旧此游。”这首诗是怀韩信的。“漂母”是漂洗棉絮的妇人。刘长卿经过这里，写出了古人的品德，韩知恩图报，漂母援人不求报。“兹事”除表漂母、韩信外，还有人民群众，流传这件事，是值得肯定的。不用动物是荐，用动物是祭。这个写法就同李白的不同，自己不介入，纯粹咏叹。怀咏历史人物基本上就是这两种。

李白《远别离》

写舜同他的妃子不能一路走，离别之情，实际上是写唐朝当时的政治。这是一首杂言诗，句子很不整齐，能比较方便地表现那种两妃离别及诗人感情上的激荡。

"猩猩啼烟兮鬼啸雨"中的"鬼"，不同于今人，乃某种动物也。

"我纵言之将何补"，上应"谁人不言此离苦"。

以上两首诗代表李白对于历史人物的咏叹，是过去的，又是现实的。

李白《梦游天姥吟留别》

《梦游天姥吟留别》主要是梦游天姥(mǔ)。

一开始用仙山同自己要去游的山对比。前者作后者的陪衬，突出描写天姥山之高。用其他山比，用两层，一层用人所共知的山"五岳"，另用邻近的山"赤城"、"天台(tāi)"来比。"吴越"(我欲因之梦吴越)是偏义词，"吴"不起作用。介绍天姥山之高，并没有直接描写。

接下来通过梦境来写山。"脚著谢公屐，身登青云梯"，真和幻交替。曹植的《洛神赋》也有此种描写："凌波微步，罗袜生尘。"前者是写"超人"、"神"，后者是写"女"，妙在"生尘"，有真实感。宋朝词人张先写一女子穿罗衣，有两句："昨日乱山昏，来时衣上云。"(〔醉垂鞭〕)可同曹植比美。真与幻是为梦境服务的。

"半壁见海日，空中闻天鸡"两句，补充描写山高，不须登顶峰，便可见海日。"天鸡"在高处一叫，四野都闻。

"青冥浩荡不见底"，要注意"不见底"，这就意味着"金银台"是飘在空中的，是仙境也。楼台是真，不见底是幻。

"且放白鹿青崖间"，"白"同"青"相对，另汉乐府诗中讲到"仙人骑白鹿"(《长歌行》)。

这首诗描写了对于功名富贵的批判。

《蜀道难》

描写了四川风景，着重写四川西北同陕西交界之处的天险。先写蜀道的来历。"四万八千岁"同"四万八千丈"同，都是夸大之词。古人讲方位除特别点明以外，大都是以京城为中心来讲东西南北的。"西当太白有鸟道”是长安以西。“上有六龙回日之高标，下有冲波逆折之回川”两句是对，上一句有典，下一句无典。“黄鹤之飞尚不得过”与前有矛盾：“西当太白有鸟道”如何理解？诗人为了描写其难走，所以是一致的。

如果把这种题材用律诗表达，也是可以的，如李白：“山从人面起，云傍马头生。”（《送友人入蜀》）宋人范成大：“侧足三（一作二）分垂坏磴，举头一握到孤云。”（《判命坡》）

诗人盼望安全，对地方变乱表示忧虑。

以上两篇是李白诗中描写祖国河山的代表作。写法不同，寄托用意不同。

李白写爱情和友谊的诗，是很突出的。我们常将李、杜比较，杜甫题材方面的欠缺是不会写爱情诗，只有一首《月夜》，其他几乎没有了。杜甫对友谊很看重，但直接描写爱情生活的诗是很少的，和其他诗人不一样。李白写这种诗很有特点，很乐观，从这里看出他积极的浪漫精神，古人说是“豪迈”。

《长干行》（全诗详 283 页）

读李白这一类的诗要注意，他是写得很自然的，而李贺、李商隐则是注意每一个字。李白乃如行云流水，脱手而出。后者人为的成分更多一些。

把《长干行》和《西洲曲》对照一下，前者所受的影响是很显然的。

《长干行》的结构，基本是抒情，有较多的叙事成分，将两者交织在一起，以事实写起，最后以事实结束。

将“青梅竹马”、“两小无猜”等口语入诗。“两小无嫌猜”是指彼此不避嫌疑。

前面把生活写得很美满、酣畅，是为了反衬后面。

古人写望夫石很多，最有名的是王建的《望夫石》：“望夫处，江悠悠。化为石，不回头。山头日日风复雨，行人归来石应语。”既然思念丈夫由人可变成石，那么丈夫回来也可以由石变成人。

"五月不可触，猿声天上哀"是妇人心里想，前句想丈夫行程危险，后句想象丈夫心境的悲凉。

"一一生绿苔"是指丈夫出外后，女子不出去，只在门口，《诗经》、《昔昔盐》均有类似句子。

下四句（苔深不能扫，落叶秋风早。八月胡蝶来，双飞西园草）是写景。

"坐愁红颜老"中的"坐"，是唐人俗语，意思是"就、即、遽、顿时"之意。

最后四句（早晚下三巴，预将书报家。相迎不道远，直至长风沙）是女子要捎给对方的话。

这首诗的特点是写一个年轻人第一次分别。

《春思》

古典诗歌中用到"思"，多写思妇之情。一、三（燕草如碧丝、当君怀归日）写男子怀归，二、四（秦桑低绿枝、是妾断肠时）写女子的怀念，最后两句（春风不相识，何事入罗帏）暗示女子爱情的纯洁。

《长相思》

第二句（络纬秋啼金井阑）点明季节。"孤灯不明思欲绝，卷帷望月空长叹"，由室内的灯不明亮，开帷望月却只是长叹。

这首诗写得很开阔，有些诗评家认为不是写爱情，而是以这为题材写追求某种理想而未遂的感情。

《送友人》

这种诗可以看出，李白很重感情，同时又很洒脱。

"青山横北郭，白水绕东城"两句是"的对"，再如"玉楼巢翡翠，金殿锁鸳鸯"（李白《宫中行乐词八首》其二）。宋人不用此种对法，因为看了上一句，便可想到下一句，不易曲折变化。如宋朝陈与义："客子光阴诗卷里，杏花消息雨声中。"（《怀天经、智老，因访之》）

颔联（此地一为别，孤蓬万里征）是双句单意，流水对。"蓬"，又称"转蓬"。

"萧萧班马鸣"，《孔雀东南飞》中亦有此种写法，结尾由人到马。

《劳劳亭》

写诗在劳劳亭上。亭在南京，写亭边的杨柳，折柳相送。是早春的诗，柳条没有发青。最后两句(春风知别苦，不遣柳条青)是从贺知章《咏柳》中引申而来。前面是结论，后面是理由。

王维《送沈子福归江东》："杨柳渡头行客稀，罟师荡桨向临圻。惟有相思似春色，江南江北送君归。"也是留别，以杨柳来写的。(临圻，洪迈《万首唐人绝句》作"临沂"，为东晋侨置的县名，在今江苏南京市东北，与诗题"归江东"契合。)"侨置"在《晋书》中常用到，原来这个县是在北方，由于五胡乱华，晋中央政府搬到南京，地方沦陷了，地方官如何安置？于是就划一个小地方，叫作"侨置县"。

杜　甫

1. 前人称杜甫的诗集大成，是诗圣。

2. 诗乃是诗史。

3. 沉郁顿挫，是他的风格，如何理解。

1. 元稹《杜甫墓志》中提出这样一个问题，把杜甫诗详细研究过以后，有这样一个结论："尽得古今之体势，而兼人人之所独专。"这个结论有两个来源：(1) 是他的作品，诗体现了这种情况；(2) 杜甫对古代和当代作家的评论，他的诗吸取了这些人的长处。

把杜甫和李白对诗歌的观点并列来看，杜比李更有历史主义。李白在《古风》中写道："自从建安来，绮丽不足珍。"杜甫赞美李白"清新庾开府，俊逸鲍参军"，"李侯有佳句，往往似阴铿"。杜甫批评那些否定"初唐四杰"历史作用的人，《论诗六绝句》中有"尔曹身与名俱灭，不废江河万古流"。所以说杜是集大成，是诗圣，他无所不包是因为无所不学，他谦虚，所以他伟大。他的思想方法不仅造就了他自己，而且造就了他以后的诗人。杜甫的《偶题》前半写诗，后半写生活，对理解杜甫很有用。"文章千古事，得失寸心知"，这个意思，到清赵翼《论诗绝句》中更加以发挥："只眼须凭自主张，分分艺苑说雌黄。矮人看戏何曾见，都是随人说短长。"这首诗的结构是前一后三。

儒家"温柔敦厚","情欲信,辞欲巧","辞达",这些都是杜甫所奉行的。

2. 如何理解"诗史":反映了很广阔的生活画面和政治社会情况。杜甫写新乐府,汉代乐府是叙事的,是入乐的。杜甫不写古题乐府,用新题,《兵车行》、《丽人行》等,后来白居易的新乐府运动才有了历史根源。作为新乐府运动的先驱,他是诗史。杜诗一千四百多首,新乐府是少数,大多数是抒情诗,要讲诗史还要从抒情诗的角度来看,才能理解得完整。杜甫的抒情诗(哪怕是咏物的诗)都联系了当时的时事,很少把自己的感受同当时的局势分割开,尽可能把个人同大局联系起来,在这样的意义上,他是诗史。他写出了一个爱国、爱人民的知识分子对当时政局的几乎是无所不在的看法。元稹《酬孝甫见赠》:"杜甫天材颇绝伦,每寻诗卷似情亲。怜渠直道当时语,不著心源傍古人。"(十首其二)

3. 沉郁顿挫的风格。沉着,飘之反也。郁者,古人称之为"无可奈何之境,万不得已之情"。司马迁说"《诗》三百篇,大抵圣贤发愤之所为作也"。恩格斯说:"愤怒出诗人。"积压的感情不是轻易的流露,而是深沉的抒发。顿挫者,忽高忽低,具有节奏感,是内心感情的抒发,不是一泻无遗,而是曲折多变。沉郁的心境靠强有力的顿挫表达出来。

古代有把自己的文章送到朝廷,以求起用。同时,要写一个"表",相当于现在的"报告",说明自己的文章风格、特色、才气。杜甫在《进雕赋表》中,提出了此四字。文艺形式上的节奏感都是内心感情的反映。杜甫这里的意思,就是把自己"沉郁"的胸襟,有节奏地表现出来,不是一气到底,无行止之分。"沉郁"的心情,只有靠强烈的"顿挫"表现出来。

现在我们称为组诗的,古人称之为联章诗(如杜甫"三吏"、"三别"),是古人用来补救中国古典诗歌形式短小的不足。这个形式的运用,在五言诗中很早运用,如左思《咏史》八首可以当作一首来看。鲍照《行路难》是杂言诗,是十八首,也可当作一首来看。第一个把五言律诗联章的是杜审言,杜甫受了启发。七言律诗联章,在其他诗人是很少的。如《秋兴》、《咏怀古迹》、《诸将》,这些诗都是在夔州作的。每一首都是杰作,合起来也是杰作。这有一个过程，在成都写给严武的五首诗写得不是很出色。七言绝句中如王昌龄的《从军行》也是联章诗。

杜甫**“三吏”**、**“三别”**，联章诗。

这六首诗是公元759年杜甫由洛阳到华州的沿途写的，安史之乱近五年，叛军力量还很强，写这几首诗时正是唐军吃大败仗之际，中央政府处于更危急的时候，要征兵。但已经打了五年，人民生活很痛苦，而人民对国家还是很尽力。杜甫心里很矛盾，一方面觉得要鼓动人民作战，另一方面要斥责贪官污吏。

“三吏”是用客观的第三人称写的，“三别”是用第一人称写的。《无家别》很像古诗中“十五从军征，八十始得归”。这些说明了诗人在选择这样一些生活来表现以前，首先有个认识生活问题，一方面谴责这个政府，但又不能不去支持政府；同情人民，又不得不去支持人民去作这个牺牲。这反映了杜甫对当时生活的认识。杜甫对哪些东西感兴趣要写，也反映了艺术个性问题，把艰难岁月和矛盾心理都写了出来。

《丽人行》（全诗详371—372页）

从前人论诗，常谈“诗胆”，“诗胆大如天”（刘叉《自问》）可以用来比《丽人行》。

第一段（开头至“赐名大国虢与秦”），是“泛泛咏起”。

第二段，着重写宴会，又集中在如何珍奇的食物。

第三段（自“后来鞍马何逡巡”起），写到杨国忠，“鞍马”在唐朝是一个词，包括人，“杨花”两句（杨花雪落覆白蘋，青鸟飞去衔红巾）是讽刺杨国忠与其妹的不正常关系（暗射）。

《茅屋为秋风所破歌》

郭沫若在《李白与杜甫》中着重批杜，一是说杜甫生活富裕，二是说他没有阶级感情，最重要是“大庇天下寒士俱欢颜”，心目中就是没有老百姓，只有“寒士”。

杜甫“一洗苍生忧”（《凤凰台》），李白“白骨成丘山，苍生竟何罪”（《经乱离后天恩流夜郎忆旧游书怀赠江夏韦太守良宰》），杜甫在《寄柏学士林居》中有“几时高议排金门，各使苍生有环堵”。

《观公孙大娘弟子舞剑器行》（全诗详406页）

这是一首描写舞蹈艺术的诗，更重要的远不是对舞蹈艺术的描写所取得的成功，而是在这里体现出“言在此而意在彼”，写了舞蹈艺术是“言在此”，用意是通过看到的各艺人的艺术传统，感怀半个世纪以来国家的重大变化。杜甫抒情咏物总是同当时国家的命运联系在一起，所以是“诗史”。

清朝桂馥作《札朴》（卷六云：以丈余彩帛结两头，双手持之而舞）说，这首诗描写的大约是今天的“红绸舞”。

中国原始宗教是多神教，故称“群帝”（矫如群帝骖龙翔）。

《江南逢李龟年》

杜甫作七言绝句同一般人不同，用拗体作。但这首诗同王昌龄、李白的写法一样，大题材可以放入小形式里，小形式里也表现了杜甫的沉郁顿挫的风格，“几度闻”的“闻”字，点明李龟年是一个歌唱家，这是由乐而哀。毛主席给柳亚子的诗是由哀而乐（三十一年还旧国，落花时节读华章。牢骚太盛防肠断，风物长宜放眼量）。

《春望》

写在安禄山叛乱之后，没有离开长安之前。

这首诗的构思是由自己的处境写起，由周围的环境写起，用环境来衬托自己的心境，然后再归结到自己。

如果是古诗，可以用铺叙的方法，但这是五言律诗，只有四十个字，这就要求有概括力，把客观的自然和人事来对比。

“国破”主要是指政权被摧毁，一个“深”字，表示了人无暇去采集草木，人烟稀少（国破山河在，城春草木深）。这个境界可用刘禹锡的诗来说明：“朱雀桥边野草花，乌衣巷口夕阳斜。旧时王谢堂前燕，飞入寻常百姓

家。”(《乌衣巷》)

颔联(感时花溅泪,恨别鸟惊心)是写人与事的感情交融,把个人的感情加到自然界身上。

“三月”是虚数,多月也。

《天末怀李白》(全诗详 380 页)

用现在的话来说,是在天末怀念李白,从李白的处境写起(凉风起天末,君子意如何)。

“憎命达”是憎恨命运的飞黄腾达,好的文学作品总是同个人命运相悖的(文章憎命达)。这是封建社会中的一条真理。

刘长卿《长沙过贾谊宅》“万古惟留楚客悲”,过去已留悲,还要留下去。城市已有变迁,但贾谊当时的感情却依然在。

颔联(鸿雁几时到,江湖秋水多)是写景,但景却正好作感情的陪衬。情景交融。

处处双关。

刘长卿诗同杜甫上诗,从不同角度写,却看出屈原、贾谊的优秀品质引起后人的同感。

《送韩十四江东觐省》(全诗详 293 页)

“父母在,不远游,游必有方。”“出必告,反必面。”而如今儿女不在父母前尽孝,所以是“万事非”(兵戈不见老莱衣,叹息人间万事非)。

颔联(我已无家寻弟妹,君今何处访庭闱)写两人不同的处境。

颈联(黄牛峡静滩声转,白马江寒树影稀)写景。

《蜀相》

用问答起头(丞相祠堂何处寻)。《诗经》(《采蘩》:于以采蘩?于沼于沚)、曹操《短歌行》(对酒当歌,人生几何?譬如朝露,去日苦多)、杜甫《丽人行》(头上何所有?翠微㔩叶垂鬓唇。背后何所见?珠压腰衱稳称身)都用问答。

“自”、“空”(映阶碧草自春色,隔叶黄鹂空好音)写出景物依旧,人事全非。

宗泽临死吟"出师未捷身先死,长使英雄泪满襟"。

历史上有关三国的正统问题有分歧,陈寿《三国志》认为魏(曹操)是正统,东晋习凿齿作《汉晋春秋》认为蜀(刘备)是正统,后来司马光作《资治通鉴》又反过来,南宋朱熹作《通鉴纲目》再反过来。历史学家都为统治阶级服务。

附:王安石《明妃曲》(全诗详 300 页)

用精辟的议论、形象性的史论,是宋诗的特点。同杜甫《咏怀古迹》(群山万壑赴荆门)参看。

第一首着重写在汉朝,第二首着重写在胡地。

王安石是宋代诗人的代表之一。唐宋两代诗歌虽有区别,但要用形象来感人还是一致的。

白居易也有一首写王昭君的小诗:"汉使却回凭寄语:'黄金何日赎蛾眉?君王若问妾颜色,莫道不如宫里时。'"(《王昭君二首》其二)又从另一个角度写。某些看法同《长恨歌》是一致的。

安史之乱后一段,叫作大历时期(公元 766—779 年),文学史上有大历十才子。一般认为比较差,如何理解?因为有点不幸,生在李、杜之后,韩、白之前,相比之下,就说大历诗人不出色了。其实有许多诗都很不错。刘长卿是大历诗人中年龄最长的诗人。另有钱起、韦应物、卢纶的诗。

钱起《归雁》

他应考诗《湘灵鼓瑟》,就考取了进士。

前两句(潇湘何事等闲回,水碧沙明两岸苔)是诗人问雁,后两句(二十五弦弹夜月,不胜清怨却飞来)是雁的回答。构思极巧妙。

张继《阊门即事》

楼船(耕夫召募逐楼船):楼船将军杨仆。泛指。

韩翃《寒食》(春城无处不飞花,寒食东风御柳斜。日暮汉宫传蜡烛,轻烟散入五侯家)

韦应物《寄李儋元锡》

韦应物在大历十才子中,对人民的同情比较多,人称韦苏州。“自惭居处崇,未睹斯民康。”(《郡斋雨中与诸文士燕集》)

“难自料”是指一切不能按照自己的想法去做,因此充满了孤独(颔联:世事茫茫难自料,春愁黯黯独成眠)。

李约《观祈雨》(全诗详 262 页)

写出了对于同样的自然现象,不同阶级有不同感受。这在诗中反映得比较少。

大历以后,称贞元、元和时代,韩愈、白居易时代,唐德宗、唐宪宗中期。

杜甫的影响在贞元、元和时代开始显示出来。当时诗坛主要有两大派别,一派是以白居易为首,主张反映现实、抨击黑暗,要求语言通俗、流畅,使内容更广泛的流传;另一派是以韩愈为首,发扬杜甫追求艺术的一点。两派有显著不同,前一派作风大体有相似之处,后一派每一个人都不一样。韩愈给他们的启发是要追求独特性,但他的议论入诗要经过北宋欧阳修提倡,才发扬光大起来。

李贺的诗。“四人帮”对李贺吹捧得厉害。评论一个作家除政治外,要看在艺术上有多少地位,起了多少作用。李贺本人很独特,有价值,是一个不可重复的诗人。但就是一颗彗星,一闪也就过去了。人们记得那美丽的光芒,但这光芒不会再出现了。跟杜甫、白居易、韩愈不同。

李贺诗的优点是对生活十分敏感,想象非常奇特,非常丰富,诗歌语言对光、颜色、音响反映很强烈,很少有诗人赶得上他。而且通感亦很敏锐,听到的声音用看到的形象来描绘,这在韩愈集中亦有。

缺点是不可克服的,风格很单纯,没变化,不是多面手。诗的内容反映面比较窄，这同他死得太早有关系。艺术上过于敏锐的跳跃，想象常常超过一般人理解的程度。含蓄是为了使人懂得更多，而不是为了使人更不懂；跳跃是为了使人看得更广，而不是跳不过去。所以“公说公有理，婆说婆有理”。这就限制了他诗的作用。

有同学问如何作诗？今天用我自己的诗做一说明。

中国古代的术语，将外在的景色称为“物”，内在的思想感情称为“志”。所以说“诗言志”。“物”是客观存在，“志”是主观的。“志”是对“物”的反映。

如何去认识世界，牵涉到世界观问题，关系到取舍、判断的不同。“愤怒出诗人”，也可以说“忠爱出诗胆”。愤怒和胆量的前提是要善于观察。

《寄刘生》(全诗详170页)

刘生是我1942—1943年在金陵大学的学生，很会做诗，后来不知怎么做了水利干部，在四川水利局喷灌办公室工作。粉碎“四人帮”后，跟着当时抓水利的中央领导同志跑。春节回家给我写信。我在武汉大学被迫退休，收到他的信，看了心情很复杂。我不能为党工作，他还能很好的工作。

第一句写思念之情，第二句写来信。“沟洫”指水利工程，《汉书》有《沟洫志》。第四句说他年轻时写诗很好，胜过钱起、郎士元。这是对他的学非所用有所感。第五句说他工作辛苦，第六句是工作成绩。第七句是说他走遍巴山蜀水，第八句是羡他忧乐和人民联系，而我却没有。

这只是给刘生，而不是给张生的。诗要有特定的环境、特定的感情。

李贺《老夫采玉歌》

“徒”(琢作步摇徒好色)，一字褒贬。

“蓝溪水气无清白”，何以“水”上要加“气”？“气”是指水面上的云气、雾气。云雾，包含了一种古代的迷信。古代迷信有一种“望气术”，如有宝贝在地下，天上要出现云气。或帝王所在地，亦有云气。有玉，故有云气；而水浑，故无清白。

“蓝溪之水厌生人，身死千年恨溪水”两句，是李贺独特的表现方法。英国产业工人捣毁机器，可说与之有相通之处。

“泉脚挂绳青袅袅”是写泉，好似有脚，像一条绳，在飘动。

韩　愈

韩愈的诗在中国文学史上引起两种不同的争论。在北宋，一派以为韩以文为诗，何不作文而作诗呢？另一派说诗就应当这样作。

1. 什么叫作以文为诗？以字句、结构入诗（用散文），以议论入诗。但有一个限度，即就是在古诗中。在律诗、绝句中，韩愈没有以文为诗。以文为诗不是韩愈的创造，而是他突出、发展了这样一种手法。杜甫有时完全以散文句法入诗，也大发议论，甚至把经书上的字句搬入诗中，如《丹青引》：“丹青不知老将至，富贵于我如浮云。”取之于《论语》（《述而篇》）。诗中的议论，在《诗经》中即有，《伐檀》：“彼君子兮，不素餐兮。”《离骚》中也有很多议论。

2. 如何评价以文为诗？只要以文为诗没有违反形象思维的规律，那就是好的，至少是许可的。如果完全是干巴巴地发议论、教条，那就丧失了文学的最重要的表现手法，不能算是文学，从三个方面来说：

（1）在一篇完整的作品中，有形象性的描写，也有抽象的议论，很巧妙地结合在一起。

（2）议论是采取形象化的语言来表达的，不限于诗歌，散文中如庄子、孟子的文章。

（3）是通过（特别在小说、戏剧中）作者的口气发议论，而所发的议论是形象的一部分。如白居易《琵琶行》中的议论就体现了白居易自己的形象。

韩愈是比较成功的。他是一个描写力很强的诗人。

《汴泗交流赠张仆射》

题目是采取古诗传统手法，用第一句（汴泗交流郡城角）中字。

唐人盛行马球，又叫波罗球。

用问话(新雨朝凉未见日,公早结束来何为?)是为了铺张描写。

"分曹"(分曹决胜约前定)是分两队。

最后的句子(当今忠臣不可得,公马莫走须杀贼)是议论。

《雉带箭》

"红翎"(红翎白镞随倾斜)是野雉的羽毛。

作诗如何安排,是很有讲究的。

杜牧《赤壁》(全诗详 298 页)

赤壁在今湖北嘉鱼县。黄州那儿苏东坡写《赤壁赋》的是假的。

宋代有人批评杜牧此诗,只想到两个女子(铜雀春深锁二乔),后有人反驳,这是即小见大。

李后主词:"最是仓皇辞庙日,教坊犹奏别离歌。垂泪对宫娥。"(〔破阵子〕)

李商隐七言律诗写得很好,感情沉郁,学杜甫。

《安定城楼》

抒发自己的感情,用典,是比的手法。

"贾生"句(贾生年少虚垂涕)代表自己的忧国忧民。

"王粲"句(王粲春来更远游)说明自己的不得意,环境也不好。

"永忆"两句(永忆江湖归白发,欲回天地入扁舟)是比较独特的句法,永忆江湖是想归隐,但却要到白发才可归去,下一句是解释,要"欲回天地"即安定国事。

杜甫赠章侍御(《奉寄章十侍御》):"指麾能事回天地,训练强兵动鬼神。"是李诗所出。

《哭刘蕡》(全诗详 294 页)

刘蕡是李商隐最好的朋友。表面是写朋友的感情,实际上是对刘的人格和政见的推崇。

《**隋宫**》是咏史诗。

锁烟霞(紫泉宫殿锁烟霞):是锁在云雾中,皇帝离开了。

芜城(欲取芜城作帝家):即今扬州。

李义山七律工整,含意较深,影响了北宋的黄山谷。对宋诗有影响。不易为人接受,接受后很有味。

宋　诗

宋诗有两个概念，一般人讲起来宋人所作之诗称宋诗，但更重要的概念在于，唐宋诗的区别实质不是朝代的问题，而是两种不同风格的问题。宋人又幸又不幸，不幸者是许多方面都给唐人“开发”了；幸者是宋朝诗人不甘落后，又开辟了新的天地。新天地开辟后，有人赞成、有人反对，这个争论从宋朝迄今，没有停过。金、元、明、清的诗人不是学唐诗，就是学宋诗，所以唐宋诗区别的意义超越了朝代，是指风格。

当代学者谈唐宋诗区别，有些谈得很好。

钱锺书《谈艺录》云云（引文详178页）。

缪钺《论宋诗》云云（引文详178页）。

这些看法都着眼于风格来看，最简单地说：唐诗主情，宋诗主意。杜甫以议论入诗，韩愈发展。

作为科学研究，要看到这两种风格之所以能成立，是有道理的。诗歌的创作规律不同朝代相联系，“唐人规律”不存在。规律是长期在客观实践中总结出来，唐诗无规律，唐人写诗有形象，符合诗歌形象思维规律。宋人也并不完全违反形象思维规律，议论也可以补充形象，形象性很复杂。

生民之祸患，词章之幸福。

王安石《详定试卷》（其一：帘垂咫尺断经过，把卷空闻笑语多。论众势难专可否，法严人更谨谁何。其二：文章直使看无颣，勋业安能保不磨。疑有高鸿在寥廓，未应回首顾张罗）

王安石《金陵即事》

水际柴门一半开，小桥分路入青苔。背人照影无穷柳，隔屋吹香并是梅。

王安石写景不同于王、孟。第二句有一个诀窍，小桥人常走，无青苔，而分路入门就有青苔了，因为无人来。“背人照影”是所见，“隔屋吹香”是闻。

王安石《雪干》

雪干云净见遥岑，南陌芳菲复可寻。换得千颦为一笑，春风吹柳万黄金。

“遥岑”，远山也。柳叶在冬天是皱着眉，到春天才“千颦为一笑”。

王安石《北陂杏花》

一陂春水绕花身，花影妖娆各占春。纵被春风吹作雪，绝胜南陌碾成尘。

反映了老政治家晚年的精神，即使吹掉了，是到水中，比吹到大路上要干净。这个思想启发了曹雪芹，通过葬花词表现出来。

“胜”读平声。

王安石《思王逢原》（三首其二）（全诗详294页）

古人说：“朋友之墓，有宿草而不哭焉。”此诗第一联（蓬蒿今日想纷披，冢上秋风又一吹）却是讲一年到了，又怀念起你了。“想”者人不在墓前，“又”表一年。

颔联（妙质不为平世得，微言惟有故人知）总结王逢原一生。“故人”者，作者自谓也。

颈联（庐山南堕当书案，湓水东来入酒卮）写共同的学习生活，把自然景色和人的生活结合得很紧。“一水护田将绿绕，两山排闼送青来”（《书湖阴先生壁二首》其一）亦是王安石名句，对色彩很敏感。

把不相干的东西联系在一起写入诗句，是宋人较唐人之一发展。苏东坡：“大瓢贮月归春瓮，小杓分江入夜瓶。”（《汲江煎茶》）“我持（一作携）此石归，袖中有东海。”（《文登蓬莱阁下石壁千丈为海浪所战时有碎裂》）

王令《梦蝗》（全诗详264—265页）

这是一首寓言诗。这首诗气氛有变化，最初诗人是义正辞严，发展到后来，蝗虫成了一个谴责者，诗人处在一个被谴责的辩护者的地位。最好的是结尾，声音越来越小的诗人直到无声，而蝗虫声由小到大（此固人食人，尔责反舍诸。我类蝗名目，所食况有余。吴饥可食越，齐饿食鲁邾。吾害尚可逃，尔害死不除。而作疾我诗，子语得无迂）。写了蝗虫的群象，出场人物是两个，更重要的人物没有出场，就是诗人祈求的“天”（群农聚哭天、方将诉天公），对封建统治者仍有希冀。

王令《暑旱苦热》

结尾（不能手提天下往，何忍身去游其间）与杜甫“安得广厦千万间，大庇天下寒士俱欢颜”（《茅屋为秋风所破歌》）类似。与之同时的韩琦，作为一位杰出的政治家，在《苦热》诗中，也写道：“尝闻昆阆间，别有神仙宇。……吾欲飞而往，于义不独处。安得世上人，同日生毛羽。”虽气势逊于王作，而用意相同。

1935 年，我在此地上学，九九重阳刚过，黄侃先生作一诗（《九日独吟》），其中有“神方不救群生厄，独佩萸囊未足豪”两句结尾。1935 年正是日本帝国主义对我国进行疯狂侵略的时候。这位曾经献身于辛亥革命的爱国学者的满腔忧愤，希望挽救祖国和人民的心情，跃然纸上，也与王、韩两诗思路一致而更加富于现实意义。

王安石《示长安君》（全诗详 385 页）

情很深，字很淡，耐人寻味。

宋诗用意深，较唐人发展。如唐人“乍见翻疑梦，相悲各问年”（司空曙《云阳馆与韩绅宿别》）；王安石不同，先写少年轻别的一般性，然后写我们之间感情很好，所以“意非轻”，见面应感到高兴，可是我们不是喜，而是悲（少年离别意非轻，老去相逢亦怆情）。

苏东坡还是一个文人，不算政治家，对政治兴趣不大，观察生活很敏锐，放言无忌，在文学艺术方面有很大贡献，宋诗到他手上又有了一个新天地。他一辈子就在政治波涛中升浮。

《寒食雨》是第一次被贬所作，第二首比第一首写得好。（其二：春江欲入户，雨势来不已。小屋如渔舟，蒙蒙水云里。空庖煮寒菜，破灶烧湿苇。那知是寒食，但见乌衔纸。君门深九重，坟墓在万里。也拟哭途穷，死灰吹不起）

苏轼《开先漱玉亭》（《庐山二胜》之一）

高岩下赤日，深谷来悲风。（未写水，先写日光之惨淡，风之凄厉。）

擘开青玉峡，飞出两白龙。（水如巨灵神，将峡一劈为二，有两条白龙飞出。）

乱沫散霜雪，古潭摇清空。余流滑无声，快泻双石硔。

我来不忍去，月出飞桥东。（月出。）

荡荡白银阙，沉沉水精宫。（月影。）

愿随琴高生，脚踏赤鲜公。（赤鲜公是鲤鱼。）

手持白芙蕖，跳下清冷中。（写水的特色和环境，但不如第二首。）

《庐山二胜》是写景，选了"开先"和"栖贤"二寺，寺前均有水，注意到题材的重复，都是居高临下看湍急的水，这是自己给自己为难，景物相似，如何写？

稍有不同，三峡桥是一条水，漱玉亭是两条水，但并没有多在此着墨。

第二首较第一首更为出色。（《栖贤三峡桥》：吾闻太山石，积日穿线溜。况此百雷霆，万世与石斗。深行九地底，险出三峡右。长输不尽溪，欲满无底窦。跳波翻潜鱼，震响落飞狖。清寒入山骨，草木尽坚瘦。空蒙烟霭间，澒洞金石奏。弯弯飞桥出，潋潋半月彀。玉渊神龙近，雨雹乱晴昼。垂瓶得清甘，可咽不可漱）

"线溜"等于说雨脚、日脚。

"右"者，北方尚左，南方尚右。

"弯弯"两句形容桥。

《凤翔八观》（选诗详 404—405 页）反映了苏轼的艺术观。

古代壁画多佛画。

"与可画竹时，胸中有成竹。"（晁补之《赠文潜甥杨克一学文与可画竹求诗》）

"清且敦"（《王维吴道子画》），即是他评陶诗之似枯实腴（《与苏辙书》：癯而实腴），"雄豪而妙苦而腴，只有琴聪与蜜殊"（《赠诗僧道通》），"苦"与"腴"

两合。这在东坡文论中是值得探讨的，他常常把许多相反的概念用在一起。

讲宋诗主要是讲苏、黄，苏比喻很奇特、新鲜，他说自己一生中只有写文章是如意的，东坡的风格是注意把两种不同风格结合起来，清代王鹏运讲到苏词是“清雄”，这正是一个对立的概念。苏诗的缺点是使事太多，他笑孟郊很会做酒，可惜没料，而有人说苏诗的料太多了。另一方面是太直，缺乏含蓄。黄庭坚的诗亦是如此，“意匠惨淡经营中”（杜甫语）（《丹青引赠曹将军霸》）。唐人很自然，宋人意深，有时故意打破声情相应的传统习惯。

黄山谷是宋人中杰出诗人，构思很别致，但反映生活面不广。句子构造有时很特殊，用意很深，跳跃性较大，但又不同于李贺。在律诗方面学李义山，间接地受李贺的影响。在中国文学批评史上，首先发现他学李义山的是曾国藩。

古人称渤海为沧海，称南海为涨海，用典故一是指用成语，一指用故事。

陆游：“楼船夜雪瓜洲渡，铁马秋风大散关。”（《书愤》）没有动词，前句写水军，后句写骑兵。

陈与义：“孤臣霜发三千丈，每岁烟花一万重。”（《伤春》）李白是“白发三千丈”（《秋浦歌》），他改成“霜”是要与“烟”对，都是名词，“烟花一万重”（《伤春》五首其一）是杜甫的句子。也是用许多物象融合成一个句子，没有动词。

古人形容人穷：家徒四壁，贫无立锥，室如悬磬。

陈师道《和寇十一晚登白门》与《九日寄秦觏》不同，后者着重写友情。

前两句（重楼杰观屹相望，表里河山自一方）赞美南京形胜，即寇登之地。三、四两句（小市张灯归意动，轻衫当户晚风长）是写寇登的情况，也许寇十一原诗中提到这些。再接下去（孤臣白首逢新政）说到当时的政局，哲宗死，徽宗即位，提出“建中靖国”，“游子青春见故乡”中的“青春”乃指“春天”也。最后归结到自己（富贵本非吾辈事，江湖安得便相忘）。

相对说来，北宋的诗反映生活和唐人比，有两方面内容较少：一是反映边塞的内容，这与当时的政治是绥靖政策有关，对外战争往往是被动的；二是当时对农民压迫加重，而对士大夫比较优待，对知识分子比较好，使他们同人民比较疏远。因此，北宋文学的思想性都较前为弱。到南宋军事上失利，而在经济上对人民剥削加重，对这方面反映就多起来了。

江西派一祖三宗，一祖是杜甫，三宗是黄庭坚、陈师道、陈与义。陈与义是南北宋之间的，写的诗境界变了，在内容上有许多地方继承了杜甫。

陈与义《雨》

这首诗写自己受了挫折，心情不愉快。他写了五首《雨》，都是五言律诗，可以看一下《简斋集》，都是不同的，重复的是题材，不重复的是感受和表现手法。“万里客凭栏”描写了自己的迁谪之感。后联(日晚蔷薇重，楼高燕子寒)刻划晚春傍晚雨后的情景，“双燕归来细雨中”(欧阳修〔采桑子〕)。

“端”(尽力破忧端)是个语尾词。

陈与义《怀天经、智老，因访之》

宋高宗很欣赏第二联两句。前两句(今年二月冻初融，睡起苕溪绿向东)是从谢灵运《登池上楼》(初景革绪风，新阳改故阴。池塘生春草，园柳变鸣禽)来的。

三句(客子光阴诗卷里)是写人寂寞，四句(杏花消息雨声中)是写自然界生气勃勃。

古汉语“先生”是尊称，后可分化为“先”或“生”。“儒先”(北栅儒先只固穷)即懂儒学的先生。

“纶巾鹤氅”(纶巾鹤氅试春风)是三国以来有身份的人穿的一种便装，结尾与开首相应。

“睡起苕溪绿向东”的“绿”字用得很好。

“海水摇空绿。”(《西洲曲》)

“绿垂风折笋，红绽雨肥梅。”(杜甫《陪郑广文游何将军山林》)下三字是解释上两字的。

“柳叶鸣蜩绿暗，荷花落日红酣。”（王安石《题西太一宫壁二首》其一）“春风又绿江南岸”（《泊船瓜洲》）并不是王安石最好的“绿”字。王安石寄吴氏女子（《送和甫至龙安微雨因寄吴氏女子》）：“荒烟凉雨助人悲，泪染衣襟不自持（一作知）。除却春风沙际绿，一如看汝过江时。”写给他女儿的诗，他女儿嫁给吴安持。这里的“绿”用得更好一些。好在哪儿？“春风又绿江南岸”的“绿”是用如动词，这里的“绿”也是动词，但却是春风变成了绿色，这个想法更新奇一些。艾青诗也有此例，题目就是《绿》。

“绿向东”的“绿”是可以和上面比美的。

陈与义《巴丘书事》

“三分书”（三分书里识巴丘）是指陈寿《三国志》，此因注意平仄而代语。宋人很喜欢用“老”字，有的名字中也用老字。写这首诗时陈与义才四十岁刚出头，却用“老”字，可以看出宋人的精神。

宋人对对子与唐人不同，“一时花带泪”是写景，自然，下一句“万里客凭栏”是用人事对（陈与义《雨》）。此诗的后联也是如此，前一句（四年风露侵游子）是人事，后一句（十月江湖吐乱洲）是自然。

最后（未必上流须鲁肃，腐儒空白九分头）是首尾相应，慨叹自己不见用。

陈与义《伤春》（全诗详 268 页）

从议论入手，“坐”者，因也，第二句（坐使甘泉照夕峰）是说汴梁被占。

“上都”（初怪上都闻战马）和“下都”相对。“穷海”（岂知穷海看飞龙）是海边，海的尽头，这句指宋高宗从南京逃到杭州，又到明州，又到温州。

杨万里，是由白居易等白话诗人中发展起来的，他用口语。他是一个在政治上很有气节的人，当时宰相韩侂胄起了一个南园，要杨万里给他写文章，他就是不肯。他反映人民疾苦的诗不多，这很奇怪；而范成大，官做得很高，田产很多，写民生疾苦的诗却不少。

最后一课(1980年1月7日)

美国作家爱默生讲过:有三种方法帮助人,最简单的是用物质手段帮助人;其次给人以知识,用学问帮助人;最好的是引导人正确地去思想,启发他内心的觉悟。

第一是感谢同志们,每一分钟都在受同学们的教育,你们的认真学习就是对我的教育。

第二是感到自己教学工作做得不够。

第三是书籍(指南大中文系印本《古诗今选》)错误较多,这对于一个有学术良心的人是不行的。

今天讲一些做人做学问的基本想法。

今天要做的事情是太多了,很重要的一点是要做一个正直、真诚的人,要能够明辨是非。

做学问,第一点是要热爱你的专业;第二点是要谦虚,这是一辈子的事情,需要长期的养成,在任何情况下,骄傲都不能成为资本,只有谦虚才能吸收更多的东西。谦虚就会实事求是,不会先有结论,后去找文章(材料)。

怎样读作品?

1. 首先看它写的是什么,反映的是什么生活,作者对生活关心些什么,关心的是少数人还是多数人。

2. 看它是怎样写的,艺术技巧如何,语言文字是否生动。

3. 他为什么要写,为什么这样写而不那样写,牵涉到作者的思想性,阶级立场、道德、情操是否高尚。

凡是学古代的、外国的东西,绝对不能忘记今天,要考虑到你的读者,心目中有没有一个现代中国,是大不一样的。

希望你们在工作中继续学习。我非常不满意你们目前的程度,我非常钦佩你们的学习精神,我上课看到你们的眼睛中闪出的是饥饿的光芒,我心里很不好受。

古诗讲录

1980 年 9 月 2 日至 1981 年 1 月

西南楼 124、教学楼 121、新教学楼 203

星期二(1、2 两节)

曹　虹、张伯伟　记录

绪 论

学习这门课的知识准备:一、文学史;二、文学理论;三、古代汉语,特别是诗律学。

解放后较少或忽略了对作品本身的研究,偏重于史和论。本课将主题、题材接近的诗结合起来讲:

1. 做人和为学;2. 民生疾苦;3. 讽刺;4. 民族问题;5. 妇女问题;6. 亲情关系;7. 友谊;8. 爱情;9. 历史人物和事件;10. 描写景物;11. 描写各种艺术;12. 叙事诗和议论诗。

中国古典抒情诗歌的主要特征:古典抒情诗是中国古典文学中最精华的部分,在世界上是独一无二的,无论是数量或质量。鲁迅说司马迁《史记》是"无韵之《离骚》",可以看出抒情诗在鲁迅心目中的地位。戏曲中如《西厢记》、《牡丹亭》中的著名段落,均采用抒情诗的语言来写。小说、散文中最动人的成分是抒情诗的成分。作为文学样式来看,有以下特点:

一、抒情诗是以诗人的主观感受来反映人生、社会和自然的。所以抒情诗中所出现的现象不是纯客观的事物,都带有浓厚的主观色彩。这是与叙事诗、哲理诗的很大区别。纯粹的哲理诗在中国不发达。

二、抒情诗中经常的、反复出现的形象是诗人自己,诗人通过他创作的全部诗篇构成他自己的完整的形象。鲁迅论陶渊明,既有"超然物外",也有"金刚怒目"。杜甫,古人说他"每饭不忘君"(《杜工部草堂诗话》引苏轼《诗话》:古今诗人众矣,而子美独为首者,岂非以其流落饥寒,终身不用,而一饭未尝忘君也欤),写过"朱门酒肉臭,路有冻死骨"(《自京赴奉先咏怀五百字》)。他既骂过杨国忠,又奉承过杨国忠。所以要综合全部作品,不要有所遗漏,还要看出最本质的部分和装饰性的部分。

三、抒情诗人的感受有两个特点:1. 感受很精微、细致;2. 感受面又很广阔。有些诗人生活面并不广阔,感受却很灵敏,如贾岛、陈师道,但他们毕竟比不上两者皆备的诗人,如杜甫,人称"诗史"。抒情诗可以以不太大的篇幅反映整个历史，触及时代广泛而深刻，如《观公孙大娘弟子舞剑器行》。

四、中国的抒情诗篇幅短小，所以写矛盾往往只突出一对矛盾中的某一个矛盾面，不写另一个矛盾面，是无声的语言。如王昌龄的宫怨诗《春宫曲》："昨夜风开露井桃，未央前殿月轮高。平阳歌舞新承宠，帘外春寒赐锦袍。"沈德潜《说诗晬语》评云："只说他人之承宠，而已之失宠，悠然可思，此求响于弦指外也。"写宫女欢乐的一面，你要回看到矛盾的另一面。白居易"后宫佳丽三千人，三千宠爱在一身"（《长恨歌》）亦然。

五、抒情诗不排斥叙事和说理的成分，它常常将叙事和议论作为其组成部分之一。

抒情诗是中国古典诗歌的主流。

第一讲　做人和为学

《长歌行》

青青园中葵，朝露待日晞。阳春布德泽，万物生光辉。常恐秋节至，焜黄华叶衰。百川东到海，何时复西归。少壮不努力，老大徒伤悲。

这是一首汉乐府民歌。乐府最初有乐曲，然后再配上词。题目与内容有的有关，有的无关，一般可以不管题目。

这首诗两句讲一天的变化，接下去讲一年的变化，以此来衬托人生的由少到老。结句是议论。

“百川”两句初看很普通，问得很奇怪，这是毋须问的。这一问，是使你感到世界的永恒与人生的短暂，可谓惊心动魄。这才感到结句之语重心长。汉武帝有“欢乐极兮哀情多，少壮几时兮奈老何”(《秋风辞》)。作品的思想性就在于作者对生活的正确认识。

李后主《虞美人》：“春花秋月何时了，往事知多少。”第一句与“百川”两句差不多，但是意境不同。俞平伯先生评之为“奇语劈空而下”(《读词偶得》)。

做人要惜时。

刘桢《赠从弟》

亭亭山上松，瑟瑟谷中风。风声一何盛，松枝一何劲。冰霜正惨凄，终岁常端正。岂不罹凝寒，松柏有本性。

“从弟”即堂弟。开篇对起，描写了中国传统象征“贞”的松柏的形象，中国人常讲“疾风知劲草，板荡识诚臣”(李世民《赐萧瑀》)。要在任何环境下，都相信正义的事业并能挺得住。

古诗的语言一般都很浑厚自然。

做人要正直。

朱熹《鹅湖寺和陆子寿》

德义风流夙所钦，别离三载更关心。偶扶藜杖出寒谷，又枉篮舆度远岑。旧学商量加邃密，新知培养转深沉。却愁说到无言处，不信人间有古今。

解放以来对朱熹形成偏见，这是因为许多人认为唯物主义皆进步，唯心主义均反动，这是不对的（可以看《人民日报》1980 年 6 月 6 日包遵信《历史上的哲学唯心主义的评价问题》和任继愈《中国哲学史》第三册页 231—268）。进步的或反动的，这是政治概念，而唯物、唯心是学术概念，两者并不完全衔接。宋朝朱、陆进行辩论，前者是客观唯心主义，后者是主观唯心主义，因而治学方法迥异。陆九龄（子寿）写了一首诗攻击朱熹，其中有“简易工夫终久大，支离事业竟浮沉”。三年后，朱熹本着对陆的尊重作诗回答。

“风流”的原始义是吸引人的魅力风度，从宋以后转为贬义。注意“夙”和“更”，代表了两个阶段，感情有起落、发展。

“愁”是反语，元人戏曲中的“可憎娘”。

“无言处”是中国哲学上的一个命题：言尽意与言不尽意。微妙处是难以言及的，只好无言。

治学要谦虚。

朱熹《观书有感》

半亩方塘一鉴开，天光云影共徘徊。问渠那得清如许，为有源头活水来。

昨夜江边春水生，蒙冲巨舰一毛轻。向来枉费推移力，此日中流自在行。

两首诗要结合起来看。反对思想僵化，学习要讲究方法。朱熹讲的是读书方法，用的是诗的语言来表达一个哲学思想。《文章精义》：“晦庵先生诗，则《三百篇》之后，一人而已。”

治学要得法。

第二讲　反映民生疾苦(兼论讽刺)

这次不提阶级斗争,并不意味着阶级斗争不存在,而是更符合当时的实际情况。诗人尖锐地提出了社会问题,但是他又坚定地站在统治阶级一边,为了阶级长远利益而对当时的统治阶级所作所为有所讽刺。为什么能够反映民生疾苦?一是比较懂得历史,治乱兴衰,一个社会的巩固是建立在养鸡生蛋而不是杀鸡取蛋的基础上,所以他要讲;更重要的理由是,广大人民受压迫、受剥削的形象给诗人很大的刺激、感动,非写不可。在这样的情况下写出来的诗一定能反映民生疾苦。广大人民用他们痛苦的形象给诗人以直接的教育。这些东西激动、感动了诗人,使他不能不写。若不深入生活,那不能称为诗,乃是粉饰太平的东西。所谓"歌德"和"缺德",我的个人看法是:人之所以为人,就是要不安于现状,不满足于现实。作家总是代表人民讲话,还要指明出路。《人到中年》塑造了一个马列主义老太太的形象,未塑造一个坏人,而遭到非难。揭露不合理的东西,正是对美好事物的强烈向往和追求。

古诗《十五从军征》

十五从军征,八十始得归。道逢乡里人,家中有阿谁?遥望是君家,松柏冢累累。兔从狗窦入,雉从梁上飞。中庭生旅谷,井上生旅葵。舂谷持作饭,采葵持作羹。羹饭一时熟,不知贻阿谁。出门东向望(一作看),泪落沾我衣。

古诗中用年龄来写出几句的,都是表示事物的进程或人物的成长过程,如《孔雀东南飞》"十三能织素,十四学裁衣。十五弹箜篌,十六诵诗书……"。她本来应得到幸福生活,却不幸"心中常悲苦"。

头两句中有一个秘密,统治者他们一方面订了兵役法,一方面又破坏,从军应由二十到五十六岁,可是他八十始归。

过去农村人死了葬在屋前屋后,不是葬得很远,君家"冢累累"即是。

"兔从狗窦入,雉从梁上飞。"此联极有味。兔何为而入狗窦?梁上何为而不飞燕？所当居者非适所居，事是人非，更见凄凉。

“不知贻阿谁”是体现了他的一种孤独感。

“出门向东望”，非常深刻地体现了他的孤独感。

题材不是绝对的，作家赋予题材的意义是广阔的。同咏一老年人回乡，此诗是如此悲凉，而贺知章《回乡偶书》却写得轻快异常。“衰”音崔。“四人帮”时期提出要写重大题材，也对，但不能绝对化。不准——不敢——不会独立思考。

杜甫《无家别》

寂寞天宝后，园庐但蒿藜。我里百余家，世乱各东西。存者无消息，死者为尘泥。贱子因阵败，归来寻旧蹊。久行见空巷，日瘦气惨凄。但对狐与狸，竖毛怒我啼。四邻何所有？一二老寡妻。宿鸟恋本枝，安辞且穷栖。方春独荷锄，日暮还灌畦。县吏知我至，召令习鼓鼙。虽从本州役，内顾无所携。近行止一身，远去终转迷。家乡既荡尽，远近理亦齐。永痛长病母，五年委沟溪。生我不得力，终身两酸嘶。人生无家别，何以为烝黎。

“三吏”、“三别”组诗，全面反映了安史之乱的社会风貌，讲这篇，意在与上篇比较。

“存者无消息，死者为尘泥”，写出寂寞的具体形象。“久行见空巷，日瘦气惨凄”，“日瘦”，该注意“瘦”字。太阳不再给人温暖的印象了。一“瘦”字见出诗人主观色彩重，这是从人的感情看上去，很黯淡，“肥”和“暖和”比较接近。

“四邻何所有，一二老寡妻”，似乎与“存者无消息”有矛盾。但诗歌不一定要按照逻辑对应，有一些矛盾是可以的，全看需要怎样写，如李白“黄鹤之飞尚不得过”，后又有“西当太白有鸟道，可以横绝峨眉巅”（《蜀道难》），同样是状山之高。诗歌不能用科学去检验。绘画中，中国画是散点透视。

“虽从本州役，内顾无所携。近行止一身，远去终转迷。家乡既荡尽，远近理亦齐。”“近行止一身”二句，写出了不肯离开家乡的农民的心理。

他虽然没有家人，还是不愿意离去。一唱三叹，更见其朴质。袁枚说“文似看山喜不平”。杜诗转折多，有波澜，写出了心灵的善良，也写出了负担的沉重。

杜甫这首诗在很大程度上吸收了《十五从军征》的写法。杜甫善于学习前人，这首诗正是抓住了《十五从军征》的精神所在——孤独感来学习，所以同样不朽。

杜甫《三绝句》

前年渝州杀刺史，今年开州杀刺史。群盗相随剧虎狼，食人更肯留妻子？

二十一家同入蜀，惟残一人出骆谷。自说二女啮臂时，回头却向秦云哭。

殿前兵马虽骁雄，纵暴略与羌浑同。闻道杀人汉水上，妇女多在官军中。

诗有五绝、七绝，六朝时南方有联句的习惯，若联不成就叫断句或绝句。最初平仄并不入律，但后来由于五七言律诗的发展，绝句受其影响，也律化，因而保留了两种形式：一是古体绝句，一是律体绝句。杜甫这三首为古体绝句。

组诗的概念在古代称联章诗，即在同一题材、主题之下有秩序地、有计划地创作。如杜甫的“三吏”、“三别”。诗人一生的创作集在某题之下，严格说来，把许多诗合在一起是杂诗，如阮籍的《咏怀》八十二首，并无完整的内在结构。李白《古风》五十九首亦然。同一体裁主题之下写几篇诗。一、有意识的组成；二、杂诗，把以前写的诗凑在一起，没有完整的内部结构。这二种情况非区别不可。杜甫《三绝句》是挑三个方面（有关藩镇）而写的。

《三绝句》是写安史之乱十年后的所见所闻，写法朴素直爽，保留了古代民歌的风格。手法经济，画面完整。

第一首概括写。群盗指地方军阀。

第二首写得最好，画面最完整。关于啮臂的风俗，自《左传》上即有记载，古风俗，别离的时候咬对方的膀子，直到宋词尚存。

汉水有东汉水和西汉水，东汉水在汉口，西汉水在嘉陵江上游。此处的“汉水”乃西汉水。一个“官”字，含有很严厉的谴责，同“宋张弘范灭宋于此”(详 199 页)的前一“宋”字类同，分量很重。

第一首写地方叛乱，第二首写民生疾苦，第三首写官军之害。

戴叔伦《女耕田行》

乳燕入巢笋成竹，谁家二女种新谷？无人无牛不及犁，持刀斫地翻作泥。自言家贫母年老，长兄从戎未娶嫂。去年灾疫牛囤空，截绢买刀都市中。头巾掩面畏人识，以刀代牛谁与同？姊妹相携心正苦，不见路人唯见土。疏通畦垄防乱苗，整顿沟塍待时雨。日正南冈下饷归，可怜朝雉扰惊飞。东邻西舍花发尽，共惜余芳泪满衣。

《女耕田行》：题材很特别。把农民最痛苦的形象通过个别的现象写出来。直至唐朝，绢帛是可以做货币用的。汉时已有，如《孔雀东南飞》中“受女钱帛多，不堪母驱使”。物物交换，这是把女子不当人的遗迹。

注意文学作品中形象的传统性。这里用了自《诗经》起雉鸟鸣叫是追求爱情的象征。“日正南冈下饷归，可怜朝雉扰惊飞。”尽管灾难深重，但劳动人民没有丧失生活的希望，和对自己应当得到的幸福生活的向往。

杜甫以后出现了两个对立的诗歌流派：一是朴素明朗的白居易；另一是使用比较奇怪的语言，如韩愈。韩、白都是学杜，但却是对立的。卢仝属韩派。

卢仝《走笔谢孟谏议寄新茶》

日高丈五睡正浓，军将打门惊周公。口云谏议送书信，白绢斜封三道印。开缄宛见谏议面，手阅月团三百片。闻道新年入山里，蛰虫惊动春风起。天子须尝阳羡茶，百草不敢先开花。仁风暗结珠琲瓃，先春抽出黄金芽。摘鲜焙芳旋封裹，至精至好且不奢。至尊之余合王公，何事便到山人家？柴门反关无俗客，纱帽笼头自煎吃。碧云引风吹不断，白花浮光凝碗面。一碗喉吻润；两碗破孤闷；三碗搜枯肠，唯有文字五千卷；四碗发轻汗，平生不平事，尽向毛孔散。五碗肌肤清；六碗通仙灵；七碗吃不得也，惟觉两腋习习清风生。蓬莱山，在何处？玉川子，乘此清风欲归去。山上群仙司下土，地位清高隔风雨。安得知百万亿苍生命，堕在巅崖受辛苦。便为谏议问苍生：到头还得苏息否？

这首诗在表现手法上有些开玩笑的性质，也有些讽刺。先写人家送礼物，自己在睡觉，然后就此礼物生发出去。

古典诗歌在语法上最主要的特征是省略主语，特别在律诗中，往往造成诗的多义。古诗里最常见的语法现象。

正函是正全的，便函是斜封的。武则天时开后门的情况很多，人称走后门得来的官职为斜封官。

“闻道”句乃是说茶农入山。阳羡在今江苏宜兴，古时是有名的产茶区。

“抽”字形象。

“鲜”、“芳”是代名词，鲜代叶，芳代芳香的茶叶。“至精”句以上写茶的贵重。

“至尊”转写孟谏议送茶。“何事”句写出两人的友情，同时笔力很强，一笔兜转。既写了孟谏议的殷勤，又写了卢仝的感激。用矛盾的双方连缀，转折有力。《红楼梦》(第七十八回)贾宝玉作长篇歌行：“丁香结子芙蓉绦，不系明珠系宝刀。”

古人喝茶是研成粉末，做成小瓶煎茶喝，瓶越小茶越好。在家戴纱帽是比较正规的。

“白花”两句形容此茶之好。古人认为白茶最好，和现在讲绿茶好不同。

“卢仝七碗”已成了一个典故。

“蓬莱山”以下由吃茶发感慨。玉川子是其别号。古典诗词中写仙境比人间好的，往往较平凡；写仙境不如人间的，往往较独特。

“便为”句是倒装句，实际上是“便为苍生问谏议”。

末句虽仅一句，说明老百姓千百年来从未休息过，体现了作者对生活理解的深度。古典诗人的思想进步性从何而来？一是生活较苦，接近了劳动人民，思想有所改变，如杜甫《自京赴奉先县咏怀五百字》；另外一种情况是自己有较好的享受，反省自己的享受感到有些不安，如卢仝的这首诗。

苏轼《荔支叹》

> 十里一置飞尘灰，五里一堠兵火催。颠坑仆谷相枕藉，知是荔支龙眼来。飞车跨山鹘横海，风枝露叶如新采。宫中美人一破颜，惊尘溅血流千载。永元荔支来交州，天宝岁贡取之涪。至今欲食林甫肉，无人举觞酹伯游。我愿天公怜赤子，莫生尤物为疮痏。雨顺风调百谷登，民不饥寒为上瑞。君不见武夷溪边粟粒芽，前丁后蔡相笼加。争新买宠各出意，今年斗品出官茶。吾君所乏岂此物，致养口体何陋耶？洛阳相君忠孝家，可怜亦进姚黄花。

苏东坡尝作小诗："日啖荔枝三百颗，不辞长作岭南人。"（《惠州一绝》）苏东坡在诗中像《荔支叹》这类直接反映民生疾苦的是很少的。苏诗的价值更多在于写友情，写山水风光。现在认识上比较简单化的是，看一位诗人的题材哪方面反映得最多，并以此来评价作者。古典文学史非常复杂，有的人很正直，但却不喜欢在诗中反映这些，如杨万里是同佞臣不两立的人，但他的诗多喜欢表现风景，风格别致，在文学史上的地位就不如陆游，原因是陆游写民生疾苦的多。再如杜甫，他虽然爱写民生疾苦，但在他一千四百多首诗中毕竟还是少数。每个诗人都有选择题材的自由，他通过独特的选材和描写，丰富了文学史。

此诗一开始就写进贡，前八句本于杜牧："长安回望绣成堆，山顶千门次第开。一骑红尘妃子笑，无人知是荔枝来。"（《过华清宫》三首其一）但苏轼把杜牧省略的部分写出来，从另一个侧面来写。因为杜牧是绝句，给人留下宽阔的想象空间。

接下去是历史回溯。东坡写诗想象极活跃，最后一提又为一串。

以上是咏史，是以唐宋为主，以汉事作陪衬。以下发议论，一方面写自己对进贡的看法，又批评当时一班人助长了这种风气。

杜甫《解闷十二首》有好几首是写荔枝的，不仅写法不一样，而且思想亦不同。“先帝贵妃俱(一作今)寂寞，荔枝还复入长安。炎方每续朱樱献，玉座应悲白露团。”(其九)这是对唐明皇的怀念。“俱”与“还复”有时间上的对照，“炎方”指南方，这里指的是四川。“侧生野岸及江蒲，不熟丹宫满玉壶。云壑布衣鲐背死，劳人害马翠眉须。”(其十二)这是对贵妃的谴责。“布衣”是指麻衣，直到元以后才指棉衣。以上两首诗反映了诗人对唐明皇的复杂的感情，开元之治和天宝之乱。第一首没有太多的谴责，第二首则谴责。《长恨歌》同样也是复杂的。

杜甫《丽人行》

三月三日天气新，长安水边多丽人。态浓意远淑且真，肌理细腻骨肉匀。绣罗衣裳照暮春，蹙金孔雀银麒麟。头上何所有？翠微㔩叶垂鬓唇。背后何所见？珠压腰衱稳称身。就中云幕椒房亲，赐名大国虢与秦。紫驼之峰出翠釜，水精之盘行素鳞。犀箸厌饫久未下，銮刀屡切空纷纶。黄门飞鞚不动尘，御厨络绎送八珍。箫鼓哀吟感鬼神，宾从杂遝实要津。后来鞍马何逡巡，当轩下马入锦茵。杨花雪落覆白蘋，青鸟飞去衔红巾。炙手可热势绝伦，慎莫近前丞相嗔。

“意态”句写风神，“肌理”句写肉体，“绣罗”起写装扮。可参看沈从文《中国服饰史》。上写背景，是就一般丽人而言。

苏轼《续丽人行》：“杜陵饥客眼长寒，蹇驴破帽随金鞍。隔花临水时一见，只许腰肢背后看。”

下专写贵妃姐妹。杨贵妃死时三十八岁，三年前是三十五岁，虢、韩、秦是她的姐姐，至少有四十岁，打扮得很像个妖精。张祜《集灵台》：“虢国夫人承主恩，平明骑马入宫门。却嫌脂粉污颜色，淡扫蛾眉朝至尊。”有人以为这首诗是杜甫写的，但从风格上来看，是张作。集灵台是唐玄宗自己的斋神处。

“箫鼓哀吟”句，古代音乐以悲哀为动听。杜甫《自京赴奉先县咏怀五百字》：“暖客貂鼠裘，悲管逐清瑟。”

以上突出写贵妃姐妹，下写杨国忠。“杨花”两句是隐喻，是暗示杨国忠与虢国夫人的不正当关系。

愤怒出诗人，忠义出诗胆。方东树《昭昧詹言》："此诗极言姿态服饰之美，饮食音乐宾从之盛，微指椒房，直言丞相。大意本《君子偕老》之诗，而讽刺意较显。"此诗既反映民生疾苦，又用讽刺手法。

韩翃《寒食》

春城无处不飞花，寒食东风御柳斜。日暮汉宫传蜡烛，轻烟散入五侯家。

这首诗提了意见，皇帝接受了，有雅量，也欣赏韩，后委任他为中书舍人。"飞花"乃是柳絮、杨花，前两句确定了时间、地点、季节，写宫墙外。然后由写景转入写人事，而人事却是重点。唐人以及一部分宋人，讲到汉就是指本朝。一对矛盾只写一面，说明皇帝对亲臣关怀备至，像点火这样的小事也想到，暗示皇帝对老百姓不闻不问。

王昌龄《春宫曲》

昨夜风开露井桃，未央前殿月轮高。平阳歌舞新承宠，帘外春寒赐锦袍。

写法同韩诗是一样的，写宫廷中得宠和失宠间的冲突，但只写了得宠的一面。"露井"是井上无亭盖的，周围多种桃树。第一句写季节，第二句写时间，第三句暗用汉武帝的典故，卫子夫先是平阳公主讴者，后被汉武帝看中，立为皇后。

李约《观祈雨》

桑条无叶土生烟，箫管迎龙水庙前。朱门几处看歌舞，犹恐春阴咽管弦。

这首诗说明了一个真理，同是对一个自然现象，如果涉及阶级利益就会有不同的看法。第三句转得很陡。宋末萧立之《偶成》云："雨妒游人故作难，禁持闲了下湖船。城中岂识农耕好，却恨慳晴放纸鸢。"与此诗同意。

韩愈《华山女》

街东街西讲佛经，撞钟吹螺闹宫庭。广张罪福资诱胁，听众狎恰排浮萍。黄衣道士亦讲说，座下寥落如明星。华山女儿家奉道，欲驱异教归仙灵。洗妆拭面着冠帔，白咽红颊长眉青。遂来升座演真诀，观门不许人开扃。不知谁人暗相报，訇然振动如雷霆。扫除众寺人迹绝，骅骝塞路连辎軿。观中人满坐观外，后至无地无由听。抽钗脱钏解环佩，堆金叠玉光青荧。天门贵人传诏召，六宫愿识师颜形。玉皇颔首许归去，乘龙驾鹤来青冥。豪家少年岂知道，来绕百匝脚不停。云窗雾阁事恍惚，重重翠幔深金屏。仙梯难攀俗缘重，浪凭青鸟通丁宁。

宗教是复杂的，仅仅用“精神鸦片”是无法概括的。宣传迷信不足道，但佛徒外出取经，带回外国文化，以及那种坚持不懈的精神值得肯定，鲁迅列唐玄奘为“中国的脊梁”之一。宗教与文化、意识等有很直接的联系。汉族不太讲宗教，接受了儒家思想，重人不重天，重视现实，这对抵制宗教有很大影响。“夫子之言性与天道，不可得而闻也。”（《论语·公冶长》）

这首诗对当时的宗教迷信作了揭露。佛教讲经在当时有个专门名词，叫作“俗讲”，可以看向达《唐代长安与西域文明·唐代俗讲考》。这首诗写了佛道两教的矛盾，先写彼方之盛，后写此方，其盛更盖过对方，乃衬托法。写信从佛教的门庭若市，由盛而衰。“广张罪福”，是大大地宣传信佛教有福，不信则有罪。“诱胁”是又拉又打。“浮萍”是无根的，在水面不断移动，写出了人群的形象，比喻极妙。又他的“齐梁及陈隋，众作等蝉噪”（《荐士》），也善于用譬，蝉噪有三个特点：物小、声大、短暂。很能说明问题。韩愈有这样的本领，用一两个字解决问题。

接下去写道教徒。道教，闻一多言其为快活神仙。李唐王朝尊道，李耳为玄元皇帝，鲤鱼也不能吃，得其所哉。唐朝和尚穿缁衣，道士穿黄衣，缁黄就是道士与和尚。

下面重写华山女的活动。通过当时的社会现象来揭露这个女道士不是好东西。唐朝有些女道士就是娼妓，如鱼玄机，她最有名的诗是“易求无价宝，难得有情郎”（《赠邻女》）。

这首诗可与《原道》互看。一逻辑思维，一形象思维。

这首诗表现的是世俗地主与僧侣地主的斗争——儒、佛、道。

读书重要的是观其会通。

王令《梦蝗》

至和改元之一年，有蝗不知自何来。朝飞蔽天不见日，若以万布筛尘灰。暮行啮地赤千顷，积叠数尺交相埋。树皮竹颠尽剥枯，况又草谷之根荄。一蝗百儿月再孕，渐恐高厚塞九垓。嘉禾美草不敢惜，却恐压地陷入海。万生未死饥饿间，支骸遂转蛟龙醢。群农聚哭天，血滴地烂皮。苍苍冥冥远复远，天闻不闻不可知。我时为之悲，堕泪注两目。发为疾蝗诗，愤扫百笔秃。一吟青天白日昏，两诵九原万鬼哭。私心直冀天耳闻，半夜起立三千读。上天未闻间，忽作遇蝗梦。梦蝗千万来我前，口似嚅嗫色似冤。初时吻角犹唧嗾，终遂大论如人然。问我子何愚，乃有疾我诗？我尔各生不相预，子何诗我盍陈之。我时愤且惊，噪舌生条枝。谓此腐秽余，敢来为人讥。尔虽族党多，我谋久已就。方将诉天公，借我巨灵手。尽拔东南竹柏松，屈铁缠缚都为帚。扫尔纳海压以山，使尔万噍同一朽。尚敢托人言，议我诗可否？群蝗顾我嗟，不谓相望多。我欲为子言，幸子未易呵。我虽身为蝗，心颇通尔人。尔人相召呼，饮啜为主宾。宾饮啜嚼百豆爵，主不加诟翻欢欣。此竟果有否？子盍来我陈。予应之曰然，此固人间礼。傧价迎召来，饮食固可喜。蝗曰子言然，予食何愧哉。我岂能自生，人自召我来。啜食借使我过甚，从而加诟尔亦乖。尝闻尔人中，贵贱等第殊。雍雍材能官，雅雅仁义儒。脱剥虎豹皮，借假尧舜趋。齿牙隐针锥，腹肠包虫蛆。开口有福威，颐指转赏诛。四海应呼吸，千里随卷舒。割剥赤子身，饮血肥皮肤。噬啖善人党，嚼口不肯吐。连床列笙竽，别屋闲嫔姝。一身万椽家，一口千仓储。儿童袭公卿，奴婢联簪裾。犬豢羡膏粱，马厩余绣涂。其次尔人间，兵倡释老徒(一作兵皂倡优徒)。子不父而父，妻不夫而夫，臣不君尔事，民不家尔居。目不识牛桑，手不亲犁锄。平时不把兵，皮革包矛殳。开口坐待食，万廪倾所须。家世不藏机，绘绣锦衣襦。高堂倾美酒，脔肉脍百鱼，良材琢梓楠，重屋擎空虚。贫者无室庐，父子一席居。贱者饿无食，妻子相对吁。贵贱虽云异，其类同一初。此固人食人，尔责反舍且？我类蝗自名，所食况有余。吴饥可食越，齐饥食鲁邾。吾害尚可逃，尔害死不除。而作疾我诗，子言得无迂？

这是一首寓言诗。构思很别致，想象丰富。王令在艺术技巧上受韩愈影响很大，写得很重，刻划很深，不留余地，仿佛浓墨重彩。先写蝗虫成灾，后写百姓疾苦。句子散文化很强。中国哲学上有天人相感的观念，蝗虫正是利用这一命题与诗人辩论："我岂能自生，人自召我来。"暗示国家不修德，寄寓诗人对时政的批评。"发为疾蝗诗，奋扫百笔秃。"愤怒之切，可以想见。宋朝专制主义加强，对人民加强剥削。这首诗写在宋仁宗时代，尚且如此。

中国的寓言诗不很发达。南宋孙因有《蝗虫辞》。

范成大《后催租行》

老父田荒秋雨里，旧时高岸今江水。佣耕犹自抱长饥，的知无力输租米。自从乡官新上来，黄纸放尽白纸催。卖衣得钱都纳却，病骨虽寒聊免缚。去年衣尽卖家口，大女临歧两分首。今年次女已行媒，亦复驱将换升斗。室中更有第三女，明年不怕催租苦。

前作《催租行》，不如此首深刻。同样写生活中的官僚主义，但写法方式多样，差别在于所激动的那一点不同。

形容水势很简略。在许多苦楚中只写了一个场面，如何渡过困苦——卖女。

"黄纸"句是揭露统治者的虚伪。"大女"句写得比较模糊，可用杜甫诗中展示的意境来补充，参看《三绝句》。要记得许多诗，要经常用各种诗的意境、情节、技巧相互比较，你就丰富了。

"驱"字堪称诗眼。用得比较精当，意义比较深刻，往往被称为诗眼。柳宗元《对贺者》："嬉笑之怒，甚于裂眦；长歌之哀，过于恸哭。"

最后两句诗是老农自我安慰，表现了更深的痛苦。不说"怕"，而说"不怕"，意味更深。人民以其生活教育了诗人。

第三讲　民族问题

如何看待历史上的民族矛盾问题？这是一个客观事实，政治是经济的集中反映，战争是政治的继续。民族斗争说到底是阶级斗争，双方受害的首先是人民，得利的首先是统治者。古代民族斗争最激烈的特定历史时期，阶级矛盾可暂时退居到次要的地位。民族融合到今天，是经过了一个长期的、复杂的过程。对过去历史上的矛盾斗争，要实事求是。

并非每一首作品都提供了非常明确的历史背景，这样只能就诗论诗。

边塞诗是唐诗中普遍的题材，唐是扩张的，诗人歌颂的战争多为扩张的侵略战争。但唐朝诗人并不像我们今天这样认识到这个战争的性质，而诗篇中的英武之气给人很美的艺术享受。当然也有眼光比较尖锐的，能够看出问题，如李、杜。“士卒涂草莽，将军空尔为。乃知兵者是凶器，圣人不得已而用之。”（李白《战城南》）

王昌龄《从军行》

烽火城西百尺楼，黄昏独上海风秋。更吹羌笛《关山月》，无那金闺万里愁。（其一）

此诗前两句是形象，后两句写思想过程。“烽火”是古人远距离警报装置器，据说用狼粪裹着火烧烟更浓，故有“狼烟”之称。“海”指内陆湖泊，如苏武牧羊之北海、青海。“秋”原是名词，这里用作动词。引起这个战士唯一的情绪是寂寞。“关山月”是伤离的乐曲。诗中用“金”等字眼称颜色字，着色，好看。

前两句造成寂寞的环境，最后一句从对方着想。诗人从自己写到对方，是同情心的伸展，这在古人的诗词中是很多的。杜甫《月夜》：“今夜鄜州月，闺中只独看。遥怜小儿女，未解忆长安。”柳永《八声甘州》：“想佳人妆楼凝（一作颙）望，误几回天际识归舟。”（“天际识归舟”为谢朓《之宣城郡出新林浦向板桥》句）“争知我，倚栏杆处，正恁凝愁！”

青海长云暗雪山，孤城遥望玉门关。黄沙百战穿金甲，不破楼兰终不还。（其四）

“长云”是和“流云”相对的，是横亘在天上不动的云彩，这就构成了使雪山“暗”的效果。“孤城”句在六十年代曾引起小小的争论，认为青海和玉门关相距甚远，不可能“遥望”。但实际上是诗人为了典型形象创造的需要，有权力改变生活中的既定事实。这是为了使你的印象突出。所以，讲诗不能“死于句下”。

大漠风尘日色昏，红旗半卷出辕门。前军夜战洮河北，已报生擒吐谷浑。（其五）

此诗写战斗胜利，却写得与众不同，写后方。“大漠”句又是一景象，抓住了特征，与上首“青海”句异曲同工。

这一组诗给我们的启示，写感情，不能简单化，要复杂地处理生活的真实。有“总是关山别离（一作旧别）情”（其二），也有“不破楼兰终不还”。

李白《塞下曲》

五月天山雪，无花只有寒。笛中闻《折柳》，春色未曾看。晓战随金鼓，宵眠抱玉鞍。愿将腰下剑，直为斩楼兰。（其一）

李诗极活泼、流畅，并不凝重。“五月天山雪”的“雪”是动词。击鼓进兵，鸣金收兵。“玉鞍”的“玉”是颜色字，此为对仗故。你看不出他在对对子，大历十子五律中的对仗学到了这一点。

骏马似风飙，鸣鞭出渭桥。弯弓辞汉月，插羽破天骄。阵解星芒尽，营空海雾消。功成画麟阁，独有霍嫖姚。（其三）

着重写战士出征的豪情，最后两句写另一方面，意含讽刺，但较含蓄。此意为社会生活中的普遍现象，通俗小说中屡见之。

温庭筠“侯印不闻封李广，他人丘垄似天山”（《伤温德彝》）就比较直，不及李白含蓄、深隽。

分析一个作家要考虑到各种文体，诗、词、曲、赋，并要了解当时的风气。

李清照《绝句》

生当作人杰，死亦为鬼雄。至今思项羽，不肯过江东。

鲁迅说："倘有取舍，即非其人；再加抑扬，更离真实。"(《"题未定"草》)认识一个作家，要看到当时的风尚。宋代往往用诗来写重大题材，以词咏个人之情。李清照词与诗的感情相通而不相同。

"至今思项羽，不肯过江东。"这是骂宋高宗的。

用典故的妙处。典故反映了文学语言的传统，当然不能过于僻。典故无非两种：成语和历史故事，用典往往取其一点，并非为一史实作鉴定。

《咏史》

两汉本继绍，新室如赘疣。所以嵇中散，至死薄殷周。

表现了她爱汉族政权。

郁达夫《过田横岛》："万斛涛头一岛青，正因死士义田横。而今刘豫称齐帝，唱破家山饰太平。"讽刺三十年代的蒋介石与南宋情形相似，也是用两个不相干的典故构成一个主题，是比较特殊的。跳跃性强。

陈与义《伤春》

庙堂无策可平戎，坐使甘泉照夕烽。初怪上都闻战马，岂知穷海看飞龙。孤臣霜发三千丈，每岁烟花一万重。稍喜长沙向延阁，疲兵敢犯犬羊锋。

这首诗写于南宋前期，诗中充满了对局势的忧虑，反映了诗人同民族政权的血肉相连的感情。读这首诗，要注意如何将很大的局面加以集中概括。另外，这首诗善于顿挫，即停顿转折，用现在的话来说就是富于节奏感。

一、二两句言军情紧急，平起。三、四句开合面很大。"上都"是首都，"怪"字含义深。"但使卢(一作龙)城飞将在，不教胡马度阴山。"(《出塞二首》其一）可用来解释这个“怪”。“穷海”，海之尽头。写战局大起大落，上上下下都无思想转变，这是顿挫。下面归结到自己，人很感伤，物却依然。以人之伤痛，物之无知对照。下面笔锋又转，在忧心如焚中又透出一线希望。这又是顿挫。以北宋灭亡，南宋建立，写到自己及将来。

刘子翚《汴京纪事》

内苑珍林蔚绛霄，围城不复禁刍荛。舳舻岁岁衔清汴，才足都人几炬烧。（其一）

二十首绝句，从不同的角度反映汴京沦陷前后之事之感。

主题在怎样认识生活中形成，在怎样表现生活中完善。宋徽宗赵佶建万寿山（艮岳），最高楼是绛霄楼。第一句概写艮岳之形貌。本诗口气很冷峻。

空嗟覆鼎误前朝，骨朽人间骂未销。夜月池台王傅宅，春风杨柳太师桥。（其二）

封建社会为尊（贤）者讳，因此不提皇帝的过错，只讦大臣。结论在前，人在后。不写人，而写人住的地方。不写房子的豪华，只写景物。物存而人安在？后两句是互文见义，斥王黼、蔡京。

辇毂繁华事可伤，师师垂老过湖湘。缕衣檀板无颜色，一曲当时动帝王。（其三）

师师事在一百二十回《水浒》中可见。这首诗从一个小人物的生活变化来表现社会的变化，很明显受到杜甫《江南逢李龟年》的影响，但杜诗更沉郁。“缕衣”颜色是很显眼的，“檀板”是暗红色，与“颜色”有何关？可以作两点解释：一是复词偏义，以“缕衣”为主；另一点牵涉通感问题。“檀板”无响亮之音，故曰“无颜色”。《文选》将宋玉《风赋》归为物色类，李善注：“风虽无正色，然亦有声。”宋祁“红杏枝头春意闹”（〔玉楼春·春景〕）的“闹”，姜白石“闹红一舸”（写荷花）（〔念奴娇〕），口语中“手辣心狠”亦是如此。

陆游《五月十一日夜且半梦从大驾亲征……》

这是一首浪漫主义的作品。

诗的起头难，前人评谢朓“工于发端”，实际上结尾也很重要。此诗写得很饱满：“凉州女儿满高楼，梳头已学京都样。”同样写发式，刘克庄《北来人》却从另一角度写，写敌占区的人民留恋汉族政权，亦很深刻。最后两句“凄凉旧京女，妆髻尚宣和”（其一）可与陆游诗的结尾参看，事同情异。

杜牧《赤壁》小中见大，与上两首均可比。许彦周评杜牧“措大不识好恶”（社稷存亡都不问，只恐捉了二乔）。其实末句隐约地暗示东吴的命运。

陆游的诗主要有两种形象，一是对国家大事始终不能忘怀，而那个时代又绝对使他不能有所作为，这就构成了一个尖锐的矛盾。另一是当他感到这一点以后，在晚年写出的许多自然风景诗。

《书愤》

早岁那知世事艰，中原北望气如山。楼船夜雪瓜洲渡，铁马秋风大散关。塞上长城空自许，镜中衰鬓已先斑。出师一表真名世，千载谁堪伯仲间。（其一）

陆游诗俊爽的比较多，沉郁的比较少，“沉郁”感情较深挚，与“浮”、“开”相对。“世事艰”，世界上的事那么复杂。

颔联用两句写出了几十年来与金兵作战的情形，通过自己的感情变化，反映了宋对金由战到和的历史过程。结尾用意较深，诸葛亮成功是有客观条件的，因为深得皇帝的信托，而自己却是“空自许”，所表现的是激昂感情所受到的抑压。

《十一月四日风雨大作》

僵卧孤村不自哀，尚思为国戍轮台。夜阑卧听风吹雨，铁马冰河入梦来。

这是退居山阴时作，所谓日有所思，夜有所梦。三、四两句转到写梦。用“夜阑”是点明诗人的失眠，想为国戍轮台。梦中也是为国戍轮台，用“铁马冰河”之具体形象写出。结构紧密。某种声音通过大脑的反应变成某种情景之例。

“马龁枯萁喧午枕，梦成风雨浪翻江。”（黄庭坚《六月十七日昼寝》句）也是由声音联想到形象，和陆游此诗的写法差不多。要有善于搜索的眼睛和善于表达的一双手。

《示儿》

死去元知万事空，但悲不见九州同。王师北定中原日，家祭无忘告乃翁。

一、二两句又衔接又转折，与上首差不多。“僵卧孤村不自哀，尚思为国戍轮台。”（《十一月四日风雨大作》）“死去元知万事空，但悲不见九州同。”

“北定中原”是诸葛亮《出师表》中的话，是暗用典。

陆游的号召力是很强的，但历史没有按陆游的意愿发展。在另外一种历史条件下，诗人可以有另一种形式的号召，如林景熙：“来孙却见九州同，家祭如何告乃翁。”（《书陆放翁诗卷后》）诗人总是从各自的生活中提出问题，解决的方式不同，但用的都是精神力量、心灵力量来表现，这种力量是有其光彩的。

文天祥《过零丁洋》

辛苦遭逢起一经，干戈落落四周星。山河破碎风抛絮，身世飘摇雨打萍。惶恐滩头说惶恐，零丁洋里叹零丁。人生自古谁无死，留取丹心照汗青。

他的《正气歌》思想性很强，将其心目中所崇敬的古人一一排列出来，但表现手法单一，缺少变化，在艺术上有些缺失。这种手法，别人也用过，如江淹《别赋》、《恨赋》，辛幼安《贺新郎》。文天祥的《衣带赞》皆四字句：“孔曰成仁，孟曰成义……读圣贤书，所学何事？而今而后，庶几无愧。”表示他宁死不屈的骨气。

以前科举时都要选一经，文天祥究竟所选何经尚未查到。

“山河”句写国，“身世”句写家。身世之感，家国之恨，这就是说个人的命运总不能不同国家人民的命运联系在一起的。

“惶恐”此处当作惭愧讲。端宗景炎二年(1277)文天祥在家乡江西省吉水县附近的空阬被蒙古侵略者打败，妻妾等多人被俘北去，只有母亲和长子随他经赣江惶恐滩一带退往汀州(今福建长汀)。苏轼《八月七日初入赣过惶恐滩》:“地名惶恐泣孤臣。”他以五十九岁的高年，被政敌迫害，经赣江到惠州。“惶恐”与“喜欢”相对(山忆喜欢劳远梦，地名惶恐泣孤臣)，有悲愤、难过的意思。

“汗青”，在纸没有发明以前，古人写字多半用竹简，将竹简放在火上，烤去其水分(汗)，可以防蛀，称为汗青。这里用来指历史，照耀史册。每个人都在用自己的行动写历史，有“留取丹心照汗青”的人，也有“骨朽人间骂未销”(刘子翚《汴京纪事》)之辈。《正气歌》的艺术上的缺点，陈典故，变化得很少。古人作诗以身世和家国为对。

为什么要百花齐放呢？因为生活本身是复杂的，要有不可重复、不可代替的艺术品。

家铉翁《寄江南故人》

曾向钱塘住，闻鹃忆蜀乡。不知今夕梦，到蜀到钱塘？

古人“江南”的概念，包括整个南方。第一句暗含民族政权的故地。蜀川是故乡，而见杜鹃又暗含帝王寥落。后两句说明他经常做梦，不是到杭州就是到四川，所以不知今夕如何。“不知”得好，因为不管梦到哪里，都是梦想恢复祖国。短短二十字，语淡而深刻。这首诗写得很淡，又很深刻，不仔细体会，一滑就过去了。

《孟子·万章下》:“诵其书，读其书，不知其人可乎？是以论其世也，是尚友也。”家氏是四川人，南宋时在杭州做过官。但是作家生平、时代背景本身，不能代替对作品的理解。最典型的例子是毛主席诗词的研究，“弹洞前村壁”(〔菩萨蛮·大柏地〕)，前村的墙壁上有一个大窟窿。“文化大革命”中讲解毛主席诗词的书，以论人论史为主，不论作品。

谢翱《效孟郊体》

闲庭生柏影，荇藻交行路。忽忽如有人，起视不见处。牵牛秋正

中，海白夜疑曙。野风吹空巢，波涛在孤树。（其一）

所谓“体”，从刘勰《文心雕龙·体性》以来，一是指样式，一是指风格。这里是后一种意思。题为《效孟郊体》，实际上是无题。他是以丧失了祖国的奴隶的语言，寄托对祖国政权的怀念。三首诗都是写诗人在秋天的一种空虚、迷惘而又在追求的感情，这是宋诗中的精品，选家往往很少注意。

其一第一句写景，第二句具体化，使形象更鲜明。苏轼《记承天寺夜游》：“庭下如积水空明，水中藻荇交横，盖竹柏影也。何夜无月，何处无竹柏，但少闲人如吾两人者耳。”诗文状景手法相同。第三、四两句极写“忽忽如有所失”的精神状态。一种巨大的灾难过去了，随着时间的流逝而淡薄了印象，但怎能忘却呢？这种写法在古典诗歌中是很多的。如苏轼：“十年生死两茫茫，不思量，自难忘。”（〔江城子·乙卯正月二十日夜记梦〕）五、六两句与第一、二句衔接，七、八句与三、四句相接。“野风”指蒙古族，“空巢”指灭亡的民族政权。“波涛”句写局势不平静。这首诗表现了他空虚、迷惘追求的复杂心理，细致入微地表达了亡国之恨。一、很细致，很精细，很动人。二、造语极巧。首四句用形象来表达一代不如一代之意。三、借日常琐事咏重大的事情。思妇、孤臣、孽子等形象，在古诗里往往相关。

《重过杭州故宫》：“复道垂杨草欲交，武林无树着凌霄。野猿引子移来住，覆尽花枝翡翠巢。”这是谢翱的另一首诗，也是用鸟巢来比喻政权。诗人用的形象以及习惯的表达方式，弄懂了就可理解。“野猿引子移来住”，“猿”与“元（朝）”通。

落叶昔日雨，地上仅可数。今雨叶落处，可数还在树。不愁绕树飞，愁有空枝垂。天涯风雨心，杂佩光陆离。感此毕宇宙，涕零无所之。寒花飘夕晖，美人啼秋衣。不染根与发，良药空尔为。（其二）

“落叶昔日雨”即“昔日雨落叶”。五、六句化用曹操《短歌行》“月明星稀，乌鹊南飞。绕树三匝，无树可依”。此诗造语极巧，写了自己的形象以及对当时局面的看法。沉痛的亡国之恨，国家不存在，甚至流连之地也难。

闺中玻璃盆，贮水看落月。看月复看日，日月从此出。爱此日与月，倾写入妾怀。疑此一掬水，中涵济与淮。泪落水中影，见妾头上钗。（其三）

这是借思妇的幻觉写出爱国的真情。古代诗歌中，思妇、孤臣、孽子是相通的，这里就是写出了一个孤臣的形象。“济淮”代表北方领土。这诗有许多幻觉，以幻景写真情，幻与真的统一。

《书文山卷后》

魂飞万里程，天地隔幽明。死不从公死，生如无此生。丹心浑未化，碧血已先成。无处堪挥泪，吾今变姓名。

前一组诗含蓄精微，这一首诗很直率，感情直泻而出，如泼墨画。同样感人至深，所以不能绝对化。

更改姓名在古人是一件大事，这里作隐姓埋名讲，不与侵略者合作的意思。

林景熙《山窗新糊有故朝封事阅之有感》

偶伴孤云宿岭东，四山欲雪地炉红。何人一纸防秋疏，却与山窗障北风。

题目好。“何人一纸防秋疏，却与山窗障北风。”可见，即使是一张纸，也还在抵挡着北风。警告侵略者，有着爱国主义传统的中国人民，连着一草一木都会仇恨他们，与之血战到底。毛泽东说过：“中华民族有着同自己的敌人血战到底的气概。”司马光写淝水之战：“秦王坚与阳平公融登寿阳城望之，见晋兵部阵严整，又望八公山上草木皆以为晋兵。”(《资治通鉴》)

郎士元《送杨中丞和蕃》

锦车登陇日，边草正萋萋。旧好寻(一作随)君长，新愁听鼓鼙。河源飞鸟外，雪岭大荒西。汉垒今犹在，遥知路不迷。

古代民族关系矛盾时多，融洽时少，但对于短暂的和好局面，诗人们从人民希望安定的愿望里感到欣喜，讴之于诗。郎氏之作即此类。一、二句写时间地点，三、四写心情。“寻”是古汉语中特别用来恢复过去关系的词，写国家大事和个人感情。五、六两句只讲了一半，土蕃还在飞鸟外、雪岭西，极写其远，空间的跨度很大。七、八两句写出对和平的向往，以前的堡垒成了现在的路标。作品的思想性不是外加的，是诗人对生活的认识和评价的具体化。旧日两军对垒的战堡成了今日双方来往的路牌，诗人的欣悦之情可以想见。

第四讲 妇女问题

从汉代开始就有对古代妇女的七弃(出、去),犯其一就可被光明正大地赶走:1. 不生孩子;2. 淫逸;3. 不侍舅姑;4. 口舌;5. 盗窃;6. 妒忌;7. 恶疾(皮肤病)。

资产阶级比封建社会进步的地方是尊重人。高尔基的长诗《少女与死神》,斯大林题为"爱战胜死"。

《西厢记》的主题之一是爱情战胜功名,《牡丹亭》的主题就有爱战胜死。王实甫、汤显祖不能不受到前代作家的影响。

古诗《冉冉孤生竹》

冉冉孤生竹,结根泰山阿。与君为新婚,兔丝附女萝。兔丝生有时,夫妇会有宜。千里远结婚,悠悠隔山陂。思君令人老,轩车来何迟!伤彼蕙兰花,含英扬光辉。过时而不采,将随秋草萎。君亮执高节,贱妾亦何为?

湖南有句老话:"姑姑穷来有一嫁,嫂嫂穷来无寒夏。"这说明过去妇女出嫁是很重要的。这首诗写的是在订了婚而没有出嫁的特定环境中,一个女子的矛盾心理。诗的主题旧说是"怨迟婚"。

"孤生竹"乃暗示此女是独女。"妻者,齐也。一与之齐,终身不改。"(司马光《家范》)"兔丝"乃形象化的说法。"兔丝生有时"是单词复义。"思君令人老,轩车来何迟。"揭示了很深的感情。"思君"句惊心动魄,因为看久了而未感到这句话的分量。"缠绵忠厚"的意思是,当自己的感情很激动,对对方有气时,最后又转过来为对方设想。此诗结尾亦然。

傅玄《豫章行苦相篇》

苦相身为女,卑陋难再陈。男儿当门户,堕地自生神。雄心志四海,万里望风尘。女育无欣爱,不为家所珍。长大逃深室,藏头羞见人。垂泪适他乡,忽如雨绝云。低头和颜色,素齿结朱唇。跪拜无复数，婢妾如严宾。情合同云汉，葵藿仰阳春。心乖甚水火，百恶集其身。玉颜随年变，丈夫多好新。昔为形与影，今为胡与秦。胡秦时相见，一绝逾参辰。

过去有“盗不过五女之门”语，因为陪嫁很厉害。这首诗描写很朴实，个别句子很新警，但由于没有提供典型的事与人，缺乏个性化，给人印象不深，感动力也较差。

中国古典诗中有一种宫怨诗，即描写宫廷女的怨恨。古代诗人很大胆，把矛头直指皇帝。因为在男权社会中，皇帝是最为典型的一夫多妻制的代表。《礼记》将多妻多妾视为合法。

白居易《上阳白发人》

上阳人，红颜暗老白发新。绿衣监使守宫门，一闭上阳多少春。玄宗末岁初选入，入时十六今六十。同时采择百余人，零落年深残此身。忆昔吞悲别亲族，扶入车中不教哭。皆云入内便承恩，脸似芙蓉胸似玉。未容君王得见面，已被杨妃遥侧目。妒令潜配上阳宫，一生遂向空房宿。宿空房，秋夜长，夜长无寐天不明。耿耿残灯背壁影，萧萧暗雨打窗声。春日迟，日迟独坐天难暮。宫莺百啭愁厌闻，梁燕双栖老休妒。莺归燕去长悄然，春往秋来不记年。唯向深宫望明月，东西四五百回圆。今日宫中年最老，大家遥赐尚书号。小头鞋履窄衣裳，青黛点眉眉细长。外人不见见应笑，天宝末年时世妆。上阳人，苦最多，少亦苦，老亦苦。少苦老苦两如何？君不见，昔时吕向《美人赋》。又不见，今日上阳宫人白发歌。

白居易以离宫中一个女子的遭遇写宫怨，具有典型性。他根据事实，又是根据创造性的想象。史学家陈寅恪《记唐代之李武韦杨婚姻集团》：高力士掌握宫廷大权。

“夜长无寐天不明”前，写了寂寞和空虚，不能得到一个人应该得到的。参见《长恨歌》写唐明皇的空虚，用的是同样的景色。当然唐明皇的空虚同宫女的不一样，它们使用不同的描写。“夕殿萤飞思悄然，孤灯挑尽未成眠。迟迟钟鼓初长夜，耿耿星河欲曙天。”这是写“秋夜长”。也有写“春日迟”，如白居易“斜凭绣床愁不动，红绡带缓绿鬟低。辽阳春尽无消息，夜合花前日又西”。夜合花又叫“合欢花”，写的是闺怨。闺怨都是反对扩张战争的，扩张战争对普通人家庭生活造成了破坏，而家庭生活是应当受到尊重的。从比较中可以得出这样的结论，生活对作家获得形象是多么重要。

“今日宫中年最老，大家遥赐尚书号。”见出统治者的伪善。

“少亦苦”，少时得宠，也不过是高级玩物，《红楼梦》里贾元春说“见不得人的地方”（第十八回）。

此篇可与《长恨歌》呼应，李、杨有七夕之盟，但杨作了替罪羊。

袁枚针对玄宗：“到底君王负旧盟，江山情重美人轻。玉环领略夫妻味，从此人间不再生。”可与《长恨歌》对看。

《母别子》

母别子，子别母，白日无光哭声苦。关西骠骑大将军，去年破虏新策勋。敕赐金钱二百万，洛阳迎得如花人。新人迎来旧人弃，掌上莲花眼中刺。迎新弃旧未足悲，悲在君家留两儿。一始扶行一初坐，坐啼行哭牵人衣。以汝夫妇新嬿婉，使我母子生别离！不如林中乌与鹊，母不失雏雄伴雌。应似园中桃李树，花落随风子在枝。新人新人听我语，洛阳无限红楼女。但愿将军重立功，更有新人胜于汝。

上篇是以旧排新，此篇写喜新厌旧。“以汝夫妇新嬿婉，使我母子生别离。”白居易止于记录旧人之语，认识是模糊的，客观主义的，对于一夫多妻的现存制度的实质没有认识得那么深。他没有认识到新人、旧人在本质上是一样的，“千红一窟（哭），万艳同杯（悲）”（《红楼梦》第五回），薛宝钗、袭人同样也是很悲惨的。曹雪芹的伟大之处，从这一点上可以看出。

第五讲　亲情关系

对这个问题三十年来有很多不同看法。家庭起源很早，基本的职能是生育并抚养后代。其次是男耕女织，生产劳动。家庭成员有天然的血缘关系，我们所讲的人性是从不可消灭的家庭关系中产生的，在没有阶级的社会中就已形成。

阶级性是人性的发展，阶级性丧失了人性，那就是兽性。文学作品中除掉阶级性以外，还有人类所共同的地方。在涉及阶级利益时打上阶级的烙印，不涉及阶级利益时就不打上阶级的烙印。生活中有许多东西习焉不察，不一定资产阶级认为美的东西，无产阶级就认为不美，例如天安门建筑于古代，现在作为国徽的一个组成部分。

文学上的人道主义、人性，这是要区别起来看的。如果对这些东西视而不见，受损失的是我们自己，而不是作家和诗人。

孟郊《游子吟》

慈母手中线，游子身上衣。临行密密缝，意恐迟迟归。谁言寸草心，报得三春晖。

语言有习惯性，用“线”有延长、牵合的意思。前四句只是平铺直叙，后两句突起。前四句是就母亲方面写，后两句从游子方面写，用比，“斩截”（用过去的名词术语讲），感情是浓缩的。

古典诗歌中经常有前半首平常，后半精彩的，如薛道衡《人日思归》，范云《别诗》“昔去雪如花，今来花似雪”，这是节奏感。

孟郊《闻砧》

杜鹃声不哀，断猿啼不切。月下谁家砧，一声肠一绝。杵声不为客，客闻发自白。杵声不为衣，欲令游子归。

用生丝织成衣，生丝硬，需要捣。唐代妇女捣衣多在傍晚或夜间。杜甫：“寒衣处处催刀尺，白帝城高急暮砧。”（《秋兴八首》其一）

"杵声不为客，客闻发自白。杵声不为衣，欲令游子归。"构思巧妙，语言朴质，用意深刻。谢翱《效孟郊体》（详272—273页）正学此处。

杜牧："南陵水面漫悠悠，风紧云寒（一作轻）欲变秋。正是客心孤迥处，谁家红袖凭江楼。"（《南陵道中》）苏轼："墙里秋千墙外道。墙外行人，墙里佳人笑。笑渐不闻声渐悄，多情却被无情恼。"（〔蝶恋花〕）姑娘一点不知道。

客观事物同主观感受相结合，迸发着火花，就产生了诗。陈简斋："忽见好诗生眼底，安排句法已难寻。"（《春日二首》其一）一个真正的诗人，总是善于将转瞬即逝的感受记录下来，对于生活中细微但他认为有兴趣的事情是不会漏掉的。

陆游《送子龙赴吉州掾》

我老汝远行，知汝非得已。驾言当送汝，挥涕不能止。人谁乐离别，坐贫至于此。汝行犯胥涛，次第过彭蠡。波横吞舟鱼，林啸独脚鬼。野饭何店炊？孤棹何岸舣？判司比唐时，犹幸免笞棰。庭参亦何辱，负职乃可耻。汝为吉州吏，但饮吉州水。一钱亦分明，谁能肆谗毁？聚俸嫁阿惜，择士教元礼。我食可自营，勿用念甘旨。衣穿听露肘，履破从见指。出门虽被嘲，归舍却睡美。益公名位重，凛若乔岳峙。汝以通家故，或许望燕几。得见已足荣，切勿有所启。又若杨诚斋，清介世莫比。一闻俗人言，三日归洗耳。汝但问起居，余事勿挂齿。希周有世好，敬叔乃乡里，岂惟能文辞，实亦坚操履，相从勉讲学，事业在积累。仁义本何常，蹈之则君子。汝去三年归，我倘未即死。江中有鲤鱼，频寄书一纸。

以诗的语言写一场家常谈话，平易近人。首两句不从自己讲，而是从对面写起，为对方设想。三、四句从自己讲，五、六句结合两方面讲。接下去设想沿途情况，再写对他的希望。最后希望他早日归来。"汝去三年归，我倘未即死。江中有鲤鱼，频寄书一纸。"感情真挚，几乎使人忘记其技巧。

梅尧臣《戊子三月二十一日殇小女称称》

蓓蕾树上花，莹洁昔婴女。春风不长久，吹落便归土。娇爱命亦然，苍天不知苦。慈母眼中血，未干同两乳。（其二）

这是父亲对一个未成年而死的小女的悼念。最后两句写出了分娩不久就失去孩子的母亲的生理状态和心理状态，非常特定，不可移动。

王安石《示长安君》（全诗详 385 页）

这是写给妹妹的诗。宋诗用意深刻，是唐诗的发展。

“草草杯盘”两句是写暂聚之乐。“自怜湖海”两句是写旋别之哀。古人讲湖海、江海、江湖均指空间辽阔，不一定指特定地点，“尘沙”在这里倒是特指。

古典诗歌的主语省略要注意。“欲问”是谁问？从不同的角度均可问，主语的省略往往导致诗的歧义或多义。“雁南征”是有限制的，形容通信之艰。

三、四两句尤其值得注意，反映了王安石这个政治家生活上的一面。宋元小说中的《拗相公》把王安石写成不爱清洁、不近情理的人，根源就在他的生活非常简朴，没有歌儿舞女。三、四两句似画中的略加点染，但容量很大，要求读者更多的合作，用自己的生活补充到诗歌中去。比较下面三首诗：

司空曙《云阳馆与韩绅宿别》（全诗详 385 页）

也是写暂聚之乐，旋别之哀。“乍见翻疑梦，相悲各问年。”“寒照雨”写所感，“暗浮烟”写所见，布景更多。最后用一“惜”字贯串过去、将来。

李益《喜见外弟又言别》（全诗详 385 页）

“问姓惊初见，称名忆旧容。”三、四两句与上首的三、四句异曲同工。

这三首诗均用画龙点睛的手法写出了每个人都有所感而一时难以表达出来的感情。各人落笔所想到的都不一样，各自从生活实感中提取，成为不可替代的艺术珍品。

也有写到情很繁富、具体的。

杜甫《赠卫八处士》(全诗详 385 页)

写得详尽。《文心雕龙》上说“繁而不可删,略而不可益”,艺术上难以达到的境界是“恰到好处”。

一上来就用天上的星作比,是“抑”,后两句就是“扬”,此欲扬先抑。“访旧半为鬼”两句是抑,“焉知二十载”是扬,一直扬,到最后又低沉。我读杜甫的这首诗,可能比你们体会多一些。

诗歌的异文取舍,一是据古本,一是据胜义,古本接近手稿。“夜雨剪春韭”,古人说“春初早韭,秋末晚菘”。“儿女罗酒浆”不如“驱儿罗酒浆”,因为后者卫八处士也参加进去了。唐朝人吃的酒是酒酿,现在的酒元朝以后才有。

讲这四首诗的目的是要说明繁简交织是必要的。

王安石《送和甫至龙安微雨,因寄吴氏女子》

荒烟凉雨助人悲,泪染衣襟不自知(一作持)。除却春风沙际绿,一如看汝过江时。

一秋一春。“荒烟”句是由景生情。送吴氏是秋,送和甫乃是春天,但下雨,“荒烟凉雨”却是一致的。诗人或悲秋喜春,或伤春悦秋,此处则春秋皆助人悲。人的主观感情可以使客观景物涂上主观色彩。

搞学问,一是不能随声附和,二是不能停滞在原来的境地。

“春风又绿江南岸”没有“除却春风沙际绿”的“绿”好,把春风看成是绿色的,这是前人所未言。

第六讲　爱情问题

文学的发展就是人的价值发现的历史，在妇女问题上尤其是如此。婚姻是门当户对。恩格斯说：那时婚姻不是爱情的产物，爱情是婚姻的附加物。那时的爱情靠培养。现在是先算账，后结婚。

李白《长干行》

妾发初覆额，折花门前剧。郎骑竹马来，绕床弄青梅。同居长干里，两小无嫌猜。十四为君妇，羞颜未尝开。低头向暗壁，千唤不一回。十五始展眉，愿同尘与灰。常存抱柱信，岂上望夫台。十六君远行，瞿塘滟滪堆。五月不可触，猿声天上哀。门前迟行迹，一一生绿苔。苔深不能扫，落叶秋风早。八月蝴蝶来，双飞西园草。感此伤妾心，坐愁红颜老。早晚下三巴，预将书报家。相迎不道远，直至长风沙。

“床”是坐具，并非现在的床。“展眉”和“颦眉”是相对的。“岂上望夫台”是对丈夫爱情的坚信，关于望夫石，可以参看王建《望夫石》。

唐朝由南京到成都商业很发达。

“门前迟行迹”两句，“迟”作等待讲。宋吴文英〔风入松〕：“惆怅双鸳不到，幽阶一夜苔生。”

结句乐观：“相迎不道远，直至长风沙。”不像宫怨诗那么低沉，而是表现了一种强烈的愿望。

像这样从小培养起来的感情在过去是较少见的，在下层社会才有。多数旧式夫妇是婚后培养起感情，一旦失去一方，另一方便无限悲怀。悼亡诗是有特定含义的，是追悼正式的配偶。

元稹《遣悲怀》

谢公最小偏怜女，自嫁黔娄百事乖。顾我无衣搜画箧，泥他沽酒拔金钗。野蔬充膳甘长藿，落叶添薪仰古槐。今日俸钱过十万，与君营奠复营斋。

昔日戏言身后意，今朝都到眼前来。衣裳已施行看尽，针线犹存未忍开。尚想旧情怜婢仆，也曾因梦送钱财。诚知此恨人人有，贫贱夫妻百事哀。

闲坐悲君亦自悲，百年都是几多时。邓攸无子寻知命，潘岳悼亡犹费词。同穴窅冥何所望，他生缘会更难期。惟将终夜长开眼，报答平生未展眉。

一开始就写双方门第不等。“自嫁”和“万事乖”概括力很强。用典总是用其中一部分，在此不是指女方的才华和自己的清高，而是取女方门第高贵和自己的清贫。接下去写他们的生活，着重写其妻安贫。“画箧”（“画”繁体“畫”）一本作“藎箧”，写其对丈夫的体贴。结句一笔兜转，表示惋惜和遗憾。欧阳修说：“祭而丰，不如养之薄也。”（《泷冈阡表》）第一首写其妻之“安贫”。

第二首写家庭中由于其妻死后起了什么变化。“百事哀”与“百事乖”照应。

第三首正面写怀念：“闲坐悲君亦自悲，百年都是几多时。”逻辑顺序是倒过来的，应该一二转换，先作宽己语，然后又一转。尽管想到人生短促，依然悲愁交加，这是一种执着的感情。结句保持了清醒的头脑，而其悲怀也更其难遣。

这三首诗在技巧上并不十分突出，但很有吸引力，是一片痴情。

元稹有《会真记》，“真”是仙人，唐人常把妓女称为“真”。这是元稹根据自己的生活经历写的（陈寅恪、孙望说）。元写了这个小说还发议论，认为一切东西皆有正反两面。莺莺一方面很好，一方面又不好。“又甚美者必有甚恶。”所以人们往往认为张生是个薄幸的人。但到宋以后，不同意元稹的写法，使张、崔大团圆。就这一点上看，元稹是个在生活作风上很不严肃、很薄情的人。但就是他，在几年后写了《遣悲怀》的作品，可见作家的思想很复杂，他的心理是随时随地改变着的。

元遗山《论诗绝句》：“心画心声总失真，文章宁复见为人？高情千古《闲居赋》，争信安仁拜路尘。”（三十首其六）其实也不一定如此。

用当代的世界观与创作方法的公式来要求古典作家，必然会把古典作家及其作品全盘否定掉。使作家创作的最初动力不是世界观，而是古代人民的生活画面。唐朝青年追求的：进士及第，结亲五姓女。

史达祖的《梅溪词》，阮大铖的《咏怀堂集》、《燕子笺》都写得很好，但其人品不高。

《上邪》

上邪！我欲与君相知，长命无绝衰。山无陵，江水为竭，冬雷震震，夏雨雪，天地合，乃敢与君绝。

连用五个比喻。唐代无名氏词："枕前发尽千般愿，要休且待青山烂。水面上秤锤浮，直待黄河彻底枯。　　白日参辰见，北斗回南面。休即未能休，且待三更见日头。"连用六个比喻。博喻（广喻）是中国文学作品中的传统，是赋法的一种。

辛弃疾《贺新郎·别茂嘉十二弟》用了很多典故写别情，用博喻赋法铺成。

苏轼《百步洪》用工笔画，与李白《早发白帝城》写意不同。

范成大："侧足三分垂坏磴，举头一握到孤云。"（《判命坡》）

李白："山从人面起，云傍马头生。"（《送友人入蜀》）

苏东坡写水之险，范、李写山之险，都是从生活经验中得来。

《古诗十九首》

迢迢牵牛星，皎皎河汉女。纤纤擢素手，札札弄机杼。终日不成章，泣涕零如雨。河汉清且浅，相去复几许。盈盈一水间，脉脉不得语。（其十）

借神话写爱情，后惟秦观〔鹊踏仙〕可以匹敌。

孟冬寒气至，北风何惨栗。愁多知夜长，仰观众星列。三五明月满，四五蟾兔缺。客从远方来，遗我一书札。上言长相思，下言久离别。置书怀袖中，三岁字不灭。一心抱区区，惧君不识察。（其十七）

写了过去、现在、未来，是本诗的特点。三十年代诗人戴望舒有“磨不损的太坚固的时间”(《前夜》)的诗句。

客从远方来，遗我一端绮。相去万余里，故人心尚尔。文采双鸳鸯，裁为合欢被。著以长相思，缘以结不解。以胶投漆中，谁能别离此？(其十八)

表达了欢乐之情。

柳恽《江南曲》

汀洲采白蘋，日暖(一作落)江南春。洞庭有归客，潇湘逢故人。故人何不返，春花复应晚。不道新知乐，只言行路远。

汉辛延年《羽林郎》:“人生有新故，贵贱不相逾。”韩凭、何氏夫妇的故事，《乌鹊歌》(据说是何氏所作):“南山有乌，北山张罗。乌自高飞，罗当奈何？”(其一)“乌鹊双飞，不乐凤凰。妾是庶人，不乐宋王。”(其二)反映了底层人民对爱情的看法。

鲍照有两方面值得注意，一是寒门出身，反映才秀人微的现象；二是在文学样式方面使七言古诗成熟。很难想象，如果没有鲍照，会有李、杜的七言诗。

鲍照《拟行路难》其三

璇闺玉墀上椒阁，文窗绣户垂罗幕。中有一人字金兰，被服纤罗蕴芳藿。春燕参差(一作差池)风散梅，开帏对景弄春爵。含歌揽涕恒抱愁，人生几时得为乐。宁作野中之双凫，不作(一作愿)云间之别鹤。

写一个下层妇女成为上层妇女后的想法。“椒阁”点明为富贵人家的姬妾。“风散梅”用字较形象，“散”字的用法以前没有。“开帏”照应上“罗幕”。

见燕子来了就引起愁，唐人多用此种写法，触景生情，如王昌龄“闺中少妇不知愁”(《闺怨》)。

萧衍《河中之水歌》

河中之水向东流，洛阳女儿名莫愁。莫愁十三能织绮，十四采桑南陌头。十五嫁为卢家妇，十六生儿字阿侯。卢家兰室桂为梁，中有郁金苏合香。头上金钗十二行，足下丝履五文章。珊瑚挂镜烂生光，平头奴子擎履箱。人生富贵何所望，恨不嫁与东家王。

有两个莫愁：一在洛阳，就是此诗所描写的；一在湖北石城，后来移入南京。通过下层妇女在爱情与富贵之间的抉择，歌颂了贫家女子。

歌谣体，酷似《孔雀东南飞》。

晏几道〔浣溪沙〕："日日双眉斗画长，行云飞絮共轻狂。不将心嫁冶游郎。"对妇女的关心，不仅诗里面，而且词里面、戏剧里面、小说里面都有。这首词写富贵人家的歌妓，写歌妓的心理，淋漓尽致。一开始不是写她的反抗，而是写她的屈服；第二句是从别人的眼光看，姑娘想到别人对她的评价；第三句把前面的形象一扫而空，大起大落。比萧衍、鲍照写得调皮一些，会写一些。《子夜》里面的吴少奶奶思念雷参谋。

折扇是宋以后从朝鲜传来的，中国以前是用团扇。

谢朓《玉阶怨》

夕殿下珠帘，流萤飞复息。长夜缝罗衣，思君此何极。

一男多女制，最典型的是宫女。"宫怨"，是宫中的怨恨。诗人揭露这种制度的不合理，应当说是很有战斗性的。写内心活动与外部动作配合。"缝罗衣"是外部动作，"思君"是内部心理。缝罗衣仅仅是为了掩盖她的寂寞空虚，没有把思君这一点孤立起来写。传神，像演戏一样演活了。画面不太宽阔，但蕴含了较多的东西。够得上思君的宫女，地位就不低了。

张仲素："袅袅城边柳，青青陌上桑。提笼忘采叶，昨夜梦渔阳。"(《春闺思》)通过外部的动作体现内心的活动，表现征人之妻的思念之情。"渔阳"，现在的北京一带。与谢诗相异处，一在"缝"，一在"忘采叶"，后者没有动作，站着发呆。但从绘画、雕塑的角度来谈，不动也是动，是连续性动作中的某一定点。

刘禹锡："新妆宜面下朱楼，深锁春光一院愁。行到中庭数花朵，蜻蜓飞上玉搔头。”(《和乐天春词》)这首诗在情景上可以说是谢朓《玉阶怨》的补充。在写法上是谢、张诗的补充。“朱楼”点明富贵人家,“行到中庭数花朵”有空白,留待读者去补充。最后一句写发呆,写的东西很少,给你的东西很多,这就叫含蓄。含蓄绝不是平庸。林黛玉《桃花行》:“憔悴花遮憔悴人,花飞人倦易黄昏。一声杜宇春归尽,寂寞帘栊空月痕。”(《红楼梦》第七十回)

李白《玉阶怨》显然受到这首诗的启发,因为谢朓是李白最尊敬的诗人。

李益《江南曲》

嫁得瞿塘贾,朝朝误妾期。早知潮有信,嫁与弄潮儿。

白居易“商人重利轻别离”(《琵琶行》),这首诗的一个特色是奇特的心理表现。诗人往往用最平常的话起头,用不平常的话结尾。关于文学作品中的“痴”。

张先〔一丛花令〕起得突兀:“伤高怀远几时穷,无物似情浓。”“沉思细恨,不如桃杏,犹解嫁东风。”《牡丹亭》:“世间只有情难诉。”(第一出)无理而妙。“虚而非伪,诚而不实。”(钱锺书《管锥编》语)

事物本然之象,人心营构之象,要区分开来。典型化要以人心营构之象,但后者的范围要比典型化大。

张祜《咏(一作赠)内人》

禁门宫树月痕过,媚眼惟看宿燕(一作鹭)窠。斜拔玉钗灯影畔,剔开红焰救飞蛾。

雍陶《和孙明府怀旧山》:“五柳先生本在山,偶然为客落人间。秋来见月多归思,自起开笼放白鹇。”构思与上首是一样的,因为同情自己而同情对方。

由事物本然之象到人心营构之象的过渡,通过人主观的想象。

11 月 25 日

关于考试:自由命题,不要长。凡事预则立,不预则废。

要求：1. 不写、尽可能少写错别字；2. 字迹端正；3. 文理通顺；4. 有理有据（生活范围、文献范围）；5. 推陈出新。

薛道衡《昔昔盐》

垂柳覆金堤，蘼芜叶复齐。水溢芙蓉沼，花飞桃李蹊。采桑秦氏女，织锦窦家妻。关山别荡子，风月守空闺。恒敛千金笑，长垂双玉啼。盘龙随镜隐，彩凤逐帷低。飞魂同夜鹊，倦寝忆晨鸡。暗牖悬蛛网，空梁落燕泥。前年过代北，今岁往辽西。一去无消息，那能惜马蹄。

醒时的想象，梦中的想象，行归怀远之情。

“芙蓉沼”是长芙蓉的池沼。前四句写浓春。“采桑”两句写佳人，美丽的春天也有美丽的人。“恒敛千金笑，长垂双玉啼”，十八笑换成了眼泪。“暗牖悬蛛网，空梁落燕泥”是名句。“前年”以下乃写佳人之内心，这很重要。结句委婉。铺叙，最后以想象作结，寄托自己的愿望。“那能惜马蹄”是希望他回来的委婉的说法。

刘采春《啰唝曲》

不喜秦淮水，生憎江上船。载儿夫婿去，经岁又经年。

莫作商人妇，金钗当卜钱。朝朝江口望，错认几人船。

那年离别日，只道住桐庐。桐庐人不见，今得广州书。

不一定出自她作，然而是她唱的。唐人写商人和农民的矛盾，商人往往很快活。商人妇一方面过着富裕的生活，另一方面要承担寂寞和空虚，同时要承担丈夫不在家的贫困。第三首写意外，就证明她是在想象。

张潮《江南行》

茨菇叶烂别西湾，莲子花开犹未还。妾梦不离江上水（一作水上），人传郎在凤凰山。

以上是清醒时的想象。离别由水，故梦不离水。

张泌《寄人》

别梦依依到谢家，小廊回合曲阑斜。多情只有春庭月，犹为离人照落花。

东方建筑的特点是含蓄，不让你一眼看到底。这首诗前两句写梦，后两句写醒后的情景。“哀而不伤”是中国古代文学批评的一个很重要的概念。一方面抒发，一方面又控制，以达到平衡，又云“乐而不淫”。

岑参《春梦》

洞房昨夜春风起，故人尚隔湘江水。枕上片时春梦中，行尽江南数千里。

若说前首写哀伤，这首写愉快。

《西洲曲》

忆梅下西洲，折梅寄江北。单衫杏子红，双鬓鸦雏色。西洲在何处？两桨桥头渡。日暮伯劳飞，风吹乌臼树。树下即门前，门中露翠钿。开门郎不至，出门采红莲。采莲南塘秋，莲花过人头。低头弄莲子，莲子清如水。置莲怀袖中，莲心彻底红。忆郎郎不至，仰首望飞鸿。鸿飞满西洲，望郎上青楼。楼高望不见，尽日栏杆头。栏杆十二曲，垂手明如玉。卷帘天自高，海水摇空绿。海水梦悠悠，君愁我亦愁。南风知我意，吹梦到西洲。

诗中的主人公是男子还是女子有争论，我认为是女子。写一个女子怀念男子的动作和心理，“忆梅”就是忆人，通过季节的变换，写物之感人。为什么“哀而不伤”？因为对哀的对象不绝望。

张若虚《春江花月夜》

春江潮水连海平，海上明月共潮生。滟滟随波千万里，何处春江无月明。江流宛转绕芳甸，月照花林皆似霰。空里流霜不觉飞，汀上白沙看不见。江天一色无纤尘，皎皎空中孤月轮。江畔何人初见月？江月何年初照人？人生代代无穷已，江月年年望(一作只)相似。不知江月待何人，但见长江送流水。白云一片去悠悠，青枫浦上不胜愁。谁家今夜扁舟子？何处相思明月楼？可怜楼上月徘徊，应照离人妆镜台。玉户帘中卷不去，捣衣砧上拂还来。此时相望不相闻，愿逐月华流照君。鸿雁长飞光不度，鱼龙潜跃水成文。昨夜闲潭梦落花，可怜春半不还家。江水流春去欲尽，江潭落月复西斜。斜月沉沉藏海雾，碣石潇湘无限路。不知乘月几人归，落月摇情满江树。

被王闿运评为“孤篇横绝，竟为大家”（《论唐诗诸家源流》）。

闻一多《唐诗杂论·宫体诗的自赎》认为此诗是从齐梁宫体诗中发展而来，但是我觉得这首诗是否从宫体诗出来，可以讨论。抒情和写景结合得很好，之前是《西洲曲》，这首诗实际上是从《西洲曲》、吴声歌曲、西曲发展而来的。《西洲曲》四句一转韵，是许多小曲合成的，来自民间，在写景抒情上是《春江花月夜》的前奏。为什么闻先生会弄错，因为这个题目是宫体诗的题目，但我们需要看实质。

春、江、花、月、夜，五景宛转相生，通过月作为联系，由景到理，由理到情，转接无痕。诗歌会说理，但是他的表达同哲学家的表达不一样。宇宙是永恒的，而人生是短暂的，怎样解决矛盾有各种方式。这首诗提出了问题，但回答问题不是他的责任。

无情的景物，有情的人生；无限的宇宙，有限的人生。

此诗想象极充沛，有广阔的同情心，韵律上节奏轻快，平仄声韵交替，中间很长一段是以平声接平声，对表达缠绵婉转的感情很有好处。哀愁，不是深，而是淡，淡淡的哀愁。

汤显祖《牡丹亭·游园惊梦》是此诗的最佳后续。

第七讲 友谊

社会关系有血缘的和非血缘的。为了表达友谊，古人在诗里有赠答、唱酬，在文中又赠序，另外还有书札。

旧题李陵《与苏武诗》

良时不再至，离别在须臾。屏营衢路侧，执手野踟蹰。仰视浮云驰，奄忽互相逾。风波一失所，各在天一隅。长当从此别，且复立斯须。欲因晨风发，送子以贱躯。（其一）

携手上河梁，游子暮何之？徘徊蹊路侧，悢悢不能辞。行人难久留，各言长相思。安知非日月，弦望自有时。努力崇明德，皓首以为期。（其三）

“旧题”是指作者很值得怀疑。李陵是悲剧世家，其祖李广，功高而不得封赏。“长当从此别，且复立斯须”是压缩的句子，若要详细了解，可看《西厢记》中的“长亭送别”。

结句是伤别之情，可参看李白《闻王昌龄左迁龙标遥有此寄》：起句（杨花落尽子规啼）是伤春之景，次句（闻道龙标过五溪）是伤别之情。

写联章诗既要有衔接又要不重复。

第一首写离别痛苦，第二首写会合的希望。

“长相思”，汉人的口语，长毋相忘。“崇明德”，古来的传统，君子爱人以德。杜甫《奉送严公入朝十韵》：“公若登台辅，临危莫爱身。”岑参《送张子尉南海》：“此乡多宝玉，慎莫厌清贫。”

刘长卿《送李中丞归汉阳别业》

流落征南将，曾驱十万师。罢归无旧业，老去恋明时。独立三边静，轻生一剑知。茫茫江汉上，日暮欲何之？

刘的五言律诗作得很好，被称作“五言长城”。

中国古典诗歌语言和结构上的问题，语言上的平衡与内容上的不平衡，不只是一个字数上的对称。“流落征南将，曾驱十万师。”前二字与后八字平衡，将其过去与现状对比。“罢归无旧业，老去恋明时。”暗写廉洁，明写流落，见其忠诚。“独立三边静，轻生一剑知。”更见流落之不公平。“茫茫江汉上，日暮欲何之？”明知故问。刘长卿对朝廷用人不满意，但是他自己不说，让读者自己体会出来。

杜甫《送韩十四江东觐省》

兵戈不见老莱衣，叹息人间万事非。我已无家寻弟妹，君今何处访庭闱？黄牛峡静滩声转，白马江寒树影稀。此别应须各努力，故乡犹恐未同归。

岑仲勉《唐人行第录》一书可查考。高尔基《论写作》：起点最难（写文章，开头第一句是最难的，好像音乐里的定调一样，往往要费好长时间才能找到它）。本诗从一个大环境写起。“白马”、“黄牛”两句应当颠倒，为了迁就格律。照搬生活，等于背叛生活。

李商隐《无题》

相见时难别亦难，东风无力百花残。春蚕到死丝方尽，蜡炬成灰泪始干。晓镜但愁云鬓改，夜吟应觉月光寒。蓬山此去无多路，青鸟殷勤为探看。

李商隐写了许多无题诗，基本上有三类：一、写不愿公开的政治感情；二、写爱情；三、失题。凡摘首二字为题者，如《锦瑟》，亦无题之类。

五六两句，一句写女，一句写男，两人互相想象对方。

好诗总给人一种希望，而非绝望。

刘长卿《别严士元》

春风倚棹阖闾城，水国春寒阴复晴。细雨湿衣看不见，闲花落地听无声。日斜江上孤帆影，草绿湖南万里情。东道若逢相识问，青袍今已误儒生。

是行者对居者的赠别诗。中间四句，因情敷景。

刘禹锡《酬乐天扬州初逢席上见赠》

巴山楚水凄凉地，二十三年弃置身。怀旧空吟闻笛赋，到乡翻似烂柯人。沉舟侧畔千帆过，病树前头万木春。今日听君歌一曲，暂凭杯酒长精神。

这首诗写于两人第一次见面。“巴山楚水”是客观的，“凄凉地”是主观的。凡用典故不是吓唬你，而是要你对诗的内容理解得更深刻、更宽广。结句“暂凭”有空隙，究竟以后如何未可预卜。

刘禹锡《洛中送韩七中丞之吴兴口号》

昔年意气结群英，几度朝回一字行。海北江南零落尽，两人相见洛阳城。（五首其一）

韩中丞是韩泰，“口号”的号读“豪”。此诗不用典，直用赋体，用典是比。“一字”是横“一”而不是“1”。

李商隐《哭刘蕡》

上帝深宫闭九阍，巫咸不下问衔冤。黄陵别后春涛隔，湓浦书来秋雨翻。只有安仁能作诔，何曾宋玉解招魂。平生风义兼师友，不敢同君哭寝门。

五礼：吉凶军宾嘉。哭师在寝门之内，故曰“不敢同君哭寝门”。

王安石《思王逢原》（三首其二）

蓬蒿今日想纷披，冢上秋风又一吹。妙质不为平世得，微言惟有故人知。庐山南堕当书案，湓水东来入酒卮。陈迹可怜随手尽，欲欢无复似当时。

王安石当时有孤立感，没有得力助手。王逢原是他的连襟，这首诗主要讲他们的志同道合。着重一“想”字，是并未实到彼地。古代丧礼，朋友之墓，有宿草而不哭。宿草指陈根草，即对朋友的死，用哭来表示是一年。

第二联是宋人写法，风气开自杜甫。“指麾能事回天地，训练强兵动鬼神。”（杜甫《奉寄章十侍御》）不用形象的语言而能构成形象。

“一水护田将绿绕，两山排闼送青来。”(《书湖阴先生壁》)将自然景物由静态转为动态。

不作愁态，无可奈何之境，万不得已之情。

《书文山卷后》第二联(死不从公死，生如无此生)流水对，叙述中见感情。

第八讲　咏史诗

班固《两都赋》:“摅怀旧之蓄念,发思古之幽情。”鉴往而知来,用理论思维可以写成史论、史评,但咏史诗的主要目的却不是给古人作评价,而多半是有诗人自己深刻的思想上和感情上的根源。咏史即咏怀,仅仅是通过历史事实去咏怀,在客观事物中渗进强烈的主观感情。

咏史诗的内容,或一人一事,或多人多事,前者比例占得多。

左思《咏史》

郁郁涧底松,离离山上苗。以彼径寸茎,荫此百尺条。世胄蹑高位,英俊沉下僚。地势使之然,由来非一朝。金张藉旧业,七叶珥汉貂。冯公岂不伟,白首不见招。

荆轲饮燕市,酒酣气益震。哀歌和渐离,谓若傍无人。虽无壮士节,与世亦殊伦。高眄邈四海,豪右何足陈。贵者虽自贵,视之若埃尘。贱者虽自贱,重之若千钧。

魏晋时实行九品中正制,中正是官名,管一个乡内的选举。《晋书·刘毅传》:“上品无寒门,下品无势族。”左思出身寒门,所以写了八首《咏史》诗。首两句说明寒门与士族的起点不同。冯唐是三代不遇。

壮士是指鲁仲连一类的人。

左思《咏史》主要是表现“穷达”的问题,惟咏荆轲与左思所表达的主题,严格讲起来无甚关系,越出作者精神状态的常轨。作家常常有这种情况,如茅盾小说《虹》中的女主人公。为什么要插入荆轲?简言之,左思处于低位而又渴求博取功名再退隐,如果能像鲁仲连那样固然很好,但在寂寞中是会想到哪怕是去做一个刺客也是好的。写荆轲对豪门的看法,实际上是作者对现实的看法。这种心灵活动是溢出常规的,是寂寥中的奇想。

陶渊明《咏荆轲》

燕丹善养士,志在报强嬴。招集百夫良,岁暮得荆卿。君子死知己，提剑出燕京。素骥鸣广陌，慷慨送我行。雄发指危冠，猛气冲长缨。饮饯易水上，四座列群英。渐离击悲筑，宋意唱高声。萧萧哀风逝，淡淡寒波生。商音更流涕，羽奏壮士惊。心知去不归，且有后世名。登车何时顾，飞盖入秦庭。凌厉越万里，逶迤过千城。图穷事自至，豪主正怔营。惜哉剑术疏，奇功遂不成。其人虽已没，千载有余情。

概括了《史记·刺客列传》。陶渊明是陶侃之后，对荆能报仇，有自己的身世之感，寄托了对晋的怀念和对刘宋的不满。他自己虽然不能报仇，但是能够报仇的人，他是很赞扬的。"凌厉越万里，逶迤过千城。"繁与简，常说铺叙多谓之繁，反之则谓之简。在此之前是繁笔，此二句是简笔。《木兰辞》"将军百战死，壮士十年归"亦然。工力悉敌的则详，该省的则尽量省。陶渊明的心灵与荆轲的心灵是相通的。

温庭筠《过陈琳墓》

曾于青史见遗文，今日飘蓬过此坟。词客有灵应识我，霸才无主始怜君。石麟埋没藏春草，铜雀荒凉对暮云。莫怪临风倍惆怅，欲将书剑学从军。

温庭筠有才无行，狂妄自大，一生不得志。"词客"两句很狂，这种气派在辛弃疾词中可见："不恨古人吾不见，恨古人不见吾狂耳。""我见青山多妩媚，料青山见我应如是。"(〔贺新郎〕)末句说投笔从戎。当时文人考进士，考不取就到藩镇去。

王安石《杜甫画像》

吾观少陵诗，为与元气侔。力能排天斡九地，壮颜毅色不可求。浩荡八极中，生物岂不稠。丑妍巨细千万殊，竟莫见以何雕锼。惜哉命之穷，颠倒不见收。青衫老更斥，饿走半九州。瘦妻僵前子仆后，攘攘盗贼森戈矛。吟哦当此时，不废朝廷忧。常愿天子圣，大臣各伊周。宁令吾庐独破受冻死，不忍四海赤子寒飕飕。伤屯悼屈止一身，嗟时之人死(一作我)所羞。所以见公像(一作画)，再拜涕泗流。推公之心古亦少,愿起公死从之游。

苏轼有李白画像诗(《书丹元子所示李太白真》),可加以比较。在宋代诗人中,王最近于杜,苏轼最近于李白。此诗不是题画,而是就此而谈看法。跑题,这是宋人有别于唐人之处。

细部描写最好的,在八代诗里较少,所以有人说真正现实主义的诗歌是从杜甫开始的。“丑妍巨细千万殊,竟莫见以何雕镂。”正是“鸳鸯绣了从教看,不把金针度于人”(元好问《论诗绝句》)。关于杜甫的画像只是略点,对他的诗也是略点。下面主要是讲这个人的生活,以及他如何对待这个生活的。

把“四海赤子”与“寒士”划等号,是根据杜甫许多诗来的。下面放入了自己。

以上咏史诗是把个人当前命运同历史事件紧密联系的,也有不很紧密的。

杜牧《题木兰庙》

弯弓征战作男儿,梦里曾经与画眉。几度思归还把酒,拂云堆上祝明妃。

注意语言的准确性,描写的不可移动性。

《赤壁》

折戟沉沙铁未销,自将磨洗认前朝。东风不与周郎便,铜雀春深锁二乔。

赤壁,最近有种说法是在武昌附近的赤矶。杜牧注过《孙子兵法》,很懂兵法,这是嘲笑周瑜。但《许彦周诗话》责杜牧“措大不识好恶”。《四库提要》有辩驳,此即小见大。阮籍吊广武楚汉战场,慨叹“时无英雄,使竖子成名”(《晋书·阮籍传》)。像这两首诗就很难说与自己的主观感情有什么关系。

对同一个历史人物往往会得出不同的看法。

王昭君这个形象,从晋代石崇歌咏昭君(《王明君辞并序》)一直到当代曹禺的描写（五幕历史剧《王昭君》），不计其数。

王昭君的本来面目，见《后汉书》上的记载，单于愿意和亲，汉宫有个女子王嫱自愿前往，后生一子。老王爷死了，根据当时的民族风俗，她要连同财产一起嫁给其子，后又生二子。昭君曾打报告不愿这样，但未得同意。1. 她是个良家子，不是贵族出身；2. 孤单远嫁；3. 曾为国家利益而牺牲自己。

后来昭君形象不断丰富。晋以后直到唐，增添了许多新的东西：秭归、昭君村、毛延寿故事、在与小王爷结婚时自杀、坟墓至冬虽经霜打而草不败（青冢，呼和浩特市附近），表示怨恨。她是个怀美而不遇的人，是个正直的人，是饱受屈辱而反抗的人，当然反抗的形式是以特有的女性方式出现的。

杜甫有四组联章律诗，一组在成都时作，三组是晚年之作。《咏怀古迹》用七言律诗构成一组，这是创造，五律组诗以前有过，七律组诗是创造，到晚年还在创造。

> 群山万壑赴荆门，生长明妃尚有村。一去紫台连朔漠，独留青冢向黄昏。画图省识春风面，环佩空归夜月魂。千载琵琶作胡语，分明怨恨曲中论。（其三）

“群山万壑赴荆门”是想象，写得很阔大。第二句“生长明妃尚有村”，眼睛注视到昭君村，写得小。“尚有”代表时间的概念，八百多年了，村子还存在，既表示了时间的遥远，也表现了人民对她这个不幸的人的同情。韵文和散文的语法不同，整齐，因而要省略，又要顾及韵律和谐，因此语法结构有颠倒。“一去紫台连朔漠”表示出塞，下句表示了对她不幸结局的同情。“独留”并非无其他坟墓，而是因为坟墓不为其他人所记忆。只有“黄昏”这种凄暗的景色与“青冢”相适应，不能说“独留青冢向朝阳”。第五句是补充第三句，不幸的根源在于汉元帝的昏聩、毛延寿的贪婪及王昭君的正直。第六句是第四句的延伸，“环佩空归夜月魂”，死了以后也还会回到祖国。最后“分明怨恨曲中论”，是诗人的主观感受。律诗比古诗更细致。写离开祖国的怨恨，围绕这一点而展开画面。写场面总要抓住地方特征。

规模较大的作品往往是叙述、咏叹、议论的结合。

王安石《明妃曲》

明妃初出汉宫时，泪湿春风鬓脚垂。低徊顾影无颜色，尚得君王不自持。归来却怪丹青手，入眼平生几曾有？意态由来画不成，当时枉杀毛延寿。一去心知更不归，可怜着尽汉宫衣。寄声欲问塞南事，只有年年鸿雁飞。家人万里传消息，好在毡城莫相忆。君不见咫尺长门闭阿娇，人生失意无南北。

一个有出息的作家、科学家总是在前人已经取得的基础上，去挖掘正在发展的心灵。唐人诗咏叹成分多，宋人喜欢发议论。有的议论发得很巧妙，通过另一种形式，打开心灵的门户。语言文字在诗人手中就像卖油条师傅手中的面团，怎么捏搓都行。像王安石这一首诗，如果把议论抽掉了，也就把这首诗的灵魂抽掉了。抽象有时比具体更具体。“意态由来画不成”，宋玉《登徒子好色赋》“增之一分则太长，减之一分则太短……”，李延年“一顾倾人城，再顾倾人国”，古希腊为海伦而战十年，等等，都是抽象的，但都很好。诗当然要具体描写，但是太具体也出问题，如果都是柳眉、杏眼、桃腮，那就在她脸上开了一个水果店。

“可怜着尽汉宫衣”，表示对祖国的爱。

储光羲诗：“日暮惊沙乱雪飞，傍人相劝易罗衣。强来前殿（一作帐）看歌舞，共待单于夜猎归。”（《王昭君》）罗纨、丝绢都代表汉族文化，毡之类都代表西北民族。透过表面文字，看出她对祖国的眷恋。传统意象，王安石此诗的“春风”代表“面”，来于杜甫；“可怜着尽汉宫衣”，来自储光羲。

“寄声欲问塞南事，只有年年鸿雁飞。”白居易诗：“汉使却回凭寄语：‘黄金何日赎蛾眉？君王若问妾颜色，莫道不如宫里时。’”（《王昭君二首》其二）女子如商品。如蔡文姬，唐人舒元舆诗云：“谁是蔡邕琴酒客，魏公怀旧嫁文姬。”（《赠李翱》）

最后用家人的语言衬托王昭君的怀念祖国。

第九讲　描写各种艺术

怎样使艺术重现是表现艺术的诗的职责。诗人不单纯是艺术再现，而是加进了主观色彩，有所寄托，对政治、社会的看法，对美学观点的发挥。

杜甫《观公孙大娘弟子舞剑器行》（全诗详406页）

“剑器”一说是红绸，一说是剑。

古代舞蹈有二：一是健舞，一是软舞。公孙大娘是健舞，故“沮丧”、“天地”是对周围的感觉。

本诗根本不提李十二娘，而是提她的老师，最后落在李十二娘身上，用烘托法是其一；其二是从两个舞蹈家所处的时代看出国家的兴亡。由开元之治到天宝之乱。前一段是对艺术家的赞扬，第二段是思想上的反省。此诗言在此而意在彼，能够为读者提供更多的东西。“诗史”就是通过各种艺术手段，真实地写出各阶层人的真实面貌。恩格斯论巴尔扎克《人间喜剧》，说他提供了比当时所有职业的历史学家、经济学家和统计学家的全部东西还要多。

韩愈《听颖师弹琴》

昵昵儿女语，恩怨相尔汝。划然变轩昂，勇士赴敌场。浮云柳絮无根蒂，天地阔远随飞扬。喧啾百鸟群，忽见孤凤凰。跻攀分寸不可上，失势一落千丈强。嗟余有两耳，未省听丝篁。自闻颖师弹，起坐在一旁。推手遽止之，湿衣泪滂滂。颖乎尔诚能，无以冰炭置我肠！

如何将音乐语言翻为文学语言，如何用文学来创造音乐形象。李凭的箜篌有许多人写了诗，李贺（《李凭箜篌引》）、杨巨源（《听李凭弹箜篌》）都写过，但创造的形象不同。

本诗广泛地使用了“通感”。反映所听到的不仅用听觉，也有用嗅觉，如王昌龄“水殿风来珠翠香”，宋祁“红杏枝头春意闹”。在整首诗中“通感”的作用还可以研究。本诗并未写时世。

韩愈是古代诗人中描写能力最强的诗人之一。

王安石《纯甫出释惠崇画要予作诗》

画史纷纷何足数，惠崇晚出吾最许。旱云六月涨林莽，移我翛然堕洲渚。黄芦低摧雪翳土，凫雁静立将俦侣。往时所历今在眼，沙平水澹西江浦。暮气沉舟暗鱼罟，欹眠呕轧如闻橹。颇疑道人三昧力，异域山川能断取。方诸承水调幻药，洒落生绡变寒暑。金坡巨然山数堵，粉墨空多真漫与。大梁崔白亦善画，曾见桃花净初吐。酒酣弄笔起春风，便恐飘零作红雨。流莺探枝婉欲语，蜜蜂掇蕊随翅股。一时二子皆绝艺，裘马穿羸久羁旅。华堂岂惜万黄金，苦道今人不如古。

这首诗主要是厚今薄古，反对厚古薄今的意思。此诗也是有一些寄托的。

苏轼《王维吴道子画》

何处访吴画，普门与开元。开元有东塔，摩诘留手痕。吾观画品中，莫如二子尊。道子实雄放，浩如海波翻。当其下手风雨快，笔所未到气已吞。亭亭双林间，彩晕扶桑暾。中有至人谈寂灭，悟者悲涕迷者手自扪。蛮君鬼伯千万万，相排竞进头如鼋。摩诘本诗老，佩芷袭芳荪。今观此壁画，亦若其诗清且敦。祇园弟子尽鹤骨，心如死灰不复温。门前两丛竹，雪节贯霜根。交柯乱叶动无数，一一皆可寻其源。吴生虽妙绝，犹以画工论。摩诘得之于象外，有如仙翮谢笼樊。吾观二子皆神俊，又于维也敛衽无间言。

“清且敦”，这是苏轼在风格学上的特点，是用两个对立的概念摆在一起。

结束语

1. 关于勤奋。如何长期保持下去，变成生活和生命的一个部分，如何使勤奋的效率提高。手要勤。

2. 关于谦虚。始终像一块干燥的海绵吸取知识。

3. 对专业要培养职业性的敏感。

发现人的价值,尊重人。

怎样对待现状?应该对社会有信心。

杜诗讲录

1981 年 9 月 1 日至 12 月 25 日

徐有富　记录

9月1日

这堂课的上课内容可参考《历代诗选》开头部分。该课程初名“历代诗选”，也称“古诗选讲”，后定名为“古诗今选”，开头部分主要讲抒情诗的性质、特点与创作方法，讲杜诗首先也讲了抒情诗的特质。

我们所要肯定的是反映现实的抒情诗篇。

许多作者都把杜甫当作建安精神的体现者。

1. 通俛、清峻。

2. 气韵、风骨。

3. 朴素美、悲壮美。

4. 继承和革新。

东汉时代的社会风气、学术风气，烦琐经学，很讲家法。曹操属古文学派，平易近人，文章恢谐，不浮华。

“气”是当时的文评通用词，重“气”。“气”，文风、文气，本指一物。文、情、意、气，一也，只有虚实之分。指风格，风格即人。

“幽燕老将，气韵沉雄。”（敖陶孙《诗评》评曹操《观沧海》）《观沧海》，写“我”有浓厚的感情色彩，句句都是景语，句句都是情语，用山海表现自己。《龟虽寿》颇受庄子的影响，运用两极端对比，忽然抹煞它们之间的差别。自然、天真，“天籁”，没有雕琢痕。《蒿里行》：曹操是改造文章的祖师。对四言诗的改造，属“庄重典雅”。曹操的四言诗影响了嵇康、陶渊明，在诗坛上独标一帜，对诗风的变化起了不小作用。

9月4日

上次谈到对立统一规律，文学艺术中也贯穿着这一法则，某些抒情诗只触及某一个方面。怎样理解，举一端而他端自见。

用叙事诗和抒情诗作比较来说明抒情诗的特点。抒情诗在很大程度上带有主观性，但要有具体感受，重点在情，也并不排斥叙事、说理成分。上次谈到其原因，具体观察而加以反映的是某一点，但他对生活的摄取是整个的，在这一点上和小说、戏剧没有两样。一幅画，画面上的东西仅仅是一部分，另一部分内容在空白处。

在摄取生活方面没有什么不同，而在表现方法上不一样。元稹《连昌宫词》，他因写了这首诗而被称为才子。它铺叙了宫廷生活的某些方面，他同样用二十个字概括了这种生活（《行宫》：寥落古行宫，宫花寂寞红。白头宫女在，闲坐说玄宗）。后一首是抒情诗，前一首诗带有较大的叙事成分。

古代诗人并没有抒情诗和叙事诗的差别，写时并没有感到有必要加以区别。一方面有客观的叙事，一方面又主观地透露了诗人对这一事物的感受。抒情诗既主观又具体，既要具体就要细致。抒情诗一般比较强烈，并不需要任何特定的形式。小说的故事、人物、情节，抒情诗没有这样一种固定的、大家承认的完整的形式。因为它抒情，它所涉及的面、所采用的方法相当广泛，通过分类可见表现生活是多方面的，而又无固定的形式。

抒情诗人以自己为中心，把他的感情的光辉，辐射到世界各个方面，就某一作品说，它反映的生活面要窄，但就整个作品来说要宽。

抒情诗是中国古典文学的主流，基本上指汉语古典文学。我国兄弟民族，印度、希腊，最早出现的是叙事作品，而汉族一上来就是抒情诗，而且比较短，对这一事实只有存疑。

抒情诗要点：

1. 抒情诗是诗人以他主观的、具体的，精微细致的感受来反映生活。这种感受往往具有独特性。先天遗传，后天的环境，形成了诗人的个性。个性的外化形成了他的风格的独特性。解放后注意找共性，而忽略了个性。一个诗人“不死”就是因为他有独特性，如果和大家一样，他老早就“死”了。他所描写的景物也具有独特性。

“落日邀双鸟，晴天养片云”（《秦州杂诗二十首》其十六），“养”、“邀”，体现了诗人自己的个性，体现了杜甫在成都那一段时间心情比较宁静。“水流心不竞，云在意俱迟。”（《江亭》）他赋予了自然界景物以个性状态。

2. 抒情诗反复出现的形象是诗人自己的形象。虽然诗中未经常提到，但他的形象、哲学思想都是在他的作品中反复出现的。研究抒情诗不能忘记这是诗人整个作品中的一部分，忘记这一点，你的研究可能有缺点。

3. 抒情诗人的感受是主观的、具体的，因主观所以强烈，因具体所以细致。同时要注意它是非常广阔的。既可包括生活中一般性题材，也能包括重大的题材。陆游“小楼一夜听春雨，深巷明朝卖杏花”(《临安春雨初霁》)。鲁迅的话，“倘有取舍，即非全人……”(《且介亭杂文二集·“题未定”草六》)。

钱锺书《宋诗选注》说，介乎这两者之间，把它们沟通起来的，抑郁难堪。要求看一个作家不能看他的一面，通过他的全部作品看清整个诗人、整个时代。李怀民《重订中晚唐主客图》，李怀民，山东高密人。中晚唐诗人两派，一派张籍，一派贾岛。胡翔冬先生讲过此书。通过文学批评也能看出一个时代。乾隆时代，沈德潜主张温柔敦厚，有《唐诗别裁》、《杜诗偶评》。有一些选本体现脱离政治局势的倾向，一定现象都是在一定的时空条件下产生的。

4. 只写矛盾的一个方面，不仅为短小形式所必要，还留了一个宽阔余地让你自己去补充。如：“寥落古行宫，宫花寂寞红。”(元稹《行宫》)《明皇杂录》(唐郑处诲著)。举一端而他端自见。

5. 抒情诗不排斥叙事、说理成分。相反，使它成为有机成分。陆游《登赏心亭》(蜀栈秦关岁月遒，今年乘兴却东游。全家稳下黄牛峡，半醉来寻白鹭洲。黯黯江云瓜步雨，萧萧木叶石城秋。孤臣老抱忧时意，欲请迁都泪已流)，有抒情、叙事、说理，很难截然分开。

6. 汉语古典文学的主流——中国古典抒情诗。

9月8日

谈研究方法

指导思想：辩证唯物主义，历史唯物主义。

一些原则：理论不是教条，而是行动的指南，具体矛盾具体对待。

把这当成万能钥匙，把具体的诗人，具体的诗歌作品都抽象化，这是三十年抒情诗研究未取得多大成就的一个相当重要原因。

具体非常重要。要具体，就要调查研究。这首诗怎么写的，心理状态、气候环境怎样……你想抽象也不可能。韩愈：“齐梁及陈隋，众作等蝉噪。"(《荐士》)蝉叫声响而短促。解放后中青年老师接受训练同以前不同，我们是从具体开始的，念文字就念《说文解字》。解放后空论多了，往往不太准确。李白的浪漫主义不错，李白与李贺、苏东坡的有什么不同就不容易说清。

首先要把握作家总的东西，生活、时代、发展状况……。断代研究、主题分类研究等各式各样的研究。《文心雕龙・序志》："各照隅隙，鲜观衢路。"另外一种毛病是走马观花。

第一阶段搜集材料，上升到整理材料阶段。

除调查研究外，还要钻得深些。杜甫爱用双声叠韵。周春有《杜诗双声叠韵谱括略》。杜甫屡次提到《文选》，"文选烂，秀才半"（阮阅《诗话总龟》卷八引《雪浪斋日记》、陆游《老学庵笔记》卷八）。江苏兴化李详有《杜诗证选》。杜诗中可研究的领域很多，音响、色彩、空间感、时间感。现在谈杜诗思想性的较一般，谈艺术性的则陈词滥调。要把古典文学搞上去，要打破许多框框。重要的一点，不要把艺术品当作史料。杜诗当然是史料，"妇女多在官军中"(《三绝句》其三)，杜甫之所以伟大，是他的诗不能为两《唐书》所代替。要把诗当作诗来研究。摆在我们面前的是怎样突破旧的框框。

我们一方面要突破旧的框框，一方面要继承被抛弃了的好的传统。例如有两类：一是面对作品把作品搞懂。吉川幸次郎读杜诗首先注意宋朝人的注。现在我们基本上读清朝人的注，其实清注保留了宋注。黄侃先生谈读经有类似的话，章句之学。第二点：诗歌要欣赏它，有时候要达到沉迷的程度，美学享受。朗诵是一个不可缺少的训练。"高声朗诵，以昌其气；密咏恬吟，以玩其味。"(《曾国藩家书》)诗歌是语言的艺术，既诉之听觉，又诉之视觉。高声朗诵，使节奏更其鲜明；低声吟诵，同诗歌感情交流。"破额山前碧玉流，骚人遥驻木兰舟。春风无限潇湘意，欲采蘋花不自由。"(柳宗元《酬曹侍御过象县见寄》)骈散文也要朗诵。

要研究，适当搞一点创作。不要把形象思维同逻辑思维一刀切开。艺术总是相通的，不要用冷酷的心情对待艺术品，否则你不能分享创作者、诗人创作的快乐。我放了六七年的牛，对牛很有感情，听到牛吃草的节奏，很愉快。

9月11日

“集大成”问题

孟子称赞孔子的话。(《孟子·万章下》:孔子,圣之时者也。孔子之谓集大成。集大成也者,金声而玉振也)

宋秦少游根据元稹墓志、宋祁《新唐书》说,杜甫的出现是中国诗歌史上的空前现象,巨大的存在,杜甫总结前代诗人创作经验,而自己又有所发展(详参《杜诗讲义》五《前人总论公之成就》)。找出构成这一现象的条件:

1. 时代特征。

2. 家学。

3. 承受思想遗产。

4. 文学传统和自己的文学主张。

5. 天才与学力。

圣,大而化之是为圣。集大成之“大”,是大而化之之“大”,“成”与“化”分不开。

1. 杜甫所生活的时代的特征。

开元二十九年(741),隆盛转入衰败的转折点,内部矛盾孕育、滋长、激发的时代;天宝之后问题暴露。安史之乱是带有民族斗争性质的地方政权武装叛乱,把中国封建社会也划成了前后期。均田制,安史之乱,土地占有,一方面要兼并,另一方面统治阶级施行不彻底的均田制。安史之乱后,统治阶级放弃实行不彻底的均田制。(读宋诗,从梅尧臣起,反映地主、农民阶级矛盾。)以后实行大地主庄园制、税制、兵制。安史之乱前为彍骑、募兵制。安史之乱后,地方叛乱不是打垮的而是招降的。这就是为什么后来出现五代十国政权。河北实际未统一。

中唐以后,南北经济比重起了很大变化。唐朝不垮与江南不乱有关;黄巢搞乱江南,搞垮了唐朝,外族势力侵入。庄园制代替均田制,城市繁荣起来了,出现了城市贫民阶层。这对文学发展有影响。高门大族把握政权,在安史之乱之后衰落下去。科举制度提拔了一批官僚。李牛斗争:李高门,牛进士词科集团。

大体上划出了中国封建社会历史发展的一张草图。

杜甫写到府兵缺乏战斗力。诗人往往有时代的敏感性。龚自珍、鲁迅，展示一个新时期要到来。屈原—杜甫—龚自珍—鲁迅，意识到社会要发生巨大变化。

2. 诗人的家学。

封建社会知识分子以家庭有某种传统而自豪，刺激他向上。杜恕（东汉末年贤明政治家），杜预（西晋名臣、学者，注解《左传》）。杜甫的美学观点：欣赏壮美的东西，鹰、雕，《进雕赋》提到。杜审言，杜甫说，所有作家提到他的祖父都很尊敬。“吾祖诗冠古”（《赠蜀僧闾丘师兄》），“诗是吾家事”（《宗武生日》）。“有子贤与愚，何其挂怀抱。”（《遣兴五首》其三）杜甫笑陶渊明，其实杜甫也是这样，为后一代不能继承他的家学而难过。他是很认真向他祖父学习的，显然能找出杜甫学习杜审言的痕迹。

（1）句法。

绾雾青条（一作丝）弱，牵风紫蔓长。（祖）（《和韦承庆过义阳公主山池五首》其二）

林花着雨胭脂湿，水荇牵风翠带长。（孙）（《曲江对雨》）

寄语洛城风日道，明年春色倍还人。（祖）（《春日京中有怀》）

传语风光共流转，暂时相赏莫相违。（孙）（《曲江二首》其二）

（2）章法。

《和康五庭芝望月有怀》：“明月高秋迥，愁人独夜看。暂将弓并曲，翻与扇俱团。雾（一作露）濯清辉苦，风飘素影寒。罗衣此一鉴，顿使别离难。”（祖）

《月夜》：“今夜鄜州月，闺中只独看。遥怜小儿女，未解忆长安。香雾云鬟湿，清辉玉臂寒。何时倚虚幌，双照泪痕干。”（孙）

《登襄阳城》：“旅客三秋至，层城四望开。楚山横地出，汉水接天回。冠盖非新里，章华即旧台。习池风景异，归路满尘埃。”（祖）

《登兖州城楼》：“东郡趋庭日，南楼纵目初。浮云连海岱，平野入青徐。孤嶂秦碑在，荒城鲁殿余。从来多古意，临眺独踌躇。”（孙）

章法，指布局、结构安排。

杜甫律诗联章，是整体的布局，也是跟他爷爷学的。杜审言有《和韦承庆过义阳公主山池五首》，杜甫《和将军山林十首》亦步亦趋。五言律诗，在初唐诗人中写得最长的是杜审言，有四十韵《和李大夫嗣真奉使存抚河东》，在杜审言前很少人这样写。杜甫跨过了祖父杜审言。创作、模拟只是阶段上的。没有模仿，就没有起点；没有创作，就没有发展。

在性格上学习杜审言，狂傲。杜审言临死前说的两句话："吾在，久压公等。今且死，固大慰，但恨不见替人。"（《新唐书·杜审言传》）杜甫有狂妄的一面，注意都是他早年的作品，追求新的意境。

9月14日

今天"集大成"的概念同古人略有不同。杜甫处于古代封建社会分水岭的时代，他们的作品预示到社会将发生巨大的变动。

3．杜甫同儒家的关系。

任何一位诗人都是思想家。杜诗反映了佛、道某些思想，但根本是儒家。杜甫时代的儒家同战国时代不同，复杂。孔孟之道有两面性，杜既接受落后面，也接受先进面。得不到相应的社会地位，能比较冷静地观察统治阶级的生活。流落、困顿、死亡，接受儒家思想进步面。儒家思想，基本上是入世。从孔孟以来着重解决人的问题。子路问事鬼神，子曰："未能事人，焉能事鬼？"（《论语·先进》）他谈人生，不谈命运。

《自京赴奉先县咏怀五百字》，最清楚的自白。"儒术诚难起，家声庶已存"（《奉留赠集贤院崔于二学士》）；"兵戈犹在眼，儒术岂谋身"（《独酌成诗》）。"法自儒家有"（《偶题》），政治思想完全是根据儒家的教导。

（1）对待人民的态度。

他是非常爱惜人民的，反对过分的剥削。《论语》："节用而爱人，使民以时。"（《学而篇》）"百姓足，君孰与不足。"（《颜渊篇》）《大学》："与其有聚敛之臣，宁有盗臣。"《孟子》："民为贵，社稷次之。"（《尽心下》）"今之所谓良臣，古之所谓民贼也。"（《告子下》）他在《北征》诗中，那么愤慨！《曲江》、《丽人行》，思想启发你去认识生活，不能把他的反映疾苦的诗，仅仅归结于生活在人民之中。杜甫安史之乱后写的诗，他对带有民族性质的叛乱是非常痛恨的(杜甫《留花门》诗)。杜甫的思想比同样负有盛名的文艺家境界要高。与"尊王攘夷"的思想是分不开的。在孔孟书里,提到要求国家统一的思想。孔子作《春秋》,尊王。杜甫爱国诗篇与此有关。

(2) 学习态度。

《论语》"学而不厌""学而时习之"(《学而篇》),"多闻,择其善者而从之"(《述而篇》),体现在杜甫的创作里,也体现在他的文艺理论里。

儒家讲穷通,"穷"不能实行主张,"通"能够做到。"穷则独善其身,达则兼济天下。"(《孟子·尽心上》,济,原作善)"正心、修身、齐家、治国、平天下。"(《礼记·大学》)有干干净净的灵魂是很难进入社会的。春秋黄老之学、东汉传入中国的佛学,给知识分子以非常好的出世哲学。对某些原来具有儒家思想的人来说,它是一个避风港、装饰品。一个显著的例子,就是终南捷径。制科,不求闻达科。接受消极东西作为装饰品。真正一生下来只是出世的诗人没有,陶渊明不是。

迂拙,不会做官,被迫退却,而始终不能忘记国家人民,也即是不忘记政治。他在成都也没有忘记整个政治。"万方多难此登临。"(《登楼》)

4. 他所继承的文学传统和文学主张。

怎样继承一些优良的东西?

最根本的东西还是杜甫自己的作品。

《姜斋诗话》很好,怎么来的?反复研究作品。我们写一部书,不能靠诗话、词话这些东西。

"上薄风骚,下该沈宋……"杜诗"尽得古今之体势,而兼人人之所独专"(元稹《唐故工部员外郎杜君墓系铭并序》)。李苏。"李陵苏武是我师。"(《解闷十二首》其五)杜甫在学习李陵、苏武。他自己提出了一些独特的看法,他有比较清醒的历史主义观点,源流异同高下。

《偶题》前半首是《戏为六绝句》的纲领。首两句(文章千古事,得失寸心知)说明,真正的理解很难。一方面讲自己对古人理解得不够。第二联(作者皆殊列,名声岂浪垂),对于历史的发展、作家的评价提出一个很重要的原则,要我们欣赏异量之美。苏东坡"短长肥瘦各有态,玉环飞燕谁敢憎"(《孙莘老求墨妙亭诗》)。元好问用韩愈的《山石》同秦少游的绝句《春日》作比较(《论诗绝句三十首》其二十四:有情芍药含春泪,无力蔷薇卧晚枝。拈出退之《山石》句,始知渠是女郎诗),不能欣赏纤细的风格。文学是百花齐放的园地。舒婷,李金发。我不赞成朦胧诗,我反对讨伐朦胧诗。第三联(骚人嗟不见,汉道盛于斯),"汉道"主要指赋。四联(前辈飞腾入,余波绮丽为)、五联(后贤兼旧列,历代各清规),继承,又形成了自己的面貌,讲发展。

9月18日

看杜诗学的经典著作,能找到宋诗宋注更好。清醒的历史主义者。

"法自儒家有"(《偶题》第六联上句),谈文学思想。"多病邺中奇"(第七联下句),赶不上建安时代的文学作品。"永怀江左逸"(第七联上句),给六朝作品一定地位。杜甫不反齐梁,陈子昂反齐梁。元好问评陈子昂,李白是陈子昂的继承者。反是合理的。杜的贡献在于反并能认识到齐梁作品的长处。他看出齐梁作家阴(铿)、何(逊)在律诗、近体诗方面的贡献。杜甫是有主见的,认识到齐梁有不可废处。

再看《戏为六绝句》。郭绍虞《戏为六绝句集解》。

怎样理解赋、诗合谈?唐朝把赋、诗放在同等地位,如《文选》文体三大类:赋、诗、杂文。唐朝人是很重视《文选》的,借这代表性文体,阐述文学上的基本看法。

"庾信文章老更成"(《戏为六绝句》其一),"暮年诗赋动江关"(《咏怀古迹》其一)。《哀江南赋》。"老成"构成文学批评上的一个概念。"清新庾开府"(《春日忆李白》),"老成"指功力,"清新"指风格,两者不矛盾。

《戏为六绝句》中的一个论点,对后人不公正的评价作纠正。"前贤畏后生"是讽刺说法,是"永怀江左逸"(《偶题》第七联上句)的具体化。

第二首:"当时体",代表那一个时代风气。轻薄为文是笑的内容。《旧唐书·文苑传》,裴行俭说王勃这些人虽有文彩,但浮躁、简陋。杨炯诗的人名对很多,说它是"点鬼簿"。卢照邻诗的数字对数字,说他是"算博士"。

第三首:"汉魏近风骚"连在一起读,"汉魏风骨",魏晋不成。"龙文虎脊"形容马。"今人"、"尔曹"是一个意思。

第四首："才力"，今人才力。"数公"指庾信等。"翡翠兰苕"，郭璞《游仙诗》："翡翠戏兰苕，容色更相鲜。"（十九首其三）

第五、六首：自己的看法，"不薄今人爱古人"。从建安以来，创造清词丽句的作家必为邻（清词丽句必为邻），同时出现。想攀屈宋，就要争取和他并驾齐驱（窃攀屈宋宜方驾）。潘天寿总结画画："学我者生，似我者死。"（吴昌硕、齐白石也说过类似的话。）既要学，又不能完全同老师一样。

第六首："更勿疑"，不用怀疑。前人根据他的时代创作的作品是不可重复的。"复先谁"，以谁为先。不是哪一家值得学习，而是所有取得成就的作家都是值得学习的。来源于孔子的话（《论语·述而》：多闻，择其善者而从之）。"伪体"：虚伪的感情和纯粹模仿的艺术。杜甫在成都的作品，他的想法，灌注在他自己的作品中。

杜甫的天才和学历：

人的资质是有区别的。遗传和学习。杜甫早慧、早熟。《观公孙大娘弟子舞剑器行》，四岁保留的印象很鲜明。七岁诗，九岁字，十四五走进文场。"脱落（一作略）小时辈，结交皆老苍。"（《壮游》）

学力很深，诗歌引用典故，儒家和佛道两家博览，内外学。生活观察细致，创作态度非常严肃。他晚年是写诗最丰富的时候。"不敢废诗篇"（《归》），"为人性僻耽佳句"（《江上值水如海势聊短述》），"新诗改罢自长吟"（《解闷十二首》其七）。宋朝笔记记载了他改诗的例子。"桃花欲共杨花语"（《曲江对酒》），他把它改了（胡仔《渔隐丛话前集》卷八引《漫叟诗话》云："桃花细逐杨花落，黄鸟时兼白鸟飞。"李商老云：尝见徐师川说一士大夫家，有老杜墨迹，其初云"桃花欲共杨花语"，自以淡墨改三字。乃知古人字不厌改也，不然何以有日锻月炼之语），说明他把诗当作他的事业。

朱光潜《谈美书简》谈高声朗诵的好处。（我国有句老话："熟读唐诗三百首，不会吟诗也会吟。"过去我国学习诗文的人大半都从精选精读一些模范作品入手，用的是"集中全力打歼灭战"的办法，把数量不多的好诗文熟读成诵，反复吟咏，仔细揣摩，不但要懂透每字每句的确切意义，还要推敲出全篇的气势脉络和声音节奏，使它沉浸到自己的心胸和筋肉里，等到自己动笔行文时，于无意中支配着自己的思路和气势。这就要高声朗诵，只浏览默读不行。这是学文言文的长久传统，过去是行之有效的。现在学语体文是否还可以照办呢？从话剧和曲艺演员惯用的训练方法来看，道理还是一样的。）

9月22日，教学楼106

诗歌艺术同其他艺术的区别

莱辛的《拉奥孔》。

朱光潜《谈美书简》当中的两段话："最常见的艺术门类是诗歌、音乐、舞蹈（三种在起源时是统一体）。""文学的独特地位，还有一个浅而易见的原因。语言是人和人的交际工具，日常生活中谈话要靠它，交流思想情感要靠它，著书立说要靠它，新闻报道要靠它，宣传教育都要靠它。语言和劳动是人类生活的两大杠杆。"

1. 语言本身不能直接反映形象。

2. 每个人都可以使用语言。

诗人同其他艺术家在感受生活方面没有差别。读者形象还原，通过语言文字浮现杜甫登泰山时的形象。一方面这是不可能的，《阿Q正传》，不同的导演，不同的演员，演出的形象很不一样。格列格高娃演安娜·卡列尼娜，同其他女演员演不一样。画家对诗意的理解大不一样。

需要读者多一点健康的、合理的想象力。董仲舒《春秋繁露》："诗无达诂。"（卷五《精华》）西洋：形象大于思想，作者的思想控制不住读者的思想。

形象根本不能还原。读诗本身就是一个再创造。语言同劳动一样是生活的杠杆。每一个符号都有相对固定的、为大家所接受的意义。所以我们才能区别一首诗。懂与不懂，好与不好。

《望岳》（全诗详366页）

想讲三个问题。

第一个问题：所体现的杜甫的美学观点。

细大不捐，兴趣很广泛。后代诗人只有苏东坡比得上他，但苏东坡对人生没有那么严肃。杜甫对雄伟壮丽的事物有一种特殊的爱好。"七龄思即壮，开口咏凤凰。"（《壮游》）《登兖州城楼》也如此。

“神秀”这一概念，共三次。另外两句“吾宗固神秀”（按：李邕《登历下古城员外孙新亭》），“才士得神秀”（杜甫《和江陵宋大少府暮春雨后同诸公及舍弟宴书斋》）。秀，禾苗长得好，优美出众。“秀发”见于《诗经》（《大雅·生民》：实发实秀，实坚实好）。

“神”，郭绍虞先生写过专门文章论“神”，我只讲杜甫诗中的“神”。《孟子·尽心》篇，提出一系列概念，羊大为美。“大而化之之谓圣，圣而不可知之之谓神。”

《易经》的《系辞》：“知几，其神乎”，“几者，动之微，吉凶之先见者也”。道家讲神有的指天才，有的指功利。用志不分是为神。杜甫关于神的概念：“读书破万卷，下笔如有神”（《奉赠韦左丞丈二十二韵》），“才力老益神”（《寄薛三郎中》），“书贵瘦硬方通神”（《李潮八分小篆歌》），“将军善画盖有神”（《丹青引赠曹将军霸》）。讲用兵：“临危经久战，用急始如神。”（《观安西兵过赴关中待命二首》其一）同“法自儒家有……”（《偶题》）贯通起来讲。

“神秀”，孙绰（兴公）“天台山者，盖山岳之神秀者也”（《游天台山赋》），杜甫利用了这传统的意象。严沧浪《沧浪诗话》“妙悟”。

常常要注意专门术语。不同的时代有不同的概念。不然，很容易弄错。

10月6日

“神秀”主要是说人和人的活动。“造化钟神秀”，讲自然，指山容的境界秀拔而变化。

第二个问题：杜甫写景物的诗，特别是写山的诗，怎样具体矛盾具体对待，主客观统一问题。

杜诗题目用字很精确，非泛下也。同《望岳》相对的是“登岳”。《杜诗言志》说，已上山，应精雕细琢；“望”要涵盖，注意概括性。《望岳》注意到概括性。在齐就看到鲁泰山是青的（齐鲁青未了）。山南为阳，山北为阴；水北为阳，水南为阴。“阴阳割昏晓”，暗用《史记·大宛列传》（传论：昆仑其高二千五百余里，日月所相避隐为光明也）。五、六句（荡胸生曾云，决眦入归鸟），山容变化，忽隐忽现。以上对山的概括。七、八句（会当凌绝顶，一览众山小)写愿望。王嗣奭《杜臆》:“身在岳麓,而神游岳顶。”

《**万丈潭**》(全诗详367页)

在同谷县(今甘肃陇南市成县)的东南。相传万丈潭(在今成县东南七里飞龙峡)有龙。

前四句(青溪合冥莫,神物有显晦。龙依积水蟠,窟压万丈内)重点形容潭,首尾关合,中间作具体的刻画。杜甫下字很狠,“窟压万丈内”,现出了潭深,“压”字与描写环境气氛有关。

五句上(局步凌垠堮),六句下(侧身下烟霭)。“垠堮”写险峻,“烟霭”写云雾缭绕。山危路险。

以后发议论,与起句呼应。“我辈”(发兴自我辈)不指我们,而指同观点之人。魏晋以来,一方面有写实,头尾有想象,当中精雕细刻,以想象中可能发生的事作陪衬。做诗一般都有陪衬,单调不能引起人们兴趣。

《**青阳峡**》(全诗详366页)

也作细致描写,也有陪衬。陪衬内容有不同,发秦州的诗(青阳峡即青羊峡,在今甘肃西和县东南二十五公里,位秦州之南)。“道弥恶”(南行道弥恶),以为平坦了,但他仍然进一层构思,一波未平,一波又起。“文似看山不喜平”(袁枚《随园诗话》)。你做诗,底下一句什么意思,人家猜不出来。“身轻一鸟过,枪急万人呼。”(杜甫《送蔡希曾都尉还陇右,因寄高三十五书记》)“三尺长胫阁瘦躯”(苏东坡)(《鹤叹》)。创作的意思是我同你不一样。

三句(冈峦相经亘),山之重叠;四句(云水气参错),水之迷离。

五句(林迥硖角来),“来”拟人化。

七八句(溪西五里石,奋怒向我落),猜不到,搬不了家。别的地方没有这样的石头。用夸张和写实互相补充。

九句(仰看日车侧),山之高。十句(俯恐坤轴弱),山之大。

十一、十二句(魑魅啸有风,霜霰浩漠漠)以下:

十三句(昨忆逾陇坂),用另外一种方式作陪衬。读古诗集要互相参照。经过陇坂时,吴岳、莲华、崆峒,都比下去了(高秋视吴岳。东笑莲华卑,北知崆峒薄)。“崧高维岳,峻极于天”(《诗·大雅·崧高》,峻一作骏),这几句诗补足由华州到秦州这一段时间的空白。“冥漠”(及兹叹冥漠),高而不可知。在时间上、空间上坐实“道弥恶”,没有想象的成分,又是一种写法。

李白《梦游天姥吟留别》,比较。

《剑门》(全诗详 367 页)

现实景物,精细描写同对历史的回顾非常巧妙地融合在一起,表现自己对祖国安危的关怀。由同谷往四川路上的诗。“险”立意所在。

东坡:“北客初来试新险,蜀人从此送残山。”(《石鼻城》)

五句(两崖崇墉倚),切剑门。

七、八句(一夫怒临关,百万未可傍),不排除杜甫心中有李白两句诗(《蜀道难》:一夫当关,万夫莫开)的可能性。“怒”、“傍”,怒写一夫之神情。

九、十句(珠玉走中原,岷峨气凄怆),杜甫快到四川时,近似想到四川“天下未乱蜀先乱,天下已治蜀未治”(明末清初人欧阳直公《蜀警录》引古语)。

李杜优劣:李白也想到铲却君山(《陪侍郎叔游洞庭醉后》:刬却君山好,平铺湘水流。巴陵无限酒,醉杀洞庭秋),但是为了看风景;杜甫始终不忘国家和人民,想到是否会有人叛乱。

“时代之预感”,《后出塞》,安史之乱。冯雪峰回忆鲁迅:鲁迅看问题,总比别人早看出几年。

剑门,由甘肃往南走,雄奇、险要。《杜诗详注》关于这首诗的评语(此言剑门势险,可以守国)。在接受文学上传统的形象。“一夫当关,万夫莫开”(李白)。

《文选》卷五十六晋朝张载《剑阁铭》,李白《蜀道难》,杜甫《剑门》,既有传承,又有区别。张载《剑阁铭》,益州刺史(张敏)看了认为是很重要的作品。

李白:俞平伯《李白〈蜀道难〉的写作年代问题》(《文学季刊》)。羁旅行役,怀古主题可能性很大。

杜甫:对当时局势不可终日的紧迫感,地方军伐叛乱,此起彼落。不是一个模仿者,他们写出来的东西依旧各有特色。

《凤凰台》，十二首发秦州纪行诗当中的一首。这几首诗写法不同，有一点相同：文对题。《凤凰台》不大对题，借题发挥。

《公孙大娘弟子舞剑器行》，健舞、软舞，题目不说李十二娘舞剑器，诗中只有一句讲李十二娘，其余可以说都不与李十二娘有关。

范仲淹《岳阳楼记》，范仲淹很理解滕子京的心情。《岳阳楼记》最后提到政治怀抱，其意不在写岳阳楼。

文要对题。文都是对题，没有变化，那也不行。有规矩到无规矩。唐朝人继承六朝人，很会对对子。到了宋朝人就不甘心，做对子常使你摸不着路子。

黄庭坚："桃李春风一杯酒，江湖夜雨十年灯。"(《寄黄几复》)杨杰《和穆父待制竹堂》："内史旧居经几代，此君高节似当时"。一方面对，一方面跳出对。从平衡到不平衡，很呆板、没有变化也不是一件好事。

杜甫不管凤凰台在不在陕西。旧注："山峻，人不至高顶。"爬不上去，将错就错。

七句(安得万丈梯)以下借题发挥，安得"一洗苍生忧"，想象虚写。虚构，基于诗人对现实、对祖国的热爱，对人民的关心。要注意杜甫在这些地方的含蓄性。将帅之无能，问题之严重，都包括在里面。含蓄并不等于温柔敦厚，雄强的东西，控制住，成为一种含蓄。

第三个问题：《望岳》所打下的杜甫青年时代创作的印记。

杜甫青年时代的诗作保留下来的很少，差强，比较好。原因有二：1. 看一个作家不能看他的一面，通过他的全部作品看清整个诗人、整个时代。2. 杜甫把不好的诗删掉了。

手不大放得开。李白很像李广；杜甫很像《汉书》上的程不识，谨严、干净。《登兖州城楼》："浮云连海岱，平野入青徐。"一纵一横，写眼光所及。另外，《房兵曹胡马》："胡马大宛名。"都有气象非常开阔、非常精彩的句子。但从后来的诗看，显然只是开始。另外，他的诗基本上都有所本。品目与孙绰《游天台山赋》(《文选》卷十一)有关。他根本没有上去泰山。杜甫、李白，对《文选》是必修的，是提高自己。从杜甫二十四五岁时的作品同四十八岁作的纪行诗比，年龄翻一番，成就不止翻一番。发同州、发秦州的诗，艺术上还无人考察过。继承古人，又希望摆脱古人的模式。

1981 年 10 月 13 日

谈形式创造问题。先讲形式和内容的关系：

1. 形式与内容互相依存。

2. 形式与内容互相影响：内容决定形式，形式形成后反作用于内容。适合的形式能使内容被准确地认识。形式主义是对形式的要求超过对内容的要求。

3. 形式与内容是不能互相转化的。由于不能转化，艺术形式有它的特性：独立性、稳定性、持续性。鲁迅《且介亭杂文・论"旧形式的采用"》，新形式的探求不能与旧形式机械地截然分开。

中国古典诗歌的一些形式问题。

事、理、情，叙、说，都是形式传达的方式。结构、句法、风格等都是形式所要考虑的。而其中样式，也即文体（但文体也指风格，所以一般不用），是区别于其他体裁的主要之点。

宋人用更适宜于表现爱情的词来表现男欢女爱，后豪放派又把词的疆界扩大了。明清：非婚姻制爱情用时令小曲来表现。

样式从何而来？最初来源于民间创作，而其成熟还是在文人手里。很难想象没有温庭筠、韦庄等《花间》词人，而会出现苏、辛；很难想象没有《古诗十九首》的无名诗人、三曹，会出现唐朝那许多大诗人。

中国文学的历史，就是中国历代作家用形式多样的文体进行创作的历史。有些人误以为文学史就是文体变迁史。焦循《易余籥录》"一代有一代之所胜"，其内涵主要是指文体。王国维《宋元戏曲史》、胡适的《白话文学史》也遵循了这种理论。这种理论只注意到文体的发展，而不注意这种文体是否能全面反映社会内容。宋元明清的五、七言诗虽不新颖，但就整个反映社会生活，表现人民的愿望来说，超过其他样式。如果仅仅把文学史当成文体变迁史，至少是不全面的。散文研究是薄弱环节，即一例。

当然，文体研究的重要性也是不可忽视的。从三言诗到九言诗，历代都有人尝试过。《安世房中歌》、《郊祀歌》，好多都是三言诗。六言诗，相传汉代就有，如孔融。东方朔作过八言诗。汉魏六朝的四言诗，曹操、嵇康、陶潜作得好，作为文体来说，它衰落了，但没有灭亡，由诗移居到文章：铭、墓志，成为散文的附属品。

历代流传最盛的是五、七言诗。长短句历代都有，但数量都不大。从汉朝始，书面语言、口头语言渐渐分离。书面语言渐渐变成文言，口语的句子越来越长。一音一意一形，容易构成对偶。另一方面又注重声韵。刘勰《文心雕龙》作了很好的总结。

五、七言诗注重对偶、声韵，是同长短句的竞争中发展起来的。

纵：四言、六言，整齐的双音节。

五言、七言，富于变化。

横：双数，律化后，相间相重。

而古乐府、词曲，长短不齐，主要适合乐曲。如果同音乐分离后，就不必要了。就吟诵方面，长短句不好作，而五、七言诗好作。五七言诗是根据汉语特点，跟长短句竞争中保存下来的。而现在就成问题了。首先，文学语言同书面语言再不能分离了，现代生活如此复杂，朗诵最能受到欢迎的，还是中句子（针对长句子、短句子而言），句中押韵的自由体诗。

10月16日

诗人可以加入创造诗体的行列，但要经过群众的考验。

1. 本人非常成功，后来很少有人写。空前绝后。

2. 本人写得相当成功，也有人继续，但成就不算顶高。五言排律的形式。排律一百韵。

中唐元白诗派很赞赏杜甫的创造。白居易写了很多排律，元稹墓志铭做了赞赏，是同李白比较中谈的。李白的律诗少得很。

金元好问《论诗绝句》："少陵自有连城璧，争奈微之识珷玞。"什么是杜甫的"连城璧"？有人认为是杜甫的思想性。郭绍虞《元好问论诗三十首小笺》引清潘德舆《养一斋诗话》：忠君爱国。当然我们并不否认，但就二元谈的问题不是这样，因为他们争论的是艺术问题。元稹对杜甫的思想性的评价也是很高的，所以可以排除思想性问题。"不著心源傍古人"

(元稹《酬孝甫见赠十首》其二),把《兵车行》等作为元白诗派的前驱。

郭绍虞引元好问的文章《杜诗学引》说杜甫集大成。"连城璧"就是"尽得古今之体势,而兼人人之所独专"。将"序"改为"引",元好问学东坡,所以也用"引"避家讳(苏轼避祖父苏序讳,作"序"皆用"叙";苏洵凡"序"用"引")。

关于五言排律,生命力的确很强,当然其中没有产生特别杰出的作品,结构以四句为单元,过分排比,过分无变化。

我们是历史主义者么,譬如汉赋,如果根据今天的标准,就很难理解历史上的事实。《大人赋》,汉武帝读后飘飘然有凌云之志;左思《三都赋》引致洛阳纸贵。汉赋是应运而生的。

但要注意两点:1. 杜甫排律比其他体裁要差些,这是文体本身的限制。这种文体到以后出现的好作品毕竟不多。2. 杜甫的尝试就不成功。七言排律,浦起龙把它们收在《读杜心解》。这八首诗里没有什么好的,很差。

启发:作家可以加入创造诗体的行列,但要接受检验。

当代诗坛,林庚写四言体,别人不写;林林俳句,汉俳,《诗刊》1981 年第 6 期第 32 页上。有很多市民文学,带有游戏意味的一些诗歌形式,也始终在作。十七言:"昔日一东坡,今日一西坡,这坡与那坡,差多。"(相传明代正德年间,一位郡守仰慕苏东坡,自号西坡,有人作偷声诗即三句半来加以讽刺。)

《饮中八仙歌》(全诗详 367 页)

诗歌是一个时间艺术。《饮中八仙歌》如八幅画,空间艺术,勾画出八个富有个性的形象,体现富有个性的时代。每句都押韵的七言古诗,如《柏梁台诗》,顾炎武《日知录》有考证。《饮中八仙歌》的创造,光秃秃的八个人,既无头又无尾。"知章骑马似乘船"很像戏剧。

主题:醉人的精神状态。

韵脚。

主题和韵脚扭在一起。

但每个人有相对的独立性。用韵脚很多重复。苏东坡凡有重字要说明,《送江公著》:"二'耳'义不同,故得重用。"浦起龙《读杜心解》:"此格亦从季札观乐、羊欣论书,及诗之《柏梁台》体化出。"

去掉头,把每人勾画一番。将一篇诗分割为八个相对独立的组成部分,而又众流归一地服从于共同的主题。虽然其后这种形式没有得到继续的发展,但终究是值得重视的创造,颇具诗胆。

写作年代。死亡年代可查出来的有四人,苏晋、贺知章、李适之、汝阳王李琎。"左相日兴费万钱,饮如长鲸吸百川,衔杯乐圣称避贤。"天宝五载以后,下限不迟于天宝十三载。安史之乱前太平日子只有两年,杜甫十三载到十五载对长安十年进行反省。十三、十四、十五载的诗是理解杜诗的枢纽。他对形势有一种紧迫感。《后出塞》、《自京赴奉先县咏怀五百字》等诗的预见性,非常清醒的现实主义。而在此以前,他同李白、王维一样,活跃在盛唐的时代。《乐游原歌》、《醉世歌》沉浸在盛唐气象之中。

10月20日

安史之乱前放声歌唱,而乱后,他们却哑了,或者赶不上杜甫。杜甫没有这种情况。

饮中八仙的社会地位和杜甫是怎样描写他们的。

让皇帝(李宪,原名成器)的儿子李琎:《八哀诗》有一篇描写了他:"爱其谨洁极,倍此骨肉亲。"(《赠太子太师汝阳郡王琎》)杜甫另一首诗提到他很会作诗(《赠特进汝阳王二十韵》:挥翰绮绣扬,篇什若有神)。他们都非常了解封建统治阶级内部家庭斗争的残酷性。所以"让"实在是一个聪明的做法。为了让他叔父(玄宗李隆基)放心,他学会了怎样保全自己。

李适之:"避贤初罢相"(李适之《初罢相》)。春天被贬,七月自杀,下了台的高官(天宝六载贬宜春太守,闻韦坚被杀,畏惧自尽)。

李白:看不起他应当看得起的人。

贺知章:善于混日子。唐玄宗赐以鉴湖一曲,他是以开元盛世的点缀而存在的,因此回到家乡很痛快。"离别家乡岁月多,近来人事半消磨。惟有门前镜湖水,春风不改旧时波。"

崔宗之：父亲是齐国公崔日用。

苏晋：死时官做到太子左庶子。

焦遂：隐士。

张旭：书法家。

有才能，然而任何事也做不了，只有喝酒，“穷”快活。杜甫：追溯为什么这些人老在喝酒。

杜甫是怎样描写这些人的？

李泽厚《美的历程》：从建安到中唐诗人缺乏个性。这一点是值得商榷的。

贺知章：南人乘舟，北人骑马，两句一实一虚。

汝阳王：杜甫有两首诗评述过汝阳王（《赠特进汝阳王二十二韵》、《八哀诗·赠太子太师汝阳郡王琎》）。三句一实两虚。严妆（爱其谨洁极）不仅代表美丽，而是代表礼貌，反映了那时浪漫主义风气。

李适之：浪漫，豪饮。矛头指向李林甫。

崔宗之：强调“玉树临风”“美少年”。“玉树”见《世说新语》。“临风前”暗示喝醉。“白眼”，阮籍青白眼，尘世无可望者。刻画了崔宗之这样一个少年英俊的贵公子内心的寂寞。

苏晋：“往往爱逃禅”，“逃”是离开，佛教戒律不准喝酒。酒与佛教都不是他的本心。

李白：“不上船”并非拒绝，而是不能按礼节。唐玄宗对他的优容。

张旭：李颀写他很传神（《赠张旭》：露顶据胡床，长叫三五声。兴来洒素壁，挥笔如流星。……左手持蟹螯，右手执丹经。瞪目视霄汉，不知醉与醒）。散发，露顶。

焦遂：酒后吐真言。

每个人都有个性，结合了他们的社会政治地位来写的。

《乾元中寓居同谷县作歌七首》（全诗详 368 页）

从朱熹到沈德潜、刘凤诰（1761—1830，有《杜工部诗话》），都注意到了他形式上的创造。我们主要看《四愁诗》对它的影响。

张衡《四愁诗》通过个人的生活来反映比较重大的政治感情。杜甫亦如此，但在艺术上发展了《四愁诗》。张衡按东、西、南、北来写，屈原《远游》中一段如此。杜甫摆脱了这一点。按方位、月、季来布局是民间文学传统方式。杜甫受鲍明远《行路难》影响比较明显，但很难用言语来说明这一点。

由《四愁诗》发展到“同谷七歌”有哪几点值得注意？

1. 在内容上通过个人的生活来反映比较重大的政治感情。杜甫绝望，又反抗绝望。

2. 抛弃了从《楚辞》到《四愁诗》比较定形的结构方式。七首，第一首总起（《读杜心解》讲得比较好），启发了第二首。第六首是别调，出自想象。最后一首是总结。

3. 底下讲音节。前六句用一个韵，后两句转韵。韵的变化出于有意安排，操纵自己的思绪。张衡的《四愁诗》没有这么多变化，适应他的只转换字面。

10 月 23 日

“丘也幸，苟有过，人必知之。”（《论语·述而》）有人指出我的错误，我是欢迎的。详见于我写的一篇小文章（或指《詹詹录》十九）。

4. 写情与写景在比例上的不同。杜甫着重写他所处的艰难环境。“无才日衰老，驻马望千门。”（《至德二载，甫自京金光门出间道归凤》）对长安的留恋。古人以官为业，杜甫官不大，对艰苦环境易受感染。一、二、三首偏重写环境，七首偏写情。写景与写情各占一半。着重讲第六首，是幻想。

从《易经》起，龙就代表皇帝。“蝮蛇东来水上游”（第六首第四句），不合自然规律，具有象征意义，比喻叛乱分子。（韩愈《秋怀诗十一首》之第四首中的后八句：“岂不感时节，耳目去所憎。清晓卷书坐，南山见高棱。其下澄湫水，有蛟寒可罾。惜哉不得往，岂谓吾无能。”）利用比兴来突出他在困难环境中未忘记祖国，此政治抒情，其余个人抒情。此首打破了平衡。

第七首，讲自己的怀抱。那时杜甫四十八岁了。这首诗怎样理解，请看《奉赠韦左丞丈二十二韵》、《自京赴奉先县咏怀五百字》。前讲少年怀抱，后主要讲不得志的情况。读大家的诗，读一篇要考虑整个集子前后诗的关系。再如杜甫《北征》："我行已水滨，我仆犹木末。"而《北征》前不久有一首诗，谈到他已借了一匹马。一篇当一部杜诗读。"富贵应须致身早。"分明是反话，但激愤从哪来，不看前面不了解。

沈德潜："神明变化，不袭其貌，斯为大家。"我以上讲的不过是为沈德潜的话作注解而已。诗话只写结论，未写过程，是语录体先天性的缺点。我们要把他结论得出的过程找出来。

文天祥缺少变化，专习形象，斯为小家。《六歌》这样的作品不能算是很成功的。布局按家庭成员，写法单调。艺术构思、语言、文思平庸，没有惊心动魄的话，与其生活不相称。不用抒情，而用叙述，没有激动人心的形象和意境。他缺乏才能。文天祥不善于琢磨音节，有五篇一韵到底，声音不能传达思想感情变化。唯第六首用了四个韵，AAAABBCC，DDDD。只讲最后二句"呜呼六歌兮勿复道，出门一笑天地老"。最后两句想得开，符合他的生平，讲的也是反语。"天地老"意象从李贺"天若有情天亦老"（《金铜仙人辞汉歌》）来。文天祥对天地之无情付之一笑，对非常无情的环境蔑视，这是欲扬先抑。注意古典诗人"一笑"这二字的用法。黄庭坚《王充道送水仙花五十支》中的"一笑"二字（坐对真成被花恼，出门一笑大江横）。

关于"同谷七歌"就讲到这里。

《曲江三章章五句》（全诗详 367—368 页）

关于写作年代。回顾杜甫到长安的活动，就可以知道仇兆鳌之说为可靠。欣赏诗歌不能脱离考证学。诗是诗人心灵的记录，它是最可靠的材料。反反复复阅读诗，是最笨而又最聪明的办法。

悲秋，自然环境。地点：曲江。进士及第后娱乐自己、炫耀自己的地方，达官贵人也在此选女婿。"曾题名处添前字，送出城人乞旧衣。"（五代王定保《唐摭言》引昔人诗）分析作品要按在纸上，不能动，不能到处摆。"一片花飞减却春"（《曲江二首》其一首句），安史之乱后题的曲江诗就有丰富的思想内容。马列主义还是要学，具体地分析具体情况。

10 月 26 日

形式的来源，五句组成一首，一二三韵，一三用平韵，二用仄韵。绝句与联句相对而形成的。联句，晋以来出现的方法。想联而无人联，或者有人联而联不下去，就出现了断句（绝句）。齐梁时代到律诗的变化阶段叫新变体。

元、白《长庆集》称绝句为小律诗。以前称古歌谣，有三种押韵形式：

1. AABB。《汉书·东方朔传》射覆辞、烧饼词。“臣以为龙又无角，谓之为蛇又有足……”这是社会上一种流行的诗歌形式。

2. AAAA。曹魏时的《行者歌》。

3. AA○A。这是绝句诗最通行的形式。

而杜甫这种形式前人未写过。是第二式、第三式综合的形式。句句押韵，使节奏越来越急促；加一句不押韵，挺重要。

曲江三章章五句，第一章，悲秋。四、五句（白石素沙亦相荡，哀鸿独叫求其曹）值得注意。白石、素沙都很明洁，常用以比喻人格志向纯洁。鲍照“清如玉壶冰”（《代白头吟》），王昌龄“一片冰心在玉壶”（《芙蓉楼送辛渐》），胡志明“北京亲友如相问，一片冰心在玉壶”；李商隐“水精如意玉连环”（《赠歌妓二首》其一）。温庭筠“水精帘里颇黎枕”（〔菩萨蛮〕），俞平伯：“以想象中最明净的境界起笔。”（《读词偶得》）

“哀鸿独叫求其曹”，“取笑同学翁，浩歌弥激烈”。上面是赋体，底下是比兴。

第二章，用元稹论杜绝句（元稹《酬孝甫见赠十首》其二：不著心源傍古人）释“即事非今亦非古”。

第三章，表面上看消极，诗歌中常用的方法，是“正言如反”，是怄气的话。值得玩味的是李广。李广是为国家立下很大功劳而得到最不公正待遇的人物形象。像李广这样的人尚且只能打打老虎，何况于我呢。

这一组诗只想说明文学形式的创作有它的局限，很难自张一军。

下面组诗主要讲两个问题。

1. 介绍组诗的形式和地位。

2. 诗歌正篇、续篇之间的关系。

组诗，现在称之，古代称联章诗。这种形式从《诗经》就开始。但《诗经》分章是音乐反复演奏的结果。直到张衡的《四愁诗》仍是换言不换意。现在所谓组诗、联章诗有两类。一有统一的主题，然后有统一的构思，完成后是统一的整体。用这种标准看，最早的组诗是《楚辞》中的《九辩》。

从五七言诗的发展过程看，先是一个题目一组诗，然后是一个题目若干诗。这又有两种情况。一是别人搜集在一起的，如《古诗十九首》，风格相近。正始时代的阮籍《咏怀诗》，怎样集成不清楚。《咏怀诗》是阮籍所有的诗，严格地说，同《古诗十九首》差不多。八代郭璞《游仙诗》至李白的《古风》不是严格的组诗。

另一个系统，《九辩》，刘桢《赠从弟三首》、《赠五官中郎将》，左思《咏史》，陶渊明《归园田居》，隋杨素《赠薛播州十四首》，是比较有结构的名篇。但这种形式，到杜甫手中有很大的发展：其叙事、写景、抒情均有连章大篇；在体裁上，古诗、律诗、绝句均有，这些作品都是杜甫代表性的作品。

组诗的重要性：在很大程度上，弥补了我国诗歌短小的缺陷。组诗，同一首很长的诗是不一样的。既然是一首一首写的，就有相对的独立性，调动题材，转换角度，处理情绪。

胡应麟在《诗薮》内篇第二卷，把李白、杜甫在诗体革新方面进行了比较。杜甫在组诗方面的发展是空前的。

10月28日

今天要讲前后、正续之间的关系。

这个现象之所以产生，从生活中获得题材写入诗中，继续观察，又有体会，再写成诗篇。如杜甫的前后《出塞》。“前”字原来没有，有了《后出塞》，以后再在《出塞》前加“前”字。关于这个问题，仇兆鳌讲的是正确的。又如范成大的《催租行》与《后催租行》。

而苏轼《续丽人行》与杜甫《丽人行》之间的关系，与上两个例子不一样。此保持若即若离的关系。“续”与“拟”不一样。

吴之振：“皮毛落尽，精神独存。”(《宋诗钞序》)

《前出塞》（全诗详370页）

关于写作年代。罗庸《前出塞本事说》。根据诗反映的情况，应创作于安史之乱前。

《后出塞》基本上写于755年安禄山要叛变时。有一个争论点：写于杜甫知道还是不知道安史之乱的消息。《读杜心解》卷一之一，有一段话反驳杜甫得知安史叛变消息，认为不会这么从容。我是赞成浦起龙的讲法的。

我要补充一点，"坐"、"遂"、"遽"，已然之词。"坐"也可当"旋"、"行"，将然之词。张相《诗词曲语词汇释》谈到这个问题。我觉得此诗应将"坐"理解为将然之词。

这一组诗写作时间很可能与《自京赴奉先县咏怀五百字》相差无几，只是人称不同而已。《前出塞》要与《兵车行》合读，《后出塞》要与《自京赴奉先县咏怀五百字》合读。

写一个被征入伍的青年军人，征途，到军队的情况。立功未受赏，但也不抱怨。可以和王昌龄的《从军行》合读，杜诗更精细。

第一首，主旨："君已富土境，开边一何多！"逃亡原因是认为不应开边。开边与反侵略的矛盾。章法有首有尾。"戚戚"两字（戚戚去故里）贯串全篇。

第二首，入伍后对军中生活由不习惯到习惯。"不受徒旅欺"说明了这一点。《通典》卷一四九上谈到这一点（诸将士不得倚作主帅及恃己力强，欺傲火人，全无长幼，兼笞挞懦弱，减削粮食、衣资，并军器、火具恣意令擎，劳逸不等）。鲁迅《流氓的变迁》（《三闲集》），流氓骂妇女剪头发（剪发女人他来嘲骂），"鸭屁股"（江淮官话，形容短发贴耳），"二刀毛"（江淮官话，指齐耳短发，又作二短毛）。"骨肉恩岂断，男儿死无时"与第一首"弃绝父母恩，吞声行负戈"相联系。"走马脱辔头，手中挑青丝"，辔头，青丝，都指缰绳。

第三首，爱国感情逐步战胜怀乡忧虑。文字要注意两个倒文："欲轻肠断声，心绪乱已久"，应在一、二句前；"水赤刃伤手"应是"刃伤手水赤"。五句时（丈夫誓许国）情绪昂扬，"愤惋复何有"，对第一首的否定。"战骨当速朽"，从"男儿死无时"（第二首第四句），发现他的针线。

作品分析要具体，不要抽象。王渔洋提倡神韵，是大量分析作品的结果。

第四首，凤凰弓，锁子甲，狼牙棒，天灵盖（宋张知甫《可书》：金人自侵中国，惟以敲棒击人脑而毙。绍兴间有伶人作杂戏云："若要胜金人，须是我中国一件件相敌乃可。如金人有粘罕，我国有韩少保；金国有柳叶枪，我国有凤皇弓；金国有凿子箭，我国有锁子甲；金国有敲棒，我国有天灵盖。"人皆笑之）。"生死向前去"，复词偏义，偏"死"，为了使画面动荡。写信（即"附书与六亲"），"不复同苦辛"（即信中内容）。

11月6日

上次讲了前、后《出塞》，杜甫通过两个不同性格的士兵，写开边的后果，两者相补充。底下讲正同续的关系。也存在于单篇诗歌中。下面以范成大的《催租行》和《后催租行》为例。一个诗人愿意把什么写入他的诗中有他的自由。杨万里反映民间疾苦少，并不等于他的政治立场不行。

还可以同李贺的《感讽》诗对照起来看，此是收租前的一幕（县官骑马来，狞色虬紫须。怀中一方板，板上数行书。……县官踏餮去，簿吏复登堂。……）。范成大这首诗是收租后的一幕。"钞"（输租得钞官更催），文意是收据，辞典中无此意思。表面上很和气，暗中是针锋相对。

写前、后，更衬托了正面。

范成大这种诗是宋诗中散文化的成功范例。口角这样俏皮，唐诗很少。追溯渊源，汉乐府开口见性格，没有超过《孔雀东南飞》的。这些东西在诗歌中消失，而宋诗有所发展。

散文化一是指形式，二是指实质，长篇。王令《梦蝗》对话口角非常生动。

第一篇有点嘲讽，第二篇显示诗人心情。老农形象，严酷冷峻。政策不落实（《古诗今选》注：在宋代，统治者为了欺骗人民，常常由皇帝下诏，减少或免除人民交纳的租税，但下面照例不执行这诏令，依旧催逼）。推进方式，一步一步写他如何对待这种局面。用自宽自解的口气来安慰自己，事实上充满着血泪。

柳宗元《对贺者》："嬉笑之怒，甚于裂眦；长歌之哀，过于恸哭。"

上述四篇属于一类。《丽人行》与《续丽人行》属于另外一类。杜甫《丽人行》写于天宝一二载，杨国忠天宝十一载十一月当宰相，此前杨氏姊妹已封为韩国、虢国夫人，是势盛的时候。"愤怒出诗人，忠义出诗胆。"（程千帆《过巩县，展少陵先生墓》）杜甫《进封西岳赋表》："惟岳，授陛下元弼，克生司空。"这使许多诗人注释家很为难。这些学者很懂书本上的道理，而不懂世故人情。杜甫要想当官，当然不愿得罪人。因此看诗要看哪些是门面话，哪些是实质的话。"指麾能事回天地，训练强兵动鬼神。"（《奉寄章十侍御》）在这些地方不能苛责古人，所以不能太书呆子气。

苏轼《续丽人行》叙云："李仲谋家有周昉画背面欠伸内人极精，戏作此诗。"周昉是唐朝最有名的仕女画家。李白《清平乐》中有沉香亭，此诗是否写杨贵妃，未肯定，也未否定，若即若离。"空断肠"（燕舞莺啼空断肠）容量大，断肠也没有用。不画面部，让你自己去想。说唱艺人写张飞大喝一声，但只张嘴不发声。你浓妆，我薄妆。你正面，我反面。所以苏东坡很调皮。胡翔冬说：写诗像打仗，文心活泼。你写一群，我写一个；你写得意，我写失意。

杜甫很朴实，不大会写妇女。用自己特有的方式来处理传统材料，包括典故的活用和对历史事件的新的解释。杜诗（《丽人行》）分三段：1. 泛写；2. 正写豪华生活；3. 点题。苏轼诗（《续丽人行》）也分三段：1. 泛写宫怨；2……；3. 点出主题。中间这样插入，苏轼想了一个法子，"背面"把三段连串起来。

11 月 10 日

古典诗歌的朗诵

"倍文曰讽，以声节之曰诵。"（郑康成《礼记》注）"以声节之"强调节奏感。孔颖达疏："诵谓歌乐者，谓口诵歌乐之篇章，不以琴瑟歌也。"节奏感是在语言的范畴，而不在音乐的范畴。朗诵是以有节奏感的语言来念诗。《楚辞》是否全部入乐，值得考虑。《九辩》"自压案而学诵"，《惜诵》，白白的朗诵。《九辩》很可能不入乐。朗诵很可能从《楚辞》开始。

《汉书·王褒传》：九江（今安徽寿县，楚最后国都）被公会念《楚辞》。《太平御览》五八九卷引了刘歆《七略》：孝宣帝（汉宣帝刘询，原名病已）请这个老者念《楚辞》的事。

唐朝初年《楚辞》还有特殊的念法。《隋书·经籍志》提到释道骞“能为楚声，音韵清切”。在敦煌卷子里发现释道骞念《楚辞》的卷子。

杜甫很重视朗诵，有七八处提到诵诗：“续儿诵《文选》”（《水阁朝霁，奉简严云安》）。他的朋友毕曜：“忆君诵诗神凌然。”（《逼仄行赠毕曜》）《夜听许十一（一作损）诵诗爱而有作》有五六句（应手看捶钩，清心听鸣镝。精微穿溟涬，飞动摧霹雳。陶谢不枝梧，风骚共推激。紫燕自超诣，翠驳谁剪剔）形容念诗之声调。杜甫的创作同他的朗诵分不开，因为语言的节奏感表达感情。“新诗改罢自长吟。”不太整齐发展到整齐，与朗诵有密切关系。汉乐府《孤儿行》朗诵起来很疙瘩，没有节奏感，很难流传下来。

中国的抒情诗，除歌词外，本身具有独特节奏的抒情样式。钟嵘的《诗品》反对当时的声律，正因为不入乐，因此要平仄。其《序》对新事物抗拒，而刘彦和专门有两篇讨论此问题。语言的节奏感，音乐的节奏感，当然有区别，但都是表现人的感情起伏。韩愈《答李翊书》：用节奏来控制语言（气，水也；言，浮物也。水大而物之浮者大小毕浮。气之与言犹是也，气盛则言之短长与声之高下者皆宜）。曾国藩：“做诗文要以声调为本。”即用语言的节奏感来表现感情的起伏。

“顺”，就是节奏，既是生理的，又是心理的。朗诵就是体会到感情的节奏，用现代生理学、心理学去解释。

11 月 13 日

同题共作的诗

通过这组“登慈恩寺塔”诗的比较说明两个问题：

1. 咏物与咏怀的关系，景同情的关系。

2. 客观环境相同，个人遭遇不同，主观感情会有什么变化。

当时有五人写（杜甫、储光羲、薛据、岑参、高适），高适的一首，写讲义时写掉了。

一、咏物与咏怀，景与情的关系。

文学是社会生活的反映，这就是艺术的起源。艺术起源于劳动，不错，但不全面，譬如自然崇拜与劳动的关系，西班牙山洞里画一个野牛头。过去对艺术起源问题理解过于单纯。精神生活需要艺术发展。客观世界即物，驱使你去反映的是怀，即情。钟嵘《诗品序》用最简单的话（气之动物，物之感人，故摇荡性情，行诸舞咏）谈论了这个问题。情中景，景中情，以情景融合为最高境界。纯写情不沾景物的诗很少，多数情景并具。

中国古典文学中的名词，往往随时代而变化含义，唐朝人的“比兴”往往是与政治有关的内容，而不是修辞学上的术语。六朝人至唐，咏物实际上就是后来人的写景，景物、风物。《文选》中的赋有“物色”一类：风，秋色，雪，月。李善做了解释：“四时所观之物色而为之赋”，“风虽无正色，然亦有声”，实际上讲景。《文心雕龙》第四十六篇即《物色篇》。这同后来咏某一固定的东西为咏物不同。

张戒《岁寒堂诗话》谈到《登慈恩寺塔》是咏物，直到清朝王夫之《姜斋诗话》才把景、物区分开来。在这方面有许多工作可做。首先要注意他所使用的概念。介绍王夫之咏物就是咏怀，咏景即是咏情的精辟见解：“不能作景语，又何能作情语耶？”你缺不了客观环境，因为你总生活在客观环境里。王夫之认为情景交融，即景达情。王夫之理论没有强调我与物、情同景哪一个更是主要的。用我们现在的观点来看，哪怕是一首纯咏物诗也有所寄托，使作者怀抱、胸襟呈现在读者面前。杜甫《望岳》显示了诗人的胸襟。

说明这样一个问题，想判断底下一组诗的高低。这组诗写于752年。

慈恩寺塔，现在还在，叫大雁塔，楼阁式的建筑。

同题共作最早从建安时代开始。《全后汉文》、丁福保《全汉三国晋南北朝诗》保存了不少。这是文学上一个很重要但还没有引起足够重视的问题。在一起会推动文学创作。有好的一面，也有坏的一面，如宫廷里面的应制诗，但是也有有益的发展。唱和（当然其中也有应制），这东西很考人。和韵，只和意不和韵。杜甫追和亡友高适的诗（《追酬故高蜀州人日见寄》），和意。

同题共作是横向的比较。拟作是纵向的比较，从汉朝起一直到后代更为人所熟悉。胡小石《两汉模仿文学一览表》列拟文、拟诗。

没有纯粹的模仿。《古诗十九首》，单句多；陆机，复笔多。成功的模仿有创新。内在结构，彼此互相影响等问题，我们的文学史研究得比较少。

天宝十一载是个什么样的时代？要朝前看四五年。天宝五载李林甫专政。六载，王忠嗣看出安禄山造反，告发，反而被贬官。七载，赐安禄山小铁券；杨国忠判度支。品同为知，品高为判。八载，哥舒翰攻下石堡城，俘虏四百人，而唐朝死几万人。九载，安禄山封郡王（将帅封郡王从安禄山始）。十载，鲜于仲通打南诏大败，死了六万人。高仙芝讨大食国，三万人都死光了。安禄山讨契丹，六万人剩二十人逃回。

诗人当时生活怎样？杜甫四十一岁，“卖药都市，寄食友朋”（《进三大礼赋表》）。陆游短篇七古《题少陵画像》：“长安落叶纷可扫，九陌北风吹马倒。杜公四十不成名，袖里空余三赋草。车声马声喧客枕，三百青铜市楼饮。杯残炙冷正悲辛，仗内斗鸡催赐锦。”

题画的诗起源于唐朝。题画诗并不同画在一起。诗、画、书、雕刻、裱都联系在一起，这是宋以后的事。题画像诗，往往是对人物的评论，往往有独特性。既体现了诗人对画的理解，又体现出诗人对所画的人的理解。“车声马声喧客枕”是《长恨歌》耿耿长夜句（迟迟钟鼓初长夜，耿耿星河欲曙天）的另一种写法。《东城老父传》写斗鸡。

做七言古诗有一个诀窍：收笔陡峭，如勒奔马，戛然而止。

岑参：天宝十一载，闲住长安。陈寅恪《唐代政治史述论稿》提到唐代知识分子一个很重要的动向，考不取进士，或者考取了而政治上前途不光明——赴边疆。

高适：天宝十一载在长安闲住。

储光羲四十六岁，在下邽县任县尉，而此时也住长安。

薛据的诗已经亡佚了。

他们大环境相同，小环境也基本上相同，落拓文人，共登宝塔。有人做过比较，有两套比法。

王士禛(渔洋)对现存四首诗都提到:各有特色,而杜甫成就最高。从写壮丽这个角度,赞赏高适所写的开阔景象。结论:以上三公,“如大将旗鼓相当,皆万人敌”,特别批评了章八元《题慈恩寺塔》(视八元诗,真鬼窟中作活计)。《唐诗纪事》有记载说元、白很赞赏这一首诗。王士禛反对元、白说:“论诗如此,真一劫也。”张戒论章八元诗:“此乞儿口中语也。”(《岁寒堂诗话》卷上)古代文学批评,有一针见血的长处,也有不讲过程的短处。

章八元诗:诗人本身缺乏与开阔的大自然相称的胸襟,没有气象。欧阳修《归田录》(卷二)记载晏殊评诗:“老觉腰金重,慵便枕玉凉”(寇准句)不如“笙歌归院落,灯火下楼台”(白居易《宴散》)善言富贵。章八元丢掉了气象。

仇兆鳌的意见:杜诗看似超出题外,实是一个有怀抱的诗人应有的感情。难道王渔洋看不到杜高出诸家之上吗?因为他是神韵派,坚持了自己的立场。

岑参、储光羲比较消极,注意佛教的教意与寺庙的景物联系在一起,看结尾处自可明白。

高适用世,同他们有点不同,“输效独无因,斯焉可游放”。他没有忘记“输效”,为祖国尽一点力,但他主要看到自己的生活。杜甫不仅艺术上比其他人高,而且思想上也比其他人高。

11 月 20 日

前人对登高往下看的好些诗做了一个比较。

《岁寒堂诗话》卷上:“人才各有分限,尺寸不可强。”“咏物之工有远近。”“远近”不当空间距离讲。远,高远;近,平庸。“用意之工有深浅”,“人才各有分限”:对生活理解的深浅。天才,“天才”不应批。

前边先举章八元这首诗。底下举梅圣俞的一首诗,《闻子美次道师厚登天清寺塔》:“复想下时险,喘汗头目旋。不如且安坐,休用窥云烟。”张戒评曰:“何其语之凡也。”

苏轼《真兴寺阁》,张戒评曰:“意虽有佳处,而语不甚工,盖失之易也。”所谓“工”,善于形容,恰到好处,很善于表现。“失之易也”,苏东坡任何一种艺术都有这个既是优点、又是缺点的特点。

《介存斋论词杂著》:“东坡每事俱不十分用力,古文、书画皆尔,词亦尔。”“东坡天趣独到处,殆成绝诣,而苦不经意,完璧甚少。”我们读东坡的诗词都要注意这个特点。当和古人较量时,会拿出十分的力量。

东坡这一特点是与他的个性分不开的。他是一个非常豁达的人,以嬉笑怒骂待之,“饮酒但饮湿”(《岐亭》其四)。在惠州,正绝北归之望,以譬如惠州不第秀才也可自宽(《与程辅提刑二十四首》其二十一:中心甚安之。未话妙理达观,但譬如元是惠州秀才,累举不第,有何不可)。

韩愈这个人个性很强,所以他的诗文中也显示强的面貌。

刘长卿《登西(一作栖)灵塔》:“化(一作北)塔凌虚空,雄视(一作规)压川泽。亭亭楚云外,千里看不隔。……盘梯接元气,半壁栖夜魄。……”王介甫《登景德寺塔》:“放身千仞高,北望太行山。邑屋如蚁冢,蔽亏尘雾间。”张戒:“二诗语虽稍工,而不为难到。”

他讲了这么半天,目的是要肯定杜甫的《登慈恩寺塔》。杜甫穷高极远的气魄,非他人可比。境界阔大,超过其余。研究文学的一个重要方法是比较,分析要具体,判断要准确。

《陪郑广文游何将军山林十首》(全诗详 373—374 页)

现在研究古代文艺理论,大半精力花在古代理论著作中,忽略了另一个方面:古人理论从哪儿来的?一种是“古代的文学理论”,一种是“古代文学的理论”。大原则提出来了,具体的艺术原则研究还差得远。古人没有今人的思想工具,one and many,西洋亚里士多德谈到过这个问题。

凡是科学研究都要有一个起点。文献基础,别人已经做到什么程度,哪些方面可以引伸,批驳,移植,重来?经济学中的统计方法可移植到历史、文学研究中来。

人类一方面要求整齐平衡,但是在已达到整齐平衡之美后,又要求相对地打破这个整齐、平衡。《咏美人黑痣》,构成平衡与不平衡之间的平衡。

11 月 24 日

文献基础，理论基础，基本操作规程。

这篇文章（《古典诗歌描写与结构中的一与多》，发表于《古代文学理论研究》第六辑，1982 年）在于证明一、多对立的现象是普遍存在的。两个过程，材料少到材料多。材料多要挑选，要割爱。注解用途：1. 注明出处。2. 把次要材料放在附注里。

底下谈谈描写中的一与多。

普遍性，选择角度。你要证明你的角度是正确的，那么你选材料就要注意广泛性。“三千一身宠，九五百年情。”（先父《咏慈禧太后》）

为什么要背诵，你背来背去，头脑里有许多图画，再一组合，就成为文章。巧者不过拙者之奴（宋徐竾《偶书》：巧者多为拙者资。明刘基《拙逸解》：故谚有之：巧者，拙之奴也）。

11 月 27 日

上面谈到形状和色彩，下面谈一谈声音。

通感，钱锺书先生《旧文四篇》，通篇说得不够，可以用我们自己的阅读来补充。

“落日照大旗，马鸣风萧萧。”“中天悬明月，令严夜寂寥。”（杜甫）（《后出塞五首》其二）暗示一同多的对比。“千里”同“一层”（王之涣《登鹳雀楼》：欲穷千里目，更上一层楼）仅是数量上的对比。一枝秋叶、多少秋声（张炎〔清平乐〕：只有一枝梧叶，不知多少秋声）之间并无必然联系。构思巧妙，然而不浑厚。如写孤雁，“写不成书，只寄得相思一点”（张炎〔解连环〕），太巧了，就纤巧。

龚自珍才气横溢，不大遵守传统文化的秩序（《己亥杂诗》其二二九：从今誓学六朝书，不肄山阴肄隐居。万古焦山一痕石，飞升有数此权舆）。山阴是王羲之父子，隐居是陶弘景；焦山《瘗鹤铭》，“华阳真逸撰，上皇山樵书”。

底下从空间和时间的角度谈。

苏东坡的《石鼓歌》（全诗详 404—405 页）。

《春江花月夜》(全诗详290—291页)，在张若虚看来，对于月亮来说，时间是凝固的。真正好的作品像泉水，永远舀不完。外国理论家认为形象大于思想。中国《春秋繁露》“诗无达诂”。清谭献《复堂词话》：“作者未必然，读者何必不然。”(又，《复堂词录序》：作者之用心未必然，而读者之用心未必不然)他说作品出来以后，解释权就不仅仅属于作者一个人的了，因为诗歌的暗示性，可为读者提供的联想是非常复杂的。但是作者毕竟是作者，读者毕竟是读者，不能找到绝对值，但能找到近似值。你不承认前一方面，你就忽视对作品的体会。你不承认后一方面，你就不能去找一个近乎正确的解释。

《春江花月夜》中的“月”不动，是凝固的，而李白《峨眉山月歌》中的月则代表着具体的空间。

刘禹锡是“绝句中之山海也”(管世铭《读雪山房唐诗抄》七绝凡例)。一往情深，郑燮郑板桥刻了一个旧图章：“二十年前旧板桥”(刘禹锡〔杨柳枝〕)。

管世铭评李益：“李庶子绝句，出手即有羽歌激楚之音，非古之伤心人不能至此。”感情外向。

古代诗评家，话不多，浓缩。

黄仲则黄景仁，人生愁如海，希望太阳神把鞭子抽快一点，赶快了结这一痛苦的生活(《绮怀》十六首末首：茫茫来日愁如海，寄语羲和快着鞭)。构思求新。

(《陪郑广文游何将军山林》)体现杜甫对自然的看法。

生活本身的节奏，艺术所需要的节奏，如白居易的《琵琶行》。长篇小说也如此，在大起大落中穿插小空隙。武松杀嫂前找何九叔、郓哥儿，这些地方可以看出文心。《北征》通篇皆有松弛和紧张。

李白《越中览古》(越王勾践破吴归，义士还乡尽锦衣。宫女如花满春殿，只今惟有鹧鸪飞)。王思任：“会稽乃报仇雪耻之邦，非藏垢纳污之地。”(鲁迅《女吊》等引到)览古一般讲人事无常，警告某些人过分的权势欲。

12月4日

讲山水诗。《昭明文选》分类不是太合理。招隐、行旅有山水诗，游览又是一类。当时昭明考虑分类还是相当细致的。真正山水诗是从游览的角度提出来的。以游览呈露景物和诗人面对景物的心情。游览同招隐、行旅一样，以自然景物为背景，而山水诗是以写山水为主。写山水的诗，诗人同自然是和谐的，游览一般都是赏心悦目。谢灵运以写景起，以理趣结。谢灵运是个哲学家，他懂佛理，也懂老庄。观照，唐朝继承少，宋代继承多，隔代遗传。苏轼山水诗，景物加理趣，不是表面相似，而是内在形似。

古人组诗头尾清楚，当中灵活，看兴会。杜甫这组诗(《陪郑广文游何将军山林十首》)头尾清楚，中间多少并不强求，九首也可以。

第一首，缴足题面，用咏叹性的文字加以说明。郑广文诗、书、画三绝。初次游。“第五”，复姓。三、四句(名园依绿水，野竹上青霄)，远望何将军山林。(谷口旧相得：)郑子真(汉赵岐《三辅决录》：郑朴，字子真，谷口人也。修道静默，世服其清高)，(濠梁同见招：)庄周，惠施(《庄子·秋水》：庄子与惠子游于濠梁之上)。七、八句(平生为幽兴，未惜马蹄遥)开下面。把题目上该说明的东西都说明了。

山林，王嗣奭说山林同园亭。山林有山有水，辋川别墅同何将军山林一致。有一点，他未从经济史角度看。庄园有两个用处：一是游玩，一是生产基地。最重要的是水硙(wèi)，即水磨，把大量的稻子变成米，麦子变成面。

第二首，写初到吃饭的情况。百顷，千章(百顷风潭上，千章夏木清)，山林之大。上两句开阔。三、四句(卑枝低结子，接叶暗巢莺)细致。卑枝，接叶，同一个韵。张炎〔高阳台〕：“接叶巢莺，平波卷絮。”

周春(1729—1815)，号松霭。《杜诗双声叠韵谱括略》，有《艺海珠尘》本，周又有《十三经音略》。杜诗可以当语言学的材料。皮日休、陆龟蒙爱用双声叠韵，宋词消失，因为宋词可唱。

“脍”(鲜鲫银丝脍)，把鱼和肉切成细片(生吃)接风。想落天外。杜甫少年游吴越，想起旧游(翻疑舵楼底，晚饭越中行)。王安石《题西太一宫壁》：“柳叶鸣蜩绿暗，荷花落日红酣。三十六陂春水，白头想见江南。”

李正封《牡丹》：“国色朝酣酒，天香夜染衣。”

苏东坡:“此老野狐精也。”(读王安石《题西太一宫壁》,“注目久之”后的评语,见蔡絛《西清诗话》)与王安石政治上死对头,文学上互相尊重。

从隋炀帝修运河起,经济、政治重心由北向南移。“翻疑舵楼底”,同一、二句衔接。八句(晚饭越中行)同五、六句(鲜鲫银丝脍,香芹碧涧羹)衔接。

第三首,“一与多”论文(《古典诗歌描写与结构中的一与多》)引用。

“戎王子”,草名。

“异花来绝域”,王嗣奭改“开”为“来”。仇兆鳌根据王嗣奭改。仇兆鳌改有两个原因,他引用的是王嗣奭的初稿,单行本是后出的,又改回头。可见老前辈研究学问是很严肃的。

杜甫在造句上有倔的一面(谓异、绝意同重复)。古汉语中有这么一个用法。《左传·僖公四年》:“一薰一莸,十年尚犹有臭。”(尚、犹,意同重复)《三国志·魏书·邓哀王传》:“容貌姿美,有殊于众。”裴松之注批评说:“一类之言,而分以为三,亦叙属之一病也。”(容、貌、姿,意同重复)详细文献请看王引之《经义述闻》“缮完葺墙”条。这种语法,可用于名词,也可用于动词。文词不甚修饰。唐不忌重字,宋朝人很忌重字。

这一首同其余的不一样,纯粹咏物。作者何必然,读者何必不然。

12月8日

第四、五、六、七首,直接描写何将军山林。

第四首,《杜诗镜铨》:“碾”即水硙。《旧唐书·李元纮传》:“诸王公权要之家,皆缘渠立硙,以害水田。元纮令吏人一切毁之。”

第五首,一、二句(剩水沧江破,残山碣石开),大山大水的剩下来的小景。清朝朴学忌讳增字解经。沧江破后之剩水,碣石开后之残山。

“绿垂风折笋,红绽雨肥梅。”诗句的构成:1. 语法。2. 声律。3. 突出所表现的意境。而第三点比第一、二点还重要。风折笋而垂绿,雨肥梅而红绽。

1. 鲜鲫银丝脍,香芹碧涧羹。(第二首五六句)
   银丝鲜鲫脍,碧涧香芹羹。
2. 香稻鹦鹉啄余粒,碧梧凤凰栖老枝。(不合律)

鹦鹉啄余香稻粒，凤凰栖老碧梧枝。（合律，但不合诗人所表达意）

3. 香稻啄余（无非）鹦鹉之粒，碧梧栖老（皆属）凤凰之枝。

香稻—啄余鹦鹉粒，碧梧—栖老凤凰枝。

区别在于诗人所要表现的重点。重点所要突出的是撒在地下的稻子，和长得非常高大的梧桐。沈括评论这两句诗："语反而意宽。"（郭知达《九家集注杜诗》引）让人家回忆更广阔的境地。

晋阮孚以金貂换酒（金鱼换酒来）。

第六首，强调夏天宜于游览。一、二句（风磴吹阴雪，云门吼瀑泉）是因果句，宋人诗话称之为"象外句"，见于释惠洪《冷斋夜话》（《石门文字禅》在宋诗中很杰出），举无可（贾岛弟弟）两句诗"听雨寒更尽，开门落叶深"，"微阳下乔木，远烧入秋山"（见《冷斋夜话》卷六，谓"以落叶比雨声"，"以微阳比远烧"）。

韩愈《郑群赠簟》："倒身甘寝百疾愈，却愿天日恒炎曦。"律诗、古诗，声律要求不一样。古诗铺陈终始，律诗要求浓缩。讲到民族特色，恐怕要从这些地方去看。

第七首，杜甫写景写到高兴处，富有奇特的想象，但有控制，这是他现实主义的特点。李白放纵，李贺从放纵到阴冷。

第八首，回忆过去作陪衬。不像仇兆鳌所说（《杜诗详注》：因水府而旁记游迹。上四实景，下四虚摹。山林胜游，留连累日，故柳渚昆池，亦皆经过。折荷脱巾，醉时狂态。刺船解水，走马而思泛舟也）。

12 月 11 日

第九首，正面赞美何将军。前几首从侧面写何将军山林，使人们对何将军有了印象。"将军不好武"，题中应有之意。下半写景（醒酒微风入，听诗静夜分。絺衣挂萝薜，凉月白纷纷）。

第 10 首，结。幽雅，个人的心情同自然景物非常融洽。"出门流水住，回首白云多。"贯彻到第一首三、四句（名园依绿水，野竹上青霄）。"住"，指视野被拦断。长安十年很潦倒，对前途的不可知，终于在最后不能排遣而表现了出来。而这一点在前面几首是被压抑不表现出来的，前后激射。

《重过何氏五首》(全诗详 374 页)

不详细讲，这是另外一种形态：地点，人物皆相同，只是时间不同，所以前后联系紧密。情景具体而都很不一样。“主雅客来勤”。因为具体达到两个艺术效果，不落空，不犯重复。

苏东坡《中隐堂五首》学杜甫《游何将军山林》五首。

一是继承而又发展，一是继承而不能发展。还有一种是直接从生活中受到启发。左太冲从文献中找不到受谁启发。杜甫熟读《文选》，有可能受到左太冲的启发。

东坡只有继承没有发展，因为东坡早年学杜甫痕迹十分鲜明。《荆州十首》学《秦州杂诗二十首》。

左思《咏史八首》(全诗详 374—375 页)

左太冲咏史诗有两个特点：1. 杂陈先典，不专一人。2. 自抒怀抱，史为我用。

为什么先秦两汉书很重要？王闿运讲李颀就是《两汉书》读得烂熟，不是为史做鉴定，而是为自己鸣不平。“上品无寒门，下品无世族。”(晋刘毅《请罢中正除九品疏》作“势族”)

第一首，是起头，讲自己立功而不受赏的思想。

第二首，金日磾(mì dī)、张汤；而冯唐，三辈子不遇，非常有能力，而又受委屈的典型。

第三首，段干木。

第四首，不怕重复用典故。

第五首，许由，庄子寓言中的人物。

第六首，荆轲。

第七首，主父偃、朱买臣。

第八首，有的人很得意了，而结果弄得很坏。

每首都有一些论断性的话。有故事，有评论。故事：杂陈先典。评论：自抒怀抱。

荆轲这人的提出，同其他任何人物都不同。为什么荆轲不是壮士（虽无壮士节，与世亦殊伦），因为他不是成功的，而是一勇之武。同其他六七人比，面对现实，用历史人物所做的比拟。荆轲一首是作者的奇想，不带现实性，不会想作刺客，寂寞中的奇想。作者用了比较隐蔽的形式。

12 月 15 日

苏轼《中隐堂诗》五首（全诗详 376—377 页）

第一首，"退居吾久念，长恐此心违"，通读苏诗方看出它的分量。

第二首，赞美那花园。任何文学样式有直致之美或曲折之美。"好古嗟生晚"，韩愈《石鼓歌》"嗟余好古生苦晚"，用一句别人的话，用自己的话来对（偷闲厌久劳）。用别人的意象同自己的意象作对。"天外黑风吹海立，浙东飞雨过江来。"（苏轼《有美堂暴雨》）杜甫："九天之云下垂，四海之水皆立。"（杜甫《朝献太清宫赋》）。上句雄伟，下句飘洒。

研究需要概念、理论，要钻探，方法要现代化。

第三首，写花园中的梅花，主要写堂前景致。北方的梅花珍奇，因为气候的关系，梅花开得比较晚。"二月惊梅晚。"四川人，游宦的特点。因为写得具体，所以体会起来也要具体。梅花讲同世俗格格不入的人，用诙谐嘲笑打发日子贯穿一生。东坡《红梅》："怕愁贪睡独开迟，自恐冰容不入时。故作小红桃杏色，尚余孤瘦雪霜姿。"

第四首，写一个石头。用"万里戎王子"那一首（《陪郑广文游何将军山林》第三首）一样纯粹的咏物方式。从唐朝，在庄里树石头，已经开始。后两句（金人解辞汉，汝独不潸然）写改朝易代。

第五首，整个五首诗，就每首看毛病不大，但作为组诗，毛病暴露出来了：1. 模仿很明显。2. 五首意境重复。"安排壮亭榭，收拾费金赀"，败笔，不认真，完璧甚少。组诗必须是一个有机体。

12 月 22 日

下举一组诗来说明"一与多"的多样化。

刘禹锡《金陵五题》(全诗详375—376页)

组诗成就,大家注意不多。刘禹锡未到过南京,但却写得非常成功。鲁迅给叶紫的《丰收》作序,凡所见所闻亦算生活。历史的传播皆有真实性,否则写异代、异地就不可能。对生活实践要理解得宽一些。

刘禹锡之所以能写金陵,是因为他阅读了许多书籍记载,元稹的《连昌宫词》也属于这种情况。

结构上讲:

1. 寂寞,由繁华变成的寂寞,写得很淡而意思深远,眼前的宁静和历史的繁华。总貌,写六朝的衰亡。底下四首讲每一方面的一个代表人物。贵族、帝王、高僧、文士,分咏。《江令宅》故意用古绝句,用仄韵。一般选本选到四首,而《台城》不选,因为差。刘禹锡故意把弦放松一点。萧伯纳警句太多,没有起伏。一般地讲,诗选不把组诗当作对象来研究。写组诗,不要雷同,又要相互衔接,要有首尾,要有变化。

《饶固庵宗颐为詹无庵安泰刊行遗集,无庵哲嗣伯慧索题,因书五首》(程先生自己的诗):

西苑初逢偶对床,最怜绮语出刚肠。白头追想新知乐,未厌潇潇夜雨长。

江头岭外垂垂树,总被狂童斫作薪。今日花城花万朵,巡檐无复看花人。

本与海绡为后进,却疑兰甫是前身。岭南词派今谁继,怅望南天一怆神。

固庵风义同琼琚,无庵地下得知无。苍虬苦语久名世,传世遗文胜托孤。

独托遗编理放纷,征诗援简意何勤。海东书问风流极,头玉硗硗有少君。(李贺诗:"头玉硗硗眉刷翠,杜郎生得真男子。"宋广平铁石心肠而能作《梅花赋》。)

第一首,写与詹先生怎样认识、评价、怀念。韦应物:"宁知风雨夜,复此对床眠。"(《示全真元常》)白居易、东坡很喜欢风雨对床的意境。"乐莫乐兮新相知,悲莫悲兮生别离。"(《九歌·少司命》)

第二首，牵涉詹先生怎样死去。江头：武汉。岭外：广州。性格特点，关系，遭遇。

第三首，成就。陈洵，字述叔，有《海绡词》。陈澧，字兰甫，有《忆江南馆词》，岭南词派开派人。粤东词派。詹的死亡是广东学术界的一大损失。

第四首，饶宗颐保存朋友文字是值得赞扬的事。陈曾寿，字仁先，号苍虬老人，会画松树。

第五首，讲詹伯慧援简征诗。

生活中有事触发了我，言之有物很重要。

王建的《宫词》有一首是比兴，其余是赋体，此作为假设。王建的《宫词》，几部文学史不是误解，至少是理解不全面。揭露了宫中生活的黑暗面。王涯的《宫词》也很好。《宫词》不颂圣不可能。别人光颂圣，而王建揭露了宫廷生活的黑暗。他有不同于其他人所作《宫词》的地方。而后代人没有，这就是它的价值所在。

12月25日

文学史，校雠学，骈文，解放后摸索得多一点。研究诗歌乃至于其他文学，要坚持两点论，反对绝对化。对立统一规律，或者一分为二，或者合二而一。辩证法在特定条件下做了神学的奴仆（盖谓我国古代朴素辩证法的思想，起初是在宗教神学的体系下萌芽发生的）。

1. 形象思维和逻辑思维并重。

文学手段的特殊性。语言是一个符号，是一个概念，概念本身不构成形象。菊花，一百个人看了有一百个样子，让想象去填充。读诗需要形象思维，要细微，先体会到诗的情味、诗情、诗意、诗境，合在一起的风格。风格是诗人个性的外化，倾向性是思想的外化。欣赏诗，知—感—知，交替进行，不容分割。看电影，感—知，首先是喜不喜爱，然后追求何以喜爱，何以不喜爱。郭沫若评杜甫，使自己下不了台。为什么出现出尔反尔的情况，主要是开始无艺术的感受。首先感受古人的作品，然后追求你的感受是怎么一回事，这样就准确一些。一是阶级立场的问题，一是文化水平问题，一是生活经验问题。你对艺术实践是知—感—知—感—知，而不是知—知—知—知。

2. 字句的疏通与全篇的理解并重。

古人很重章句之学，“一年学离经辨志”(《礼记·学记》)(离经是断句，辨志是分章，黄以周讲)，《文心雕龙》有《章句篇》。杜甫过昭陵的诗：“幽人拜鼎湖”(《行次昭陵》)，鼎湖相传黄帝升仙的地方，官司未打赢可以到昭陵去哭诉。幽人，据《周易》虞翻注：幽人，罪人。

3. 作品本身的研究和历史文献的探索并重，两条腿走路。

毛主席：“春风杨柳万千条。”(《送瘟神》其二)王安石《壬辰寒食》：“客思似杨柳，春风千万条。更倾寒食泪，欲涨冶城潮。”原诗萧瑟，主席倒过来说，气象一新。不注意作品本身，容易有套套，公式主义。凡是用大帽子去套的是科学上的懦夫懒汉。

4. 传统的文艺理论和外来的新的文艺理论并重。

多进少出，不懂不讲。

5. 专精同博通并重。

由选本进而读专集。有异量之美。王闿运崇尚八代诗(有《八代诗选》二十卷)。

6. 诗中与诗外并重。

陆游《示子遹》：“诗为六艺一，岂用资狡狯(游戏)。汝果欲学诗，工夫在诗外。”

(1) 道德文章。把品行摆在前面，器识为先，文章为末。蓄道德，能文章。

(2) 生活是根本，技巧是手段。生活不一定是重大题材。懂得他的诗，要懂得他的为人。

由于百花齐放，才能推陈出新。推陈出新，一刀两断是做不到的。李白善于继承，杜甫善于推陈出新。李白空前绝后，杜甫以后诗人无不受杜甫影响。

模仿——跳出来——人走过的路我不走

诗到中唐，现实主义是主流。对李商隐的诗索隐，不必言之凿凿。

唐诗没有直接板起面孔讲道理。宋邵雍《击壤集》才这样。

头巾气。（指知识分子讲道理）

蔬笋气。（指和尚讲道理）

造成百花齐放的社会条件。唐朝基本上没有文字狱,没有文网。乔知之婢女被武承嗣抢去,乔知之写了一首诗,武承嗣见了大气,罗织罪状将他处死。

杜诗讲义

南京大学中文系印
古典文学专业研究生用
授课时间:1981 年 9 月 1 日至 12 月 25 日

程千帆

一、浦起龙《少陵编年诗目谱》(节录)

附:杜诗写作时间地点统计表

玄宗开元间

二十四年(736)后　公年二十五后,下第游齐赵。

开元二十九年(741)至天宝三载(744)　公年三十至三十三。

此四年俱在东都。○公有旧庐在河南偃师县,曰陆浑庄。

天宝四载(745)　公年三十四。

是年再游齐州。

天宝五载(746)至十三载(754)　公年三十五至四十三。

此九年俱在长安。○六载应诏,李林甫下之。八载,间至东都。十载,进三大礼赋,命待制集贤院。十一载,召试文章,参列选序。十三载,进《封西岳赋》。○长安少陵原,公亦有旧业。

天宝十四载(755)　公年四十四。

是年在长安。秋往奉先、白水,遂置家奉先。寻还京,授河西尉,不拜,改右卫率府胄曹参军。冬,又赴奉先。○是冬,安禄山反。

肃宗至德元载(756,即天宝十五载)　公年四十五。

是年往来白水、奉先、鄜州,移家寓鄜。六月,长安陷,玄宗幸蜀。七月,肃宗即位灵武。公自鄜出,陷贼中,羁长安。

至德二载(757)　公年四十六。

春羁长安贼中。

夏脱贼。时帝在凤翔,走谒行在所,拜左拾遗。疏救房琯。八月自凤翔还鄜省家。

冬西京既复，帝还京。公自鄜至京，仍任拾遗。〇旧谱谓扈上还京，不合。

乾元元年(758)　公年四十七。

春夏间在谏省。

六月至冬出为华州司空参军，以房琯罢故。〇是冬，九节度之师围安庆绪于邺。

冬晚自华州至东都。

乾元二年(759)　公年四十八。

春夏自东都回华州官所。〇是时，师溃于邺。

秋弃官西客秦州。〇此作客之始，为东都旧庐残毁之故，自是长别两京矣。

十月赴同谷。

冬晚自同谷入蜀，至成都。

上元元年(760)　公年四十九。

是年在成都，卜居城西浣花溪，营草堂。冬晚间至新津。

上元二年(761)　公年五十。

是年居草堂，间至新津、青城。〇时成都无可倚仗，往来谋食。

代宗宝应元年(762)　公年五十一。(四月以前尚系肃宗。)

正二月居草堂。

春晚至夏严武自东川移成都，公依焉，亦居草堂。

秋冬严武还朝，送至绵州。会西川徐知道反，因入梓州。《年谱》云：冬，迎家至梓。〇武去，公失所依。梓在成都东，渐有东游之志。

冬晚往射洪、通泉，皆梓属邑。

广德元年(763)　公年五十二。

春夏秋在梓州,间往盐亭、汉州。○是春,仆固怀恩奏留降将,河北擅命始此。

秋冬之交适阆州。○是冬,吐蕃陷京师,帝幸陕州。又陷蜀之松、维、保三州。时高适尹成都。

冬晚自阆还梓。

广德二年(764)　公年五十三。

春首复往阆。○帝已于上年冬还京,阆州僻远,至春始得信。○至是,东游之意已决。

二月至夏首严武复节度西川,公不果东下,还成都。

夏末至冬,严武表公为检校工部员外郎,赐绯鱼袋,入幕参军事。

永泰元年(765)　公年五十四。

春初辞幕归草堂。

春夏间离蜀南下,至戎,至渝,至忠等州。○此行当在严武未卒之前。

秋冬下云安。○时回纥、吐蕃入寇,京师戒严,蜀又有崔旰之乱。

大历元年(766)　公年五十五。

春首在云安。

春以后自云安至夔州。据《年谱》,秋寓西阁。然其先不言他寓,恐到夔未久即居之。○此行一留云安,再留夔颇久,究其离蜀初意,本欲出峡也。

大历二年(767)　公年五十六。

春初在西阁。

三月至秋迁居赤甲,寻移瀼西。

秋末尽冬,到东屯农庄,寻复来瀼西。

大历三年(768)　公年五十七。

春夏正二月，在夔，三月，出峡至江陵。

秋移居公安。

冬晚之岳州。自是不常所处，舟居为多。

大历四年(769)　公年五十八。

是年自岳之潭州，寻之衡州，又回潭州。◯《年谱》有在衡畏热回潭之文，潭、衡相逮不远，气候未必大殊，其说不允。盖回潭本不欲留，欲北还而不果耳。

大历五年(770)　公年五十九。

春在潭州。

夏潭有臧玠之乱，遂入衡州。欲如郴州依舅氏崔伟，至耒阳，不果。

秋冬之间回湖，欲北还，未遂，竟以旅卒。

附：杜诗写作时间地点统计表

<table>
<tr><th>地方</th><th>公年</th><th>公诗</th><th>诗作数目</th><th>附注</th></tr>
<tr><td rowspan="8">齐
赵
两京</td><td>25—29</td><td>10</td><td rowspan="8">=250+12=262</td><td rowspan="8">12：自东都回华州官所诗首数
14：云安诗首数
24：在夔州出峡诗首数</td></tr>
<tr><td>30—33</td><td>7</td></tr>
<tr><td>34</td><td>7</td></tr>
<tr><td>35—43</td><td>92</td></tr>
<tr><td>44</td><td>21</td></tr>
<tr><td>45</td><td>12</td></tr>
<tr><td>46</td><td>50</td></tr>
<tr><td>47</td><td>51</td></tr>
<tr><td rowspan="5">秦中
同谷</td><td>48</td><td>136</td><td rowspan="5"></td><td rowspan="5"></td></tr>
<tr><td>49</td><td>46</td></tr>
<tr><td>50</td><td>79</td></tr>
<tr><td>51</td><td>89</td></tr>
<tr><td>52</td><td>100</td></tr>
</table>

续表

地方	公年	公诗	诗作数目	附注
蜀中	53	102		
	54	53	＝605－12＋14＝607	
夔州	55	203		
	56	229	＝432－14＋24＝442	
荆州湖南	57	80		
	58	65		
	59	26	＝171－24＝147	
			共计1458首	

二、 杜诗中所见公境遇

二十四岁，赴京兆贡举不第。

《壮游》：忤下考功第，独辞京尹堂。

其后游齐赵，在东都，在齐州。天宝五载归长安，时公年三十五。胡翔冬先生曰：此十一年间处境差强，诗所谓“放荡齐赵间，裘马颇清狂。快意八九年，西归到咸阳”者也。然诗才二十四首耳。（据涓氏《编年诗目谱》）往年余训诗为愤，不愤则无诗，此又可为一证。

三十六岁，应诏退下，留长安。

《奉赠韦左丞丈二十二韵》：青冥却垂翅，蹭蹬无纵鳞。

四十岁，进三大礼赋。玄宗奇之，命待制集贤院。明年召试文章，送隶有司，参列选序。

《上韦左相二十韵》：才杰俱登用，愚蒙但隐沦。长卿多病久，子夏索居频。……为公歌此曲，涕泪在衣巾。

四十四岁，授河西尉，不拜。改右卫率府胄曹参军。十一月，往奉先。

《官定后戏赠》：不作河西尉，凄凉为折腰。老夫怕趋走，率府且逍遥。耽酒须微禄，狂歌托圣朝。故山归兴尽，回首向风飙。

《自京赴奉先县咏怀五百字》：入门闻号咷，幼子饥已卒。……所愧为人父，无食致夭折。

四十五岁，闻肃宗即位，自鄜羸服奔行在，遂陷贼中。

《春望》：国破山河在，城春草木深。感时花溅泪，恨别鸟惊心。烽火连三月，家书抵万金。白头搔更短，浑欲不胜簪。

四十六岁，脱贼谒上凤翔，拜左拾遗。八月墨制放还鄜省家。

《述怀》：比闻同罹祸，杀戮到鸡狗。山中漏茅屋，谁复依户牖。……自寄一封书，今已十月后。反畏消息来，寸心亦何有。

《北征》：经年至茅屋，妻子衣百结。恸哭松声回，悲泉共幽咽。平生所娇儿，颜色白胜雪。见耶背面啼，垢腻脚不袜。

四十七岁，出为华州司功。

《早秋苦热堆案相仍》：束带发狂欲大叫，簿书何急来相仍。

《至日遣兴奉寄北省旧阁老两院故人二首》：何人却(一作错)忆穷愁日，愁日愁随一线长。(其一)孤城此日肠堪断，愁对寒云雪满山。(其二)

四十八岁，弃官西去，度陇客秦州。十月往同谷，十二月入蜀，至成都。

《秦州杂诗二十首》：满目悲生事，因人作远游。迟回度陇怯，浩荡及关愁。水落鱼龙夜，山空鸟鼠秋。西征问烽火，心折此淹留。(其一)

《乾元中寓居同谷县作歌七首》：中原无书归不得，手脚冻皴皮肉死。(其一)黄独无苗山雪盛，短衣数挽不掩胫。此时与子空归来，男呻女吟四壁静。(其二)我生何为在穷谷，中夜起坐万感集。(其五)

《酬高使君相赠》：古寺僧牢落，空房客寓居。故人供禄米，邻舍与园蔬。

四十九岁，卜居浣花溪。

《王十五司马弟出郭相访兼遗营草堂资》：客里何迁次，江边正寂寥。肯来寻一老，愁破是今朝。忧我营茅栋，携钱过野桥。他乡唯表弟，还往莫辞劳。

五十岁，居草堂，间至新津、青城。

《因崔五侍御寄高彭州一绝》：百年已过半，秋至转饥寒。为问彭州牧，何时救急难？

《茅屋为秋风所破歌》：俄顷风定云墨色，秋天漠漠向昏黑。布衾多年冷似铁，娇儿恶卧踏里裂。床床（一作头）屋漏无干处，雨脚如麻未断绝。自经丧乱少睡眠，长夜沾湿何由彻。

五十一岁，严武还朝，西川兵马使徐知道反，因入梓州，往射洪东泉。

《客夜》：客睡何曾著，秋天不肯明。……计拙无衣食，途穷仗友生。老妻书数纸，应悉未归情。

《奉赠射洪李四丈》：南京乱初定，所向色枯槁。游子无根株，茅斋付秋草。东征下月峡，挂席穷海岛。万里须十金，妻孥未相保。苍茫风尘际，蹭蹬骐驎老。

《通泉驿南去通泉县十五里山水作》：伤时愧孔父，去国同王粲。我生苦飘零，所历有嗟叹。

五十二岁，在梓州，间往汉州、阆州，冬晚复回梓州。

《官池春雁二首》：自古稻粱多不足，至今鸂鶒乱为群。且休怅望看春水，更恐归飞隔暮云。（其一）青春欲尽急还乡，紫塞宁论尚有霜。翅在云天终不远，力微矰缴绝须防。（其二）（二诗旧解作自比）

《严氏溪放歌行》：况我飘转无定所，终日慽慽忍羁旅。……东游西还力实倦，从此将身更何许。

《发阆中》：女病妻忧归意急（一作速），秋花锦石谁复（一作能）数。别家三月一得书（一作书来），避地何时免愁苦。

五十三岁，归成都草堂，严武表节度参谋检校工部员外郎，赐绯鱼袋。

《遣闷奉呈严公二十韵》：老妻忧坐痹，幼女问头风。平地专欹倒，分曹失异同。……束缚酬知己，蹉跎效小忠。

五十四岁，辞幕，离蜀，秋至云安居之。

《莫相疑行》：晚将末契托年少，当面输心背面笑。寄谢悠悠世上儿，不争好恶莫相疑。

《去蜀》：五载客蜀郡，一年居梓州。如何关塞阻，转作潇湘游。世事已黄发，残生随白鸥。安危大臣在，何必泪长流。

《云安九日郑十八携酒陪诸公》：寒花开已尽，菊蕊独盈枝。旧摘人频异，轻香酒暂随。……万国皆戎马，酣歌泪欲垂。

五十五岁，之夔州，秋寓西阁。

《白帝城最高楼》：杖藜叹世者谁子？泣血迸空回白头。

五十六岁，迁居赤甲、瀼西、东屯，复归瀼西。

《入宅三首》：宋玉归州宅，云通白帝城。吾人淹老病，旅食岂才名。峡口风常急，江流气不平。只应与儿子，飘转任浮生。（其三）

《暮春题瀼西新赁草屋五首》：欲陈济世策，已老尚书郎。不息豺狼斗，空惭鸳鹭行。时危人事急，风逆羽毛伤。落日悲江汉，中宵泪满床。（其五）

《东屯月夜》：日转东方白，风来北斗昏。天寒不成寐（一作寝），无梦寄归魂。

五十七岁，出峡，至江陵，秋移居公安，冬晚之岳州。

《水宿遣兴奉呈群公》：暮年漂泊恨，今夕乱离啼。……我行何到此？物理直难齐。

《移居公安山馆》：南国昼多雾，北风天正寒。路危行木杪，身远宿云端。山鬼吹灯灭，厨人语夜阑。鸡鸣问前馆，世乱敢求安。

《登岳阳楼》:亲朋无一字,老病有孤舟。戎马关山北,凭轩涕泗流。

五十八岁,自岳州至潭州,寻至衡州,又回潭州。

《上水遣怀》:穷迫挫曩怀,常如中风走。……羸骸将何适,履险颜益厚。

《衡州送李大夫七丈勉赴广州》:日月笼中鸟,乾坤水上萍。王孙丈人行,垂老见飘零。

五十九岁,避臧玠乱再入衡州,欲如郴州依舅氏崔伟,因至耒阳,泊方田驿,秋舟下荆楚,竟以旅卒。

《聂耒阳以仆阻水书致酒肉疗饥荒江诗得代怀兴尽本韵至县呈聂令》:知我碍湍涛,半旬获浩溔。……孤舟增郁郁,僻路殊悄悄。

《风疾舟中伏枕书怀三十六韵奉呈湖南亲友》:十暑岷山葛,三霜楚户砧。……葛洪尸定解,许靖力难任。家事丹砂诀,无成涕作霖。

三、杜诗中所见公性情

妻子

《月夜》:今夜鄜州月,闺中只独看。遥怜小儿女,未解忆长安。香雾云鬟湿,清辉玉臂寒。何时倚虚幌,双照泪痕干。

《得家书》:熊儿幸无恙,骥子最怜渠。

《北征》:瘦妻面复光,痴女头自栉。学母无不为,晓妆随手抹。……生还对童稚,似欲忘饥渴。问事竞挽须,谁能即嗔喝。

弟妹

《乾元中寓居同谷县作歌七首》:有弟有弟在远方,三人各瘦何人强!生别展转不相见,胡尘暗天道路长。东飞驾鹅后鹙鸧,安得送我置汝旁。呜呼!三歌兮歌三发,汝归何处收兄骨!(其三)有妹有妹在钟离,良人早殁诸孤痴。长淮浪高蛟龙怒,十年不见来何时。扁舟欲往箭满眼,杳杳南国多旌旗。呜呼!四歌兮歌四奏,林猿为我啼清昼。(其四)

宗族

《示从孙济》：淘米少汲水，汲多井水浑。刈葵莫放手，放手伤葵根。……勿受外嫌猜，同姓古所敦。

亲戚

《寄狄明府博济》：梁公曾孙我姨弟……胡为飘泊岷汉间，干谒王侯颇历抵。况乃山高水有波，秋风萧萧露泥泥。虎之饥，下巉岩；蛟之横，出清泚。早归来，黄土污衣服易眯。

朋友

《别房太尉墓》：他乡复行役，驻马别孤坟。近泪无干土，低空有断云。对棋陪谢傅，把剑觅徐君。唯见林花落，莺啼送客闻。

童仆

《信行远修水筒》：浮瓜供老病，裂饼尝所爱。于斯答恭谨，足以殊殿最。

《课伐木》：尔曹轻执热，为我忍烦促。……报之以微寒，共给酒一斛。

生物

《观打鱼歌》：鲂鱼肥美知第一，既饱欢娱亦萧瑟。君不见朝来割素鬐，咫尺波涛永相失。

《催宗文树鸡栅》：我宽蝼蚁遭，彼免狐貉厄。

《缚鸡行》：小奴缚鸡向市卖，鸡被缚急相喧争。家中厌鸡食虫蚁，不知鸡卖还遭烹。虫鸡于人何厚薄，吾叱奴人解其缚。鸡虫得失无了时，注目寒江倚山阁。

四、杜诗中所见公文学主张

《戏为六绝句》

庾信文章老更成，凌云健笔意纵横。今人嗤点流传赋，不觉前贤畏后生。

王杨卢骆当时体，轻薄为文哂未休。尔曹身与名俱灭，不废江河万古流。

纵使卢王操翰墨，劣于汉魏近风骚。龙文虎脊皆君驭，历块过都见尔曹。

才力应难夸数公，凡今谁是出群雄？或看翡翠兰苕上，未掣鲸鱼碧海中。

不薄今人爱古人，清词丽句必为邻。窃攀屈宋宜方驾，恐与齐梁作后尘。

未及前贤更勿疑，递相祖述复先谁。别裁伪体亲风雅，转益多师是汝师。

《偶题》

文章千古事，得失寸心知。作者皆殊列，名声岂浪垂。骚人嗟不见，汉道盛于斯。前辈飞腾入，余波绮丽为。后贤兼旧列，历代各清规。法自儒家有，心从弱岁疲。永怀江左逸，多谢(一作病)邺中奇。騄骥皆良马，骐驎带好儿。车轮徒已斫，堂构肯(一作惜)仍亏。漫作潜夫论，虚传幼妇碑。缘情慰漂荡，抱疾屡迁移。经济惭长策，飞栖假一枝。尘沙傍蜂虿，江峡绕蛟螭。萧瑟唐虞远，联翩楚汉危。圣朝兼盗贼，异俗更喧卑。郁郁星辰剑，苍苍云雨池。两都开幕府，万宇插军麾。南海残铜柱，东风避月支。音书恨乌鹊，号怒怪熊罴。稼穑分诗兴，柴荆学土宜。故山迷白阁，秋水忆皇陂。不敢要佳句，愁来赋别离。

《江上值水如海势聊短述》

为人性僻耽佳句，语不惊人死不休。老去诗篇浑漫与，春来花鸟莫深愁。新添水槛供垂钓，故著浮槎替入舟。焉得思如陶谢手，令渠述作与同游。

五、 前人总论公之成就

元稹《杜君墓系铭》并叙

予读诗至杜子美而知小大之有所总萃焉。始尧舜时，君臣以赓歌相和，是后诗人继作，历夏、殷、周千余年，仲尼缉拾选练，取其干预教化之尤者三百篇，其余无闻焉。骚人作而怨愤之态繁，然犹去风雅日近，尚相比拟。秦汉已还，采诗之官既废，天下妖谣民讴、歌颂讽赋、曲度嬉戏之词亦随时间作。至汉武帝赋《柏梁》诗，而七言之体兴。苏子卿、李少卿之徒，尤工为五言。虽句读文律各异，雅郑之音亦杂，而词意简远，指事言情，自非有为而为，则文不妄作。建安之后，天下文士，遭罹兵战。曹氏父子鞍马间为文，往往横槊赋诗。其遒壮抑扬、冤哀悲离之作，尤极于古。晋世风概稍存。宋、齐之间，教失根本，士以简慢歙习舒徐相尚，文章以风容色泽放旷精清为高。盖吟写性灵、流连光景之文也。意义格力固无取焉。陵迟至于梁、陈，淫艳刻饰、佻巧小碎之词剧，又宋、齐之所不取也。唐兴，官学大振。万世之文，能者互出。而又沈、宋之流，研练精切，稳顺声势，谓之为律诗。由是而后，文变之体极焉。然而莫不好古者遗近，务华者去实；效齐、梁则不逮于魏、晋，工乐府则力屈于五言；律切则骨格不存，闲暇则纤秾莫备。至于子美，盖所谓上薄风雅，下该沈、宋，言夺苏、李，气吞曹、刘，掩颜、谢之孤高，杂徐、庾之流丽，尽得古今之体势，而兼人人之所独专矣。使仲尼〔考〕锻其旨要，尚不知贵，其多乎哉！苟以为能所不能，无可无不可，则诗人以来，未有如子美者。时山东人李白亦以奇文取称，时人谓之“李杜”。予观其壮浪纵恣，摆去拘束，模写物象，及乐府歌诗，诚亦差肩于子美矣。至若铺陈终始，排比声韵，大或千言，次犹数百，词气豪迈而风调清深，属对律切而脱弃凡近，则李尚不能历其藩翰，况堂奥乎！

《新唐书》传赞

唐兴，诗人承陈、隋风流，浮靡相矜。至宋之问、沈佺期等，研揣声音，浮切不差，而号律诗，竞相沿袭。逮开元间，稍裁以雅正。然恃华者质反，好丽者壮违，人得一概，皆自名所长。至甫，浑涵汪茫，千汇万状，兼古今而有之。它人不足，甫乃厌余。残膏剩馥，沾丐后人多矣。故元稹谓："诗人已来，未有如子美者。"甫又善陈时事，律切精深，至千言不少衰，世号"诗史"。昌黎韩愈于文章慎许可，至歌诗，独推曰："李杜文章在，光焰万丈长。"诚可信云。

秦观进论

杜子美之诗，实集众家之长，适当其时而已。昔李陵、苏武之诗，长于高妙；曹植、刘桢之诗，长于豪迈；陶潜、阮籍之诗，长于冲澹；谢灵运、鲍照之诗，长于峻洁；徐陵、庾信之诗，长于藻丽。于是子美穷高妙之格，极豪迈(一作逸)之气，包冲澹之趣，兼峻洁之姿，备藻丽之态，而诸家之作所不及焉。然不集诸子之长，子美亦不能独至于斯也。岂非适当其时故耶？孟子曰："伯夷，圣之清者也；伊尹，圣之任者也；柳下惠，圣之和者也；孔子，圣之时者也。孔子之谓集大成。"呜呼，子美其集诗之大成者欤！

元稹《酬孝甫见赠》

杜甫天材颇绝伦，每寻诗卷似情亲。怜渠直道当时语，不著心源傍古人。(其二)

王安石《杜甫画像》(全诗详 297—298 页)

陆游《读杜诗》

千载诗亡不复删，少陵谈笑即追还。常憎晚辈言诗史，清庙生民伯仲间。

元好问《论诗三十首》

排比铺张特一途，藩篱如此亦区区。少陵自有连城壁，争奈微之识碔砆。(其十)

赵翼《论诗五首》

满眼生机转化钧，天工人巧日争新。预支五百年新意，到了千年又觉陈。（其一）

李杜诗篇万口传，至今已觉不新鲜。江山代有才人出，各领风骚数百年。（其二）

杜诗会通

编者按：

一、每组以杜诗为首，下列与之相关的诗（有的组中也有杜诗），凡杜诗均不署作者。

二、各组的诗，可见借鉴、继承与突破的关系，故称“会通”。可参阅讲录中相关部分的分析。

望　岳

岱宗夫如何？齐鲁青未了。造化钟神秀，阴阳割昏晓。荡胸生曾云，决眦入归鸟。会当凌绝顶，一览众山小。

青阳峡

塞外苦厌山，南行道弥恶。冈峦相经亘，云水气参错。林迥硖角来，天窄壁面削。溪西五里石，奋怒向我落。仰看日车侧，俯恐坤轴弱。魑魅啸有风，霜霰浩漠漠。昨忆逾陇坂，高秋视吴岳。东笑莲华卑，北知崆峒薄。超然侔壮观，已谓殷寥廓。突兀犹趁人，及兹叹冥漠。

凤凰台

亭亭凤凰台，北对西康州。西伯今寂寞，凤声亦悠悠。山峻路绝踪，石林气高浮。安得万丈梯，为君上上头。恐有无母雏，饥寒日啾啾。我能剖心血，饮啄慰孤愁。心以当竹实，炯然无外求。血以当醴泉，岂徒比清流。所重王者瑞，敢辞微命休。坐看彩翮长，举意八极周。自天衔瑞图，飞下十二楼。图以奉至尊，凤以垂鸿猷。再光中兴业，一洗苍生忧。深衷正为此，群盗何淹留？

万丈潭

青溪合冥莫，神物有显晦。龙依积水蟠，窟压万丈内。跼步凌垠堮，侧身下烟霭。前临洪涛宽，却立苍石大。山危一径尽，崖绝两壁对。削成根虚无，倒影垂澹瀩。黑知湾澴底，清见光炯碎。孤云到来深，飞鸟不在外。高萝成帷幄，寒木累旌旆。远川曲通流，嵌窦潜泄濑。造幽无人境，发兴自我辈。告归遗恨多，将老斯游最。闭藏修鳞蛰，出入巨石碍。何当炎天过，快意风雨会。

剑　门

惟天有设险，剑门天下壮。连山抱西南，石角皆北向。两崖崇墉倚，刻画城郭状。一夫怒临关，百万未可傍。川岳储精英，天府兴宝藏。珠玉走中原，岷峨气凄怆。三皇五帝前，鸡犬各相放。后王尚柔远，职贡道已丧。至今英雄人，高视见霸王。并吞与割据，极力不相让。吾将罪真宰，意欲铲叠嶂。恐此复偶然，临风默惆怅。

∞∞∞　∞∞∞　∞∞∞

饮中八仙歌

知章骑马似乘船，眼花落井水底眠。汝阳三斗始朝天，道逢曲车口流涎，恨不移封向酒泉。左相日兴费万钱，饮如长鲸吸百川，衔杯乐圣称避贤。宗之潇洒美少年，举觞白眼望青天，皎如玉树临风前。苏晋长斋绣佛前，醉中往往爱逃禅。李白一斗诗百篇，长安市上酒家眠；天子呼来不上船，自称臣是酒中仙。张旭三杯草圣传，脱帽露顶王公前，挥毫落纸如云烟。焦遂五斗方卓然，高谈雄辩惊四筵。

曲江三章章五句

曲江萧条秋气高，菱荷枯折随风涛，游子空嗟垂二毛。乌石素沙亦相荡,哀鸿独叫求其曹。

即事非今亦非古,长歌激越捎林莽,比屋豪华固难数。吾人甘作心似灰,弟侄何伤泪如雨。

自断此生休问天,杜曲幸有桑麻田,故将移住南山边。短衣匹马随李广,看射猛虎终残年。

乾元中寓居同谷县作歌七首

有客有客字子美,白头乱发垂过耳。岁拾橡栗随狙公,天寒日暮山谷里。中原无书归不得,手脚冻皴皮肉死。呜呼!一歌兮歌已哀,悲风为我从天来。

长镵长镵白木柄,我生托子以为命。黄精无苗山雪盛,短衣数挽不掩胫。此时与子空归来,男呻女吟四壁静。呜呼!二歌兮歌始放,闾里为我色惆怅。

有弟有弟在远方,三人各瘦何人强!生别展转不相见,胡尘暗天道路长。东飞駕鹅后鹙鸧,安得送我置汝旁。呜呼!三歌兮歌三发,汝归何处收兄骨!

有妹有妹在钟离,良人早殁诸孤痴。长淮浪高蛟龙怒,十年不见来何时。扁舟欲往箭满眼,杳杳南国多旌旗。呜呼!四歌兮歌四奏,林猿为我啼清昼。

四山多风溪水急,寒雨飒飒枯树湿。黄蒿古城云不开,白狐跳梁黄狐立。我生何为在穷谷,中夜起坐万感集。呜呼!五歌兮歌正长,魂招不来归故乡。

南有龙兮在山湫,古木巃嵸枝相樛。木叶黄落龙正蛰,蝮蛇东来水上游。我行怪此安敢出,拔剑欲斩且复休。呜呼!六歌兮歌思迟,溪壑为我回春姿。

男儿生不成名身已老,三年饥走荒山道。长安卿相多少年,富贵应须致身早。山中儒生旧相识,但话宿昔伤怀抱。呜呼!七歌兮悄终曲,仰视皇天白日速。

张衡：四愁诗

我所思兮在太山，欲往从之梁父艰。侧身东望涕沾翰。美人赠我金错刀，何以报之英琼瑶。路远莫致倚逍遥，何为怀忧心烦劳。

我所思兮在桂林，欲往从之湘水深。侧身南望涕沾襟。美人赠我金琅玕，何以报之双玉盘。路远莫致倚惆怅，何为怀忧心烦伤。

我所思兮在汉阳，欲往从之陇阪长。侧身西望涕沾裳。美人赠我貂襜褕，何以报之明月珠。路远莫致倚踟蹰，何为怀忧心烦纡。

我所思兮在雁门，欲往从之雪纷纷。侧身北望涕沾巾。美人赠我锦绣段，何以报之青玉案。路远莫致倚增叹，何为怀忧心烦惋。

文天祥：六歌

有妻有妻出糟糠，自少结发不下堂。乱离中道逢虎狼，凤飞翩翩失其凰。将雏一二去何方，岂料国破家亦亡。不忍舍君罗襦裳，天长地久终茫茫，牛女夜夜遥相望。呜呼一歌兮歌正长，悲风北来起彷徨！

有妹有妹家流离，良人去后携诸儿。北风吹沙塞草凄，穷猿惨淡将安归？去年哭母南海湄，三男一女同歔欷，惟汝不在割我肌。汝家零落母不知，母知岂有瞑目时！呜呼再歌兮歌孔悲，鹡鸰在原我何为？

有女有女婉清扬，大者学帖临钟王，小者读字声琅琅。朔风吹衣白日黄，一双素璧委道傍。雁儿啄啄秋无粱，随母北首谁人将？呜呼三歌兮歌愈伤，非为儿女泪淋浪！

有子有子风骨殊，释氏抱送徐卿雏。四月八日摩尼珠，榴花犀钱络绣襦。兰汤百沸香似酥，欻随飞藿飘泥涂。汝兄十三骑鲸鱼，汝今三岁知在无？呜呼四歌兮歌以吁，灯前老影明月孤。

有妾有妾今何如，大者手将玉蟾蜍，次者亲抱汗血驹，晨妆靓服临西湖。英英雁荡飘璚琚，风花乱坠鸟呜呼。金镜沉溋浮污渠，天摧地裂龙虎徂，美人尘土何代无？呜呼五歌兮歌郁纡，为尔迎风立斯须。

我生我生何不辰？孤根不识桃李春，天寒日短空愁人。北风随我铁马尘，初怜骨肉钟奇祸，如今骨肉更怜我。汝在空能婴我怀，我死谁当收我骸？人生百年何丑好，黄粱得丧俱草草。呜呼六歌兮勿复道，出门一笑天地老。

∞∞∞　∞∞∞　∞∞∞

前出塞

戚戚去故里，悠悠赴交河。公家有程期，亡命婴祸罗。君已富土境，开边一何多！弃绝父母恩，吞声行负戈。

出门日已远，不受徒旅欺。骨肉恩岂断，男儿死无时。走马脱辔头，手中挑青丝。捷下万仞冈，俯身试搴旗。

磨刀呜咽水，水赤刃伤手。欲轻肠断声，心绪乱已久。丈夫誓许国，愤惋复何有？功名图麒麟，战骨当速朽。

送徒既有长，远戍亦有身。生死向前去，不劳吏怒嗔。路逢相识人，附书与六亲。哀哉两决绝，不复同苦辛。

迢迢万里余，领我赴三军。军中异苦乐，主将宁尽闻。隔河见胡骑，倏忽数百群。我始为奴仆，几时树功勋！

挽弓当挽强，用箭当用长。射人先射马，擒贼先擒王。杀人亦有限，列国自有疆。苟能制侵陵，岂在多杀伤？

驱马天雨雪，军行入高山。径危抱寒石，指落曾冰间。已去汉月远，何时筑城还？浮云暮南征，可望不可攀。

单于寇我垒，百里风尘昏。雄剑四五动，彼军为我奔。掳其名王归，系颈授辕门。潜身备行列，一胜何足论。

从军十年余，能无分寸功。众人贵苟得，欲语羞雷同。中原有斗争，况在狄与戎？丈夫四方志，安可辞固穷。

后出塞

男儿生世间，及壮当封侯。战伐有功业，焉能守旧丘？召募赴蓟门，军动不可留。千金装马鞍，百金装刀头。闾里送我行，亲戚拥道周。斑白居上列，酒酣进庶羞。少年别有赠，含笑看吴钩。

朝进东门营，暮上河阳桥。落日照大旗，马鸣风萧萧。平沙列万幕，部伍各见招。中天悬明月，令严夜寂寥。悲笳数声动，壮士惨不骄。借问大将谁？恐是霍嫖姚。

古人重守边，今人重高勋。岂知英雄主，出师亘长云。六合已一家，四夷且孤军。遂使貔虎士，奋身勇所闻。拔剑击大荒，日收胡马群。誓开玄冥北，持以奉吾君。

献凯日继踵，两蕃静无虞。渔阳豪侠地，击鼓吹笙竽。云帆转辽海，粳稻来东吴。越罗与楚练，照耀舆台躯。主将位益崇，气骄凌上都。边人不敢议，议者死路衢。

我本良家子，出师亦多门。将骄益愁思，身贵不足论。跃马二十年，恐孤明主恩。坐见幽州骑，长驱河洛昏。中夜间道归，故里但空村。恶名幸脱免，穷老无儿孙。

范成大：催租行

输租得钞官更催，踉跄里正敲门来。手持文书杂嗔喜："我亦来营醉归耳！"床头悭囊大如拳，扑破正有三百钱；不堪与君成一醉，聊复偿君草鞋费。

范成大：后催租行

老父田荒秋雨里，旧时高岸今江水。佣耕犹自抱长饥，的知无力输租米。自从乡官新上来，黄纸放尽白纸催。卖衣得钱都纳却，病骨虽寒聊免缚。去年衣尽卖家口，大女临歧两分首。今年次女已行媒，亦复驱将换升斗。室中更有第三女，明年不怕催租苦。

丽人行

三月三日天气新，长安水边多丽人。态浓意远淑且真，肌理细腻骨肉匀。绣罗衣裳照暮春，蹙金孔雀银麒麟。头上何所有？翠为匐叶垂鬓唇；背后何所见？珠压腰衱稳称身。就中云幕椒房亲，赐名大国虢与秦。紫驼之峰出翠釜，水精之盘行素鳞。犀箸厌饫久未下，鸾刀缕切空纷纶。黄门飞鞚不动尘，御厨络绎送八珍。箫鼓哀吟感鬼神，宾从杂遝实要津。后来鞍马何逡巡！当轩下马入锦茵。杨花雪落覆白蘋，青鸟飞去衔红巾。炙手可热势绝伦，慎莫近前丞相嗔。

苏轼：续丽人行

深宫无人春日长，沉香亭北百花香。美人睡起薄梳洗，燕舞莺啼空断肠。画工欲画无穷意，背立东风初破睡；若教回首却嫣然，阳城下蔡俱风靡。杜陵饥客眼长寒，蹇驴破帽随金鞍。隔花临水时一见，只许腰肢背后看。心醉归来茅屋底，方信人间有西子。君不见，孟光举案与眉齐，何曾背面伤春啼！

∞ ∞ ∞　∞ ∞ ∞　∞ ∞ ∞

同诸公登慈恩寺塔

高标跨苍穹，烈风无时休。自非旷士怀，登兹翻百忧。方知象教力，足可追冥搜。仰穿龙蛇窟，始出枝撑幽。七星在北户，河汉声西流。羲和鞭白日，少昊行清秋。秦山忽破碎，泾渭不可求。俯视但一气，焉能辨皇州。回首叫虞舜，苍梧云正愁。惜哉瑶池饮，日晏昆仑丘。黄鹄去不息，哀鸣何所投？君看随阳雁，各有稻粱谋。

岑参：与高适、薛据登慈恩寺浮图

塔势如涌出，孤高耸天宫。登临出世界，磴道盘虚空。突兀压神州，峥嵘如鬼工。四角碍白日，七层摩苍穹。下窥指高鸟，俯听闻惊风。连山若波涛，奔凑似朝东。青槐夹驰道，宫馆何玲珑！秋色从西来，苍然满关中。五陵北原上，万古青蒙蒙。净理了可悟，胜因夙所宗。誓将挂冠去，觉道资无穷。

储光羲：同诸公登慈恩寺塔

金祠起真宇，直上青云垂。地静我亦闲，登之秋清时。苍芜宜春苑，片碧昆明池。谁道天汉高，逍遥方在兹。虚形宾太极，携手行翠微。雷雨傍杳冥，鬼神中躨跜。灵变在倏忽，莫能穷天涯。冠上阊阖开，履下鸿雁飞。宫室低逦迤，群山小参差。俯仰宇宙空，庶随了义归。崱屴非大厦，久居亦以危。

章八元：题慈恩寺塔

十层突兀在虚空，四十门开面面风。却怪鸟飞平地上，自惊人语半天中。回梯暗踏如穿洞，绝顶初攀似出笼。落日凤城佳气合，满城春树雨蒙蒙。

苏轼：真兴寺阁

山川与城郭，漠漠同一形。市人与鸦鹊，浩浩同一声。此阁几何高？何人之所营？侧身送落日，引手攀飞星。当年王中令，斫木南山赪。写真留阁下，铁面眼有棱。身强八九尺，与阁两峥嵘。古人虽暴恣，作事今世惊。登者尚呀喘，作者何以胜。曷不观此阁，其人勇且英。

∞ ∞ ∞　∞ ∞ ∞　∞ ∞ ∞

陪郑广文游何将军山林十首

不识南塘路，今知第五桥。名园依绿水，野竹上青霄。谷口旧相得，濠梁同见招。平生为幽兴，未惜马蹄遥。

百顷风潭上，千章夏木清。卑枝低结子，接叶暗巢莺。鲜鲫银丝脍，香芹碧涧羹。翻疑柁楼底，晚饭越中行。

万里戎王子，何年别月支。异花来绝域，滋蔓匝清池。汉使徒空到，神农竟不知。露翻兼雨打，开拆日离披。

旁舍连高竹，疏篱带晚花。碾涡深没马，藤蔓曲藏蛇。词赋工何益，山林迹未赊。尽捻书籍卖，来问尔东家。

剩水沧江破，残山碣石开。绿垂风折笋，红绽雨肥梅。银甲弹筝用，金鱼换酒来。兴移无洒扫，随意坐莓苔。

风磴吹阴雪，云门吼瀑泉。酒醒思卧簟，衣冷欲装绵。野老来看客，河鱼不取钱。只疑淳朴处，自有一山川。

棘树寒云色，茵蔯春藕香。脆添生菜美，阴益食单凉。野鹤清晨出，山精白日藏。石林蟠水府，百里独苍苍。

忆过杨柳渚，走马定昆池。醉把青荷叶，狂遗白接䍦。刺船思郢客，解水乞吴儿。坐对秦山晚，江湖兴颇随。

床上书连屋，阶前树拂云。将军不好武，稚子总能文。醒酒微风入，听诗静夜分。絺衣挂萝薜，凉月白纷纷。

幽意忽不惬，归期无奈何。出门流水住，回首白云多。自笑灯前舞，谁怜醉后歌。只应与朋好，风雨亦来过。

重过何氏五首

问讯东桥竹，将军有报书。倒衣还命驾，高枕乃吾庐。花妥莺捎蝶，溪喧獭趁鱼。重来休沐地，真作野人居。

山雨樽仍在，沙沉榻未移。犬迎曾宿客，鸦护落巢儿。云薄翠微寺，天清皇子陂。向来幽兴极，步屧过东篱。

落日平台上，春风啜茗时。石栏斜点笔，桐叶坐题诗。翡翠鸣衣桁，蜻蜓立钓丝。自今幽兴熟，来往亦无期。

颇怪朝参懒，应耽野趣长。雨抛金锁甲，苔卧绿沉枪。手自移蒲柳，家才足稻粱。看君用幽意，白日到羲皇。

到此应尝宿，相留可判年。蹉跎暮容色，怅望好林泉。何日沾微禄，归山买薄田。斯游恐不遂，把酒意茫然。

左思：咏史八首

弱冠弄柔翰，卓荦观群书。著论准《过秦》，作赋拟《子虚》。边城苦鸣镝，羽檄飞京都。虽非甲胄士，畴昔览穰苴。长啸激清风，志若无东吴。铅刀贵一割，梦想骋良图。左眄澄江湘，右盼定羌胡。功成不受爵，长揖归田庐。

郁郁涧底松，离离山上苗。以彼径寸茎，荫此百尺条。世胄蹑高位，英俊沉下僚。地势使之然，由来非一朝。金张藉旧业，七叶珥汉貂。冯公岂不伟，白首不见招。

吾希段干木，偃息藩魏君。吾慕鲁仲连，谈笑却秦军。当世贵不羁，遭难能解纷。功成不受赏，高节卓不群。临组不肯绁，对珪不肯分。连玺耀前庭，比之犹浮云。

济济京城内，赫赫王侯居。冠盖荫四术，朱轮竟长衢。朝集金张馆，暮宿许史庐。南邻击钟磬，北里吹笙竽。寂寂杨子宅，门无卿相舆。寥寥空宇中，所讲在玄虚。言论准宣尼，辞赋拟相如。悠悠百世后，英名擅八区。

皓天舒白日，灵景耀神州。列宅紫宫里，飞宇若云浮。峨峨高门内，蔼蔼皆王侯。自非攀龙客，何为欻来游。被褐出阊阖，高步追许由。振衣千仞冈，濯足万里流。

荆轲饮燕市，酒酣气益震。哀歌和渐离，谓若傍无人。虽无壮士节，与世亦殊伦。高眄邈四海，豪右何足陈。贵者虽自贵，视之若埃尘。贱者虽自贱，重之若千钧。

主父宦不达，骨肉还相薄。买臣困樵采，伉俪不安宅。陈平无产业，归来翳负郭。长卿还成都，壁立何寥廓。四贤岂不伟，遗烈光篇籍。当其未遇时，忧在填沟壑。英雄有屯邅，由来自古昔。何世无奇才，遗之在草泽。

习习笼中鸟，举翮触四隅。落落穷巷士，抱影守空庐。出门无通路，枳棘塞中涂。计策弃不收，块若枯池鱼。外望无寸禄，内顾无斗储。亲戚还相蔑，朋友日夜疏。苏秦北游说，李斯西上书。俯仰生荣华，咄嗟复雕枯。饮河期满腹，贵足不愿余。巢林栖一枝，可为达士模。

刘禹锡：金陵五题

余少为江南客，而未游秣陵，尝有遗恨。后为历阳守，跂而望之。适有客以《金陵五题》相示，逌尔生思，欻然有得。他日友人白乐天掉头苦吟，叹赏良久，且曰："《石头诗》云'潮打空城寂寞回'，吾知后之诗人，不复措词矣。"余四咏虽不及此，亦不孤乐天之言耳。

石头城

山围故国周遭在，潮打空城寂寞回。淮水东边旧时月，夜深还过女墙来。

乌衣巷

朱雀桥边野草花，乌衣巷口夕阳斜。旧时王谢堂前燕，飞入寻常百姓家。

台　城

台城六代竞豪华，结绮临春事最奢。万户千门成野草，只缘一曲后庭花。

生公讲堂

生公说法鬼神听，身后空堂夜不扃。高坐寂寥尘漠漠，一方明月可中庭。

江令宅

南朝词臣北朝客，归来唯见秦淮碧。池台竹树三亩余，至今人道江家宅。

苏轼：中隐堂诗

岐山宰王君绅，其祖故蜀人也。避乱来长安，而遂家焉。其居第园圃有名，长安城中号中隐堂者是也。予之长安，王君以书戒其子弟邀予游，且乞诗甚勤，因为作此五篇。

去蜀初逃难，游秦遂不归。园荒乔木老，堂在昔人非。凿石清泉激，开门野鹤飞。退居吾久念，长恐此心违。

径转如修蟒，坡垂似伏鳌。树从何代有？人与此堂高。好古嗟生晚，偷闲厌久劳。王孙早归隐，尘土污君袍。

二月惊梅晚，幽香此地无。依依慰远客，皎皎似吴姝。不恨故园隔，空嗟芳岁徂。春深桃杏乱，笑汝益羁孤。

翠石如鹦鹉，何年别海堧？贡随南使远，载压渭舟偏。已伴乔松老，那知故国迁。金人解辞汉，汝独不潸然。

都城更几姓，到处有残碑。古隧埋蝌蚪，崩崖露伏龟。安排壮亭榭，收拾费金赀。峋嵝何须到，韩公浪自悲。

∞∞∞ ∞∞∞ ∞∞∞

渼陂行

岑参兄弟皆好奇，携我远来游渼陂。天地黤惨忽异色，波涛万顷堆琉璃。琉璃汗漫泛舟入，事殊兴极忧思集。鼍作鲸吞不复知，恶风白浪何嗟及。主人锦帆相为开，舟子喜甚无氛埃。凫鹥散乱棹讴发，丝管啁啾空翠来。沉竿续缦深莫测，菱叶荷花静如拭。宛在中流渤澥清，下归无极终南黑。半陂以南纯浸山，动影袅窕冲融间。船舷暝戛云际寺，水面月出蓝田关。此时骊龙亦吐珠，冯夷击鼓群龙趋。湘妃汉女出歌舞，金支翠旗光有无。咫尺但愁雷雨至，苍茫不晓神灵意。少壮几时奈老何，向来哀乐何其多！

王安石：葛蕴作巫山高爱其飘逸因作两篇（其二）

巫山高，偃薄江水之滔滔。水于天下实至险，山亦起伏为波涛。其巅冥冥不可见，崖岸斗绝悲猿猱。赤枫青栎生满谷，山鬼白日樵人遭。窈窕阳台彼神女，朝朝暮暮能云雨。以云为衣月为褚，乘光服暗无留阻。昆仑曾城道可取，方丈蓬莱多伴侣。块独守此嗟何求，况乃低徊梦中语。

王安石：杏花

石梁度空旷，茅屋临清炯。俯窥娇饶杏，未觉身胜影。嫣如景阳妃，含笑堕宫井。怊怅有微波，残妆坏难整。

苏轼：游金山寺

我家江水初发源，宦游直送江入海。闻道潮头一丈高，天寒尚有沙痕在。中泠南畔石盘陀，古来出没随涛波。试登绝顶望乡国，江南江北青山多。羁愁畏晚寻归楫，山僧苦留看落日。微风万顷靴文细，断霞半空鱼尾赤。是时江月初生魄，二更月落天深黑。江心似有炬火明，飞焰照山栖鸟惊。怅然归卧心莫识，非鬼非人竟何物？江山如此不归山，江神见怪惊我顽。我谢江神岂得已，有田不归如江水！

苏轼：泛颍

我性喜临水，得颍意甚奇。到官十日来，九日河之湄。吏民笑相语，使君老而痴。使君实不痴，流水有令姿。绕郡十余里，不驶亦不迟。上流直而清，下流曲而漪。画船俯明镜，笑问汝为谁？忽然生鳞甲，乱我须与眉，散为百东坡，顷刻复在兹。此岂水薄相，与我相娱嬉，声色与臭味，颠倒眩小儿，等是儿戏物，水中少磷缁。赵陈两欧阳，同参天人师，观妙各有得，共赋泛颍诗。

陈与义：夏日集葆真池上以绿阴生昼静赋诗得静字

清池不受暑，幽讨起予病。长安车辙边，有此荷万柄。是身惟可懒，共寄无尽兴。鱼游水底凉，鸟宿林间静。谈余日亭午，树影一时正。清风不负客，意重百金赠。聊将两鬓蓬，起照千丈镜。微波喜摇人，小立待其定。梁王今何许，柳色几衰盛。人生行乐耳，诗律已其剩。邂逅一樽酒，它年五君咏。重期踏月来，夜半啸烟艇。

∞ ∞ ∞　∞ ∞ ∞　∞ ∞ ∞

醉时歌

诸公衮衮登台省，广文先生官独冷。甲第纷纷厌粱肉，广文先生饭不足。先生有道出羲皇，先生有才过屈宋。德尊一代常坎轲，名垂万古知何用！杜陵野客人更嗤，被褐短窄鬓如丝。日籴太仓五升米，时赴郑老同襟期。得钱即相觅，沽酒不复疑。忘形到尔汝，痛饮真吾师。清夜沉沉动春酌，灯前细雨檐花落。但觉高歌有鬼神，焉知饿死填沟壑！相如逸才亲涤器，子云识字终投阁。先生早赋归去来，石田茅屋荒苍苔。儒术于我何有哉，孔丘盗跖俱尘埃！不须闻此意惨怆，生前相遇且衔杯。

戏简郑广文虔兼呈苏司业源明

广文到官舍，系马堂阶下。醉则骑马归，颇遭官长骂。才名四十年，坐客寒无毡。赖有苏司业，时时乞酒钱。

送郑十八虔贬台州司户伤其临老陷贼之故阙为面别情见于诗

郑公樗散鬓成丝，酒后常称老画师。万里伤心严谴日，百年垂死中兴时。苍惶已就长途往，邂逅无端出饯迟。便与先生应永诀，九重泉路尽交期。

有怀台州郑十八司户

天台隔三江，风浪无晨暮。郑公纵得归，老病不识路。昔如水上鸥，今为罝中兔。性命由他人，悲辛但狂顾。山鬼独一脚，蝮蛇长如树。呼号傍孤城，岁月谁与度？从来御魑魅，多为才名误。夫子嵇阮流，更被时俗恶。海隅微小吏，眼暗发垂素。黄帽映青袍，非供折腰具。平生一杯酒，见我故人遇。相望无所成，乾坤莽回互。

哭台州郑司户苏少监

故旧谁怜我，平生郑与苏。存亡不重见，丧乱独前途。豪俊何人在，文章扫地无。羁游万里阔，凶问一年俱。白日中原上，清秋大海隅。夜台当北斗，泉路窅东吴。得罪台州去，时危弃硕儒。移官蓬阁后，谷贵没潜夫。流恸嗟何及，衔冤有是夫。道消诗发兴，心息酒为徒。许与才虽薄，追随迹未拘。班扬名甚盛，嵇阮逸相须。会取君臣合，宁铨品命殊。贤良不必展，廊庙偶然趋。胜决风尘际，功安造化炉。从容拘旧学，惨澹閟阴符。摆落嫌疑久，哀伤志力输。俗依绵谷异，客对雪山孤。童稚思诸子，交朋列友于。情乖清酒送，望绝抚坟呼。疟病餐巴水，疮痍老蜀都。飘零迷哭处，天地日榛芜。

赠李白

二年客东都，所历厌机巧。野人对腥膻，蔬食常不饱。岂无青精饭，使我颜色好。苦乏大药资，山林迹如扫。李侯金闺彦，脱身事幽讨。亦有梁宋游，方期拾瑶草。

赠李白

秋来相顾尚飘蓬，未就丹砂愧葛洪。痛饮狂歌空度日，飞扬跋扈为谁雄？

春日忆李白

白也诗无敌，飘然思不群。清新庾开府，俊逸鲍参军。渭北春天树，江东日暮云。何时一樽酒，重与细论文。

寄李十二白二十韵

昔年有狂客，号尔谪仙人。笔落惊风雨，诗成泣鬼神。声名从此大，汩没一朝伸。文彩承殊渥，流传必绝伦。龙舟移棹晚，兽锦夺袍新。白日来深殿，青云满后尘。乞归优诏许，遇我宿心亲。未负幽栖志，兼全宠辱身。剧谈怜野逸，嗜酒见天真。醉舞梁园夜，行歌泗水春。才高心不展，道屈善无邻。处士祢衡俊，诸生原宪贫。稻粱求未足，薏苡谤何频。五岭炎蒸地，三危放逐臣。几年遭鹏鸟，独泣向麒麟。苏武先还汉，黄公岂事秦。楚筵辞醴日，梁狱上书辰。已用当时法，谁将此义陈。老吟秋月下，病起暮江滨。莫怪恩波隔，乘槎与问津。

天末怀李白

凉风起天末，君子意如何。鸿雁几时到，江湖秋水多。文章憎命达，魑魅喜人过。应共冤魂语，投诗赠汨罗。

梦李白二首

死别已吞声，生别常恻恻。江南瘴疠地，逐客无消息。故人入我梦，明我长相忆。恐非平生魂，路远不可测。魂来枫林青，魂返关塞黑。今君在罗网，何以有羽翼？落月满屋梁，犹疑照颜色。水深波浪阔，无使蛟龙得！

浮云终日行，游子久不至。三夜频梦君，情亲见君意。告归常局促，苦道来不易。江湖多风波，舟楫恐失坠。出门搔白首，若负平生志。冠盖满京华，斯人独憔悴。孰云网恢恢，将老身反累。千秋万岁名，寂寞身后事！

忆昔二首之二

忆昔开元全盛日，小邑犹藏万家室。稻米流脂粟米白，公私仓廪俱丰实。九州道路无豺虎，远行不劳吉日出。齐纨鲁缟车班班，男耕女桑不相失。宫中圣人奏云门，天下朋友皆胶漆。百余年间未灾变，叔孙礼乐萧何律。岂闻一绢直万钱，有田种谷今流血！洛阳宫殿烧焚尽，宗庙新除狐兔穴，伤心不忍问耆旧，复恐初从乱离说。小臣鲁钝无所能，朝廷记识蒙禄秩。周宣中兴望我皇，洒泪江汉身衰疾。

哀江头

少陵野老吞声哭，春日潜行曲江曲。江头宫殿锁千门，细柳新蒲为谁绿。忆昔霓旌下南苑，苑中万物生颜色。昭阳殿里第一人，同辇随君侍君侧。辇前才人带弓箭，白马嚼啮黄金勒。翻身向天仰射云，一笑正坠双飞翼。明眸皓齿今何在，血污游魂归不得。清渭东流剑阁深，去住彼此无消息。人生有情泪沾臆，江草江花岂终极。黄昏胡骑尘满城，欲往城南忘南北。

解闷十二首之九、十二

先帝贵妃今寂寞，荔枝还复入长安。炎方每续朱樱献，玉座应悲白露团。

侧生野岸及江蒲，不熟丹宫满玉壶。云壑布衣鲐背死，劳人害马翠眉须。

杜牧：过勤政楼

千秋佳节名空在，承露丝囊世已无。唯有紫苔偏称意，年年因雨上金铺。

杜牧：过华清宫绝句三首

长安回望绣成堆，山顶千门次第开。一骑红尘妃子笑，无人知是荔枝来。

新丰绿树起黄埃，数骑渔阳探使回。霓裳一曲千峰上，舞破中原始下来。

万国笙歌醉太平，倚天楼殿月分明。云中乱拍禄山舞，风过重峦下笑声。

崔橹：华清宫三首

草遮回磴绝鸣銮，云树深深碧殿寒。明月自来还自去，更无人倚玉栏干。

障掩金鸡蓄祸机，翠华西拂蜀云飞。珠帘一闭朝元阁，不见人归见燕归。

门横金锁悄无人，落日秋声渭水滨。红叶下山寒寂寂，湿云如梦雨如尘。

黄庭坚：和陈君仪读太真外传五首

朝廷无事君臣乐，花柳多情殿阁春。不觉胡雏心暗动，绮罗翻作坠楼人。

扶风乔木夏阴合，斜谷铃声秋夜深。人到愁来无处会，不关情处总伤心。

梁州一曲当时事，记得曾拈玉笛吹。端正楼空春昼永，小桃犹学淡燕支。

高丽条脱雕红玉，逻逤琵琶捻绿丝。蛛网屋煤昏故物，此生惟有梦来时。

上皇曾御昭仪传，镜里观形只眼前。养得禄儿倾四海，千秋更有一伶玄。

∞∞∞ ∞∞∞ ∞∞∞

玉华宫

溪回松风长，苍鼠窜古瓦。不知何王殿，遗构绝壁下。阴房鬼火青，坏道哀湍泻。万籁真笙竽，秋色正萧洒。美人为黄土，况乃粉黛假！当时侍金舆，故物独石马。忧来藉草坐，浩歌泪盈把。冉冉征途间，谁是长年者！

梅尧臣：拟杜甫玉华宫

松深溪色古，中有鼯鼠鸣，废殿不知年，但与苍崖平。鬼火出空屋，未继华烛明，暗泉发虚窦，似作哀弦鸣。黄金不变土，玉质空令名，当时从舆辇，石马埋棘荆。独来感旧物，煎怀如沸羹，区区人世间，谁免此亏盈。

张耒：离黄州

扁舟发孤城，挥手谢送者。山回地势卷，天豁江面泻。中流望赤壁，石脚插水下。昏昏烟雾岭，历历渔樵舍。居夷实三载，邻里通假借。别之岂无情，老泪为一洒。篙工起鸣鼓，轻橹健于马。聊为过江宿，寂寂樊山夜。

∞∞∞ ∞∞∞ ∞∞∞

羌村三首

峥嵘赤云西，日脚下平地。柴门鸟雀噪，归客千里至。妻孥怪我在，惊定还拭泪。世乱遭飘荡，生还偶然遂。邻人满墙头，感叹亦歔欷。夜阑更秉烛，相对如梦寐！

晚岁迫偷生，还家少欢趣。娇儿不离膝，畏我复却去。忆昔好追凉，故绕池边树。萧萧北风劲，抚事煎百虑。赖知禾黍收，已觉糟床注。如今足斟酌，且用慰迟暮。

群鸡正乱叫，客至鸡斗争。驱鸡上树木，始闻叩柴荆。父老四五人，问我久远行。手中各有携，倾榼浊复清。苦辞酒味薄，黍地无人耕。兵革既未息，儿童尽东征。请为父老歌，艰难愧深情。歌罢仰天叹，四座涕纵横。

陶渊明：癸卯岁始春怀古田舍二首之二

先师有遗训，忧道不忧贫。瞻望邈难逮，转欲患长勤。秉耒欢时务，解颜劝农人。平畴交远风，良苗亦怀新。虽未量岁功，即事多所欣。耕种有时息，行者无问津。日入相与归，壶浆劳近邻。长吟掩柴门，聊为陇亩民。

陶渊明：还旧居

畴昔家上京，六载去还归。今日始复来，恻怆多所悲。阡陌不移旧，邑屋或时非。履历周故居，邻老罕复遗。步步寻往迹，有处特依依。流幻百年中，寒暑日相推。常恐大化尽，气力不及衰。拨置且莫念，一觞聊可挥。

陶渊明：饮酒二十首之九

清晨闻叩门，倒裳往自开。问子为谁与？田父有好怀。壶浆远见候，疑我与时乖。褴褛茅檐下，未足为高栖。一世皆尚同，愿君汩其泥。深感父老言，禀气寡所谐。纡辔诚可学，违己讵非迷！且共欢此饮，吾驾不可回。

∞ ∞ ∞　∞ ∞ ∞　∞ ∞ ∞

赠卫八处士

人生不相见，动如参与商。今夕复何夕，共此灯烛光。少壮能几时，鬓发各已苍。访旧半为鬼，惊呼热中肠。焉知二十载，重上君子堂。昔别君未婚，儿女忽成行。怡然敬父执，问我来何方。问答乃未（一作未及）已，驱儿罗酒浆。夜雨剪春韭，新炊间黄粱。主称会面难，一举累十觞。十觞亦不醉，感子故意长。明日隔山岳，世事两茫茫。

司空曙：云阳馆与韩绅宿别

故人江海别，几度隔山川。乍见翻疑梦，相悲各问年。孤灯寒照雨，湿竹暗浮烟。更有明朝恨，离杯惜共传。

李益：喜见外弟又言别

十年离乱后，长大一相逢。问姓惊初见，称名忆旧容。别来沧海事，语罢暮天钟。明日巴陵道，秋山又几重。

王安石：示长安君

少年离别意非轻，老去相逢亦怆情。草草杯盘供笑语，昏昏灯火话平生。自怜湖海三年隔，又作尘沙万里行。欲问后期何日是，寄书应见雁南征。

∞ ∞ ∞　∞ ∞ ∞　∞ ∞ ∞

夏日叹

夏日出东北，陵天经中街。朱光彻厚地，郁蒸何由开！上苍久无雷，无乃号令乖！雨降不濡物，良田起黄埃。飞鸟苦热死，池鱼涸其泥。万人尚流冗，举目惟蒿莱。至今大河北，尽作虎与豺。浩荡想幽蓟，王师安在哉！对食不能餐，我心殊未谐。眇然贞观初，难与数子偕。

诗经·桧风·匪风

匪风发兮，匪车偈兮。顾瞻周道，中心怛兮。
匪风飘兮，匪车嘌兮。顾瞻周道，中心吊兮。
谁能亨鱼？溉之釜鬵。谁将西归？怀之好音。

诗经·曹风·下泉

洌彼下泉，浸彼苞稂。忾我寤叹，念彼周京。
洌彼下泉，浸彼苞萧。忾我寤叹，念彼京周。
芃芃黍苗，阴雨膏之。四国有王，郇伯劳之。

∞ ∞ ∞　∞ ∞ ∞　∞ ∞ ∞

夏夜叹

永日不可暮，炎蒸毒中肠。安得万里风，飘飖吹我裳。昊天出华月，茂林延疏光。仲夏苦夜短，开轩纳微凉。虚明见纤毫，羽虫亦飞扬。物情无巨细，自适固其常。念彼荷戈士，穷年守边疆。何由一洗濯，执热互相望。竟夕击刁斗，喧声连万方。青紫虽被体，不如早还乡。北城悲笳发，鹳鹤号且翔。况复烦促倦，激烈思时康。

诗经·小雅·何草不黄

何草不黄，何日不行。何人不将，经营四方。
何草不玄，何人不矜。哀我征夫，独为匪民。
匪兕匪虎，率彼旷野。哀我征夫，朝夕不暇。
有芃者狐，率彼幽草。有栈之车，行彼周道。

秦州杂诗二十首（录十）

满目悲生事，因人作远游。迟回度陇怯，浩荡及关愁。水落鱼龙夜，山空鸟鼠秋。西征问烽火，心折此淹留。

秦州城北寺，胜迹隗嚣宫。苔藓山门古，丹青野殿空。月明垂叶露，云逐度溪风。清渭无情极，愁时独向东。

莽莽万重山，孤城石谷间。无风云出塞，不夜月临关。属国归何晚，楼兰斩未还。烟尘一长望，衰飒正摧颜。

萧萧古塞冷，漠漠秋云低。黄鹄翅垂雨，苍鹰饥啄泥。蓟门谁自北，汉将独征西。不意书生耳，临衰厌鼓鞞。

山头南郭寺，水号北流泉。老树空庭得，清渠一邑传。秋花危石底，晚景卧钟边。俛仰悲身世，溪风为飒然。

传道东柯谷，深藏数十家。对门藤盖瓦，映竹水穿沙。瘦地翻宜粟，阳坡可种瓜。船人近相报，但恐失桃花。

东柯好崖谷，不与众峰群。落日邀双鸟，晴天卷片云。野人矜险绝，水竹会平分。采药吾将老，儿童未遣闻。

边秋阴易夕，不复辨晨光。檐雨乱淋幔，山云低度墙。鸬鹚窥浅井，蚯蚓上深堂。车马何萧索，门前百草长。

地僻秋将尽，山高客未归。塞云多断续，边日少光辉。警急烽常报，传闻檄屡飞。西戎外甥国，何得迕天威。

唐尧真自圣，野老复何知。晒药能无妇，应门亦有儿。藏书闻禹穴，读记忆仇池。为报鸳行旧，鹪鹩在一枝。

寓目

一县葡萄熟，秋山苜蓿多。关云常带雨，塞水不成河。羌女轻烽燧，胡儿掣骆驼。自伤迟暮眼，丧乱饱经过。

捣　衣

亦知戍不返，秋至拭清砧。已近苦寒月，况经长别心。宁辞捣衣倦，一寄塞垣深。用尽闺中力，君听空外音。

蕃　剑

致此自僻远，又非珠玉装。如何有奇怪，每夜吐光芒。虎气必腾上，龙身宁久藏。风尘苦未息，持汝奉明王。

即　事

闻道花门破，和亲事却非。人怜汉公主，生得渡河归。秋思抛云髻，腰支剩宝衣。群凶犹索战，回首意多违。

∞ ∞ ∞　∞ ∞ ∞　∞ ∞ ∞

西枝村寻置草堂地夜宿赞公土室二首

出郭眄细岑，披榛得微路。溪行一流水，曲折方屡渡。赞公汤休徒，好静心迹素。昨枉霞上作，盛论岩中趣。怡然共携手，恣意同远步。扪萝涩先登，陟巘眩反顾。要求阳冈暖，苦涉阴岭冱。惆怅老大藤，沉吟屈蟠树。卜居意未展，杖策回且暮。层巅余落日，草蔓已多露。

天寒鸟已归，月出山更静。土室延白光，松门耿疏影。跻攀倦日短，语乐寄夜永。明燃林中薪，暗汲石底井。大师京国旧，德业天机秉。从来支许游，兴趣江湖迥。数奇谪关塞，道广存箕颍。何知戎马间，复接尘事屏。幽寻岂一路，远色有诸岭。晨光稍朦胧，更越西南顶。

谢灵运：登石门最高顶

晨策寻绝壁，夕息在山栖。疏峰抗高馆，对岭临回溪。长林罗户穴，积石拥阶基。连岩觉路塞，密竹使径迷。来人忘新术，去子惑故蹊。活活夕流驶，噭噭夜猿啼。沉冥岂别理，守道自不携。心契九秋干，目玩三春荑。居常以待终，处顺故安排。惜无同怀客，共登青云梯。

谢灵运:石门新营所住四面高山回溪石濑茂林修竹

跻险筑幽居,披云卧石门。苔滑谁能步,葛弱岂可扪。袅袅秋风过,萋萋春草繁。美人游不还,佳期何由敦。芳尘凝瑶席,清醑满金樽。洞庭空波澜,桂枝徒攀翻。结念属霄汉,孤景莫与谖。俯濯石下潭,仰看条上猿。早闻夕飙急,晚见朝日暾。崖倾光难留,林深响易奔。感往虑有复,理来情无存。庶持乘日车,得以慰营魂。匪为众人说,冀与智者论。

谢灵运:石门岩上宿

朝搴苑中兰,畏彼霜下歇。暝还云际宿,弄此石上月。鸟鸣识夜栖,木落知风发。异音同致听,殊响俱清越。妙物莫为赏,芳醑谁与伐。美人竟不来,阳阿徒晞发。

∞ ∞ ∞　∞ ∞ ∞　∞ ∞ ∞

太平寺泉眼

招提凭高冈,疏散连草莽。出泉枯柳根,汲引岁月古。石间见海眼,天畔萦水府。广深丈尺间,宴息敢轻侮。青白二小蛇,幽姿可时睹。如丝气或上,烂熳为云雨。山头到山下,凿井不尽土。取供十方僧,香美胜牛乳。北风起寒文,弱藻舒翠缕。明涵客衣净,细荡林影趣。何当宅下流,余润通药圃。三春湿黄精,一食生毛羽。

苏轼:起伏龙行

徐州城东二十里有石潭,父老云与泗水通,增损清浊相应不差,时有河鱼出焉。元丰元年春旱,或云置虎头潭中,可以致雷雨。用其说作《起伏龙行》。

何年白竹千钧弩,射杀南山雪毛虎。至今颅骨带霜牙,尚作四海毛虫祖。东方久旱千里赤,三月行人口生土。碧潭近在古城东,神物所蟠谁敢侮。上敲苍石拥岩窦,下应清河通水府。眼光作电走金蛇,鼻息为云擢烟缕。当年负图传帝命,左右羲轩诏神禹。尔来怀宝但贪眠,满腹雷霆喑不吐。赤龙白虎战明日，倒卷黄河作飞雨。嗟吾岂乐斗两雄，有事径须烦一怒。

苏轼：白水山佛迹岩

何人守蓬莱，夜半失左股。浮山若鹏蹲，忽展垂天羽。根株互连络，崖峤争吞吐。神工自炉鞲，融液相缀补。至今余隙罅，流出千斛乳。方其欲合时，天匠麾月斧。帝觞分余沥，山骨醉后土。峰峦尚开阖，涧谷犹呼舞。海风吹未凝，古佛来布武。当时汪罔氏，投足不盖拇。青莲虽不见，千古落花雨。双溪汇九折，万马腾一鼓。奔雷溅玉雪，潭洞开水府。潜鳞有饥蛟，掉尾取渴虎。我来方醉后，濯足聊戏侮。回风卷飞雹，掠面过强弩。山灵莫恶剧，微命安足赌。此山吾欲老，慎勿厌求取。溪流变春酒，与我相宾主。当连青竹竿，下灌黄精圃。

陶渊明：饮酒二十首之五

结庐在人境，而无车马喧。问君何能尔？心远地自偏。采菊东篱下，悠然见南山。山气日夕佳，飞鸟相与还。此中有真意，欲辨已忘言。

谢灵运：游赤石进帆海

首夏犹清和，芳草亦未歇。水宿淹晨暮，阴霞屡兴没。周览倦瀛壖，况乃陵穷发。川后时安流，天吴静不发。扬帆采石华，挂席拾海月。溟涨无端倪，虚舟有超越。仲连轻齐组，子牟眷魏阙。矜名道不足，适己物可忽。请附任公言，终然谢天伐。

∞ ∞ ∞　∞ ∞ ∞　∞ ∞ ∞

遣兴五首

蛰龙三冬卧，老鹤万里心。昔时贤俊人，未遇犹视今。嵇康不得死，孔明有知音。又如垄坻松，用舍在所寻。大哉霜雪干，岁久为枯林。

昔者庞德公，未曾入州府。襄阳耆旧间，处士节独苦。岂无济时策，终竟畏罗罟。林茂鸟有归，水深鱼知聚。举家隐鹿门，刘表焉得取？

陶潜避俗翁，未必能达道。观其著诗集，颇亦恨枯槁。达生岂是足？默识盖不早。有子贤与愚，何其挂怀抱。

贺公雅吴语，在位常清狂。上疏乞骸骨，黄冠归故乡。爽气不可致，斯人今则亡。山阴一茅宇，江海日清凉。

吾怜孟浩然，裋褐即长夜。赋诗何必多，往往凌鲍谢。清江空旧鱼，春雨余甘蔗。每望东南云，令人几悲吒。

颜延之：五君咏

阮步兵

阮公虽沦迹，识密鉴亦洞。沉醉似埋照，寓辞类托讽。长啸若怀人，越礼自惊众。物故不可论，途穷能无恸！

嵇中散

中散不偶世，本自餐霞人。形解验默仙，吐论知凝神。立俗迕流议，寻山洽隐沦。鸾翮有时铩，龙性谁能驯。

刘参军

刘灵善闭关，怀情灭闻见。鼓钟不足欢，荣色岂能眩。韬精日沉饮，谁知非荒宴。颂酒虽短章，深衷自此见。

阮始平

仲容青云器，实禀生民秀。达音何用深，识微在金奏。郭奕已心醉，山公非虚觏。屡荐不入官，一麾乃出守。

向常侍

向秀甘淡薄，深心托豪素。探道好渊玄，观书鄙章句。交吕既鸿轩，攀嵇亦凤举。流连河里游，恻怆山阳赋。

佳　人

绝代有佳人，幽居在空谷。自云良家子，零落依草木。关中昔丧败，兄弟遭杀戮。官高何足论，不得收骨肉。世情恶衰歇，万事随转烛。夫婿轻薄儿，新人美如玉。合昏尚知时，鸳鸯不独宿。但见新人笑，那闻旧人哭。在山泉水清，出山泉水浊。侍婢卖珠回，牵萝补茅屋。摘花不插鬓，采柏动盈掬。天寒翠袖薄，日暮倚修竹。

诗经·卫风·氓

氓之蚩蚩，抱布贸丝。匪来贸丝，来即我谋。送子涉淇，至于顿丘。匪我愆期，子无良媒。将子无怒，秋以为期。

乘彼垝垣，以望复关。不见复关，泣涕涟涟。既见复关，载笑载言。尔卜尔筮，体无咎言。以尔车来，以我贿迁。

桑之未落，其叶沃若。于嗟鸠兮，无食桑葚。于嗟女兮，无与士耽。士之耽兮，犹可说也。女之耽兮，不可说也。

桑之落矣，其黄而陨。自我徂尔，三岁食贫。淇水汤汤，渐车帷裳。女也不爽，士贰其行。士也罔极，二三其德。

三岁为妇，靡室劳矣。夙兴夜寐，靡有朝矣。言既遂矣，至于暴矣。兄弟不知，咥其笑矣。静言思之，躬自悼矣。

及尔偕老，老使我怨。淇则有岸，隰则有泮。总角之宴，言笑晏晏。信誓旦旦，不思其反。反是不思，亦已焉哉。

古诗十九首之五

西北有高楼，上与浮云齐。交疏结绮窗，阿阁三重阶。上有弦歌声，音响一何悲！谁能为此曲，无乃杞梁妻？清商随风发，中曲正徘徊。一弹再三叹，慷慨有余哀。不惜歌者苦。但伤知音稀。愿为双鸿鹄，奋翅起高飞。

曹植：蒲生行浮萍篇

浮萍寄清水，随风东西流。结发辞严亲，来为君子仇。恪勤在朝夕，无端获罪尤。在昔蒙恩惠，和乐如瑟琴。何意今摧颓，旷若商与参！茱萸自有芳，不若桂与兰。新人虽可爱，无若故所欢。行云有返期，君恩傥中还。慊慊仰天叹,愁心将何诉? 日月不恒处,人生忽若寓。悲风来入怀,泪下如垂露。发箧造裳衣,裁缝纨与素。

鲍照:拟行路难十八首之二、三

洛阳名工铸为金博山,千斫复万镂,上刻秦女携手仙。承君清夜之欢娱,列置帏里明烛前。外发龙鳞之丹彩,内含麝芬之紫烟。如今君心一朝异,对此长叹终百年。

璇闺玉墀上椒阁,文窗绣户垂罗幕。中有一人字金兰,被服纤罗采芳藿。春燕差池(一作参差)风散梅,开帏对景弄春爵。含歌揽涕恒抱愁,人生几时得为乐! 宁作野中之双凫,不愿(一作作)云间之别鹤。

王安石:君难托

槿花朝开暮还坠,妾身与花宁独异。忆昔相逢俱少年,两情未许谁最先。感君绸缪逐君去,成君家计良辛苦。人事反复那能知,谗言入耳须臾离。嫁时罗衣羞更著,如今始悟君难托。君难托,妾亦不忘旧时约。

∞ ∞ ∞　∞ ∞ ∞　∞ ∞ ∞

戏题王宰画山水图歌

十日画一水,五日画一石。能事不受相促迫,王宰始肯留真迹。壮哉昆仑方壶图,挂君高堂之素壁。巴陵洞庭日本东,赤岸水与银河通,中有云气随飞龙。舟人渔子入浦溆,山木尽亚洪涛风。尤工远势古莫比,咫尺应须论万里。焉得并州快剪刀,剪取吴松半江水。

奉先刘少府新画山水障歌

堂上不合生枫树,怪底江山起烟雾。闻君扫却赤县图,乘兴遣画沧洲趣。画师亦无数,好手不可遇。对此融心神,知君重毫素。岂但祁岳与郑虔,笔迹远过杨契丹。得非玄圃裂,无乃潇湘翻。悄然坐我天姥下,耳边已似闻清猿。反思前夜风雨急,乃是蒲城鬼神入。元气淋漓障犹湿,真宰上诉天应泣。野亭春还杂花远，渔翁暝踏孤舟立。沧浪水深青溟阔，欹岸侧岛秋毫末。不见湘妃鼓瑟时，至今斑竹临江活。刘侯天机精，爱画入骨髓。自有两儿郎，挥洒亦莫比。大儿聪明到，能添老树巅崖里。小儿心孔开，貌得山僧及童子。若耶溪，云门寺。吾独胡为在泥滓，青鞋布袜从此始。

木皮岭

首路栗亭西，尚想凤凰村。季冬携童稚，辛苦赴蜀门。南登木皮岭，艰险不易论。汗流被我体，祁寒为之暄。远岫争辅佐，千岩自崩奔。始知五岳外，别有他山尊。仰干塞大明，俯入裂厚坤。再闻虎豹斗，屡踽风水昏。高有废阁道，摧折如断辕。下有冬青林，石上走长根。西崖特秀发，焕若灵芝繁。润聚金碧气，清无沙土痕。忆观昆仑图，目击悬圃存。对此欲何适，默伤垂老魂。

黄庭坚:题郭熙山水扇

郭熙虽老眼犹明，便面江山取意成。一段风烟且千里，解如明月逐人行。

黄庭坚:题惠崇画扇

惠崇笔下开江面，万里晴波向落晖。梅影横斜人不见，鸳鸯相对浴红衣。

黄庭坚:题郑防画夹五首之一

惠崇烟雨归雁，坐我潇湘洞庭。欲唤扁舟归去，故人言是丹青。

黄庭坚:次韵子瞻题郭熙画山

黄州逐客未赐环，江南江北饱看山。玉堂卧对郭熙画，发兴已在青林间。郭熙官画但荒远，短纸曲折开秋晚。江村烟外雨脚明，归雁行边余叠巘。坐思黄柑洞庭霜，恨身不如雁随阳。

熙今头白有眼力，尚能弄笔映窗光。画取江南好风日，慰此将老镜中发。但熙肯画宽作程，十日五日一水石。

∞ ∞ ∞　∞ ∞ ∞　∞ ∞ ∞

琴　台

茂陵多病后，尚爱卓文君。酒肆人间世，琴台日暮云。野花留宝靥，蔓草见罗裙。归凤求凰意，寥寥不复闻。

李贺：咏怀二首之一

长卿怀茂陵，绿草垂石井。弹琴看文君，春风吹鬓影。梁王与武帝，弃之如断梗。惟留一简书，金泥泰山顶。

∞ ∞ ∞　∞ ∞ ∞　∞ ∞ ∞

送韩十四江东觐省

兵戈不见老莱衣，叹息人间万事非。我已无家寻弟妹，君今何处访庭闱。黄牛峡静滩声转，白马江寒树影稀。此别应须各努力，故乡犹恐未同归。

李商隐：杜工部蜀中离席

人生何处不离群，世路干戈惜暂分。雪岭未归天外使，松州犹驻殿前军。座中醉客延醒客，江上晴云杂雨云。美酒成都堪送老，当垆仍是卓文君。

李商隐：送崔珏往西川

年少因何有旅愁，欲为东下更西游。一条雪浪吼巫峡，千里火云烧益州。卜肆至今多寂寞，酒垆从古擅风流。浣花笺纸桃花色，好好题诗咏玉钩。

∞∞∞ ∞∞∞ ∞∞∞

火

楚山经月火，大旱则斯举。旧俗烧蛟龙，惊惶致雷雨。爆嵌魑魅泣，崩冻岚阴旷。罗落沸百泓，根源皆太古。青林一灰烬，云气无处所。入夜殊赫然，新秋照牛女。风吹巨焰作，河棹腾烟柱。势欲焚昆仑，光弥焮洲渚。腥至焦长蛇，吼争缠猛虎。神物已高飞，不见石与土。尔宁要谤讟，凭此近荧侮。薄关长吏忧，甚昧至精主。远迁谁扑灭，将恐及环堵。流汗卧江亭，更深气如缕。

韩愈：陆浑山火和皇甫湜用其韵

皇甫补官古贲浑，时当玄冬泽乾源。山狂谷很相吐吞，风怒不休何轩轩。摆磨出火以自燔。有声夜中惊莫原，天跳地踔颠乾坤。赫赫上照穷崖垠，截然高周烧四垣。神焦鬼烂无逃门，三光弛隳不复暾。虎熊麋猪逮猴猿，水龙鼍龟鱼与鼋，鸦鸱雕鹰雉鹄鹍，燖炰煨爊孰飞奔。祝融告休酌卑尊，错陈齐玫辟华园。芙蓉披猖塞鲜繁，千钟万鼓咽耳喧。攒杂啾嚄沸篪埙，彤幢绛旃紫纛旛。炎官热属朱冠裈，髹其肉皮通髀臀。颓胸垤腹车掀辕，缇颜靺股豹两鞬。霞车虹靷日毂轓，丹蕤縓盖绯翻帣。红帷赤幕罗脤膰。衁池波风肉陵屯，谽呀巨壑颇黎盆。豆登五山瀛四樽，熙熙釂酬笑语言。雷公擘山海水翻，齿牙嚼啮舌腭反。电光磹磹赪目暖，顼冥收威避玄根。斥弃舆马背厥孙，缩身潜喘拳肩跟。君臣相怜加爱恩，命黑螭侦焚其元。天阙悠悠不可援，梦通上帝血面论。侧身欲进叱于阍，帝赐九河湔涕痕。又诏巫阳反其魂，徐命之前问何冤。火行于冬古所存，我如禁之绝其飧。女丁妇壬传世婚，一朝结雠奈后昆。时行当反慎藏蹲，视桃著花可小骞。月及申酉利复怨，助汝五龙从九鲲。溺厥邑囚之昆仑。皇甫作诗止睡昏，辞夸出真遂上焚。要余和增怪又烦，虽欲悔舌不可扪。

欧阳修:雪

时在颍州作。玉、月、梨、梅、练、絮、白、舞、鹅、鹤、银等事,皆请勿用。

新阳力微初破萼,客阴用壮犹相薄。朝寒棱棱风莫犯,暮雪绥绥止还作。驱驰风云初惨淡,炫晃山川渐开廓。光芒可爱初日照,润泽终为和气烁。美人高堂晨起惊,幽士虚窗静闻落。酒垆成径集瓶罂,猎骑寻踪得狐貉。龙蛇扫处断复续,猊虎团成呀且攫。共贪终岁饱麰麦,岂恤空林饥鸟雀。沙墀朝贺迷象笏,桑野行歌没芒屩。乃知一雪万人喜,顾我不饮胡为乐。坐看天地绝氛埃,使我胸襟如洗沦。脱遗前言笑尘杂,搜索万象窥冥漠。颍虽陋邦文士众,巨笔人人把矛槊。自非我为发其端,冻口何由开一噱!

苏轼:聚星堂雪

元祐六年十一月一日,祷雨张龙公得小雪,与客会饮聚星堂。忽忆欧阳文忠公作守时,雪中约客赋诗,禁体物语,于艰难中特出奇丽。尔来四十余年,莫有继者。仆以老门生继公后,虽不足追配先生,而宾客之美,殆不减当时,公之二子又适在郡,故辄举前令,各赋一篇。

窗前暗响鸣枯叶,龙公试手行初雪。映空先集疑有无,作态斜飞正愁绝。众宾起舞风竹乱,老守先醉霜松折。恨无翠袖点横斜,只有微灯照明灭。归来尚喜更鼓永,晨起不待铃索掣。未嫌长夜作衣棱,却怕初阳生眼缬。欲浮大白追余赏,幸有回飙惊落屑。模糊桧顶独多时,历乱瓦沟裁一瞥。汝南先贤有故事,醉翁诗话谁续说。当时号令君听取,白战不许持寸铁。

苏轼:江上值雪,效欧阳体,限不以盐、玉、鹤、鹭、絮、蝶、飞、舞之类为比,仍不使皓、白、洁、素等字次子由韵

缩颈夜眠如冻龟,雪来惟有客先知。江边晓起浩无际,树杪风多寒更吹。青山有似少年子,一夕变尽沧浪髭。方知阳气在流水,沙上盈尺江无澌。随风颠倒纷不择,下满坑谷高陵危。江空野阔落不见,入户但觉轻丝

丝。沾裳细看巧刻镂，岂有一一天工为？霍然一麾遍九野，吁此权柄谁执持？世间苦乐知有几，今我幸免沾肤肌。山夫只见压樵担，岂知带酒飘歌儿。天王临轩喜有麦，宰相献寿嘉及时。冻吟书生笔欲折，夜织贫女寒无帏。高人著履踏冷冽，飘拂巾帽真仙姿。野僧斫路出门去，寒液满鼻清淋漓。洒袍入袖湿靴底，亦有执板趋阶墀。舟中行客何所爱？愿得猎骑当风披。草中咻咻有寒兔，孤隼下击千夫驰。敲冰煮鹿最可乐，我虽不饮强倒卮。楚人自古好弋猎，谁能往者我欲随。纷纭旋转从满面，马上操笔为赋之。

∞ ∞ ∞　∞ ∞ ∞　∞ ∞ ∞

秋兴八首

玉露凋伤枫树林，巫山巫峡气萧森。江间波浪兼天涌，塞上风云接地阴。丛菊两开他日泪，孤舟一系故园心。寒衣处处催刀尺，白帝城高急暮砧。

夔府孤城落日斜，每依北斗望京华。听猿实下三声泪，奉使虚随八月槎。画省香炉违伏枕，山楼粉堞隐悲笳。请看石上藤萝月，已映洲前芦荻花。

千家山郭静朝晖，日日江楼坐翠微。信宿渔人还泛泛，清秋燕子故飞飞。匡衡抗疏功名薄，刘向传经心事违。同学少年多不贱，五陵衣马自轻肥。

闻道长安似弈棋，百年世事不胜悲。王侯第宅皆新主，文武衣冠异昔时。直北关山金鼓振，征西车马羽书驰。鱼龙寂寞秋江冷，故国平居有所思。

蓬莱宫阙对南山，承露金茎霄汉间。西望瑶池降王母，东来紫气满函关。云移雉尾开宫扇，日绕龙鳞识圣颜。一卧沧江惊岁晚，几回青琐点朝班。

瞿塘峡口曲江头，万里风烟接素秋。花萼夹城通御气，芙蓉小苑入边愁。珠帘绣柱围黄鹄，锦缆牙樯起白鸥。回首可怜歌舞地，秦中自古帝王州。

昆明池水汉时功，武帝旌旗在眼中。织女机丝虚夜月，石鲸鳞甲动秋风。波漂菰米沉云黑，露冷莲房坠粉红。关塞极天惟鸟道，江湖满地一渔翁。

昆吾御宿自逶迤，紫阁峰阴入渼陂。香稻啄余鹦鹉粒，碧梧栖老凤凰枝。佳人拾翠春相问，仙侣同舟晚更移。彩笔昔曾干气象，白头吟望苦低垂。

洞　房

洞房环佩冷，玉殿起秋风。秦地应新月，龙池满旧宫。系舟今夜远，清漏往时同。万里黄山北，园陵白露中。

宿　昔

宿昔青门里，蓬莱仗数移。花娇迎杂树，龙喜出平池。落日留王母，微风倚少儿。宫中行乐秘，少有外人知。

能　画

能画毛延寿，投壶郭舍人。每蒙天一笑，复似物皆春。政化平如水，皇明断若神。时时用抵戏，亦未杂风尘。

斗　鸡

斗鸡初赐锦，舞马既登床。帘下宫人出，楼前御曲长。仙游终一闷，女乐久无香。寂寞骊山道，清秋草木黄。

历　历

历历开元事，分明在眼前。无端盗贼起，忽已岁时迁。巫峡西江外，秦城北斗边。为郎从白首，卧病数秋天。

洛　阳

洛阳昔陷没，胡马犯潼关。天子初愁思，都人惨别颜。清笳去宫阙，翠盖出关山。故老仍流涕,龙髯幸再攀。

骊　山

骊山绝望幸,花萼罢登临。地下无朝烛,人间有赐金。鼎湖龙去远,银海雁飞深。万岁蓬莱日,长悬旧羽林。

提　封

提封汉天下,万国尚同心。借问悬军守,何如俭德临。时征俊乂入,莫虑犬羊侵。愿戒兵犹火,恩加四海深。

李商隐:马嵬二首之一

海外徒闻更九州,他生未卜此生休。空闻虎旅鸣宵柝,无复鸡人报晓筹。此日六军同驻马,当时七夕笑牵牛。如何四纪为天子,不及卢家有莫愁。

李商隐:富平少侯

七国三边未到忧,十三身袭富平侯。不收金弹抛林外,却惜银床在井头。彩树转灯珠错落,绣檀回枕玉雕锼。当关不报侵晨客,新得佳人字莫愁。

李商隐:重有感

玉帐牙旗得上游,安危须共主君忧。窦融表已来关右,陶侃军宜次石头。岂有蛟龙愁失水,更无鹰隼与高秋。昼号夜哭兼幽显,早晚星关雪涕收。

李商隐:安定城楼

迢递高城百尺楼,绿杨枝外尽汀洲。贾生年少虚垂涕,王粲春来更远游。永忆江湖归白发,欲回天地入扁舟。不知腐鼠成滋味,猜意鹓雏竟未休。

李商隐：曲江

望断平时翠辇过，空闻子夜鬼悲歌。金舆不返倾城色，玉殿犹分下苑波。死忆华亭闻唳鹤，老忧王室泣铜驼。天荒地变心虽折，若比伤春意未多。

∞ ∞ ∞　∞ ∞ ∞　∞ ∞ ∞

咏怀古迹五首

支离东北风尘际，漂泊西南天地间。三峡楼台淹日月，五溪衣服共云山。羯胡事主终无赖，词客哀时且未还。庾信平生最萧瑟，暮年诗赋动江关。

摇落深知宋玉悲，风流儒雅亦吾师。怅望千秋一洒泪，萧条异代不同时。江山故宅空文藻，云雨荒台岂梦思！最是楚宫俱泯灭，舟人指点到今疑。

群山万壑赴荆门，生长明妃尚有村。一去紫台连朔漠，独留青冢向黄昏。画图省识春风面，环佩空归月夜魂。千载琵琶作胡语，分明怨恨曲中论。

蜀主窥吴幸三峡，崩年亦在永安宫。翠华想像空山里，玉殿虚无野寺中。古庙杉松巢水鹤，岁时伏腊走村翁。武侯祠屋常邻近，一体君臣祭祀同。

诸葛大名垂宇宙，宗臣遗像肃清高。三分割据纡筹策，万古云霄一羽毛。伯仲之间见伊吕，指挥若定失萧曹。运移汉祚难恢复，志决身歼军务劳。

诸将五首

汉朝陵墓对南山，胡虏千秋尚入关。昨日玉鱼蒙葬地，早时金碗出人间。见愁汗马西戎逼，曾闪朱旗北斗殷。多少材官守泾渭，将军且莫破愁颜。

韩公本意筑三城，拟绝天骄拔汉旌。岂谓尽烦回纥马，翻然远救朔方兵。胡来不觉潼关隘，龙起犹闻晋水清。独使至尊忧社稷，诸君何以答升平。

洛阳宫殿化为烽，休道秦关百二重。沧海未全归禹贡，蓟门何处尽尧封。朝廷衮职虽多预，天下军储不自供。稍喜临边王相国，肯销金甲事春农。

回首扶桑铜柱标，冥冥氛祲未全销。越裳翡翠无消息，南海明珠久寂寥。殊锡曾为大司马，总戎皆插侍中貂。炎风朔雪天王地，只在忠良翊圣朝。

锦江春色逐人来，巫峡清秋万壑哀。正忆往时严仆射，共迎中使望乡台。主恩前后三持节，军令分明数举杯。西蜀地形天下险，安危须仗出群材。

李商隐：潭州

潭州官舍暮楼空，今古无端入望中。湘泪浅深滋竹色，楚歌重叠怨兰丛。陶公战舰空滩雨，贾傅承尘破庙风。目断故园人不至，松醪一醉与谁同。

李商隐：南朝

玄武湖中玉漏催，鸡鸣埭口绣襦回。谁言琼树朝朝见，不及金莲步步来。敌国军营漂木柹，前朝神庙锁烟煤。满宫学士皆颜色，江令当年只费才。

李商隐：隋宫

紫泉宫殿锁烟霞，欲取芜城作帝家。玉玺不缘归日角，锦帆应是到天涯。于今腐草无萤火，终古垂杨有暮鸦。地下若逢陈后主，岂宜重问后庭花。

李商隐：筹笔驿

鱼鸟犹疑畏简书，风云常为护储胥。徒令上将挥神笔，终见降王走传车。管乐有才真不忝，关张无命欲何如。他年锦里经祠庙，梁父吟成恨有余。

李商隐：井络

井络天彭一掌中，漫夸天设剑为峰。阵图东聚燕江口，边柝西悬雪岭松。堪叹故君成杜宇，可能先主是真龙。将来为报奸雄辈，莫向金牛访旧踪。

∞∞∞　∞∞∞　∞∞∞

李潮八分小篆歌

苍颉鸟迹既茫昧，字体变化如浮云。陈仓石鼓又已讹，大小二篆生八分。秦有李斯汉蔡邕，中间作者绝不闻。峄山之碑野火焚，枣木传刻肥失真。苦县光和尚骨立，书贵瘦硬方通神。惜哉李蔡不复得，吾甥李潮下笔亲。尚书韩择木，骑曹蔡有邻。开元已来数八分，潮也奄有二子成三人。况潮小篆逼秦相，快剑长戟森相向。八分一字直百金，蛟龙盘拿肉屈强。吴郡张颠夸草书，草书非古空雄壮。岂如吾甥不流宕，丞相中郎丈人行。巴东逢李潮，逾月求我歌。我今衰老才力薄，潮乎潮乎奈汝何！

韦应物：石鼓歌

周宣大猎兮岐之阳，刻石表功兮炜煌煌。石如鼓形数止十，风雨缺讹苔藓涩。今人濡纸脱其文，既击既扫白黑分。忽开满卷不可识，惊潜动蛰走云云。喘逶迤，相纠错，乃是宣王之臣史籀作。一书遗此天地间，精意长存世冥寞。秦家祖龙还刻石，碣石之罘李斯迹。世人好古犹共传，持来比此殊悬隔。

韩愈：石鼓歌

张生手持石鼓文，劝我试作石鼓歌。少陵无人谪仙死，才薄将奈石鼓何。周纲陵迟四海沸，宣王愤起挥天戈。大开明堂受朝贺，诸侯剑佩鸣相磨。搜于岐阳骋雄俊，万里禽兽皆遮罗。镌功勒成告万世，凿石作鼓隳嵯峨。从臣才艺咸第一，拣选撰刻留山阿。雨淋日炙野火燎，鬼物守护烦撝呵。公从何处得纸本，毫发尽备无差讹。辞严义密读难晓，字体不类隶与科。年深岂免有缺画，快剑斫断生蛟鼍。鸾翔凤翥众仙下，珊瑚碧树交枝柯。金绳铁索锁钮壮，古鼎跃水龙腾梭。陋儒编诗不收入，二雅褊迫无委蛇。孔子西行不到秦，掎摭星宿遗羲娥。嗟余好古生苦晚，对此涕泪双滂沱。忆昔初蒙博士征，其年始改称元和。故人从军在右辅，为我量度掘臼科。濯冠沐浴告祭酒，如此至宝存岂多。毡苞席裹可立致，十鼓只载数骆驼。荐诸太庙比郜鼎，光价岂止百倍过。圣恩若许留太学，诸生讲解得切磋。观经鸿都尚填咽，坐见举国来奔波。剜苔剔藓露节角，安置妥帖平不颇。大厦深檐与盖覆，经历久远期无佗。中朝大官老于事，讵肯感激徒媕婀。牧童敲火牛砺角，谁复着手为摩挲。日销月铄就埋没，六年西顾空吟哦。羲之俗书趁姿媚，数纸尚可博白鹅。继周八代争战罢，无人收拾理则那。方今太平日无事，柄任儒术崇丘轲。安能以此上论列，愿借辩口如悬河。石鼓之歌止于此，呜呼吾意其蹉跎。

苏轼：凤翔八观 · 石鼓歌

冬十二月岁辛丑，我初从政见鲁叟。旧闻石鼓今见之，文字郁律蛟蛇走。细观初以指画肚，欲读嗟如钳在口。韩公好古生已迟，我今况又百年后。强寻偏旁推点画，时得一二遗八九。我车既攻马亦同，其鱼维鱮贯之柳。古器纵横犹识鼎，众星错落仅名斗。模糊半已隐瘢胝，诘曲犹能辨跟肘。娟娟缺月隐云雾，濯濯嘉禾秀稂莠。漂流百战偶然存，独立千载谁与友？上追轩颉相唯诺，下揖冰斯同鷇鷇。忆昔周宣歌鸿雁，当时籀史变蝌蚪。厌乱人方思圣贤，中兴天为生耆耈。东征徐虏阚虓虎，北伏犬戎随指嗾。象胥杂沓贡狼鹿，方召联翩赐圭卣。遂因鼓鼙思将帅，岂为考击烦矇瞍。何人作颂比嵩高，万古斯文齐岣嵝。勋劳至大不矜伐，文、武未远犹忠厚。欲寻年岁无甲乙，岂有名字记谁某。自从周衰更七国，竟使秦人有九有。扫除诗书诵法律，投弃俎豆陈鞭杻。当年何人佐祖龙？上蔡公子牵黄狗。登山刻石颂功烈，后者无继前无偶。皆云皇帝巡四国，烹灭强暴救黔首。六经既已委灰尘，此鼓亦当遭击掊。传闻九鼎沦泗上，欲使万夫沉水取。暴君纵欲穷人力，神物义不污秦垢。是时石鼓何处避，无乃天工令鬼守。兴亡百变物自闲，富贵一朝名不朽。细思物理坐叹息，人生安得如汝寿！

欧阳修：菱溪大石

新霜夜落秋水浅，有石露出寒溪垠。苔昏土蚀禽鸟啄，出没溪水秋复春。溪边老翁生长见，疑我来视何殷勤。爱之远徙向幽谷，曳以三犊载两轮。行穿城中罢市看，但惊可怪谁复珍。荒烟野草埋没久，洗以石窦清冷泉。朱栏绿竹相掩映，选致佳处当南轩。南轩旁列千万峰，曾未有此奇嶙峋。乃知异物世所少，万金争买传几人。山河百战变陵谷，何为落彼荒溪濆。山经地志不可究，遂令异说争纷纭。皆云女娲初锻炼，融结一气凝精纯。仰视苍苍补其缺，染此绀碧莹且温。或疑古者燧人氏，钻以出火为炮燔。苟非神圣亲手迹，不尔孔窍谁雕剜？又云汉使把汉节，西北万里穷昆仑。行经于阗得宝玉，流入中国随河源。沙磨水激自穿穴，所以镌凿无瑕痕。嗟予有口莫能辩，叹息但以两手扪。卢仝韩愈不在世，弹压百怪无雄文。争奇斗异各取胜，遂至荒诞无根原。天高地厚靡不有，丑好万状奚足论。惟当扫雪席其侧，日与嘉客陈清樽。

∞ ∞ ∞　∞ ∞ ∞　∞ ∞ ∞

缚鸡行

小奴缚鸡向市卖，鸡被缚急相喧争。家中厌鸡食虫蚁，不知鸡卖还遭烹。虫鸡于人何厚薄，吾叱奴人解其缚。鸡虫得失无了时，注目寒江倚山阁。

黄庭坚：王充道送水仙花五十枝欣然会心为之作咏

凌波仙子生尘袜，水上轻盈步微月。是谁招此断肠魂，种作寒花寄愁绝。含香体素欲倾城，山矾是弟梅是兄。坐对真成被花恼，出门一笑大江横。

李德远:东西船行

东船得风帆席高，千里瞬息轻鸿毛。西船见笑苦迟钝，汗流撑折百张篙。明日风翻波浪异，西笑东船却如此。东西相笑无已时，我但行藏任天理。

∞∞∞ ∞∞∞ ∞∞∞

观公孙大娘弟子舞剑器行

大历二年十月十九日，夔府别驾元持宅，见临颍李十二娘舞剑器，壮其蔚跂。问其所师，曰："余公孙大娘弟子也。"开元三载，余尚童稚，记于郾城，观公孙氏舞剑器浑脱，浏漓顿挫，独出冠时。自高头宜春、梨园二伎坊内人，洎外供奉，晓是舞者，圣文神武皇帝初，公孙一人而已。玉貌锦衣，况余白首，今兹弟子，亦匪盛颜。既辨其由来，知波澜莫二。抚事慷慨，聊为《剑器行》。昔者吴人张旭，善草书书帖，数尝于邺县见公孙大娘舞西河剑器，自此草书长进。豪荡感激，即公孙可知矣。

昔有佳人公孙氏，一舞剑器动四方。观者如山色沮丧，天地为之久低昂。㸌如羿射九日落，矫如群帝骖龙翔。来如雷霆收震怒，罢如江海凝清光。绛唇珠袖两寂寞，晚有弟子传芬芳。临颍美人在白帝，妙舞此曲神扬扬。与余问答既有以，感时抚事增惋伤。先帝侍女八千人，公孙剑器初第一。五十年间似反掌，风尘澒洞昏王室。梨园弟子散如烟，女乐余姿映寒日。金粟堆前木已拱，瞿唐石城草萧瑟。玳筵急管曲复终，乐极哀来月东出。老夫不知其所往，足茧荒山转愁疾。

丹青引赠曹将军霸

将军魏武之子孙，于今为庶为清门。英雄割据虽已矣，文采风流今尚存。学书初学卫夫人，但恨无过王右军。丹青不知老将至，富贵于我如浮云。开元之中常引见，承恩数上南薰殿。凌烟功臣少颜色，将军下笔开生面。良相头上进贤冠，猛将腰间大羽箭。褒公鄂公毛发动，英姿飒爽来酣战。先帝天马玉花骢，画工如山貌不同。是日牵来赤墀下，回立阊阖生长风。诏谓将军拂绢素，意匠惨澹经营中。须臾九重真龙出，一洗万古凡马空。玉花却在御榻上，榻上庭前屹相向。至尊含笑催赐金，圉人太仆皆惆怅。弟子韩幹早入室，亦能画马穷殊相。幹惟画肉不画骨，忍使骅骝气凋丧。将军画善盖有神，偶逢佳士亦写真。即今飘泊干戈际，屡貌寻常行路人。途穷反遭俗眼白，世上未有如公贫。但看古来盛名下，终日坎壈缠其身。

题李尊师松树障子歌

老夫清晨梳白头，玄都道士来相访。握发呼儿延入户，手提新画青松障。障子松林静杳冥，凭轩忽若无丹青。阴崖却承霜雪干，偃盖反走虬龙形。老夫平生好奇古，对此兴与精灵聚。已知仙客意相亲，更觉良工心独苦。松下丈人巾屦同，偶坐似是南山翁。怅望聊歌紫芝曲，时危惨澹来悲风。

古柏行

孔明庙前有老柏，柯如青铜根如石。霜皮溜雨四十围，黛色参天二千尺。君臣已与时际会，树木犹为人爱惜。云来气接巫峡长，月出寒通雪山白。忆昨路绕锦亭东，先主武侯同閟宫。崔嵬枝干郊原古，窈窕丹青户牖空。落落盘踞虽得地，冥冥孤高多烈风。扶持自是神明力，正直元因造化工。大厦如倾要梁栋，万牛回首丘山重。不露文章世已惊，未辞剪伐谁能送。苦心岂免容蝼蚁，香叶终经宿鸾凤。志士幽人莫怨嗟，古来材大难为用。

∞∞∞ ∞∞∞ ∞∞∞

客　从

客从南溟来，遗我泉客珠。珠中有隐字，欲辨不成书。缄之箧笥久，以俟公家须。开视化为血，哀今征敛无。

王安石:秃山

吏役沧海上,瞻山一停舟。怪此秃谁使,乡人语其由。一狙山上鸣,一狙从之游。相匹乃生子,子众孙还稠。山中草木盛,根实始易求,攀挽上极高,屈指亦穷幽。众狙各丰肥,山乃尽侵牟。攘争取一饱,岂暇议藏收。大狙尚自苦,小狙亦已愁。稍稍受咋啮,一毛不得留。狙虽巧过人,不善操锄耰。所嗜在果谷,得之常似偷。嗟此海山中,四顾无所投。生生未云已,岁晚将安谋!

附录

杜甫研究教学大纲

导　言

抒情诗的特质。抒情诗和叙事诗的结合。抒情诗是祖国古典诗歌的主流。

五七言诗是祖国古典抒情诗中流行得最悠久和最广泛、作品最丰富的样式。

杜甫，最杰出的五七言诗作者和最杰出的古典作家之一。

将作家和作品安放在他们和它们产生的时间、空间和条件中去考察，是历史主义的基本方法。把握作家的生平和思想，探索他们创作发展的道路，有机地理解互相联系着的内容（题材、主题、思想）、形式（语言、韵律、样式、结构、风格）和创作方法（现实主义和浪漫主义）。

只注重作家的艺术技巧是错误的，离开了具体的艺术手段而孤立地谈思想内容也是错误的。科学分析并不排斥艺术感受，相反地，它们是互相依赖着的。

必须认真钻研作品，同时还要尊重和善于利用前人的劳动成果。古代和现代学者对于杜诗学的贡献：年谱、传记、书目、引得、笺注（编年、分体、分类）、选本、专题、综论。杜诗学的新方向。

诗人的时代

开元到大历，唐帝国由盛而衰的转折点，这一时代在中国封建社会中的典型意义。农民阶级和地主阶级矛盾的激化，均田制的彻底破坏和庄园制的建立，统治阶级上层关陇集团和山东高门大族的矛盾。中小地主的政治、经济要求，和他们通过进士科举制度而上升的情况。中小地主在上升时期的进步性及其局限性。民族矛盾的开展。安史之乱和藩镇割据的形成。

天才诗人杜甫通过自己的生活感受,深刻而广阔地反映了自己的时代;杜甫所写作品,在其后不同时代中,愈来愈获得更多的推崇和理解。

古典诗歌的伟大传统,在唐代诗人创作中所起的作用。

陈子昂对于建安风骨的提倡;齐梁到初唐诗人在诗歌形式方面的贡献;盛唐诗歌“千岩竞秀,万壑争流”的形势,对于杜甫创作的影响。

诗人的生活

“奉儒守官,未坠素业”的家世:杜预和杜审言。儒家思想的积极成分和家庭文学传统对诗人所起的作用。

早年的轶事,吴越齐赵之游。早期的游历对于诗人的启发,和李白的会和。长安十年,当时的政治情况和杜甫的政治活动。安禄山之乱的爆发,诗人成了一个清醒的现实主义者。

陷贼、任职和去职。饥饿和流亡。陇右的边警和祖国的山川。在和人民、祖国共命运的条件下,诗人的创作达到了峰顶。

成都定居。蜀中的兵乱。安史之乱的结束。藩镇割据的局面和外患的深入。“三年奔走空皮骨”幕府生活,出川。主题的广阔和技巧的精进,成为本期诗作的特点。

夔州二年,东下漂流的生涯。病和死。夔州时代创作的丰收和这些作品的特色。

关于诗人作品分期的标准:历史事件、诗人生活和创作特色。第一期:约七三六到七五五,约二十年;第二期:七五六到七五九,约四年;第三期:七六〇到七六五,约五年;第四期:七六六到七七〇,约五年。

第一期作品

早期写作之多和流传之少,散佚与删弃。七四六年(三十五岁)以前的少数作品。

《望岳》，一个宝贵的起点。对祖国山川的歌颂，对于雄浑、奇伟、豪壮的事物的歌颂，是杜甫美学思想的重要组成部分。瞻望中所透露出来的理想。

《房兵曹胡马》，马的形态、才能和品质。由马到主人：诗人对于自己的抱负的寄托。

七四六（三十五岁）到七五五（四十四岁）的作品的基本主题：浪漫生活的延长，生活的贫困化，祖国危机的预见。开始以诗的武器打击了统治者，终于明确地走向了人民。

《饮中八仙歌》，浪漫主义者的群像，个性和共性中所显示的时代特征。结构的参差和统一。

《陪郑广文游何将军山林十首》、《重过何氏五首》，组诗的结构，特写对于生活中蕴藏着的矛盾的微妙的反映。

《奉赠韦左丞丈二十二韵》，私人生活的实录，腐朽的皇朝对于有才德的人物的扼杀，政治气节的透露。

《曲江三章》，样式上的创造。先驱者的寂寞，被压迫者的愤慨，“即事非今亦非古”的意义。

《同诸公登慈恩寺塔》，对祖国危机的深刻感受，和岑参等人同作的比较，和《望岳》的比较。

《兵车行》，开始“直道当时语”，接触了人民生活中的重大问题，天宝时代“开边”在政治上的反动性，普通人民对于“开边”的反映，均田、府兵制度的破坏和农村的破产。

《前出塞》，一个普通军士的英勇形象，对于统治者利用普通人民爱国热情来满足其反人民活动的深刻揭露，对于统治者刻薄寡恩的揭露。

《丽人行》，对杨国忠及其姊妹们的公开攻击，“直书其事，而义自见”。附说《奉同郭给事汤东灵湫作》。

《后出塞》，爱国的小军官的形象。在揭露统治者利用人民的爱国热情这一点上，和《前出塞》互相补充。唐玄宗的昏聩和安禄山的阴谋。从深刻地理解生活而获得的预见性。

《自京赴奉先县咏怀五百字》，长安十年生活的基本总结，思想根源，政治抱负，政治风节。面对荒淫生活的极度愤慨，旅途的艰苦和家庭悲剧，永远和人民在一起。

第二期作品

动乱的生活，丰富了诗人的创作。民族矛盾和阶级矛盾的同时体现。诗人的困惑和解决。

《春望》，陷贼时期，家国之感的集中体现。

《悲陈陶》、《悲青坂》，史实悲愤中的愿望，诗人对当时军事形势的看法。附论《塞芦子》。

《月夜》，杜甫的情诗，对于家庭骨肉的深刻眷念。

《哀江头》，对唐玄宗和杨贵妃的同情。《丽人行》和《哀江头》，对于《长恨歌》以至《长生殿》一系列作品的启示。

《自京窜至凤翔喜达行在所》，回到国家怀抱的激情。对比的写法，组诗的结构。

《述怀》，前诗的补充和延长。

《北征》，典型化了的国家兴亡之感。省家的愉悦和辞朝的惆怅，由途中的景物所引起的感受，气氛的调节，返家以后悲喜交集的生活场景，细节描写所透露的社会事变，儿童的形象，在借兵回纥问题上的政治远见（附论《留花门》），对祖国兴复的强烈信心，对马嵬事变的正确判断，从人民与国家利益的一致看出光复旧业的可能。本诗的起与结，它的题材的广阔性和内在联系。

《羌村》和《北征》的关系，对于家人乱后重逢的情景的惊人刻画。诗篇中普通人民的善良形象。和《喜达行在所》的比较。

《行次昭陵》，唐太宗的赞歌。对从这一杰出的开国皇帝的热烈歌颂，反映出诗人对祖国兴复的渴望。

《送郑十八虔贬台州司户》，杜甫对陷贼诸人郑虔、王维、赞宁等人的看法。诗中所透露的郑虔的悒郁深刻的交谊。附论《有怀台州郑十八司户》。

《春宿左省》，诗人对于祖国、国家的忠心耿耿。反对对于这样一些诗作反历史主义的理解。

《曲江》、《曲江对酒》、《九日蓝田崔氏庄》，从“此道昔归顺”一篇，理解这样一些诗篇中所蕴藏的诗人内心的矛盾。将这些诗篇中的暗示，结成一个整体，就构成了一幅在当时腐朽政治之下，优秀人物被迫无为的画面。

《义鹘行》，对于见义勇为的歌颂，诗人基于正义的复仇思想。

《洗兵行》，对于祖国迅速平定叛乱、恢复太平的强烈愿望。诗篇的历史背景，关于玄、肃父子的矛盾问题，诗人的忧虑：借兵与滥恩。气象开阔、步伐整齐的韵律和思想情感的一致性。

《三吏》、《三别》，迅速胜利的愿望落空后，诗人内心矛盾的发展。《新安吏》中被征入伍的“中男”形象，诗人对入伍者的深刻同情和安慰。《潼关吏》，对于防关将领的警告。《石壕吏》，对唐帝国政府的严厉谴责，它的戏剧性。《三吏》中，诗人自己的形象。《新婚别》，写出了祖国普通妇女的崇高形象。《垂老别》中老人被征入伍的惨状和诗人所赋与他的感受。《无家别》中，人民在战乱中家破人亡的悲剧。《垂老别》和《无家别》，与汉乐府《十五从军征》。从对这些普通人民的善良、忠诚性格的描绘中，更深刻地反映了侵略者和统治者对人民的践踏。组诗以六幅连续的图画，集中地体现了诗人以爱祖国、爱生活、在祖国大地上的普通人民为其基本内容的爱国主义诗人，对侵略势力和祖国政权、统治者和人民之间的错综矛盾的正确解决。

《佳人》，祖国善良的妇女在苦难中的形象。托喻还是写实？

《梦李白》，短期的会合与长期的暌违，李白所给予杜甫的影响：“何时一樽酒，重与细论文？”杜甫对李白参加李璘起兵事件的看法。两诗以浪漫主义的手法，着重地描写了梦中与梦后的情景，体现了两诗人的深刻交谊。

《楚辞》的影响。附论《天末怀李白》。

《秦州杂诗》，杂诗的体制。杂诗中的个人生活，杂诗中极其敏锐的时代预感。附论《寓目》、《即事》、《捣衣》、《蕃剑》。

《两当县吴十侍御江上宅》，从诗人对自己的痛悔中，看诗人的政治风节。

《发秦州》、《发同谷县》，在《水经注》和谢灵运等诗人的创作启发之下，祖国雄杰山川的如实描摹。行役的艰苦，在自己的苦难中看见的普通人民的苦难生活。纪行诗中的爱国主义。

《同谷七歌》，创造性的韵律、风格与内容的关系。文天祥的《六歌》。

第三期作品

在长时期艰险困苦之后，得到了暂时的安定。对于和平生活与大自然的歌颂，和现实斗争距离较远，但对它依旧关心。向诗坛发言了。

《堂成》、《狂夫》、《江村》、《野老》诸篇中的复杂的情感。对现实生活的满足和不满足，出处之间的矛盾。安定生活中对中原斗争的遥远的系念。

《恨别》、《送韩十四江东觐省》，与国家命运联系着的家庭命运。信心与苦闷。“情景交融”。

《茅屋为秋风所破歌》，成都生活的真实记录之一伟大的人道主义精神。王安石：《杜甫画像》。

《琴台》，另一首出色的情诗。诗人对这个历史上著名风流故事的感受。

《戏为六绝句》，精彩的诗学批评。历史的关照。齐梁与四杰的区别。美学思想：别裁伪体的标准，转益多师的意义。附论《江上值水如海势聊短述》、《偶题》。它们的影响。

《戏题王宰画山水图歌》，对于艺术创作的艰苦性的体会，对于仙境的向往中所蕴藏着的诗人心理状态。作为典型化的方法之一的“逼真”与“如画”的描写。

例句摘录：

1.《奉先刘少府新画山水障歌》：堂上不合生枫树，怪底江山起烟雾。

2.《画鹘行》：高堂见生鹘，飒爽动秋骨。

3.《奉观严郑公厅事岷山沱江画图十韵》：沱水流中座，岷山到此堂。（以上起句）

4.《画鹰》：何当击凡鸟，毛血洒平芜。

5.《姜楚公画角鹰歌》：梁间燕雀休惊怕，亦未抟空上九天。

6.《通泉县署壁后薛少保画鹤》：冥冥任所往，脱略谁能驯。

7.《杨监又出画鹰十二扇》：为君除狡兔，会是翻韝上。（以上结句）

8.《观李固请司马弟山水图》三首（之三）：高浪垂翻屋，崩崖欲压床。野桥分子细，沙岸绕微茫。红浸珊瑚短，青悬薜荔长。浮查并坐得，仙老暂相将。（以上全首）

——以上以画为真（逼真）

9.《木皮岭》：西崖特秀发，焕若灵芝繁。润聚金碧气，清无沙土痕。忆观昆仑图，目击玄圃存。对此欲何适，默伤垂老魂。

——以上以真为画（如画）

《闻官军收河南河北》，再度流亡中所听到的令人狂喜的消息，诗人非常难得的开朗心情。

《有感五首》，对安史乱中及乱后所产生的新局势的估计，对于藩镇的谴责和朝廷的期待。“盗贼本王臣”。

《西山三首》，种族斗争的新局势，证实了《秦州杂诗》中的预感。对于和平的渴望。

《草堂》，流亡生活的回忆录与蜀中兵乱的写真。

《春日江村五首》，再回成都以后生活的写照。

第四期作品

《诸将五首》，联章的七言律诗，是诗人晚年在形式上的创造。组诗通过地域的划分，把握了当时的天下大势，对于时局的追溯和展望。

《咏怀古迹五首》，对于古代著名人物的歌咏当中所显示时代与个人感受。对于庾信、宋玉的同情，体现了诗人自己的命运。王昭君：以在男性中心社会中的女性身份，而担承了异族侵略所加于祖国的深重灾难的人物，不愿意为了个人地位而丧失正直品德的人物。对于刘备和诸葛亮的反覆歌颂，是诗人对唐帝国中兴的渴望的曲折表现（参《蜀相》、《谒先主庙》、《古柏行》）。

《洞房》以下八篇，这是一组诗，比较全面地反映从开天盛世到安史之乱的变迁。诗人一面批判了当时统治者的荒淫，但又以忧郁凄婉的调子怀念着以前的盛世。它和《秋兴》都代表着诗人晚年风格的一个新方面。

《观公孙大娘弟子舞剑器行》，对于祖国古典舞蹈艺术的惊人刻画。诗中的“寄托”。

例句摘录：

1.《天育骠图歌》：如今岂无騕褭与骅骝，时无王良伯乐死即休。

2.《韦讽录事宅观曹将军画马图歌》：忆昔巡幸新丰宫，翠华拂天来向东。腾骧磊落三万匹，皆与此图筋骨同。自从献宝朝河宗，无复射蛟江水中。君不见，金粟堆前松柏里，龙媒去尽鸟呼风。

3.《丹青引》：途穷反遭俗眼白，世上未有如公贫。但看古来盛名下，终日坎壈缠其身。

4.《题李尊师松树障子歌》：松下丈人巾屦同，偶坐似是商山翁。怅望聊歌紫芝曲，时危惨澹来悲风。

5.《古柏行》：志士幽人莫怨嗟，古来材大难为用。

《客从》，深刻的寓言诗，杜诗中一个还没有充分发展的方面。《岁晏行》、《蚕谷行》等题材的另一表现手法。

《江南逢李龟年》，无穷的感慨和极其精炼的语言。情在词外。《长生殿》的《弹词》。

小　结

三十多年的创作，给人类留下了伟大的艺术遗产。永不脱离人民的生活和重大的社会政治斗争，是诗人获得伟大成就的最主要的原因。“心从弱岁疲”与“他乡阅迟暮，不敢废诗篇”，“不薄今人爱古人”与“转益多师是汝师”，在创作道路上不断地前进：风格的统一性与多样化。用自己的血肉哺养了后代的忠臣、志士、作家、诗人。

我们对杜甫研究得还非常之不够，需要继续努力。

《南京大学中文系本科学生作品选集 1978—1998》《南京大学中文系本科学生论文选集 1978—1998》序

（代跋）

程千帆

中文系的本科生，在四年的期限中，要学会哪些东西？这个问题可以有多种回答。在我看来，无非是读书和写作两个方面。会读书，就能不断吸收知识，丰富自我。会写作，就能把自己所感触和所思考的表达出来，与周围的同学朋友、进而与整个社会交流。一入一出，总的目的是要完善人格，贡献知识，服务社会。写作又可分为文学创作和论文写作。按照惯例，中文系的学生修满学分，写一篇合格的毕业论文（虽然这也并不是一件容易的事），就可以拿到学位了。但我认为，如果一个学生仅止于此，那是不够的。一个中文系学生总应该有些文学创作的经验才好，不拘是哪一种文体，也不拘是用现代汉语抑或文言。搞研究写论文需要抽象思维，搞创作则需要形象思维，两种思维不同，但并不是水火不容，而是相得益彰。况且，文学研究并不全是理性的活动，也需要情思，需要全身心的投入。一个文学研究者，倘若全然没有创作经验，他在理解具体作品、体会作家心态、乃至领悟创作理论时，恐怕总难免要隔一层。这个隔，就是由于知与行的不能统一。我常常对我的学生、对青年朋友讲这个道理。

六十多年前，当我还是一个大学生时，我的老师黄季刚先生、汪辟疆先生、胡翔冬先生、胡小石先生，既是知识渊博的学者，又是擅长吟事的诗人。既能研究，又兼通创作，可以说是南京大学中文系老一辈学者遗留下来的优良传统之一。当我读到《南京大学中文系本科学生作品选集 1978—1998》和《南京大学中文系本科学生论文选集 1978—1998》这两本集子时，我欣慰地发现，这个传统今天还在延续。一本文学创作，一本研究论文，两书合计已超过一百万字，真可谓洋洋大观。这是新时期二十年中南京大学中文系大学生的勤奋和努力的结果。由于篇幅的限制，还有一些佳作未能入选，有些作品只选载了其中的一部分。文学创作中，包括小说、散文、诗歌，还有剧本，长短不同，无不散发着青春的激情，跳跃着鲜活的灵思。论文习作则涉及古今中外的文学、语言学、文艺学诸方面。或者视角独特，表现了年轻人特有的敏锐感觉；或者敢于挑战名家成说，显露出初生牛犊的学术自信；或者有些稚嫩，但却严谨踏实，入门甚正。这些作品或论文中有相当一部分已正式发表，或公开出版。时过境迁，这些作者有的现在已经当上教授，有的成了知名作家，有的则走上了文学以外的工作岗位，有的还正在就学，人生道路各不相同，但重读当年的文字，应当都会记起母校，记起老师，记起同学，记起往昔的时光。

1978 年，我又回到阔别数十年的母校来任教，这两本集子中的一些作者曾经听过我的课，有的还继续跟我读研究生。退休以后，我时常在校园里漫步，与这些朝气蓬勃的洋溢着青春活力的年轻学生也经常有些接触。可以说，我是亲眼看着这些年轻人成长起来的。岁月如梭，转眼二十一年过去了，我也变成了一个八十多岁的老人。而这两本书的作者，却正年轻，在他们前面，还有漫长的道路，还有无限的风光。目送他们前行，我满心欢喜。

戊寅岁杪序于南京大学

（原载《南京大学中文系本科学生作品选集 1978—1998》《南京大学中文系本科学生论文选集 1978—1998》卷首，南京大学出版社 1999 年版）

我们需要什么样的文学教育？（编后记）

张伯伟

一、引言

不记得从什么时候开始，出版社颇为热衷将执教于上庠的教授先生们的课堂讲演经录音整理出版，偶然有机会翻阅，我总是暗自庆幸自己因为名气不大而未获邀请。诱惑是个妖娆妩媚的魔鬼，万一把持不住而入其彀中，若在哪天凑巧看到诺贝尔文学奖得主、南非作家库切（J. M. Coetzee）表彰学院派批评家值得学习的一点，是“未经压缩、修改，含有俏皮话、离题话的演讲稿，不要拿去出版”的话，恐怕真难免“神州士夫羞欲死”之叹。库切说这些话，是针对约瑟夫·布罗茨基（Joseph Brodsky）的《论悲哀和理性》（*On Grief and Reason*）一书，建议他“从学院派那里学点什么”，因为有些演讲稿“要是每篇删去十页左右的话，也许会更好”[①]。然而在我六十岁的那天，想起孔子说的“六十而耳顺”，尤其是焦循的阐释：“所谓善与人同，乐取于人以为善也。顺者，不违也。”而通常则“学者自是其学，闻他人之言多违于耳”[②]，由此联想到库切的微讽，也就觉得不能一概而论了。总有些讲演录的水准很不一般，还真有“缪斯授予的灵感”（借用库切语），比如纳博科夫（Vladimir Nabokov）的《文学讲稿》《〈堂吉诃德〉讲稿》《俄罗斯文学讲稿》等，有什么理由让这样的稿子存在“关锁的

① 《约瑟夫·布罗茨基的随笔》，载库切《异乡人的国度》（*Stranger Shores*），汪洪章译，浙江文艺出版社2017年版，第176页。

② 程树德《论语集释》卷三《为政上》引，中华书局1990年版，第76页。

园”(a garden inclosed,借用《旧约·雅歌》之喻)里呢?这也就是为什么在时隔四十年之后,我要将当年听先师程千帆先生授课时的笔记加以整理、公之于众的原因。固然,这是一份“亲承音旨”的记录,可以提供无此因缘的及门弟子和众多年轻学人“讽味遗言”的凭借[①];这也是一份不见于《程千帆全集》的资料,可以满足热衷拾遗补阙的文献收藏者的“中心好之”;但更为重要的是,这可以让我借此回答一个很久以来盘旋胸中而在当下又不无严肃的问题:我们需要什么样的文学教育?

二、以诗论诗:在文学框架中谈文学

1978年8月,千帆师移砚南京大学,已经是六十五岁的老人。一年多前,他在武汉大学奉命“自愿退休”,且以“上午动员,下午填表,晚上批准”[②]的高效率、快节奏完成。再往前追溯,则是沙洋放牛、武大中文系资料室管理员以及农场劳动生涯,所以在1979年上半年给中文系七六级学生(最后一届工农兵学员)上课时,他感叹自己已经“二十二年没有上课了,我喜欢上课”[③]。对于一个喜欢上课的教授来说,被无情地剥夺上课权利达二十二年之久,这是多么严重的精神折磨[④]。所以,当1978年5月南京大学中文系副主任叶子铭亲赴武汉,询问千帆师到南大任教有什么条件时,他几乎是喊出了这四个字:“我要工作!”而一旦重获授课机会,

---

① 同门蒋寅曾这样感叹:“我1985年初考进南京大学,受业于程千帆先生,到1988年3月毕业,三年间饫闻绪论,饱受教益。听张伯伟说,先生上大课最精彩,可惜到我入学的时候,先生精力不如从前,已不再上大课,而且也不为我们专门讲课了。”《学术的年轮·立雪私记》,中国文联出版社2000年版,第212页。

② 参见徐有富《程千帆沈祖棻年谱长编》,南京大学出版社2013年版,第262页。

③ 本文引用程千帆先生语,若未注明出处者,皆见于《程千帆古诗讲录》,此书将由人民文学出版社出版。

④ 程千帆先生曾说:“我从小最大的野心就是当个教授。我当了教授,有机会做一个教授应该做的事情,当中忽然把它们掠夺了,不让做,这是处理知识分子、虐待知识分子最恶毒的一个方法,我不知道是哪个智囊团给想出来的,非常刻薄。对我来说,这可能是最厉害的惩罚。”张伯伟编《桑榆忆往》,北京大学出版社2015年版,第42页。

他就以饱满的热情甚至是激情投入课堂教学，先后讲了四门“大课”：1979年2月至1980年1月，给七六级学生讲授“历代诗选”；1979年秋季给七九级硕士生讲授“校雠学”；1980年9月至1981年1月，给七七级本科生讲授“古代诗选”；1981年9月到12月，给七九级硕士生讲授“杜诗研究”。此后就再没有正式的课堂教学。上述课程中，“校雠学”不属于文学课程，而且当时的讲义业经扩充修订，以四卷本《校雠广义》正式出版。惟有这三门文学课程的笔记未经整理，其授课风采也只能在众人的想象中依稀仿佛。即便今天我们能够将当日的笔记整理成文，而先师讲授时给听者以感动激励的精神气味，已如“空中之音，相中之色，欲有寻绎，不可得矣”①。回念前尘，只能兴起无可奈何的怅惋。

三十年前，我编纂《程千帆诗论选集》并撰写编后记，强调千帆师的文学研究理念是“以作品为中心”②；两年前我撰文阐发先师“文献学与文艺学”相结合的研究方法，也仍然强调这两者的结合“所指向的起点是作品，终点是作品，重点也还是作品”③。这种文学研究的理念与其文学教育的实践是一以贯之的。上述三门课程，“历代诗选”以时间为序，讲解汉魏晋宋齐梁陈隋唐宋诗歌；“古代诗选”则以专题为单元，范围也还是八代唐宋诗歌；“杜诗研究”属于专家诗，是以问题为中心展开。虽然三门课程各有重心，但都是围绕具体的诗歌作品。传统的文学研究范围，包括文学理论、文学批评、文学史，但核心是文学作品。没有作品，就没有文学的理论和历史；不深入理解作品，文学的历史和理论就只能停留在表象的描绘和空泛的议论。这是千帆师的一向主张，不仅体现在研究工作中，也贯彻在教学实践上。如同苏轼所说的“有为而作”，“言必中当世之过”④，千帆师

---

① 借用张舜民（芸叟）评王安石诗语，载赵与旹《宾退录》卷二，上海古籍出版社1983年版，第21页。

② 参见张伯伟《程千帆诗论选集》“编后记”，山西人民出版社1990年版，第280—297页。

③ 参见张伯伟《“有所法而后能，有所变而后大”——程千帆先生诗学研究的学术史意义》，载《文学遗产》2018年第4期。

④ 苏轼《凫绎先生文集叙》，郎晔选注《经进东坡文集事略》卷五十六，中华书局香港分局1979年版，第911页。

的文学教学，也是针对当下弊端的纠偏之举。他在“古代诗选”课的第一堂就开宗明义：

> 解放后较少或忽略了对作品本身的研究，偏重于史和论。

在“杜诗研究”课上，他也指出：

> 把具体的诗人、具体的诗歌作品都抽象化，这是三十年抒情诗研究未取得多大成就的一个相当重要的原因。

他还说：

> 解放后中青年老师接受训练同以前不同，我们是从具体开始的，念文字就念《说文解字》。解放后空论多了，往往不太准确。

其课程以讲解作品为重心的针对性不言而喻。由此而引导出对听者的要求，那就是多阅读、多背诵作品。在恢复教学生涯的第一堂课上，他就“丑话讲在前面”：

> 学生毕业好比姑娘出嫁，学校要多陪些东西。我提一个要求，要多读、多背，三年后不背熟三百首，就不能毕业。

如果把文学教育比作一个美人，那么，千帆师心目中的标准不是如当今时代的“秋山瘦嶙峋”，而是如春秋时代的“硕人其颀”，或如盛唐时代的“骨细肌丰”。要达成饱满的文学教育，不能只有“史和论”的骨干条框。他的文学教育理念，首先就是要让学生通过“多读、多背”的途径熟悉历代作品，从而逐步在文学上成长为“俣俣”的“美人”（《诗经·邶风·简兮》毛《传》：“俣俣，容貌大也。”）。

熟悉作品是第一步，进而则要能理解“文心”。所谓“文心”，就是刘勰所说的“为文之用心”[①]，读者贵在“得其用心”。陆机不无得意的自炫即在“余每观才士之所作，窃有以得其用心”[②]。这是一种需要训练的技能，

---

① 刘勰《文心雕龙·序志》，周勋初《文心雕龙解析》下册，凤凰出版社 2015 年版，第 800 页。

② 陆机《文赋》，萧统《文选》卷十七，《六臣注文选》上册，中华书局 1987 年版，第 309 页。

最直接的方法就是"创作"，陆机曾这样夫子自道："每自属文，尤见其情。"[①]千帆师在其早年写的一篇文章中也指出：

> 能者必知，知者不必能。今但以不能之知而言词章，故于紧要处全无理会。虽大放厥词，亦复何益。[②]

只是到了晚年，他把"能"(创作经验)的范围扩大到各种艺术才能[③]，已不限于创作古典诗词一途。

要是用千帆师自己的话来说，其文学教育的基本方法就是"以诗论诗"。在讲授"历代诗选"第一学期的最后一堂课时，他这样说：

> 这学期讲诗的方法基本上是以诗论诗，最好是本人的诗证本人的诗。

所谓"以诗论诗"，不同于古人的"论诗诗"，不是用诗的形式来论诗，而是用同一诗人的不同作品或不同诗人的相关作品来参读、互证。它要求破除外在形式上的差异，以洞鉴古今中外艺术家的"文心"。

"以诗论诗"的方法，其最基本也是最重要的意义在于面对文学作品时，不论处理什么问题，不论采用何种视角，都始终把文学当作文学来阅读放在第一位。文学之所以值得阅读、值得研究，首先就因为它是文学，而不是其他任何政治的、历史的、宗教的、思想的衍生物或复制品。所以，阅读者和研究者面对文学，也就要学会说属于文学的话，用哈罗德·布鲁姆(Harold Bloom)的表述，就是"批评实践，按照其原义，就是对诗性思维进行诗性的思考"[④]。而现代的文学教育，往往将文学作品看作现实的复

---

① 陆机《文赋》，萧统《文选》卷十七，《六臣注文选》上册，中华书局 1987 年版，第 309 页。

② 程会昌《论今日大学中文系教学之蔽》，载《国文月刊》第十六期，1942 年 10 月。

③ 1986 年 1 月，千帆师在《答人问治诗》中说："我们不妨把艺术创作的范围放得宽点，例如会弹琴跳舞的人对诗歌的节奏比起不会的人来就要敏感一些。艺术和艺术总是相通的，其中有许多共同的东西。"收入陶芸编《治学小言》，齐鲁书社 1986 年版，第 123—124 页。

④ 哈罗德·布鲁姆《影响的剖析：文学作为生活方式》(*The Anatomy of Influence: Literature as a Way of Life*)，金雯译，译林出版社 2016 年版，第 16 页。

制，以“说什么”为衡量标准。尤其在二十世纪五十年代以后，将“思想性第一”变成“思想性唯一”，而又将所谓的“思想性”简单地当成随手张贴的标签，导致对作品思想的理解极为狭隘肤浅，不仅研究不了思想，更不懂也不能作艺术分析。千帆师在“杜诗研究”课上指出：

> 现在谈杜诗思想性的较一般，谈艺术性的则陈词滥调。要把古典文学搞上去，要打破许多框框。重要的一点，不要把艺术品当作史料……杜甫之所以伟大，是他的诗不能为两《唐书》所代替。要把诗当作诗来研究。

在学术圈阅世既久，常常见到令人啼笑皆非的“常识的遗忘”。“把诗当作诗来研究”就是一个被遗忘太久了的“常识”，很有一些人满足于“把艺术品当作史料”，意欲在学术品味上将狼吞虎餐的饕餮者取代细嚼慢咽的美食家。而要做到“以诗论诗”，首先需要培养起来的就是对文学的“美感”能力，那是“感”与“知”的结合，而不是仅凭无“感”之“知”。他说：

> 对艺术实践是知—感—知—感—知，而不是知—知—知—知—知。

学人的精神状态与诗人虽有不同，但在文学的阅读中，对作品的感受，即“披文以入情”①，不仅是欣赏的起点，也是研究的起点。千帆师曾自述其研究经验：“我往往是在被那些作品和作品所构成的某种现象所感动的时候，才处心积虑地要将它弄个明白，结果就成了一篇文章。”②对那些于文学“无感”的“文学”研究，他也有过一个形象的比喻和稍显辛辣的讽刺，即“狗对食物有感，对牡丹花无感”。阅读古典当然不能脱离考证，考证中较难处理的问题，往往是文学中的描写与事理不合或与史实相左。千帆师指出：

> 文学中常有“好而不通”和“通而不好”的例子。

“通而不好”姑且不论，“好而不通”的问题，则在宋代欧阳修已指摘其弊，

---

① 刘勰《文心雕龙·知音》，《文心雕龙解析》下册，第780页。

② 程千帆《答人问治诗》，《治学小言》，第122—123页。

所谓“诗人贪求好句，而理有不通，亦语病也”[1]。人们通常的处理方式，亦往往如欧公所为，集矢于诗人之“语病”。千帆师在课堂上曾举例：

> 把黄河与孤城写在一个画面里，在生活中是不存在的，因此有人说乃“黄沙直上”，但有人不同意。

这讨论的是王之涣《凉州词》中“黄河远上白云间，一片孤城万仞山”之句，无论是赞成抑或反对，观点虽然相悖，方法同出一辙，“都企图通过沿革地理的考证来解决诗中地理上的矛盾现象”[2]。由于这种方法是将艺术品当作史料，故其考证的结论虽貌似有理，能够解决“通”的问题，却无法说明其在事理上的“通”或“不通”与诗歌中的“好”或“不好”有什么关系，最终也损害了对诗性思维的理解。如果说，在文学的教育和研究中不能脱离考据学，那么，我们真正需要的是“文学考据学”，即深通文心之妙的考据学，不是冬烘先生或学究气十足的考据学。后者虽貌似能考据，却常常“考其所不必考”且又“据其所不能据”[3]，以史料堆垛起来的最终是隔膜文心的高墙。这类情形，在古人中也很常见。千帆师说：

> 杜甫《进封西岳赋表》：“维岳，授陛下元弼，克生司空。”这使许多诗人注释家很为难。这些学者很懂书本上的道理，而不懂世故人情。杜甫要想当官，当然不愿得罪人。因此看诗要看哪些是门面话，哪些是实质的话。……不能太书呆子气。

杜甫进表中的这几句话，是改造《诗经·大雅·崧高》称颂周大臣尹吉甫(或曰甫侯)、申伯等人的句子恭维杨国忠的，注释家的“为难”表现在，或如张溍云：“谓郭子仪，公倾慕正人如此。”[4]将其赞美的对象转移到郭子

---

① 欧阳修《六一诗话》，何文焕辑《历代诗话》上册，中华书局 1981 年版，第 269 页。

② 关于这个问题，参见程千帆《论唐人边塞诗中地名的方位、距离及其类似问题》，《程千帆诗论选集》，第 95—119 页。

③ 千帆师语，见陶芸编《闲堂书简》(增订本)，上海古籍出版社 2013 年版，第 721 页。

④ 张溍《读书堂杜工部文集注解》卷一，杨伦《杜诗镜铨》附，上海古籍出版社 1980 年版，第 1066 页。

仪，故无损杜甫人品；或如朱鹤龄云："时国忠大恶未著，故公及之。"[①]以为杜甫虽赞美杨国忠，但事出有因；或如王士禛直斥："杜所谓'元弼'、'司空'，谓国忠也……甫独引《大雅》甫、申之词以谀之，可谓无耻。"[②]将"门面语"混同于"真心话"。这些注释评论都涉及与此文相关之时、事、人的考证，但由于缺乏对"世故人情"的理解（尽管像王士禛还不失为一个优秀诗人），从某种意义上说，也是缺乏对文学修辞手段的理解，成不了"文学考据学"，也未能做到"把诗当作诗来研究"。

"以诗论诗"的"诗"是广义的，可以作为文学的代名词。这是将古今中外的文学作品甚至艺术作品放在同一个平台上，以具有普遍意义的文学眼光加以衡量、评价。先师的授课就是这样，他打破了种种时代的、民族的、国别的封闭圈，从而拥有了歌德所说的"世界文学"[③]的眼光。正如在科学上"没有什么叫作德国科学或者法国科学"[④]一样，在文学研究上，也无须画地为牢刻意强调是"中国文学"或"唐诗"。这也就是韦勒克(René Wellek)很欣赏的话："只有文学教授，正如有哲学教授和历史教授，却不会有英国哲学史教授。"[⑤]在二十世纪四十年代，拥有这种观念并发出声音的人并不很稀见。闻一多在《调整大学文学院中国文学外国语文学二系机构刍议》中提议合并二系，另分语言学系和文学系，朱自清亦有类似意见。浦江清也承其意而指出："历史、哲学是依照学科分系的，中西合并研究，文学却分两系，中西对立。"建议在中外文系之外新设文学系[⑥]。钱锺书则说："中国诗并没有特特别别'中国'的地方。中国诗只是

① 张溍《读书堂杜工部文集注解》卷一引，同上注。

② 王士禛《池北偶谈》卷十九，中华书局1982年版，第456页。

③ 语见《歌德谈话录》1827年1月31日，朱光潜译，人民文学出版社1978年版，第113页。

④ 居斯塔夫·朗松(Gustave Lanson)《文学史方法》，收入《朗松文论选》，徐继曾译，百花文艺出版社2009年版，第33页。

⑤ 韦勒克《比较文学的危机》，收入《批评的概念》(*Concepts of Criticism*)，张今言译，中国美术学院出版社1999年版，第275页。

⑥ 浦江清《论大学文学院的文学系》，收入《浦江清文史杂文集》，清华大学出版社1993年版，第239—245页。

诗,它该是诗,比它是‘中国的’更重要。”①所以“在某一点上,钟嵘和弗洛伊德可以对话,而有时候韩愈和司马迁也会说不到一处去”②。打破这一自我封闭的心态很重要,这是改变中国文学研究或国际上的汉学研究偏于一隅的状况的第一步,进而才有可能使中国文学成为人类一般文化修养的构造成分③。钱锺书在其《谈艺录》、《管锥编》中对此作出了大量的研究实践,德国学者莫芝宜佳(Monika Motsch)经过研究后说:“《管锥编》第一次把中国文学作为文学来考察。”④指的就是钱锺书把中国文学放在普遍的“文学”框架中来研究。她还把这一手法概括为“逐点接触法”,其效果是:“单个例证的独特魅力因此没有丢失。”“中国与西方母题相互间有了关联,但又保持着彼此间的差别。”⑤不同民族、不同语言、不同文化的“诗”在文学的框架中发现了“同”,又在各自的文学中保持了“异”⑥。从精神的体现来说,千帆师的文学教育也正是如此,与钱锺书的文学研究可以相互映照。

千帆师的这三门课,内容都是古典诗歌,主要是抒情诗。所以在每门课伊始,必先讨论“什么是抒情诗”以及“抒情诗的特征”等问题。置于文学的整体框架中来看,中国文学的主要特征就是抒情诗的发达,这个意见

---

① 钱锺书《谈中国诗》,《钱锺书集·人生边上的边上》,生活·读书·新知三联书店 2002 年版,第 167 页。

② 钱锺书《诗可以怨》,收入《七缀集》,上海古籍出版社 1985 年版,第 106 页。

③ 如果说,出版于 1994 年的哈罗德·布鲁姆(Harold Bloom)的《西方正典》(*The Western Canon*)多少还有点“DWEMs”——已故(Dead)白人(White)欧洲的(European)男性(Male)们的意味的话,进入二十一世纪以后,这样的状况已在发生改变。比如 2016 年出版的劳拉·米勒(Laura Miller)主编的《文学的仙境》(*Literary Wonderlands*)一书,就包括了阿拉伯文学《一千零一夜》、中国文学《西游记》和十三位女作家(包括两名黑人作家)的作品。这样的改变在程度上当然是远远不足的,所以更需要中国文学研究者的继续努力。

④ 莫芝宜佳《〈管锥编〉与杜甫新解》,马树德译,河北教育出版社 1997 年版,第 85 页。

⑤ 莫芝宜佳《〈管锥编〉与杜甫新解》,第 115、120 页。

⑥ 参见张伯伟《“去耕种自己的园地”——关于回归文学本位和批评传统的思考》中的相关论述,载《文艺研究》2020 年第 1 期。

在先师的研究论著中罕见阐述，或许在他看来这只是一个不证自明的“文学常识”，而就文学教育来说，其宗旨之一就应该是对“文学常识”作充分的说明。他说：

> 古典抒情诗是中国古典文学中最精华的部分，在世界上是独一无二的，无论是数量或质量。鲁迅说司马迁《史记》是“无韵之《离骚》”，可以看出抒情诗在鲁迅心目中的地位。戏曲中如《西厢记》、《牡丹亭》中的著名段落，均采用抒情诗的语言来写。小说、散文中最动人的成分是抒情诗的成分。
>
> 抒情诗是中国古典诗歌的主流。

以今日的“后见之明”来看，在国际汉学界（主要是美国汉学）兴起的论题之一——“中国文学的抒情传统”，与千帆师对中国文学的主流“抒情诗”的强调几乎是同步的。而其着眼点都是放在“世界文学”的框架中，以比较的眼光得出的结论。在汉学界最早提出中国文学的抒情传统的是陈世骧，他在1971年美国亚洲研究学会的致辞中，就以“中国的抒情传统”为题，后来又经过高友工的推波助澜，在中外学术界产生了较为广泛的影响①。这个命题的提出，在学术上是有重要意义的。就文学的构成方式而言，不外叙事、抒情、议论，借以传达人生经验的本质和意义。在具体的文学现象中，上述三者相互渗透，很难割裂，中外文学作品皆然。千帆师在讲授时也多次指出：“抒情诗不排斥叙事和说理的成分，它常常将叙事和议论作为其组成部分之一。”但是在不同的文学传统中，以何者为核心

---

① 参见陈世骧《中国的抒情传统》，收入《陈世骧文存》，台湾志文出版社1972年版。高友工“Chinese Lyric Aesthetics”（《中国抒情美学》，1991年），中译文收入乐黛云、陈珏编选《北美中国古典文学研究名家十年文选》，江苏人民出版社1996年版。此前高氏在《文学研究的美学问题：美感经验的定义与结构》（中译文载台湾《中外文学》第七卷第12期，1979年5月）一文中，对中国文学的抒情传统也已有所论述。此后，有不少专著对这一问题加以阐发，特出者如张淑香《抒情传统的省思与探索》，台湾大安出版社1992年版。萧驰《抒情传统与中国思想》，上海古籍出版社2003年版。一直到2004年11月，台湾大学中国文学系的郑毓瑜教授主持“中国文学的抒情传统研习营”，我也曾参与其事并作演讲，后来成稿为《中国文学批评的抒情性传统》，载《文学评论》2009年第1期。

从而成为一个主流，却是各不相同的。通过比较揭示其各自的重心所在，方便理解不同文学传统的特色，就是一项有意义的学术工作。中国文学以抒情诗为主流，并形成了一个创作和批评的抒情传统，就是这样被提出的。这绝不意味着由此可以引导出中国文学传统中缺少叙事，或者西方文学传统中没有抒情的幼稚结论。以西方文学传统而言，抒情固然是其应有之义，抒情诗(lyric)也有其悠久的传统。在古希腊文学中就有著名的抒情诗人品达(Pindar)、萨福(Sappho)、阿尔凯厄斯(Alkaios)，其作品可以在弦乐器里拉(lyra)的伴奏下以吟唱的方式表演。然而在古希腊的主流观念中，“诗”的殿堂里只有戏剧和史诗(与叙事诗关系较紧密)的位置。亚里斯多德《诗学》虽然开章明义说其书要讨论的是“关于诗的艺术本身”①，但其所谓“诗”不是西方十九世纪以来的“诗”的观念，他说“兼用数种，或单用一种，这种艺术至今没有名称”②，这一“没有名称”的“艺术”正是抒情诗。如果以中国传统作对比，“诗”最早就是《诗经》的专称，其最初的定义就是一种以抒情为主，并且伴随着音乐、舞蹈的表演形式：“情动于中而形于言，言之不足故嗟叹之，嗟叹之不足故永歌之，永歌之不足，不知手之舞之、足之蹈之也。”③而类似的以弦乐伴奏的抒情诗，在古希腊却被流放在诗国之外。正如卫姆塞特(William K. Wimsatt)和布鲁克斯(Cleanth Brooks)所说：“《诗学》中没有抒情诗的理论体系。”“亚里斯多德的诗学是戏剧的诗学，尤其是悲剧的诗学。”④抒情诗在西方文学体系中获得体面的、进而为崇高的地位，是在十八、十九世纪浪漫派文学兴起之后，人们熟知的英国渥兹渥斯(William Wordsworth)在1800年的名言“一切好诗都是强烈情感的自然流露”⑤，可以被当作浪漫派文学观的宣言。他又说：“在这些诗中，是情感给予动作和情节以重要性，而不是动作

---

① 亚里斯多德《诗学》，罗念生译，人民文学出版社1962年版，第3页。

② 同上注，第4页。

③ 《毛诗序》，陈奂《诗毛氏传疏》卷一，凤凰出版社2018年版，第2页。

④ William K. Wimsatt & Cleanth Brooks，“*Literary Criticism*：*A Short History*”，University of Chicago Press，1957，PP. 35—36.

⑤ 渥兹渥斯《〈抒情歌谣集〉序言》，曹葆华译，载刘若端编《十九世纪英国诗人论诗》，人民文学出版社1984年版，第6页。

和情节给予情感以重要性。"①把欧洲文学传统中叙事和抒情的重心作了扭转乾坤式的颠倒，并且在此后"为数代人定义了诗歌及其用途"②。抒情诗成为戏剧和叙事文学以外的第三种文学体裁，正式被引入诗学和美学，而"十八世纪末十九世纪初的美学哲学最终为这种三分法赋予了形而上的庄严"③。在二十世纪三十年代美国"新批评"派的眼中，抒情诗成为其心目中首要关注的对象，这几乎成为他们的一个局限。所以，相对于西方文学悠久的戏剧和史诗的叙事传统，将中国文学的抒情传统特别拈出是有意义的。学术史的变迁往往犹如钟摆，总会出现"翻案"或"反转"，但是，如果仅仅局限在中国文学传统之内，另外提出一个"叙事传统"，无论其目的是要抵消"抒情传统"，抑或与之相辅相成，就算不能刻薄地当它是"伪"命题，充其量也只能宽容地视作一个"萎"命题。

千帆师的三门课堂讲授，其内容以抒情诗为主，这是"中国古典诗歌的主流"。作为一个中国文化的热爱者、诠释者、传承者，在面对世界文化的时候，当然不会也不应妄自菲薄，需要谨防的反倒是文学上的"民族主义"。二十世纪随着民族国家的兴起，出现了民族文学的概念，尤其是透过大学的制度化设置，有了中文系、英文系、法文系、日文系等分科以及相应的语言文学研究。民族主义"代表了一种过度膨胀的、令人遗憾的利己主义的保守倾向"④，在本民族文学的教学和研究中也比较容易滋生。中国文学有其不可取代也不可企及的优长，但也必然有其不足。指出其不足，同时指出历代诗人为弥补其不足所作的努力和达到的成就，是一个严肃的文化诠释者必须面对的任务。千帆师多次指出：

---

① 渥兹渥斯《〈抒情歌谣集〉序言》，曹葆华译，载刘若端编《十九世纪英国诗人论诗》，人民文学出版社1984年版，第7页。

② 希利斯·米勒(J. Hillis Miller)《文学死了吗》(*On Literature*)，秦立彦译，广西师范大学出版社2007年版，第11页。

③ 贝内迪克特·耶辛(Benedikt JeBing)、拉尔夫·克南(Ralph Köhnen)《文学学导论》(*Einführung in die Neuere deutsche Literaturwissenschaft*)，王建、徐畅译，北京大学出版社2016年版，第17页。

④ 汉斯—乌尔里希·维勒(Hans—Ulrich Wehler)《民族主义：历史、形式、后果》(*Nationalismus*)，赵宏译，中国法制出版社2013年版，第3页。

组诗,现在称之,古代称联章诗。……组诗的重要性:在很大程度上弥补了我国诗歌短小的缺陷。组诗,同一首很长的诗是不一样的。既然是一首一首写的,就有相对的独立性,调动题材,转换角度,处理情绪。

这种形式之所以重要,是以联章补偿诗歌短小的缺陷。“中国人虽有长城却只有短诗”①,短诗固然可收言已尽而意无穷之效,但篇幅短小,也会限制诗人对较为广阔的社会场景和较为复杂的内心感受的表达力,于是人们就探索利用联章的方式加以弥缝。古人“诗有一人之集止一题者”②,如应璩《百一诗》、阮籍《咏怀》之类,不是严格意义上的“联章诗”。千帆师所注意的联章诗,是“有统一的主题,然后有统一的构思,完成后是统一的整体”之类,始于《楚辞》中的《九辩》,而在杜甫手上达到纯熟,特别是七律组诗。例如《秋兴八首》“每篇诗是一个整体,同时八篇诗合起来又是一个更大的整体”,所以“不研究它们的结构是不行的”③。关于《秋兴八首》存在的整体结构,钱谦益曾自诩发明:“此诗旧笺影略,未悉其篇章次第,钩锁开阖……章虽有八,重重钩摄,有无量楼阁门在,今人都理会不到。”④陈廷敬亦云:“杜此八首……以章法论,章各有法,合则首尾如一章,兵家常山阵庶几似之。”⑤杨伦更扩大言之:“杜集凡连章诗,必通各首为章法,最属整齐完密。”⑥实际上,在元代的诗法类著作中,就有托名杨载序的《诗法源流》(即指杜律诗法之源流),诡言出自杜

---

① 此借用钱锺书的说法——“The Chinese have a Long Wall, but short poems.”见 Qian Zhcngshu,“Chinese Literature”,原载 *Chinese Year Book*(《中国年鉴》)1945,收入 *A Collection of Qian Zhongshu's English Essays*(《钱锺书英文文集》),外语教学与研究出版社 2005 年版,第 285 页。

② 汪师韩《诗学纂闻·诗集》,丁福保编《清诗话》上册,上海古籍出版社 1978 年版,第 442 页。

③ 程千帆《古代诗歌研究绪论》,载程千帆、沈祖棻《古典诗歌论丛》,上海文艺联合出版社 1954 年版,第 18 页。

④ 钱谦益《钱注杜诗》卷十五,上海古籍出版社 1979 年版,第 504 页。

⑤ 陈廷敬《杜律诗话》卷下,杜松柏《清诗话访佚初编》第十册,台湾新文丰出版公司 1987 年版。

⑥ 杨伦《杜诗镜铨·凡例》,第 13 页。

甫门人吴成、邹遂、王恭之嫡传[①]，其《秋兴八首》下引王氏语云："《秋兴》一题，分作前三章与后五章，以夔州、长安自是二事，此其纲目也。八章之分，则又各[②]命一题以起兴。"[③]这已经从整体结构着眼分析（尽管非常初步），只是此类"俗书"不入绛云楼主法眼，故未能及之。从文学批评史的角度看，杜甫联章诗的整体结构至晚在十三世纪晚期（托名杨载的序写于至治二年即 1322 年，自云少年时得此书于杜甫九世孙杜举）已被人揭示，钱谦益之笺注杜诗也在康熙六年（1667）刊刻行世，但对于联章诗结构的忽视，直到二十世纪五十年代（《古代诗歌研究绪论》写于 1954 年）还普遍存在，到七十年代末千帆师重登讲坛，其状况也没有发生任何改变。虽然这只是一个很小的例子，却再一次表明，文学研究之不振，与文学教育之弊有莫大关系。而令人难以释怀的是，文学教育之弊不仅在时间上由来已久，在空间上也是世界性的。

三、左右逢源：语文学与文学理论

文学教育的核心是作品，但在现代的知识体系和学术体系中，要讲授好作品，研究好作品，并不是仅仅依赖熟读作品或有创作才能就可以完成的。在现代学术也就是西方学术传入中国以前，中国人已经有了两千年以上的文学批评传统，留下了丰富的学术遗产。但面对这些遗产，我们可以领略其"宗庙之美、百官之富"，却无法坐享其成。因为在表现形态上，它们大多为零散片段；在思维特色上，它们经常如灵光忽现。所以，当百年前西洋学术全方位地弥漫东亚之时，中国学者一方面对古典遗产感到无法取用，只能"抛却自家无尽藏"，另一方面对西洋工具又觉得精妙无比，不免"沿门托钵效贫儿"，最后除了文献考据尚有招架之功以外，固有

① 参见张伯伟《元代诗学伪书考》，载《文学遗产》1997 年第 3 期。

② "又各"二字原作"有名"，兹依张健《元代诗法校考·诗解》改，其所据者为日本五山版《诗法源流》，北京大学出版社 2001 年版，第 52 页。

③ 明刻本《诗法源流》，《古今诗话续编》本，台湾广文书局 1973 年据"国立中央图书馆"珍藏善本影印，第 60 页。

的学术遗产几乎全沦为“材料”，理论框架、学术方法以及提问方式，占据主流的都是“西方式”的或曰“外来”的[①]。对现代学术史作纯学术回顾，有全盘西化的胡适一派，有固守传统的守旧之士，其势力尽管极不相称，但在陈寅恪看来，终归“田巴鲁仲两无成”，这意味着：

> 旧派之闭目塞听、陶然自醉，固然难有作为；新派之高自标置、鲁莽夸诞，时或流于“画鬼”。[②]

而陈寅恪自己所追求和实践的，则属于不同乎二者的“教外别传”，既重视“学”又追求“术”，既以中国文化为本位，又不断开拓创新，其“治学以世界为范围，重在知彼”[③]，努力与国际学术作对话和竞赛。在二十世纪的古代文学研究者中，千帆师最具方法的自觉并为之不懈努力，这几乎可以作为他与其他学者相区别的重要标志。学术的发展进步，如果说大都遵循从“照着讲”到“接着讲”的步骤的话，那么，在学术上对千帆师影响最大的前辈学者是陈寅恪，而他对陈氏学术的方法、宗旨、趣味以及文字表达的理解远胜一般，但他做到了既“有所法”又“有所变”，完成了从“史学研究法”到“诗学研究法”的转换[④]。其学术研究与文学教育，在理念上也是一脉贯通的。

在“古代诗选”的第一堂课上，千帆师提出了这样的要求：

> 学习这门课的知识准备：一、文学史；二、文学理论；三、古代汉语，特别是诗律学。

作品是个别的、具体的，有一定的“文学史”知识，就可以对作家所处的时代、作品的文体面貌拥有大致印象，而通过讲解作品，又可以使既有的文学史知识得到深化。尽管上述三者都是作为“知识准备”提出的，但“文学

---

① 参见张伯伟《中国古代文学研究的理论和方法问题》，载《文学遗产》2016 年第 3 期。

② 张伯伟《现代学术史中的“教外别传”——陈寅恪“以文证史”法新探》，载《文学评论》2017 年第 3 期。

③ 陈寅恪《吾国学术之现状及清华之职责》，《金明馆丛稿二编》，上海古籍出版社 1980 年版，第 318 页。

④ 参见张伯伟《“有所法而后能，有所变而后大”——程千帆先生诗学研究的学术史意义》，载《文学遗产》2018 年第 4 期。

理论”和“古代汉语”，同时也是解析作品的重要工具。这两个工具，在中西学术史上各有其传统，而在文学教育的实践中，也各有其成败。面对当下的困境，我们也许应该对历史做些回顾。

古代汉语的内容，通常来说包含文字、音韵、训诂。运用这些知识来进行文本的构造和解析，用中国传统的术语来讲，是“章句之学”；用西方传统的术语来讲，就是“philology”，可译为“语文学”（也有译作语学、历史语言学、文献学等）。千帆师说：“古人很重章句之学，一年学离经辨志（离经是断句，辨志是分章，黄以周讲）。”中国传统的章句之学，在西汉就很成熟也很普遍，《汉书・艺文志》里就已经著录了很多，除了章句以外，也有用故（诂）、训、传、注来表示，后代笼统地概括为“章句之学”。在文学的学习和研究中，章句之学的重要性早就得到认识和实践，除了汉人对《诗经》、《楚辞》的注释外，在文学理论著作中最明显的例证就是《文心雕龙・章句篇》。此后，唐代关于《文选》的校勘注释形成了“《文选》学”，宋代则有大量对此前文集的注释，更有宋诗宋注，从而造就了文学研究中的校注传统。这就是以最大可能再现作者的“原本”，并对其字词句章作尽可能准确的理解。传统的文学教学，以文本为主。作为一种语言文字的艺术，必然是“因字而生句，积句而为章，积章而成篇”的，故研读文学，贵在“振本而末从，知一而万毕”[1]。就字、句、章、篇而言，字是“本”是“一”，其余则为“末”为“万”。但决定章句的还有一更为根本者，这就是“情”。刘勰一再说“设情”、“宅情”、“控引情理”，即说明章句都是为之安设、受其控引的，“情”才是文学的根本。太老师黄季刚先生最精小学，故其《文心雕龙札记》一书，也以对《章句篇》的阐发最为详赡。其核心观念是：

> 凡为文辞，未有不辨章句而能工者也；凡览篇籍，未有不通章句而能识其义者也；故一切文辞学术，皆以章句为始基。[2]

至于诗律学，是伴随着近体诗的萌芽、成型、定型而形成的，属于“章句之学”中的一个特殊部分。章句之学原为阐明文本，便利初习，但去古愈远，

---

① 刘勰《文心雕龙・章句》，《文心雕龙解析》，第 557 页。

② 黄侃《文心雕龙札记》，华东师范大学出版社 1996 年版，第 159 页。

每况愈下，也就导致章句愈繁。黄季刚先生又说："降至后世，义疏之作，布在人间，考证之篇，充盈篋笥，又孰非章句之幻形哉？"①所以清代考据学又号称"汉学"，就表示它是以章句为本的。段玉裁将戴震"义理者，文章、考核之源也。熟乎义理，而后能考核、能文章"的话转换为"义理、文章，未有不由考核而得者"②，最能体现考据家的学术趣味。

西方的"语文学"一词"philology"，就词源来说，出自希腊语"philologia"，其中"philos"代表热爱，"logos"代表言词，所以就字面上说，这个词是"言辞（文本）之爱"的意思，与哲学——"philosophos"所代表的"智慧之爱"相对。西方的语文学，成型于亚历山大时期（公元前三世纪）的前十年，目的是保存和解释古典文学。泽诺多托斯（Zenodotos）完成了荷马史诗和赫西俄德（Hesiodus）诗歌的文本考订，并创立了考订的原则，目的在于恢复原始文本的面貌。在后来的演变中，语文学家的任务增添了评注、阐释，而阐释的原则是从作者本身出发解释作者。到古罗马时代，鉴赏力的高尚化被认为是一种美德，语文学也得到进一步发展，崇尚博学广闻，并注重文法研究。中世纪八百年是语文学的衰退期，而文艺复兴以来的近代古典语文学，根据内容和方法上的不同侧重而在不同地区形成不同阶段，先后以意大利、法国—荷兰、英国为中心。从十八世纪开始，德国跃居领先地位，语文学各学科的方法都得到完善，从以文本考据为中心转移到以认识事物为目的的观察方式，并且影响了历史研究。尼布尔（Barthold Georg Niebuhr）运用原始资料鉴定法，开创了以批评性的语文学方法研究历史的先河（陈寅恪也曾受其影响）。历史主义—实证主义也在十九世纪下半叶到二十世纪早期的德国古代文化研究领域中达到鼎盛，他们坚信，只要有充足的原始资料，历史事实是可以获得全面认识和掌握的。实证主义获得了广泛认可，也使得其自我反思的能力日益下降，由此引来尼采的强烈抨击③。但不管怎样，十九世纪的语文学已是欧洲人文

---

① 黄侃《文心雕龙札记》，第 166 页。

② 段玉裁《戴东原集序》，《戴震文集》卷首，中华书局 1980 年版，第 1 页。

③ 参见维森博格（Weisenberg）《西方古典语文学简史》，收入刘小枫编《西方古典文献学发凡》，丰卫平译，华夏出版社 2014 年版，第 1—35 页。

学术研究的主流，德国俨然是语文学研究的中心，其势力范围扩张到欧美。而相应的损失则是，“十九世纪晚期，德国完全丧失了文艺理论和批评方面的领导地位”①，另一个“弱国”就是美国。陈寅恪、傅斯年都留学德国，赵元任虽然在美国求学，但对“语文学”也深感兴趣，甚至最想做一个“语文学家”(philologist)。“中研院”史语所从某种意义上说，就是德国的语文学、新兴的英法语言学、传统的中国考据学和音韵学共同塑造的②。历史语言研究所的英文是“The Institute of History and Philology”，不难看出语文学在其中的重要意义。以德国语文学的背景看中国学术传统，最能赢得其垂青的就是清代的考据学。赵元任说：

> Philology所注重的是推求某一字在流传的文献当中，某某章句究竟应该怎么怎么讲。所以某种文献，有某种的Philology，他的性质是近乎咱们所谓考据、训诂之学。③

傅斯年在《与顾颉刚论古史书》中说：“三百年中所谓汉学之一路，实在含括两种学问：一是语文学，二是史学，文籍考订学。”④这里所说的“汉学”，指的是乾嘉考据学。他把史学解释为“文籍考订学”，与在此后不久写的《历史语言研究所工作之旨趣》中说“近代的历史学只是史料学”⑤的意见是一致的。而当他将研究的目光从史学转到文学的时候，也就以同样的逻辑展开其论述。现在保存下来的1927—1928年间傅斯年在中山大学讲授“中国古代文学史”的讲义，就主张文学史即史学，强调用考证即语文学的方法从事文学史研究。他说：

> 因为文学史是史……要求只是一般史学的要求，方法只是一般

---

① 雷纳·韦勒克(René Wellek)《近代文学批评史》(*A History of Modern Criticism*)第二卷“总结”语，杨自伍译，上海译文出版社2009年版，第438页。

② 张谷铭《语文学还是语言学？跨越洲际的反应》，载贾晋华等编《新语文学与早期中国研究》，上海人民出版社2018年版，第41页。又可参见张谷铭《Philology与史语所：陈寅恪、傅斯年与中国的“东方学”》，载台湾“中研院”《历史语言研究所集刊》第八十七本，第二分，2016年6月。

③ 赵元任《语言问题》，商务印书馆1980年版，第2页。

④ 《傅斯年全集》第四册，台湾联经出版公司1980年版，第455页。

⑤ 同上注，第253页。

史料的方法。考定一书的时代,一书的作者,一个事件之实在,一种议论的根据,虽是文学史中的问题,也正是通史中的事业。①

希望诸君能发乎考证,止乎欣感,以语学(大陆上谓之"Philologie")始,以"波涛动荡"(Sturm und Drang)终。②

在傅斯年讲义的"拟目"中,更有一则醒目的标题——"论文艺批评之无意义"。这代表了也导致了此后许多大学中文系的文学教育现象,就是以"文献学"或"考据学"取代"文艺学"。而在千帆师看来,这就是文学教育之"弊"。他指出:

以现状而言,则多数大学中文系之教学,类皆偏重考据。此自近代学风使然。而其结果,不能无蔽。

愚此所谓蔽者,析而言之,盖有二端:不知研究与教学之非一事,目的各有所偏,而持研究之方法以事教学,一也。不知考据与词章之非一途,性质各有所重,而持考据之方法以治词章,二也。详此二蔽之所由兴,则实皆缘近代学风之一于考据。案满清学术,一由于明学之反动,二由于建夷之钳制,考据遂独擅胜场……及西洋学术输入,新文化运动勃兴。全盘西化之论,格于政治社会之阻碍,未克实行;考据之学乃反得于所谓科学方法一名词下,延续其生命。二十年来,仍承胜朝之余烈,风靡一世者,职是之由。③

此文作于1942年,我在此很想再引录一段钱锺书在1978年讲的话,来作前后对照:

在解放前的中国,清代"朴学"的尚未削减的权威,配合了新从欧美进口的这种实证主义的声势,本地传统和外来风气一见如故,相得

---

① 《中国古代文学史讲义》,《傅斯年全集》第一册,第12页。

② 《中国古代文学史讲义》,《傅斯年全集》第一册,第20页。案:这里所说的"大陆",指的是欧洲大陆。法国的情形也类似,据安托万·孔帕尼翁(Antoine Compagnon)说:"文学史出现于十九世纪,当时更为通行的叫法是语文学或语文研究。"《理论的幽灵:文学与常识》(*Le démon de lathéorie:Littérature et sens commun*),吴泓渺、汪捷宇译,南京大学出版社2017年版,第13页。

③ 程会昌《论今日大学中文系教学之蔽》,载《国文月刊》第十六期,1942年10月。

> 益彰，使文学研究和考据几乎成为同义名词，使考据和“科学方法”几乎成为同义名词。[①]

从“章句之学”、“语文学”到考据学、实证主义，再加上二者的结合，文学教育的主体就变成了“作者之生平，作品之真伪，字句之校笺，时代之背景”[②]等等，再加上一些版本校勘、辑佚钩沉、本事索隐，就以为文学教育之能事已毕，这都是“持研究之方法以事教学”。研究与教学的关系，既有区别又有联系。将研究成果融入教学实践，能够提升教学质量，也是大学教育的特征所在。但若混同二者，就可能损害教育职责。千帆师以为一所大学的“中文系尤有发扬民族文化之重任，故其动态与风气，关系国运者至深”，因此，不能造成最终“致力及成就者，类皆襞积细微，支离破碎”[③]的后果。这使我想起十九世纪末、二十世纪初的美国大学，其来源有二：一是仿效德国的研究型传统，一是沿用英国的人文教养传统，后者想通过文学教育灌输民族文化的中心思想和价值观念，而前者强调以批判性的、客观的态度去追求真理（在当时就是以实证性知识为代表），其中也明显存在着悖论，但美国大学的教授坚信他们可以在研究和教学实践中调和这两项充满矛盾的任务。米勒曾这样描绘：

> 一名英语教授既可以对某个作家的生平细节进行最琐碎的实证性研究，又可以对那些单调乏味的书目整理和编辑工作乐此不疲，与此同时，他还能给本科生上课，弘扬弥尔顿、约翰逊、勃朗宁、艾略特等人著作中所包含的伦理美德。[④]

就这一点而言，研究与教学的重心是可以也是能够区别的。傅斯年等人将语文学与考据学相等同，只是沿用了十九世纪德国语文学的概念，但正

---

① 钱锺书《古典文学研究在现代中国》，载《钱锺书集·人生边上的边上》，生活·读书·新知三联书店 2002 年版，第 179 页。

② 程会昌《论今日大学中文系教学之蔽》，载《国文月刊》第十六期，1942 年 10 月。

③ 同上注。

④ 希利斯·米勒《回特网星系中的黑洞：美国文学研究的新动向——兼纪念威廉·李汀思》，《萌在他乡：米勒中国演讲集》，国荣译，南京大学出版社 2016 年版，第 36 页。

如维森博格指出的:“某个地区和某个流派占据主导地位,并不意味着同一时候和其他地方没有其他方式的语文学研究。”①所以傅氏的论调是对西方语文学的窄化和简化。至于将文学史研究归结为文学史料学研究,同时彻底废除文艺批评的意义,只能视为学术上的颟顸之举。在吸收西学之初,出现这样的问题是可以理解和谅解的,但在百年之后,人们若仍然自觉不自觉地以这种观念武装头脑,就不仅是顽固不化,更是愚不可及。二十世纪九十年代开始,学风再变,用李泽厚的概括,就是“九十年代大陆学术时尚之一是思想家淡出,学问家凸显”②。大学的文学教育在很大程度上又回到了二十世纪五十年代之前的风尚,至少在我的观察所及,这种倾向是比较明显的。如果说有发展,也只是版本扩大到域外,资料深入到私藏,藉中外数据库之便利,更有所谓“e—考据”之美名。尽管千帆师厌恶文学教育和研究中的实证主义,但他并不一概反对考据。他强调“古代汉语”即传统的章句学在作品研习中的作用并付诸实践,就可以看出他对“语文学”这一工具的重视,这从以下论文的标题中即可看出:《陶诗“结庐在人境”篇异文释》(1944 年 4 月)、《陶诗“少无适俗韵”的“韵”字说》(1945 年 12 月)、《李颀〈听董大弹胡笳声兼语弄寄房给事〉诗题校释》(1963 年 5 月)、《杜甫〈诸将〉诗“曾闪朱旗北斗殷”解》(1976 年 5 月)、《李白〈丁都护歌〉中的“芒砀”解》(1977 年 6 月),其前后跨越达三十多年③。但章句是工具而非目的,要将“字句的疏通与全篇的理解并重”,最终还是归结到对作品的理解和欣赏。千帆师反复说“欣赏诗歌不能脱离考证学”,强调“文献学与文艺学”的结合。我二十多年来倡导域外汉籍研究,希望将阅读文献和研究视野的范围扩大到汉文化圈,在这一过程中,首先从事的也是目录学和文献的整理解题工作。但文学教育应该以作品为核心,着重对作家作品的阐发、分析、评论,并进而达到人文精神的重建。

---

① 维森博格《西方古典语文学简史》,《西方古典文献学发凡》,第 15 页。

② 语载香港《二十一世纪》1994 年 6 月号(总第 23 期)“三边互动”栏目。

③ 诸文皆收入程千帆《古诗考索》,上海古籍出版社 1984 年版。

这就要谈到第二个工具"文学理论",它同样在中西学术史上各有传统,落实在文学教育中也各有得失。千帆师强调的文学理论虽然兼涉中外,但在实际运用中主要偏于古代文论。他在"杜诗研究"最后一课曾强调研究方法的六个"并重",其中之一就是"传统的文艺理论和外来的新的文艺理论并重",同时又要"多进少出,不懂不讲"。当时的中国学术界,与外国的学术交流还未能频繁展开,对外国文学理论的翻译介绍还很不系统,为了防止生搬硬套、削足适履的"滥用",所以谨慎地提出要"少出"、"不讲",但这丝毫不存在对国外文学理论的抵触或排斥。传统的文学教育中实施的文论教育,集中在文学写作,最早且最为典型的是唐代的诗格,后来演变为明清诗法。还有一种类型就是选本,如《文选》之在唐宋时代,《唐诗品汇》之在明清时代,直到《古文辞类纂》都是这一类代表作。但在传统的知识体系中,今人说的"文学批评"在古代目录学上的名称是"诗文评",与"词曲"肩摩踵接,列于集部之末,不为人所重。现代大学里的文学教育,其"新品种"当属文学史,其中也涵括了部分古代文论的内容。由中国人撰写的最早的文学史,当属 1904 年草创并刊行的京师大学堂林传甲《中国文学史》,其第十三篇中就专列"昭明《文选》创总集之体"、"刘勰《文心雕龙》创论文之体"、"钟嵘《诗品》创诗话之文体"及"徐陵《玉台新咏》创诗选之体"[①]等。虽极为简略,亦有意义。稍后东吴大学黄人编纂《中国文学史》,曾回顾中国传统"所以考文学之源流、种类、正变、沿革者,惟有文学家列传(如《文苑传》,而稍讲考据、性理者,尚入别传),及目录(如《艺文志》类)、选本(如以时地、流派选合者)、批评(如《文心雕龙》、《诗品》、诗话之类)而已"[②],他的书则要综合上述诸体,自具机杼,所以被后人评为真正"始具文学史之规模"[③]。然而就其中的文论部分来说,也不过点缀其间。直到二十世纪四十年代中后期,才在学术界的一般观念中,

---

① 参见林传甲《中国文学史》,陈平原辑《早期北大文学史讲义三种》,北京大学出版社 2005 年版,第 190—193 页。

② 黄人《中国文学史》,苏州大学出版社 2015 年版,第 3 页。

③ 浦江清《郑振铎〈中国文学史〉》,收入《浦江清文史杂文集》,第 130 页。

"似乎都承认了诗文评即文学批评的独立的平等的地位"[①]。其文论教学大抵有三类：一是中国文学批评史，如郭绍虞《中国文学批评史》有商务印书馆"大学丛书"本，朱东润《中国文学批评史大纲》也是他原在武汉大学使用的教材；二是专书讲疏，主要集中在《文心雕龙》，著名者如黄季刚《文心雕龙札记》、刘永济《文心雕龙校释》；三是文论选，代表者如许文雨《文论讲疏》，也是"自十八年(1929)讲学北大创始"[②]。批评史在当时属于肇启山林的工作，朱自清评论郭绍虞之著，虽说表彰了其"材料与方法"[③]，但重心还是在材料方面，以此勾勒出中国文学批评的基本线索和面貌，意欲"兼揽编年、纪事本末、纪传三体之长，创立一种'综合体'"[④]，但有些基本判断还存在问题，也难免"见林不见树"。专书和文论选以具体作品为核心，可以避免"离事言理"之弊，且各有深入之见，但总体来说还是以"语文学"的方法为主，重在疏释文本大意，不免"见树不见林"。对于文学理论在文学教育和研究中的重要性，千帆师不仅深具认识，而且身体力行。他的做法不同于上述三类，1941 年到 1943 年之间，他任教武汉大学和金陵大学，专门讲授古代文论课，并编为《文学发凡》二卷，由金陵大学文学院印行。本书从大量古代文论材料中精选十篇加以笺注，文末附有案语，作总体论述。我在二十年前对此书的学术定位是："这是一部较早的对文学理论本土化的尝试之作和成功之作。"[⑤]上卷为概说，分文学之界义、文学与时代、文学与地域、文学与道德、文学与性情；下卷为制作，分制作与体式、内容与外形、模拟与创造、修辞示例、文病示例。既不按照时代顺序，也不选择体系性过强者(如《文心雕龙》)，而是完全按照作者对文学理论的理解和认识，选择能够

---

① 朱自清《诗言志辨序》，收入《朱自清古典文学论文集》，上海古籍出版社 1981 年版，第 188 页。

② 许文雨《文论讲疏·例略》，正中书局 1937 年版。

③ 朱自清《评郭绍虞〈中国文学批评史〉上卷》，收入《朱自清古典文学论文集》，第 540 页。

④ 朱自清《诗文评的发展》(其内容为评论罗根泽《中国文学批评史》、朱东润《中国文学批评史大纲》)，《朱自清古典文学论文集》，第 545—546 页。

⑤ 张伯伟《程千帆文集》书评，载《中国学术》第 4 辑，商务印书馆 2000 年版，第 272 页。

代表中国人文学观念的十篇论文，阐发其理论内涵①。窥其微意，实有建立系统、颉颃西洋的色彩。可惜后来正式出版时，一易名为《文论要诠》，再易名为《文论十笺》，并且在内容上多有删削，尽管个别条目的注释更为准确，但上述色彩则愈来愈淡化。总体而言，中国学者，特别是古代文学研究者，对文学理论的兴趣是较为淡薄的，尤其是与实证性的研究相比。即便是中国文学批评史的研究，"也无可讳言，偏重资料的搜讨，而把理论的分析和批判放在次要地位"②，这怎么也算不上是苛评。在这样的学术背景下来看千帆师的《文学发凡》，其文学理论教育也同样以"文论作品"为中心，坚持"从具体开始"；其次，在材料的选择上取精用闳，以构建中国文学理论体系为指归，既见"树"又见"林"；再次，在文论的使用上，坚持与文学作品相结合的基本原则。这虽然在《文学发凡》中没有过多的实践，但在这本《程千帆古诗讲录》中却有具体的展现。它不仅体现了文学理论作为工具之"用"，置于中西学术格局来看的话，在"理论之后"的时代该如何面对理论，也可以带来有益的启示。如果我们没有可能"宿命般地回到前理论时代的单纯"③，那么理论到底还有什么用？

这里，我姑且以"比兴"为例略作阐发。"比兴"原本于《诗经》学上的概念，与"赋"联系在一起成为"三义"或"三用"。由于隶属于经学，其含义也往往带着较强的政治性。但从西晋开始，就有人突破经学体制，注重文学修辞特色的意义。到了梁朝的钟嵘，更明确地以五言诗为依据作出新释。这不仅对后来的文学中人有影响，研治经学的学者，如唐代的陆德明、宋代的朱熹，也对其新说有所吸收④。字面上仍是一贯的"比兴"，但

---

① 千帆师在晚年说："日本学者把这本书当成文学概论的教材来用。……十篇文章，有注解，有按语，还成个体系。当时我下了个决心，也和刘（永济）先生商量过，没有选《文心雕龙》。现在想来，这是对的，因为《文心雕龙》太完整。"《桑榆忆往》，第65—66页。

② 钱锺书《古典文学研究在现代中国》，载《钱锺书集·人生边上的边上》，第180—181页。

③ Terry Eagleton, *After Theory*, Penguin Books Ltd, 2003, P. 1.

④ 参见张伯伟《钟嵘诗品研究》第六章《"兴"义发微》，南京大学出版社1993年版，第96—112页。

概念的内涵和外延却变动不居。在中国的批评传统中，理论批评（theoretical criticism）往往是透过实际批评（practical criticism）展现出来的，因此，它与文学作品有着密切关系。理论产生于对作品的理解和认识，当理解得到深化、认识有所升华，也会突破原有的理论，并反过来影响创作。所以，当一个概念在新的批评文本中，其含义无法用既定的意思限定时，我们既不能生搬硬套原先的定义，哪怕它戴着权威的面具，也不能削“作品之足”以适“理论之履”，因为理论只是帮助我们理解作品的工具。千帆师指出：

> 中国古典文学中的名词，往往随时代而变化含义，唐朝人的“比兴”往往是与政治有关的内容，而不是修辞学上的术语。
>
> 杜甫论元结的两首诗曰“不意复见比兴体制”，元诗是用赋体作的，但杜甫说他是“比兴体制”。可见唐人对“比兴”有独特的看法，是指有很高思想内容的文学作品。陈子昂与杜甫是一致的。

杜甫的话见于其《同元使君〈舂陵行〉并序》，称赞元结之作为“比兴体制”，但从作法来看，《舂陵行》是以赋体为之的，所以此处的“比兴”就“不是修辞学上的术语”，而是对于统治者横征暴敛的控诉，具有《诗经·国风》的“美刺”意义（元结《舂陵行》的末句是“何人采国风，吾欲献此辞”，就是以继承《诗经》的精神自命的）。这个概念部分吸取了汉儒说诗的成分，又带有唐代的特色。正如陈子昂批评齐梁诗歌缺乏“兴寄”，当然也不是说那些作品未曾采用修辞手段上的“比兴”，而是说缺乏撼动人心的内涵。这个问题，千帆师在课堂上曾反复提及，往往特别强调“赋”法，强调“以文为诗”的功能，强调议论也是塑造文学形象的不可或缺的手段之一。其背景是，1977 年 12 月 31 日《人民日报》第一版刊登了毛泽东给陈毅谈诗的一封信，特别强调“比兴”的重要性，批评宋人不懂形象思维，“一反唐人规律”，其病根在韩愈的“以文为诗”。这引起当时学术界的大讨论，几乎一边倒地贬斥宋诗，推崇“比兴”（作为修辞手段），批判“以文为诗”。千帆师对这种“依草附木”的学风极为鄙视，他告诫学生：“搞学问，一是不能随声附和，二是不能停滞在原来的境地。”这就不只是学术观点，更是学术品格了。

千帆师对文学理论的强调，总是不脱离作品。三十年前，我曾经概括为“以作品来印证理论”和“从作品中抽象理论”[①]。他很推崇刘永济的《文心雕龙校释》一书，尤其欣赏其附录《文心雕龙征引文录》三卷，上下二卷为文录，即作品选；卷末为“参考文目录”，即文论选，也是着眼于其书将文学理论与文学作品的结合。而从他推崇的其他著作中，我们还可以窥见另外两种研究文学理论的学术取向：一是朱自清《诗言志辨》，以中国文学批评史上的重要概念为纲，仔细梳理其含义的变迁，接近于某种“概念史”或“专题史”的工作。朱自清在大学开设“中国文学批评研究”课，其方法也是如此[②]。千帆师赠朱自清诗有“解颐人爱说诗匡”、“肯把金针度与无”[③]之句，可略见其向往之情。一是朱光潜《诗论》，这是以比较文学的方法构拟中国诗学的系统，该书也曾用作北京大学、清华大学和武汉大学的授课讲义[④]。其书《抗战版序》中说：“当前有两大问题须特别研究，一是固有的传统究竟有几分可以沿袭，一是外来的影响究竟有几分可以接收。”[⑤]他自己对这本书最为满意，晚年说该书“试图用西方诗论来解释中国古典诗歌，用中国诗论来印证西方诗论；对中国诗的音律、为什么后来走上律诗的道路，也作了探索分析”[⑥]。还提及学界友人（包括千帆师）此前曾劝他再版《诗论》[⑦]。1984 年 10 月，我以《以意逆志论》作为硕士论文提交答辩，千帆师担任论文评阅委员和答辩委员会主席，其评语从学术史

① 参见《程千帆诗论选集·编后记》中的相关讨论，第 285—289 页。

② 参见刘晶雯整理《朱自清中国文学批评研究讲义》，天津古籍出版社 2004 年版。

③ 程千帆《赠佩弦先生四绝》，见《闲堂诗存》，《程千帆全集》第十四卷，河北教育出版社 2001 年版，第 19 页。案：《诗存》卷首又录《朱佩弦先生书》（甲申，1944 年）。在《朱自清日记》中，从 1944 年 5 月 30 日到 1948 年 4 月 11 日，都有他们来往的记录。

④ 参见商金林校订《诗论讲义》，北京大学出版社 2018 年版。

⑤ 朱光潜《诗论》，《朱光潜美学文集》第二卷，上海文艺出版社 1982 年版，第 4 页。

⑥ 朱光潜《诗论·后记》，武汉大学出版社 2008 年版，第 266 页。

⑦ 朱光潜《朱光潜美学文学论文选集·编后记》中提到：“北京师大中文系钟敬文同志和南京大学中文系程千帆同志都劝我将《诗论》再版。”湖南人民出版社 1980 年版，第 476 页。

角度着眼，认为此文是对《诗言志辨》的“继承与发展。继承，指的是它严格遵循了朱先生所曾经采用并因此取得成功的历史主义方法。发展，指的是它进入了朱文所未涉及的比较文学理论范畴”。可见继续朱自清、朱光潜的探索方向或加以结合，的确是符合他的学术追求的。

二十世纪七十年代末、八十年代初，钱锺书对中国文学研究界有这样一个描述：

> 中国的西洋文学研究者都还多少研究一些一般性的文学理论和艺术原理，研究中国文学的人几乎是什么理论都不管的。①
>
> “掌握资料”的博学者，往往不熟悉马克思主义的方法；而“进行分析”的文艺理论家往往对资料不够熟悉。②

这个描述与美国学者对中国文学研究界的印象是吻合的，尽管态度不同。比如理查德·特迪曼（Richard Terdiman）说：“中国学术界在文学史上盛产实证性的研究。”③宇文所安（Stephen Owen）直陈“中国古代文学研究者欠缺理论意识”④。而在包弼德（Peter K. Bol）看来，“大陆出版的最有价值的书是古籍整理，而不是研究著作”⑤。研究成果与教育内容有很大关系，如果文学教育的重心在“掌握资料”，就不可能结出真正的研究硕果；反之，“进行分析”的理论家如果脱离作品，也就会导致没有文学的文学理论批评（这在今天已经相当普遍）。

二十世纪是西方尤其是美国文学理论大发展的时代，这常常是与大学的文学教育密切相关的。从十九世纪到二十世纪初，美国的“学院派批

---

① 钱锺书《古典文学研究在现代中国》，载《钱锺书集·人生边上的边上》，第180页。

② 钱锺书《粉碎“四人帮”以后中国的文学情况》，同上注，第194页。

③ 理查德·特迪曼《编者的话》，《萌在他乡：米勒中国演讲集》，第2页。

④ 卞东波《宋代诗话与诗学文献研究·后记》引述，中华书局2013年版，第440页。

⑤ 《21世纪的知识分子信念——包弼德访谈录》，王希等《开拓者：著名历史学家访谈录》，北京大学出版社2015年版，第254页。

评”热衷的是传记、目录学和版本学研究，“属于古籍研究和语文学性质”①，人们回顾这段时期美国的文学教学和研究活动时发现，当时“普遍存在着一种强烈的反理论的偏见”②，这一倾向在各大学和学院占据主导地位。这种以“语文学”为基础的研究钟情于对史实和语言现象的挖掘和考证，是实证主义的研究。如同欧洲大陆的德国，美国大学也视文学教育和研究为“史学”而非“美学”性质，是一种“不考虑价值(value—free)的研究观”，而“对事实的整合与储存恰恰是大学教授潜在拥有的最高价值，是他们存在的理由(*raison d'être*)”③。反对的力量来自于受到英国美学运动的影响的人，主张“印象主义”式的“鉴赏”，他们“灌输给弟子的乃是钟情于文学的那份热爱，却没有批评的标准和学术的锐气”，“强调的是玩味，而反对解释和判断”④，只是其声音相对来说还较微弱。这与同时代的中国大学里的文学教育和研究其实也很相像，正统的、严肃的教研工作是考据，玩索词章者则难免空疏之讥。被今人盛称的闻一多《唐诗杂论》中有几篇文章，固然可归于印象主义式的鉴赏，但毕竟寥寥(其中还有《少陵先生年谱会笺》、《岑嘉州系年考证》等考据性质的文字)，为他赢得学术地位的还得依赖《神话与诗》、《古典新义》等“考”与“证”的论著。造成翻天覆地变化的，是“新批评派”(New Criticism)的出现，它为美国大学以及学术界重新定义了文学研究。尽管名列“新批评派”的人物各有不同的主张，很难将他们强行地挤到一张床上，但还是有几个共同点：一是将关注重心从诗人转移到诗本身，是以作品为中心的观点(ergocentric view)；二是强调对文本进行“细读”(close reading)。从摧毁的角度看，他们都剑指“实证主义和历史决定论的批评方法”⑤。还有就是他们的身份，多半

---

① 雷纳·韦勒克《近代文学批评史》第六卷，杨自伍译，上海译文出版社2009年版，第113页。

② 希利斯·米勒《理论在美国文学研究和发展中的作用》，《萌在他乡：米勒中国演讲集》，第11页。

③ 希利斯·米勒《理论在美国文学研究和发展中的作用》，《萌在他乡：米勒中国演讲集》，第15—16页。

④ 雷纳·韦勒克《近代文学批评史》第六卷，第115页。

⑤ 同上注，第489页。

是大学教师，取得成功的决定因素也因此是一本教科书，即克林斯·布鲁克斯（Cleanth Brooks）和罗伯特·潘·沃伦（Robert Penn Warren）合著的《理解诗歌》（*Understanding Poetry*），它在美国二十世纪四十年代大学文学教育中除故革新、大获成功。它“侵占了语文学学术研究的堡垒，成为新批评派的教学武器”，其不同于法国“文本分析论”（*explication de texte*）之处，据韦勒克看来，“在于提出了批评标准，走向诗篇优劣的区别”①。用“理论”指导“实际批评”，从此在大学的文学教育中展开。而从五十年代开始，他们更积极引进欧洲大陆的文学理论，首先是存在主义和现象学，之后是六十年代的结构主义、拉康的心理分析、新马克思主义批评以及“解构主义”。1966年，约翰·霍普金斯大学（Johns Hopkins University）主办了一场“批判语言与人文科学”国际研讨会，第一次把雅克·拉康（Jacques Lacan）和雅克·德里达（Jacques Derrida）带进美国，也成为美国二十世纪五十年代以后“文学理论史十件大事”②之一，它标志着“美国文学研究开始逐渐被这些引进的理论所控制”③。米勒认为：“理论的胜利已经完全改变了文学研究的现状”，因为“这些理论大都基于文学之外，却又公然要求我们去效忠”。大学里的文学理论课，“专门研究理论文本，而不是把理论当作研究文学文本的辅助手段”④。到了1986年，作为“文学理论史十件大事”中的又一件，就是米勒在美国现代语言协会年会上的主席演讲，他宣告了文学研究中的语言研究向历史研究的转向，并且成为一个新的充满活力的研究领域，即“文化批评”或曰“文化研究”。文学文本与历史文本的关系也变得异常复杂，“它们既是通常意义上的

① 雷纳·韦勒克《近代文学批评史》第六卷，第272页。

② 参见彼得·巴里（Peter Barry）《理论入门：文学与文化理论导论》（*Beginning Theory：An Introduction to Literary and Cultural Theory*）第十四章“文学理论史十件大事”，杨建国译，南京大学出版社2014年版，第261—283页。

③ 希利斯·米勒《理论在美国文学研究和发展中的作用》，《萌在他乡：米勒中国演讲集》，第22页。

④ 希利斯·米勒《理论在美国文学研究和发展中的作用》，《萌在他乡：米勒中国演讲集》，第23、25页。

‘文学’文本，从某种意义上说，也是超出‘文学之外’的历史文献”[①]，文学又重新转向了“外部研究”（the extrinsic approach to the study of literature，借用韦勒克、沃伦《文学理论》语）——历史化或政治化。尽管理论命题不断翻新，但总体趋势就是远离文学作品本身。这一现象在今日中国大学的文学理论教学研究中也比比皆是，从业者的脑子里充斥着各种名词、术语、概念，无意也无法通过对具体的文学文本的研究，证明他们的理论是有成效的。美国马克思主义评论家弗雷德里克·詹姆逊（Fredric Jameson）曾对二十多年来欧美文学理论在中国传播影响的变迁有个描述：“对我们美国人来说，这些理论本来是欧洲的舶来品，但是，对于中国人来说，这些‘理论’就是美国人的。”而随着文化交流的频繁，“我们再也没必要扮演传教士了”[②]。谈论文学的书越来越多，而文学自身反而越来越无足轻重，这也是一种“全球化”。甚至有一种观点认为：“理论的兴起导致了文学的覆亡。”就算温和一点的看法，也指出“文学理论教导我们：文学批评并不倾向于处理文学作品本身，并且这在实践中也是不可能做到的”[③]。于是保罗·德·曼（Paul de Man）在 1982 年发表了一篇题为《回归语文学》（“The Return to Philology”）的文章，讨论如何处理文学的教学研究与文学理论的关系，就是针对二十世纪文学理论的发展，导致文学教育研究中的人文和历史的丧失，所以要从文学理论转向语文学。故自九十年代中叶开始，美国又兴起了一种“新语文学”的“时尚”。沈卫荣教授曾援引德国马堡大学语文学家 Jürgen Hanneder 在 2013 年对美国“新语文学”的批评，认为“它最多不过是美国学术界的下一个方法，或者更可能是下一个时尚”，他们“用一个又一个的‘转向’来跨越迄今为止学

---

① 希利斯·米勒《理论在美国文学研究和发展中的作用》，《萌在他乡：米勒中国演讲集》，第 27 页。案：在彼得·巴里看来，米勒的问题是“忽略了历史和历史主义的区别”，见《理论入门：文学与文化理论导论》，第 271—274 页。

② 弗雷德里克·詹姆逊《英文版序》，《萌在他乡：米勒中国演讲集》，第 1—2 页。

③ 芮塔·菲尔斯基（Rita Felski）《文学之用》（*Uses of Literature*），刘洋译，南京大学出版社 2019 年版，第 4—5 页。

术研究所达到的边界，所以，他们的学术边界可以通过不断地转向而被扩大”，“这样的学术转向其实与时尚界的时尚一样，多半是连续不断地在新旧之间轮转”①。这与我在私下里用 SPAN，即超（Super）、后（Post）、反（Anti）和新（New）来概括晚近的美国学术也有点相似，所以很同意用“时尚”来描述这一学术现象。大约百年前，“新批评派”将其理论矛头直指实证主义，从某种意义上说，也就是直指“语文学”。百年之后，所谓“新语文学”又卷土重来，意欲告别理论。文学研究中的语文学和文学理论，究竟该是彼此默契的孪生姐妹，还是不共戴天的生死仇人？或者它们天然就该是一对冤家夫妻，注定要在相互纠缠（纠剔又缠绵）中共度一生，失去了任何一方，文学研究的家庭就会破裂。问题也许只在于，它们的相处需要一定的技巧。

四、返本开新：寻求更好的文学教育

在今天的中国，我们还能够提关于文学教育的问题，应该有一种幸福感。以米勒 2002 年的观察，全世界文学系的年轻教员，正在大批离开文学研究，转向理论、文化研究、后殖民研究、媒体研究（电影、电视等）、大众文化研究、女性研究、黑人研究等，“他们在写作和教学中常常把文学边缘化或者忽视文学”②。到了 2010 年代，这样的情况愈演愈烈，美国大学的英语系中，“纯文学的课程非常少”，在新近出版的“文学与文化研究”的书目中，“竟然没有一本是真正与文学有关的”③。再看图书馆和出版业，由于互联网上研究资料的越来越多，许多大学图书馆（学术型图书馆）正在

① 参见沈卫荣《文学研究的理论转向与语文学的回归——评 Paul de Man 的〈回归语文学〉》，又《语文学、东方主义和“未来与文学”》，收入《回归语文学》，上海古籍出版社 2019 年版，第 35—124 页。案：这一研究“时尚”在中文世界也有反映，见贾晋华等编《新语文学与早期中国研究》。

② 希利斯·米勒《文学死了吗》（*On Literature*），秦立彦译，广西师范大学出版社 2007 年版，第 18 页。

③ 希利斯·米勒《冰冷的苍穹与悲凉的心境》，《萌在他乡：米勒中国演讲集》，第 288 页。

过时，购买力下降导致“许多学术型出版社干脆就不再出版人文类图书”，比如美国加州大学出版社 2002 年已经“完全停止了文学研究类图书的出版”[①]。随着互联网和智能手机的发达和普及，视听文化快速取代书籍文化，电子书籍的销售量，据亚马逊网 2010 年 7 月 19 日宣布，他们销售的可以在 iPad 和 Kindle 上阅读的书第一次超过了纸质版图书。即便大学里还有文学课，在哈罗德·布鲁姆看来，也已堕落到“用欣赏维多利亚时代女人内裤取代欣赏查尔斯·狄更斯和罗伯特·布朗宁”，并且“实际上只是常规”[②]。东亚的情况不妨看看日本，以素有“汉学重镇”美誉的京都大学为例，我在 2017 年 2 月访问的时候，看到中文科公布的当年录取的两名博士生名单，一个来自南京大学，另一个来自台湾大学。据说，国文学科（即日本文学系）某年招收的研究生中，竟然没有一个日本人，大都来自中国的日语系。再反观中国，今天的网络文学高度发达并大受追捧，据中国社科院文学研究所网站 2020 年 2 月 18 日发布的《2019 年度网络文学发展报告》，网络文学创作者已达 1755 万人，网络文学用户量更高达 4.55 亿，并且还在快速增长中。但是，大学里的“文学经典”课程仍在开设，社会上中外文学名著的销售也有不错的业绩。米勒曾五味杂陈地预计，在不久的将来，中国大学英语系学习欧美文学的学生，“会比美国本土的学生知道得更多”[③]，他“甚至觉得严肃的英美文学研究已经迁移或者被‘转包’到中国了”[④]。虽然我没有这样的乐观，但还是坚信在今天重提“需要什么样的文学教育”既有必要也有可能，只是回答的重心有所不同。

在十九世纪中叶，受席勒《审美书简》的影响，德国的许多哲学家、理论家，包括施莱格尔兄弟、谢林和黑格尔，都提出文化教育应该以文学为中心，文学也由此而取代了哲学的地位。接着是在英国，经过马修·阿诺

① 理查德·特迪曼《编者的话》，《萌在他乡：米勒中国演讲集》，第 3 页。

② 哈罗德·布鲁姆《如何读，为什么读》（*How to Read and Why*），黄灿然译，译林出版社 2011 年版，第 8 页。

③ 希利斯·米勒《冰冷的苍穹与悲凉的心境》，《萌在他乡：米勒中国演讲集》，第 288 页。

④ 希利斯·米勒《前言》，王逢振、周敏主编《J. 希利斯·米勒文集》，中国社会科学出版社 2016 年版，第 9 页。

德(Matthew Arnold)的提倡，他在1869的《文化与无政府》中形容文学世界的“甜美与光芒”(sweetness and light)，是“世界上最好的被思考且被说出的”(the best that has been thought and said in the world)，其内容就是自荷马以来的欧洲文学经典。文学不仅能够开拓读者的心智，而且能够赋予伦理教育。当初的美国大学也遵循了这一模式，但在今日美国，以上的观念早就被视为过时且被人遗忘，他们更不相信文学能够担当这样的任务。文学教育在今天，其唯一的作用也许只是有助于更透彻地理解修辞，也因此而更善于“辨别网上帖子的真伪”①。幸好中国盛产“顺民”，上述观念在大学里并没有受到严重的挑战，文学经典的地位岿然不动。以中国文学来说，从《诗经》、《楚辞》、李杜诗、韩柳文、苏辛词到鲁迅，他们的作品就像“镜与灯”一样，要么反映了世间万象，要么照亮了人生前途。因此，回答“需要什么样的文学教育”，重心就在寻求“更好”的文学教育，它是技术层面的，也是价值层面的，而且还须“应病施药”。

在当代美国学者中，希利斯·米勒是一个“非常善于通过解读文学文本来阐释理论的批评家”②，令我佩服(如果他还能考证，就更令我钦敬)。他曾经比较过中美文学研究的异同，虽然其抽样调查难免片面，但并不因此影响其敏锐观察的真实性。他在文中列出的六点不同，至少有三点都涉及中国学者对于具体作品的轻视，无论是对风格、文体、修辞特征的分析，还是简单的引文甚至作品的名称，他们更倾向于一种高度概括性的描述，或者是对作品意义的抽象的阐发；而在美国学者的论文里，“风格技巧”对于意义的生成具有至关重要的作用是不言自明的，所以他们更注重大量的实例，也少不了修辞分析③。米勒本人即是如此，他反复强调“读真正的文学作品是我最喜欢做的事情，我相信理论是用来辅助文学作品

① 参见希利斯·米勒《冰冷的苍穹与悲凉的心境》中的相关论述，《萌在他乡：米勒中国演讲集》，第290—291页。

② 王逢振《后记》，《J. 希利斯·米勒文集》，第607页。

③ 参见希利斯·米勒《中美文学研究之比较》，《萌在他乡：米勒中国演讲集》，第242—256页。

之解读的"[1],"文学的教学和研究,可以被看做是好的阅读训练"[2],并且呼吁大家"要仔细研读原文,即使在当前全球化的语境下,细读在大学里也依然是必须的,不可或缺的"[3]。如果说,文学研究是文学教育的结果,那么,我们在研究中对具体作品的轻视不也正反映了文学教育中作品的大量"缺席"? 所以,今天文学教育的一个最基本的要求,就是具体作品,必须以作品为中心。文学史不能缺少作品,文学理论也不能脱离作品。这就是千帆师在文学研究和文学教育中反覆强调的重中之重,尽管似乎是老生常谈。

越来越多的学者拥有了一种明智,就是再也不徒劳地为文学批评提供特定的解困之法,也不去费力搜求能够解释所有困惑的终极答案。同时,他们也意识到,最好的解释往往需要综合考虑多方面的因素。不妨引述一段威尔弗瑞德·古尔林(Wilfred L. Guerin)等人的《文学批评方法手册》:"由于文学是人之为人的语言艺术的表达,并具有这一概念所蕴含的丰富、深刻及复杂,因此,文学批评必然是达到那种经验的许多途径的综合……也因此我们需要很多种方法。"[4]但是结合中国文学批评的实际,我们最需要补上的一课是"细读"。看看梁启超《中国韵文里头所表现的情感》,他说李商隐的《锦瑟》、《碧城》等诗"讲的什么事,我理会不着;拆开一句一句的叫我解释,我连文义也解不出来。但我觉得他美,读起来令我精神上得一种新鲜的愉快"[5],就这被历来古代诗学研究者视为名篇的代表作,我们除了淹没在其文章情感的泛滥中,得不到任何能超出非学术读

① 希利斯·米勒《引言》,《萌在他乡:米勒中国演讲集》,第 8 页。

② 希利斯·米勒《理论在美国文学研究和发展中的作用》,《萌在他乡:米勒中国演讲集》,第 30 页。

③ 希利斯·米勒《全球化对文学研究的影响》,《萌在他乡;米勒中国演讲集》,第 72 页。

④ Wilfred L. Guerin, Earle labor, Lee Morgan, Jeanne C. Reesman, John R. Willingham, "*A Handbook of Critical Approaches to Literature*", 4th edition, Foreign Language Teaching and Research Press & Oxford University Press, 2004, P. 304.

⑤ 梁启超《中国韵文里头所表现的情感》,《饮冰室合集·文集》卷三十七,中华书局 1989 年版,第 120 页。

者已知之事。虽然作为一种教育和批评方法的"细读"概念,是由新批评提倡并推广开来,但这一概念及其蕴含的精神并没有随新批评的退场而烟消云散,而是作为一块英语文学研究的基石继续发挥重要作用。彼得·巴里说:

> 所谓"英语语言文学研究"(English studies)就是建立在细读(close reading)概念之上的。虽然在二十世纪七八十年代,细读概念常常遭到非难,但毫无疑问,如果真抛弃了这一概念,那这一学科也将不再有任何东西能引起人们的兴趣。①

中国学术界对于新批评的引进,其实并不太晚。二十世纪三四十年代英国"实际批评"(practical criticism,在美国则叫作"新批评")的巨擘瑞恰慈(I. A. Richards)、燕卜荪(William Empson)都曾在清华、西南联大任教,他们的主张当然也影响了卞之琳、钱锺书、杨周翰、袁可嘉等人,其相关论著也有了中译。七八十年代的海峡两岸,新批评也曾风行一时,但其成果较为有限,所以赵毅衡在时隔二十多年后要将其旧著改头换面"重访"新批评②。有人将新批评在中国的受挫归因于异质文明的冲突③,但中国传统文论是否必然引导出对新批评的排斥,或者仅仅是因为我们误解了自身的传统,更未能作有效的阐发所致?新批评虽然是一个松散的学术派别,但至少有两个共同点,用克林斯·布鲁克斯在1979年的概括,就是"除了重视作品本身更甚于重视作家意图和读者反应以外……要说有,那也许就是'细读法'(close reading)了"④。我们就不妨考察一下中国传统的"细读"文献,究竟是缺乏还是丰富,以及在批评中的实践如何。

以古代文论来说,较早也较为系统地对诗歌的作法加以规定,后来也成为诗歌读法的文献,就是唐人诗格,涉及声律、对偶、句法、结构、语义等

---

① 彼得·巴里《理论入门:文学与文化理论导论》,第5页。

② 参见赵毅衡《重访新批评》,百花文艺出版社2009年版。

③ 参见代迅《西方文论在中国的命运》第四章第二节,中华书局2008年版,第159—178页。

④ 克林斯·布鲁克斯《新批评》,赵毅衡编《"新批评"文集》,中国社会科学出版社1988年版,第549页。

方面，成为一种“规范诗学”，它具有材料的丰富性、论述的细密性以及思维的圆通性等特征[1]。在唐代这些内容属于创作论，而到了宋代，其中的一部分就演变成批评论。尽管诗格在当时非常流行，其空间从西北敦煌到东瀛日本，数量也很惊人，但因为其性质或以训初学，或有便科举（也许算得上古代的文学教育），属于“俗书”，向来为人轻视。资料散佚，真伪混杂，直到二十世纪九十年代才得到系统整理[2]。散见的文献中也有“细读”的资料，南宋文人罗大经在《鹤林玉露》中的“一联八意”条，就是对杜甫“万里悲秋常作客，百年多病独登台”的分析：“盖万里，地之远也；秋，时之惨凄也；作客，羁旅也；常作客，久旅也。百年，齿暮也；多病，衰疾也；台，高迥处也；独登台，无亲朋也。十四字之间含八意，而对偶又精确。”[3]宋元之际方回编纂《瀛奎律髓》，作为一部诗歌选本（同时也是一部文学读本）极具包容性，涵括了摘句、诗格、诗话、评点等批评样式。方回曾说：“予谓诗家有大判断，有小结裹。”[4]所谓“大判断”是“载道”、“言志”等“炎炎”大言，而“小结裹”则是注重细部批评的“詹詹”小言。在人们的正统观念中，“小结裹”是微不足道的[5]。而自宋代开始的大量评点，多数都用于“文学教育”，并不为人所重。吕祖谦《古文关键》卷首列“看古文法”，是为了“示学者以门径”[6]，“观其标抹评释，亦偶以是教学者”[7]。中国文学批评史上“细读”的代表人物非金圣叹莫属，其批评实践以“评点”为主，一个重要目的也是为了教寻子弟如何读书：“子弟读得此本《西厢记》后，必能自放异样手眼，另去读出别部奇书。”[8]但在很长一段时间内，他是一个充

---

① 参见张伯伟《论唐代的规范诗学》，载《中国社会科学》2006年第4期。

② 参见张伯伟《全唐五代诗格校考》，陕西人民教育出版社1996年版。

③ 罗大经《鹤林玉露》乙编卷五，中华书局1983年版，第215页。

④ 《瀛奎律髓》卷十，《瀛奎律髓汇评》，上海古籍出版社1986年版，第340页。

⑤ 黄宗羲《答张尔公论茅鹿门批评八家书》云：“其圈点句抹多不得要领……缘鹿门但学文章，于经史之功甚疏，故只小小结裹，其批评又何足道乎？”（《南雷文定》初集卷三）

⑥ 《四库全书总目》卷一八七，中华书局1965年影印本，第1698页。

⑦ 张云章《古文关键序》，吕祖谦《古文关键》卷首附，中华书局1985年版。

⑧ 金圣叹《贯华堂第六才子书西厢记》卷二《读第六才子书西厢记法》，《金圣叹全集》第二册，凤凰出版社2008年版，第856页。

满了争议的人物。这一切,使得“细读”的批评遗产未能得到现代学者的挖掘、理解和传承。但在今天看来,中国传统文论的优点之一,就在于蕴含了大小相济、远近结合的潜在要素。离开大判断的小结裹是碎片化的,缺乏小结裹的大判断是空泛化的。我们既需要 close reading(近玩),又需要 distant reading(远观),两者兼而有之,是否可称为“CD 阅读法”呢?

但如果将文本阅读当作一个整体,或者以孔门“德行、言语、政事、文学”的概念理解“文学”的范围,那么,经学史上的“细读”不仅有更为悠久的历史和深厚的传统,而且拥有崇高的地位。如果说,传统文学批评中的“细读”,其最大的分析单元还不超过一联(两句),那么,经学、佛经注疏系统中的“细读”就不止于针对字词句章,还往往是笼罩全篇的。自“仲尼没而微言绝,七十子丧而大义乖”①,后代就需要通过对儒家经典的讲说阐明其微言大义。汉人讲经之法有三,即“条例、章句、传诂”②,其中传诂以解释经典字义为主,章句以解释文义为主,条例则归纳经文凡例,据以理解经义,这些都是当时的经学教育方式。章句主要是博士对弟子的口说,以后才写定。但也因为是口说,务求详密,遂愈衍愈繁。所谓“一经说至百余万言”③,但其重心还在字句,故有“说五字之文,至二三万言”④的现象,其细密繁琐的程度,可想而知。至佛经疏钞之学传入中国,于是在儒家经典解释中也流行起义疏之学⑤。其中将“细读”从字句扩展到篇章,则是佛经义疏中“科判”(又称科分、科文、科段、科章、科节等)的方法。其基本特点是将全篇经典的结构划分为三,即序分、正宗分、流通分。中土科判之学始于道安,虽然与印度经师彼此相绝,但“科判彼经,以为三分”

---

① 班固《汉书》卷三十《艺文志》,中华书局 1962 年版,第 1701 页。

② 《后汉书·郑兴传》,中华书局 1965 年版,第 1217 页。

③ 《汉书·儒林传赞》,第 3620 页。

④ 《汉书·艺文志》,第 1723 页。

⑤ 参见戴君仁《经疏的衍成》,收入《梅园论学续集》,戴静山先生遗著编辑委员会编《戴静山先生全集》本,1980 年版,第 1131—1155 页。牟润孙《论儒释两家之讲经与义疏》,见《注史斋丛稿》,中华书局 1987 年版,第 303—355 页。张恒寿《六朝儒经注疏中之佛学影响》,见《中国社会与思想文化》,人民出版社 1989 年版,第 389—410 页。

的方法却惊人的一致，后人也因此而发出“东夏西天，处虽悬旷，圣心潜契，妙旨冥符”①的赞叹。科判之学初起之时较为简略，但到刘宋以后，便日趋琐细，梁代法云法师“三重开科段”②，第一重是一分为三，第二重三分为六，第三重六分为二十四。虽极为繁琐，却异常流行，至唐代湛然法师还感叹“自梁、陈以来，解释《法华》，唯以光宅（案：指光宅寺法云）独擅其美”③。佛经科判又影响到儒家经典义疏，其步骤也大致同于佛经，即“解本文者，先总科判，后随文释经”④。继而再影响到文学研究，既有诗格类著作中强调作文的“科判”，又有《选》学著作中解读文本的“科判”，二者都与当时的文学教育相关⑤。谁能说中国人不懂细读、不善细读或不喜细读呢？世间不乏“自有仙才自不知”的才人，而一旦认清了“自家宝藏”，需要我们做的或许仅仅是接续并发扬这一优良传统，只是正如艾略特（T. S. Eliot）所说，传统“不是继承得到的，你如要得到它，你必须用很大的劳力”⑥。

千帆师的教学和研究已经对此作了初步践履，放在中西两大文学批评传统中，更能彰显其意义。他把作品放在教学和研究的中心位置，强调反覆诵读。他的读诗解诗工作，早在二十世纪四十年代初就获得朱自清“剖析入微，心细如发”⑦之赞。在讲解和阐释的过程中，他注重艺术分析，包括对偶、韵律、结构、句法等，尤其是结构，这也是新批评派十分重视的内容。克林斯·布鲁克斯最知名的代表著作《精致的瓮》（*The Well*

---

① 唐良贲《仁王护国般若波罗蜜多经疏》卷上一，《大藏经》第三十三册，台湾中华佛教文化馆1955—1957年版，第435页。

② 梁法云《法华经义记》卷一，《大藏经》第三十三册，第574页。

③ 唐天台湛然《法华文句记》卷一上，《大藏经》第三十四册，第153页。

④ 唐良贲《仁王护国般若波罗蜜多经疏》卷上一，《大藏经》第三十三册，第435页。

⑤ 参见张伯伟《佛经科判与初唐文学理论》，原载《文学遗产》2004年第1期，收入《禅与诗学》（增订版），人民文学出版社2008年版，第3—22页。

⑥ 艾略特《传统与个人才能》，收入其《传统与个人才能》（*Tradition and the Individual Talent*），卞之琳、李赋宁等译，上海译文出版社2012年版，第2页。

⑦ 朱自清《答程千帆见赠，即次其韵》自注，《朱自清古典文学论文集·犹贤博弈斋诗钞》，第765页。

Wrought Urn)，其副标题就是“诗歌结构研究”(Studies in the Structure of Poetry)。凡此种种，都契合了“细读”的精神。我想轻轻地问一声：既然有了前贤的“道夫先路”，我们还要再犹豫“改乎此度”吗？

正如上文所说，文学理论和语文学，是文学教育和研究者手中的一对鸳鸯剑，缺一不可。但无论是当事人还是后来的评判者，往往将两者形容为势不两立、无法共存。在一百年前的美国大学文学院里，新批评派想要登上讲台，就要把当时已成为“规范”和“正统”的历史研究法和语文研究法，也就是运用考据、训诂和文学家传记资料来研究文学作品的方法赶下台去。他们把“正统的”方法称作“研究”，而把自己的“新”主张称作“批评”。在新批评对“犹如未读的阅读”方法大获全胜之后，克林斯·布鲁克斯1946年写了一篇《新批评与传统学术研究》(“传统学术研究”的原文是“Scholarship”，其实也可以意译为“语文学研究”)，态度是相当从容的。他说：“新批评在原则上是一种与正统研究最少冲突的批评。”“批评和正统研究在原则上并非格格不入，而是相辅相成，我觉得，它们完全能够在一种神灵附体的怪物——完美的批评家身上理想地融为一体。”①韦勒克在评价布鲁克斯的时候，认为他的工作“目标是理解，‘解释’”，并且与时髦的“解释学”目标相同②。而当百年后“新语文学”卷土重来的时候，竟然真的走向了“理解”，这是否乐观地昭示着“研究的羔羊”和“批评的狮子”真的要“和平共处”(借用布鲁克斯语)了呢？

2008年10月，奥地利维也纳大学的Ernst Steinkellner教授应邀在北京藏学研讨会开幕式上作主题演讲《我们能从语文学学些什么？有关方法论的几点意见》，强调语文学的宗旨是正确“理解”文本的本来意义，在今天更是一种世界观，是指导我们如何理解他人、处理与他人关系的一种人生哲学③。2015年，哈佛大学出版社出版了由波洛克(Sheldon Pollock)、艾尔曼(Benjamin A. Elman)、张谷铭(Ku-ming Kevin Chang)主编的《世界语文学》(*World Philology*)，将“新语文学”重新定义为“使文

---

① 克林斯·布鲁克斯《新批评与传统学术研究》，《“新批评”文集》，第473页。

② 参见雷纳·韦勒克《近代文学批评史》第六卷，第272—273页。

③ 参见沈卫荣《回归语文学》“前言：我们能从语文学学些什么？”，第1—33页。

本被理解的学科”，强调它与人文学、社会学各学科融会贯通的综合研究[①]。二者都强调了“新语文学”的方法论意义，作为学术研究的又一个“时尚”，其在中国的传播，足以使人诧为“此曲只应天上有”，但反观中国传统的“章句之学”，哪怕只是从赵岐的《孟子章句》到朱熹的《四书章句集释》，他们在文本理解方面的探索、开拓以及反省，不得不让人有“春在枝头已十分”的感叹。我可以很负责任地说，这不是民族主义式的“古已有之”的烂熟腔调。

章句之学在汉代就已经很发达，而对文本的解读也早就不仅限于儒家经典，已扩展到《楚辞》和汉赋。文本之所以需要解读，是因为其中蕴含的意义，无论是圣人的“微言大义”，还是作者的“言外之意”。解读固然要以可靠文本、字句训诂为基础，但一旦上升到“解释”，就需要突破文字的拘限，迫近其背后的精神活动和人格主体。而要使这种“迫近”具有客观依据，而不是随心所欲的自说自话，就要“知人论世”，对于文本产生的历史文化语境，尤其是这一语境中的“人”予以极大关注。所以，对文本的解读，也就是读者和作者之间在精神上的对话，即孟子所说的“以意逆志”[②]，千帆师曾将它通俗化为“以意（读者的思想活动）逆（迎接）志（诗人的思想活动）”。“以意逆志”提出的思想基础，是体现人文学最为纯粹的“人性论”，所以赵岐的注释是：“人情不远，以己意逆诗人之志，是为得其实矣。”[③]就是击中了人同此心、心同此理的人性论的本质。但在文本解读的实践中，面对同一文本，不同的读者会有不很相同甚至很不相同的解读，其中的一个重要原因，就是读者和作者在精神层面上的落差，儒家经典就是这样。解读既然本质上是“精神上的对话”，也只有在近乎平等的层面上，“对话”才可能是真正的对话。惟有如此，我们才能理解阮裕“非

---

① 参见贾晋华等《新语文学与早期中国研究》“导论：新语文学对于早期中国研究的方法论意义”，第1—14页。

② 赵岐注、孙奭疏《孟子注疏·万章章句上》，《十三经注疏》下册，中华书局1980年影印本，第2735页。

③ 同上注。

但能言人不可得，正索解人亦不可得”[1]的失落，才能认同刘勰“音实难知，知实难逢，逢其知音，千载其一乎”[2]的感叹，也才能体会黑格尔“只有精神才能认识精神”[3]的深刻含义。董仲舒曾记载“所闻《诗》无达诂，《易》无达占，《春秋》无达辞”[4]，这在汉代的其他文献中也能得到互证。《诗纬・汎历枢》云：“《诗》无达诂，《易》无达言，《春秋》无达辞。”[5]刘向《说苑・奉使》引《传》曰：“《诗》无通故，《易》无通言，《春秋》无通义。”[6]从时人频繁地辗转征引中，就可以看出这几句话的流行程度。精神的差距固然会导致误解，知识不足、态度偏颇、方法失当等等，都可能产生歧义，而宋儒就对此做出了反省。朱熹《语孟集义序》指出：

> 自秦汉以来，儒者类皆不足以与闻斯道之传。其溺于卑近者，既得其言而不得其意；其骛于高远者，则又支离蹐驳，或乃并其言而失之，学者益以病焉。宋兴百年，河洛之间有二程先生者出，然后斯道之传有继……非徒可以得其言，而又可以得其意；非徒可以得其意，而又可以并其所以进于此者而得之。其所以兴起斯文、开悟后学，可谓至矣。[7]

文本的解读，不仅要能“得其言”，还要“得其意”，更要由此而追溯其精神境界和时代风会，即“所以进于此者”。于是，文本解读也就通向了人文主

---

① 《世说新语・文学》，余嘉锡《世说新语笺疏》，中华书局 1983 年版，第 216 页。

② 《文心雕龙・知音》，《文心雕龙解析》，第 771 页。

③ 黑格尔《小逻辑》，贺麟译，商务印书馆 1980 年版，第 66 页。

④ 《春秋繁露・精华篇》，苏舆《春秋繁露义证》卷三，中华书局 1992 年版，第 95 页。

⑤ 赵在翰辑《七纬》卷十五，中华书局 2012 年版，第 250 页。

⑥ 向宗鲁《说苑校证》卷十二，中华书局 1987 年版，第 293 页。

⑦ 《朱熹集》卷七十五，四川教育出版社 1996 年版，第 3944 页。案：朱熹在《中庸集解序》中也有类似意见：“秦汉以来，圣学不传，儒者惟知章句训诂之为事，而不知复求圣人之意，以明夫性命道德之归。至于近世，先知先觉之士始发明之，则学者既有以知夫前日之为陋矣。然或乃徒诵其言以为高，而又初不知深求其意，甚者遂至于脱略章句，陵籍训诂，坐谈空妙，展转相迷，而其为患反有甚于前日之为陋者。”（《朱熹集》卷七十五，第 3956—3957 页）可参看。

义传统，并且肯定它、传承它，即“兴起斯文、开悟后学”。总之，这是由“道问学”走向“尊德性”。陆九渊则指出了另一条途径，即把“尊德性”视为第一义，以此决定“道问学”的方向和层次。在文本解读方面，他有一段很著名的话，但长久以来深受误解：

> 或问：“先生何不著书？”对曰：“六经注我，我注六经。韩退之是倒做，盖欲因学文而学道。”①

在文本阅读中，陆九渊把读者自身人格境界的提升放到第一位，惟有精神上达到圣人之域，圣人的言论如同自我胸中流出（“六经注我”），才有资格转而诠释圣人之言（“我注六经”）。他又说：“学苟知本，六经皆我注脚。”②也是同意反覆。章学诚对陆九渊的思想深有会心，故强调“圣人之知圣人”、“贤人之知贤人”，并因此而大发感慨曰：“夫不具司马迁之志而欲知屈原之志，不具夫子之忧而欲知文王之忧，则几乎罔矣。”③用一句不太严格的类比，就是克罗齐（Benedetto Croce）所说的“要判断但丁，我们就须把自己提升到但丁的水平”④。所以在陆九渊看来，以“道问学”为先就是“倒做”。我们确实无法想象，一个人格卑微琐屑的无赖能够对高尚纯粹的精神有真正的理解，但若一个自新的浪子，能够“抚壮而弃秽”，“觉今是而昨非”，由“言”而“意”，“以明夫性命道德之归”，又有什么不可能进入圣人之域呢？孟子主“性善”，荀子主“性恶”，但由“恶”转“善”的途径就是“学”。《荀子》首列《劝学篇》，曾设问“学恶乎始，恶乎终”，则答曰“始乎为士，终乎为圣人”⑤。这与孟子是殊途同归的，所以司马迁将二人同传。在与作者的对话中，读者一方面学会理解他人，一方面也学会注视并反省自身的局限，由此而获得精神境界的提升。在文本阅读上，汉儒、宋儒都出于孟子，其精髓就在“以意逆志”⑥。由于人格的成长和知识的增进一

---

① 陆九渊《语录》上，《陆九渊集》卷三十四，中华书局1980年版，第399页。

② 同上注，第395页。

③ 《文史通义·知难》，《章学诚遗书》本，文物出版社1985年版，第35页。

④ 克罗齐《美学原理》，朱光潜译，外国文学出版社1987年版，第132页。

⑤ 王先谦《荀子集解》卷一，中华书局1988年版，第11页。

⑥ 这是一个非常复杂的问题，本文只能扼要略说，详细论证可参见张伯伟《中国古代文学批评方法研究》内篇第一章“以意逆志论”，中华书局2002年版，第3—103页。

样，都是无限的，所以文本的解读，无论是空间上的“东海西海南海北海”，或是时间上的“千百世之上、千百世之下”，也都不可能一劳永逸地终结。1989年6月，我以《中国古代文学批评方法论》获得博士学位，在讨论“以意逆志”在今后的发展时，提出了两项原则，即人文主义和熔铸中西①。所以，当我读到萨义德（Edward W. Said）在晚年的最后写的《回到语文学》中说的“对一部文学作品的细读，实际上将逐渐把文本放置在它的时代，作为各种关系构成的整个网络的一部分……对于人文主义者来说，阅读活动首先在于把自己放在作者的位置”②，这不就是“以意逆志”的题中应有之意吗？我不敢自诩有什么洞察力和预见力，可还是禁不住想让这些文字穿越三十年的时光隧道，与年轻的自己抱个满怀。

也正因为这样，即使在我写下这些文字的当下，新冠病毒（Covid-19）正肆虐着我的祖国大地（每当病魔向人类袭来，我总会愧疚自身的无力），但我从电视媒体上看到众多无畏的勇士在奋起抗击的时候，就会想到，由五千年文化所滋养、所孕育的平凡的中国人，以他们人性中固有的仁爱、正义、恭敬、智慧，必定能激发无穷的力量。而我期待中的文学教育，它能使阅读活动越来越专注，越来越广泛，越来越有接受力和抵抗力，用萨义德的话来说，就能“给人文主义提供足以相当于其基本价值的训练”③。有了这样的基本价值，哪怕一弯新月突变成夜晚的伤口，湖面上也会涌出一万双秋水般的眼睛。

己亥腊月二十七日至庚子正月十二日间陆续写成

---

① 参见张伯伟《中国古代文学批评方法三论》，载《文献》“博士学位论文提要”栏，1990年第1期。

② 萨义德《回到语文学》，收入《人文主义与民主批评》（*Humannism and Democratic Criticism*），朱生坚译，上海三联书店2013年版，第72页。

③ 同上注，第70页。

逸稿

张圣瓓
李沙珂
谢葆瑭
何　振
杨　珂
许　勇
徐雁平
校录

西昆诗派述评

一　所谓“太极图的文学史观”

周作人先生在《中国新文学之源流》一书中，说及了中国文学史上的一种现象：两种文学主潮——载道派与言志派——互为循环。随后有陈望道先生，站在物观文学论者的立场上，与周先生以一种诙谐的批评，谥之为“太极图的文学史观”。

在剖解文学一方面，也如在其他方面一样，我们承认科学的辩证法之价值。依照辩证法之说法，宇宙中是可以有许多矛盾同时并存；矛盾尖锐化，乃有革命发生，革命以后的事物，则发展到较高阶段，不复是以前种种。“一阴一阳谓之道，互为终始”，这种见解固然是可笑，可是我们也要明了社会现象并非化学现象。氢气自燃，氧气助燃，化合为水，反能灭火；社会现象却不是如此。它是遵守着历史的法则而进展的。所以，一方面，它虽然经过了革命而发展到较高阶段，其中也仍然有以前的一些遗留；另一方面，虽然其中也仍然有以前的一些遗留，就全体说来，它当然是与前有别，不完全一样。这种遗留与区别的形成，是决定于各个的环境。故文学，一个时代的虽然决不与别一个时代的相同，却不能必其无一些相似。风格的相似常常与人们以附丽的印象，所谓载道派与言志派的循环，说穿了不过如是而已。

所谓载道（略同为人生而艺术），所谓言志（略同为艺术而艺术），是比较的对待的而不是绝对的，二者并无严格的界限。章炳麟《文学总略》云：

> 不得以感人者为文辞，不感者为学说。……学说者，非一往不可感人。凡感于文言者，在其得我心。是故饮食移味，居处缊愉者，闻劳人之歌，心犹怕然。大愚不灵，无所愤悱者，睹眇论则以为恒言也。身有疾痛，闻幼眇之音，则感概随之矣。心有疑滞，睹辨析之论，则悦怿随之矣。

便很可以代表这种意见。但普通说来，在广义的文学范畴中，总有两种畛域。虽然它们是，如前面所说，比较的、对待的。列表如下：

表　一

形式	特点	动机	范围
文	词胜	言志	美术的
笔	理胜	载道	哲学的

这里应当提及的，所谓“文”“笔”，乃是由内容所决定。有韵者谓之文，无韵者谓之笔，虽然在中国书籍上是斑斑可考，可是文学观念演化到今日，倒反觉得决定两者的标准，还是内容来得适当些。如六朝人的书札，我们也可以称之为“文”，而宋朝道学先生的许多诗，却无疑地只能算“笔”的。

西昆诗派之兴，由于杨、刘、钱诸人作诗共学李义山；西昆诗派之亡，由于苏、梅革命。这一次的革命，不彻底地说（太极图的文学史说），又是一次由文变到笔的运动；彻底地说（辩证法的文学史观），则是模仿中唐的诗派（宗昌黎）与模仿晚唐的诗派（宗义山）的斗争，而形成了所谓“宋诗”。其实，杨亿、刘筠、钱惟演之学李义山，和苏舜钦、梅尧臣、欧阳修之学韩昌黎，都差不多，不过得其皮毛而已。时代不同，环境各异，当时诗坛上一种新风格之发生乃是不可免的事实，他们虽然力步古人的后尘，也是无济于事的。

以上算个楔子，下面，我们先述西昆诗派之兴亡，然后评论它的得失。

二　西昆诗派之史的发展

唐诗到了晚唐，已可算是日暮途穷。诗人尽朝小路走，因为大路已经被人走完了。高棅《唐诗品汇》云：

> 降而开成以后，则有杜牧之之豪纵，温飞卿之绮靡，李义山之隐僻，许用晦之偶对……此晚唐变态之极。

当时词已兴起，诗人如温庭筠、韦庄之流皆已作这种新文体的尝试了。五代词盛，诗皆近于词的风格；又朝代短促，故诗坛没有什么大的变化。

直至北宋初，西昆诸人才揭开了诗坛的幕布，演出热闹的情境。按刘贡父《中山诗话》云：

> 祥符、天僖中，杨大年、钱文僖、晏文献、刘子仪以文章立朝，为诗皆宗尚李义山，号西昆体。

而杨亿《西昆酬唱集序》则云：

> 余景德中，忝佐修书之任，得接群公之游。时今紫微钱君希圣、秘阁刘君子仪，并负懿文，尤精雅道。……予得以游其墙藩而咨其模楷。二君成人之美，不我遐弃……更迭唱和，互相切劘。

可见他们为诗之宗尚义山，不过是偶然相逢，志同道合而已。其所以能使天下风靡者，则全由他们的名位关系。他们或是翰林学士，或是直史馆，全是身居清要，为国家"立言"的人，无怪从者如云了。

他们的代表作品便是一部《西昆酬唱集》，共收诗二四八首。其中除几首是绝句外，其余尽是律诗，且唱和之作为多。作者十七人。至"西昆"二字的来源，则见该集杨亿的《序》："取玉山策府之名，命之曰《西昆酬唱集》云尔。"

西昆诗派当日的盛况，简直难以尽述，所以后来虽然反对西昆末流很烈的欧阳修，在其《答蔡君谟书》里都说道：

先朝杨、刘风采，耸动天下，至今使人倾想。

此外，还有一个很可笑的故事，见于刘贡父《中山诗话》：

(西昆)后进多窃义山语句。赐宴，优人有为义山者，衣服败裂，告人曰：吾为诸馆职挦扯至此。闻者欢笑。

“后进多窃义山语句”，驯至优人皆知，形之于滑稽戏中，可见当时之“耸动天下”了。

间接地，我们又可以从目录的记载中推得那时的盛况。历代史书目录著录义山的作品，各不相同，今择要列下：

《旧唐书》本传：商隐有《表状集》四十卷。

《新唐书·艺文志》：李商隐：《樊南甲集》二十卷，《乙集》二十卷，《玉溪生诗》三卷，又《赋》一卷，《文》一卷。

《宋史·艺文志》：李商隐：《赋》一卷，又《杂文》一卷，《文集》八卷，又《四六甲乙集》四十卷，《别集》二十卷，《诗集》三卷，《蜀尔雅》三卷，《杂纂》一卷，《杂稿》一卷，《金钥》二卷，《桂管集》二十卷，《使范》一卷，《家范》十卷。

明《文渊阁书目》：《李义山文集》一部，十册。《李商隐诗集》一部，四册。

清《四库全书总目提要》：《李义山诗集》三卷(内府藏本)。《李义山诗注》三卷，附录一卷(通行本)。《李义山文集笺注》十卷(通行本)。

根据上列，义山的述作真可称洋洋大观了。值得我们注意的是：《新唐书·艺文志》载他的作品不过五种，计四十五卷；而《宋史·艺文志》所载，则大大地增加，计十四种，都一百十一卷。其中容有重复之处(如《杂纂》与《杂稿》是否本为一事，《使范》是否为《家范》中之一部分，都属可疑。可惜这些书现在多已亡失，无从断定了)，但数量之增加则无可疑。为什么义山的遗书至宋代忽然发现了这许多呢？案清人冯浩在《樊南文集笺注发凡》上已提起这个疑问，可是他没有解释。据我的观察，这全是西昆派在宋初宗奉义山的影响。这事实可以反映西昆派在当时的盛况。崇拜模仿研究义山的诗，遂旁搜他其他的著作，以便窥见其全部艺术与学问，这种假设是相当的合理的。且西昆诸人在当时政治舞台上都是很有地位，搜求遗书也不用费多大的力。这儿更有一个反证，宋以后诗人宗义山者日少，除其诗文因占晚唐重要地位，未全为人所弃外，其他作品无人注意，遂至逐渐散佚。到了清朝，据《四库提要》所云，则其文集也已全部散佚。后幸有朱鹤龄、徐炯、徐树谷、冯浩诸家努力搜集，考订真伪，才成为今日的《樊南文集》。由此，我们可以推知西昆盛衰与义山作品存佚之关系。这不是很显明的事实吗？

自从孔子删定《六经》，《诗三百篇》也就成为儒家经典之一。《礼记·经解篇》云：

> 孔子曰：入其国，其教可知也。其为人也，温柔敦厚，《诗》教也……

自从有了所谓"《诗》教"，凡文学作品都有被拉去"载道"的资格。《史记》一百十七《司马相如列传》：

> 太史公曰：……相如虽多虚辞滥说，然其要归引之节俭，此与《诗》之风谏何异？

《文选》十杨修《答临淄侯笺》：

> 今之赋颂，古诗之流；不更孔公，风雅无别耳。

都是这种硬认本家的办法。至于四言诗、汉赋、五言诗，其源流区别如何，他们是不问的。西昆派那种作风，在服膺"《诗》教"的人们看来，当然有点叛教离道，何况当时且又这么盛行。

石介是一位《儒林传》中人物（《宋史》四三二有传）。其本传称：

> 介为文有气，尝患文章之弊、佛老为蠹，著《怪说》、《中国论》，言去此三者，乃可以有为。

看了这段介绍，我们可以知道他是韩昌黎的一脉相传的信徒。他的《怪说》就是专为攻击杨亿而作的。他给杨亿的罪名是：

> 穷妍极态，缀风月，弄花草，淫巧侈丽，浮华纂组，刓锼圣人之经，破碎圣人之言，离析圣人之意，蠹伤圣人之道。

这些罪名，自今日看来，或许竟是毁之适以誉之的。《怪说》为了表示反对当时的声偶文学，辞句诘屈得很可以，同杨亿《西昆酬唱集序》中"入兰游雾，虽获益以居多；观海学山，叹知量而中止"这一类铿锵工整的句子对照起来，很可以看出石介"矫枉过正"的地方。

石介的《怪说》对于西昆派是一种不彻底的破坏工作，近于泼妇骂街之类，可以不发生什么效力。苏舜钦、梅尧臣在当时努力创作反西昆风格的诗篇才是最厉害的办法。

关于苏、梅的诗，应为专篇论列，此不详述。且说一说集反西昆之大成的欧阳修。考《宋史》三一九修传云：

> 宋兴且百年，而文章体裁，犹仍五季余习。锼刻骈偶，淟涊弗振，士因陋守旧，论卑气弱。苏舜元、舜钦、柳开、穆修辈，咸有意作而张之，而力不足。

按右引所论，乃古文；诗一方面，亦复如此。所谓"力不足"，不过是官卑职小的意思。欧阳修自己的"诗古文辞"不见得就如苏、梅，不过史称他"奖引后进，如恐不及，赏识之下，率为闻人"（见本传）。所以他就俨然为一代宗师了。

反西昆，尊韩，欧阳修同石介一样，也是站在儒家文以载道的立场上的。苏轼《六一居士集叙》可证：

> 自汉以来，道术不出于孔氏，而乱天下者多矣。晋以老庄亡，梁以佛亡，莫或正之，五百余年而后得韩愈，学者以愈配孟子，盖庶几焉。愈之后三百余年而后得欧阳子，其学推韩愈、孟子以达于孔氏。

欧阳修与石介的不同，则是欧阳的攻击只限于对西昆末流使用，对于西昆首领，他是保存相当的尊敬的。前引《答蔡君谟书》可证。又其《六一诗话》云：

> 杨大年与钱、刘数公唱和，自《西昆集》出，时人争效之，诗体一变。而先生老辈患其多用故事，至于语僻难晓。殊不知自是学者之弊。如子仪《新蝉》云：风来玉宇乌先转，露下金茎鹤未知。虽用故事，何害为佳句也！

又如梅尧臣，是一个反西昆的健将，前面已经提及；然观《宋史》四四三其本传云：

> （尧臣）为河南主簿，钱惟演留守西京，特嗟赏之，为忘年交，引与酬唱，一府尽倾。

钱惟演即西昆派中江东三虎之一（余两虎为杨亿、刘筠），梅尧臣却与之为忘年交，与之酬唱，也可见于西昆首领无菲薄之心了。至如西昆末流之弊，前引“挦扯”故事，是说得很清楚的。

石介的大张挞伐，苏、梅、欧阳的步步为营，使西昆派的壁垒日益摧毁。而代替西昆派闭幕宣言的，是真宗的一道诏书。皇帝因为《西昆酬唱集》中曾提及“取酒临邛”故事，不大高兴，乃下诏禁止文体浮艳。自此以后，西昆派便只有消声匿迹了。诏书见《宋史》七《真宗纪》，录如下：

(大中祥符)二年春正月……诏：读非圣之书及属辞浮靡者，皆严谴之。已镂板文集，令转运司择官看详，可者录奏。

三　从李义山到江东三虎

李义山的诗原是晚唐的一种“变态之极”。其本身的弱点，我们姑不具论。但西昆派除了在技巧方面以外，却更是与义山在任何方面都不相同。我们将两者比较一下，就可以明了何以义山尚有他的一点成功，而西昆派却无从延长生命到多久。(纵使无苏、梅之革命，恐亦是如此的。)——这是它本身无可避免的弱点。文学与时代环境关系的密切，我们随时随地都找得着例证。

持西昆与义山较，至少可以发现下列不同之点。这些，容或是义山诗的长处，而西昆诸人却没有的。

首先得说到的是他们的诗产生的社会背景不同。唐末政治混乱，社会黑暗，人心烦闷，因而生活趋向于声色享乐方面，产生了义山他们这一派华藻淫艳的诗。这是世纪末知识分子浮动不安，乃有种种颓废病态的表现。反观西昆诸人所处的时代，却正是一个新朝的开始。群众当久乱之后，所需要的是安稳与和平；统治者也需要政治与思想的统一。这种时光，文学当然是粉饰太平的工具，卫道的工具。故就当时情势而论，这种世纪末的唯美的诗歌实无立足之可能；能够风靡一时，恐还属这班达官贵人的政治力量。——“上有好者，下必有甚焉。”然而结果也政治地由皇帝一道诏书而宣告寿终正寝了。

次则是他们的个人环境也不同。义山身丁乱离，贫贱羁旅，身世之感，自是极重。故他的诗虽然穿了使人眩目的外衣，内质也并不缺乏使人同感的情绪。因此就形成了他作品的完美。但西昆诸人皆身处太平之世，居“清要”之位，丰衣足食。故他们在外表上虽竭力描摹义山，而内中的情绪却是一种不过假造人为的东西，自然是差得多了。范元实《诗眼》云：

> 义山诗，世人但称其巧丽，与温庭筠齐名。盖俗学只见其皮肤，其高情远意，皆不识也。

所谓“高情远意”，即指丰富的乱世生涯中所磨炼出来的真实情绪而言。西昆派中人无疑地是缺乏了这种可宝贵的内质的。

再次则要提到文字趋势之不同。义山这种作风，实始于李贺，而义山完成之。这原是一种文体已经成熟后的“变态之极”，也是一种创造的。但西昆诸人却是模仿的，纯粹的模仿。在文学史上，我们找不出一条模仿作品能胜过原来作品的例子；那末，西昆诸人不及义山也就无可怪了。苏、梅、欧诸人标榜复古尊韩，实际上却已透出所谓“宋诗”那种“笔”式诗特殊风格的端倪，这却是一种创造的。以创造的来和模仿的竞争，苏、梅、欧是得胜了。

又其次则是义山与西昆派在文学观点上，亦复不同。义山诗，爱堆砌故实，但却不是完全只知堆砌故实。这是我们所应当知道的。否则，我们决无从看出他诗的许多好处。关于这一点，他自己也有过自白。其《漫成五章》之一云：

> 沈宋裁辞矜变律，王杨落笔得良朋。当时自谓宗师妙，今日惟观属对能。

这个“惟”字是下得很有分寸的。这不啻说他虽然也很欢喜沈、宋、王、杨那种精丽偶对的作风，却不以为只应该有那一种，他还要有些别的如“清新”之类，故其《漫成三首》之第一首云：

> 沈约怜何逊，延年毁谢庄。清新俱有得，名誉底相伤？

特标“清新”二字。我们要知道，沈、何、颜、谢都是六朝诗人，沈约和谢庄的声律论，尤为后世称道。他们的作品，并不是以“清新”著称的哩！

再看，西昆派中人呢？不仅是内容缺乏真挚的情绪，即外形方面也取径太狭，只知堆砌故实，工对字面，不知其他。故刘后村《诗话》云：

> 《西昆酬唱集》对偶字面虽工，而佳句可录者殊少。

魏泰《临汉隐居诗话》云：

> 杨亿、刘筠作诗，务积故实，而语意轻浅……识者病之。

至于蔡宽夫的话，则说得更是清楚，《蔡宽夫诗话》云：

> 义山诗合处信有过人，若其用事深僻，语工而意不及，自是其短。世人反以为奇而效之。故昆体之弊，适重其失。义山本不至是云。

述义山与西昆同异如右。平心而论，西昆技巧，是有相当的成功，而缺点则在不明文学与时世的关系，故“事倍而功半”。苏、梅辈却张大了昌黎的风格，以为文之法为诗，开出中国诗的一个新境界，其意义是要较西昆为大的。

今举义山与西昆首领江东三虎所写之同题目、同形式之《南朝》诗如下，以见他们步趋的状态，作为这小小研究的结束：

> 玄武湖中玉漏催，鸡鸣埭口绣襦回。谁言琼树朝朝见，不及金莲步步来？敌国军营漂木柹，前朝神庙锁烟煤。满宫学士皆颜色，江令当年只费才！
> ——李义山
>
> 五鼓端门漏滴稀，夜签声断翠华飞。繁星晓埭闻鸡度，细雨春场射雉归。步试金莲波溅袜，歌翻玉树涕沾衣。龙盘王气终三百，犹得澄澜对敞扉。
> ——杨 亿
>
> 结绮临春映夕霏，景阳钟动曙星稀。潘妃宝钏光如昼，江令花笺

落似飞。舴艋凌波朱火度,舳棱拂汉紫烟微。自从饮马秦淮水,蜀柳无因对殿帏。

——钱惟演

华林酒满劝长星,青漆楼高未称情。麝壁灯回遍照昼,雀航波涨欲浮城。钟声但恐严妆晚,衣带那知敌国轻?千古风流佳丽地,尽供哀思与兰成!

——刘　筠

(原载《文艺月刊》1935 年第 7 卷第 6 期)

韩退之《听颖师弹琴》诗发微

诗逮元和，变易最著。两军特立，畦畛厘然。倡“歌诗合为事而作”者，乐天是也[①]。倡“惟陈言之务去”者，退之是也[②]。此非本篇范围，姑不具论[③]。兹所欲究及者，退之《听颖师弹琴》一篇之表现方式耳。夫求陈言之去，则体物不得不工；欲体物之工，则官能不得不敏。盖物象既殊，官能各别，功存密附，亦自良难。今观其《南山》之写山容，《陆浑山火和皇甫湜用其韵》之写火灾，《游青龙寺赠崔大补阙》之写壁画，《郑群赠簟》之写竹簟诸篇，信其官能之敏，体物之工矣。然此诸篇，图貌形态，摛表色彩，以形拟形，以色状色，传其印象，总为视官。作者以视觉摄而从事具体之描绘，读者亦以视觉遇而重现鲜明之印象。彼此之间，毫无断限。赏会之际，殆鲜模棱。其理易知，斯其文易晓也。《听颖师弹琴》之篇，则小异焉。

诗云：“昵昵儿女语，恩怨相尔汝。划然变轩昂，勇士赴敌场。浮云柳絮无根蒂，天地阔远随飞扬。喧啾百鸟群，忽见孤凤凰。跻攀分寸不可上，失势一落千丈强。嗟余有两耳，未省听丝篁。自闻颖师弹，起坐在一旁。推手遽止之，湿衣泪滂滂。颖乎尔诚能，无以冰炭置我肠。”前十句皆写琴之音调[④]，亦即本文讨论之中心。原夫琴者，乐器。其表现在声音，其挹注在

---

① 《白氏长庆集》贰拾捌《与元九书》。

② 东雅堂本《昌黎先生集》拾陆《答李翊书》。

③ 吾友周荫棠《韩白论》论此最详，见《金陵学报》壹卷壹期。

④ 蔡绦《西清诗话》载僧义海说此诗云：“昵昵儿女语，恩怨相尔汝，言轻柔细屑，真情出见也。划然变轩昂，勇士赴敌场，精神余溢，耸观听也。浮云柳（注转下页）

听觉。故太白咏琴则曰："为我一挥手，如听万壑松。客心洗流水，遗响入霜钟。"①乐天写琵琶亦云："大弦嘈嘈如急雨，小弦切切如私语；嘈嘈切切错杂弹，大珠小珠落玉盘。间关莺语花底滑，幽咽泉流冰下难。冰泉冷涩弦凝绝，凝绝不通声暂歇。别有幽愁暗恨生，此时无声胜有声。银瓶乍破水浆迸，铁骑突出刀枪鸣。"②此作者以听觉摄，而读者以听觉遇也。而此诗之状琴声，乃曰勇士赴敌，曰云絮飞扬，曰凤凰忽见，曰跻攀分寸，曰一落千丈。凡诸动态，大较言之，胥非听官所及。是其所接触之对象为声音，其用以摄取之官能则属视觉。信乎以目为耳也。

所以然者，盖事物所由摄取之官能，通过作者之想象，其作用遂有改变。及传导于读者之心目，因而亦觉新奇。试更以义山《楚宫》前四句证之。诗云："月姊曾逢下彩蟾，倾城消息隔重帘。已闻佩响知腰细，更辨弦声觉指纤。"③倾城用李延年歌"一顾倾人城"，其最初之印象自得之视觉。重帘阻隔，消息迷离，此时忽闻佩响弦声，而细腰纤指，仿佛如见矣。故腰也指也，非目莫睹；佩也弦也，自耳能详。以耳为目，斯其人虽不见亦可知也。此其关键视前诗为明晰，而视听之间，互为主客。盖适资隅反焉。

自退之创格，中晚作者，颇有名篇。今举三家，略明流。若："吴丝蜀桐张高秋，空白凝云颓不流。湘娥啼竹素女愁，李凭中国弹箜篌。昆山玉碎凤凰叫，芙蓉泣露香兰笑。十二门前融冷光，二十三弦动紫皇。女娲炼石补天处，石破天惊逗秋雨。梦入神山教神妪，老鱼跳波瘦蛟舞。吴质不眠倚桂树，露脚斜飞湿寒兔。"则长吉之咏箜篌也④。"冰雾怨何穷，秦丝娇未已。寒空烟霞高，白日一万里。碧嶂愁不行，浓翠遥相倚。茜袖捧琼

(续上页注)絮无根蒂，天地阔远随飞扬，言纵横变态，浩乎不失自然也。喧啾百鸟群，忽见孤凤凰，又见颖孤绝，不同流俗下俚声也。跻攀分寸不可上，失势一落千丈强，起伏抑扬，不主故常也。皆指下丝声妙处。"其言近是。惟喧啾二句，乃状琴声由低而高；跻攀二句，状琴声由高而低。义海谓凤凰以喻颖师之孤绝不同流俗，似失之迂，且与前后诸句均状琴声者不合。

① 缪日芑翻宋本《李太白文集》贰拾叁《听蜀僧浚弹琴》。

② 《白氏长庆集》拾贰《琵琶引》。

③ 《四部丛刊》本《唐李义山诗集》伍。

④ 《李凭箜篌引》。箬中无李长吉歌诗，此据管世铭《读雪山房唐诗钞》拾贰。

姿，皎日丹霞起。孤猿耿幽寂，西风吹白芷。回首苍梧深，女萝闭山鬼。荒郊白鳞断，别浦晴霞委。长彴压河心，白道连地尾。”则义山之咏筝也[①]。“佶栗金虬石潭古，勺陂潋滟幽修语。湘君宝马上神云，碎佩丛铃满烟雨。吾闻三十六宫花离离，软风吹春星斗稀。玉晨冷磬破昏梦，天露未干香着衣。兰钗委坠垂云发，小响丁当逐回雪。晴碧烟滋重叠山，罗屏半掩桃花月。太平天子驻云车，龙炉勃郁双蟠拏。宫中近臣抱扇立，侍女低鬟落翠花。乱珠触续正跳荡，倾头不觉金乌斜。”则飞卿之咏瓯也[②]。谛审诸诗，视退之咏琴，盖又变本而加厉者。退之但假及视觉，此则并及触嗅诸感觉矣。退之但状及形态、动态，此则并及光度、温度、湿度、硬度诸字汇矣。至是而作者所仅能以听官摄取之声音，及传导于读者，竟化为五官并用乃能领略之情景。语其恢诡，宁非可观。而世之论者，于温、李诸公此类之作，非以奇丽致美，即以晦涩贻讥，初未常为揣本之谈，于此宜可进一解矣。

若夫此格之创，则退之为始；施诸模写，则音乐为多。观其所由，要亦有故。盖诗人感物，虽连类不穷，而昔贤铸词，并要害早据。故《文赋》所贵在“启夕秀于未振”，所怵则“他人之我先”。《文心·物色》亦称：“后进锐笔，怯于争锋。莫不因方以借巧，即势以会奇。”退之挺生，适当李杜勃兴，凌暴万类之后，争锋既难为力，雌伏亦所不甘，以其才力之雄富，士马之精妍，遂多别具炉锤，另抒手眼。“横空盘硬语，妥帖力排奡。”[③]夫子既自道之矣。若咏琴之作，亦犹夫人新变代雄之志。此此格之所以创始于退之也。复次，人类知识，得之视觉者最丰，故创造之文字，亦以形容物色者最夥。属于听觉者次焉，味觉嗅觉者又次焉，然就听觉言之，成文之声音，每因文化之发展，而日趋精妙；模写之字汇，则当约定俗成之后，固无以随时增益，应此需求。自音符乐谱之发明，文字之记录，虽于音乐本身，已非必要，而其在诗歌之表现，固不无自视缺然。故辞必已出如退之者创之，后来受其影响者效之，胥综合视官甚至触官嗅官方面之感觉，以表现

---

① 《唐李义山诗集》壹《和郑愚赠汝阳王孙家筝妓二十韵》。

② 《四部丛刊》本《温庭筠诗集》壹《郭处士击瓯歌》。

③ 《昌黎先生集》贰《荐士》。此退之论孟郊诗语，然无宁谓为自状其诗也。

其对于音乐所获之现象，殆不足深异矣。此其所以施诸模写音乐为多也。

印象之表现与传导，本美学上一大问题。原始印象，有无重现可能，殆成疑问。本文之作，特指出我国诗史上有此一种表现方式存在，并于其发生与存在之理由，略事推求；非欲于此方式，作若何美学上之具体判断也。

廿九年十月草于乐山

（原载《斯文》半月刊 1941 年第 1 卷第 7 期）

部颁中国文学系科目表平议

二十七年教部敦请专家拟定之中国文学系科目表草案初出，识者病其偏颇空疏。今各校所用，则二十八年秋所颁行者。几经商酌，抑稍进矣。余以暇省览，觉可议者仍多。具体言之，盖有七失。兹条别愚见，附以修正表，期与部聘专家、海内同志共商榷之。匪曰能贤，学术天下之公，倘有所知，固不敢自秘也。

一曰基础之不足也。部颁必修表所列科目，大较言之，可分四类：若其文学史、文字学、语言学之属，则所以植其基础也。其各体及专书选读，则所以导其赏析也。其各体文习作及研究报告或毕业论文，则所以宏其作用也。其外国语或西洋文学史，则所以资其借镜也。其中基础诸科，实居首要。良以导乎先路，舍是莫由也。然今有三科，颇嫌不足。何则？语言文字，示以端倪；笔苑文林，陈其梗概，斯固善矣。而四部之籍，非文学一史所得而详。表中中国文学专书选读一科所标举又属群经子史。若治经不明家法，治子不知流别，治史不悉体裁，则扣槃扪烛，必无当矣。旧制，大学中国文学系多设国学概论一科，于四部源流，悉陈大略，其法颇良。设能恢复，则逮专书选读之际，教者可免以宝贵之时间补充学生应具之常识；（如授专经时，学生尚不知何谓今古，何谓汉宋，则未免令教者为难矣。）而经史专书，无法尽读者，于此尝鼎一脔，殆亦可资诸生之博识也。

今议：第二学年增国学概论一科，四学分，必修。（或谓选修中有中国哲学史，与此同功。不悟经子之与哲学不尽相同。哲学之名，非吾土所有。今日所谓中国哲学，乃取往籍中类似西洋哲学之材料而称之耳。［冯芝生说]且史学亦非哲学史所能包。有此,斯群经概论、诸子概论、群经选读、诸子选读、史学史、史传文学诸科可以不设,亦执简驭繁之法也。)

次则目录之学,先儒所谓入学之门。盖即类求书,因书究学,旁及板本别择,文字从违,胥足以通今古之邮,为呫哔之助。今部颁之表,此科仅列语言文字学组选修,将令诸生何以窥华夏学术之全,得左右逢源之道耶?(鄙意中国文学系对于目录校勘之需要,视语言文字学组尤有过之。而彼有此无,盖两表非出一人之手,意各有所轻重也。)

今议:第二学年增目录学一科,三学分,必修。

二曰先后之失次也。部颁必修表为顾及每年学分分配之平均,故将若干基础科目,移设较高年级。如文字学为所习古书之阶梯,语言学可增进对于文词构造之了解,而因上述关系,将文字学设于第三学年,与中国文学专书选读(一)(群经诸子)同授,不知先秦坟典,古字古音猥众,非已习文字之学,谅无由通其条例也;而语言学则设于第四学年第一学期,按表则在文选、诗选已授之后,正授词选之时,是承学之士,剖析文词,(韵文方面,尤为需要。)莫能得语言学原理之沾溉也。

今议:文字学、语言学并改在第二学年讲授。(或意若此则第二学年必修过多。按部定课程支配方法:第一学年全系分院公共必修,第二学年一部分分院必修,一部分分系必修。第三四学年始有选修科目。其文学院第一学年公共必修计三十四至三十六学分,第二学年亦有十八学分。今依鄙意照上增改,则系必修将由部定之二十学分增至三十学分。[内外国语或西洋文学史一科,改称西洋文学概论,移设第三学年,说详下。]总计由三十八学分增至四十八学分。然第一学年尚有三民主义课程未列学分,而所修之自然科学一种,亦有实验则。第二学年虽学分稍多,亦大略与第一学年不甚相远。每学期二十四学分,每日不过听讲四小时,非学生所不能接受。大学第一二学年功课,征诸东西制度,往往视第三四学年为繁重。不独鄙议为然也。)

次则表列中国文学专书选读(一)(群经诸子)为第三学年必修,中国文学专书选读(二)(四史及《晋书》)为第四学年必修,亦殊失次。经子艰深,每过史籍,循序而进,庶几有功。先经子而后史,未见其可也。(此条但破不立。四部之分，本非绝对；专书选读，亦不当于四部之中去集而存经子史。此但就表所列者言之。说详下。）

三曰轻重之无当也。必修表中专书选读之所标举，及其支配年度，略如上述。其先后失次无论矣。若乃专书冠以文学之名，观所列举，则尽属群经子史。夫四部之称，不过代表某一时期之人对于学术所持之一种分类概念，其间既无绝对界限，亦殊鲜优劣可言。今于群经诸子，毫无别择，史部酌举其五，集部则屏而不立。岂灵芬奇采如屈赋、杜诗，其本身之文学价值与夫对于后来之影响，反出于以立意为宗之经子下哉？（若谓集部之书已在文诗词曲诸选中肄及，则文选中未尝不可涉及经史百家。选修中若训诂、文法、修辞、传记诸科，亦多取资群经子史，岂亦均屏而不立乎？文学自有专门，又非区区选本所能尽也。）此则拘虚之谬也。而史部列目，四史之外，更有《晋书》。四史优劣，昔贤已有争端，然正史之中，四书称首，则无异议。今于四史之外，不广及编年、本末、杂霸诸体，而增一《晋书》，此何说耶？以晋代次于三国而连类及之，则二十五史均属相次，不可胜举。谓其文辞史笔之佳，则其采掇清言，同夫小说，论者多有微词，即就文论文，上何如《战国策》，下何如《新唐书》乎？居尝谓：此次部颁之表，专书选读一科，问题最多。此其一端已。若斯皆所谓轻重无当也。

今议：欲蠲诸弊，四途可循。但立中国文学专书选读一科，不别以群经子史分类。一也。就部中所征集各大学中国文学系以前专书选读专家研究等学程，加以统计，以视古籍中究以何书最宜选读，然后略举数种示例。其未及者，亦无庸限制。二也。（专书之讲授，多足以代表各教授之特殊修养，故以不加限制为宜。）专书选读，部颁表每科定四至六学分，然历代典籍，文理坚深，若详加衍释，虑有非每周三小时一年所能卒业。故此科之设，重在举一反三。其中一部分，似可期以半年，俾可多读数种。其学分总数则暂以八至十二为限。三也。古书条例，先士思想，与夫文辞风格，类可比勘，合加研究，最益神智。故专书选读不必定系选读一书。若《春秋》三传、老庄、孟荀、史汉、陶谢诗、韩柳文之属，同时合授者，应均可视为一专书选读学程。四也。

次则小说戏剧选读既列选科，明其于文诗词曲诸体为次要也。而选修诸专史中，复列小说戏剧二史。至骈散文及词曲之史，则未尝列入。岂小说戏剧，在选修则重，必修则轻乎？或仅骈散文及词曲源流，应于文学史一科详授乎？若谓已属必修，即不更列专史，则诗乃必修，何以又有诗史耶？此皆见掉以轻心，遂至进退失据也。

今议：取消选修表中诗史、小说史、戏剧史三科，代以中国文学史专题研究六至十二学分。或专一代，或专一体，或专一派一家，视各校之人才设备，于第三四学年设置数学程，仍于题下标明数字子目以为区别，则范围既广，陈义较圆，庶无上述偏枯之弊矣。（或意部颁分系科目表施行要点规定：各系尚可自开选科。何劳于此多为讨论？不知选科虽可自开，然不得超过各系选科宗学分四分之一，是仍有限制也。今之商榷，求其止于至善耳。下同此。）

复次，选修表中尚有中国近世史及中国地理总论二科。夫对于一专攻中国文学之学生，中国文化史之需要，宁不远过于近世史？中国沿革地理（历史地理）之需要，宁不远过于地理总论？此不待详说而可知者。部定选修科目本自无多，复不能急其所急，则学子之所获，不免愈鲜矣。

今议：改中国近世史为中国文化史，改中国地理总论为中国沿革地理。

四曰本末之不揣也。此次部颁必修表，科目仅十二，学分仅五十一至五十九，以视旧日之泛杂重复，可谓至约之守矣。而中有外国语或西洋文学史六学分，占部定必修学分数十分之一强。此之不足，又于选修表中列外国语及西洋文学史二科，各六学分。以与必修表相应。（意若曰：必修外国语则选修西洋文学史反之亦然耳。）中国文学批评之外，更有文学批评一科，其学分则后四而前三。考文学批评一词非吾土固有，则此不加冠词者，乃所谓西洋文学批评之原理无疑矣。犹不足，则于选修科目表后附注曰："本系得选修外国语文系学程。"查选修表所列科目计二十一，学分计八十，如上所述，则西洋文学占科目七分之一以上，学分五分之一以上。夫治中国文学者兼习西洋文学，用意不外二途：一曰借镜，二曰吸收。由前之义，则必于中国文学先有所知；由后之义，则必于中国文学先有所能。牵强附会，不得谓之借镜；盗袭剽窃，不得谓之吸收。故治比较文学，非深明中西语言文学之同异者，未易言也。加之大学年限，至为短促，神州往籍，更难仆数，若非一心钻仰，焉得三年有成。今表羼以西洋文学之科，一至再三，以分其心志俨若不习西文，即中文无以自立。不思未能事人，焉能事鬼，本末不揣，岂有当哉？

今议：必修表中之外国语或西洋文学史一科，改为西洋文学概论，移设第三学年，（第二学年必修课程过多。）减至四学分，使学生略具西洋文学之常识而已。其选修表中之外国语西洋文学史及文学批评三科，与夫附注之语，并取消之。而别于文科研究所中国文学部或外国语文学部立一比较文学门，俾有志沟通中西文学者，于以深造。此盖非大学所急也。

五曰习作之不足也。部颁必修表列各体文习作一科，四学分，第二三学年必修。其备注云："包括古代现代各体。"此有二可商。一则本来之不足，一则标举之不当。所谓标举之不当者，备注中所称现代之体，当系指语体而言。根据部颁中学课程标准，初中习语体，高中则渐次改为习文言，若循序而进，不愆不忘，高中毕业，应能作浅近而通顺之文言文矣。学生如系专攻中国文学，则于历朝文体，至低限度，亦应均能略涉其藩。（古代文体之习作，每为髦士所鄙弃。岂知虽能斫轮，犹恐不喻疾徐甘苦，况其不能者乎？此之不为，即彼辈所侈言之欣赏批评，亦无由得其道也。）今此科不过每周一小时，两年修毕，已嫌不足。如再耗其日力于语体习作，殆非实际所可能，则所谓包括古代现代各体者，必两无所可，亦徒虚语矣。所谓本来之不足者，必修表中所列文诗词曲诸选，其标题未尝如选修中现代中国文学讨论及习作一科之附有习作字样，则必以赏会为主；而诸体之习作，当并在此各体文习作一科中矣。若是则诸选之与此科，宜为桴鼓之应。今按表则各体文习作一科止于第三学年，而词曲二体，则在第四学年始行选读。是令教者授作词曲之法于学者未读词曲之际，学者习作词曲之法于教者未授词曲之时，不几何其凿枘哉？

今议：各体文习作增至六学分，第二三四学年必修。第二学年散文习作，第三学年骈文习作，第四学年韵文习作。（第一学期诗歌，第二学期词曲。）其愿进修语体者，自得选修现代中国文学讨论及习作一科。庶较然有伦脊耳。

六曰流别之不明也。部颁选修表中有小说戏剧选读一科。小说之与戏剧，虽自历史发展之趋势观之，颇有关连，而实截然二体。今选修科目，原无数字上限制，乃表并此两者为一科，其故何欤？若谓偶尔同符，即可合并，则乐府诗与词曲，皆属入乐之文，何以又分为三？此则流别不明之过也。（第一次草案词与散曲合为一科，亦同此谬。）

今议：小说戏剧选读分为小说选、戏剧选二科，各二至三学分。

七曰名称之不一也。此次部颁之表，科目名称，或上冠历代，或下标概要。纷然杂出，颇滋混淆。如文称历代文选，诗称历代诗选，词曲则仅称词选、曲选。岂文与诗必溯源而竟流，词与曲则任取一代之作为已足乎？抑历祀长者方得冠历代之名，后兴之体则则不可乎？或语文选上冠历代，所以别于昭明之书，然则诗选亦冠历代而不同于词曲，又何说耶？又如文字学、语言学，俱标概要之名，训诂学、古声韵学则无之。岂前者必略，而后者能详乎？以吾国学术封域之广，凡兹列举，盖无往而非概要。随意增此二字，宁有合耶？此虽细事，然名者实之宾，国定章程，亦不可不慎也。

今议：历代概要字样，皆从刊落。惟范围极广，旨在灌输一般常识之科目，则加概论二字，以昭划一。如国学概论、西洋文学概论与夫选修表中文学概论之属是也。

附表一　(部颁)大学文学院中国文学系必修科目表

科　目	规定学分	第二学年		第三学年		第四学年		备　注
		第一学期	第二学期	第一学期	第二学期	第一学期	第二学期	
中国文学史	六	三	三					
历代文选	六	三	三					
历代诗选	六			三	三			
词选	二—三					二—三		
曲选	二—三						二—三	
中国文学专书选读(一)	四—六			二—三	二—三			群经诸子

续表

科　目	规定学分	第二学年		第三学年		第四学年		备　注
		第一学期	第二学期	第一学期	第二学期	第一学期	第二学期	
中国文学专书选读(二)	四—六					二—三	二—三	四史及《晋书》
文字学概要	六			三	三			形音义并重
语言学概要	三					三		
各体文习作	四	一	一	一	一			包括古代现代各体
外国语或西洋文学史	六	三	三					
毕业论文或研究报告	二—四					一—二	一—二	
总计	51—59	10	10	9—10	9—10	8—11	5—8	

附表二　(修正)大学文学院中国文学系必修科目表

科　目	规定学分	第二学年		第三学年		第四学年		备　注
		第一学期	第二学期	第一学期	第二学期	第一学期	第二学期	
国学概论	四	二	二					
中国文学史	六	三	三					
目录学	三	三						
文字学	六	三	三					
语言学	三		三					
文选	六	三	三					
各体文习作	六	一	一	一	一	一	一	
诗选	六			三	三			
西洋文学概论	四			二	二			

续表

科目	规定学分	第二学年		第三学年		第四学年		备注
		第一学期	第二学期	第一学期	第二学期	第一学期	第二学期	
中国文学专书选读	八—十二			二—三	二—三	二—三	二—三	
词选	二—三					二—三		
曲选	二—三						二—三	
毕业论文或研究报告	二—四					一—二	一—二	
总计	58—66	15	15	8—9	8—9	6—9	6—9	

附表三　大学文学院中国文学系选修科目比较表

部颁科目	备注	修正科目	备注
中国哲学史		同上	
西洋哲学史		同上	
中国近世史	四学分	中国文化史	四学分
文学概论		同上	
中国地理总论	六学分	中国沿革地理	三至四学分
训诂学		同上	
古声韵学		同上	
中国文法研究		同上	
中国文学批评		同上	
佛典翻译文学		同上	
小说戏剧选读	三学分	小说选	二至三学分
		戏剧选	二至三学分
文学批评		取消	
传记研究		同上	
中国修词研究		同上	

续表

部颁科目	备　注	修正科目	备　注
现代中国文学讨论及习作		同上	
诗史	三学分	中国文学史专题研究	六至十二学分
小说史	三学分		
戏剧史	三学分		
应用文		同上	
西洋文学史		取消	
外国语		取消	

三十年四月草于乐山

（原载《斯文》半月刊 1941 年第 1 卷第 16 期）

论目录书之叙例

吾国目录书之著录事项，语其大者，不外二端：在一书则为解题，盖本刘向叙论每书，皆有随竟奏上之文。在全体则为叙例，盖本刘歆总括群书，别以辑略冠首之意。此中垒父子，所以为自来不祧之宗也。夫叙论解题之作，所以就一书与其作者，为精详之研究，其事固已重矣。而当其合群书以为种或类，合种或类以为略或部，合略或部以为目录之全，则尤当申述编次之意，与夫宗旨所存。否则目虽张而纲不举，未见其能尽厥职也。则叙例之事尚焉。汉师说《诗》、《书》，篇各如叙；丘明传《春秋》，随事发凡。目录之有叙例，斯其祖矣。若其细别，亦有可言，盖叙之别三：一者载之全书之首，二者载之略或部之前后，三者载之种或类之前后。各随范畴，总申义旨。然行世目录，非必诸叙皆全。如唐宋史志，则但有全书之叙。《四库提要》，则但有部类之叙。晁《志》四部有叙而类则无。陈《录》八类有叙而不分部。独汉隋两志，三者兼具，所以非余书可及也。至例之别亦二：一者，散见书中；二者，总载书首。按《日知录》云："古人著书，凡例即随事载之书中。《左传》中言凡者，皆凡例也。"后人取便观览，因移卷端。今考目录书有凡例者，亦率在书首，惟《四库提要》既首列凡例一卷，而别出之例，书中往往而有，盖其卷帙浩博，超轶古先，卷首凡例不尽囊括，不得不兼用之也。

尚考叙例之制实随目录以俱来。盖当歆嗣向业，奏进群书，部次之分，但有六艺迄方技之六略。而别以各家源流同异，总作一篇，名曰辑略，以冠其书。《七略序》云："子歆撮其指要，著为七略，其一篇即六篇之总最，故以辑略为名。”《汉书》颜注云：“辑与集同，谓诸书之总要。”是其义也。及班固删《七略》之要以志艺文，因散辑略之文，分附六略卅三种之后，惟诗赋五种之叙，今无传耳，此亦由《诗》大小序本为一篇，郑氏《南陔序》笺谓：“毛公为《诂训传》，乃分众篇之意，各置于其篇端。”但资翻帒之便，非有深意存焉也。故辑略之制，虽非其书；辑略之文，今实具存。班氏更益全书总叙一篇，遂如《汉志》今式，而叙例之成法。后世之为，多仿其制。《隋书·许善心传》云：“善心放阮孝绪《七录》，更制《七林》，各为总叙，冠于篇首。又于部录之下，明作者之意，区分其类例。”《唐书·经籍志》亦云：“（毋）煚等撰集，依班固《艺文志》体例诸书随部，皆有小序发明其指。近史官撰《隋书·经籍志》，其例亦然。”此叙之类也。《隋书·经籍志》云：“（王）俭又别撰《七志》……其道、佛附见，合九条……又作九篇条例，编乎卷首之中。”此例之伦也。若夫叙始辑略，本载书首，而今多依班氏，散著书中；例起《左传》，本著书中，而今多依王氏，总登书首。此又古今体制之异也。至其事义，所涉亦繁，约举其要，盖有四职。兹条论之。

其一，则阐经籍之功用也。目录之为物，所以纲纪群书，网罗先典，以贻来叶，以见文明，故经籍之用，所当先及。循览前文，罔不留意，而阮《录》、《隋志》，持论尤精。《七录序》曰：“日月贞明，匪光景不能垂照；嵩华载育，非风云无以悬感。大圣挺生，应期命世。所以匡济风俗，矫正彝伦，非夫丘索坟典，诗书礼乐，何以成穆穆之功，致荡荡之化也哉。”此论民智之启迪，惟经籍是赖也。《隋志序》云：“夫经籍也者，机神之妙旨，圣哲之能事，所以经天地，纬阴阳，正纪纲，弘道德，显仁足以利物，藏用足以独善，学之者将殖焉，不学者将落焉。大业崇之，则成钦明之德，匹夫克念，则有王公之重，其王者之所以树风声，流显号，美教化，移风俗，何莫由乎斯道？故曰：‘其为人也，温柔敦厚，《诗》教也；疏通知远，《书》教也；广博益良，《乐》教也；洁静精微，《易》教也；恭俭庄敬，《礼》教也；属辞比事，《春秋》教也。’遭时制宜，质文迭用，应之以通变，通变之以中庸。中庸则可久，通变则可大，其教有适，其用无穷，实仁义之陶钧，道德之橐籥也。其为用大矣，随时之义深矣，言无得而称焉。故曰：‘不疾而速，不行而至。’今之所以知古，后之所以知今，其斯之谓也。”则于治术之运行，风俗之移易，质性之化育，文教之持续诸端，所以特经籍之为用者，言之尤详。其足以增人向学之心，固已审矣。

其二，则述文运之流源也。唐前目录，断代之法未兴，凡百撰述率皆通纪前祀。而时世有盛衰，典司有兴废，藏弃有聚散；苟不综述历朝之文运，何以证知学术之晦明，故《汉志总叙》，独重此事，其言曰："昔仲尼没而微言绝，七十子丧而大义乖。故《春秋》分为五，《诗》分为四，《易》有数家之传，战国纵衡，真伪分争，诸子之言纷然殽乱。至秦患之，乃燔灭文章，以愚黔首。汉兴，改秦之败，大收篇籍，广开献书之路。迄孝武世，书缺简脱，礼崩乐坏。圣上喟然而称曰：'朕甚闵焉！'于是建藏书之策，置写书之官，下及诸子传说，皆充秘府。至成帝时，以书颇散亡，使谒者陈农求遗书于天下。"盖自周室东迁，畴人分散，王官之守，流在民间，孔子删定，遂为世法，班氏此论，自素王之殁，迄炎汉之兴，简要不纷，可谓善述矣。其后继者，率以朝代之递增，而益加详焉，览者得此，若网在纲，斯其所以可贵也。

其三，则明学术之同异也。夫目录之事，书以存学，类以存书，学术同异，实为基础。是以昔人于此，尤极究心。如今古之有别异，为经学之中心，九流之出王官，乃诸子之枢纽。后儒之所争辨，今彦之所抵排，溯其根柢，皆在《汉志》，斯足以明其影响者也。姚振宗《七略别录佚文叙》曰："《七略》首一篇，盖六略分门别类之总要也。大抵六艺传记，则上溯于孔子，诸子以下，各详稽其官守。皆一一言师承之授受，学术之源流。杂而不越，各有攸归。《释文叙录》所载七经流别，盖仿其体而小变之者也。"章学诚《校雠通义·原道篇》曰："刘歆盖深明乎古人官师合一之道，而有以知乎私门初无著述之故也。何则？其叙六艺而后，次及诸子百家，必云某家者流，盖出古者某官之掌，其流而为某氏之学，失而为某氏之弊。其云某官之掌，即法具于官，官守其书之义也。其云流而为某家之学，即官司失职，而师弟传业之义也。其云失而为某家之弊，即孟子所谓'生心发政，作政害事'，辨而别之，盖欲庶几于知言之学者也。由刘氏之旨，以博求古今之载籍，则著录部次，辨章流别，将以折衷六艺，宣明大道，不徒为甲乙纪数之需，亦已明矣。"孙德谦《刘向校雠学纂微·究得失篇》曰："昔荀卿之非十二子也，议者以其擯黜思孟，相率而诋毁之。不知此篇之义，盖亦取诸家得失为之推究耳。故自它嚣以下，既斥之为欺愚惑众矣，何以必先称其持之有故，言之成理？明乎此，十二子皆有得而有失者也。及太史谈《论六家要指》有曰：'阴阳之术，大祥而众忌讳，使人拘而多所畏，然其序四时之大顺，不可失也。'至于儒名法，无不详究其得失，反复以申明之。可知古人于一切学术，得失昭然，非如后世抵排异己。党同妒真，而无服善从义之公心者也。不然荀子崇儒，史公宗道，若挟一隅之见，儒道以外，皆可谓其有失而无得矣。况任校雠之责，论定群书固不能胶执私意，一如《四库提要》，涉及宋学，必非薄之。而向于诸子一略，每言：'此其所长，及放者为之……'为此说者，亦是究考得失之意。"观斯三说，则知向歆之业，所以为世重者，正以其深明群籍异同得失之故，而又能笔之于书，用备后人之考览也。

其四，则通目录之义例也。盖自刘班发端后贤继轨，目录之作，代有其人。而今古学术，迭有兴衰，故类例开合，亦多嬗变。用是凡诸新例，有革有因，革者必著其弊，因者无失其良。斯亦有持叙例之说释者也。考之前载商榷所及，不外二端。一者记评旧录部类之开合，义蕴之深浅。如《隋志》叙之详载《七略》迄《七录》之类例，而于《中经新簿》则谓其"于作者之意，无所论辨"。于《七志》则谓其条例，"文义浅近，未为典则"，于《七录》则谓"其分部题目，颇有次序，割析辞义，浅薄不经"。则其例也。一者，阐明本录立名之根据，分类之沿革。如阮孝绪自谓："今所撰《七录》，斟酌王刘。"叙中即详其立名分类与《七略》、《七志》之同异。《四库提要》凡例云："自《隋志》以下，门目大同小异，互有出入，亦各具得失，今择善而从……务求典据，非事更张。"则其例也。

自余随文发义，所关尚多，然振其大纲，不出右举。若加析论，则经籍功用，文运源流，多于书首总叙论之。学术同异，目录义例，多于略部种类诸叙论之。而凡例则以目录义例为主。然提要卷首凡例，不乏学术同异之辨。陈《录》诸类之叙，几皆部次分合之谈。是二者交相为用，又难严格分论者。至其轻重，则学术同异为最要，文运源流次之。盖惟斯二者，尤有功于考辨也。

夫解题之业，其考证批评，但及一书一人，叙例之作，则上下古今，何莫不归甄别。其事尤大，其识尤难。故畏难者，知之而不为，学浅者，为之而不至。鉴衡往籍，惟汉隋两志、《四库提要》，虽美犹有憾，庶几近之。章氏《校雠通义》叙曰："校雠之义，盖自刘向父子。部次条别，将以辨章学术，考镜源流。非深明于道术精微，群言得失之故者，不足与此。后世部次甲乙，纪录经史者，代有其人，而求能推阐大义，条别学术异同，使人由委溯源，以想见于坟籍之初者，千百之中，不十一焉。"此美刘氏辑略之为也。知言哉！

（原载《斯文》半月刊 1943 年第 3 卷第 9 期）

文学发凡自序

通论文学之作，坊间所行，厥类至夥。然或稗贩西说，罔知本柢；或出辞鄙倍，难为讽诵。加以议论偏宕，援据疏阔，识者病之。顷适讲授及此，因辑往哲雅言，厘为二卷。附之笺疏，以诏承学；篇各标目，用见旨趣；别施按语，聊备参稽。诸家旧注，颇事甄采，其异同损益，不更别白，以原书具在，繁穰可省也。虽事等胥钞，而语必典则。持较自仗偏颇，供人喜怒；或巧言乱德，阿时取容者，谅有间焉。若夫舍人《文心》，艺林琛宝，文术钤键，以其首尾一贯，割裂为嫌，今所撰次，盖未及云。

（原载《斯文》半月刊 1943 年第 3 卷第 13 期）

论“文言”的习作

根据现行高级中学课程标准，国文的习作是兼有语体和文言的。大学一年级的国文，从前几年起，已经定为各院系公共必修，并且每两周要作文一次，虽没有明文规定应当作语体或文言，但这一课程是中学国文的延长，说两种该同时习作，大概不错。再说中国文学系，有“各体文习作”一课，二三学年必修，附注指明是要“包括古代现代各体”。（师范学院国文系是二三四学年必修，附注同。）这原是一种“斟酌古今”的办法。使我诧异的是：近年来的教学经验告诉我，一般考进大学的学生，对于文言这一工具使用的技巧非常拙劣。差不多三分之一的人，几乎不能动笔。（自然，入学试验的作文，假使限作文言的话，笑话就更多。）调查的结果，不外是从小学到初中毕业，向来都是作语体。高中里的习作，一部分该是文言，可是习惯一时也不大容易改变。教员方面，有的是“自由主义”，悉听尊便，以免麻烦；有的是“前进文人”，明白地告诉青年，文言是“将死的，落伍的”，简直就奉劝不必。到了大学，除了预备进中国文学系的人外，一年级的国文便是最后的一班课，在这短短的一年中，自然无法学好，便率性不学了。我们现在或将来是否还需要文言呢？换句话说，从中学起，学生对于文言的习作，是否也应当付以相当注意呢？照我个人看，文言的习作，在现在，甚至将来，还是有其必要的。我在另外两篇文里，曾经强调地提过：专攻中国文学的学生，应当注重文言的习作。其实，不仅进中文系的人该如此，在不同的目的上，中学生及进大学其他院系的学生，也是一样需要。那两篇文因为各有重心，对于这个牵涉到的问题，未能详细讨论。现在，我愿意将对这一问题的偏见再说明一下。

除了立志研究文学的人外，一般人习作国文的目的，虽然也有功令上所定的许多点，然而最大的还是为了将来到社会上去应用。二十几年来，语体的发展，十分之六七是抒情，十分之二三是记事，十分之一二是说理，至于在社会上的应用，似乎就不曾有人注意到。（这种现象，自然也有他的原因。不过说来话长，也不在本文讨论范围之内。）因此，至少截止现在为止，应用方面，便多数还是拿文言作工具。举眼前的例子来说，政府的公文、私人的书信和报纸上的新闻纪载都是。文学史上原有一个公例，即任何新文体的兴起，最初必在民间，而且只有少数人去尝试。至于社会上大部分的应用，却一时决不会改变的。我们只要看五言诗已经很流行了，而汉晋的郊祀歌诗却仍是四言或杂言的先秦旧体；“古文”已经很流行了，而唐宋的诏诰章奏却仍是骈四俪六的六朝旧体，便可知道。这原来可以用来解答公文用文言的现象。但说到应用，我们便无法避开事实问题。事实上，任何机关（边区政府和其同类机构在外），现在还没有因为来了一个不会写文言的人，就破例让他作语体公文的事。同时，这也不能解释书信和新闻何以至今用文言。许多人对于正式发表的文字都用语体写作，但日常通信则概用文言。这似乎是以文言不足以登大雅之堂，而语体则是高文典册。这是有点可怪的。再谈报纸。报纸采用新式标点并改用语体，前几年有人极力提倡过。（我还记得，某大报因为要求名流作语体的星期论文，而停止了一个办的很久的、发表文言作品较多的文学副刊这回事。）结果前者已经逐渐通行，后者却只达到一半目的。就是新闻还是用文言，社论及其他文字语体、文言随意。这又是什么道理？我们要回到文言和语体的比较上来。这两者的异点，最扼要地说，就是文言的文字不一定求其与语言符合，而保持了他一部分的独立性。虽然他也在随时代而变化，但比语言慢得多。大体上是能超脱时间和空间的限制，而成为一种较能传久行远的固定工具，同时也是比较简单的。语体就不然。因为他要求同语言相符合，所以在国音字母及其类似的工具未能完全生效，标准国语未能彻底建立及被普遍接受以前，写出来的文章，古今南北的差异便还是难免。虽然《史通·言语篇》反对古代史家“耻书今语，勇效昔言”；现代小说也颇重视方言的使用;可是,他帮助了文字的真实和生动,却也限制他流行的范围。这与一般人学习国文为了应用的目的不大相合。至于繁简,早年有人打过热闹的官司。并且各举了许多例子,证明语体或文言,都是很简单的。不过,如果我们不固执成见,就仍得承认文言是更简单。语体将来也许也可以同文言一样简单,不过还有待于人们的努力。除了地方报纸外,任何新闻都拥有广大地域的读众。他的来源又多半是书报。现在恐怕还没有一位热心提倡语体的报人,会不顾读者及新闻数量的减少,或电费、排版费、纸张油墨费的增加,而不用文言。书信,除了预备公开的“两地书”及“费邮存底”之类,自然是给少数人看的;若不是情书,也多半达意了事,自然不必麻烦。这也许是新闻和书信还用文言的原因。在理论上,这些事实并不足以证明:在应用方面,语体永远不能代替文言;相反地,却正指出了语体今后发展的另一条路线(注意应用),及其要克服的困难(如何促成标准国语的建立及使他能够简单化)。在事实上,则为了顾全一般人在社会上去应用,学校教育似乎还不能完全放弃指导青年习作文言的责任。(假使我们当教员的人接到毕业生的信,他痛苦地写着:“我在学校里学的那一套,这里完全用不着;他们要的那一套,我又完全弄不来。”那时我们作何感想?)

关于文学本身,最主要的事无非是对于他人作品的欣赏和自己的写作。有些人也许以为还要加上考证和批评,但个人的意见:考证是欣赏的助力,对于文学本身只是一个客体;批评则是欣赏的延长或是另一表现,虽然是更其具体的。现在一般风气,虽然写作多用语体,对于古代文艺的欣赏倒也不曾放弃权利。他们欣赏的方式,多半在追求一个作品的意义,而忽略了那个作家用何种手段才完成了他的表现。在这种情形之下,考证就成为唯一的工具。他们探讨作家的时代,研究作品的背景,旁征博引,不厌其详。这对欣赏自然也有好处。可是作家及其作品虽有待于这些间接的解释,我们却不可忘记:最要紧的还是作品的本身。我们面对着一个人,要剖析他的灵魂,得先看他灵魂所寄托的声音笑貌;要了解一个作品的意义,何能不注意他表现的技巧和方式?但这绝非空言可以了事的。北平的谚语说:“包子这么大,饺子这么长,看事容易做事难。”一个作家，采用某一种方式及手法，充分地表现了自己，你不照样地试一试，哪里能够明白他的酸甜苦辣？近人研究古代作家作品的专书或论文也够多的，却很少有人说得出几句当行的话。他们的成绩，实在远不如以前许多诗话、词话的作者。这个病根就在自己不能动手。《庄子》上“轮扁斫轮”那个寓言，是很足以使这些人反省的。所以要想真正地欣赏古代文艺，希望由此可以建立一个比较精密而公正的批评系统，我们不能完全依赖考证。文言各体的习作，尤其是必要的。至于写作方面，现代语体所受到外来文学的影响，显然远过于本国古代文学。周作人虽然把新文学的源流远溯到明末的公安派及竟陵派，但除了他自己及沈启元、俞平伯等的散文和后来的幽默作家的一部分作品而外，可说并无其事。胡适《尝试集》还有“旧瓶新酒”的意味，后来则只是受印度影响的小诗，受英国影响的格律诗，受法国影响的象征诗，受俄国影响的革命诗，自然都是“洋瓶新酒”。小说和戏剧的形式更不必说。抗战发生以后，为了宣传，才有“丘八体”的诗和改良平剧、金钱板、大鼓书出现。这无非是时代精神。严格点说，现代语体文学作品大致是与传统脱节的。这究竟是好还是坏，我们如今尚无法盖棺定论，将来自有文学史家出来负责。可是，一个新局面的发生，原来是花样百出的。我们无妨在任何方面作种种试验，然后选择最好的结果。中国文学在以前虽然也受到过不少的外来影响，却没有完全不顾传统的事实。历代文体蜕变的情形，即使是唯物辩证论者，也还无法否认他是依据历史法则而发展的。我们现在何以不能够同时作一种由前代遗产出发的试验？尤其是韵文在语体当中最为人诟病，恐怕多少作者自己也不无怀疑。（初期的语体诗人，现在几乎全部搁笔。这不是一个事实？）这多少因为文字的构造自有其特点，所以不便“全盘西化”。反之，难道黄遵宪、吴芳吉他们的努力，就连参考价值都没有么？说到这里，话得回过头来，就是：这一种试验，须得对于文言的写作有相当的修养，才能够深切地知道文言的利弊。知道了他的利弊才能够去弊存利，创造新体。空喊拥护、打倒，都是没有用的。而且我们接受任何影响，不能盲目地毫无选择。语体作家诚然是愿意接受外来影响，但并非个个人都精通外国文。结果，许多人所取法的，一种是别人介绍的翻译作品，一种是所谓“前辈作家”的“名著”。关于前者，介绍人的外文程度、批评眼光、翻译手段，岂能毫无问题？关于后者，假若我们不否认语体还有他伟大的前途，便也同时不便承认这些“前辈”已经登峰造极。那么，一般人既不能且不愿挹取本国深厚的泉源，(我只听见过许多人喊“学习鲁迅”，却不曾听见一个人喊“学习屈原、陶渊明、杜甫、关汉卿、曹雪芹”。这是多么叫人诧异的事。)依照“取法乎上，仅得乎中；取法乎中，仅得乎下”的原则，万一他们不幸竟于不知不觉当中“取法乎下”，那只好“仅得乎零”了。这一点也是值得人们深思的事。

以上是从社会应用及文学本身两方面说明文言的习作在现在及将来都还有其必要的理由。现在，再退一步说：即使将来语体在社会应用上已经可以广泛代替文言，文学本身上，也建立了很精密很公正的批评系统，及完美的写作成果(这自然是一个辽远的期待)。我们是否便可以完全消灭文言呢？我的回答仍然是：“不!”文学好尚原不是独裁政治，必需要“定于一尊”。写作的动机，有的是为了大众，有的也仅仅为了自己(注意：动机不一定就同给与他人的影响完全相合)。欣赏与写作的能力，决定于每个人的环境，同时也决定于他独特的修养，甚至遗传。人们自有个人的权利去爱好或利用任何一种形式。文学史上，魏晋以后还是有成功的四言诗及辞赋作家，宋以后还是有成功的五七言诗作家，金元以后还是有成功的词作家。文学园地里原不禁止不同的形式同时存在。虽然每一个时代都有新体产生。(也许有人说：后代利用旧形式的作品，无论如何不能胜过前代。这就整个情形说来是对的。但以个人而论，则后人也尽多胜过前人的。)假使任何一种文体还有人愿意学习及利用，我们不能用“政治手腕”来禁止他。在这里，是需要一点“绅士风度”与“民主精神”的。

除了文言是“将死的，落伍的”，而语体则是“正活的，前进的”这一意见而外，还有一些人以为文言难作，也难懂；语体则恰巧相反。这也不尽然。语体虽说是以语言为基础，但照目前状况来看，语体，尤其是文艺部分，发展的趋势，显然已和最初“文学的国语，国语的文学”这口号背道而驰。他已经构成极复杂的语法，决不是人人能写，人人能看的。他可能变成一种新的文言，也许一部分已经如此！(这种现象，想来够当初提倡语言文字合一的人伤心的。)要写得合式，至少不如想象中那么容易。为什么现代文坛没有伟大的作品？多数的回答自然是：生活的体验不够。但技巧就毫无问题么？说到懂，废名的小说，何其芳的散文，及所谓象征诗，是语体的，我不知道读者以为比《三国演义》、《太平广记》及"选学妖孽"、"桐城谬种"、李白、杜甫的作品如何？这还是文字上的玄虚。内容方面，则鲁迅的《明天》和《阿Q正传》，今天还有不少的"仁者"和"智者"在参加意见，这与韩愈的《双鸟》及李商隐的《锦瑟》大大地麻烦了古代批评家，又有什么不同呢？所以，我们可以说：语体和文言不过是两种不同的表现工具。而表现的工具，是并不能完全决定一个作品的难易、浅深、优劣，或前进与落伍的。

历史上的事实告诉我们：一个新运动的发生，如果没有破坏便不能有所建立；旧的破坏愈彻底，新的建立便愈容易。但既是一种运动，便无法客观。民国初年因提倡语体而发出打倒"妖孽"、"谬种"，或其类似的口号，其动机至少有一部分可以用这种道理去解释的。现在，语体在文学阵营中已拥有更多的读者（虽然不能就算是最深刻的），该已经到了任何人可以对这问题发抒一点偏见，而不致被骂为"遗少"的时候。因此，我才写下本文。最后，我再提供一个事实。我敢发誓，我亲眼看过三十个以上以写语体成名的作家的文言作品（他们几乎同时都是大学中学的教员），其中包有文言的各部门：散文、骈文、韵文。这些人过去在写文言，现在也在写，也许将来还是要写。这或者是为了应用方便；或者是为了欣赏旧体；或者是为了创造新体；或者是认为文言、语体原可同时存在，作者有其利用的自由。我所举的四种情形，"必居一于此矣"！在这个情形之下，我因而实在不能相信，他们会老是对所指导的青年们说："文言是一种快死的落伍的工具。无论如何，你们无法好好地使用他来表达理论，记述事物，发抒情感。总之，你们无论在现在，在将来，在社会应用方面，在文学本身方面，都绝对不用习作文言。"

三十一年三月，写于乐山

（原载《文史杂志》1945年第5卷第1、2期合刊）

《宋诗小话》题识*

前年三月在昆明，我曾应邀出席了《思想战线》编辑部召开的一次有关古代文艺理论的座谈会。在那次会上，我曾谈到，古代文学批评的形式十分丰富多样，今天很可借鉴和采用，例如诗话或选本的评语，就有着墨不多、生动活泼的特点。对于一篇作品或一个问题，往往在不拘形迹之中，寥寥数语，起着画龙点睛的作用。当代批评家也有写诗话的，但一则的字数，多则数千，少也数百，还是一篇小文章。在这里，我按照比较严格的传统形式，写了几十条《宋诗小话》，以求教于读者。它们可能是错误的，但却出自个人肤浅的体会。

---

* 《宋诗小话》原分为上下两篇，发表于《长江》文学丛刊 1981 年第 1、2 期。其中对宋诗的 36 段点评皆已见于《古诗今选》，今不录，仅保留《宋诗小话》文前题识。

先唐文学源流论略*

题　记

一九四六年秋，余偶以先唐文学史授诸生，因草此诸篇，以挈纲维，备讨论。凡所措心，多在史迹之解释，而于叙述则略焉。以故事成文，布在方策，承学之士，当自得之也。郑君有言："教者开发头角而弗洞达，则受之者，其思深。"斯固区区之意所存，览者幸勿病其简率耳。翌年春，既毕功，因记之。

《诗三百篇》与《楚词》第一

一　《三百篇》之来源与成形

文学者，文化之一端。人类文化，权舆荒古，文学之事，盖与俱生。虽

---

* 本文原分为《先唐文学源流论略》、《先唐文学源流论略（之二）》、《先唐文学源流论略（之三）》、《先唐文学源流论略（之四）》四篇文章，发表于《武汉师院学报》1981年第1—4期。其中《先唐文学源流论略（之二）》中的"赋之隆盛及旁衍第三"，《先唐文学源流论略（之四）》中的"史传文学与传记之发展第五""子之余波与论之杰思第六"三节，后分别改名为《赋之隆盛及旁衍——汉魏六朝文学散论之一》、《史传文学与传纪之发展——汉魏六朝文学散论之二》、《子之余波与论之杰思——汉魏六朝文学散论之三》，收录于《闲堂文薮》。现将此四篇文章，删去《闲堂文薮》已收章节，合并为一文。

上世遗篇，今兹莫睹，而志动于中，则歌咏外发，禀气怀灵，理当无异。斯固可以推而知之者也①。然夷考进化之迹，文字之作，后于语言，故文学亦先传之口耳，嗣箸于书契。稽之神州旧史，往昔口耳之传，既已邈焉无征；即书契所箸，商代以前，亦复艰于置信。治文学史者，倘冀免于微言致诬、玄议成惑之诮，则以商为断，其庶几乎②。顾犹有憾者，则有商遗文，于今粲然可见者，独有《尚书》诸篇，其次则甲骨卜辞；有韵之文，不少概见。或者以为：易卦爻辞既成于西周初叶，其中容有商代歌谣。此亦推度之辞，非有确证③。是以中国文学起源，征之书契，虽莫先于商；而局就韵

① 文字及一切艺术之起源，均由于环境之刺激，情志之发舒。此二者原为一事之两面。初民生活艰苦，与其他动物不殊，而由于劳动创造之力，祛除在形而下的方面，设法适应及控制环境之外，而且在形而上的方面，亦以移象移情之方法宣泄失望、满足、希冀诸感情，以求得慰藉，而文艺之事兴焉。《礼记·乐记》云："凡音之起，由人心生也。人心之动，物使之然也。感于物而动，故形于声。声相应，故生变。变成方，（郑玄云：方犹文章也。盖方有分布之义，上下清浊分布次序得成音曲也。）谓之音。"《诗大序》云："诗者，志之所之也。在心为志，发言为诗。情动于中而形于言，言之不足，故嗟叹之。嗟叹之不足，故永歌之。永歌之不足，不知手之舞之、足之蹈之也。"此论诗歌、音乐、舞蹈起源甚谛。而咏为诗，节为乐，动为舞，其初盖亦并兴。据此并知诗歌乃一切文学之前导也。

② 推测中国文学之起源，旧有二说。沈约《宋书·谢灵运传论》云："民禀天地之灵，含五常之德，刚柔迭用，喜愠分情。夫志动于中，则歌咏外发。……虽虞、夏以前，遗文不睹，（《尚书》始虞、夏，故云然。）禀气怀灵，理或无异。然则歌咏所兴，宜自生民始也。"郑玄《诗谱序》云："诗之兴也，谅不于上皇之世，（疏云：上皇谓伏羲。）大庭、（疏云：大庭，神农之别号。）轩辕，逮于高辛，其时有无，载籍亦蔑云焉。《虞书》曰：'诗言志，歌永言，声依永，律和声。'然则诗之道放于此乎！"沈约所云，乃指口头流布之作，郑玄则指纪载所见。前者以心理学观点察觉人类本能及情感乃文学起源，后者以历史学观点推度载籍记述之先后，事盖并行不悖。郑说以《尚书》为据，似甚谨严，然犹有不可依以为文学史之起点者，则以历史叙述，必先具传疑与择善二标准。《虞》、《夏书》经近人研究，已知其出于追记，故吾人无法据追记之文而认定虞、夏有诗。而且即令上古遗文偶有孑遗，然非必具叙述之价值，故不得不断自商代，而于甲骨、金文之属，且从而刊落之也。

③ 顾颉刚《周易卦爻辞中的故事》及余永梁《易卦爻辞的时代及其作者》（《古史辨》第三册）均定易卦爻辞编于西周初年。罗根泽《中国文学起源的新探索》（《真理杂志》第一卷第二期）据之，以卦爻辞如屯之六二"屯如邅如，乘马班如。匪寇婚媾"及中孚之九二"鸣鹤在阴，其子和之；我有好爵，吾与尔靡之"之类为歌谣，且推断其中一部分为商代乃至商代以前作品，然无确证，所不敢信也。

文以言，又当自周之《三百篇》始[①]。

《三百篇》之渊源若何，今日已不易质言。所可言者，依其本身加之观察，则制作时代之绵长，产生地域之广阔，题材之复杂，句式之参差，在在显示其丰富性[②]。基于文体创自民间之公例，则其为当世民间通行之形式可知。其中大部分本属无主名之歌谣，小部分则诗人利用歌谣形式写成之作品。而现成形式，复多殊异者，则缘歌谣之体，本多变迁。时空不同，区别即显。以今证古，较然可知。要之，其原始必皆自歌谣出。前人多分《三百篇》为里巷歌谣之作与朝廷郊庙乐歌之辞[③]。今人更据之以前者为民间作品，后者为贵族作品，遂似二者截然不同。然推寻事迹，则所谓朝廷郊庙乐歌之辞，亦自较早之民间形式流衍而来。斯二者，所谓本同而末异也。

至《三百篇》之成形，汉儒或谓由于孔子删诗。其说始见《太史公书》。然唐人孔颖达以下，皆疑而辩之。考《论语》载孔子之言，一则曰“诗三百”，再则曰“诵诗三百”，是《三百篇》之传本，固出于孔子之前矣。汉人之说，非误以孔子正乐之事为删诗；即在尊孔之趋势中，妄加附会，

---

① 文学发生，韵文居先，此世界各民族公例，中国亦不例外，今兹所论，散文始商而韵文始周者，以商代韵文已佚，非吾国文学衍变之迹有所不同也。

② 题材之广阔可举郑振铎《文学大纲》之分类表为证：

一、诗人的创作（《正月》、《十月》、《节南山》、《嵩高》、《烝民》等）；

二、民间歌谣：1. 恋歌（《静女》、《中谷》、《将仲子》等），2. 结婚歌（《关雎》、《桃夭》、《鹊巢》等），3. 悼歌及颂贺歌（《蓼莪》、《麟之趾》、《螽斯》等），4. 农歌（《七月》、《甫田》、《大田》、《行苇》、《既醉》等），5. 其他；

三、贵族乐歌：1. 宗庙乐歌（《下武》、《文王》等），2. 颂神乐歌或祷歌（《思文》、《云汉》、《访落》等），3. 宴会歌（《庭燎》、《鹿鸣》、《伐木》等），4. 田猎歌（《车攻》、《吉日》等），5. 战事歌（《常武》等），6. 其他。

句式之参差则可据周由廑《诗经长短句辑》（《东方杂志》第四十一卷第十六号）之统计。全部《诗经》共七千二百九十五句，内二字者十句，三字者百有一句，五字者三百七十二句，六字者九十三句，七字者二十一句，八字者四句，凡六百一句，叠句重出之句犹未计入，已占全部十二分之一强矣。

③ 朱熹《诗集传序》云：“凡《诗》之所谓《风》者，多出于里巷歌谣之作。……若夫《雅》、《颂》之篇，则皆成周之世，朝廷郊庙乐歌之辞。”

以提高孔子之地位耳①。今案是书之成，实基于周代采诗、颁诗之制度。盖《三百篇》中，凡朝廷郊庙乐歌之辞，多以颂功德，祀神明，述恩荣，叙宴乐；外此亦有士夫感时讽政，陈献其上以为美刺者②。此二者既经第录，即供歌诵。太师掌之，无劳搜访。至于民间歌谣，则必先赖求索，始登王朝。此即所谓采诗也。采诗之制，《汉书·食货志》及《公羊传解诂》纪载较详，说亦大同。其相异者，则《汉书》所记，似王朝之行人直至各地采诗；而《公羊》所述，则由列国自采以献③。然国风十五，中有王

---

① 删诗之说，始见《史记·孔子世家》，其文云："古者诗三千余篇，及至孔子，去其重，取可施于礼义……三百五篇，孔子皆弦歌之，以求合韶、武、雅、颂之音，礼乐至此可得而述。"孔颖达《诗谱序》疏云："案书传所引之诗，见在者多，亡佚者少，则孔子所录，不容十分去九。马迁言古诗三千余篇，未可信也。"崔述《读风偶识》云："孔子删诗，孰言之？孔子未尝自言之也。《史记》言之耳。孔子曰：'郑声淫。'(《论语·卫灵公》)是郑多淫诗也。孔子曰：'诵诗三百。'(《论语·子路》)是诗只有三百，孔子未尝删也。学者不信孔子所自言，而信他人之言，甚矣，其可怪也！"方玉润《诗经原始》云："夫子反鲁，在周敬王三十六年，鲁哀公十一年丁巳(公元前四八四)，时年已六十有九。若云删诗当在此时，乃此前何以言诗皆曰三百，不闻有三千遗说耶？"三家分从情理、记载诸端驳《史记》说，均有理致。而《论语·子罕》记孔子之言，有"吾自卫反鲁，然后乐正，雅、颂各得其所"云云，或为致"所由误。方氏因论之云：此盖史迁误读正乐为删诗云尔，必雅、颂诸乐固各有其所在，不幸岁久年湮，残缺失次，夫子从而正之，俾复旧观，故曰'各得其所'，非有增删于其间也"。汪琬《尧峰文钞》卷四"经解"三"诗问十二则"之四"孔子未尝删诗"条说同。案《太史公自序》称孔子"见其文辞，为天下制仪法，垂六艺之统纪于后世"。盖汉初诸师以为群经皆出孔子之手，删诗之说，或为因欲加强孔子与经书之关系而造成之传说，亦未可知。

② 美刺之作，有从诗辞中自道其主旨者，尤可据。如《小雅·四月》："君子作歌，维以告哀。"《大雅·民劳》："王欲玉女，是用大谏。"则讽刺之例。《大雅·卷阿》："矢诗不多，维以遂歌。"又《崧高》："吉甫作诵，其诗孔硕，其风肆好，以赠申伯。"则颂美之例。然通观《三百篇》，刺视美为多。

③ 《汉书·食货志》："男女有不得其所者，因相与歌咏，各言其伤。……孟春之月，群居者将散，行人振木铎徇于路以采诗，献之太师，比其音律以闻于天子。故曰：王者不窥牖户而知天下。"《艺文志》亦云："古有采诗之官，王者所以观风俗，知得失，自考正也。"《公羊·宣十五年》何休解诂云："男女有所悲恨，相从而歌。饥者歌其食，劳者歌其事。男年六十，女年五十，无子者，官衣食之，使之民间求诗。乡移于邑，邑移于国，国以闻于天子。故王者不出牖户，尽知天下所苦，不下堂而知四方。"此二家所说周代采诗之制也。《汉书·礼乐志》载："武帝……乃立乐府，采诗夜诵，(注转下页)

风①，以之证明，则二说亦并行不悖。盖一则指王朝自采畿内之诗，一则指列国各献方域之诗也。列国既随时采献其诗；王朝更就所采献，删正篇章，审定乐律，益以朝廷郊庙乐歌之辞，随时颁诸列国。此则所谓颁诗也。颁诗之制，故记虽无明文，而观春秋之世，君臣交聘，赋诗赠答，比物连类，莫不曲喻所怀，则其时篇什流布之广，士夫肄习之勤可知，且于诗中涵蕴皆具共同之了解尤可知。此自非王朝之普遍颁行，因无由若是②。及后赋诗之风气渐衰，旧日所颁，既鲜增益，迭经纂录，遂成定本。三百名数，于以不易③。此则今本《三百篇》由来之大略也。

二　《三百篇》之组织

诗以三百为称，乃举成数言之。其书原三百十一篇，而《小雅》笙诗六篇，有义无词④，故实止三百有五。其间区类，大别为三，曰风、雅、颂。风

(续上页注)有赵、代、秦、楚之讴。”盖沿古制也。

① 《诗谱·王城谱》云：“王城者，周东都王城畿内方六百里之地……平王以乱故徙居东都王城，于是王室之尊，与诸侯无异，其诗不复能雅，故贬之，谓之王国之变风。”案雅变为风之说，近人已辩之(陈延杰《读王风》，《金陵学报》第十一卷第一期)。王风盖即东都之民歌而为行人所采者。据此以推，则西都之诗，虽以雅名，亦必有采自民间者，故其风格或与风近。

② 《左传》载赋诗之事甚多，今节取襄二十七年一事为例。“郑伯享赵孟于垂陇，子展、伯有、子西、子产、子大叔、二子石从。赵孟曰：‘七子从君，以宠武也。请皆赋，以卒君贶，武亦以观七字之志。’子展赋《草虫》，(杜预注：《草虫》，《诗·召南》。曰：‘未见君子，忧心忡忡，亦既见止，亦既觏止，我心则降。’以赵孟为君子。)赵孟曰：‘善哉！民之主也。抑武也，不足以当之。’伯有赋《鹑之贲贲》，(杜注：《诗·鄘风》，卫人刺其君淫乱，鹑鹊之不若。义取‘人之无良，我以为兄，我以为君’也。)赵孟曰：‘床笫之言不逾阈，况在野乎？非使人之所得闻也。’……卒享。文子告叔向曰：伯有将为戮矣！诗以言志，志诬其上，而公怨之，以为宾荣，其能久乎？……子展其后亡者也，在上不忘降。”

③ 顾炎武《日知录》卷十三论周末风俗，谓：“春秋时犹宴会赋诗，而七国则不闻矣。”以此慨然于世运之变。实则春秋之末，此风已渐衰歇。观定、哀两公四十二年之中，引诗赋诗不过七条，远较以前为少，即可证明。而采诗以观风俗，颁诗以供朝聘之事，亦随赋诗同衰。盖周朝日趋式微，诸侯以攻伐为事，世局既异，一切文物制度遂亦随之而变矣。

④ 笙诗六篇：“《南陔》，孝子相戒以养也。《白华》，孝子之洁白也。(注转下页)

诗始周南迄豳，凡十五组，百六十篇。雅分小大，凡二组，百十一篇。颂有周、鲁、商，凡三组，四十篇。

风、雅、颂如何区分，异说至众。或就功能言：以为风者上以化下，下以刺上；雅者言王政之所废兴；颂者美盛德之形容，以其成功告于神明。此说卫宏《诗序》主之。或就作者言：以为风者大概小夫贱隶、妇人女子里巷歌谣之作，雅颂则士夫朝廷郊庙乐歌之辞。故前者其意虽远，而其言浅近。后者则语和而庄，义宽而密。此说朱熹《诗集传》及郑樵《诗辨妄》等主之。或就音节言：以为三者之殊异，实由其乐声舞容之有别。此说惠周惕《诗说》、阮元《释颂》及余杭章公《小雅大雅说》等主之①。又自宋人以二南别于国风，近世多从之者②，盖亦据音乐为分。夫《三百篇》本皆乐歌，则就音节言，殆为尤确③。然三说自有其可相会通之处，亦无庸偏执也。

（续上页注）《华黍》，时和岁丰宜黍稷也。《由庚》，万物得由其道也。《崇丘》，万物得极其高大也。《由仪》，万物之生各得其宜也。有其义而无其辞。"《小序》之辞云尔。案前三篇于《小雅》属《鹿鸣之什》，后三篇属《南有嘉鱼之什》，皆乡饮酒燕礼所用，据《礼经》，知为笙歌。

① 惠氏《诗说》云："风、雅、颂以音别也。"其语甚简。阮元《释颂》则谓颂即容字，犹今言样子，"所谓商颂、周颂、鲁颂者，若曰商之样子、周之样子、鲁之样子而已。……风、雅但弦歌笙间，宾主及歌者，皆不必因此而为舞容。如三颂各章皆是舞容，故称为颂"。王国维《乐诗考略》则以颂诗无韵，不分章，篇幅短诸端，证明颂声较缓。结论谓："然则颂之所以异于风雅者，在声而不在容。……以名颂而皆视为舞诗，未免执一之见矣。"章公《小雅大雅说》以为雅乌音同，李斯《谏逐客书》、杨恽《报孙会宗书》（见《文选》卷三十九及四十一）言及秦声均云击缶而歌乌乌。秦本周地，故雅诗以此得名。

② 谓南为乐名者，《小雅·鼓钟》云："以雅以南。"毛传："南夷之乐曰南。"南本地域之名而非国名，《小雅·四月》所谓"滔滔江汉，南国之纪"是也。故宋人程大昌（字泰之，孝宗时人）著《诗论》，以为南当与雅颂并列，而无国风。梁启超《释四诗名义》则谓四诗者南、风、雅、颂是。（胡承珙《毛诗后笺》云："南以地言者，乃采诗时编部之名也，以音言者，又入乐时编部之名也。二者不同而亦不相悖。"盖亦承认南乐之殊异。）然案《左传·隐三年》称："风有《采蘩》、《采蘋》。"其诗今皆在召南，则晚周时南已与风合矣。

③ 《三百篇》皆乐歌，见顾颉刚《论诗经所录全为乐歌》（《古史辨》第三册）。就音节分为尤确者，可以下列材料证之。《礼记·乐记》："子赣见师乙而问焉，曰：赐闻声歌各有宜也。如赐者，宜何歌也？师乙曰：宽而静、柔而正者，宜歌颂。（注转下页）

合风、雅、颂与赋、比、兴，则为六诗，亦曰六义。其说始见《周官》，《诗序》遵用之①。案国风、雅、颂诸名，已见于《论语》、《左传》②，而赋、比、兴无闻。《周官》成书不能早于战国③。则赋、比、兴之名，殆非作诗时固有。秦数用六，汉人承之④，六诗、六义之说，岂由此附会欤？郑志以为赋、比、兴自孔子录诗时已合风、雅、颂中，难以摘别。是汉人以六者同为诗体，然其说良不足信。孔颖达《毛诗正义》因易其说，以风、雅、颂属诗体，赋、比、兴属诗辞。斯为得之⑤。至赋、比、兴之义，说者亦多。独李仲蒙以叙物言情，索物托情，触物起情分释之，最为可取⑥。赋、比、兴本后人归纳《三百篇》修辞方术而获得之原则，与文学史迹无与。特以影响后来之创作者至巨，故附及焉。

（续上页注）广大而静、疏达而信者，宜歌大雅。恭俭而好礼者，宜歌小雅。正直而静、廉而谦者，宜歌风。”此以歌唱配合人之性情以为分别，则其差异必在音乐本身也。以作者、功用、音乐三者区分风、雅、颂，虽似不同，而其本并不冲突。盖既作者不同，功用不同，则其音节亦不同，自不足异。特吾人今日无法作绝对之划分耳。

① 六义亦称六诗。故《周礼·春官》谓：“太师教六诗：曰风，曰赋，曰比，曰兴，曰雅，曰颂。”而《诗大序》乃云：“故诗有六义焉：一曰风，二曰赋，三曰比，四曰兴，五曰雅，六曰颂。”

② 《论语·阳货》：“女为周南、召南矣乎？”子罕：“雅颂各得其所。”《左·隐三年》：“风有《采蘩》、《采蘋》，雅有《行苇》、《泂酌》。”《襄二十九年》季札观乐，历举周南、召南、邶、鄘、卫、王、郑、齐、豳、秦、魏、唐、陈、郐、（曹）、小雅，大雅，颂。皆其证。

③ 晁公武《郡斋读书志》卷二：“秦火后，《周礼》比他经最后出，论者不一。独刘歆称为周公致太平之迹。郑氏则曰：周公复辟后以此授成王，使居洛邑，治天下。林孝存谓之渎乱不验之书。何休亦云：六国阴谋之说。（见《序周礼废兴》）昔北宫锜问孟子周室班爵禄之法。孟子谓诸侯恶其害己，灭去其籍。则自孟子时已无《周礼》矣，况经秦火乎？汉儒非之，良有以也。”近人论周官年代，颇有专文，亦未有证其为周公之作者。

④ 《史记·秦始皇本纪》：二十六年，“始皇推终始五德之传，以为周得火德，秦代周德，从所不胜，方今水德之始。……衣服旄旌节旗皆上黑，数以六为纪，符、法冠皆六寸而舆六尺，六尺为步，乘六马”。至汉武帝太初元年始改“色上黄，数用五”（见《汉书·武纪》）。盖汉初犹承秦制也。

⑤ 郑、孔之说均见《诗大序》疏。

⑥ 《困学纪闻》引李氏说云：“叙物以言情谓之赋，情尽物也。索物以托情谓之比，情附物也。触物以起情谓之兴，物动情也。”

三 《三百篇》之时地与作者

《三百篇》中,《商颂》五篇,汉世古文家独以为商代之乐章①。清儒魏源、近人王国维已加订正,谓《商颂》者,周代宋国之诗。其说甚确②。故兹论《三百篇》之年代,当先知其皆出姬周。若其每篇年代,晚周诸籍迄毛公《诗传》已有所说,至郑君《诗谱》,则各组世次,悉加详论。然既鲜征验,故攻驳纷纭③。夫诗分国风、雅、颂,本不以时间为标准,则一组之中,未

① 《商颂·那》序:"微子至于戴公,其间礼乐废坏。有正考甫者,得商颂十二篇于周太师。"盖意谓商颂在正考甫之前已有之,故序中分《商颂》五篇为祀成汤、中宗、高宗之作,而郑氏《诗谱》亦列为商代之诗。此古文《毛诗》之说也。

② 魏氏《诗古微》卷六《商颂鲁韩发微》尝举十三证以明《商颂》为宋诗,其第五证云:"笺说《那》之祀成汤者谓太甲,《烈祖》之祀中宗者谓仲丁,《玄鸟》之祀高宗者谓祖庚,则皆以子祭父,如成王之于文、武,何遽称之曰'自古',古曰'在昔',昔曰'先民'? 而且一则曰:'顾予烝尝,汤孙之将。'再则曰:'顾予烝尝,汤孙之将。'岂非易世之后,人往风微,庶冀先祖之眷顾,而祐我子孙乎?"(句见《那》)第八证云:"楚人《春秋》,历隐、桓、庄、闵,止称荆,至僖二年始称楚,安得高宗即有伐楚之名? 孔疏亦穷于词,故云:'周有天下,始封熊绎为楚子,于武丁之世,未审楚君何人?'"(《殷武》序云:祀高宗(武丁)也。句云:奋伐荆楚。)王氏《观堂集林》卷二《说商颂下》:"《殷武》之卒章曰:'陟彼景山,松柏丸丸。'……案《左氏传》:'商汤有景亳之命。'《水经注·济水篇》:'黄沟枝流北径已氏县故城西,又北径景山东。'此山离汤所都之北亳不远……《商颂》所咏,当即是矣。而商自盘庚至于帝乙居殷虚,纣居朝歌,皆在河北,则造高宗寝庙,不得远伐河南景山之木。唯宋居商邱,距景山仅百数十里……则伐景山之木以造宗庙,于事为宜。此《商颂》当为宋诗,不为商诗之一证也。"又:"卜辞称国都曰商,不曰殷,而《颂》则殷、商错出。卜辞称汤曰太乙,不曰汤,而《颂》则曰汤、曰烈祖、曰武王,此称名之异也。"又:"其语句亦多与周诗相袭,如《那》之猗那,即《桧风·苌楚》之阿傩,《小雅·隰桑》之阿难,石鼓文之亚箬也。……凡所同者,皆宗周中叶以后之诗。……由是言之,则《商颂》盖宗周中叶宋人所作。"其说皆坚确可信。

③ 群籍所言诗篇年代,大概先为纪载,后则邻于推测。记载可以《左传》为例。如隐三年:"卫庄公娶于齐东宫得臣之妹曰庄姜,美而无子,卫人所为赋《硕人》也。"疏:"郑玄云:'赋者,或造篇,或诵古。'然则赋有二义,此与闵二年郑人赋《清人》,许穆夫人赋《载弛》,皆初造篇也;其余言赋者,则皆诵古诗也。"案此外文六年秦人赋《黄鸟》,亦造篇之类。其邻于推测而来后人之攻驳者,则汉师之说多然。如《关雎》,毛公以为美后妃之德,乃文王时作,三家以为刺晏起,乃康王时作。时间相差百余年,而立意亦正相反。

尝不可兼有早晚期之作品①。"风雅正变"之云，疑非先秦之旧义也②。若其全部年代之起迄，则旧说，最早者或以为《大雅·文王》一篇乃周公处岐时作，最迟者或以为《曹风·下泉》一篇乃晋荀跞纳敬王时曹人所为。前者早至周人建国以前，后者晚至距孔子反鲁正乐仅二十六年，似均难信③。今姑据以推测，则《三百篇》之作，大约在前十一世纪至前六世纪之间。不能早于文王，亦不能后于敬王也。

《三百篇》之地域，《诗谱》亦有所论。以国风、雅、颂，原多因地制名，故亦较易考征。三颂之中，《周颂》出周，《鲁颂》出鲁，《商颂》出宋。二雅则出丰镐，虽或有东迁以后之诗④，然仍周室之文学。唯《国风》十五，异说较多，据郑君所述，《周南》、《召南》、《秦风》、《豳风》出禹贡雍州，《邶风》、《鄘风》、《卫风》、《魏风》、《唐风》出冀州，《桧风》、《郑风》、《陈风》、《王风》出豫州，《齐风》出青州，《曹风》出兖州，皆在今黄河流域。诸风稽之本诗，尚不相远。独《周》、《召》二南，今文《韩诗》以为其地在南阳南郡之间，

① 孙道昇《诗经编纂所根据之原则》(《东方杂志》第四十一卷第十五号)谓《诗经》编纂有二原则。一曰逆溯原则，乃《诗经》全书编纂时所根据之原则。如就风、雅、颂言，风晚，在前，雅早，在后，颂最早，故最后。就风言，南最晚，最前，次邶、鄘、卫，次王……豳风最后，时亦最早，由今及古，逐渐上升。二曰顺序原则，乃《诗经》中每一单位所根据之原则，如《周南·关雎》最早，次《葛覃》，次《卷耳》，《麟趾》最后。由古及今，逐渐下降。

② 《大序》云："至于王道衰，礼义废，国异政，家殊俗，而变风变雅作矣。"《诗谱序》云："周自后稷，播种百谷……文武之德，光熙前绪……其时诗，风有《周南》、《召南》，雅有《鹿鸣》、《文王》之属，及成王、周公致太平……而有颂声兴焉……故皆录之，谓之《诗》之正经。后王稍更陵迟……周室大坏……故孔子录懿王、夷王时诗，讫于陈灵公淫乱之事，谓之变风、变雅。"案汉师以为，风自二南之后，谓之变风，《大雅·民劳》、《小雅·六月》之后皆谓之变雅，盖以时会升降区判正变也。

③ 阮元《诗书古训》引《吕氏春秋·古乐篇》："周文王处岐，散宜生曰：'殷可伐也。'文王弗许。周公旦乃作诗曰：'文王在上，于昭于天。周虽旧邦，其命维新。'(《大雅·文王》)以绳文王之德。"《诗序》中亦有数处云周公作诗，然此为最早。马瑞辰《毛诗传笺通释》卷十五引何楷说，谓《下泉》为曹人美晋荀跞纳敬王作，事见《左·昭三十二年》(公元前五一〇)。

④ 如《小雅·节南山》明言："国既卒斩。"《正月》明言："赫赫宗周，褒姒灭之。"其为东迁后诗甚明。

似较古文《毛诗》以为在岐山之阳者为胜①。盖二南者，南国之诗。南国乃一区域之名，先为周人开辟，后则为楚所并②。当时北方文化，高于南方，故三百先出，楚词后兴。二南之诗，则诗骚之骑驿，亦楚词之先驱也。

若夫《三百篇》之作者，尤难考知。其最可据信者，则作者于诗中自出之名，次则先秦旧籍因记作诗之事而出作者之名，此类皆少③。自余汉人著书若《诗序》、《列女传》之属，指明某篇为某人作者，其数较夥。然每多臆测，又相违牾，殊难置信。此则代远年湮，莫可如何者。吾人欲明诗义，则就时代背景与地理环境加之探讨，殆尤易措手焉。

周室自文、武立国，成、康之世，最称盛世。及夷王废觐礼，王朝已微，诸侯渐大。降而厉三被逐，幽王被杀，平王东迁，遂入春秋时代④。其时王室如毁，列国相并，四夷交侵，遂呈极度黑暗之局面。此五百余年理乱兴衰之迹，求之于诗，至为显明。故盛世之诗多咏宗教、农耕、田猎、宴饮之事，其风格从容揄扬。乱世之诗多抒伤乱、讽时、悲天、闵人之情，其风格悲哀刚劲⑤。至于方舆色采，则在昔吴季礼观乐于鲁，听声知政，各有不同。《汉书・地理志》证以山川，若合符节。如秦地迫近戎狄，故其民修习战备，高上气力，诗亦多言车马田狩之事；郑地土狭而险，故其民山居谷汲，男女亟聚会，诗亦多言恋爱之情⑥。此皆较然可知者也。

---

① 以篇题及诗句为证，如《南有樛木》、《汉广》、《汝坟》、《江有汜》诸篇及‘汉之广矣’、‘江之永矣’诸句，皆明标其地所在也。

② 南国为楚所并，见傅斯年《周颂说》（附论鲁、南两地与《诗》、《书》之来源），载《历史语言研究所集刊》第一本第一分。

③ 作者之名出于诗中自道者如《小雅节・节南山》：“家父作诵。”又《巷伯》：“寺人孟子，作为此诗。”《大雅・崧高》及《烝民》均云：“吉甫作诵。”出自先秦旧籍所载者，如《左・闵二年》：“许穆夫人赋《载驰》。”

④ 《礼记・郊特牲》“觐礼，天子不下堂而见诸侯，下堂而见诸侯，天子之失礼也，由夷王以下。”余详《史记・周本纪》。

⑤ 《礼记・乐记》：“治世之音安以乐，其政和。乱世之音怨以怒，其政乖。亡国之音哀以思，其民困。”此先民音通于政之说。

⑥ 《汉・地理志》：“秦诗曰：‘王于兴师，修我甲兵，与子偕行。’（《无衣》）及《车辚》、《四臷》、《小戎》之篇，皆言车马田狩之事。……吴札观乐，为之歌秦。曰：‘此之谓夏声。夫能夏则能大，大之至也，其周旧乎！’”又：“郑诗曰：‘出其东门，（注转下页）

四　楚词名义与渊源

春秋已降，时势推迁，聘问歌咏之礼，不行于列国。学诗之士，逸在布衣。假文学之业，为游谈之资，而散文因之大盛①。至于情韵之作，则接轨诗人者，独有楚词。

楚词之文，盛于周季。在其初兴，盖无专名。今就其见于本文者而言，则或承袭《三百篇》以来之通称曰诗，或指示其讽读之法式曰诵。就其见于篇题者而言，则或因用古乐章之名曰九辩、九歌②。大篇若《离骚》、《天问》、《招魂》，皆无文体题目。下逮汉初，乃著楚词之称。其名始见《史记·酷吏传》③，后来沿用，遂不复易。案楚词者，犹云楚人所为之词。盖诸篇之文，悉出楚国，其事物、地理、语言、音调，皆与中原不侔，故因其国以为称也④。而诸点之中，音调一事，尤为枢纽。故《汉书·王褒传》载宣

(续上页注)有女如云。'(《出其东门》)又曰：'溱与洧，方灌灌兮。士与女，方秉蕑兮。''恂盱且乐！惟士与女，伊其相谑。'(《溱洧》)此其风也。吴札闻郑之歌，曰：'美哉！其细已甚，民弗堪也，是其先亡乎。'"

① 游谈出于诗教，章学诚尝详言之。其《文史通义·诗教上》云："战国者，纵横之世也。纵横之学，本于古者行人之官。观春秋之辞命，列国大夫，聘问诸侯，出使专对，盖欲文其言以达旨而已。至战国而抵掌揣摩，腾说以取富贵，其辞敷张而扬厉，变其本而加恢奇焉，不可谓非行人辞命之极也。孔子曰：'诵诗三百，授之以政，不达；使于四方，不能专对，虽多奚为！'是则比兴之旨，讽谕之义，固行人之所肄也。纵横者流，推而衍之，是以能委折而入情，微婉而善讽也。"

② 楚词异称，今日可征者，有如下列：称诗者，《九歌·东君》："展诗兮会舞。"王注："展诗犹陈诗。"盖屈子以楚巫所歌为诗。《九歌》乃屈子删改当时之巫歌，则亦诗也。此外如《九章·悲回风》："窃赋诗之所明。"庄忌《哀时命》："抒中情而属诗。"王褒《九怀》："抚轼叹兮作诗。"皆自名其作曰诗。称诵者，《九辩》："自压桉而学诵。"《九章·抽思》："追思作颂。"颂诵通。《周礼》郑注："倍文曰讽，以声节之曰诵。"《九辩》、《九歌》：《离骚》："启九辩与九歌兮。"《天问》："启棘宾帝，九辩、九歌。"事亦见《大荒西经》，云："夏后开上嫔于天，(汉景帝名启，故易为开。此汉人写本避讳，后人未及回改者。)得九辩与九歌以下。"郭注："九辩、九歌，皆天帝乐名。"

③ 《酷吏传》云："买臣以楚词与(严)助俱幸。"

④ 黄伯思《东观余论》载其《翼骚序》云："屈、宋诸骚，皆书楚语，作楚声，纪楚地，名楚物，故可谓之楚词。若些、只、羌、谇、蹇、纷、侘傺者，楚语也。悲壮顿挫，或韵或否者，楚声也。沅、湘、江、澧、修门、夏首者，楚地也。兰、茝、荃、药、蕙若、芷、蘅者，楚物也。"

帝征能为楚词者九江被公，召见诵读。而《隋志》亦称释道骞善读楚词，“能为楚声，音韵清切”。并其确证[①]。及汉末刘歆《七略》，又称曰赋[②]。斯盖据学术流别言，楚词汉赋，大同小异，故以赋该词也。

三百就衰，楚词郁起，轩翥周诗之后，奋飞汉赋之前，寻其渊源，有二事可得而言，即中原文化之影响，与楚国本身之传统是也。楚本南方后起之国，其初文化较低，故中原诸国，皆以蛮夷视之[③]。及后武力渐盛，文化亦高，遂与中原关系转密。武力之侵略与文化之吸收同时并进，楚乃跻于上国。当时中原之历史与思想，典籍与文学，皆为楚所接纳。即以其人之通习《三百篇》一事为证，可见一斑[④]。而楚人先后吞并二南之地及陈国[⑤]，不仅有其幅员，且兼有其文学，包涵融合，亦为楚词孕育之先声。故就其内容言，前人多有言契经典，义同风雅之论[⑥]；就其外形言，则其与

---

① 《太平御览》卷五八九引《七略》云：“被公年衰老，每一诵辄与粥。”是其高下疾徐必有定程，虽不歌，要异常调矣。

② 《汉志·诗赋略序》：“大儒荀卿及楚臣屈原离谗忧国，皆作赋以风谕（“谕”字据王念孙校增）。”又《志》载“屈原赋二十五篇”。《汉志》本《七略》，此学人所共知也。

③ 《左·宣十二年》：“若敖蚡冒，筚路蓝缕，以启山林。”《小雅·采芑》：“蠢尔蛮荆，大邦为仇。”《鲁颂·閟宫》：“戎、狄是膺，荆、舒是惩。”《史记·楚世家》：“当周夷王之时，王室微，诸侯或不朝，相伐。熊渠甚得江、汉间民和，乃兴兵伐庸、杨粤，至于鄂。熊渠曰：‘我蛮夷也，不与中国之号谥。’乃立其长子康为句亶王，中子红为鄂王，少子执疵为越章王，皆在江上楚蛮之地。”此皆楚人后起之证。

④ 楚人通诗，如《左传·文十年》楚子舟引《大雅·烝民》及《民劳》，《宣十二年》叔孙引《小雅·六月》，楚子引《周颂·时迈》，《成二年》申叔跪引《鄘风·桑中》，子重引《大雅·文王》。《襄二十七年》薳罢赋《既醉》，《昭三年》楚子赋《吉日》，《昭七年》芋尹无宇引《小雅·北山》，《昭二十三年》沈尹戍引《文王》，《二十四年》又引《大雅·桑柔》。而《昭十二年》子革且引逸诗《祈招》。

⑤ 楚人之扩张见诸故书者，如《左·僖二十八年》：“栾贞子曰：汉阳诸姬，楚实尽之。”又《定四年》：“吴人谓随人曰：周之子孙在汉川者，楚实尽之。”二南之地在南阳、南郡之间，即传所云也。楚庄王、灵王、惠王三度灭陈，详《史记·陈杞世家》。

⑥ 《文心雕龙》举例云：“陈尧、舜之耿介，称汤、武之祗敬，典诰之体也。讥桀、纣之猖披，伤羿、浇之颠陨，规讽之旨也。虬龙以喻君子，云蜺以譬谗邪，比兴之义也。每一顾而掩涕，叹君门之九重，忠怨之辞也。”盖自刘安以次，汉宣、扬雄、王逸之徒皆举楚词以方经典。

《三百篇》句式之同符，虚字之无别，并有可征①，此楚词渊源由于中原文化之影响者也。次就其本身，加之考论，则其俗信巫鬼而重淫祀，其祀必以歌舞乐神，故有九歌；其祀于天地不坠不陷，风雨雷霆之故，原具具疑，故有天问②。其书籍则三坟、五典、八索、九丘③；其山川则旷宇叠波，崟嵚戌削④；又皆楚之特征，而不同与中原诸国者。更以文学证之，则若《说苑》所载《越人歌》，《论语》所载《接舆歌》，《孟子》所载《沧浪歌》之属，皆南方古歌之可信者⑤。其句度参差，尾用兮字，实楚词之前身。篇什虽曰不多，然胚胎之功甚著。知此体形成，其来固亦有自。此则楚词渊源由于楚国本身之传统者也。

五　《楚词》篇章之疑信

今传《楚词》一书，始《离骚》，迄《九思》，盖先后经刘向撰集，王逸章

---

① 楚词多用兮字为助词，盖出于《诗》。又《招魂》用些字足句，王引之《经传释词》以为即《诗》之斯字。《大招》用只字足句，史绳祖《学斋占毕》以为即《诗》之止字。（案《诗》亦用只字，如"母也天只"之类。）

② 楚人之怀疑思想见诸故书者，如《庄子·天下篇》："南方有倚人焉，曰黄缭，问天地所以不坠不陷风雨雷霆之故。惠施不辞而应，不虑而对，遍为万物说，说而不休，多而无已，犹以为寡，益之以怪。"

③ 《左·昭十二年》楚王谓左史倚相能读三坟、五典、八索、九丘。杜注："皆古书名。"疏引孔安国、郑玄、贾逵、张衡、马融诸家之说，结云："此诸家各以意言，无正验，杜所不信，故云：皆古书名。"此盖楚国所传先世古书，非中原诸国所有，故他书无及之者。

④ 《文心·物色》："山林皋壤，实文思之奥府，然屈平所以能洞鉴风、骚之情者，抑亦江山之助乎！"王夫之《楚词通释·序例》："楚，泽国也，其南沅、湘之交，抑山国也。叠波旷宇，以荡遥情，而迫之以崟嵚戌削之幽菀，故推宕无涯而天采矗发，江山光怪之气莫能掩抑。"

⑤ 《说苑·善说篇》载歌云："今夕何夕兮，搴洲中流，今日何日兮，得与王子同舟。蒙羞被好兮，不訾诟耻，心几顽而不绝兮，得知王子。山有木兮木有枝，心说君兮君不知。"据谓此为越之榜人歌似鄂君子皙者。子皙为楚康王母弟，其时在屈原前约二百年，若果可信，则今传楚词体之最早者矣。《接舆歌》，《论语·微子篇》载之，《庄子·人间世篇》略同。《孔子世家》载其事于鲁哀公六年，时孔子年六十三，视前者为后。《沧浪歌》，《孟子·离娄篇》所载，《楚词·渔父》亦有之，意其为南方古歌也。

句，而二人复以己制附益之①。其中《离骚》迄《大招》十篇，旧传楚人之作，余七篇皆汉人所拟为。兹但略述前十篇作者与篇章之疑信。

其一，《离骚》，王逸以为屈原作。汉人以下，所说皆同②，无可致疑。其文以叙家世始，表志趣终，于立身行事，反复申明，虽曰抒情之文，亦屈子之自叙也。其二，《九歌》，王逸以为原作，朱熹则谓楚人祀神，本有其辞，原特为更定而已。朱说似胜。其中多杂以人神爱悦之辞，极富南方浪漫思想之特色③。其三，《天问》，王逸以为原作，司马迁同。此作代表屈子之怀疑精神，关于神话传说、宗教信仰、历史记载，无不追寻。通篇悉以问句组成，形式尤极奇特④。其四，《九章》，王逸以为原作，班固同。然扬雄所拟，仅《惜诵》、《涉江》、《哀郢》、《抽思》、《怀沙》五篇⑤，而后四篇，如《惜往日》、《悲回风》之属，乃有后人痛悼屈子之语⑥。则《九章》九篇，疑出后人所鸠集，非尽原作矣。其五，《远游》，王逸以为原作。然是篇文句，多摘自上述诸篇，亦与汉严忌《哀时命》、司马相如《大人赋》相出入。思想则又与方士同符，似出依托⑦。其六，《卜居》，王逸以为原作。其七，《渔

① 刘向《九叹》、王逸《九思》皆在今本《楚词》，即其所附益也。

② 汉人言《离骚》出屈子，如《史记·屈原传》、太史公《报任安书》、《新序·节士篇》、《汉书·贾谊传》、《风俗通·六国篇》、班固《离骚赞序》皆同。近人廖平《楚词新解》始倡异说，胡适《读楚词》和之，见驳于郭沫若《屈原研究》。

③ 人神爱悦之词，如《湘君》、《湘夫人》、《少司命》、《河伯》、《山鬼》诸篇皆有之。

④ 刘弘度先生《屈赋通笺》卷四曾加分析，可参。

⑤ 《汉书》雄传称："又旁《惜诵》以下至《怀沙》为一卷，名曰《畔牢愁》。"是所拟《九章》仅前五篇。故洪兴祖《补注》以为："以下四篇扬子云不拟，疑非尽原作。"朱熹《楚词集注》则云："后人辑之，得其九章，合为一卷，非必出于一时之言。"其论《九章》非一时所作甚是，但仍以为尽原作，及谓九章乃后人所加之名，则非。《九叹·忧苦》云："叹离骚以扬意兮，犹未殚于九章。"最先辑录楚词者刘向，其所作乃出九章之名，则其为固有断可知矣。古人称九，多非实数，九歌、九辩皆然，斯亦无妨九章之数不及九也。

⑥ 《惜往日》，吴汝纶《古文辞类纂点勘记》云："此篇前有'遂自忍而沉流，卒没身而绝名'二句，后有'不毕辞而赴渊兮，惜壅君之不识'二句，似非屈子语。"又云："《悲回风》通篇皆叙屈子愤懑自沉，而'骤谏君而不听兮，重任石之何益'二句，乃叹其死之无益，岂亦屈子所自为?"

⑦ 《远游》之方士思想，如"餐六气而饮沆瀣兮，漱正阳而含朝霞。（注转下页）

父》，王逸既以为原作，又谓楚人叙屈子之辞以相传。考二篇起句均云“屈原既放”则明是后人追记之辞。意者屈子失意之后，有就太卜问吉凶及与渔父相问答事，后人思念，遂著文辞耳。二篇句法参差，韵式靡定，解散楚辞之体，而为汉赋先驱，良可注意。其八，《九辩》，王逸以为宋玉作。然曹植引其篇中文句，以为屈子之言①。《楚词》古本，《九辩》又次《离骚》后，《九歌》前。九辩、九歌，皆取古乐章为名，殆可能出于一人之手②。则兹篇属屈属宋，莫能定矣。其九，《招魂》，王逸以为玉作。司马迁则以归原。《文心雕龙》论屈文，亦引《招魂》之句③。近人考其本事，多以马迁为然。其十，《大招》，王逸以为原作，又云：或曰景差，疑莫能明。案《大招》乃仿《招魂》之为，览文可见。《招魂》无论出屈出宋，《大招》断不能为原作。朱熹以为定属景差，亦无确证，阙疑可也。

如右所论，知今传《楚词》，大都屈子之作。《史记·屈原传》称：原死后，楚有宋玉、唐勒、景差之徒。然《汉志》著录诸家之作，独无景差；刘编《楚词》，又无唐勒，知所亡失者多矣。故言《楚词》，必以屈子为中心。

六 屈原

屈子身世及其失志自沉之经过，《史记》本传具存，不俟缕述。兹但出其时代、思想、个性、艺术四事，略加论次。

（续上页注）保神明之清澄兮，精气入而粗秽除。”此炼形之法也。“道可受兮不可传，其小无内兮其大无垠。无滑而魂兮，彼将自然。壹气孔神兮，于中夜存。虚以待之兮，无为之先。”此养生之论也。胡小石先生《远游疏证》从文句沿袭考其出于依托，尤详。

① 曹植《陈审举表》引屈平曰：“国有骥而不知乘兮，焉皇皇而更索。”

② 晁公武《郡斋读书志》及陈振孙《直斋书录解题》均载古本《楚辞释文》，其篇第首《离骚》，次《九辩》，次《九歌》。洪兴祖《楚词补注》据王逸《九章章句》“皆解于《九辩》中”语，知古王本亦《九辩》在前，与释文合。吴汝纶因疑《九辩》亦屈作，云：“《九辩》、《九歌》，两见《离骚》、《天问》，皆取古乐章为题，明是一人之作。”在吴氏以前，明焦竑《笔乘》已有此说，然孙志祖《读书胜录》驳之。今亦不能遽决，唯存疑耳。

③ 《史记》原传：“太史公曰：余读《离骚》、《天问》、《招魂》、《哀郢》悲其志。”《文心·辨骚》论屈文，亦引《招魂》‘士女杂坐，乱而不分’之语，则子长、彦和皆以此篇属屈子矣。

考屈子时代，正值秦人崛起西陲，已臻强大之后。而楚在秦与山东诸国之间，有举足重轻之势。山东之国，惟齐为大。故屈子力主联齐以抗秦。乃见陷宵小，其志不申，卒遭放流，自沉而死①。至其致死之由，班固《离骚序》有"忿怼不容"之说，似其此举，全由个人遭际之不淑②。然据王夫之《楚词通释》所考，《九章·哀郢》一篇乃指楚顷襄王二十一年秦白起拔郢事。其后考烈王乃徙都寿春。更五十余年，遂为秦灭③。是拔郢以后，楚已岌岌不可终日。屈子以忠义之怀，处艰难之际，美政莫从，偷生不忍，终以死殉，此真所谓争光日月者，瞀士妄说，岂其然欤？此其一。

楚自春秋之世，久被中原文化。逮儒家奉《诗》、《书》、《礼》、《乐》为教典，而据以建立其思想系统，六艺之教与儒家之言，遂合为一。今稽屈子之作，是尧、舜，非桀、纣，恐修名之不立，依前圣以节中，实深受儒家之影响④。尤有进者，《诗三百篇》与《楚词》，固皆与儒家关系甚深。然孔子以先，《诗》已存在。孔子以其个人意见说《诗》，而《诗》之本义，非必如是⑤。

---

① 《离骚》云："既莫足与为美政兮，吾将从彭咸之所居。"美政，盖即指其联齐抗秦之外交政策，游国恩《读骚论微·离骚美政说》言之甚详。宵小之徒，本传所载，则有上官大夫，令尹子兰（楚怀王稚子）。《骚》又云："椒专佞以慢慆。"王逸注云："楚大夫子椒。"屈子以与子兰并论，盖亦其政敌也。

② 班固《离骚赞序》："愁神苦思，强非其人，忿怼不容，沉江而死。"

③ 白起拔郢事，《史记·楚世家》及《白起传》均载之。《韩非子·初见秦》亦云："秦人与荆人战，大破荆，袭郢，取洞庭、五湖、江南。荆之君臣亡走，东伏于陈。"

④ 屈子受儒家之影响，见于《离骚》者最著，如云："彼尧舜之耿介兮，既遵道而得路，何桀纣之猖披兮，夫唯捷径以窘步。"又《史记》屈传载淮南王《离骚传》云："《国风》好色而不淫，《小雅》怨诽而不乱，若《离骚》者，可谓兼之矣。上称帝喾，下道齐桓，中述汤、武，以刺世事，明道德之广崇，治乱之条贯，靡不毕见。其文约，其辞微，其志絜，其行廉，其称文小而其指极大，举类迩而见义远。其志洁，故其称物芳，其行廉，故死而不容自疏。濯淖污泥之中，蝉蜕于浊秽，以浮游尘埃之外，不获世之滋垢，皭然泥而不滓者也。推此志也，虽与日月争光可也。"

⑤ 孔子说《诗》，载在《论语》，如《学而》："子贡曰：'贫而无谄，富而无骄，何如？'子曰：'可也。未若贫而乐，富而好礼者也。'子贡曰：'《诗》云：如切如磋，如琢如磨，其斯之谓欤！'子曰：'赐也，始可与言《诗》已矣，告诸往而知来者。'"（疏：此《卫风·淇奥》之篇，美武公之德也。治骨曰切，象曰磋，玉曰琢，石曰磨。道其学而成也，听其规谏以自修，如玉石之见琢磨。）《八佾》："子夏问曰：'巧笑倩兮，美目盼兮，（注转下页）

屈子之文，则在儒家以后，故其主要之思想与作品，一是皆法则之[1]。由是以言，《诗》之于儒家，乃受被动之解释；屈赋之于儒家，则出自动之接受。是后二者之血统关系，反较前二者为固定也。此其二。

屈子个性，亦为构成其作品之重要因素，盖以一人之心，同时包涵绝对矛盾之状态：有冷静之思想，亦有热烈之感情；有对人世美好之热爱，复有对人世丑恶之深恨。此种冲突，以环境之迁变，与日俱增，卒至自杀。自司马迁为之作传，颇怪当战代游说之时，以彼其才，何国不容，而自令若是？后人多以同姓之臣解之。余杭章公《菿汉昌言》谓证以年世，屈子于楚公室已疏，此亦各行其志而已[2]。斯说殆信。故其文辞，每于决绝之中，仍寓缠绵之意，宁自毁其生命，而不去其宗邦。此则吾人于明了其心理之矛盾而外，尤应明了其志业之归宿者。盖于矛盾冲突之余，最后仍以殉道殉情，完成其伟大之人格也。此其三。

若就艺术而言，形式方面，其句式之延长，其篇幅之扩大，实为重要之贡献。盖句式或长或短，悉依辞气之缓急为衡，则视《三百篇》之以四言为主者为多变化。其篇幅长大为前此所未有，虽反复曲折，而辞无重出，则视《三百篇》之局于短篇者为复杂。内容方面，则其浪漫思想，怀疑精神，幽异之造境，瑰丽之意象，在在足以表见南方超现实文学之特征。盖屈子一身，实兼具伟大之创造力，与丰富之想象力，故既有空前绝后之造诣，复有承先启后之勋绩也[3]。此其四。

（续上页注）素以为绚兮，何谓也？'（马融曰：上二句在《硕人》之二章，其下一句逸也。）子曰：'绘事后素。'（郑玄曰：凡绘画先布众色，然后以素分布其间以成其文，喻美女虽有倩盼美质，亦须以礼成之。）曰：'礼后乎？'子曰：'起予者，商也，始可与言《诗》已矣。'"凡此皆非必《诗》之本义。

① 屈子作品法则儒家，可以《离骚》为例，次则《九章》。汉人拟楚词之作，此点尤为显明。

② 《菿汉昌言》卷五："汉人多怪屈原不去楚。（案《史记》传赞："又怪屈原，以彼其材，游诸侯，何国不容，而自令若是。"）宋吕与叔说以同姓之臣。按屈氏虽楚公族。据《春秋传》：桓十一年屈瑕已为莫敖。至赧王十六年楚怀入秦，相距四百岁，原之于楚公室，亦甚疏矣。本有可去之道，徒以初见信任，不忍决绝，非为同姓也。三仁于纣皆至亲，而去留尚异，此亦各行其志而已。"

③ 《文心·辨骚》称屈原"取镕经意，自铸伟辞"，盖以其既能承袭优（注转下页）

初期散文之两派第二

一　经与史

商、周二代之散文，概括言之，可分记事、说理两派。记事之文，大体为经史；说理之文，大体为子书①。前者起于商世，后者源于周季。经、史、诸子，各有专门，非文学史所能范围，而后来之文，多从此出②。是亦当略中源委，庶明指归。

经本织物纵丝之名。古者作书，多用竹简，所书既夥，非一简可尽，则集众简，编丝以缀属之。经为书籍之称，盖自此起③。上世质僿，学术文化皆操于贵族之手。此少数书籍，亦皆掌在王官，齐民固闭，无所从受，故经又进为官书之称④。春秋以降，社会形势变迁，王官渐失其守。孔子挺

（续上页注）美之传统，又能发挥其独特之创造与想象也。又总赞其文云："叙情怨则郁伊而易感，述离居则怆怏而难怀，论山水则循声而得貌，言节候则披文而见时。"盖抒情写景，莫不工绝也。若其源本诗人，而自呈新貌，则不列四事，略见端倪：

（一）内容　诗实际，骚空灵。

（二）形式　诗整齐，骚变化。

（三）作者　诗无主名，多属集体产生；骚有主名，显示作者个姓。

（四）影响　诗在批评方面较大，骚在创作方面较大。

①　经史之中，亦有说理，诸子之中，颇多记事，无从严格划分，兹但示其重心所在而已。文体区类，乃文字发达以后之事，故于古人之文，略分疆理，以便称说，亦老氏所谓强为之名也。

②　如《文心雕龙·宗经》云："论、说、辞、序，则《易》统其首。诏、策、章、奏，则《书》发其源，赋、颂、歌、赞，则《诗》主其本，铭、诔、箴、祝，则《礼》总其端。纪、传、盟、檄，则《春秋》为根。"《颜氏家训·文章篇》略同。后来姚鼐《古文辞类纂》、曾国藩《经史百家杂抄》诸序亦申此说。而韩愈《进学解》、柳宗元《答韦中立论师道书》，其论文章根柢，莫不以经史为言，皆其例也。

③　《说文》："经，织从丝也。"（从丝二字，段从《御览》补。）章公《国故论衡·文学总略》云："经者，编丝缀属之称，异于百名以下用版者。"盖《仪礼·聘礼》云："百名以上书于策，不及百名书于方。"书于策，则必以丝缀属之，以防散佚。

④　《校雠通义》："官司典章为经。"《国故论衡·原经》："经不悉官书，（注转下页）

生，有教无类，乃取天府旧籍，以授门徒，因得广为流布①。后人尊孔，以诸经既圣人用以施救，则皆恒久之至道，不刊之鸿教，故更进为常典之称②。

史之本义，则为记事。其字从又持中。中为册形。持中，所以象记事之意也③。其初史为官名，汉以来乃以名书④。史官之职，不唯记述当时之史实，亦复掌录先代之典籍⑤。经本官书，自属史官所守。故前人有六经皆史之论⑥，然由今观之，诗以抒情志，易以定吉凶，礼以表节文，虽掌于史官，可视为史料，固非史书也。独《尚书》、《春秋》，虽被经称，实为史籍。故今论古代记事之文，先出二书以明其源；而史之与经，源同流异，则

（续上页注）官书亦不悉称经。（《史籀篇》、《世本》之属）《易》、《诗》、《书》、《礼》、《乐》、《春秋》者，本官书，又得经名。”

① 章公《太炎文录·驳建立孔教议》曰：“周官所定乡学，事尽六艺，然大礼犹不下庶人。当时政典掌在天府，其事迹略具于《诗》、《书》。师氏以教国子，而齐民不与焉。是故编户小氓，欲观旧事，则固闭而无所从受。故传称‘宦学事师’（《曲礼上》），‘宦于大夫’（《杂记下》），明不为贵臣仆隶，则无由识其绪余。自孔子观书柱下，述而不作，删定六书，布之民间，然后人知典常，家识图史。”《原经》云：“老聃、仲尼而上，学皆在官，老聃、仲尼而下，学皆在家人。”

② 《释名》：“经，径也，常典也。如径路无所不通，可常用也。”《文心·宗经》亦云：“三极彝训，其书言经。经也者，恒久之至道，不刊之鸿教也。”

③ 《说文》：“史，记事者也。从又持中。中，正也。”许君盖以良史不隐为持中之道，故以正训中。然中正乃抽象之德，非可手持，故清儒以下，多不从其说。江永《周礼疑义举要》云：“凡官署簿书谓之中，故诸官言治中、受中，小司寇断庶民讼狱之中，皆谓簿书，犹今之案卷也。此中字之本义，故掌文书者谓之史。其字从又从中，又者右手，以手持簿书也。”江云中为簿书，其义甚确，然中何以为簿书，则未之及。吴大澂《说文古籀补》乃云：“史，记事者也，象执简形。”其意盖以中当为[illegible]，即[illegible]之省。册为简策本字，故持中即象持册。章公《文始》亦同。

④ 古书称史，谓史官也。如《论语》：“吾犹及史之阙文也。”又：“文胜质则史。”均指史官，见注疏。《孟子》称：“其事则齐桓、晋文，其文则史。”桓，文与史对文，则此史亦指人非指书也。汉末人称《太史公书》为《史记》，亦以其书为史官所记也。汉末刘芳作《小史》，三国张温作《三史略》，谯周作《古史考》，始以史名书。

⑤ 如《左·昭二年》韩宣子聘鲁，观书于太史氏。《昭十二年》楚灵王称左史倚相能读坟、典、索、丘。《史记·老子传》：为守藏史，孔子从而问礼。

⑥ 章学诚《文史通义》始倡此说。龚自珍《定庵集》、张尔田《史微》从之。章公《明解故下》云：“六经皆史之方。”意谓六经乃史官所掌之方策，其意皎朗矣。

更出《左传》、《语》、《策》以穷其变。合经史而先秦记事文之流衍大略可知矣。

二　经史之发展

记事文之肇兴，盖由于文化既高，庶事日繁，对于过去及现在之史实，感觉有保持流传之必要，而最原始之歌谣，复不足以应此需求，因之别创较少拘束之散体。更进则历史观念之产生，知过去之史实之记录，有助于将来生活之发展，因之尤加重视①。此体遂益臻于完密。

吾国记事之文，以《尚书》为最古。《尚书》有今古文之分。今传古文之为伪作，已有定论②。即今文二十八篇中，《虞》、《夏书》及《商书·汤誓》亦皆后来追记③，故可信独《商书·盘庚》以下四篇，及《周书》而已④。其年代约当纪元前十四世纪末迄前七世纪初，其体则以载言为主，或为君上之诏令，或为臣下之奏议，要之皆原于尔时政治上之实际需要⑤。后人

① 《史记·自序》："有国者不可以不知春秋，前有谗而弗见，后有贼而不知。为人臣者不可以不知春秋，守经事而不知其宜，遭变事而不知其权。"此云春秋即是史书，即谓记事之史，匪独指《春秋》一书也。

② 《四库全书总目·古文尚书疏证提要》："古文《尚书》较今文多十六篇，(此鲁共王坏孔子宅所得，见《汉志》。)魏、晋以来绝无师说……东晋之初，其书始出，乃增多二十五篇，初犹与今文并立，自陆德明据以作《释文》，孔颖达据以作《正义》，遂与伏生二十九篇混合为一。……自吴棫始有异议……至(阎)若璩(《古文尚书疏证》)乃引经据古，一一陈其矛盾之故，古文之伪乃大明。"

③ 谓《尚书》此数篇出追记，其理由如下：《盘庚》以前诸篇，其文字反较平易。与文学史迹进化情形不合。一也。禅让传说本后来诸子托古之辞，而《尧典》竟有其事。二也。《禹贡》所载地域多同东周，商代文化尚仅及黄河流域，夏代决不能如此之广。三也。

④ 如《洪范》，近人或疑晚出，然要为周代之作(详《古史辨》等)。

⑤ 《史通·六家》云："盖书之所主，本于号令，所以宣王道之正义，发话言于臣下，故其所载，皆典、谟、训、诰、誓、命之文，至于《尧》、《舜》二典，直序人事，《禹贡》一篇，唯言地理，《洪范》总述灾祥，《顾命》都陈丧礼，兹亦为例不纯者也。"按谓《尚书》为记言，乃后人之说，非《尚书》本始，不得转执以议其体例。而如《洛诰》、《无逸》、《立政》诸篇，皆周公诰成王之辞，在后世即为奏议，亦非专"发话言于臣下"也。其体要以章实斋"因事命篇，不为成法"之说最为圆通，见《文史通义·书教》。

编而次之,代有增益,乃成定本①。其文浑厚诘屈。浑厚乃先民之本色,诘屈则缘其为古代之口语故也。

《春秋》与《尚书》同为古史,《尚书》以言为主,事为辅,《春秋》则纯记事②。古之史籍以春秋为名者甚多③,今本《春秋》则孔子据鲁史旧文修成者。其书起隐公迄哀公,凡二百四十余年。体为极简略之编年。书法皆有义例,以著成败,示褒贬,故其笔削谨严。此则缘当世史官,已具鉴往知来之历史观念,因逐年编记,以备检核。故孔子亦得取资以寓其素王之业焉④。

自《尚书》至《春秋》,可以窥见记事文之进展者,约有三端:《尚书》之作,偏于实际政治之需要;《春秋》之作,则偏于历史观念之进展。一也。《尚书》因事命篇,史实完缺不均;《春秋》年经月纬,史实记载一贯。

---

① 《书》之纂集,汉人多以为出孔子。《史记·孔子世家》:"孔子之时,周室微而礼乐废,《诗》、《书》缺。追迹三代之礼,序《书传》,上纪唐、虞之际,下至秦穆,编次其事。"是也。《汉志》及《尚书纬》同。

② 古书多云《尚书》记言,《春秋》记事(或记动)。《礼记·玉藻》疏云:"《春秋》虽有言,因动而言,其言少也。《尚书》虽有动,因言而称动,亦动为少也。"按《尚书》因言及动,说不误,唯今传《春秋》,绝不记言。《公羊·庄七》引《不修春秋》云:"雨星不及地尺而复。"又《礼记·坊记》引《鲁春秋》云:"杀其君之于奚齐及其君卓。"亦与今《春秋》同,则《春秋》乃纯记事可知,疏说非也。

③ 《国语·晋语》:"羊舌肸习于《春秋》。"又《楚语》云:"教之春秋而为之耸善而抑恶焉。"《左·昭二年》晋韩宣子来聘,见《鲁春秋》。《墨子》佚文:"吾见百国《春秋》。"又《明鬼下》称《周春秋》、《燕春秋》、《宋春秋》、《齐春秋》。是春秋者,当时史籍之共名也。

④ 《史通·六家》:"逮仲尼之修《春秋》也,乃观周礼之旧法,遵鲁史之遗文,据行事,仍人道,就败以明罚,因兴以立功。假日月而定历数,借朝聘而正礼乐微婉其说,志晦其文,为不刊之言,著将来之法。"《孔子世家》:"乃因史记作《春秋》……约其文辞而指博。故吴、楚之君自称王,而春秋贬之曰子,践土之会,实召周天子,而《春秋》讳之曰'天王狩于河阳'(《僖二十八》),推此类以绳当世贬损之义。……孔子在位,听讼文辞有可与人共者,弗独有也。至于为《春秋》,笔则笔,削则削,游夏之徒不能赞一辞。"《僖十六》经:"陨石于宋五……六鹢退飞过宋都。"《公羊》释之云:"曷为先言陨而后言石,陨石记闻,闻其声磌然,视之则石,察之则五。……曷为先言六而后言鹢,六鹢退飞,记见也,视之则六,察之则鹢,徐而察之则退飞。"此其严密至不可增损之程度,故《春秋繁露·深察名号篇》、《史通·叙事篇》皆深赞之。

二也。《尚书》无规定之记录方式,《春秋》有完整之笔削义例。三也。

《尚书》、《春秋》虽为记事文之大原,而朴拙简略,文学之价值犹小。及《左氏传》出,始为此体放一异彩。《左氏传》者,先儒以为孔子作《春秋》,左丘明为《传》以辅翼之[①]。"或先经以始事,或后经以终义,或依经以辩理,或错经以合异。"[②]故二者犹衣之表里,相须而成[③]。自汉世今文家谓左氏不传《春秋》,近人异说尤多[④],胥意必之谈,今不具论。其文载言叙事,并极工妙富艳,词不迫切,而意独深至,信经文之羽翮,而述者之冠冕也。《左氏传》而外,复有《国语》,旧传亦左丘明所为[⑤],分国以纪周、鲁、齐、晋、郑、楚、吴、越之事,起周穆王,终鲁悼公。其所记事,与《左》或相重,或相异。其文有甚厚甚精处,亦有剪裁疏漏处,不如《左传》之熔铸如出一手,故后世诵习之者,亦较鲜焉。

---

① 《史记·十二诸侯年表序》:"孔子西观周室,论史记旧闻,兴于鲁而次《春秋》,上记隐,下至哀之获麟,约其辞文,去其烦重,以制义法。……七十子之徒,口受其传指,为有所刺讥褒讳挹损之文辞,不可以书见也。鲁君子左丘明惧弟子人人异端,各安其意,失其真,故因孔子史记具论其语,成《左氏春秋》。"《汉志》略同,唯末句云:"故论本事而作传。"明《左氏春秋》即《左传》也。

② 杜预《春秋序》语。孔疏:"先经者,若隐公不书即位,先发仲子归于我。卫州吁弑其君完,先发庄公娶于齐,如此之类,是先经以始事也。后经者,昭二十二年王室乱,定八年乃云刘子伐盂以定王室。哀二年晋纳蒯聩于戚,哀十五年乃言蒯聩自戚入卫,如此之类,是后经以终义也。依经者,经有其事,传辩其由,隐公不书即位而求好于邾,故为蔑之盟。案其经文,明其归趣,如此之类,是依经以辩理也。错经者,若地有两名,经传互举,及经侵传伐,经伐传侵,于文虽异,于理则合。如此之类,是错经以合异也。传文虽多,不出四体,故以此四句明之也。"

③ 《太平御览》卷六一〇引《新论》:"左氏传于经,犹衣之表里,相待而成。经而无传,使圣人闭门思之十年,不能知也。"

④ 汉今文师说见《文选》卷四十三刘歆《移让太常博士书》。近人之说略见刘逢禄《左氏春秋考证》、康有为《新学伪经考》、皮锡瑞《春秋通论》及《古史辨》等。

⑤ 《文选》卷四十一司马迁《报任安书》:"左丘失明,厥有《国语》。"《汉书·艺文志》:"《国语》二十一篇,左丘明著。"韦昭《国语注序》:"昔孔子修旧史以垂法,左丘明因圣言以摅意,其雅思未尽,复采前世穆王以来,下讫鲁悼智伯之诛,以为《国语》。"

《战国策》，不知谁作[①]。其篇分东西二周、秦、齐、楚、赵、魏、韩、燕、宋、卫、中山。上继春秋之后，讫秦并六国，亦尽二百四十余年之事。盖战国时游士辅所用之国，为之策谋，所遗留也。故书中所载，大抵当时纵横捭阖之谋，谲诳倾夺之说[②]。载言多，叙事少。所载之言，复凭虚者多，征实者少[③]。其质亦史亦子，其文机警雄快，皆与《左》、《国》不同。则时世为之。盖春秋时行人辞令之学，至战国一变而为纵横家言，章学诚《诗教篇》，言之綦详。《国策》则其言行之总汇也。

自《尚书》、《春秋》而至《左传》、《语》、《策》，实为商、周文化进展之反映。其篇幅由简短而丰长，则文书工具之进展使然；其内容由单纯而复杂，则社会关系之进展使然；其技巧由朴拙而精妙。则文辞本身之进展使然。此三者复彼此相关，皆按之遗文而可知者也。

三　诸子书之由来

群经非无说理之文，然即事明理，理寓于事，非若诸子书之“越世高谈，自发户牖”也[④]。故论古代说理之文，必以诸子为重心。子者，本男子之美称，亦为尊称及有德者之称[⑤]。自晚周王官之学流入私门，一时大师，各立学派，弟子推尊，称之为子。及述其师说，编次为书，即以其人之

---

① 《国策》作者，今人罗根泽以为作始于蒯通，重订于刘向。（见《古史辨》第四册《〈战国策〉作于蒯通考》及《补正》。此二文后收入罗氏所著《诸子考索》，惟将题中“作于”字改为“作始”，又益以《跋金德建先生〈战国策作者之推测〉》及《潘辰先生〈试论《战国策》的作者问题〉商榷》二文。）

② 刘向《战国策书录》：“战国之时，君德浅薄，为之谋策者，不得不因势而为资，据时而为□（一本作画），故其谋扶急持倾，为一切之权，虽不可以临国教化，兵革救急之势也。”

③ 《史记·苏秦传》：“苏秦兄弟三人，皆游说诸侯以显名，其术长于权变，而苏秦被反间以死，天下共笑之，讳学其术。然世言苏秦多异，异时事有类之者皆附之苏秦。”盖《国策》中之人与事类皆后人所附会也。钱穆《苏秦考》（《先秦诸子系年》第九十五）于苏秦合从张仪连横事且辨其诬，则其他可知。

④ 《文心·诸子》语。

⑤ 男子美称，见《左·昭十二》“从我者子乎”疏，尊称及有德者之称，见《仪礼·乡射礼》“字不若子”疏。

尊称，为其书名。及后则手箸之书，亦以子称焉。

至子书性质，《文心雕龙·诸子篇》以“入道见志之书”为说，此言最简而明。盖群经官守之学，其重在事制；而诸子私家之言，其重在义理。重在事制，故尊信旧闻，其文亦偏于记事；重在义理，故贵发抒，其文亦偏于说理①。

子书之兴，盖有二因。一者学术之迁变，二者时势之需要。古者政教不分，官师合一。士夫世禄，子就父学为畴官。及周之东迁，王纲解纽，畴人子弟分散②。孔子流布先世文籍，以授徒众，诸子之学，因而勃兴，故《七略》谓诸子之学出于王官。此所谓术学之迁变也③。春秋之时，周室已微，然诸侯争霸，犹以尊王攘夷相号召。下逮战国，则已非威不立，非势不行④。竞争愈烈，则求才愈殷。诸子各以其说取合诸侯，自致显达，故其学因之隆盛。此所谓时势之需要也⑤。合二者观之，则诸子书之由来，

---

① 章公《与章行严论墨学第二书》：“大略言之，经多陈事实，诸子多明义理。……故贾、马不能理诸子，而郭象、张湛不能治经。”

② 《史记·历书》：“幽、厉之后，周室微，陪臣执政，史不记时，君不告朔，故畴人子弟分散。”《集解》引如淳曰：“家业世世相传为畴。律，年二十三传之畴官，各从其父学。”

③ 《七略》云：儒家出于司徒之官，道家出于史官，阴阳家出于羲和之官，法家出于理官，名家出于礼官，墨家出于清庙之守，纵横出于行人之官，杂家出于议官，农家出于农稷之官，小说家出于稗官。按此分析过细，故招人驳议，然于其本柢固无伤也。王官失守而诸子兴，其枢纽亦在孔子。《驳建立孔教议》云：“九流之学，靡不出于王官。守其一术而不遍览文籍，则学术无以大就。自孔子布文籍，又自赞《周易》，吐《论语》以寄深湛之思，于是大师接踵，宏儒郁兴，虽所见殊途，而提振之功在一。”《国故论衡·原学》云：“九流皆出王官，及其发舒，王官所不能与。官人守要，而九流究宣其义，是以滋长。”此论官学转为私学及私学发达之故最为著明。

④ 《战国策书录》语。《日知录》十三论周末风俗云：“春秋时犹尊礼重信，而七国则绝不言礼与信矣。春秋时犹宗周王，而七国则绝不言王矣。春秋时犹严祭祀，重聘享，而七国则无其事矣。春秋时犹论宗姓氏族，而七国则无一言及之矣。春秋时犹宴会赋诗，而七国则不闻矣。春秋时犹有赴告策书，而七国则无有矣。邦无定交，士无定主。此皆变于一百三十三年之间（由春秋之终——敬王三十九年至六国以次称王——显王三十五年）……不待始皇之并天下，而文、武之道尽矣。”

⑤ 《淮南·要略》论之甚详，例如：有齐国之地势，桓公之霸业，而后管子之书作；有战国之兵祸，而后纵横修短之术出；有韩国新故相反，前后相缪之法（注转下页）

概可见矣。

次就诸子书体制之衍变而论，亦有数端可得而言。其一，则由徒众缀集而进为一人撰著也。自孔子以来，私门讲学之风大盛。诸子师弟渊源，故书所载，班班可考。其始授徒，多资口说。承教者惧其久而失传，或“退而异言”，“传闻异辞”①，乃缀集纲要，著之书契。及缀集之风盛，其用亦显，诸子乃进而手定其文，以诏当世焉。故其初多为纪录之独白与对话，其后则多为撰著之议论②。此关于作者之衍变也。其二，则由简短零乱而进为条贯畅遂也。文籍之兴，不能不受物质工具之限制，前已言之。古者载言叙事，多从简略，文字简短而次序零乱，盖其始方策之用不周故也。及夫后来，不特文字技巧进步，思想方法进步，即物质工具亦进步。遂由短简而丰长，由零乱而齐整。条贯畅遂之文乃出③。此关于文字之衍变也。其三，则自述古训而进为成家言也。子书之发生，虽在官学事师之制度破坏以后，然其本原仍在官守之学，故孔子以《诗》、《书》为教，自称述而

（续上页注）令，而后申子刑名之书生；有秦孝公之图法，而后商鞅之法兴。《汉志·诸子略》亦云：“诸子……皆起于王道既微，诸侯力政，时君世主，好恶殊方，是以九家之术，蜂出并作，各引一端，崇其所善，以此驰说，取舍诸侯。其言虽殊，辟犹水火，相灭亦相生也。”

①　退而异言，《汉书·艺文志·春秋家序》语。传闻异辞，《公羊·隐元》、《桓二》、《哀十四》语。

②　古之诸子，不特师弟讲业而已，即生活亦复相共，孔、孟如此，许行、墨翟亦如此。弟子平昔为师服务，所谓“服勤至死”，“有事弟子服其劳”，盖犹是古代官学事师之遗风，今日工商业学徒制犹如此也。故弟子之记师学，不特记其言，亦且记其行；不特尊其师生前之言行，亦且奉其师身后之流派。年代愈久，则附加者愈多。后人以此多疑诸子书伪，不知其本非手箸也。（即出手箸，后人仍可附益。）章学诚《文史通义·述学驳文》云：“孔子未修《春秋》以前，并无诸子著书之事，如其有之，则夫子必从而讨论，不容绝不置于口也。其子有生孔子前者，如管子上溯太公之类，皆是后人撰辑，非其本人所自为。墨子生去孔子未远，其书未必出其手著，至入战国之事，则其徒相与附益。”又《言公上》曰：“诸子之持之有故，言之成理者，固将推衍其学术而传之其徒焉。苟足显其术而立其宗，援述于前与附衍于后者，未尝分居立言之功也。”诸子书初兴，不出一手，观章此论，断然可知。

③　《诗教上》：“《论语》记夫子之微言，而曾子、子思俱有述作以传世，至孟子而其文然后闳肆焉，著述至战国而始专之明验也。”

不作，信而好古。诸子书中，其则古称先，或羼有古官书者，皆述古训之证①。逮其渐次发展，成为独立系统，则或施寓言，或造故事，以为其理论之根据②。此则利用社会信仰古先之心理，以完成其一家之言，与好古不作者固绝异矣。此关于内容之衍变者也。由徒众缀集简短零乱之文以述古训者，最佳之例为《论语》。由一人撰著条贯畅遂之文以成家言者，最佳之例为《庄子·内篇》。诸子书体制衍变之过程，即古代说理文发展之实况也。

四　子书之发展

说理文之作用，在由事物之异同而推求因果，判断是非。此虽原于人类思考之本能，然著之文字，则必于文化高度发达以后。稽之吾国史实，说理文逮晚周诸子书而趋成熟，固合理之现象也。今就其衍进之迹，约举其要论之。

诸子之学，始于孔子，故说理之文，亦以《论语》为最先。《论语》者，孔子应答弟子、时人，及弟子相与言而接闻于孔子之语③。当时弟子各有所记，孔子既卒，乃辑以成书。其体大率以一句或数句为一章。虽集章为篇，集篇为书，而每章独立，不相连贯。行文极简，甚或使后之览者不能明

---

① 《言公上》："诸子思以其学易天下，固将以其所谓道者，争天下之莫可加，而语言文字，未尝私其所出也。先民旧章，存录而不为识别者，《幼官》、《弟子》之篇，《月令》、《土方》之训是也。（原注：《管子·地圆》、《淮南·地形》，皆土训之遗。）"此以古官书羼入者也。其"则古昔，称先王"（《曲礼》语）者则论、墨、孟、荀书多引五经之言是。故《韩非子·显学篇》讥之曰："孔子、墨子俱道尧、舜，而取舍不同，皆自谓真尧、舜。尧、舜不复生，将谁定儒、墨之诚乎？"

② 孟子已如此，庄子、韩非尤多。

③ 《后汉书·章帝纪》引孔子曰："学之不讲，是吾忧也。"又曰："博学而笃志，切问而近思，仁在其中矣。"钱大昕《廿二史考异》十《后汉书一》："按博学以下，乃子夏之言，非孔子语。《蔡邕传》：'小能小善，虽有可观，孔子以为致远恐泥。'亦子夏语也。《汉书·艺文志》引'虽小道必有可观者焉'，王充《论衡》引'死生有命'，'纣之不善，不如是之甚'，皆以为孔子语。（按：死生云云，子夏语，纣之不善云云，子贡语。）说者以为古人引书多误，其实非也。考《艺文志》云：'《论语》者，孔子应答弟子、时人及弟子相与言，而接闻于夫子之语也。'云接闻于夫子，则其言皆孔子所取矣。故汉人引《论语》，虽弟子之言，皆归之孔子，非由记忆之误。"

其究竟①。此则当时之文书工具文字技巧之限制使然。其内容主记言，则同于《尚书》；其形式从简约，则符于《春秋》。所异者《尚书》、《春秋》为记事文，为官书，《论语》则为说理文，为私门著述。加之比论，则《论语》在说理文中之位置，与二经在记事文中者固略相等，皆所以导后来之先路者也。

《孟子》书今存者内七篇，其体与《论语》大同，而所记对话，多于独白，对话复以往复辩论之辞为多。盖孟子之时，纵横之风已盛，孟子其人，又夙以好辩著称也。其文称心而谈，雄迈俊伟，言义理则譬喻明白，断是非则反复详尽。单行直下，如江河东注，沛然莫之能御。自汉人皆以七篇出于孟子手著，《朱子语类》亦谓其笔势如熔铸而成，非缀辑所就。信矣②！自孔子至孟子，相距不过二百年。《论》、《孟》成书之年代，所隔尤短，而已由简短之缀集，进为丰长之撰著。则战国时代文化之多方面进步有以促成之。

庄子与孟子同时而少后。其书今存者三十三篇，分内、外、杂三部。据学人研究，唯内七篇为庄子手著，其余则庄学之徒所附益也。自太史公已称庄子善属书离辞，指事类情。益于先秦诸子中最为魁杰，余子之文虽高，犹地上之骏足，而庄子则行空之天马也③。其特色一则寓言之广泛应

---

① 如《卫灵公》云“吾犹及史之阙文也。有马者，借人乘之，今无矣夫”之类。亦有每段含意甚多，显出语长而所记者短之情况。盖当《论语》成书时代，物质条件犹不充裕，故授受之顷，但具纲目，其详则凭口说也。

② 《史记》本传：“退而与万章之徒序《诗》、《书》，述仲尼之意，作《孟子》七篇。”赵岐《孟子题辞》：“于是退而论集所与高第弟子公孙丑、万章之徒难疑答问，又自撰其法度之言，著书七篇。”《郡斋读书志》述晁说之语云：“今考其书，载孟子所见诸侯皆称谥，如齐宣王、梁惠王、襄王、滕定公、文公、鲁平公是也。夫死然后有谥，轲著书时，所见诸侯不应皆前死……后人追为之明矣。”阎若璩《孟子生卒年月考》则谓：“孟子道不行，归而作书七篇，卒当赧王之世。卒后，书为门人所叙定，故皆加谥。”陈汉章《经学通论》更考定孟子卒于赧王三十六年，诸侯列名书中者皆前卒，不待门人为之加谥。则汉人手著之说诚可信矣。

③ 刘熙载《艺概》评庄生之文，谓为“意出尘外，怪生笔端”，二语最谛。郭象注序曰：“故观其书，超然自以为已当，经昆仑，涉太虚，而游惚恍之庭矣。虽复贪梦之人，进躁之士，暂而揽其余芳，味其溢流，仿佛其音影，犹足旷然有忘形自得之怀，况探其远情而玩永年者乎？”

用，二则说理之文参以抒情之体。虽故为谬悠，实深于哀乐，其内心之矛盾，大类屈原，唯畸狂畸狷为异，故归趣亦殊，后人多以庄、屈并论，有以也[①]。

由《孟子》之开阖变化，光辉发越，而至《庄子》之瑰玮连犿，汪洋纵肆，古代说理之文遂造极峰，亦犹记事文之有《左传》、《国策》也。次有《荀》、《韩》二子及《吕氏春秋》。《荀子》之文，部勒整齐，排比丽密[②]。《韩非》更益以峭厉深刻，引绳墨，切事情，无不尽之意[③]。皆说理文之模楷也。若《吕氏春秋》，则成于吕不韦门客之手，非出一人，故其学术内容、文辞风格亦复总杂，顾就其书之体裁而论，则极有可注意者。盖《论》、《孟》之书，为说理文之初型，主于记言，以章为单位，其分篇目者，皆后来编次之为。故篇题皆即首章摘字为之，明其本始但有章之观念也。《庄子》篇题，已非摘字而成，乃系表示其中心思想，然一篇之中，各章若断若续，犹不能谓有篇之观念。荀、韩之文，则据题抒论，题既文之中心思想，文亦题之充分发挥，于是篇之观念成立，然尚未尝自集诸篇以为一书。及吕不韦之门客，姓合八览、六论、十二纪以为《吕氏春秋》，系统分明，而书之观念乃定。章进为篇，篇更进为书，遂先为秦诸子书最完密之形式。此则《吕氏春秋》对

---

① 《文史通义·质性》："大约乐至沉酣，而惜光景，必转生悲；而忧患既深，知其无可如何，则反为旷达。屈原忧极，故有轻举远游、餐露饮瀣之赋；庄周乐至，故有后人不见天地之纯、古人大体之悲，此亦倚伏之至理也。"

② 孟、荀虽皆衍孔门之绪，而持论已不相同，如性善性恶之争，法先王法后王之辨，皆其显然者，故《荀子·非十二子》尝斥子思、孟轲。其文亦与《孟子》异趣。其天才似不及孟子之超卓，而善于排比铺叙，其法度严密，用复笔处多，下开汉人典雅一派。大氐《孟子》得后世古文家所谓阳刚之美，而《荀子》所得，则于阴柔之美为多。其书为手著，无疑之者。

③ 《汉书·艺文志》著录五十五篇，今本合。然据容肇祖《韩非子考证》，亦有后人附益之文，非尽出韩子。其《五蠹篇》尝以"修文学，习言谈"为五蠹之一。盖法家之学尚功利核名实，自不喜文学言谈之士，然韩子文实高，《史记》本传载秦王尝见其《孤愤》、《五蠹》诸篇，叹曰："寡人得见此人与之游，死不恨矣。"此固由其持论能合王意，亦其文辞能表见之也。包世臣《文谱》尝论唐、宋古文家多仿韩非之体势，盖有之矣。

于文体衍进之贡献，而为论者所不甚注意者也①。

诸子文体文辞之变迁，略如右述②。犹有一端，当加申说者，则其表见方式是。盖诸子之文，乃以说理为中心，而说理之文，其要归在能立能破。因是，当其施用，每以名学为本根，以从横为枝叶。自孔子倡正名之论，又周游列国以干时主，名与从横之学，已启其源③。今考诸子行事著书，莫不于此致意，知二者盖诸子之所共术，而非二家所独专。余杭章公《国故论衡·论式篇》论后世文学行于当官者，其原各有所受。奏疏、驳议近论，诏册、表檄、弹文近诗。近论故无取纷纶之辞，近诗故好为扬厉之语。大氐近论者取于名，近诗者取于从横。此虽就后世言，而于诸子说理之文所采表见方式，则固揣其本矣。

---

① 《史记》本传："不韦乃使其客人著所闻，集论以为八览、六论、十二纪。"按十二纪各五篇，八览每览各八篇（今本有《始览》只七篇，卢文弨谓脱《廉孝》一篇），六论每论各六篇，又有《序意》一篇，述作书之旨，列十二记后。司马迁作《史记》，盖效法之。（参傅斯年《战国时代之篇式书体——一个短记》，载《历史语言研究所集刊》第一本第二分。）

② 此之所论，仅酌举尤要者数家。要之先秦诸子之文，因学术本体各具面目，故文辞风格亦各具面目。文学之内容与形式本不可分也。章公《诸子学略说》云："诸子学者，非专限周、秦，而必以周、秦为主。"此言学术之独立发展也。刘熙载《艺概》云："周、秦诸子之文虽纯驳不同，皆有个自家在内。"《文心·诸子》云："研夫孟、荀所述，理懿而辞雅；管、晏属篇，事核而言练；列御寇之书，气伟而采奇；邹子之说，心奢而辞壮；墨翟、随巢，意显而语质；尸佼、尉缭，术通而文钝；鹖冠绵绵，亟发深言；鬼谷眇眇，每环奥义；情辨以泽，文子擅其能；辞约而精，尹文得其要；慎到析密理之巧，韩非著博喻之富；吕氏鉴远而体周。淮南风采而文丽。斯则得百氏之华采，而辞气文（文，疑是衍字）之大略也。"此言文辞之独立发展也。

③ 孔子周游列国以干时主，实启纵横之风。其倡诗教而重在"使于四方"，亦可见意之所在。至于正名一义，发挥尤详。春秋笔削，实具正名之义，姑不具论，而载在《论语》者，若《子路篇》云："子路曰：'卫君待子而为政，子将奚先。'子曰：'必也正名乎。'子路口：'有是哉，子之迂也！奚其正？'子曰：'野哉，由也！君子于其所不知，盖缺如也。名不正则言不顺，言不顺则事不成，事不成则礼、乐不兴，礼、乐不兴，则刑罚不中，刑罚不中，则民无所措手手足。故君子名之必可言也，言之必可行也。君子于其言，无所苟而已矣。"他若《雍也篇》所云"觚不觚，觚哉！觚哉！"之说，亦正名之意也。

乐府歌谣与五七言诗之成立第四

一 《三百篇》以后之四言诗

四言诗以《三百篇》为极致。四言既衰，五七乃兴。西汉乐府歌谣，则五七言诗之先驱也。今检寻事迹，略明流变如次：

考《三百篇》虽不尽四言，而实以四言为其主要句式。此类句式，大体又可区为二种。一种杂有虚字，一种则无之①。此二种句式，后经变迁，渐趋分化。前者词赋承之，后者则成为汉以来四言诗之唯一句法。而儒术既尊，《三百篇》渐由文学而进为圣典。故汉人作四言者，亦莫不措意于当时所谓诗教，而以讽谏为依归。在此情形之下，四言之外形趋于整齐②，内容偏重教训，加之古乐沦亡，音节之美亦失，其文学价值遂逐渐低落。《文心·明诗》称："汉初四言，韦孟首唱，匡谏之义，继轨周人。"③两

---

① 例如《王风·采葛》："彼采葛兮，一日不见，如三月兮。"第一、三两句杂有兮字，第二句则为纯粹之四言。

② 取四言诗与代之而起之五言诗比较，则可发见其本身条件实不如五言之优越。如《诗品序》云："夫四言文约意广，取效风骚，便可多得，每苦文繁而意少，故世罕习焉。五言居文词之要，是众作之有滋味者，故云会于流俗，岂不以指事造形，穷情写物，最为详切邪？"《文心·明诗》云："四言正体，雅润为本，五言流调，清丽居宗，华实异用，唯才所安。"合此两说，加以分析，则可见四点：一、就体制言，四言是"正体"，五言是"流调"。二、就时代言，四言"世罕习焉"，故为古体，五言"会于流俗"，故为新体。三、就风格言，四言是"雅润"，是"实"，五言是"清丽"，是"华"。四、就表见言，四言"每苦文繁意少"，五言"居文辞之要"。前二者乃一种史的变迁，后二点则可用以释此变迁之故。盖吾国诗歌之基本音节为平仄，在四言句中，此二元素所组成之音节仅有四种，即平平、仄仄、平仄、仄平，同时其句法组织之变化，亦不外上二下二、上一下三、上三下一等三种，均不能与五言及后起七言之变化繁多者相比。《本事诗》载李白云："寄兴深微，五言不如四言，七言又其靡也。"太白此语，显然有复古意味，但其本人，仍只作五七言，不作四言。即此可明四言诗在文学史上衰落之故矣。

③ 《汉书·韦贤传》："韦孟家本彭城，为楚元王傅（元王名交，高祖同父少弟），傅子夷王及孙王戊，（师古曰：官为楚王傅而历相三王也。）戊荒淫不遵道，孟作诗讽谏。后遂去位，徙家于邹，又作一篇。"太炎先生《辨诗》云："《三百篇》者，（注转下页）

汉之作盖大体循此流波，不足深论。及后曹操、嵇康、陶潜诸人之为，独能擢秀当时，媲美前世，则个人才力，亦有时不为时势所左右，固非恒数也。

汉以来之四言，就诗之本身而言，虽趋衰微，然就文体而言，则固未尝消灭，乃转而移植于颂、赞、箴、铭、诔、碑诸体之内，由八代以迄唐宋，奕世蕃滋，成为不祧之宗。盖文学之变化，现象复杂，显隐不同，不得专就表面以求之也。此种现象，可分二端言之，一者源流之递嬗，二者性质之宜称。以源流言，则颂、赞以次诸体，本出于诗，其后乃各自独立。故姚鼐《古文辞类纂序》以为碑、志者，其体本于《诗》①；箴、铭者，三代以来有其体矣②，颂、赞者，亦《诗》颂之流③，哀祭者，《诗》有颂，风有《黄鸟》④、《二子乘舟》⑤，皆其源也。以性质言，则此诸体之作用，不外赞美、规戒、哀悼，其感情比较严肃沉重，以此变化较少之句式表见，更为适宜。因之，后世抒情之作，采用四言者虽远逊于周代，而颂、赞以次诸体，则恒用之。征之《文选》入录诸篇，大略可见⑥。以知四言之体，确系离《诗》以别启土宇，

(续上页注)四言之至也，在汉独有韦孟，已稍淡泊，下逮魏氏，乐府独有《短歌》、《善哉》诸行为激卬也。自王粲而降，作者抗志欲反古初，其辞安雅，而惰驰无节者众，若束皙之《补亡诗》，视韦孟犹登天，嵇、应、潘、陆亦以苦窳。'悠悠太上，民之厥初。'(应贞《晋武帝华林园诗》)'于皇时晋，受命既固。'(潘岳《关中诗》)盖庸下无足观，非其材劣，固四言之势尽矣。"

① 《文心·诔碑》论碑文之体云："其叙事也该而要，其缀采也雅而泽，清词转而不穷，巧义出而卓立。"盖"歌颂功德，其用施于金石"(姚鼐《古文辞类纂序目》)所云，亦与《诗》之雅颂同流也。

② 今传三代箴、铭，多不可信，然如虞人之箴，载《左·襄四年》，则其可据者。此篇实用四言体为之(十五句中，四言十三句，五言二句)，则姚说亦可为箴、铭出《诗》之证。

③ 《文心·颂赞》："古来篇体，促而不广，必结言于四字之句，盘桓于数韵之辞。"尤足见其与《诗》之关系矣。

④ 《诗序》："《黄鸟》，哀三良也。(传：三良，三善臣也，谓奄息、仲行、针虎也。)国人刺穆公以人以死，而作是诗也。"

⑤ 《诗序》："《二子乘舟》，思伋、寿也，卫宣公之二子争相为死，国人伤而思之，作是诗也。"

⑥ 如颂、赞之属，则有扬雄《赵充国颂》，史岑《出师颂》，陆机《汉高祖功臣颂》，夏侯湛《东方朔画象赞》，袁宏《三国名臣序赞》及班、范《史述赞》(共四篇)。(注转下页)

至以抒情为主之诗，则自有五七言体代之而兴焉。

二　西京乐府之概况

五七言诗皆出于汉世民间歌谣，率以当时入乐而得传流后世。《宋书·乐志》所谓“凡乐章古辞，今之存者，并汉世街陌讴谣”是也。故兹欲溯五七言诗之缘起，当先知乐府之概况。乐府本官署之称①，其职掌乃采制乐声诗辞，以备宗庙礼仪及供帝王欣赏。盖汉初已有之，至武帝而加扩大②。其后涵义少变，则入乐之歌诗亦蒙乐府之名焉③。

乐府既即入乐之诗，故其本在声调。音乐之声调，实依文明而进步。

(续上页注)箴铭之属，则有张华《女史箴》，张载《剑阁铭》，陆倕《石阙铭》、《新刻漏铭》。哀祭之属，则有曹植《王仲宣诔》，潘岳《杨荆州诔》、《杨仲武诔》、《夏侯常侍诔》、《马汧督诔》，颜延之《阳给事诔》、《陶征士诔》，谢庄《宣贵妃诔》，颜延之《元皇后哀策文》，谢朓《敬皇后哀策文》，谢惠连《祭古冢文》，颜延之《祭屈原文》，王僧达《祭颜光禄文》。碑志之属，则有蔡邕《郭有道碑文》、《陈太丘碑文》，王俭《褚渊碑文》，王巾《头陀寺碑文》，沈约《安陆昭王碑文》，任昉《刘先生夫人墓志》。凡四言者三十二首，约当入选者十之八九，胥八代名篇也。其中如潘岳《哀永逝文》用骚体，崔瑗《座右铭》用五言诗体，皆极少数。此虽非精确统计，然亦足见四言诗之流裔确遁之此诸体中。《诗》之任务，则自有五七言起而代之也。

① 如《汉书·霍光传》奏昌邑王，“大行在前殿，发乐府乐器”。又《张放传》：“使大奴骏等四十余人群党盛弓弩，白昼入乐府攻射宫寺。”皆足证乐府乃当时官署之称。

② 《汉书·礼乐志》：“《房中乐》，楚声也。孝惠二年，使乐府令夏侯宽备其箫管，更名曰《安世乐》。”下又云：“至武帝定郊祀之礼……乃立乐府，采诗夜诵，有赵、代、秦、楚之讴。”(《艺文志》略同。)师古注云：“始置之也。乐府之名，盖起于此。”按志文前后不符，盖若孝惠时已有乐府令，则不待孝武时方立乐府，故《日知录》(二十六“汉书”条)訾其两收而实未贯通。论者欲加调停，则谓孝惠时先有官，武帝时始立署(陈钟凡《韵文通论》及罗根泽《乐府文学史》均如是说)。然有官无署，亦无其理，考《史记·乐书》云：“高祖崩，令沛得以四时歌舞宗庙，孝惠、孝文、孝景无所增更，于乐府习常隶旧而已。”据此，则乐府实始汉初，盖武帝时始加之扩充，故史以归之耳。

③ 《日知录》(二十八“乐府”条)：“乐府是官署之名……后人乃以乐府所采之诗即名之曰乐府，误矣。曰古乐府，尤误。”原注：“《后汉书·马廖传》言哀帝去乐府。注云：哀帝即位，诏罢郑、卫之音，减郊祭及武乐等人数，是亦以乐府所肄之诗，即名之乐府也。”

上古之乐，以韶、武为最著，及于战国，已为郑、卫所代[①]。由秦及汉，嬗变尤甚。声调既变，则歌辞自亦随之。今考汉初乐府声调，大别之，不外前代之乐、外夷之乐、方域之乐三种。前代之乐，所谓"雅声"，即周室之旧也。据《汉志》、《文心》所载，雅声在汉初已杂奏乐，虽于乐官肆习，而不常御，故成帝之时，已渐沦亡[②]。其歌辞今亦不传。以理推之，其体式当与《三百篇》同[③]。若是，则与诗歌新体创造之关系，盖不甚密切矣。外夷之乐，所谓"新声"，即北方各族所输入者。《汉书·叙传》载秦始皇之末，班壹避地楼烦，以财雄边，出入鼓吹，是为夷乐流华之始，而其辞靡闻[④]。后张骞使西域，始传《摩诃兜勒》一曲，李延年衍为新声二十八解，辞亦无存[⑤]。独铙歌二十二曲，其十八曲之辞犹在[⑥]，是为汉人乐府夷乐歌辞之仅存者。以其声辞相杂，字句讹脱，故多诘屈难通，而句读长短不齐，则后

① 《论语·卫灵公》："乐则韶舞，放郑声……郑声淫。"《八佾》："子谓韶，尽美矣，又尽善也；谓武，尽美矣，未尽善也。"《礼记·乐记》："郑卫之音，乱世之音也。"又："魏文侯问于子夏曰：吾端冕而听古乐则唯恐卧，听郑、卫之音则不知倦，敢问古乐之如彼，何也？新乐之如此，何也？"

② 按雅声即夏声，谓周室之旧也，说见刘申叔先生《南北文学不同论》。《汉书·艺文志》云："（礼、乐）周衰俱坏，乐尤微眇，以音律为节，又为郑、卫所乱，故无遗法。汉兴，制氏以雅乐声律，世在乐官，颇能纪其铿锵鼓舞，而不能言其义。"《文心·乐府》云："秦燔乐经，汉初绍复，制氏纪其铿锵，叔孙定其容典，虽摹韶、夏，而颇袭秦旧，中和之响，阒其不还。"此明汉初雅乐之混淆与残缺也。《礼乐志》云："河间献王献雅乐，天子下大乐官常存肄之，岁时以备数，然不常御。常御及郊庙，皆非雅声。"此见汉初雅乐虽经保持，然已趋敷衍也。《礼乐志》又云："成帝时……王禹世受河间乐，能说其义，其弟子宋晔上书言之……事下公卿，以为久远难分明，当议复寝。"此见汉末雅声已就灭亡也。

③ 唯《汉书·王褒传》云："褒作中和，乐职，宣布诗，选好事者令依鹿鸣之声习而歌之。"今亦无传。

④ 《汉书·叙传》："始皇之末，班壹避地于楼烦……以财雄边，出入弋猎，旌旗鼓吹。"《乐府诗集》引刘瓛定军礼云："鼓吹，未知其始也，汉班壹雄朔野而有之矣，鸣笳以和箫鼓，非八音也。"非八音，知为夷乐矣。

⑤ 《晋书·乐志》（范书《班彪传》注引《古今乐录》同）云："胡角者，本以应胡笳之声，后渐用之横吹，有双角，即胡乐也，张博望入西域，传其法于西京，唯得《摩诃兜勒》一曲，李延年更用胡曲造新声二十八解。"

⑥ 铙歌今存，见《宋书·乐志》。

来杂言诗之先驱也。方域之乐，据《汉书·礼乐》、《艺文》二志所载伎人及歌诗之目，颇为复杂。又均言及“赵、代、秦、楚之讴”，盖举其著者。今传西汉祭祀之乐，有唐山夫人作之房中歌十七章①，及司马相如等作之郊祀歌十九章②，皆为楚声，若相和杂曲诸辞，则正《汉志》所云“赵、代、秦、楚之讴”，及《宋志》所云“汉世街陌讴谣”也。房中、郊祀之形式，以三言及四言为主。前者盖自《楚词》出，后者则踵《三百篇》之遗规。独其中数篇，以杂言组成，而颇多七言之句，足以窥见七言诗之滥觞，较可注意③。然无论就五七言诗之渊源言，抑就乐府本身之艺术言，其精华必在方域乐中之民间歌谣。雅声新声与夫房中郊祀，其影响与价值皆不足与之相比，此则不争之论也。

汉代乐府中民间歌谣盖不仅在形式上为五七言诗之渊源，即在内容上亦复奠定其基础。今综合内外，加之归纳，则其特色，殆有数端：风格之素朴④，一也。想象之奇特⑤，二也。形式之变化，三也。题材之广泛⑥，四也。叙事体之发展⑦，五也。对话法之应用⑧，六也。凡此皆乐府歌谣之普遍现象，而为后来文士拟作乐府及创造古诗之所取资，即或踵事增

---

① 《礼乐志》：“《房中祠乐》，高祖唐山夫人所作也，周有《房中乐》，至秦名曰《寿人》。凡乐，乐其所生，礼不忘本。高祖乐楚声，故《房中乐》楚声也。”

② 《志》又云：“武帝定郊祀之礼……以李延年为协律都尉，多举司马相如等数十人造为诗赋……作十九章之歌。”按其中四章题邹子乐(《青阳》、《朱明》、《西颢》、《玄冥》)，前人因疑为邹阳作。

③ 如《房中》第六章有“大海荡荡水所归，高贤愉愉民所怀”，即完整之七言句，郊祀中尤多，如《天门》有八句，《景星》有十二句，《天地》有十三句。

④ 如《悲歌》“悲歌可以当泣，远望可以当归，思念故乡，郁郁累累，欲归家无人，欲渡河无船，心思不能言，肠中车轮转”之类是也。

⑤ 如“枯鱼过河泣，何时悔复及，作书与鲂鱮，相教慎出入”之类是也。

⑥ 汉人乐府之作，凡说理、叙事、抒情莫不备，观黄节《汉魏乐府风笺》一书，已可见其大凡。

⑦ 徐祯卿《谈艺录》及郎廷槐《师友诗传录》载张萧亭、张历友之言均云乐府主叙事，故与诗殊。盖古诗多言情，为主观的、个人的，乐府多叙事，为客观的、社会的也。

⑧ 诗中对话，《三百篇》中已偶有之，如《陈风·株林》是也，至汉乐府而大规模应用，各状声口，唯妙唯肖，如《陌上桑》、《焦仲卿妻》其尤著者。

华,变本加厉,然探本穷源,必出诸此。斯又其本身之价值,未可忽视者也。

三 五七言诗之发生

兹请进言由乐府歌谣演化为五七言诗之过程。

五言诗之起源,旧日学人多上溯姬周①。案《三百篇》中虽不乏五言句式,然未尝有全篇②。由周初以迄汉初,尚为四言诗之时代。设周世早有其体,则成熟不应晚至东汉矣。故斯说殆难置信。今加之考索,知其实出西汉之民间歌谣。此类歌谣,或徒歌,或入乐。或先为徒歌而后入乐,要之皆当日流行之民间形式也。如惠帝时之戚夫人歌,武帝时之李延年歌③,其中除一二句增差不齐,余皆五言。成帝时之邪径谣、尹赏歌④,则无复参差之句,斯皆徒歌演变之迹,较然可见者。若以乐府征之,铙歌本

① 如《艺文类聚》(五十六)引挚虞《文章流别论》云:"古之诗有三言、四言,五言、六言、七言、九言。古诗率以四言为体,而时有一句一句杂在四言之间,后世演之,遂以为篇。古诗之……五言者,'谁谓雀无角,何以穿我屋'之属是也。"按二句《召南·行露》文。《文心·明诗》:"《召南·行露》,始肇半章,孺子沧浪,亦有全曲。"《诗品序》:"夏歌曰:'郁陶乎余心。'《楚词》曰:'名余曰正则。'虽诗体未全,然是五言之滥觞也。"与挚君说皆略同。

② 按《诗》中五言句甚多,除单句外,有连续至二句、三句及四句者,今不悉举,但举其全章皆五言者。如《齐风·女曰鸡鸣》:"知子之来之,杂佩以赠之,知子之顺之,杂佩以问之,知子之好之,杂佩以报之。"《小雅·北山》:"或燕燕居息,或尽瘁事国,或息偃在床,或不已于行,或不知叫号,或惨惨劬劳,或栖迟偃仰,或王事鞅掌,或湛乐饮酒,或惨惨畏咎,或出入风议,或靡事不为。"(此诗旧本均作三章,姚际恒《诗经通论》以其文法相同,谓当作一章。)《大雅·绵》:"虞芮质厥成,文王蹶厥生。予曰有疏附,予曰有先后,予曰有奔奏,予曰有御侮。"然无全篇者。

③ 《汉书·外戚吕后传》:"高祖崩,惠帝立。吕后为皇太后,乃令永巷囚戚夫人,髡钳衣赭衣,令舂。戚夫人舂且歌曰:'子为王,母为虏,终日舂薄暮,常与死为伍!相离三千里,当谁使告女?'"同上《李夫人传》:"初,夫人兄延年性知音,善歌舞,武帝爱之。每为新声变曲,闻者莫不感动。延年侍上起舞,歌曰:'北方有佳人,遗世而独立,一顾倾人城,再顾倾人国。宁不知倾城与倾国,佳人难再得!'"

④ 《汉书·五行志》载成帝时谣:"邪径败良田,谗口乱善人。桂树华不实,黄雀巢其颠。故为人所羡,今为人所怜。"《汉书·酷吏·尹赏传》载歌:"安所求子死?桓东少年场。生时谅不谨,枯骨后何葬?"

夷乐，歌辞则颇采之民间，其上陵一曲，作于宣帝时，二十二句中，五言占其十四①，而相和曲中如江南、鸡鸣之类可信为西汉作品者，亦全为五言。他若《韩诗外传》、《汉书·贡禹传》所载汉人俗谚，亦以整齐之五言出之②，知此种句式，流行已久，故得逐渐成长为五言诗，东汉之初，傅毅、班固遂成有主名之五言诗人矣。

七言诗昔人以为蜕变于楚词③，然考其发展之情势，殆与成相辞为尤近。相者，本送杵之声。古人以杵舂，舂时为歌以自劝勉，其乐曲即谓之相。成相，犹云成此曲也④。其体最早似见于《逸周书·周祝篇》⑤，而成相之名，则始《荀子》⑥，厥后汉初淮南王亦有《成相》⑦，《汉志》又载成相杂辞十一篇，是盖由周迄汉流行之歌谣形式也。今按其体制，大率以两三言

---

① 《汉书·宣帝纪》颇载当时凤凰神雀之瑞，甘露二年诏曰："乃者凤皇甘露降集，黄龙登兴，醴泉滂流，枯槁荣茂，神光并见，咸受祯祥。"《上陵》一篇，即咏此类事，兹录其五言句如次："上陵何美美，下津风以寒。问客从何来，言从水中央。桂树为君船，青丝为君笮，木兰为君棹，黄金错其间。……光泽何蔚蔚。……甘露初二年，芝生铜池中，仙人下来饮，延寿千万岁。"

② 《韩诗外传》卷四："伪诈不可长，空虚不可守，朽木不可雕，情亡不可久。《诗》曰：'钟鼓于宫，声闻于外。'言有中者必能见外也。"《汉书·贡禹传》引俗语："何以孝弟为？财多而光荣。何以礼义为？史书而仕宦。何以谨慎为？勇猛而临官。"

③ 《日知录》卷二十一"七言之始"条："昔人谓《招魂》、《大招》去其'些'、'只'，即是七言诗。余考七言之兴，自汉以前，固多有之。如《灵枢经·刺节真邪篇》：'凡刺小邪日以大，补其不足乃无害，视其所在迎之界。凡刺寒邪日以温，徐往徐来致其神，门户已闭气不分，虚实得调其气存。'宋玉《神女赋》：'罗纨绮缋盛文章，极服妙采照万方。'此皆七言之祖。"

④ 俞樾《诸子平议》卷十五："此'相'字即'舂不相'之'相'。《礼记·曲礼篇》'邻有丧，舂不相'，郑注曰：'相，谓送杵声。'盖古人于劳役之事，必为歌讴以相劝勉，亦举大木者呼'邪许'之比，其乐唱即谓之相，'请成相'者，请成此曲也。"王应麟《汉书艺文志考证》说略同。

⑤ 《逸周书·周祝篇》用韵，如云："凡彼济者必不怠，观彼圣人必趣时。石有玉而伤其山，万民之患在口言。"此为完全七言。又如："天为盖，地为轸，善用道者终无尽；地为轸，天为盖，善用道者终无害。"则间以三言。

⑥ 如："请成相，世之殃，愚暗愚暗堕贤良。人主无贤，如瞽无相何伥伥。"

⑦ 王应麟《汉书艺文志考证》："《成相》，助力之歌。淮南王亦有《成相篇》，见《艺文类聚》。"

句起首，而续以七言。荀子之作，虽其中间以四言一句，然仍以七言句为主体。故由此进为完整之七言诗，其势甚顺。《汉书·东方朔传》云朔有“八言七言上下”，其七言今虽无完篇[①]，然传又载其射覆之辞，亦为七言韵语[②]。同时司马相如作《凡将篇》，考之佚文，亦用此体[③]。则汉武时七言诗已甚普遍可知。至元、成之间，刘向亦有七言[④]。东汉以还，则七言作者数见于史[⑤]，惜多亡失，唯张衡《四愁》独存耳。以上略述由民间歌谣成相渐进为文人作品七言诗之状况。试更验之乐府，则武帝时之郊祀歌颂颇杂以七言，盖亦受民间歌谣之影响[⑥]。此外若铙歌[⑦]、相和歌[⑧]亦然，则以其本民歌入乐者也。然在汉末曹丕《燕歌行》以前，乐府辞中未见有完全七言之作，此则与五言之进程有别矣。

---

① 《文选》注存其一句。

② 《汉书》本传：“上尝使诸数家射覆，置守宫盂下，射之，皆不能中。朔……乃别蓍布卦而对曰：‘臣以为龙又无角，谓之为蛇又有足，跂跂脉脉善缘壁，是非守宫即蜥蜴。’”

③ 《文选·蜀都赋》注引云：“黄润鲜美宜制禅。”《类聚·乐部》引云：“钟磬竽笙筑坎侯。”又《说文·口部》引相如说云：“淮南宋蔡舞傍喻。”谢启昆《小学考》以为“当即《凡将篇》句文”。

④ 刘向七言所存佚句较多，如《文选·西京赋》注：“博学多识与凡殊。”《雪赋》注：“时将昏莫白日午。”《思玄赋》注、张景阳《杂诗》注、颜延年《秋胡诗》注：“朅来归耕永自疏。”王仲宣《赠士孙文始诗》注、谢玄晖《辞隋王笺》注：“安座（一作宴处）从容观诗书。”（又《出师表》注引刘歆七言云：“结构野草起室庐。”歆疑向之误。）以上五句同韵，当在一篇。嵇叔夜《赠秀才入军诗》注：“山鸟群鸣动我怀。”此句当出别一篇。

⑤ 据范《汉》，当时七言作者有刘苍、杜笃、崔骃（在张衡《四愁》之前）、崔琦、崔瑗、崔实（在曹丕《燕歌行》之前）等。

⑥ 兹举郊祀歌中《景星》第十二为例：“（上略四言十二句）空桑琴瑟结信成，四兴递代八风生。殷殷钟石羽籥鸣，河龙供鲤醇牺牲。百末旨酒布兰生，泰尊柘浆折朝醒。微感心攸通修名，周流常羊思所并。穰穰复正直往宁，冯蠵切和疏写平。上天布施后土成，穰穰丰年四时荣。”

⑦ 兹举铙歌中《战城南》为例：“……野死不葬乌可食。……腐肉安能去子逃？……禾黍而获君何食？愿为忠臣安可得？”

⑧ 兹举相和歌《董逃行》为例：“吾欲上谒从高山，山头危险大难言（一作道路难）。……采取神药若木端。……奉上陛下一玉柈，服此药可得神仙。”

如上所陈，知由乐府歌谣演化为五七言诗，有其同，亦有其异。就性质论，五七言诗既皆出于歌谣，故挚虞《文章流别论》并归之“俳谐倡乐”，明其体初不尊。而汉人不以七言为诗[①]，与傅玄《拟四愁诗》序，论平子《四愁》“体俗而小，七言类也”，亦可旁证。就形式论，则皆由句式参差之歌谣，进为整齐之歌谣，再进而为整齐之诗体。此与八代文学由单趋复之整个风气相应。此二事皆其同也。若夫纯以五七言句式组成之篇章，其出见之时代虽略同，而完整之七言入乐，则后于五言，故五言诗脱离乐府而独立发展，亦较七言为早。职此之由，五言诗自东汉以迄六期，乃诗体之主流，而七言之在八代，始终未能超脱乐府之范围。下逮李唐而七言古诗始著，其独立几与七言律诗同时，于此足觇音乐之影响文学者为何若。此又其异也。

四　旧传西京五七言诗辨证

五言诗在西汉一代，实处孕育时期。故有主名之作品，皆至东汉之初始行出现。然传世五言，颇有旧题为西汉人作，甚至有旦至武帝时者，若《白头吟》、苏李诗、《怨歌行》、《古诗十九首》，是其尤著者，兹亦略加辩证，庶五言诗之进程，不以诸拟托之作而致迷乱焉。

《白头吟》者[②]，《玉台新咏》始载之，然题用首句“皑如山上雪”。王僧虔《技录》云：“《白头吟》歌，古《皑如山上雪》篇。”而《西京杂记》尝载司马相如欲娶茂陵女为妾，文君作《白头吟》以自绝之事。宋人注杜诗，逐以《杂记》所载当《玉台》此篇，以为即卓氏作。今按《西京杂记》乃六朝小说[③]，其言是否

---

①　范《汉》卷四一二《刘苍传》：“所作书、记、赋、颂、七言、别字、歌诗。”又卷五十九《张衡传》：“所著诗、赋、铭、七言。”皆别七言于诗之外，详吴承仕《絸斋读书记》及余冠英《七言诗起源新论》（载《汉魏六朝诗论丛》）。

②　陈沆《诗比兴笺》曰：“《玉台新咏》载此篇，题作‘皑如山上雪’，不云‘白头吟’，亦不云何人作也。《宋书》大曲有《白头吟》，作古辞，《御览》、《乐府诗集》同之，亦无文君作《白头吟》之说。自《西京杂记》始附属文君，然亦不著其辞，未尝以此诗当之。及宋黄鹤注杜诗，混合为一，后人相沿，遂为妒妇之什，全乖风人之旨，且两意决绝，沟水东西，文君之于长卿，何至是乎。”

③　《四库全书总目》卷一四〇《西京杂记提要》：“黄伯思《东观余论》（注转下页）

可信，殊成问题。即或可信，而《杂记》但言《白头吟》，未云即此辞。乐府古辞中调同辞异者，殆不胜数，自不得谓即此篇。且考之篇中语气，虽亦弃妇之辞，然似原配怨夫另纳富家女而出己者，亦与情事不合[①]。盖此篇本乐府相和歌楚调曲古辞，而非不入乐之古诗。其时代决不能早至景、武之世也。

苏李诗者，《文选》载李陵与苏武诗三首，又载苏武诗四首则无题，后人或妄称苏李赠答，非也。此外，《古文苑》诸书亦有苏李诗[②]，尤为不类，无俟更论。今但举《文选》所录七首辩之。《汉书》载苏李分携事甚详，而文辞仅李陵短歌一首[③]，设与苏武诗三首早出，何为不载？则东京之初，班固撰书时，尚未见之也。且《汉书》短歌慷慨悲凉，纯为英雄末路口吻。《文选》三首虽亦叙别怀，而宛转风趣，无“异域之人，一别长绝”之意，与陵当时心情亦不甚合[④]。复次，则诗中“三载为千秋”之句，有乖于史实[⑤]，“携手上河梁”

(续上页注)称此书中事皆刘歆所说，葛稚川采之，其称余者，皆歆本文云云。今检书后有洪跋……伯思所说，盖据其文。案《隋书·经籍志》(史部旧事)载此书二卷，不著撰人名氏。……指为葛洪者，实起于唐，故《旧唐书·经籍志》载此书，遂注曰晋葛洪撰。段成式《酉阳杂俎·语资篇》别载庾信作诗用《西京杂记》事，旋自追改，曰此吴均语，恐不足用。晁公武《读书志》亦称江左人或以为吴均依托，盖即据成式所载庾信语也。”今人余嘉锡《提要辨证》，博考众籍，证明乃葛洪杂抄群书所成，而假托出自刘歆《汉书》，所谓挟古人以自重也。

① 《白头吟》有云：“男儿重意气，何用钱刀为？”按《史记·相如传》：“卓王孙……分与文君僮百人，钱百万，及其嫁时衣被财物。文君乃与相如归成都，买田宅，为富人。”故扬雄《解嘲》云：“司马长卿窃资于卓氏。”然则文君本富而相如素贫，文君岂得发“何用钱工为”之语乎？

② 马端临《文献通考》引东坡《答刘沔书》已云“苏武李陵赠别长安诗”。《古文苑》载苏武《答李陵》一首、《别李陵》一首，李陵《录别》八首，亦见于《初学记》、《艺文类聚》、《御览》诸类书。详马雍《苏李诗制作时代考》。

③ 李陵歌云：“径万里兮度沙漠，为君将兮奋匈奴。路穷绝兮矢刃催，士众灭兮名已颓。老母已死，虽欲报恩将安归。”此作纯为楚词，盖汉初短歌犹楚词之余波也。详钱大昕《十驾斋养新录》。

④ 如“安知非日月，弦望自有时。努力崇明德，皓首以为期”之类。

⑤ 梁章钜《文选旁证》引翁方纲云：“苏李二子之留匈奴皆在天汉初年，其相别则在始元五年，是二子同居者十八九年之久矣，安得仅云三载嘉会乎？若准本传岁月证之，皆有所不合。”古直《汉诗研究》据传谓二人虽同在匈奴，然相晤仅(注转下页)

之句，不符于地理①，亦难从信。此李诗之可疑也。至苏作四首，虽以离别为主题，而审其辞义，有别兄弟者，有别妻者，非皆别友之作也②。《文选》苏李并列，然少前或同时之书如《文心雕龙》、《诗品》、《颜氏家训》及《南齐书》皆论不及苏③。江淹遍拟诸名家之作为《杂体诗》，亦无苏有李，则其出现似更晚④。或者先有托李诸作，而选楼诸子更取无主名古诗归之苏氏以附会史传欤⑤？要之，此七首决非二人之作，亦即非武帝时所有矣。

《怨歌行》者，《文选》、《玉台新咏》并云班姬作。《玉台》题作"怨诗"，且有序云："昔汉成帝班婕妤失宠，乃作赋自伤，并为怨诗一首。"按《汉书·外戚传》叙班姬事特备。盖缘姬乃班固之祖姑。其赋传具载之，若并为怨诗，不应遗漏。至序中所说，审其辞义，实后人所加，未可遽信。且诗

(续上页注)三次，非同居十八九年，此云'三载为千秋'，犹诗人一日不见如三秋耳。按若如古说，则二人三次相晤，为时均暂，且未及三载，诗实云三载嘉会，亦非虚指，虽足破翁说，亦不足自立也。

① 观六朝人诗所称引，携手河梁之处，盖有异词。江淹《别赋》："至如一赴绝域，讵相见期。视乔木分故里，决北梁兮永辞。"江总《赋得携手上河梁应诏诗》："秦川心断绝，何悟是河梁。"刘删《赋得苏武诗》："奉使穷沙漠，收泪上河梁。"皆指由长安赴匈奴别于河梁也。庾信《咏怀》曰："遥看塞北云，悬想天山雪。游子河梁上，应将苏武别。"又《别张洗马枢诗》曰："君登苏武桥。"子山羁旅北朝，自比李少卿降北，凡赠人由北南归者，皆以苏武拟之，此则皆指由匈奴反汉别于河梁也。原诗若果为李别苏作，则当与后者相同，即在匈奴登河梁为别也。然古人称河，皆专指黄河。汉时匈奴沙漠之地，有无河梁，殆不可知，斯又一可疑之点也。

② 沈德潜《古诗源》曰："（苏武）诗四首，首章别兄弟（按指"骨肉缘枝叶"一首），次章别妻（按指"结发为夫妻"一首，玉台题作"留别妻"，是也），三四章别友（按指"黄鹄一远别"、"良时不再至"二首），非皆别李陵也。钟竟陵俱解作别陵，未必然。"

③ 《文心·明诗》："至成帝品录，……亦云周备；而辞人遗翰，莫见五言，所以李陵、班婕妤见疑于后代也。"《诗品序》："逮汉李陵，始著五言之目矣。"（《诗品》列陵上品）《颜氏家训·文章篇》："自古文人，多陷轻薄……李陵降辱夷虏。"《南齐书·文学传论》："少卿离辞，五言才骨，难与争骛。"

④ 江淹《杂体诗三十首》有《李都尉从军》、《拟携手上河梁》。

⑤ 王应麟《玉海》卷五十四引《中兴书目》："《文选》，梁昭明太子集。"原注："与何逊、刘孝绰等撰集。"后人景慕，为文选楼以祀之者三，一在湖北襄阳，一在安徽池州，一在江苏扬州。"

中“常恐秋节至”云云，乃预忧将来之失宠，而非已失宠者之言，亦不合于情实①。此篇晋初人已以为班作②，然终疑后人所依托也。

《古诗十九首》者，两汉传世无主名五言，六代以来，总以古诗为称③。《文选》录其十九首，十九首遂成专名。《玉台新咏》以十九首中之八首及其外之一首归之枚乘④，《文心雕龙》亦云：“古诗佳丽，或云枚叔；其孤竹一篇，则傅毅之辞。”而《诗品》又载旧说，疑古诗中部分为建安中曹王所制。盖齐、梁以来，已多歧说。考枚乘时世，早至景、武，其人乃当时文坛领袖，《汉书》所述甚详，并无作五言诗之说。《文心》、《玉台》之论，必出后人附会无疑。至傅毅以下，揆之时代，或有可能耳。然后人主五言诗早出说者，其坚证尤在“明月皎夜光”一首，以为既云“玉衡指孟冬”，又云“促织鸣东壁”、“秋蝉鸣树间”，则明为武帝太初改历以前之诗。盖改历前之孟冬，即改历后之孟秋，故诗辞如此。而征古历法，岁首虽以所建不同而有歧异，月次季节，则悬象昭明，无法改易。唐人“月改春移”之说，乃不明古历之言。李善选注误据以说古诗，实不足信⑤。诗中孟冬与秋字杂出，或疑孟冬之冬乃秋字之误，或谓此诗乃东汉所作而诡托汉初，或疑孟冬乃夜半之代语⑥，虽无定论，要之不得执此以为诗出于太初以前，则可断言也。

---

① 诗中有云：“常恐秋节至，凉飙夺炎热。弃捐箧笥中，恩情中道绝。”

② 陆机《婕妤怨》：“寄情在玉阶，托意唯团扇。”

③ 古诗数量，《诗品》所载有云：“陆机所拟十四首，文温以丽，意悲而远。……其外‘去者日以疏’四十五首，虽多哀怨，颇为总杂。”是齐时犹有五十九首也。至其名称，则陆机、刘铄（字休玄，宋南平王）所拟，钟嵘所品，皆称古诗。

④ 《玉台新咏》所载枚诗不见于十九首者，唯下列一首：“兰若生春阳，涉冬犹盛滋。愿言追昔爱，情款感四时。美人在云端，天路隔无期。夜光照玄阴，长叹恋所思。谁谓我无忧，积念发狂痴。”

⑤ 李善于“玉衡指孟冬”句下注云：“上云促织，下云秋蝉，明是汉之孟冬，非夏之孟冬矣。《汉书》曰：高祖十月至霸上，故以十月为岁首。汉之孟冬，今之七月矣。”又于“秋蝉鸣树间，玄鸟逝安适”二句下注云：“复云秋蝉、玄鸟者，此明实候，故以夏正言之。”按若如善说，一诗之中，忽用夏历，忽用汉历，其为牵强，不待言也。

⑥ 冬为秋讹之说见刘履《选诗补注》。东汉诡托之说见邵瑞彭《古诗“玉衡指孟冬”辨伪》（《东方杂志》二十六卷二十二号）。孟冬为夜半代语之说见劳贞一《古诗“明月皎夜光”节候解》（《文史杂志》三卷十一、十二期合刊）及金克木《古诗“玉衡指孟冬”试解》（《国文月刊》六十三期）。

以上略论旧传西汉有主名五言诗之不足信。其无主名者，自不能绝对认为西汉之作。然即令有之，亦当在其末期。盖依文学演进之迹，五言诗必后于五言乐府歌谣，有主名作品必后于无主名作品，成熟之作品更必后于幼稚之作品也。

至七言诗，以其由歌谣直接升为文人作品，而入乐反较迟，故西汉已有有主名之篇章。其史籍可见者有东方朔，佚句可征者有刘向，前俱言之。而今传武帝时柏梁台联句出《三秦记》者，则反属后人依托。《日知录》尝就梁王生卒朝觐及汉朝官名更迭诸端，反复考证，时代皆与史不合①。而诗辞或犯忌讳②，或近猥鄙，尤非君臣倡和之体③。旧之论者，或举以当七言诗之起源，非也。

---

① 宋敏求《长安志》卷三引《三秦记》云："柏梁台，上有铜凤，名凤阙。《汉武帝集》：武帝作柏梁台，诏群臣二千石有能为七言诗者，乃得上坐。"《日知录》卷二十一"柏梁台诗"条："汉武柏梁台诗本出《三秦记》，云是元封三年作，而考之于史，则多不符。按《史记》及《汉书·孝景纪》：中六年夏四月梁王薨。《诸侯王表》：梁孝王武立三十五年薨，孝景后元年，共王买嗣，七年薨；建元五年，平王襄嗣，四十年薨。《文三王传》同。又按《孝武纪》：元鼎二年春起柏梁台，是为梁平王之二十二年，而孝王之薨，至此已二十九年。又七年，始为元封三年。又按平王襄元朔中以与太母争樽，公卿请废为庶人。天子曰：'梁王襄无良师傅，故陷不义，乃削梁八城，梁余尚有十城。'（原注：《汉书》言削五县，仅有八城。）又按平王襄之十年为元朔二年，来朝；其三十六年，为太初四年，来朝；皆不当元封时。又按《百官公卿表》：郎中令，武帝太初元年更名光禄勋。典客，景帝中六年更名大行令，武帝太初元年更名大鸿胪。治粟内史，景帝后元年更名大农令，武帝太初元年更名大司农。中尉，武帝太初元年更名执金吾。内史，景帝二年分置左内史、右内史。右内史，武帝太初元年更名京兆尹。左内史更名左冯翊。主爵中尉，景帝中六年更名都尉，武帝太初元年更名右扶风。凡此六官，皆太初以后之名，不应预书于元封之时。又按《孝武纪》：太初元年，冬十一月乙酉，柏梁台灾；夏五月正历，以正月为岁首，定官名。则是柏梁既灾之后，又半岁而始改官名，而大司马大将军青则薨于元封五年，距此已二年矣。反复考证，无一合者，盖是后人拟作，剽取武帝以来官名及梁孝王驷马乘舆之事以合之，而不悟时代之乖舛也。"

② 如左冯翊句："三辅盗贼天下危。"右扶风句："盗阻南山为民灾。"京兆尹句："外家公主不可治。"皆犯忌讳之辞。

③ 如郭舍人句："啮妃女唇甘如饴。"东方朔句："迫窘诘屈几穷哉。"则近猥鄙。《古诗源》云："其为后人拟作无疑也，不然，大君之前，郭舍人敢狂荡无礼，而东方朔以滑稽语为戏耶？"

旧传西汉五七言诗多不足据，诚如前述，而其中有一现象颇可注意者，则此类作品率有主名，而其人又必为历史上之有名人物是。此可分两方面解释之，而有心造伪者不与焉。一者，视测度为定论也。五七言诗既源于歌谣，其初作者利用此新形式偶然尝试，必无传世之意，故主名不彰。及其盛行，始有人注意其作者究属何人，既乏明证，乃取诗中情事，以与史迹传说相比附。如因有《西京杂记》之记载，《白头吟》遂归之卓文君，因有《汉书》之记载，古诗七首遂归之苏、李。先尚为推断之辞，旋即成不易之说，以讹传讹，至于千古，此一事也。二者，误拟作为原制也。汉代文学，模拟之风颇盛，其术亦复多方。如古代流传之史事，每为后人所艳称，而其人或无诗什流传，自后代重文之士观之，不免视为缺陷，遂依其情事，代拟篇章，此本亦模拟之一端。及作者之名不传，人乃以为真古人原制。如羡汉武君臣际会之盛，因代拟柏梁篇；意班姬退居长信之悲，因代拟怨歌行。后世咸以为当时之为，更不辨别，此又一事也。二者盖文学史迹中所习见，不独西汉古诗为然，学者如遇此等，幸明辨焉。

五　各体诗之尝试与竞争

为语言文字所规定，故我国古来诗歌形式，亦趋整齐。四言盛于姬周，五言、七言成于两汉，而三言、六言、八言、九言诸体，两汉以来，亦有试为之者，《文选序》所谓“少则三字，多则九言，各体互兴，分镳并驱”也①。今亦略举之：

三言盛于汉初乐府，如房中、郊祀诸歌，颇多全章三言者。其体自《文章流别》以次，均谓出于《三百篇》。然核其实，殆由《楚词》出。盖《楚词》句式，有为七字句而其第四字乃一“兮”字者，如去其兮字，则化为三言两句②。如《史记》所载天马歌为楚词体，而《汉书》作三言，是其显证③。六

① 参《文心雕龙·明诗》及《章句》二篇。

② 如《国殇》：“操吴戈兮被犀甲，车错毂兮短兵接。旌蔽日兮敌若云，矢交坠兮士争先。”去其“兮”字，则三言二句也。若此者甚众。

③ 如《史记·乐书》：“太一贡兮天马下，沾赤汗兮沫流赭。”《汉书·礼乐志》作“太一况，天马下，沾赤汗，沫流赭”。

言,《文章缘起》以为始于谷永,而《后汉书·班固传》及《孔融传》皆云尝作六言。独融作见存。其句式盖杂出诗骚①,特汉人始扩为全章耳。八言,据《汉书》,东方朔已为之。九言,《文章缘起》谓始曹髦,则在魏世,今俱不传。八言、九言句式,偶见于《三百篇》,殆汉魏人所本。

据右举列,知两汉下及魏世可谓诗歌形式之尝试期与竞争期。自三言以迄九言,皆经尝试,而竞争结果,则仍以五言七言占优。自余虽间有作者,而终难发展,盖三言病迫促,四六病平整,八九病累赘,其音节之调利,字句之组织,皆不及五七言之适宜。此外唯杂言之体,各型句式,随时代用,变化多端,故亦能历久不废。汉魏以来诗歌,悉以五七言为主,而辅以杂言,此其故也。

跋

这六篇讲义写于1946年秋至1947年春。那时,我正在乐山武汉大学工作。武大中文系开设的中国文学史,一向由苏雪林教授一人担任,因为年代很长,内容过多,往往讲不完。文学院院长刘永济先生和中文系系主任刘赜先生便将这个课程改为两年,唐以前一段由我讲授,唐以来一段仍由苏雪林先生讲授。我当时的想法和做法是:指定已经出版的若干部文学史要同学们自己去看,使他们从其中获得应当知道的基本史实,而自己则着重就我国这一段文学历史的发展,提纲挈领,发表一点不成熟的看法。让同学们在自学与听讲两方面主动地互相配合,以养成独立思考的习惯和能力。

由于这样,这个讲义就不求备,不求同。例如,由建安到大业的五言诗,许多文学史都叙述较详,我便没有再讲;而史与子对于六代散文的影响,别的文学史家或未及措意,我就说得较详。

解放以后,课程改革,这个讲义尘封敝箧,转眼三十多年,也从没有想到要发表它。但有几位当时听过讲而现在还在教学科研岗位上的同志

① 《诗》如《周南·卷耳》"我姑酌彼金罍"之类,《楚词》则《离骚》双句几皆六言。

们，却不时对我说：这个讲义，虽然不成熟，不完整，但也有它的特点，或许可供当代教文学史的老师们参考，劝我设法公布。正好武汉师范学院的朱祖延先生、周勃先生两位老友代该院学报向我征稿，我便将这不值得珍惜的敝帚献了出来。学报编辑部的同志们在整理稿件时，付出了辛勤的劳动，祖延教授又亲为审定，都使我深为感谢。

为了保存自己在壮年时代对文学史上若干问题的看法，除了个别文字外，未作改动。

程千帆记于南京大学，1981 年 5 月

玄武湖忆旧

一九二八年秋天，我由于一个偶然的机会，从武汉沿江东下，初到南京，成为金陵大学附属中学（今第十中学）的学生。四年之后，进入金陵大学中文系，开始了其后几十年的学术生涯。

一九七八年秋天，我同样由于一个偶然的机会，又从武汉沿江东下，重到南京，成为南京大学（前身为中央大学和金陵大学）中文系教师。其间相距，恰恰是半个世纪。

看来，我和南京的缘分真是不浅。如果仔细回忆起来，可以写一本厚厚的书。但这不是我所能办到的。因此，我只想谈谈三十年代的玄武湖。我这个江南游子，几十年来，一直对它保持着美好的记忆。

那时，当然有着如今天所见到的水、洲和将这些环绕起来的城墙，但没有今天这么多的建筑、道路。它宁静、疏朗，充满了野趣。它是城市中的山林、江海。它"别有天地非人间"。当你在紧张的工作、学习之后，到湖里荡船，在洲上散散步，都可以迅速地弛缓神经，得到休息。记得汪辟疆老师有诗道：

北渚阻城堙，未觉江湖远。花时共经过，冷处偏着眼。

那时，玄武湖还没有现在这么多的牡丹、芍药、月季、玉桂，但樱洲却名副其实，每到春天，便开满了樱桃花。再过些时，珊瑚珠子一般的樱桃便上市了。而到了夏天，则满湖都是荷花，不仅开时似"水殿风来暗香满”，而且一直到深秋，还“留得残荷听雨声”。所以汪先生的诗，的确传出了当时这一肚地的丰神和特色。

那时，游湖也就租用渔船。行船主要用篙撑，而不用桨划。如果你不会的话，就可以请一位渔家姑娘来撑。她们性情温和，体格健美，而且熟悉南京的历史传说、民间故事。请她们作导游，是很愉快的。在她们当中，有一位姓夏的，颇有美名。在我的金陵感旧诗中，就有这么一首：

四十年前侧帽郎，北湖千顷踏秋光。重来一事增惆怅，不见风流夏五娘。

也许她还健康而快乐地活着吧，我想。我也这么祝愿。那时，每逢微雨的秋日，我就上台城登眺。从九华山附近登城一直向西走，随着视野的移动，玄武湖的风光尽收眼底。而烟雨迷蒙，远山近湖，若隐若现，眼前斑驳的树，脚下枯黄的草，比起万紫千红的春景，又是另外一番境界。春景使人蓬勃、热烈，而秋景则使人冷静、清醒。

岁月的流逝，淘洗掉了许许多多一度保存在记忆中的东西，但有一些，却是永远难以忘怀的。

（原载《周末》1982 年 12 月 11 日；
亦载《名家笔下的南京》，南京出版社 1995 年 8 月版）

我们所应当争取得到的

——关于宋代文学的研究的随想

解放以来，宋代文学的研究也和其他研究领域一样，是有显著成绩的：我们发现并整理出版了一批著作，其中包括一些不易得见的孤本和善本；我们进行了规模较大的资料汇编工作，为从事研究的人提供了方便；我们对于某些重要作家的事迹进行了搜集和考订，写成了详实的年谱和传记；我们校勘注释了一些总集和别集，其中有几种很有特色的选注本；我们的学者们还对某些专题进行了深入的研究，重点地阐明了某些文学现象、某种文体和某位作家的意义和价值；我们的几部文学通史对于宋代文学的综合叙述，其成绩也显然超过解放以前。这些成就是彰彰在人耳目的，如果举例，就可以开出一张长长的人和书的名单来。我们感谢这些同志的辛勤劳动，正是在他们已经取得的成绩的基础上，我们才有可能争取获得还没有得到的东西。

牵牛要牵牛鼻子。我们要研究一个时代的文学，首先就要抓住那个时代的文学的特点。每一个历史时代的文学都有其各自的特点，其形成的原因是很复杂的，但似也不妨概括成三个主要方面：一是当时的政治、经济、文化条件；二是前一时代文学所给与的营养；三是作家本身根据自己的独特生活道路而形成的创作才能的发挥。

公元七百五十五年爆发的安史之乱，是中国漫长的封建社会前后期的一座分水岭。但是后期封建社会的许多特征只是到了宋期才更加显著地呈现出来。例如：中央集权封建统治的加强，在民族矛盾方面所采取的退让态度以及对统治阶级内部包括士大夫的优容，封建伦理观念的进一步深化、固定化，官方哲学——理学的出现，农工商业的继续发展、繁荣及城市与市民阶级的兴起等等，都使得宋代作家生活在一个新的环境里面，这是一。其次，宋代作家使用的文学样式比以前更多。他们承袭了一份很丰厚的遗产。诗、赋、骈散文就不必说了，民间兴起的词经过晚唐、五代的酝酿已趋于成熟，形式多样的讲唱文学，经过前朝俗讲僧和民间艺人的努力，也已提供了良好的基础。这使得作家们面临着"欣戚交心"的局面，高兴的是"席丰履厚"，很自然地是一个很富有的继承人；发愁的是跨过前人已达到的高度是一个难题，他们不得不付出较其前辈更多的精力，去探索新的道路。宋代作家创作上的成败和高下大体上可以从他们对这个问题的答案上看出。再其次，作家的气质、个性应当是形成他独特风格的主要因素。正是靠这一点，彼此之间才能区别异同和高下。风格是个性的外化，没有独特个性的作家不可能使其作品具有独特的风格，这也就使他的作品丧失了创造性。在怎样使自己的气质和个性在和他们的特定环境（包括文学遗产所给与他们的压力和启发）相冲突、相融合中鼓铸出自己的风格这方面，宋代作家作出了惊人的努力，取得了良好的成绩。（吴之振《宋诗钞序》说："宋人之诗变化于唐而出其所自得，皮毛落尽，精神独存。"这几句人们所熟知的话就包含了这层意思。）

我认为宋代文学这三个特点是很鲜明的。它们每一点本身以及彼此之间的有机联系是我们研究宋代文学所不应当忽略的。但在我们目前的工作当中，似乎还未能完全如此。例如：从一些并非完全正确的理论出发，对整个宋代文学中各种样式，以及每位作家用各种样式所创作的作品，不是按照其历史地位，公正地加以对待，而是任情抑扬，甚至随意抹杀。

自从焦里堂《易余籥录》提出唐诗、宋词、元曲一代有一代之所胜的说法，王静安《宋元戏曲考序》因之，而胡适的《白话文学史》又变本加厉地推行这一主张。因此，在某些学者看来，一部文学史主要就是一部文学样式变迁史，或文体兴衰史。我们都知道，任何真理如果多迈了半步，就会变成谬误。文学样式的出现、变迁或兴衰，毫无疑问，是文学的一种重要历史现象，因此，也必然是文学史的重要内容。但绝不能认为，有了词，诗便没有发展，没有价值了；有了曲，诗词也陷入同样命运。这显然不符合事实。但在这种理论支配之下，人们研究整个宋代文学时，就把词放在比重过大的位置上。尽管这一历史时期的诗、文继承了唐贤而有所创造，但除了几位重要的作家之外，往往被有意无意地加以忽略或贬低了。这样，宋代的文和诗，就远远没有在研究对象中获得它们应有的位置。我们今天对于宋诗，特别是宋文的发展情况，源流正变，远不及对宋词那么清楚，即由于此。还有，我们的研究者和文学史家几乎从来不谈兴盛于唐代而发展于宋代的四六文，对宋代那么多散见于笔记中的小品文也不屑一顾，好像它们并不存在。这实在是可惊的。

对某种文学样式或某几个作家有所偏爱而进行重点研究，原属于个人自由，但从总体看来，就不免使人感到由于认识上的偏颇而导致工作上的偏颇，不能不影响对这一整个历史时代的研究进程，而且还剥夺了许多人在更广泛的范围内理解和欣赏古代文学的机会。

我们在叙述明清文学时，往往要提到清新可喜的晚明小品和洪亮吉、汪中等人那些非常动人的骈文，但我们却不注意唐宋四六以及宋人笔记和它们之间的关系；这样，也就难以认识和理解在古文兴盛和流行以后，骈文也并未消亡、中断，自有其兴衰起伏；而作为散文中的一个小分支，随笔小品也自有它的值得探索的发展过程。文学研究者似乎不应当将这种可以体现规律性的历史现象排除在自己的视线之外，特别是在文学史的著述中。

宋代著名文士无不工于四六，因为这是当时最流行的应用文体。诸家文集俱在，可以证明。它的价值当然不及诗、赋、词、古文那么高，但也不是没有精彩动人、值得欣赏的作品。许多人都知道吕惠卿在王安石主持的变法运动当中，扮演过一个很不光彩的两面派角色，因此和王安石的关系搞得很紧张，后来吕害怕了，就在元丰三年写了一篇“启”去讲和，已经退闲的王安石的回答是这样的：

某启：与公同心，以至异意，皆缘国事，岂有它哉？同朝纷纷，公

> 独助我，则我何憾于公？人或言公，吾无与焉，则公何尤于我？趣时便事，吾不知其说焉；考实论情，公宜昭其如此。开谕重悉，览之怅然。昔之在我者，诚无细故之可疑；则今之在公者，尚何旧恶之足念？然公以壮烈，方进为于圣世；而某茶然衰疢，将待尽于山林。趣舍异路，则相呴以湿，不如相忘之愈也。想趣召在朝夕，惟良食为时自爱。

这篇文章写得严正而又婉转，不但体现了作者的政治观点，而且体现了他温厚和平的性情和德量（参蔡上翔《王荆公年谱》卷二十一）。这种带有政治性的抒情作品，在唐宋散文中是常见的，用四六文写出来，也同样感人。

另外，从唐以来，诗的摘句图盛行。摘句图的出现，显示了一首整诗当中的某两句写得特别精彩，具有独立而完整的形象。（当然，当它作为整篇当中一个有机部分而存在时，它又能够保持其相对独立的形象而将这一形象巧妙地融入整体。）四六文由于在这一点上具有与诗相同的特点，所以摘句的记录也很多。现在，随便举两个例子。宋李颀《古今诗话》（郭辑本）云：

> 钱熙，太宗时进《四夷来王赋》，擢馆职。尝撰《三酌酸文》。文略曰："渭川凝碧，早抛钓月之流；商岭排青，不遂眠云之客。"又："年年落第，春风从泣于迁莺；处处羁游，夜雨空悲于断雁。"及卒，李庆孙哭之曰："《四夷》妙赋无人诵，《三酌酸文》举世传。"

元蒋正子《山房随笔》（《历代诗话》本）云：

> 薛制机言，有贺自长沙移镇南昌者，启云："夜醉长沙，晓行湘水，难教樯燕之留。（杜诗。）朝飞南浦，暮卷西山，来听佩鸾之舞。（王勃。）"又有贺除直秘阁依旧沿江制置司干办事云："望玉宇琼楼之邃，何似人间？从纶巾羽扇之游，依然江表。"上巳请客云："三月三日，长

安水边多丽人。一觞一咏，会稽山阴修禊事。”又云：“良辰美景，赏心乐事，四者难并。崇山峻岭，茂林修竹，群贤毕至。”姚橘洲君临安时，吴履斋拜相，姚语诸客作启贺之。商量起句，彭晋叟云：“转鸿钧，运紫极，万化一新。自龙首，到黄扉，百年几见。”

由于原文已佚，这些摘句在全篇中的安顿已不可见，但前者直抒胸怀，后者剪裁成语，虽出之无名作者之手，也可见出宋代四六文所达到的成就。

友人吕叔湘先生首先指出，笔记中述怀抒感之作虽不多见，东坡《志林》中乃多有此类，实开晚明小品一派。这是一个非常精辟的意见。《志林·记承天寺夜游》云：

元丰六年十月十二日，夜，解衣欲睡，月色入户，欣然起行。念无与乐者，遂至承天寺寻张怀民，怀民亦未寝，相与步于中庭。庭下如积水空明，水中藻荇交横，盖竹柏影也。何夜无月？何处无竹柏？但少闲人如吾两人耳。

吕先生评曰：“此篇寥寥数十字，其意境可与陶渊明之‘采菊东篱下，悠然见南山’相比，但渊明未曾一语道破，更见含蓄，此则诗与文不同也。”（见《笔记文选读》）所论亦确。

笔记中描写人物也有极为成功的，如彭乘在《墨客挥犀》中对他的叔父渊材（彭几）的一些描写就很精彩。试举其一：

渊材好谈兵，晓大乐，通知诸国言语。尝诧曰：“行师顿营，每患乏水，近闻开井法甚妙。”时馆太清宫，于是日相其地而掘之，无水；又迁掘数处。观之四旁遭其凿掘，孔穴棋布。道士月下登楼之际，颦额曰：“吾观为败龟壳乎？何四望孔穴之多也？”渊材不怿。又尝从郭太尉游园，咤曰：“吾比传禁蛇方甚妙，但咒语耳，而蛇听约束，如使稚子。”俄有蛇甚猛，太尉呼曰：“渊材可施其术。”蛇举首来奔，渊材无所施其术，反走汗流，脱其冠巾曰：“此太尉宅神，不可禁也。”太尉为之

> 一笑。尝献乐书，得协律郎，使余跋其书曰：“子落笔当公，不可以叔侄故溢美也。”余曰：“渊材在布衣有经纶志，善谈兵，晓大乐，文章盖其余事。独禁蛇、开井，非其所长。”渊材观之，怒曰：“司马子长以郦生所为事事奇，独说高祖封六国为失，故于本传不言者，著人之美为完传也。又于子房传载之，不欲隐实也。奈何言禁蛇、开井乎？”闻者绝倒。

这真是一幅绝妙的书痴画像。在这些地方，我们找到了从《史记》到《聊斋志异》的中间环节。

不仅如上所述，我们的研究工作对宋代整个历史时期都有发展的各种文学样式所给与的关心和注意有所偏颇，对这一时期各个作家所使用的文学样式也有同样情况。除了欧阳修、王安石、苏轼等少数大家之外，人们都往往只就其所擅长的文学样式，将其分类，如尊秦观、贺铸为词人，陈与义为诗人之类。这原也无可厚非。但在研究中如果只注意某甲某乙的词，某丙的诗，而将他们成绩并不坏的其他方面的创作实绩置之不问，就既不能全面理解一位作家，甚至也难以理解我们所要重点研究的其人的专长。如在《淮海集》中词风一贯婉约与诗风早年清新婉丽，晚年高古严重有着差别，而在《东山寓声乐府》与《庆湖遗老集》中，词与诗的刚柔相济的独特风格却有其一致性，都是值得探索的。但从目前研究秦、贺词的文章来看，仔细读过全部《淮海集》和《庆湖遗老集》而用目光抚摸过这类问题的人恐不占多数。

再如，理解古代作家怎样认识生活和表现生活，是一个十分复杂的问题。这必须在历史唯物主义原则指导之下，一把钥匙开一把锁，即具体矛盾具体解决。可是我们有时却希望“执简驭繁”，以贴标签的方式来匆促地完成自己必须付出辛勤劳动的工作，因此，引进了或创造了一些公式。例如现实主义和反现实主义的斗争、法家和儒家的斗争等等，非把作家们归入哪一边不可；把词分为婉约、豪放两派，已不无“削足适履”之嫌，而上述两分法，就更与事实相远。这对宋代文学的研究所起的坏影响，是不能低估的。因为王安石是法家，是进步的，现实主义的，而苏轼反对他，就必须是儒家，是保守的，反现实主义的。根据这种无理的推理，给他们匆促作出结论，不陷于荒谬是不可能的。令人信服的分析和判断，只有对他们生活的具体社会环境和独特的气质个性、艺术表现方法谨严郑重地加以讨论，才能获得。

有时对政治标准第一有片面的理解，认为，凡是政治上杰出的人物，文学上也同样杰出。而人品不端，即使文采斐然，也不可不屏诸文苑之外。所以在晚宋，文天祥的地位就必然高于谢翱和林景熙、汪元量等，而汪藻、孙觌、方回，则从来没有人对他们的作品加以注视。文学就是文学，研究文学，不能离开文学本身。政治标准第一，不等于政治标准唯一，“文如其人”，还是“心画心声总失真，文章宁复见为人”，是事实问题，也是理论问题。我们只有义务对复杂的历史现象努力作出科学的解释，而没有权利回避这些问题。

在研究公元一千一百二十六年靖康之乱以后的宋代文学时，不可避免地同时要研究同一历史时期在北方女真贵族统治之下汉语文学的发展情况。我们的研究工作者是注意到了这一点的，因此出现了一些值得重视的专书和论文；但在这方面也还存在一些问题：汉语文学在非汉族统治之下所呈现的特殊形态（包括思想、题材、风格等），汉语文学在非汉族统治区的发展对我国民族大家庭的形成所起的积极作用等，还缺乏深入的研究。这些问题在宋、金对峙时代就开始出现，因此，探索它们的史实以及这些史实所反映的规律性，也就应当从此时开始，才可以对元、清两代的文学发展，作出更确切的说明。

我手边有一部一九四九年到一九七九年为止的古典文学论文索引，三十年中，有文章谈到的宋代作家不到七十人，而在这七十人当中，又集中在几位大家如李清照、辛弃疾、陆游等身上。其次，在这些文章中，作为中学语文教学参考资料的文章，又占了一大半。综合研究一家的工作很少；宏观某一历史阶段的文学现象，加以精辟的分析和综述的也少；而对于某一为人所忽略的问题进行深入研究，有所发明，著为专文的，更是不多。这不能不算是目前应当充实提高的又一方面。

总之，我们的宋代文学研究，在过去三十多年中是有成绩的，但比起其他历史时期，如唐代来，还不免逊色。如果能够排除一些不正确的理论的干扰，按照文学本身的规律去研究文学，扩大和加深我们的研究范围，并注意这一时代某些特定的社会、文学现象，就可以使宋代文学的研究发展和提高。而这，就是宋代文学研究者的责任，也就是我们所应当争取得到的。

1983 年 6 月，病起后急就

（原载《文学评论》1983 年第 6 期）

清诗管见

去年十二月在苏州召开全国性的清诗讨论会，是促进清诗研究的一个良好开端。迄今为止，比起八代、唐、宋诗来，我们对清诗（还有金、元、明诗）是研究得很不够的，所以知道得也很少。严格地说，我们对清诗没有太大的发言权，至少我个人是如此。

形成这样一种情况的原因很多：由于“一代有一代之所胜”这种论点的影响，文学发展史被简单地理解为文体变迁史，连宋诗都被认为“味同嚼蜡”，就更不用说清诗了。此其一。其次，清诗的数量太大，搜集、整理是一个很大的工程。在国家的古籍整理规划中，全清诗还没有上马，也是因为它难度较大。历史的偏见和条件的限制恐怕是清诗研究工作不够发达和深入的主要原因。

评价一代的文学，主要是看它比起前代来是否提供了新的东西，无论在思想内容方面或艺术形式方面。如果我们承认这一马克思主义的原则，那我们也就不难发现清诗是有它的特色的，是很有价值的。即使我们现在所占有的资料很不完全，也不妨碍我们得出这样一个结论。

清代诗人所面临的时代比以往的任何时代更为复杂：明代末年出现的资本主义萌芽，由于清帝国的建立而被抑制，但却仍然在这古老的封建主义土壤中曲折成长，逐渐壮大。这是前代所无的。满洲贵族与汉族大地主联合建立的政权长达三百年之久，使汉族和满、蒙等各族的文化交流极为密切。这是前代所无的。清代的军事力量和文化力量基本上固定了中国现有的版图，使各民族加强了凝聚力和向心力，形成了中华民族的共同心理状态。这是前代所无的。西方资本主义国家对这个老大的封建帝国进行侵略，引起了一系列的连锁反应，终于使中国进入半封建半殖民地社会。这是前代所无的。具有强烈近代色彩的农民革命——太平天国起义。这是前代所无的。最后，终于爆发了辛亥革命，永远推翻了几千年来的封建帝国的统治。这更是前此所无的。对于清以前的诗人来说，他们就没有接触和深入这种生活的幸运，当然也就不能在其作品中出现这些新的历史画面。而在一定程度上反映了这种复杂的历史面貌，正是清诗的一个突出的特点。

"宋人之诗变化于唐而出其所自得。"所以自来唐宋并称。清代诗人生于唐宋之后，因而他们面对的是两个朝代中许多有成就的对手。他们在"有所法而后能，有所变而后大"的原则之下，或学唐，或学宋，或出入唐宋，由仿古走上独创的道路。但是值得注意的一点是：清人作诗虽然也从仿古人手，却没有明朝人那种复古运动。即使是同光体，也不全学江西；也没有像明朝人提"诗必盛唐"的口号那样，提出例如"诗必江西"的口号。这说明他们比明朝人高明。

清诗在推陈出新方面的成就，事例极多。吴梅村的歌行学长庆体，他的成就是人们所公认的。但爱挑剔的人如王静安却说他爱用典，不如元、白之纯用白描。这位批评家忘记了白居易生长在一个文网很宽的时代，(《长恨歌》讽刺唐玄宗"从此君王不早朝"，而唐宣宗却赞美这首诗道："童子解吟长恨曲。")而吴梅村却处在一个异族新朝的铁蹄之下，既要以诗作史，就不得不使用奴隶的语言。正是在这些地方，吴诗显示了时代的烙印，显示了独特的风格。如果不考虑这些问题，抽象地优劣两家，显然是不公平的。

再以近代诗人而论，郑子珍学韩(愈)，却以朴实救韩之险怪；陈散原学黄(庭坚)，却进一步发展了黄的用字与造境；黄公度的诗界革命可以说是失败了，然而又是多么有勇气的、值得钦佩的失败！

清代诗人在艺术创造上还有一点值得注意的地方，就是新风格的熔铸。清代学术非常发达，诗人多为饱学之士，所以有人认为清诗是学人之诗，这话不无道理。但"学"是不能直接变为诗的。清代诗人的学问对于他们的诗所产生的积极作用还在于：他们读了很多作品，因此体会到前人风格的多样性，从而能够广泛地学习、欣赏并吸收那些与自己的生活、个性、爱好相同或相近的成分，通过消化、酝酿而成为自己的独特的东西。早在宋代，苏东坡已经注意到，将两种不同乃至相反的风格熔铸在一起的可能性，如其论书法，就曾提出要“端庄杂流丽，刚健含婀娜”，认为王维的诗和画是“清且敦”。清代许多诗人对此是颇有体会的。曾涤生非常内行地看出了李义山诗对黄山谷独特风格形成的作用，他写道：“渺绵出幽响，奥缓生光莹。太息涪翁去，无人会此情。”举世公认为学山谷的陈散原，在他的独特风格中，我们并不难看出杜、韩乃至孟东野、贾浪仙以及宋代的谢皋羽对他的影响。陈石遗为海藏楼诗作序，对其诗风格的形成和发展过程也有详细的论述。（不但清诗，清词亦然。如朱古微的《彊村语业》被认为合苏、吴为一手，即其一例。）

清诗还有一个很值得我们探索而迄今还基本上没有被人探索的一个方面，就是对非汉族诗人作品研究。在清代，各兄弟民族，特别是满族和蒙族，对汉族文学、文化的濡染是极深的。以汉语从事诗歌以及其他文体创作的人数，远比金、元时代为多，成就也有过之无不及。他们把兄弟民族的粗（如风俗习惯）、精（如心理状态）都带进了汉语文学中，从而丰富了汉语文学。可是现在除了个别的人如纳兰容若，由于其词为王静安所肯定，因而得以名垂青史（文学史）之外，其余的人几乎无人提及，听其自生自灭。这难道不是我们研究古典文学的人的失职吗？我们试想：在现当代汉语文学中，抹杀老舍、纳·赛音朝克图、饶阶巴桑、韦其麟等人的成就，行吗？

在清诗乃至整个清代文学的研究中，还有一个比较复杂而应加以研究和解决的问题，即如何实事求是地具体分析某些诗人的政治立场，从而对他们作出正确的评价。过去，我们的做法很“干脆”，凡是主观上认为应当否定的诗人、作家，就把他们从文学史中开除出去。这其实是鸵鸟战术，是不可取的。顾亭林固然是应当肯定。钱牧斋早年是清流的魁首，降清之后又想复明，这笔账该怎么算？陈散原早年从事变法维新，后来自居“遗老”，反对民国，而在“七七事变”发生、日本帝国主义的军队占领北平以后，却以八十余岁高龄绝食殉国，这又该怎么评价？如果我们不用一种谨严慎重的态度，实事求是地进行研究，力求做出科学的结论，就不但会厚诬死者，还要贻误今人。

总的说来，清诗研究大有可为，所需要的是有志之士付出艰苦的努力。

（原载《光明日报》1984 年 2 月 21 日《文学遗产》第 626 期）

诗画漫谈

——和西安国画院青年画家的谈话

我和同志们算是同行，又不同行。就文艺的大范畴来说，是同行；就具体分工来说，同志们绘画，我在大学里讲诗，也学着作些诗，又不是同行。一个民族的文学艺术体现了民族的心理状态，具有与其他民族不同的特色。我们所讲的中国作风、中国气派，就是指基于民族的共同心理状态而长期形成的一种特色。当然，这个民族特色是非常丰富，非常博大的，是在不断地变化着的。诗画相通，相与一致，是我国文艺的民族特色之一和优点之一。我们的画，在唐以前，与诗的关系不像后来那样密切，画走画的道路，诗走诗的道路。唐以后，这两种艺术逐步接近起来，往往以诗咏画。画了画以后，用诗对之加以描写咏叹，再用字把诗写下来，这样，就慢慢地使这两种或三种姐妹艺术更加接近起来。根据现有的文献，我们还没有发现那时的国画就像后来一样，画了一幅画之后，再把诗题在画面上。我们看杜甫的诗，或是咏曹霸画的马，或是咏王宰画的山水，但并不是题在画面上。在画面上题上诗，后来还盖上印章，使画成为不仅有线条色彩，而且有诗、书法和金石刻文的综合艺术，似开始于宋朝。这样，就形成了源远流长的国画的艺术特色。老一辈的画家基本上都爱用这样一种表现方式。至于是不是一定要这样？当然不一定，可以有所变革。但是这是一种传统的值得肯定和继承的形式，那是不能否认的。所以我们可以考虑：为什么诗和画这两种艺术可以在一个平面上很融洽地共处？如果两种东西像水火不相容，那就根本不能共处。这就是说，诗和画除了相异之处以外，肯定还有相同的地方。这也可以说是我今天能够同大家谈谈的原因。

我首先讲一讲诗与画有什么不同。

最主要的一点是，它们所使用的根本手段不同。同志们所使用的是笔、颜色，表现的是色彩、线条，你们用色彩和线条创造出形象来，在纸上、布上、墙壁上形成一幅幅的画。诗却不用这些手段，因而也不能直接构成造型艺术那样的形象，它所使用的是语言，先是出现在口头上念的诗，在人类发明文字以后，又出现了念了还写下来的诗。但是语言只是一些符号，代表着各种概念。这些概念是抽象的，因为一个词语代表的概念只在我们的思维中存在，而当其落实为指某个具体事物时，就千差万别，各自不同。如咏菊花，僧皎然说："近种篱边菊，秋来未着花。"陶渊明说："采菊东篱下，悠然见南山。"同志们试试看，你们把这两联诗画出来，有的会把菊花画成浅黄色，有的会画成深黄色，有的会画成含苞未放，有的会画成饱绽怒放；而人物环境也可以完全不同。这是根据你们自己的生活经历和对诗的体会而定的。

创作如此，欣赏亦然。由于诗使用的手段是抽象的符号，所以读者必须根据自己的生活经历，运用形象思维去补充它，从而去理解它。而绘画就不一样。比如说某人画了一幅画，大家看到的形象必然基本上是一致的，他画的是个大的东西，你不能说"我理解成小的"。而诗却可以这样，比如说"昔人已乘黄鹤去，此地空余黄鹤楼"，这个"昔人"是个什么样的人？是长胡子还是短胡子？穿着什么衣裳？随便你去想象。但是你把"仙人骑鹤"画在画面上，形象就固定下来了。在这个意义上，诗与画有很大的区别。诗的创作和对它的理解需要通过抽象的符号，而绘画则直接体现形象。从我国传统的艺术实践看，诗画结合，不管是先有了一首诗，以此为题去画画，还是先画了再题诗，都是以甲种艺术去补充乙种艺术，在这样的基础上，诗与画就可以结合起来了。传说宋朝的画院里有一次举行考试，出了个题目"万绿丛中一点红"，大家就根据题义去创作，考第一名的人画的是杜甫诗意"天寒翠袖薄，日暮倚修竹"。那首诗是形容一位弃妇，即一个被丈夫抛弃的妻子的。为什么说这幅画是"万绿丛中一点红”呢？因为虽然竹子和衣服都是绿颜色，可是女子的嘴唇是红的，所以说“万绿丛中一点红”。反过来，诗人也可以根据画中形象去写诗，而加以创造性的发展。如韩愈的《桃园图》，诗中所写的某些部分显然出自诗人的补充，而非原画面所有。

诗与画之间的相同地方在哪里呢？那就是它们都要塑造形象，塑造一种能感染人、能震撼读者（观者）心灵的形象。在诗人或画家的笔底下能产生这样的形象，首先要求作家忠实于生活。如果一个人不忠实于生活，他与人民的生活是隔膜的，他不了解人民大众的欢乐与痛苦，不了解各阶层人民非常复杂的心理状态，就不能创造出形象，或至少不能创造出非常成功的、动人的形象来。哪怕是比画和诗的表现方式更加抽象的音乐也是如此。

中国的画向诗靠拢，从唐朝的王维以来就开始了。在王维的诗中有这么两句：“宿世谬词客，前身应画师。”这就说明，他同时兼有两种身份：既是大诗人，又是大画家。他的诗非常善于描写自然风景，诗中充满了画的境界。所以后来苏东坡说王维“诗中有画”，“画中有诗”。他把画和诗在手段上的差异缩小了。我们平常说某人的文章写得好，用“诗情画意”来赞美，而评价一幅很好的画，也往往说它“富有诗意”。有诗意是中国画的重要特点。这种特点的产生、发展，必然要导致画家技法上的发展。在文人画出现以前，一般都是工笔画。文人画的特点是写意，在技法上显然与西洋画有不同的地方。西洋画非常注意透视的原理，基本上是在固定的空间和时间去观察和描写其所选定的对象的，因此其人物位置、光线明暗等都很明确，这就是所谓“焦点透视”。而国画却容许同时从不同的角度去观察和描绘，好像是画家在四面转动，我们称之为“散点透视”。许多同志看过朱光潜翻译的《歌德对话录》。那里面提到歌德对一位荷兰画家鲁本斯的评价，说他的画很特别，有些人物的阴影投向画里，有些树丛却把阴影投向看画的人，就好像光线是来自两个相反的方向。这在西洋画中的确是比较特别的，歌德非常敏锐地感觉到了，但在国画中这就很平常。我们中华民族是很值得自豪的，我们有文字记载的在四千年以上，各种艺术的成就都很了不起。所以一个理论家如果没有考虑到几千年中国的文学艺术所提供的异常丰富的创作实践经验，那他所抽象出来的理论一定也就不能全面地概括全人类的艺术历史经验。歌德没有很好地研究过中国的画，所以他觉得鲁本斯的手段很奇怪。那么，这种散点透视是从哪儿来的呢？我认为是从中国的诗中来的，是画向诗靠拢、与诗亲和的结果。因为诗是一种动态艺术，例如安禄山叛乱时，杜甫被关在长安，他的妻子在鄜州，他做了一首诗："今夜鄜州月，闺中只独看。遥怜小儿女，未解忆长安。"这都是杜甫从自己这方面说的。底下却忽然说："香雾云鬟湿，清辉玉臂寒。"描写他的妻子，那个美貌的少妇在月光下的情景，又是从对方来说的。诗人一下想到这里，一下想到那里，他的角度是不断地转化的。而中国的画家就在这一点上接受了诗的表现方式。我不会画画，我只是作为一个读诗观画的人，感觉到中国诗这种动态艺术与中国绘画的散点透视是极有关系的。

同志们是否记得鲁迅先生有这样一段话："我们的绘画，从宋以来就盛行'写意'，两点是眼，不知是长是圆，一画是鸟，不知是鹰是燕，竞尚高简，变成空虚，这弊病还常见于现代的青年的木刻家的作品里。"这段话如果仅仅理解为劝告青年版画家不应当忽略基本功，当然是对的，但不能由此得出结论，我们的传统写意画是不可取的。为什么"一画是鸟，不知是鹰是燕"？我们的画家并不缺乏把鹰与燕区别开来的才能。难道我们连这点才能都没有吗？这是不可想象的。画家既然能画又不画，当然有他的道理。刚才说过，诗使用的手段是语言，而语言只是一种抽象的符号，所以你读诗的时候，可以用自己的思维去想象、补充。中国画也一样，它逐步向诗靠拢，突破了要用工笔、追求形式的框框，认为没有必要在细节上表现得那么准确。写意画的最大的好处在于给读者提供了非常广阔的想象余地。汤显祖说："米家山水人物，不多用意。略施数笔，形容宛然。"这宛然的形容是画家和观赏者共同创造的。我不是提倡不要画得准确，我是说准确只是绘画的要求之一；同时绘画也应当允许不太准确，甚至不准确。这是技法上的百花齐放，我们不能肯定这一种而否定那一种。古代的画家和诗人都非常善于用这样的方式来表达。唐朝有一个画家叫周昉，他画人物画非常有名。（他笔下出现的人体都比较丰满。孟子说过：

"充实之谓美。"充实是中国古典美学对美的基本要求之一。唐代的艺术家在创作中很重视这一点。在壁画中,在诗人们所描写的画面中,看不见有《红楼梦》上所描写的林黛玉那样纤弱的形象。)他要描绘一个非常美貌的宫女在皇帝多妻制度底下的幽怨。白居易说:"后宫佳丽三千人,三千宠爱在一身。"皇帝喜欢一个,其余的两千九百九十九个人就非怨不可。那时的宫女既不可能起来反抗,也不知道失宠固然可悲,得宠也非可喜的道理,就只好"怨"。周昉要表现宫女的美,又要表示其怨,他怎么办呢?他画了一个背面的宫女在伸懒腰。诗画相通,谁首先认识周昉这幅画的奇妙呢?是大诗人苏东坡。苏东坡用四句诗来揭示周昉这幅杰作的主题:"画工欲画无穷意,背立东风初破睡。若教回首却嫣然,阳城下蔡俱风靡。"他指出,周昉画了一个很美的人,却不画脸。为什么这样呢?为了这可以让读者充分地展开自己想象的双翅,在美的世界里翱翔。你心目中最美的人相貌如何,你就可以想象这个宫女转过来的脸是如何。其美如此,还是不被宠爱,只能终日无聊地混日子,(这表现在伸懒腰这一细节上。)当然更有理由"怨"了,这就更为精确地表达了主题。文学中也有这样的手法。战国时楚国有个宋玉,为了形容一个最美的女子,他说:世界上的妇女就数楚国的美,而楚国的妇女中又以他隔壁的姑娘为最美。那么,那个姑娘怎么美法呢?他说:如果再长一分,就嫌太长了;如果再矮一分,则又嫌太矮了;不能擦胭脂,一擦就太红了;也不能擦粉,一擦就太白了。姑娘究竟是什么样子呢?他并没有讲,反正随你自己去想象吧。这种情况"一画是鸟,不知是鹰是燕"是相通的。在《三国演义》中,张飞在长坂坡桥上大喝一声,曹操手下的一员将领吓得胆裂而死。说书艺人在表演这个情节时,只是把嘴大张着,却并不发出声音来,让你自己去想象。你总不会把这位将军的声音想成是花腔女高音吧!

艺术是要有形象的,但是光有形象还不行;形象的存在,还要能够显示艺术家、诗人赋与这个形象的精神状态,就是说,除了形似之外还要传神,要有个性。中国古典美学里所讲的"神",包含的概念是比较广泛的。我们现在所说的"个性"、"精神面貌"、"心理活动"等都包括在内。说"形神兼顾"还是比较好理解的,比较复杂的是"遗貌取神",即在必要的时候可以放弃外表的形似，集中艺术力量来体现其精神状态。一般来说，形与神总是一致的，但是，由于艺术不排斥幻想与想象，不排斥夸张，所以艺术家、诗人可以在特定的条件下，公然违反某些社会实际和生活实际。他们有这个权利。比如绘画，画家在分割空间时可以有很大的自由。因为用色彩和线条构成的形象固然是画，除画面形象之外留下的那些空白也是画的有机组成部分。同志们一定看过南宋马远的山水。马远有个外号叫“马一角”，因为他作画往往只在纸的某一角上画一点点，而将其余部分全空着。他在分割空间时，显示了非常大胆的布局。这在事实上是不可能的，哪儿的风景有一大块空白呢？他这样做为的是使他所画的那一部分显得更突出。

既然我们承认艺术家、诗人有夸张的权利，有想象和幻想的权利，有在特定的情况下改变生活事实的权利，这就在创作上有了很多方便。比如李白的“白发三千丈，缘愁似个长”，哪有这么长的头发呢！但是谁也没有说李白这样夸张是不对的。所以苏东坡有这样的话：“论画以形似，见与儿童邻。作诗必此诗，定知非诗人。”苏东坡既是诗人，又是书家、画家，通过长期的创作实践，他才能有这种很好的见解。

最后，我奉劝同志们多读点诗，(当然，我也同样劝研究文学的人多观赏和理解各种艺术。)诗人的创作经验是可以给画家不少启发的。画是一种静态艺术，它的形象已经固定下来，但主要的是要能表现出形象的内心，在这一点上，有许多诗是表现得很好的。我举一首唐朝刘禹锡的诗为例：“新妆宜面下朱楼，深锁春光一院愁。行到中庭数花朵，蜻蜓飞上玉搔头。”这首诗是描写一个家庭生活不美满的妇女形象，至于说她是因为丈夫去从军打仗，所以很孤独，还是因为丈夫另有新欢，所以失意，不很清楚。因为中国的诗很像中国的戏曲，也很像中国的白描画，是可以不提供背景的。中国人画了一幅画，已经完成了，但外国人可能认为是幅画稿，还没有完成，就是因为上面没有背景。为什么我们不要背景呢？还是为了给读者留下非常广阔的想象余地。这首诗就是这样，它描写的妇女是什么身份，处于什么环境，诗人并没有告诉我们，但是他提供的形象，展示的心理状态，是非常妙的。他是怎么写的呢？第一句“新妆宜面下朱楼”，就说明了这位妇女的痛苦不属于物质范围,“朱楼”是深宅大院,很讲究的房子,而且她打扮得整整齐齐下楼游玩,可见生活是舒适而安闲的。第二句“深锁春光一院愁”,说明尽管在春天,她的心情并不愉快。“行到中庭数花朵”说明她闲得没有事干。底下一句“蜻蜓飞上玉搔头”是画龙点睛之笔,诗人抓住了这样一个镜头(这也是画家应当抓住的):一个蜻蜓飞到她头上,停住了。蜻蜓在她的簪子上停下来,这说明什么呢?说明这个妇女在那里站呆了,以至于蜻蜓不感觉到她是个活人,因此毫不戒备地站在她头上的玉簪子上。我想同志们都没有这种经验吧,哪个蜻蜓敢站在你的头上?所以“蜻蜓飞上玉搔头”就展现她陷于非常深沉思虑中的形象。是因为失宠?是因为不幸的命运?还是因为看到春光而想念远人?读者们,你们各人自己想吧!这样,诗人既深刻地刻画了她的精神状态,同时又让所有的读者共享艺术创造的快乐,而不包办代替,将他的思维活动硬塞给别人。中国古典美学所谓的“遗貌取神”,就体现在这种地方。如果同志们一方面搞国画创作,一方面又学一点古典诗歌的话,一定是相得益彰的。

1982 年 4 月讲

1984 年 6 月整理

(原载《文艺理论研究》1984 年第 3 期)

关于社会科学评奖工作的意见

我谈谈关于社会科学评奖工作的意见。

我认为除个人奖外，还应有集体奖，因为重大课题不是靠个人能搞出来的。我在南大，就感觉到有人在利用集体的项目搞个人的私活，这种做法是不好的。所以，我就想到也要给大项目的主持者、组织者评奖。比如上海的罗竹风同志为搞《辞海》花了不少精力，我看就可以评奖。当然，他不在我们江苏，不在我们评奖的范围内，我这里的意思是评奖应该考虑重大课题的组织者。

关于评奖申请十万元基金问题，我想能否向亿元乡，向有关单位去募捐，我们的刊物可以为他们作广告；华侨愿意捐款的，我们也可以接受。香港中文大学奖学金就有私人捐款给指定项目优秀者，以利于专题研究深化的。

获奖作品，既要有重于现实研究的，也要有基础理论、历史科学研究的，各个学科领域都要考虑到，当然也要有重点学科，如经济。作品是否一定要是公开出版的？现在出版界的风气也不是那么正的，我看内部出版的、打印、复印的成果也要算在内。获奖作者既要有老专家，也要有中青年。评奖要尽可能做到准确，要严一点，还要注意不要闹不团结。

（原载《江苏社联通讯》1984 年第 9 期）

沈祖棻小传

沈祖棻，字子苾，别号紫蔓，笔名绛燕、苏珂，原籍浙江海盐，迁居苏州已有几代。1909 年 1 月 29 日（清宣统元年正月初八日）生。她出生时，这个地主家庭已经日趋衰落了，可是还保留着文化传统。祖父名守谦，号退安，精于书法，和当时侨居苏州的文士如吴昌硕、朱孝臧等都有往来。她在家中是长孙女，很得祖父母的欢心，自幼耳濡目染，酷爱文艺。

她是在上海念的中学，先后进过坤范中学和南洋女子中学。1930 年秋，考入中央大学上海商学院，因为性情不近，一年之后，便转入南京中大本部文学院中国文学系学习。当时系中名师云集，各有专精，又认真教导，所以学风蔚盛，人才辈出。祖棻入学以后，一方面从事新诗和短篇小说的创作，一方面又潜心致力于古典文学研究。

她在新文学方面的创作是从二十年代末在中学读书时期开始的，一直延续到四十年代初，前后约十多年。三十年代中叶曾发表过一系列的短篇历史小说，赢得当时评论界的注意，被誉为富有奔放的热情和飞腾的想象。和小说、散文相比，她的诗写得更多一些，1940 年曾选出若干首，辑为《微波辞》，在重庆出版。其中几首，被作曲家谱成歌曲，广泛流传。

她古典文学的研究和旧体诗词的写作才能，则是三十年代初到南京以后，才受到人们注意的。1932 年春天，这个性格沉静的苏州姑娘在中央大学文学院院长兼中文系主任汪东先生讲授的词选课的一次习作中，写了一首《浣溪沙》：

芳茝年年记胜游，江山依旧豁吟眸。鼓鼙声里思悠悠。　三月莺花谁作赋？一天风絮独登楼。有斜阳处有春愁。

汪先生对1931年“九·一八”事变后的民族危机在一个少女笔下有如此微婉深刻的反映，感到惊奇，就约她谈话，加以勉励。从此，她对于学词的兴趣更大，也更有信心了。

在1934年毕业于中央大学后，她随即考入金陵大学国学研究班，于1936年毕业。在做研究生的时候，她认识了中文系学生程千帆，由于志同道合，很快便相爱了。1937年抗日战争爆发后，南京遭受空袭，两人避往屯溪，就在那里结了婚，开始了流亡生活。民族的苦难，个人的流离辛苦，使她写出了一系列的组词，抒发了家国兴亡之感。后来汪先生对这些词给予了极高的评价，他说：“诸作皆风格高华，声韵沉咽，韦冯遗响，如在人间。一千年无此作矣。”在词的创作上，她成熟了。

1942年到1946年，祖棻先后在成都金陵大学和华西大学任教。在抗战后期，国民党反动派真卖国假抗日的丑恶面目逐渐暴露，纸醉金迷和啼饥号寒两种截然不同的生活，使得女诗人万分愤激，她拿起笔来战斗了。在这一时期的词中，她忠实地写出了当时政治社会生活的某些侧面。这四年是她创作最丰富的时期。

抗战胜利以后，解放以前，是她最苦闷的时期。这一个时期的作品，情调是比较低沉的。解放以后，和绝大多数的旧知识分子一样，她看清了祖国复兴的希望和自己的前途，基本上放弃了创作而集中精力从事教学。她扶病重新工作，先后在江苏师范学院、南京师范学院和武汉大学教了二十多年书，负责的工作态度和精审的学术见解，深受学生的赞扬和爱戴。

1957年，程千帆被错划为右派分子。九年后，发生了“文化大革命”。她，作为一个右派分子的妻子，同时自己又作为一个高级知识分子，理所当然地负担了她应当负担的那一部分屈辱和苦难。1972年以后，她忽然拈起多年不用的笔，写起旧诗来，为自己和亲友在十年浩劫中的生活和心灵留下了一些真实而生动的记录。如下列一首，便是她将近四十年生命流程的总结：

合卺苍黄值乱离，经筵转徙际明时。廿年分受流人谤，八口曾为巧妇炊。历尽新婚垂老别，未成白首碧山期。文章知己虽堪许，患难夫妻自可悲。

在"四人帮"覆灭以后，祖棻在诗篇中显示了对复兴中华的渴望之情而又对自己的被迫无所作为感到惋惜，如《寂寞》：

寂寞清明后，离居惜岁华。残灯犹把卷，余火偶煎茶。小枕听春雨，闲衾梦落花。朝来望庭树，已觉绿交加。

这是由于她好不容易逃过了这场史无前例的浩劫，却仍然无法摆脱程千帆这个脱帽右派的株连。1976 年，二人先后奉命"自愿退休，安度晚年"，抱着"移山犹励愚公志，伏枥难忘烈士心"的惆怅，被迫离开自己坚持了一辈子的工作岗位。

1977 年 6 月 27 日，祖棻从上海探亲回来，遭遇车祸，不幸逝世。安葬在武昌石门峰公墓。

世界上有一种将自己的一切奉献给了别人，却从来不想从谁那里得到什么报答的人，祖棻应当算是其中之一。"经筵钧石能随分，万里江山放眼宽。"她九泉有知，也不会因为某些人在她生前身后对之极不公正而斤斤计较。但历史毕竟是极其公正的。她的著述已经印行了五十多万册，而且还在增加。这说明她已将自己的心血献给了伟大的社会主义祖国。她属于人民。人民欢迎她的作品，也将永远记得她这个人。

1984 年 5 月

（原载《沈祖棻创作选集》，人民文学出版社 1985 年 6 月版）

读《倾盖集》所见

近年出版了好几部值得注意的现代诗歌总集，其中《九叶集》和《倾盖集》是我所特别重视的。这不但因为诗人们各自以其独特的艺术手段所表达的特定时代感打动了我的心灵，而且是因为他们的成就同时引起了我对于诗歌发展史上一些问题的思考。《九叶集》的诗人们早在四十年代就在新诗的表现方式上作了非常可贵的尝试，他们的确显示了一些为前此新诗苑中所无的特色；可惜由于种种原因，这种特色似乎没有得到它应该得到的发展，以至于几十年后，人们还拿朦胧诗当成一个争论的新话题。至于《倾盖集》则是另外一种情形。它是一部现代人以严格的古典诗词格律写成的作品，却具有强烈的现实性。《九叶集》把新诗的表现方式推向了一个新的更加成熟的阶段，而《倾盖集》则赋予了古典诗歌以新的活力，使它能够成为诗人们表现今天生活的自如的手段。在这里，我想专门来谈一谈《倾盖集》。

时代在变，价值观念和审美观念也在变。值得我们注意的是：这种价值观念和审美观念的变化往往是复杂的，多面的。我们当然会从现实生活出发去肯定那些新涌现出来的美好事物，从而也产生了新的价值观念和审美观念；但不可忽视的是，由于文学本身的实践，它们也往往会使人们认为已经产生的观念，有重加审定、估量和改变的必要。五四以来，以古典诗歌的形式反映现代生活是曾经被完全否定过的。其理由，简单地说，是因为它是用与现代口语有或大或小的距离的文言来写的，而文言则被认为一定是不适宜于表现现代生活的。但是半个世纪以来的创作实践却无法掩盖这种说法的简单化和片面性。我们当然不能把毛泽东、陈毅等老一辈革命家所写的诗词作为文学史上一种独特的因而是例外的情形去处理；即使如此，也无法否认，在近几十年中，的确还是出现了不少的以古典诗歌形式写成的佳作。这样，对古典诗歌形式的价值观念和审美观念似乎就有了可能而且必须加以重新审定的必要。《倾盖集》的出版也有助于这一问题的探讨。

本书的出版说明写道："古谚云：'白头如新，倾盖如故。'本集九位作者之间，有的是时相过从的朋友，有的是朋友的朋友；他们的年龄、经历、工作虽各不相同，但是在过去动荡的年代中，有过共同的忧虑和喜悦，这正是他们把他们近年的若干诗作编成合集，并取名《倾盖集》的原因。"诗人们共同的忧虑和喜悦是什么呢？那就是由于对社会主义祖国和人民的深切关怀而产生的强烈的爱憎和忧乐。当伟大的祖国和人民遭受着深重的灾难、侮辱和损害的时候，他们是忧虑的、痛苦的和悲愤的；而当祖国和人民摆脱了不应当承受的恶劣命运时，他们就无比地欢乐了。当然，诗人们也会写到自己的私生活，诸如友谊、爱情和爱好，但是这些又莫不与祖国和人民的命运联结在一起。这是本书在我国历史上的屈原的哀乐、杜甫的哀乐、陆游的哀乐的继承和发展。

九位诗人收在这个集子里的作品多少不等，写作的起讫年代也不相同，但其中的多数都写于史无前例的十年动乱时期以及其后拨乱反正的几年当中。诗人们自身的遭遇和祖国人民遭遇的一致性决定了他们必须而且乐于用自己的笔去反映那个使人永远无法淡忘的荒唐岁月。那一场所谓"触及灵魂的大革命"，实质上是一场真与假、善与恶、美与丑的殊死斗争。每一个人，无论他自己愿意或不愿意，自觉或不自觉，都得在历史舞台上充当自己所规定的角色。当那些野心家、阴谋家、叛徒们的邪恶势力压在祖国母亲和她疼爱的儿女们的头上，要把他们推进无底深渊的时候，广大人民拿起自己所能拿到的武器起来战斗了。愤怒出诗人，忠义出诗胆。出于忠义和愤怒，诗人们写下了许多非常动人的作品。这正是恩格斯所说的"真正艺术家的勇气"的表现。

诗集中对于周恩来、陈毅等老一辈革命家的悼念，对于张志新、遇罗克等烈士的哀挽，对于参与丙辰清明悼念活动的广大人民的赞扬，显示了诗人们强烈的爱；对于林彪、“四人帮”反革命集团的讥刺与鞭挞，以及粉碎“四人帮”后欢欣鼓舞的情绪，还有对于那些趋炎附势、“高举”“紧跟”者流的鄙视，又都表达了诗人们深切的恨。这都是显而易见的。

我所要特别指出的是，这九位作者原来都在一九五七年那场扩大化了的运动以及其他政治运动中蒙冤受屈，在“文化大革命”中，又理所当然地承受了比普通人民更多更重的苦难，千磨万劫，九死一生。这是当时活生生的现实。然而，他们的灵魂却从来不因长时间的重压和扭曲而变形。在极其艰苦的体力劳动中，在备受鄙薄歧视的情况下，仍然在不屈不挠地努力寻求过一种正常人的生活。他们就是这样生活下来了，并且是不丧失人类尊严地生活下来了，一直到恢复名誉。这是奇迹。而这个奇迹之所以能够出现，则在于他们对于祖国和人民具有无比的爱和无比的信任。他们深信：自己是中华民族的好儿女，总有一天会被证明是无辜的。这是极可珍贵的和不可战胜的爱国主义和乐观主义感情。

正由于他们是如此地热爱生活，所以即使在艰难的岁月里，也在从事于诗歌创作。在这些诗作中，几乎具备了传统诗歌中一切的题材，重大政治社会生活之外，还广泛涉及了山水登临，花鸟题咏，论史论诗，评书评画，爱情和婚姻，会合与离别。这，似乎都是习见的，然而却无不浸染了诗人们在特定生活环境当中的特定心情。这就使得《倾盖集》中的作品具有了鲜明的现代情趣和色彩，与前人此类诗篇有所区别。

以上泛论了这部诗集的主要特色，这是九位诗人所共同具有的。但这些共同具有的特色却又是通过每一个人自己所独有的审美观念和艺术手段表现出来的。风格是个性的外化。如果作者是富有个性的，而其所拥有的艺术手段又能够表达这种个性，那么，他就必然能够具有独特的风格面貌。这丝毫也不排斥对于一切传统中美好风格的吸收和融铸。然而，表现在作品里的终究是属于每个作者自己的新的东西，正如叶老在本集题辞中所说的：“各自擅风神。”

现在试着极其简略地谈一点自己对于每一位诗人和他的作品的体会，无非是管中窥豹，希望不变成佛头着粪。

王以铸《城西诗草》：作者精研西方文史，但诗中却一点也看不见这方面的影响和痕迹，真是不愧老子说的“良贾深藏若虚”。五言古诗这种形式似乎是他所最喜爱的。从《咸宁杂诗》和《饮酒》中，看出他对于陶诗致力很深。陈散原诗云：“陶集冲夷中亢烈，道家儒家出游侠。放翁晚节颇似之，皆奇男子无分别。”龚定庵诗云：“陶潜诗喜说荆轲，想见《停云》发浩歌。吟到恩仇心事涌，江湖侠骨已无多。”王以铸心目中的陶渊明乃是这样的陶渊明，而不只是“采菊东篱下，悠然见南山”的陶渊明。请看官们千万记住。

吕剑《青萍结绿轩诗存》：作者新诗写得很好，写旧体诗又同样出色。这使人不禁想起现代文学史上一个使人玩味的史实。当初，鲁迅、沈尹默、刘半农、闻一多等是写旧体诗的，后来都改写新诗；而朱自清、何其芳、金克木以及作者等则原来是以写新诗见长，后来都改写旧体诗。这说明这两种诗歌形式不但无妨并存，而且可以一人兼擅。诗歌中的新旧两体，如果不被认为是互相促进的，至少也不应当被认为是互相排斥和妨碍的。把一部文学发展史看成是一部文体变迁史，显然不符合事实，也不能说明问题。吕剑是一位有强烈历史感的诗人，他的登临、咏史诸作特别能体现其胸襟的广阔，使读者神观飞越。

宋谋玚《柳条春半楼诗稿》：五十年代初期，我和作者结交于武汉市。那个时候，他是一位戎装骏马、雄姿英发的少年军官，加之文采风流，所以很受人注目。其后会少离多，随着岁月的流逝，当日少年现已年近花甲了。其少作才情富艳，但缺少深沉之思，而当他负担了祖国的知识分子在特定历史时代应当负担的那一份苦难以后，就变得成熟起来。《欲慑》、《重有感》等篇循着李商隐经过的道路走向杜甫。取“君恩未许虚前席，臣远无由叫帝阍”和“披猖女祸危萧相，澒洞忧端泣贾生”与李商隐的“死忆华亭闻唳鹤，老忧王室泣铜驼”、“窦融表已来关右，陶侃军宜次石头”相比较，可见玉溪诗派的源远流长。

荒芜《纸壁斋诗选》：作者是我中学时代的同学，但是并不认识，待相识时，都已经老了。一卷《纸壁斋诗》使人恨相见之晚。其中多着意时局，有元微之所谓“直道当时事”之意，而出之以微文讥刺，则颇似刘梦得、苏东坡；以七言律诗见长，用笔简炼而又动荡，也是刘、苏遗韵。《伐木》六篇写大苦难中的穷快活，精神面貌颇为壮丽。赠友诸篇，各如其分，见功力，也见交情。

孙玄常《瓠落斋诗词钞》：陈次园赠作者诗云："玄翁学道指根源，吟诗绘画妙无前。"这两句诗足以概括他的成就。其所作诗词深深地打上了工于书画的印记。题画和登临诸作色泽鲜丽，寄托遥深，如"浮萍身世任西东，惯看关山雪霁夕阳红。"不愧是情景交融的胜境。虽然遭遇也同样坎坷，但性情冲淡，少有愤激之词。《题香山红叶》云："霜红晚节人间重，莫比三春二月花。"可以移作玄常的自我鉴定。

陈次园《朝彻楼诗词稿》：作者博学，兼通中外文哲诸科，诗风流美，能备众体。题画、论书的篇章与孙玄常可称难兄难弟。译诗别开生面。辜鸿铭以后，能以古体译西诗的人，应该推苏曼殊，但苏译经过章太炎的修饰，古雅有余，风神不足，赶不上陈译之动人。其所译的克雷洛夫寓言诗，亦庄亦谐，不愧为辜译《痴汉骑马歌》的后劲。《少年游商调》等阕，出色当行，乃是词中隽品。

陈迩冬《十步廊韵语》：作者故乡山水甲天下，山川灵秀清峭之气对他的创作不能没有影响，所以他的诗词，明丽奥峭，兼而有之。其诗设想遣词都摆落凡近。"夜气酖人如中酒，坐看星斗落墙隈"、"微觉歌尘摇大气，慎将断句染斜阳"，极近散原老人句法。其词如"秋正低徊三尺水，我来平视六朝山"、"一塔刺天摇碧落，千山缩脚让延河"则名隽豪放兼而有之，无愧其乡先辈王半塘、况蕙风。迩冬这卷诗中，直接涉及时事的较少，但读了"一局走残皆破眼，九州铸错未全消"这两句，知道他不但未能忘怀时事，并且很有远见。

舒芜《天问楼诗》：作者长期住在一间不见天日的准地下室里，如果借用前人的旧名，自署为活埋庵，倒也合适，他却偏要自署为天问楼，这也就是他的人生态度。三十多年当中，舒芜一直在艰难和酸辛当中打发他的日子，但却顽强地写下了一些有价值的著作和美好的诗篇。这恐怕就是庄子所说的"畸于人而侔于天"吧！其诗风出入唐宋，情深采壮，五古、七律更是所长。但是我特别爱好丙辰清明悼周恩来的五律四首，典重深挚，使人读后很容易想到陈后山所作的司马温公挽诗，倍增对这位“鞠躬尽瘁，死而后已”的好总理的怀念。其《天问楼图》是方鸿寿所作，我曾题诗一首，附录于下：“楼自名天问，庵仍比活埋。青灯恋红学，热泪恼寒灰。擢发罪难数，行吟老益才。先王遗庙在，呵壁未须哀。”今年初他才搬出了天问楼，他在那里住了九年。

聂绀弩《咄堂诗》：用传统观念看来，作者是诗国中的教外别传。正由于他能屈刀为镜，点铁成金，大胆从事离经叛道的创造，焕发出新异的光采，才使得一些陈陈相因的作品黯然失色。明朝的倪鸿宝也曾做过类似的尝试。二人虽然同样具有忠愤之气，同样在用一种打破传统的手法来表现它，可是倪究竟是明朝末年的封建士大夫，他看不到今天这样广阔的世界，也放不下和人民保持距离的架子，不敢将人参肉桂牛溲马勃一锅煮，所以也不能充分地将当时的现实生活，和从这些生活中产生的奇思妙想毫无顾忌地表达出来；而聂却较成功地做到了。他的诗初读只使人感到滑稽，再读才使人感到辛酸，三读则使人感到振奋。这是一位驾着生命之舟同死亡和冤屈在大风大浪中搏斗了几十年的八十老人的心灵记录。他的创作态度是真诚的，严肃的，而决非开玩笑即以文为戏的。“欲织繁花为锦绣，已伤冻雨过清明。”他虽然是在说萧红，实际上也是说自己。他又说：“老欲题诗天下遍，微嫌得句解人稀。”我希望绀弩这一顾虑是多余的。前几年我曾以诗相赠，现也附录于后：“绀弩霜下杰，几为刀下鬼。头皮或断送，作诗终不悔。艰心出涩语，滑稽亦自伟。因忆倪文贞，籴殆继其轨。”

“言之不足，故咏歌之。”评赏既毕，有诗为证。诗曰：

大泽穷边落日黄，疲氓倚耒偶相望。妙哉逃死九迁客，各自携归一锦囊。袖手孤吟吐光怪，轩眉大笑话荒唐。峥嵘岁月征诗史，天女修罗共作场。

又曰：

神交岂但同倾盖，倾盖论文若有神。自昔妙才多铸错，断无畸士不相亲。能歌汉道昌皆李，即解儒冠溺亦秦。元祐党家欣健在，一编留赠咏诗人。

一九八五年七月写于南京—连云港

（原载《读书》1985年第11期）

《牧女与蚕娘》序

寻求友谊，珍重友谊，而且希望美好的友谊获得不断的发展和巩固，是全世界善良的人们热爱生活的一种表现。个人之间都是如此，何况是两个国家呢？中国和法国，在漫长的历史程途中，建立了良好的国际关系。在一九四九年中华人民共和国成立以后，这种关系更获得了迅速而巩固的发展；而在文化交流方面所取得的成就，更是举世瞩目的。

中华民族自来具有勇于与而不怯于取的性格。我们在不断地将自己智慧的果实慷慨地献给全人类的同时，也从其他国家和民族那里取回了对于我们非常有益，能够丰富我们自己生活的东西，从而发展了我们的民族文化。这是已经为历史所证明了的。使我特别感到惊奇和喜悦的，乃是文化交流当中出现的一种反馈现象：当我们文化当中某些部分被其他的民族接受并加以研究取得成果以后，我们又将这些成果接受过来，从而充实了我们自己。

法国汉学家对于东方学和汉学的研究是卓著成绩、蜚声世界的。在半个多世纪以前，当我还在大学学习的时候，就曾经接触过著名的伯希和、马伯乐和沙畹等前辈学者的著作。他们对于东方学和汉学中的若干领域的广博知识和深刻研究，使我非常钦佩。现在，在我七十多岁的时候，又有机会读到法国的同行们的部分关于中国古典文学有代表性的成果，就感到更加欢快了。因为法国的同行们不仅从我国的古典诗歌当中认识了我们祖先所创造出来的辉煌的文化，丰富了他们和法国人民的精神世界，而且还以他们勤奋而细致的研究，对于中国的古典诗歌，从微观到宏观，都提出了许多值得重视的见解，这，不但对于我们中国学者的研究工作极为有益，而且使得广大的中国人民在阅读这些作品时，也开拓了视野，呼吸到新鲜的气息。随着各个民族之间文化交流的日益发展，对于对方文化研究的日益深入，这种反馈必然会变得更加广泛起来，从而对每个民族的发展和繁荣大有裨益。

我还想强调一下这本论文选集的一个特点，就是它入选的篇目，多数是当代法国著名学者推荐的，因而在它研究的课题、使用的方法和达到的水平等方面，都具有较强的代表性。当我们逐篇读下去的时候，不仅可以发现许多我们目前注意得比较少的研究领域和使用得比较少的研究方法，而且还可以看到许许多多与我们不相同的文化传统所培育出来的学者所特有的新鲜观点。对于传统的继承与扬弃，自来是学术史上的一个大问题，这，恐怕要在长期的实践当中，才能获得解决。法国同行们肩膀上受到的我国传统思维方式的负荷，要比我们轻些，因而他们的探索，对于我们来说，显然有一种值得注意的借鉴作用。

钱林森先生曾赴法国讲授中国文学多次，精通法文，和法国汉学界有较多的交往。由他来组织一些同事翻译这样一部法国汉学家研究中国古典诗歌的论文集，是非常适宜的。这方面的工作今后还应当继续做下去，比如，还可以介绍其他国家汉学家的研究工作，也可以介绍外国学者对我国其他文学样式，如小说、戏剧的研究成果等等。南京大学古典文献研究所已将外国汉学家的有关研究成果的翻译和介绍列入工作计划，钱先生编译的这本论文集《牧女和蚕娘》是我们工作中首先取得的成果，也是我国介绍法国汉学家研究中国古典诗歌的第一部书，我想，中法两国的学者们都会对它的诞生感到高兴。

一九八六年三月

（原载《南京大学学报》1987 年第 2 期）

学术带头人的责任

对研究生从学习到品德一起抓的问题，从根本上说是导师对自己工作目的的认识问题。如果我们想到要把研究生培养成为社会主义事业的接班人，又红又专、德才兼备的接班人，那我们就不能以仅教给他们专门知识，使他们成为某方面的专家为满足。研究生必须具有较高的精神境界和道德品质，才能使自己在学术征途上发展。有才学而无品行的人，他们的行为所产生的社会效果，有的时候是非常可怕的，中国现代史上很多事例可以证明。政治工作者是很辛苦的，在培养研究生的品行方面做了许多有益的工作。但是我们必须承认，研究生和导师之间存在着一种非常密切的关系。如果导师和政工人员互相配合，所起的作用会更好。但我们有的同志似乎没有将培养研究生的品德列入自己的工作日程，这是很可惜的。几年来的工作经验证明，我们应该把培养研究生当成学校派给的或自己争得来的工作任务，我们必须有完成这项任务的责任感。

对研究生进行教育，中文系古代文学专业的教师梯队一直是重视的，也积累了一点经验。我们的经验是：第一次同学生见面就"摊牌"，就提出品德方面和业务方面的基本要求。在品德方面，我们提出了八个字："敬业、乐群、勤奋、谦虚"。敬业，即理解和热爱自己的事业，有探索与进取精神；勤奋，要求研究生勤奋努力，但不是要书呆子，也要热心社会公务，还要使生活多样化，如搞各种文体活动；谦虚，青年人有了点名气，容易骄傲。一定要及时提醒他们，骄傲除了阻碍自己的进步外，决不会给自己带来任何好处；乐群，我们提倡研究生间生活上团结互助，学业交流公开，要使研究生明白只靠材料过日子是没有出息的。我们的实践经验证明，这样的做法很有好处，一上来就交待清楚了，印象很深，容易记住。困难的是贯彻。有两个困难：一个是老师自己是否坚持，如果说过了就算了，违犯了也不纠正，那就等于白说。不，比白说更坏！因为研究生觉得你不过是吹吹牛，吓唬他们。所以学术带头人必须言出必信，身体力行，严格检查；第二个困难是梯队老师人数众多，基于主观和客观原因，有时不愿意或不能够这么做。怎么办？那就需要学术带头人耐心做工作，使大家步调一致，以免被人钻空子。例如某个学生作业字迹潦草，不合要求，无论找到哪位老师，都要求他重抄，都一样。这样，他就必然会改正了。

组织梯队来培养研究生，绝不是为老先生分劳，减轻工作，而是老中青结合，成为一个学术整体，互相学习，共同提高，共同培养研究生。他们之间应当保持各自的学术特点和个性，但又应该有大体上一致的共同学风和工作作风。

为国家培养高级专门人才就要三不怕：一是不怕吃亏，二是不要怕麻烦，三是不要怕得罪人。我曾有个研究生，学习不努力，教育无效，我就让他退学了。后来，他承认错误，说我是对的。这件事对别的研究生教育也很大。所以，带头人要特别注意以身作则，这一点十分重要。否则，就无法完成党和国家交给我们的使命，或者至少不可能完成得很好。

（原载《学位与研究生教育》1987 年第 6 期）

怀乡诗话

作为一个宁乡人，我却从来不曾到过宁乡；作为一个湖南人，我却在20年代初就离开了湖南，在外萍飘蓬转，已经60多年了。我的美丽富饶的家乡，历史上出过许多伟大的和重要的人物的家乡，我这个已经75岁的游子却没有在她的怀抱里生活过多少时间，这就益发增加了我对她的依恋和怀想。

我的老家原在宁乡土蛟湖竹山湾，通过先叔祖子大先生（十发老人）所写的一首诗，我知道那里的人是善良的，风俗是淳朴的。这首题为《竹山湾庐》的诗写道：

> 老屋及春荒，东西尚几厢；仍将明代瓦，来补国初坊。父老溪前后，儿孙竹短长；欢携觅杯具，多恐负江乡。

这首诗大约是在清朝光绪年间写的。几十年的沧海桑田，恐怕竹山湾庐也早已不复存在了吧！但是我所憧憬着的这一座古老建筑也就成为“意园神楼”，难以磨灭。

大约在30年代初，我已经在南京读书，暑假中曾回汉口给喆𬴂庆祝60寿辰，后又随父亲回长沙扫墓，住在姑母家里。先母的墓葬在新开铺，离城很远，我记得还是坐竹轿去的。这是我离开长沙后第一次回乡，心中充满了喜悦，也渗和着悲凉。这种感情却被先父穆庵先生所写的一首诗很完整地表达出来了：

客久思乡今始归，归来疑梦复疑非。十年情话亲朋老，一酹心丧庐墓违。倒树出崖悬路卧，疾流吞涧溅花飞。山行雨过残虹在，吟望悲同泪湿衣。

可是父亲也好，我也好，终竟因为迫于生计，一直无法在家乡定居。常常想到，苏东坡所说的“江山如此不归山，江神见怪惊我顽。我谢江神岂得已，有田不归如江水”，真是能够引起古今离乡背井的人共鸣的老实话。

抗日战争爆发，我和亡妻沈祖棻离开南京，小住屯溪，于 1937 年底到了长沙，寄居在孙望家里。那时许多文化人都聚集在长沙，其中有诗人力扬、常任侠、汪铭竹、吴白匋，画家张安治、孙多慈、卢鸿基、陆其清等，而孙望和吕亮耕本来就在长沙。那时田汉在办《抗战日报》，孙望便在该报上办了一个副刊《诗歌战线》，作为我们大家发抒爱国情怀、鼓吹抗日救国的阵地。我们这些人过着流亡生活，但意气不衰；没有橘子的橘子洲，没有红叶的爱晚亭，都是我们经常流连之地。将近 40 年后，祖棻还回忆起这些旧事，写了几首诗寄给孙望：

侧帽诗人赋远游，玉筝弹月洞庭秋。电光四十年间事，绿鬓朱颜共白头。

湖海元龙让上床，肯令梁孟住长廊。《楚辞》共向灯前读，不诵《湘君》诵《国殇》。

屈贾当时并逐臣，有情湘水集流人。狂朋怪侣今何在？喜见江山貌已新！

狂歌痛哭正青春，酒有深悲笔有神。岳麓山前当夜月，流辉曾照乱离人。

1938 年春天，我和祖棻离开了长沙，到益阳龙洲师范学校去教书。这个学校就在资水旁边，不远就是碧津渡，山光水色，简直美极了。我们在离学校不远的一个农家租了一间房子住，主人极为热情。可惜我工作不到两个月，就因为生病离开了。不久到了重庆，我还怀念那一段生活，怀念那一对农民夫妇和他们的即将出嫁的女儿，记得他们称祖棻为“先生娘子”，引得我们背后大笑。我后来作了几首诗，纪念这一段生活，其中的一首写雪后碧津渡，因为我实在难以忘怀那幅奇丽的雪景：

灯深客梦寒，困眠就纸帐。绪风逐阴雪，相忘大堤上。晓沐诧一白，蔽亏失故向。意行随江皋，振衣亦用壮。妖韶碧津渡，旧是天女相。一笑谢世情，渺渺空鱼浪。

解放以后，我曾经 4 次到长沙，但都是出差，办完事就走，真是古人所说的“不暇唱《渭城》”。我希望在不久的将来能够有机会回乡，从从容容地住一段时期，看看家乡的亲友、建设和自然风物，补偿我多年怀乡之情，那时我也许可能再作出几句诗来。

（原载《湖南日报》1988 年 6 月 13 日）

提高质量是研究生教育的核心问题

为了社会主义祖国的物质文明和精神文明建设的需要而造就高级专门人才，是培养硕士和博士研究生的主要目的。拨乱反正以来，国家恢复了招收研究生制度，颁布了学位条例，全国大学和研究机构已经培养出一批合格的博士和硕士。他们在不同的岗位上，为祖国和人民做出了贡献，有的已成为学科、课题或工程技术的骨干力量。这是有目共睹的。这一点必须肯定下来，因为它是我们讨论问题的出发点。

但是随着近年来的开放改革，在研究生教育方面，也出现了一些新的问题。这些问题如果处理得不恰当，就必然会降低研究生的质量。这种苗头已经出现，不能不引起人们的深切关注。

首先我们看到的是报考研究生的人，比起前几年来，不仅质量降低了，数量也减少了。除了少数历史悠久、设备充实的大学外，许多学校都严重地感到生源不足，有的专业甚至无人报考。这就无可避免地导致入校研究生的质量偏低。

大学生毕业后，不愿考硕士生，硕士不愿考博士生，原因当然很复杂，但其中最重要的一点，恐怕是受"知识无用论"的支配。尽管领导上提出要尊重知识、尊重人才，但社会上流行的却是尊重金钱。知识分子在口头上愈被尊重，他们的生活在实际上就愈加贫困。这种现状是很严酷的。有的学生从老师的今天看到了自己的明天。由于其价值观念和老师不尽相同，面对拿手术刀不如拿剃头刀、造原子弹不如卖茶叶蛋的活生生的现实，他们并不希图享受老师们通过长期努力已经获得的"价廉物美、耐压耐磨"的崇高荣誉，当然也就不想去受那个三载或六载的寒窗之苦了。在这个问题上，老师们的专业知识和道德力量的影响，对他们是不可能很大的。

好容易过五关斩六将考取了研究生，所得到的待遇是刚刚够吃饭的一份助学金，连买一本书、订一份杂志都很困难。这样他们就很难安心地坐在实验室或图书馆内。不仅国家给研究生的生活费刚够维持他们的生活，而且所支付的研究生经费也很少。以我所在的单位为例，教委给每个博士生的经费是每年 1600 元，研究生院扣掉 400 元，系里扣掉 300 元，能够直接用在研究生身上的，三年一共是 2700 元，而印论文和答辩的费用就不下于 2000 元。这样，研究生从事学术活动的费用，如搜集和复印材料、出差开会等，就只有几百元了。国家提供的物质条件就是如此。如果说前几年还能勉强对付的话，在物价上涨的今天，我们做导师的真不知道有什么好办法让我们心爱的学生能充分地利用他们宝贵的时间，安心地研究学习，从而获得党和人民希望他们具有的丰富知识。

铁饭碗对于保持和提高研究生的质量也是不利的。研究生考上以后，基本上是一帆风顺，拿到学位。按照教委的规定，有些差生本来是可以淘汰的，但事实上很少执行。这一点再加上入学时考试成绩偏低，研究生的质量就往往难以符合国家标准。在导师方面，也有因年老力衰已难亲自指导学生，只好由助手代替，这对保证研究生的质量不能没有消极影响。导师的终身制似也弊多于利。

研究生的最后一道关口是论文答辩。在这一方面，教委作了详细的规定，但其中不少地方繁琐而不切于实际，真正要抓的地方，却又没有抓起来。例如，从答辩委员的提问和学生的回答，完全可以看出委员提问是否认真，学生回答是否正确。这是答辩的要害所在。如何对于这一部分内容详细加以记录，并将其作为是否通过论文的重要依据之一，却并无具体的要求和规范。这就使得答辩认真进行者固多，走过场了事者亦所不免。答辩对于保证研究生质量无疑是非常重要的。

教委规定博士和硕士研究生都必须学习一定的课程，但目前各校的课程设置极不一致。专门为某专业某方向设置课程的并不太多，有的以大学本科高年级课程代替，有的选修他系课程，有的甚至完全没有课程，写一篇论文就可以毕业。这当然无法培养出既有广阔的基础又对于某一方面有专精的人才。我们要的不是那种只在某一方面知道得很多而对其他方面却知之甚少，甚至一无所知的“专家”。这种“专家”是不能适应目前国家建设的需要的，因为他们过于“对口”，而这“口”又太狭小了。

总之，保证质量是目前研究生教育的核心问题，而如何去保证，则不能全靠学校和导师。我们热切希望，各级领导和全社会都能加以重视，为教育界多办几件实事，而不是徒托空言，说些使人感到飘飘然的话。

建国初期，我们在人口政策上发生过重大失误，“错批一人，误增三亿”。现在举国上下正为这一失误付出极大的代价。如果我们今天不认真注重教育问题（其中当然包括研究生的质量问题），将来所产生的严重后果，决不在人口问题之下，这不是危言耸听，而是一个老年知识分子对目前国家局势经过深思以后得出的看法，写了出来，希望不会是“不说白不说，说了也还是白说”。

（原载《学位与研究生教育》1988 年第 6 期）

闲堂自述

一　家世与经历

我原名逢会，改名会昌，字伯昊，四十岁以后，别号闲堂。千帆系我曾用诸笔名之一，现在通用此名。祖籍湖南宁乡，老家在土蛟湖竹山湾（现改属望城县），但上代已迁居长沙。1913年9月21日（农历癸丑年8月21日），生于长沙清福巷本宅。

我家境清贫，但数代以来即有文学传统：曾祖父名霖寿，字雨苍，有《湖天晓角词》；伯祖父名颂藩，字伯翰，有《伯翰先生遗集》；叔祖父名颂万，字子大，有《十发居士全集》；父亲名康，字穆庵，有《顾庐诗钞》。母亲姓车，名诗，字慕蕴，江西南昌人；外祖父名赓，字伯夔，侨居湖南，以书法知名当时。我三岁时，母亲就去世了。我的儿童时代是在外婆家度过的。1923年前后，因军阀混战，在长沙不易谋生，我家迁居湖北武昌，我也回到自己家里。在武昌住了五年，短期进过武昌圣约瑟中学附属小学和汉口振华中学，但大部分时间是随堂伯父君硕先生学习的。伯父名士经，是子大叔祖的长子，以早慧知名，二十岁以前，就出版了他的第一部文集《曼殊沙馆初集》。他是我学习中国古代文学的启蒙老师。1928年秋，我赴南京，考入金陵中学初中三年级，从此接受了八年正规的现代教育，1936年毕业于金陵大学中国文学系。

大学毕业后，我先在金陵中学任教一年。抗日战争爆发，避难安徽屯溪，在安徽中学任教，就在那里和沈祖棻结婚。1938年春，辗转回到长沙，在益阳龙洲师范学校教了一个多月的书，又因生病离开。其后，为了逃避日寇及糊口，曾流转于武汉、重庆、康定等地，在国民党西康省政府任一小职员，直到1940年才重回教育界，在四川乐山技艺专科学校担任国文教员，生活稍为安定。可是因种种关系，工作单位仍屡次变迁。1941年到1945年，先后任教于当时在乐山的武汉大学、在成都的金陵大学、四川大学和四川省立成都中学。1945年抗战胜利后，又回到武汉大学，一直延续了三十二年。

1957年，被错划为资产阶级右派分子，直到1975年才摘掉帽子，而得到彻底改正，又是几年之后的事了。摘帽后，我就奉命“自愿退休，安度晚年”。1977年，沈祖棻在一次车祸中逝世，又给我一次极大的打击。在划为右派分子的十八年中，参加过各种繁重的劳动，承受着难堪的侮辱。这些，我并不怎么在意。所感到惋惜的，乃是在我年富力强，学问稍有基础的时候，工作机会却长期被剥夺了，以致一生成就很少；否则，也许能为祖国和人民多做出一些贡献。

1978年夏，南京大学校长匡亚明先生聘请我这已经六十五岁的街道居民为南京大学教授，从而开始了我新的学术生涯。翌年，和陶芸结婚。在初到南大时，我就暗下决心，要努力工作，夺回失去的时间。十二年来，我带出了一批博士、硕士研究生，著作、编辑、整理了十多部书籍。在还想继续前进的时候，年龄已达七十七岁，心脏病更使我精力日衰，便在1990年5月退休了。对于没有能全部夺回被浪费了的时间，我始终感到很深的遗憾。

二　学习与师承

我所受的教育可分为两段：前一段是在君硕伯父办的私塾“有恒斋”里专门读古书，后一段是在现代大中学校里研习各种课程。1923年到1928年在武汉，先后两次随伯父读书约三四年，同学十余人都是同族兄弟和少数世交。伯父对我们要求很严，虽然我们只是十几岁的少年，但学习的起点很高。他认为当时一般私塾常读的《古文观止》等书都是俗学，而教我们学习的则是为打好国学基础所必读的一些经典著作。因此我那时就通读了《诗经》、《左传》、《礼记》、《论语》、《孟子》、《通鉴》、《文选》、《古文辞类纂》等书(显然并不可能全然了解),作为正课。此外还泛览了许多书籍,甚至像吕坤的《呻吟语》、陆陇其的《松阳讲义》、曾国藩的《曾文正公家训、家书》、袁枚的《小仓山房尺牍》之类,也曾认真看过。每天写大小字,作日记,每周作文,也有严格规定。这几年的学习是刻苦而乏味的,同时是有益的。它成功地培养了我阅读古书和写作文言文的能力,并使我初步接触了我国古代文化中一些非常美妙的事物(当然其中也有糟粕)。这对后来我以古典文学作为自己的专业,好处极大。

我在金陵中学学习了四年,多方面接触了现代科学。进入金陵大学以后,除以中国文学为专业外,也还读过文学以外的哲学(特别是逻辑学)、社会科学(特别是中外历史)以及文科以外的数学、生物学等课程。这种安排不仅使自己的知识更为丰富,思想变得开阔,而且对生活于其中的环境进而具有带实证性的理解。我认为是很有意义的。

我至今怀念在中学时代给过我教益的几位语文老师。带有浓重安徽口音的张剑秋先生,他的诗人风度和抒情性的讲授是非常富于吸引力的。泰州林从周先生永远是那么容止闲雅,谈笑从容,知识便在不知不觉中流进了学生的心田脑海。余姚黄云眉先生,后来是海内外知名的明史专家,在上高中三年级的课时,一个学期就只为我们讲了一篇曾国藩的《圣哲画象记》,事实上却是以此为纲,上着国学概论的课。这种概论式的宏观论述是我在私塾学习时所不曾接触过的,所以"受之者其思深"。由于我在作业中发表了一些对李商隐诗的谬论,黄先生还特地将我叫了去,勉励有加。这些半个多世纪以前的事,是我难以忘怀的。现在张、黄两先生已逝世了,林先生还健在,我祝福他健康长寿。

三十年代南京的高等学府中,大师云集,有的我获得受业门下、亲承音旨的机会,有的虽未尝从学,却也曾进登龙门,有所请益。现在想起来,确实是一种非常难得的机会。在大学四年中,我从黄季刚(侃)先生学过经学通论、《诗经》、《说文》、《文心雕龙》;从胡小石(光炜)先生学过文学史、文学批评史、甲骨文、《楚辞》;从刘衡如(国钧)先生学过目录学、《汉书·艺文志》;从刘确杲(继宣)先生学过古文;从胡翔冬(俊)先生学过诗;

从吴瞿安(梅)先生学过词曲;从汪辟疆(国垣)先生学过唐人小说;从商锡永(承祚)先生学过古文字学。诸位老师各有专长,已使我耳濡目染,枵腹日充;而因求知心切,又曾向不在金大任教,或虽任教而不曾讲授某项课程的先生们请教。如曾向林公铎(损)先生请教过诸子学,向汪旭初(东)、王晓湘(易)两先生请教过诗词。汪辟疆先生精于目录学和诗学,虽在金大兼过课,但没有开设过这方面的课程,我便常常带着问题,前去请教。

五十多年过去了,除了当时最年轻的教授商锡永先生还健在外(我同样祝福他健康长寿),其余都已返道山,但他们的学识,他们的声音笑貌,却一直不可磨灭地留在我这个年近八十的白发门生脑中。季刚先生树义谨严精辟,谈经解字,往往突过先儒,虽然对待学生过于严厉,而我们都认为,先生的课还是非听不可,挨骂也值得。小石先生的语言艺术是惊人的,他能很自在地将复杂的问题用简单明确的话表达出来,由浅入深,使人无不通晓。老师们对自己的研究成果,也从不保密,如翔冬先生讲授《重订中晚唐诗主客图》,瞿安先生讲授《长生殿》传奇斠律,便都是自己研究多年的独得之秘,由于我们的请求,毫无保留地传授给了学生。这种精神使我终身奉为圭臬,对学生丝毫不敢藏私。

我在几个大学工作期间,也有几位同事是我所极为尊敬而事以师礼的。四川大学的赵少咸(世忠)先生、庞石帚(俊)先生和武汉大学的刘弘度(永济)先生对我教诲、提拔、鼓励是多方面的:我有问题请教他们,无不获得详尽的解答;稍微做出一点成绩,都获得过分的奖饰。他们的指导使我在各方面都能够不断地充实自己原有的知识。在同辈中,殷孟伦、徐复、孙望、陈孝章、刘君惠、周勋初诸先生,还有沈祖棻,也都是生平畏友,益我甚多。

曾经有人问过我:“你受哪个老师的影响最大?”我认为这个问题很难回答。因为每一位老师都有其长处,而他们的长处我都想学到,虽然事实上,我也明白,这是无法做到的。但,杜甫“转益多师”之说,确是颠扑不灭的道理。

三　学术次第与著述

衡如先生给学生讲授目录学,兼及版本、校勘,事实上即校雠学。他首先强调这门学问作为治学门径的特殊性质和重要意义。我信受奉行，所以我的治学可以说是从校雠学入手的。我认真学习过由《汉书·艺文志》到《书目答问》以及郑樵、章学诚诸家著作，后来并长期讲授这门课程。在这方面，除发表过若干单篇论文外，我和弟子徐有富合著了《校雠广义》一书。该书分版本、校勘、目录、典藏四编，第一次全面地概述了自西汉刘氏父子创建，历代学者共同发展，至清儒而益臻完备的这门我国独有的自成系统的科学。现在版本、目录两编已经脱稿，余两编在撰写中，希望早日完成。

文史兼治，是我国古典学术的优良传统。文和史，源合流分，又始终互相依存，互相渗透。我的家学和师承使我在数十年的学术生涯中，一贯文史并重。发表的著作虽以文学为多，但这些研究文学的著作都是建立在史学的实证精神和严密的史料考证的基础之上的。当然，我也注意到了，不能用历史学的方法去解决应当用文艺学的方法才能解决的问题。

早在四十年代，我就曾对刘知幾《史通》和章学诚《文史通义》两书，下过较大的功夫。对于《史通》，我有《史通笺记》一书问世；对《文史通义》，也曾详注数篇，后为亡友叶瑛教授《文史通义校注》全部收入。对于这两部书的钻研，增强了我"辨章学术，考镜源流"的意识，提高了自己的思辨力。

我在文史兼治方面的另一实践是对唐代科举与文学的关系，在一个小范围内进行了综合研究，比较深入地考述了唐代进士在考试之前行卷这一风尚及其与诗歌、古文、传奇小说发展的关系。对于史学来说，这属于科举史的范围，而对于文学来说，则可以归入背景研究吧。友人傅璇琮教授在我出版《唐代进士行卷与文学》这个小册子之后，写出了非常全面的《唐代科举与文学》一书，其成就远远超出了拙著。

因为长期担任文学通史和分期文学史课程，我曾编写过几种讲义；但正式出版的，只有近年与吴新雷教授合作的《两宋文学史》一种。在结构的安排与资料的运用上，显示了它与其他同类作品的不同之处；同时，也显示了我们不完全同意长期以来流行的所谓"一代有一代之所胜"那种将文学发展史理解为文体变迁史的简单化说法。因此，在叙述宋代文学时，不但较为详细地写了有关戏剧、话本部分，而且也没有忽略当时的传奇和四六。

我还始终认为，叙述文学创作发生发展的文学史与叙述文学理论发生发展的文学理论史（或批评史）不应当是相互隔绝的，因为它们本来就是互相影响，互相促进，因而同步发展的。研究文学历史的人，不能不将文学理论作为自己研究对象的组成部分来考虑，反之亦然。由于是这样理解问题的，所以我研究、讲授文学史，总是注意那些与创作同步发展的理论。我还曾短期讲授过古代文论这门课程，并笺注了十篇有代表性的作品，在四十年代末，出版了一部包括所注《文史通义》数篇在内的名《文论要铨》的书（重印时，改名《文论十笺》）。

在我近六十年的学术生涯中，以在古典诗歌方面花费的时间最久，用力最专。诗本是我的家学，先辈能诗有集的人不少，已见前述。先父穆庵先生，是近代著名诗人和书家成都顾印伯先生的弟子。顾先生的诗集就是先父编印的。先父专攻宋诗，尤精后山。我幼承庭训，十二三岁即通声律，曾写过一些当然是极其幼稚的作品呈请子大叔祖和伯夔外祖批改。叔祖的批语有“诗笔清丽，自由天授”之语，外祖的批语是“有芊眠之思，可与学诗”。这些过情的鼓励对我后来致力诗学，当然有很大的影响。

我关于诗方面的著作可分两类：一是评选，二是论述。选本从晋宋以来，便是一种文学批评的形式。它标举篇章，评量优劣，指示风尚，区别异同。我因讲授历代诗选、专家诗（主要是杜诗），曾不断地对前代名篇进行选择、评论和注释。已出版的，有《宋诗选》（与亡友缪琨合作）和《古诗今选》（与先室沈氏合作）。此外，为了探讨中国文化对邻邦的影响，曾与亡友孙望教授共撰《日本汉诗选评》一书，以介绍日本历代汉诗作者的高度成就。

上述这三部书对诗篇的选择和评注，表达了我对古典诗歌的某些观点和理解，我对它们的历史认识和审美情趣。但我对诗歌研究的成果主要是用论文形式发表的。除了在《两宋文学史》中对宋代诗词作了概略的叙述外，还有《古诗考索》、《程千帆诗论选集》及《被开拓的诗世界》等三部论文集。前两书分别有周勋初教授及弟子张伯伟所写后记，《诗世界》专论杜诗，是我与弟子莫砺锋、张宏生合撰的，也有他们写的后记。这些后记对三书内容及使用的方法都有所评述。

大体说来，在诗歌研究方面，我希望能够做到资料考证与艺术分析并重；背景探索与作品本身并重；某一诗人或某篇作品的独特个性与他或它在某一时代或某一流派的总体中的位置，及其与其他诗人或作品的关系并重。我宁可从某些具体对象入手，然后从中概括出某项可能成立的规律来，而不愿从已有的概念出发，将研究对象套入现成的模式；宁可从具体到抽象，从微观到宏观，而不是反过来。在历史学和文艺学这些基本手段之外，我争取广泛使用其他学科的知识，假如它们有助于使我的结论更为完整和正确的话。

在过去，人们大都认为：文学事业，应当知能并重。所以诗论家几乎毫无例外地是诗人，而诗人对于诗当然也都有其各自的见解，虽然这些见解没有能全部流传下来。严羽是位有成就的诗论家，他的诗存下来的为数不多，却是很优秀的。伟大的李白和杜甫给后人留下辉煌的诗篇，而他们对于诗歌的精辟见解也是人所共知的，不可忽视的。诗来自感。作诗，必须对外物有其独特的感发；评诗，也要对作品有其独特的感受。单靠理性思维，不但无法作诗，也难以对诗有真知灼见。当然，如果只凭感情，也是无法从事诗歌创作和评论的。基于这种感与知在心灵活动中互相依存渗透的不可分性，以及文学史上诗论家无一不能创作（当然其成就大有高低）这一事实，我多年的认识和体验是：从研究角度来说，创作实践愈丰富，愈知道其中的酸甜苦辣，理解他人的作品也就愈加深刻。

正由于此，在我多年来研究诗也为学生讲诗的同时，一直没有停止我的创作。抗日战争以前，和汪铭竹、滕刚、常任侠、孙望等结了一个诗社——土星笔会，办了一个新诗半月刊——《诗帆》。可惜这个小小刊物由于战争爆发而停顿了。其后几年也还在写。四十年代起，以教授古典文学为职业，于是又将多年搁笔的古体诗拾了起来。写诗寄托了我的悲欢，也深化了我对古代诗人的理解。十年浩劫，诗稿丢失大半，反复记忆搜集，还存了近二百首，现编成《闲堂诗存》一卷，附在《诗世界》之后。自跋说：“才地既弱，格局亦小，过而存之，聊以自道其哀乐，诗云乎哉？”这是实情。但我希望有人知道，如果我的那些诗论还有一二可取之处，是和我会作几句诗分不开的。

“人之患在好为人师。”这是一句很值得玩味的话。但我既做了半个世纪的教书匠，自不免和青年人多所接触，谈过不少问题。陶芸将其中有关如何做学问的一部分辑录下来，出版了一本名为《治学小言》的小册子。愚者千虑，或有一得，聊供有志于从事学术工作的同志们参考。

以上，就是我七十余年生命旅程的大体情况。少年时既然不够努力，中岁又以非罪获谴，浪费了很多时间，虽希望“收之桑榆”，而终苦“臣精消亡”，以致所为远不及其所当为，所得远不及其所欲得。回首前尘，只剩惭愧而已。1990 年 7 月记。

（原载《文献》1991 年第 2 期）

古籍整理：信息开发与反馈处理

——评王仲镛先生《唐诗纪事校笺》

一

近年来，中国古代文史研究，显示了相当可观的实绩。而一大批重要典籍的重新整理与出版，既是这些丰硕成果的表现形态，更是它们所赖以产生的基础。古籍整理，真善美三原则同样适用，旨在服务于不同课题、不同层次的学术研究。从一个角度上说，古籍整理本身就是学术研究。整理者的学植修养的厚薄，眼界的宽窄，直接关系到典籍整理的水平及其可供参考利用的价值。因此，整理者必须长期沉潜钻研该书，对该学术领域的有关信息了然于心，又能综观全局，就成为一项成功的古籍整理与研究工作的基本条件。近年来，获得学术界一致好评的几种古籍整理著作，如周勋初先生的《唐语林校证》（上下册，中华书局 1987 年版）、傅璇琮先生主编的《唐才子传笺证》（一、二册，中华书局 1988、1989 年版）等，都以自己崭新的方法，精审的考据，独到的见解，广泛吸引了人们的注意。出现在新书架上的王仲镛先生的《唐诗纪事校笺》（上下册，巴蜀书社 1989 年版），又以其独特的面貌，再次提醒我们，是反思传统的就事论事的古籍整理目的与标点校勘式的整理手段的时候了！

在传统目录学的四部分类中，《唐语林》属于子部，《唐才子传》属史部，而《唐诗纪事》在集部。三书资料丰富，是唐代文史研究者案头必备的参考书，但由于各种复杂的因素，或散乱严重，或讹误较多，给研究者的参考利用带来一定的困难。此种现象在后人重辑成书的《唐语林》一书中，表现尤为显著。有鉴于此，周勋初先生在校证此书时，不仅旁征博引，对文字脱、误、衍、倒之处一一订正，又对全书进行了全面清理，重新编排，使这部向来认为散乱难读的典籍面目焕然一新，书后六种附录，也予研究者以极大方便。《唐才子传笺证》则是傅璇琮先生集合国内一批唐代文史研究者，对各自学有专精的课题进行辛勤耕耘而收获的集体成果，反映了古籍整理工作中合兵分击战略战术的优势。《唐诗纪事校笺》，就其整理方法与工作方式而言，都更接近《唐语林校证》。如果说《唐语林校证》着力于笔记小说中的史料的整理，《唐才子传笺证》则以唐人生平传记资料的考索为重点，那么，《唐诗纪事校笺》则兼及诗人生平的笺疏与诗篇文字的校证，而以后者为主。读者如能以三书互相参证，融会贯通，必定得益匪浅。

上述三部古籍整理专著，不仅体现了唐代文史研究的兴旺发达，研究水平的逐渐提高，更是古籍整理工作正在走向一个崭新的发展阶段的有力证明。

二

一部古籍之内在价值的高低，取决于其内涵的可供参考利用的信息量的多少。有时候，这种信息内涵由于受编次的散乱、文字的讹误衍脱或原始纪录的偏差的影响，而不能正常发挥其应有的效益。有些研究者习而不察，致使宝贵的信息湮没于杂乱的语词丛中，制约了研究工作的精确和深入。因此，整理古籍的目的，正是开发其内涵的信息量，对杂乱的材料作细心梳理，使之回复本来的有序状态，从潜在隐晦中释放出来。占有详赡的材料，运用有效的手段，最大限度地开发古籍的内涵信息，实现其内在价值，是古籍整理与研究的当务之急。

唐代文学研究，已经雄辩地证明了《唐诗纪事》在史料、考证、辑佚、品评等多方面的重要价值。其作者计有功对学术文化的贡献，也早已得到了普遍高度的评价。遗憾的是，《唐诗纪事》诞生迄今数百年，却尚未出现一种经过全面整理的比较完善的版本。就《唐诗纪事》自身而言，这遗憾也许可以从两个方面来追根溯源。一是先天的不足。计有功编著此书时,僻在西川,典籍缺乏,由于个人精力有限,又未能反复审核,写成定本。而且他生前也未能看到此书的刊行。传世稿本中存在某些"搜采不备、抉择不精、编制不善的情况"(《唐诗纪事校笺·前言》)①,如摘录过简,差失原意,分合失当,偶有重出等,皆缘于此。一是后天的问题。传世《唐诗纪事》大致有六种版本。南宋宁宗嘉定甲申(1224),怀安假守王禧根据稿本传录刊刻,即怀安初本。有明一代,《唐诗纪事》共有三种版本,其中钱塘洪楩本、张子立本皆出现于嘉靖乙巳(1545),乃据怀安初本翻刻。现在流行的清平山堂本、《四部丛刊》本,属洪本系统。崇祯壬申(1632),毛晋据张本翻刻而重加校订,是为汲古阁本。近代又有1913年崇庆罗元黼校存古书局刻本,1916年丁福保上海文明书局刊本及随后的《万有文库》本都出自罗本。总的来说,洪本和汲古阁本在校订整理上下的功夫较深,成绩也较大,但遗留的问题亦不少。1965年,中华书局上海编辑所在前此诸本基础上,重新做了交勘整理,并利用王仲荦先生以《永乐大典》中所收的《全堂(唐)诗话》和《津逮秘书》本《全唐诗话》校《唐诗纪事》所作的校记,又取得了可喜的进展。从整体上说,各本的整理工作固然后出转精,但流传过程中也产生了一些新问题。中华书局新校本虽然将这些世代积累下来的问题作了一次清理,但离全面深细的整理,还有一段差距,校订其中所举录的诗篇尤其是它的薄弱环节。读过《唐诗纪事校笺》的人会同意,"我们当前进一步整理这部书,确是很有必要",也会发现,校笺者"在1965年中华新校本的基础上,把工作做得更深更细一些"(《前言》)的目的确是达到了。

成功地进行这种更深更细的整理工作,不但需要占有更详尽的材料,更需要在整理态度上作个调整,在整理方法上作一番革新。计有功、王禧、洪楩、毛晋等人所经眼的书籍材料,有不少在今天已见不到。当视野受到材料的限制时,方法的讲究无疑变得更重要了。计有功的稿本《唐诗

① 南京大学古典文献研究所目前正从事《唐人轶事汇编》的编撰工作,可补计氏之阙。

纪事》及怀安刻本虽不可见，但是，计氏采集编录《唐诗纪事》时所根据的资料来源，相当大一部分还保留在现存的史传、诗文集、笔记小说及各种类书里，通过普查各条文字的出处，可以使我们具体理解《唐诗纪事》的成书经过及材料构成；进而解决某些单纯靠各本对勘所不能解决的问题。这也就是说，应该把受整理的古籍置于更广阔的历史文献的背景中，不仅要善于寻找本证、内证，而且要善于发现他证、外证。

例如，《唐诗纪事校笺》卷三韩王元嘉条：

> 元嘉，高祖子，垂拱中刺绛州，与越王子冲图举兵。冲败，元嘉至京师，谋泄，后逼令自杀。孟利贞尝称其文曰："刘邻之、周思茂不过也。"
>
> 〔校笺〕《新唐书》卷七九《高祖诸子传》："垂拱中，元嘉徙绛州刺史，与子譔及越王子冲纠合宗室，同举兵，未发，……元嘉至京师，谋泄，后逼令自杀，年七十。……譔，黄公。工为辞章，孟利贞常称其文曰：'刘邻之、周思茂不过也。'"《唐诗纪事》用史文，以孟利贞称譔语属之元嘉，误。

《唐诗纪事》的诗人小传部分，多半根据两《唐书》本传剪裁而成，在删节过程中难免疏忽致误。以孟利贞称李譔语属之李元嘉，就是这样的一例。校笺者不仅指出了《唐诗纪事》据引的原书，而且援引原书，订正了计氏疏漏之处，使其内涵信息更完整准确地呈现出来。在这里，起关键作用的，与其说是史传材料的发现和利用，不如说是校笺者"尽可能探讨本书资料来源，力求征引原书"，"寓校雠于笺证之中"(《唐诗纪事校笺・凡例》)的整理方法。

又如卷六王适条：

> 《陈子昂别传》云：幽人王适见《感遇》诗曰："是必为海内文宗矣！"
>
> 〔校笺〕按卢藏用《陈氏别传》云："初为诗，幽人王适见而惊曰：

'此子必为文宗矣。'"而《旧唐书》卷一九〇中《陈子昂传》则云:"初为《感遇诗》三十首,京兆司功王适见而惊曰:'此子必为天下文宗矣。'"《新唐书》卷一〇七《陈子昂传》亦云:"初为《感遇诗》三十八章,王适曰:'是必为海内文宗。'"皆言王适所见为《感遇诗》。实则《感遇》三十八首非成于一时,适之所见,乃其少作。卢藏用为子昂至交,所撰《别传》,应为可信。《纪事》又涉两《唐书》而误。

《唐诗纪事》王适条下这条记载本出卢藏用《陈子昂别传》,两《唐书》所采或为小说笔记中的传闻之辞。校笺者首先征引原书,从对勘中发现问题,然后根据对《感遇》诗本身的理解作出判断,从而纠正了计氏的错误,制止这条材料以讹传讹、贻误学术研究的可能性。

古人著述往往不别言体例,而体例即见于书中。明察古书体例对古籍整理与研究大有裨益,这是《唐诗纪事校笺》在方法论上给我们的又一启迪。实践证明,利用所掌握的古书体例的知识以校证古籍,可以解决因材料暂时缺乏而用其他方法不能解决的问题,有其得天独厚之处。《唐诗纪事校笺》卷四十包佶条校笺云:"自'贞元中'以下毛本删,并以'叙其迁谪之状也'句移并篇末。按:先纪事,后录诗,书中多有此例,非重出也。仍之。"不仅恢复了这条文字记载的本来面目,还使我们对《唐诗纪事》的本体结构有了更具体的了解。卷十七贺兰进明条下校笺云:"按《河岳英灵集》选贺兰进明诗七首,此全载之,独不取殷璠评语,殊乖本书常例,疑有脱误,兹附载于后"云云,亦是通过审查体例才发现这一问题的。又如关于袁州究竟是李嘉祐籍贯还是其官阶,各家说法不一。旧刊各本《唐诗纪事》卷二十一均引高仲武云:"嘉祐袁州人。"而今本《中兴间气集》则作"嘉祐自振藻天朝"。校笺者根据"《中兴间气集》诸家评语例称官名,无举其籍里者"的体例(第555页),确证今本《中兴间气集》无误,《唐诗纪事》当据改,从而解决了关于李嘉祐事迹的一场纷争。通晓他书体例,确乎可为校笺之佐,但这一方法的运用必须以有关知识的充足储备融会贯通为基础,这也是我们所应当注意的。

三

《唐诗纪事》全书由纪事和录诗两部分组成。中华新校本对录诗部分“绝大多数都是‘据汲古阁本及《全唐诗》校改’，并不曾认真找出有关唐诗总集、别集或笔记、小说来进行参校”。（《前言》）《唐诗纪事校笺》则不仅对纪事部分广泛征引有关史传、杂史、笔记、小说进行笺征，而且对录诗部分仔细查核有关总集、别集、类书，从中发现校勘材料。校笺所取资的，有《文苑英华》、《乐府诗集》、《全唐诗》、各种唐人选唐诗、《万首唐人绝句》等总集，也有《初学记》、《艺文类聚》、《岁时杂咏》等类书及众多的别集、笔记、诗话。涉猎所及，大大超过了各家校本。《唐诗纪事校笺》对纪事、录诗两部分的整理都达到了前所未有的高度。纪事部分涉及对文字衍脱和句意不完整的校正，对诗人生平、纪事的真实可信性的考证；录诗部分则包括诗篇文字的厘正，诗题作者的辨正、脱简误属的考订等，发现并解决了许多前人未发现或虽已发现但未解决的问题。

例如《唐诗纪事》卷二十六李穆条下误入严维寄刘长卿诗，而李穆本人的诗作反而失之眉睫。《校笺》是这样写的：

> 此诗《刘随州诗集》题作《发桐庐寄刘员外》，为所附严维之作，其后一首即《酬李穆见寄》，《纪事》殆因后诗而误以为其前即李穆之诗也。《万首唐人绝句》亦收此入严维诗中。《集》中另有长卿《送李穆归淮南》云……，又，李穆《留辞》……，而《纪事》失收。（第705页）

校正错漏，追踪其致误原因，并作进一步补充，使之趋于完善。

又如卷十一徐坚条所录其《送张说巡边应制》诗中有“累相承开地”一句，乃用《史记·留侯世家》“大父开地，相韩昭侯、宣惠王、襄哀王；父平，相釐王、悼惠王”事。传本讹“开地”为“开池”。毛晋不详其用典，臆改为“累相承安世”。《全唐诗》及中华新校本都沿袭其错误。《唐诗纪事校笺》首先征引《文苑英华》卷一七七、影明刊本《张说之文集》及明活字本《张说集》，确认“开地”不误，接着以诠释事典为佐证，材料翔实，证据确凿，原校刻者“开池字疑”的困惑,至此一扫而空。同卷沈佺期条录《曝衣篇》,中脱十八字,中华新校本仅据汲古阁本和《全唐诗》校补。《校笺》更引《岁时杂咏》为证,使立论更稳固,又抄录本诗序,使全诗完璧无缺,为精确把握诗意提供了方便。类似例子,全书在在可见。校笺者对古典文献材料的浑厚积累和娴熟处理,于细微处,表现了他对古籍整理事业和学术研究的忠诚。

《唐诗纪事校笺》所使用的材料涉及面广,其中绝大多数来自习见的典籍,作者常常能够抓住蛛丝马迹,从似乎没有问题之处发现问题。但也有一些新材料的开掘,颇有启示意义。例如卷四许敬宗条下引贵阳陈氏《灵峰草堂丛书》影刊唐写卷子本《翰林学士集》残帙中载诗,笺证许敬宗《七夕赋咏》另有一改定本;卷五郑轨条又根据这一残帙及《初学记》的编排次序,考证郑轨事迹,弥补了《全唐诗》郑轨小传的不足;卷二十六王之涣条、卷四十王公亮条都从《曲石精庐藏唐墓志》中找到第一手资料,对王之涣、王公亮的生平事迹作了重要补正。

材料的广搜博采,方法的多样化,整理工作的多方位展开,使《唐诗纪事校笺》成为迄今为止此书的最佳版本。它不仅解决了许多历来旧校刻本“存疑”“未详”之类的悬案,在前人基础上踵事增华,更独具只眼,发现并解决了许多新问题。

四

我国古代文化典籍浩如烟海,构成了一个无比庞大、丰富的信息网络。每一部书都是一个开放的信息系统,各个学科领域的典籍又集合为一个更大的信息系统。这些层次不同的信息系统共处于一个信息网络中,联系十分密切。因此,在对某一信息系统作有序化整理、进行信息开发时,可以借助相邻系统为参照系,利用所提供的相关信息,破译在本系统内无法破解的密码。由此获得的新的信息,又可以反馈给相邻的系统,成为完善、充实其信息内涵的新材料。《唐诗纪事校笺》即由于重视搜集来自各种信息渠道的材料,整理工作才得以全方位展开。而多方位的整理又必然导致多功能的效益。多功能性之最显著的表现,是不仅重视信息的开发整理，而且在信息的反馈处理与综合利用上用力甚勤，成果也颇可观。这在今后的古籍整理工作中，理应受到足够的重视。

其实，传统的读书治学方法论中早已谈到信息的反馈处理与综合利用。《论语·述而》云："举一隅不以三隅反，则不复也。"蔡邕读《左传》，能举一反三，而为时人称赞(《北堂书抄》卷九八引《蔡邕别传》)。《易·系辞》上亦谓："引而伸之，触类而长之，天下之能事毕矣。"举一反三，触类旁通，《唐诗纪事校笺》正是这样做的。在这部书中，不仅有校笺者通过多方位整理手段开发整理出来的一个全新的良好的信息系统，而且有综合利用该信息系统对其他系统所作的反馈处理。其反馈力之强，涉及面之广，信息量之大，都体现了这次整理工作的多功能性，构成本书价值不可分割的一部分。

这部分大致可以分作以下几个方面：

一曰证误。《唐诗纪事校笺》校证了旧校刻本所发现或不曾发现的错讹，使本书文字更接近原貌、记载更精确，为完善整个信息系统奠定了坚实的基础。这属于本体整理，是对内在信息的开发，有功于计氏与唐诗学不小。另一方面，《唐诗纪事》据以采录的材料原出书，辗转抄录，不免鲁鱼亥豕，而《唐诗纪事》此条记载恰好不误，就正可以用来反校原书之误。《校笺》在这一方面涉及了史子集各部的多种书籍。例如卷十一沈佺期条校笺，辨《新唐书》卷二〇二《宋之问传》释"苏、李居前，沈、宋比肩"中的苏李为苏武、李陵，是未得真谛；卷四李义府条考证了《大唐新语》卷一三《谐谑》李义府尝赋诗条引谚"活剥王昌龄"，实为"活剥张昌龄"之讹，当据《唐诗纪事》是正。证误所涉及的集部典籍最多，常用的《文苑英华》、《唐诗品汇》、《全唐诗》、《全唐文》等书并在其列。《全唐诗》编录篇什，往往以《唐诗纪事》为依据，以讹传讹的例子屡见不鲜，编撰过程中滋生的新问题也有。《全唐诗》中许多重出诗的产生，有些根源即在《唐诗纪事》。如《唐诗纪事》卷三董思恭条下误入唐太宗诗六首，原是书吏传录错简所致，《全唐诗》编者失考，遂使这六首诗重出于唐太宗、董思恭二人名下(《前言》，第12页、60页)。又如来鹏、来鹄本为二人，自陈振孙《直斋书录解题》卷一九起，始误合二人为一人，其后《文苑英华》、《唐才子传》、《全唐诗》、《全唐文》都混淆不清。《唐诗纪事校笺》在卷五十六来鹏条下作了详细辨证，澄清了长期困扰唐诗学者的一个疑团，纠正了《全唐诗》等书的错误。唐诗研究必不可少的资料库《全唐诗》亟待重编，而“整理《全唐诗》，恐怕首先应当从《唐诗纪事》着手。不仅是诗，乃至于那些诗人的小传，如果不把《唐诗纪事》中的问题搞清楚，那是不容易彻底解决问题的”（《前言》）。事实上，《唐诗纪事校笺》的校笺者已经以自己的工作为《全唐诗》的重编作了一份贡献。

二曰补阙。《唐诗纪事》所采用的唐宋二代典籍的原书，有的在流传过程中脱简漏字，可以根据《唐诗纪事》校补。例如《唐诗纪事》卷十李乂条所录李乂《白鹿观应制》、《登骊山寓目应制》、《兴庆池应制》、《饯唐州高使君》、《饯许州宋司马》等诗，亦见《文苑英华》卷一七八、一七〇、一七六、二六七中，而作者姓名皆失，可据《唐诗纪事》补之。又如《文苑英华》卷一八五丁泽《龟负图》一题有目无诗，《唐诗纪事》卷三十四丁泽条却岿然独存，可补其阙。在这些地方，校笺者皆随文指出，为其他古籍整理工作者开一方便之门。其次，《唐诗纪事》采集编录之时，大抵依据第一手资料，弥足珍贵。其中一些记载足以弥补其他文献记载之不足。例如卷四十七杨乘条，有采自《北梦琐言》卷一二的一段关于杨乘家世生平的材料，其中所述甚多《新唐书·宰相世系表》与《旧唐书·杨收传》所不及者，足证史文有阙，可据此段材料补正。这些地方，校笺者也总是一丝不苟地加以指出。后来的从事全面整理《文苑英华》、两《唐书》的学者，相信会乐意于此中取资的。此外，校笺中对某些诗人生平事迹的考索，可补《全唐诗》诗人小传的缺漏者也不在少数。

三曰辑佚。《唐诗纪事》保存了一代诗歌文献，后人受惠良深。其中一些材料，或者其原书已经亡佚，或者原书虽存，却已残缺散乱，后人每根据《唐诗纪事》从事辑佚，努力弥补这一缺憾。清初编撰《全唐诗》，便得力于《唐诗纪事》中采录的大量世间所仅见的材料。但是，《唐诗纪事》的文献学价值并不止于此。它在校勘学、辑佚学上的应用，仍然颇为值得探索。《唐诗纪事校笺》在这方面也作了一些有益的工作。如卷五十杨厚条、唐球条，卷五十一喻凫条，卷七十四僧怀浚条所引《北梦琐言》，卷五十四孟迟条所引《金华子》皆不见于今本该书，当是其佚文。即使排除其中可能有的计氏误标出处的偶然性因素，也不能全盘否认其辑佚价值。这时，校笺者不啻是一个材料的丛林中的老向导，向我们指点走出密林的路径。

从整体上看，对《唐诗纪事》的本体整理和信息开发，是全书的主干部分，是这项整理工作的基本职责所在，而由以上三方面构成的信息的反馈处理与综合利用，则是其副产品，附属部分。但是，这一部分工作的意义却绝不是无足轻重的或次要的，恰恰相反，在特定的场合，这些副产品，附属部分，将如异军突起，起着别的东西所起不到的大作用。更重要的是，它体现了一种认真谨严的治学态度，代表了古籍整理中融会贯通、举一反三的工作方法。

当然，我们不是说，《唐诗纪事校笺》已经无懈可击了。有些地方确实还需要加工，重新订正，比如有些文字失校、有些引文漏标卷数、有些材料偶失翻检（如卷四十三于良史条校笺〔一〕征引《唐语林·企羡》，其实，《唐语林》此条又出自《大唐传载》）；有些诗人传记资料还可以考述得更详细一些，有些考证的结论或删补的做法也容或可商。我们也不是说，所有的古籍整理著作都要采取这种方法、遵守这一模式。各种古籍具体情况差异很大，分别对待、对症下药才是正确的态度。

最后我们要着重指出的是，在知识分子的生活环境和工作条件都还相当贫乏的今天，坚持"焚膏油以继晷，恒兀兀以穷年"（韩愈《进学解》）地钻研学术的人毕竟不多，他们的学术成就固然可贵，他们的精神则更为值得尊重。我们要向王先生，还有周、傅等先生祝贺其对学术事业所作出的贡献，并对他们表示敬意。

（与程章灿合作，原载《社会科学研究》1991 年第 3 期）

发扬实事求是学风　做好古籍整理工作

——在第三次全国古籍整理出版规划会议上的发言

古籍整理出版规划小组是在1958年成立的，那时在周总理的直接关怀下，请齐燕铭同志来主持。我们的人民共和国是1949年建立的，那就是说不到十年，党中央已经高瞻远瞩地意识到我们文化建设的高潮必将随着经济建设高潮的出现而出现。要把先民的文化遗产很好地完整地去粗取精、推陈出新地交给我们后一代，必须有所准备，而成立古籍小组就是为了这个目的。因此我想到，在我们中国历史上，每一个新的王朝出现以后经过一定的时期，就会组织一些巨大的文化工程，唐朝修《北堂书钞》、《艺文类聚》、《初学记》，宋朝是四大类书，明朝是《永乐大典》，清朝是《古今图书集成》。但我们查一查年代，都不是在九年之内就注意到这个问题的。所以就这个来说，无产阶级的政权，确是先民文化遗产的优秀继承者。我们党自觉地意识到了这一点。我们在党的关怀下，从事这样一种工作，我觉得这是我们的幸福。实际上我们重视这个工作，不是从今天起的，在座的同志都知道，我们八路军是怎样保护金代的《赵城藏》的。那个时候兵荒马乱，在那种艰难时日，花很大的力量把《赵城藏》保存下来，这是值得我们骄傲，我们的子孙会感谢的。清朝末年，黎庶昌到日本当公使，把杨守敬请了去。那个时候日本搞"明治维新"，不大重视东方传统文化，许多旧书非常便宜，黎庶昌弄了很多回来，刻了一个非常精美的《古逸丛书》。日本人后来觉悟了，非常后悔。后来他们用很大的价钱，收购了聊城杨氏海源阁藏书的全部，又收购了归安陆氏皕宋楼的全部藏书。岛田翰就说:“我们算是报了东门之役。”我们提起这些往事,再与八路军保护《赵城藏》相对照,对我们来说是很大的教育。党一贯这样重视古籍和古籍整理,我们难道不应当更多地在这些方面作出贡献吗?这是我想谈的第一点。

第二点,我觉得匡老、铁映同志都很强调用马克思主义的原理原则来指导我们这个工作。这是一个总的原则,我觉得其中有两点应特别加以重视。一个是马克思主义实事求是的精神,如果没有这样一个精神,对待古籍整理采取随便的、不严肃的态度,就很难把这个工作做好。清朝人批评明朝人,说明朝人整理古书,不整理还好,一整理就把古书整理得没有了。这个情况我们今天应该有所警惕。我看到有一位同志标点古书,原文是用的“湖外”,一般是指湖南,这同志作校勘记,竟说“‘外’字疑误”。晋朝陆士龙(陆云)写信给他的哥哥陆机,说“君苗见兄文辄欲焚其笔砚”,意思说崔君苗见到你的文章,他恨不得把自己的砚台砸了笔烧了,表示对陆机非常佩服。有一个古诗集用了“君苗”这两个字。整理者一看“君苗”难懂,就拿笔在“苗”字旁加了提手旁。这样的整理不是越整理越糟吗?应该考虑到古籍整理工作的严肃性,态度要谦虚一点。要通过这个会,把实事求是的精神贯彻到具体工作当中去。

另外一点,就是要坚持实践是检验真理的唯一标准,不断从工作当中总结经验教训。就这一点来说我非常佩服已故的组长李一氓先生,他将古书标点方面的错误印成一本一本的书,大概一共印了五本,《古籍整理简报》里面也有不少文章,纠正目前古籍整理方面的错误,当然同时也介绍了很多好书。古籍整理是一门多学科的综合科学,如果不把它上升到理论高度,使它条理化,那还是不容易使大家能得到一个完整的概念。如果我们整理了许多书,我们的子孙后代问你们是怎么整理的,而我们回答的只是个别的事例,不是一个系统的有精密结构的科学,那我们对我们的子孙还是会感到惭愧的。所以我觉得如果我们工作当中能够贯彻实事求是,能够贯彻实践是检验真理的唯一标准这样两条马克思主义基本原则,并且以此来指导我们的工作,我相信我们的工作就会提高一大步。

第三是人材培养的问题,很多同志感觉到现在我们的人材出现了断层，不能很好衔接起来，我也有同感。我们大学的中文系是很多的，但中文系培养这方面的人材还有困难，因为古籍整理首先要有一个准备，就是要把一部书从头一个字读到尾，而且不只读一遍，而我们大学里的课程，是从每一部古书中选一两篇，读过《庄子·逍遥游》，就算读过《庄子》。我说一个不大恰当的比喻，这些学生是吃蛋花汤长大的，不是吃整鸡蛋长大的，因为不吃整个鸡蛋，你的胃的消化能力就提不高。至于古籍整理手段的准备，照我的理解，至少应该包括这样三个方面：① 语言学的训练，包括文字、音韵、训诂；② 校雠学的训练，包括版本、目录、校勘；③ 还应该包括严格的史学训练，特别是制度、典章、文物这三方面都要有比较丰富的知识，然后再加上他所整理的那本书本身的知识，比如说要搞《左传》，就要对它在文学、史学、经学上的地位、源流，有一个透彻的理解，这样才能够整理好。季羡林先生他们整理的《大唐西域记》，对各方面的基础知识都作了准备，包括中西交通史、梵文等。这个工作不是只拿起一本书，打一个破折号、逗号、句号，或者说用一两种本子校一下就算完成了。

总的来说人材培养一定要重视。人不在多，就是要办好。过去我们在私塾里的训练方法，今天还不无可取之处，就是拿一本注疏，点下去，点错了删去再点，慢慢就会点对。我们现在还缺乏这么一种过硬的认真的训练方式。现在包括文献专业学生在内，读的书差不多都是经过标点的，这对于研究古文献的学生来说不是最有利的。应该让他们读没有标点过的古书，我培养研究生就曾采用过这种方法。有时买不到木版书，我就复印，让他们去点，当然点的不能令人满意，但至少让他们知道很难点。国家对这方面的人材培养应该有具体的手段，否则我们将无法继承这门学问。南京大学有一位日本学生，回到日本，在名古屋大学当教授，南大九十周年校庆回到母校，我问他教什么课，他说教了四门课，有一门叫“《文选》李善注精读”，让学生一句一句念下去，不懂就查字典。这种精神我们国内就很缺乏。

第四个问题是计划如何落实，通过什么手段加以检查，成果完成后如何验收。我们现在有国家项目，有省项目，有大学研究所项目。这些项目国家都拨了钱，但拨过后怎么使用，却没有人过问；任务完成了多少，人员怎么工作，没有完成是什么理由，如果提前完成又是采取了什么特殊手段，都没有人过问。有时候也填一些表，这些表弹性较大，填的也非常模糊。所以我认为要真正落实《规划》，还需要制定一套有效的方法，使接受项目的人感觉到我们国家正在大规模地建设，经济并不宽裕，却还能够挤出钱来帮助我们搞好这项工作，我们就要考虑怎样把钱用在刀刃上。时间十分宝贵，像我们这些八十多岁的人，要考虑怎样采取更高的工作效率，能够把项目如期完成，有待做的工作还很多很多。特别是我们这些人通过工作如何带出一批合格的接班人，使我们的工作能不断继续下去。这都很值得好好考虑。

（原载《古籍整理出版情况简报》1992 年 6 月第 259 期）

学诗愚得

文学最基本的思维活动是感性的而不是理性的，由感动而理解、由理解而判断是研究文学的一个完整过程，因而研究诗歌应从具体作品入手。当然，这并不意味着就作品论作品，而是主张在从具体作品入手的同时，不断地进行从具体到抽象、从微观到宏观的思索，发掘蕴含在具体作品中的普遍规律。从具体作品出发研究诗歌的方法，也是古代文学理论研究的方法，将理论寓于具体作品的品评中，是中国古代文学理论的特色之一，离开了具体作品，理论研究就失去了土壤。此外，要研究古典诗歌，还需要历史学、语言学等方面的辅助知识，以及不断提高自己对作品的感受力，其方法是学习创作。

我今天要讲的题目是《学诗愚得》。在武汉大学百年校庆之际，作为一名曾在这个学校工作过30几年的老教师，我很高兴有此机会重新登上这十分熟悉的讲台，就诗学研究的方法问题，谈谈自己60年学术生涯中摸索出的一些认识和体验。也就是通过汇报自己的学习成绩来向武大表示祝贺，愚者一得。希望能为从事于文学研究的同志们提供些许参考。

文史兼治，是我国古典学术的优良传统，文和史，源合流分，又始终互相依存，互相渗透。我的家学和师承使我在数十年的学术研究中，一直主张文史并重。我写过《史通笺记》等属于历史学方面的著作，也写过属于文史兼治成果的《唐代进士行卷与文学》等论著。但是，在我发表的论著中，更多的还是属于文学研究，而尤其着重古典诗歌。我曾经在许多文章中反复谈过，文学活动，无论是创作还是批评、研究，其最原始和最基本的思维活动应当是感性的，而不是理性的；是感字当头，而不是知字当头。作为一种客观存在的文艺作品，当你首先接触到它时，感到喜不喜欢总是第一位的，而认为好不好以及探究为什么好为什么不好则是第二位的。由感动而理解，由理解而判断，是研究文学的一个完整过程，为文造情，不但不适宜于创作，恐怕对于诗歌研究也不完全适合。因此，我始终认为，诗歌研究应从具体的作品入手，“披文以入情”，然后从中概括出某些可能成立的普遍规律来，而不应从已有的某个或某些概念出发，将研究对象套入现成的模式；应当从具体到抽象，从微观到宏观，而不是相反。就我个人的经验来说，我往往是在被那些作品和作品所构成的某种现象所感动的时候，才处心积虑地要去弄清楚这些作品在什么条件和背景下产生的？它们好在哪里？也就是对其作艺术分析，结果就成了一篇文章。

拿我所写的一篇关于杜甫《饮中八仙歌》的论文来说吧。我初读时就被它所特有的盛唐时代的生疏气息所吸引，所感染，所震惊，而终于激起了强烈兴趣。当然，这种生疏的气息又是被它的独特艺术所表达出来的。杜甫的《饮中八仙歌》是一首艺术上极富创造性、前此所无、嗣后也没有得到继续发展的作品。它写于安史之乱前杜甫寓居长安之时，“饮中八仙”指的是贺知章、李琎、李白、张旭等八位盛唐时期以浪迹纵酒著称的人物。诗歌本是时间的艺术，而这首诗却在很大程度上采取着空间艺术的形式。它通篇无首无尾，每一段又互不相关，像是一架屏风，由各自独立的八幅画组合起来，而每幅画又只是用写意手法，寥寥几笔，就勾画出八个酒徒各具特色的神态，像“骑马似乘船”的吴人贺知章，“恨不移封向酒泉”的贵胄李琎和“长安市上酒家眠，天子呼来不上船”的诗仙李白等等，由此构成一组个性鲜明的人物群像，反映着那个同样富有个性的开元时代。

那么，这篇独特的作品是杜甫在什么历史背景和什么个人心境下写的？他所采用的那种独特的形式与诗篇的内在意义之间有何关系呢？

于是我们细研杜诗，并对八位酒仙和杜甫的行迹加以考察，结果发现，饮中八仙虽然才名、地位、思想和行迹各不相同，但有一点却十分相似，那就是他们并非真正生活在无忧无虑、心情欢畅的乐境之中，而是曾经想要有所作为，终于被迫无所作为，以至不得不屈从于世俗拘束的威力，逃入醉乡，以发泄其苦闷。而杜甫虽然在到长安之前及初到长安的时候，和其他许多诗人一样，曾一度沉浸在盛唐时代那种不受世情俗务拘束、憧憬个性解放的浪漫精神之中，也写过一些反映盛唐面貌的作品如《今夕行》等，但是随着诗人流寓长安的岁月淹留，科举蹭蹬，仕途渺茫，卖药都市，寄食友朋等种种悲辛的生活，他已逐渐认识到当时表面上尚算美妙的社会政治，实际上并不很美妙。这样，当诗人一旦从迷惘中清醒过来，一旦从浪迹纵酒的一群中游离出来，感到从过去到当前的那些酒徒的可哀，发现那种被迫无所作为、乐其非所当乐的行为实是一种生活悲剧，但又不能立即对这种现象感知、体察得更深一些，并对其作出准确的评判的时候，他所流露的便只能是一种错愕、迷惘和怅惋；既然一时还没有能力为这群患者作出确诊，也就只能记录下他们的病态。因而这篇作品就出现一般抒情诗中所少见的以客观描写为主的人物群像，诗人以一双醒眼看八个醉人，用自己独特的艺术手段，对特定时代中产生的一群饮者作出了客观的历史记录。

诗人在此稍后写下了《乐游原歌》、《渼陂行》等诗篇，其中有“此身饮罢无归处，独立苍茫自咏诗”之类的诗句，从这种发自内心深处富有思辨内蕴的咏叹，可以看出诗人的情感已由乐转哀，由迷惘而觉醒，不同于前了。再后，杜甫就更清醒了，终于在天宝十四载写出了《自京赴奉先县咏怀五百字》这一跨越了自己和别人前此已达到的境界的光辉诗篇。从此，杜诗以其高度的思想内容和历史内容，显示出无比的生命力，而且开辟了我国其后千百年现实主义诗歌的道路。

通过上述研究，我们可以得出的结论和启示是：一位在文学史上能够将自己的姓名显赫地流传下的诗人，他所走过的人生道路和创作道路，每每留下了可供后人探索的鲜明的轨迹，而这些纵横交错的轨迹的总和便体现了文学史的基本风貌。杜甫的创作，安史之乱前后显然不同，应分两大阶段研究。如果我们注意到《饮中八仙歌》是在杜甫以一双醒眼看八个醉人的情况下写的，表现了他以错愕和怅惋的心情面对着这一群不失为优秀人物的非正常精神状态，因而是他后期许多极为灿烂的创作的一个不显眼、但又是一个值得注意的、清醒的现实主义起点，那么，这显然会使我们对杜甫心灵的发展有一个更清楚的了解和把握，对其人其诗的研究也可更深一步。

我们强调研究应从具体作品入手，这并不意味着仅仅是就作品论作品，将自己的眼光局限于某个具体作品或问题本身，而是主张在从具体作品入手的同时，凭借着自己的学力和观察问题的通识，不断地进行着从具体到抽象、从微观到宏观的思索，努力发掘出蕴含在具体作品或问题中而又富有普遍意义和规律的东西。

比如，唐代宗大历年间，杜甫流寓夔州，适逢大旱，作了一首题为《火》的五古，写当地"大旱则焚山击鼓"的风俗。这首诗在表现手法上突破了咏物诗"巧言切状"、"功在密附"的体物巧似的传统，对"焚山击鼓"的描写全着眼于整体过程。贞元、元和之际，韩愈写过好几首咏雪的诗，如《喜雪献裴尚书》等，这些作品不注重描摹雪的外形，而是通过铺陈、烘托等手法再现下雪时的环境和人物在雪中的感受等。这与杜甫的写火很相似又有所发展。到了北宋的欧阳修写《雪》，苏轼作《江上值雪效欧公体》、《聚星堂雪》等，更明确禁用直接形容、比喻雪的外部特征及动态的词汇，如皓、白、洁、素、月、梨、梅、絮、鹤等等，然而却仍旧创造出一个可使读者感受到的十分生动和神妙的雪的世界。这就产生了所谓禁体诗，或称之为"白战体"。

把上面说到的几首诗放到中国诗歌史上加以考察，我们可以看到，以客观事物为主要摹写对象的咏物诗，从表现手法上说，曾经历了一个从体物的巧似之作到禁体物之作的发展过程，即从真实地再现客观事物的某些外部特征，"巧言切状，如印之印泥；不加雕削，而曲写毫芥"①到着眼于客观事物的整体，遗貌取神，以虚代实，虽多方刻画，却避免涉及物的外形，只就物体的意态、气象、氛围、环境等方面着意铺叙、烘托，以唤起读者丰富的联想，从而在他们心目中涌现出所咏之多姿多彩的形象，这样一个

① 《文心雕龙·物色》。

过程，欧阳修、苏轼等人的诸篇禁体物诗，在表现手法上力求出新，创造了一些难以重复的为历代所尊仰的奇迹，丰富了古典诗歌的宝库。然而，由体物的巧似之作到禁体物之作，又是有着难易之别的。在古典诗歌的创作中，常有在一篇之中用个别句子、少数词语间接铺叙烘托，以代替直接刻画的情形。如黄庭坚诗句“露湿何郎试汤饼，日烘荀令炷炉香”之写酴醾，“平生几两屐，身后五本书”之写毛笔，等等。但禁体物诗则属于另外一种。它从一开始就规定全篇禁止使用物语，在表现手法上具有明显的独特性和排它性，这也就同时产生了局限性。这些规定使它能够“于艰难中特出奇丽”[①]“若能者，则出入纵横，何可拘碍”？然而也使若不能者“往往阁笔不能下”[②]。事实上，能“于艰难中特出奇丽”的人毕竟是少数，像苏东坡这样才华横溢的大诗人能有几位呢？因此，禁体物之作终究难乎为继，宋以后便没有得到发展。类似的情况在文学史上也并非罕见，如杜甫的《饮中八仙歌》、《同谷七歌》，皆属创体，成就极高，但后人学步者却绝无胜蓝之誉。这，恐怕就是规律了，是我们从杜、韩、欧、苏的几首禁体物诗中，抽象出的带有普遍意义的规律，即艺术的独创性与排它性及其局限性往往是并存的。

我们还可以举一个例子。张若虚的《春江花月夜》，这一篇空前绝后的春之颂歌，今天已成为家喻户晓的唐诗名篇之一，当代出版的选本很少有不选它的，分析评论它的文章也层见叠出，但是回顾这位诗人和这一杰作在明代以前的命运，却不无坎坷。从唐到元，它被冷落了好几百年。究其原因，这首诗原属初唐歌行之体，属于对六朝诗风有所改良而又未能完全摆脱齐梁风貌的一派。因此，当提倡建安风骨的陈子昂的价值和地位为人们所认识、所肯定时，《春江花月夜》的价值便降低了，直到明代的何景明将初唐歌行重新提出来，估价其历史意义和美学意义，甚而认为其成就在盛唐诗人、甚至在杜甫之上以后，《春江花月夜》才逐渐被理解、被重视起来，以至在清末的王闿运将其许为“孤篇横绝，竟为大家”[③]。从张若

① 苏轼《聚星堂雪引》。

② 叶梦得《石林诗话》卷下。

③ 《论唐诗诸家源流（答陈完夫问）》，见陈兆奎《王志》卷二。

虚《春江花月夜》的显晦,我们可以发现这样一条规律:即作家的穷通和作品的显晦,当然不能排除偶然性的因素,但在一般情况下,穷通显晦总是在一定的历史条件下发生的,某一风格和流派的作家作品被理解、被欣赏与否,总是与某一时代的审美好尚密切相关的,这就是诸多历史条件中重要的一条,而为接受美学所不能不加以考虑的和重视的。

从具体作品出发研究古典诗歌的方法,同时也就是古代文学理论当然包括诗歌理论研究的方法。我一直认为,所谓古代文学理论,应包括两个方面:一是古代的文学理论,一是古代文学的理论。今天许多人所着重研究的对象,主要是古代理论家的研究成果,而古人所着重从事研究的对象,则主要是具体的文学作品。这两个方面的研究当然都是需要的。但在今天,古代理论家从过去的和同时代的作家作品中抽象出理论,以丰富理论宝库并指导当时及后来的文学创作的传统方法,似乎被忽略了,于是,尽管蕴藏在古代文学作品中的理论原则和艺术方法无比丰富,可是我们却没想到在古代理论家已经发掘的材料之外再开采新矿,这就使我们对古代文学理论的研究,不免局限于对它们的再认识,即从理论到理论。既不能在古人已有的理论之外从古代作品中有新的发现,也就不能使今天的文学创作从古代文学理论和方法中获得更多的借鉴和营养。因此,我们认为,文学理论必须要与作品相结合,在进行古代的文学理论研究的同时,要注重研究具体作品并从中抽象出理论来。

在这方面我曾经作过一些尝试,我写过一篇题为《古典诗歌描写与结构中的一与多》的论文。在这篇文章中我提出:作为对立统一规律的诸表现形态之一,一与多的对立、对比和对举,不仅作为哲学范畴而被古典诗人所认识,并且也作为美学范围、艺术手段而被他们所认识、所采用;一与多的多种形态在作品中的出现,是为了如实反应本来就存在于自然及社会中的这一现象,也是为了打破已经形成的平衡、对称、整齐之美,在平衡与不平衡、对称与不对称、整齐与不整齐之间达成一种更巧妙的更新的结合,从而更好地反映生活,等等。这一些带有规律性和方法论意味的结论是从哪里得来的呢?它们直接得自我们对古典诗歌作品描写与结构中广泛存在着大量以多衬托、突出一从而取得较好艺术效果的例子。例如,白居易《长恨歌》中的诗句:“后宫佳丽三千人,三千宠爱在一身。”陈师道《妾薄命》有云:“主家十二楼,一身当三千。”通过人物数量对比,鲜明地揭示了人物命运的差异。苏舜钦《淮中晚泊犊头》写春景:“春阴垂野草青青,时有幽花一树明。”王安石失题断句也写到:“浓绿万枝红一点,动人春色不须多。”这是通过幽与明、红与绿的光线和色彩对比,来展示动人的春色。再如崔护《题都城南庄》是为人们所熟悉的:“去年今日此门中,人面桃花相映红。人面只今何处去,桃花依旧笑春风。”这则是从不同的年月来描述同一地点,通过时空的一多对比,写出物是人非,今与昔异的世事变迁。其次,我们还可从古典诗歌的结构上,看表现一多关系的用例。如,李白《越中览古》绝句:“越王勾践破吴归,义士还家尽锦衣。宫女如花满春殿,只今惟有鹧鸪飞。”前三句一气连贯,末句一扫而空,结构十分独特。苏轼《於潜僧绿筠轩》云:“可使食无肉,不可使居无竹。无肉令人瘦,无竹令人俗。人瘦尚可肥,俗士不可医。旁人笑此言,似高还似痴。若对此君仍大嚼,世间那有扬州鹤!”前八句一韵,末两句韵一转,充分利用了音律节奏上的一多对比和变化,成功地表达了诗人“嘻笑怒骂皆成文章”的创作特色,以及他写此诗时神采飞扬的精神状态。总之,我们正是通过对大量的具体作品的考察,才总结出了上面所说的利用一多关系来进行文学创作的若干规律。

我们强调对古代文学理论的研究应从具体作品出发,应结合具体作品进行,这也是根据古代文学理论和批评的实际才提出的。将理论寓于对具体作品的品评中而且形式上短小精悍,是中国古代文学理论的特色和优点之一。这个传统至今仍然是宝贵的、不应当忽视的。如果我们离开了作品这个出发点,也就失去了理论研究的土壤,就不可能真正理解和研究理论批评,更无从体会理论与理论间的内部联系,无从察觉批评与批评之间相承或相对的情形了。因此,我在研究古代文学理论时,比较注意结合具体的作品,对古代诗论家的一些不乏真知灼见但往往依稀恍惚的论断,尽可能地运用现代文学理论,加以疏通印证,以期得出平正通达的解释,丰富我们的文学理论宝库。

例如,清人金德瑛曾将陶渊明、王维、韩愈和王安石所写的四篇桃源诗加以比较，指出其彼此争胜，各有新意①，这是很有见地的，但金说虽道其然，却未道出其所以然，值得进一步探讨。陶渊明的《桃花源记并诗》在一个非常简陋的民间传说的基础上进行再创作，给读者展示了一个“春蚕收长丝，秋熟靡王税”的理想世界，表现了古人厌恶剥削压迫，向往美好生活的思想感情，描写省净、简妙，风格浑朴。王维的《桃源行》由于受道家影响，将陶诗中对小国寡民世界的向往，改成了对神仙世界的冀求，诗中的形象也由陶诗所侧重的对幽美恬适的世俗生活的描写，转为对缥缈悠逸的仙境的描写，甚至原诗中的经济植物也被观赏植物所代替了，风格表现为绮丽飘逸。韩愈的《桃源图》既不着眼对小国寡民世界的向往，也不寄心于灵境佩源的追寻，而是依据自己一贯的思想观点，揭露和抨击了桃源神仙之说的荒唐，从而显示出其主题的独特性，与此相应，韩愈在形象描绘上采取了化实境点染为虚摹的手法，加以叙述议论，风格雄奇壮丽。王安石的《桃源行》则又不同于王维、韩愈，而是更近于陶渊明的原作，但比原作的思想更深刻、彻底。它通篇几乎全是全无景物的描写，却以“虽有父子无君臣”、“天下纷纷经几秦”这样一些名论杰句，反映了自己先进的历史观点和政治思想，表现出精悍简劲的风格。通过对上述四篇相同的题材和不相同的主题、形象、风格的桃源诗的分析比较，我们可以看出：就主题来说，王维诗是陶渊明诗的异化，韩愈诗是王维诗的异化，而王安石诗则是陶渊明诗的复归和深化；就表现技巧来说，则四者都各自选择了表达其主题的最恰当的手段，从而各擅其长。主题的异化和深化，乃是古典作家以自己的方式处理传统题材的两个出发点，也是他们使自己的作品具备独特性的手段。金德瑛说：“凡古人与后人共赋一题者，最可观其用意关键。”上面的分析结论，也许就是我们今天读四篇桃源诗，借鉴古人在创作方法和表现技巧方面的经验，以创造出新的精神财富，而应当认识和把握的“用意关键”吧。

要对古典诗歌进行阅读、欣赏和批评，离不开对作品产生的时代、环境以及作品本身的语言等具体问题的了解，这就需要历史学、语言学等多

---

①　金说载陆以湉《冷庐杂识》卷七。

方面的知识，但这些方法和知识应有助于我们对作品的研究，应该为批评服务，而不是用考据代替批评、用历史学或考证学的方法去解决文艺学的问题，这是我在古典诗歌研究中一贯坚持的方法。比如，唐代边塞诗中常常有方位、距离与实际情况不相符合的情况，像李白《战城南》中的条支和天山，高适的《燕歌行》中的大漠和狼山等，就与诗中所写战事的实际不甚相合。假如我们一味用考据学的方法，将诗中的地名生拉硬扯，曲为作者辩护，或者相反，抓住诗中地理方位的情况错讹去指责作者的所谓瑕疵，显然都无助于这一问题的解决，而只有从文学的角度加以考察，看到这种地理方位和距离上的似乎乖讹，实际上是诗人用典的需要，是诗人为了唤起人们对历史的复杂的回忆，激发人们对于地理上的辽阔的想象，让读者更加深入地领略边塞将士的生活和他们的思想感情，只有看到这一点，才能对这一问题作出合乎情理的解答。因为，艺术的真实虽是根源于生活的真实，但艺术又并非自然和社会的机械的翻版，它不可能也没必要一点一滴地都符合生活真实及科学要求，只有并不拘泥于现实中部分事实的真实性，才能够获得更高更集中的典型性。唐代边塞诗中出现的地理上的一些矛盾现象，对于整个作品来说，虽然都是一些细节，也是体现了而不是违背了这一根本法则的。

我还以为，要对古典诗歌进行阅读、欣赏和批评，就必须不断地提高自己对具体作品的感受力，而提高这种能力的主要方法之一，便是学习创作。诗来自感，作诗必须对外物有独特的感受，评诗也要对作品有其独特的感受，单靠理性思维，不但无法作诗，也难以对诗有真知灼见。比如严羽是有成就的诗论家，他的诗存下来的为数不多，却是很优秀的。伟大的诗人李白和杜甫给后人留下了辉煌的诗篇，而他们对于诗歌的精辟见解也是人所共知和不可忽视的。因而从事文学批评的人，不能自己没有一点创作经验。创作实践愈丰富，愈知道其中的酸甜苦辣，理解他人作品也就愈加深刻。多年来，在我研究诗也为学生讲诗的同时，一直没有停止自己的创作。抗日战争前，我和汪铭竹、常任侠、孙望等结过一个新诗社，还办了一个新诗半月刊——《诗帆》，后由于抗战爆发而停顿，但诗还在写。这一时期所写部分新诗，连同沈祖棻的新诗集《微波辞》，去年承陆耀东教授搜集，编辑成《沈祖棻程千帆新诗集》，由武汉大学出版社出版了。（顺便说一句，对此我对陆教授和武大出版社是非常感谢的。）从40年代起，我以教授古典文学为专业，于是又将搁笔多年的古诗拾了起来。写诗寄托了我的悲欢，也深化了我对古代诗人的理解。十年浩劫，诗稿丢失大半，反复记忆搜寻，还存二百多首，现编成《闲堂诗存》一卷，附在《被开拓的诗世界》一书之后。如果说我的那些诗论还有一二可取的话，那是和我会作几句诗分不开的。

方法不是万能的，也不是绝对的，但要从事学术研究，要尽可能正确地理解、批评纷繁复杂的多种文学和其他学科中的现象，又离不开研究方法这把刀子；一个人的治学方法，也许另一个人不会也不必完全适用和赞同，然而，愚者千虑，必有一得，我还是希望今天在这里所讲的，能给在座的从事文学或其他学术研究的同志们提供一些有益的启示。谢谢大家。

（原载《武汉大学学报》[哲学社会科学版]1994年第1期）

关于学术研究的目的、方法及其他

巩： 记得还在读书时，先生就常常告诫我们：搞学术研究，必须对自己所从事的那个行当的学术发展状况，先有一个全面的了解。像打仗一样，要有"敌情观念"，知己知彼，方能百战不殆。而了解学术研究的发展状况，弄清哪些问题已经解决，哪些问题已部分解决，哪些问题尚无人问津；我们研究的角度有哪些，还能否变换新的视角进行研究；我们使用了何种研究方法，还可不可以借鉴一些新方法，来推动学术的进一步发展，其目的，就是要在总结前人研究成绩的基础上，进行学术的开拓和创新。只有这样，才能确立自己工作的出发点，明确自己的研究目标，真正创造性地开展工作。做学问就像跳高，有这种研究前的准备，最大的好处就是起点高，起点太低，前途就有限了。现在回想起来，深感先生当时的那些话，无疑为我们后来的学习和研究，指出了向上一路。

程： 是啊，我一直认为，对于你们来说，重要的已不在于传授知识，而是要在学术研究上给你们指路，教你们方法。我们进行学术研究的目的是什么呢？当然是要有所发现、发明，有所开拓、创新，是为了把学术不断推向前进。因而，开拓和创新，既是学术研究的出发点，也是它的归宿。普及性读物、作品赏析等固然需要，但它却不能代替前者。我们决不能用撰写普及读物的方法，去从事专门的学术研究。缺乏新见的文章，低层次的重复，对研究工作来说，所带来的只能是人力和物力的浪费。研究工作，应当重视学术论文的写作，已成为学术界的共识。其用意也在于论文的形式，更便于深入细致地探讨学术上的某些关键问题，更纯粹地表达属于个人的学术见解。而专著则由于涉及面较广，不免要吸取他人研究的成果，兼综之功往往大于创辟之见。我们说要开拓创新，自然不是凭空杜撰，闭门造车，而是指在总结前人研究成果基础之上的不断开创和发展。否则你以为是新论点的东西，也许别人若干年以前就已发表过了，遇到这种情况，你便不免会尴尬。

巩：先生这里所谈，使我记起陈寅恪先生在《陈垣敦煌劫余录序》中说的一段话："一时代之学术，必有其新材料与新问题，取用此材料以研求问题，则为此时代学术之新潮流。治学之士得预于此潮流者，谓之预流，其未得预者，谓之未入流。"我想先生所谈，与陈寅恪先生所谓"预流"，二者在精神上应该是一致的。

程：关于学术研究的创新，我们今天的理解还可以更宽泛些。所谓创新，既应包括研究广度和深度的开拓，也应包括研究方法的创新。首先，我们要注意自己研究范围里的新领域，注意别人注意得比较少的问题和方面。陈寅恪先生所说的用新材料研求新问题，如敦煌卷子的发现和研究，就属于研究领域的拓展。然而学术研究中更常见的情况，是材料已有（也许这材料较少或不易得），由于某种原因，却没有引起人们的注意。比如，关于唐五代的诗格，明李卓吾、金圣叹的小说评点等，都是近年才逐渐得到学者应有关注的问题。如果与关于钟嵘《诗品》、刘勰《文心雕龙》等课题的研究相比较，当然这些研究进行得还很不够，但既然已有学者开始在这些领域进行深入细致的研究，那就有希望在古代文学理论矿藏的地质图上，添上一些新的标记。这也属于研究领域的拓展。还有，就是要能够使用一种新的研究方法。例如，运用自然科学的成果以丰富文学研究的方法。另外，新方法还往往是从某一个侧面，或从另外某一个角度，去迫近那个主题。比如，禅学与诗学的关系问题，近年已引起学术界广泛的注意。一些学者不断地从各种侧面或角度去考察这一问题：从哲学上考察禅宗对士人生活风习和审美情趣的影响；从禅宗梵我合一世界观和非理性的思维方式，去把握士人艺术思维的特点和"意象批评法"的发展变化；从佛教典籍的结构、文体，去探讨诗歌理论形式所受的影响等等，都具有创新的意义，在方法论上有新的贡献。即使不是全新的领域或全新的方法，若在以前传统的领域或方法中，纠正了旧的结论，补充进了某些新的东西，这也是一种值得赞赏的成果。多数的学术研究，是在这一方面。中国是一个历史悠久的大国，学术一向很发达，完全没有人搞过的东西是比较少的。所以，主要的是就前人已经做过的加以发展，作某些补充；对他的错误作某些纠正；或者把两种相邻的文学形式进行比较，如诗歌理论与绘画理论的比较，汉民族文学与兄弟民族文学的比较等。像这样的研究，也是一种新的东西。

巩：从先生对学术创新的阐释，可以看出，先生不但注重对新材料的利用和新领域的拓展与深入，而且也重视研究方法和视角的选择与变换。这比只强调某一方面，要更为全面和易为人所接受。

程：所以，我总是在考虑，文学研究，应该是文献学与文艺学最完美的结合。文学研究首先要有文献学作基础，有什么材料说什么话，这才是唯物主义的态度。比如你现在正研究辛弃疾，想为这位大词人写一本像样子的评传。那就首先应该把有关辛弃疾的各种文献资料尽量收全，包括他词集流传的两个主要版本系统（四卷本和十二卷本）的情况，他的诗文存佚的情况，有关他的传记资料，以及他与同时代人交游酬唱的材料，考订其生平行事，为他的词和诗文编年并作注等。这些，都是非常艰苦和细致的工作。不过，在这些方面，邓广铭先生已作了大量的工作，取得了很大的成绩。邓先生自三十年代起便广泛涉猎各种文献资料，撰成《稼轩词编年笺注》、《辛稼轩年谱》，后又辑成《稼轩诗文钞存》，至今仍未停止他的研究。近来修订新版的《稼轩词编年笺注》，因发现《宋兵部侍郎赐紫金鱼袋稼轩公历仕始末》一文，而又有新创获。毫无疑问，这位可敬的老辈给了你极大的帮助。你要研究辛弃疾，就应充分研读、利用这些材料，尽可能地弄清稼轩一生的行事，读懂弄通稼轩词的内涵，同时好好研究一下南宋初的政治形势，宋金关系，与辛氏同时代士人的状况等。在此基础之上，运用文艺学、美学等方面的知识，进一步探讨辛弃疾作为一位文学家，他的心灵是怎样发展的，他这颗心同当时的政治局势有何关系，他的审美情趣何在,他的词的风格特征究竟如何,他在当时词坛起了什么作用,对后代词人有何启发等等。最后,通过研究,阐明辛弃疾在文学历史发展上所起的作用。总之,首先是应该充分占有材料,把握材料,不搞空无所倚、不关痛痒的泛论。我们不能设想,只读一两本作品选集,看一点文学史上征引的什么材料,就可以写出论述深刻、见解独特的文章来。当然,反过来,如果你搜集了许多材料,也注明了作品中所用典故,却不能真正理解作品,不能从材料中挖掘出其历史内核,参不透作品的艺术本质,捕捉不住作品中作家的心灵跃动,那你的研究仍难以进入较高的学术层次。所以,我们提倡文献学与文艺学的结合,完美的有机的结合。

巩: 先生主张,文学研究应将文献学与文艺学结合起来,而这种结合,这种从文献学角度对作家行年的考订,对作品进行的搜集诠注,和在此基础上从文艺学角度所作的分析评述,其目的仍是为了正确地理解作品,深入探索作家心灵的奥秘,并最终确定和评价某位作家在文学发展史上的地位和作用。这也就是说,无论是文献学、文艺学知识的运用,还是历史学、语言学等其他方法的选择,都始终未离开文学作品这个中心,都不能将文学研究局限于或纳入其他学科的范围。

程: 研究的方法,是随着研究对象的不同而变化的。文学研究的方法之区别于史学或哲学的研究方法,是因为彼此所研究的对象有异。文学研究,离不开文学作品,没有作品,便没有文学的历史,也没有文学的理论;不深入理解作品,文学历史和理论的研究,就只能停留在表层现象的描述和似是而非的议论上。因此,无论是研究文学,还是研究文学理论,都不能离开作品这个中心。就文学研究而言,由于作者所处的时代及其所习用的表达方式,已与现代有一定距离,存在着时代背景、文献真伪、语言习惯、社会风俗等方面的障碍,因而从事这方面的研究,无疑会广泛使用文献学、历史学以及其他学科方面的知识,以求得对作品的正确理解。然而归根结柢,这些知识和手段只能有助于文学研究,而决不能代替文学研究。例如,在文学史上,常有作品中所描绘的事物,与现实世界不能完全相合的情况,而研究者无论是反对还是赞赏,又往往会将二者混为一谈，这实际是误把史学方法拿来代替文学方法的缘故。屈原《离骚》云“朝饮木兰之坠露兮，夕餐秋菊之落英”，宋人就有争议。或以为现实中菊花的花瓣是不会落的，或以为菊花确有“落英”。杜甫《古柏行》中的名句：“霜皮溜雨四十围，黛色参天二千尺。”沈括认为以四十围配二千尺，这树太细长了。黄朝英则反驳沈括，说杜甫用的是古制。这种思维方式，一直到今天的《红楼梦》研究中，仍可看到。前些年某处曾发现过一个所谓曹雪芹用过的箱子，上面还有题诗，于是便有学者发表文章，进行争论。像这种属于“曹学”的研究和争论，究竟与《红楼梦》研究有多大关系呢？“曹学”研究得再好，恐怕也难以代替“红学”。

巩：文学研究应该以作品为中心，是因为文学研究的对象，即文学作品，本是作家在外界事物的感发下情感蓄积外化的产物，也就是刘勰所说的“情以物迁，辞以情发”（《文心雕龙·物色》）。而某种文学理论的形成，则是源于对具体作品的抽象和总结。所以，文学批评和理论的研究，也理应从作品本身出发，“披文以入情”（《文心雕龙·知音》），从具体到抽象，从微观到宏观，进而归纳出某些可能成立的普遍规律来，而不是从已有的某些概念出发，将研究对象套入现成的模式，或者从概念到概念，进行纯理性的思维活动。是这样吗？

程：是的。我始终认为，所谓古代文学理论，应该包括“古代的文学理论”，和“古代文学的理论”这两层含义。因而古代文论的研究，也就应该采取两条腿走路的方法。既研究古代的文学理论，也研究古代文学的理论。前者是今人所着重从事的工作，其研究对象是古代理论家的研究成果；后者则是古人所着重从事的，主要是研究作品，从作品中抽象出文学规律和艺术方法来。当然，文学理论不仅仅是来源于对具体作品的总结，面对同样的文学作品，站在不同的思想政治背景上的理论家们，往往会见仁见智，拈出他们自以为是重要的某一方面的意义，而有意无意地忽略或排斥其另一方面的意义。我们强调古代文学理论研究应以作品为中心，并不意味着从思想上、哲学上去把握文学理论批评是不重要的。但是，文学批评史上某种理论的提出，如“兴趣”、“神韵”等，常常是起源于对作家作品，以及由此而出现的文学风尚的具体评价的。因而不研究、理解作品，就难以把握这些理论和批评，更无从体会理论与理论之间的内部联系，无从觉察批评与批评之间相承或相对的情形。再者，我国的古代文学批评，一向具有短小精悍的特色，有时还会用省略过程、直抒结论的方式来表达。与这一特色相适应，在研究古代文学理论时，也就必须结合作品，下一番疏通印证的工夫，否则便会如坠五里雾中，不知其所云。同时，现存的古代文论著作，既然多数是古代的理论批评家从具体作品中总结出来的，而这一工作也不可能已做完，我们今天也完全可以从大量的作品中，抽象出为众多古代作家所认识和运用，却未经总结的新的理论范畴(如我在《古典诗歌描写与结构中的一与多》一文中，归纳出的“一与多”，这一对古代作家长期自觉地在创作中运用的美学范畴)，从而在传统的理论研究资料之外，另开发出一块理论的宝藏。如果只是着眼于古人的理论著作，则不免总是局限于对已有理论的再认识，而不能在古人已有的理论之外，从古代作品中另有发现，也就无法为今天的文学创作及理论批评，提供更多的营养和借鉴。所以，研究古代的文学理论与研究古代文学的理论，二者虽然都是重要的，但比较而言，后者是更困难，也是更有意义的工作。随着古代文论研究工作的深入，我们希望这一方面的研究，能得到更多学者的注意。

巩：的确，根据现代的条件和要求，直接从作品中抽象出新的理论，并以有组织的现代语言表达出来，并不是一件易事。这不但需要有较高的理论思辨水平，更需要对作品有很强的感悟力和深刻的理解力。据我所知，比较注重对具体文学作品的考察，并由此进而探讨某一时代作家审美情趣的变化，寻绎文学思想的发展大势，近些年来已颇有成绩。如罗宗强先生所著《隋唐五代文学思想史》，即为一例。

程：罗先生这本书，是近年来古代文论研究方面的一个重要收获，他比较重视这个为许多人所忽略的问题。你是否注意到，这里有一个如何正确划分和运用你自己所有的感性思维和理性思维的问题。文学活动，无论是创作还是理论研究，其最原始的和最基本的思维活动，应当是感性的，而不是理性的。作为一种客观存在的文艺作品，当你首先接触到它时，感到喜不喜欢总是第一位的，而认为好不好，以及探究为什么好，为什么不好，则是第二位的。由感动而理解，由理解而判断，是研究文学的一个完整的过程，恐怕不能把感动这个环节取消掉。“为文造情”不但不适宜于创作，恐怕对于创作和理论研究也不完全适合。前些年，文学研究方法论（如“新三论”）的讨论，一度曾十分热闹，至今仍有学者只重理论和方法，从理论到理论，而把感性思维逼退到一个很狭小的角落。我们从不反对从自然科学或其他学科中，汲取和借鉴一些研究方法来研究文学，只要使用这种理论和方法所得出的结论，比旧的方法更深刻，更有说服力。但文学是人学，文学研究所面对的，是人的感情。古代的文学家们，因接触外界事物而有感，然后发为文章，后人研究他的感发，反省其感发，成为理论。因此，如果你对心灵的火花，感情的悸动，缺少同情，缺乏爱赏，而只是非常理智地去判断和品评它，这虽不能说不对，但总隔了一层。我记得王渔洋在他的诗话中讲到，他小时候读《诗经》里的某些篇章，曾被感动得下泪。我想，这就是他后来无论是在诗歌创作，还是在诗歌理论上，都卓然成家的起点。而钟嵘等人的诗歌创作，便与其理论有距离。现代的一些学者，如俞平伯先生，他所撰的《唐宋词选释》、《读词偶得》和《清真词释》，都讲得非常深刻，真能体会词心。其中一个很大的原因，就是俞先生自己的词作得好。缪钺、叶嘉莹两位先生近年合著的《灵溪词说》，颇为学界所重，其所以如此，如缪先生在此书《后记》中所说，也是“由于多年创作实践的经验，深知其中甘苦，因而更能理解、探求古代作家在其作品中所蕴含的幽情微旨，而赏析其苦心孤诣的精湛艺术”。平日我常常提醒你们，从事文学批评，没有点创作经验是不行的。吟诗、作文，甚至绘画、写字，也都有好处。总之，研究作家作品也好，研究理论也好，都应当既善于运用你的感性思维，又善于理性思维；既能赏析作品，又能评判作品，纵然做不到将二者合二而一，也决不应该将二者对立起来。

巩：九四年《文学遗产》第四期，推出了一个题为“学术短评”的新栏目，并就当前古典文学研究的学风等问题，发表了一组文章。从这些文章所涉及的问题看，恐怕主要还是属于古人早有论述的“文德”的范畴。

程：《文学遗产》编辑部组织的这一讨论，我非常赞同。这不仅对古典文学研究的健康发展有益，对其他学科研究的开展，也不无好处。古人论学，贵乎有体有用，蓄德能文。孔子说："有德者必有言"（《论语·宪问》），孟子尝论"知言"、"养气"（《孟子·公孙丑上》），韩愈倡言"行之乎仁义之途，游之乎《诗》、《书》之源，无迷其途，无绝其源，终吾身而已矣"（《答李翊书》），都是要求合道德文章为一。无论何时何地，做人总是第一位的，为学则在其次，敦品然后励学。人的品性、修养不端正，不提高，终将累及其文章。现在，高校和其他一些单位和职称评定制度，主要看你发表了多少文章，于是许多学者便不得不随顺潮流去做文章，但那终究是做文，不是做人。当然，也有德与文不相一致的情况，这里且不谈它，但毫无疑问，一位真正的学者，他的人格、品德，也必定有为人敬仰和足以感召后人的力量。我们谈文德，还要注意一点，那就是章学诚所说的："凡为古文辞者，必敬与恕"，必"能为古人设身而处地也"（《文史通义·文德》）。科学研究要讲究文德，讨论问题，分清是非，以理服人。《山海经·中山经》载，苦山有兽，"名曰山膏"，"善詈"。做学问决不应有山膏式的文风。骂倒了别人，并不等于你自己的地位提高了。学术史上还不曾记录过，以山膏为榜样而获得成功的例子。这样除了显出你自己的浅薄之外，是于事无济的，何况你自己也并不一定正确呢。做学问要非常宽容，谦虚大度。翁方纲详考苏轼诗施（元之）、顾（禧）、查（慎行）诸注，拾补阙遗，订析疑义，成《苏诗补注》。其自序说："歙县曹吉士从方纲订析苏诗疑义，日钞一二条，遂成此帙。而方纲之管见，亦窃附一二于师友绪余之末者，欲以益彰原注之美尔。"陈寅恪先生在《隋唐制度渊源略论稿》中论及府兵制时说："总之，史料简缺，诚难确知，冈崎教授之结论，要不失为学人审慎之态度。寅恪姑取一时未定之妄见，附识于此，以供他日修正覆视之便利云尔，殊不敢自谓有所论断也。"这都说明，有成就的人总是很谦虚的。谦虚的困难，不在于自己没有成就的时候，而往往在于有点成就的时候。古人说，一丸泥封函谷关。往往就是这一点点自高自大，使自己一辈子都成为精神上的侏儒，这是可悲的。

（与巩本栋合作，原载《文艺理论研究》1995 年第 3 期）

《诗人眼中的南京》序

苏东坡曾两次在杭州做官，沉醉于钱塘风景之美，不禁有久居之意，叹道："我本无家更安往？故乡无此好湖山。"他的故乡就在峨眉山下，在他的心目中，也是"每逢蜀叟谈终日，便觉峨嵋翠扫空"，不胜其眷眷之情的。但两者相权，终于向杭州倾斜了。

无独有偶，数百年后，身为杭州人的袁随园也颇以自己的家乡为傲，有"钱塘苏小是乡亲"之句，脍炙人口。但中年辞官，却在南京定居下来，为什么呢？袁的好友赵云崧揭出了这个秘密："爱住金陵为六朝"，因为南京是一座古老的文化名城。

是的，龙蟠虎踞的金陵，从三世纪的孙吴到近现代史上的太平天国、中华民国，在这段漫长的岁月中，人们曾以之为剧场，上演过多少英雄儿女可歌可泣的戏剧。加上丰阜的物产、淳厚的民情，就更使人留恋了。于是，凡到了这地方的，无论是长期作寓公，或短期为过客，能文之士无不兴怀感物，发为咏歌，数量不少，质量也高。今古诗人所发抒的对南京的感受，无疑是我们所拥有的有开发价值的文化产业。

现在，俞律和冯亦同两位诗人就历代作家吟咏南京的作品，精选若干首，编成这本小书，献给广大读者，可以说，是这项文化产业开发的极好开端。我相信，不仅是本来定居南京的人，会由于读了这些作品而更加理解和喜爱这座名城，就是游览或经过南京的人，也许会因此像眉州人苏东坡却爱杭州，杭州人袁随园却爱南京一样吧！

乙亥春节

（原载《诗人眼中的南京》，南京出版社 1995 年 8 月版）

根深叶茂　体大思精

由复旦大学中国语言文学研究所王运熙、顾易生两先生主编的《中国文学批评通史》七卷，经过七八年连续、细致、勤奋的工作，终于在今年六月全部毕功了。作为一个同行，一个对古代文学理论批评深感兴趣的学人，自始就对复旦诸位先生承担的这件巨大的文化工程深感兴趣，而且佩服他们的勇气和毅力，所以收到每一卷的时候，我都曾经大体上学习过。现在这一部三百八十万字的七卷八册巨著灿然放在面前，我很容易对它们作出总的评价：根深叶茂，体大思精。

中国文学批评史，作为近现代人文科学的一个学科，起步比中国文学史为迟。在广大的学者群中，郭绍虞、朱东润两位先生是人们公认的先行者。他们的业绩不仅显示在自己的著作中，其更重要的是通过他们的教学和科研，培养出了一批中国文学批评史这一学科的研究和教学队伍。1952年院系调整时，原在同济大学的郭先生和原在沪江大学的朱先生同时调入复旦大学中文系，这就使得复旦在文学批评这一学科中具有得天独厚的优势。在两名前辈主持风会之下，我们看到了王运熙、顾易生两先生主编的作为文科教材的三卷本《文学批评史》。现在又看到了更为出色的七卷本通史。它展示了复旦大学在文学批评史这一学科三代相传，即以郭先生朱先生为第一代、王先生顾先生为第二代以及黄霖、蒋凡、杨明等先生为第三代的强大阵营。在这里，我应当郑重指出，这一现象是中国古典文化的优秀传统在新时期的宏扬与继承。它包含了传道授业、乐群求实、承先启后许多丰富的内容。无可置疑地，我们看到复旦的这一支队伍正不断地日益壮大，跨越自己。这是我感受得最深的一点。

在这篇短文中，我没有能力指出这部书许多的特点和优点，例如，材料的空前丰富和新见叠出的见解等等。我只想指出一点，就是中国文学批评的历史如此的漫长，因而它不能不随着历史的本来面目而在文学批评方面也各具特色。因此，一个历史学家就有必要、有责任“随物赋形”，勾画出其各自的面目出来。这正是这部书的作者们所重视的，所以它既具备了一部大书所必应具备的整体性和统一性，同时也具备了各个时代文化、文学乃至整个中国社会发展的独特性，若干章节还显示了作者本人的个性。所以它不仅可读性很强，而且显示了学者们个人的风格和魅力。尽管研究中国文学史的人、著述中国文学史的学者远比研究中国文学批评史的人、著述中国文学批评史的学者为多，但是这部七卷八册本的巨著安安静静地躺在我们的书桌上时，我们不得不承认在中国文学史方面还没有一部质量这么高、份量这么大的书。即此，我们可以估量它对中国文学研究的贡献。

十多年前，我有一个时期沉湎于明清小说戏曲评点派的著作，觉得以金圣叹、李笠翁为代表的这类著作，他们研读古代作品的细致，实远较今天的一些读者为深入，因而其所发明的本来就蕴藏在作品中的理论，经他们发掘指点以后，实能窥见原作的文心，极多可采。如果能以今天的美学知识，遵循这一传统，加以探究，必不仅可以对这些作品有更多的理解，而且可以抽象出原就蕴藏在其中的理论，加以条理化，从而使得这份遗产愈益丰富了已有的理论。特别是艺术技巧方面，由于其往往是出于不可重复的艺术大师之手，更是如此。在一九八四年三月武汉市举行的中国古代小说理论讨论会上，我曾说：

> “中国古代小说理论”这个词似乎应当作两种理解：一种是古代的小说理论，也就是从《汉书·艺文志》到严复提出的理论；而另外一种概念则是古代小说的理论，说得更明白一点，就是古代小说中所蕴含的可以抽象出来的理论。我们今天研究的多半是前者，而袁中郎、李卓吾、金圣叹他们着眼的却多半是后者。他们反复阅读、研究一部

书或多部书，从中看出了蕴藏在那些书中的艺术规律、思想实质等等，然后将其抽象出来，于是乎就有了他们评点的书，他们作的序跋、论文、笔记等等。在这方面，虽然他们已经作了不少，但是并没有作完，而且其观点、立场也和我们今天当然不一样。我们今天有义务和权利继续研究蕴藏在作品当中的理论问题。只有继承了这个传统，才能够不断丰富古代的小说理论。换句话说，我们要继续发掘蕴含在古代小说中的理论来丰富古人已经总结出来的小说理论，这样，才有继承，有发展。今天，我们掌握了马克思列宁主义，把研究作品和研究理论统一起来，所能获得的成绩可能要比古人大得多。

研究古代文学理论，只从理论到理论，以理论解释理论，这当然是可以的，但如果不结合实际，就难免空对空。解放以后研究《文心雕龙》不大注意上篇，更不注意汉魏六朝的文学作品，不免限制了对《文心雕龙》的深入理解。因为《文心雕龙》是刘勰在研究了先秦直至齐梁的作品，然后从中抽象出理论的。可是我们有的同志却比较喜欢从抽象的角度去研究，探索前人理论中具有特定历史内涵的东西，而忽略了把问题提到一定的历史范畴之内。我们在注意研究古代文学理论的时候，是否也应考虑从古代作品中去发现那些尚未发现的理论呢？我认为，这两种方法，合之则双美，离之则两伤。

我们从小说本身抽象出理论来的工作是大有可为的，既可着眼于原理、思想的钻研，更可着眼于艺术技巧的探讨。如《水浒》学中的版本问题是个热门的问题，是否可从文艺学的角度去分析一下繁本与简本两种形态的产生与共存的艺术原因？再如金圣叹腰斩《水浒》，除了从政治上的考虑外，他是否还有艺术上的考虑？有一个显著的事实必须承认，《水浒》的精华在前七十回。再比如说，《水浒》的结构问题上是有瑕可指的。这种缺陷，我们较少注意，而扬州说评书的老艺人王少堂却注意到了，并对其中某些情节作了修改补充。他的艺术实践证明，他很懂小说（讲唱文学）的理论和艺术。因此他对原作很多不好解释的地方，都作了合理的补充，也就是作了合理的艺术阐释。

在此之前，一九八一年十月，我在一篇题为《古典诗歌描写与结构中的一与多》中，曾就早存在于古中国与古希腊哲学中一与多这一对概念在古典诗歌描写与结构中出现的意义作了一些探讨，结论指出：

> 我们认为，从理论角度去研究古代文学，应当用两条腿走路。一是研究"古代的文学理论"，二是研究"古代文学的理论"。前者是今人所着重从事的，其研究对象主要是古代理论家的研究成果；后者则是古人所着重从事的，主要是研究作品，从作品中抽象出文学规律和艺术方法来。这两种方法都是需要的。但在今天，古代理论家从过去的及同时代的作家作品中抽象出理论以丰富理论宝库并指导当时及后来创作的传统做法，似乎被忽略了。于是尽管蕴藏在古代作品中的理论原则和艺术方法是无比地丰富，可是我们却并没有想到在古代理论家已经发掘出来的材料以外，再开采新矿。这就使我们对古代文学理论的研究，不免局限于对它们的再认识，即从理论到理论，既不能在古人已有的理论外从古代作品中有新的发现，也就不能使今天的文学创作从古代理论、方法中获得更多的借鉴和营养。这种用一条腿走路的方法，似乎应当改变；直接从古代文学作品中抽象出理论的传统方法，也似乎应当重新使用，并根据今天的条件和要求，加以发展。基于这种想法，我作了这样一次尝试。对一与多在古典诗歌中存在诸形态的探索，可能是失败的；但我写此文的动机却希望得到理解，我的看法也希望引起讨论。

我读了《中国文学批评通史》明、清两卷，十分欣喜地看到袁震宇、刘明今、王镇远、邬国平四位先生评述两代小说戏曲评点诸家著作的有关章节时，已经注意到了这种方式方法的独特性，从而为继承前人、开拓原就存在于古代作品中的文学规律和艺术方法，作了极为有益的探索。

《中国文学批评通史》作为一个巨大的客观存在，它的影响必然不只限于批评史这一学科的本身，作为一种学术规范，它必然也会在其他方面（例如思路的变异、方法的差别等）发生影响。如果由于诸位先生的诱导，使文学研究界的许多人更加积极地投入蕴藏于作品本身中的文艺规律、表现手段的探讨研究，那就等于开始打开了一座不曾大规模开发的艺术宝库，功德无量了。

《中国文学批评通史》各卷很注意不同时期的文化现象及其对文学、文学批评的影响，但两汉时代的经学，魏晋南北朝的佛学，对于文学批评影响的评述，似可加强一些；佛典翻译及由此而产生的理论如"五夫本、三不易"之类，似在文学批评的范围之内。近代部分严、林译事，列入桐城派论述，似失轻重。西学东渐以后，近代文学理论所发生的变化，列为专章来较合适。但这是"小疵"，而且都是容易修改弥补的。

（原载《复旦学报》[社会科学版]1996年第6期）

关于文科教学的几点看法

一、无论什么时候，都不应忽略基础知识的教学。这似乎是老生常谈，但又确乎是历久弥新的道理。因为不论是从大学教育的性质看，不论是从社会发展的需求讲，基础知识的教学都是十分重要的。一个国家的教学水平越高，人民的总体文化素质越高，这个国家的经济往往也就越发达。现在，随着我们国家经济的发展，也要求我们的高等学校，应能培养出更多的博学通识、具有多方面能力的复合型人才，以满足社会发展的需要。而要提高人的文化素质，培养博学通识之材，是离不开扎扎实实的基础知识教学的。我教过一些学生，其中有些已走上某个学校或部门的领导岗位。他们每每来信或见了面，总不时会说到，在大学读书时曾认为是最枯燥乏味的基础知识的学习，在后来的工作中，却往往成了最生动和最有趣的东西。对于一个文科学生来讲，不但要学好本专业范围内应掌握的基础知识，而且，还应尽可能地多学点相邻专业，甚至理工科专业方面的知识。比如，学中国文学的，对于中国历史、哲学乃至天文、地理、音乐、绘画等方面的知识，应有充分的了解；而学经济的、法律的，也不能对中国文学、历史，对高等数学、计算机科学等一无所知(现在一些文科专业已开设了这些课)。

二、仅仅注意基础知识的教学显然并不够，我们还应重视科学研究的基本方法、手段和操作规程的教学和训练。当然，除此之外还有辩证唯物主义和历史唯物主义修养与思想方法的培养。这一点，对于研究生来说尤为重要。就好像你打开一个宝库，里面有许多宝物都归了你，但这也就是一个宝库而已。如果你能找到打开所有宝库之门的钥匙，那么天下的宝物就都成了你的了。所以，我们需要的不是个别的知识，而是要得到研究那门学问的方法，只有这样，才能取之不尽，用之不竭。比如，你是学习中国文学的，那你就应当掌握和运用形象思维与逻辑思维并重、文艺学与文献学并重的研究文学的基本方法。我们需要根据自己所掌握的历史事实和哲学概念等，去进行推理，但我们又不能忽视文学本身是形象思维的产物，是一种感情的作用，从感情开始，然后又归到感情；我们要用文艺学、美学的观点，去分析和理解作家的心理，但我们又要懂得充分运用书面和考古所得的各种材料。通过二者互相支撑和尽可能完美的结合，达到我们的研究目的。

三、要使学生有广博的知识，并掌握在某一领域从事科学研究的基本方法，就必须十分重视师资队伍的建设和课程的改革，使我们的教师首先具备广博而深厚的基础知识和很强的科研能力。例如，教中国文学史的教师一定要能先教文学通史，教中国史、中国哲学史的教师，要先能教中国历史和哲学通史，然后他所教的断代文学史等，才能有较高的水平。而在向学生讲授这些知识的同时，教师还应当把自己的研究方法和思路、过程与经验等，有重点地介绍给学生，使其能有所启发。我们还应该增加必要的基础学科、辅助学科和边缘学科。中文系的学生应该学习文化史、历史地理等课程，而研究古代文学的，更要有群经、子、史方面的知识。要因课设人，而不能因人设课。学生需要念哪些课程，我们就应该设法开出哪些课程来，并设法找最合适的教师任教，使学生获得足够和完备的知识成分，尤其是选修课，更应如此。目的是为学生，而不是为了先生。

另外，教学的方式也应当尽可能多样化和生动活泼一些。

（原载《江苏高教》1997 年第 4 期）

匡老！是您，给了我二十年的学术生命

1978年夏天，山东大学殷孟伦教授、南京师范学院徐复教授和南京大学洪诚教授在苏州参加一个学术会议。在工作之余，不约而同地谈到他们的同门好友的我在武汉大学的厄运。

被鲁迅谥为“奴隶总管”的×先生解放初曾经领导过武汉大学七八年，他的一套形左实右的思想方法和工作作风给武汉大学带来了深重灾难，反右的扩大化是其一端。虽然×先生严重破坏党的统战政策和知识分子政策的错误行为不久就被中央发觉并加以纠正了，但他培养的“金童玉女”之流却依然按照他的既定方针办。所以武汉大学的右派分子在全国高校中划得最多，他们的帽子摘得最迟，那也就不足为怪了。

我是戴了18年右派分子帽子之后才摘掉的，而几乎与摘帽子同时，就奉命“自愿退休，安度晚年”，以每月49元的待遇，变为街道居民。祸不单行，和我共同辛苦了40年的妻子沈祖棻又不幸于次年遭遇车祸逝世。武汉大学对这位在校工作了20年品学兼优的教师，仅仅因为她是摘帽右派的妻子，既不过问丧事，也不开追悼会。这些情况不但使全国学术界哗然，也使殷先生等感到愤慨，并认为必须为我找一个适当的工作，使我有继续以所学为人民服务的机会。他们商量后决定共向恢复工作不久的匡老推荐。会后洪诚先生回到南京汇报了这一情况，匡老立即作出决定，聘请我这个年已65岁当了18年右派的街道居民到南京大学任教授，并派当时任中文系副主任的叶子铭先生去武汉接洽。他花了两个多小时才找到我当时所住的小渔村旁边的破屋，传达了匡老的意思。当叶先生问我到南京任教有什么条件时，我非常激动地说："我要工作，我要有为人民服务的机会，什么条件？这就是条件。"叶先生说："这好办，你去吧，其他一切事我们包了。"

这样，我就到了南京大学，重新走上讲台。对着满堂渴求知识、探索人生的青年们，无拘束地讲自己心里的话：学术的，文艺的，伦理道德的，政治的。教学工作以外，还整理了大部分旧作，写了一些新书，共约 20 部，编校的有 10 余部（详见《程千帆选集》第 1583—1585 页）。我培养出来的文学博士如莫砺锋、张伯伟、程章灿、张宏生、蒋寅等已在学术界崭露头角。

如果没有匡老的提携和领导，这一切都是不可能的。在匡老逝世的前两天，我去探望，曾对匡师母说："是匡老给了我 20 年的学术生命，我终生感激他老人家。"这是藏在我心里多年的一句话。古人说："世有伯乐，然后有千里马；千里马常有，伯乐不常有。"千里马还有待于伯乐的发现，那么，像我这样一个平凡的人，又处在那么困厄的境地，如果没有匡老的提拔，恐怕只有终其一生向人民交白卷了。听到他老人家不幸的消息以后，回首前尘，真是悲从中来，不可断绝。想起他老人家的革命精神、崇高品德，对人民的热爱，对后进的提携，我忽然想到陈后山挽曾巩的诗句，谨书悬灵右，以当挽辞。我想，这也许是对他老人家最合适的追思。

丘原无起日　江汉有东流

（原载《中华读书报》1997 年 5 月 7 日）

也谈《四库全书存目丛书》的编纂出版

最近，有关方面经过多方筹备，约请海内外百余名专家学者共同参与工作，编纂出版《四库全书存目丛书》，将清人摒弃于《四库全书》之外而仅存其目的六千多种书籍（据统计，今尚存四千余种）搜集整理成书。这不仅是理所应当的，而且肯定会比我们的前人做得更好。

在中国古代历史上，大量的文献资料的搜集整理和刊行，往往是一个政权渐趋稳固，社会比较安定，经济逐步得到发展时的一种常见的文化现象。但这种现象的产生，仍各有其不尽相同的时代与文化背景，因而其修书的具体条件和情形也不尽相同。一般说来，明以前对各种文献资料的整理，往往带有总结前代文化成果的性质，而清代《四库全书》的修纂，情况则有所不同。它既有集文化大成的一面，同时又有着破坏和摧残文化的一面。乾隆中期，清高宗运用政府力量，花费大量人力物力，前后十数年，编成中国古代最大的丛书——《四库全书》。清高宗先是下令在全国征集了图书一万余种，然而最后收入《四库全书》中的，仅三千四百六十一种，七万九千三百零九卷；另有六千七百九十三种，九万三千五百五十一卷（此据中华书局统计数字，见中华书局版《四库全书总目》卷首），则只是撰写提要，列为《四库全书》存目，还有一些则多被销毁了。

《四库全书》有比较明确的编纂宗旨和著录标准。它的宗旨是："稽古右文，聿资治理"（乾隆三十七年正月初四上谕，见《四库全书总目》卷首，以下只举谕旨时间），"用昭我朝文治之盛"（乾隆三十九年七月二十五日上谕），且使其书"昭垂久远，公之天下万世"（乾隆四十六年二月十五日上谕)。因而,其所著录各类典籍的标准是:"有阐明性学治法,关系世道人心者";"发挥传注,考核典章,旁暨九流百家之言,有裨实用者";"历代名人洎本朝士林宿望,向有诗文专集","并非剿说卮言可比"者(乾隆三十七年正月初四上谕),以及能"昭中外一统,古今美备之盛"(乾隆四十五年九月十七日上谕),能"使天下后世晓然于明之所以亡,与本朝之所以兴"者(乾隆四十一年十一月十七日上谕)。而对于所谓"言非立训,义或违经",与"寻常著述,未越群流"者,对于所谓"异说"、"空言"、"百氏杂学",与"倚声填调之作"(《四库全书凡例》),以及道教"青词"、"教坊致语"、科举"时文"等(乾隆四十年十一月十七日上谕),则一概置于存目之内。至于所谓有"背理称名"(乾隆四十二年十月初七上谕),"谬于是非大义"者(乾隆四十年十一月十七日上谕),以及"词意诋触本朝"(乾隆四十一年十一月十七日上谕),甚而是"于辽、金、元三朝时事,多有议论偏谬及肆行诋毁之处"(《办理四库全书档案》乾隆四十八年),则又或删或改,或尽行销毁,不稍宽贷。

显然,按照清高宗和四库馆臣的去取标准,凡被认为是"阐圣学,明王道"(《四库全书》"凡例"),有利于维护清王朝思想统治的著述,皆可著录,反之则多被排斥。这无疑有其很大的历史上的和认识上的局限性。中国传统思想文化源远流长,丰富多采,决非儒家文化一家所能涵括。先秦百家争鸣时期且不必说,即便是自汉武帝"罢黜百家,表章六经"(《汉书·武帝纪赞》),儒家逐渐占据统治思想地位以后,释、道两家亦不断发展,往往能与儒家思想成鼎立之势,而成一多元化格局。因此,所谓"百氏杂学"以及那些与儒家传统观念不相符合的异端之说等,作为传统文化的一部分,自有其历史价值,而不应一概排斥于"全书"之外。再如,在中国历史上,每一新朝建立之始,统治者总是对旧朝人士的言语和行为心存戒备,这可以理解。但像清高宗那么敏感,那么严加防范,那么钳制惟恐不及,不但将大批明末清初士人的著述加以排斥,而且凡有对清廷稍涉讥讽,或称引违禁之书,或与违禁之书的作者(如钱谦益)有文字往来,则必要抽毁其书。这不能不说是反映了清统治者的一种狭隘的民族主义思想,失之偏激。又如,自明代起,西方文化已通过耶稣会士逐渐传入中国,《四库全书》中亦收有利玛窦等人的著作(如利玛窦所著《乾坤体义》、所译欧几里德《几何原本》等),但更多的反映西方文化和科技的书籍,则仍遭到排斥。因为在四库馆臣看来,虽然“欧罗巴人天文推算之密,工匠制作之巧,实逾前古”,但“其议论夸诈迂怪,亦为异端之尤”(《四库全书总目》卷一二五溥汎际《寰有铨》提要后案语)。这种看法,则又是由于对西方文化的隔膜而产生的误解。其他如以“倚托”之名“斥而存目”(《四库全书》“凡例”)的《燕丹子》、宋丁特起《孤臣泣血录》,因疑其作者连带亦疑其书而置入存目的《疮疡经验全书》、《谈薮》等等,则又都属考之未详所造成的去取不当。至于那许多因所谓“浅俚”而不能著录的小说、词曲类作品,就更值得商量了。当然,历史总是不断发展的,人的认识也是不断发展的。《四库全书》的著录标准,清高宗和四库馆臣的价值观,今天已难以为我们所完全认可,而后之视今亦犹今之视昔,也许不要很多年,我们的后人便会以新的价值观来重新审视今天的这一切。不过,也正是从这一点出发,我们才更应当将清人屏弃于《四库全书》之外的大量典籍编纂出版以使其更完好地流传于后世。

清高宗和四库馆臣虽拟有较明确的纂录标准,但这些标准在具体的实施过程中,情况恐怕要复杂得多。著录与存目之间的界限,有时也并非十分清楚,把握似也不易。收入《四库全书》中的书并不一定都好,而列于存目之中的也并不就是坏书。《四库全书》是钦定的。清高宗自乾隆三十七年下令各省采进图书,继而开馆纳士,拟定凡例,选汰群书,到书成抄付七阁,谕旨甚多,事无巨细,几乎无一不问。因而对一些书籍的去取,也不免时带个人意志,仅凭一己之见,以致某些书扬之可进而著录,抑之则退至存目,去取何依,四库馆臣也只能悉遵圣旨。比如,《四库全书》“凡例”中既言“文章流别,万代增新。古来有是一家,即应立是一类,作者有是一体,即应备是一格,斯协于全书之名”,然而举例却有“石孝友之《金谷遗音》、张可久之《小山小令》,臣等初以相传旧本,姑为录存,并蒙皇上指示,命从屏斥”于存目,故“去取不敢不严”云云。又如,余嘉锡先生《四库提要辨证》卷十九,曾引孙星衍《平津馆丛书》本《燕丹子序》:“《燕丹子》三卷,……纪相国昀既录入《四库书》子部小说类存目中,乃以抄本见付”,并进而指出："夫纪晓岚于修《四库书》时既斥其书不录，而乃私自抄存，复以其本授人，则知其于此书亦所甚爱。盖虽职为总纂，而于去取群书之际，有为高宗御题诗文所压，不能尽行其志者也。"可见，在《四库全书》的修纂过程中，选汰去取，馆臣与清高宗亦时有意见不一的情况，而著录标准也就难以定于一格了。陈垣先生曾据《四库全书》总裁官于敏中致总纂官陆锡熊论四库书手札，指出其"办书要旨，第一求谏，故不能不草率；第二求无违碍，故不能不有所删改"（《书于文襄论四库全书手札后》，载《陈垣学术论文集》第二集）。草率以求速成，删改而避违碍，著录之书的质量既不免令人怀疑，著录与存目之间的界限也就似乎更模糊了。例如，清高宗为了炫耀自己的文治武功，以修撰《四库全书》期间，曾先后下诏让群臣赶写《满洲源流考》、《盛京通志》、《历代职官表》、《开国方略》、《八旬万寿盛典》第一批书籍，并敕立程限，两月一奏，屡屡催促，"上紧赶办，务期如限全竣"（《办理四库全书档案》，乾隆四十八年）。这些书虽陆续撰成并补入《四库全书》，但其质量则不免要打折扣。再如，《四库全书》修成后，清高宗与四库馆臣又于乾隆五十二年，先后发现四库著录书李清《诸史同异录》、周亮工《读画录》、吴其贞《书画记》中有"悖诞"、"违碍"（《办理四库全书档案》，乾隆五十三年）之处，于是连带将李、周二人所著录的其他书如《南北史合注》、《书影》等一并撤出销毁。在上述书撤出后，由于与《南北史合注》、《诸史同异录》同类的存目书尚多，四库馆臣便奏请"另换（清李锴）《尚书》、（潘永因）《宋稗类钞》二种据补"（《办理四库全书档案》，乾隆五十三年）。其他类别中无存目书可补，则在空匣内填入补纸以充数。《南北史合注》、《书影》等书因其著者的其他书有违碍而被撤毁，《尚史》、《宋稗类钞》则因《南北史合注》等被撤毁而从存目书升入著录书，去取之间，愈不分明了。由此可见，无论是著录之书，还是存目之书，其内容优劣、水平高下、价值大小，都只能是相对的，而其去取标准，也只能是相对的。因而在关于《四库存目丛书》应否印行的讨论中，或从存目书中拈出若干内容较差的著作，说明此书不宜印行，或又从存目书中举出一些较好的书，以为应该印行。这种观点针锋相对，而论证方法却十分相似的争论，恐怕是难以争出什么结果来。

我们伟大的中华民族，在两千多年的历史中，创造了光辉灿烂的思想文化，为后人留下了丰富的典籍文献。然而，这些典籍与古人当时的实际著述数量相比，则仍不过是什一之于千万。中唐韩愈上距李白、杜甫生活的年代，仅数十年，即曾慨叹李、杜之作："平生千万篇，金薤垂琳琅。仙官敕六丁，雷电下取将。流落人间者，太山一毫芒。"（《韩昌黎诗系年集释》卷九《调张籍》）即使是古人当时生活中极平常、极普遍的东西，在今天看来，都无疑已是稀世之宝。比如，长沙马王堆汉墓中出土的帛书，敦煌莫高窟中发现的敦煌卷子，在当时恐怕都并非珍贵之物，然而现在它们不但为中国人所珍视，后者更是已走出国界，成为世界性的文化遗产。马王堆汉墓中出土的《易经》、《老子》和天文、相马、医学等帛书，为研究和认识西汉初期的历史、文化艺术、社会民俗等，提供了丰富的资料。而对敦煌卷子中大批宗教典籍、儒家经书、史学、文学艺术、民俗学等方面文献资料的研究，与对敦煌壁画、造像等方面的研究一起，则已成为当世的一门显学——敦煌学。诚然，《四库全书》存目中，确有一些质量并非上乘，价值似乎不大的书，但如上所述，即使是这样，它们难道不仍然是弥足珍贵的吗？何况，据有关方面统计，修纂《四库全书》时入于存目的六千多种典籍，今天仍剩下四千余种，且其中近三成的书已成为海内孤本。如不抓紧抢救，妥为保护，仍一任其自生自灭，其后果可以想象。总而言之，"与其过而废也，毋宁过而存之"。为了中国学术事业的不断发展和光大，为了中国优秀的传统思想文化能得到更进一步的总结、继承和弘扬，我们应该、也一定能够出好《四库全书存目丛书》。

（与巩本栋合作，原载《北京大学学报》

［哲学社会科学版］1997年第5期）

三十年代金大文学院的课程结构及其他

我们是在三十年代初进入金陵大学文学院学习的，在校数年，对于当时的课程结构及其用意有所理解。解放以后，大学体制变动很大，课程的设置也已和过去大不相同。目前国家正面临一场大的改革，我们从反思中逐步认识到目前的大学课程结构中的一些不足之处，例如：基础知识面太窄，难以造就通才和适应社会上较广泛的需要；基本操作能力较差，走上工作岗位后还要经过一段实践，才能适应；等等。这就使我们回想到，半个世纪前在金大所受的教育，所学习的课程，还是有其可取之处的。现在就自己的理解，来谈谈这个问题，也许对今天的教育改革略有帮助。

当时的金陵大学文学院设有国文、英文、历史、哲学、教育、社会、政治、经济等系以及国文、图书馆学两个二年制专修科。除专修科外，所有各系的学生都必须读大量的公共必修课程。这些公共必修课程可分为如下几个系列：一是语文课程，计有大一国文两学期共六学分，高等中文作文一学期三学分；大一英文两学期共六学分，高等英文作文一学期三学分。如果入学考试中文或英文不及格，则须补修预科中文或英文一至二学期（视入学考试成绩而定），不计学分，及格后才能接着读大一国文或英文。这些语文课程，人数都有严格限制，每班不得超过三十人，除精读范文以外，每两星期作文一次，由教师仔细批改，高等作文课则除规定的两周一次的作文外，一个学期还要作一至两篇长作文。这一类课程设置的主要目的是提高学生阅读和写作能力。由于要求很严，所以行之有效。二是哲学和社会科学课程，计有逻辑学三学分，社会科学概论四学分，中国近代史四学分，世界近代史三学分。这方面的课程是加强学生思维能力，开拓学生对社会科学和人文科学的知识，了解世界和中国局势的。三是自然科学课程，须读包括生物学、数学、物理学、地质学等课程中的两门，共六学分，还要做实验或上习题课。这是培养学生治学实证精神的，也为可能从事的文理科渗透工作提供条件。以上院公共必修课共三十八个学分，均占四年总学分（一百二十八）的三分之一左右。再加上全校必修的政治（当时叫做党义）二学分、体育四学分、毕业论文二学分，这些是不计算在一百二十八个总学分之内的。

这么多与专业无关的公共必修科，在今天看来，似乎是难以理解的。但那时候培养高级人才首先注重培养通才，企图在通才的基础上产生专门人才，而不仅仅是培养窄而深的专家。因而较少产生“专业不对口”的苦恼。

另外，学生在主系以外，还要选择一个辅系，通常是与主系比较密切有关的学科。主系须读五十学分左右，辅系须读四十学分左右。（这和今天读双学位的办法大同小异，但不需要延长一年时间。）这种制度的好处，也在于拓宽学生的知识面，增强学科之间的渗透，加强学生选择工作时的适应能力，不过这是在更高的层次上进行的。

至于本系的课程，则必修课比较少而选修课相当多。比如国文系的必修课只有文学史、文学批评史、诗选、文字学、目录学等，共计二十多个学分；而选修课，据我们所能记忆的，有群经通论、诗经、庄子、文选、文心雕龙、唐人小说、宋诗、专家文、专家诗、词选、曲选、近代文学、甲骨文、金文、说文、训诂学、音韵学等多门课程，任由学生选读。这样学生可以根据自己的爱好，向某个方向深入钻研。除主系、辅系的课程以外，还可以选读其他系的课程，甚至选读金陵女子大学开设的课程，例如金大不开设音乐课，爱好音乐的学生往往去金女大选读；而金女大的学生到金大选读课程的就更多。这样等于又多开设了一些课程，可提高学生各方面的修养。

当时学习还有一个特点，就是以自学为主，理科学生下午大多在实验室内，动手做实验；而文科学生则整下午（上课基本在上午）甚至晚间都坐在图书馆内阅读参考书籍。老师在课堂讲授课程，只是起一个启发作用，主要还靠自己阅读大量参考书(这些参考书都由老师事先按期开出书单，交图书馆取出陈列在阅览室的书架上，学生去借时，基本上都可借到)，并按期交纳读书报告或习作(包括从事文学创作、写短篇论文以及绘制历史地图等)。许多课程上课时先由学生对教材或参考书中不懂的地方向老师提问，老师解答，然后则是老师向学生提问，借以了解学生对教材和参考书是否已经理解。在此基础上，老师再讲授。这样既养成学生自律的习惯，也增强了独立思考的能力。

我们认为，这些都值得借鉴。

(与陶芸合作，原载《高教研究与探索》1998 年第 2 期)

学术上的一种新追求

——《唐五代文学编年史》序

不久前，畏友傅璇琮先生来信，告知其与陶敏、李一非、吴在庆、贾晋华四位学侣历时多年惨淡经营的《唐五代文学编年史》非久将定稿付印，希望我能写一篇序。

我自五十年代中期由北大浦江清先生介绍和傅先生订交，其间虽然经过“扩大化”与“史无前例”，踪迹曾有离合，但求道问学大体相同，近三十年切磋更密。现在傅先生既然有此美意，我近年耳全聋，目半盲，而思维尚无大损，因而也就不敢推辞。谨就所知，略陈所见。

即使是对现代中国学术动态不十分留意的人，也不会忽略傅先生的学术活动，特别是他在唐代文学研究方面的活动和成就。总的看来，在本世纪最后三十年中，傅先生所取得的成绩是卓著的，影响也是非常巨大的。从他的实践来看，几十年中，他是在不知疲倦地有目的地追求。他的追求看来很明确，用成语来说，就是《孟子》所说的“善与人同”；《荀子》所说的“学不可以已”；《礼记》所说的“在止于至善”。

《孟子·公孙丑上篇》：“大舜有大焉，善与人同。舍己从人，乐取于人以为善。”这位好辩的邹人当日和门徒讨论，提出这一命题，当然是属于伦理的、道德的范畴。但对善于用古、善于通变的傅先生来说，却探骊得珠地使之成为能发挥集体力量、提高成果质量的有效工作手段。我们看到傅先生在这方面作出的最早成果是《唐五代人物传记资料综合索引》。此作收书八十余种，书中载有唐五代近三万人的传记资料，由同在中华书局工作的张忱石、许逸民两先生和傅先生共同编成，为唐五代人物现存资料的检索，提供了极大的方便。无论就三位编者来说，还是就千万使用此书者来说，这都是善与人同。他们做了一件功德无量的事。可以想象，如果历代史料都被编成了这种索引，学术的发展当达到一个什么样的程度。

此书受到学术界的欢迎，也鼓励傅先生更积极地从事这类极有意义的集体工作，于是就有了《唐才子传校笺》的出现。这部集二十余位专家的精力，历时10年左右才完成的集体著作，使几百位唐五代诗人的生平事迹，获得了空前细密准确的清理，也使唐五代文学的研究随之而提高到一个空前的水平。

这种工作方式不但效率高，而且有益于形成良好的学风，达到"乐取于人以为善"的作用，所以傅先生也乐于运用。于是在《唐才子传校笺》获得成功以后，又有《唐五代文学编年史》的尝试。

《荀子·劝学篇》以"学不可以已"这么一句极其斩截简单的话，概括了治学的要点。假如将其翻译成现代汉语，也许可以说是"做学问应当走不断持续发展的道路"。从傅先生几十年在学术上的追求看来，他正是在这么做，并且取得了辉煌的业绩。一般地说，学术研究属于理性思维，它基本上是带有功利性质的思考。但它并不排斥其中具有感情色彩。我至今记得亡室沈祖棻说过的一句话："只是在无可奈何之境，万不得已之情中，才有好诗。"其实，创作冲动并不限于文艺作品，研究工作，真诚的研究工作，其中往往含有使人非研究不可的那种"不得已"的感情。这就使学者们，从事艰苦探索的人们产生一种使命感和勇气，一种非好好地完成决不甘休的信心。

我读傅先生的著作，无论是专书或单篇论文，也无论是文献考订或艺术评论，都有一种《荀子》所说的"不可以已"和《孟子》所说的"岂好辩哉，予不得已也"(《滕文公下》)的感觉。正因为如此，傅先生才在命题上敢于攻坚，在是非上敢于提出新见。他写于八十年代前期的《唐代科举与文学》和《李德裕年谱》两部专著，都表现了这种"不可以已"和"不得已"的深衷。就前者而言，我曾写了一本"浅尝辄止"的习作，只有六万字；而傅先生在唐代科举与文学这个可持续发展的问题上，却对学术界提交了一部近四十万字的十分详尽的答卷。就后者而言，《李德裕年谱》的编写，不仅对张尔田、陈寅恪两位大师的权威性著作有所商榷，对牛李党争这个历史上的重大问题提出了独特而又平实的看法，而且也为后来的文学编年史，做了某种程度的尝试。至于《唐诗论学丛稿》及《濡沫集》两书中的一些文字，可以证实傅先生在多年的学术跋涉中，不仅没有重复他人，并且从来不重复自己，只是一直在踏踏实实地实现自己的追求。

任何一位学者都有所追求，而说到底，所追求的是产生最好的成品。这可以用《礼记·大学》上的一句话来概括："在止于至善。"朱熹《四书集注》释"至善"为"事理当然之极"。既称"当然之极"，那就是显然还有许多并非"当然"，或者未臻于"极"之处。学术研究必然要经过许多层次，许多过程，才能达到"至善"，而这正是古今中外学者的共同追求，傅先生的工作就是这种追求的典型表现。

文献学与文艺学是两种具有独特性质的学科，各有自己的对象、内容和方法。学者们在研究上往往各有偏重，各有取舍，因而也各有不同的成就。但这两种学科又可以互相支持，互相补充，合则双美，相得益彰；两者兼备，每每能更接近"事理当然之极"。傅先生早年曾对文献学下过极深的功夫，但从不放弃对文艺学的摄取，对泰纳《艺术哲学》以及马克思主义经典著作都反复阅读，因而能够两者双修，运用自如。其收在《唐诗论学丛稿》中的一些论文，尤可见出这种特点。看了《唐五代文学编年史》的设想和样稿，更觉得傅先生已为文献学与文艺学的有机结合，找到了一个合适的载体，这是十分令人高兴的。

编年史是一种十分宏大宽容的历史载体，不论叙事、说理乃至写景、抒情，都可以在其中随意处理；而且又可以通过时间、空间的纽带将其熔于一炉。《左传》，特别是《资治通鉴》，为我们提供了丰富的范例。是否可以说，从文学的角度看，我们对古代编年史的杰作学习得还是很不够的。我从傅先生所写的初唐三十年的初稿来看，似乎还有点拘束，缺乏《左传》、《通鉴》中不时出现的波澜壮阔、淋漓尽致的大块文章。我们期待书中写杜甫、元结、韩愈时能出现《通鉴》写淝水之战、李愬雪夜平蔡州那种好文章。编年史必须有极强的可读性，不仅是翔实可信的记事簿。通过文献学与文艺学的高度有机的结合，又有文学编年史这样一种"旧邦新命”的载体，我相信傅先生及其学侣们这一创造性的尝试，必然会获得成功。虽不能说“止于至善”，但至少可以进一步迫近“事理当然之极”。

衰年八十有六，实已无力为文，勉成短序，以祝傅先生之好学不倦。

（原载《中华读书报》1999 年 3 月 24 日第 11 版）

地方文化建设的一项重大工程

今之考古学者，以为春秋之际吴越始用铁，进而知炼钢之术，故恃其利兵以争强于中原旧邦。今观出土遗物，若勾践剑之类，玄镠犀利，远过青铜之兵，意或然也。生产工具之发明，自必大影响于文化、文明、社会经济之开拓。故三吴风采夙居神州之首；而文籍肇兴，自炎汉以来，存者尤众。

薛正兴先生主持江苏古籍出版社有年，以为江苏地方文献丰富，大有助于今日现代化之建设，乃精选历代名作，汇为丛书，首批得若干种，肇端炎汉，下逮今兹，省内名城如苏州、扬州、泰州、镇江诸地固在其列，或一地之胜迹，一朝之遗事，一城之风俗，一水之流域，乃至歌谣书画之搜集，亦依前人成著，各从其类而辑之。虽若杂厕，而江南之百城烟水，古吴之历史兴衰，固皆粲然可见，其用大矣。

且诸书传世，更历岁月，升沉不恒，今则复据旧刊，整齐校勘，成为善本，以见我省为当代文明大省之城，其功尤伟。衰年睹此，何幸如之！谨缀数语，以当绍介，且有望于丛书之续出也。

（原载《新华日报》2000 年 1 月 15 日）

程千帆先生谈治学

1999 年 11 月 30 日上午，我和三位博士生拜访了程千帆先生。程先生兴致勃勃地同我们谈了治学方法，特记录整理如下：

你们考取了博士生，说明你们对专业有信心，想学好。

要学好文学，一方面要注重文学理论，一方面要注重材料；也就是说，一方面要注意文艺学，一方面要注意文献学。文艺学能使我们看问题看得深，文献学能使我们看问题很具体、很扎实。

硕士生阶段学习，可能有所侧重，或侧重于文艺学，或侧重于文献学，但两方面都得注重。我一开始注重文献学，我和徐老师合写了《校雠广义》，他花了十年时间，我花了六十年时间，现在得了国家图书奖。

文艺学与文献学两者有个结合点，那就是作品，首先要把作品弄得很清楚。作品是用心写的，我们读作品往往被心激动，这是心被心激动。

如果没有具体材料，不了解产生作品的那个时代，那你也就不易理解其作品。譬如不了解安史之乱，就不易了解杜甫的作品；不了解屈原的处境，就不易了解屈原的作品。读作品，首先要了解作者想些什么。

攻读博士学位要选一个很好的题目，我在南大指导十位博士生，他们的毕业论文基本上已经出版了。徐老师岁数大了，没有读博士生，但是他很用功，现在已具备了博士生导师的水平。选好一个题目，在三年之内写一篇论文就很不错了。

一个是文艺学修养，一个是文献学修养。首先要把作品读懂，譬如《长恨歌》，白居易一开始采取了谴责的态度："汉皇重色思倾国"。后来又转为同情:“天长地久有时尽,此恨绵绵无绝期!”这是由诗人对历史事件和社会生活的认识所决定的,唐玄宗的生活也有了很大的改变,他的儿媳张良娣对他很不好,这就是生活的力量。

学文学的人对作品要有很强的感应。我八十多岁了,读作品还经常受到感动,一个人流泪。这是心灵感应。

学文学的人,自己应当能够写作品,如果完全不写,就会对文学作品不亲。读作品,同时自己也学着写一点作品。我们读大学时,有些老师要求我们写诗,如吴梅出的一个题目就是《金陵咏古十首》。如果能搞点创作,我想是非常之好的。

南京大学学风很好,师兄弟一方面很团结,一方面又很竞争。一个人一两年不出一本书,自己就会觉得不好意思。因为学生很用功,所以我也不敢偷懒。

由博到约是相对的。余嘉锡很博。我对杜甫、苏东坡熟悉一些,写过书,对李白只写过一些论文。周勋初专门研究李白。胡适的《中国哲学史大纲》只写了上卷,不是没有时间写下卷,而是他的思维不能贯穿全部,冯友兰的《中国哲学史》超过了他。尽可能求博,尽可能具有自己独特的地方。认为自己什么都知道,就说明他什么都不知道。

(徐有富记录整理,原载《古籍研究》2001年第1期)

《陶渊明传论》序

一九七八年，余应匡亚明校长之召，自武昌移砚南京大学。于时南雍老宿多逝，然洪诚自明、管雄绕溪犹以音韵训诂及诗文传授学子，有声于时，而淝东王气中年尊学醇，独以古文辞传授，学子从游者众，龚斌其一也。诸生既卒业于研究生院，龚欲赴沪华东师范大学以续所学，余乃介绍之于老友徐中玉先生。岁月易逝，龚君执教该校已二十年，南大诸老先后归道山，余最少，今亦八十有八。耳聋目瞀，弥念故交。昨者忽得君由沪来信，乃知君潜心学术二十余年，所著《陶渊明传论》行将问世，乞余一言。余以为陶诗自当世即有重名，近人梁任公、朱佩弦、陈寅恪诸公既多探索，而现代逯钦立、袁行霈继之，台湾王国璎亦有所著。君继诸君子之后，别为一书，其中必有为诸公屐齿所未及者，可断言也。余既嘉君后来居上、锲而不舍之精神，故虽衰惫不复能审读，亦乐为之序。庚辰春，闲堂老人程千帆谨序。

（原载《九江师专学报》[哲学社会科学版]2001 年第 3 期）

《孙望选集》序

传曰:“不有君子,其能国乎?”又曰:“入则无法家拂士者,国恒亡。”国皆若此,校亦何莫不然?故上庠名校,皆有宿儒大师终身讲学,薪尽火传,以教育斯民,此世人所共知也。南京师范大学雄踞江东数十年,而常熟孙先生自四十年代受聘于其前身金陵大学,终身讲授,鞠躬尽瘁。故其云亡,学者思念之者尤深。先生殁且八年,校之党政领导,以其著述或尚未流布,或虽尝出版,而售阙已久,不足以晓示世人,因托其女原靖为之理董,编校成集。于是先生之著述创作,得尽传布于世,诚盛事也。先生之为人仁恕,有玄圣所云求仁得仁之风。为学则厚积薄发,非有定论不轻出。余志其墓,论之详矣。今复为序此书,盖所以彰南京师范大学张皇懿德、发扬学术之美云。八十六叟程千帆谨序。

(原载《孙望选集》,南京师范大学出版社2002年10月版)

《萧印唐先生集》序

一九三四年秋，金陵大学举办国学特别研究班，承学之士，或不远千里而至，垫江萧印唐其一也。先生时已毕业四川大学，从名宿林山腴、庞石帚先生游，于文学之事深造有得。然犹未尝自画，慕蕲春黄季刚先生、长洲吴瞿安先生之名，复来受业。其为人任侠好义，善与人交，而文采秀发，尤工草隶，故同学莫不爱重之。时余夫妇亦在弟子之列，交情尤契，称莫逆焉。先生文思敏捷，而不甚爱重其作，每有造述，或不自收拾。晚年设教重庆，未尝定稿。及逝世数年，其女效农始就其所收集者诗凡百余首、词二十余首、并杂著对联，复以友朋追挽之作附之，编为一集，付之世人。余观其中涉及余夫妇者不少，数十年交往，览之犹在心目也。余为沈祖棻《岁暮怀人》诗注："巴峡畸人忆旧狂，千金散尽始还乡，箧中草圣依然在，何处春风问讲堂？"笺曰："印唐任侠轻财，急人之急，多金不吝。工行草书，得者宝之。时不得其消息，故有末句也。"又其《得印唐书，却寄》十首之五云："朋侪禀性异温严，侠骨柔情君独兼。老去江湖求药物，空余草圣闭尘奁。"见之者莫不以为恰如其人也。先生之著述效农既加编次，又命为序。余自冬初卧病，老年昏愦，虽得其稿，恨不能有所匡定。而先生之文章，精神俱在，世之览者，当自得之，固不必一一罗缕也。戊寅嘉平，八十六叟程千帆谨识。

（原载《印唐存稿》，巴蜀书社 2003 年 9 月版）

闲堂早年诗作辑存

大约一年前，翻检《金陵大学校刊》，得闲堂先生佚诗五首，今又从《金中校刊》觅得先生少作十六首，可谓收获甚丰。此二十余首诗作，皆未收入《闲堂诗文合抄》，故可补其遗漏；以研究先生生平行事、诗歌创作而言，诸诗当为切实之文献。先生于一九二八年考入金陵中学初中三年级，四年后升入金陵大学，《桑榆忆往》对此略有述及，今将诗文并读，更可见先生昔年读书生活之情状。所辑佚诗，偶有手民之误，已请先生弟子程章灿教授订正。癸未岁杪徐雁平谨识。

夜　雨

烟笼绿柳傍湖蟠，夜雨萧疏草阁寒。漏尽三更清坐久，凝思不觉袷衣单。

菊

峥嵘傲骨着东篱，浊酒三升菊一畦。不必护花铃十万，此君端不畏封姨。

秋　帆

轻舸容与大江流，秋水长天一叶舟。惟有白鸥时伴我，忘机忘患亦忘忧。

读去国词讽李后主

君王曾几识干戈？潘鬓沈腰有恨多！无奈夜长人不寐，梦中滋味更如何?!

桃　源

人间何处有蓬莱？两岸桃花得许栽。渔父幸将归路忘，不然同是劫余灰。

月　下

游子羁愁作客时，春花秋月几相思。玉楼尽在烟笼里，静听邻家唱竹枝。

玄武湖泛舟

云影天光果出尘，波中人似镜中人。此身自在苍苍外，何必桃源始问津。

对月怀远　集唐人句

多情却似总无情，(杜牧)万里归心对月明。(卢纶)江上月明胡雁过，(刘长卿)碧天如水夜云轻。(温庭筠)山色遥连秦树晚，(韩翃)长河渐落晓星沉。(李商隐)梦为远别啼难唤，(李商隐)客舍青青柳色新。(王维)

以上八诗刊于《金中校刊》第四期(1930年12月出版)。

哭敏之宗兄即示其弟孰敦　(十九年)

同学千人恸，吾宗一代贤。相看只青眼，忍别到黄泉。何处招魂魄，平生剩简编。高堂扶弱弟，犹犹望闾前。

自题戎装小像

少年投笔志从军，誓扫匈奴定海氛；自问轮囷肝胆在，摩沙剑气尚干云。

寒衣曲 （二十年）

哀灾民也。此次水灾，武汉甲于全国，予暑假中适在其地，感而作焉。

襄水来，汉母来，二水争奔势若雷，西风一夜数千里，浪如山倒当者摧。阳夏孤城入水中，栖迟遍地尽哀鸿。张公堤畔人烟少，单洞门前宇舍空。可怜水退已深秋，人自饥寒水自流，烟波江上真愁绝，鹄面鸠形与目谋。岂曰无食，有嗟来之施！岂曰无衣，不蔽肤肌！夜半虚檐霜露重，破衾三尺寒相拥，爷娘慰儿弟慰兄，官自有法尔毋恐。乌乎！官自有法今则已，东北鼙鼓动地起，案牍往来应敌忙，那有余暇顾及尔！

从军行赠北上敢死团

易水寒生辽水咽，将军不死金瓯缺，男儿热血不知寒，慷慨从戎任离别。胡军慓悍胡马犷，关东踏碎铁蹄声，此行明以卵敌石，顾所持者惟精诚。精诚所至金石开，但愿夺得辽吉回，壮士一去不复返，马革终胜黄土坯。吁嗟乎！举头北望应于邑，正是健儿舍身为国日，君不见边亭骨血已凝冰，国内相煎犹自急。

报载有大学生杨麟毓、人伟、人倜、庆燮等弟兄四人闻倭乱作慨然有从戎之志诗以励之

敌忾同仇日，杨家好弟兄，人心虑未死，国难敢偷生；北望数千里，边丧几十城，尸居不抵抗，屠伯岂休兵。

信美非吾土，将军不杀身，只余亡国泪，赠女负戈人；蜗角争何事？暮更倦此辰。未闻歌北斗，漫道屈东邻。

寄怀王瘦(目录中为“廋”)生病中　（二十一年）

善病维摩涉胜因，一江春水更怀人。痕留旧梦畴能索，句出无心故觉新。黑水白山愁未渺，绿笺红泪竟成尘。胡床不是安身法，默相还同虎穴邻。

壬申夏卒业金中留别诸同学

台城春柳几斜曛，六代豪华慨旧闻。庾信兵尘余破帙，杜陵诗思感江云。未逢歧路犹伤别，况挹风流更恋群。他日相逢倍应惜，华年共水逝纷纷。

以上八首诗刊于《金陵中学校刊》第 5 期（出版年不详，似在 1932 年）

国庆日与诸同门往吊量守先生之丧还过酒肆饮感赋

落落公何病，循循世所师。邦危倾盖早，缘浅及门迟。过吊值佳节，相悲倒酒卮。绛莼私谥生，千载有心期。

载《金陵大学校刊》1935 年 11 月 4 日（171 期）

近时怀人之作四律并序

盖闻零雨送秋，梁帝劳止，悲风落木，楚客夷犹，重以新知惄俗，旧好悭缘，佳期不张，偕逝莫遂，萍蓬结欢，袂佩增忉，都诸积惨，一寄于时，颜曰怀人，纪实云尔。

一　过汉皋静子旧居

梦断江头尾，书空月缺圆。有身斯大患，何事落言诠。偃蹇理琼佩，倥偬遗翠钿。门边碧梧树，枝叶胜从前。

二　题柳寄静子

忆得湖边树，怆然动客思。比来居所卜，宛在水之湄。风急腰应瘦，心惊秋更期。只嗟人事改，垂柳不能知。

三　十月十三夜静子入梦诗以伤之

竟夜入梦寐，悬知怨别离。相思岁华晚，何复少年时。泪泻深宵雨，山遥好画眉。一为江海客，无可问归期。

四　静子书来却寄

一别又经时，经时有所思。旧游如梦令，重过露筋祠。枕隙添吟卷，风声减鬓丝。衣裳未裁剪，还报故人知。

载《金陵大学校刊》1935 年 11 月 25 日（第 174 期）

（徐雁平辑，原载《古典文献研究》第 7 辑）

1940 年前后诗作

题布达拉宫辞

成佛多情信足夸，广长妙舌灿莲花。销魂一曲惊三界，争唱新词布达拉。

奉酬圣言先生即送其之官康定依韵二首

清尘邂逅仰班行，胡骑从衡慨靖康。入海经年君未老，王城久客我犹郎。先生墓草匆匆宿，后死微言日日章。何分书贻旧联句，相看应是断无肠。

雁序师门肯乱行，酬知无日愧长康。南都化雨悲朝露，东海盂波起夜郎。三世因缘系蒙蔡，一篇宫体异黄章。相要更作西征赋，佛国雄文合梦肠。

寄圣言先生雅州兼呈湄丈

秋风秋雨寻常过，却掩闲门对碧苔。怜我尚为江上客，喜君新自海西回。苏诗力破三唐局，庞令原非百里才。何日南来试游屐，更邀真长访离堆。

（程丽则整理提供）

过则勿惮改

雨雨风风，非非是是，八十之年，忽焉已过。往事多半遗忘，但也有些是永远忘不了的。1936年夏天，我大学毕业，刘国钧老师介绍我到某中学教语文，对我说："我只告诉你一条：讲错了，什么时候发现了，什么时候告诉学生，说：'我错了。'"我说："那不丢人啊！"他说："顶多是丢人，但也不一定，一个诚实的人，有责任心的人是会受到尊敬的。讲错了，又不更正，害学生一辈子，你忍心吗？"后来我曾多次公开更正自己的错误，却还没有听到过对于"过则勿惮改"的指摘。

我终身感激刘老师。"文革"中，我写过两首小诗寄给他："老厌京尘自闭关，还将肠胃绕钟山。长怀寂寞刘夫子，广座春风梦寐间。""争关梦觉叹何曾，敬业传薪愧不能。未死白头门弟子，尚留孱魄感师承。"诗中也含有这件往事在内。

（原载《羊城晚报》1995年12月23日第9版）

题静海寺

静海前朝寺，沧桑二百年。蛮夷曾猾夏，汉帜复中天。殿宇松篁古，勋名日月鲜。凭栏望台岛，怜汝尚孤悬。

注：静海寺，位于南京下关。一八四二年，割让香港全岛给英国的《中英南京条约》在这里草拟，然后在寺外不远的江面上英舰“康沃利斯”号上签约。

（原载《光明日报》1996年8月10日第7版）

诗　五　首

一

出山复雨山，春云滃一片。
群犊望翘然，秋成有深恋。

二

迂倪挂壁极萧爽，我欲从之恣独往。
庞郎法古工研磨，以扫为生少胜多。

三

九十老佳人，妙笔钟神秀。
梦天与之蓝，舞蝶随其后。
一兰恣孤芳，两蝶被文绣。
君穷造化工，我祝期颐寿。

闻顾浩同志过丁芒蜗居，此金陵诗坛一故实也，戏题二绝

彩笔曾酬力战功，晚栖嚣市未途穷。
明时肯吝河清颂，白发丹心见此翁。

苦丁斋畔驻高轩，菊秀荷残八月天。
斜日矮窗茶几盏，诗人书记共逌然。

（原载《诗刊》1998 年第 6 期）

学术年表

徐有富
丁思露
杨　珂
徐雁平
编

学术年表*

1913 年(癸丑),1 岁

9 月 21 日,出生于长沙。原名逢会,改名会昌,字伯昊,四十以后,别号闲堂,千帆是笔名之一,后来就通用此名。

1922 年(壬戌),10 岁

在长沙外祖父家,已开始学诗。

1923 年(癸亥),11 岁

家由长沙迁到武昌,短期就读于武昌圣约瑟中学附属小学,大部分时间就读于设在汉口的有恒斋私塾。

1924 年(甲子),12 岁

在武汉读书,学习写诗,已通声律。

1926 年(丙寅),14 岁

在汉口有恒斋读私塾,并在汉口振华中学读初中。

---

* 本谱由丁思露、杨珂、徐雁平依据徐有富《程千帆沈祖棻年谱长编》(南京大学出版社,2013 年)编写,材料略有订正、增补。

1928 年(戊辰),16 岁

先在汉口有恒斋读私塾,秋季考入南京金陵中学初中三年级。

1931 年(辛未),19 岁

在南京金陵中学读高中。

1932 年(壬申),20 岁

8 月,升入金陵大学中文系。

1933 年(癸酉),21 岁

秋,从胡翔冬学诗。

11 月,《[评]戴望舒著〈望舒草〉》发表于《图书评论》1933 年第 2 卷第 3 期。

1934 年(甲戌),22 岁

4 月,与孙望等组织“春风文艺社”。

9 月 1 日,与沈祖棻等组织成立“土星学会”,创办并出版杂志《诗帆》。

秋,从刘国钧学习目录学。

是年,与唐圭璋订交。

1935 年(乙亥),23 岁

春,任金陵大学《文学院季刊》委员会主席。

1 月,《再评〈望舒草〉因论新诗的音律问题》发表于《文艺月报》1935 年第 1 卷第 1 期。

6 月,《〈汉书艺文志·诗赋略〉首三种分类遗意考》、《〈别录〉、〈七略〉、〈汉志〉源流异同考》发表于《金陵大学文学院季刊》1935 年第 2 卷第 1 期。《清孙冯翼〈《四库全书》辑《永乐大典》本书目〉钞本跋》发表于《图书馆学季刊》1935 年第 9 卷第 2 期。此文亦发表于《斯文》1940 年第 1 卷第 6 期。

秋，修读黄侃《诗经》课。

是年，《西昆诗派述评》发表于《文艺月刊》1935 年第 7 卷第 6 期。

1936 年(丙子)，24 岁

2 月 1 日，作《记苏诗讲义尾》。

5 月，在南京作第一篇文学论文《少陵先生文心论》。

夏，毕业于金陵大学中文系，随即在金陵中学任教。

8 月，在南京作《杜诗伪书考》。

秋，考取金陵大学文科研究所史学部研究生。

1937 年(丁丑)，25 岁

4 月 5 日，编成《目录学丛考》，并作《目录学丛考叙目》。

5 月 23 日，《游艺精神》发表于《新民报》第 5 版。

1938 年(戊寅)，26 岁

2 月 11 日，在长沙拜访闻一多。

春，在益阳龙洲师范学校短期教书。

1939 年(己卯)，27 岁

2 月，《目录学丛考》由中华书局出版。

1940 年(庚辰)，28 岁

2 月，到中央技艺专科学校任国文讲师。

12 月 1 日，《杂家名实辨证》发表于《斯文》1940 年第 1 卷第 5 期。

12 月，作《读〈宋诗精华录〉》。

1941 年(辛巳)，29 岁

1 月 1 日，《韩退之〈听颖师弹琴〉诗发微》发表于《斯文》1941 年第 1

卷第 7 期。**25 日**，作《珍庐诗稿序》。

4 月 1 日，《玉溪诗〈离亭赋得折杨柳〉二首说》发表于《斯文》1941 年第 1 卷第 13 期。

5 月 16 日，《部颁中国文学系科目表平议(附表)》发表于《斯文》1941 年第 1 卷第 16 期。此文亦发表于《国文月刊》1941 年第 1 卷第 10 期。

6 月，《校雠广义目录编》由《金陵大学金陵文摘》油印出版。

6—7 月间，作《校雠广义叙录》。

8 月，任乐山武汉大学文学院中国文学系讲师。

12 月 1 日，《杜诗王原叔注辨伪》发表于《斯文》1941 年第 2 卷第 4 期。

1942 年(壬午)，30 岁

秋，作《友杏庵遗集跋》。任成都金陵大学文学院副教授。作《文论要诠自序》，原载《文论要诠》(开明书店 1948 年出版)卷首。与沈祖棻提倡诗词创作，并组织“正声诗词社”。

10 月 16 日，《论今日大学中文系教学之蔽》发表于《国文月刊》1942 年第 1 卷第 16 期。此文亦发表于《斯文》1943 年第 3 卷第 3 期。

10 月，《言公通义——章学诚学术思想综述之一》发表于《国立武汉大学文哲季刊》1942 年第 7 卷第 2 期。编纂《杜诗书目考证》稿，载《金陵大学金陵文摘》。

12 月，《略论文学之时义》发表于《斯文》1942 年第 2 卷第 23—24 期。

1943 年(癸未)，31 岁

5 月 1 日，《论目录书之叙例》发表于《斯文》1943 年第 3 卷第 9 期。

7 月 1 日，《文学发凡自序》发表于《斯文》1943 年第 3 卷第 13 期。

8 月，在成都四川大学任教。《文学发凡》由成都金陵大学文学院出版。

1944 年(甲申)，32 岁

1 月，作《韩诗〈李花赠张十一署〉篇发微》。

4 月 29 日，作《陶诗“结庐在人境”篇异文释》，后发表于《国文月刊》1945 年第 35 期。

秋，被成都金陵大学解聘后，应聘到成都中学任教。

1945 年(乙酉)，33 岁

1 月，《论“文言”的习作》发表于《文史杂志》1945 年第 5 卷第 1—2 期。

4 月，作《诗辞代语缘起说》。

5 月，作《〈古诗〉“西北有高楼”篇“双飞”句义》。

8 月，在嘉州武汉大学任教。

12 月，作《陶诗“少无适俗韵”的“韵”字说》。作《〈长恨歌〉与〈圆圆曲〉》。

1946 年(丙戌)，34 岁

春，作《赋之隆盛及旁衍——汉魏六朝文学散论之一》、《史传文学与传纪之发展——汉魏六朝文学散论之二》、《子之余波与论之杰思——汉魏六朝文学散论之三》。

夏、秋间，批校《史通》，过录诸家校记。

11 月 5 日，抵武昌武汉大学。

秋至次年春，作《先唐文学源流论略》，后发表于《武汉师范学院学报》1981 年第 1—4 期。

1947 年(丁亥)，35 岁

2 月，作《王摩诘〈送綦毋潜落第还乡〉诗跋》。

春，译陈寅恪《韩愈与唐代小说》。

7 月 10 日，所译《韩愈与唐代小说》发表于《国文月刊》1947 年第 57 期。

8 月，任武汉大学文学院中国文学系(以下简称中文系)教授。

9 月 26 日，为《国立武汉大学文哲季刊》事访问吴宓。

是年，兼任武汉大学中文系主任。

1948年(戊子),36岁

4月,作《左太冲〈咏史〉诗三论》。

5月,作《〈复堂词序〉试释——清人词论小记之一》。

6月,作《曹孟德〈蒿里行〉“初期会盟津,乃心在咸阳”解》。

10月1日,《文论要诠》由开明书店出版。

1949年(己丑),37岁

1月,编成论文集《诗论骈枝》,并作《诗论骈枝自序》。

3月,作《郭景纯、曹尧宾〈游仙诗〉辨异》。

春,请汪东审定《涉江词》。

1950年(庚寅),38岁

2月,作《我们对于接受文学遗产的意见》,载《文学批评的任务》(中南人民文学艺术出版社1953年11月出版)。

6月20日,《觉得单调和写得单调》发表于《大刚报》第6版。

9月,作《文学批评的任务——在武汉大学中文系“现代文学批评”班上的报告》,载《文学批评的任务》。

1951年(辛卯),39岁

4月,作《〈实践论〉对于文艺科学几个基本问题的启示》,载《文学批评的任务》。作《论中国封建社会文学》,载《文学批评的任务》。

5月,作《伟大的爱国主义者屈原》,载《文学批评的任务》。

9月,作《〈实践论〉是理论文崇高的规范——为迎接〈毛泽东选集〉出版而作》,载《文学批评的任务》。

1952年(壬辰),40岁

4月,作《关于文艺批评的写作》,载《文学批评的任务》。

12月,作《关于对待祖国文化遗产问题》,载《文学批评的任务》。作《文学批评的任务·后记》,载《文学批评的任务》。

1953 年(癸巳),41 岁

4 月,作《对于〈杜甫传〉的一些浅见》,发表于《文艺月报》1953 年第 5 期。

6 月,作《真理的探求者——纪念屈原逝世二二三〇周年》,载《关于文艺批评的写作》(湖北人民出版社 1955 年 6 月出版)。

8 月,作《英勇的战斗者和劳动者——〈钢铁是怎样炼成的〉读后》,载《关于文艺批评的写作》。作《〈伟大水道建筑者〉与社会主义现实主义的创作方法》,载《关于文艺批评的写作》。

11 月,《文学批评的任务》由中南人民文学艺术出版社出版。

1954 年(甲午),42 岁

3 月,作《古代诗歌研究绪论》。

5 月,作《〈儒林外史〉试论——纪念吴敬梓逝世二〇〇周年》,载《关于文艺批评的写作》。

夏,在北京大学出席全国高校教学计划讨论会。

7 月,与沈祖棻合著的《古典诗歌论丛》由上海文艺联合出版社出版。

10 月,作《论〈长生殿〉的思想性》,载《关于文艺批评的写作》。作《唐宋词人年谱序》。

11 月,作《把祖国优秀的文学遗产普及到人民群众中去》,载《关于文艺批评的写作》。作《为肃清古典文学研究领域中的资产阶级思想而斗争》,载《关于文艺批评的写作》。

12 月,作《从〈红楼梦底风格〉看资产阶级的美学观点》,载《关于文艺批评的写作》。作《略谈"怨而不怒"》,载《关于文艺批评的写作》。作《不能孤立地描写英雄人物》,载《关于文艺批评的写作》。

1955 年(乙未),43 岁

3 月 6 日,参加九三学社中央直属武汉小组成立会议。

3 月,作《评胡风的思想方法》,载《关于文艺批评的写作》。作《关于文艺批评的写作·后记》,载《关于文艺批评的写作》。

6月,《关于文艺批评的写作》由湖北人民出版社出版。

9月,招收的首批研究生入学。

1956年(丙申),44岁

8月,作《宋诗选·引言》。

9月,招收的第二批研究生入学。

11月,《武汉大学人文科学学报》创刊,任副主编。

是年,被评为三级教授,被聘为《文学研究》编委。《中国近代文学史教程》由武汉大学油印出版。与沈祖棻开始选注《古诗今选》。参加教育部组织的中国文学史教科书编写工作。

1957年(丁酉),45岁

3月,《辛词初论》发表于《武汉大学人文科学学报》1957年第1期。

春,写成《宋元文学史教程》讲义。

5月,与缪琨选注的《宋诗选》由上海古典文学出版社出版。

5—6月间,改黄瑞云《李白年表》。

6月,《对于金代作家元好问的一二理解》发表于《文史哲》1957年第6期。《武汉大学人文科学学报》副主编一职被撤。

1961年(辛丑),49岁

自春至夏,在家养病期间,批校《杜诗镜铨》。

6月9日,作《批校杜诗镜铨跋尾》。

11月,作《史通笺记·序》。

12月,作《李颀〈杂兴〉诗说》。

1962年(壬寅),50岁

3月15日,被分配在武汉大学中文系资料室工作。

8月,作《关于李白和徐凝的庐山瀑布诗》。

1963 年(癸卯),51 岁

5 月,作《论唐人边塞诗中地名的方位、距离及其类似问题》。作《李颀〈听董大弹胡笳声兼语弄寄房给事〉诗题校释》。作《读岑参〈走马川行奉送出师西征〉记疑》。

1965 年(乙巳),53 岁

12 月 12 日,从殷孟伦处借《读书杂识》读罢,作《书批校张青在刊本李注王荆公诗后二则》之一。

是年,点校李壁注王荆公诗。

1966 年(丙午),54 岁

2 月,将李壁注王荆公诗点校毕,作《书批校张青在刊本李注王荆公诗后二则》之二。

1976 年(丙辰),64 岁

5 月,作《杜甫〈诸将〉诗"曾闪朱旗北斗殷"解》。

11 月,作《李商隐〈锦瑟〉诗张〈笺〉补正》。

1977 年(丁巳),65 岁

6 月,作《李白〈丁都护歌〉中的"芒砀"解》。

7 月,奉命"自愿退休"。

9 月 27 日,作《涉江诗稿跋》。

10 月 23 日,作《汪寄庵先生评点涉江词初稿五卷跋》,谈整理沈祖棻遗著情况。

1978 年(戊午),66 岁

2 月,作《宋词赏析·后记》。

3 月,作《涉江词稿跋》。

5 月 15 日,着手自费油印沈祖棻《涉江诗》、《涉江词》。

5月，殷孟伦、徐复、洪诚商量将程千帆调往南京大学工作。匡亚明校长同刘道玉谈程千帆等调动事。

6月27日，作《唐人七绝诗浅释·后记》。

6月，叶子铭来访，谈调程千帆到南京大学工作事。

8月下旬，赴南京大学任教，任南京大学中文系教授，住南园13舍222室。

9月18日，开始增补《古诗今选》。

是年，中国社会科学院拟请程千帆招收研究生。

1979年(己未)，67岁

1月，在南京作《韩愈以文为诗说》。与沈祖棻合著的《古诗今选》(征求意见稿)由南京大学中文系铅印出版。《李商隐〈锦瑟〉诗张〈笺〉补正》发表于《南京大学学报》1979年第1期。

3月22日—31日，赴昆明参加古代文学理论学会的筹备及成立会议，**30日**被选为中国古代文学理论学会常务理事。

4月6日，改《唐人七绝诗浅释·引言》与《韩愈以文为诗说》。

4月，《李白〈丁都护歌〉中的"芒砀"解》发表于《南京师范学院学报》1979年第2期。

5月15日，《开展古代文艺研究工作的两个问题——在昆明古代文艺理论讨论会上的笔谈》发表于《思想战线》1979年第3期。**21日**，在南京大学作学术报告《论唐人边塞诗中地名的方位、距离及其类似问题》。

5月，《李白和徐凝的庐山瀑布诗》发表于《长江》1979年第2期。

7月12日，录取研究生莫砺锋、张三夕、徐有富。

7月，《论唐人边塞诗中地名的方位、距离及其类似问题》发表于《南京大学学报》1979年第3期。《杜诗"曾闪朱旗北斗殷"解》发表于《学术月刊》1979年第7期。

8月15日，增补《古诗今选》完成。

9月，《李颀〈杂兴〉诗说》发表于《群众论丛》1979年创刊号。

10月12日，致函叶嘉莹、周策纵，欲与海外学术机构、海外学人加强联系。**31 日**，作《古代讽刺艺术漫谈》的学术报告。

11 月，《李颀〈听董大弹胡笳声兼语弄寄房给事〉诗题校释》发表于《社会科学战线》1979 年第 4 期。

12 月，《韩愈以文为诗说》发表于《古代文学理论研究》第 1 辑，上海古籍出版社 1979 年 12 月出版。

1980 年(庚申)，68 岁

1 月 14 日，校毕《宋词赏析》校样。

4 月，《〈史通〉内篇旧解订讹》发表于《南京大学学报》1980 年第 2 期。《唐绝偶评》发表于《名作欣赏》1980 年第 2 期。

7 月 11 日—17 日，参加中国古典文学研究座谈会开幕式。

8 月 10 日，在庐山青年作者讲习班上作《关于古典小说的技巧问题》的报告，后发表于《青春》1980 年第 12 期。讲习班由《星火》、《长江文艺》、《青春》编辑部主办，该报告的题目后改为《古典小说技巧漫谈》。

8 月，《唐代进士行卷与文学》由上海古籍出版社出版。

9 月，作《从唐温如〈题龙阳县青草湖〉看诗人的独创性》，发表于《抖擞》1981 年第 7 期。任南京大学中文系学位委员会主席。

10 月，《读岑参的〈走马川行奉送出师西征〉记疑》发表于《文学评论丛刊》第 7 辑，中国社会科学出版社 1980 年 10 月出版。

11 月，《史通笺记》由中华书局出版。作《林散之书画集弁言》。

12 月 1 日，被选为南京市文联副主席、南京市文协主席。

12 月，《读诗举例：在中国文学批评史师训班讲》发表于《文艺理论研究》1980 年第 3 期。《古典小说技巧漫谈》发表于《青春》1980 年第 12 期。

1981 年(辛酉)，69 岁

1 月，《校雠目录辨》发表于《文献》1981 年第 1 期。《校勘略说》发表于《社会科学战线》1981 年第 1 期。《先唐文学源流论略(之一)》发表于《武汉师范学院学报》1981 年第 1 期。作《古今诗选 · 后记》，述《古今诗选》的成书过程。

2月5日，作《文论十笺·题记》，载《文论十笺》（黑龙江人民出版社1983年8月出版）卷首。

3月1日，作《詹詹录》，发表于《文史哲》1981年第3期。

3月，《相同的题材与不相同的主题、形象、风格》发表于《文学遗产》1981年第1期。

3月、6月，《宋诗小话》发表于《长江》文学丛刊1981年第1、2期。《先唐文学源流论略（之二）》发表于《武汉师范学院学报》1981年第2期。

4月18日，整理《从唐温如〈题龙阳县青草湖〉看诗人的独创性》稿，发表于《抖擞》1981年第7期。**28日**，作《关于对联》，发表于《江海学刊》1982年第1期。

4月，《关于治学方法：在山东大学中文系和研究生的一次谈话》发表于《南京大学学报》1981年第2期。

5月，作《先唐文学源流论略·跋》，后发表于《武汉师范学院学报》1981年第4期。

7月10日，赴北京参加国务院学位委员会学科评议组会议。**16日**，参加博士生导师投票，被选为博士生导师，从而在南京大学建立了中国古代文学博士点。**22日**，参加《文学评论》编辑部召开的座谈会。**31日**，参加中国历代文学家评传座谈会。

7月，《先唐文学源流论略（之三）》发表于《武汉师范学院学报》1981年第3期。与吴新雷合写的《关于宋代的话本小说》发表于《社会科学战线》1981年第3期。

8月2日，参加文学理论学会碰头会。

8月，《略论八代、唐、宋五七言诗的源流与发展》发表于《求索》1981年第3期。

9月，开始指导日本学者横山弘。

秋，为沈祖棻遗作《阮嗣宗〈咏怀〉诗初论》作《附记》，载《古诗考索》，上海古籍出版社1984年12月出版。

10月23日，完成《古典诗歌描写与结构中的一与多》。

10月，《先唐文学源流论略（之四）》发表于《武汉师范学院学报》1981

年第 4 期。

11 月 7 日，参加教育部召开的座谈会。**22 日**，为吴白匋《凤褐庵诗词》作序。

是年，《对〈记我所接触到的吴承仕先生〉一文的订正》发表于《新文学史料》1981 年第 3 期。

1982 年(壬戌)，70 岁

1 月 4 日，完成《李清照》初稿。该书为程千帆、徐有富合写，出版后，程千帆放弃署名权。**5 日**，受邀参与筹建唐代文学研究会。**25 日**，作《黄季刚老师逸事》，载《学林漫录》第 8 辑，中华书局 1983 年出版。

2 月，招收的第一届博士生莫砺锋入学。作《张若虚〈春江花月夜〉的被理解和被误解》，发表于《文学评论》1982 年第 4 期。

3 月，作《张若虚〈春江花月夜〉集评》，发表于《文艺理论研究》1982 年第 3 期。

春，作《刘永济传略》，后发表于《晋阳学刊》1982 年第 2 期。

4 月，《言公通义——章学诚学术思想综述之一》发表于《南京大学学报》1982 年第 2 期。《对文科教育的几点看法》发表于《高教战线》1982 年第 4 期。

5 月 1 日，《〈史通〉读法》发表于《文史知识》1982 年第 5 期。**5 日**，参加教育部在宁召开的研究生培养经验交流会。**22 日**，出席留学生教材会议。**31 日**，去中山陵参加教育部召开的古典文学学科研究生培养方案会议。

5 月，作《古诗考索·题记》。

6 月 15 日，校毕《文论十笺》。**22 日**，始作日译本《唐代进士行卷与文学》序，该书译者为松冈荣志、町天隆吉，书名为《唐代的科举与文学》，东京凯风社 1986 年出版。

7 月 30 日，被聘为中国历史研究会顾问。

8 月 3 日，为谏伯阳作《刘知远天宝遗事诸宫调校注序》毕。

9 月 2 日，致函吴志达，谈百科全书条目的撰写要求。**10 日**，赴厦门大学参加留学生教材编写工作会议。

9月，作《闲堂文薮·题记》，载《闲堂文薮》（齐鲁书社1984年1月出版）卷首。

10月4日，赴《江海学刊》座谈会。

11月1日，作《唐诗鉴赏辞典·序言》，载《唐诗鉴赏辞典》（上海古籍出版社1983年12月出版）卷首。**9日**，《说"斜阳冉冉春无极"的旧评》发表于《光明日报》。

12月11日，《玄武湖忆旧》发表于《周末》报。**19日**，开始整理《汪辟疆文集》。

冬，为屈兴国作《白雨斋词话足本校注序》。

年底，参与论证成立南京师范学院中文系古典文献学专业。

1983年（癸亥），71岁

1月2日，赴北京出席国务院古籍整理规划小组会议。**10日**，《答〈江海学刊〉问治学经验》发表于《江海学刊》1983年第1期。

1月，《对中学语文教学的一些意见》发表于《文教资料简报》1983年第1期。

1、2月间，作《吴兴沈先生手书词稿四种跋》二则之一。

2月23日，赴教育部参加高校古籍整理研究规划会议。

3月，《谈谈关于怎样培养文科研究生的问题》发表于《大学教育》半月刊1983年第5期。

4月30日，组织讨论《中国古代文学英华》编写工作。

4月，与沈祖棻选注的《古诗今选》由上海古籍出版社出版。《黄季刚老师逸事》发表于《学林漫录》第8集，中华书局出版。《教学、科研密切结合，促进教材建设——在南京大学全校教材建设经验交流会上的讲话》发表于《高教研究与探索》1983年第2期。

5月19日，《中国古代文学英华》定稿。**31日**，与孙望等研究编写《日本汉诗选评》。

5月，《自学不可囿于狭义概念》发表于《自学》1983年第5期。

6 月 11 日，作《我们所应当争取得到的——关于宋代文学的研究的随想》，后发表于《文学评论》1983 年第 6 期。

7 月，《关于在研究生培养工作中建立教师梯队的若干问题》发表于《高教研究与探索》1983 年第 3 期。

8 月 25 日，整理完汪辟疆《光宣诗坛点将录》。

8 月，编著《文论十笺》由黑龙江人民出版社出版。

9 月 11 日，去孙望家开会，研究《日本汉诗选评》。

秋，八三届唐宋文学研究生严杰、张辉、李立朴、景凯旋、程章灿五人入学。

10 月 14 日，作《梦秋词手稿题辞》。

10 月 6 日—11 月 4 日，作《杜诗镜铨批抄序》。

11 月 22 日，赴华东师范大学参加全国第一届词学讨论会。

12 月 30 日，基本完成《汪辟疆文集》的编辑整理工作。

12 月，《唐诗鉴赏辞典·序言》发表，载《唐诗鉴赏辞典》（上海辞书出版社 1983 年 12 月）卷首。

1984 年（甲子），72 岁

1 月，《闲堂文薮》由齐鲁书社出版。《〈杜诗镜铨〉批抄（一）》发表于《草堂》1984 年第 1 期。

2 月 21 日，《清诗管见》发表于《文学遗产》第 626 期。**25 日**，作《汪辟疆文集·后记》。

2 月，《治学小言》发表于《高教战线》1984 年第 1 期。

3 月 4 日，整理《汪辟疆文集》完毕。**9 日—11 日**，赴武汉出席中国古代小说理论讨论会并讲学。**13 日**，出席古代小说理论讨论会开幕式，作题为《从小说本身抽象出理论来——在中国古代小说理论讨论会上的发言》，发言整理稿后发表于《武汉师范学院学报》1984 年第 5 期，题为《关于古代小说理论研究的一点意见：在中国古代小说理论讨论会上的发言》。**21 日**，赴北京参加讨论全国哲学社会科学“七五”规划的科研项目与课题。**30 日**，参与筹建南京大学古典文献研究所。

4 月,《〈汪辟疆先生文集〉叙录》发表于《南京大学学报》1984 年第 2 期。

5 月 8 日,《程千帆先生谈古籍整理与研究生培养》,发表于《古籍整理研究通讯》1984 年第 3 期。编就《量守庐学记》。

5 月,作《沈祖棻小传》,后载《沈祖棻创作选集》(人民文学出版社 1985 年 6 月版)。

7 月 16 日,整理《〈杜诗镜铨〉批抄(二)》。

7 月,与周勋初合写《在探索中前进》。该文谈及课程、教材、梯队、学风等问题。

8 月,作《善为谑兮,不为虐兮》。主编的《中国古代文学英华》由上海教育出版社出版。

9 月,《一个醒的和八个醉的——杜甫〈饮中八仙歌〉札记》发表于《中国社会科学》1984 年第 5 期。《诗画漫谈——和西安国画院青年画家的谈话》发表于《文艺理论研究》1984 年第 3 期。

10 月,作《章行严先生论近代诗家绝句跋》。

12 月 13 日,被聘为山西省古典文学学会顾问。

12 月,《古诗考索》由上海古籍出版社出版。

是年,《关于社会科学评奖工作的意见》发表于《江苏社会科学》1984 年第 9 期。

1985 年(乙丑),73 岁

1 月,《〈杜诗镜铨〉批抄(二)》发表于《杜甫研究学刊》1985 年第 1 期。与周勋初合写的《在探索中前进》发表于《高教研究与探索》1985 年第 1 期。

2 月,招收的博士生张宏生、曹虹、蒋寅入学。

3 月 26 日,《我们希望早日为清词研究提供全面资料》发表于 1985 年 3 月 26 日《光明日报》副刊《文学遗产》第 677 期。

5 月 26 日,作《问答录》,后发表于《文学遗产》1985 年第 3 期。

5 月,《〈史记〉——史传文学的高峰》,发表于《中文自学指导》1985 年第 4 期。《汉魏六朝的杂传文学》，发表于《中文自学指导》1985 年第 5 期。

6 月 21 日，被聘为江苏省高校古籍整理研究工作领导小组顾问。

6 月，选编的《沈祖棻创作选集》由人民文学出版社出版。《五点希望》收录在《唐代文学研究年鉴（一九八四）》，陕西人民出版社 1985 年 6 月出版。

7 月下旬，作《读〈倾盖集〉所见》，发表于《读书》1985 年第 11 期。

7 月，《序跋辑存》发表于《南京大学学报》1985 年第 3 期。《善戏谑兮，不为虐兮》发表于《文汇月刊》1985 年第 7 期。*One Sober and Eight Drunk* 发表于 *Social Sciences in China* 1985 年第 4 期。

8 月，与莫砺锋合写的《苏轼的风格论》发表于《成都大学学报》1986 年第 1 期。作《韩诗〈李花赠张十一署〉篇发微·附记》。与唐文合编的《量守庐学记》由生活·读书·新知三联书店出版。

9 月 15 日，赴四川大学参加宋代文学讨论会。**20 日**，参加《全宋文》讨论会。

10 月 22 日—25 日，参加黄侃学术讨论会。**26 日**，参加中国历史文献学会学术讨论会。

12 月 1 日，作《校雠广义叙录·附记》。被聘为武汉大学中国语言文学系兼职教授。**17 日**，被聘为江苏国际文化交流中心理事会理事。

1986 年（丙寅），74 岁

1 月，作《答人问治诗》，发表于《文史知识》1986 年第 4 期，题为《学诗答问》。《〈杜诗镜铨〉批抄（四）》发表于《草堂》1986 年第 1 期。与张宏生合写的《晚年：回忆和反省——读杜甫在夔州的长篇排律和联章诗札记》发表于《中国社会科学》1986 年第 1 期。

2 月，《关于文学研究改革、创新问题对话（三）》发表于《文学研究参考》1986 年第 2 期。作《刘持生遗著中国文学史序》。

5 月 7 日，参加高教局江苏古籍整理会议。

7 月 28 日，开始整理《黄侃日记》。

9 月 6 日，被北京大学古文献研究所聘为《全宋诗》编委会顾问。**25 日**，参加《孔子评传》讨论会。

9 月，与周勋初联合招收的博士生张伯伟、程章灿入学。

10 月 10 日，《唐代进士行卷与文学》日译本《唐代的科举与文学》出版。**25 日**，被聘为《南京大学研究生学报》编委会顾问。

10 月 29 日—11 月 4 日，在北京参加全国哲学社会科学“七五”规划会议，提出“唐宋诗歌流派研究”的课题。

10 月，《治学小言》由齐鲁书社出版。与莫砺锋合写的《忧患感：从屈原、贾谊到杜甫》发表于《文艺理论研究》1986 年第 5 期。

11 月 5 日，《关于知识爆炸与基本功的对话》发表于《古典文学知识》1986 年第 6 期。**16 日**，写《黄侃日记・序》，《黄侃日记》2001 年 8 月由江苏教育出版社出版，卷末载程千帆所作《后记》。

12 月，与莫砺锋合写的《杜诗集大成说》发表于《文学评论》1986 年第 6 期。

冬，《黄侃日记》的整理工作全部完成。

是年，与徐有富合作完成《校雠广义・版本编》的写作任务，并准备写《校勘编》。

1987 年（丁卯），75 岁

1 月，为唐玲铃作《淮海词研究序》。

4 月 1 日，与莫砺锋合写的《崎岖的道路与伟丽的山川——读杜甫纪行诗札记》发表于《社会科学战线》1987 年第 2 期。

4 月，《〈牧女与蚕娘〉序》发表于《南京大学学报》1987 年第 2 期。

5 月 27 日—6 月 25 日，为吴文治作《中国文学大事年表序》。

7 月 31 日，被江苏省人民政府聘为江苏省哲学社会科学优秀成果评奖委员会副主任。

7 月，与张宏生合写的《“火”与“雪”：从体物到禁体物——论“白战体”及杜、韩对它的先导作用》发表于《中国社会科学》1987 年第 4 期。

9 月，与周勋初联合招收的博士生巩本栋入学。

10 月 6 日,被聘为中华诗词学会顾问。**7 日**,被聘为李白研究学会顾问。**9 日**,被国家教育委员会聘为出版专业职务评审委员会委员。

11 月 19 日,与张宏生合写《被开拓的诗世界 · 后记》。**20 日**,《学术带头人的责任》发表于《学位与研究生教育》1987 年第 6 期。

12 月,被聘为江苏省哲学社会科学联合会学术顾问。

1988 年(戊辰),76 岁

2 月 11 日,南京大学中文系申报全国古代文学重点学科点,获得批准。

3 月,作《跋纪念陈寅恪先生诞辰百年学术论文集所载拙文》。

3 至 4 月间,为胡翔冬作《自怡斋集外诗跋》。

4 月,与张宏生合写的《七言律诗中的政治内涵——从杜甫到李商隐、韩偓》发表于《文艺理论研究》1988 年第 2 期。

4 至 5 月间,作《马得画惊梦图为敦勇题》。

5 月 3 日,参加"武夷山诗会"。

5 月,与陶芸合写的《三十年代金大文学院的课程结构及其他》发表于《高教研究与探索》1988 年第 2 期。

6 月 13 日,《怀乡诗话》发表于《湖南日报》。

6 月,与孙望合著的《日本汉诗选评》由江苏古籍出版社出版。

夏,作《〈涉江词外集〉跋》。

8 月,与徐有富合著的《校雠广义 · 目录编》由齐鲁书社出版。

9 月 15 日,与张宏生合写的《英雄主义与人道主义——读杜甫咏物诗札记》发表于《文学遗产》1988 年第 5 期。**26 日**,《校雠广义 · 版本编》初稿完成。

9 月,与周勋初联合招收的博士生陈书录、姚继舜、曾广开入学。

10 月 6 日,《两宋文学史》全部完成。

10 月,作《两宋文学史 · 后记》。

11 月 20 日,《提高质量是研究生教育的核心问题》发表于《学位与研究生教育》1988 年第 6 期。

12 月，所编《汪辟疆文集》由上海古籍出版社出版。

1989 年(己巳)，77 岁

1 月 29 日，与陈永昌合写的《关于对联的对话》发表于《南京日报》第3版副刊。

2 月 11 日，作《全宋诗序》。

3 月 15 日，参加胡小石、陈中凡、汪辟疆三教授百年诞辰学术纪念会筹备会。

4 月 5 日，被湖北省教育委员会聘为湖北省第四批博士学位授权论证小组成员。**12 日**，被聘为南京市第五届文联名誉主席。

8 月 15 日，辞去《全清词》主编职务。

9 月 12 日，参加江苏省出版局有关《中华大典》的座谈会，时似已同意担任《中华大典·文学典》主编。

秋，作《跋为临海市郑广文纪念馆书杜诗》。作《曹大铁梓人韵语题辞》。作《闲堂诗存·跋》。

11 月 2 日，《程千帆诗论选集》由张伯伟编选完毕。

12 月 28 日，参加十竹斋举办的胡小石先生书法艺术讨论会。**30 日**，《校雠广义·目录编》被学校评为教材二等奖，省评为科技成果奖。

1990 年(庚午)，78 岁

1 月，作《从唐温如〈题龙阳县青草湖〉看诗人的独创性·附记》。

2 月 18 日，参加《中华大典》编辑会议。**28 日**，《校雠广义·版本编》被全国高等院校古籍整理研究工作委员会列为直接资助项目。

3 月 22 日，致函叶嘉莹，邀请她参加唐代文学国际会议。

4 月 25 日，为霍松林作《唐音阁吟稿序》。

5 月，退休，旋即返聘。

6 月中旬，作《殷石臞教授墓铭》。**28 日**，参加胡小石、陈中凡、汪辟疆三教授百年诞辰学术纪念会。

7 月 10 日，被贵州人民出版社聘为《中国历代名著全译丛书》编委。

8 月 18 日，被聘为中国元好问学会顾问。

9 月 20 日，继续作《沈祖棻诗词集》笺注。

10 月，与莫砺锋、张宏生合著的《被开拓的诗世界》(附《闲堂诗存》)由上海古籍出版社出版。

11 月 21 日，参加唐代文学学会第五届年会暨唐代文学国际学术讨论会开幕式。这次会议在南京召开，由周勋初主持，莫砺锋任秘书长。

11 月，张伯伟所编《程千帆诗论选集》(附载《闲堂序跋文抄》)由山西人民出版社出版。

是年，作《程千帆小传》。

1991 年(辛未)，79 岁

1 月 15 日，与徐有富合著的《校雠广义·目录编》获江苏省第三次哲学社会科学优秀成果二等奖。

2 月，与吴新雷合著的《两宋文学史》由上海古籍出版社出版。作《辞赋的特点及其发展变迁》。

春，作《闲堂词存·跋》。

4 月，《闲堂自述》发表于《文献》1991 年第 2 期。

5 月 25 日，去南京师范大学参加唐宋诗词国际学术研讨会开幕式。

6 月 7 日，参与《孙望选集》的编辑工作。**10 日**，作《圭翁杂忆》。

7 月，与徐有富合著的《校雠广义·版本编》由齐鲁书社出版。

8 月 4 日，初步完成《记汉寿易氏与寒家之世谊》。**6 日**，改定《王闿运与袁世凯》。

10 月 23 日，作《曹大铁研铭》、《曹大铁四十造像赞》。**25 日**，作《清史稿艺文志拾遗序》。

11 月 20 日，为饶宗颐《选堂诗词集》题词。

12 月 15 日，去苏州参加《中华大典·文学典·隋唐五代分典》评审会。

是年，《古籍整理：信息开发与反馈处理——评王仲镛先生〈唐诗纪事校笺〉》发表于《社会科学研究》1991 年第 3 期。

1992 年(壬申),80 岁

3 月 8 日,开始试作《宋诗精选》。**30 日**,被聘为《南京大学学报》主编。

5 月 24 日,赴北京出席国务院第三次古籍整理出版规划会议。**27 日**,被聘为国务院古籍整理出版规划小组顾问。

6 月 25 日,《宋诗精选》完成。

6 月,《发扬实事求是学风　做好古籍整理工作——在第三次全国古籍整理出版规划会议上的发言》发表于《古籍整理出版情况简报》。

7 月 3 日,为霍松林作《全唐五代文序》成,谈及读总集之重要。**7 日**,作《南京师范大学教授孙君墓表》。

7 月,所校阅的《中国古典文学史料学》由南京大学出版社出版。

8 月,《沈祖棻程千帆新诗集》由武汉大学出版社出版。

9 月 8 日,赴北京出席《中华大典》工作会议。**9 日**,被聘为《中华大典》编委会副主任。

9 月,《程千帆先生八十寿辰纪念文集》由江苏古籍出版社出版。《程千帆推荐古代辞赋》由辽宁少年儿童出版社出版,此书由曹虹、程章灿注释。

10 月 21 日,《江苏教育报》刊载王华宝《程千帆教授寄语中学生——治学之道在于求真》。**22 日**,笺注《沈祖棻诗词集》初稿完成。

10 月 26 日—11 月 23 日,作《沈祖棻诗词集》总目,其叙录部分谈及沈祖棻诗词出版情况。

11 月 11 日,赴厦门参加唐代文学学会年会。

12 月 11 日,获南京市人民政府颁发的南京市首届文学艺术奖荣誉奖。

12 月,《宋诗精选》由江苏古籍出版社出版。

12 月 24 日—1993 年 1 月 29 日间,作《张金沙书法选序》。

1993 年(癸酉),81 岁

3 月 29 日,参加国家古籍整理出版规划小组创办的《传统文化与现代化》刊物所举行的座谈会。

7 月 30 日，与徐有富合著的《校雠广义·版本编》获江苏省哲学社会科学优秀成果三等奖。

10 月 18 日，陶德麟所致函，谈及程千帆同意担任《黄侃全集》主编。**29 日**，《两宋文学史》获南京大学优秀教材特等奖，《校雠广义·版本编》获一等奖。

12 月 26 日，任中国文艺理论学会顾问。

1994 年(甲戌)，82 岁

1 月 1 日，在《南大书友》总第 13 期发表《旧诗两首重刊题记》。**23 日**，《学诗愚得》发表于《武汉大学学报》(哲学社会科学版)1994 年第 1 期。《谈戴望舒诗及其他——程千帆致本报主编》发表于《华夏诗报》第 6—7 期。

5 月，被聘为《中华大典》编纂委员会副主任、《文学典》主编。

5 月 30 日—6 月 8 日，在南京召开《中华大典·文学典·宋辽金元文学分典》样稿论证会。

6 月 7 日，《校雠广义·典藏编》被批准为高校古委会重点研究项目。

6 月，被聘为《四库全书存目丛书》编辑出版工作顾问。

夏，作《跋张汉怡东坡赤壁赋印谱卷子》。作《古诗考索·又记》。

7 月 16 日，作《故训汇纂序》初稿成。**30 日**，与吴新雷合著的《两宋文学史》被江苏省人民政府授予江苏省第四次哲学社会科学优秀成果一等奖。

8 月，笺注的《沈祖棻诗词集》由江苏古籍出版社出版。

9 月 11 日，作《南京大学教授陈君墓碑》。

9 月，应江苏省人民政府邀请参加文史馆员及省政府参事迎国庆座谈会并发言。指导吴志达撰写的《中国文言小说史》出版。

11 月 1 日，被聘为《续修四库全书》学术顾问。

是年，《校雠广义》列入《中国传统文化研究丛书》。

1995年(乙亥),83岁

1月16日—17日,在宁开《中华大典·文学典·隋唐五代分典》编委会,落实发稿校印之事。**30日**,写成《诗人眼中的南京序》。

1月,所指导的张宏生博士论文《江湖诗派研究》由中华书局出版。

3月8日,作《题傅抱石陶学士风光好图》。**30日**,拟《全清词》顺康卷编辑委员会名单。该名单为:"主编:程千帆。编辑委员:尹志腾、吴永坤、屈兴国、曾德珪、程千帆、严迪昌。"

4月,为曹虹作《阳湖文派研究序》。作台湾版《宋词赏析》序。

6月2日,赴南京理工大学开《中华大典·文学典》编辑出版会议。**20日**,《南京大学报》发表《我劝天公重抖擞,不拘一格降通才——程千帆先生谈做人与治学》(刘重喜整理)。**30日**,《南京大学报》发表《程千帆先生谈治学与做人》(刘重喜整理)。刘重喜整理的文稿后以《程千帆先生谈人生与学问》发表于《古典文学知识》2002年第5期。与巩本栋合写的《关于学术研究的目的、方法及其他》发表于《文艺理论研究》1995年第3期。

7月19日,《做一个单纯的人》发表于《江苏教育报》第4版。**23日**,作《朱寿友书展序》。**25日**,获知《程千帆诗论选集》获国家教委优秀研究成果一等奖。

8月,与陶芸合编的《骈字类编音序索引》由武汉出版社出版。

9月6日,南京大学中文系为程千帆召开谢师会。

10月19日,《有恒斋求学记》发表于《光明日报》。

11月14日,出席南京大学中文系与古典文献研究所主办的魏晋南北朝文学国际学术研讨会开幕式并发言。

12月20日,为南京大学党校作《关于写论文》的学术报告。**23日**,《过则勿惮改》发表于《羊城晚报》。

1996年(丙子),84岁

4月,与巩本栋合写的《贵在创新——关于学术论文写作的问答》发表于《文艺理论研究》1996年第2期,题为《学术论文写作贵在创新》。为张三夕作《史通三家批校辑抄题辞》。

5 月 2 日，赴武汉大学主持《中华大典·文学典·先秦两汉分典》与《明清分典》样稿论证会。

6 月，莫砺锋所编《程千帆选集》由辽宁古籍出版社出版。与杨翊强合写的《叶德辉〈光复坡子街地名记〉补注》发表于《中国文化》1996 年第 13 期。

9 月 20 日，获南京大学奖教金二等奖。**23 日**，《江苏教育报》第 4 版发表《我当年也算是特困生》。

11 月，《南京大学报》第 1 版发表《关于文科教学的几点看法》。

是年，《根深叶茂　体大思精》发表于《复旦学报》1996 年第 6 期。此文评述复旦大学中文系多卷本《中国文学批评史》。

1997 年（丁丑），85 岁

1 月 31 日，获知《校雠广义》被列入《中国传统文化研究丛书》，见《光明日报》第 8 版所载《中国传统文化研究丛书》1—3 辑目录第一辑书目。

1 月，为吴文治作《中国历代诗话全编·明代卷序》，论及诗话源流与体例。

5 月 7 日，《匡老！是您给了我二十年的学术生命》发表于《古籍整理出版情况简报》。**20 日**，《南京大学报》载《1997 年国家级教学成果奖揭晓》，《校雠广义·版本编》获二等奖。

夏，作《俭腹抄序》。为李灵年等作《清人别集总目序》。

7 月 15 日，寄出辞去江苏省文史馆馆长的信。

7 月，《关于文科教学的几点看法》发表于《江苏高教》1997 年第 4 期。

9 月，《关于魏晋南北朝文学研究的一点想法》发表于《魏晋南北朝文学论集》，南京大学出版社出版。

秋，作《闲堂诗存跋》。

10 月，巩本栋所编《程千帆沈祖棻学记》由贵州人民出版社出版。

冬，作《闲堂文存跋》。

是年，《也谈〈四库全书存目丛书〉的编纂出版》发表于《北京大学学报》1997 年第 5 期。

1998 年(戊寅),86 岁

2 月 27 日,《心声》发表于《扬子晚报》第 10 版。

3 月 11 日,《俭腹微言》发表于《扬子晚报》第 11 版。

4 月,与徐有富合著的《校雠广义》由齐鲁书社出版。

5 月,作《文论十笺·后记》。

6 月,《俭腹抄》由上海文艺出版社出版。

9 月 27 日,编纂《程千帆友朋诗札辑存目录》。

10 月 5 日,《程千帆友朋诗札辑存》交给南京大学档案馆。**13 日**,被列为南京大学退休协会"老有所为"特刊宣传对象。

11 月 2 日,辞去江苏省文史馆馆长,改任名誉馆长。

11 月,作《祝辞》,发表于《文学评论丛刊》第 1 卷第 2 期,江苏文艺出版社 1998 年 11 月出版。

冬,作《萧印唐先生集序》。

1999 年(己卯),87 岁

3 月 24 日,《学术上的一种新追求——〈唐五代文学编年史〉序》发表于《中华读书报》第 24 版。

4 月 2 日,蒋寅、巩本栋、张伯伟编就《书绅录》。**16 日**,《钱大昕全集》书评《搜集完备　校勘精审》发表于《光明日报》第 11 版。

4 月,《程千帆与王淡芳书二十通》发表于《学林漫录》第 14 集,由中华书局出版。

9 月 13 日,《校雠广义》获第四届国家图书奖一等奖。

9 月,与程章灿合著的《程氏汉语文学通史》由辽海出版社出版。

11 月,《圭翁杂忆》发表于《古籍研究》1999 年第 4 期。

12 月 1 日,《青春岁月的情思实录》发表于《新闻出版报》第 3 版,标题为编者所加。**30 日**,被评为南京大学中文系首届优秀学科带头人。**31 日**,《希望与期待:二十一世纪中国古典文学研究的展望》在香港《大公报》发表。

2000 年(庚辰),88 岁

1 月 14 日,作《怀任斋诗词序》。**15 日**,《地方文化建设的一项重大工程》发表于《新华日报》,该文介绍了江苏古籍出版社所出《江苏地方文献丛书》。**25 日**,《校雠广义·校勘编》、《典藏编》获江苏省社会科学优秀著作三等奖。

1 月,选注的《唐宋诗名篇》由辽宁人民出版社出版。

3 月 30 日,《地方文化建设的一项重大工程》发表于《光明日报》。

6 月 3 日 10 时 45 分,逝世。